Viktor Streck

Im Schatten der Eule

Weitere Titel des Autors:

Heimat ist ein Paradies, Band 1 (2007)
(ISBN 978-3-00-020745-7)

Heimat ist ein Paradies, Band 2 (2010)
(ISBN 978-3-00-032672-1)

Bilder Umschlagvorderseite:
© beeboys - stock.adobe.com
New York City Manhattan Panorama © jovannig - stock.adobe.com
Bild Umschlagrückseite: © bzzup - stock.adobe.com

Umschlaggestaltung: C. Harnischmacher

ISBN 978-3-00-063512-0

www.streck.info

Viktor Streck

Im Schatten der Eule

Roman

Bad Pyrmont

Vom Autor

Noch nie habe ich zu meinen Büchern ein Vorwort geschrieben. In diesem Fall sehe ich mich aber gezwungen, einige Bemerkungen zu machen.

Genau genommen ist das vorliegende Buch die Fortsetzung des zweibändigen Romans „Heimat ist ein Paradies“. Es berührte aber auch andere Themen und entwickelte sich aus diesem Grund zu einem selbständigen Werk, das auch ohne Kenntnis der Vorgeschichte gelesen werden kann.

Wenn Sie die letzte Seite erreicht haben, werden Sie feststellen, daß die Handlung an einer Stelle endet, die nach einer Fortsetzung verlangt. Ursprünglich wollte ich diesen Roman in einem Buch veröffentlichen, doch dessen Umfang machte eine Teilung in zwei Bände unumgänglich. Ich bin aber guter Hoffnung, daß ich die Arbeit am Folgeband in absehbarer Zeit beenden würde.

Nun möchte ich auch die Gelegenheit nutzen, um all jenen Freunden und Förderern zu danken, die zum Erscheinen dieses Buches beigetragen haben. Aus vielerlei Gründen verzichte ich auf deren namentliche Erwähnung. Ihnen gilt mein herzlicher Dank für ihre geschätzte Hilfe.

Im Übrigen würde ich mich freuen, wenn Sie mir Ihre Meinung zu diesem Roman mitteilen würden. Es ist für mich sehr hilfreich zu wissen, was mir gelungen ist und woran ich noch zu arbeiten habe.

In diesem Sinne wünsche ich Ihnen angenehme Lektüre.

Ihr Viktor Streck

Unheimliche Entdeckung

An einem sonnigen Sommertag erschien unter den üppigen Linden der Hauptallee ein Junge. Er war schlank, nicht groß, und sein gepflegtes Aussehen ließ vermuten, daß er in einer gut situierten Familie zu Hause war, die ihren Jungen weit über das normale Maß hinaus umsorgte. Obwohl er bereits die zehnte Klasse des städtischen Kant-Gymnasiums besuchte, sah er etwas jünger aus, als er tatsächlich war. Er trug eine dunkle Jeanshose, ein kariertes Hemd und seine leichten Sommerschuhe waren sauber und glänzten, als käme er geradewegs aus einem Schuhgeschäft. Um die Schulter trug er eine große Sporttasche, die allem Anschein nach Gewicht hatte.

Der Junge ging schnell und strich von Zeit zu Zeit seine herunterfallende Stirnlocke zur Seite, was seine innere Unruhe verriet. Als er am Konzerthaus gerade in die breite Schloßstraße abbiegen wollte, rief jemand ihm nach.

Er blieb stehen und drehte sich etwas unschlüssig um.

„Luka!“ rief Anna ihm fröhlich zu. „Was machst du hier?“

Der Junge zögerte mit der Antwort.

„Nichts besonderes“, stammelte er ausweichend, als das schöne Mädchen dicht vor ihm stehen blieb.

Obwohl die beiden seit Jahren in einer Klasse saßen und keine Hemmungen im Umgang miteinander hatten, sah er jetzt ziemlich irritiert aus, als ob sie ihn bei einem Diebstahl erwischt hätte.

„Hast du uns heute nicht gesagt, wir sollten lieber die Zeit für die Mathearbeit nutzen, statt sinnlos hier draußen herumzualbern?“ drang Anna in ihn mißtrauisch ein. „Wie war das noch einmal: Wir sollten den Lehrern keinen Anlaß geben, uns von der Schule zu werfen?“

Der Junge wußte nicht, was er darauf antworten sollte, denn sein Vorschlag war in der Tat sehr vernünftig. Nachdem sie in der Schule einen echten Aufstand gegen ihre Geschichtslehrerin angezettelt hatten, um ihren neuen Mitschüler Frank gegen ihre ungerechten Angriffe in Schutz zu nehmen, und zuletzt auch noch während einer Diskussionsrunde über ein sensibles historisches Thema auffällig geworden waren, standen alle Zeichen auf Sturm. Nur das wohlwollende Verhalten des Schulleiters gab ihnen das Gefühl, daß die Sache trotz bevorstehenden Ärgers glimpflich ausgehen würde.

„So lernst du also Mathe!“ stellte Anna neckisch fest, doch der Junge war sichtlich in Eile und wollte sich ungern auf eine überflüssige Diskussion einlassen.

„Tut mir leid! Ich muß jetzt aber wirklich gehen“, sagte Luka, obwohl er ahnte, daß Anna wohl kaum von ihm ablassen würde.

Vergnügt betrachtete sie ihren Klassenkameraden. Sein ungewöhnliches Benehmen gab ihr Anlaß zu allerlei Vermutungen.

„Wartet Melanie auf dich, oder?“ fragte Anna lachend. „Hast du vielleicht Angst, daß sie eifersüchtig wird?“

Die letzten Worte haben ihre Wirkung nicht verfehlt. Obwohl die Frage ohne Zweifel scherzhaft gemeint war, flüchtete der Blick seiner blauen Augen verlegen zur Seite. Denn Anna war wirklich hübsch, und allein ihr Aussehen könnte unter Umständen fast jedes Mädchen zur Eifersucht verleiten. Sie war mittelgroß, schlank und hatte lange dunkelblonde Haare. Unter ihren hellblauen Augen lagen leichte Sommersprossen. Wenn diese Augen lachten, strahlte ihr helles Gesicht so unwiderstehlich, daß viele Jungen in ihrer Nähe in Verlegenheit gerieten und recht unbeholfen wirkten.

Nicht, daß Luka sich ernsthaft Sorgen um Melanie machte, die ihre Begegnung falsch verstehen könnte. Es ging viel mehr um den neuen Schüler Frank Uffelmann, der mit Anna in einem Verhältnis stand, das weit über eine bloße Freundschaft hinausging. Der deutschstämmige Junge aus Rußland war bereits zu seinem besten Freund geworden und den wollte Luka um nichts in der Welt verraten oder ihm auch nur den geringsten Anlaß zu solchen Vermutungen geben.

Während Luka nach passenden Worten suchte, um Annas Scherz abzuwehren, machte sie sich über seine Verlegenheit lustig.

„Was verheimlichst du vor uns?“ legte sie unbarmherzig nach. „Sag's ehrlich! Du kannst nicht lügen.“

Und in der Tat hatte Luka es nur selten geschafft, seine Mitschüler reinzulegen. Wenn er nur daran dachte, etwas zu sagen, was nicht der Wahrheit entsprach, konnte jeder es sehen. Auch jetzt zögerte er mit der Antwort.

„Lüg nicht!“ warnte Anna und versuchte, seinen ausweichenden Blick zu fangen.

„Das ist eine lange Geschichte“, sagte Luka bedrängt. „Ich wüßte nicht, wie ich dir das alles erklären sollte. Und ich muß jetzt aber wirklich gehen, sonst komme ich zu spät…“

„Nur, wenn ich mit darf!“ sagte Anna unbekümmert.

Als Luka diese Worte hörte, wurde er noch unruhiger. Er seufzte schwer, wollte etwas entgegnen, fand aber keine Kraft „Nein“ zu sagen.

„Und?“ setzte das Mädchen nach.

Der Junge schaute prüfend in ihre lachenden Augen und zögerte. Erst ein flüchtiger Blick auf seine Armbanduhr beendete die Pause.

„Wirst du es später nicht bereuen?“ fragte er ungewöhnlich ernst.

Anna hatte keine Ahnung, warum sie es bereuen sollte, und schüttelte verneinend den Kopf.

„Du mußt mir aber schwören, daß du es niemandem verrätst!“ warnte Luka. „Ich meine es ernst. Kein einziges Wort!“

Seine Stimme, die jetzt besonders rätselhaft klang, versprach ein echtes Abenteuer. Anna willigte sofort ein, denn Zeit hatte sie an diesem Tag in Überfluß. Frank war zu seinen Verwandten gefahren und sollte erst morgen zurückkommen.

Nun gingen die beiden die breite Schloßstraße entlang und vertieften sich in ein Gespräch über die letzten Ereignisse in der Schule und darüber, was in den nächsten Tagen noch alles geschehen könnte. Bald passierten sie den Eingang des Kurparks und sahen bereits in der Ferne die Mauern der Schloßanlage, die von einem ungewöhnlich breiten Wassergraben umgeben war.

„Kannst du mir vielleicht doch verraten, wo wir jetzt hingehen?“ fragte Anna, als sie den Schloßgraben erreichten.

„Wir sind schon fast da“, erwiderte Luka und schaute sich um, als ob er sich vergewissern wollte, daß niemand ihnen gefolgt war.

„Hör mir ganz genau zu!“ sagte er mit gesenkter Stimme. „Wir gehen jetzt über die Schloßbrücke und verstecken uns unbemerkt im Gebüsch am Wassergraben.“ Er zeigte auf einen dicht bewachsenen Hang auf der anderen Seite der Brücke. „Alles andere erkläre ich dir später. Klar?“

Anna betrachtete sein todernstes Gesicht und ahnte nun, warum Luka heute in der Schule so beharrlich auf seine Freunde eingeredet hatte, sie sollten lieber Mathe pauken. Er hatte es tatsächlich geschafft, etwas durchaus Wichtiges vor ihnen zu verheimlichen!

Sie passierten die steinerne Torbrücke, gingen auf das Schloßgelände und blieben schließlich vor dem steil abfallenden Abhang stehen. Mehrere Bäume und ein dichtes Gebüsch verdeckten die Sicht auf den darunterliegenden Schloßgraben. Nur das Plätschern und Schnattern der Wildenten verrieten, daß irgendwo unten, ganz in der Nähe Wasser war.

Luka schaute sich vorsichtig um, und als er sicher war, daß niemand sie sehen konnte, schlüpfte er unter dem Eisengeländer durch.

„Was stehst du hier wie angewurzelt?“ flüsterte er aufgeregt. „Komm jetzt!“

Anna folgte seinem Beispiel, und nach wenigen Sekunden verschwanden die beiden im dichten Gebüsch. Bald erreichten sie eine freie Stelle. Anna schaute sich neugierig um. Der ausgetretene Boden deutete darauf hin, daß ihr Klassenkamerad hier schon öfters gewesen war. Es war ein perfektes Versteck. Kein Mensch konnte sie von dem oben verlaufenden Spazierweg sehen, während vor ihnen ebenfalls schützende Büsche wuchsen. Deren Zweige verdeckten sie zwar vor den neugierigen Blicken, ließen aber ihnen die Sicht auf die einseitig bebaute Schloßstraße frei, die auf der anderen Seite des breiten Wassergrabens lag.

„Wenn jemand fragen sollte, was wir hier am Schloß machen, dann sagst du, daß wir die Enten fotografieren wollten. Wir sind Naturfreunde. Klar?“ flüsterte Luka verschwörerisch leise.

„Naturfreunde?“ wiederholte Anna verwundert.

„Irgend etwas müssen wir doch sagen, wenn es dazu kommt“, erwiderte Luka gereizt. „Sag einfach, daß du mich zufällig in der Stadt getroffen hast und daß ich dich dann mitgenommen habe. Sonst hast du damit gar nichts zu tun.“

Anna nickte fleißig, während Luka den Reißverschluß seiner großen Sporttasche öffnete.

„Willst du wirklich Wildenten fotografieren?“ fragte sie spöttisch, als sie sah, wie der Junge daraus ein Stativ hervorholte.

„Es gibt Dinge, die viel aufregender sind“, sagte er beiläufig und reichte ihr eine schwere Canon-Kamera. „Sei vorsichtig! Sie hat einen Haufen Geld gekostet.“

Er stellte die Tasche wieder zur Seite und breitete auf dem steilen Hang hinter Anna ein grünes Handtuch aus.

„Du kannst dich darauf hinsetzen, sonst machst du dir die Hose schmutzig“, sagte er leise und begann mit der Aufstellung des dreibeinigen Stativs.

Als er auf seine Armbanduhr blickte, wurde er schneller.

„Und jetzt?“ fragte Anna ungeduldig.

Sie hatte nach wie vor keine Ahnung, was ihr Klassenkamerad vorhatte, doch seine Geheimnistuerei machte auf sie einen gehörigen Eindruck. Sie kam sich vor wie in einer Abenteuergeschichte, die sie früher nur in spannenden Spielfilmen gesehen hatte.

„Bald geht es los!“ flüsterte Luka. „Zuerst mußt du mir aber schwören, daß du es niemandem verraten wirst.“

„Ich schwöre es dir“, sagte Anna schnell.

„Das ist zu wenig“, entgegnete der Junge und lachte sogar über ihre simplen Worte sarkastisch auf. „Du mußt dein Versprechen mit einem echten Schwur bekräftigten, vor dem Angesicht des allmächtigen Gottes.“

„Was?“ stieß Anna erstaunt hervor.

„Hast du Angst?“ fragte Luka ärgerlich. „Oder willst du es vielleicht morgen der ganzen Schule ausplaudern?“

„Überhaupt nicht“, erwiderte Anna gekränkt.

„Dann wiederhole jetzt, was ich dir sage“, forderte Luka, und seine Stimme erfüllte sich mit feierlichem Ernst: „Ich, Anna Weigand, schwöre und gelobe vor dem Angesicht des allmächtigen Gottes, daß ich das mir anvertraute Geheimnis unter keinen Umständen an andere Menschen verraten werde.“

Anna mühte sich, das Lächeln zu unterdrücken, und schaute ihn beinahe liebevoll an.

„Hör jetzt damit sofort auf!“ sagte Luka warnend.

„Gut, gut, gut“, erwiderte Anna friedfertig und wiederholte den vorgesagten Schwur.

„Es geht weiter“, sagte er halblaut. „Ich verbinde mich dazu bei der Strafe, wenn ich den Eid breche, daß man mir die Lippen mit einem glühenden Eisen abbrenne…“

Anna öffnete den Mund vor Überraschung.

„Guck mich nicht so an!“ flüsterte der Junge verärgert. „Sprich mir nach!“

„Machst du dich über mich lustig?“ fragte Anna vorwurfsvoll und versuchte, an seinem Gesicht zu erkennen, ob er das wirklich ernst meinte.

„Entweder sagst du das jetzt, oder du verschwindest und vergißt für immer, daß du mich heute gesehen hast!“ sagte der Junge unnachgiebig.

Anna blieb nichts übrig, als die unmöglichen Worte zu wiederholen. Kaum war sie damit fertig, sagte er schon den nächsten Satz vor: „…daß man mir die Hand abhaue, die Zunge ausreiße, die Gurgel abschneide…“

Stotternd wiederholte Anna auch diese unheimlichen Worte. Obwohl sie an den Ernst und die bindende Kraft des Eides nach wie vor nicht glauben konnte, lastete ein bedrückendes Gefühl auf ihrer Seele. Unbestimmte Bedrohung kam über sie wie ein dunkler Schatten, und ließ sie innerlich Erschaudern, während Luka wie ein Priester unbeirrt und unbarmherzig weitersprach: „…und daß man endlich meinen Körper zur Schande meiner Untreue aufhänge, ihn nachher verbrenne und die Asche in die Luft streue, damit nicht eine Spur übrig bleibe von dem Andenken meiner Verräterei.“

Nachdem das Mädchen das gehört hatte, wollte sie ihren Klassenkameraden noch einmal fragen, was das um alles in der Welt für eine Teufelei sein sollte, verzichtete aber auf weitere Fragen, als sie sah, wie gereizt und ungeduldig er inzwischen geworden war.

„…damit nicht eine Spur übrig bleibe von dem Andenken meiner Verräterei“, preßte Anna gewaltsam aus sich heraus, ohne ihre hellen Augen zu heben.

„Glaubst du an Gott?“ fragte Luka, während er wie ein Dieb verstohlen um sich schaute.

Anna beantwortete die Frage mit einem „Ja“.

„Gut“, sagte der Junge zufrieden. „Dann sag jetzt folgendes: So wahr mir Gott helfe und sein heiliges Evangelium.“

Anna zögerte. Sie wußte nicht, ob sie den Namen des allmächtigen Gottes, vor dem sie aufrichtige Ehrfurcht hatte, so leichtfertig in den Mund nehmen sollte. Plötzlich wurde ihr klar: Wenn sie es tue, dann müsse sie ihr Versprechen auf jeden Fall halten. Das bedeutete, auch vor Frank, jenem Jungen, der ihre innigsten Träume bewohnte und vor dem sie keine Geheimnisse haben wollte.

„Du kannst gehen“, sagte Luka entnervt, als er ihr Zögern sah.

Anna atmete tief durch, schlug die Augen nieder und wiederholte endlich die Schlußformel.

„Amen“, sagte Luka und setzte auf das dreibeinige Stativ seinen schweren Photoapparat auf.

Es war eine wertvolle Profi-Kamera, die sicher nicht jeder haben konnte.

„Das ist ein Wunder-Ding!“ schwärmte der Junge und streifte liebevoll über das massige Teleobjektiv. „Damit kannst du jedes Haar auf dem Gesicht erkennen…“

Er begann damit, die Vorteile seiner Kamera aufzuzählen, doch Anna stand nach wie vor unter dem Eindruck des Eides und zeigte kein Interesse für die technischen Details.

„Das ist aber ein furchtbarer Schwur“, sagte sie vorwurfsvoll. „Er klingt wie ein Fluch. Wo hast du ihn her?“

„Wenn du wüßtest, was die da sonst noch alles schwören müssen“, sagte der Junge ausweichend und reichte ihr ein großes Fernglas.

Nun kniff er das linke Auge und schaute durch den Sucher seiner Kamera auf die Häuser der gegenüberliegenden Schloßstraße. Auch Anna richtete ihr Fernglas in die gleiche Richtung.

Die Aufmerksamkeit ihres Klassenkameraden galt ohne Zweifel einem zweigeschossigen gelben Haus. Ein schönes Gebäude mit einem steilen Dach und vergitterten Bogenfenstern.

„Was ist das?“ fragte Anna neugierig.

Luka löste sich von seiner Kamera und blickte ihr direkt in die Augen.

„Das ist die Loge“, sagte er mit unheimlich wirkendem Ernst.

„Die Loge?“ flüsterte das Mädchen stirnrunzelnd nach.

„Eine Freimaurerloge“, bestätigte Luka und wandte sich wieder ab.

Anna wartete auf weitere Erklärungen, doch der Junge ignorierte ihren fragenden Blick. Nun betrachtete sie noch einmal das rätselhafte Gebäude, in der Hoffnung, dort zumindest einen kleinen Hinweis darauf entdecken zu können, was das brennende Interesse ihres Klassenkameraden erklären könnte. Doch es gab dort nichts, aber auch gar nichts zu entdecken. Ein schönes Haus, an dem Anna fast jeden zweiten Tag vorbeigegangen war.

Endlich meldete sich Luka zu Wort.

„Da kommen schon die ersten!“ flüsterte er zufrieden, als wartete er sehnsüchtig auf Menschen, die er seit langem kannte.

Anna schwenkte das Fernglas nach rechts und zog vor Überraschung die Augenbrauen hoch. Auf dem menschenleeren Gehweg direkt vor dem Kriegerdenkmal schritt ein junger Mann, den Anna sehr gut kannte. Es war Willi Lech, mit dem sie noch vor zwei Monaten befreundet war. In einen dunklen Anzug gekleidet, sah er betont festlich aus, als wäre er zu einer Hochzeit eingeladen worden.

„Den kennst du doch?“ fragte Luka mit leichtem Spott in der Stimme und knipste einige Male ihren einstigen Freund.

Obwohl das Verhältnis zu Willi nie den Rahmen einer unverbindlichen Freundschaft verlassen hatte, war die Erinnerung an diese Zeit für Anna unangenehm und sogar peinlich. Die einzige Frage, die sie jetzt beschäftigte, war: Was um alles in der Welt machte Willi heute hier in der Kurstadt? Zwar gehörte er zu den engsten Mitarbeitern ihres Vaters, doch dieser war heute zu einem geschäftlichen Termin gefahren und sollte erst am späten Abend zurückkommen. Während sie noch über das rätselhafte Auftauchen ihres einstigen Freundes grübelte, stupste Luka das Mädchen mit der Hand an der Schulter und zeigte mit einem Zeigefinger auf die andere Seite der Schloßstraße. Auf dem Gehweg schritt ein ähnlich gekleideter Herr. Anna schaute durch das Fernglas in seine Richtung.

„Das ist doch Dr. Oldenburg!“ rief sie überrascht aus.

„Was schreist du so laut?“ zischelte Luka erbost. „Meinst du, ich hab vergessen, wie unser Schulleiter aussieht?“

Anna preßte die Hand auf ihren Mund und schaute den Jungen schuldbewußt an. Luka knirschte mit den Zähnen und drohte ihr stumm mit der Faust. Bald wußte sie auch, warum. Irgend jemand ging auf dem oberen Spazierweg. Anna hörte, wie der Kies unter seinen Schuhen knirschte. Die Schritte kamen näher, dann blieb der Unbekannte stehen.

Anna hielt den Atem an. Sie wußte nicht, was sie verbrochen hatte, doch ihr Herz begann heftig zu schlagen. Selbst ihr Zeitgefühl veränderte sich. Die Sekunden tropften wie zähflüssiger Honig und steigerten die ohnehin unerträgliche Spannung noch weiter. Erst als der Unbekannte weiterging, atmeten die beiden erleichtert auf.

„Ein bißchen zu viel Aufregung für Naturfreunde, nicht war?“ fragte Luka vorwurfsvoll.

„Tut mir leid“, flüsterte Anna verlegen und begann erneut, die seltsamen Vorgänge vor dem gelben Haus zu beobachten.

Nachdem Willi und ihr Schulleiter Dr. Oldenburg hineingegangen waren, kamen immer neue Menschen hinzu. Darunter auch jene, die in der kleinen Kurstadt allgemein bekannt waren: der ehemalige Bürgermeister, einige Stadträte, Notare… Sogar der Leiter der städtischen Musikschule bewegte sich wie immer elegant und leichtfüßig in die gleiche Richtung. Festlich gekleidet, grüßten sie einander wie alte Freunde, wechselten vor dem Eingang noch einige Worte und gingen ebenfalls hinein.

„Was machen sie dort?“ flüsterte Anna, während Luka die Aufnahmen machte.

„Das sind Freimaurer“, erklärte der Junge mit gewichtiger Stimme. „Sie treffen sich hier regelmäßig. Auf ihren Logensitzungen vollziehen sie rituelle Handlungen.“

„Was?“ stieß Anna verwundert aus. „Ist das eine Kirche?“

„Wenn du es unbedingt willst, kannst du das auch so nennen“, erwiderte Luka sachkundig. „Bloß findest du dort kein Kreuz auf dem Altar.“

„Was gibt’s dort sonst?“

„Einen menschlichen Schädel“, erklärte Luka wie nebenbei.

Anna ließ ihr Fernglas sinken.

„Luka!“ sagte sie warnend. „Hör auf damit!“

„Ich schwör' es dir!“ beteuerte der Junge mit Nachdruck.

Das Mädchen blickte in seine blauen Augen und wußte sofort, daß er die Wahrheit gesagt hatte. Obwohl es draußen sommerlich warm war, lief Anna ein frostiger Schauer über den Rücken. Allein die Tatsache, daß auf einem Altar ein Totenkopf liegen könnte, war unheimlich genug. Doch die Vorstellung, daß ihr hochgeachteter Schulleiter Dr. Oldenburg zusammen mit anderen, nicht weniger bekannten Menschen vor einem solchen Altar stehen oder gar niederknien könnte, weckte in ihr die Erinnerung an die grausigen Horrorfilme, die sie später noch nächtelang verfolgt hatten.

„Wer sind diese Freimaurer?“ fragte Anna besorgt. „Was wollen sie?“

Luka, der mit seiner Kamera jedem einzelnen Freimaurer an den Fersen klebte, zuckte nur mit den Achseln, ohne seine Beschäftigung zu unterbrechen.

„Lüg nicht!“ sagte Anna verärgert. „Du weißt das!“

Luka stöhnte leise auf, als ginge ihm ihre Fragerei gehörig auf die Nerven, und hörte auf zu knipsen.

„Die einen sagen, daß es ein wohltätiger Verein sei, eine diskrete Bruderschaft, deren Mitglieder nur um ihre eigene Vervollkommnung bemüht sind...“

Er beugte sich wieder über die Kamera, doch Anna ließ nicht nach.

„Und was sagen die anderen?“ fragte sie mißtrauisch und zupfte ihn ungeduldig am Ärmel.

„Die anderen behaupten, daß die Wohltätigkeit nur eine Tarnung sei. In Wirklichkeit handele es sich dabei um einen geheimen Orden, der hinter dem Rücken ahnungsloser Menschen die Fäden der Weltpolitik ziehe.“

Die letzten Worte jagten Anna wieder die Gänsehaut über die Arme. Es klang nach einer handfesten Verschwörung, auch wenn sie sich darunter kaum etwas Greifbares vorzustellen vermochte.

„Und was meinst du selbst, was sie sind?“ wollte sie wissen.

„Du hast doch gesehen, wer da alles reingegangen ist!“ antwortete Luka. „Meinst du wirklich, daß sie nur Wohltätigkeit und eigene Vervollkommnung im Sinn haben?“

Anna wußte nicht, was sie entgegnen sollte. Noch vor einer halben Stunde hatte sie nicht einmal geahnt, daß es so etwas wie Freimaurer überhaupt gab.

„Woher weißt du das alles?“ fragte sie beeindruckt.

„Mein Vater ist Freimaurer“, sagte er so ernst, daß Anna bange wurde.

Mitfühlend blickte sie ihren Klassenkameraden an und räusperte sich verlegen, als wäre sie unverhofft in ein streng gehütetes Familiengeheimnis eingedrungen.

„Tut mir leid“, sagte sie leise. „Ich wußte nicht…“

„Spar’ dir dein Mitleid!“ entgegnete Luka gelassen und sogar etwas spöttisch. „Vielleicht werden wir bald die Rollen tauschen.“

„Wie meinst du das?“ fragte Anna irritiert.

Luka ignorierte die Frage, dann sagte er wie nebenbei:

„Hast du eine Ahnung, wo dein Vater gerade verweilt?“

„Mein Vater?“ stieß Anna verblüfft aus.

„Ja, dein Vater“, bestätigte Luka und drückte einen gestreckten Zeigefinger auf seinen Mund, zur Ruhe mahnend.

„Er ist zu einem geschäftlichen Termin gefahren…“, erklärte Anna.

„Zu einem geschäftlichen Termin, sagst du“, wiederholte Luka und schaute sie dabei mitleidig an.

Ein kalter Zug hauchte in Annas Seele.

„Warum fragst du das?“ sagte sie besorgt. „Ist mit ihm etwas passiert?“

Statt einer Antwort zeigte der Junge mit einladender Handbewegung auf die davor liegende Schloßstraße. Anna hob das Fernglas und öffnete erneut den Mund vor Überraschung. Ihr eigener Vater ging langsam die schöne Schloßstraße entlang und unterhielt sich mit einem älteren Herrn.

„Was machst du hier?“ flüsterte Anna geschockt, ohne ihren eigenen Augen glauben zu wollen.

Wie gebannt beobachtete sie jede Bewegung ihres Vaters. Die Antwort auf ihre Frage lag auf der Hand, doch ihr Verstand weigerte sich hartnäckig es zur Kenntnis zu nehmen. Im Grunde ihres Herzens hegte sie noch die Hoffnung, daß ihr Vater jetzt einfach weitergehen würde, doch dieser blieb genau wie die anderen Freimaurer vor dem Eingang des geheimnisvollen Hauses stehen. Obwohl es dort eine Sprechanlage gab, benutzte er diese nicht, sondern klopfte mit einem eingeknickten Zeigefinger an der Eingangstür. Nach wenigen Sekunden ging sie auf und in der Türöffnung erschien ein ähnlich gekleideter Mann. Wie ein Wächter stand er an der Schwelle und versperrte den Eingang. Erst als ihr Vater ihm einige Worte sagte, trat er zur Seite und ließ ihn und seinen Begleiter hineingehen.

„Das ist ein Ritual“, erklärte Luka. „Jetzt treten sie gerade in den Saal der verlorenen Schritte ein und ziehen dort ihre Lederschürzen an…“

„Welche Schürzen?“ fragte Anna wie benommen.

Sie ließ das Fernglas sinken und holte langsam den Atem.

„Sie sehen wie gewöhnliche Küchenschürzen aus, nur viel schöner, mit Symbolen bestickt… meistens sind es Winkelmaß und Zirkel…“

Luka sprach weiter, doch Anna konnte ihm nicht mehr folgen. Ihre Gedanken überstürzten sich und liefen wild durcheinander. Daß ihr Vater zu diesen merkwürdigen Menschen gehörte, war eine schwere Kost, doch die Tatsache, daß es bis heute vor ihr verborgen geblieben war, lastete auf der Seele wie ein kalter Stein. Sie wußte, daß sie sich jetzt dringend beruhigen sollte, um ihre Gedanken irgendwie zu ordnen, doch die Vorstellung, daß irgendwo in diesem Haus auf einem Altar ein grinsender Totenkopf liegen sollte, ließ sich nicht so leicht verdrängen. Das schreckliche Bild stand vor ihrem geistigen Auge wie ein böses Omen.

Währenddessen war ihr Klassenkamerad mit seinen Aufnahmen beschäftigt.

„Oh! Das sind noch zwei Brüder!“ murmelte er begeistert. „Auf euch habe ich schon lange gewartet!“ Sein Photoapparat knipste einige Male. „Und wo steckt unser Bruder Jacob?“ fragte er vergnügt und schwenkte die Kamera nach links. „Wußte ich doch, daß du kommst! Hast noch keine einzige Sitzung verpaßt, du armer Wohltäter…“

Luka forderte sie einige Male auf, sich die neu ankommenden Freimaurer anzuschauen, doch Anna reagierte nicht auf seine Worte und starrte gedankenverloren ins trübe Gewässer des Schloßgrabens. Noch vor einigen Minuten wäre sie bereit gewesen, das Ganze für ein lustiges Spiel zu halten, das erwachsene Menschen veranstalten, um ihre Freizeit zu füllen. Doch ihr Vater gehörte sicher nicht zu jenen leichtsinnigen Typen, die jeden Unsinn mitmachen würden. Sie erinnerte sich an sein willensstarkes Gesicht, daran, wie seine Mitarbeiter erbleichten, wenn er sie nur etwas länger anschaute… Nein, dachte Anna und schüttelte sogar unbewußt mit dem Kopf, es könnte unmöglich bloß ein Spiel sein. Auch Dr. Oldenburg war kein Spaßvogel! Eigentlich galt das Gleiche auch für alle anderen, die durch die geheimnisvolle Tür des gelben Hauses gingen…

Warum hat er mir gesagt, daß er heute nach Hannover fährt? fragte Anna sich selbst und spürte, wie die quälende Kränkung ihr die letzte Kraft raubte. Noch nie hatte er sie betrogen, immer nur die Wahrheit gesagt, niemals Süßigkeiten oder Geld versteckt. Wenn man einander nicht vertraut, dann fehlt es an Liebe und Achtung. Das hat sie so oft von ihm gehört… Nicht immer war sie mit seinen Prinzipien zufrieden, besonders, wenn sie ihre Freiheit einschränkten, doch sie liebte ihn und war so stolz auf ihn…

Als Luka sie an der Schulter berührte, drehte sie sich schnell weg.

„So schlimm ist es auch nicht“, sagte der Junge beruhigend.

Betroffen sah er, wie Anna mit dem Handrücken die Tränen wegwischte.

„Wie haben sie meinen Vater da reingezogen?“ fragte sie verzagt.

Der Junge wurde unruhig.

„Sprechen wir lieber später darüber“, sagte er ausweichend und begann, mit ungeschickten Händen an seinem Stativ herumzufummeln.

„Willst du es mir nicht sagen?“ fragte Anna mit kummervoller Stimme, während ihre unglücklichen Augen um Ehrlichkeit flehten.

Luka ließ das Stativ wieder los und seufzte schwer.

„Na sag schon!“ bat sie ihn ahnungsvoll.

„Tut mir leid“, murmelte Luka schuldbewußt, „aber dein Vater ist kein einfaches Logenmitglied.“

„Wer ist er dann?“ fragte Anna ängstlich.

„Der Großmeister…“

Ein offenes Geheimnis

Die Sonne hing bereits tief über der bewaldeten Hügelkette, und der angenehme Sommerabend lockte die Kurgäste in die grüne Hauptallee. Hier im Schatten der alten Kaiserlinden hatten zahlreiche Cafés ihre Tische aufgestellt und warteten auf sie mit Speisen und erfrischenden Getränken. Die angrenzende Schloßstraße sah dagegen menschenleer aus. Nur wenige Touristen standen auf der steinernen Torbrücke vor dem Schloß und bewunderten schöne Villen, die unbeschadet den letzten Krieg überstanden hatten. Zwei Kinder am breiten Schloßgraben beugten sich über die Absperrung, warfen den herbeieilenden Wildenten Brotkrumen ins Wasser und lachten vergnügt über deren streitsüchtiges Verhalten.

Das gelbe Haus mit steilem Dach und vergitterten Bogenfenstern hüllte sich in Schweigen. Keine Stimmen drangen nach draußen, kein einziges Geräusch. Schwere Vorhänge schützten die Innenräume vor neugierigen Blicken. Doch diese scheinbare Ruhe konnte Anna nicht täuschen. Sie wußte, daß ihr eigener Vater sich in diesem Augenblick irgendwo hinter diesen dicken Mauern befand. Umgeben von angesehenen Männern stand er jetzt womöglich vor einem Altar, auf dem ein menschlicher Schädel lag.

Anna versuchte sich vorzustellen, wie es aussehen könnte, wenn Männer in schwarzen Anzügen und Krawatten lederne Schürzen trugen, die mit rätselhaften Symbolen bestickt waren…

Das Mädchen wurde von schrecklichen Bildern bestürmt und konnte ihre Vorstellungskraft nicht mehr zügeln: Nun standen all die Freimaurer, die vor zwei Stunden durch die Tür des Logenhauses hineingegangen waren, in einem weiten Kreis. Im flackernden Kerzenschein sahen sie wie blutrünstige Metzger aus, die auf ihr Schlachtopfer warteten. Sie kamen in Bewegung! Stumm und mit versteinerten Gesichtern gingen sie von allen Seiten zum Altar, dann beugten sie sich langsam darüber…

Anna schüttelte den Kopf und atmete einige Male tief durch. Wohin soll das alles nur führen, wenn ich weiter so mache? stellte sie sich die Frage und beantwortete diese selbst: Ich werde verrückt!

Sie versuchte sich zu beruhigen: Vielleicht ist es alles gar nicht so schlimm? Vielleicht war das mit dem Totenkopf nur ein schlechter Scherz? Vielleicht wurde Luka selbst von irgendeinem Spaßvogel getäuscht?

Ihr umherschweifender Blick blieb am vergitterten Bogenfenster stehen. Zwei ineinander verschränkte Symbole, Winkelmaß und Zirkel, waren kunstvoll in die Mitte des Eisengitters eingearbeitet. Genau wie Luka es beschrieben hat, dachte Anna bekümmert. Das Gleiche am zweiten Fenster. Widerwillig mußte sie sich eingestehen, daß ihr Klassenkamerad wahrscheinlich doch die Wahrheit gesagt hatte.

Wie oft ging ich an diesen Fenstern vorbei? dachte Anna. Warum habe ich diese verdammten Symbole früher nicht gesehen? Warum habe ich mich nie gefragt, was das alles zu bedeuten hat? Von welcher Seite sie diese Fragen auch anging, fiel die Antwort denkbar ungünstig aus. Bald brachten ihre Überlegungen sie auf einen schrecklichen Verdacht: Es war durchaus möglich, daß die heutige Erkenntnis nur ein winziger Bruchteil von dem war, was in unergründlichen Tiefen des Lebens tatsächlich verborgen lag. Womöglich eine ganze Welt, von der sie nicht die geringste Ahnung hatte!

Unbestimmte Angst erfaßte Anna und trieb sie davon. Allein der Gedanke, daß ihr Vater jetzt plötzlich in der Tür erscheinen und sie hier vor diesem Haus sehen würde, war beängstigend. Wie sollte sie ihm erklären, warum sie dort stand? Sie wußte, daß sie sich verraten würde, sobald sie ihm in die Augen sähe. An ein klärendes Gespräch wollte sie gar nicht denken, als könnte eine ehrliche Aussprache zu diesem Thema ihr liebevolles Verhältnis für immer zerstören.

Sie beschloß, nach Hause zu gehen, ihr Notebook einzuschalten und das ganze Internet nach aussagekräftigen Beiträgen über die Freimaurerei zu durchsuchen. Mein Papa! dachte sie kummervoll, als wäre er in große Gefahr geraten.

Anna ging immer schneller und erreichte bald die Parkstraße. Doch als sie ihr schönes Haus sah, wurde sie von wachsenden Zweifeln ergriffen: Ob die endlose Flut widersprüchlicher Internet-Beiträge ihren Seelenschmerz wirklich lindern würde? Werde ich im Morgengrauen die Wahrheit wissen oder noch mehr Fragen haben? Vielleicht wäre ein Buch zu diesem Thema eine bessere Lösung?

Dabei erinnerte sie sich an den alten Buchhändler, bei dem sie und Frank erst vor wenigen Tagen zu Besuch gewesen waren, und eine neue Hoffnung keimte in ihrem Herzen. Wer sonst hätte noch mehr über die geheimnisvollen Freimaurer wissen können als dieser anständige und mit Sicherheit allseits gebildete Herr? Je länger sie überlegte, desto zuversichtlicher wurde sie in ihrem Entschluß. Anna kehrte um und ging in die nahegelegene Hauptallee.

Die Buchhandlung Maiski war nur wenige Gehminuten von der

Parkstraße entfernt. Das zur Geschäftszwecken umgestaltete Fachwerkhaus lag nahe dem schönen Brunnenplatz und war gut besucht. Nicht nur seine Mitarbeiter bedienten die zahlreichen Kunden, sondern auch Herr Maiski selbst stand jedem Kurgast stets mit gutem Rat zur Seite. Auch jetzt sah sie ihn durch die großen Schaufenster mit einer älteren Frau sprechen. Er war groß und sah trotz seines hohen Alters erstaunlich rüstig aus. Seine ergrauten Haare waren immer einwandfrei frisiert und das hagere, glatt rasierte Gesicht paßte sehr gut zu seiner ausgesprochen vornehmen Art.

Anna ging hinein und blieb vor einem deckenhohen Bücherregal stehen. Sie wollte Herrn Maiski nicht stören, doch er hatte sie bereits gesehen und lächelte ihr freundlich zu. Kurz darauf stand er vor ihr und begrüßte sie herzlich.

„Es ist mir stets eine Freude, Sie zu sehen“, sagte der Buchhändler und nahm behutsam ihre zierliche Hand entgegen. „Wie geht es Ihnen?“

Anna bedankte sich für die höfliche Begrüßung, berichtete in wenigen Worten darüber, daß es ihr ganz gut gehe und daß Frank gleich nach der Schule zu seinen Verwandten gefahren sei. Dann fragte sie ohne Umschweife, ob er Bücher über die Freimaurer habe.

Herr Maiski zog die Augenbrauen verwundert hoch.

„Darf ich Sie vielleicht fragen, aus welchem Grunde Sie sich für dieses Thema interessieren?“

Anna war froh, daß er so direkt auf ihr Anliegen eingegangen war, und fragte, ob sie mit ihm ungestört sprechen könne. Der Buchhändler willigte erwartungsgemäß ein und schlug ihr vor, in seine Wohnung zu gehen, die ein Stockwerk höher lag.

Nun saß sie wieder im gemütlichen Wohnzimmer, in dem alle Gegenstände mit ihrem Herrn alt geworden waren. Wenige Möbelstücke, schwere Gardinen, gerahmte Bilder und selbst die Bücher im antiken Schrank am Fenster stammten vermutlich aus einer Zeit, in der Herr Maiski noch die Schule besucht hatte. Die schöne Tischdecke war mit bunten Blumen bestickt und trug zur Gemütlichkeit des Zimmers wesentlich bei.

„Aus Ostpreußen“, erklärte der Buchhändler mit warmer Stimme. „Das letzte Stück, das ich von meinem Vaterhaus noch habe. Es gab noch andere Sachen, doch diese mußten wir nach der Vertreibung verkaufen, damit wir nicht verhungerten.“

Anna nickte verständnisvoll und schwieg, während Herr Maiski frisch aufgebrühten Tee in ihre Tassen goß. Er setzte sich ihr gegenüber, bewunderte ihr helles Gesicht, und als sie etwas verlegen zurücklächelte, sagte er in seiner charmanten Art: „Sie haben schöne Augen! Kein Wunder, daß Frank sofort den Kopf verloren hat."

Anna war nach diesen Worten glücklicher denn je. Der alte Herr hätte ihr in diesem Augenblick kaum etwas Besseres sagen können. Der bloße Hinweis darauf, daß Frank sie tatsächlich lieben sollte, beflügelte das Mädchen. Sie unterhielten sich eine Weile über Frank und die Ereignisse der letzten Tage, dann kam der Augenblick, in dem Herr Maiski verstummte und erwartungsvoll zu ihr aufschaute.

Anna sammelte sich, und die Erinnerung an die seltsamen Vorgänge vor dem gelben Haus erfüllten sie wieder mit Sorge. Dabei mußte sie auch an den furchtbaren Eid denken, den sie vor dem Angesicht Gottes ihrem Klassenkameraden geschworen hatte. Sie beschloß, ihre Worte sorgsam zu wählen, um möglichst wenig davon zu verraten.

„Vor einigen Tagen habe ich ganz zufällig etwas Wichtiges erfahren", sagte Anna vorsichtig. „Einer meiner Verwandten ist Freimaurer..." Sie wandte ihren Blick zur Seite. „Ich meine, ein naher Verwandter", fügte sie unsicher hinzu.

Als sie diese Worte sagte, überwältigte sie das gleiche trostlose Gefühl, das sie in ihrem Versteck beim Anblick ihres Vaters getroffen hatte. Ihre Augen füllten sich mit Tränen.

„Ach, nein!" sagte Herr Maiski beruhigend. „Allein deswegen ist man noch lange kein schlechter Mensch!" Er nahm ihre Hand und streichelte sie liebevoll. „Das ist ja nun wirklich kein Grund, sich solche Sorgen zu machen."

Anna schämte sich ihrer Schwäche, konnte sich aber nicht so schnell beherrschen.

„Entschuldigung", sagte sie leise und wischte sich verlegen die Tränen weg. „Ich wollte etwas mehr darüber wissen, ob es etwas Gefährliches wäre... ein Bekannter von mir meinte, es wäre ein Geheimbund."

„So geheim ist er inzwischen auch nicht", entgegnete der alte Herr unbeeindruckt. „Das ist, wenn Sie so wollen, ein offenes Geheimnis. Wenn man unbedingt möchte, wird man eine Menge darüber erfahren können."

Seine zuversichtliche Stimme gab Anna wieder Kraft. Vertrauensvoll sah sie in sein gütiges Gesicht und wartete auf weitere Erklärungen.

„Allein die Tatsache, daß so viele berühmte Menschen Freimaurer waren, sollte uns vor jeder Vorverurteilung zurückhalten", fuhr Herr Maiski fort. „Friedrich der Große, Herder, Mozart, Beethoven... man munkelt, daß auch Schiller dazu gehörte. Zumindest hat er für eine Freimaurerloge eine Hymne geschrieben."

Anna war durch diese Mitteilung sichtlich überrascht und zugleich erleichtert. Die großen Namen, die auch Frank stets mit Ehrfurcht erwähnt hatte, bestärkten die vage Hoffnung, daß die ganze Sache doch nicht so schlimm sei. Mit großem Interesse lauschte sie seinen Worten.

„Früher hat man die Logen als eine Art Freidenkerclubs empfunden. Es war Mode! Man sprach von Freiheit, Gleichheit und Brüderlichkeit! Viele Adlige und Teile des Bürgertums hatten den Glauben an Gott schon damals längst verloren. Man hat sich zwar in der Öffentlichkeit nach wie vor zum Christentum bekannt, doch in Wirklichkeit konnte es ihr Leben nicht mehr ausfüllen. Sie sehnten sich nach Wissenschaft und setzten auf den göttlichen Thron die Menschheit und nicht zuletzt die Vernunft, mit der sie das ganze Universum zu erklären hofften. Ein Freimaurer betrachtet sich selbst als einen rohen Stein, den er zeit seines Lebens zu behauen und zu polieren angehalten sei. Denn aus diesen behauenen Steinen bauen die unzähligen Generationen von Freimaurern ihren Tempel auf, den Tempel der Menschheit. Nicht jeder sei von Natur aus für eine solche Aufgabe geeignet. Die Freimaurerei sei eine königliche Kunst, behaupten die Logenmitglieder. Man kann dort keinen Aufnahmeantrag stellen, die Freimaurer selbst entscheiden, wen sie in ihre Bruderkette aufnehmen."

Die Erzählung gefiel Anna. Eine gewisse Faszination ging von diesen knappen Worten aus, der man sich nur schwerlich entziehen konnte.

„Es klingt bei Ihnen alles so schön", sagte Anna unschlüssig. „Doch mein Bekannter erzählte mir auch andere Dinge."

„Was meinen Sie jetzt ganz genau?" fragte der Buchhändler neugierig.

Anna überlegte, wie sie das, was sie am meisten bedrückte, zum Ausdruck bringen sollte. Denn so etwas auszusprechen, war in Wirklichkeit gar nicht so leicht. Erst als die Pause länger wurde, brachte sie es über die Lippen:

„Er sagte mir, daß auf ihrem Altar ein Totenkopf liegen sollte…", flüsterte Anna dem Buchhändler zu, als ginge es dabei um ein schreckliches Geheimnis.

Die Erinnerung an die Worte ihres Klassenkameraden rief bei ihr erneut grausige Bilder hervor, die es mit jedem Horrorfilm aufnehmen könnten. Sie erschauderte dabei und blickte forschend in die Augen des Buchhändlers, doch dieser nahm ihre bedeutungsvolle Mitteilung mit erstaunlicher Gelassenheit zur Kenntnis.

„Ach das meinen Sie!“ rief Herr Maiski erheitert aus. „Das ist nur ein Symbol, das jeden Freimaurer an seine Vergänglichkeit erinnern sollte. Überhaupt ist die Welt der Freimauer reichlich mit Symbolen und bedeutungsvollen Riten ausgeschmückt. Ein wesentlicher Teil der Überlieferung wurde sogar aus dem Alten Testament übernommen. Nichtsdestotrotz werfen viele Kritiker der Freimaurerei vor, daß hinter ihrer Mystik sich Atheismus und Materialismus verbergen, die unser Leben zerstören. Sie behaupten, daß die Freimaurerei den Menschen knechte. Sie wirke nicht durch direkte Befehle, sondern fresse sich in die Seelen der Menschen ein, niste sich in ihrem Bewußtsein ein und beeinflusse schließlich ihr Handeln, ohne daß die Betroffenen es merken würden. Die Freimaurer selbst halten sich natürlich für aufgeklärte und vor allem freie Menschen, die einem hehren Ideal dienen. Nicht wenige haben ihr Vermögen für wohltätige Zwecke geopfert, große Taten vollbracht!“

Er ging zum Bücherschrank, zog ein dickes Buch mit dem Titel „Faust“ heraus und zeigte es Anna.

„Mein Lieblingsbuch übrigens“, sagte er mit gewichtiger Stimme, „obwohl Goethe nicht nur ein Freimaurer war, sondern auch ein Illuminat!“

„Illuminat?“ wiederholte Anna besorgt.

Das Wort kannte sie nur in Verbindung mit einem alten Film, an dessen Inhalt sie sich nicht mehr ganz genau erinnern konnte, trotzdem klang es in ihren Ohren sehr bedrohlich. Als Herr Maiski ihre fragenden Augen sah, erklärte er:

„Es gab früher noch eine Geheimgesellschaft, den sogenannten Illuminaten-Orden. Seine Mitglieder strebten nicht nur nach Selbstvervollkommnung, wie es die Freimaurer taten, sondern sie trachteten danach, die Macht zu ergreifen. Und zwar mit allen Mitteln! Man munkelt, und dies nicht ohne Grund, daß die Freimaurerlogen spätestens seit dem Ende des achtzehnten Jahrhunderts durch Illuminaten unterwandert wurden und seitdem für deren undurchsichtige Zwecke mißbraucht würden.“

„Eine Verschwörung gegen andere Verschwörer!“ rief Anna ängstlich aus, fasziniert von der Tiefe des dunklen Geheimnisses.

„In diesem Fall sieht es tatsächlich danach aus“, bestätigte Herr Maiski und fuhr mit der gleichen Sachlichkeit fort. „Allein schon deswegen, weil die Unterwanderung der Freimaurerei ein erklärtes Ziel der Illuminaten war. Kaum gesagt, gingen sie ans Werk. Die Logen in Wien und München zum Beispiel fielen ihnen fast von selbst in die Hände. Die Enthüllungen der letzten Jahrhunderte geben uns einen durchaus berechtigten Anlaß zu vermuten, daß der Orden der Erleuchteten, so wird das Wort Illuminaten ins Deutsche übersetzt, sein Ziel zumindest teilweise erreichte.

Nehmen wir als Beispiel die berüchtigte italienische Feimaurerloge Propaganda Due, die in den siebziger Jahren des vergangenen Jahrhunderts in Italien wirkte. Der ganze Staat war durch diese Loge unterwandert. Sie zählte nicht weniger als eintausend Mitglieder: hohe Regierungsbeamte, Leiter aller drei Geheimdienste, Generäle, Richter, Redakteure der Leitmedien, Mafiabosse… selbst der italienische Premierminister Forlani gehörte dazu! Daß sie sich dort nicht nur mit den Fragen der Wohltätigkeit befaßt haben, versteht sich von selbst. Ihr Ziel war die totale Kontrolle über den italienischen Staat.

Wie kann sich aber ein Staat gegen eine Geheimgesellschaft wehren, wenn die meisten Regierungsmitglieder bis hin zu den Leitern der Geheimdienste dieser Loge angehören und das gleiche Ziel verfolgen? Das sind Fragen, die die Logenbrüder nicht gern hören. Sie behaupten, diese Leute seien keine echten Freimaurer. Wer sind sie dann? Wer kann uns versichern, daß sich die Logenmitglieder unter dem Schleier der Verschwiegenheit nur mit Selbstveredelung beschäftigen? Vielleicht haben nicht gerade die Besten in den oberen Graden der Freimaurerei das Sagen, sonder die Erleuchteten! Vielleicht ist ihnen jedes Mittel gut genug, um ihre undurchsichtigen Pläne in die Tat umzusetzen? Auch die Bolschewiken in Rußland gaben stets vor, nichts als Menschenglück im Sinn zu haben. Dabei ertränkten sie aber das ganze Land im Blut völlig unschuldiger Menschen. Sie begangen Verbrechen, deren Ausmaß alles, was man zuvor gekannt hatte, weit in den Schatten stellte! Wie Sie sehen, es gibt viele Fragen, die trotz aller Lippenbekenntnisse offen bleiben. Gut, daß die Sache in Italien letztendlich aufgeflogen war!"

Die Erzählung über die italienischen Verhältnisse war kaum geeignet, Annas Sorge um ihren Vater abzuschwächen. Auch wenn Herr Maiski das Wort stets vermieden hatte, ging es dabei um eine handfeste Verschwörung gegen die Freiheit der Menschen.

„Wie ist man ihnen auf die Schliche gekommen?" fragte Anna wißbegierig.

„Als die italienischen Behörden den Zusammenbruch der Banken des Freimaurers Michele Sindona und dessen Verbindungen zur sizilianischen Mafia untersuchten, fiel den Ermittlern bei einer Durchsuchung die Mitgliederliste der P2-Loge in die Hände. Im Mai 1981 wurde sie öffentlich gemacht, worauf der amtierende Premierminister Forlani zurücktreten mußte. Die ganze Sache war von mysteriösen Vorfällen begleitet. So fand man zum Beispiel den geflohenen Banker Roberto Calvi, der tief in die Machenschaften der Logenmitglieder verwickelt war, aufgehängt unter einer Londoner Brücke."

„Unter einer Brücke", wiederholte Anna erschüttert.

„Ja", bestätigte Herr Maiski und fügte bedeutungsvoll hinzu: „Gerüchten zufolge steckten in seinen Taschen Backsteine. Es wird allgemein als Rache der Freimaurer gedeutet. Auch der Banker Sindona wurde 1986 beseitigt, nachdem er einem Reporter vier Interviews gegeben hatte. Er wurde in einem Hochsicherheitsgefängnis mit Kaliumcyanid vergiftet. Niemand weiß, wer das getan hat."

Anna atmete tief durch und schwieg, ohne zu wissen, wie sie das Gesagte richtig einordnen sollte. Das schöne Bild von einem edlen Club, dessen Mitglieder selbstlos um die Wohltätigkeit und das Menschenglück bemüht waren, brach erneut zusammen und hinterließ ein Gefühl der niederdrückenden Ratlosigkeit. Auch Luka hatte davon gesprochen, daß die Freimaurer hinter dem Rücken ahnungsloser Menschen die Fäden der Politik zogen und diese nicht nur mit sanfter Gewalt auf ein ihnen völlig unbekanntes Ziel trieben.

„Was meinen Sie, ist es bei uns in Deutschland genauso schlimm wie in Italien? Vielleicht haben diese schrecklichen Menschen die Macht bei uns schon längst ergriffen?"

Über das zerfurchte Gesicht des Buchhändlers flog ein nachsichtiges Lächeln.

„Über das Unsichtbare haben nur die Götter Gewißheit", erwiderte er mit leichtem Seufzer, „uns aber als Menschen ist nur die Mutmaßung gestattet. Das sagten bereits die alten Griechen. Dieser Satz hat aber auch in Zeiten des Internets seine Gültigkeit nicht verloren."

Anna war mit der simplen Antwort sichtlich unzufrieden.

„Dann können diese Leute mit uns machen, was sie wollen!" rief sie enttäuscht aus. „Wenn wir über sie gar nichts wissen, dann sind wir einfach machtlos!"

Unbestimmte Angst erfaßte Anna, als lauerten die unsichtbaren Feinde hinter jeder Ecke, während sie selbst mit verbundenen Augen sinnlos durch die Gegend herumstolperte, in vollem Bewußtsein dessen, daß jeder Augenblick auch ihr letzter sein könnte.

„Was können wir tun gegen diese Illuminaten?" sagte sie vor sich hin starrend und verzweifelte beinahe an der unlösbaren Aufgabe.

„Zunächst einmal können wir in solchen Fragen unseren Verstand benutzen“, erwiderte Herr Maiski wie immer sachlich. „So unsichtbar sind sie ja gar nicht!“

Die letzten Worte deuteten eine Lösung an. Anna hob ihre Augen zu ihm und wartete ungeduldig auf weitere Erklärungen.

„Ich versuche es Ihnen an einem Beispiel deutlich zu machen. Wenn Sie an einem unberührten Strand menschliche Fußabdrücke sehen, dann werden Sie bestimmt davon ausgehen, daß an dieser Stelle vor einiger Zeit ein Mensch vorbeiging, weil es für Sie eben einleuchtend ist! Wenn Sie sich mit diesen Spuren etwas länger beschäftigen, werden Sie mit Sicherheit noch mehr darüber sagen können: aus welcher Richtung der Unbekannte kam und wohin er gegangen ist, und so weiter. Nichts anderes macht die Kriminalpolizei bei ihren Ermittlungen, wenn sie nach einem Straftäter fahndet.

Es gibt aber Menschen, die sagen werden, daß dies alles nur eine Verschwörungstheorie sei, da man den Menschen selbst nicht gesehen habe. Einige werden sogar behaupten, daß diese Spuren zufällig entstanden seien. Ich aber vertraue auf die menschliche Erfahrung und Logik.

Nicht anders sieht es auch in unserem Fall aus. Denn das Wirken der Geheimgesellschaften hinterläßt ebenfalls tiefe Spuren im gesellschaftlichen Leben. Wer sie lesen kann, der weiß auch, wo die Wahrheit liegen könnte. Der ehemalige amerikanische Präsident Roosevelt sagte einst, daß in der Politik nichts Zufälliges passiert. Wenn aber etwas geschieht, dann kann man mit Sicherheit davon ausgehen, daß es auch so gewollt war und daß es Menschen gab, die es geplant haben. Er hätte es eigentlich am besten wissen müssen! Er war ebenfalls ein Freimaurer, der in ihrer Hierarchie ganz oben stand.“

Herr Maiski kam wieder auf die Geschichte der Freimaurerei zu sprechen und erklärte ihr die Bedeutung der wichtigsten Symbole, doch Anna hatte das Gefühl, daß er ihren Fragen nach dem Orden der Illuminaten absichtlich ausgewichen sei. Sie wartete eine günstige Gelegenheit ab, dann lenkte sie das Gespräch auf ihr ursprüngliches Thema.

„Glauben Sie wirklich, daß es diese Illuminaten immer noch gibt?“ fragte sie mit einer Direktheit, der man gar nicht so leicht hätte ausweichen können.

Herr Maiski runzelte seine hohe Stirn und überlegte einige Sekunden lang, als wüßte er nicht, wie er seine Erzählung beginnen sollte.

„Als der bayerische Kurfürst von dem konspirativen Treiben des Ordens erfahren hatte, wurde dieser 1785 in Bayern endgültig verboten und später sogar einer regelrechten Verfolgung ausgesetzt. Adam Weishaupt, der Gründer des Illuminaten-Ordens, wurde der Mitgliedschaft verdächtigt und von dem Kurfürsten aufgefordert, sich vor dem Senat der Ingolstädter Universität öffentlich zum katholischen Glauben zu bekennen. Weishaupt entzog sich diesem Bekenntnis, indem er nach Regensburg flüchtete, das damals nicht zu Bayern gehörte. 1787 verkleidete er sich als Handwerker und floh weiter nach Gotha, wo er einflußreiche Beschützer hatte. Für mich persönlich ist es schwer vorstellbar, daß eine solche Geheimgesellschaft sich überhaupt verbieten läßt. Die Mitglieder kannten einander, und es ist durchaus möglich, daß der Orden bis heute im Verborgenen weiterlebt. Vielleicht sogar in den oberen Graden der Freimaurerei.

Es ist wichtig zu verstehen, daß ein solcher Geheimbund kein Verein im üblichen Sinne des Wortes ist. Er braucht keine Gründungsurkunden, Stempel oder sonstigen Kram. Er wird von einer mächtigen Idee zusammengehalten! Die Mitglieder schwören einander einen furchtbaren Treueeid, den nur der Tod allein lösen kann. Sie sind angehalten, einander beizustehen und für das Erreichen ihres Ziels jeden, aber wirklich jeden Preis zu zahlen!

Sollte es den Illuminaten-Orden auch heute noch geben, würden seine Mitglieder alles daran setzen, dessen Existenz abzustreiten und ihre Kritiker als Spinner und Verschwörungstheoretiker lächerlich zu machen. Ich bin mir sicher, sie würden auch vor der physischen Beseitigung ihrer Gegner nicht zurückschrecken."

„Genauso wie die Loge P2!" rief Anna tief beeindruckt aus. „Wenn es diese Illuminaten tatsächlich geben sollte, müssen wir sie unbedingt aufhalten!"

Sie faßte sich unbewußt an die Stirn und begann an der Unterlippe zu kauen, während ihre unruhigen Augen im Anflug des jugendlichen Idealismus glühten. Sie verliehen ihrem ohnehin hübschen Gesicht einen unwiderstehlich edlen Ausdruck, der den alten Buchhändler an seine eigene Jugendzeit erinnerte.

Herr Maiski lächelte über die Empfänglichkeit des jungen Mädchens.

„Wissen Sie, man braucht ja gar nicht darüber zu spekulieren, ob der Orden der Illuminaten überlebte oder nicht. Denn es gibt noch viele andere Gesellschaften, die für uns greifbar sind und nicht weniger Fragen aufwerfen. Wenn es bloß Vereine wären, zu deren Mitgliedern nur Straßenfeger und Bauarbeiter zählten, hätte man das alles getrost vergessen können. Doch die Wirklichkeit sieht anders aus. Wie im Falle der italienischen Loge P2 gehören zu diesen Zirkeln Unternehmer, Künstler, maßgebende Journalisten, Generäle und vor allem Politiker und Vertreter der sogenannten Hochfinanz. Nehmen wir zum Beispiel *Skull & Bons*. Haben Sie schon mal von einer solchen Geheimgesellschaft gehört?"

Anna schüttelte den Kopf. Von einer Gesellschaft, die „Schädel und Knochen" heißen sollte, hatte sie keine Ahnung. Doch die Erinnerung an den Totenkopf, der in den Räumen der hiesigen Loge auf einem mysteriösen Altar liegen sollte, jagte ihr wieder Angst ein.

„Noch nie gehört", gab sie ehrlich zu.

„Sehen Sie!" sagte Herr Maiski. „Sie wissen es nicht, wie übrigens auch die meisten Menschen auf dieser Welt. Man fragt sich nur, warum unsere Presse, die sich üblicherweise gierig auf jedes unbedeutende Detail aus dem Leben der Mächtigen stürzt, über deren Zugehörigkeit zu den Geheimgesellschaften nur selten etwas berichtet. Bei uns in Deutschland schon gar nicht! Und diesem Orden, der *Skull & Bons* heißt, gehören Gouverneure und Menschen an, die noch vor wenigen Jahren Präsidenten der USA waren. Dabei reden wir nur über die Sachen, die uns bekannt sind. Können Sie sich überhaupt vorstellen, was im Verborgenen geschieht?"

Anna kniff die Augen zu und atmete tief durch.

„Sie machen mir Angst", sagte sie ernst und legte ihre Hand auf die Brust, als wollte sie ihren Atem beruhigen.

„Verzeihen Sie mir bitte! Das war sicher nicht meine Absicht", sagte Herr Maiski mit warmem Lächeln und bemühte sich, seine Worte zu entschärfen. „Wenn man sich mit den Geheimgesellschaften beschäftigt, bekommt man in der Tat ein ungutes Gefühl. Man muß aber dabei sehr vorsichtig sein! Denn viele Menschen verlieren den Boden unter den Füßen. Sie verfallen sehr schnell in einen Zustand, in dem sie hinter jeder Ecke einen Freimaurer oder Illuminaten wittern. Dabei vergessen sie, daß die Welt zu komplex ist, um das Weltgeschehen nur auf das verborgene Wirken geheimer Orden zu reduzieren. Es gibt sehr viele Spieler und Machtzentren, deren Interessen nicht immer die gleichen sind. Das Weltgeschehen ist ein ewiges Ringen aller möglichen Kräfte. Dabei gibt es noch eine andere Macht, die viel mächtiger ist und die man heute sehr oft aus den Augen verliert."

Herr Maiski erhob sich, um frischen Tee zu holen, doch Anna konnte nicht warten. Zwar hatte sie Angst, noch mehr Unerfreuliches zu erfahren, das ihre Sorge um den Vater noch weiter verstärken könnte, doch die Ungewißheit war noch viel schlimmer.

„Welche Macht meinen Sie jetzt?“ fragte sie betroffen, während sie ihren Blick langsam zu ihm hob.

„Gott“, antwortete Herr Maiski ernst und ehrfürchtig.

Die Erinnerung an den himmlischen Vater, der die Welt und die Menschen schuf, wirkte auf Anna beruhigend. Es war ein schönes Gefühl zu wissen, daß über dieser scheinbar aus den Fugen geratenen Welt eine schützende Macht wachte.

„Glauben Sie wirklich, daß Gott in unser Leben eingreift, um uns vor solchen Menschen wie diese Illuminaten zu schützen?“ fragte Anna hoffnungsvoll.

„Bevor ich Ihnen diese Frage beantworte, wollte ich Sie auch etwas fragen“, sagte der Buchhändler.

Anna nickte zum Zeichen ihrer Bereitschaft.

„Was meinen Sie, wie hoch wäre die Wahrscheinlichkeit, in Deutschland von einem Blitz erschlagen zu werden?“

„Sehr gering, nehme ich an“, sagte Anna unschlüssig.

„In der Tat“, bestätigte Herr Maiski. „Ungefähr eins zu achtzehn Millionen! Wie hoch aber wäre die Wahrscheinlichkeit, daß der Blitz einen ganz bestimmten Menschen gerade in dem Augenblick tödlich trifft, den man mit Recht als einen der wichtigsten in der Geschichte eines Landes oder sogar der ganzen Menschheit bezeichnen könnte?“

„Verschwindend gering!“ erwiderte Anna ohne Zögern.

Der Buchhändler nickte einige Male mit dem Kopf, während er nachdenklich vor sich hin starrte.

„Ich könnte Ihnen eine Geschichte erzählen, die mich bis heute beschäftigt. Sie beinhaltet auch die Antwort auf Ihre Frage. Sie ist aber recht lang und gruselig“, sagte er warnend. „Haben Sie überhaupt Zeit dafür?“

„Natürlich!“ rief Anna eiligst aus, um jeden Zweifel sofort zu beseitigen.

Sie mußte sich räuspern, da der bloße Hinweis darauf, daß die Geschichte grausig sei, ihr die Kehle zugeschnürt hatte.

„Was ist an ihr so gruselig?“ flüsterte sie von brennender Neugier getrieben.

„Das Unheimlichste an dieser Geschichte besteht gerade darin, daß sie in ihrem Kern wahr ist“, sagte Herr Maiski seltsam ernst und mit einer Stimme, die Anna erneut erschaudern ließ. „Es geschah am zwanzigsten Juli des Jahres 1785…“

Der Bote

Es geschah am zwanzigsten Juli des Jahres 1785. Die alte Postkutsche war schlecht gefedert, bewegte sich auf dem holprigen Waldweg nur mühsam voran und bereitete dem Herzog allerhand Unannehmlichkeiten. Als Landesherr des Herzogtums Sachsen-Gotha-Altenburg war er an andere Wagen gewöhnt, doch diesmal mußte er es über sich ergehen lassen und den beschwerlichen Weg in der alten Kutsche mit zufälliger Reisegesellschaft teilen.

Der Herzog wußte, was auf dem Spiel stand. Nicht aus müßigem Interesse handelte er. Eine beunruhigende Nachricht aus Bayern erreichte ihn vor zwei Tagen und trieb ihn dazu, unter falschem Vorwand sein Schloß zu verlassen und, verkleidet als einfacher Gelehrter, sich auf die lange Reise zu begeben.

Die Lage in Bayern, wo der Orden der Erleuchteten seine größten Erfolge verzeichnen konnte, war äußerst angespannt. Offensichtlich hatte der Kurfürst Carl Theodor Gefahr gewittert und fürchtete nun um sein Leben. Bereits am 22. Juni 1784 hatte er alle Vereine und Organisationen in Bayern verboten, die ohne seine ausdrückliche Genehmigung tätig waren. Nun berichtete ein Ordensmitglied, dessen Name dem Herzog verborgen blieb, in einem verschlüsselten Schreiben, daß Carl Theodor einen Krisenstab einberufen habe, was er sogar vor seiner eigenen Regierung geheim halten wolle. Könnte der Kurfürst davon Wind bekommen haben, daß der Orden nach wie vor in Bayern aktiv war? Die Auswahl der Vertrauten, die den Kurfürsten seitdem berieten, deutete darauf hin: erzkonservative Priester, Generäle… ausnahmslos Personen, die der Aufklärung und somit auch dem Orden der Illuminaten äußerst feindlich gegenüber standen…

Nachdem der Postwagen nach langer Fahrt endlich den Wald verlassen hatte, hielt er am Straßenrand an.

„Vesper!“ rief der alte Kutscher krächzend aus, während er schwerfällig von seinem Kutschbock hinunterkletterte.

Der Herzog stieg aus dem Wagen und schaute sich um. Von der sanften Anhöhe eröffnete sich ein prächtiger Blick. Unten lag die stolze Reichsstadt Regensburg. Die hohe Stadtmauer mit ihren vielen Toren und Türmen verlor seit langem ihre militärische Bedeutung, vermittelte aber nach wie vor den Eindruck der einstigen Würde. Kirchtürme überragten die spitzen Dächer prächtiger Bürgerhäuser und erinnerten den hochgebildeten Herzog an die glorreiche Zeit der Reichstage.

Doch nicht nur daran dachte jetzt der hochwohlgeborene Herr. Seinen Geist beschäftigte die Vorstellung, daß hinter diesen Mauern ein Mann verborgen lebte, der im Begriff war, die Welt aus den Angeln zu heben. Und er, der Herzog von Sachsen-Gotha-Altenburg, war nun in den Strudel dieser Ereignisse hineingeworfen und ahnte, daß in seinen Händen nicht nur das Schicksal jenes Mannes lag, sondern womöglich die Zukunft der ganzen Welt.

„Wie wird sie aber aussehen, diese Zukunft?" fragt er sich selbst, getragen von der Höhe des Augenblicks. „Gab es so etwas wie das eherne Gesetz der Geschichte, das die Menschen wie die Schafherde auf ein ihnen unbekanntes Ziel vor sich hertrieb? Oder war der Mensch selbst Herr über sein eigenes Schicksal oder sogar über die ganze Weltgeschichte?"

Der Herzog blickte auf seine Mitreisenden herab, die auf einer Wiese neben der Kutsche saßen und glückselig ihr Vesperbrot verschlangen. Nein, dachte der edle Herr und wandte sich von ihnen angewidert ab, nicht alle Menschen sind dazu geboren worden, den Lauf der Geschichte zu bestimmen. Es sind nur wenige, die von Natur aus befähigt sind, diese Verantwortung zu tragen! Für sich selbst und auch für jene, die noch im Unwissen verharren oder gar im Dunkeln des überkommenen Aberglaubens herumirren.

Darin bestand die eherne Pflicht der Auserwählten. Zu lange hielt die weltfremde Zumutung, jene zu lieben, die nur die niedersten Bedürfnisse im Sinn hatten, die besten Köpfe in ihrem modrigen Kerker gefangen. Der Mann, der sich hinter dieser Stadtmauer verborgen hielt, gab den irregeleiteten Menschen einen neuen Sinn für ihr armseliges Leben und der verloren geglaubten Welt eine neue Hoffnung…

Noch vor elf Jahren glaubte der Herzog, daß der Sinn des Lebens nur in der Vervollkommnung seiner eigenen Person bestehen könnte, und trat aus diesem Grunde dem Bund der Freimaurer bei. Begeistert von dem hohen Ideal der Bruderschaft brachte er es bald zum Landesgroßmeister der Großen Landesloge von Deutschland, bemerkte aber am Ende seines steilen Höhenflugs, daß der mühsame Weg der Selbstveredelung keineswegs geeignet war, die triste Wirklichkeit dieser Welt entscheidend zu ändern. Ausgeschmückt mit bedeutungsvollen Riten und Symbolen bot die Freimaurerei ihren Mitgliedern genügend Raum für Eitelkeiten und schöne Sprüche, während die anspruchsvolle Seele des Herzogs nach tatkräftigem Handeln lechzte.

Erst vor zwei Jahren hatte er das gefunden, wonach er schon immer gesucht hatte. Man war an ihn herangetreten und hatte ihm unter vier Augen etwas Wichtiges offenbart: Es gebe einen Kreis von Männern, die es mit der Welt der Menschen wirklich ernst meinten. Jene, die nicht nur abstrakten Ideen huldigten, sondern diese auch mit allen Mitteln verwirklichen wollten.

Keiner hätte den Weg in diesen erlauchten Kreis von sich aus finden können, der Orden selbst erwähle seine Mitglieder. Ein tiefes Geheimnis lag über seinem Wirken. Unter dem gleichen Himmel keimte eine neue, unsichtbare Welt, wo die Erleuchteten einander nur mit Tarnnamen anzusprechen pflegten. Selbst die Städte und Fürstentümer erhielten andere Namen, um die Feinde des Ordens vollständig zu verwirren.

Die Bedingungen waren hart: strengste Geheimhaltung, unbedingter Gehorsam und Unterordnung aller persönlicher Wünsche und Ansichten unter jene der Oberen. Jeden Monat sandte der Herzog an den Orden der Erleuchteten einen versiegelten Brief mit der Aufschrift: Quibus licet. Eine Art Beichte für aufgeklärte Menschen, die keinen Gott mehr brauchten. In diesen vertraulichen Berichten, die nur die Oberen lesen durften, meldeten die Ordensmitglieder alles, was im vergangenen Monat mit ihnen und ihrer Umgebung geschehen war: darunter auch Beschreibungen von privaten und geschäftlichen Treffen, begleitet von ausführlichen Gedanken darüber, wie diese Personen dem Orden nützlich sein könnten. Auch seine Beobachtungen in Bezug auf jenes Ordensmitglied, das ihm den Weg in den exklusiven Geheimbund geebnet hatte, sollten dort ausdrücklich ihren Niederschlag finden. Selbst das Verhalten seiner eigenen Familienangehörigen wurde nicht ausgenommen! Ein harter Brocken für einen adeligen Herrn, der die Ehre so hoch gehalten hatte, daß er für ihre unbefleckte Reinheit bedenkenlos sein Leben eingesetzt hätte.

Und doch beugte er sich unter das schwere Joch des Ordens. Wer Diener der Menschheit werden wollte, mußte bereit sein, sich selbst zu verleugnen. Große Ziele erforderten auch große Opfer! Nichts weniger als sittliche Vervollkommnung und Glück der Menschheit standen auf den wehenden Fahnen des Geheimbundes geschrieben. Eine Zukunft, die nur im harten, verlustreichen Kampf erstritten werden konnte.

Der glühende Eifer des Herzogs blieb von den Oberen des Ordens nicht unbemerkt. Nach zwei ereignisreichen Jahren bekleidete er das Amt des Inspektors von Abessinien (so hieß im Orden Obersachsen) und Coadjutors des Nationaloberen, eine Ehre, die nur wenigen zuteil wurde…

Der Herzog genoß die schöne Aussicht auf die darunterliegende Stadt, doch die Last der Verantwortung ließ ihn wieder an den Brief denken, der seine Abreise unumgänglich gemacht hatte. Er steckte jetzt in seiner Tasche und dessen Inhalt war eine Botschaft an jenen großen Mann, der in der freien Reichsstadt Zuflucht gefunden hatte.

Der Herzog zog den Brief aus der Innentasche seines Mantels und faltete ihn auseinander. Der Briefkopf zeigte in seiner rechten Ecke eine Eule, die über einem aufgeschlagenen Buch saß. Der Text war verschlüsselt und nur für Eingeweihte lesbar, doch die Eule der Göttin Minerva war das Wappentier des Illuminaten-Ordens, und allein schon dieses Symbol könnte die Aufmerksamkeit der Grenzbeamten der umliegenden Kurpfalz auf sich ziehen. Schließlich war der Orden in Bayern verboten. Durfte er die Ordenssache so leichtsinnig dem Zufall überlassen? Wie oft hatte er sich diese Frage gestellt und keine Antwort gefunden!

Nach kurzem Zögern überflog er den Inhalt des Briefes und prüfte es noch einmal, ob er wirklich alle Einzelheiten im Gedächtnis behielt. Dann ging er zum Waldrand, und als er weit genug war, zerriß er den Brief in winzige Fetzen und zerstreute sie weiträumig im hohen Gras…

Bald erreichte der quietschende Postwagen das große Osttor und blieb hinter einem heubeladenen Leiterwagen stehen.

„Grenzkontrolle!“ schrie der Kutscher.

Die Reisenden stiegen aus dem Wagen. Geschäftiges Treiben herrschte vor dem heruntergelassenen Schlagbaum. Die Waren wurden abgefertigt, die Menschen stritten, entrichteten die angerechneten Zollgebühren und waren froh, wenn sie den Grenzposten endlich hinter sich gelassen hatten.

Der Herzog betrachtete das Geschehen vor dem Stadttor mit sichtbarem Wohlwollen. Die freie Reichsstadt war souverän, was jeder Reisende an ihrer Grenze deutlich zu spüren bekam. Eingeschlossen in das kurpfälzisch-bayerische Gebiet, wehrte sie jeden Angriff auf ihre Selbständigkeit vehement ab, was den Ordensoberen bewogen hatte, sich hinter ihre schützenden Mauern zurückzuziehen. Auch wenn die Ordenssache in Bayern aus dem Ruder laufen sollte, würde es sicher Monate dauern, bis die Stadt einem bayerischen Auslieferungsgesuch stattgeben würde…

Der Herzog mußte nicht allzu lange warten, bis ein schnurrbärtiger Grenzbeamter in verschlissener Uniform sich ihrem Wagen näherte. Die Postkutschen hatten eine Menge wichtiger Sendungen, weswegen sie an solchen Zollschranken stets Vorrang hatten.

„Darf ich Ihre Papiere sehen?“ fragte der Zollbeamte.

Der Herzog reichte ihm schweigend seinen Ausweis hin, den er sich selbst vor zwei Tagen ausgestellt hatte.

„Friedrich von Landropp", murmelte der schnurrbärtige Beamte vor sich hin und hob seinen prüfenden Blick wieder zum Herzog.

Direkt vor ihm stand ein stattlicher Herr von vierzig Jahren, dessen feine Gesichtszüge in einem gewissen Widerspruch zum harten Blick seiner hellblauen Augen standen. Obwohl seine Körpergröße kaum über den Durchschnitt reichte, schaute er den hünenhaften Zollbeamten von oben her, während um seinen Mund leicht verächtliche Falten lagen.

„Welche Angelegenheiten führen Sie in unsere Stadt?"

„Ich bin ein Gelehrter", antwortete der Herzog mit gewohnter Selbstsicherheit. „Ich möchte mir im hiesigen Reichsarchiv einige Unterlagen ansehen."

„Was führen Sie mit sich?"

„Nur persönliche Sachen", erwiderte der Herzog und zeigte auf einen mittelgroßen Koffer, den der Kutscher vorsorglich vor den Wagen gestellt hatte.

Die sichere Art seines Auftretens verfehlte nicht die beabsichtigte Wirkung. Der Zollbeamte reichte ihm den Ausweis zurück, wünschte ihm einen angenehmen Aufenthalt in der Reichsstadt und wandte sich den sonstigen Mitreisenden zu.

Als der Postwagen das Stadttor passiert hatte, stieg der Herzog ab, trug dem Kutscher auf, sein Gepäck zu versorgen, und ging durch die engen Gassen auf die Stadtmitte zu. Einige Male blieb er stehen, schaute sich um, als wüßte er nicht, welche Straße er nehmen sollte, und ging erst dann weiter, als er sicher war, daß niemand ihm folgte.

Bald erreichte er das gesuchte Haus und trat in einen schmalen Gang, der ihn in den schattigen Hinterhof führte…

Die Säulen der Macht

„Lieber Timolion!“ sagte Adam Weishaupt, nachdem der Herzog von Sachsen-Gotha-Altenburg ihm von dem Inhalt des verschlüsselten Briefes berichtet hatte. „Ihr Erscheinen in dieser schweren Stunde hier bei mir beweist, daß Ihre edle Natur Sie dazu befähigt, zu jenem erlesenen Kreis zu gehören, der mein höchstes Vertrauen genießt.“

„Ich fühle mich zutiefst geehrt“, erwiderte der Herzog und verneigte seinen Kopf zum Zeichen der Dankbarkeit.

Seine Worte waren keine Höflichkeitsfloskel, mit der man gewöhnlich jedes Kompliment abwehren könnte. Der Herzog hatte allen Grund, sich geehrt zu fühlen. Denn der Mann, der diese Anerkennung ausgesprochen hatte, war nicht irgendjemand, der ihm zufällig über den Weg gelaufen war. Es war Adam Weishaupt, der jetzt vor ihm stand.

Im gewöhnlichen Leben war dieser Mann ein flüchtiger Professor aus Ingolstadt, der sich geweigert hatte, sich öffentlich vor dem Senat der dortigen Universität zum katholischen Glauben zu bekennen. Mittellos und zurückgezogen fristete er sein Dasein in der freien Reichsstadt Regensburg, ohne zu wissen, was das widrige Schicksal ihm sonst noch alles bereiten würde. Doch neben diesem Leben führte Adam Weishaupt noch ein anderes, das nur wenigen Eingeweihten bekannt war. Nur hier, unter dem undurchdringlichen Schleier der Geheimhaltung, offenbarte sich die überragende Bedeutung dieses Mannes. Er war der Gründer und das Oberhaupt des mächtigen Illuminaten-Ordens, vor dessen unsichtbarer Macht selbst die Könige erschauderten.

Adam Weishaupt hatte ein regelmäßiges Gesicht, das zu gewisser Fülle neigte und von einer etwas zu groß geratenen Nase dominiert war. Seine Haare waren stets nach hinten gestrichen und offenbarten aus diesem Grunde tief in seine Gelehrtenfrisur reichende Geheimratsecken.

Was dieses Gesicht aber am meisten prägte, war eine überragende Intelligenz. Sie lag nicht nur in dessen aristokratischen Zügen, sondern vor allem im prüfenden Blick seiner großen Augen, die jetzt auf den Herzog gerichtet waren.

„Allerdings muß ich wissen, wie weit Ihre Hingabe an die Ziele des Ordens reicht und wie groß Ihr Vertrauen in meine Person tatsächlich ist“, sagte Weishaupt nach kurzer Pause.

Der Herzog war durch die Frage sichtlich irritiert und suchte nach Worten.

„Meister“, erwiderte er beunruhigt. „Sie wissen, daß ich nicht nur mein Eigentum, sondern auch mein Leben für Sie persönlich und die Sache des Orden einsetzen würde…“

Das Oberhaupt des Illuminaten-Ordens unterbrach die beginnende Erklärung des Herzogs mit einer höflichen Handbewegung und bedachte ihn mit einem warmen Lächeln.

„Obwohl ich nichts anderes von Ihnen erwartet habe, freut es mich, dieses klare Wort zu hören“, sagte er sichtlich zufrieden. „Auch ich vertraue Ihnen, und aus diesem Grunde werden Sie angesichts der ernsten Lage, in welcher sich unsere Sache derzeit befindet, ab heute eine besondere Stellung innerhalb des Ordens einnehmen.“

Der Herzog, der eine solche Wendung nicht erwartet hatte, fühlte sich geschmeichelt und zugleich besorgt darüber, ob er diese hohe Erwartung tatsächlich erfüllen konnte. Innerlich angespannt wartete er auf die ausführliche Beschreibung seiner neuen Aufgaben, bekam aber keine weiteren Erklärungen.

Weishaupt ging einige Schritte zum Fenster, blieb aber mitten im Zimmer stehen und starrte nun vor sich hin, als wäre er gerade dabei gewesen, eine schwere Aufgabe zu lösen.

Der Herzog hatte diesen starren Blick stets bewundert. Er zeugte von einer Kraft, die nur wenigen Menschen zuteil wurde. In seltenen Stunden, wo sich das Oberhaupt des Ordens alltäglichen Sachen widmen mußte, sahen seine Augen müde und wässrig aus, obwohl der flüchtige Professor erst achtunddreißig Jahre zählte. Doch diese Ruhe trügte. Sobald sein rastloser Geist die Fragen des höheren Daseins streifte, flammte in ihnen ein starkes Feuer auf, das seinem Gesicht königliche Würde verlieh.

Bald erwachte Weishaupt aus seiner seltsamen Entrückung. Doch statt auf eine ausführliche Erklärung über die neue Stellung des Herzogs in der streng gegliederten Hierarchie des Geheimbundes einzugehen, widmete er sich den grundlegenden Themen:

„Es ist an der Zeit, daß Sie die eigentlichen Ziele des Ordens klar vor Augen haben. Vieles kennen Sie bereits, einiges wird für Sie mit Sicherheit neu sein. Wie Sie wissen, strebt unser Orden die Bildung einer echten Geisteselite an, die die Welt regieren sollte. Es gibt nur zwei Dinge, die zur Macht berechtigen: Verstand und Können! Unser Orden wird den Weg in eine neue Weltordnung ebnen, in der weder die Privilegien des Adels, noch die Vorteile des materiellen Reichtums, den das Bürgertum angehäuft hat, eine Rolle spielen werden. Ein für allemal werden wir mit dem überkommenen Standesdünkel und dem religiösen Aberglauben aufräumen…“

Das Oberhaupt des Ordens redete immer leidenschaftlicher und entwarf vor dem staunenden Herzog eine atemberaubende Vision, die alles Dagewesene bei weitem überstrahlte. Gewöhnlich wurde darüber nur in nebulösen Anspielungen und Gleichnissen gesprochen, ohne den Orden durch unvorsichtige Worte angreifbar zu machen. Doch jetzt hörte der Herzog es aus dem Munde eines Mannes, der den großen Plan der Erleuchteten ins Rollen gebracht hatte.

„Meister!“ rief der Herzog glücklich erschüttert und zugleich bestürzt aus. „Wie sollten wir aber dieses Ziel erreichen? Woher sollten wir die nötige Kraft nehmen, um die bestehende Ordnung zu stürzen? Ganze Armeen halten Wache, um solche Pläne im Keim zu ersticken! Selbst wenn ich in meinem eigenen Herzogtum auf dem friedlichsten Wege die Umsetzung dessen wagen würde, was Sie, erleuchteter Meister, mir soeben anvertraut haben, so wird doch ganz Europa gegen mich zu Felde ziehen und mein kleines Herzogtum dem Erdboden gleich machen! Um einen solchen Umsturz der gegenwärtigen Ordnung herbeizuführen, wäre der Aufstand aller Völker Europas nötig…“

Für einige Sekunden verschlug es dem Herzog sogar den Atem. Vor seinem geistigen Auge entrollte sich ein blutiges Szenario voller Tücken und tödlicher Gefahren, die nicht die geringste Aussicht auf Erfolg übrigließen! Er wollte den Meister warnen, doch dieser kam ihm zuvor.

„Ich bin kein Freund von gewaltsamen Umstürzen“, entgegnete Weishaupt kühl. „Siegt das Volk, so steht ein Zustand bevor, der nur noch ärger ist als aller Despotismus. Dann laufen wir Gefahr, in Anarchie zu verfallen, die der Aufklärung noch gefährlicher sein könnte.“

„Aber Meister“, erwiderte der Herzog etwas verlegen, „Sie haben für sich einen Ordensnamen gewählt, der unzertrennlich mit einem solchen gewaltsamen Umsturz verbunden ist!“

Die Härte im Gesicht des Ordensoberen ließ spürbar nach.

„Ja, ja… Spartakus“, sagte Weishaupt nachdenklich. „Er war der erste, der den Kampf um die Freiheit angeführt hat. Ich bewunderte seinen Mut… aber nicht seine Mittel!“

Er verstummte für kurze Zeit, dann blickte er fest in die Augen des Herzogs.

„Mein Plan ist viel anspruchsvoller“, erklärte er mit gewohnter Bestimmtheit. „Man muß um die Mächtigen der Erde her eine Legion von Männern versammeln, die unermüdet sind, alles zu dem großen Plan, zum Besten der Menschheit zu leiten und das ganze Land umzustimmen, dann bedarf es keiner äußeren Gewalt!"

Der Gründer des Illuminaten-Ordens glaubte im unsicheren Blick des Herzogs gewisse Bedenken zu einer solchen stillen Machtergreifung erkannt zu haben und bemühte sich um Klarstellung.

„Warum sollte es nicht erlaubt sein, sich durch redliche und sanfte Mittel so im Staatsgebilde festzusetzen, daß man Einfluß auf die Regierungen bekäme?" fragte Weishaupt ganz ruhig, ohne seinen Blick vom blutleeren Gesicht des Herzogs abzuwenden. „Stillschweigen und striktes Geheimnis sind die Seele unseres Ordens und seine schärfste Waffe, die mächtiger ist als jede Armee dieser Welt!

Ich möchte Sie daran erinnern, daß wir ein doppeltes Geheimnis haben: ein äußeres, wodurch den Uneingeweihten nicht nur unser Zweck, Operationen und Mitglieder, sondern sogar unser Dasein unbekannt bleiben sollte, und dann noch ein inneres, wodurch einem jeden Mitglied gerade so viel von Ordenssachen und Personen eröffnet wird, als der Grad seiner Zuverlässigkeit, die Ausdehnung seines Wirkungskreises und die Erhaltung seines Zutrauens und Eifers erfordert. Auf diesem Wege werden wir in der Lage sein, unserem Ziel sehr nahe zu kommen."

Er setzte sich an den Tisch und bat seinen Gesprächspartner, ebenfalls Platz zu nehmen.

„Die Sache des Ordens ist viel weiter vorangeschritten, als Sie es offensichtlich vermuten", setzte Weishaupt seine Ausführungen fort. „Wie Sie mir selbst berichtet haben, vertraute ein Ordensmitglied uns an, daß der Kurfürst Carl Theodor eine Art geheimen Krisenstab einberufen hat. Was meinen Sie, wie unser Bruder an dieses Wissen gekommen ist und welche Stellung er innehat?"

„Das kann ich unmöglich wissen", erwiderte der Herzog etwas verstört, denn das Schreiben beinhaltete nicht den geringsten Hinweis auf seinen Verfasser.

„Der bayerische Innenminister selbst verfaßte den Brief, den Sie vor einigen Tagen erhalten haben. Er gehört unserem Orden an", verkündete Weishaupt mit todernster Stimme.

Eine atemlose Stille trat ein. Das Gesicht des Herzogs wurde wieder blaß.

„Der bayerische Innenminister?" fragte er leise, als fürchtete er, jemand könnte ihr Gespräch belauschen.

„Sie sind überrascht, mein Freund?“ fragte Weishaupt leicht amüsiert.

„Ich muß gestehen, daß ich kaum damit gerechnet habe, daß Würdenträger solchen Ranges den Weg zu uns gefunden haben…“, fing der Herzog unsicher an, doch Weishaupt unterbrach ihn.

„Damit Sie endlich klare Sicht über die Erfolge des Ordens gewinnen können, nenne ich Ihnen nur einige Namen derer, die ihr Schicksal fest an die Ziele des Ordens gebunden haben.“

Einige Sekunden lang schaute der Ordensmeister direkt in die Augen des staunenden Herzogs, dann begann er mit einer monotoner Stimme die Aufzählung: „Carl Landgraf von Hessen-Kassel, General Christian von Hessen-Darmstadt, Christoph Wilhelm Hufeland, Johann Gottfried Herder, Ferdinand von Braunschweig…“

Beim letzten Namen verschlug es dem Herzog wieder den Atem.

„Ferdinand von Braunschweig…“, flüsterte er überwältigt, „…Generalfeldmarschall der preußischen Armee! Meister, mir fehlen die Worte… Ich hätte es mir niemals träumen können…“

„Mein Freund“, erwiderte Weishaupt zufrieden über die Wirkung seiner Mitteilung. „Selbst die Nennung dieser wenigen Namen ist Beweis genug für das außerordentliche Vertrauen zu Ihnen. Doch ich möchte Ihnen noch mehr eröffnen. Nicht nur diese ehrbaren Männer haben den Weg zu uns gefunden, sondern auch Tausende anderer, die in ihrem Wirkungsgrad kaum den Erstgenannten nachstehen. Was wir derzeit erleben, ist nur der Anfang! Wir beginnen einen langen Marsch durch die Institutionen! Kein Staat wird sich dieser stillen Machtergreifung entziehen können. Selbst die katholische Kirche ist nicht mehr in der Lage, unser Vordringen aufzuhalten. Wir sind tief in ihren Körper eingedrungen, unsichtbar für ihre Augen und Ohren. Hunderte Priester, die sich unserem Orden angeschlossen haben, lähmen bereits ihre Glieder, immer neue kommen hinzu. Bald werden wir uns endlich an ihr warmes Herz heranschleichen! Glauben Sie, mein Freund: Früher oder später wird es ganz in unserem Sinne schlagen! Einige Ordensbrüder bekleiden schon heute die höchsten Ämter. Ich nenne Ihnen nur einen einzigen Namen, um deutlich zu machen, was meine Worte in Wirklichkeit bedeuten: Hieronymus von Colloredo. Der Name sollte Ihnen gewiß bekannt vorkommen?“

„Der Erzbischof von Salzburg!“ rief der Herzog hervor und warf die Hand erschrocken vor den Mund.

„Eine hervorragende Stellung, um gemeinsam mit anderen Brüdern die Grundfesten des Erzfeindes zu erschüttern“, bemerkte Weishaupt und sein kaltes Lächeln verriet den abgrundtiefen Haß, den er sein Leben lang für die katholische Kirche hegte. „Sie wissen, daß ich kein Freund von Jesuiten bin. Doch in einer Frage hatten sie Recht: *cum finis est licitus, etiam media sunt licita!* Wenn man ein hehres Ziel anstrebt, darf man bei der Wahl der Mittel nicht übermäßig zimperlich sein. Und wir haben ein Ziel, das kaum edler und größer ausfallen könnte! Fürsten und Nationen werden gänzlich von dieser Erde verschwinden, und das Menschengeschlecht wird dereinst eine große Familie sein!

Uns reicht das Märchen von den blühenden Gärten im Jenseits nicht aus, um ein erfülltes Leben zu führen! Wir wollen für die geschundene Menschheit das lang ersehnte Paradies hier auf Erden errichten! Dazu brauchen wir aber keine Kirche. Der Mensch selbst wird unter unserer Anleitung die göttlichen Höhen erreichen. Eine neue Weltordnung erhebt sich aus den Trümmern der alten Welt! Eine Synode erleuchteter Priester wird über sie wachen und dafür Sorge tragen, daß die Nachkommen Adams nur noch die Wissenschaft verehren!

Der Weg in diese Zukunft erfordert von uns Geduld! Sollen doch die Herrscher im Kampf der Eitelkeiten einander die Köpfe einschlagen und sich auf der Siegerstraße wähnen! Wir schleichen uns in dieser Zeit an ihre Kinder heran und erziehen die Jugend in unserem Sinne, picken aus ihrer Masse die Besten heraus und führen sie in aller Stille in unsere Reihen. Dann wird es nicht mehr lange dauern, bis die Macht von selbst in unsere Hände fällt. Ich versichere Ihnen: Wenn ein fähiger Junge vom zarten Kindesalter an durch unsere Schule geht, wird er uns sein Leben lang treu bleiben und für die Kirche auf immer verloren sein!"

Die letzten Worte riefen beim Herzog nicht nur Begeisterung hervor. Ein ungutes Gefühl beschlich seine Seele.

„Wenn wir aber nicht nur gegen den Aberglauben der Kirchen vorgehen, sondern auch Gott so offensichtlich verleugnen...", entgegnete der Herzog unsicher, doch Weishaupt legte ihm die Hand beruhigend auf die Schulter.

„Mein lieber Timolion! Wenn es einen Gott, den uns die Kirche predigt, tatsächlich gäbe, hätte er mich schon längst auf der Stelle erschlagen oder mir zumindest ein sichtbares Zeichen dessen gegeben, was uns alle am Tage des Jüngsten Gerichts erwarten würde", entgegnete Weishaupt mit väterlicher Nachsicht. „Aber er schweigt und wird in aller Ewigkeit schweigen, weil es ihn einfach nicht gibt."

Er schaute auf die Wanduhr und erhob sich. Der Herzog tat das Gleiche, konnte aber nicht das atemberaubende Gespräch beenden, ohne Klarheit über eine äußerst wichtige Angelegenheit zu verschaffen, die ihn bereits seit langem quälte.

„Meister!“ rief er dem Ordensoberen zu. „Erlauben Sie mir noch eine letzte Frage!“

„Was wollten Sie wissen?“ fragte Weishaupt, sichtlich zufrieden über die Begeisterung seines Gesprächspartners.

„Was glauben Sie, Meister, wann wird es soweit sein, daß wir unsere Pläne verwirklichen können?“

Das Gesicht des Ordensoberen wurde wieder ernst. Einige Sekunden lang schwieg er.

„Zweihundert Jahre werden nötig sein, um den Feind niederzuringen“, sagte er mit fester Stimme, während sein glühender Blick durch die Wände seiner bescheidenen Wohnung in die ferne Zukunft gerichtet schien. „Doch dann werden wir siegreich sein. Das neue Jahrtausend beginnt im Zeichen der Erleuchteten, die eine neue Welt errichten, die wir heute entworfen haben!“

Er blickte wieder auf die Wanduhr.

„Es ist Zeit“, sagte er entschlossen. „Unser Bruder Sokrates wird mich in einer halben Stunde vor den Toren der Stadt erwarten, um mir ein wichtiges Dokument zu übergeben.“

Der Herzog richtete sich auf.

„Soll ich Sie begleiten?“ fragte er mit einer Stimme, die seine bedingungslose Bereitschaft zeigte, jeden Auftrag anzunehmen.

„Nein“, erwiderte Weishaupt. „Ihre Anwesenheit wurde nicht angemeldet und könnte unseren Freund nur verunsichern.“

Ein böses Omen

Als Adam Weishaupt das Stadttor erreichte, verschlechterte sich das Wetter. Schwere Wolken zogen vom Westen her und verdunkelten den ohnehin fahlen Abendhimmel. Ein böiger Wind wirbelte den feinen Straßenstaub durch die Gassen und kündigte das nahende Gewitter an.

Bald fielen die ersten Tropfen. Weishaupt spannte seinen Schirm auf und nahm den schmalen Weg, der sich durch die reifenden Kornfelder zu einem nahegelegenen Buchenhain schlängelte. Hier vor den Toren der freien Reichsstadt sollte ein Ordensbruder namens Sokrates ihm die Mitgliederliste aus München übergeben.

Weishaupt kannte nicht nur den Ordensnamen des Boten. Bereits vor einigen Jahren beschäftigte er sich mit dem Lebenslauf des katholischen Priesters, der sich mit seltener Hingabe in die Ordensarbeit gestürzt hatte: 1757 Priesterweihe, Lizenziat und candidatus juris, Weltpriester in Freising, Benefiziat in Erding, Geometer, Mitglied des Sittlich-Landwirtschaftlichen Gesellschaft zu Burghausen. So hieß es in der selbstverfaßten Vita des Novizen, der im Mai 1781 dem Orden der Erleuchteten beigetreten war. Auch das verborgene Wirken von Pater Lanz schien tadellos zu sein: Mitglied der Münchner Loge „Theodor vom guten Rat", Mitbegründer und Erster Redner der Freisinger Loge „Augusta zu den drei Kronen". 1782 Illuminatus minor und Superior der Minervalkirche Freising; zwei Jahre später Mitglied der Minervalkirche Erding…

Auf die Frage, wie es ihm gelinge, sein Priesteramt mit der Mitgliedschaft im Orden der Erleuchteten zu vereinbaren, sollte Pater Lanz im engsten Kreis gesagt haben: Je weniger man an den himmlischen Vater glaubt, desto leichter fällt es einem, ihm zu dienen. Die Antwort gefiel Weishaupt. Sie offenbarte eine Geisteshaltung, die dem Orden durchaus dienlich sein könnte und die er jedem Ordensbruder gern empfehlen würde.

Der Regen wurde mit jeder Minute heftiger, doch Weishaupt war zu sehr in Gedanken versunken, um es zu merken. Die letzten Worte des Herzogs erfüllten ihn mit wachsender Sorge. Wie tief saß der Glaube an einen personifizierten Gott in den Seelen der Menschen! Selbst seine treuesten Anhänger konnten sich nicht wirklich von diesem Aberglauben befreien! Überall dort, wo die Sache des Ordens die unvermeidliche Härte forderte, konnten sie ihre Schwäche nur mühsam bezwingen und waren kurz davor, vor dem gekreuzigten Nazarener auf die Knie zu fallen.

Wie widerlich! dachte Weishaupt erzürnt. Als ob sie nicht wüßten, daß jede große Veränderung nur auf Kosten irgendeiner Menschengruppe erreicht werden könne. Wenn sich die Gegner der Aufklärung und dem Fortschritt der Menschheit verschließen oder gar feindselig in den Weg stellen, dann müssen sie bekämpft und von ihren Posten verdrängt werden! Mit List und Tücke oder auch mit härteren Mitteln, wenn es nicht anders gehen sollte! Wie bedauerlich es für einen auch klingen mag: Es wird niemals und nirgendwo ohne Opfer gehen! Und gerade da, im Brennpunkt der Geschichte, stellt sich dieser gekreuzigte Christus ihm in den Weg. Ein Weichei, der selbst nicht den Mut gefunden hatte, der römischen Übermacht seine Stirn zu bieten, verleitet er die besten Köpfe zur gleichen Schwäche! Wer sich freiwillig ans Kreuz nageln läßt, verdient auch nichts Besseres! Verachtung schäumte in Weishaupts Brust, ein starkes Verlangen, diesem Christus ins Gesicht zu spucken...

Er schritt hastig voran, ohne auf die Pfützen zu achten. Erst als die Wut seinen Geist freigegeben hatte, konnte er wieder zur Sachlichkeit zurückfinden. Nein, dachte Weishaupt, nein! Er ist viel gefährlicher! Auch wenn es uns schwer fällt, müssen wir zugeben, daß er tatsächlich ein Genie war. Hätte er damals gegen die Römer einen Aufstand angezettelt, wäre sein Name spurlos im uferlosen Ozean der Weltgeschichte verschwunden, unabhängig davon, wie heldenhaft er sich in diesem Kampf gezeigt hätte.

Siebzig Jahre früher hatte ein Sklave namens Spartakus den Weg des offenen Widerstandes gewählt. Gewiß ein Held wie kein anderer! Was hat er aber damit erreicht? Damals wenig und auch heute nicht viel! Vergleicht man seinen erbitterten Widerstand mit dem gewaltlosen Wirken des Galiläers, so schrumpft seine Heldengestalt bis auf die Größe eines unbedeutenden Sandkorns. Der Gekreuzigte hat den Lauf der Geschichte entscheidend verändert und tut es bis heute noch...

Die zwingende Feststellung hinterließ bei dem Gründer des Illuminaten-Ordens einen bitteren Beigeschmack. Es sind Ideen, die die Welt beherrschen! Unterwürfigkeit und Schwäche, gekleidet als Sanftmut und Liebe, überwältigten die kraftvollsten Völker dieser Erde und lähmten ein ganzes Zeitalter! Der Schaden läßt sich kaum noch überblicken!

Und doch neigt sich die Zeit des Galiläers ihrem Ende zu. Ich, Adam Weishaupt, begründete eine Neue Weltordnung, die ihn gänzlich verdrängen wird. Vernunft wird die einzige Göttin sein, die den kommenden Weltenbrand überlebt. Nur sie allein wird die erlöste Menschheit zu ihrem Glück begleiten dürfen!

Weishaupt blieb stehen. Die Höhe des Augenblicks ließ ihn für einige Sekunden innehalten. Erst als die weltbewegenden Gedanken sich wieder abkühlten, konnte er sehen, daß die Gegend um ihn herum von einem echten Unwetter heimgesucht wurde. Seine Kleider waren völlig durchnäßt. Er schaute den Weg entlang, doch der starke Regen und die einbrechende Dunkelheit hatten ihn fast vollständig verschlungen. Nur der finster drohende Waldrand schimmerte noch in der Ferne. Unheimlich war dessen Anblick.

„Hätte ich an Gott geglaubt, würde ich es bestimmt als böses Omen deuten", dachte Weishaupt besorgt. Scharfer Wind zerrte an seinem Regenschirm und peitschte ihm kühles Wasser ins Gesicht. „Doch ich glaube nicht an Gott!" stellte er trotzig fest. „Auch wenn es ihn tatsächlich gäbe, würde ich mich nicht vor ihm niederknien!"

Abgrundtiefer Haß regte sich in seiner Seele. Er warf den lästigen Schirm zur Seite und breitete die Arme aus.

„Hörst du mich?!" rief er zornig zum Himmel hinauf.

Ein ferner Blitz zuckte hinter dem Buchenhain. Für wenige Augenblicke erhellte sich der Horizont. Im zuckenden Licht des Blitzes erkannte Weishaupt eine einsame Menschengestalt, die sich leicht gebeugt ihm entgegen schritt.

„Siehe da!" schrie Weishaupt schadenfroh einem Gott zu, an den er selbst nicht glaubte. „Dein Diener kriecht zu mir auf allen Vieren. Er hat dich schändlichst verraten! Und er wird es immer und immer wieder tun! Seine Seele gehört jetzt mir! Mir allein!"

Er begann zu lachen, doch plötzlich geschah etwas Entsetzliches. Ein gleißend greller Blitz schlug laut zischend direkt auf den herbeieilenden Priester und ließ ihn aufleuchten! Gleich darauf verwandelte sich die ganze Umgebung in ein weißglühendes Meer, in dem nicht nur Pater Lanz, sondern alles, ja selbst die Erde, wie in einem gigantischen Schmelztiegel jämmerlich unterging! Ein Höllenschmerz durchbohrte Weishaupt, als hätte die glühende Schmelzmasse auch ihm in die Augen geschlagen. Wie eine scharfe Klinge drang er durch die Augenhöhlen direkt in sein Hirn, das bald darauf mit einem ohrenbetäubenden Knall explodierte. Eine mächtige Druckwelle riß Weishaupt vom Boden hoch und schleuderte ihn zur Seite.

Als das Oberhaupt des Illiminaten-Ordens wieder auf die Erde fiel, konnte er nichts mehr fühlen…

Weishaupt hatte keine Ahnung, wie lange er schon auf dem schlammigen Boden lag. Stürmischer Wind pfiff um ihn herum und warf ihm kalte Tropfen ins Gesicht. Das Unwetter zwang ihn schließlich die schmerzenden Augen zu öffnen.

„Bin ich blind?“ röchelte er mit schwacher Stimme, als er keinen Unterschied erkennen konnte.

Pechschwarze Nacht umgab den Ordensoberen. Keuchend drehte er sich auf die Seite und sah in weiter Ferne ein schwaches Licht. Die Stadtmauer! dachte Weishaupt erleichtert, während in seinem Bewußtsein die ersten Erinnerungsfetzen auftauchten. Bald wurde ihm klar, weshalb er bei diesem Höllenwetter in einer kalten Pfütze lag. Angst kroch in sein pochendes Herz, als er an den schrecklichen Blitz dachte.

„Lanz!“ schrie Weishaupt mit letzter Kraft. „Sokrates!“

Er lauschte in den stürmischen Regen, doch außer heulenden Windböen, die über ihn hinwegfegten, konnte er nichts hören. Währenddessen gab die Erinnerung auch den Grund dieses Treffens frei.

„Die Liste!“ fuhr es durch sein benebeltes Hirn hindurch. „Die Mitgliederliste!“

Panik erfaßte ihn. Auf keinen Fall darf sie in die fremden Hände fallen, dachte Weishaupt. Auf keinen Fall! Er wälzte sich im kalten Schlamm auf den Bauch und versuchte aufzustehen. Doch das lästige Schwindelgefühl zwang ihn wieder zu Boden.

„Er muß doch irgendwo in der Nähe liegen“, flüsterte Weishaupt fieberhaft.

Er strengte sein Gedächtnis an und konnte wieder den armen Lanz sehen, den der mächtige Blitz in eine leuchtende Wolke gehüllt hatte. Es dürften nicht mehr als dreißig Meter gewesen sein!

Ein schwacher Blitz schlug weit weg hinter ihm ein. Es war nur ein kurzes Aufleuchten, doch Weishaupt konnte sehen, daß sein Ordensbruder nicht allzu weit von ihm mitten auf dem schmalen Feldweg lag. Er tastete sich durch die seichten Pfützen nach vorn und stieß nach wenigen Minuten auf den leblosen Körper des Priesters. Er lag auf dem Rücken.

„Wo ist die Liste?“ murmelte Weishaupt vor sich hin, während seine zitternden Finger die Taschen des Verunglückten befühlten.

Wieder zuckten am Horizont zackige Blitze. Für einige Sekunden tauchten sie die hügelige Gegend vor den Toren der Reichsstadt in ein gespenstisch bläuliches Licht. Weishaupt schrie auf, als er sah, daß der arme Lanz noch lebte! Der verunstaltete Kopf des Priesters war kahl.

Nur noch angesenkte Stoppeln waren von seinen langen Haaren übriggeblieben. Das vom Schmerz verzerrte Gesicht glich einer schrecklichen Wunde, aus deren Mitte zwei erblindete Augen auf der Suche nach Hilfe herumirrten. Wie ein breites Tor machten sie Weishaupt den Blick in die unterste Hölle frei! Dabei stieß Pater Lanz einen qualvollen Kehllaut hervor und streckte seinen kraftlosen Arm nach ihm aus, als wüßte er, daß der Ordensobere sich über ihn beugte. Der Anblick seiner Hand erfüllte Weishaupt mit grauenhafter Abscheu. Von den verbrannten, seltsam verkrümmten Fingern hingen Hautfetzen. Krampfhaft griffen sie ins Leere.

Ohrenbetäubendes Donnergrollen erzitterte die Luft. Die Nacht verschluckte den sterbenden Priester wieder, doch das grausige Bild blieb vor Weishaupts Augen stehen! Er schreckte zurück, doch die zitternde Hand des Paters krallte sich bereits in den Revers seines Mantels und hielt ihn fest. Blankes Entsetzen packte den Ordensoberen und benebelte sein Hirn. Er konnte es fühlen, daß die unheimliche Hand gar nicht nach Hilfe suchte, sondern auch ihn mit in die Hölle hinunterziehen wollte…

Dem Wahnsinn nahe riß er sich los, sprang auf die Beine und stürzte stolpernd und laut schreiend davon.

Gefährlicher Nachtvogel

„Und was geschah danach?“ fragte Anna zutiefst erschüttert.

Herr Maiski starrte vor sich hin und schwieg. Obwohl er die Geschichte seit vielen Jahren kannte, wühlte sie ihn jedes Mal auf und ließ ihn noch Tage danach nicht in Ruhe. Erst nach einigen Sekunden begann der Buchhändler wieder zu sprechen.

„Pater Lanz starb einen qualvollen Tod“, sagte er mit dem gleichen abwesenden Blick. „Sein entstellter Leichnam wurde am nächsten Morgen von zwei Dorfpolizisten gefunden. Bald darauf entdeckte die Polizei die hochbrisante Mitgliederliste des Illuminaten-Ordens. Sie war in seinem Mantel eingenäht. Das Ausmaß der Verschwörung lag jenseits der Vorstellungskraft des bayerischen Kurfürsten. Wie ich bereits erwähnte, verkleidete sich Weishaupt als Handwerker und floh aus Regensburg nach Gotha, wo der gleiche Herzog von Sachsen-Gotha-Altenburg ihn unter seinen Schutz nahm. Er bot ihm ein schönes Haus und die Stelle eines Hofrats auf Lebzeiten an.“

Herr Maiski wollte aufstehen, um frischen Tee zu holen, doch Anna konnte ihm keine Pause gönnen.

„Meinen Sie wirklich, es war Gott?“ flüsterte sie, überwältigt von der Vorstellung, daß der unsichtbare Schöpfer so unmittelbar in die Geschicke der Menschheit eingreifen könnte.

„Das muß jeder für sich entscheiden“, erwiderte der Buchhändler ausweichend. „Jetzt wissen Sie über diesen Vorfall genau so viel wie ich.“

Auch wenn die Antwort sie nicht befriedigen konnte, wollte Anna ihn nicht mehr bedrängen und wandte sich einer anderen Frage zu, die sie kaum weniger beherrschte.

„Und der Orden der Erleuchteten?“ fragte sie, von einer düsteren Ahnung getrieben. „Was ist mit ihm geschehen? Jetzt hatte der Kurfürst die Mitgliederliste!“

„Bald darauf wurde er für aufgelöst erklärt. Allerdings wird diese Tatsache von vielen Forschern zu Recht bezweifelt. Weishaupt selbst ließ es durchblicken, als er sich ungefähr in dem Sinne äußerte, daß es keine Bedeutung mehr habe, im Rahmen welcher Organisation und unter welchem Namen der Orden weiterlebe. Viele meinten sogar, Weishaupt habe eine Pandora-Büchse geöffnet, die er selbst nicht mehr schließen konnte. Was geschah mit den Illuminaten in Rußland, Italien oder in anderen Ländern, wo sie zu dieser Zeit bereits Fuß gefaßt hatten? Es ist zu bezweifeln, daß sie sich aufgelöst haben, nur weil ihr Gründer, den sie nicht einmal kannten, in Bayern in Schwierigkeiten geraten war? Mit Sicherheit wissen wir es aber nicht. Wir können es nur ahnen."

Anna wollte noch mehr wissen, doch ihr Blick fiel auf eine alte Wanduhr. Sie zeigte neunzehn Uhr.

„Entschuldigung!" stieß Anna überstürzt hervor und schaute schuldbewußt ins Gesicht des Buchhändlers. „Ich habe die Zeit vergessen..."

Herr Maiski lächelte nachsichtig und beteuerte in bester Manier, daß er sich über ihren Besuch von Herzen gefreut habe, und begleitete sie zum Ausgang. Dabei bemühte er sich nach Kräften, ihre Angst zu zerstreuen: „Sie brauchen sich wegen ihres Verwandten keine Sorgen zu machen. Sollte es den Orden der Illuminaten auch heute noch geben, so nisteten sich die Erleuchteten bestimmt ganz oben ein, in der sogenannten Hochgradmaurerei, deren Farben sind Grün, Schwarz, Weiß, Violett und Rot. Die einfachen Logenmitglieder hingegen gehören der Johannis-Maurerei an, das heißt den ersten drei Graden. Ihre Farbe ist Blau. Selbst wenn sie den Meistergrad erreicht haben, sind sie in der Regel gewöhnliche Menschen, die gewiß nichts Schlimmes im Sinn haben. Außerdem würde ihr tatsächlicher Einfluß kaum ausreichen, um in der Weltpolitik mitzumischen..."

Herr Maiski lachte bei diesen Worten auf, während Anna ihren Mund gewaltsam zu einem falschen Lächeln verzog und verlegen ihren Blick senkte.

Natürlich konnte der Buchhändler nicht die geringste Ahnung haben, wer Annas Vater war und welchen Einfluß er hatte. Es war ihr aufs Strengste verboten, über dessen tatsächliche Stellung zu sprechen. Alles, was in irgendeinem Zusammenhang mit seiner beruflichen Tätigkeit oder auch mit seinen vielfältigen Kontakten stand, war ein striktes Tabu. Er leite die deutsche Filiale eines amerikanischen Finanzunternehmens, weshalb er regelmäßig in die USA fliegen müsse... So und nicht anders klang die auswendig gelernte Antwort auf die neugierigen Fragen ihrer Mitschüler und Lehrer. Zwar zeigte Anna bis dahin kein großes Interesse für die tatsächliche Beschäftigung ihres Vaters, doch sie wußte, daß seine Gedanken weit über die Grenzen seines eigenen Landes hinaus reichten und mit Sicherheit nicht nur die Weltwirtschaft betrafen.

Anna erinnerte sich an einige besonders wichtige Personen, die den Vater in ihrem prächtigen Haus besucht hatten. Selbst Anna, die an die strengen Regeln des Personenschutzes von Kindheit an gewöhnt worden war und die Anwesenheit der schweigsamen Leibwächter selbst an ihren Urlaubsorten als etwas Selbstverständliches empfunden hatte, mußte sich manchmal wundern, mit welchem Aufwand ihre prominenten Gäste von der übrigen Welt abgeschirmt wurden. Noch mehr beunruhigte sie jetzt die Tatsache, daß sie noch nie erlebt hatte, daß irgendeiner dieser wichtigen Menschen sich so verhalten hätte, als wäre er ein Vorgesetzter ihres Vaters gewesen. Ehrlich gesagt, konnte sie sich so etwas gar nicht vorstellen!

Oft war sie bei ihren wichtigen Gesprächen dabei gewesen, doch sie hatten Themen berührt, die sie in keiner Weise mit der Freimaurerei verbinden konnte. Nein, dachte Anna, keine Wohltätigkeit und mit Sicherheit nicht die Selbstvervollkommnung beschäftigten ihren Vater. Wenn sie ihn und seine hochrangigen Gäste vor Augen hatte, kreisten ihre Gedanken nur noch um den sagenumwobenen Illuminaten-Orden.

Während Herr Maiski nach wie vor damit beschäftigt war, die Freimaurerei zu verharmlosen, brannte Anna eine wichtige Frage auf der Zunge. Auch wenn sie wußte, daß sie ihre Gedanken dadurch verraten könnte, mußte sie es riskieren.

„Könnten Sie mir sagen, ob die Illuminaten auch ein Symbol hatten, das für sie besonders wichtig war?“ fragte Anna unvermittelt.

„Gewiß!“ antwortete Herr Maiski. „Adam Weishaupt wählte zu ihrem Hauptsymbol die Eule der Minerva, der Göttin der Weisheit.“

„Die Eule“, wiederholte Anna langsam und andächtig.

„Ja“, bestätigte der Buchhändler. „In ihren Klauen hält sie ein aufgeschlagenes Buch, auf dessen Seiten vier Buchstaben stehen: P. M. C. V. Das heißt: Per me caeci vident!“

„Was bedeutet das?“ flüsterte Anna und erschauerte vor dem tiefen Geheimnis, das sie darin vermutete.

„Durch mich sehen die Blinden!“ sagte Herr Maiski.

Aus unerklärlichen Gründen machte diese Mitteilung auf Anna einen viel größeren Eindruck als die blutigen Ereignisse um die italienische Loge P2. Der seltsame Nachtvogel jagte ihr eine unbestimmte Furcht ein, als spürte sie unentwegt den bösen Blick seiner riesigen Augen im Nacken. Sie stieg die Treppe hinunter und, als die beiden vor der Tür der Buchhandlung standen, erinnerte Anna sich daran, weshalb sie da war.

„Könnten Sie mir ein Buch empfehlen, wo das alles drin steht?“

Herr Maiski mußte einige Sekunden überlegen.

„Es wurden viele Bücher zu diesem Thema geschrieben. Allerdings gibt es nur wenige, die ich Ihnen wirklich empfehlen würde. Wie ich schon sagte, selbst die Beurteilung der Freimaurerei fällt sehr unterschiedlich aus. Sie reicht von der begeisterten Zustimmung bis zur strickten Ablehnung. Sogar die großen Schriftsteller wie Fjodor Dostojewski beschäftigten sich mit dem Wesen der Geheimgesellschaften. In einem seiner Romane hat er das Wirken der aufklärerischen Geheimbündler sehr ausführlich nachgezeichnet.“

Anna erinnerte sich, mit welcher Begeisterung Frank von diesem russischen Schriftsteller gesprochen hatte, und ihr junges Gesicht erhellte sich wieder. Das plötzliche Interesse gerade für dieses Buch konnte dem erfahrenen Buchhändler kaum entgehen. Er versuchte ihre Erwartungen ein wenig zu dämpfen.

„Allerdings wählte Dostojewski für seinen Roman einen Titel, der für die Freimaurer denkbar ungünstig ausfiel.“

Er wollte ihre Aufmerksamkeit auf ein anderes Buch lenken, doch Anna erkannte seine Absicht und wurde hellhörig.

„Wie heißt dieser Roman?“ fragte sie schnell und mit einer Bestimmtheit, der man sich kaum entziehen konnte.

Das Gesicht des alten Herrn wurde ernst. Er räusperte sich verlegen.

„Die Dämonen“, sagte er sichtlich betroffen.

Die Reue

Anna stand auf der grünen Hauptallee und wußte nicht, wo sie hingehen sollte. Die letzten Worte des Buchhändlers trafen sie wie ein Blitz. Zwar hatte sie es irgendwie geschafft, die Ruhe vorzutäuschen, doch tief in ihrem Herzen fühlte sie sich tödlich verwundet.

„Dämonen!“ dachte Anna bestürzt. „Warum? Warum wählte Dostojewski, von dem Frank stets mit Ehrfurcht gesprochen hatte, für sein Buch ausgerechnet diesen schrecklichen Titel?“

Eigentlich wußte sie, warum. Zumindest konnte sie es ahnen. Auch wenn der Buchhändler seine Meinung stets behutsam zum Ausdruck gebracht hatte, wußte sie, daß es bei dieser ganzen Geschichte um etwas Gefährliches ging: ein dunkles Wasser, von dem man nie sicher sein konnte, ob es nur eine seichte Pfütze war oder ein bodenloser Abgrund, der einen in die Tiefe reißen und restlos verschlingen würde. Wieder tauchte vor ihrem geistigen Auge der Totenkopf auf, von dem Luka gesprochen hatte. Ein seltsamer Ernst lag dabei im Gesicht ihres Klassenkameraden, die gleiche Sorge. Egal, welche Erklärung die Freimaurer dafür gefunden haben, dachte Anna bekümmert. Welche Art von Menschen sollten sie sein, wenn sie so etwas Scheußliches auf ihren heiligsten Platz legen? Würde ich das tun oder Luka? Was wird denn Frank sagen, wenn er die Wahrheit erfährt? Als sie das helle Gesicht des Jungen vor Augen hatte, konnte sie die Tränen nur mit äußerster Mühe zurückhalten.

„Dämonen!“ flüsterte sie kummervoll. „Dämonen…“

Wenn an diesem Buchtitel nur ein winziges Teilchen der Wahrheit entsprach, dann…

Ihr auf stumm geschaltetes Handy begann zu vibrieren. Anna blickte auf die Nummer, atmete einige Male beruhigend durch und legte es ans Ohr.

„Anna!“ erklang Julias fröhliche Stimme. „Ich sehe dich!“

Anna drehte sich um, schaute die grüne Hauptallee hoch und runter, konnte aber ihre Freundin zwischen den flanierenden Kurgästen nicht sehen.

„Dreh dich zur Wandelhalle um!“ sagte Julia und lachte vergnügt über Annas Verwirrung. „Siehst du mich jetzt?!“

Das Mädchen saß am Tisch eines Cafés und winkte ihr mit hoch erhobener Hand. Anna steckte das Handy wieder in ihre Handtasche ein und ging zu ihr.

Julia war mit Abstand ihre beste Freundin und besuchte die gleiche Klasse des städtischen Kant-Gymnasiums. Sie war mittelgroß und genauso schlank wie Anna. Nur ihre Haare waren viel dunkler, und die hellbraunen Augen verrieten ein unbändiges Temperament. Auch jetzt konnte sie nicht abwarten, bis Anna ihren Tisch erreichen würde, stürmte ihr mit strahlendem Gesicht entgegen und umarmte ihre Freundin so fest, daß Anna für einige Sekunden der Atem wegblieb.

„Was machst du hier?“ fragte sie neugierig, während sie sich an den Tisch setzten.

Ohne eine Antwort abzuwarten, erkundigte sie sich, ob Anna auch etwas trinken wolle, und erzählte ihr, daß sie bei diesem schönen Wetter ihr Matheheft wieder in die Schultasche gesteckt habe und nach draußen gegangen sei.

„Wie sehe ich aus?“ fragte Julia und hob ihr zartes Kinn etwas angeberisch an.

Sie sah in der Tat beeindruckend aus. Sie trug, wie oft an solchen warmen Sommertagen, eine enganliegende hellblaue Jeanshose und eine luftige, mit großen Blumen gemusterte Bluse. Doch ihre leichten Schläppchen, schicke Sonnenbrille und ein großer Strohhut ließen sie aussehen, als befände sie sich in einem Badeurlaub irgendwo in der Karibik. Halb liegend in einem geflochtenen Sessel hielt sie ein großes Glas Orangensaft in ihrer fein geformten Hand und zog von Zeit zu Zeit am dicken Trinkhalm, während ihr rechter Fuß keck auf eine Querstrebe des gegenüber stehenden Sessels gestützt war.

Anna nickte anerkennend und lächelte über die Eitelkeit ihrer Freundin.

„Was machst du hier?“ fragte Julia vergnügt. „Du wolltest doch auch Mathe pauken?“

Anna wurde wieder ernst. Sie konnte nicht länger Fröhlichkeit vorspielen, atmete schwer auf und wußte nicht, wie sie ihr antworten sollte. Nicht einmal ihrer besten Freundin durfte sie etwas davon berichten, was ihr so schwer auf dem Herzen lag. Auch das Gespräch mit dem alten Buchhändler konnte sie nicht erwähnen, ohne sich zu verraten.

„Ich konnte nicht lernen?“ sagte Anna, ohne ihre Freundin anzusehen.

Julia erkannte ihren Zustand, stellte das Glas zur Seite und richtete sich in ihrem Sessel auf. Sie wollte etwas sagen, zögerte aber einige Sekunden lang. Jedes Mal, wenn die beiden über Frank sprechen mußten, entstand eine gewisse Peinlichkeit, die ihre Freundschaft schwer belastete.

„Ist Frank noch nicht zurück?“ fragte Julia mit großer Überwindung.

Anna wußte, daß ihre Wangen glühten, konnte aber nichts dagegen tun.

„Er kommt erst morgen zurück“, antwortete sie verlegen.

Die beiden schwiegen, während Julia ein leeres Zuckerpäcken zu einer Kugel formte.

„Hat es dich so stark erwischt, daß du es ohne ihn keinen einzigen Tag aushalten kannst?“ fragte sie nach einer längeren Pause.

Anna blickte zu ihr auf, und als Julia ihre unglücklichen Augen sah, ergriff sie ihre Hand und drückte sie mitfühlend fest.

„Komm, gehen wir in die Brunnenstraße!“ sagte sie aufmunternd. „Vielleicht finden wir was Schickes.“

Anna nickte stumm, senkte dic Augen wieder zu Boden und fühlte sich so elend, als hätte sie ihre gute Freundin schändlichst verraten. Erst jetzt erkannte sie, wie unerträglich es war, ein Geheimnis zu wahren, besonders vor einem Menschen, der einem so nah stand. Nie wieder! dachte Anna reuevoll. Nie wieder werde ich so etwas schwören…

Nachdem Julia ihr Getränk bezahlt hatte, gingen sie in Richtung der Brunnenstraße. Um den Weg zu verkürzen, bogen sie in einen Durchgang zwischen zwei eng nebeneinander stehenden Häusern ein. Kaum traten sie in die schmale Gasse, stießen sie auf Luka. Der Junge blieb abrupt stehen und schien von der unerwarteten Begegnung überrascht.

„Was treibst du denn hier?“ rief Julia ihm freudig zu, doch der Junge reagierte nicht auf ihre überschwängliche Begrüßung, sondern starrte betroffen ins Gesicht ihrer Freundin.

Auch Anna sah ihren Klassenkameraden mit der gleichen Betroffenheit an, wobei auch sie kein einziges Wort über die Lippen brachte. Es war nicht einfach, so zu tun, als hätte sie Luka nach der Schule noch gar nicht gesehen.

„Was habt ihr beide?“ fragte Julia, erstaunt über ihr ungewöhnliches Verhalten.

„Gar nichts“, erwiderte Luka, versuchte dabei Gelassenheit vorzuspielen, doch als er sich erneut an Anna wandte, veränderte sich sein Gesichtsausdruck abermals. „Hallo“, sagte er mit sonderbarer Stimme, als hätte er ein Mädchen getroffen, vor dem er sein großes Gefühl verstecken wollte.

„Was habt ihr bloß?“ setzte Julia mißtrauisch nach. „Sag mal, hast du dich in Anna verknallt oder habt ihr gemeinsam jemanden ermordet?“

Erst jetzt gelang es Luka, sich wieder zu fassen.

„Noch nicht“, erwiderte er mit gespielt gefährlicher Stimme. „Aber wenn du noch ein einziges Wort sagst, werde ich dich garantiert umbringen.“

„Du wirst es niemals tun“, lachte das Mädchen und schaute schelmisch in seine blauen Augen. „Du liebst mich.“

Luka war an solche Ausfälle gewöhnt, zögerte aber einen Augenblick mit der Antwort, was das reizende Mädchen nur noch mehr anspornte:

„Siehst du! Du widersprichst ja gar nicht…“

Luka stöhnte entnervt auf und blickte hilfesuchend zum Himmel. Als die beiden wie gewohnt ihr neckisches Wortgefecht begannen, atmete Anna erleichtert auf.

O Gott! dachte sie beunruhigt. Wie schnell kann man sich in Lügen verstricken! Eine Lüge bedingt notgedrungen die nächste, und jedes Mal wackelt das Lügengebäude so gefährlich, als würde es jeden Augenblick krachend zusammenbrechen! Und wie sollte das Ganze erst einmal mit Frank laufen? Wie sollte ich vor ihm das alles verbergen, ihm in seine ehrlichen Augen sehen? Und was geschieht, wenn er irgendwann erfährt, daß ich ihn belogen habe… Wie furchtbar!

Währenddessen ging das kindische Zanken ihrer Freunde unvermindert weiter. Keiner wollte das letzte Wort dem anderen überlassen.

„Wollen wir nicht etwas essen?“ schlug Anna vor. „Wir könnten zum Steigenberger gehen!“

Die beiden verstummten. Der Vorschlag war ungewöhnlich, denn das Steigenberger-Hotel wurde nicht umsonst mit fünf Sternen ausgezeichnet. Das noble Restaurant mit einer prächtigen Terrasse mit Blick in den schönen Kurpark war genauso gut wie teuer.

„Sehe ich wie Rothschild aus?“ fragte Luka verwundert, und noch bevor er seinen Gedanken weiterentwickeln konnte, fiel Julia ihm ins Wort.

„Wenn du nur halb so reich wärest, hätte ich dich schon längst geheiratet!“

„Ach sooo!“ rief Luka langgezogen aus. „Am Geld liegt es!“

Anna seufzte.

„Wenn ihr sofort aufhört zu streiten, würde ich euch gern einladen!“

„Wir streiten doch gar nicht!“ erwiderte Julia, schlang ihren Arm um den Hals des Jungen und drückte seinen Kopf auf ihre Brust. „Ich bin doch lieb zu ihm!“

„Laß mich los!“ forderte Luka, während Julia ihm die Stirnlocke verwuschelte.

„Was hast du mit meiner Frisur gemacht!“ beschwerte sich der Junge, nachdem er sich wieder befreit hatte. „Wie soll ich jetzt zum Steigenberger gehen!“

„Das nennst du Frisur?“ entgegnete Julia und mustere ihn mit einem kritischen Blick. „Komm, ich mach das!“

„Wie willst du das ohne Kamm machen?“ rief Luka ihr mißtrauisch zu und wich vor ihr einen Schritt zurück.

„Na wie man das sonst immer macht!“ erwiderte Julia. „Mit Spucke!“ Sie brach in schallendes Lachen aus, während der Junge gekränkt in ihr hübsches Gesicht starrte.

„Seid ihr jetzt fertig?“ fragte Anna, noch bevor Luka auf Julias Angriff antworten konnte. „Wollen wir endlich gehen?“

Der Junge gab wie gewohnt nach. Nachdem Julia die abstehenden Haarsträhnen auf seinem Kopf wieder platt gedrückt hatte, gingen sie weiter. Sie verließen die tunnelähnliche Gasse, doch kaum waren sie in der Turmstraße, blieben alle drei wie angewurzelt stehen. Vor dem türkischen Teppichladen stand ihre ehemalige Geschichtslehrerin Frau Bammert. Vor laufender Kamera sprach sie mit einem Reporter.

„Das ist aber was!“ stieß Julia verblüfft aus.

„Sei still!“ forderte Luka und beobachtete aufmerksam das Geschehen.

Der hünenhafte Journalist, der die Vorsitzende des Komitees gegen rechte Gewalt fast um eine Kopfeslänge überragte, war etwa vierzigjährig und trug einen gepflegten Vollbart, der gut zu seinem intelligent wirkenden Gesicht paßte. Seine Glatze ließ zwar wenig graue Haarc übrig, beeinträchtigte aber sein Aussehen nicht wirklich. Mit großem Interesse hörte er Frau Bammert zu und stellte ihr, sobald sie die Frage beantwortet hatte, sofort die nächste.

Etwas abseits, hinter den vielbeschäftigten Kameraleuten, stand ein weiterer Journalist. Er war kleingewachsen und übergewichtig. Seine schwarzen, hinten zu einem mageren Büschel zusammengefaßten Haare verliehen ihm das Aussehen eines weisen Indianerhäuptlings. Die gar nicht so kräftigen Beine, die in den kurzen Hosen steckten, standen im krassen Gegensatz zu seinem breiten Bauch, der sich über einem eng geschnallten Ledergürtel wölbte. Er überwachte die Arbeit seiner Kollegen, runzelte angestrengt seine breite Stirn und gab ihnen von Zeit zu Zeit stumme Zeichen.

Etwas weiter, auf einem Parkstreifen stand ein großer weißer Bus ohne Fenster und mit zwei tellerförmigen Satellitenantennen auf dem Dach.

„Welcher Sender ist das?“ fragte Anna besorgt, doch Luka schwieg und sah genauso ratlos wie die beiden Mädchen aus.

Vergeblich suchten sie nach Hinweisen, die ihre Frage beantworten könnten. *Janus* stand schräg über die weißlackierte Seite des Busses geschrieben, darunter eine zweigesichtige Maske, wobei das helle Gesicht lachte, das dunkle aber mit tief heruntergezogenen Mundwinkeln finster dreinblickte.

„Janus?“ sagte Julia stirnrunzelnd und zuckte hilflos mit den Schultern. „Noch nie gehört!“

Angespannt verfolgten die Jugendlichen das Geschehen vor dem türkischen Teppichladen und deuteten die gute Laune der Geschichtslehrerin übereinstimmend als schlechtes Zeichen. Frau Bammert war schon immer redegewandt, doch heute schien sie von einer besonderen Hingabe getragen. Sie beantwortete die Fragen, unterstützte ihre Worte mit ausdrucksvollen Handbewegungen und zeigte mal auf die Schaufenster des türkischen Teppichladens, mal entlang der Turmstraße. Zwar konnten die Freunde aus dem ganzen Wortschwall der Lehrerin nur einzelne Worte deutlich genug hören, doch sie wußten ohnehin, worum es ging. Denn in der Nacht nach einer heftigen Diskussion in der Aula des Kant-Gymnasiums war etwas Außerordentliches geschehen, was die Gemüter in der beschaulichen Kurstadt mächtig in Wallung gebracht hatte. Ein unbekannter Täter sprühte auf die Schaufenster jenes Teppichladens, vor dem die Lehrerin jetzt stand, riesige Hakenkreuze. Nun war es aber so, daß der fremdenfeindliche Angriff allgemein ihrem jungen Freund Sebastian zugeschrieben war, da die Polizei ihn am Tatort erwischt hatte.

„Wenn sie über die Sache noch im Fernsehen berichten, dann bricht hier die Hölle los“, sagte Luka ahnungsvoll, ohne seinen Blick von der Vorsitzenden des Komitees gegen rechte Gewalt abzuwenden. „Dann werden sie nicht nur Sebastian, sondern auch uns aus der Schule werfen.“

Julia überhäufte ihre ehemalige Geschichtslehrerin mit übelsten Schmähungen, doch der Junge achtete nicht auf ihre Gefühlsausbrüche.

„Wir sollten jetzt lieber verschwinden!“ sagte er besorgt, worauf alle drei wieder in die enge Gasse zwischen den Häusern zurücktraten.

Als Anna am späten Abend die Parkstraße erreichte, sah sie im Hof ihrer prächtigen Villa einen dunkelblauen Porsche mit Frankfurter Kennzeichen. Sie wußte, wem der schicke Sportwagen gehörte. Denn sie war mit diesem spritzigen Auto ziemlich oft unterwegs gewesen. Es war gar nicht so lange her, doch Anna schien, daß die Zeit, als sie noch mit Willi Lech befreundet war, unendlich weit zurück lag.

Sie wunderte sich über ihr gestörtes Zeitempfinden und blieb sogar vor der Eingangstür stehen. War das wirklich erst vor zwei Monaten? Sie erinnerte sich an ihre gemeinsamen Ausflüge nach Hamburg und Berlin und konnte es nicht mehr nachvollziehen, was ihr damals an einem solchen Leben gefallen konnte. Beherrscht von unangenehmen Erinnerungen betrat sie die Eingangshalle und ging geräuschlos zur fürstlich verzierten Holztreppe, um möglichst schnell und vor allem unbemerkt in ihrem Zimmer zu verschwinden. Doch ihr Vorhaben wurde vereitelt.

„Willst du nicht unseren Gast begrüßen?“ fragte die Mutter, als Anna bereits die Treppe hinauflief.

Das Mädchen blieb stehen und drehte sich widerwillig um.

„Muß das sein?“ fragte Anna verstimmt.

„Eigenartig!“ stellte die Mutter verwundert fest. „Noch vor einigen Wochen hättest du dich über seinen Besuch gefreut.“

Frau Weigand wartete auf eine Erklärung, doch Anna hielt es für sinnvoll, eine solche Aussprache zu vermeiden.

„Ich gehe schon“, sagte sie resigniert und stieg die Treppe Stufe um Stufe wieder hinab.

Der Musiksalon, wo die Familie Weigand gewöhnlich ihre Gäste empfing, lag im Erdgeschoß gleich neben dem Festsaal. Den alles beherrschenden Mittelpunkt des Raumes bildete ein schwarzer Flügel. Souverän thronte er auf einer halbrunden Bühne, die ihn um zwei ganze Stufen über den Boden erhob. Selbst jene, die den goldenen Schriftzug *Steinway & Sons* auf der schwarz lackierten Oberfläche des Flügels nicht bemerkten, konnten sich des Eindrucks nicht erwehren, daß alles, was sie in diesem großen Raum vor Augen hatten, das Teuerste und mit Sicherheit das Beste war, was diese Welt zu bieten hatte. Wer hier zum ersten Mal empfangen wurde, konnte sein Staunen kaum verbergen. Bekannte Unternehmer und Politiker, Künstler und Wissenschaftler, wie zahlreich und bedeutend ihre Titel auch waren, sie alle blieben eine Zeit lang sprachlos mitten im Raum stehen. Fröhlich geschwungene Lilienkränze schmückten die schneeweiße Stuckdecke, Ölgemälde in vergoldeten Rahmen erinnerten an bedeutende Künstler der verflossenen Jahrhunderte, stilvolle Kronleuchter, die den Raum in weiches Licht tauchten… selbst der Parkettboden glich einem wertvollen Kunstwerk und fesselte die Aufmerksamkeit der Gäste.

Nur Anna, die inmitten dieser fürstlichen Pracht zu Hause war, empfand sie als gottgegeben und hatte sich früher stets gewundert, wenn ihre Schulfreunde wie benommen mit geöffneten Mündern durch diese Räume schlichen. Mit der Zeit gewöhnten sich aber auch sie daran und fragten nicht mehr danach, wo der ganze Reichtum herkomme…

Als Anna den Musiksalon betrat, erhob sich Willi von seinem Sessel und ging ihr einige Schritte entgegen. Er trug den gleichen schwarzen Anzug, in dem sie ihn vor dem Logenhaus gesehen hatte.

„Schön, dich wieder zu sehen!" sagte er freudestrahlend, hob ihre Hand vorsichtig an und berührte sie mit den Lippen.

Ein Freimaurer, dachte Anna und empfand ein tiefes Mißtrauen beim Anblick ihres einstigen Freundes.

„Du siehst festlich aus", sagte sie anerkennend. „Gibt es einen Grund dafür?"

„Ich habe mich heute mit meinen Geschäftspartnern getroffen", erklärte Willi. „Aber du hast natürlich Recht. Die schwarze Farbe ist zu streng für mich und ungewöhnlich. Wenn die Menschen mich in diesem Anzug sehen, denken sie bestimmt, daß ich von einer Beerdigung käme."

Er lachte vergnügt, wollte etwas anderes erzählen, doch das Mädchen lenkte das Gespräch wieder auf das ursprüngliche Thema.

„Eine Krawatte?" sagte Anna, während sie ihn mit einem prüfenden Blick musterte. „Es war wohl ein wichtiges Treffen?"

„Eigentlich schon", erwiderte Willi etwas irritiert und berichtete Anna über die Einzelheiten des Gesprächs, das am frühen Nachmittag in Hamburg stattgefunden haben sollte.

„Wann bist du denn in die Kurstadt gekommen?" fragte Anna.

Willi blickte auf seine goldene Armbanduhr und runzelte die Stirn.

„Vor einer Stunde", log er, ohne mit der Wimper zu zucken, und beschenkte Anna erneut mit einem unwiderstehlichen Lächeln. „Ich wollte dich anrufen, doch du hast jetzt eine andere Handy-Nummer."

Anna fühlte sich bestätigt. Wie sie es auch vermutet hatte, war Willi peinlichst bemüht, die stattgefundene Logensitzung geheimzuhalten. Sie schaute in seine Augen und wunderte sich, daß er so geschickt lügen konnte. Hätte sie ihn heute nicht mit eigenen Augen vor dem Logenhaus gesehen, würde sie ihm jetzt bedingungslos glauben. Je länger Anna darüber dachte, um so schneller zerfiel das vorteilhafte Bild, das sie schon immer von Willi gehabt hatte. Erst die Erinnerung daran, daß auch sie an einen Eid gebunden war und im Notfall ebenfalls lügen mußte, milderte das strenge Urteil über ihren einstigen Freund. Werde ich es auch schaffen, so unverfroren beim Lügen in die Augen der Menschen zu sehen, die mir nahe stehen? Anna wußte es nicht und wollte gar nicht mehr darüber nachdenken, so unangenehm war das.

„Wartest du auf meinen Vater?“ fragte sie unvermittelt, wodurch sie Willi mit einem Schlag in Verlegenheit brachte.

„Eigentlich habe ich auf dich gewartet“, sagte er beunruhigt.

„Warum denn?“ fragte Anna mit einer Stimme, als hätte sie es tatsächlich nicht gewußt.

Willi konnte sich schnell fassen, doch seine Gesichtsfarbe verriet, wie tief die Frage ihn verletzt hatte.

„Ich wollte dich wieder nach Hamburg einladen“, erklärte er mit gewohnter Lebenslust in der Stimme. „Es hat dir damals Spaß gemacht.“

Er begann, von ihren gemeinsamen Ausflügen zu exklusiven Events zu schwärmen und erinnerte sie an ihre zahlreichen Bekannten…

Er hat Recht! dachte Anna. Es hat mir damals gefallen. Doch jetzt war es anders. Je länger er darüber redete, um so tiefer war ihre Abneigung gegen eine solche Art zu leben: unendlicher Tratsch über die neuesten Automarken, die Beschaffenheit exotischer Strände und sonstigen Kram, garniert mit Cocktails, lauter Musik und falschem Lächeln…

„Tut mir leid“, sagte Anna, ohne abzuwarten, bis er zu Ende gesprochen hatte.

Willi wollte nicht aufgeben. Er schlug einen anderen Termin vor, doch Anna lehnte auch diesen Vorschlag entschieden ab.

„Und die übernächste Woche?“ fragte Willi mit einer Beharrlichkeit, die Anna nicht mehr als höflich einordnen konnte.

„Nein“, antwortete das Mädchen.

Willi konnte nicht mehr weiter spielen. Er wurde rot und blickte gekränkt zu ihr hinüber.

„Ist an diesem Nein vielleicht dein neuer Mitschüler schuld?“

Anna fühlte sich bedrängt und zögerte mit der Antwort, doch die Erinnerung an Frank gab ihr wieder Kraft.

„Ja“, sagte sie nach einer kurzen Pause.

Mit einer solchen Klarheit hatte Willi nicht gerechnet. Sie zerstörte beinahe jede Hoffnung! Er starrte auf den Boden, während sein Atem immer heftiger ging. Der Gedanke an den Jungen, der seine Zukunft vernichtet hatte, rief in ihm tiefen Haß hervor, den er nicht mehr bezwingen konnte.

„Ist er denn so viel besser…“, fragte Willi verbittert, brachte aber die Worte „als ich“ nicht über die Lippen.

Anna, die von Natur aus ein sanftes Wesen hatte, war über ein solches Benehmen überrascht und zugleich empört. Noch tiefer verletzte sie aber der ausgesprochen respektlose Ton, in dem er von Frank sprach.

„Wenn du es wissen willst, dann werde ich es dir verraten“, warf Anna ihm verärgert zu. „Tausendmal Ja!“

Sie drehte sich um und ging, ohne Abschied zu nehmen, aus dem Musiksalon. Schlimme Gedanken schwirrten in Annas Kopf, als sie die breite Treppe hinauflief. Verkommener Lügenbold! Wie ist er überhaupt auf die Idee gekommen, seine Nichtigkeit an einem solchen Menschen zu messen! Kaum gedacht, erschrak sie selbst vor ihrer Gehässigkeit…

Willi aber schäumte vor Wut und konnte sie nicht mehr im Zaum halten. Sein gepflegtes Gesicht wurde fleckig, die Mundwinkel zuckten. Er stürzte zum Ausgang hinaus, sprang in den Wagen und, noch bevor die Torflügel bis zum Anschlag zur Seite schwangen, verließ sein dunkelblauer Porsche das Weigandsche Anwesen. Mit quietschenden Reifen schoß er wie ein Pfeil die Parkstraße entlang.

Ein später Anruf

Die schöne Tischuhr, die von zwei knienden Bronzeengeln gehalten wurde, zeigte dreiundzwanzig Uhr. Die einbrechende Dämmerung tauchte das Zimmer in gespenstische Düsternis und übermalte die fröhlichen Farben mit zähflüssigem Grau.

Anna saß in ihrem Zimmer vor dem aufgeklappten Notebook und traute sich nicht, es einzuschalten. Ihr Zeigefinger lag bereits auf dem Netzschalter, doch jedes Mal, wenn sie ihn betätigen wollte, kroch ihr die Angst aus dem Bauch herauf und beherrschte ihre Gedanken: Was werde ich heute noch alles erfahren, wenn ich es einschalte?

Anna erinnerte sich an Kant, an seinen verzweifelten Appell an die Menschen, endlich mündig zu sein und stets nach der Wahrheit zu streben, doch auch diese Übung erwies sich am Ende als wenig hilfreich. Sie suchte in ihrer Seele nach Kraft und konnte sie dort nicht finden.

Erst nach einer halben Stunde regte sich in ihrer Brust Entschlossenheit. Es hat keinen Sinn, vor der Wahrheit zu flüchten, auch wenn sie noch so schrecklich ist! dachte sie schicksalsergeben und drückte endlich auf den runden Knopf. Oder will ich tatsächlich wie ein unmündiges Kind weiterleben? Wie jene glückseligen Schafe, die keine Ahnung haben, warum der Hirte seine Herde beschützt und ihresgleichen so liebevoll pflegt?

Als auf dem Bildschirm die Google-Seite erschien, tippte sie in die Suchleiste ein einziges Wort: *Freimaurerei*. Gleich darauf tauchte eine endlose Ergebnisliste auf. Anna las die Überschriften: Internet-Logen warben um neue Mitglieder, Nachschlagewerke erklärten die wahre Bedeutung geheimnisvoller Riten, während die Gegner der Freimaurerei die Bürger eindringlich vor dem heimtückischen Geheimbund warnten…

Gedankenverloren stützte sie die Ellenbogen auf die Tischplatte, legte ihren Kopf in die Hände und schloß für einige Sekunden die Augen. Ob ich in diesem Dschungel jemals die Wahrheit finden würde? Sie erinnerte sich an ihren Vater und glaubte zumindest eins mit Sicherheit zu wissen: Sollte er mit Leib und Seele dazugehören, dann gehörte er eben nicht zu jenen, die nur damit beschäftigt waren, sich wie rohe Steine zu behauen, um sich in den Tempel einer wie auch immer gearteten Humanität einzufügen. Ihre unruhigen Gedanken kreisten nach wie vor um jene geheimnisvollen Menschen, die an den Hebeln der Macht saßen.

Anna öffnete die Augen, strich das Wort *Freimaurerei* wieder weg und gab einen neuen Suchbegriff ein: *Illuminaten…*

Als Anna wieder auf die barocke Tischuhr schaute, war es ein Uhr nachts. Gespenstische Stille beherrschte das Zimmer. Der Mond war hell, doch sein bläuliches Licht verstärkte nur ihre Angst.

Eine schaurige Vorstellung verfolgte sie: Ein unheimlicher Nachtvogel kreiste um die Welt der Menschen und im düsteren Schatten seiner mächtigen Flügel verkümmerte alles Lebende und verlor seine ursprüngliche Schönheit. Es war die Eule der Göttin Minerva, deren böser Blick Annas Welt vergiftet hatte. Selbst die jauchzenden Engel, die mit himmlischer Leichtigkeit das schwere Uhrwerk hochhielten und Anna früher stets mit Zuversicht erfüllt hatten, glichen jetzt jenen zwielichtigen Gestalten, die ihr wahres Wesen geschickt hinter kindlichem Frohsinn tarnten.

Anna klappte ihr Notebook zu, dann zog sie einen weichen Morgenmantel an und schlüpfte in die weichen Puschen. Bevor sie ihr Zimmer verließ, lauschte sie eine Zeit lang an der Tür, doch außer heftigem Hämmern ihres eigenen Herzens konnte sie nichts hören. Geräuschlos trat sie in den großen Flur.

Hier war es ganz dunkel, doch Anna hätte den Weg zur Haupttreppe selbst mit geschlossenen Augen finden können. Sie stieg in das Erdgeschoß hinunter und blieb vor dem Arbeitszimmer ihres Vaters unentschlossen stehen.

Noch nie hatte Anna sein Vertrauen aufs Spiel gesetzt. Sie versuchte, ihr fragwürdiges Benehmen zu rechtfertigen, doch das beunruhigte Gewissen trieb sie gnadenlos vor sich her und warnte sie eindringlich davor, ihrem Vater eine solche Wunde ins Herz zu schlagen. Und doch konnte sie es nicht anders. Ein Geheimnis lag über ihrer Familie: ein Geheimnis, das wie ein böser Fluch ihr junges Leben überschattet hatte und dessen Lösung irgendwo hinter dieser Tür liegen sollte…

Nach langem Zögern öffnete sie die Tür und schlüpfte hinein. Das gleiche gespenstische Mondlicht beschien das geräumige Arbeitszimmer des Vaters. Anna kannte es sehr gut, doch jetzt betrachtete sie dessen Einrichtung, als wäre sie hier noch nie gewesen.

Sie griff in eine Tasche ihres Morgenmantels, holte daraus ein Handy hervor und benutzte es als Taschenlampe. Der helle Lichtkegel huschte zum Arbeitstisch.

Annas gieriger Blick glitt von einem Gegenstand zum anderen. Bald wurde sie fündig. Der schwarze Kugelschreiber ihres Vaters steckte in einer Halterung, dessen gerundete Form an ein Segment der Weltkugel erinnerte. Die hauchdünnen Meridian-Linien bestätigten diese Annahme.

Doch ihre Aufmerksamkeit galt in diesem Augenblick einem anderen Detail. Ein Winkelmaß und Zirkel prangten darauf…

Anna schlug die Augen nieder und atmete tief durch. Die gleiche schaurige Vorstellung, die sie vor dem gelben Logenhaus quälte, lief wie ein Gruselfilm vor ihrem geistigen Auge ab: Ein Dutzend Männer in langen Mönchskutten standen in einem weiten Kreis um einen schlichten Altar herum. Im zuckenden Kerzenlicht glänzte ein bleicher Totenkopf, der mit leeren Augenhöhlen auf sie starrte… Anna schüttelte den Kopf, doch das schreckliche Bild ließ sich nicht verdrängen. Sie schaute sich ängstlich um. Das quälende Gefühl, beobachtet zu werden, wurde nur noch stärker. Sie wollte flüchten, erinnerte sich aber daran, warum sie da war. Erst nach und nach gewann sie wieder die Fähigkeit klar zu denken.

Sie betrachtete noch einmal den seltsamen Ständer. Winkelmaß und Zirkel, das Hauptsymbol der Freimaurer, gaben ein ganzes Stück ihres Familiengeheimnisses preis. Doch Anna betrat das Arbeitszimmer ihres Vaters nicht nur deswegen. Sie fühlte es beinahe physisch, daß in diesem Raum noch ein weitaus größeres Geheimnis verborgen lag.

Geräuschlos lief sie zum Bücherregal. Unzählige Bände reihten sich dicht aneinander: Steuer- und Wirtschaftsrecht, Finanz- und Bankwesen… Alles in strenger Ordnung, sortiert und gegliedert! Das Regal beanspruchte die ganze Wand, doch Anna wußte, wo sie ihre Suche beginnen sollte. Rechts unten standen vom Alter gezeichnete Bücher, deren goldgeprägte Rücken Anna stets einen großen Respekt abverlangt hatten. Sie sank auf die Knie und schaltete ihr Handy wieder ein: Goethe, Schiller, Herder… etwas weiter Bismarck… Anna wußte, wonach sie suchte, auch wenn sie es kaum auszusprechen wagte. Ihr unruhiger Blick glitt immer weiter und weiter. Plötzlich hielt sie inne! Ein schwarzes Buch trug einen Titel, der ihr Herz wieder zum Rasen brachte: *Politische Geheimbünde im Völkergeschehen!*

Sie wollte es aus dem Regal ziehen, doch bevor sie die Hand danach ausstreckte, fiel ihr Blick unverhofft auf ein anderes Buch. Ein kalter Schauer überlief Anna, als sie dessen Titel las: *Vollständige Geschichte der Verfolgung der Illuminaten in Bayern.*

Anna schreckte zurück und schaffte es gerade noch, das aus der Hand gleitende Smartphone festzuhalten. Große Anstrengung war nötig, um die Angst halbwegs zu verdrängen. Doch das nächste Buch jagte ihr die gleiche lähmende Furcht ein. Auf dem stark abgenutzten Rücken prangte der Name des Autors: ***Adam Weishaupt.*** Auch der Titel des Buches klang bedrohlich: *Pythagoras oder Betrachtungen über die geheime Welt- und Regierungs-Kunst.*

Als Anna das nächste Buch von Adam Weishaupt aus dem Regal zog, merkte sie, wie stark ihre Hände zitterten. Die Überschrift lautete: *Das verbesserte System der Illuminaten mit allen seinen Graden und Einrichtungen.*

Sie schlug es auf und hielt den Atem wieder an. Von dem vergilbten Titelblatt starrte eine Eule sie an. In ihren Klauen hielt sie ein aufgeschlagenes Buch. Panik erfaßte Anna beim Anblick des unheimlichen Nachtvogels. Sie wollte das Buch zuschlagen und es wieder an seinen Platz stellen, doch ihr Blick fiel bereits auf den nächsten Titel von Adam Weishaupt: ***Über die Schrecken des Todes…***

Anna kniff die Augen zu. Das quälende Gefühl einer unmittelbaren Bedrohung überlief sie wie eine schaurige Welle. Anna schaute sich ängstlich um. Wie nach einem Horrorfilm glaubte sie es beinahe physisch zu fühlen, von blutrünstigen Wesen beobachtet zu werden, denen sie nicht mehr entkommen konnte…

Während sie noch mit dem grauenhaften Gefühl rang, geschah etwas weitaus Schrecklicheres. Schwere, dumpf hallende Schritte drangen zu ihr aus dem langen Flur. Nicht nur der Atem, selbst das Blut in ihren Adern schien in diesem Augenblick zu erstarren.

Anna lauschte in die nächtliche Stille hinein, dann sprang sie mit einem Satz auf die Beine. Das aufgeschlagene Buch glitt aus ihren Händen und fiel auf den Boden. Sie wollte es aufheben, doch die Schritte kamen näher. Anna warf sich zum Arbeitstisch, verkroch sich darunter und klemmte ihre zitternden Hände zwischen die Knie. Es war nicht der Vater!

Die Tür ging langsam auf. Der Unbekannte trat ein und blieb mitten im Zimmer stehen. Der Lichtkegel seiner Taschenlampe glitt von einer Ecke zur anderen. Bald blieb er neben dem Bücherregal stehen. Anna wurde übel. Durch den Spalt zwischen der Tischplatte und dem Sichtschutzbrett konnte sie sehen, was die Aufmerksamkeit des Mannes auf sich zog. Auf dem Boden lag das aufgeschlagene Buch von Adam Weishaupt.

Der Unbekannte ging zum Bücherregal und hob es auf. Anna konnte hören, wie er darin blätterte. Wilde Fragen bestürmten sie: Wer ist das? Was sucht er hier? Ist er ein Dieb? Was macht er mit mir, wenn er mich sieht? Die panische Angst entdeckt zu werden raubte ihr die letzte Kraft. Sie saß in einer Falle, aus der es kein Entkommen mehr gab! Anna kniff die Augen fest zu und preßte die Hände auf ihren Mund.

Der Mann stellte das Buch an seinen Platz und ging zur Tür. Doch bevor er sie öffnete, blieb er wieder stehen.

„Ich habe nichts gesehen“, hörte Anna eine tiefe Männerstimme. „Ausnahmsweise!“

Anna atmete erschöpft auf. Betörende Erleichterung floß in jede Zelle ihres Körpers. Sie kannte diese raue Stimme! Mehr noch! Sie konnte sie mühelos unter allen anderen erkennen.

Der Chef des persönlichen Sicherheitsdienstes der Familie Weigand ging aus dem Zimmer, während Annas Nerven gänzlich versagten. Tränen strömten über ihre Wangen. Ein quälendes Glücksgefühl in ihrer Brust kämpfte mit der wachsenden Sorge darüber, daß ein Unbefugter so unmittelbar und tief in ihr Geheimnis eingedrungen war…

* * *

Luka setzte sich in seinem Bett auf und schüttelte schlaftrunken den Kopf. Als er endlich begriff, was ihn aus dem Schlaf gerissen hatte, griff er nach seinem Handy und drückte es ans Ohr.

„Schläfst du?“ hörte er Annas Stimme.

„Jetzt nicht mehr“, sagte der Junge mit todmüder Stimme.

Als er eine Stehlampe an seinem Bett einschaltete, stöhnte er auf.

„Weißt du zufällig, wie spät es ist?“ fragte er vorwurfsvoll.

Noch bevor Anna ihm antworten konnte, beschlich ihn ein schrecklicher Verdacht.

„Ist was passiert?“ fragte er schnell.

Statt einer Antwort hörte er Annas schweren Atem. Luka sprang auf die Beine und spannte sich innerlich an.

„Was ist passiert?“ fragte er besorgt. „Ist etwas mit Frank…“

„Nein“, erwiderte das Mädchen, noch bevor er den Satz zu Ende gesprochen hatte.

Luka sank wieder aufs Bett und atmete erleichtert auf.

„Du mußt für mich etwas tun“, sagte Anna ungewöhnlich ernst.

„Jetzt gleich? Um halb drei?“ fragte Luka verwundert.

„Du mußt mir versprechen, daß du es niemandem sagst, was du mir von meinem Vater erzählt hast“, sagte sie nachdrücklich, „und daß du mich gestern gesehen hast, auch… keinem einzigen Menschen!“

„Und deswegen rufst du mich um halb drei an?“ fragte der Junge irritiert.

„Ja“, sagte Anna mit fester Stimme.

„Kannst du mir vielleicht verraten, was geschehen ist?“ fragte Luka etwas gereizt, nachdem er keine weiteren Erklärungen bekommen hatte.

„Luka! Das kann ich dir nicht sagen! Ich will das alles einfach vergessen!“ erwiderte Anna verzweifelt. „Aber du… du mußt es mir schwören! Mit einem Eid!“

Die Heftigkeit, mit der Anna diese Worte ausgesprochen hatte, beunruhigte Luka, doch er wagte es nicht, am Telefon weitere Fragen zu stellen.

„Wie du willst“, sagte er nachgiebig. „Welchen Eid willst du denn hören?“

„Den schrecklichen“, flüsterte Anna und erschauderte bei dem Gedanken, daß ihr Vater einst den gleichen Eid geschworen hatte.

Freunde

„Ich muß jetzt leider nach Hause gehen“, sagte Tolik, düster vor sich hinstarrend. „Die Eltern warten auf mich…“

Er verstummte und drehte sein Gesicht schuldbewußt zur Seite.

„Na klar!“ erwiderte Chrissi übertrieben verständnisvoll. „Geh nur…“

Tolik erhob sich, ging in Richtung der Haustür, blieb aber auf dem halben Weg stehen und drehte sich wieder um.

Chrissi saß an einer Ecke des verwitterten Sandkastens und tat, als merkte er nicht, daß sein Freund noch da war. Er grabschte mit der Hand nach dem schmutzigen Sand und ließ ihn durch die Finger langsam wieder hinunterfließen.

Tolik kehrte zurück.

„Warum gehst du nicht nach Hause?“ fragte er verstimmt. „Hast du keinen Hunger?“

Ohne seine Beschäftigung zu unterbrechen, verzog Chrissi seine Lippen zu einem kalten, leicht ironischen Lächeln.

„Geh schon“, sagte er ausweichend, während er mit vorgetäuschtem Interesse den dünnen Sandstrahl beobachtete. „Ich warte auf dich…“

Nachdem Tolik hinter der Eingangstür eines fünfstöckigen Mietshauses verschwunden war, warf er den noch verbliebenen Sand enttäuscht weg.

Chrissi war äußerlich ein gewöhnlicher Junge. Er war schlank, hatte lange Beine und jungenhaft schmale Schultern. Obwohl er bereits fünfzehn war, fehlte seinem Körper jener männlicher Ausdruck, der seinen starken Freund Tolik bereits seit einigen Jahren auszeichnete. Wenn die beiden durch die Straßen schlenderten, wirkte Chrissi neben ihm viel jünger und schutzbedürftig. Seine Beine bewegten sich jugendlich unbekümmert, während die unruhigen Hände gewöhnlich halb in den Hosentaschen steckten oder mit einem Feuerzeug spielten. Er warf es andauernd hoch, um dann seine ganzen Kräfte darauf zu konzentrieren, es wieder zu fangen. Dabei blieb Chrissi oft stehen und mußte aus diesem Grund seinen Freund ständig einholen. Tolik war an seine kindische Art gewöhnt und ertrug es, soweit er konnte, ohne ihm deswegen ständig Vorwürfe zu machen. Doch wenn Chrissi wirklich über die Stränge schlug, platzte auch ihm der Kragen. Dann packte er seinen Freund am Oberarm und zog ihn unsanft weiter.

Besonders schwer aber fiel es Chrissi, auf irgend etwas warten zu müssen. Während Tolik es gewöhnlich leichter nahm und breitbeinig und ruhig neben ihm saß, rutschte Chrissi auf seinem Stuhl hin und her, als ob er auf einem heißen Herd säße. Mal schlug er die Beine übereinander, mal zog er sie wieder an, umschlang sie mit den Armen, stützte sein Kinn auf die Knie und starrte traurig vor sich hin. Er wußte selbst nicht, was ihm fehlte.

Seine Gesichtszüge hatten etwas Markantes, und doch sah er nicht unangenehm aus. Der schalkhafte Glanz seiner hellen Augen war rätselhaft und mahnte zur Vorsicht. Beim Lachen verlieh er seinem Gesicht etwas durchaus Sympathisches, sogar Engelhaftes, doch bei Zornausbrüchen glühte in seinen Augen eine abstoßende Arroganz. Chrissi konnte wirklich gemein sein…

Nachdem Tolik hinter der Eingangstür verschwunden war, sprang Chrissi auf die Beine und schaute aufmerksam um sich. Die Straße war leer. Es gab niemanden, bei dem er eine Zigarette auftreiben könnte. Er griff in die Taschen, holte daraus eine Menge kleiner Münzen hervor, betrachtete sie einige Sekunden lang und steckte sie wieder in die Tasche. Es war sinnlos, die wenigen Cents zum dritten Mal zu zählen.

Tierische Wut schäumte in ihm auf. Er trat gegen den angefaulten Holzpfeiler einer Kinderwippe und stöhnte vor Schmerz auf. Eine heiße Welle durchströmte seinen Körper und entlud sich in einem heftigen Schweißausbruch. Chrissi biß die Zähne zusammen, krallte sich mit beiden Händen in sein Knie und schnaubte durch die Nase. Erst als der Schmerz etwas nachließ, kniff er die Augen zu und versuchte, seine tauben Zehen zu bewegen. Chrissi konnte es sehr wohl verstehen, daß es unsinnig war, sich selbst Schmerzen zuzufügen, und war danach mit sich selbst höchst unzufrieden, doch dieses einfache Mittel brachte ihm jedes Mal eine gewisse Erleichterung. Auch jetzt spürte er, wie schnell die Wut aus seiner Seele zurückflutete. Der Junge hinkte zur Schaukel, ließ sich erschöpft auf den schmalen Sitz sinken und schlang die Arme um die eisernen Ketten.

Verfluchtes Geld! dachte Chrissi enttäuscht, während ein dumpfes Drücken in seinem Magen heftiger wurde. Übelkeit kam hoch. Er faßte sich am Bauch, beugte sich tief nach vorne und blieb einige Minuten so verkrümmt auf der Schaukel sitzen. Dabei versuchte er sich daran zu erinnern, wann er zum letzten Mal gegessen hatte. Zwei Schokoriegel hatte er in der Schule aufgetrieben. Und gestern? Gestern hatte er gefrühstückt, dann war er abends mit Kevin in der Stadt gewesen, wo er von ihm ein Fischbrötchen und zwei Kugeln Eis bekommen hatte. Nachdem die Übelkeit nachgelassen hatte, richtete er sich wieder auf.

Sollte ich vielleicht doch nach Hause gehen? dachte Chrissi. Vielleicht gibt es dort was zu essen? Außerdem wollte er nachsehen, ob es im Schlafzimmerschrank seiner Eltern wieder frische Socken gab. Unwillkürlich bewegte er bei diesem Gedanken die schmerzenden Zehen, stellte sich bildlich vor, in welchem Zustand sich seine Socken befanden, und beschloß, lieber an etwas anderes zu denken…

Während Chrissi aber auf dem Kinderspielplatz auf seinen Freund wartete, tauchte vor dem nahegelegenen Wohnblock ein weißer Bus auf. Er wurde langsamer und blieb zischend am Straßenrand stehen. Der Junge betrachtete ihn mit großem Interesse, denn es war kein gewöhnlicher Reisebus. Er hatte überhaupt keine Seitenfenster, dafür aber zwei große tellerförmige Satellitenantennen auf dem Dach, die in den Himmel gerichtet waren.

Janus stand schräg über die weißlackierte Seite geschrieben, darunter eine zweigesichtige Maske, wobei das helle Gesicht lachte, das dunkle aber mit tief heruntergezogenen Mundwinkeln finster dreinblickte.

Nun ging die Tür auf und aus dem Innern des fensterlosen Busses stiegen mehrere Menschen aus. Sie unterhielten sich lebhaft miteinander, lachten und vermittelten den Eindruck, ein gut eingespieltes Team zu sein.

Als Chrissi sah, daß zwei von ihnen große Fernsehkameras in den Händen trugen, sprang er von der Schaukel ab und ging in ihre Richtung. Die Männer besprachen etwas, erkundeten die nahe Umgebung und wählten schließlich für ihre Dreharbeiten eine passende Stelle aus.

Chrissi hatte scharfe Augen und mußte nicht noch näher kommen, um die Einzelheiten zu sehen. Er setzte sich auf eine Bank hin und verfolgte das Geschehen aus einigem Abstand.

Bald konnte er an ihrem Verhalten mühelos erkennen, wer von ihnen der Chef war. Der hünenhafte Mann mit einem gepflegten Vollbart und breiter Glatze gab seinen Kollegen Anweisungen, die sie ohne Widerspruch befolgten.

Nun kam aus dem Haus ein älterer Herr. Während der Bärtige ihn begrüßte und ihm etwas Wichtiges erklärte, steckte eine Frau dem alten Herrn ein kleines Mikrofon an das Hemd an und befestigte hinter seinem Rücken am Gürtel ein Sendegerät. Gleich darauf begannen sie mit einem Interview.

Nicht nur die professionelle Technik, die dabei zum Einsatz kam, begeisterte Chrissi. Schon immer beneidete er Menschen, die sich mit Filmaufnahmen beschäftigten. Auch jetzt stellte er sich bildlich vor, wie schön es wäre, mit einer ähnlichen Kamera auf der Schulter den atemberaubenden Ereignissen zu folgen.

Noch lieber übernahm er die Hauptrollen in den berühmten Spielfilmen. Es gab keinen einzigen davon, bei dem Chrissi sich nicht in die Handlung hineingeträumt hätte. Gewöhnlich drehten sich besonders schöne Szenen noch tagelang in seinem Kopf. Nicht selten entwickelte sich sein Lieblingsfilm in seiner Vorstellung in eine ganz andere Richtung. Chrissi dachte sich neue Szenen aus, reihte sie aneinander, verwarf sie wieder und begann das Ganze noch einmal von vorne…

Das Interview dauerte nur wenige Minuten. Danach bauten die Kameraleute ihre Ausrüstung ab und verstauten sie im Innern des fensterlosen Busses. Jetzt fahren sie weg, dachte Chrissi wehmütig, und ich bleibe hier auf dieser Bank sitzen.

„Warum fällt das Glück immer nur den anderen zu?“ dachte er enttäuscht und konnte auf diese wichtige Frage überhaupt keine Antwort finden. Bald überfiel ihn ein trostloses Gefühl. Wie eine schwere Last drückte es auf seine Seele…

Plötzlich hörte er die rauhe Stimme seines Freundes.

„Chrissi!“ rief Tolik ihm zu und winkte ihn ungeduldig herbei.

Der Junge sprang auf die Beine, machte einige schnelle Schritte auf ihn zu und blieb unentschlossen auf dem ausgetretenen Rasen stehen.

„Wohin?“ fragte er verständnislos.

„Die Mutter hat was Leckeres gekocht“, sagte Tolik schnell und packte seinen Freund am Oberarm. „Komm jetzt!“

„Ne“, erwiderte Chrissi erschrocken und versuchte sich loszureißen. „Du hast doch gesagt, dein Vater wäre zu Hause…“

„Er hat dich schon längst aus dem Fenster gesehen. Er hat mir eben gesagt, ich soll dich einladen“, erklärte Tolik und zog ihn beharrlich zur Haustür hin. „Hab keine Angst! Er wird dich nicht totschlagen.“

Nach einem kurzen Wortwechsel mußte Chrissi den Widerstand aufgeben. Sie stiegen in das vierte Obergeschoß hinauf, und als Tolik die Wohnungstür öffnete, schlug Chrissi ein betörender Küchengeruch in die Nase. Im kleinen Flur hingen viele Sommerjacken übereinander, und eine Unmenge Schuhe verengte den ohnehin schmalen Raum.

Tolik streifte die Schuhe ab, schob sie schnell zur Seite, während Chrissi zögerte und sehr verlegen wirkte.

„Was stehst du da wie ein Trottel?“ fragte Tolik ärgerlich. „Zieh die Schuhe aus!“

„Ich hab ein großes Loch in der Socke", flüsterte Chrissi ihm zu. „Darf ich die Schuhe anbehalten?"

„Ne!" erwiderte Tolik entschieden. „Lieber ganz ohne Socken. Bei den Rußlanddeutschen zieht man die Schuhe in der Wohnung immer aus. Kapiert?"

Chrissi band die Schnürsenkel auf und zog seine alten Turnschuhe widerwillig aus. Seine Socken sahen tatsächlich jämmerlich aus.

„Hast du keine Socken zu Hause?" fragte Tolik vorwurfsvoll. „Siehst wie ein Penner aus!"

„Hör auf", brummte Chrissi gekränkt und bereute bereits, daß er mit nach oben gekommen war.

„Warte hier! Ich bring dir welche", warf Tolik ihm zu und verschwand im nächsten Augenblick.

Chrissi blieb im engen Flur allein und lauschte einem lauten Stimmengewirr, das durch die offene Wohnzimmertür zu ihm herüberschallte. Mehrere Menschen lachten und sprachen miteinander. Dabei bedienten sie sich eines merkwürdigen Dialekts, der mit komisch klingenden Fremdwörtern angereichert war.

„Male! Stell' die Supp' in den Kolodilnik 'nei!" rief eine ältere, weibliche Stimme einer anderen Frau zu, die gleich darauf mit einem großen Kochtopf in der Tür erschien.

Als sie Chrissi sah, blieb sie abrupt stehen.

„Ach, Herr Jes', host te mich erschreckt!" sagte sie nach kurzem Schweigen.

Doch Chrissi sah nicht weniger erschrocken aus, nachdem die mollige Frau mit ergrauten Haaren direkt vor ihm aufgetaucht war. Sie stellte den schweren Topf auf dem schmalen Dielenschrank ab, begrüßte den Jungen und drehte sich wieder zur Wohnzimmertür um.

„Johann!" rief sie laut in den Raum hinein. „Host te Tolik g'sehe?" In ihre Stimme mischte sich ein vorwurfsvoller Unterton. „Sei Freund is gekommen und steht do ganz alleine im Flur."

Kaum machte Chrissi den Mund auf, um Tolik in Schutz zu nehmen, erschien in der Türöffnung ein großer Mann. Er trug eine dunkle Hose und ein kariertes Hemd, dessen Ärmel bis zu den Ellenbogen hochgekrempelt waren, was seine männliche Entschlossenheit noch eindrucksvoller betonte.

Chrissi spannte sich innerlich an und schwieg. Aus Erzählungen seines Freundes wußte er, daß dessen Vater sehr streng war, und schaute nun scheu in sein verwittertes Gesicht. Herr Kraft war bereits weit über fünfzig und hatte kurze, dunkelbraune Haare, die nur spärlich eine beginnende Glatze bedeckten.

„'n taitscher Junge", stellte er zufrieden fest, nachdem er Chrissi mit einem prüfenden Blick gemustert hatte. „Des konnst te gleich sehe."

„Vater!" mischte sich Tolik ein und sah verlegen zu seinem Freund hinüber.

„Sei still, wenn dein Vater spricht!" wies Herr Kraft seinen Sohn zurecht und fügte drohend hinzu: „Wenn ich dich noch o mol mit den Türken herumhängen sehe!"

„Mach ich doch gar nicht!" wehrte sich Tolik mit ärgerlicher Stimme, während sich der Vater wieder seinem Freund zuwandte.

„Komm her!" sagte Herr Kraft dem jungen Gast und reichte ihm seine breite Hand hin.

Chrissi stellte sich artig vor, worauf der Hausherr ihn an den Tisch bat.

„Wir kommen sofort!" mischte sich Tolik wieder ein und zog Chrissi in sein Zimmer.

„Was ist Kolodilnik?" flüsterte Chrissi aufgeregt, als er sich frische Socken anzog.

„Tausend mal habe ich ihr schon erklärt, daß Kolodilnik auf Deutsch Kühlschrank heißt!" wiegelte Tolik ärgerlich ab. „Alles umsonst!"

Doch Chrissi schien von diesem fremdländischen Wort irgendwie bezaubert.

„Kolodilnik", brummte er einige Male vor sich hin und runzelte angestrengt die Stirn. „Hab ich das richtig ausgesprochen? Kolodilnik..."

„Fang damit bloß nicht an!" warnte Tolik entnervt und schubste seinen Freund in den Flur.

Als sie ins Wohnzimmer traten, sah Chrissi viele Menschen, die an einem langen Tisch saßen und leicht angeheitert miteinander sprachen. Herr Kraft erhob sich und ging zu Chrissi.

„Des is Christian, Tolik sein Freund", stellte er den Jungen vor und fügte mit feierlichem Ernst hinzu: „Ein Einheimischer!"

Tolik wunderte sich über seinen Freund. Die unerwartete Wertschätzung, die sein strenger Vater Chrissi zukommen ließ, berauschte diesen buchstäblich. Er drückte unzählige Hände, wechselte gern mit jedem ein paar Worte und strahlte vor Vergnügen. Man machte ihm einen Platz neben dem Vater frei, brachte Besteck und Teller und umsorgte ihn von allen Seiten.

Beim Anblick einer üppig gedeckten Tafel zog sich Chrissis Magen wieder schmerzhaft zusammen. Große und kleine Schalen waren bis oben mit Speisen gefüllt, die er bis dahin noch nie gesehen hatte. Dazwischen eingelegte Gurken und Tomaten, Salate und Fleischgerichte…

Während Toliks Mutter ihm die heiße Nudelsuppe auf den Teller schöpfte, erklärte ihm Herr Kraft, was *Pelemeni* waren.

„Das haben die Russen immer gern gegessen“, sagte er dem Jungen und zeigte auf eine dampfende Schüssel mit einer Art italienischer Tortellini. „Die sind mit Fleisch gefüllt.“

Der Hunger überwältigte Chrissi dermaßen, daß seine Gedanken zähflüssig wurden. Er nahm den Löffel und verbrannte sich gleich die Zunge.

„Zu heiß!“ sagte Herr Kraft enttäuscht und schaute seine Frau vorwurfsvoll an.

„Ich konn doch net dem Kind kalte Supp’ gebe!“ verteidigte sich Frau Kraft.

Von allen Seiten kamen Ratschläge, was man mit der verbrannten Zunge machen sollte, während Herr Kraft eine andere Meinung vertrat.

„Zu spät“, sagte er abschließend und wandte sich mit einer Flasche Bier in der Hand an Chrissi. „Trinkst du einen Schluck?“

Der Junge nickte zwar, doch sein Gesichtsausdruck ließ erkennen, daß die Entscheidung darüber bedingungslos in den Händen des Hausherrn lag.

„Johann!“ rief seine Frau ihrem Ehemann mahnend zu, doch dieser blieb bei seinem Vorhaben.

„Ist doch ein großer Junge“, sagte er beschwichtigend. „Dem kann’s nicht schaden.“

Tolik konnte das hämische Auflachen nur mit Mühe unterdrücken, als er daran denken mußte, was Chrissi in seinem kurzen Leben schon alles getrunken hatte. Doch sein Freund spielte erstaunlich geschickt einen Artigen und ließ keine Gelegenheit aus, seinem gestrengen Vater zu schmeicheln.

„Ich kann auch russisch sprechen!“ sagte Chrissi ihm stolz. „Kolodilnik.“

Als die Tischgesellschaft seine typisch deutsche Aussprache des russischen Wortes hörte, brachen sie in schallendes Lachen aus. Herr Kraft wischte sich die Tränen aus den Augen, umarmte den Jungen und forderte ihn auf, das Wort noch einmal zu sagen.

„Kolodilnik“, wiederholte Chrissi mit einer Engelsstimme. Danach zeigte er auf eine dampfende Schüssel und sagte: „Pelemeni."

Nun stand der Junge im Brennpunkt des allgemeinen Interesses. Die Russischstunde begann. Während Chrissi noch aß, kamen von allen Seiten Vorschläge, was er noch alles sagen sollte, und als er den nächsten Zungenbrecher nachsagte, konnten die Gäste sich kaum noch beruhigen.

„Laßt doch den Jungen essen!" forderte Frau Kraft und redete solange auf die Verwandtschaft ein, bis sie den Jungen tatsächlich in Ruhe ließen.

Nachdem Chrissi die Suppe und eine Menge Pelemeni gegessen hatte und daher kaum noch atmen konnte, lehnte er sich auf seinem Stuhl zurück und lauschte dem kontrovers geführten Tischgespräch.

„Ich sag dir, Wendelin, wie ich das meine", erklärte Herr Kraft dem Vetter seiner Frau. „Die halbe Verwandtschaft ist verrusst. Wenn's ehrlich, will ich einige von ihnen gar nicht mehr sehen. Die muß man wieder zurück schicken, nach Kasachstan!"

Sein Anverwandter, der etwas jünger war, konnte diese Meinung nicht teilen.

„Aber sie hatten doch keine Möglichkeit Deutsch zu sprechen", erwiderte dieser, wobei sein eigenes Deutsch einen starken osteuropäischen Akzent aufwies. „Du weißt doch selbst, wie es drüben war."

„Und hier?" widersprach Herr Kraft energisch. „Haben sie auch hier keine Möglichkeit, Deutsch zu sprechen? Die laufen da wie die Russen rum und babbeln Russisch auf der Straße. Und dann tun sie sich noch beleidigen, wenn die Leute sagen, daß sie Russen sind! Woldemar sein Sohn ist schon zehn Jahre in Deutschland und ist hier anscheinend immer noch nicht angekommen. Was ist das für ein Deutscher, will ich wissen? Und du erzählst mir von den Möglichkeiten! Nicht von den Möglichkeiten allein hängt das alles ab, da drin muß das sitzen!"

Herr Kraft schlug sich mit der Faust auf die Brust und verstummte.

Wendelin schien von den einfachen Worten des Hausherrn unangenehm getroffen zu sein.

„Hier gibt es auch nicht mehr so viele, bei denen es so tief da drine sitzt", sagte er, ohne ihn anzusehen. „Ich bemühe mich auch, Johann... Trotzdem sagen sie auf der Arbeit hinter meinem Rücken, daß ich ein Russ' bin..."

„Das weiß ich doch, Wendelin", entgegnete Herr Kraft viel ruhiger. „Bei mir war's auch nicht anders. Was meinst du, was sie mir gesagt haben, als ich zum ersten Mal zur Arbeit gekommen bin? Ich habe ihnen gleich erzählt, wer ich bin und wo ich herkomme. Da war aber einer, der hat mich fast jeden Tag mit seinen Anspielungen angemacht. Dann hab ich mit ihm nach der Arbeit allein gesprochen. Ich habe ihm ganz ruhig erklärt, daß meine Vorfahren Deutsche waren und die meisten von ihnen gerade deswegen in Rußland umgekommen sind, weil sie Deutsche waren. Und daß ich selbst im kalten Sibirien zur Welt gekommen bin, weil man uns als Deutsche dahin verschleppt hatte. Und daß mein Großvater gleich nach dem Krieg in einem schrecklichen Arbeitslager in Workuta an Tuberkulose gestorben war, wo die deutschen Leute wie Sklaven in einer Kohlengrube schuften mußten und wo sie wie Fliegen vor Hunger und Kälte starben. Und daß meine Mama nachts geweint hat, weil die Russen sie als Faschistensau beschimpft haben. Das habe ich ihm alles erzählt und dann habe ich ihm gesagt: Das Wort *deutsch* ist für mich heilig. Mein ganzes Leben ist damit fest verbunden, der ganze Schmerz und das Andenken meiner Familie, die so hart leiden mußte, weil wir eben Deutsche waren. Nicht, daß ich die Russen hassen würde. Bei denen gibt es auch sehr viele gute Menschen, die uns geholfen haben. Doch wenn ich noch einmal höre, daß du zu mir Russe sagst, muß ich dir das auf eine andere Weise erklären. Das hab ich ihm gesagt, und er hat das auch richtig verstanden… Später ist er mir ein guter Kumpel geworden."

Herr Kraft atmete schwer auf und überblickte die schweigende Tischrunde. Eine alte Frau, die neben Chrissi saß, hielt ein Taschentuch vor den Mund und aus ihren geröteten Augen flossen Tränen.

„Das hast du so gut gesagt, Johann", flüsterte sie gerührt, ergriff seine große Hand und drückte sie fest. „Ich mußte gleich an die Mama denken… wie die Roten unseren Großvater festgenommen haben… 's letzte Krümelchen Mehl haben sie ihnen weggenommen… mit sieben Kinderchen ist die Oma ganz alleine geblieben…"

Obwohl Tolik diese Familiengeschichten bereits auswendig gelernt hatte, trafen sie ihn jedes Mal tief ins Herz. Er starrte vor sich hin und versuchte sich zu fassen. Als er aber zu Chrissi aufblickte, war er zutiefst überrascht. Die hellblauen Augen seines Freundes waren voll mit Tränen, die er nur mit Mühe zurückhalten konnte.

Herr Kraft füllte die kleinen Gläschen mit Wodka, während Tolik Chrissis Glas mit schäumendem Bier vollmachte.

„Trinken wir auf unsere Eltern und Großeltern, die es trotz allem geschafft haben, uns vor dem Tod zu retten… und auf alle Deutschen, die schuldlos umgekommen sind."

Herr Kraft trank seinen Wodka in einem Zug aus, hielt den Atem einen

Augenblick an und spießte mit der Gabel eine Salzgurke auf.

„Wir haben in Rußland alles zurückgelassen und sind nach Deutschland mit leeren Händen gekommen. Und als wir da waren, haben wir eine Wohnung bekommen und Essen. Das werde ich niemals vergessen, auch wenn mir hier auch nicht alles gefällt. Und das habe ich gleich meiner Frau gesagt, damit sie's weiß, wen sie zu uns einladen tut. Wer bei mir zu Hause Deutschland oder das deutsche Volk schlecht machen will, den packe ich am Kragen und schmeiße ihn die Treppe runter!"

Chrissi blickte von der Seite auf das willensstarkes Gesicht des Hausherrn und wußte, daß diese Worte keine lehre Drohung waren. Tief beeindruckt starrte er auf dessen mächtige Faust, die neben ihm auf dem Tisch lag, und stellte sich bildlich vor, wie es in Wirklichkeit aussehen könnte, wenn Herr Kraft den Frevler die Treppe hinunterwarf.

„Dann werden sie dich ins Gefängnis stecken", erwiderte Wendelin erheitert. „Du weißt ja gar nicht, welche Gesetzte sie haben. Selbst wenn dir jemand ins Gesicht spuckt, hast du kein Recht, ihm in die Fresse zu hauen. Das kann kein Mensch verstehen! Hier kannst du nicht einmal ein fremdes Kind umarmen, um es zu trösten, wenn es sich verletzt hat! Die werden gleich denken, daß du was Schlimmes im Sinn hast. Ich habe auf der Arbeit gesagt, daß mein Sohn seinen Schulfreund liebt. Dann hat mich einer gefragt, ob es für ihn nicht zu früh sei. Kannst du dir so was vorstellen? Die sind schon ganz verrückt geworden!"

„Es ist mir egal, welche Gesetze die bekloppten Politiker sich ausgedacht haben", erwiderte Herr Kraft unbeeindruckt. „Ein ehrlicher Mensch hat da drin ein eigenes Gesetz." Er drückte seine Hand erneut auf die Brust. „Und nach diesem Gesetz werde ich auch leben, bis der liebe Herrgott mich zu sich nimmt." Plötzlich wandte er sich Chrissi zu, legte ihm seinen schweren Arm um die Schulter und drückte ihn behutsam an seine Seite. „Das ist ein deutscher Junge", sagte er mit warmer Stimme. „Und wenn ich ihn umarme, dann weiß er auch, wie ich es meine. Und wenn ihn jemand beleidigt, werd' ich ihn wie meinen eigenen Sohn verteidigen."

Chrissi lächelte ihn dankbar an und war sichtlich berauscht von der menschlichen Wärme, die er in dieser Form noch nie erlebt hatte. Zutraulich wie ein Kind fühlte er sich gar nicht verlegen, was Tolik erneut in großes Staunen versetzte. Überhaupt schien ihm, daß sein Freund sich unter seinen Verwandten so wohl fühlte, daß er ihn schon beinahe ganz vergessen hatte.

„Johann!“ rief ihm dessen Frau zu, nachdem sie sich beruhigt hatte. „Das hast du mir noch gar nicht erzählt, daß die Leute zu dir Russ’ gesagt haben.“

„Ist doch gar nicht so wichtig, Male“, erwiderte dieser ruhig. „Du kennst doch den Heinz?“

Das Gesicht der Frau veränderte sich schlagartig.

„Der Heinz war das?!“ stieß sie erschrocken aus. „Der Heinz hat dir gesagt, daß du ein Russ’ bist?“

„Der Heinz ist ein guter Mensch“, sagte Herr Kraft mit Nachdruck. „Bloß hat man ihnen hier nach dem Krieg den Kopf verdreht. Ich hab ihm zum Beispiel gesagt, daß in Deutschland früher einiges besser war. Anständige Leute lebten da, ehrliche Leute! Am nächsten Tag hat er mir ein dickes Buch gebracht mit scheußlichen Bildern. Da, sagte er, da steht alles geschrieben, wie es hier früher in Wirklichkeit war. Da mußte ich lachen! Ich brauche keine Bücher, habe ich ihm gesagt. Papas Mutter lebte in der Kriegszeit hier in Deutschland. Erst als die Russen gekommen sind, haben sie meine Oma nach Sibirien verschleppt. Sie hat mir oft erzählt, wie es hier in Deutschland früher war. Und meiner Oma tu ich mehr vertrauen als deinen Büchern. Von dem, was meine Oma mit eigenen Augen gesehen hat, davon steht in deinem Buch bestimmt kein Wort drin. Die haben ihnen in der Schule erzählt, daß die deutschen Leute aus Juden Seife gemacht haben und Lampenschirme, und sie haben alles geglaubt…“

„Warum haben sie denn alles geglaubt?“ warf Wendelin verstimmt ein.

„Weil die deutschen Menschen so gut waren! Weil ein ehrlicher Mensch sich gar nicht vorstellen kann, daß die anderen so gewissenlos lügen können. Einem schutzlosen Kind in der Schule solche Lügen an den Kopf zu werfen, ist ein Verbrechen, Wendelin, ein schreckliches Verbrechen!“ Er schüttelte enttäuscht den Kopf. „Natürlich gab es viel Ungerechtigkeiten! Die Juden waren verfolgt. Auch andere Sachen sind passiert! Aber wir reden doch von den Menschen! Man muß doch bei der Wahrheit bleiben. Als ob in der Sowjetunion weniger Menschen ermordet wurden! Hier hat man die Täter, die es gemacht haben, bestraft. Und in Rußland? Da laufen die Massenmörder frei herum und brüsten sich noch damit, wie sie unschuldige Menschen und Kriegsgefangene ermordet haben! Das habe ich dem Heinz erzählt, doch das alles hat gar nicht so richtig geholfen. Als ob du gegen die Wand sprechen tätest!

Später hat er mir noch ein Buch gezeigt. Über die Zwangsarbeiter!

Und da hat er angefangen, mir von den Russen zu erzählen, die nach Deutschland verschleppt wurden und hier während des Krieges arbeiten mußten. Irgendwann platze mir der Kragen. Was verstehst du denn überhaupt von der Zwangsarbeit, habe ich ihn gefragt. Meine eigene Nachbarin in Rußland war eine Zwangsarbeiterin. Du kennst sie, Wendelin! Die Maria? Unsere Nachbarin? Als wir unter vier Augen miteinander gesprochen haben, fragte ich sie aus, wie es in Deutschland so gewesen war. Da hat sie mir erzählt, wie sie mit ihrer Mutter bei einem Bauern nicht weit von Berlin gearbeitet hat. Sie waren eben diese Zwangsarbeiter! Und bei diesem Bauern haben sie an einem Tisch mit seiner ganzen Familie gegessen und abends zusammen Karten gespielt, während unser Großvater zu dieser Zeit in Rußland in einem schrecklichen Arbeitslager in Workuta in einer Kohlengrube wie ein Sklave geackert hat. Dort ist er auch verscharrt worden, ohne Kreuz wie ein Tier…" Er legte eine kurze Pause ein, dann fuhr er fort. „Dann hat mir Maria unter Tränen erzählt, wie sie in Deutschland das Kriegsende erlebt hat. Da kamen die sowjetischen Soldaten ins Dorf und haben es ausgeplündert, die Menschen wie Vieh behandelt und geschlagen. Mädchen vergewaltigt! Dann haben diese sogenannten Befreier Maria und ihre Mutter in den Wagen gestoßen und zu einem Sammellager gebracht. Dabei haben sie ihre Mutter getreten und als Verräterin beschimpft. Bis heute kann sie keine Ruhe finden und hat sich immer wieder gefragt, wie es den guten Bauernkinderchen wohl ergangen war, mit denen sie gespielt hat. Und als sie dann wieder in Rußland zu Hause waren, hat man sie mehrmals verhört, und wie! Da hatten die beiden Angst gehabt, nur ein einziges gutes Wort über die Deutschen zu sagen. Geschichten erfunden, um ihre Haut zu retten! Sie mußten ein Papier unterschreiben, daß sie von dem, was sie in Deutschland erlebt haben, niemandem erzählen durften. Sonst würden sie wegen der antisowjetischen Propaganda im Knast landen! Und dann habe ich Heinz gefragt, ob das alles auch in seinem Buch über Zwangsarbeiter drinsteht! Da blinzelte er mich mit seinen unschuldigen Augen an wie ein kleines Kind. Dann habe ich ihm gesagt: Hör mir ganz genau zu, Heinz! Nimm deine Bücher und steck sie dir in den…"

Herr Kraft wollte in Chrissis Anwesenheit das derbe Wort nicht aussprechen, räusperte sich und verstummte, während der Junge die Hand auf den Mund preßte und zu kichern begann. Schuldbewußt blickte er mit seinen tränenden Augen zum Gastgeber auf, doch das Zucken seiner Schultern konnte er nicht unterdrücken.

„Was kicherst du denn so, du Schlingel?“ fragte Herr Kraft erheitert, drückte Chrissi wieder an seine Seite und verwuschelte ihm die Haare.

„Ich weiß, wohin sich dieser Heinz die Bücher stecken sollte“, erwiderte Chrissi in seiner schelmischen Art und riß mit seinem ansteckenden Lachen die ganze Tischgesellschaft mit.

Herr Kraft aber griff ihm kitzelnd in die Rippen.

„Wohin sollte er sie reinstecken?“ fragte er gespielt streng, während Chrissi sich in seinen starken Händen hilflos zu winden begann.

„In den Kolodilnik!“ rief Chrissi flehend aus. „In den Kolodilnik!“

Toliks Verwandtschaft weinte Lachtränen und konnten sich kaum noch auf ihren Stühlen halten. Herr Kraft ließ den Jungen wieder los, schenkte ihm Bier ein und schaute zufrieden zu, wie er sich wieder über die Pelemini hermachte.

Während das Gespräch auf andere Themen kam, versuchte Tolik die Aufmerksamkeit seines Freundes auf sich zu lenken. Mal zwinkerte er Chrissi mit den Augen, mal gab er ihm ein Handzeichen. Alles umsonst! Chrissi saß neben seinem Vater und schien wunschlos glücklich…

Die Last der Schulden

Erst nach einer Stunde gelang es Tolik, seinen Freund nach draußen zu locken. Chrissi schleppte sich sofort zum Spielplatz, ließ sich kraftlos auf eine Bank fallen und genoß mit halb geschlossenen Augen den angenehmen Nachmittag. Nach dem üppigen Essen war er träge geworden und antwortete auf Toliks Fragen lustlos und einsilbig.

„Wann hast du zum letzten Mal deine Hose gewaschen?“

„Weiß nicht mehr“, erwiderte Chrissi, ohne seinen Freund anzublicken, während Tolik ihn mit einem äußerst kritischen Blick betrachtete.

Chrissi kam ihm schmuddelig vor. Seine abgetragene, an den Knien ausgebeulte Jeans war etwas zu lang. Unten ausgefranst und schmutzig berührten die Hosenbeine hinten den Boden, während sie sich vorne auf den billigen Turnschuhen wölbten. Das karierte, kurzärmelige Hemd war stark ausgeblichen und an einer Seite sogar leicht eingerissen.

„Hast du kein anderes Hemd zu Hause?“ setzte Tolik beharrlich nach.

Chrissi schüttelte apathisch den Kopf, denn zu einer ordentlichen Antwort hatte er keine Kraft mehr. Er gähnte vergnügt, verschränkte seine Arme vor der Brust und schien langsam einzuschlafen.

Dieses Verhalten konnte Tolik nicht länger dulden.

„Jetzt werde ich dich wieder wach kriegen“, sagte er entschlossen.

Er packte Chrissi mit seinen starken Händen, nahm ihn in den Schwitzkasten und begann, ihn in den Rippen zu kitzeln.

„Hör auf!“ stöhnte Chrissi, riß sich los und sprang zur Seite.

„Komm her, du Schwächling!“ rief ihm Tolik lachend zu. „Ich hab was.“

Chrissi blieb mißtrauisch und hielt sich in sicherem Abstand, doch als er in den Händen seines Freundes Zigaretten sah, lief er sofort zu ihm.

„Gib mir eine!“ bat Chrissi ungeduldig und holte aus der Tasche ein Feuerzeug hervor.

„Bist du verrückt?“ fauchte Tolik ihn an, als er sah, daß er die Zigarette in den Mund gesteckt hatte. „Wenn mein Vater uns jetzt aus dem Fenster sieht, dann gibt's Ärger!“

„Darfst du nicht?“ fragte Chrissi verwundert.

„Wenn er mich noch einmal beim Rauchen erwischt, gibt er mir kein Taschengeld mehr. Kapiert!“ brummte Tolik verärgert.

„Meinen Eltern ist es scheißegal“, erwiderte Chrissi etwas traurig. „Hauptsache, ich klaue ihnen ihre Kippen nicht weg.“

Erst als die Jungen in einer Querstraße verschwanden, zündeten sie ihre Zigaretten an.

„Du weißt ja gar nicht, wie streng er sein kann!“ sagte Tolik mit gewichtiger Stimme. „Wenn du es nur einmal erlebt hättest, würdest du es gleich kapieren!“

Chrissi schien aber von seiner Mitteilung kein bißchen beeindruckt.

„Wenn ich einen solchen Vater hätte, würde ich sofort mit dem Rauchen aufhören“, erwiderte er nachdenklich und sogar etwas wehmütig.

„Meinst du das ernst?“ rief Tolik ihm überrascht zu und schaute seinen Freund an, als ob er ihn zum ersten Mal gesehen hätte.

Doch Chrissi gab keine Antwort. Niedergeschlagen ging er neben ihm her und schwieg…

Die Jungen schlenderten, ohne ein bestimmtes Ziel vor Augen zu haben, in der nahen Umgebung, dann gingen sie in Richtung eines kleinen Industriegebietes. Hier lag ihr Lieblingsplatz, wo sie an manchen warmen Sommertagen die Zeit totschlugen.

Es war eine uneinsehbare Stelle zwischen zaungesicherten Bahngleisen und einer langen Lagerhalle, die einem alten Schrotthändler gehörte. Die leeren Coladosen und zerschlagene Bierflaschen zeugten davon, daß es hier öfters hoch hergegangen war. Chrissi setzte sich auf einen schmalen Fundamentvorsprung, lehnte sich an die Mauer und streckte seine langen Beine aus.

„Ich bin KO“, sagte er erschöpft.

„Wie kann man nur so viel essen?“ wunderte sich Tolik und betrachtete kopfschüttelnd seinen schlanken Freund. „Wo paßt das alles nur rein?“

„Da rein“, sagte Chrissi ernst und klatschte zufrieden auf seinen vollen Bauch.

Einige Minuten lang zerbrachen sie sich den Kopf darüber, was sie heute unternehmen sollten, dann hörten sie plötzlich Stimmen. Chrissi sprang auf die Beine und schaute verstohlen um die Ecke der Lagerhalle. In dreißig Meter Entfernung gingen zwei Jungen.

„Das ist Oliver!“ flüsterte Chrissi aufgeregt. „Komm, hauen wir ab!“

Er wollte weglaufen, doch sein Freund rührte sich nicht von der Stelle.

„Ich werde doch nicht vor denen wegrennen!“ brauste Tolik auf. „Reiß dich zusammen, du Feigling!“

Chrissi warf ihm einen gekränkten Blick zu, dann lehnte er sich mit dem Rücken an die Wand der Lagerhalle. Um besonders cool auszusehen, winkelte er sein linkes Bein an, drückte den Fuß an die verwitterte Mauer und steckte die Hände halb in die Taschen, doch seine Schultern und die dünnen Arme schmälerten den gewünschten Eindruck.

Die Stimmen wurden lauter. Bald bogen die Jungen um die Ecke der Lagerhalle und blieben überrascht direkt vor Chrissi stehen.

„Nach dir habe ich schon lange gesucht", sagte der größere Junge mit einer Stimme, als säße Chrissi in der Falle.

Oliver war wesentlich stärker als Chrissi und sah gefährlich aus. Er ging auf ihn zu und starrte den Jungen mit rachedurstigen Augen an. Chrissi versuchte Gelassenheit vorzuspielen, vermied aber seinem Gegner ins Gesicht zu schauen.

„Wo ist das Geld?" sagte Oliver, packte den Jungen an seinem Hemd und riß ihn zu sich.

Chrissi stolperte, schaffte es aber gerade noch, auf den Beinen zu bleiben.

„Pfoten weg!" rief Tolik dem frechen Jungen drohend zu und machte einige schnelle Schritte in seine Richtung.

„Wer hat denn dich gefragt!" erwiderte Oliver, ohne Chrissi loszulassen. „Oder willst du auch Ärger kriegen? Ich hab keine Angst vor deinem Bruder!"

„Paß auf deine Klappe auf!" erwiderte Tolik und ballte die Fäuste. „Sonst hau ich dir gleich eine rein."

Chrissi nutzte die günstige Gelegenheit, riß sich los und sprang zur Seite. Doch Oliver achtete nicht mehr auf ihn, sondern starrte Tolik mit stillem Haß an.

„Was hast du gesagt?" fragte er geringschätzig, während der zweite Junge, der bis dahin unbeteiligt die Auseinandersetzung beobachtet hatte, unruhig wurde.

„Wir müssen gehen, sonst kommen wir zu spät!" sagte er eindringlich und zog Oliver beharrlich zurück.

Dieser erkannte den Wink und gab schließlich nach.

„Du hast eine Woche Zeit. Sonst komme ich mit Ali. Kapiert? Dann kannst du was erleben!" drohte er Chrissi mit einer Stimme, die keinen Zweifel an seiner Entschlossenheit übrigließ.

Nachdem die Jungen wieder verschwunden waren, sank Chrissi erschöpft auf die leere Plastikkiste, stützte die Ellenbogen auf die Knie und ließ seinen Kopf in die Hände fallen.

„Wie kommt es, daß du bei ihnen Schulden hast?" fragte Tolik vorwurfsvoll.

„Ich habe vor einem Monat bei ihm ein Fahrrad geliehen“, sagte Chrissi, ohne ihn anzusehen. „Ich hab es nur kurz vor einem Geschäft abgestellt…“

„Wo?“ fragte Tolik ungeduldig.

„In der Gerberstraße…“

Kaum hatte Chrissi den Straßennamen genannt, schlug sein Freund ihm mit flacher Hand auf den Hinterkopf, konnte sich aber soweit beherrschen, daß seine schwere Hand ihn nur leicht streifte.

„Blödmann!“ stieß Tolik enttäuscht hervor und biß die Zähne fest zusammen.

Chrissi zog den Kopf in die Schultern.

„Hör auf!“ wehrte er sich mit klagender Stimme. „Ich bin doch nicht schuld…“

„Wer läßt sein Fahrrad in der Gerberstraße einfach so herumstehen?“ schimpfte Tolik. „Warum hast du mir früher nichts davon erzählt? Wenn sie Ali einschalten, dann wird die Sache sauteuer. Dann kriegst du jeden Tag auf den Deckel, bis du die Kohle ausrückst. Wie viel mußt du ihm zahlen?“

„Hundertzwanzig“, erwiderte Chrissi und zog sich ängstlich zusammen, als erwartete er von seinem Freund einen weiteren Schlag.

Tolik schwieg, während Chrissi die Hände auf sein Gesicht drückte.

„Hör auf zu heulen!“ herrschte Tolik ihn an. Er konnte es nicht leiden, wenn ein fünfzehnjähriger Junge wie ein kleines Kind schluchzte. Doch lange konnte er seinem Freund nicht böse sein. „Hast du schon mal Kevin was davon erzählt?“ fragte er viel nachsichtiger.

Chrissi schüttelte den Kopf und wischte sich die Tränen ab, während Tolik nach wie vor zur Seite starrte. Als er glaubte, daß Chrissi sich beruhigt hatte, blickte er wieder zu ihm hinüber.

„Was willst du jetzt tun? Hast du schon eine Idee?“

„Gar nichts habe ich!“ stieß Chrissi verzweifelt aus. „Gar nichts…“

Er ließ seinen Kopf herunterhängen und war wieder nah am Weinen.

„Jetzt komm, reiß dich zusammen!“ sagte Tolik aufmunternd. „Wir haben noch eine Woche Zeit. Vielleicht fällt uns was ein.“

Er packte Chrissi am Arm und riß ihn mit einem Ruck auf die Beine.

„Ich hab noch fünf Euro. Komm, gehen wir zum Bahnhof, kaufen wir uns was…“

Chrissi nickte ihm dankbar zu, und die beiden verließen ihr Versteck.

Joe

Die Jungen durchquerten das Industriegebiet und gingen nun die breite Europastraße entlang. Chrissi vergaß nach wenigen Minuten seine Sorgen und plauderte Tolik wie gewohnt die Ohren voll. Mit glänzenden Augen träumte er davon, was er alles tun und lassen würde, wenn er plötzlich viel Geld hätte. Dann berichtete er seinem Freund darüber, welche fantastischen Abenteuer er bereits früher ohne großes Geld erlebt hatte. Tolik glaubte ihm kein Wort, hörte aber seinem Freund mit einem schiefen Lächeln gern zu.

Nun erzählte Chrissi, wie er bei einem Ausflug in der nahen Umgebung eine Wette gewonnen habe. Er und seine Freunde hätten flache Steine an der spiegelglatten Seeoberfläche entlang geworfen und dabei gezählt, wie viele Male die Steine auf dem Wasser hüpften, bevor sie darin versanken.

„Es waren mindesten dreißig!“ behauptete Chrissi. „So schnell konnte ich gar nicht zählen!“

Tolik blieb stehen.

„Dreißig mal?“ wiederholte er skeptisch und schüttelte mit dem Kopf. „Ich hab das auch schon mal probiert. Mehr als acht habe ich nicht geschafft.“

„Wo war das?“

„Als wir noch in Bayern wohnten“, sagte Tolik.

„Siehst du!“ erwiderte Chrissi sachkundig. „In Bayern hättest du so viel ja gar nicht schaffen können! Nur bei uns ist das möglich!“

„Wieso?“

„Weil wir hier im Weserbergland ein Hochdruckgebiet haben“, erklärte Chrissi ernst.

Tolik lachte spöttisch auf.

„Münchhausen“, rief er ihm zu, wodurch er Chrissi schlagartig in große Aufregung versetzte.

Denn dies war sein Spitzname, den man ihm bereits in der Grundschule verpaßt hatte. Ständig dachte er sich neue Geschichten aus.

„Lügenbaron“, setzte Tolik nach, während Chrissi noch gerade dabei war, ihm hoch und heilig zu schwören, daß in seiner Erzählung jedes Wort der Wahrheit entspräche.

„Ich bin kein Lügenbaron!“ warf Chrissi ihm gekränkt zurück.

Tolik schaute vergnügt in das gerötete Gesicht seines schnaubenden Freundes.

„Du hast Recht", bestätigte er. „Ein Baron bist du nicht."

Er trat einen Schritt zurück und maß seine zerlumpte Erscheinung mit einem spöttischen Blick.

„Du bist bloß ein gemeiner Lügner", fügte er noch hinzu, womit er Chrissi buchstäblich auf die Palme brachte.

Während sie zankten, erreichten sie ein leerstehendes Gebäude, in dem vor Jahren ein großes Lebensmittelgeschäft untergebracht war. Das Gelände war mit einem Maschendrahtzaun gesichert, doch die Jungen aus der Nachbarschaft hatten an mehreren Stellen große Löcher gerissen, um auf dessen geräumigem Parkplatz Fußball zu spielen.

Als Chrissi zufällig über den Zaun blickte, verstummte er und blieb wie angewurzelt stehen. Auf dem Parkplatz neben einem langen Lastwagen stand ein fensterloser Bus mit zwei tellerförmigen Satellitenantennen auf dem Dach. Es bestand nicht der geringste Zweifel, daß es der gleiche Bus war, den Chrissi vor einigen Stunden in der Bergstraße gesehen hatte. *Janus* stand schräg über die weißlackierte Seite geschrieben, darunter die gleiche Maske mit zwei Gesichtern! Tolik zog seinen Freund am Arm weiter, doch Chrissi klebte am Zaun und beobachtete wie gebannt das Geschehen auf dem großen Parkplatz.

Einige Meter vor dem Bus standen mehrere Scheinwerfer, die durch dicke Kabel mit dem Innern des Lastwagens verbunden waren. Einige Meter weiter waren schmale Gleise verlegt worden, auf denen ein Kamera-Wagen ruhte. In einem darauf montierten Drehsessel saß ein Mann mit Kopfhörern und beschäftigte sich mit seinem komplizierten Gerät. Neben ihm standen noch zwei andere Männer mit wuchtigen Kameras und warteten, bis ein großer Mann mit gestutztem Vollbart und Glatze einer Gruppe von Jungen etwas lebhaft erklärte.

Als er zur Seite trat, setzten die Kameraleute ihre Geräte auf die Schulter und richteten sie auf die Jungen.

„Mann!" rief Chrissi begeistert aus. „Ich dreh' jetzt durch! Sie machen einen echten Film!"

Er sprang zu einer Stelle, wo der Maschenzaun gerissen war, doch Tolik zog ihn am Hemd zurück.

„Bist du wahnsinnig! Wo willst du hin? Sie werden dich wegjagen!" rief er ihm eindringlich zu, doch Chrissi achtete nicht auf seine Warnung.

„Ich muß das sehen!" murmelte er fieberhaft vor sich hin und schlüpfte durch das Loch durch.

Tolik blieb nichts anderes übrig, als seinem unvernünftigen Freund zu folgen. Vorsichtig näherten sie sich dem fensterlosen Bus und blieben in einigem Abstand stehen.

Der bärtige Mann, den Chrissi bereits früher als Chef ermittelt hatte, bemerkte die beiden Eindringlinge, machte aber keine Anstalten, sie zu vertreiben. Er hatte einen hünenhaften Körper und überragte die meisten seiner Kollegen fast um eine Kopfeslänge. Sein Vollbart verlieh seinem Gesicht einen vorteilhaften Ausdruck. Er war gepflegt und dicht, was im krassen Gegensatz zu seiner breiten Glatze stand. Trotz seiner Körpergröße flößte der Bärtige Chrissi keine Furcht ein. Bald gab der Junge jede Zurückhaltung auf und kam noch näher.

„Warum brauchen Sie am Tage Licht?“ fragte er einen Kameramann, als dieser sein schweres Gerät von der Schulter nahm.

Tolik kniff die Augen zu und stellte sich bildlich vor, wie der vielbeschäftigte Mann seinen frechen Freund davon jagen würde. Doch es geschah etwas ganz Anderes! Zu seiner Überraschung bekam Chrissi eine ausführliche Antwort: Die Lichtverhältnisse seien zu schwach, außerdem müßten die Schatten im Gesicht ausgeleuchtet werden.

Tolik atmete erleichtert aus, doch im nächsten Augenblick sah er, wie Chrissi direkt zum Drehort ging. Tolik wäre vor lauter Peinlichkeit am liebsten gleich weggelaufen, doch sein Freund gesellte sich unbesorgt zu dem Bärtigen und verfolgte nun die Dreharbeiten aus nächster Nähe.

Der große Mann war mit den jungen Darstellern sichtlich unzufrieden.

„Nein! So geht es leider nicht!“ rief er ihnen zu und ging wieder nach vorne.

Die Kameraleute schalteten ihre Geräte aus und warteten geduldig, bis er den Jungen neue Anweisungen gab. Diese nickten ihm zwar zu, konnten aber ihre Ratlosigkeit nicht verbergen.

„Entspannt euch!“ redete der Bärtige auf sie eindringlich ein. „Vergeßt die Kameraleute! Wenn’s nicht klappt, dann drehen wir es halt noch einmal.“

Die Jungen sammelten sich wieder: Zwei von ihnen, etwa zehn- und dreizehnjährig, setzten sich auf leere Sprudelkisten, während die älteren zur Seite traten. Auf einmal erstarben alle Stimmen und auf den Kameras leuchteten rote Lämpchen auf. Die auf den Kisten sitzenden Jungen begannen unbekümmert zu plaudern.

„Wollen wir uns morgen wieder treffen?“ sagte der Dreizehnjährige zu seinem jüngeren Spielkameraden, der einen Fußball in den Händen hielt.

„Klar!“ erwiderte dieser mit einer Engelsstimme, worauf ihre Unterhaltung wieder ins Stocken geriet.

In diesem Augenblick tauchten neben ihnen zwei größere Jungen auf und forderten von den beiden das Geld. Sie waren in Chrissis Alter, bemühten sich, die Coolen zu spielen, wirkten aber gehemmt und unnatürlich.

Chrissi, der die Szene mit glänzenden Augen verfolgte, trat vor Aufregung von einem Fuß auf den anderen.

„Ne!“ flüsterte er einige Male und schüttelte dabei kräftig den Kopf, als täte ihm der bloße Anblick der Jungen weh.

Als der Bärtige die Dreharbeiten erneut unterbrach, ging Chrissi, als wäre es gar selbstverständlich, dem Bärtigen hinterher und rief einem der älteren Jungen, die die Angreifer spielen sollten, ungeduldig zu:

„Sag mal! Hat man dich noch niemals abgezogen?“

Der Junge sah ihn verdutzt an.

„Es fehlt noch, daß du dich bei ihnen entschuldigst!“ setzte Chrissi nach. „Wer macht so was?“

Während Chrissi ihn belehrte, trat der Bärtige einige Schritte zurück und beobachtete ihn aufmerksam. Dann drehte er sich wortlos zu seinen Kollegen um und zeigte mit der Hand auf den ungebetenen Gast, der ihm seine Arbeit streitig machte. Die Mitarbeiter erwiderten seine Geste mit nachsichtigem Lächeln.

Chrissi aber, dem die Nachsicht des Bärtigen nicht entgangen war, wurde um so frecher.

„Hast du dein Gesicht schon mal in einem Spiegel gesehen?“ fragte er den gleichen Jungen. „Du kannst vielleicht einen Märchenprinzen spielen, meinetwegen auch das Rotkäppchen, aber doch nicht die coolen Typen, die da draußen herumlungern.“

Die allgemeine Heiterkeit brachte den bedrängten Jungen in Verlegenheit. Er wurde rot und starrte Chrissi aus den Augenwinkeln gekränkt an.

„Kannst du ihm vielleicht zeigen, wie das geht?“ fragte der Bärtige.

„Klar kann ich das tun!“ erwiderte Chrissi angeberisch. „Geht mal zur Seite!“

Sichtlich verärgert traten die älteren Jungen zurück, während die beiden jüngeren, die die Opfer der Straßengewalt spielen sollten, sich wieder auf die leeren Kisten setzten. Ohne sich umzudrehen, hob der Bärtige seine Hand hoch und schnippte mit den Fingern. Die Kameraleute traten vor und richteten ihre Geräte auf die jungen Darsteller. Sie sammelten sich wieder und begannen ihre anspruchslose Unterhaltung.

„Wollen wir uns morgen wieder treffen?“ fragte der Ältere.

Noch bevor sein Spielkamerad ihm antworten konnte, tauchte Chrissi im Bild auf.

„Ihr Opfer!“ warf er den beiden noch im Gehen zu. „Was macht ihr da?“

Die Jungen schauten ihn ratlos an, da die Frage an dieser Stelle gar nicht vorkommen sollte. Doch Chrissi spielte nach seinem eigenen Drehbuch. Er blieb dicht vor ihnen stehen. Sein Gesicht sah ausgesprochen gemein aus. Tolik, der jetzt auch in der Nähe stand, konnte das plötzliche Auflachen nur mit Mühe unterdrücken. Zu gut kannte er diesen unverschämten Ausdruck im Gesicht seines Freundes.

„Was glotzt du mich so blöd an?“ fauchte Chrissi den älteren Jungen an. „Willst du frech werden, was?!“

Er packte ihn hart am Kragen und zog ihn hoch auf die Beine. Verwirrt starrte der Junge Chrissi an, während dieser, ohne ihn loszulassen, den zweiten Jungen gegen die Brust trat. Der Kleine fiel von seiner Sprudelkiste auf den Boden. Sein Fußball glitt ihm aus den Händen und rollte nun zur Seite. Er berappelte sich, wollte den Ball einfangen, doch Chrissi trat ihm auf die Hand. Der Junge stöhnte auf, faßte instinktiv Chrissis Sportschuh, konnte aber die eingequetschte Hand nicht befreien. Als Chrissi noch stärker auf sie drückte, gab er den Widerstand auf und schaute flehend zu ihm auf.

„Wenn du noch einmal versuchst abzuhauen, wirst du was erleben!“ herrschte Chrissi ihn fürchterlich an. „Kapiert?“

Der Junge, auf dem Boden sitzend, nickte ihm ängstlich zu, blickte verunsichert zum Bärtigen auf, doch dieser gab ihm ein klares Handzeichen zum Weitermachen.

Währenddessen bearbeitete Chrissi dessen älteren Freund.

„Was hast du in den Taschen?“

Der Junge zögerte mit der Antwort, was sich für ihn als verhängnisvoll erwies. Denn Chrissi schlüpfte bereits in seine Rolle und war nicht mehr zu bremsen. Er verpaßte ihm eine Ohrfeige. Obwohl er die Hand etwas abgebremst hatte, sah der Schlag täuschend echt aus.

„Ich habe nichts…“, stotterte der Junge.

„Willst du mich verarschen, du Opfer?!“ schrie Chrissi wie ein wahnsinniger.

Dabei krallte sich seine rechte Hand in dessen Gesicht fest. Aus nächster Nähe starrte er in die Augen des bedrängten Jungen, dem bei einem solchen

Gewaltausbruch die Stimme versagte. In Chrissis verengten Augen glühte vernichtender Haß.

„Leer die Taschen aus!" fauchte er den Jungen mit erstickter Stimme an und drückte ihn hinunter, bis dieser vor ihm auf die Knie sank.

Mit ungeschickten Händen holte der Junge seinen ganzen Besitz hervor: zwanzig Euro in Scheinen, einige Münzen, ein schönes Feuerzeug…

Chrissi stopfte die Beute in seine Taschen.

„Verpißt dich!" warf er ihm abfällig zu.

Der Junge war nicht schnell genug, weshalb Chrissi ihm mit flacher Hand eins auf die Wange knallte und dann zum Abschied noch einen Tritt in den Hintern verpaßte. Auch der kleinere Junge wollte sich leise aus dem Staub machen.

„Hier geblieben!" herrschte Chrissi ihn an.

Ohne den Blick von seinem Peiniger abzuwenden, sank der Kleine wieder auf den Boden.

„Wie heißt du?" wollte Chrissi wissen.

„Benni", stammelte der Junge.

„Hast du Geld?"

Benni schüttelte stumm mit dem Kopf, doch Chrissi verengte die Augen und starrte ihn mißtrauisch an.

„Ich habe nichts", beteuerte der Junge ängstlich. „Ehrlich!"

„Willst du mich anlügen, du Winzling?" fragte Chrissi und beugte sich über ihn.

Mit einem gefährlichen Lächeln legte er Benni die Hand auf den Hals und zwang ihn auf den Boden. Der Junge widersetzte sich nicht und blieb auf dem Rücken liegen, während Chrissi sich rittlings auf seine Brust setzte und die Knie auf seine Oberarme stemmte. Benni preßte die Zähne vor Schmerz zusammen, um das Aufstöhnen zu unterdrücken und wußte nicht, wie er sich jetzt verhalten sollte. Währenddessen packte Chrissi ihn mit beiden Händen an den Ohren und hob seinen Kopf etwas an.

„Weißt du was passiert, wenn ich jetzt deine Rübe auf den Boden knalle?" fragte er mit gefährlicher Stimme.

Seine Augen strahlten dabei eine sadistische Genugtuung aus. Der arme Knabe wurde von panischer Angst erfaßt. Es war schwer zu glauben, daß Chrissi jetzt spielte. Er versuchte sich zu befreien, doch sein Peiniger drückte mit den Knien noch stärker auf seine ohnehin gequetschten Oberarme. Der Junge gab auf. Nah am Weinen starrte er in Chrissis Augen und schnaubte schwer durch die Nase.

„Wenn ich jetzt deinen Kopf auf den Boden knalle“, flüsterte Chrissi ihm wie benommen zu. „Dann spritzt dir das Hirn aus den Ohren.“

Einige Sekunden genoß er die Angst in den Augen seines Opfers, dann ließ er seinen Kopf los und legte ihm seine Rechte an den Hals.

„Oder ich dreh’ dir einfach die Luft ab“, sagte Chrissi und strich ihm mit der linken Hand langsam die schweißnassen Haare aus der Stirn. „Und das werde ich sicher tun, wenn du morgen wieder ohne Geld kommst. Klar?“

Benni nickte, soweit es ihm überhaupt noch möglich war, seinen Kopf zu bewegen, doch die Finger des Peinigers drückten sich noch tiefer in seinen Hals. Das unheimliche Knirschen seiner zusammengepreßten Zähne offenbarte, wie schwer es für Chrissi war sich zurückzuhalten.

Endlich ließ er sein Opfer los und erhob sich, doch der Junge blieb auf dem Boden liegen. Er atmete schwer und starrte Chrissi nach wie vor entsetzt an.

Von einem Augenblick auf den anderen verwandelte sich aber dieser.

„Mann!“ rief Chrissi ärgerlich aus. „Hat man dir die Zunge rausgerissen? Warum schweigst du denn?“

Der Junge antwortete nicht. Er drehte sich erschöpft auf die Seite und verbarg sein Gesicht in den Händen.

Chrissi wollte noch etwas sagen, doch der Bärtige gab ihm ein Zeichen zum Schweigen. Erst jetzt bemerkte Chrissi, daß die Kameraleute weiter drehten. Mit ganzer Seele gaben sie sich ihrer gar nicht so einfachen Kunst hin. Während die große Kamera, die auf dem Wagen von zwei Männern entlang des Drehortes geräuschlos geschoben wurde, die zuckenden Schultern des Jungen im Visier hatte, schlich sich der dicke Kameramann auf den Knien seitlich an den schluchzenden Jungen heran und richtete sein Gerät auf dessen verweintes Gesicht.

Erst als der Bärtige wieder mit den Fingern schnippte, war die Spannung, die den Drehort fühlbar beherrschte, schlagartig weg. Der dicke Kameramann stellte sein wertvolles Gerät vorsichtig auf den Boden und wischte sich die Schweißperlen aus der Stirn.

„Wenn die Kamera läuft, darf außer mir niemand sprechen!“ sagte der Bärtige zu Chrissi, während dieser Benni auf die Beine zog.

„Früher hättest du heulen sollen!“ belehrte Chrissi den erschütterten Jungen. „Was meinst du, wie du um Gnade gebettelt hättest, wenn man dich tatsächlich erwischt hätte. Meinst du, die würden mit dir so lange herumreden? Ich will gar nicht wissen, was sie mit dir gemacht hätten!“

Der Junge zeigte Verständnis für seine Belehrungen, konnte aber seinen Schock nicht so schnell überwinden. Er nickte stumm, doch sein rechter Mundwinkel zuckte nervös.

Währenddessen unterhielt sich der Bärtige mit seinen Mitarbeitern.

„Das ist ein Prachtexemplar!“ rief er seinem Assistenten begeistert zu, der von der grausamen Szene nicht weniger beeindruckt war.

Auch Tolik starrte seinen Freund mit großen Augen an.

„Bist du ein Psycho?“ fragte er ihn besorgt, doch Chrissi achtete nicht auf ihn.

Er war nach wie vor mit Benni beschäftigt.

„Heulen ist ja gar nicht so schwer!“ beteuerte Chrissi und gab dem Jungen Ratschläge, wie er das am besten anstellen sollte.

Während er noch mit Benni sprach, wandte sich der Bärtige an Tolik.

„Kannst du auch so spielen?“ fragte er neugierig.

Tolik hatte mit einer solchen Frage gar nicht gerechnet.

„Ne“, erwiderte er erschrocken, doch der Bärtige ließ von ihm nicht ab, denn Tolik sah von Natur aus, als könnte er durchaus einen kantigen Schlägertypen darstellen.

„Ich würde es dir aber ohne weiteres zutrauen?“ setzte der Bärtige nach.

„Natürlich kann er das!“ mischte sich Chrissi ein und stieß Tolik mit einem Ellenbogen kräftig in die Seite. „Hast du schon vergessen, wie Ali die Jungs anmacht? Stell dir vor, du bist Ali und hast mich allein auf dem Schulhof erwischt!“

Tolik wirkte unschlüssig, doch Chrissi ließ ihn einfach nicht los.

„Na, komm schon!“ sagte er erregt. „Du bist jetzt Ali!“

Die Beharrlichkeit seines Freundes erboste Tolik. Sein Gesicht wurde starr und sah gefährlich aus.

„Du Penner!“ fauchte er Chrissi an. „Ich hau dir jetzt wirklich eine rein. Klar?!“

Als er aber das gemein grinsende Gesicht seines Freundes sah, schlug er ihm tatsächlich mit halber Kraft in den Bauch.

Chrissi brach vor ihm zusammen und begann, lautlos wie ein Fisch nach der Luft zu schnappen. Obwohl Tolik etwas gehemmt wirkte und mit sich selbst gar nicht zufrieden war, schien der Bärtige eine andere Meinung zu haben.

„Toll!“ rief er ihm begeistert zu. „Euch beide kann ich gut gebrauchen. Wollt ihr ein paar Euros verdienen?“

Tolik wußte nicht, was er dazu sagen sollte, und drehte sich nach seinem spitzfindigen Freund um. Chrissi kauerte aber nach wie vor auf dem Boden. Er hielt die beiden Hände an den Bauch gedrückt und krümmte sich vor Schmerz. Tolik erschrak.

„Tut mir leid!" sagte er halblaut und wollte ihm auf die Beine helfen, doch Chrissi gab keine Antwort und schniefte leise.

Tolik wurde von einem tiefen Schuldgefühl erfaßt.

„Ich wollte nicht", sagte er mitfühlend und beugte sich über seinen Freund.

Bald versammelte sich das halbe Drehteam um sie herum. Chrissi richtete sich ein wenig auf, nahm seine Hände vom Gesicht und schluchzte qualvoll auf. Er wollte zu Tolik aufblicken, doch die Kränkung überwältigte ihn wieder, worauf er in heftige Weinkrämpfe ausbrach.

„Bring bitte ein Gras Wasser!" rief der Bärtige einem seiner Mitarbeiter besorgt zu.

Tolik wußte nicht, wie er Chrissi trösten sollte. Der Anblick seines leidenden Freundes war einfach nicht zu ertragen.

„Ich wollte nicht…", wiederholte Tolik und legte ihm vorsichtig die Hand auf die Schulter, doch Chrissi sprang im nächsten Augenblick auf die Beine und begann zu lachen.

„Hast du es gesehen?" fragte er Benni, der fassungslos in sein gerötetes Gesicht starrte. „So mußt du es tun! Stell dir einfach vor, es wäre echt!"

Nun drehte er sich zu Tolik um, und als er sein betroffenes Gesicht sah, brach er wieder in schallendes Lachen aus.

„Ich bring dich um!" atmete Tolik erleichtert auf, als er ganz sicher war, daß sein Freund ihn schon wieder auf die Schippe genommen hatte.

Chrissi aber wischte sich die Tränen aus den Augen und begann, den Staub von seiner Hose zu klopfen, während das Drehteam begeistert sein Schauspiel kommentierte.

„Das war doch gar nicht so schlecht", sagte Chrissi dem Bärtigen. „Wenn wir ein wenig üben, dann wird es garantiert klappen."

„Das glaube ich auch", bestätigte dieser beeindruckt und wiederholte sein Angebot, bei ihm etwas Taschengeld zu verdienen.

Chrissi zögerte aber mit der Antwort. Er setzte sich wieder auf den Boden und lehnte sich an den fensterlosen Bus. Dann zog er sein rechtes Bein an und umschlang es mit beiden Händen.

„Wie viel?" fragte er gelassen.

Der Bärtige schaute auf seine Armbanduhr, während Chrissi mit dem

Gesicht eines abgebrühten Taschendiebes an ihm vorbeischaute.

„Wenn ihr bis elf Uhr mitmacht, zahl ich euch vierzig Euro.“

„Für jeden!“ sagte Chrissi mit einer Stimme, als wäre ein anderslautender Vorschlag von vornherein ausgeschlossen.

Der Bärtige, den seine Mitarbeiter merkwürdigerweise Joe nannten, musterte die beiden noch einmal, besprach etwas mit seinen Kollegen, dann wandte er sich wieder an Chrissi.

„Gut“, sagte er. „Vierzig Euro für jeden. Wenn ihr wirklich fleißig seid.“

„Sechzig“, erwiderte Chrissi und schlug die Augen nieder.

„Was meinst du mit sechzig?“ fragte der Bärtige überrascht. Als er aber das unverschämte Gesicht des Jungen genauer ansah, lachte er vergnügt auf. „Du willst also sechzig Euro für jeden?“

„Du hast doch selbst gesagt, daß wir fleißig sein sollten“, erklärte Chrissi. „Das ist was anderes, als wenn man einfach so etwas vorspielt, wie die da! Außerdem arbeite ich bereits eine ganze Stunde für dich.“

„Habt ihr gehört?“ wandte der Bärtige sich an seine schmunzelnden Kollegen. „Der handelt mit mir, als stünden wir auf einem orientalischen Basar. Sag mal, bis du überhaupt ein Deutscher?“

Die Frage war nur ein rhetorisches Mittel, denn Chrissi brauchte keinen Ahnenpaß vorzulegen, um zu beweisen, daß er hier zu Hause war. Nicht nur sein helles Gesicht mit leichten Sommersprossen unter den hellblauen Augen, sondern seine ganze Erscheinung ließ keinen Zweifel daran übrig, daß seine Vorfahren seit undenklichen Zeiten die Norddeutsche Tiefebene bewohnten. Doch Chrissi tat, als ob die Worte des Bärtigen ihn wirklich verletzt hätten.

„Jetzt seien Sie aber höflich!“ sagte er warnend. „Ich vertrag’ nicht diese fremdenfeindlichen Anspielungen.“

Tolik brach beim Anblick seines Freundes in schallendes Lachen aus und riß damit das ganze Drehteam mit.

„Oh, Mann!“ reif Chrissi ihm verärgert zu und sprang mit einem Satz auf die Beine. „Wenn du ständig kicherst, dann machst du alles kaputt!“

„Solche Talente verkümmern bei uns auf der Straße!“ sagte Joe kopfschüttelnd, während Chrissi wieder sein Schauspiel aufnahm.

„Verkümmern sollten wir hier?!“ sagte er gekränkt. „Jetzt bin ich auch mit sechzig nicht mehr einverstanden.“

Während Tolik vor Lachen zu hicksen begann, spielte Chrissi äußerst geschickt beleidigte Leberwurst vor und drehte sich sogar um, als wollte er weggehen.

„Fünfzig!“ rief der Bärtige ihm beschwichtigend zu und machte eine Handbewegung, als wollte er eine lästige Fliege verscheuchen. „Fünfzig für jeden.“

Chrissi drehte sich ruckartig zu ihm um.

„Aber zuerst das Geld! Sonst mache ich nicht mit!“ warnte er mit gewichtiger Stimme.

„Wie alt seid ihr denn?“ fragte Joe. „Sechzehn?“

„Na klar!“ bestätigte Chrissi, noch bevor sein Freund den Mund aufmachen konnte. „Sehen wir etwa wie Kinder aus?“

„Jedenfalls nicht wie Rentner. Besonders du!“ bemerkte Joe mißtrauisch. „Kommt mit mir, ihr müßt mir den Vertrag und die Quittung unterschreiben.“

* * *

Gegen elf Uhr abends schleppten sich die Jungen erschöpft nach Hause und unterhielten sich über den aufregenden Abend.

„So viel hab ich noch nie geheult“, sagte Chrissi und faßte sich mit beiden Händen an den Kopf. „Mein Schädel hat gebrummt wie ein Bienenstock! Am liebsten würde ich Machos spielen. Wenn der Kleine mir noch einmal unter die Finger kommt, wird er bei mir wie ein kleines Mädchen schluchzen.“

„Meinst du?“ wunderte sich Tolik.

„Klar!“ erwiderte Chrissi selbstsicher. „Hast du seine Augen gesehen? Hätte ich ihm eine Ohrfeige verpaßt, hätte er sofort losgeheult. Ich hatte bloß Angst, daß Joe sich einmischen würde. Sonst hätte ich es getan. Dann wäre es professionell! Der Junge kann das! Man muß ihm bloß ein bißchen nachhelfen!“

„Ein bißchen, sagst du?“ lachte Tolik sarkastisch auf. „Du hast ihn gequält, als ob du ein Wahnsinniger wärest. Man muß dich in die Klapse einweisen!“

„Wie sollte man es sonst tun?“ wehrte sich Chrissi. „Es muß echt aussehen!“

Er streckte sich vergnügt und lächelte. Selten hatte Tolik seinen Freund so glücklich gesehen. Er ging neben ihm her und schien an etwas weit Zurückliegendes zu denken, was ihn aber unverkennbar mit stiller Freude erfüllte.

Bald passierten sie die schlecht beleuchtete Krügerstraße und tauchten an dem selben Spielplatz auf, wo sie nach der Schule gesessen hatten.

„Was meinst du“, fragte Tolik, auf die erleuchteten Fenster seiner Wohnung schauend, „wird man uns wirklich im Fernsehen zeigen?“

„Klar!“ meinte Chrissi.

„Das kann ich mir gar nicht vorstellen“, sagte Tolik und verstummte.

Auch Chrissi schwieg. Nachdenklich schaute er in den pechschwarzen Himmel, wo seine scharfen Augen Myriaden geheimnisvoll funkelnder Sterne sahen. Bald ergriff ihn die atemberaubende Vorstellung, wie klein die Erde in Wirklichkeit war. Aufrichtige Ehrfurcht vor der Unendlichkeit des Weltalls erfaßte den Jungen. In solchen Augenblicken schien Chrissi, daß er in vollem Ernst an Gott glaubte…

Seine Gedanken wurden abrupt unterbrochen. Irgendwo in weiter Ferne schrie jemand gellend auf. Bald darauf zerriß die nächtliche Stille ein wildes Lachen, das auf die späte Stunde bewußt keine Rücksicht nahm. Mehrere Stimmen riefen einander etwas zu, als ob sie weit weg voneinander stünden, dann wurde es wieder still.

Während Tolik über die unbekannten Ruhestörer schimpfte, bekam Chrissi es mit der Angst zu tun. Er dachte an viele Ausländer und Flüchtlinge, die zu dieser Stunde meist in großen Cliquen streitsüchtig umherstreiften. Besorgt schaute er um sich, doch je länger er in die schwarze Nacht spähte, um so schneller wuchs in ihm quälende Unruhe. Die mit geisterhaften Geräuschen getränkte Luft war sommerlich warm, trotzdem überzog seine Arme prickelnde Gänsehaut, als ein leichter Windstoß durch die Straße fegte. Vergeblich versuchte er sich zu fassen. Jedes Geräusch, jeder flüchtige Schatten zündete in seiner Vorstellung grausige Bilder, die ihn immer hartnäckiger verfolgten. Wie schaurige Wellen gingen sie über ihn hinweg.

Tolik reichte ihm seine Hand zum Abschied, doch Chrissi schaute ihn betroffen an und zögerte.

„Was ist?“ fragte Tolik.

„Kannst du mich ein Stück nach Hause begleiten?“ fragte Chrissi verlegen, und brachte seinen Freund mit seiner Frage zum Lachen.

„Du hast doch eben noch einen harten Typen gespielt? Du Feigling!“

Chrissi fühlte sich tief ins Herz getroffen.

„Vergiß es!“ sagte er gekränkt und drehte sich um.

„Sei nicht so zappelig! Ich hab doch nur Spaß gemacht!“ rief Tolik ihm versöhnlich hinterher und holte ihn schnell ein. „Mir macht so was gar nichts aus. Ich kann die ganze Nacht allein herumlaufen.“

Chrissis Augen leuchteten wieder auf. Bald begann er zu plaudern.

„Vergiß nicht die Unterschrift!“ sagte er eindringlich. „Wenn die Eltern nicht unterschreiben, geht die ganze Sache schief.“

„Klar!“ antwortete Tolik. „Sag mir lieber, warum du Joe angelogen hast. Du bist doch erst fünfzehn?“

„Ist doch egal! Glaubst du, er wird es je überprüfen?“ sagte Chrissi unbekümmert, während seine Gedanken bereits woanders waren.

Einige Sekunden schwieg er, dann fragten er hoffnungsvoll:

„Leihst du mir deinen Fünfziger?“

Noch bevor Tolik sich über seine Unverschämtheit entrüsten konnte, fügte er beschwichtigend hinzu: „Ich schenk dir was!“

„Was denn?“ fauchte Tolik ihn verärgert an.

„Guck, was ich habe!“ sagte Chrissi und zeigte ihm ein schickes Feuerzeug.

„Bei wem hast du das geklaut?“ fragte Tolik vorwurfsvoll und hob seinen Arm, als ob er ihm eins auf den Hinterkopf knallen wollte.

Chrissi duckte sich und sprang zur Seite.

„Hör auf!“ rief er ihm beleidigt zu. „Der Kameramann hat es mir gegeben...“

„Er hat's dir gegeben, damit du deine Zigarette anzündest, und du hast es einfach in deine Tasche gesteckt...“

„Aus Versehen“, erklärte Chrissi mit einem Ausdruck im Gesicht, als glaubte er selbst an seine Ausrede.

Tolik war von seinem Angebot nicht wirklich beeindruckt, worauf Chrissi unruhig wurde. Er wollte etwas sagen, zögerte aber, als ob er eine Entscheidung treffen mußte, die ihm äußerst schwer fiel. Er wurde langsamer, dann blieb er unter einer Straßenlaterne stehen.

„Was ist?“ fragte Tolik, dem das merkwürdige Verhalten seines Freunden nicht entgangen war.

„Ich habe noch etwas gefunden“, sagte Chrissi mit geheimnisvoller Stimme.

Erst jetzt bemerkte Tolik, daß die rechte Hand seines Freundes zu einer Faust geballt wurde. Chrissi hob sie an und macht sie langsam auf.

Auf seiner Handfläche lag ein goldener Ring.

„Wo hast du ihn her?“ fragte Tolik verblüfft, ohne seinen Blick von dem kostbaren Schmuckstück abzuwenden.

Er faßte den schweren Ring mit zwei Fingern ehrfürchtig an, hob ihn vor sein Gesicht und betrachtete ihn fasziniert von allen Seiten. Auf dem runden, weinrot emaillierten Kopf des Ringes prangten Winkelmaß und Zirkel, die kunstvoll ineinander verschränkt waren. In der Mitte stand der Buchstabe G.

„Wo hast du ihn her?“ wiederholte Tolik die Frage, und als er abermals keine Antwort bekam, blickte er mißtrauisch ins Gesicht seines Freundes.

Chrissi schwieg, doch der schalkhafte Glanz seiner Augen verriet ihn.

„Den hast du bestimmt bei Joe gestohlen“, stellte Tolik verärgert fest und wurde wieder finster.

„Er hat ihn verloren!“ verteidigte sich Chrissi und machte ein schuldloses Engelsgesicht. „Ich hab ihn sozusagen auf dem Boden gefunden…“

„Deswegen bist du so lange auf dem Boden herumgekrochen und hast geheult!“ sagte Tolik ahnungsvoll und reichte ihm den Ring zurück, als wollte er damit nichts zu tun haben.

Doch Chrissi steckte ihn nicht in seine Hosentasche, sondern hielt ihn wie einen Köder seinem Freund hin.

„Ich bring dich um“, sagte Tolik entnervt, doch die edle Form und die zauberhafte Schönheit des goldenen Ringes schwächten seinen Widerstand.

Er holte aus der Brusttasche seines Hemdes den zerknitterten Geldschein und drückte ihn in die ausgestreckte Hand seines Freundes.

„Das ist aber nur ein Pfand!“ warnte Chrissi, bevor das wertvolle Schmuckstück den Besitzer wechselte. „Wenn ich dir das Geld zurückzahle, will ich ihn wieder haben.“

Die Abmachung wurde wie gewohnt durch einen Handschlag besiegelt, worauf Tolik den Ring noch einmal von allen Seiten bewunderte.

„Was bedeutet das?“ fragte er, als sein Blick auf dessen weinroten Kopf fiel, auf dem zwei rätselhafte Symbole glänzten.

„Ich weiß es nicht“, erwiderte Chrissi, denn er konnte sich überhaupt keinen Reim darauf machen, was ein Winkelmaß und Zirkel auf einem Ring zu suchen hatten.

Sie gingen weiter und bogen bald in die Nordstraße ein.

„Gib das Geld nicht aus!“ sagte Tolik ernst, als sie vor der Haustür eines heruntergekommenen Mehrfamilienhauses stehenblieben. „Wenn du Oliver deine Schulden nicht zurückzahlst, werden sie dich garantiert verhauen.“

Ein kleiner Sieg

Das Wetter konnte an diesem Sonntagmorgen kaum schöner sein. Auch wenn die Luft noch frisch war, kündigte der wolkenlose Himmel einen angenehmen, wirklich warmen Sommertag an. Die Straßen der gemütlichen Kurstadt waren zu dieser frühen Stunde noch leer, doch auf dem Schulhof vor dem städtischen Kant-Gymnasium hielt sich bereits eine kleine Gruppe von Jugendlichen auf. Fünf Jungen und ein Mädchen saßen auf dem Boden neben ihren bunten Rucksäcken, und ihre Kleidung verriet, daß sie sich auf eine Wanderung begeben wollten. Allerdings fehlte ihnen jene ausgelassene Stimmung, die solche Unternehmungen gewöhnlich begleitet, wenn so viel junges Blut zusammenkommt.

Walter schaute auf seine Armbanduhr und seufzte schwer.

„Wenn wir die Sache mit den Hakenkreuzen nicht aus der Welt schaffen, werden sie uns wie die Pest meiden", sagte er nachdenklich und wandte sich an einen Jungen in kurzer Hose und kariertem Hemd, der still neben ihm saß und auf den Boden starrte. „Sogar René hat Angst bekommen."

„Er wird bestimmt kommen", erwiderte Sebastian verlegen. „Er hat's versprochen."

„Meinst du?" fragte Walter skeptisch.

Sebastian antwortete nicht. So sicher war er sich dessen auch nicht. Nach dem, was in den letzten Tagen geschehen war, wußte er nicht mehr, mit welchen Überraschungen er in Zukunft noch rechnen mußte. Unverschuldet war er in eine mißliche Lage geraten, die schlimmer hätte gar nicht sein können. Immer wieder mußte er an jenen schicksalhaften Abend denken, an dem in der Aula des Kant-Gymnasiums eine Diskussion über den Versailler Vertrag und seine Folgen stattgefunden hatte. Ihr neuer Freund Frank Uffelmann, der erst vor zwei Monaten nach Deutschland gekommen war, hielt dort einen ergreifenden Vortrag und bot am Ende der Veranstaltung den anwesenden Mitschülern einen Ausflug zum Hermannsdenkmal an, in dessen Verlauf er ihnen über Arminius und dessen einmalige Heldentat erzählen wollte. Trotz des Angriffs der Antifa trugen sich mehr als dreißig Schüler in die Liste ein! Es lief alles bestens, bis zu dem Augenblick, als Sebastian um Mitternacht vor einem türkischen Teppichladen stehenblieb. Auf den Schaufenstern prangten schwarze Hakenkreuze. Während Sebastian noch vor dem Laden stand, tauchte wie aus dem Nichts ein Polizeiwagen auf, worauf ihm nichts Besseres eingefallen war, als loszurennen…

Die Erinnerung an diese dramatischen Sekunden rief in der Seele des Jungen einen quälenden Schmerz hervor. Tausendmal fragte er sich selbst, warum er um alles in der Welt die Flucht ergriffen hatte, statt den herbeieilenden Polizisten zu erklären, daß er mit der ganzen Sache gar nichts zu tun habe? Was hätte er jetzt alles dafür gegeben, wenn er die Zeit zurückdrehen könnte! Am nächsten Morgen landete die Geschichte erwartungsgemäß auf den Titelseiten der örtlichen Presse und war seitdem in aller Munde.

Gleich danach versuchten seine Freunde, die wahren Täter zu finden. Zumindest wollten sie einen stichhaltigen Beweis erbringen, daß Sebastian völlig unschuldig sei. Doch ihre verzweifelten Bemühungen verliefen im Sande. Bis heute hatten sie nichts finden können, was sie dabei nur einen kleinen Schritt vorangebracht hätte. Auch die Ermittlungsbehörden hüllten sich in Schweigen. Offensichtlich glauben sie mir nach wie vor kein einziges Wort, dachte Sebastian kummervoll.

Noch schlimmer war, daß der bedauerliche Vorfall auch für seine Freunde verheerende Folgen hatte. Selbst die heutige Wanderung war davon betroffen. Aus den Augenwinkeln konnte Sebastian sehen, wie gespannt alle in Richtung der nahegelegenen Haltestelle starrten. Denn dort sollte jeden Augenblick ein Linienbus auftauchen, auf dem ihre letzte Hoffnung ruhte. Sollte tatsächlich noch jemand mit dem Bus kommen, so wäre dies die allerletzte Gelegenheit.

Sebastian schlug die Augen nieder und betete. Wenn der Bus zumindest sechs oder auch nur drei Mitschüler bringen würde, könnten sie es vielleicht sogar als einen kleinen Sieg für sich verbuchen. Doch der lang erwartete Bus brachte nur die Bestätigung dessen, was jeder ohnehin vermutet hatte. Noch bevor er an der Haltestelle zum Stehen kam, konnte Sebastian sehen, daß darin nur wenige alte Menschen saßen. Selbst sein Klassenkamerad René, für den er noch gestern die Hand ins Feuer hätte legen können, ließ ihn im Stich…

„Nun ist es endgültig vorbei“, stellte Walter fest, nachdem der Bus hinter der Mensa verschwunden war. „Ich glaube nicht, daß noch jemand kommen wird.“

Auch wenn Walter es nicht so gemeint hatte, klangen seine Worte für Sebastian wie ein schwerer Vorwurf. Er zog sich noch mehr zusammen und wagte nicht aufzublicken.

„Es wird schon alles wieder gut werden“, sagte Frank ermutigend, als er sah, wie niedergeschlagen Sebastian auf den Boden starrte.

Er rückte noch näher an ihn heran und rüttelte ihn an der Schulter.

„Wir wollen, daß du wieder fröhlich bist!“

Sebastian bedachte seine freundschaftliche Geste mit einem dankbaren Blick. Die schützende Nähe seines besten Freundes gab ihm tatsächlich ein wenig Kraft. Auch Luka bemühte sich, ihm wieder Mut zu machen.

„Keine Panik!“ sagte er zuversichtlich.

Er zog aus dem Rucksack ein zusammengefaltetes Blatt Papier heraus und hob es siegessicher über seinen Kopf.

„Hier ist die Liste derer, die mit uns heute zum Hermannsdenkmal gehen wollten!“ verkündete er mit feierlicher Stimme. „Auch wenn sie heute wegbleiben, haben wir ihre Namen!“

„Und?“ fragte Julia zweifelnd. „Was willst du damit anfangen? Sie werden dir aus dem Weg gehen, damit keiner denkt, sie hätte was mit Nazis zu tun, die nachts Hakenkreuze auf die Türkenläden sprühen! Du wirst sie nie wieder einfangen können!“

Luka blieb von ihrer pessimistischen Einschätzung sichtlich unbeeindruckt.

„Die Sache ist ja gar nicht so hoffnungslos“, entgegnete er und blickte das hübsche Mädchen mit einem rätselhaftem Lächeln an.

„Was meinst du jetzt ganz genau? Raus damit!“ forderte Walter, wohl ahnend, daß ihr spitzfindiger Freund wieder einen Plan ausgeheckt hatte.

Seine Annahme war durchaus berechtigt. Denn es war ausgerechnet Luka gewesen, der einen nie dagewesenen Aufstand gegen ihre Klassenlehrerin angezettelt hatte, um ihren neuen Freund Frank Uffelmann vor dem sicheren Rausschmiß aus dem Gymnasium zu retten. Die seltene Beharrlichkeit und Zuversicht, die er dabei an den Tag gelegt hatte, brachte die ganze Klasse zum Staunen. Auch jetzt sah er aus, als hätte er bereits einen brauchbaren Plan in der Tasche.

„Wenn wir auf dem üblichen Wege nichts erreichen, müssen wir zum letzten Mittel greifen“, sagte Luka ausweichend und etwas umständlich, „auch wenn es auf den ersten Blick vielleicht recht ungewöhnlich erscheinen mag.“

Die Ratlosigkeit in den Gesichtern seiner Freunde wurde nach dieser schwammigen Erklärung nur noch größer. Sie starrten ihn erwartungsvoll an, doch der Junge zögerte.

„Sagst du es jetzt oder sollen wir es aus dir herausprügeln?“ rief Julia ihm warnend zu. „Wie willst du diesen Angsthasen wieder Mut machen?“

„Ich persönlich würde es kaum schaffen“, sagte Luka selbstkritisch, dann fügte er nach einer kurzen Pause schnell hinzu: „Du wirst es tun müssen!“

„Ich?“ stieß Julia verblüfft hervor und drückte dabei ihre Hand auf die Brust. „Ich sollte sie überreden!“

Während die meisten Jungen die Richtung seiner Anspielungen bereits erkannt hatten und zu kichern begannen, schien Julia nach wie vor keine Ahnung zu haben, warum ausgerechnet sie die verunsicherten Mitschüler für ihre Pläne zurückgewinnen sollte.

„Kannst du mir vielleicht verraten, was ich ihnen sagen sollte!“ regte sie sich immer mehr auf. „Ich kann nicht so reden wie Frank! Außerdem weiß ich nicht so viel von Politik und Geschichte!“

Luka wartete geduldig ab, bis das Mädchen zu Ende gesprochen hatte und mit zornigen Augen zu ihm aufblickte.

„Du mußt ja gar nicht so viel über Geschichte und Politik reden“, erklärte Luka, während sich um seinen Mund schelmische Lachfalten bildeten. „Sie werden sicher nicht nur auf deine Worte achten.“

„Worauf denn sonst?“ ärgerte sich Julia über die nebulöse Ausdrucksweise ihres Klassenkameraden.

„Na ja!“ sagte Luka mit seltsamer Stimme und räusperte sich. „Wie soll ich dir das am besten erklären…“

Dabei musterte er das schöne Mädchen von Kopf bis Fuß mit einem ausgesprochen begehrlichen Blick und stöhnte sogar sehnsüchtig auf, bevor er zu kichern begann.

Die Runde brach in schallendes Lachen aus, während Luka seinen Kopf tief in die Schulter zog und die Augen zukniff, als erwartete er im nächsten Augenblick eine ordentliche Tracht Prügel.

„Na warte, du Schlingel!“ rief das Mädchen ihm gespielt rachsüchtig zu, packte den Jungen am Hals und zog ihn zu sich. „Sag doch ehrlich, daß du mich liebst! Ist das so schwer?“

Die Stimmung besserte sich. Nachdem Luka sich aus Julias Händen befreit hatte, strich er die zerknitterte Liste wieder glatt und runzelte die Stirn.

„Benni ist kein Problem“, murmelte er zuversichtlich, während sein Zeigefinger auf dem Blatt immer weiter nach unten glitt. „Robert wird für dich ins Feuer springen…“

„Bist du dir wirklich so sicher?“ fragte Walter lachend.

„Natürlich bin ich mir sicher!“ fauchte Luka ihn an, als könnte sein Zweifel den ganzen Plan zum Einsturz bringen. „Ich hab mir schon alles ganz genau überlegt! Ich werde ihn in der großen Pause in ein Gespräch verwickeln, erst dann kommt Julia dazu. Sie soll ihm nur einen einzigen Satz sagen, dann fällt er gleich um!“

Der Ernst, mit dem Luka sein Anliegen vortrug, löste erneut einen schweren Lachanfall aus. Walter hielt sich den Bauch, als hätte er Angst, er würde im nächsten Augenblick platzen. Er mühte sich noch etwas zu sagen, brachte es aber nicht zustande. Nicht anders erging es auch Julia.

„Was soll ich dem armen Robert sagen?“ preßte sie mühevoll Wort für Wort aus sich heraus.

„Tu nicht so, als ob du das nicht wüßtest!“ warf Luka ihr verärgert zurück und bedachte sie mit einem vorwurfsvollen Blick. Plötzlich machte er ein Engelsgesicht und blinzelte holdselig mit den Augen, wie es junge Prinzessinnen in schönen Märchenfilmen gewöhnlich taten. „Ach, Robert! Ich würde mich wirklich freuen, wenn du nächstes Mal mitkommst“, sagte Luka mit liebreizender Stimme und drehte sein Gesicht etwas verschämt zur Seite.

Nach dieser Szene war eine weitere Unterhaltung vorerst nicht mehr möglich. Selbst der stille Max, der schüchtern neben Frank saß und bis dahin Lukas schauspielerische Künste nur mit schwachem Lächeln bedacht hatte, konnte das plötzliche Auflachen nicht unterdrücken und preßte die Hände auf sein rot angelaufenes Gesicht. Zwar gab er keinen Laut von sich, doch das Zucken seiner Schultern verriet, wie es ihm gerade ging.

„Gar nicht so schwer!“ meinte Luka unbeeindruckt von der allgemeinen Stimmung.

„Und wenn Robert doch nicht einknickt?“ meldete sich Frank zu Wort, nachdem die Freunde sich einigermaßen beruhigt hatten.

„Dann ist er garantiert vom anderen Ufer“, erwiderte Luka kategorisch.

„Hör auf!“ flehte Julia ihn mit weinerlicher Stimme an.

Tränen glänzten in ihren schönen Augen.

Nachdem die Jugendlichen sich endlich beruhigt hatten, drehte sich das Gespräch wieder um die bevorstehende Wanderung und riß alle richtig mit. Nur Sebastian war wieder schweigsam geworden. Er war noch tief in Gedanken versunken, als Frank ihn leicht mit der Schulter anschubste. Der Junge schaute zu ihm auf, erkannte die Blickrichtung und sah, wie sein Klassenkamerad René de Will über den Schulhof zu ihnen rannte. Sebastian sprang mit einem Satz auf die Beine und machte einige schnelle Schritte ihm entgegen.

„Die Eltern wollten mich aufhalten“, rief René ihm noch im Laufen zu, um seine Verspätung zu erklären.

Er ließ seinen Rucksack auf den Boden fallen, beugte sich vor und stützte die Hände auf seine Knie.

„Bist du abgehauen?“ fragte Sebastian, während ihm vor Freude fast die Tränen in die Augen stiegen.

René nickte stumm und versuchte, seinen Atem in den Griff zu bekommen.

„Gut, daß du da bist!“ sagte Sebastian überglücklich, worauf René sich wieder aufrichtete und ihn freundschaftlich umarmte.

Das Aussehen des Jungen löste allgemeine Heiterkeit aus. René trug eine helle Jeanshose und ein weißes Hemd mit langen Ärmeln, was an und für sich vielleicht nichts Besonderes gewesen wäre. Doch ein schicker Gürtel, braune Lederschuhe und besonders sein breiter Strohhut ließen ihn wie einen verwegenen Cowboy aus dem wilden Westen aussehen. Der Grund dafür, warum er diesen Hut tragen mußte, lag auf der Hand. Alles an diesem Jungen war ungewöhnlich hell: hellblondes Haar, hellblaue Augen, selbst seine Augenbrauen waren viel heller als bei den meisten Menschen. Seine Haut sah gesund und geschmeidig aus, war aber milchweiß, weswegen er an solchen Tagen stets bemüht war, sich vor der Sonne zu schützen.

„Zum Glück ist noch niemand da“, sagte René zufrieden und wischte sich mit dem Handrücken den Schweiß von der Stirn.

„Ich glaube nicht, daß noch jemand kommen wird“, erwiderte Walter mit schiefem Lächeln.

Während René noch dabei war zu begreifen, was diese Worte bedeuten sollten, packte Julia ihn geschickt an der Hand.

„Ihn umarmst du, und mir gibst du nicht einmal die Hand?!“ sagte sie vorwurfsvoll und zog ihn zu sich.

René hatte einen solchen Angriff nicht erwartet, stolperte über Lukas ausgestreckte Beine und sank auf Julias Rucksack auf die Knie.

„Nicht so stürmisch, du Kleiner!“ rief das Mädchen ihm zu, und schon im nächsten Augenblick zappelte der Junge in ihren Armen. „Wolltest du mich gar nicht begrüßen, du Frechdachs?!“

„Ich wollte…“, beteuerte René und versuchte sich loszureißen, doch das Mädchen hielt ihn fest.

Als er schließlich den Widerstand aufgab, vergrub sie ihre langen Finger in seinen dichten, fast schulterlangen Haaren.

„Wozu brauchst du diese schönen, goldenen Haare?“ fragte sie anerkennend und sogar ein bißchen neidisch.

„Ich kann nichts dafür!“ erwiderte René, während seine Wangen vor Verlegenheit glühten. „Das habe ich von meinen Eltern bekommen…“

Amüsiert verfolgten die übrigen Jugendlichen ihre Unterhaltung und waren gespannt darauf, was im nächsten Augenblick geschehen würde. Denn Julia ging mit den meisten Jungen so ungezwungen um, als wären sie kleine Kinder oder gar geschlechtslose Wesen, wodurch sie diese noch mehr verunsicherte. Auch jetzt rätselten alle gespannt darüber, wie der arme Junge reagieren würde, wenn das schöne Mädchen ihm einen Kuß auf die Wange pflanzte.

Doch Julia ließ ihn plötzlich los.

„Da kommt ja noch einer!“ sagte sie überrascht.

Und in der Tat ging ein älterer Junge über den Schulhof direkt auf sie zu. Er war groß, stark gebaut und trug auf seinen breiten Schultern einen Rucksack. Seine Kleidung verriet, daß er sich ebenfalls auf eine Wanderung vorbereitet hatte.

Luka erhob sich und schirmte die Augen mit der Hand gegen die Sonne ab.

„Den habe ich noch nie gesehen“, sagte er ratlos, als der Unbekannte etwas näher kam.

Jetzt konnten die Jugendlichen sein Gesicht sehen, dessen Züge durchaus etwas Markantes hatten, besonders die Form seiner Adlernase, die zwar zu seinem willensstarken Kinn und den tiefblauen Augen paßte, die das Erscheinungsbild des Jungen jedoch wesentlich prägte.

Als er bald darauf vor ihnen stehenblieb, sagte er fröhlich:

„Ich hab’ schon gedacht, daß ich zu spät bin.“

Die Jugendlichen erhoben sich, und eine verlegene Pause trat ein.

„Wer bist du?“ fragte Julia neugierig.

„Wieland“, stellte der Unbekannte sich vor.

Julia gab ihm ihre Hand, der Junge hob sie an, beugte sich leicht nach vorne und berührte mit den Lippen den Handrücken. Das Mädchen hatte eine solche Geste nicht erwartet, wirkte aber keineswegs verunsichert.

„Darf ich auch deinen Namen erfahren?“ fragte Wieland.

„Klar!“ antwortete das Mädchen selbstbewußt. „Ich heiße Julia.“

Der Junge nickte respektvoll, dann wandte er sich ihren Freunden zu, die wortlos und mit gemischten Gefühlen die ungewöhnliche Szene beobachteten.

„Laßt mich raten“, sagte er stirnrunzelnd. „Du heißt Luka, und du bist vermutlich Walter.“

„Gut geraten!“ erwiderte Luka anerkennend.

Nun stand Wieland vor Frank und schaute lächelnd direkt in seine Augen.

„Dich kenne ich auch“, sagte er mit rätselhafter Stimme.

Frank ergriff seine starke Hand und drückte sie fest, während das gleiche rätselhafte Lächeln auch auf seinem Gesicht zu sehen war. Luka beobachtete die beiden, und ihr Benehmen machte auf ihn einen seltsamen Eindruck.

„Woher weißt du, wer wir sind?“ fragte er mißtrauisch.

„Ich habe eure Schülerzeitung gelesen“, erklärte Wieland und zog aus einer Seitentasche seines Rucksacks ihre farbige Schülerzeitung heraus. „Ihr habt dort eure Bilder veröffentlicht. Hast du das schon vergessen?“

Luka schlug sich mit flacher Hand auf die Stirn, wie es Menschen gewöhnlich tun, die sich plötzlich an etwas Wichtiges erinnerten, während die Freunde über seine Mimik erneut ins Lachen gerieten. Doch als Wieland auch noch Sebastian beim Namen nannte, wurde Luka wieder stutzig.

„Jetzt aber langsam!“ sagte er mit einer Stimme, als hätte er ihn soeben beim Schwindeln erwischt. „Sein Foto stand nicht in unserer Schülerzeitung.“

Die letzten Lacher erstarben. Während seine Freunde den wildfremden Jungen erwartungsvoll anstarrten, betrachtete dieser Sebastian mit einem geheimnisvollen Lächeln.

„Über deine Heldentaten habe ich in einer anderen Zeitung gelesen“, sagte Wieland bedeutungsvoll und malte mit gestrecktem Zeigefinger ein Hakenkreuz in die Luft.

Die Jugendlichen lachten über seinen Scherz, doch Sebastian blieb ernst. Die Erinnerung an sein Leid, das scheinbar kein Ende nehmen wollte, tat ihm weh.

„Das war nicht ich…“, sagte er bedrängt, doch Wieland erkannte seinen Zustand und unterbrach ihn.

„Klar!“ sagte er ohne Zögern und reichte ihm seine Hand. „Nachdem ich dich jetzt gesehen habe, würde ich es auch gar nicht glauben.“

Sebastian wußte nicht so recht, wie er diese Worte verstehen sollte, doch als er in Wielands tiefblaue Augen blickte, hatte er ein sicheres Gefühl, daß er es gut mit ihm meinte. Er drückte dankbar seine Hand und stellte ihm seinen Klassenkameraden René de Will vor. Dann wandte sich

Wieland Max zu und betrachtete neugierig den stillen Jungen.

Max Oldenburg war ganz anders als die übrigen Jungen. Sie alle waren jugendlich unbekümmert und konnten über jede Belanglosigkeit von Herzen lachen. Max dagegen war ungewöhnlich ernst und sah aus wie jemand, der in seinen jungen Jahren schon eine Menge Unerfreuliches erlebt hatte.

Sein Gesicht war regelmäßig. Es trug einen Hauch jener Verträumtheit, die seinen sensiblen Seelenzustand verriet. Selbst die Form seiner Augenbrauen, deren Bögen zunächst leicht nach oben verliefen, bevor sie über dem Nasenbein ganz verschwanden, verstärkte diesen Eindruck. Nur die fein geschnittenen Lippen waren etwas zu grell, belebten aber sein blaßes Gesicht und verliehen ihm trotz angeborener Zurückhaltung etwas von der jugendlichen Frische, die seine Altersgenossen gewöhnlich im Überfluß hatten.

„Dein Bild war aber auch nicht in der Zeitung“, sagte Wieland.

Max antwortete nicht. Er nickte nur mit dem Kopf und wurde rot.

„Sei vorsichtig!“ warnte Luka. „Das ist der einzige Sohn unseres Schulleiters! Wenn er will, fliegen wir alle sofort von der Schule.“

Die Freunde lachten wieder los, doch Max glühte vor Verlegenheit. Er starrte auf den Boden und es schien, daß keine Macht der Welt imstande wäre, ihn zu bewegen, seine smaragdgrünen Augen zu heben.

Frank kam sofort zur Hilfe.

„Das ist Max, mein bester Freund!“ erklärte er beinahe feierlich, legte dem schüchternen Jungen den Arm um die Schulter und drückte ihn kumpelhaft an seine Seite.

Lukas Gesicht veränderte sich schlagartig. Tiefe Enttäuschung lag in dessen regelmäßigen Zügen.

„Dein bester Freund?“ flüsterte er erschüttert. „Ich dachte, ich wäre das…“

Als er noch die Schultern hängen ließ und sich gekränkt zur Seite drehte, konnte Wieland sich auch nicht mehr halten und lachte mit, als hätten sie einander bereits seit Ewigkeit gekannt.

Bald kamen sie wieder auf ihre neue Schülerzeitung zu sprechen, während Luka jede Gelegenheit nutzte, den Neuling mit Fragen zu löchern.

„Woher weißt du überhaupt, daß wir heute zum Hermannsdenkmal wandern wollten?“

„Zufällig“, sagte Wieland ausweichend. „Ein Bekannter hat mir davon erzählt. Ihr seid schon überall bekannt. Weißt du, wie viele Kopien eurer Zeitung bereits im Umlauf sind? Ich selbst habe zwanzig Stück an meine

Freunde geschickt! Ihr müßt sie im Internet zum Herunterladen anbieten, dann wird sie im ganzen Land die Runde machen!"

Die Nachricht über den Erfolg ihrer Schülerzeitung versetzte Luka in helle Begeisterung. Während er noch darüber sprach und hochfliegende Pläne schmiedete, wandte sich Wieland wieder an Frank.

„Ich habe deinen Traum gelesen", sagte er mit warmer Stimme.

„Hat er dir gefallen?" wollte Frank wissen.

„Und ob!" gab Wieland ohne Umschweife zur Antwort. „Ich habe es bestimmt zehn Mal gelesen! Das hast du so schön geschrieben!" Wieland schlug die Schülerzeitung auf, fand seine Lieblingsstelle und begann mit sehr einfühlsamer Stimme zu lesen: „*Und wenn ich manchmal in der nächtlichen Abgeschiedenheit die Augen niederschlage, so höre ich die vertrauten Lieder aus längst verhallten Zeiten. Ich tauche in die Vergangenheit meines Volkes ein, in meine Vergangenheit! Ich durchdringe Jahrhunderte und Jahrtausende, und alles, alles fließt in meine Seele wie ein mächtiger Strom des Schicksalhaften! Ich sehe Menschen vom gleichen Blut, deren Teil ich selbst bin. Ich lebe mit ihnen. Ich leide und sterbe mit jedem von ihnen, um am nächsten Morgen wieder geboren zu werden und zu wissen: Ich bin mit ihnen eins, und keine Macht vermag es, mein Leben von ihrem Schicksal zu trennen.*"

Während er noch las, verstummten die Jugendlichen und wurden ungewöhnlich ernst. Sebastian kannte den Aufsatz ihres neuen Freundes auswendig und jedes Mal, wenn er diese Worte im Geiste vortrug, flammte in seiner Seele ein starkes Feuer auf, das ihm trotz aller Widrigkeiten der letzten Wochen immer wieder Kraft spendete.

„Niemand hat es so schön beschrieben", sagte Wieland anerkennend. „Ich kenne einige Deutsche aus Argentinien, sie können es auch so tief fühlen."

Der letzte Satz hatte auf Luka eine verheerende Wirkung.

„Und wir?!" protestierte er gekränkt und warf sogar die Hände empört vors Gesicht. „Bin ich etwa gefühllos? Wie ein Stück Holz?"

Da niemand mit Sicherheit sagen konnte, ob Luka es ernst meinte oder wie gewohnt seine Freunde ganz schön auf die Schippe nahm, löste sein heftiger Widerspruch erneut allgemeine Heiterkeit aus. Als Wieland aber sah, daß seine harmlose Bemerkung den Jungen tatsächlich verletzt hatte, ging er sofort zu ihm.

„Tut mir leid! So war das nicht gemeint", sagte er friedfertig. „Wir alle sind hier zur Welt gekommen. Für uns ist es ganz normal, in der Heimat zu leben. Erst wenn sie einem genommen wird, erkennt man ihren Wert…“

Während Wieland aber noch mit Luka sprach, blickte René zufällig in Richtung der Bushaltestelle.

„Da kommen noch welche!“ stieß er laut hervor, worauf die Jugendlichen ihre Köpfe wie auf ein unsichtbares Zeichen hin in die gleiche Richtung drehten.

Ein Junge und zwei Mädchen in langen Röcken gingen auf sie zu.

„Martin!“ rief Frank überrascht aus.

Seine hellgrauen Augen leuchteten vor Freude auf, als hätte er gerade die lang erwartete Siegesnachricht erhalten. Auch auf der anderen Seite des Schulhofs tauchte ein Junge auf.

„Georg!“ stieß Luka erfreut hervor und ging seinem Klassenkameraden schnell entgegen.

Von der gedrückten Stimmung, die noch vor einer halben Stunde vor dem Eingang des Kant-Gymnasiums geherrscht hatte, blieb keine Spur mehr übrig. Unbändige Fröhlichkeit erfaßte die Gruppe und fühlte den Schulhof mit unbekümmertem Lachen. Sogar Sebastian konnte sich dieser Stimmung nicht mehr entziehen, vergaß sein Leid und fühlte sich leicht und glücklich. An das ungewisse Morgen wollte er gar nicht mehr denken, wo das Jetzt so unwiderstehlich schön war…

Als sie bereits die Rucksäcke auf die Schultern schwangen, tauchte in der angrenzenden Humboldtstraße ein schwarzer Mercedes auf. Er fuhr in die Einbuchtung der menschenleeren Haltestelle ein und blieb stehen.

„Ich bin gespannt!“ rief Luka ungeduldig aus.

Kaum hatte er die Worte ausgesprochen, sprang aus dem großen Wagen ein etwa zwölfjähriger Junge und stürzte zum Kofferraum. Gleich darauf stiegen auch seine Eltern aus dem Auto.

„Hendrik!“ riefen mehrere Stimmen gleichzeitig aus.

Der Sechstkläßler hatte sich als einer der ersten in die Liste derer eingetragen, die mit Frank zum Hermannsdenkmal wandern wollten. Seine direkte, etwas hektische Art war gewöhnungsbedürftig, doch nach wenigen Stunden war er von allen bedingungslos angenommen worden.

Nachdem die Eltern ihrem Jungen noch letzte Ratschläge erteilt hatten, nahm er seinen Rucksack und stürmte auf den Schulhof.

„Ich werde verrückt!“ frohlockte Luka und richtete seine große Canon-Kamera auf ihn. „Das muß ich unbedingt haben! Das kann man gleich auf die Titelseite setzen!“

Während Hendrik noch zu ihnen rannte, knipste Luka mehrere Bilder.

„Ich hab' dir doch gesagt, daß ich komme!" sagte der Junge stolz, als er vor Frank stehen blieb.

Die Eltern blickten sorgenvoll zu ihnen, doch ihre Sorge war grundlos. Ihr Sohn wurde von allen Seiten freudig begrüßt. Auch Julia konnte es sich nicht nehmen lassen, den aufgeweckten Jungen in ihre Arme zu schließen. Sie strich ihm die Haare aus dem Gesicht und küßte ihn im Überschwang des freudigen Gefühls auf die Wange.

„Das nenne ich eine Begrüßung!" sagte der Junge ernst und sichtlich zufrieden, wodurch er einen stürmischen Lachanfall auslöste.

Als die Jugendlichen noch seine Worte kommentierten, bemerkte Luka, daß Wieland ein kleines Kreuz um den Hals trug. Es war aus Gold und funkelte in den Strahlen der aufgehenden Sonne.

„Glaubst du an Gott?" fragte er neugierig.

„Ja", erwiderte Wieland. „Ich bin ein deutscher Christ."

„Wie bitte?" fragte Luka und zog seine Augenbrauen irritiert zusammen. „Gibt es so was?"

„Klar!" bestätigte ihr neuer Bekannter, als wäre das selbstverständlich.

Während die Jugendlichen den Schulhof in Richtung Bahnhof verließen, erzählte Wieland ihm über sein ungewöhnliches Glaubensbekenntnis. Erst als die Wandergruppe vor dem Bahnhofsgebäude stehen blieb, beendete er seinen ausführlichen Bericht.

„Jetzt weißt du eigentlich fast alles", sagte Wieland zum Schluß und blickte neugierig ins Gesicht seines Gesprächspartners, als wollte er an dessen Ausdruck erkennen, welche Meinung er darüber hatte.

Luka starrte ihn mit großen Augen an und schüttelte langsam seinen verwuschelten Kopf.

„Oh je!" flüsterte er überwältigt. „Du bist ja noch tausendmal schlimmer als wir…"

Unbrauchbare Aufnahmen

Nachdem die lärmende Schar den Schulhof in Richtung Bahnhof verlassen hatte, stiegen auch Hendriks Eltern in ihren schicken Wagen ein und fuhren weg.

„Na endlich!“ stöhnte ein fülliger Mann und erhob sich schwerfällig vom Boden.

Als er aus dem naheliegenden Gebüsch auf den Schulhof trat, stellte er seine schwere Profikamera auf dem Boden ab, streckte sich vergnügt und begann seinen steifen Rücken zu massieren.

„Das ist kein Versteck“, pflichtete der zweite Kameramann ihm bei, der sich mühevoll einen Weg ins Freie bahnte. „Das ist ein Hundeklo! Ich hab’ mich beinahe übergeben müssen vor diesem Gestank!“

Er blickte angeekelt seine Kleider hinab und begann, sein mit dunklen Schweißflecken bedecktes Hemd von halb verdorrtem Rindenmulch zu säubern.

„Markus! Das war deine Idee!“ rief er vorwurfsvoll ins Gebüsch. „Nächstes Mal wirst du allein da drin hocken!“

Bald darauf tauchte neben ihnen ein ganz junger Mann auf, der im Gegensatz zu seinen älteren Kollegen äußerst zufrieden aussah.

„Wir haben exzellente Aufnahmen!“ stieß er euphorisch hervor, ohne den gierigen Blick vom Display seiner Kamera zu lösen. „Joe wird begeistert sein!“

Die beiden Kollegen nahmen seine Mitteilung sichtlich ungerührt zu Kenntnis. Einer von ihnen zog ein Handy aus der Hosentasche und legte es ans Ohr.

„Sie sind weg“, sagte er sachlich kühl. „Sollen wir auch das Schulgebäude mit drauf packen?“

„Nein“, meldete sich eine tiefe Männerstimme am anderen Ende der Leitung. „Es sieht zu leer aus, das machen wir später.“

Als der Kameramann sein Handy wieder in die Tasche steckte, stand Markus bereits neben ihm.

„Schau her!“ rief er ihm stolz zu. „Ich hab ihn bis zum Anschlag herangezoomt! Kein bißchen verwackelt! Besser kann man ihn ja gar nicht kriegen!“

Der Kameramann schaute flüchtig auf Sebastians Bild und drehte sich wieder weg, während der zweite Kollege überhaupt kein Interesse für seine Aufnahmen zeigte.

„Was habt ihr denn?“ rief Markus ihnen überrascht hinterher, doch die beiden Kameramänner gingen weg, ohne auf ihn zu achten.

Bald bogen sie in die nahegelegene Bahnhofstraße ein, wo im Schatten junger Kastanienbäume ein fensterloser Bus auf sie wartete…

„Und?“ fragte Markus ungeduldig, doch sein Chef gab seinem jungen Volontär keine Antwort.

Auch das bärtige Gesicht des hünenhaften Mannes verriet nicht, welche Meinung er über die erbeuteten Aufnahmen hatte.

„Ist das nicht prächtig?“ fragte Markus leicht verunsichert, als auf dem Bildschirm Sebastian erschien.

Der Junge saß mit angezogenen Beinen auf dem Asphalt neben seinen älteren Freunden und starrte nachdenklich vor sich hin.

„Ich habe ihn bis zum Anschlag herangezoomt“, erklärte Markus stolz. „Jetzt wird er aufblicken!“

Und in der Tat hob der Junge seinen Blick hoch und schaute direkt in die Kamera.

Joe hielt die Aufnahme an und betrachtete Sebastian einige Sekunden lang, dann lehnte er sich auf seinem Drehstuhl zurück.

„Die Aufnahmen sind wirklich gut“, bestätigte Joe. „Allerdings bin ich mir nicht sicher, ob wir sie in unserem Bericht verwenden können.“

„Wieso?“ fragte Markus verblüfft. „Das ist doch dieser Sebastian!“

In seinem Gesicht zeigte sich pure Verzweiflung. Auf einmal hatte er ein Gefühl, als ob er die Welt nicht mehr verstehen würde. Den ganzen Morgen lagen sie auf dem verdreckten, kalten Boden auf der Lauer, um den jungen Straftäter und dessen rechtsradikale Freunde vor die Kamera zu bekommen, und jetzt, wo man solche Aufnahmen erbeutet hatte, rümpften alle die Nasen, als hätte er persönlich irgendetwas vermasselt!

Joe faßte ihn beruhigend am Arm und zog ihn auf den zweiten Stuhl hinunter.

„Kannst du mir sagen, was wir mit unserem Beitrag bewirken wollten?“ fragte der erfahrene Journalist ganz ruhig.

Markus hatte eine solche Frage nicht erwartet und fühlte sich unsicher wie ein Schüler in der Prüfung.

„Wir wollten doch diese Story mit den Hakenkreuzen recherchieren…“, begann er zu stammeln, während sein Chef geduldig und durchaus freundlich zu ihm schaute. „Du hast doch selbst gesagt, daß es gut wäre, wenn wir authentische Bilder hätten…“

„Das ist alles richtig", bestätigte Joe. „Wir wollten aber mit unserem Bericht noch etwas anderes erreichen."

Markus runzelte angestrengt seine Stirn, konnte aber nicht begreifen, was sein Chef damit meinte.

„Mach dir keine Sorgen", beruhigte Joe seinen unerfahrenen Volontär. „Wenn man sich so sehr mit Details beschäftigt, vergißt man oft den eigentlichen Sinn unserer Bemühungen. Du willst doch ein guter Journalist werden, nicht wahr?"

Markus nickte stumm, hatte aber nach wie vor keine Ahnung, was er falsch gemacht haben sollte, während Joe seine Ratlosigkeit offensichtlich großes Vergnügen bereitete.

„Du hast das Zeug dafür", sagte er schmunzelnd und legte seine riesige Hand beruhigend auf das Knie des jungen Mannes, „sonst hätte ich mir einen anderen genommen."

Die unverhoffte Wertschätzung und das Wohlwollen im Gesicht seines Chefs zeigten Wirkung. Markus entspannte sich wieder und wartete darauf, was er sonst noch sagen würde.

„Wir dürfen nicht vergessen, warum wir hier sind", erklärte der Bärtige. „Ein Nazibengel hat auf die Schaufenster eines türkischen Teppichladens Hakenkreuze aufgesprüht und wurde dabei von der Polizei auf frischer Tat ertappt. Auch wenn der Täter noch jung ist, können wir in diesem Fall nur von einem schwerwiegenden fremdenfeindlichen Angriff sprechen, der schon eine Welle berechtigter Empörung hervorgerufen hat. Nicht wahr?"

„Klar", bestätigte Markus, da dies auch seiner eigenen Meinung entsprach.

Bereits in der Schule, nachdem er im Unterricht einige Filme zum Thema Holocaust gesehen hatte, schwor er bei sich, daß er sein Leben dem Kampf gegen die Nazis widmen würde, um die Wiederholung einer solchen Barbarei zu verhindern.

„Nun gut!" sagte Joe und drehte sich auf seinem Stuhl wieder zum Bildschirm. „Schau dir diesen Sebastian ganz genau an!"

Markus betrachtete noch einmal den Jungen. Sein Blick tastete jedes Detail mehrmals ab, konnte aber keine Auffälligkeiten entdecken. Der Junge saß mit angezogenen Beinen auf dem Boden, die Arme auf die Knie gelegt, und schaute ernst und etwas nachdenklich direkt in die Kamera.

„Sehen so die Nazis aus?" fragte Joe und überraschte Markus mit dieser Frage dermaßen, daß er sogar vergaß, eine Antwort zu geben.

„Wenn ich ein Kunstmaler wäre, könnte ich dieses Bild als Vorlage gut gebrauchen“, setzte Joe seine Ausführungen fort. „Was meinst du, wie ich mein Kunstwerk nennen würde?“

Markus wurde heiß. Eine solche Blamage konnte er sich früher gar nicht vorstellen. Um ein passendes Wort nur selten verlegen, fühlte er sich wie ein ahnungsloses Kind, dem die Erwachsenen seine Dummheit vor Augen führten. Er schaute noch einmal auf den Bildschirm und strengte all seine Sinne an, um eine halbwegs passende Antwort zu finden.

„Laß dir ruhig Zeit!“ sagte Joe gelassen. „Schau dir ganz genau sein Gesicht an! Welchen Eindruck würde ein Mensch von diesem Jungen bekommen, wenn er ihn zum ersten Mal in seinem Leben sehen würde?“

Je länger Markus die regelmäßigen Gesichtszüge des Jungen betrachtete, um so mehr beschlich ihn eine echte Sympathie für ihn. Ein gewöhnlicher Junge, und doch lag in seinem Blick etwas durchaus Ehrliches und sogar Argloses.

„Ein anständiger Junge“, sagte Markus etwas verlegen und verängstigt darüber, daß er mit seinem Urteil womöglich wieder daneben lag.

„Genau das habe ich gemeint!“ rief Joe zufrieden aus. „Ich wußte, daß du selbst darauf kommen wirst! Unschuld! So würde ich mein Bild nennen, wenn ich es tatsächlich gemalt hätte. Laut Goethe ist sie die schönste Tugend einer Seele!“

Markus atmete erleichtert auf, während der Bärtige ihn mit seiner nächsten Aussage überraschte: „Wenn wir ein solches Bild des Täters in unserem Bericht zeigen, werden wir mit Sicherheit das Gegenteil davon erreichen, was wir ursprünglich beabsichtigt haben. Man darf auf keinen Fall unterschätzen, welche Wirkung ein solches Bild auf die Zuschauer haben könnte!“

Während sein Volontär noch damit beschäftigt war, das Gesagte zu verdauen, betrachtete Joe noch einmal das Gesicht des jungen Täters.

„Weißt du, was Prinz Harry alles angestellt hat, als er so jung war wie dieser Sebastian?“ fragte er, ohne seinen Blick vom Bildschirm abzuwenden. „Ich kann es dir erzählen. Neben unzähligen albernen Streichen, die alle Tageszeitungen wochenlang beschäftigt haben, ist er einmal zu einer Party in echter Naziuniform gekommen!“

Markus öffnete den Mund vor Überraschung, ohne zu wissen, ob er jetzt lachen oder den Kopf schütteln sollte.

„Ja, ja!“ bestätigte Joe bedeutungsvoll.“In voller Montur! Am nächsten

Tag gingen die Bilder mit seiner Hakenkreuzbinde rund um die Welt. Die Presse lief Sturm. Es gab kaum einen Politiker, der sich nicht zu diesem Vorfall ausgiebig geäußert hätte. Was meinst du aber, wie die Geschichte ausgegangen ist?"

„Keine Ahnung", gab Markus offenherzig zu.

„Wenn du ein erfolgreicher Journalist werden willst, mußt du es wissen: Wenn die Menge einen solchen Jungen ins Herz geschlossen hat, wirst du ihre Sympathie für ihn wohl kaum erschüttern können. Sollte er nach seiner Untat vor die Öffentlichkeit treten und etwas reumütig den Blick zu Boden senken, und schon wird ihm alles verziehen! Der Augenblick, in dem er eigentlich gescholten und bestraft werden sollte, verwandelt sich auf sonderbare Weise in ein freudiges Ereignis! Entzückt und zu Tränen gerührt, werden sie ihn noch mehr lieben als je zuvor. Was den meisten Menschen das Leben ruinieren würde, prallt von einem solchen ab, als wäre es eine Belanglosigkeit. Und sollte jemand es danach wagen, noch einmal über diesen Streich zu berichten, werden sie vor Wut schäumen und schreien: Hört auf, den Jungen zu quälen!"

Joe schaute wieder auf den Bildschirm und lächelte geheimnisvoll.

„Nein, nein, mein Freund!" sagte er etwas nachdenklich, als könnte Sebastian ihn tatsächlich hören. „Wenn wir dein Bild in unserem Bericht zeigen, werden wir nicht umhinkommen zu erklären, wie du überhaupt dazu gekommen bist, nachts Hakenkreuze auf einen türkischen Teppichladen zu malen." Nun wandte er sich wieder zu seinem Volontär: „Die Menschen werden doch wissen wollen, aus welchem Grund ein Junge, dem die Unschuld ins Gesicht geschrieben steht, sich zu dieser Untat hinreißen ließ! Nicht wahr?"

Markus starrte auf den Boden und wurde rot.

„Vielleicht ist er auch gar nicht so schlimm…", sagte er unsicher.

„Siehst du! Sogar du hast Zweifel bekommen!" entgegnete der Bärtige. „Vielleicht ist er tatsächlich gar nicht so schlimm! Dann mußt du aber sagen, wie wir unsere Story gestalten sollen. Wenn wir in diese Richtung recherchieren, werden wir uns immer tiefer in Details verstricken. Schon jetzt wissen wir, daß er von seinen türkischen Mitschülern monatelang gemobbt, ausgeraubt und geschlagen wurde. Und zwar so, daß er vor einem Monat sogar im Krankenhaus landete, ohne daß seine Peiniger dafür wirklich bestraft wurden. Vielleicht stellt sich sogar heraus, daß er einen Hund oder ein kleines Kind aus dem Fluß gerettet hat! Ich möchte wissen, wie du das alles in einen kurzen Beitrag packen willst!

Wenn wir diesen Weg einschlagen, entfernen wir uns von unserem ursprünglichen Ziel immer weiter. Hast du dir auch seine Freunde genauer angeschaut? Sie sehen doch alle wie brave Pfadfinder aus! Musterhafte Gymnasiasten aus gutbürgerlichen Verhältnissen! Wenn du noch auf die Idee kommst, die türkischen Mitschüler in deinem Bericht einzublenden, die diesen Sebastian zuvor halbtot geprügelt haben, dann läuft die ganze Sache garantiert schief. Egal, was du dabei sagst: Die Macht der Bilder wird deine verzweifelten Kommentare in den Augen der Zuschauer weitgehend entwerten. Sie werden Sympathie und Mitleid mit diesem Jungen empfinden! Unter solchen Umständen verkommt unser ganzer Bericht zu einem schwammigen Erklärungsversuch, der als unterschwellige Bagatellisierung oder sogar Verharmlosung der Fremdenfeindlichkeit gewertet wird. Ich kenne keinen Sender, der so etwas ausstrahlen würde. Außerdem riskieren wir eine Klage, da wir Minderjährige gar nicht filmen dürfen, dazu noch auf dem Schulgelände und ohne Genehmigung der Schulleitung!“

Markus wagte nicht mehr zu widersprechen und schwieg. Ein schweres Gefühl lastete auf seiner Seele. Als er wieder aufblickte und auf dem Bildschirm das gleiche Bild von Sebastian sah, wandte er sich schuldbewußt wieder weg.

„Ich weiß, was du jetzt denkst“, sagte Joe durchaus freundlich. „Rein menschlich kann ich es gut nachvollziehen. Wir haben aber einen harten Job und können uns gar nicht leisten, wochenlang an einem kurzen Bericht hängenzubleiben. Wir müssen uns etwas anderes einfallen lassen! Sonst können wir gleich die Sachen packen und uns eine andere Beschäftigung suchen.“

Markus nickte stumm, während Joe sich von seinem Drehstuhl erhob und ihm erneut die Hand auf die Schulter legte.

„Es ist ein schwieriges Thema. Ein anderes Mal erkläre ich dir alles etwas ausführlicher. Ich bin mir sicher, du wirst es richtig verstehen können“, sagte er aufmunternd. „Versuche lieber, die Mutter von diesem Sebastian zu erreichen! Vielleicht ist sie bereit, uns ein Interview zu geben. In zwei Stunden bin ich wieder da. Ich habe noch ein wichtiges Treffen.“

Geheimnisvoller Auftraggeber

Eines der bekanntesten Cafés der schönen Kurstadt lag in unmittelbarer Nähe der Wandelhalle. Es war gut besucht, und Joe konnte von Glück reden, daß er an diesem Sonntagvormittag einen freien Tisch bekommen hatte. Eine ganze Schar rüstiger Rentner drängte sich an der langen Kühltheke und staunte über eine seltene Auswahl: Frankfurter Kranz und Schwarzwälder Kirschtorte neben prächtiger Donauwelle und einer ausgesprochen edlen Herrentorte…

Doch der hünenhafte Journalist zeigte kein Interesse an kulinarischen Spezialitäten. Er saß am Fenster, nippte an seinem Kaffee und schaute alle dreißig Sekunden auf sein Handy, das direkt vor ihm auf dem Tisch lag. Es zeigte knapp elf Uhr. Zwar hatte Joe fast immer unter einem gehörigen Zeitmangel gelitten und diesen unerfreulichen Umstand stets ohne Gefühlsausbrüche zur Kenntnis genommen, doch heute plagte ihn ein äußerst unangenehmes Gefühl, völlig sinnlos die kostbare Zeit zu vergeuden.

Obwohl die vereinbarte Zeit noch gar nicht eingetreten war, dachte er bereits darüber nach, wie lange er hier überhaupt warten sollte, falls der unbekannte Anrufer nicht erscheinen würde. Es war nicht das erste Mal, daß Menschen sich mit ihren Anliegen an ihn gewandt hatten. Spinner, die ihm unter vier Augen von ihren Kontakten zu Aliens berichten wollten, oder betrogene Ehefrauen, die über kriminelle Machenschaften ihrer Ehemänner erzählten, all die Menschen glaubten daran, daß ihre Geschichten ihn tatsächlich interessieren würden. Viel einfacher wäre es, solche vertrauliche Gespräche einfach abzusagen, um Zeit und Nerven zu schonen, doch die Erfahrung zeigte, daß tief in diesem Müllberg auch echte Perlen verborgen lagen: Geschichten, die in Windeseile um die Erde flogen und auf den ersten Seiten führender Leitmedien landeten…

Joe war ein erfahrener Journalist und wußte das, doch auch diese Erkenntnis konnte seine Stimmung nicht aufhellen. Viel dringender und interessanter erschien ihm im Augenblick die Geschichte mit Sebastian Rohde. Der Junge gab ihm Rätsel auf, die er nicht auf Anhieb lösen konnte. War er wirklich ein Einzeltäter, der im Affekt gehandelt hatte, oder stand hinter ihm eine ganze Gruppe rechtsradikaler Schüler? Vielleicht bestanden sogar handfeste Verbindungen zu rechtsradikalen Parteien, die man medienwirksam in markigen Schlagzeilen an den Mann bringen könnte? Man kommt wohl nicht umhin, die Sache etwas genauer anzuschauen…

Während Joe noch über die aktuelle Story grübelte, tauchte neben seinem Tisch ein junger Mann auf.

„Ich hoffe, ich habe Sie nicht warten lassen?“ fragte er ausgesprochen höflich und schaute auf seine goldene Armbanduhr.

Joe wollte aufstehen, um ihn zu begrüßen, doch der Unbekannte setzte sich an den Tisch, ohne ihm die Hand zu reichen.

„Sie sind pünktlich“, erwiderte Joe, und musterte ihn mit einem neugierigen Blick.

Er war wohl kaum älter als dreißig und trug eine dunkle Sonnenbrille, deren edle Fassung dem erfahrenen Journalisten sofort ihren hohen Wert verriet. Die enganliegende Markenjeans und ein weinrotes Designerhemd saßen wie angegossen an seinem wohlgeformten, gut trainierten Körper. Auch sein gepflegtes Gesicht hinterließ einen vorteilhaften Eindruck.

„Wir sind uns schon mal begegnet“, sagte der Unbekannte mit ruhiger Stimme und fügte etwas geheimnisvoll hinzu: „Unter anderen Umständen natürlich.“

Joe strengte sein Gedächtnis an. Zwar brachte seine ereignisreiche Tätigkeit ihn jeden Tag mit neuen Menschen zusammen, doch es schien ihm äußerst unwahrscheinlich, daß er einen solchen Menschen hätte je vergessen können. Es sei denn, diese Begegnung lag weit zurück, in einer Zeit, als der junge Mann noch die Schulbank gedrückt hatte.

„Welche Umstände meinen Sie?“ fragte Joe ohne Umschweife.

„Ganz andere“, erwiderte der Unbekannte ausweichend und doch bedeutungsvoll. „Würden Sie bitte ihr Handy ausschalten!“

Joe tat, was von ihm verlangt wurde.

„Wozu eine solche Konspiration?“ fragte er beiläufig, während der rätselhafte Ausdruck im Gesicht seines Gesprächspartners ihn noch mehr beunruhigte.

Sein stark ausgeprägter journalistischer Instinkt hatte schon längst Gefahr gewittert, doch das Gedächtnis wollte nach wie vor nicht den geringsten Hinweis preisgeben. Joe wartete auf eine Antwort, doch der junge Mann schwieg und genoß seine Ratlosigkeit, ohne es zu verbergen.

„Wollten Sie mir nicht Ihren Namen verraten?“ fragte Joe vertrauensvoll und ein wenig verwundert.

Der Unbekannte seufzte und schaute gelangweilt durch das Fenster auf die schattige Hauptallee.

„Wissen Sie, wir verlieren kostbare Zeit mit Nebensächlichkeiten, während wir noch so viel zu besprechen haben.“

Joe sah sich gezwungen, die vergeblichen Bemühungen, den jungen Mann richtig einzuordnen, vorerst aufzugeben.

„Na dann zur Sache!“ schlug er vor. „Warum wollten Sie mich sprechen?“

„Sie arbeiten in dieser Stadt an einem Fall, der auch für mich von gewisser Bedeutung sein könnte“, erklärte der Unbekannte, „genauer gesagt, bin ich an einer bestimmten Person interessiert.“

„Warum?“

„Dafür gibt es gewichtige Gründe, über die ich jetzt nicht reden möchte“, antwortete sein Gesprächspartner mit aufgesetzter Gelassenheit.

„Geht es etwa um diesen Jungen, der den Teppichladen mit Hakenkreuzen versaute?“ fragte Joe erstaunt.

Er hätte sich alles mögliche vorstellen können, doch die Mitteilung darüber, daß der Unbekannte ihn ausgerechnet wegen eines belanglosen Kinderstreichs vertraulich sprechen wollte, ging weit über seine Vorstellungskraft hinaus, es sei denn, der Unbekannte pflegte zu dem minderjährigen Jungen eine fragwürdige Beziehung, die für ihn strafrechtliche Konsequenzen haben könnte.

„Es geht nicht um den Jungen selbst, sondern um einen seiner engsten Freunde“, erklärte der junge Mann ausweichend.

„Können Sie mir zumindest den Namen verraten?“

„Frank Uffelmann“, sagte der Unbekannte, holte aus der Brusttasche seines Hemdes ein Foto und legte es auf den Tisch.

Joe nahm das Bild in die Hand und betrachtete es aufmerksam. Es zeigte einen etwa achtzehnjährigen Jungen, der in schneeweißer Fußballkleidung auf dem grünen Rasen saß und direkt in die Kamera blickte. Sein fröhliches Gesicht war von dunkelblonden Haaren umgeben, die in hübschem Durcheinander in alle Richtungen zeigten.

Joe wollte noch einige Fragen stellen, doch als er wieder zu seinem Gesprächspartner aufblickte, brachte er kein Wort über die Lippen. Das Gesicht des unbekannten Mannes hatte sich in dieser kurzen Zeit gravierend verändert. Selbst die getönten Brillengläser waren nicht imstande, den glühenden Haß, der ihn verzehrte, zu verbergen.

„Ich will ihn fertig machen!“ sagte er durch zugebissene Zähne, während seine Hand sich zu einer Faust verkrampfte. „Am besten so, daß er ganz verschwindet... Er hat mir etwas gestohlen, was mir sehr teuer war...“

Joe, der das Gespräch bis zu diesem Augenblick mit gewisser Gelassenheit geführt hatte, wurde finster.

„Mit solchen Aufträgen sind Sie bei mir falsch", warf er ihm verärgert zurück. „Damit will ich nichts zu tun haben."

Der junge Mann, der seine plötzliche Gefühlsaufwallung schnell bezwungen hatte, lächelte ihn etwas schief an.

„Ich habe dabei an etwas Anderes gedacht", sagte er beschwichtigend.

„Hoffe ich doch", erwiderte Joe mißtrauisch. „Was erwarten Sie von mir?"

„Ich will, daß Sie bei Ihren Recherchen etwas eifriger sind als sonst. Seine rechtsradikale Gesinnung ist offensichtlich!"

Joe hörte ihm geduldig zu, zeigte aber kein lebhaftes Interesse an seinen Ausführungen. Selbst der Hinweis darauf, daß der verhaßte Junge mit Sicherheit auch im Fall von Sebastian die treibende Kraft gewesen sein sollte, zeigte keine Wirkung.

„Es wird Ihnen sicher nicht so schwer fallen, einen gerissenen Hochstapler in die Enge zu treiben, der in seinen jungen Jahren bereits so viel Dreck am Stecken hat?" fragte der junge Mann, sichtlich verärgert über das mangelnde Interesse des Journalisten.

„Auch wenn es stimmen sollte, so einfach ist es gar nicht", erwiderte Joe. „Im Normalfall würde ich mit meiner Geschichte in einigen Tagen fertig sein. Wenn ich aber diese Story aus Ihrer Perspektive gestalten oder gar eine neue beginnen sollte, werde ich vielleicht wochenlang recherchieren müssen, mein Kamerateam überall mit mir herumschleppen, vielleicht sogar ein zweites einschalten. Haben Sie überhaupt eine Ahnung, was das kostet?"

Der Unbekannte holte aus seinem ledernen Täschchen einen dicken Briefumschlag und reichte ihn schweigend seinem Gesprächspartner.

Joe nahm ihn entgegen, schaute flüchtig hinein und richtete seinen fragenden Blick wieder auf den geheimnisvollen Auftraggeber, dessen wahre Beweggründe für ihn nach wie vor im dichten Nebel lagen.

„Hier sind fünfzigtausend", sagte dieser ruhig. „Wenn die Geschichte in meinem Sinne endet, bekommen Sie unmittelbar vor der Ausstrahlung das mehrfache davon."

„Wie viel?"

„Das hängt vom Ergebnis ihrer Bemühungen ab."

„Abgemacht", sagte Joe sachlich kühl. „Wie kann ich Sie erreichen, falls ich noch Fragen habe?"

Der Unbekannte holte aus seinem Ledertäschchen einen Kugelschreiber und kritzelte eine E-Mail-Adresse auf eine Serviette.

„Wenn Sie mich sprechen wollen, senden Sie mir eine kurze Nachricht. Ich werde Sie sofort anrufen."

Der junge Mann erhob sich, machte bereits einen Schritt zum Ausgang, blieb aber stehen und drehte sich wieder um.

„Ja, und noch etwas", sagte er wie nebenbei. „Ich hoffe, daß die Sache unter uns bleibt."

„Ich bin ein Journalist", erwiderte Joe ohne Zögern. „Sie können mir vertrauen."

„Das haben Sie mir schon mal gesagt", bemerkte der junge Mann, während seine Stimme wieder einen geheimnisvollen Unterton bekam. „Auch ich habe Ihnen einmal versprochen, Stillschweigen zu bewahren. Wie sie wissen, habe ich mein Wort gehalten. Sonst wären Sie jetzt nicht hier, sondern ganz woanders."

Er ging zum Ausgang, während Joe eine heiße Welle überlief. Er strich langsam über seinen dichten Vollbart und starrte mit abwesendem Blick vor sich hin. Erst einige Minuten später griff er nach seinem Handy und schaltete es wieder ein.

„Siehst du ihn?" fragte er, ohne seinen Gesprächspartner zu begrüßen.

„Wir sind ihm hinterher", erwiderte eine dunkle Männerstimme. „Offensichtlich hat er woanders geparkt."

„Bleibt ihm auf den Fersen!" sagte Joe mit Nachdruck. „Ich muß unbedingt wissen, mit welchem Wagen er gekommen ist."

Er steckte sein Handy in die Tasche, legte einen Zehn-Euro-Schein auf den Tisch und ging hinaus...

Als Joe in den fensterlosen Bus einstieg, war seine Stimmung sichtlich getrübt.

„Zeig mir seinen Wagen!" sagte er seinem Assistenten, der mit Kopfhörern vor einem flachen Bildschirm saß und die Aufnahmen sortierte.

Der Mann bewegte den Cursor auf der Timeline wieder zurück und klickte mit der Maus auf die Wiedergabe-Taste. Auf dem Bildschirm erschien eine zugeparkte Straße. Der junge Mann ging mit schnellen Schritten zu einem dunkelblauen Porsche, stieg ein und fuhr wenige Sekunden später weg.

„Frankfurter Kennzeichen...", sagte Joe nachdenklich. „Wenn sie nicht gefälscht sind, werden wir bald den Besitzer kennen. Kannst du sein Gesicht heranzoomen?"

Der Assistent machte einige Stichproben, vergrößerte die Standbilder, doch die Qualität verschlechterte sich und gab keine nennenswerten Details preis.

„Wo könnte ich ihn gesehen haben?“ murmelte Joe vor sich hin, während er die beiden Ellbogen auf den Tisch stützte und sich an den Kopf faßte.

Eine dunkle Ahnung trieb ihn in eine weit zurückliegende Zeit. Es müßte wohl vor fünfzehn Jahren gewesen sein, dachte Joe, doch die Zweifel sträubten sich gegen seine vage Vermutung. Der verwahrloste Junge, der ihm einst in München über den Weg gelaufen war, steckte damals in der Hauptschule und hätte es trotz seiner spitzbübischen Schlauheit niemals so weit bringen können. Nein, dachte Joe, und je länger er sich darüber Gedanken machte, desto mehr wurde es ihm zur Gewißheit.

Bald tauchte er wieder aus seinen Erinnerungen auf und wandte sich an seinen fleißigen Kollegen.

„Wir werden in den nächsten Tagen viel zu tun haben“, sagte er mit wieder erstarkter Stimme, doch sein fülliger Assistent zeigte keine Begeisterung dafür. Im Gegenteil. Sein breites Indianergesicht wurde düster.

„Wieder Überstunden?“ fragte er verärgert.

Joe holte aus seiner Tasche einen dünnen Stapel frisch gedruckter Zweihundert-Euro-Scheine und steckte sie in die Brusttasche seines Kollegen.

„Alles klar?“ fragte Joe.

„Klar“, bestätigte der Assistent viel nachsichtiger.

Joe trat in den engen Gang und traf dort auf Markus, der offensichtlich auf ihn wartete. Sichtlich getroffen von dem heutigen Gespräch über Sebastian, wußte er nicht, wie er das leidige Thema noch einmal anschneiden sollte. Während er noch verlegen nach passenden Worten suchte, begann sein Chef von selbst darüber zu sprechen.

„Weißt du Markus“, sagte er mit wohlwollender Stimme. „Ich habe die ganze Zeit über diesen Sebastian nachgedacht. Du hast Recht! Wir müssen uns etwas mehr Zeit für diesen Jungen nehmen. Vielleicht ist er tatsächlich nur ein Opfer, das von den Nazis mißbraucht wurde. Mir scheint, wir sollten uns etwas ausführlicher mit seinen älteren Freunden beschäftigen.“

Markus hatte eine solche Wendung nicht erwartet und blinzelte seinen Chef ungläubig an.

„Komm, schauen wir uns deine Aufnahmen noch einmal an!“ sagte Joe.

Markus erstrahlte vor Glück und eilte zu seinem Rechner.

„Sofort!“ murmelte er mehrmals vor sich hin, während er die entsprechenden Dateien in den Timeline-Bereich zog.

Bald tauchte auf dem zweiten Bildschirm der sonnenüberflutete Schulhof des Kant-Gymnasiums auf. Eine Gruppe von Schülern saß auf dem Boden. Sie plauderten unbekümmert und lachten.

Joe holte aus der Tasche seines Hemdes ein Bild hervor.

„Zeig mir bitte noch einmal deinen Sebastian.“

Markus zog den Arranger etwas weiter. Nun konnten sie den Jungen in bester Qualität direkt vor sich sehen. Gleich daneben saß Frank und erzählte etwas seinen lachenden Freunden.

„Da ist er!“ rief Joe zufrieden aus und schlug dem jungen Praktikanten kumpelhaft auf die Schulter. „Tolle Aufnahmen!“

Markus konnte sich den plötzlichen Sinneswandel seines Chefs nicht erklären, freute sich aber aufrichtig über dessen Lob.

„Wer ist das?“ fragte er glückselig.

„Das erkläre ich dir später“, sagte Joe. „Heute müssen wir noch eine ganze Menge erledigen. Am späten Nachmittag haben wir einen wichtigen Termin mit Frau Bammert! Davor will ich alles über sie wissen, besonders aber über den Schulleiter Dr. Oldenburg!“

Markus nickte fleißig und stürzte sich sofort in das uferlose Datenmeer des Internets.

Mankurt

Etwas unterhalb des Hermannsdenkmals lag eine Freilichtbühne. Umgeben von dichtem Laubwald, der die hügelige Landschaft des Teutoburger Waldes prägte, wurde sie an warmen Sommertagen für verschiedene Veranstaltungen genutzt. Heute aber war die sonnige Freilichtbühne menschenleer, und gerade hier wollte die junge Wandergruppe Rast machen.

Frank war sichtlich erschöpft. Drei Stunden lang erzählte er seinen staunenden Freunden von dem schicksalhaften Kampf um die Freiheit Germaniens, der vor zweitausend Jahren hier in diesen Wäldern getobt haben soll. Sein Bericht war keine Ansammlung historischer Daten. Es war eine leidenschaftliche Erzählung von einem jungen Fürstensohn, der als kleiner Junge seiner Familie entrissen und als Geisel bei seinen einstigen Feinden in Rom erzogen worden war. Was die Besatzer dem jungen Cherusker für seine Loyalität geboten hatten, war wirklich viel: römische Staatsbürgerschaft, Ritterwürde, Wohlstand… Und doch wurde ausgerechnet ein Günstling der Römer zum Befreier Germaniens! Wie ein leuchtender Stern ging er über seiner im Niedergang begriffenen Heimat auf. Ein Stern, der bis in alle Ewigkeit einem jungen Deutschen den sicheren Weg zu höherem Dasein weisen würde…

Es dauerte nicht lange, und die ergreifende Geschichte riß sie alle mit. Mit leuchtenden Augen lauschten sie ihrem Freund, der sie so wundervoll in die Welt ihrer eigenen Vorfahren entführte. Dabei bot er ihnen eine seltene Gelegenheit, sich zusammen mit zwei cheruskischen Jungen dicht an das feindliche Heer heranzuschleichen und aus ihrem Versteck heraus den vorbei marschierenden Legionen zuzusehen. Wie ein unendlicher Lindwurm wälzten sich die schwer bewaffneten Kolonnen zwischen den waldbedeckten Hügeln und verbreiteten Angst und Schrecken!

Auch für die jungen cheruskischen Späher ging es in diesem blutigen Kampf ums Überleben ihrer Sippen. Alles oder Nichts! Wer nicht wußte, was für unsere Ahnen damals ein Nichts bedeuten könnte, dem half der wortgewandte Erzähler mit der dramatischen Schilderung eines Rachefeldzugs der römischen Besatzungsmacht: brennende Hütten, schreiende Frauen und Kinder, die von gnadenlosen Soldaten niedergemetzelt wurden… Die wenigen Überlebenden wurden ihrer Freiheit beraubt, und bald verloren sich ihre Spuren auf den römischen Sklavenmärkten. Gab es jemanden, der Mensch hieß und dem dabei nicht die Tränen in die Augen stiegen?

Was war aber der Preis, den Arminius für die Freiheit seines Volkes zahlen mußte? Auch auf diese Frage gab Frank eine klare Antwort: unendliche Strapazen des Krieges, ungeheure Verantwortung für seine Allernächsten, die ihm geglaubt haben und ihm gefolgt sind. Unzählige Jungen, wie sie es waren, haben ihr junges Leben geopfert…

Schwere Schicksalsschläge, die Arminius aus der Mitte seiner Familie trafen, begleiteten diesen beispiellosen Befreiungskampf: Seine junge Frau Thusnelda und der kleine Sohn wurden von seinem eigenen Schwiegervater an die Feinde verraten und nach Rom verschleppt; sein Bruder Flavus, der zusammen mit ihm in Rom erzogen worden war, kämpfte an der Seite des Feindes! Daß Arminius an einem solchen Schicksal nicht zerbrach und für die Freiheit seines Volkes beharrlich weiterkämpfte, glich einem Wunder!

Auch die Erzählung über den frühen Tod von Arminius hinterließ einen tiefen Eindruck bei seinen jungen Freunden. Die eigenen Verwandten befleckten ihre Hände mit dem Blut unseres Helden. Mag sein, daß nicht alle seiner Zeitgenossen damals die Tragweite seiner Tat erkannten, doch wir, seine Nachkommen, wissen es und dürfen es niemals vergessen…

Erst am frühen Nachmittag stieg die Gruppe zu der nahegelegenen Freilichtbühne hinunter. Sie setzten sich auf den weichen Boden in einen engen Kreis, legten alles Eßbare, was sie mitgebracht hatten, in die Mitte und waren froh, es brüderlich miteinander teilen zu dürfen. In mächtigen Wellen ging das Geheimnis einer echten Blutsverwandtschaft über sie hinweg, ein berauschendes Gefühl, das sie früher so tief noch nie erlebt hatten! Sie fühlten es beinahe physisch, daß sie alle wirklich verwandt waren und an diesem Tag auch im Geiste einander noch näher gekommen sind. Bevor sie mit dem Essen begannen, bat Frank seine Freunde aufzustehen und einander die Hände zu reichen.

„Ich weiß, daß es für viele ungewöhnlich ist, vor jedem Essen zu beten. Trotzdem bitte ich euch, an diesem schönen Brauch teilzunehmen. So haben es unsere Vorfahren getan, und so möchten auch wir es ihnen gleich tun.“

Der bloße Hinweis auf die Altvorderen zeigte Wirkung. Niemand widersetzte sich. Selbst Luka neigte seinen Kopf, murmelte andächtig die einfachen Worte nach und konnte in diesem Augenblick nicht mehr ausschließen, daß irgendwo oben, noch viel höher als dieser blaue Himmel, eine Macht walten könnte, die dem Leben einen höheren Sinn spendete.

Frank beobachtete seine Freunde und war mit dem ersten Teil seines Vortrags sichtlich zufrieden. Sie waren hungrig, doch die Geschichte von dem jungen Fürstensohn, dem die Nachkommen ein solches Denkmal errichtet hatten, ließ sie nicht mehr los, was an ihren glänzenden Augen leicht erkennbar war.

„Ich kenne kein Volk, das eine solche Heldengestalt hätte", schwärmte Wieland. „Wichtig ist, daß die Geschichte von unseren einstigen Feinden überliefert wurde! Sonst hätte uns niemand geglaubt! Man hätte uns vorgeworfen, daß wir unseren Helden hoffnungslos verklärt haben!"

„Und wir?" fragte Georg besorgt. „Haben wir etwa keine eigene Überlieferung, die von der Varus-Schlacht berichtet?"

„Doch!" entgegnete Wieland. „Die Siegfried-Sage! Erinnerst du dich noch an den Lindwurm, den er besiegt hatte? Kannst du dir vorstellen, wie die römischen Legionen sich in glänzender Rüstung durch diese Landschaft schlängelten?! Am Ende wurde Arminius von seinen Verwandten ermordet, genau wie Siegfried!"

Georg nickte stumm. Die Erinnerung an den Tod von Arminius und dessen hinterhältige Meuchelmörder lastete schwer auf seinem Gemüt.

„Warum gibt es keine Filme darüber? Ich meine schöne Spielfilme! So wie Spartakus, zum Beispiel!" sagte er verbittert. „Jeden Unsinn haben sie bereits verfilmt!"

Er schwieg einige Sekunden, dann sah er zu Frank hinüber: „Schön hast du das alles erzählt! Wirklich schön!"

Zustimmendes Murren ging durch die Runde. Sebastian, der ihre Unterhaltung aufmerksam verfolgt hatte, konnte nicht mehr ruhig sitzen. Seit einer Stunde schon bedrängte ihn eine wichtige Frage. Er suchte nach einer Möglichkeit, sie zu stellen, doch erst jetzt witterte er eine echte Chance dafür.

„Warum können die Menschen gar nichts mehr fühlen?" warf er etwas überstürzt ein. „Ich habe sie beobachtet! Sie laufen einfach so herum, machen Fotos! Sie sind nicht wegen Arminius da und nicht wegen seiner Heldentat! Sie sind aus purer Langeweile hergekommen! Mir scheint… das alles ist für sie nur eine weitere Sehenswürdigkeit…"

Sebastian wußte nicht, wie er das, was in seiner Brust brannte, am besten in Worte fassen sollte, doch Frank hatte sein Anliegen schon längst verstanden.

„Ich weiß, was du meinst", sagte er beruhigend, denn sein junger

Freund war in große Aufregung geraten. „Es ist eine schwere Frage. Viele große Denker haben sich damit beschäftigt. Besonders Tschingis Aitmatow."

„Wer ist denn das?" fragte Georg ratlos. „Ich kann wetten, daß keiner hier eine Ahnung hat, wer dieser gute Mann gewesen ist!"

Er schaute prüfend in die Runde, doch niemand meldete Widerspruch an oder wich seinem forschenden Blick verlegen aus.

„Aitmatow war ein kirgisischer Schriftsteller, den man bestimmt zu den größten zählen kann. Noch in der Zeit der Sowjetunion hat er einen Roman geschrieben, in dem er die Geschichte von Mankurten erzählte."

„Wer sind Mankurten?" fragte Hendrik neugierig. „Klingt nach kleinen Nagetierchen…"

Der Junge versuchte, ihre hastigen Bewegungen nachzuahmen, begann an Franks Schulter zu schnuppern und brachte damit die Runde zum Lachen. Man begann zu plaudern, doch Georg blieb ernst. Die aufgeworfene Frage, warum die Menschen für ihre eigene Geschichte nichts mehr übrig hatten, schien ihn nach wie vor zu beschäftigen.

„Jetzt aber im Ernst!" sagte er, als es wieder etwas leiser wurde. „Was sind Mankurten?"

Sebastian war froh, daß Georg das Gespräch auf das ursprüngliche Thema lenkte. Spannende Geschichten mochte er über alles, besonders wenn Frank sie erzählte. Schon jetzt spürte er, wie ihm ein leichter Schauer über den Rücken lief. Er umschlang seine angezogenen Beine und legte das Kinn auf die Knie.

„Eine uralte kasachische Sage berichtet darüber, daß vor langer Zeit irgendwo im Gebiet der heutigen Mongolei ein Stamm namens Juan-Juan gelebt haben sollte. Es waren Nomaden, die in ihrer finsteren Geschichte die grausamste Form der Barbarei hervorgebracht hatten und denen nichts mehr heilig war.

Einmal drang dieser Stamm in die Steppen Mittelasiens ein und eroberte dort ein größeres Gebiet. Das Schicksal des besiegten Volkes war wirklich tragisch. Wer Glück hatte, fiel im Kampf mit dem übermächtigen Feind. Die Gefangenen aber erwartete ein weitaus schlimmeres Los. Sie wurden zu Mankurten gemacht, indem man sie einer schrecklichen Folter unterzog."

„Aber was ist ein Mankurt?" rief Hendrik ungeduldig aus, wofür er sofort mit vorwurfsvollen Blicken abgestraft wurde. „Ich wollte nur wissen…", murrte er schuldbewußt und verstummte wieder.

„Mankurten waren willenlose und folgsame Sklaven, die keine Erinnerung mehr an ihre Vergangenheit hatten. Sie wußten nicht, wer ihre eigenen Ahnen waren. Sie fühlten keine Verbindung mehr zu ihnen und hatten auch kein Bedürfnis danach. Sie folgten dem Willen ihrer Herren ohne nachzudenken, ob es gut oder schlecht sei. Für sie war es gar nicht wichtig, ob das, was sie taten, überhaupt einen Sinn hatte! Ihnen fehlte auch jeglicher Antrieb zum Widerstand gegen ihre Unterdrücker. Die Freiheit hatte für Mankurten überhaupt keinen Wert. Doch früher waren sie ganz normale Menschen, viele von ihnen sogar Helden!"

„Wie kann man einen Helden in einen solchen Zustand bringen?" wunderte sich Luka, sichtlich getroffen von einer dermaßen unvorteilhaften Beschreibung.

„Die Sieger rasierten ihren Gefangenen die Köpfe und zogen darüber Schiris, eine Art Stirnbänder, die aus der Haut eines frisch geschlachteten Kamels gefertigt wurden. Danach haben sie die Besiegten an Holzpfeiler festgebunden, damit sie sich nicht mehr bewegen konnten, und ließen sie für einige Tage in der Steppe unter sengender Sonne liegen.

Als die Schiri langsam zu trocknen begann, schrumpfte sie und drückte den Kopf des Gefangenen wie ein eiserner Stirnreif zusammen. Da die Haare unter der Schiri keinen Platz zum Wachsen hatten, wuchsen sie in die Kopfhaut des verdurstenden Menschen hinein. Diese Folter verursachte schreckliche Qualen, die ihn in den Wahnsinn trieben! Danach starb der Gefangene oder er verlor jede Erinnerung an seine eigene Vergangenheit. Er wurde zu einem Mankurten."

Während Frank noch sprach, hatten die Jugendlichen ihre Brote zur Seite gelegt und starrten ihn betroffen an. Zu schrecklich war die Vorstellung davon, was er soeben geschildert hatte. Besonders Hendrik litt darunter.

„Oh je!" stöhnte er leise auf und krallte sich fest in die Haare, als trüge er selbst eine Schiri, die bereits so tief in die Kopfhaut eingewachsen war, daß er sie nicht mehr wegreißen konnte.

Frank schwieg und ließ die Spannung noch weiter steigen.

„Und? Wie geht die Geschichte weiter?" fragte Georg bedrückt. „Es kann doch nicht sein, daß das schon alles war?"

„Nein", bestätigte Frank. „Das war nur die Einführung. Die Legende berichtet von einer Frau namens Nejman-Ana. Lange betrauerte sie ihren Sohn, der in jenem furchtbaren Krieg verschollen war. Der bloße Gedanke, daß ihr Kind vielleicht doch am Leben geblieben sei, ließ ihr keine Ruhe.

Von den vorbeiziehenden Kaufleuten erfuhr sie, daß diese in der Steppe einen blutjungen Mankurten gesehen hätten. Sie wollten ihn ausfragen, doch der Junge wußte nichts von sich selbst zu berichten, als wäre er ein kleines Kind. Dabei hielt er die Hand andauernd an der fest auf seinem Kopf sitzenden Mütze, als hätte er Angst, daß jemand ihm diese stehlen könnte.

Die Kaufleute machten sich über ihn lustig und sagten, daß die Reste der Schiri, die die Sieger ihm einst über den Kopf gestülpt hatten, offensichtlich immer noch an seinem Schädel festklebten. Sie schlugen ihm vor, ein Dampfbad für seinen Kopf zu machen, damit er sie ablösen könnte. Der Junge hat sich aber zu Tode erschreckt und lief davon. Um nichts in der Welt wollte er sich von seiner Schiri trennen…

Die Kaufleute lachten, als sie davon erzählten, doch Nejman-Ana lachte nicht mit. Sie mußte dabei an ihren unglückseligen Sohn denken, dem womöglich das gleiche Schicksal widerfahren war. Vielleicht war dieser junge Mankurt sogar ihr Sohn!

Auch wenn die Hoffnung noch so gering war und die Gefahr als viel zu groß erschien, begab sich die Frau auf die Suche nach ihrem Jungen. Als sie ihn schließlich fand, hütete er Vieh in der Steppe. Doch ihr Sohn erkannte sie nicht. Die Mutter erzählte ihm, wer sein Vater gewesen sei, und flehte ihn an, er sollte noch einmal versuchen, sich an sein früheres Leben zu erinnern, doch es war bereits zu spät. Er war ein Mankurt und konnte sich nicht einmal an seine eigene Mutter erinnern!

Als die Juan-Juan-Leute sie bemerkt hatten, wollten sie die Frau töten, doch sie konnte fliehen. Daraufhin sagten die Besatzer ihrem Sohn, daß die Frau gekommen wäre, um ihn zu quälen. Sie gaben ihm Pfeil und Bogen.

Nachdem sie aber gegangen waren, kam seine Mutter wieder. Auch wenn ihr unglückseliger Sohn kaum noch zu retten war, konnte sie ihn nicht in der Steppe zurücklassen. Sie wollte ihr Kind unbedingt mitnehmen. Doch der scharfe Pfeil traf ihre Brust, noch bevor sie sich ihrem Sohn nähern konnte. Sterbend flehte sie den Himmel an: Möge doch ihr geliebtes Kind einst die Wahrheit über seine Herkunft erfahren und sich an seine Ahnen erinnern, auf daß er wieder Mensch werde…“

Sebastian standen Tränen in den Augen, so unendlich traurig war die Geschichte. Erst im letzten Augenblick gelang es ihm, den Kloß in seinem Hals gewaltsam hinunterzuschlucken. Er ahnte, daß es den anderen gewiß nicht besser erging; trotzdem hatte er Angst, in die Runde zu blicken.

Auch Frank schien von der Geschichte aufgewühlt zu sein. Es dauerte einige Zeit, bis er seine Erzählung fortsetzen konnte:

„Der Roman selbst berichtet in erster Linie über einen Mann namens Adigej, der zu Zeiten der Sowjetunion in der gleichen Gegend wohnte. Als sein Freund starb, wollte er diesen auf einem weit entfernten Friedhof begraben, wo dessen kasachische Vorfahren ruhten. Doch ausgerechnet ein kasachischer Offizier ließ die Trauergäste an einer Absperrung nicht durch. Der alte Friedhof werde bald eingeebnet, erklärte er. Man wolle an diesem Platz Wohnblöcke bauen.

Adigej versuchte dem jungen Mann zu erklären: Man dürfe nicht einen Friedhof zerstören, wo unsere Ahnen ruhen! Doch der Offizier behandelte seine eigenen Volksgenossen betont geringschätzig und weigerte sich sogar, mit ihnen in ihrer kasachischen Muttersprache zu reden. Er sei im Dienst, erklärte er ihnen grinsend.

Am Ende des Romans denkt Adigej über die Worte eines hochgebildeten Ingenieurs nach, wonach erst die Bildung uns zu echten Menschen mache. Als er aber später über dessen Leben nachdenkt, beschleicht ihn ein schrecklicher Verdacht, daß man diesen Mann womöglich nur deshalb ausgebildet habe, damit er eben zu dem werde, was er sei. Man habe aus ihm einen mediengesteuerten Mankurten gemacht…“

* * *

Nach der Rast ging die Gruppe noch einmal zum Hermannsdenkmal. Sie kauften Eintrittskarten, stiegen die lange Wendeltreppe hinauf und konnten nun das atemberaubende Panorama des Teutoburger Waldes genießen. Sie schauten gen Norden und stritten darüber, wo der tatsächliche Ort der Varus-Schlacht liegen sollte, doch Sebastian war im tiefsten Grunde seines Herzens nach wie vor mit dem Schicksal des unglückseligen Mankurten beschäftigt. So traurig war die Geschichte, daß ihm das Herz vor Mitleid überlief. Erst als sie wieder hinunterstiegen, ließ der Schmerz in seiner Brust ein wenig nach. Fröhliches Stimmengewirr wogte um ihn herum und bald fühlte er sich viel besser.

Frank aber stand, umringt von seinen Freunden, mit einer Karte in der Hand, und suchte mit Wieland nach dem besten Wanderweg zu den Externsteinen, die sie unbedingt noch heute sehen wollten. Und gerade in diesem Augenblick blieb neben ihnen eine Gruppe älterer Touristen stehen. In heller Freizeitkleidung und mit teuren Smartphones in den Händen lauschten sie ihrem Reiseführer. Der Mann schien von dem, was er seiner Gruppe erzählte, wirklich Ahnung zu haben. Er beendete gerade die Geschichte um die Errichtung des Denkmals und wollte noch einmal das Wesentliche zusammenfassen, bevor er sie zu einer Fotopause entlassen würde.

„Im nationalistischen Überschwang des neunzehnten Jahrhunderts hat man Arminius alles mögliche angedichtet", teilte er den umstehenden Touristen mit. „Mit Sicherheit hatte er nicht die Absicht, Germanien zu befreien, wie Tacitus es behauptete. Von einem wie auch immer gearteten Volk konnte damals keine Rede sein! Es war von verfeindeten Stämmen besiedelt, die keine Einheit bildeten. Vielmehr träumte Arminius davon, König zu werden, was unter römischer Herrschaft kaum möglich war... Wenn Sie keine weiteren Fragen haben, treffen wir uns in einer halben Stunde vor unserem Reisebus!"

Frank, der die Gruppe schon früher bemerkt hatte, ließ die Karte sinken und schaute den Reiseführer verstört an.

„Woher wissen Sie, daß Arminius nur nach dem Königtum strebte?" fragte er.

Die Menschen drehten sich um.

„Das ergibt sich aus der Gesamtheit der Quellen", erwiderte der Reiseführer, sichtlich amüsiert über die Betroffenheit im Gesicht des Jungen.

„Welche Quellen meinen Sie?" fragte Frank besorgt. „Ich kenne alle Quellen, die über Arminius berichten. Für Römer war er, ohne jeden Zweifel, Befreier Germaniens! Diesem Urteil können wir ohne weiteres vertrauen!"

Der Reiseführer lachte auf.

„Wollen Sie uns etwa eine Geschichte von den edlen Germanen und ihrem strahlenden Helden erzählen?" fragte er, während er mit einem nachsichtigen Lächeln über seine vergoldete Brille zu Frank schaute.

„Sie wurde bereits von den Römern erzählt!" warf Wieland kämpferisch ein, noch bevor Frank die Frage beantworten konnte.

„Es besteht aber eine durchaus begründete Meinung, wonach Tacitus mit seinem Bericht den Römern nur einen Spiegel vorhalten wollte, um ihnen ihren eigenen Sittenverfall vor Augen zu führen", erwiderte der Reiseführer nicht ohne Stolz über die eigene Gelehrsamkeit. „Es gibt keinen Anlaß zu bezweifeln, daß die Germanen in Wirklichkeit nichts anderes als ungebildete Barbaren waren, deren Kultur sich gewiß auf dem niedrigsten Stand befand."

Dabei schwang in seiner Stimme eine gewisse Geringschätzung mit, die er gar nicht zu verbergen versuchte. Es entspannte sich ein kontroverses Gespräch.

Die umstehenden Menschen kamen in Bewegung und begannen zu flüstern. Ein älterer Herr, dem der Standpunkt der Jungen sichtlich ans Herz gegangen war, wollte ihnen Schützenhilfe geben, doch seine Frau zog ihn am Ärmel zurück.

„Misch dich nicht ein!“ sagte sie ihm streng. „Da ist nicht deine Sache!“

Der Mann wollte widersprechen, doch der warnende Blick seiner Frau brachte ihn wieder zur Vernunft. Sie zog ihn weg, und bald verschwanden die beiden.

Die übrigen Touristen blieben aber stehen. Eine solche Gefühlsaufwallung wegen der Ereignisse, die so weit zurücklagen, versetzte sie in leichtes Staunen. Ohne ihre eigene Meinung kundzutun, betrachteten sie die Jugendlichen mit einem gewissen Interesse und suchten vergeblich in ihrem Aussehen nach Anzeichen einer rechtsradikalen Gesinnung.

Frank und Wieland setzten aber beständig nach und forderten von dem wendigen Mann stichhaltige Beweise für seine Thesen.

„Ich möchte jetzt keine Diskussion mit Ihnen führen“, erwiderte der Reiseführer, unbeeindruckt von dem engagierten Auftreten der Jungen. „Ich bleibe dabei, was ich Ihnen bereits gesagt habe. Ich glaube nicht, daß die Germanen so sittlich waren, wie Tacitus es behauptete. Auch Arminius dachte mit Sicherheit nicht an die Rettung des Vaterlandes, wie die Anhänger der völkischen Bewegung es gern hätten. Vielmehr trachtete er nach der Königswürde! Eine solche Möglichkeit können Sie ja gar nicht ausschließen!“ Er grinste breit. „Es hätte doch sein können, oder?“

Julia, die das hitzige Streitgespräch aufmerksam verfolgte und sich bis dahin erstaunlich still verhalten hatte, trat näher an die Streitenden heran und stand im nächsten Augenblick direkt vor dem grinsenden Mann.

„Vielleicht sind Sie ein Lügner?“ fragte sie. „Dazu noch ein gemeiner!“

Ihre Stimme klang gefährlich.

„Wie bitte?“ fragte der Reiseführer verblüfft und wich vor ihr einen halben Schritt zurück.

„Eine solche Möglichkeit können Sie ja gar nicht ausschließen“, legte Julia genüßlich nach. „Es hätte doch sein können, oder?“

Frank erkannte die Lage und ging sofort dazwischen. Während er das Mädchen zu beruhigen suchte, begann der beleidigte Reiseleiter zu schimpfen.

„Mankurt!“ warf Julia ihm mit glühendem Haß über Franks Schulter zu, ohne ihren verachtungsvollen Blick abzuwenden.

Nun wachten auch die übrigen Jugendlichen aus ihrer Erstarrung auf, umringten das Mädchen und bald gelang es ihnen tatsächlich, Julia von der staunenden Reisegruppe abzudrängen. Nur einer schien an dem friedlichen Ausgang der unerwarteten Auseinandersetzung kein großes Interesse zu haben.

Wieland stand abseits des allgemeinen Gedränges und starrte Julia an.

„Das ist ein Mädel!“ flüsterte er fasziniert.

Vernichtende Pläne

Am frühen Abend, als Frank mit seinen Freunden noch an den Externsteinen verweilte, saßen einige besonders engagierte Mitglieder des Komitees gegen rechte Gewalt im Lehrerzimmer des Kant-Gymnasiums und diskutierten über die nächsten Schritte im Kampf gegen den grassierenden Rechtsradikalismus, der ihrer festen Überzeugung nach einen nicht unerheblichen Teil der Schülerschaft befallen hätte.

Auch im Raum daneben herrschte rege Geschäftigkeit. Mehrere Fernsehleute bereiteten ihn für ein wichtiges Interview vor. Scheinwerfer wurden ausgerichtet, Stative aufgestellt... Nichts wurde dem Zufall überlassen. Selbst die Klassentafel, deren linke Seite ins Blickfeld der Hauptkamera geraten würde, bot genügend Stoff für heftige Diskussionen. Sollte man sie mit mathematischen Formeln oder mit bedeutungsschweren Sätzen aus dem Deutschunterricht versehen? Vielleicht sollte sie lieber ganz unberührt bleiben, um den Zuschauer nicht allzu sehr vom Wesentlichen abzulenken... Bald war die Lösung gefunden, die vom ganzen Team getragen wurde. *Toleranz* und *Weltoffenheit* waren Worte, die unauffällig die giftig grüne Oberfläche der Tafel schmückten. Dazwischen eine Sonne und ein kleines Herzchen, dessen leicht verformte Konturen die ungeschickte Hand eines Kindes vortäuschen sollten... Es waren Profis, die um die Wirkung solcher niedlichen Kleinigkeiten auf die Masse deutscher Zuschauer bestens Bescheid wußten.

Als Joe in den Raum trat, waren sie mit ihrer Arbeit fertig.

„Bald können wir loslegen", warf sein übergewichtiger Assistent ihm zu und wischte sich mit dem Handrücken Schweißperlen von der Stirn.

Der hünenhafte Chef blickte zufrieden umher und ließ sich auf einen Hocker nieder. Eine junge Frau, die mit einem dünnen Pinselchen in der Hand auf ihn wartete, trat dicht an ihn heran und begann sofort mit dem Schminken. Nachdem sie mit den Augenbrauen und Wimpern fertig geworden war, kam sein dichter graumelierter Vollbart an die Reihe. Sie bearbeitete ihn mit einer Spezialbürste, schnitt die letzten abstehenden Härchen weg und war mit ihrer Arbeit sichtlich zufrieden.

„Na dann", sagte Joe entschlossen und ging hinaus, um der Vorsitzenden des Komitees gegen rechte Gewalt die Bereitschaft seines Teams zu melden.

Er klopfte leicht an der Tür und machte sie zur Hälfte auf. Frau Bammert, die gerade am Rednerpult stand, unterbrach ihre Ausführungen.

„Wir sind soweit“, sagt Joe, worauf Frau Bammert den neugierigen Mitgliedern voller Stolz mitteilte, daß sie soeben zu einem wichtigen Fernsehinterview geladen worden sei.

Sie beendete die Sitzung und betrat nach wenigen Minuten den hell erleuchteten Raum. Die gleiche junge Frau mit dünnem Pinselchen in der Hand bat die Lehrerin, auf dem kleinen Hocker Platz zu nehmen. Allerdings gab es nur wenig, was sie am Gesicht der Geschichtslehrerin korrigieren mußte. Bereits gestern hatte Frau Bammert den heutigen Termin vereinbart und viel Mühe auf ihr Äußeres verwendet. Ihre leicht blondierten Haare waren einwandfrei frisiert, die dünnen, von Zeit zu Zeit leicht zuckenden Lippen mit einem grellen Lippenstift aufgefrischt und die ausgeblichenen Wimpern schwarz gefärbt.

Die Kleidung von Frau Bammert zeigte die gleiche Strenge: weinroter Anzug mit frisch gebügelter Hosenfalte, schneeweißes Kragenhemd... Es gab nur wenige Menschen, die nicht den Eindruck hätten, daß die Geschichtslehrerin bei der Geburt versehentlich in einen weiblichen Körper gesteckt worden wäre. Der Gedanke daran, daß Frau Bammert einen Ehemann oder gar ein Kind haben könnte, erschien den meisten Kollegen genauso absurd, als würde jemand im Ernst behaupten, die Männer könnten Kinder gebären.

Als Frau Bammert sich an den Tisch setzte und im Bewußtsein der Wichtigkeit dieses Gesprächs in die Augen des bärtigen Journalisten sah, wurde dieser von einem seltsamen Gefühl erfaßt. Der Blick ihrer dunkeln Rosinenaugen war hart wie Eisen und drang unangenehm in seine Seele ein.

Es wurde still. Über den Objektiven der Fernsehkameras leuchteten rote Blicklichter auf. Frau Bammert wußte, daß ab sofort jedes Wort nicht nur eine entscheidende Bedeutung erlangen würde, sondern sie wird das Gesagte auch nicht mehr zurücknehmen können. Wie ein versteinertes Stück Zeit würden diese Worte womöglich sie alle überdauern und für die Nachwelt als Zeugnis ihres Strebens zurückbleiben...

Joe begrüßte sie herzlich, zählte alle Titel und Funktionen der Lehrerin auf und kam nach einer ausführlicher Einleitung über die besorgniserregenden Ereignisse in der Kurstadt sofort auf das Wesentliche zu sprechen.

„In unserem letzten Gespräch haben Sie erwähnt, daß der vermeintliche Täter womöglich nur ein Opfer sei“, sagte Joe mit seiner angenehmen, etwas rauen Stimme.

„Ganz genau!“ bestätigte die Lehrerin, sichtlich zufrieden über die eingeschlagene Richtung. „Was kann man von einem sozial isolierten, kaum fünfzehnjährigen Jungen aus schweren familiären Verhältnissen erwarten, wenn er in die Fänge einer rechtsradikalen Gruppe gerät, die ihm äußerst geschickt echte Freundschaft vortäuscht? Es ist ein Wunder, daß es in dieser Nacht nicht zu einem weitaus gefährlicheren Verbrechen kam!“

„Von welcher Gruppe sprechen Sie?“

„Damit Sie die komplexen Zusammenhänge in dieser Geschichte besser verstehen können, muß ich leider ganz von vorne beginnen“, sagte Frau Bammert mit dramatischem Ernst. „Kurz nach den Osterferien tauchte in meiner Klasse ein siebzehnjähriger Junge auf, der noch vor wenigen Monaten in Sibirien gewohnt hatte. Wie ein Magnet zog er einige zuvor ganz unauffällige Schüler unseres Gymnasiums an. Bereits nach wenigen Wochen bildete sich um ihn herum eine rechtsradikale Gruppe, deren Gefährlichkeit damals keinem einzigen Kollegen aufgefallen war. Seitdem hält er nicht nur seine Klasse in Atem, sondern das ganze Gymnasium!“

Ihre Mitteilung machte einen gehörigen Eindruck auf ihren Gesprächspartner.

„Wie ist sein Name?“ fragte er.

„Leider darf ich seinen Namen in der Öffentlichkeit nicht nennen“, erwiderte Frau Bammert. „Ich hoffe, Sie kennen die Gesetzeslage…“

Joe zog aus der Brusttasche seines Hemdes ein Bild, das er von seinem geheimnisvollen Auftraggeber bekommen hatte, und legte es auf den Tisch direkt vor Frau Bammert.

„Das ist er!“ bestätigte die Lehrerin und biß sich die Zähne fest aneinander, um die aufbrausende Wut halbwegs zu bezwingen.

„Könnten Sie mir ein wenig ausführlicher davon erzählen, wann und unter welchen Umständen Sie ihn zum ersten Mal gesehen haben?“

Frau Bammert begann ihre Erzählung mit dem spektakulären Erscheinen des neuen Schülers in ihrer Klasse und sparte dabei zur vollsten Zufriedenheit des Journalisten nicht mit Einzelheiten. Sie waren meisterhaft beschrieben und machten ihren Bericht zu einer filmreifen Geschichte. Nachdem sein dunkler Anzug ausgiebig besprochen worden war, erzählte sie darüber, daß bereits der erste Tag von Frank Uffelmann auf dem Kant-Gymnasium beinahe in einer blutigen Schlägerei mit einem türkischstämmigen Mitschüler endete.

„Wie ist es passiert?“ fragte Joe und zog seine Augenbrauen besorgt zusammen.

„Nun ja“, erwiderte Frau Bammert und lachte dabei spöttisch auf. „Der neue Schüler war nicht müde zu betonen, daß er ein Deutscher sei. Daraufhin fragte Karim, wie lange er schon in Deutschland wohne. Zwei Wochen, hat er geantwortet. Seht ihr, sagte Karim scherzhaft, man könne bereits in zwei Wochen ein Deutscher werden! Statt wie alle anderen Schüler die lustige Bemerkung lachend zur Kenntnis zu nehmen, antwortete der neue Schüler mit einer handfesten Beleidigung!“

„Was hat er ihm gesagt?“

„Mach dir keine Sorgen, fauchte er den türkischen Mitschüler feindselig und äußerst gehässig an, du wirst es auch in tausend Jahren nicht! Gut, daß ich noch rechtzeitig dazwischen ging, sonst hätten sie einander die Köpfe eingeschlagen!“ sagte Frau Bammert bedeutungsvoll. „Schon damals klingelten bei mir alle Alarmglocken!“

Der erfahrene Journalist wußte, daß sich aus dieser Geschichte noch kein fremdenfeindlicher Angriff konstruieren ließ, wollte aber trotzdem mit Karim sprechen, in der Hoffnung, dem Vorfall zumindest ein kleines Bausteinchen abzugewinnen, das er beim Zusammenstellen des nachteiligen Charakterbildes des neuen Schülers verwenden könnte.

„Ich werde Ihnen ein Treffen mit ihm organisieren“, sagte Frau Bammert, zufrieden über den bisherigen Verlauf des Gesprächs.

„Wunderbar!“ rief Joe mit falscher Begeisterung aus, um seine Interviewpartnerin zu motivieren.

Frau Bammert gehörte aber nicht zu jenen Menschen, die man zweimal bitten mußte, über ihre Todfeinde zu berichten. Bald stand im Mittelpunkt ihrer Erzählung der Vorfall im Geschichtsunterricht.

„Er verteidigt die Präventivschlag-These, die vom russischen Spion Viktor Suworow vertreten wird!“ sagte sie bedeutungsvoll. „Ich warne Sie! Der Junge ist ein gefährlicher Demagoge, bei dem die Deutschen, mögen sie auch noch so schlimme Verbrechen begangen haben, stets wie schuldlose Engel aussehen, während ihre Gegner hingegen nur noch heimtückisch und ehrlos gehandelt haben sollen!“

In allen Einzelheiten gab sie die geschichtsrevisionistischen Aussagen des neuen Schülers zum deutschen Überfall auf die Sowjetunion wieder und schilderte die darauf folgenden Ereignisse, die in einem echten Aufstand der aufgehetzten Klasse mündeten. Erst nach einer Stunde kam Frau Bammert auf das hitzige Streitgespräch in der Aula des Kant-Gymnasiums zu sprechen:

„Ich persönlich mußte den Raum aus Protest verlassen. Es gibt aber ein Mädchen, das Ihnen sicher weiterhelfen würde. Ich habe sie gebeten, hier zu warten, damit Sie auch mit ihr sprechen können."

Joe zeigte für diesen Vorschlag ein großes Interesse, bedankte sich, lenkte aber das Gespräch wieder auf das ursprüngliche Thema hin.

„Bis jetzt habe Sie mir nur über den neuen Schüler und seine Gruppe erzählt", sagte er. „Ich würde aber gern wissen, wie die Schulleitung auf diese Ereignisse reagierte."

„Darüber kann ich Ihnen leider keine Auskunft geben", antwortete Frau Bammert und blickte dabei ausdrucksvoll auf die laufenden Kameras.

Joe gab ein Zeichen. Die Kameraleute betätigten die Schalter und die roten Blinklichter über deren Objektiven erlöschten.

„Ihr könnt gehen!" sagte Joe seinen Kollegen, worauf sie sofort den Raum verließen.

Joe war ein erfahrener Journalist und erkannte an den letzten Worten der Lehrerin, daß das Wesentliche an dieser Geschichte erst jetzt zum Ausdruck kommen würde.

„Ich wäre Ihnen sehr dankbar, wenn Sie mir erzählen, wie es wirklich war, damit ich zumindest eine Ahnung habe, in welche Richtung ich recherchieren sollte. Ich habe den Eindruck, daß Sie mir noch viel mehr zu erzählen haben."

„Ja, das habe ich!" bestätigte Frau Bammert mit wieder erstarkter Stimme. „Das hier!" Sie klopfte mit einem Zeigefinger auf die Tischplatte. „Das ist kein Gymnasium im gewöhnlichen Sinne des Wortes! Das ist ein gefährliches Nest, in dem die Rechtsradikalen liebevoll behütet und gezüchtet werden! Ich erzähle Ihnen eine Geschichte, die Sie in Deutschland kaum ein zweites Mal hören werden."

Die Augenbrauen des bärtigen Journalisten schnellten verwundert hoch.

„Ich bin gespannt", sagte er mit gesenkter Stimme und lehnte sich zum Zeichen einer besonderen Vertraulichkeit sogar ein wenig nach vorne.

„Es gibt auf dem Gymnasium mehrere Kolleginnen und Kollegen, die Frank Uffelmann nicht nur dulden... sie unterstützen ihn sogar! Besonders einer von ihnen!"

„Wen meinen Sie?" fragte Joe, von starker Neugier getrieben.

„Unseren hochverehrten Schulleiter Dr. Oldenburg", sagte Frau Bammert, während sie ihre Augen zu Schlitzen verengte. „Er und seine Mätresse Weimar, die mich auf sein Betreiben hin als Klassenlehrerin abgelöst hat, sind der Haupgrund dafür, daß dieser Frank bis heute in unserer Schule unbehelligt sein Unwesen treiben kann!"

Nun machte Frau Bammert ihrem abgründigen Haß freie Bahn, der nicht nur den Schulleiter und seine Liebhaberin in seinen Fluten ertränkte, sondern auch jene Lehrer mit sich fortriß, die in irgendeiner Hinsicht auf der Seite des Schulleiters standen.

Nachdem eine weitere Stunde verflossen war, beruhigte sich Frau Bammert und atmete tief durch. Es war alles gesagt, was gesagt werden mußte. Doch der prominente Journalist war mit seinen Fragen noch lange nicht am Ende:

„Könnten Sie mir vielleicht etwas ausführlicher über diesen Frank Uffelmann erzählen? Gibt es etwas Besonderes an diesem Jungen, was jedem sofort ins Auge springen würde?"

Das Gesicht der Geschichtslehrerin erhellte sich.

„Fast habe ich es vergessen!" rief sie plötzlich aus. „Da gab es noch etwas Lustiges, was Sie unbedingt wissen müssen! Dieser Frank hat sich vorgenommen, nur die Wahrheit zu sagen."

„Was versteht er darunter?" fragte Joe irritiert.

„Das, was unser großer Kant darunter verstand", erklärte Frau Bammert in spöttischem Ton. „Die reinste Wahrheit, und nichts außer der Wahrheit! Dabei treibt er sein Vorhaben bis zum hellsten Wahnsinn! Ich kann Ihnen über einen Vorfall erzählen…" Frau Bammert konnte kaum noch weitersprechen, da die Erinnerung daran sie zum Lachen brachte. „Sie werden es nicht glauben…"

Auf dem Gesicht des Journalisten zeigte sich brennendes Interesse.

„Im Deutschunterricht stellten seine Mitschüler ihn auf die Probe. Ein Junge fragte ihn, ob er bereits mit einem Mädchen geschlafen habe…", sagte Frau Bammert halblaut und seltsam kichernd, was zu ihrem seriösen Erscheinungsbild gar nicht so richtig passen wollte.

„Was hat er ihm geantwortet?" trieb Joe die Lehrerin höflich an.

„Er hat vor der ganzen Klasse zugegeben, daß er noch nie mit einem Mädchen geschlafen habe!" erwiderte sie kopfschüttelnd. „Können Sie sich so etwas vorstellen?!"

Kaum gesagt verfiel sie in das gleiche alberne Kichern. Allerdings mußte sie feststellen, daß ihre Erzählung auf den bärtigen Journalisten einen ganz unerwarteten Eindruck gemacht hatte. Sein Gesicht blieb ernst. An seinen blicklosen Augen konnte sie mühelos erkennen, daß ihn etwas sehr Wichtiges beschäftigte. Sie hörte auf zu kichern und wollte sich gerade nach dem Grund seiner ungewöhnlichen Stimmung erkundigen, doch der bärtige Journalist erwachte bereits aus seinen Gedanken.

„Meinen Sie etwa, er würde zu jedem Thema so offen sprechen?“ fragte Joe und schaute ihr forschend in die Augen.

„So dumm wie er ist!“ bestätigte die Geschichtslehrerin.

Sie wollte noch weitere Beispiele für das unvernünftige Verhalten des neuen Schülers anführen, kam aber nicht dazu, da ihrem Gesprächspartner schon die nächste Frage auf der Zunge brannte.

„Hat er sich bereits zum Thema Holocaust geäußert?“ fragte er mit seltsamem Ernst, ohne seinen prüfenden Blick von ihrem Gesicht abzuwenden.

Die einfache Frage brachte Frau Bammert in Verlegenheit. Sie strengte ihr Gedächtnis an, konnte sich aber nicht erinnern, daß Frank Uffelmann jemals zu diesem heiklen Thema etwas Konkretes gesagt hätte.

„Warten Sie!“ sagte sie wie zu sich selbst und rieb unbewußt an ihrem Kinn.

„Kann ich das so verstehen, daß niemand ihn bis heute danach befragte?“ sagte Joe, um der Lehrerin die Antwort zu erleichtern, bewirkte aber damit das Gegenteil davon.

Die zweite Frage verursachte eine noch weitaus größere Verwirrung. Sogar ihr Mund ging vor Überraschung ein wenig auf.

„Ich verstehe…“, flüsterte Frau Bammert, überwältigt von der genialen Richtung seiner Fragen.

Sie schüttelte sogar den Kopf, als wäre sie aus einem Traum gerissen. Wie konnte ich nur so schrecklich versagen? dachte sie verwundert, fand aber auf diese einfache Frage keine Antwort! Holocaust! Holocaust!!! rief sie im Geiste erfreut aus. Nichts wäre einfacher gewesen, als den neuen Schüler auf dieses Minenfeld zu treiben, auf daß er nur eine einzige unglücklich formulierte Äußerung von sich gebe… nur ein einziges mißverständliches Wort!

„Oh Gott!“ flüsterte Frau Bammert, obwohl sie an dessen Existenz gar nicht glaubte.

Ihr Herz lief von widersprüchlichsten Gefühlen über: Tiefe Scham über das eigene Versagen rang mit der glücklichen Erwartung eines totalen Sieges, von dem sie so lange geträumt hatte…

Bald zeigte sich auf ihrem Gesicht ein gefährliches Lächeln. Joe konnte sehen, daß sie seinen Plan bis in die Einzelheiten durchschaut hatte und daß es keinen Sinn mehr ergab, etwas zu verbergen.

„Könnten Sie sich bei diesem ganz spezifischen Thema zumindest ein paar Wochen zurückhalten?“ fragte er hoffnungsvoll.

Frau Bammert antwortete nicht, da sie bereits an ihrem eigenen Kriegsplan bastelte, der mit Sicherheit die gleichen vernichtenden Folgen für den neuen Schüler haben würde. Das nervöse Zucken ihrer Lippen machte deutlich, wie sehr ihre Gefühlswelt davon eingenommen war.

„Frau Bammert!“ sagte Joe besorgt.

„Ach ja!“ rief die Geschichtslehrerin etwas verstört aus und schaute ihn an, als wäre sie verwundert, daß er immer noch da war. „Sie verlangen also, daß ich zwei Wochen untätig bleibe?“ fügte sie selbstbewußt hinzu.

Der Ton, in dem diese Worte gesagt wurden, ließ keinen Zweifel daran, daß die Geschichtslehrerin sich den Angriffsplan des Journalisten bereits zu eigen gemacht hatte und keine Rücksicht auf seine Urheberschaft nehmen wollte.

„Nur zwei Wochen!“ redete Joe auf sie ein. „Vertrauen Sie mir! Ich bin ein Profi! Ich werde ihn in eine Falle locken, die ihn sicher vor Gericht bringen wird. Wenn Sie den Jungen aber aufscheuchen, geht die ganze Sache garantiert schief.“

Frau Bammert kämpfte mit sich. Mißtrauisch starrte sie in sein bärtiges Gesicht.

„Glauben Sie mir!“ beteuerte Joe. „Wir wollen das Gleiche!“

Die letzten Worte verfehlten ihre Wirkung nicht. Das Mißtrauen schwächte sich ab.

„Gut!“ sagte Frau Bammert nach kurzem Zögern. „Ich gebe Ihnen zwei Wochen! Sollten Sie aber in dieser Zeit nichts erreichen können, werde ich selbständig handeln!“

Die Lehrerin erhob sich und gab damit zu verstehen, daß ihre Unterhaltung zu Ende sei. Joe, sichtlich erfreut über ihre Zusage, tat das Gleiche.

„Und noch eine letzte Frage, Frau Bammert!“ sagte er. „Wo wohnt dieser Frank?“

Die Vorsitzende des Komitees gegen rechte Gewalt beugte sich über den Tisch. Sie kritzelte auf einem gelben Notizblock die Anschrift des neuen Schülers, riß das Blatt ab und gab es dem Journalisten.

„Viel Glück!“ sagte sie mit ernster, beinahe feierlicher Stimme und reichte ihm ihre starke Hand zum Abschied.

Als Frau Bammert aus dem Raum ging, um Lisa zu holen, griff Joe nach seinem Handy und bat die Kameraleute sofort zu ihm zu kommen.

„Ich hoffe, ihr habt alles drauf?“ fragte er halblaut, als die beiden den Raum betraten.

„Klar!“ erwiderte einer von ihnen fast beleidigt. „Wir sind doch keine Anfänger! Wir haben bloß die Blinklichter ausgeschaltet.“

Während sie noch über Frau Bammert lachten, tauchte neben ihnen der schwerfällige Assistent auf. Joe nahm ihn bei der Hand und zog ihn zur Seite.

„Es wird eine glänzende Story werden!“ flüsterte er begeistert. „Für die beste Sendezeit!“

Lisa

Als Lisa in den Raum trat, konnte sie ihre Verunsicherung nicht verbergen. Noch nie hatte sie vor der Kamera gestanden. Tatsächlich hatte sie panische Angst davor. Zwar hatte sie oft in Gedanken große Reden gehalten, doch sie hatte dabei vor einem imaginären Publikum gestanden. Sobald es aber darum ging, wirklich vor Menschen zu treten, flogen ihr all die klugen und schönen Worte einfach davon, selbst dann, wenn sie über den Gegenstand ihres Vortrags bestens Bescheid wußte.

Lisa zog vorsichtig die Tür hinter sich zu und nickte zur Begrüßung stumm mit dem Kopf.

„Schön, daß Sie für uns Zeit gefunden haben!“ sagte Joe, ging sofort dem schüchternen Mädchen entgegen und streckte ihr freudestrahlend seine riesige Hand hin.

„Joseph Müller“, stellte Joe sich mit seinem vollen Namen vor und wies Lisa auf einen Stuhl vor seinem Tisch hin.

Als er sich ebenfalls an den Tisch setzte, betrachtete er das Mädchen mit einem neugierigen, durchaus freundlichen Blick.

Lisa war füllig, aber nicht dick, wie es nicht wenige auf dem Gymnasium waren. Ihr rundes Gesicht, das von zwei unruhigen blauen Augen beherrscht wurde, hatte sanfte, wenn auch gewöhnliche Züge und hinterließ alles in allem einen angenehmen Eindruck.

„Sie wollten mit mir sprechen?“ fragte Lisa, um die peinliche Pause zu beenden, denn sie konnte es nicht länger aushalten, von einem Mann so lange und aufmerksam betrachtet zu werden.

Die weiche Stimme, mit der diese Worte gesprochen wurden, verriet ihren eher schwachen, zurückhaltenden Charakter, der von einem starken Menschen mühelos hätte beherrscht werden können.

„Frau Bammert hat Sie uns wärmstens empfohlen“, erwiderte Joe. „Sie meinte, Sie könnten uns helfen, die letzten Ereignisse auf dem Gymnasium besser zu verstehen.“

Lisa blickte auf die laufende Kamera und sah im höchsten Maße verunsichert aus.

„Sie brauchen sich keine Sorgen zu machen“, beruhigte Joe mit einer vertraulich klingenden Stimme. „Wenn Sie wollen, werden wir die Aufnahmen verdunkeln und Ihre Stimme so verändern, daß keiner Sie danach erkennen würde.“

Sie nickte und schien von seiner Zusicherung tatsächlich etwas beruhigt.

„Zunächst wollte ich über den Jungen sprechen, der den fremdenfeindlichen Angriff auf den türkischen Laden verübt haben soll", sagte Joe. „Könnte es sein, daß der Junge nur ein Opfer anderer geworden ist?"

Lisas Gesicht veränderte sich schlagartig. In ihren unruhigen Augen zeigte sich Panik.

„Wie meinen Sie das?" flüsterte sie ängstlich, als wäre sie vom fragenden Journalisten in die Enge gedrängt worden.

Joe war von einer solchen Reaktion überrascht. Er zeigte es nicht, witterte aber dahinter etwas Besonders.

„Vielleicht waren an dem, was geschehen ist, andere schuld?" sagte er ernst und langsam, ohne seinen prüfenden Blick von ihrem blassen Gesicht abzuwenden. „Er sieht doch gar nicht wie ein echter Nazi aus."

Dabei nahm er sein schickes Smartphone, wählte darin ein Bild aus, und schob das Handy vor Lisa hin. Es war ein Bild von Sebastian, das sie am frühen Morgen auf dem Schulhof gemacht hatten. Als Lisa das Gesicht des Jungen sah, wandte sie sich ab. Ihre fülligen Lippen begannen zu zittern, und im nächsten Augenblick brach sie in Tränen aus.

Joe sprang von seinem Stuhl auf und beeilte sich zu ihr zu kommen.

„Wasser!" rief er seinem Assistenten zu, während er sich über das schluchzende Mädchen beugte.

Es war nicht das erste Mal, daß Joe mit solchen Gefühlsausbrüchen zu tun hatte. Er schickte die Kameraleute wieder weg und versuchte, Lisa mit erprobten Mitteln zu trösten.

„Weißt du", sagte er mit warmer Stimme, „meistens ist alles gar nicht so schlimm, wie man zunächst angenommen hat!"

Lisa nickte ihm schluchzend zu, zeigte dabei aber die ersten Anzeichen dessen, daß sie ihr spontanes Gefühl bereits bewältigt hatte. Sie wischte sich die Tränen weg und blickte schuldbewußt den bärtigen Journalisten an. Joe konnte sehen, daß er das Vertrauen der Schülerin gewonnen hatte, und setzte das Gespräch unverzüglich fort.

„Erzähl mir einfach alles, was du weißt!" bat er sie mit gütiger Stimme.

In einer Stunde neigte sich das Gespräch dem Ende zu. Lisa erhob sich, ging zur Tür, blieb aber auf dem halben Weg stehen und drehte sich um.

„Ich wollte das nicht!" beteuerte Lisa zum wiederholten Male. „Sie glauben mir doch, nicht war?"

Joe legte ihr seine riesige Hand vorsichtig auf die Schulter und blickte in ihre verzweifelten Augen.

„Natürlich glaube ich dir!“ sagte er mit Nachdruck. „Trotzdem würde ich dir raten, mit keinem Menschen darüber zu sprechen. Was geschehen ist, ist geschehen! Wichtig sollte für dich sein, daß du das nicht gewollt hast. Alles, was danach passierte, war nur dem tragischen Zufall geschuldet.“

Lisa war über diese Ermutigung über alle Maße erfreut und ging aus dem Zimmer.

Kaum war sie weg, veränderte sich das freundliche Gesicht des bärtigen Journalisten. Nachdenklich starrte er vor sich hin und schwieg.

„Und?“ fragte sein Assistent mit einer düsteren Stimme. „Was machen wir jetzt? Wenn die Sache auffliegt, geht die ganze Geschichte in die Hose!“

„Sie wird schweigen“, entgegnete Joe zuversichtlich. „Außerdem interessiert mich der kleine Bengel immer weniger. Wir sollten uns lieber auf diesen Frank Uffelmann konzentrieren.“

* * *

Nachdem Lisa sich von Joe verabschiedet hatte und in den Flur gegangen war, verspürte sie eine Erleichterung, wie sie den Menschen gewöhnlich nur nach einer Beichte zuteil wird. Alles, was ihre Seele so sehr bedrückt hatte, schien sie loszulassen und in einer Vergangenheit zu verschwinden, die sie nicht mehr wirklich belasten konnte. Sie nahm ihre Tasche und wollte zur Treppe gehen, doch im nächsten Augenblick tauchte neben ihr Mandy auf.

„Na endlich!“ sagte sie erleichtert. „Ich wollte schon abhauen.“

Lisa hatte nicht erwartet, die Leiterin der antifaschistischen Gruppe Nord an diesem Sonntag in der Kurstadt anzutreffen, und schien sichtlich überrascht. Sie begrüßte die junge Frau und wollte ihr von der Sitzung des Komitees gegen rechte Gewalt berichten und davon, daß ein ganzes Fernsehteam bei ihnen weilte, doch Mandy unterbrach sie:

„Ich weiß! Bammert hat mir schon alles erzählt!“

Die Erleichterung, die Lisa nach dem Gespräch mit Joe in ihrer Seele verspürt hatte, verflüchtigte sich mit jedem Herzschlag und machte einer seltsamen Unsicherheit Platz, die sie in Anwesenheit dieser tatkräftigen jungen Frau schon immer beherrscht hatte.

Mandy war nicht groß und gar nicht so kräftig gebaut, doch ihre aggressive, stets zu drastischen Worten und Handlungen neigende Natur jagte

Lisa sogar Angst ein, auch wenn sie sich von ihr mächtig angezogen fühlte.

„Es entwickelt sich alles prächtig!“ sagt Mandy. „Hast du gesehen, wie man ihn eingesaut hat?“

Lisa erinnerte sich an den dramatischen Verlauf der Diskussion in der Aula des Kant-Gymnasiums und wurde verlegen. Besonders der unschöne Angriff der Antifa auf den neuen Schüler verfolgte sie auf Schritt und Tritt.

„Man hat ihn fast am Kopf getroffen“, sagte sie mit leichtem Vorwurf.

„Schade!“ erwiderte Mandy. „Ich hoffe, nächstes Mal werden wir ihm so Feuer unter dem Hintern machen, daß er es endlich kapiert, mit wem er es hier zu tun hat.“

Mandy bekräftigte ihre Ansicht, daß man im Kampf gegen Rechts alle Mittel anwenden sollte, und als sie sah, daß Lisa nach wie vor gewisse Zweifel hatte, zog sie das Mädchen zur Seite.

„Eins mußt du kapieren!“ sagte sie eindringlich, „wenn wir mit unserem Tun etwas Schlimmes verhindern können, dann sollte uns scheißegal sein, ob wir dafür Gesetze brechen müssen. Klar?“

Lisa nickte, verabschiedete sich von Mandy, und als sie nachdenklich am Fenster stand, blickte sie unverhofft nach draußen. Frank und seine Freunde gingen lachend über den Schulhof.

„Da sind sie übrigens!“ rief Lisa dem bärtigen Journalisten zu, der gerade aus dem Raum in den Flur trat.

Joe schaute hinunter und zog sofort sein Handy aus der Tasche.

„Die sind wieder auf dem Schulhof! Direkt vor deiner Nase!“ sagte er seinem unsichtbaren Gesprächspartner. „Beweg dich! Ich will sie haben, so wie sie jetzt über den Schulhof gehen.“

Inzwischen tauchte ein weiterer Kameramann neben ihm auf. Er öffnete schnell das Fenster und richtete sein schweres Gerät auf die Jugendlichen, die mitten auf dem Schulhof stehen blieben.

„Nimm den blonden Jungen mit schwarzer Hose ins Visier!“ rief Joe ihm aufgeregt zu, als wäre er Kommandeur einer Artillerieeinheit, die ganz plötzlich die feindliche Stellung entdeckt hatte.

Er gab seinen Mitarbeitern detaillierte Anweisungen, holte aus einer Alukiste noch eine Videokamera heraus und lief zu einem anderen Fenster, von wo aus er sich eine bessere Perspektive erhoffte. Er drückte sein Gerät fest an den Fensterrahmen, um es zu stabilisieren, und zoomte das begehrte Zielobjekt bis zum Anschlag heran.

„Da bist du also“, sagte er zu sich selbst. „Bald sitzt du in der Falle…“

Wieder in der Kurstadt

Die Freunde aber wußten nicht, daß sie beobachtet wurden. Sie standen auf dem Schulhof und konnten es nicht übers Herz bringen, Abschied voneinander zu nehmen. Markus mit seiner Gruppe war gleich am Bahnhof abgeholt worden, Max und Walter wohnten nicht weit voneinander und hatten gerade noch rechtzeitig ihren Bus erwischt, während Wieland mit dem Zug weitergefahren war. Nur noch fünf Jugendliche standen auf dem Schulhof.

Das Gespräch drehte sich um ihren neuen Bekannten aus der Landeshauptstadt. Obwohl Wieland von allen bedingungslos angenommen worden war, hatte sein unerwartetes Erscheinen bei ihnen einen Hauch des Geheimnisvollen hinterlassen.

„Ich hoffe bloß, daß er kein Spitzel ist“, sagte Luka warnend. „Ist euch etwa nicht aufgefallen, daß wir bis jetzt nicht einmal seinen Nachnamen kennen?“

Die Freunde wurden stiller. An so etwas hatten sie gar nicht gedacht.

„Hör auf, Detektiv zu spielen!“ sagte Julia und wollte ihm die Stirnlocke verwuscheln, doch Luka wich vor ihr zurück und konnte von dem heiklen Thema einfach nicht mehr lassen.

„Hast du dich schon in ihn verliebt?“ fragte er sie und verengte mißtrauisch die Augen. „Ich habe den Handkuß sehr genau beobachtet!“

„Und du bist sofort eifersüchtig geworden?“ erwiderte Julia neckisch.

Die beiden wollten wie gewohnt mit ihrem kindischen Zanken beginnen, doch dazu kam es nicht mehr.

„Er ist kein Spitzel“, sagte Frank mit fester Stimme.

Nicht nur Julia und Luka verstummten, sondern auch Sebastian und René blickten erwartungsvoll zu ihm hinüber.

„Woher willst du das wissen?“ fragte Luka verwundert.

„Weil ich ihn schon länger kenne“, erwiderte Frank und versetzte seine Freunde mit einem Schlag in einen schockähnlichen Zustand.

Sprachlos starrten sie ihn an. Luka schüttelte den Kopf so kräftig, als wollte er nach einem tiefen Schlaf die gewohnte Geistesgegenwart erzwingen. Nicht anders erging es den übrigen Jugendlichen.

„Es wird immer lustiger“, sagte Julia, obwohl in ihrem Gesicht keine Spur von Heiterkeit zu sehen war.

„Und sein Freund… der ihm von uns berichtet hat…“, begann Luka zu sprechen, verstummte aber ahnungsvoll mitten im Satz.

„Du hast Recht! Ich habe ihm zwei Exemplare unserer Zeitung geschickt und ihm über die geplante Wanderung geschrieben“, erklärte Frank. „Ich wußte aber nicht, ob er tatsächlich kommen würde.“

„Und das hast du vor uns die ganze Zeit verheimlicht?“ rief Luka ungläubig aus. „Ich muß mich hinsetzen, sonst falle ich jetzt um!“

Er schaute unter seine Füße, als ob er tatsächlich nach einem geeigneten Platz suchte, während Julia nach und nach ebenfalls zu sich kam.

„Du hast Geheimnisse?“ fragte sie leise und schaute ihn an, als hätte sie ihn zum ersten Mal gesehen.

Frank mußte beim Anblick seiner Freunde lächeln.

„Er heißt Wieland von Maysenberg“, erklärte er ihnen. „Genauer gesagt: Freiherr von Maysenberg! Obwohl ich mit ihm schon länger in Verbindung stand, habe ich ihn erst nach meiner Ankunft in Deutschland persönlich kennengelernt. Das ist alles, was ich euch erzählen darf.“

Der Eindruck, den diese neue Mitteilung bei seinen Freunden hinterlassen hatte, war verheerend. Nicht nur Sebastian ging der Mund vor Überraschung auf, sondern auch René erging es nicht anders.

„Du darfst es uns nicht erzählen?!“ fragte Luka, als konnte er seinen eigenen Ohren nicht mehr trauen, und wiederholte es Wort für Wort noch einmal: „Du… darfst… es… nicht?!“

„Leider ist es nicht mein Geheimnis“, erklärte Frank schuldbewußt. „Ich habe versprochen, daß ich niemandem etwas davon erzählen werde.“

Während seine Freunde noch damit beschäftigt waren, das unglaubliche Geständnis richtig zu verdauen, kam Luka langsam wieder zu sich und lächelte ihn schelmisch an.

„Schämst du dich nicht, vor dem erlauchtigsten Antlitz des großen Kant so etwas zu sagen?“ stieß er mit großem theatralischen Geschick aus. Er schüttelte vorwurfsvoll den Kopf und blickte zur Eingangtreppe, wo neben der Tür das Relief des großen Philosophen in Stein gemeißelt war. „Wir müssen nachschauen, ob Kant immer noch dort ist. Vielleicht ist er vor Kummer schon längst zu Staub zerfallen? Sein einziger wahrer Anhänger ist ihm soeben davongelaufen!“

Der Zustand seiner Freunde bereitete Frank große Sorgen. Sie lächelten zwar, doch ihre Augen lachten nicht mit. Selbst die jüngsten unter ihnen standen nach wie vor unter dem schweren Eindruck seiner Offenbarung. Frank schien sogar, daß seine Worte sie verletzt hatten. Er hatte überhaupt keine Ahnung, wie er ihr Vertrauen zurückgewinnen sollte.

„Eins kann ich euch aber schon jetzt sagen: Irgendwann werden die

Umstände mich von diesem Versprechen entbinden. Dann werde ich den meisten von euch dieses Geheimnis verraten dürfen."

Luka räusperte sich.

„Den meisten von uns", wiederholte er bedeutungsvoll. „Jetzt hast du die Sache nur noch spannender gemacht!"

„Es tut mir wirklich leid, daß ich euch so enttäuscht habe", sagte Frank. „Ich hätte es euch gleich sagen sollen. Könnt ihr mir verzeihen?"

Er schaute Julia an, doch das Mädchen schien damit kein Problem zu haben.

„Jeder hat seine Geheimnisse. Auch ich!" sagte sie nachsichtig. „Vergiß aber nicht, was du versprochen hast! Irgendwann mußt du uns dein Geheimnis verraten!"

Luka schien von ihren Worten nicht begeistert.

„Vielleicht leben wir dann nicht mehr!" rief er ihr vorwurfsvoll zu und wandte sich an Frank: „Ich vergebe dir zwar, doch die Sache wird dich teuer zu stehen kommen. Ab sofort stehst du unter strengster Beobachtung! Sonst verkommst du bald zu einem gemeinen Lügner!"

Während die Lage sich entspannte, wandte sich Frank an die beiden jüngsten Freunde, die es bis dahin nicht gewagt hatten, etwas dazwischen zu sagen.

„Was ist mit euch beiden?" fragte Frank und legte ihnen die Hände auf die Schulter. „Seid ihr mir böse?"

Als Sebastian und René seine Frage hörten, schüttelten sie mit den Köpfen so entschieden, als hätte er sie eines schweren Verbrechens beschuldigt.

„Wen fragst du denn?" warf Luka ihm erheitert zu. „Das sind doch Gewohnheitslügner! Aus denen wirst du sowieso kein einziges ehrliches Wort herausprügeln können!"

Noch bevor die beiden Jungen über ihn herfallen konnten, blickte Luka zufällig auf die Fassade des Kant-Gymnasiums. Sein Gesicht veränderte sich schlagartig. Die Freunde folgten der Blickrichtung und erstarrten ebenfalls. In einem der Fenster im zweiten Obergeschoß stand ein Mann. Auf seiner Schulter ruhte eine schwere Fernsehkamera, die direkt auf sie gerichtet war.

„Das ist aber was!" rief Luka ärgerlich aus, packte Sebastian an der Schulter und drehte ihn ruckartig zu sich um. „Starr nicht so neugierig hin!" sagt er vorwurfsvoll. „Reicht's dir nicht, daß man über dich in den Zeitungen schreibt, oder willst du unbedingt in die Tagesschau?"

„Gar nicht!" erwiderte Sebastian erschrocken und dreht sich ganz weg, während Julia hingegen demonstrativ zum Kameramann hochschaute und ihre Zunge weit herausstreckte.

Luka stöhnte entnervt.

„Deine Zunge kommt heute auf allen Kanälen", warnte er eindringlich.

„Wie schön!" rief das Mädchen unbeeindruckt aus.

Gleich danach verließen die Jugendlichen den Schulhof…

* * *

Während Frank bereits mit einem Linienbus nach Hause fuhr, stand der fensterlose Bus nach wie vor auf dem Parkstreifen in der Bahnhofstraße. Joe saß in seinem Drehsessel und wartete, bis ein Laserdrucker die letzten Blätter ausspuckte.

Daneben saß sein übergewichtiger Assistent. Der apathische Ausdruck in seinem Gesicht zeugte von extremer Müdigkeit, die ihn befallen hatte.

„Wir müssen ihn herauslocken!"sagte der Bärtige. „Und zwar direkt aufs Minenfeld!"

„Glaubst du wirklich, er wird darauf hereinfallen?" fragte er zweifelnd.

„Mit Sicherheit!" bestätigte Joe. „Der Junge ist übergeschnappt! Er meint im Ernst, er kann jederzeit und überall ungestraft sagen, was ihm gerade in den Sinn kommt!"

Er nahm die bedruckten Blätter und steckte sie in einen großen Umschlag.

„Ich sehe mich gezwungen, ihm das Gegenteil zu beweisen!" sagte er zufrieden. „Ich habe ein Geschenk für ihn vorbereitet!"

Er zog aus der Brusttasche seines Hemdes den gelben Notizzettel, den er von Frau Bammert bekommen hatte, und schrieb auf den Umschlag den Namen des Empfängers: *Frank Uffelmann…*

Als er mit der Anschrift fertig wurde, wandte er sich an seinen Assistenten: „Kannst du es morgen früh zur Post bringen?"

Der Mann seufzte.

„Wo steckt denn unser Markus?" fragte er, sichtlich verstimmt über den Auftrag. „Eigentlich ist es seine Aufgabe!"

„Den habe ich zurück nach Hamburg geschickt", erklärte Joe. „Er ist noch nicht reif für solche Geschichten. Ich glaube nicht, daß er uns mit seinen schwammigen Ansichten wirklich behilflich sein könnte."

Der Assistent nahm den Umschlag widerwillig in seine knorrigen Hände.

„Ich hoffe, es ist kein Sprengstoff?“ fragte er ironisch.

„Glaub mir, was da drin steckt, ist viel explosiver als Sprengstoff“, erwiderte Joe mit rätselhafter Stimme. „Es wird diesen Engel in Stücke reißen!“

Der Assistent reagierte auf seine Äußerung mit einem müden Lächeln, drehte den Umschlag einige Male hin und her, dann hob er seinen Blick wieder zu ihm hoch.

„Ohne Absender?“ fragte er etwas verwundert.

„Ohne Absender“, bestätigte Joe.

Die Aussprache

Der Linienbus fuhr in die Einbuchtung der einsamen Haltestelle und blieb zischend stehen. Frank schwang seinen Rucksack auf die Schultern, verabschiedete sich von dem Fahrer und stieg aus dem Bus.

Die Sonne war bereits hinter einem bewaldeten Hügel untergegangen, doch es war noch hell und sommerlich warm. Frank wohnte gleich in der Nähe und mußte nur wenige Minuten gehen, um den Bauernhof zu erreichen, wo seine Familie eine kleine Wohnung gemietet hatten. Die Straße war, wie schon so oft, menschenleer, doch neben der breiten Einfahrt, direkt unter ihren Fenstern parkte ein schwarzer Wagen. Es war ein großer Mercedes, in dem einige Menschen saßen. Frank war so sehr mit seinen Gedanken beschäftigt, daß er diesem Umstand zunächst keine Bedeutung beigemessen hatte. Erst als er näher kam, fühlte er in seinem Herzen eine unbestimmte Sorge. Noch bevor er verstehen konnte, was ihn beunruhigt hatte, stiegen aus der wertvollen Limousine zwei stattliche Männer aus. Sie trugen schwarze Kleidung, die an ihren sportlichen Körpern wie eine Uniform aussah. Es war nicht schwer zu erkennen, daß die Unbekannten auf ihn gewartet hatten.

„Herr Uffelmann?“ fragte einer von ihnen ernst, als Frank direkt vor ihnen stehenblieb. „Dürfen wie Sie einen Augenblick sprechen?“

Militärische Körperhaltung und beeindruckende Entschlossenheit im Blick der Männer vermittelten den Eindruck, daß ihr Gesprächspartner wohl kaum eine Wahl hatte.

„Wer sind Sie?“ fragte der Junge verwundert.

„Wir sind hier im Auftrag einer Privatperson, die Sie gern sprechen möchte“, erwiderte der Ältere von beiden.

„Gleich jetzt?“ fragte Frank etwas verunsichert.

„Ja“, bestätigte der gleiche Mann, während der zweite die Hintertür aufmachte und ihn mit einer einladenden Geste zum Einsteigen aufforderte.

„Ich muß mich zumindest umziehen“, erwiderte Frank und schaute prüfend an seiner Kleidung hinab, doch der strenge Mann ließ seine Argumente nicht gelten.

„Machen Sie sich deswegen keine Sorgen“, sagte er durchaus höflich. „Es wird bestimmt nicht lange dauern. Wir bringen Sie wieder zurück.“

Frank wußte nicht, ob er den Unbekannten vertrauen sollte, und zögerte. Neben vielen anderen verdächtigen Details fiel ihm auf, daß sie an ihren Ledergürteln eine Art Täschchen trugen, in denen Handschellen steckten.

„Darf ich zumindest den Namen dieser Person erfahren?“ frage er möglichst ruhig, wußte aber, daß ihm die Aufregung ins Gesicht geschrieben stand.

„Herr Weigand möchte Sie sprechen“, erwiderte der Unbekannte und fügte gleich danach hinzu: „Annas Vater.“

Frank atmete erleichtert auf, doch im nächsten Augenblick wurde er wieder unruhig: Worüber wollte er denn mit mir so dringend sprechen? Ein schrecklicher Verdacht erwachte in seinem Herzen und jagte ihm eine schaurige Welle über den Rücken.

„Ist etwas mit Anna passiert?“ fragte er schnell.

„Nein, nein!“ sagte der Mann mit dem gleichen Erst in der Stimme, während seine tiefblauen Augen verräterisch lachten, „sie ist wohlauf.“

Frank atmete wieder auf und stieg in den Wagen…

Als der schwarze Mercedes in die Tiefgarage der Weigandschen Villa einfuhr, wurde er bereits von zwei schweigsamen Männern in dunklen Anzügen erwartet. Sie begleiteten Frank zum Fahrstuhl und fuhren mit ihm hoch ins Erdgeschoß. Bald blieben sie vor einer weißen Tür stehen. Einer seiner Begleiter öffnete sie und bat ihn einzutreten.

„Warten Sie bitte hier!“ sagte er und ging wieder hinaus.

Frank blieb allein neben einem schwarzen Besuchersessel stehen und traute sich nicht, sich darauf hinzusetzen. Statt dessen schaute er sich neugierig um. Zwar hatte Anna ihn schon einmal durch das große Haus geführt, doch diesen Raum hatte er damals nicht gesehen.

Das geräumige Arbeitszimmer war gut eingerichtet und entsprach im Wesentlichen dem Geschmack des neunzehnten Jahrhunderts. Ein großes Bücherregal aus dunklem Holz zu seiner Linken erstreckte sich über die ganze Wand und reichte bis zu einem stufigen Kranz unter der hohen Stuckdecke. Edle Lilienkränze zierten sie und bildeten um den antiken Kronleuchter einen weiten Kreis. Die große Anzahl der Bücher beeindruckte Frank. Die langen Reihen schwerer, goldgeprägter Bände zeugten von einer anspruchsvollen Auswahl.

Bald aber galt die Aufmerksamkeit des Jungen einem schlicht eingerahmten Bild über dem nußbraunen Arbeitstisch. Das Ölgemälde gab ihm ein Rätsel auf. Es war in angenehmen, nicht allzu grellen Farben gehalten. Ein Dutzend farbenfroher kleiner Pyramiden mit dreieckiger Grundform fiel auf eine puzzleähnliche Oberfläche herab, deren leicht gewölbte Form an ein Fragment der Erdkugel erinnerte. Das Puzzle-Bild selbst stellte schemenhaft eine Art Tempel dar, war aber an mehreren Stellen nicht vollendet. Da und dort klafften dreieckige, konisch nach unten zulaufende Vertiefungen. Und gerade darin strebten die von imaginärem Himmel fallenden geometrischen Figuren.

Das Merkwürdigste an diesem seltsamen Bild bestand darin, daß es einen sehr lebendigen Eindruck vermittelte. Frank glaubte nicht nur die dreieckigen Pyramiden zu sehen, sondern auch ihre vitalen Bewegungen. Sie fielen herab, sprangen wie Gummibällchen umher, bis sie ihren richtigen Platz in diesem unvollendeten Tempel gefunden haben würden.

Frank war kein Kenner solcher Bilder, noch weniger fand er an ihnen aufrichtiges Gefallen. Doch dieses Gemälde, voller Geheimnisse und verschlüsselter Botschaften, machte auf ihn einen gewissen Eindruck. Zumindest das Können war dem unbekannten Maler kaum abzusprechen…

Als die Tür hinter ihm geöffnet wurde, zog sich das Herz des Jungen ängstlich zusammen. Er drehte sich um. Ein stattlicher Herr in einem dunkelblauen Anzug und dezenter Krawatte betrat das Zimmer und ging sofort zu seinem Arbeitstisch.

„Guten Abend“, sagte Frank etwas schüchtern.

Er wollte besonders höflich sein, mußte aber feststellen, daß seine Stimme ihm nicht ganz gehorchte und außerdem sehr heiser klang. Er legte seine Hand an den Hals und räusperte sich verlegen.

Annas Vater entgegnete seine Begrüßung nicht, sondern stand regungslos vor dem Tisch und musterte Frank mit einem prüfenden Blick. Sein glatt rasiertes Gesicht hatte regelmäßige Züge und verriet einen starken Charakter, doch erst der eiserne Blick seiner tiefblauen Augen offenbarte das wahre Ausmaß dieser seltenen Eigenschaft.

Frank hatte einen solchen Empfang nicht erwartet. Mit angehaltenem Atem schaute er zu dem ernst dreinblickenden Herrn, ohne zu wissen, was er in einer solchen Lage tun sollte.

„Ich glaube, es erübrigt sich, lange Erklärungen darüber abzugeben, warum ich mit Ihnen sprechen wollte“, sagte Annas Vater mit einer frostigen Stimme.

„Ich vermute es“, erwiderte Frank.

„Um so besser“, sagte Herr Weigand. „Es geht um meine Tochter. Genauer gesagt um euer Verhältnis, das immer mehr den Rahmen einer bloßen Schulfreundschaft verläßt.“

Frank fühlte, wie sich sein Magen verkrampfte, wirkte aber trotz dieser unmißverständlichen Einleitung irgendwie gefaßt. Und gerade diese scheinbare Ruhe störte Herrn Weigand am meisten. Er betrachtete Frank argwöhnisch, doch je länger er in seine hellgrauen Augen schaute, um so deutlicher konnte er spüren, wie der Unmut aus seinem Herzen immer mehr verdrängt wurde. Der Blick des Jungen war trotz leichter Verunsicherung offen und arglos. Er weckte in ihm ein merkwürdiges Gefühl, das nicht unbedingt unangenehm war. Ein ernüchternder Gedanke schreckte ihn auf. Es war nicht schwer, sich bildlich vorzustellen, wie seine unerfahrene Tochter von diesem ungewöhnlichen Jungen bezaubert wurde. Die Vorstellung erinnerte Herrn Weigand wieder an den eigentlichen Grund dieses Gesprächs.

„Meine Tochter bedeutet mir alles, und ich werde nicht tatenlos zusehen, wie sie von einem Menschen wie Ihnen verführt oder mir gar gestohlen wird!" verkündete er mit einer Stimme, die keinen Zweifel an seiner Entschlossenheit übrig ließ. „Nur wegen meiner Tochter bin ich in diese Gegend gezogen. Ich wollte ihr eine ungestörte Kindheit schenken. Weit weg vom Dreck und Pöbel der Großstädte! Von diesen selbsternannten Gurus und Propheten! Und nun trifft sie ausgerechnet in der Abgeschiedenheit dieser Kurstadt einen Menschen wie Sie!"

Obwohl es Frank große Mühe abverlangte, dem durchdringenden Blick seines Gesprächspartners zu widerstehen, wandte er sein Gesicht nicht weg.

„Sie sprechen von mir so, als würden sie mich kennen", sagte er leise.

„O ja!" bestätigte Herr Weigand. „Ich weiß einiges über Sie und Ihre verrückten Ideen. Sie sind in Begriff, in aller Öffentlichkeit Kant vorzuleben. Mündigkeit! Wahrheit! Und zwar um jeden Preis! Das ist aber nur deswegen so, weil Sie mit Ihren siebzehn Jahren außer einigen harmlosen Kinderstreichen nichts zu beichten haben. Und aus dieser ungleichen Position heraus hauen Sie mit Ihren überzogenen Moralvorstellungen auf die anderen Menschen gnadenlos drauf."

Er schwieg einige Sekunden lang und fuhr erst dann fort, als er seine Erregung überwunden zu haben glaubte.

„Es erinnert mich an übereifrige Bauernsöhne. Kaum haben sie den Anfang einer tiefsinnigen Lehre vernommen, stürmen sie mit ihrer wilden Begeisterung in die Welt hinaus, um die Menschheit mit ihren neugewonnenen Erkenntnissen zu beglücken. Wären sie allerdings nur ein wenig geduldiger, hätten sie womöglich schon bald erfahren, daß selbst der große Meister in quälender Unsicherheit verweilte und daß die Wege zu diesem allgemeinen Glück leider noch nicht erforscht sind und der schöngeistige

Gedanke bis auf weiteres nur eine schöne Theorie bleibt."

„Jeder Gedanke hört auf Theorie zu sein, sobald er im Bewußtsein der Menschen Anklang findet und somit ihr Handeln bestimmt", erwiderte Frank vorsichtig.

Herr Weigand blieb von der geschickt formulierten Antwort nicht ganz unbeeindruckt. Dabei sah er, daß im Gesicht des Jungen sich eine edle Regung zeigte. Herr Weigand vertiefte sich in seine Empfindungen. Es konnte ihm nicht entgehen, wie eine unsichtbare Macht schon wieder seinen Unmut zu entschärfen begann. Er verwies Frank mit einer einladenden Handbewegung auf den Besuchersessel und setzte sich an seinen Arbeitstisch. Bald sah er viel nachsichtiger aus.

„Gleich vorab möchte ich Ihnen meine ehrliche Meinung sagen. Ich bin weit davon entfernt anzunehmen, daß Sie mit Ihren siebzehn Jahren unerfahren oder gar unfähig wären. Die Natur hat bei Ihnen nicht gespart. Darüber besteht kein Zweifel.

Doch Ihre Fähigkeiten, wie stark sie auch ausgeprägt sein mögen, sind nur eine Voraussetzung für etwas Höheres. Dieses Geschenk ist nur ein roher Stein. Es kommt vielmehr darauf an, was Sie damit machen. Die ehrenvolle Pflicht eines Menschen besteht gerade darin, diesen rohen Stein mit geeigneten Werkzeugen so zu behauen und zu polieren, damit aus ihm ein echtes Kunstwerk entsteht, dessen vollkommene Form ihn in die Lage versetzt, ein überaus nützliches Mitglied unserer Gesellschaft zu werden."

Frank lächelte etwas traurig, während sein Blick auf der matt lackierten Oberfläche des Arbeitstisches ruhte. Dort, wo in einem gewölbten Ständer ein vergoldeter Kugelschreiber steckte. Ein Symbol prangte darauf. Es waren Winkelmaß und Zirkel, die kunstvoll ineinander verschränkt waren.

„Ich weiß, welche Werkzeuge Sie meinen", sagte Frank, ohne seinen Blick von dem wichtigsten Symbol der Freimaurer abzuwenden.

„Sogar!" stieß Herr Weigand anerkennend aus. „Ich hoffe, daß Sie Ihr Wissen nicht aus albernen Spielfilmen oder Verschwörungstheorien gewonnen haben?"

„Nein", bestätigte Frank. „Ich habe mich mit der Königlichen Kunst sehr ausführlich auseinandergesetzt."

Die Verwunderung des vornehmen Herrn nahm weiter zu, denn er glaubte ein sicheres Gefühl zu haben, daß sein junger Gesprächspartner von dem Gegenstand ihrer anspruchsvollen Unterhaltung tatsächlich Ahnung hatte. Mit einem siebzehnjährigen Jungen über Dinge zu reden, die man gewöhnlich im Kreise Gleichgesinnter oder hochgebildeter Professoren zu diskutieren pflegte, hatte einen besonderen Reiz.

„Und?“ fragte er, von starker Neugier getrieben. „Was meinen Sie dazu?“

„Diese Werkzeuge sind kalt und kaum geeignet, um die menschliche Seele zu ergründen.“

„Alles läßt sich mit diesen Werkzeugen genau ermessen und bestimmen!“ verkündete Herr Weigand beinahe feierlich. „Das ganze Universum ist nach strengen Gesetzen aufgebaut. Und wenn Sie den Fortschritt der Neurologie aufmerksam verfolgen, werden Sie feststellen müssen, daß wir auf dem sicheren Wege sind, auch dort bestimmte Gesetzmäßigkeiten zu erkennen.“

„Das Geheimnis der menschlichen Seele liegt bei Gott“, erwiderte Frank kampfbereit, während sein blasses Gesicht wieder Farbe bekam.

„Auch wenn es einen Gott tatsächlich geben sollte, reden wir jetzt lieber von den Sterblichen!“ schlug Herr Weigand vor, doch Frank konnte sein Temperament kaum noch bezwingen und wollte unbedingt seinen Gedanken zu Ende führen.

„Gott schuf den Menschen nach seinem Ebenbild! In seiner Seele liegt kein roher Stein, sondern der kostbare Diamant seiner Gottähnlichkeit, der sein Wesen erhellt. Nach diesem reinen Edelstein in seiner Seele zu suchen, dessen Ursprünglichkeit zu schützen, ihn zum Leuchten zu bringen, das ist die Aufgabe eines jeden Menschen!“

Während er sprach, flammten seine Augen im Anflug des jugendlichen Idealismus noch heller auf und dieses Feuer, das nun sein ganzes Wesen erfaßte, verstrahlte eine unwiderstehliche Anziehungskraft. Apollo könnte in diesem Augenblick kaum schöner sein, dachte Herr Weigand tief beeindruckt. Große Anstrengung war nötig, sich dem Zauber seiner Natur wieder zu entziehen.

„Nicht schlecht“, gab Herr Weigand zu, ohne seinen Blick von dem jungen Gast zu lösen. „Doch mich werden Sie damit nicht täuschen können. Statt wie andere, ähnlich begabte Jungen, ein geordnetes Leben als Ziel vor Augen haltend, an Ihren Leistungen zu arbeiten, um nach dem Studium wichtige Aufgaben in unserer Gesellschaft zu übernehmen, tragen Sie sich mit absurden Gedanken und bringen alles in ihrer Umgebung durcheinander! Sie meinen vielleicht, ich weiß nicht, daß Sie in dieser kurzen Zeit bereits ein gutes Dutzend unserer fähigsten Schüler verführt haben? Ich habe mich nicht versprochen: verführt!

Solche wie Sie gründen gefährliche Sekten und halten ihre unglückseligen Opfer in einer geistigen Gefangenschaft, um ihre Machtgelüste zu befriedigen. Ich weiß, worin ihre Stärke liegt! Ja, ich weiß das! Ich sehe es! Ihre Waffen greifen gerade die besten, die ungeschützten edlen Seelen an! So wie meine Tochter, wie Max Oldenburg oder Julia Kiene…"

Herr Weigand wußte, daß er jetzt wieder zu viel gesagt hatte, doch gerade diese Heftigkeit ließ ihn wieder nachsichtiger werden.

Frank aber war von dem harten Urteil innerlich erschüttert. Die Hoffnung auf ein freundschaftliches Verhältnis zu Annas Familie, die in den letzten Tagen sein Herz gewärmt hatte, verflüchtigte sich mit jeder Minute. Zuerst wollte er die verletzenden Worte erwidern, doch seine innere Stimme warnte ihn davor.

Herr Weigand stützte den Kopf mit der Hand ab und schaute den Jungen an, als überlegte er gerade, was er mit ihm machten sollte.

„Ich habe gehört, daß Sie sehr oft von der Heimatliebe sprechen", sagte er unvermittelt. „Welche Bedeutung hat die Heimat für Sie? Ist sie mehr geographisch, kulturell, politisch oder gar völkisch zu verstehen?"

Frank schwieg einige Sekunden lang. Denn sein Kopf war voll von unruhigen Gedanken, die in heilloser Hast einander ablösten. Nur die Tatsache, daß Annas Vater ihre Unterhaltung nicht sofort beendet hatte, sondern nach wie vor das Gespräch mit ihm suchte, gab ihm wieder ein wenig Kraft.

„Ich meine, daß man die Heimatliebe nicht auf einen dieser Aspekte reduzieren kann", sagte er unsicher und atmete nervös auf. „Sie ist eine mystische Verbundenheit mit dem eigenen Volk, mit dessen Vergangenheit und Schicksal. Sie gründet im Wesentlichen auf der Gottgewollten Verwandtschaft, auf dem ähnlichen Empfinden und gleicher Sprache. Sie ist in dem Maße geographisch, als der historisch gewachsene Lebensraum von unserem Volk gestaltet wurde, von seinem Geist durchdrungen. So wie ein jeder Mensch nach einer Familie, nach eigenem Heim strebt, so sehnt er sich auch nach einer größeren Familie, einer Gemeinschaft, für die er bereit ist, sehr viel zu opfern. Die Heimat ist ein Traum, eine tief empfundene Sehnsucht nach etwas Größerem, als man selbst ist."

Herr Weigand hörte aufmerksam zu. Etwas Warmes steifte sein Herz. Der Junge sprach mit einer Hingabe, die selbst verrohte Seelen entwaffnen könnte.

„Eine schöne Formulierung", sagte er nachdenklich. „Doch sehe ich mich gezwungen, einige Bemerkungen zu diesen Ausführungen zu machen. Ihre romantische Sichtweise, wie schön sie auch klingen mag, ist von der Wirklichkeit unseres heutigen Lebens schon längst überholt. Außerdem gibt es Dinge, die weit größere Bedeutung haben. Ist es nicht so, daß jeder aufgeweckte Mensch, der von Natur aus nach etwas Höherem dürstet, zwangsläufig sich so weit von der Masse des Volkes abhebt, daß er, früher als ihm vielleicht selbst lieb wäre, jede Bindung nach unten verliert und schließlich vereinsamt, auch dann, wenn diese Bindungen in einem mächtigen Urgefühl ihren Ursprung haben?

Mir scheint, daß Sie in einem überkommenen Traum leben, der Sie immer mehr blendet. Er verdeckt Ihnen die klare Sicht auf die zukunftsweisende Richtung der modernen Welt!"

„Ich wüßte gern, in welche Zukunft sie uns führen würde", erwiderte der Junge.

Herr Weigand hatte es ursprünglich gar nicht vor, eine weltanschauliche Diskussion mit ihm zu führen, doch der Gegenstand ihres Gesprächs zog ihn immer tiefer hinein, während das junge Alter seines Gesprächspartners ihn zusätzlich anspornte.

„Es ist kaum zu übersehen, daß solche Begriffe wie Heimat bald verschwinden werden", sagte er sachlich kühl. „In absehbarer Zeit werden wir in einer neuen Welt leben. Und diese Entwicklung werden auch solche Menschen wie Sie nicht mehr aufhalten können. Niemand ist imstande sie aufzuhalten. Wenn dann jemand überhaupt noch von der Heimat sprechen wird, so wird sie viel mehr geographisch, vielleicht auch kulturell empfunden. Doch nach wenigen Generationen werden auch diese Empfindungen verblassen und ganz verschwinden."

„Solange es die Menschen gibt, wird es keinem gelingen, ihr wahres Wesen zu ändern", entgegnete Frank kategorisch.

Auf dem willensstarken Gesicht seines Gesprächspartners zeigte sich zum ersten Mal ein nachsichtiges, durchaus freundliches Lächeln.

„Auch wenn Sie es nicht zugeben wollen, so ist es doch eine Tatsache: Für einen edlen Geist gibt es nur eine Heimat – die geistige! Ihren lebendigen Ausdruck finden wir in einer Gemeinschaft gleichgesinnter freier Menschen, einer Bruderschaft, die es gelernt hat, im alltäglichen Dreck ihresgleichen zu erkennen, um ihn freudig in ihre weltumspannende Bruderkette aufzunehmen.

Ist es nicht herrlich, inmitten einer geistlosen Wüste, unter denkfaulen Kleinbürgern und erdgebundenen Bauern einen herausragenden Geist am Werke zu sehen, welcher mit seinem kraftvollen Intellekt die abstrakte

Welt der Zahlen durchleuchtet, neue Naturgesetze entdeckt oder ins ewige Geheimnis des Universums einzudringen sucht! Solche Menschen sind in diese Welt gekommen für etwas weitaus Höheres, als in abgetragenen Lederhosen an den ungehobelten Stammtischen zu sitzen und blühendem Unsinn zuzuhören. Was hat er mit seinen Nachbarn zu tun? Was verbindet einen solchen Geist mit seiner unmittelbaren Umgebung, in die er hineingeboren wurde, und mit all den Menschen, die nicht einmal ahnen, in welch atemberaubende Höhen seine Gedanken emporsteigen?"

„Das Blut", erwiderte Frank voller Ehrfurcht. „Die heilige Pflicht eines jeden Menschen besteht darin, seiner Volksgemeinschaft zu dienen, den Menschen, die ihm am nächsten stehen und denen er nicht nur sein Leben, sondern auch seinen Aufstieg verdankt! Gott hat uns befohlen, die Nächsten zu lieben, und nur die bedingungslose Erfüllung dieser Pflicht kann uns wirklich glücklich machen."

„Du sprichst schon wieder von Gott!" rief Herr Weigand leicht verärgert aus, ohne zu merken, daß er Frank zu duzen begann. „Du bist gefährlicher, als ich zunächst angenommen habe. Ein Priester! Von welchem Gott sprichst du denn, wenn ich fragen darf?"

„Von Christus", antwortete Frank.

„Christus?" lachte Herr Weigand kalt auf. „Hättest du dir doch etwas Exklusiveres ausgesucht! Buddha zum Beispiel, oder Krishna!"

„Es gibt nur einen Gott", entgegnete Frank mit fester Stimme.

Herr Weigand lehnte sich im Sessel zurück und verschränkte seine Arme auf der Brust.

„Dein Gott fordert von Menschen unbedingte Unterordnung", sagte er viel ruhiger und in seine Worte mischte sich ein verächtlicher Unterton. „Immer, wenn ich in eine Kirche eintrete und diese scheinheilig auf den Knien kriechenden Knechte Gottes sehe, füllt sich mein Herz mit aufrichtigem Bedauern. Was für ein Wort: Knecht! Ihr glaubt wohl, wenn euer himmlischer Herr so hoch auf dem Thron sitzt, so seid auch ihr, seine Knechte, dadurch geadelt! Ich vermute aber, daß ihr ungeachtet dieser Einbildung nur noch elende Knechte seid!"

Frank fühlte sich von diesen harschen Worten tief getroffen und versuchte, die Kränkung so gut wie möglich zurückzudrängen.

„Jesus hat das Verhältnis zwischen Gott und Mensch sehr anschaulich erklärt", widersprach er möglichst ruhig. „Christen sind Kinder des liebenden Gottes! Sie lieben Gott, wie Kinder es tun, bedingungslos und voller Vertrauen. Gott hat uns nach seinem Ebenbild geschaffen, doch wir erkennen seine unbestrittene Autorität an! Im Johannes-Evangelium sagt Christus: *Ihr seid meine Freunde, so ihr tut, was ich euch gebiete. Ich sage hinfort nicht, daß ihr Knechte seid; denn ein Knecht weiß nicht, was sein Herr tut. Euch aber habe ich gesagt, daß ihr Freunde seid; denn alles, was ich habe von meinem Vater gehört, habe ich euch kundgetan...*"

Herr Weigand unterbrach ihn.

„Diese Erklärungen können nur einen ungebildeten Menschen täuschen. Es steht in der Bibel eine ganze Menge drin! Mit schönen Zitaten und markigen Sprüchen kann man jede beliebige Haltung begründen! Selbst über das Wesentliche wird seit über zweitausend Jahren heftig gestritten!"

„Das ist nicht wahr!" entgegnete Frank innerlich aufgewühlt. „Jesus hat uns in klaren Worten verkündet, was den Sinn des neuen Bundes ausmacht!"

„Ich bin gespannt!" erwiderte Herr Weigand.

Frank schlug für einige Sekunde die Augen nieder, dann begann er aus der Bibel zu zitieren:

„*Du sollst den Herrn, deinen Gott, lieben aus deinem ganzen Herzen, aus deiner ganzen Seele, aus deinem ganzen Denken und aus deiner ganzen Kraft. Das ist das erste Gebot. Das zweite ist dieses: Du sollst deinen Nächsten lieben wie dich selbst. Größer als diese beiden ist kein anderes Gebot.*"

„Du widersprichst dir selbst!" bemerkte Herr Weigand. „Ausgerechnet diese sogenannte Nächstenliebe brachte uns an den Punkt, wo eine ganze Armee von Heiligen uns mit illegalen Migranten aus Afrika und Asien überschwemmt. Was bleibt von deiner Heimat, wenn es so weiter geht?"

Herr Weigand war sichtlich zufrieden, seinen Gesprächspartner in die Enge getrieben zu haben, doch der Junge blieb von seiner tückischen Frage sichtlich unbeeindruckt.

„Der Nächste ist kein beliebiger Mensch!" stieß Frank entschieden hervor. „Christus meint damit nur die Volksgenossen eines Menschen! Die Kinder seines Volkes, wie es in der Bibel heißt!"

Herr Weigand hatte eine solche Antwort nicht erwartet.

„Wo steht es ganz genau?" fragte er mißtrauisch.

„Im Gebot der Nächstenliebe, auf welches Jesus dabei verweist!"

Weigand schaute direkt in die furchtlosen, vor Leidenschaft glühenden Augen des Jungen. Einige Sekunden lang starrten sie einander an, dann erhob sich Herr Weigand von seinem Sessel.

Frank tat das Gleiche, ohne zu wissen, was im nächsten Augenblick geschehen würde. Der todernste Ausdruck im Gesicht des vornehmen Herrn wirkte unheimlich und ließ ihn innerlich erschaudern.

„Bleib sitzen!“ sagte Herr Weigand ruhig und ging zum Bücherregal.

Frank sank in den weichen Sessel und atmete erleichtert auf. Während er noch Kraft sammelte, zog Annas Vater ein dickes Buch heraus. Nun kehrte er wieder zurück und rechte dem Jungen die Bibel hin.

„Beweise es mir!“ sagte er in einem Ton, der die Bedeutung des Augenblicks für ihr gespanntes Verhältnis überdeutlich machte.

Frank schlug die Bibel auf. Als er darin blätterte, fiel ihm auf, daß seine Finger zitterten. Er fand das Dritte Buch Mose und richtete seinen Blick wieder auf Annas Vater.

„Verübe kein Unrecht im Gericht“, sagte er ehrfürchtig, ohne in den Text zu schauen, *„begünstige nicht den Niederen, und ergreife nicht Partei für den Vornehmen, sondern richte deinen Nächsten in Gerechtigkeit. Gehe nicht als Verleumder unter deinen Volksgenossen umher und trachte nicht nach dem Blut deines Nächsten: Ich bin der Herr! Hasse nicht deinen Bruder in deinem Herzen und stelle deinen Nächsten freimütig zur Rede, damit du seinetwegen keine Schuld auf dich lädst! Sei nicht rachsüchtig, und trage den Söhnen deines Volkes nichts nach, sondern liebe deinen Nächsten wie dich selbst: Ich bin der Herr!“*

Frank erhob sich, ging einige Schritte vor und legte die aufgeschlagene Bibel vorsichtig auf den Tisch vor Annas Vater hin.

„Sie können es überprüfen“, sagte er leise und zeigte mit einem Finger auf die betreffende Stelle.

Herr Weigand starrte in die Bibel, ohne darin zu lesen. Die ergreifenden Worte, vorgetragen von einem Jungen, der mit ganzer Seele daran glaubte, hatten ihre Wirkung nicht verfehlt. Erst als die Pause länger wurde, hob Herr Weigand die Augen wieder hoch.

„Und das predigst du?“ fragte er respektvoll.

Die Freundlichkeit im Gesicht des strengen Herrn und die unerwartete Wärme in seiner Stimme ließen Frank wieder aufatmen. Er nickte stumm und wartete geduldig auf dessen Urteil.

„Ich hoffe, du verstehst, was eine solche Auffassung des Christentums für die Welt und auch für dich persönlich bedeuten würde?“ fragte Herr Weigand.

„Wenn es um den Grundstein des Glaubens geht, dürfen wir keine

Rücksicht auf das Urteil der Menschen nehmen“, erwiderte Frank entschieden. „Fürchtet euch nicht vor denen, die den Leib töten, die Seele aber zu töten nicht vermögen, sagt Christus.“

„Und?“ fragte Herr Weigand. „Wie weit bist du bereit zu gehen für deinen Gott? Würdest du auch dein Kreuz freiwillig auf Golgatha schleppen, um dort für den rechten Glauben zu sterben?“

Frank hatte mit einer solchen Frage nicht gerechnet und wurde sichtlich verlegen.

„Es wäre eine unerhörte Anmaßung, wenn ich Ihre Frage jetzt mit Ja beantworten würde“, sagte er leise. „Ich bete jeden Tag darum, daß Gott mir Kraft gibt, sollte ich einmal tatsächlich in eine solche Lage geraten.“

„Das habe ich vermutet“, sagte Herr Weigand ernst, während sein Gesicht wieder düster wurde.

Ohne zu erklären, was er damit gemeint hatte, stellte er Frank die nächste Frage, die ihn noch mehr überraschte.

„Liebst du meine Tochter?“

Frank ließ seinen Blick sinken und wurde rot. Er schickte sich einige Male an, die Frage zu beantworten, konnte es aber nicht über die Lippen bringen.

„Du mußt es mir nicht sagen. Ich bin nicht blind“, fuhr Herr Weigand fort. „Ich habe Respekt vor deinem Gefühl. Doch Liebe bedeutet vor allem die Bereitschaft, auf eigene Wünsche zu verzichten und für jene zu leben, für die man durch Ehe Verantwortung übernommen hat. Wie willst du deine Kinder ernähren? Wie ich sehe, bis du nicht bereit, dich in der Öffentlichkeit zurückzuhalten, auch wenn das Glück deiner Familie es erforderlich machen würde.“

„Ich hoffe, daß ich niemals vor einer solchen Entscheidung stehen würde“, erwiderte Frank bedrängt. „Ich weiß nicht, ob ich diese Prüfung bestehe…“

„Auch wenn du selbst diese Prüfungen bestehst, gibt es an der Sache immer noch einen Haken“, sagte Herr Weigand streng. „Hast du schon mal deine Geliebte gefragt, ob sie in ihrem Leben nur ein einziges Mal Geschirr gespült oder einen Putzlappen in der Hand gehalten hat?“

Frank wußte nicht, was er dazu sagen sollte, doch Herr Weigand setzte seine Belehrung fort, ohne dessen Antwort abzuwarten.

„Liebe zwischen Mann und Frau ist einem natürlichen Wandel unterworfen. Das sinnliche Feuer, das man in jungen Jahren gewöhnlich als Liebe bezeichnet, wird sehr schnell anderen Empfindungen weichen müssen. Man kann von Glück reden, wenn man dann noch einen gewissen Respekt voreinander bewahrt. In den meisten Fällen bleibt aber nur die Liebe zu gemeinsamen Kindern und die Verantwortung für ihr ungetrübtes Glück. Ob ihr beide auch diese Prüfung überstehen werdet?“

Frank schwieg und die unangenehme Pause wurde immer länger. Herr Weigand betrachtete ihn erneut mit einem seltsam prüfenden Blick.

„Wenn du deine sture Haltung nicht aufgibst, so wird dein Lebensweg eine klare Richtung einschlagen. Man muß kein Prophet sein um zu erkennen, womit das alles enden wird.“

„Würden Sie es mir verraten wollen?“ fragte der Junge mit letzter Kraft.

„Gern“, erwiderte Herr Weigand und lehnte sich in seinem Sessel zurück. „Wenn du so weiter machst, wirst du bald von allen verstoßen dein Leben lang ein äußerst armseliges Dasein fristen müssen. Nicht einmal die Müllabfuhr wird dich beschäftigen wollen. Ich würde mich nicht wundern, wenn du noch in diesem Jahr aus dem Gymnasium fliegst. Entspricht das etwa auch dem Plan eines liebenden Gottes? Ich frage mich, ob das nicht seltsam ist, daß gerade die treuesten seiner geliebten Kinder, die für ihn alles bis auf den letzten Groschen opfern würden, von einem solchen Mißgeschick verfolgt werden.“

Frank schlug bei diesen Worten die Augen nieder.

„Gott hat bereits aus vollen Händen gegeben, als er mir das Leben schenkte“, erwiderte er leise. „Ich bin nicht bereit, über die Größe dieses Geschenks zu hadern. Ich bin für jeden Tag dankbar.“

Herr Weigand konnte nicht leugnen, daß die edle Haltung des Jungen sein Herz berührte. Doch die Erinnerung an seine Tochter verdrängte dieses warme Gefühl.

„Auch wenn es dich vielleicht wundern wird, auch ich habe oft genug in der Bibel geblättert. Dort stehen unmißverständliche Warnungen. Jeder, der sich aufmacht, dem Herrn zu dienen, sollte sich auf schwere Prüfungen vorbereiten: Im Feuer nämlich wird das Gold geprüft, wer Gott gefällt, im Flammenherd der Not!“

„Ich kenne diese Stelle“, sagte Frank niedergeschlagen. „Es gibt viele, die das Gleiche sagen.“

„Wenn dem aber so ist, möchte ich dir noch eine letzte Frage stellen“, sagte Herr Weigand bedeutungsvoll. „Ist es für einen Christen nicht zu egoistisch, einen unerfahrenen jungen Menschen wie meine Tochter an sein eigenes schweres Schicksal zu binden und sie mit sich in den Abgrund zu reißen? Besonders, wenn man glaubt, diesen Menschen ehrlich zu lieben?“

Frank schwieg. Er hob langsam seine hellen Augen, und Herr Weigand, der nun wie ein Richter an seinem Schreibtisch saß, konnte sehen, wie tief seine Worte den Jungen verletzt hatten.

Frank erhob sich und ging zur Tür.

„Denk darüber nach!“ warf Herr Weigand ihm hinterher. „Wenn du natürlich ein ehrlicher Christ bist…“

Julias Geheimnis

Wie ereignisreich dieser Sonntag auch gewesen sein mag, war er noch lange nicht zu Ende. Nicht nur Frank erlebte an diesem späten Abend eine seelische Erschütterung. Auch Julia wurde von einem Ereignis überrascht, das sie auf keinen Fall auf diese Weise zu erleben hoffte.

Ihr Handy klingelte und zeigte Annas Nummer an, doch Julia konnte den Anruf nicht entgegennehmen. Tränen flossen aus ihren hellbraunen Augen. Sie wischte sie mit dem Handrücken weg und wartete, bis das hartnäckige Klingeln erstarb. Bald erschallte ein kurzer Glockenschlag. Eine neue Nachricht wurde angekündigt.

„Wenn du noch nicht schläfst, ruf mich bitte an!“ leuchtete auf dem Display Annas eindringliche Bitte, doch auch sie konnte Julia nicht zwingen, sich zurückzumelden.

Sie schaltete ihr Smartphone aus und warf es wieder aufs Bett. Der Luftstoß, den ihre Handbewegung erzeugte, brachte die zarten Kerzenflammen zum Flattern. Als sich das geisterhafte Lichtspiel an den Wänden ihres Zimmers beruhigt hatte, saß Julia wieder tief gebeugt über einem Stapel bedruckter Blätter und las weiter.

Es war ein Buch, das noch gar nicht veröffentlicht worden war. Vor einer Woche hatte Frank seinen neuen Freunden einen winzigen Stick gegeben und gesagt, dort wäre ein Roman gespeichert, der ihnen sicher gefallen würde. Damals hatte Julia noch nicht ahnen können, was dieses Buch für sie bedeuten würde. Sie hatte es einfach vergessen!

Erst vor einigen Stunden war sie zufällig auf eine E-Mail von Luka Lemke gestroßen und hatte die angehängte PDF-Datei geöffnet. Das Merkwürdige an der Sache war, daß Frank sich hartnäckig geweigert hatte, den Namen des Verfassers zu verraten. Erst wenn alle das Buch gelesen haben werden, würde er den Autor fragen, ob er bereit wäre, zu einem ihrer Treffen zu kommen.

Nachdem Julia die ersten Seiten überflogen hatte, wußte sie, was das geheimnisvolle Buch in seinen Tiefen barg. Eine schöne Liebesgeschichte kündigte sich an, die ihren Anfang in den Wirren des Zweiten Weltkrieges in Ostpreußen genommen hatte. Julia druckte die ersten zweihundert Seiten aus und ließ sich von den zauberhaften Zeilen in eine Welt tragen, wie sie sich nur ein junger Mensch erträumen kann…

Nach einigen Stunden erreichte sie die Stelle, die sie besonders gerührt hatte. Der sechzehnjährige Friedrich suchte verzweifelt nach einer

Möglichkeit, seiner heimlich geliebten Mitschülerin sein Herz zu öffnen. Die Empfindungen des Jungen wurden so ausführlich und so berauschend schön beschrieben, daß Julia ihn schon fast zu lieben begann.

Der Junge stand ihr vor Augen, sie sah ihn am Zaun stehen, ohne es zu wagen, sich seiner Geliebten auch nur einen einzigen Schritt zu nähern. Noch deutlicher konnte sie sein blutendes Herz fühlen, die Angst, die darin wohnte; die furchtbare Vorstellung, abgewiesen oder vielleicht sogar vor aller Welt für sein großes Gefühl ausgelacht zu werden. Und in seinen verzweifelten Gedanken und reinen Träumen war er so erhaben und anziehend, daß Julia wie süchtig seit Stunden über dem Buch saß, während das brennende Mitgefühl für den leidenden Jungen sie fast vollständig verzehrte…

Julia faßte den schweren Kerzenleuchter und schob ihn etwas näher zu sich. Zwar waren ihre Augen bereits ermüdet, doch so mochte sie es am liebsten: im Dunkel der Nacht und bei flackerndem Kerzenlicht.

„Als Armgard ihre Schultasche öffnete, sah sie zwischen den Büchern einen kleinen Brief stecken. Verwundert zog sie ihn heraus und schaute den Umschlag von allen Seiten an. Der Brief trug keinen Absender. Das Mädchen öffnete ihn und nahm daraus ein sorgfältig zusammengefaltetes Blatt Papier. Neugierig begann sie zu lesen: *Ich weiß nicht, warum ich das tue, doch eine unüberwindliche Sehnsucht treibt mich zu dieser sinnlosen Tat. Schon oft habe ich angefangen, dir ähnliche Briefe zu schreiben, fand aber keine passenden Worte, um mein großes Gefühl zu beschreiben. Ich weiß nicht, wie mir geschah! Ich kannte dich auch früher, doch an jenem schicksalhaften Tag, als ich dir wieder auf der Straße begegnete und in deine Augen sah, traf es mich mitten ins Herz wie ein scharfer Pfeil. Ja, ich war getroffen, tödlich verwundet… Du bist weitergegangen, während ich mit einer blutenden Wunde zurückblieb ohne zu wissen, wie ich jetzt weiterleben sollte… Als wollte Gott mir sagen, daß du die einzige auf der ganzen großen Welt bist, die für mich allein bestimmt war. Gewinne das Mädchen oder stirb…“*

Während Julia diese Zeilen las, wurde ihr Gesicht kreidebleich. Wie vom Blitz getroffen saß sie auf ihrem Stuhl und starrte mit großen Augen den Text an. Erst nach mehreren Sekunden konnte sie wieder vernünftig denken. Sie stürzte sich zu einem Schrank, wo ihr größter Schatz verborgen lag. Mit zitternden Händen steckte sie den kleinen Schlüssel ins Schloß einer Schublade und riß sie ungeduldig auf. Ein Stapel handgeschriebener

Briefe lag darin. Briefe, die ebenfalls keinen Absender trugen, dafür aber mit schönsten Liebeserklärungen und Gedichten gefüllt waren. Den ersten hatte Julia in ihrer Schultasche an dem Tag gefunden, als sie gerade vierzehn geworden war, während der letzte sie vor zwei Monaten per Post erreicht hatte. Keinen einzigen Menschen weihte sie in ihr Geheimnis ein. Nicht einmal Anna, ihre beste Freundin, durfte es wissen. Als hätte Julia Angst, die Menschen könnten ihr Heiligtum mit ihren gleichgültigen Blicken oder schmutzigen Gedanken entweihen.

Julia faltete den ersten, den wertvollsten Brief auseinander und fand sofort die gesuchte Stelle:

„*...Ich gebe es zu, ich war mitten ins Herz getroffen, tödlich verwundet*“, las sie das Geständnis ihres unbekannten Verehrers. Sie kannte den Brief auswendig, und doch konnte sie in diesem Augenblick nicht einmal sich selbst vertrauen. Ihr Zeigefinger glitt weiter, zu einer anderen Stelle: „*Du bist weitergegangen, während ich mit einer blutenden Wunde zurückblieb ohne zu wissen, wie ich jetzt weiterleben sollte. Als wollte Gott mir sagen, daß du die einzige auf der ganzen großen Welt bist, die für mich allein bestimmt war. Gewinne das Mädchen oder stirb...*„

Julia brach wieder in Tränen aus. Doch es waren Glückstränen, die ihr über die Wangen floßen. Es bestand für sie nicht der geringste Zweifel, daß der geheimnisvolle Verfasser des Buches auch diesen Liebesbrief geschrieben hatte. Das Mädchen drückte ihren Schatz an die Brust und schlug die Augen nieder.

Es hat sich doch gelohnt zu warten, dachte sie, getragen von unerträglichem Glücksgefühl. Es gab so viele Jungen, die sie begehrlich anblickten. Und es gab darunter einige, die ihr durchaus gefielen. Doch jedes Mal, wenn einer es gewagt hatte, sich ihr zu nähern oder gar sie zu küssen, brach sie die Beziehung sofort und endgültig ab. Der geheimnisvolle Junge, der ihr die flammenden Liebesbriefe geschrieben hatte, stand in jenem Augenblick neben ihr und schaute ihr stumm zu. Nein, sie konnte ihn nicht verraten, auch wenn es noch so unsinnig erschien...

Erschöpft fiel Julia aufs Bett und lauschte ihrem eigenen Herzschlag. Das berauschende Glücksgefühl wurde immer stärker. Es floß wie ein mächtiger Strom durch sie hindurch und wollte nicht enden.

„Wo bist du mein Liebster?“ flüsterte sie zärtlich. „Jetzt kannst du dich nicht mehr vor mir verbergen. Jetzt werde ich dich finden...“

Dr. Oldenburg

Dr. Oldenburg stieg langsam die breite Treppe hinauf und blieb vor dem Eingang des Immanuel-Kant-Gymnasiums nachdenklich stehen. Eine schwere Gedenktafel aus schwarzem Granit neben der Tür zeigte das Relief des berühmten Philosophen, dessen Namen seine Schule trug. Der gedankenvolle Blick verriet, wie ernst es dem deutschen Denker um die Zukunft der Menschen ging. Seine bahnbrechenden Ideen prägten eine ganze Epoche und taten es allem Anschein nach auch heute noch…

Düstere Stimmung beherrschte den Schulleiter, obwohl der tiefblaue Himmel wieder einen herrlichen Tag versprach. Gewöhnlich genoß er die frühen Morgenstunden. Doch heute war es anders. Ein ungutes Gefühl begleitete ihn auf dem Weg zur Arbeit. Seine Vertrauten hatten ihm berichtet, Frau Bammert habe sich mehrmals mit Journalisten getroffen. Es war gar nicht so schwer zu erraten, worüber sie mit ihnen gesprochen hatte. Es gab so viel Unerfreuliches, woran der Schulleiter an diesem Morgen dachte, doch alle Gedanken führten ihn zielsicher zu dem neuen Schüler. Selbst der Vorfall mit Sebastian schien seinen wahren Grund darin zu haben, daß Frank Uffelmann in seiner Schule aufgetaucht war.

Dr. Oldenburg blickte wieder auf die massige Steinplatte. *Sapere aude* forderte der deutsche Philosoph von jedem, der diese Stufen hinaufstieg: Habe Mut, dich deines eigenen Verstandes zu bedienen!

War das nicht die bittere Ironie des Schicksals, daß der neue Schüler sich ausgerechnet auf Kant und dessen Handlungsmaximen berief? Die Wahrheit möchte der Junge gern verteidigen! Die Wahrheit um jeden Preis!

Dr. Oldenburg seufzte schwer, ohne seinen Blick vom deutschen Philosophen abzuwenden. Ist das wirklich nur dieser siebzehnjährige Junge, der mir solche Schwierigkeiten bereitet, oder sind es nur die Nachwehen jenes Erdbebens, das du vor mehr als zweihundert Jahren ausgelöst hast? Seit Menschengedenken benutzten die Erdbewohner die Lüge als ihre schärfste Waffe, brüteten heimtückische Pläne aus, um ihresgleichen auszurauben oder gar erbarmungslos abzuschlachten! Wer die Wahrheit ausspricht, braucht ein schnelles Pferd! Es war Konfuzius, der diese wenig aufbauenden Worte prägte! Ob die Welt sich seitdem geändert hat? Wohl kaum! Auch wenn man es sich so sehr wünschte und sich allerhand Rezepte für die Heilung der schwer erkrankten Welt einfallen ließ, schien die ganze Mühe umsonst gewesen.

Auch du, dessen Namen mein Gymnasium trägt, hast es gewagt, die Welt zu retten! Wie bist du denn überhaupt auf den Gedanken gekommen, von deinen Mitmenschen so rücksichtslos die Wahrheit einzufordern? Lange vor dir gab es schon mal einen, der dies getan hatte und dafür ans Kreuz genagelt wurde; einen, der die Menschen geliebt hat und bereit war, für sie sein Leben als Lösegeld zu geben. Hast du deine Mitmenschen auch so geliebt wie jener, der uns versprochen hat, daß die Wahrheit uns eines Tages freimachen würde? Oder hast du nur deine Philosophie geliebt, an der du dich selbst berauscht hast?

Mehr als zwei Jahrhunderte sind seitdem verflossen, es gibt keine Mörderbande, die nicht deinen Namen mißbraucht hätte. Sie alle sind von der grenzenlosen Freiheit ausgegangen, sind aber zwangsläufig in einer entsetzlichen Tyrannei angekommen!

Und was ist mit dem armen Jungen, der von Natur aus so edel veranlagt ist, deinen weltfremden Geboten nicht nur zu glauben, sonder auch noch zu folgen? Was hast du ihm beschert? Hast du ihn nur ein bißchen glücklicher gemacht oder bist du gerade dabei, sein Leben zu vernichten?

Seine Gedanken wurde unterbrochen. Die Eingangstür ging auf, und auf der Treppe tauchte die zerlumpte Gestalt des Physiklehrers Ginster auf.

„Guten Morgen, Dr. Oldenburg!" rief er mit versüßter Stimme aus. „Haben Sie schon unsere neue Ausstellung gesehen? Wir sind bald fertig!"

„Welche Ausstellung meinen Sie?" fragte der Schulleiter stirnrunzelnd.

Statt einer Antwort öffnete der schmächtige Physiklehrer die schwere Eingangstür, verbeugte sich leicht und machte eine einladende Handbewegung. Albernes, betont unterwürfiges Lächeln breitete sich auf dem einfältigen Gesicht des Lehrers aus.

Dr. Oldenburg trat in die Eingangshalle hinein. Das ungute Gefühl, das ihn schon den ganzen Morgen quälte, hatte ihn nicht getäuscht. Einige Lehrer und Schüler, angeführt von Frau Bammert, waren mit dem Einrichten einer Ausstellung beschäftigt. Der Weg zur Haupttreppe war von beiden Seiten mit Ständern gesäumt. Schwarz-weiße Bilder, vergrößert und geschickt angeordnet, wirkten unheimlich: ausgemergelte KZ-Häftlinge, die sich verängstigt hinter einem Zaun aus Stacheldraht drängten; Berge von entstellten Leichen mit verrenkten Gliedern und geöffneten Mündern…

Niemand konnte diesen schrecklichen Bildern ausweichen. Am breiten Bogen vor der Haupttreppe, dort, wo ein schöner Spruch von Kant die Schüler zur Mündigkeit ermahnte, wurde fleißig gearbeitet. Darüber wurde ein großes Banner angebracht:

Orte des Grauens. Verbrechen der Großväter!

Frau Bammert, die mit Hammer in der Hand auf einer Leiter stand, bewunderte ihr Werk.

„Es ist hier viel zu hell. Wir sollten den Raum verdunkeln. Die Bilder müssen wirken!“ rief sie ihrer Kollegin zu, die sich mit einem anderen Banner beschäftigte, dessen Botschaft ebenso klar war:

6.000.000 Opfer klagen an!

„Wir können es mit schwarzen Gardinen versuchen“, schlug die Biologielehrerin vor. „Die Bilder würden wir dann mit Scheinwerfern ausleuchten.“

Dr. Oldenburg kochte vor Zorn, als er daran dachte, welche vernichtende Wirkung diese Ausstellung auf seine Schüler haben könnte. Besonders auf jene, die kaum das elfte Lebensjahr erreicht hatten und mit einem tief fühlenden Herzen zur Welt gekommen waren. Das erste Gefühl, das ihn beim Anblick der frisch dekorierten Eingangshalle erfaßte, war das brennende Verlangen, die von ihm nicht genehmigte Ausstellung des Komitees gegen rechte Gewalt sofort zu verbieten. Doch bereits im nächsten Augenblick mußte er seinen Unmut zähmen. Es war dem Schulleiter eines deutschen Gymnasiums nicht möglich, eine solche Ausstellung zu verbieten, auch wenn sie mit ihm nicht abgesprochen worden war. Er konnte sich mühelos vorstellen, was die Presse darüber schreiben würde. Dieser Gedanke verschärfte nur das ohnehin starke Gefühl der unmittelbaren Gefahr, die seit Wochen in der Luft lag.

Schon wieder mußte er an seinen unvorsichtigen Schüler denken. Mitleid regte sich in seinem Herzen. Da stehen sie, die Henker, und wetzen ungeduldig ihre Beile! Meinst du, sie wollen wissen, was die Wahrheit ist? fragte er in Gedanken den deutschen Philosophen. Nach Blut lechzen sie, nach einem dramatischen Schauspiel, das mit einer öffentlichen Hinrichtung enden sollte…

Als Frau Bammert von der Leiter stieg, sah sie den Schulleiter. Ohne ihn zu begrüßen, ging sie an ihm vorbei und bedachte ihn mit einem langen, seltsam zufriedenen Blick. Nicht nur der übliche Haß lag darin, sondern auch etwas Heimtückisches. Irgendetwas hat sie vor, dachte Dr. Oldenburg beunruhigt. Er stieg die Haupttreppe hinauf und blieb vor seinem Arbeitszimmer nachdenklich stehen. Der Anblick seiner Feinde erfüllte ihn mit wachsender Unruhe. Es ließ sich nicht mehr leugnen, daß alles, was er bisher unternommen hatte, irgendwie schiefgelaufen und schließlich im krassen Gegenteil von dem geendet war, was er ursprünglich hatte erreichen wollen.

Man kommt wohl nicht mehr umhin, hart durchgreifen zu müssen, dachte Dr. Oldenburg und trat in sein Arbeitszimmer ein.

Auf den Flügeln der Liebe

Nicht nur Dr. Oldenburg dachte an diesem frühen Morgen an den neuen Schüler. Auch Annas Gedanken kreisten um den gleichen Jungen. Ehrlich gesagt waren es Gefühle, die sie auf ihren leichten Flügeln zur Schule trugen.

Sie hatte es eilig. Obwohl sie mit den ersten Sonnenstrahlen aufgewacht war, hatte sie viele Stunden vor dem Spiegel geträumt. Sie wußte, daß Frank keine Schminke mochte, doch ganz darauf verzichten konnte sie auch nicht. Verunsichert schaute sie sich ihre Wimpern an und kam schließlich zu dem Schluß, daß sie zwar lang genug, deren Spitzen aber zu hell waren, um angemessen zur Geltung zu kommen. Sie nahm ein Pinselchen in die Hand und strich einige Male vorsichtig darüber.

Erst am späten Abend war sie gestern von Hamburg zurückgekommen, wo sie ihre Oma im Krankenhaus besucht hatte. Zwar hatte sie mit ihren Freunden zum Hermannsdenkmal wandern wollen, doch als sie daran dachte, daß ihre Oma allein im Zimmer mit ihrer Krankheit kämpfte, mußte sie sich schweren Herzens den widrigen Umständen beugen.

Anna bog in die grüne Bahnhofstraße ein, lief an den schönen Häusern vorbei, die sie gewöhnlich bewundert hatte, doch an diesem sonnigen Morgen konnte sie nur noch an den hübschen Jungen denken, der ihr Herz so schnell und mühelos erobert hatte.

Sie konnte es nicht anderes. Wie oft hatte sie sich fest vorgenommen, weniger an ihn zu denken, um irgendwie mit den nötigsten Sachen des täglichen Lebens zurecht zu kommen, doch alle Versuche scheiterten kläglich. Es zogen sie immer wieder zu jenem schicksalhaften Augenblick, in dem sie einander zum ersten Mal in die Augen geschaut hatten.

Es war etwas Wundervolles! Etwas, was Anna nicht einmal beschreiben konnte. Kaum trafen ihre Blicke aufeinander, begann die Welt um sie herum dahinzuschwinden, und seine schönen Augen rasten auf sie zu wie ein Ozean, dem sie entgegenflog, ergriffen von einem berauschenden Gefühl. Wie ein frischer Frühlingswind weihte es in ihre Seele hinein!

Sie wußte nicht, wie lange sie damals so entrückt neben der Klassentür dagestanden hatte. Ein Schüler berührte sie an der Schulter und riß sie aus ihrem merkwürdigen Zustand heraus. Wie im Traum ging sie zu ihrer Schulbank, setzte sich hin und versuchte sich zu fassen. Doch ein starkes Verlangen, ihren Blick noch einmal in diese zwei reinen Quellen zu tauchen, beherrschte sie und wurde unerträglich.

Seine Schulbank stand nur wenige Meter seitlich von ihr entfernt! Sie überwand ihre Furcht, schaute unsicher zu ihm hinüber und traf erneut auf seine Augen, die in diesem Augenblick – Oh, Wunder! – auf sie! auf sie gerichtet waren! Wieder nahmen sie ihren Blick gefangen, worauf Anna restlos deren magischer Kraft verfiel. Und wieder flog sie ihm entgegen und ließ sich von ihm bezaubern und wegziehen an den Rand des Unmöglichen, Unfaßbaren, Märchenhaften…

Anna blieb für einige Sekunden stehen und hielt den Atem an, denn die Erinnerung an dieses Erlebnis ging über sie hinweg wie eine Flutwelle. Sie wußte, daß sie damals etwas erlebt hatte, an dem ihr früheres Dasein buchstäblich zerbrach. Alles, was zuvor geschehen war, gehörte nun endgültig einem Leben an, das ihr unwirklich erschien und von dem nur eine Erinnerung übrigblieb. Das andere Leben, das in jenem schicksalhaften Augenblick begonnen hatte, wurde restlos von dem Jungen beherrscht.

Und er, dieser Junge, war so anders, daß man ihn mit keinem anderen vergleichen konnte. Am gleichen Tag stellte er sich im Deutschunterricht seiner neuen Klasse vor und erzählte, daß er ein Christ sei und außerdem nach den Grundsätzen der Kantschen Ethik lebe: Nur die Wahrheit und nichts außer der Wahrheit! War das möglich? Ein Leben ganz ohne Geheimnisse? Seine neuen Mitschüler stellten ihn sofort auf die Probe und waren noch mehr verblüfft, als er die Peinlichkeit überwand und vor der ganzen Klasse erklärte, daß er noch nie mit einem Mädchen geschlafen habe. Wenn Anna an diese Offenbarung zurückdachte, verspürte sie für ihn eine Zärtlichkeit, die sie nicht selten zu Tränen rührte…

Erst als Anna den Schulhof erreichte, wachte sie aus ihren sehnsüchtigen Tagträumen wieder auf. Der große Platz vor der Mensa war wie üblich voll mit spielenden Fünftkläßlern, die lachend einander hinterherrannten oder um einen Ball stritten. Anna schaute sich auf der Suche nach ihren Freunden um und erstarrte. Das, was sie sah, verwirrte sie. Zwei Menschen standen an einer grünen Hecke und unterhielten sich. Anna konnte nicht verstehen, wovon sie gesprochen haben, doch der Ausdruck ihrer Gesichter verriet es. Je länger sie die beiden anstarrte, umso schrecklicher war es…

Verrat

Eine halbe Stunde früher stand Frank, von dem Anna den ganzen Morgen geträumt hatte, am Marktplatz neben der Grundschule und sprach mit seinem zehnjährigen Bruder Friedrich.

„Kommst du zurecht oder soll ich dich bis zum Eingang begleiten?"

„Ich werde es auch alleine schaffen", erwiderte Friedrich, verärgert über die übertriebene Fürsorge seines älteren Bruders.

Er schwang seinen Rucksack auf die Schulter, wollte gehen, drehte sich aber wieder um.

„Sei nicht so traurig", sagte Friedrich mitleidig.

Den ganzen Morgen schon versuchte er, Frank aufzumuntern, doch dessen Augen glichen zwei erloschenen Vulkanen und blickten so kraftlos, daß Friedrich es nicht übers Herz bringen konnte, ihn in einem solchen Zustand allein zu lassen. Gewöhnlich war es Frank, der ihn mit seinem sonnigen Gemüt bei Laune hielt und ihn jeden Morgen aus dem Bett holte. Doch gestern war etwas Schlimmes geschehen, was seinen großen Bruder gebrochen hatte und seitdem nicht mehr losließ.

Sie waren Brüder, sahen aber einander gar nicht so ähnlich. Wenn Frank die meisten Menschen wie ein Magnet anzog und fast mit jedem auskommen konnte, so war Friedrich verschlossen und hatte große Schwierigkeiten im Umgang mit seinen Altersgenossen. Nicht nur im Charakter lagen sie weit auseinander, auch ihr Äußeres konnte nicht unterschiedlicher sein. Zwar hatte Friedrich die gleichen ausdrucksvollen Augen, doch waren sie hellbraun und lagen tiefer. Ihr scheuer Blick war nicht selten mißtrauisch oder verträumt umherschweifend, ließ aber keinen Zweifel, daß der zierliche Junge mit langen, hellbraunen Haaren mit der gleichen Intelligenz gesegnet war. Äußerst sensibel und reizbar, war er zugleich anhänglich und liebte seinen großen Bruder, der ihm seit vielen Jahren nicht nur die fehlenden Freunde, sondern vor allem auch den Vater ersetzte. Diese innige Liebe war aber oft genug von Eifersucht überschattet oder ließ ihn unheimlich leiden, falls seinem Bruder etwas Schlimmes zugestoßen war. Auch jetzt war es nicht anders…

„Du hast mir immer gesagt, daß es im Nachhinein alles nur halb so schlimm aussieht…", sagte Friedrich, ohne ihn anzusehen, doch Frank ließ ihn nicht zu Ende sprechen, zog ihn zu sich und umarmte ihn.

„Hast du mich also angelogen, nur um mich zu trösten?" fragte Friedrich vorwurfsvoll, während Frank dessen Kopf auf seine Brust drückte.

„Ich habe dich nicht angelogen“, erwiderte Frank.

Seine Stimme klang etwas munterer, was seinem kleinen Bruder wieder Hoffnung gab. Friedrich befreite sich aus seiner Umarmung.

„Dann sei wieder fröhlich!“ rief er ihm zu und blickte prüfend in sein blasses Gesicht.

Ein müdes Lächeln flog darüber, doch seine Augen leuchteten ein wenig auf.

„Sie wird dich nicht verraten!“ beteuerte Friedrich. „Egal, was ihr Vater dazu meint!“

Sein ehrliches Bemühen, betont zuversichtlich zu klingen, zeigte zwar nicht die erhoffte Wirkung, brachte aber Frank beinahe zum Lachen. Sichtlich zufrieden verabschiedete sich Friedrich von seinem Bruder und ging über den großen Parkplatz zur Grundschule. Erst als er hinter einer grünen Hecke verschwand, ging Frank in Richtung des Kant-Gymnasiums.

Noch eben schien ihm, daß der quälende Schmerz in seiner Brust tatsächlich etwas nachgelassen habe, doch kaum war er allein, überfluteten ihn die gleichen trüben Gedanken. Das Gespräch mit Annas Vater lastete schwer auf seiner Seele. Obwohl die Angst vor dem unvermeidlichen Treffen mit Anna ihn seitdem gnadenlos vor sich her jagte, hatte er nach wie vor keine Ahnung, wie er sich verhalten sollte…

Eine bekannte Stimme unterbrach seine unerfreulichen Gedanken.

„Wie ist die Lage an der Wahrheitsfront?“ fragte Alexander gut gelaunt.

„Mit wechselndem Erfolg“, erwiderte Frank ausweichend und begrüßte seinen Freund.

Alexander war ebenfalls ein Aussiedler, den Frank erst in Deutschland kennengelernt hatte. Er war ein Jahr älter, zählte in der Schule stets zu den Besten und hatte zudem ein beeindruckendes Wissen angesammelt. Bereits bei ihrer ersten Begegnung hatte er Frank in sein Herz geschlossen und war froh gewesen, einen Menschen getroffen zu haben, der seine scharfsinnigen Gedanken nicht nur ertragen, sondern auch noch verstehen konnte. Seitdem klammerte er sich an ihn wie an einen rettenden Strohhalm fest, um nicht im tristen Alltag geistloser Verbraucher zu ertrinken.

„Deine schwammige Ausdrucksweise deutet nichts Gutes an“, stellte Alexander fest, dem die gedrückte Stimmung seines Freundes kaum entgehen konnte.

„Du hast Recht“, gab Frank schwermütig zu. „Im Moment sieht es nicht so rosig aus.“

„Sei froh, daß du nicht mehr in Rußland wohnst, sonst wäre dein Leben in akuter Gefahr! Die Russen sind nicht so tolerant wie die Westdeutschen", sagte Alexander, während er bei dem Wort *tolerant* mit den Fingern die fehlenden Anführungszeichen einfügte. „Die hiesige Antifa ist im Vergleich zu ihnen nur ein harmloser Karnevalsverein. Selbst gebrechliche russische Mütterchen sind viel radikaler als jene, die dich in der Aula mit Farbbeuteln beworfen haben! Wenn man dort mit den Leuten aus dem Volk über Politik spricht, bekommt man fast immer die gleiche Antwort: An den Galgen mit dem Pack! Und dann werden sie dir noch sagen, daß es schon längst an der Zeit wäre, richtig hart durchzugreifen! So wie es eben Stalin gemacht hat! Tyrannen und Despoten wurden in Rußland schon immer abgöttisch geliebt. Selbst jene, die ihre Eltern in der stalinistischen Zeit verloren haben, träumen von Stalins Wiederkunft! Das Blut eigener Mitbürger zu vergießen, wird dort als eine sakrale Handlung empfunden, ohne die ihr Riesenreich keinen Schritt weitergekommen wäre! Wenn man den Wald abholzt, wer kümmert sich dann noch um die Späne? Nach wie vor sind die Menschen in Rußland nur noch wertlose Späne…"

Nach einem solch harten Urteil konnte Frank nicht mehr schweigen.

„Ich kenne die Russen", sagte er beschwichtigend. „Auch wenn sie es manchmal so sagen, so heißt es noch lange nicht, daß sie auch heute genauso handeln würden…"

Alexander ließ ihn nicht zu Ende sprechen.

„Und das sagst du mir?!" rief er verwundert aus. „Hast du vergessen, daß meine Mutter eine Russin ist?" Er schüttelte den Kopf, als hätte er gerade die letzte Hoffnung verloren, seinem uneinsichtigen Freund die einfachsten Dinge der Welt erklären zu können. „Ich beneide deinen blauäugigen Optimismus! Wenn ich nur einen Tropfen davon hätte, wäre mein Leben viel erträglicher! Auch ich habe meine Erfahrungen an der Wahrheitsfront gemacht. Während du noch in deinen Kant-Büchern geblättert hast, war ich ehrlich darum bemüht, meinen eigenen Verwandten klar zu machen, daß sie auf einem Berg von übelsten Lügen sitzen! So naiv war ich damals noch!"

Alexander versuchte, an dem blassen Gesicht seines Freundes zu erkennen, ob das angeschnittene Thema sein Interesse geweckt hatte. Doch Frank ließ ihn weiter reden und war sogar froh, daß Alexander ihn ein wenig von seinen düsteren Gedanken abgelenkt hatte.

„Vor zwei Jahren hat meine Mutter darauf bestanden, daß ich endlich wieder meine russischen Verwandten besuche. Sie wohnen in einem Dorf bei Nowgorod", setzte Alexander seine Erzählung fort. „Leider habe ich das getan! Sie waren durchaus freundlich und haben wie gewohnt den Tisch gedeckt. Auch an Wodka fehlte es nicht, wie du es dir bestimmt gut vorstellen kannst. Mit einem Wort, es dauerte nicht lange, bis die angeheiterte Runde über Politik zu sprechen begann. Ich habe mich zurückgehalten…“

„Wirklich?“ fragte Frank erstaunt.

Sein schiefes Lächeln verriet, wie groß seine diesbezüglichen Zweifel waren. Denn es gab außer Politik und Geschichte wohl kaum etwas anderes auf dieser Welt, was sein Freund noch leidenschaftlicher liebte.

„Lach nicht!“ erwiderte Alexander und runzelte verstimmt seine hohe Stirn. „Es war, wie gesagt, vor zwei Jahren. Ich war noch sechzehn! So zynisch und arrogant wirkte ich damals noch gar nicht. Du kannst mir glauben oder nicht, aber ich wollte mit ihnen nicht streiten, allein schon deswegen, weil sie von dem, wovon sie so heißblütig geredet haben, nicht die geringste Ahnung hatten! Erst als sie angefangen haben, über die Deutschen zu schimpfen, mischte ich mich in ihre geistreiche Unterhaltung ein. Sie meinten, daß die Deutschen seit eh und je die Russen unterjochen wollten. Dabei benutzten sie die übelsten Schimpfwörter, obwohl sie natürlich wußten, daß mein Vater ein Deutscher war. Dann schlug mein Onkel vor, auf Alexander Newski zu trinken, da er das Vordringen der deutschen Wüstlinge im dreizehnten Jahrhundert angeblich zurückgeschlagen habe. Als ich diesen Blödsinn hörte, konnte ich nicht mehr schweigen. Ich wollte wissen, wo er das alles herhat! Hast du etwa den Film über Alexander Newski nicht gesehen? hat er mich angeschrien. Du hättest das Gesicht meines Onkels sehen sollen, als er mir das sagte!“

Die Erinnerung an die unerfreuliche Auseinandersetzung brachte Alexander in beträchtliche Gefühlsaufwallung. Frank konnte sehen, wie zornig seine braunen Augen dabei aufblitzten.

„Glaub mir, ich war geduldig! Ich habe ihnen gesagt, daß man die Kenntnisse über die geschichtlichen Ereignisse nicht aus einem verlogenen Spielfilm schöpfen sollte und daß dieser Film von der stalinistischen Propaganda geschaffen wurde, um Haß gegen die Deutschen zu schüren. Ich erzählte ihnen, daß wir zu dieser völlig bedeutungslosen Schlacht am Tschudski-See fünf Quellen haben, die weitgehend einhellig über dieses Ereignis berichten und daß Alexander Newski in Wirklichkeit kein Befreier Rußlands war, sondern ein gewöhnlicher Massenmörder, der sich bei den tatarischen Besatzern beliebt machen wollte. Als die Stadt Nowgorod sich gegen das Tatarenjoch erhob, um ihre Freiheit zu verteidigen, also genau das getan hat, was man diesem angeblichen Helden zuschreibt, hat er die Stadt bis auf die Grundmauer niedergebrannt und die Nowgoroder rücksichtslos niedergemetzelt.

Und dann habe ich ihnen noch erzählt, was die sogenannten Erzfeinde des russischen Volkes gemacht haben. In der gleichen Chronik steht geschrieben, daß die schwedischen Kaufleute den Überlebenden dieses Massakers Brot gebracht haben, nicht aus Gewinnsucht, wie es dort wörtlich geschrieben steht, sondern der Barmherzigkeit wegen!

Ich habe meiner Verwandtschaft nur die Wahrheit erzählt, so wie sie sich aus den Quellen ermitteln läßt und die sie selbst im Internet nachprüfen konnten, und sie haben geschnaubt vor Zorn und geschrien, als wäre ich ihr Todfeind. Einen solchen Haß hatte ich damals noch nie erlebt! Willst du wissen, wie die Geschichte ausgegangen ist?“

„Ich kann mir vorstellen“, sagte Frank betroffen.

„Nein!“ entgegnete Alexander. „Du hast keine Ahnung davon!“

Plötzlich blieb er stehen und drehte sich zu seinem Freund um.

„Siehst du diese Schramme?“ fragte er und strich seine Stirnlocke zur Seite. „Sie haben mich als Verräter beschimpft und als faschistische Mißgeburt. Als ich schon auf dem Boden lag, hat mir mein russischer Cousin gegen den Kopf getreten…“

Frank war zutiefst erschüttert. Selbst für russische Verhältnisse war die Geschichte zu hart.

„Dabei habe ich mit ihnen über ein historisches Ereignis gesprochen, das achthundert Jahre zurückliegt. Kannst du dir vorstellen, was geschehen wäre, wenn wir über den Zweiten Weltkrieg gestritten hätten? Sie hätten mich totgeschlagen!“

„Tut mir leid“, sagte Frank mitfühlend. „Das hast du mir noch nie erzählt.“

„Es gibt vieles, wovon ich dir noch nichts erzählt habe“, erwiderte Alexander, während die erlittene Kränkung ihn nach wie vor quälte. „Sie sind krank! Unheilbar krank! Die Großeltern meines Onkels waren fleißige Bauern, die sich niemals in die Politik eingemischt haben. Trotzdem wurden sie unter Stalins Herrschaft enteignet und nach Sibirien verbannt. Man hat sie in der Taiga bei klirrendem Frost einfach so im Schnee ausgeladen und zurückgelassen. Es waren ganze Familien mit kleinen Kindern, die einen qualvollen Tod sterben mußten!

In den dreißiger Jahren wurde auch sein zweiter Großvater festgenommen. Man hat ihn gefoltert, Geständnisse herausgeprügelt und kurz darauf erschossen. Meinst du, mein Onkel weiß das nicht?! Wir haben sogar die Vernehmungsprotokolle aus dem Archiv bekommen! Er hat sie gelesen! Ich hätte ihm auch Beschlüsse über die Massenhinrichtungen zeigen können, auf denen die eigenhändigen Weisungen von Stalin zu sehen sind! Er will sie aber gar nicht sehen! Er vergöttert Stalin und träumt davon, daß ein ähnlicher Tyrann noch einmal den russischen Thron besteigt, um reinen Tisch zu machen! Es tut mir leid, aber mein Onkel ist ein Ungeheuer! Er braucht keine Freiheit! Er ist ein Knecht, der ohne Peitsche gar nicht leben kann! Seine eigenen Vorfahren sind ihm scheißegal! Daher glaube ich meinem Onkel kein Wort, wenn er darüber zu heulen beginnt, daß die Deutschen in ihrem Dorf ein Dutzend Partisanen erhängt haben, die zuvor heimtückisch die deutschen Soldaten angegriffen hatten! Das ist eine Heuchelei! Das ganze russische Leben ist ein sinnloses Herumtreiben in einem Ozean von aberwitzigen Mythen und schmutzigen Lügen!"

„Früher warst du mit den Russen viel nachsichtiger", sagte Frank zu seinem hitzigen Freund.

„Ach was!" sagte Alexander enttäuscht und machte eine Handbewegung, als wollte er seine düsteren Gedanken verscheuchen. „Im Westen ist es auch nicht viel besser! Es gibt kein einziges Eckchen mehr auf dieser Welt, wo man sich vor Bosheit und Dummheit verstecken könnte. Während die Russen sich an ihren eigenen Lügen berauschen, um sich daran zu stärken, so benutzen die ideologisch verblendeten Fanatiker im Westen die Lüge gegen ihre eigenen Völker. Ich weiß bis heute nicht, was schlimmer ist!" Einige Zeit schwieg er, dann sagte er mit wiedergewonnener Ruhe: „Ich kann dir eine aufschlußreiche Geschichte erzählen, wenn du sie hören willst."

Auch wenn Frank sich kraftlos fühlte und sein Kummer ihn fast vollständig verzehrt hatte, wollte er seinen Freund nicht enttäuschen und ließ es geduldig über sich ergehen.

„Es gibt eine belgische Autorin, die heute in den USA lebt. Sie hat um die Jahrtausendwende ein sehr erfolgreiches Buch veröffentlicht. *Überleben unter Wölfen*, heißt der Bestseller! Darin berichtet sie, wie ihre jüdischen Eltern während des Krieges von der Gestapo verhaftet wurden. Zuvor hatten sie es gerade noch geschafft, ihr einziges Kind bei einer Pflegefamilie unterzubringen. Doch bald darauf begab sich das achtjährige Mädchen mit einem Kompaß in der Hand nach dem Osten, wo sie ihre Eltern vermutete. Sie durchquerte ganz Deutschland und erreichte schließlich Polen, wo sie Zeugin eines schrecklichen Völkermords wurde! Wem in dieser ergreifenden Erzählung die Rolle der Täter zugefallen ist, versteht sich von selbst. Daraufhin wurde das kleine Mädchen von einem Wolfsrudel adoptiert! Mit diesen guten Raubtieren, die das Menschenkind auf ihre wölfische Art liebevoll gepflegt und ernährt haben, gelangte sie über die Ukraine und Rumänien nach Italien. Von dort kehrte sie nach dem Kriegsende zurück nach Belgien.

Um den Anfeindungen der allgegenwärtigen Antisemiten zu entgehen, wanderte sie schließlich nach Amerika aus, wo sie bis heute lebt. Die Erzählung ist natürlich mit herzzerreißenden Details ausgeschmückt, um den Gutmenschen eine tränenreiche Nacht zu schenken!“ Alexander konnte seinen Unmut nicht mehr zurückhalten und schnaubte vor Wut. „Ich behaupte, und zwar mit Nachdruck: Nur geistig kranke Menschen können glauben, daß wild lebende Wölfe ein Mädchen aufnehmen und es ein Jahr lang ernähren könnten! Mag sein, daß die verblödeten Verbraucher tatsächlich schon so weit sind. Doch es ist mit Sicherheit ausgeschlossen, daß es all den Journalisten, Politikern und Wissenschaftlern an Intelligenz mangelte. So blöd waren sie nicht, um dieser Frau ihre Story abzunehmen! Nein, Frank! Dieser dreckige Abschaum wollte damit eine neue Dimension der Verleumdung erreichen! Sie haben das Buch benutzt, um der Welt zu zeigen, daß selbst die reißenden Wölfe gütiger und menschlicher waren als die bösen Deutschen! Daher wurde dieses moderne Märchen vom jüdischen Rotkäppchen in zwanzig Sprachen übersetzt und sogar verfilmt!

Selbst jetzt, als der Schwindel schon längst aufgeflogen ist und es sich sogar herausstellte, daß die Lügnerin nicht einmal eine Jüdin war, kann jeder Deutscher diesen Dreck in jeder beliebigen Buchhandlung bestellen, um seinem Selbsthaß neue Nahrung zu geben! Frank!“ rief er ihm eindringlich zu. „Während du gerade dabei bist, mit einem Teelöffel das Lügenmeer auszuschöpfen, kippen sie eimerweise neue Lügen hinein!“

Frank atmete tief durch, als wollte er ihm widersprechen, ließ aber seinen verbalen Angriff unbeantwortet.

„Ich habe lange darüber nachgedacht, wie es soweit kommen konnte und wie sie euch so geschickt an die Leine genommen haben“, sagte Alexander nach einer kurzen Atempause.

„Wen meinst du damit?“

„Euch!“ wiederholte Alexander. „Dich und all die Blauäugigen, die sich beharrlich weigern zur Kenntnis zu nehmen, daß die Welt brutal und ungerecht ist und daß der Rest der Menschheit nicht bereit ist, nach euren edlen Vorstellungen zu leben.“

„Und?“ fragte Frank verstimmt. „Zu welchem Schluß bist du gekommen?“

Alexander betrachtete das helle Gesicht seines Freundes und lächelte.

„Umsonst fühlst du dich jetzt gekränkt“, sagte er mit einnehmender Stimme. „Ich mag euch! Wenn ich das Wort *blauäugig* benutze, dann verbinde ich damit die Gutmütigkeit und vor allem eure Gutgläubigkeit. Ihr tut mir aufrichtig leid! Jeder dahergelaufene Schwindler kann euch über den Tisch ziehen. Egal, welche Lügengeschichte er euch auftischt, nehmt ihr ihm alles ab, nur weil ihr es euch gar nicht vorstellen könnt, daß die Menschen so unverschämt lügen können. Wenn ich nur einen Funken davon hätte, wäre mir ein Platz im Paradies so gut wie sicher.“

„Jetzt bist du schon wieder unglaubwürdig!“ entgegnete Frank. „Ich glaube dir kein Wort mehr!“

„Und gerade das ist der beste Beweis dafür, daß ich recht habe!“ erklärte Alexander amüsiert. „Und wenn du jetzt noch anfängst davon zu reden, daß es in jedem Volk sowohl die guten, als auch die bösen Menschen gibt und so weiter und so fort, so wirst du damit meine Aussage endgültig bestätigen!

Ich habe vor kurzem im Internet einige aufschlußreiche Beiträge über die Urheber der Umerziehung gelesen: Als der Krieg noch gar nicht zu Ende war, hätten die Hexenmeister der Alliierten bereits an einem Stirnreif gebastelt, der uns alle zu Mankurten machen sollte. Was diese Giftmischer ausgebrütet haben, war eine genetische Waffe gegen die Blauäugigen!“

„Welche denn?“ wollte Frank wissen und zeigte an dem angeschnittenen Thema sogar ein echtes Interesse.

„Die Schuld!“ sagte Alexander bedeutungsvoll. „Die einzige Waffe, mit der man den weißen Menschen in die Knie zwingen kann. Sie haben bemerkt, daß nur sie auf moralische Vorwürfe mit aufrichtigem Gefühl reagieren. Den anderen Völkern kannst du nicht einmal halbherziges Bedauern abverlangen, egal, wie schwer ihre Verbrechen tatsächlich wogen. In der Regel feiern sie ihre Siege auch dann, wenn ihre Truppen ein grausiges Massaker im Feindesland angerichtet haben. Die Mongolen verehren ihren Dschingis Khan und die Türken wollen von dem Genozid an der Armeniern gar nichts wissen. Die Blauäugigen hingegen empfinden ein tiefes Schamgefühl und Reue, die sie über Generationen hinweg in den Wahnsinn treiben, mögen die Ereignisse auch noch so weit zurückliegen.“

„Du übertreibst“, sagte Frank düster, womit er seinen Freund nur noch weiter anspornte.

„Ich übertreibe nicht!" erwiderte Alexander mit Nachdruck. „Im Gegenteil! Ich finde keine Worte, um diesen Wahnsinn zu beschreiben. Du kennst doch meinen Bruder? Er ist erst zwölf. Letzte Woche haben sie in seiner Klassen irgendeinen Film über den Holocaust gezeigt! Zwei Jungen haben geheult, als hätte man gerade ihre eigenen Eltern ermordet! Man wußte gar nicht, wie man sie trösten sollte! Danach meinte ein Mädchen: Wenn es wirklich so abgelaufen war, dann sollten wir alle nicht mehr leben dürfen. Weißt du, was ihre Lehrerin darauf gesagt hat?"

Frank schwieg, doch sein unruhiger Atem verriet, wie sehr die Worte seines Freundes ihn aufgewühlt hatten. Alexander wartete aber, bis er endlich zu ihm aufblickte.

„Während das Mädel noch die Tränen wegwischte, sagte ihre Lehrerin: So ist es! Mein Bruder hat mir beschrieben, wie zufrieden ihr gemeines Gesicht dabei aussah! Ich sage dir Frank: Sie sind todkrank!"

Er atmete tief durch und diese einfache Übung reichte ihm aus, um die gewohnte Fassung zu erlangen.

„Wenn es den Holocaust nicht gegeben hätte, hätten die Sieger ihn mit Sicherheit erfunden", sagte er wie nebenbei.

„Jetzt wirst du aber wirklich zynisch!" rief Frank ihm vorwurfsvoll zu.

„Meinst du?" fragte Alexander unbeeindruckt. „Wenn du wirklich nach der Wahrheit suchst, dann mußt du auch meinen Standpunkt prüfen. Die Wahrheit kann unangenehm sein, sogar grausam!" Er wartete einige Augenblicke, dann fragte er: „Darf ich jetzt weitersprechen oder willst du meine Wahrheit lieber unter den Teppich kehren?"

„Natürlich kannst du weitersprechen", erwiderte Frank viel ruhiger. „Es kommt aber in diesem Fall auf die richtige Wortwahl an."

„Nicht auf die Wortwahl kommt es an, mein Freund, sondern auf den Inhalt!" erwiderte Alexander, sichtlich zufrieden darüber, daß er seinen Gesprächspartner so geschickt in die Defensive gedrängt hatte. „Nun möchte ich aber mit meinem Vortrag fortfahren: Erst als die Globalisten gesehen haben, wie leicht sie mit ihrer Umerziehung den Deutschen die Seele vergiftet hatten, wandten sie die gleiche Waffe gegen den Rest der weißen Völker an. Es ist eindeutig ein genetisches Phänomen! Je blauer die Augen, umso schutzloser sind sie dagegen! Selbst unter Europäern gibt es große Unterschiede. Versuch mal den Südeuropäern einzureden, sie sollten eine unvergängliche Schuld für irgend etwas tragen! Das Ergebnis wird wohl eher mager ausfallen. Dafür sind aber die Schweden, die weder an den letzten Kriegen, noch an sonstigen globalen Verbrechen teilgenommen haben, gern bereit, eine Verantwortung für alles zu übernehmen. Die Tugendwächter haben dem gutgläubigen Michel aus Lönneberga eingeredet, er wäre für die Verbrechen der weißen Menschen persönlich verantwortlich.

Ob Schweden oder Deutsche, wenn es nach dem Willen der Globalisten ginge, sollen wir diese Schuld noch tausend Jahre tragen! Aber soweit wird es ja gar nicht kommen. Bis dahin werden wir restlos von dieser Welt verschwinden…"

Frank konnte es nicht mehr hören. Während Alexander noch sarkastisch auflachte und gerade dabei war, eins draufzulegen, faßte Frank ihn am Unterarm und drehte ihn zu sich um.

„Kannst du mir vielleicht auch sagen, was wir dagegen tun sollten?" rief er ihm ungehalten zu.

Das Feuer in seinen hellen Augen glühte mit solcher Kraft, daß sein Freund sichtlich irritiert einen halben Schritt vor ihm zurückwich.

„Du bist heute übel gelaunt, mein Freund", sagte Alexander, als er wieder zu sich kam. „So kenne ich dich gar nicht."

Frank wußte selbst nicht, was mit ihm los war.

„Verzeih mir!" sagte er verlegen. „Ich habe heute schlecht geschlafen."

„Sehr schlecht", bestätigte Alexander bedeutungsvoll. „Hast du dich mit deiner Anna zerstritten?"

Frank schlug die Augen nieder und atmete schwer auf.

„Viel schlimmer", sagte er leise. „Ihr Vater ist strikt dagegen…"

Er versuchte ruhig zu wirken, doch der Ausdruck seines Gesichts verriet, wie sehr er von seinem Kummer eingenommen war.

„Ach du liebes bißchen!" rief Alexander mitfühlend aus.

Ohne zu wissen, wie er seinen Freund aufmuntern sollte, begann er nervös an seinem Kinn zu reiben.

„Und was meint sie dazu?" fragte er sichtlich bemüht, ihm nicht zu nahe zu treten.

„Keine Ahnung", erwiderte Frank verzagt. „Vielleicht weiß sie noch gar nichts davon."

„Na dann ist es nur halb so schlimm!" sagte Alexander erfreut. „Dann trefft ihr euch eben heimlich!"

„Das kann ich nicht!" rief Frank verzweifelt aus und kniff sogar die Augen zu, so stark war der Schmerz, der ihn gerade ergriff.

Alexander wurde blaß.

„Bist du sicher, daß du heute in die Schule gehen willst?" fragte er, besorgt über den labilen Zustand seines Freundes. „Wollen wir nicht lieber was Anderes unternehmen?"

Frank antwortete nicht. Er starrte vor sich hin und kämpfte mit dem quälenden Schmerz, der ihm die letzte Kraft raubte.

„Komm, gehen wir!" sagte er Alexander, als er sich halbwegs beruhigt hatte.

Schweigend und in düsterer Stimmung gingen sie weiter.

„Hast du dir das gut überlegt?" fragte Alexander, als sie den Schulhof erreichten. „Wir können in die Therme gehen. Dort kannst du dich entspannen!"

Er bemühte sich, ihm klar zu machen, daß ein Saunabesuch ihm wirklich gut tun würde, doch Frank lehnte seinen Vorschlag ab.

„Es geht mir schon viel besser", erwiderte er und bedachte seinen besorgten Freund mit einem dankbaren Lächeln.

Während sie noch miteinander sprachen, tauchte vor ihnen Julia auf. Die Jungen blieben stehen. Noch bevor Frank sie begrüßen konnte, wandte sie sich an seinen Freund.

„Darf ich meinen Klassenkameraden allein sprechen?"

Sie bedachte ihn mit einem Blick, der auf eine bezaubernde Art unbedingten Gehorsam einforderte.

„Klar", erwiderte Alexander, fasziniert von dem hübschen Mädchen.

Erst als er weit genug war, begann Julia zu sprechen.

„Luka hat uns vor einer Woche per E-Mail ein Buch geschickt. Du hast es ihm gegeben. Erinnerst du dich noch daran?"

„Natürlich!" bestätigte Frank. „Hast du es schon zu Ende gelesen?"

Julia antwortete nicht. Sie geriet in große Aufregung, als hätte seine Frage sie an ein tragisches Ereignis erinnert, das sie nach wie vor nicht verkraften konnte.

„Was ist mit dir?" fragte er besorgt, als er sah, daß sie um Fassung kämpfte.

„Kannst du mir sagen, wer dieses Buch geschrieben hat?" fragte sie mit flehender Stimme.

„Tut mir leid", erwiderte Frank verlegen. „Das darf ich nicht."

Julia gab nicht auf, doch ihre verzweifelten Versuche, an den Namen des geheimnisvollen Autors zu kommen, scheiterten an Franks Versprechen, ihn geheim zu halten.

„Warum ist es für dich so wichtig?" wollte er wissen und brachte das Mädchen dadurch in große Verlegenheit; ihre Wangen glühten.

„Kannst du mir zumindest sagen, wie alt er ist?“ fragte sie, ohne ihn anzusehen.

Die Frage glich einem Geständnis und ließ ihn ahnen, warum das schöne Buch für sie von einer solchen Bedeutung war.

„Er ist jung“, sagte er mit einem geheimnisvollen Lächeln.

Julia schlug die Augen nieder und atmete erleichtert auf, doch nach wenigen Sekunden öffnete das Mädchen sie wieder und blickte forschend ins Gesicht ihres Klassenkameraden.

„Wie jung?“ flüsterte sie, beinahe zitternd vor Ungeduld.

„Wie ein Märchenprinz“, sagte Frank mit einer Stimme, die Julia aufblühen ließ.

Sie strahlte vor Glück. Ohne zu wissen, wie sie ihre Dankbarkeit zum Ausdruck bringen sollte, folgte sie wie gewohnt ihrem spontanen Gefühl. Sie faßte seine Hände und drückte sie fest, dabei stellte sie sich auf die Zehenspitzen und küßte ihn im Überschwang des glücklichen Gefühls auf die Wange.

In diesem Augenblick tauchte neben ihnen Luka auf.

„Tut mir echt leid!“ sagte er vergnügt. „Aber ich sehen mich gezwungen, deiner Freundin Anna einen ausführlichen Bericht über eure nette Unterhaltung zu erstatten.“

Bevor die beiden begreifen konnten, was er damit gemeint hatte, hörten sie eine andere Stimme.

„Das wird nicht nötig sein, mein Freund“, sagte Walter ungewöhnlich ernst, während er besorgt zum Fahrradplatz schaute.

Anna stand neben einer großen Linde und starrte mit großen Augen Frank an. Als Julia ihre Freundin sah, verblaßte das Glück auf ihrem hübschen Gesicht. Sie machte den Mund auf, um das Mißverständnis sofort zu erklären, fand aber nicht die richtigen Worte.

Die Pause wurde länger.

Anna war sichtlich geschockt. Sie wußte nicht, wie ihr geschah, doch sie wandte sich ab und ging weiter. Irgendwo in den geheimsten Winkeln ihres blutenden Herzens hoffte sie bis zuletzt, daß Frank sie einholen und um Verzeihung bitten würde, doch er tat es nicht.

Wie im Traum erreichte sie die Eingangshalle, ging direkt in das Mädchen-WC und versteckte sich in einer Kabine. Sie lehnte sich erschöpft an die Wand und schlug die Augen nieder.

Die schöne Welt, die sie noch vor wenigen Minuten umgab, brach zusammen und versank langsam in einem dunkeln Abgrund…

Schwere Entscheidung

Wie Dr. Oldenburg es schon geahnt hatte, meldete sich das Ministerium bereits vor Unterrichtsbeginn. Der Referent des Bildungsministers war wie immer höflich, begrüßte ihn mit üblichen Floskeln und kam sofort auf das Wesentliche zu sprechen.

„Wir haben mehrere Anfragen seitens der Presse erhalten", sagte er kühl. „Die Journalisten wollen wissen, wie wir auf die unerfreulichen Ereignisse auf Ihrem Gymnasium reagiert haben. Auch die letzte Diskussion rückt inzwischen in den Mittelpunkt des öffentlichen Interesses. Der Minister ist besorgt und ließ mich nachfragen, welche Maßnahmen Sie zu ergreifen gedenken."

In der höflichen Stimme des Referenten lagen Spuren gereizten Unmuts.

Dr. Oldenburg entgegnete:

„Diese Diskussion war keine öffentliche Veranstaltung. Wir wollten den Schülern die Möglichkeit geben, ohne Angst ihre Meinung zum Ausdruck zu bringen, auch wenn diese noch so falsch sein sollte. Es wäre ungerecht, nachträglich jene zu bestrafen, die wir selbst zu dieser Offenheit ermutigt haben."

„Wir waren es mit Sicherheit nicht", erwiderte sein Gesprächspartner. „Das Ministerium hat Sie vor diesem Schritt gewarnt, soweit ich mich noch erinnern kann."

„Sie haben Recht. Es war meine Entscheidung", sagte Dr. Oldenburg. „Und solche Entscheidungen liegen, so viel ich weiß, in meinem Kompetenzbereich!"

„Es mag richtig sein", entgegnete Dr. Bauer, „allerdings müssen wir leider feststellen, daß der Druck auf uns stündlich wächst. Der Minister erachtet es als dringend geboten, aus den letzten Ereignissen in der Schule weitreichende und vor allem weit sichtbare Konsequenzen zu ziehen. Die Untätigkeit, besonders im Fall der Hakenkreuz-Schmierereien, kann leicht mißverstanden werden. Der Minister hat ernstzunehmende Bedenken dahingehend, ob es unter diesen Umständen klug sei, Sebastian Rohde weiterhin auf dem Gymnasium zu belassen."

„Die Ermittlungen dauern an. Seine Schuld ist noch nicht bewiesen…"

„Der Junge wurde auf frischer Tat ertappt", fiel der Referent ihm geschickt ins Wort. „Es wird nicht einfach sein, in der Öffentlichkeit den Eindruck zu erwecken, daß in dieser Angelegenheit noch Unklarheiten bestehen. Das wissen Sie doch selbst!"

„Ich habe Ihre Bedenken zur Kenntnis genommen“, erwiderte Dr. Oldenburg betont kühl und verabschiedete sich von seinem Gesprächspartner.

Obwohl das Gespräch seinen Erwartungen entsprach, verstärkte es seine innere Unruhe. Vielleicht war es in der Tat viel klüger, Sebastian zu opfern. Dann würde er mit mit einem einzigen Schlag den enormen Druck von der Schule nehmen, unter dem sie seit mehreren Tagen stand. Ein ungutes Gefühl beschlich ihn, als er an Sebastian dachte.

Dr. Oldenburg blieb einige Minuten regungslos neben seinem Sessel stehen. Dann raffte er sich zusammen, setzte sich an den Tisch und versuchte sich abzulenken. Er nahm einen Behördenbrief in die Hand und begann darin zu lesen. Doch die Sache ging ihm nicht aus dem Kopf. Ohne den Sinn des Gelesenen verstanden zu haben, legte er ihn wieder zur Seite und faßte sich an die Stirn.

Soll ich ihn aus der Schule werfen oder nicht? Wie oft hatte er sich in den letzten Tagen diese Frage gestellt und keine Antwort gefunden!

Er hatte es schon einige Male getan. Erst vor zwei Jahren hatte er einen Jungen aus dem Gymnasium verwiesen. Gewiß hatte er dafür einen guten Grund. Und doch konnte er das letzte Gespräch nicht vergessen, als der Junge in seinem Zimmer gestanden und vor Verlegenheit und Angst stotternd, ihm versichert hatte, daß in Zukunft alles nur noch besser laufen würde… Alles Geschichten, die er als Schulleiter jede Woche zu hören bekam, und doch konnte er die letzten Augenblicke dieser Begegnung nicht vergessen. Als alle Worte bereits gesagt worden waren, schaute der Junge noch einmal auf und in seinem um Gnade flehenden Blick erkannte er nicht nur die Verzweiflung seines Schülers, sondern auch seine eigene Härte.

Dr. Oldenburg schob seinen Sessel zurück, erhob sich und begann unruhig auf und ab zu gehen. Der Junge ging ihm nicht aus dem Kopf. Er hatte ihm damals diese Chance nicht gegeben, sich auf Gerechtigkeit berufen…

Nachdem der Junge aus seinem Arbeitszimmer gegangen war, verspürte der Schulleiter zum ersten Mal die ganze Wucht und Grausamkeit der menschlichen Reue, die ihn seitdem wie ein Schatten verfolgte, die er zu verdrängen suchte und die dann doch in den glücklichsten Stunden seines Lebens ganz unerwartet hervorbrach.

Dr. Oldenburg blieb vor dem Fenster stehen, rieb sich unbewußt am Kinn und blickte, ohne etwas zu sehen, nach draußen. Bin ich ein Tatenmensch oder ein zartbesaiteter Schwächling? fragte er in trügerischer Absicht, die unangenehmen Empfindungen loszuwerden. Es gibt keine andere Wahl! Ich muß ihn leider opfern, sonst stürzen wir letztendlich beide in den Abgrund!

Er begründete diese Entscheidung, fügte in seine lange Beweiskette sehr geschickt ein Argument nach dem anderen ein und bald gelang es ihm tatsächlich, die begehrte Ruhe wieder zu finden. Doch gleichzeitig spürte er, wie alle guten und reinen Regungen seiner Seele sich vor den eisernen Schlägen seiner kalten Vernunft ängstlich verkrochen hatten und jetzt irgendwo in deren entlegensten Winkeln verkümmerten.

Dr. Oldenburg erfaßte mit der Hand den kühlen Fenstergriff, legte seine heiße Stirn darauf und erinnerte sich daran, wie er sich damals vor zwei Jahren für seine Entscheidung geschämt und in der Tiefe seines Herzens die Hoffnung gehegt hatte, daß er diesem Jungen nie wieder begegnen würde...

Nein! dachte Dr. Oldenburg mit wachsender Entschlossenheit. Ich werde es mir nicht noch einmal antun. Gnade vor Recht. Ja! Gnade vor Recht... für alle, die ihre Taten aufrichtig bereut haben und bereit sind, ihrem Leben eine neue Richtung zu geben. Besonders in diesem Fall, wo die Schuldfrage noch gar nicht geklärt wurde. Sollte es sich später herausstellen, daß Sebastian tatsächlich unschuldig war...

Als Dr. Oldenburg die tragischen Folgen einer solchen Fehlentscheidung vor Augen hatte, erschrak er sogar bei dem Gedanken, daß er noch vor einigen Minuten ernsthaft in Erwägung gezogen hatte, diesem liebenswürdigen Jungen ein solches Unrecht widerfahren zu lassen.

Was sollte ich aber tun? dachte der Schulleiter. Wie zu erwarten war, hatte die Angelegenheit schon längst ihre juristische Dimension verlassen und war nun zu einer rein politischen Frage geworden.

Dr. Oldenburg erinnerte sich an einen passenden Spruch, den man gewöhnlich Bismarck in den Mund legte. Der eiserne Kanzler sollte einst gesagt haben, daß Politik die Kunst des Möglichen sei. Der schöne Spruch gab ihm wieder Kraft.

„Na dann!“ dachte Dr. Oldenburg entschlossen. „Versuchen wir eben das Mögliche zu tun...“

Striktes Redeverbot

Der Unterricht hatte bereits begonnen, doch Annas Stuhl war nach wie vor leer. Auch Julia fehlte. Sichtlich getroffen von der peinlichen Szene auf dem Schulhof, hatte sie auf Anna gewartet, um ihr das Mißverständnis zu erklären. Nachdem sie aber gesehen hatte, daß ihre beste Freundin nach der Pausenglocke nicht erschienen war, stürmte sie aus dem Klassenraum und verschwand im langen Flur.

Frank fühlte sich elend. Er schlug die Augen nieder. Am liebsten hätte er das Gleiche getan, doch das verhängnisvolle Gespräch mit Annas Vater lastete wie ein Stein auf seiner Seele und lähmte ihn.

Wie kann ich gegen seinen Willen diese Freundschaft weiterführen! Ein schrecklicher Kampf tobte in seinem Innern. Vielleicht hatte er Recht damit und ich würde seiner Tochter nur Unglück bringen? Doch wie sollten sie jetzt weiterleben? Wie soll ich jeden Tag in ihre Augen sehen und so tun, als ob wir nur Freunde wären?

Die Geschichtslehrerin stand an der Tafel, erzählte etwas über die Weimarer Republik, doch Frank konnte ihr überhaupt nicht folgen. Das Schuldgefühl wuchs mit jeder Minute und drohte, ihn restlos zu verbrennen. Man kommt wohl nicht umhin, ihr die Wahrheit zu sagen? Was danach geschehe, sollte man einfach dem Schicksal überlassen…

Während er noch darüber nachdachte, erschien in der Tür die Sekretärin von Dr. Oldenburg.

„Wer ist dran?" fragte Georg vergnügt. „Wir sehen uns inzwischen fast jeden Tag!"

„Ist das nicht schön?" sagte die Sekretärin mit einem Lächeln, das nichts Gutes versprach.

Georg lachte auf.

„Wie soll ich das sagen!" erwiderte der Junge und machte ein Gesicht, an dem jeder die Antwort ablesen konnte.

Die Klasse lachte, doch die Frau ließ seine Anspielung unbeantwortet, begrüßte die Lehrerin und ließ ihren Blick durch die Reihen schweifen.

„Uffelmann", sagte sie ruhig, als sie Frank sah.

„Schon wieder!" rief Luka empört aus. „Mir scheint, daß Sie ohne ihn gar nicht mehr leben können! Wäre es nicht besser, Sie würden ihn einfach in Ruhe lassen?"

„Luka!" rief Frau Weimar ihm vorwurfsvoll zu, doch der Junge konnte seinen Unmut nicht bändigen.

„Wenn es so weiter geht, machen wir noch einen Aufstand!“

Das Gesicht der Sekretärin wurde finster.

„Und wenn ich noch ein einziges Wort von dir höre, wirst du der nächste sein!“ wies sie ihn zurecht und ging hinaus.

Als Frank das Arbeitszimmer des Schulleiters betrat, saß dieser wie gewohnt an seinem Tisch und telefonierte. Er begrüßte Frank mit einem Kopfnicken und wies ihm mit der Hand auf einen Besuchersessel.

Während er noch telefonierte, rätselte Frank darüber, aus welchem Grunde er ihn sprechen wollte, konnte es sich aber nicht erklären. Sobald aber Dr. Oldenburg das Telefon aus der Hand gelegt hatte, ging es gleich zur Sache:

„Das Ministerium hat mich heute angerufen“, sagte er ohne Einleitung. „Nicht nur die Sache mit Sebastian wurde angesprochen, sonder auch das Streitgespräch in der Aula.“

Ein undefinierbares Schuldgefühl lastete auf Frank. Es war nicht schwer sich vorzustellen, daß die Diskussion und die darauf folgenden Ereignisse Dr. Oldenburg große Schwierigkeiten beschert hatten.

„Ich versuche es Ihnen zu erklären…“, sagte Frank, doch der Schulleiter unterbrach ihn.

„Kein Wort mehr davon! Was bereits geschehen ist, können wir nicht mehr rückgängig machen. Wir müssen aber versuchen, den Schaden zu begrenzen. Ich habe beschlossen, dir und deinen Freunden ein striktes Redeverbot zu erteilen, das ab heute gelten sollte. Kein Wort mehr über Politik und Geschichte, sonst fliegt ihr bald alle von der Schule!“

Die Worte trafen Frank hart, was auf seinem Gesicht zu sehen war.

„Wie ist dein Verhältnis zu Sebastian?“ fragte Dr. Oldenburg mit der gleichen machtvollen Stimme.

„Er ist mein Freund“, sagte Frank, sichtlich erfreut, daß der Schulleiter das leidige Thema selbst angeschnitten hatte. „Er hat es nicht getan…“

„Warum bist du dir dessen so sicher?“ fragte Dr. Oldenburg.

Die Frage überraschte Frank. Irritiert blickte er ins Gesicht des Schulleiters und wußte nicht, wie er seine Zuversicht erklären sollte.

„Er ist mein Freund“, wiederholte er unsicher. „Wenn er es gewesen wäre, hätte er mir das gesagt.“

„Das bezweifle ich“, sagte der Schulleiter betont ruhig.

Frank erstarrte vor Überraschung.

„Wie meinen Sie das?“ fragte er zutiefst beunruhigt.

„Kannst du mir sagen, was er, um alles in der Welt, in jener Nacht am türkischen Teppichladen verloren hatte? Oder hat er dir vielleicht erzählt, warum er nach der Veranstaltung nicht gleich nach Hause gegangen ist, wie es die anderen Schüler getan haben?“

Dr. Oldenburg erhob sich und ging zum Fenster.

„Warum schweigst du?“ frage er, ohne sich umzudrehen.

„Wenn ich ihn danach frage, dann wird er mir das bestimmt erzählen“, sagte Frank und die Zuversicht in seiner Stimme brachte Dr. Oldenburg auf eine glänzende Idee.

Er drehte sich um und bedachte Frank mit einem langen prüfenden Blick.

„Wenn er dein echter Freund ist, dann kannst du ihm vielleicht helfen.“

„Ich werde alles tun, was in meinen Kräften steht!“ sagte Frank ohne Zögern.

„Die Staatsanwaltschaft muß wissen, wo er die letzten zwei Stunden vor der Tat verbrachte. Er verweigert die Aussage, wodurch er sich in eine sehr heikle Lage bringt. Kannst du mit ihm sprechen?“

„Ich werde es tun“, bestätigte Frank, erfreut darüber, daß im laufenden Ermittlungsverfahren doch noch eine kleine Hoffnung bestand.

„Kannst du mit ihm vielleicht jetzt sprechen? Ich befreie euch beide für die nächsten zwei Stunden vom Unterricht“, sagte Dr. Oldenburg. „Wenn er soweit ist, bringst du ihn zu mir!“

Ein leiser Hoffnungsschimmer

Als Frank aus dem Arbeitszimmer des Schulleiters ging, fühlte sich Sebastian hilflos und alleingelassen. Obwohl Dr. Oldenburg durchaus freundlich zu ihm schaute, erwartete er nichts Gutes von dem bevorstehenden Gespräch. Es gab schon so viele davon: Verhöre, klärende Gespräche, selbst die Mutter wurde nicht verschont und mußte zweimal zur Polizei gehen, um zu erklären, daß ihr Sohn kein Straftäter, sondern ein unauffälliger Junge gewesen sei. Gebracht hatte es bis jetzt gar nichts. Die Ermittlungen dauerten an, und was sie ergeben würden, wußte offensichtlich keiner.

Dr. Oldenburg erhob sich von seinem Sessel, ging nach vorne und wies Sebastian auf einen der beiden Besuchersessel, die zu beiden Seiten eines kleinen Tischchens standen.

„Erinnerst du dich noch daran, wie wir zum ersten Mal zusammen an diesem Tisch saßen?" fragte er gutgelaunt und setzte sich ebenfalls.

Sebastian lächelte bei der Erinnerung an seine erste Begegnung mit Dr. Oldenburg. Es war um die Anmeldung auf dem Gymnasium gegangen, die Sebastian wegen der fehlenden Unterschrift der Mutter beinahe verpaßt hatte. Auch damals war die Welt vor Sebastians Augen buchstäblich zusammengebrochen, und es war Dr. Oldenburg gewesen, der sie wieder gerettet hatte. Wehmütig dachte er an die lang verflossene Zeit und sehnte sich danach, daß auch jetzt seine Welt nicht gänzlich untergehen würde. Er blickte zum Schulleiter auf und glaubte in dessen Gesicht die gleiche Güte erkannt zu haben.

„Weißt du, wir haben alle in unserer Jugendzeit Dummheiten gemacht", sagte Dr. Oldenburg seufzend. „Soll ich dir erzählen, was die Jungs in meiner Schule alles angestellt haben, als ich noch so jung war wie du?"

Sebastian wußte, worauf der Schulleiter hinaus wollte, täuschte aber, um diesen nicht zu beleidigen, ein gewisses Interesse vor.

„Bei uns war es damals besonders cool, selbstgemachte Böller unbemerkt unter den Stuhl eines Klassenkameraden anzubringen. Wenn der Lehrer aus der Klasse ging, hat man ihn hochgehen lassen. Es hat einen Heidenspaß gemacht!"

Sebastian konnte sich sehr gut vorstellen, wie sein Freund René aufspringen würde, wenn unter seinem Stuhl ein Böller explodiert wäre.

„So was habe ich noch nie gemacht", gab er mit glänzenden Augen zu.

„Aber ich!" erwiderte Dr. Oldenburg.

„Sie?!“ fragte Sebastian, als wollte er sich vorsichtshalber vergewissern, daß er die letzten Worte richtig verstanden habe.

Der Schulleiter nickte bedeutungsvoll. Sebastian starrte in sein glattrasiertes Gesicht und mühte sich vorzustellen, wie es aussehen könnte, wenn der Schüler Oldenburg heimlich einen Böller unter dem Sitz seines Klassenkameraden hochgehen ließe. Natürlich war ihm sonnenklar, daß auch Dr. Oldenburg früher eine Schule besucht hatte, doch Sebastians Vorstellungsvermögen scheiterte an dem ehrfurchtgebietenden Aussehen des Schulleiters. Ob er in seiner Kindheit auch mal eins auf den Po bekommen hatte?

„Den Böller habe ich mir übrigens selbst gebastelt“, fuhr Dr. Oldenburg mit seiner Erzählung fort. „Dabei habe ich aber die Menge zu hoch dosiert… und der Stuhl war zu schwach…“

„Wem gehörte der Stuhl?“ fragte Sebastian ungeduldig.

„Meinem Klassenlehrer.“

Sebastian schluckte gequält hinunter, denn allein der bloße Gedanke an die Folgen eines solchen Streichs war atemberaubend.

„Und?“ flüsterte er gespannt.

„Na ja“, sagte Dr. Oldenburg mit rätselhaftem Lächeln und räusperte sich. „Wie ich schon sagte… Die Polsterung unter seinem Sitzfleisch war zu schwach.“

Sebastian konnte das Auflachen nicht zurückhalten. So bildlich konnte er sehen, was in jenem Augenblick geschehen war.

„Und was ist dann mit Ihnen passiert?“

„Beinahe haben sie mich aus der Schule geschmissen. Wenn sie es getan hätten, würdest du jetzt bestimmt mit einem anderen Schulleiter sprechen.“

Sebastian wurde auf einen Schlag ernst.

„Das will ich aber nicht!“ brach es gefühlvoll aus ihm heraus.

Als er erkannte, was er soeben gesagt hatte, senkte er verlegen den Blick zu Boden und schwieg.

„Danke“, sagte Dr. Oldenburg. „Ich hoffe, ich kann dir vertrauen, daß du die Geschichte nicht weiter erzählst?“

„Natürlich!“ rief der Junge aus, sichtlich bemüht, dem Schulleiter jeden Zweifel an ihm zu nehmen. „Sie können mir vertrauen!“

„Vertraust du mir auch?“ fragte Dr. Oldenburg und schaute dem Jungen tief in die Augen. „Ich hoffe, du glaubst mir, daß ich dir helfen will?“

Sebastian erkannte bereits, welche Richtung das Gespräch jetzt nehmen würde, trotzdem konnte er nicht „Nein“ sagen.

„Du mußt mir erzählen, wo du unmittelbar vor der Festnahme gewesen bist. Warst du allein?“

Sebastian nickte mit dem Kopf.

„Wo warst du aber? Warum bist du nicht gleich nach Hause gegangen?“

„Ich bin nach Hause gegangen“, erwiderte Sebastian bedrängt.

Dr. Oldenburg zog die Augenbrauen fragend hoch.

„Ich stand vor dem Haus… dann wollte ich in den Park gehen…“

„Warum?“

„Ich wollte im Park übernachten…“

„Im Park?“

Sebastian schlug die Augen nieder. Seine Wangen glühten.

„Ich habe durch die Fenster gesehen, daß meine Mutter nicht alleine war…“, preßte Sebastian stotternd aus sich heraus.

Dr. Oldenburg mußte keine weiteren Fragen stellen, um zu wissen, was in Sebastians Wohnung geschehen war und warum er beschlossen hatte, in dieser Nacht im Park zu übernachten.

„Und wie hat die Polizei dich festgenommen?“

Sebastian atmete durch und erzählte die ganze Geschichte noch einmal.

„Dann haben sie mich eben geschnappt“, sagte er zum Schluß und ließ den Blick wieder sinken.

„Warum hast du versucht zu fliehen?“ fragte Dr. Oldenburg.

Sebastian zuckte ratlos mit den Schultern.

Die Erinnerung an die Ereignisse jener Nacht wühlte ihn auf, und der Ernst seiner Lage wurde ihm wieder deutlich. Am meisten aber quälte ihn die Ungewißheit.

„Werden Sie mich von der Schule verweisen?“ fragte er verzweifelt.

„Keine Angst!“ erwiderte Dr. Oldenburg. „Solange ich der Schulleiter bin, bleibst du in der Schule.“

Die Klarheit, mit der diese Zusicherung ausgesprochen wurde, überwältigte Sebastian.

„Ich danke Ihnen“, sagte er bewegt.

Beinahe stiegen ihm die Tränen in die Augen. Er schluckte sie hinunter und wollte bereits aufstehen, doch Dr. Oldenburg wandte sich an ihn mit einer weiteren Frage.

„Ich wollte nur noch einige Details klären. Als du vor dem Schaufenster stehengeblieben bist und die Dosen gesehen hast, was hast du gemacht? Hast du die zweite Dose auch berührt?“

„Nein“, erwiderte Sebastian ohne Zögern, denn er konnte sich an jeden Augenblick seiner Leidensgeschichte erinnern.

„Bist du dir ganz sicher?“

Sebastian bestätigte es noch einmal, worauf Dr. Oldenburg ihn in den Unterricht entließ.

Kaum war der Junge hinausgegangen, griff der Schulleiter zum Telefon. Als sich am anderen Ende der Leitung die Stimme des Polizeidirektors meldete, erzählte Dr. Oldenburg von dem Gespräch mit Sebastian.

„Er ist bereit, den Ermittlungsbehörden zu erzählen, wo er vor der Tat war“, sagte er. „Außerdem habe ich noch ein wichtiges Detail herausgefunden, das die Sache bestimmt in einem anderen Licht erscheinen läßt. Der Junge behauptet, daß er nur eine Dose berührt habe, die zweite aber nicht. Falls seine Fingerabdrücke nur auf einer Dose vorhanden sind, dann ist er unschuldig!“

„Mach dir keine Sorgen!“ erwiderte Herr Bölle. „Das werden sie bestimmt prüfen…“

Nachdem Dr. Oldenburg das Gespräch beendet hatte, verspürte er eine deutliche Erleichterung. Man darf niemals aufgeben! dachte er zuversichtlich, egal was passiert…

Echte Freundin

Anna schlich sich zur großen Treppe, lief geräuschlos in das Obergeschoß hinauf, und als sie endlich ihr Zimmer erreichte, warf sie sich aufs Bett. Sie hatte keine Kraft mehr, nicht einmal zum Weinen.

Bald klingelte ihr Handy. Sie schaute auf den Display, sah Julias Nummer und warf es wieder aufs Bett neben sich. Wir haben nichts mehr zu besprechen, dachte sie gekränkt. Sie kann sich drehen und winden, wie sie will! Ich habe es selbst gesehen!

Dabei sah sie wieder ihren zärtlichen Kuß und ihre glücklichen Augen. Wie schrecklich war das alles! Anna wußte gar nicht, wer sie am meisten verraten hatte, Frank oder ihre beste Freundin.

Das Handy verstummte, doch in wenigen Sekunden begann es wieder zu klingeln.

Wie konnte ich nur so dumm sein! Sie hat ihn schon immer geliebt, seit jenem ersten Augenblick, in dem sie ihn gesehen hat! Das hat sie mir doch selbst gesagt! dachte Anna und erinnerte sich an Julias Erzählung darüber, wie Frank zum ersten Mal in der Klasse erschienen war. Die ganze Zeit hat sie nur auf eine Gelegenheit gewartet, um ihn mir wieder zu stehlen. Der Gedanke daran war entsetzlich. Ich hätte es wissen müssen…

Als das Handy wieder zu klingeln begann, nahm sie es in die Hand. Ein starkes Verlangen, die Sache endgültig zu klären, besiegte schließlich ihren Stolz. Vielleicht lag da immer noch ein Funke Hoffnung? Sie drückte auf den grünen Knopf und legte das Handy ans Ohr.

„Anna!“ rief Julias besorgte Stimme. „Was ist mit dir?“

„Du fragst, was mit mir ist?“ erwiderte Anna gekränkt und begann zu schluchzen.

„Ich weiß, was du denkst“, sagte Julia. „Aber das ist nicht wahr…“

„Ich habe es selbst gesehen!“

„Ich liebe ihn nicht!“ beteuerte Julia, doch Anna unterbrach sie.

„Das glaube ich nicht!“

„Soll ich jetzt aus dem Fenster springen, damit du mir glaubst?“ rief Julia ihr verzweifelt zu und begann ebenfalls zu schluchzen.

„Was redest du da?!“ erwiderte Anna, geschockt von der wilden Entschlossenheit in der bebenden Stimme ihrer Freundin.

Sie wußte, daß Julia zu allem fähig war. Sie wollte sie beruhigen, doch die Tränen erstickten ihre Worte.

„Willst du wissen, wovon wir gesprochen haben?“ fragte Julia.

Anna antwortete nicht. Natürlich wollte sie es wissen. Die Seele zitterte und verlangte danach, doch so etwas zuzugeben, war gar nicht so leicht.

„Versprichst du mir, daß du es niemandem erzählst?“ fragte Julia.

Ohne eine Antwort abzuwarten, sagte sie: „Ich habe ein Geheimnis!“

„Du hast keine Geheimnisse“, erwiderte Anna. „Ich weiß gar nicht, ob du überhaupt eins haben kannst!“

„Doch!“ widersprach Julia. Einige Sekunden später begann sie zu erzählen: „An meinem vierzehnten Geburtstag habe ich in meiner Schultasche einen Brief gefunden… Es war eine Liebeserklärung. Aber was für eine… So etwas hatte ich noch nie gelesen!“

Anna war überrascht. Die Stimme ihrer Freundin klang wieder ganz anders und durchaus vertrauensvoll, doch das Mißtrauen saß nach wie vor tief in ihrem Herzen.

„Warum hast du mir es früher nicht erzählt?“ fragte Anna viel ruhiger. „Wer hat diesen Brief geschrieben?“

„Das weiß ich eben nicht“, erwiderte Julia verlegen. „Ich wollte es dir schon immer erzählen… Ich hatte Angst, daß du lachen wirst… Seitdem habe ich jeden Monat, manchmal sogar jede Woche solche Briefe bekommen!“

Die Nachricht verwirrte Anna. Sie glaubte, ihre Freundin gut gekannt zu haben, und konnte so etwas gar nicht richtig einordnen. Plötzlich beschlich sie eine Ahnung, warum Julia die Jungs gemieden hatte.

„Und?“ fragte sie verstört. „Was hat diese Geschichte mit Frank zu tun?“

„Erinnerst du dich noch an den Roman, den Frank uns gegeben hat? Über den Krieg und so?“

„Klar!“ bestätigte Anna, denn die ergreifende Liebesgeschichte, die so tragisch endete, hatte sich tief in ihr Gedächtnis eingebrannt.

„Als Friedrich sich verliebt hatte, steckte er dem Mädchen auch einen Brief in die Schultasche…“

„Und?“

Julia atmete einige Male durch, als hätte sie Kraft gesammelt, um ein wichtiges Geständnis abzugeben.

„Das ist der gleiche Brief, den auch ich bekommen habe!“ sagte Julia.

Anna überlief ein Frösteln.

„Der gleiche Brief?!“ wiederholte sie verblüfft.

„Wort für Wort!“ bestätigte Julia und begann wieder zu schluchzen.

„Julchen!“ rief Anna erfreut aus. „Wolltest du von Frank erfahren, wer das Buch geschrieben hat?“ Ein Gefühl der Erleichterung erfaßte sie. „Hat er es dir gesagt?“

„Nein“, erwiderte Julia resigniert. „Er darf seinen Namen nicht verraten. Das hat er ihm versprochen...“

„Aber du hast doch bestimmt eine Vermutung, wer es sein könnte?“ fragte Anna ungeduldig.

„Keine Ahnung!“ sagte Julia verzweifelt und fügte gleich danach etwas ruhiger hinzu: „Frank hat mir aber doch etwas Wichtiges verraten.“

„Was hat er dir gesagt?“ fragte Anna, fasziniert von der filmreifen Geschichte.

„Er ist jung“, sagte Julia traumselig, „so jung... wie ein Märchenprinz!“

Ihre Stimme klang warm und zärtlich, als würde sie ihren geheimnisvollen Verehrer bereits von ganzem Herzen lieben.

„Wie schön!“ rief Anna bewegt aus. „Du wirst ihn bestimmt finden!“

Ein wohliger Schauer lief über sie. Daß so etwas Schönes nicht nur in einem Roman, sondern auch im Leben geschehen könnte, dazu noch mit ihrer besten Freundin, berauschte Anna immer mehr.

Julia aber schwieg einige Sekunden lang, dann fragte sie leise:

„Bist du mir sehr böse?“

Erst jetzt erinnerte sich Anna wieder an den Vorfall auf dem Schulhof. Brennendes Schuldgefühl erfaßte sie. Sie kniff die Augen fest zu, so peinlich war es, daran zu denken, welche Szene sie gemacht hatte. Schon wieder hatte sie ihre beste Freundin eines Verrats verdächtigt.

„Julchen!“ flüsterte Anna reumütig. „Verzeih mir!“

„Darf ich zu dir kommen?“ fragte Julia, während Anna wieder Tränen in die Augen stiegen.

„Natürlich!“ reif sie ihr zu. „Wo bist du?“

„Ich stehe unten vor deiner Tür.“

Anna stürmte sofort aus dem Zimmer und lief zum Eingang...

* * *

Gegen elf Uhr gingen die Mädchen die grüne Bahnhofstraße entlang und schienen wieder ausgelassen und fröhlich zu sein. Doch als Anna das Schulgebäude sah, wurde sie langsamer.

„Was ist?“ wollte Julia wissen.

„Ich schäme mich“, gab Anna verlegen zu. „Das ist so peinlich!“

„Höf auf!" protestierte Julia, packte ihre Hand und zog sie weiter. „Niemand hat etwas gesehen. Wir tun so, als wäre nichts gewesen!"

Anna beruhigte sich ein wenig, trotzdem hatte sie Angst, daß ihre Eifersucht zum Hauptgericht der schulischen Gerüchteküche würde. Noch schlimmer war der Gedanke daran, daß sie es irgendwie auch Frank erklären müßte. Wie sollte man da Gelassenheit vorspielen, wenn man schon jetzt weiche Knie bekam? Anna wußte es nicht…

Das allsehende Auge

Einige Stunden später saßen Anna und Julia an einem Tisch in der Mensa und wußten nicht, wie sie die Zeit totschlagen sollten. Ihre Kunstlehrerin war krank geworden, weshalb sie keinen Unterricht mehr hatten. Frank und Walter hingegen mußten zwei ganze Stunden länger die Schulbank drücken, da sie andere Wahlfächer hatten.

Während Julia auf ihr schickes Handy starrte und die neuen Nachrichten sortierte, wollte Anna die Zeit nutzen, um die Hausaufgaben zu machen. Bald mußte sie aber feststellen, daß sie seit einigen Minuten den gleichen Satz las, ohne dessen Sinn verstanden zu haben. Den ganzen Tag schon waren ihre Gedanken bei Frank. Sein merkwürdiges Verhalten beunruhigte sie. Er schien irgendwie verschlossen, antwortete auf ihre Fragen einsilbig und wich ihrem Blick beharrlich aus, als hätte der Vorfall auf dem Schulhof ihr Verhältnis stark beschädigt. Selbst im Verhalten ihrer Freunde glaubte sie eine Veränderung bemerkt zu haben. Sie ließen es sich nichts anmerken, doch sie taten es so ungeschickt und übertrieben, daß Anna dabei nur noch verlegener wurde. Wie peinlich! dachte sie reuevoll. Hoffentlich werden sie es bald vergessen…

Anna schob ihr Schulbuch beiseite.

„Wo bleiben denn die anderen?“ fragte sie besorgt, als Julia ihr Handy endlich in die Schultasche steckte. „Sie haben doch auch keinen Unterricht mehr.“

„Den ersten kannst du dir schon mal ansehen“, erwiderte Julia, die aus irgendeinem Grund plötzlich gut gelaunt zu sein schien.

„Luka!“ rief Anna erfreut aus, als sie den Jungen durch das große Fenster sah.

Stufe um Stufe stieg er die Eingangstreppe hinunter und ging langsam zur Mensa. In der Hand hielt er ein aufgeschlagenes Buch, dessen Inhalt ihn so stark zu fesseln schien, daß er alle drei Schritte stehenblieb. Dabei strich er ärgerlich seine widerspenstige Stirnlocke zur Seite, die ihm andauernd vor die Augen fiel.

„Wie schafft er das bloß?“ wunderte sich Anna.

„Was meinst du?“

„Na so zu gehen, ohne auf den Weg zu schauen“, erklärte Anna.

„Woher willst du wissen, daß er das wirklich schafft?“ fragte Julia skeptisch. „Vielleicht fällt er gleich auf die Nase?“

Kaum hatte sie ihren Zweifel ausgesprochen, stolperte Luka an einem

Pflasterstein, geriet ins Straucheln und fiel auf den Boden.

„O nein!“ stöhnte Anna entsetzt und verzog schmerzlich ihr Gesicht, während Julia zu lachen begann.

„So ein Trottelchen!“ sagte sie mild und nachsichtig.

Anna strafte sie mit einem vorwurfsvollen Blick und rannte hinaus.

Der Junge saß mit angewinkelten Beinen am Boden, krallte sich in sein verletztes Knie und stöhnte vor Schmerz, während sich um ihn herum bereits ein Dutzend Schüler versammelten.

„Luka!“ stieß Anna mitfühlend aus und sank vor ihm auf die Knie. „Zeig's mir!“

Der Junge nahm seine blutverschmierten Hände weg. Auf seiner zerrissenen Hose bildete sich ein dunkelroter Fleck. Auch seine rechte Hand war verletzt.

Anna kniff die Augen zu und wandte ihr Gesicht zur Seite.

„Schon gut, er lebt noch!“ sagte Julia und tätschelte den Jungen an der Wange.

Sie hob das Buch auf und steckte es in seinen Rucksack.

„Wer liest schon im Gehen?“ tadelte sie ihn liebevoll.

„Sag bloß, ich hab's verdient...“, preßte Luka heraus und drückte die Lippen fest aneinander.

„Nur nicht heulen!“ sagte Julia warnend.

„Das tu ich doch gar nicht!“ stöhnte Luka erschöpft.

Das Mädchen begann zu lachen.

„Dafür kriegst du von mir einen Kuß“, sagte sie schalkhaft.

Als das Mädchen sich tatsächlich über ihn beugte, hielt er vor Schreck inne, dann wich er vor ihr zurück und stieß mit dem Rücken gegen eine Bank. Er wollte sie auf Abstand halten, traute sich aber nicht, das hübsche Mädchen mit seinen blutverschmierten Händen anzufassen.

„Hör auf zu zappeln!“ herrschte Julia ihn gebieterisch an.

Sie nahm seinen Kopf zwischen ihre Hände und küßte ihn auf die Wange, während die Fünftkläßler um sie herum zu kichern begannen.

„Siehst du, jetzt hast du keine Schmerzen mehr!“

Luka wurde rot. Angestrengt versuchte er den Eindruck zu erwecken, als würde ihm diese Geste nichts bedeuten. Er begann zu lächeln.

„Hör auf zu grinsen!“ ermahnte ihn Julia. „Melanie ist da.“

Das Lächeln verblaßte auf dem Gesicht des Jungen. Entsetzen zeigte sich in seinen Augen.

„Hat sie's gesehen?“ flüsterte er, ohne sich umzudrehen.

„Natürlich“, erwiderte Julia vergnügt und strich ihm zärtlich die herunterhängenden Haarsträhnen aus der Stirn. „Es wird Ärger geben.“

„Julia!“ rief Anna ihr vorwurfsvoll zu. „Hör auf damit!“

„Das war doch nur ein Spaß!“ wehrte sich das Mädchen lachend. „Hast du gesehen, wie glückselig er dabei aussah?“

„Hör bitte auf!“ bat Anna sie noch einmal, konnte aber ihr Lächeln beim Anblick des verwirrten Jungen nicht verbergen. „Vielleicht denkt er dabei was anderes!“

„Laß ihn doch ruhig denken, was er will!“ erwiderte Julia beschwichtigend.

Luka erhob sich und schaute um sich.

„Ihr redet von mir, als ob ich gar nicht da wäre“, sagte er vorwurfsvoll.

„Willst du noch einen Kuß?“ fragte Julia amüsiert und zog ihn zur Mensa. „Komm, du mußt deine Hände waschen!“

Bald saßen alle drei an einem Tisch.

„Man muß die Wunde unbedingt verbinden!“ meinte Anna, doch Julia vertrat eine andere Meinung.

„Sie blutet doch gar nicht mehr!“ erwiderte sie mit Nachdruck. „So wird sie schneller heilen!“

Sie stritten noch eine Weile darüber, dann sah Julia eine Bekannte auf dem Schulhof und ging hinaus, um mit ihr etwas Wichtiges zu besprechen.

„Was hast du denn gelesen?“ fragte Anna den Jungen, als sie allein waren. „War das Buch wirklich so spannend?“

Luka zog aus der Schultasche ein stark zerlesenes Buch heraus und legte es, ohne nur ein einziges Wort zu sagen, auf den Tisch. Es war *Krabat* von Otfried Preußler. Ein gutes Dutzend gelber Lesezeichen steckten zwischen den Seiten.

„Das haben wir doch schon letztes Jahr im Unterricht gehabt?“ wunderte sich Anna. „Hast du es damals nicht gelesen?“

„Gelesen habe ich es“, erwiderte Luka mit rätselhafter Stimme. „Nur habe ich damals nicht verstanden, was Preußler damit sagen wollte.“

„Und jetzt hast du es endlich verstanden?“ fragte Anna und mußte lächeln, als sie sah, mit welchem Ernst er darüber gesprochen hatte.

Luka zögerte mit der Antwort, obwohl sein Gesichtsausdruck verriet, wie gern er seine Gedanken mit ihr teilen würde.

„Du hast mir aber am Telefon gesagt, du willst damit nichts mehr zu tun haben!“ erwiderte er, während in seiner Stimme eine Art Kränkung mitschwang.

„Was hat das denn damit zu tun?“ fragte Anna überrascht. „Meinst du etwa, es geht dort um die Freimaurer?“

„Sei nicht so laut!“ sagte Luka und schaute sich um. „Genau darum geht es in diesem Buch. Bloß mußte Preußler es stark verschlüsseln, damit sie nicht über ihn herfallen.“

Anna blieb skeptisch. Sie konnte sich noch erinnern, daß es in diesem Buch um die Schwarze Mühle ging und um die Müllerburschen, die in die Fänge des unheimlichen Meisters gerieten. Am Ende haben sie sich durch die selbstlose Liebe eines Mädchens von seiner schwarzen Magie befreit. Das Buch war im Unterricht ausführlich diskutiert worden. Später hatten sie sogar einen Spielfilm gesehen, in dem David Kross die Hauptrolle spielte.

„Die Lehrerin meinte aber, Preußler habe sich darin mit der Zeit des Nationalsozialismus auseinandergesetzt…“, sagte Anna zweifelnd, doch Luka fiel ihr ungeduldig ins Wort.

„Wach endlich auf!“ rief er ihr aufgeregt zu. „Du schläfst!“

Anna hatte einen solchen Gefühlsausbruch ausgerechnet an dieser Stelle nicht erwartet. Sprachlos starrte sie in die blauen Augen des Jungen.

„Erinnerst du dich noch daran, was dort am Eingang geschrieben steht?“ fragte er und zeigte mit seiner verletzten Hand in Richtung der Eingangstreppe.

Anna blickte nach draußen und sah das Kant-Relief neben der Eingangstür.

„Sapere aude“, sagte sie etwas unsicher.

„Genau das meine ich!“ erwiderte Luka und klatschte sogar leicht mit der Handfläche auf den Tisch. „Wage es zu wissen, dich also deines eigenen Verstandes zu bedienen! Und gerade das tu ich, während du dir die Meinung der anderen zu eigen machst! Die meisten Lehrer verstehen selber gar nichts davon, oder sie sagen nur das, was von ihnen erwartet wird!“

„Aber du willst doch das Gleiche!“ widersprach Anna. „Du willst, daß ich nicht ihnen, sondern nur dir glaube!“

„Das will ich eben nicht!“ protestierte Luka. „Ich will, daß du dich selbst damit beschäftigst…“

„Nur damit es dir nicht so langweilig wird?“ warf Anna lächelnd ein.

Ihre harmlose Bemerkung hatte eine unerwartete Wirkung auf ihren Klassenkameraden. Er regte sich unheimlich auf und reagierte ungewöhnlich heftig.

„Ich habe gedacht, daß du auch die Wahrheit wissen willst, vor allem aber, wer diese Welt regiert! Offensichtlich habe ich mich getäuscht! Du kannst ruhig weiter schlafen!“

Sichtlich verstimmt zog er sein Smartphone aus der Hosentasche, suchte sich im Internet einen Artikel aus und starrte nun demonstrativ sein Handy an, ohne das Mädchen eines einzigen Blickes zu würdigen.

Anna kannte Luka noch aus dem Kindergarten und wußte, daß ihr gutmütiger Klassenkamerad im Gegensatz zu vielen anderen gar nicht richtig böse sein konnte und nur so tat, als ob er jetzt wirklich lesen würde. Sie riß von ihrer Serviette eine kleine Ecke ab, formte daraus eine Kugel und warf sie nach ihm.

Die Papierkugel traf den Jungen am Kopf, doch er rührte sich nicht.

„Luuuka!“ rief Anna ihm zärtlich zu. „Ich hab doch nur Spaß gemacht.“

Der Junge blickte verlegen zu ihr auf.

„Ich bin heute irgendwie nervös“, sagte er schuldbewußt und räusperte sich. „Zu wenig geschlafen…“

„Und warum hast du zu wenig geschlafen?“ fragte Anna lächelnd.

„Ich habe das ganze Internet durchsucht!“ erwiderte er bereitwillig. „Ich wollte unbedingt herausfinden, ob es diesen Roman über die Mankurten auf Deutsch gibt. Bis drei Uhr morgens habe ich recherchiert, bis ich endlich kapiert habe, um welches Buch es sich handelt.“

„Mankurten?“ fragte Anna, erstaunt über das Wort, das sie noch nie gehört hatte.

„Ach ja!“ rief Luka aus und tippte sich mit Fingerspitzen an die Stirn. „Du warst doch gar nicht dabei! Frank hat uns auf der Wanderung eine Legende erzählt, die er noch in Rußland gelesen hatte. Kurz gesagt, es ging darum, daß irgendein Stamm aus der Mongolei nach Mittelasien eingedrungen war und ein anderes Volk besiegt hatte. Dann haben die Sieger ihren Gefangenen eine Art von Stirnbändern aus frischem Leder über die Köpfe gezogen. Danach ließen sie die Gefangenen einige Tage gefesselt in der glühenden Sonne liegen.

Als das Leder aber zu trocknen begann, schrumpfte es und drückte ihre Köpfe so stark zusammen, daß einige dabei wahnsinnig wurden oder sogar gestorben sind! Wer aber diese Folter überlebte, verlor jede Erinnerung an seine eigene Vergangenheit und an seine Vorfahren! Sie wurden zu Mankurten! Das waren eine Art glückliche Sklaven, die widerspruchslos ihren neuen Herren dienten und denen ihre Freiheit und alles andere ganz egal war. Einer von ihnen hat sogar seine eigene Mutter getötet!“

Anna starrte ihn betroffen an. Das, was Luka ihr gerade erzählte, war einfach schrecklich! Der Junge hatte sich aber in einen solchen Eifer hineingeredet, daß sein Gesicht zu glühen begann.

„Dieser Schriftsteller, von dem Frank uns erzählte, hat die Legende über Mankurten sehr geschickt mit unserer Zeit verzahnt. Dort geht es darum, daß ein Mann namens Adigej oder so seinen verstorbenen Freund auf einem alten Friedhof begraben wollte. Ein junger Polizist ließ ihn aber an einer Schranke nicht vorbeifahren, weil der Friedhof eingeebnet werden sollte, um dort irgendwelche Wohnblöcke zu bauen.

Dann versuchte eben dieser Adygej dem Polizisten zu erklären, daß man nicht einen Friedhof zerstören dürfe, wo ihre Ahnen begraben liegen. Dieser wollte aber nicht verstehen, wovon er gesprochen hat. Für ihn war es bloß ein Haufen ausgedienter Knochen! Er konnte gar nichts mehr fühlen für seine eigenen Vorfahren und für seine Heimat! Für das alles hatte er nur Hohn und Spott übrig! Er grinste Adigej verächtlich an und wollte mit seinen Volksgenossen nicht einmal in ihrer kasachischen Muttersprache reden!

Die Frage aber ist: Wer diesen jungen Polizisten zu einem mediengesteuerten Mankurten erzogen hat und wie? Das alles ist im höchsten Maße symbolisch! Ich will über dieses Thema unbedingt eine Buchbesprechung für unsere nächste Schülerzeitung schreiben!"

Die Geschichte hatte Anna zutiefst beeindruckt. Während Luka noch sprach, starrte sie den Physiklehrer Ginster an, der am Ausgang stand und sich mit Lisa unterhielt. Sie erinnerte sich an seine Äußerungen, wonach es besser wäre, wenn es Deutschland und die Deutschen gar nicht gegeben hätte, und eine neue Erkenntnis klopfte hartnäckig an der Tür ihres Bewußtseins. Im nächsten Augenblick konnte das Mädchen sich nicht mehr zurückhalten.

„Wenn ich mir einige Lehrer so anschaue", sagte sie leise, ohne ihren Blick vom verhaßten Physiklehrer abzuwenden, „so scheint mir, daß sie noch schlimmer sind als diese Mankurten!"

Luka folgte der Blickrichtung.

„Meinst du jetzt diesen unterernährten Geier?" fragte er spöttisch.

Kaum hatte er diesen Vergleich ausgesprochen, prustete Anna vor Lachen. Zwar hatte sie stets die Meinung vertreten, daß es unschön und sogar gemein sei, über das unvorteilhafte Aussehen der Menschen zu lachen, doch die verblüffende Ähnlichkeit des Physiklehrers mit einem Geier war zu offensichtlich. Sein dünner Hals war einfach zu lang, während die Haut überall seinen kahlen Schädel straff umspannte.

„Weißt du, wie sein Vornahme ist? fragte Luka, indem er angewidert dessen schütteres Ziegenbärtchen betrachtete, das beim Sprechen stark zitterte.

Anna schüttelte den Kopf, denn sie konnte vor unterdrücktem Lachen gar nicht mehr sprechen.

„Siegfried!“ sagte Luka ernst und mit pathetischem Schwung, worauf das Mädchen ihr gerötetes Gesicht erschöpft in den Händen verbarg.

„Aber du hast es richtig erkannt“, bemerkte der Junge zufrieden, als Anna sich halbwegs beruhigt hatte. „Es sind aber nicht nur die Lehrer! Schau dir deine Mitschüler ganz genau an!“

Während Anna noch im Speiseraum der Mensa um sich blickte, beugte sich Luka über den Tisch zu ihr hinüber.

„Was hast du da?“ fragte er verwundert und zeigte mit einem Finger auf ihre Schläfe. „Hier, über dem Ohr?“

Anna fuhr instinktiv mit der Hand über ihre dunkelblonden Haare, konnte aber nichts feststellen, was verdächtig wäre.

„Was hab ich dort?“ fragte sie besorgt und strich noch einmal über die Schläfe.

Als sie abermals keine brauchbare Antwort von ihm bekam, griff sie schnell nach ihrer Schultasche, um einen kleinen Spiegel zu holen, doch Luka konnte sich nicht mehr halten und begann zu kichern.

„Mir schien, daß du auch ein Stirnband trägst…“, rief er ihr lachend zu. „bloß ist es schon so stark mit der Haut verwachsen, daß man es kaum noch sieht… wie bei einer echten Mankurtendame eben…“

Er lehnte sich in seinem Stuhl ruckartig zurück, damit Annas Hände ihn nicht erreichen könnten, doch das Mädchen lachte über seinen Scherz unbekümmert mit und war froh, daß Luka wieder bei guter Laune war.

Nachdem aber Annas Blick wieder auf das zerlesene Krabat-Buch gefallen war, erinnerte sie sich daran, wie ihr Gespräch angefangen hatte.

„Kannst du mir endlich sagen, was in diesem Buch drin steht?“ fragte Anna. „Geht es dort wirklich um die Freimaurer?“

„Soll ich es dir beweisen?“ fragte Luka.

„Ich bin gespannt!“

„Erinnerst du dich noch daran, wie Krabat in die Schwarze Mühle kam?“ fragte Luka erfreut und schlug eine Seite auf, die mit einem Lesezeichen unterlegt war. *„Er klopfte einmal, er klopfte zweimal: Nichts rührte sich drinnen. Kein Hund schlug an, keine Treppe* *knarrte, kein Schlüsselbund rasselte – nichts. Krabat klopfte ein drittes Mal, dass ihn die Knöchel schmerzten.* Jetzt paß ganz genau auf: *Sein Blick fiel in eine schwarze, vom Schein einer einzigen Kerze erhellte Kammer. Die Kerze war rot. Sie klebte auf einem Totenschädel, der lag auf dem Tisch, der die Mitte des Raumes einnahm. Hinter dem Tisch saß ein massiger, dunkel gekleideter Mann, sehr bleich im Gesicht, wie mit Kalk bestrichen, ein schwarzes Pflaster bedeckte sein linkes Auge…*"

Luka hob den Blick langsam hoch.

„Das ist die Dunkle Kammer!" sagte er bedeutungsvoll und mit einer dramatischen Stimme.

„Was ist die Dunkle Kammer?" fragte Anna leise, angesteckt von seiner Geheimnistuerei.

„Bevor einer in die Loge aufgenommen wird, muß er in die Dunkle Kammer. Das ist ein schwarz ausgeschlagener Raum, in dem ebenfalls nur ein Tisch und ein Stuhl stehen. Eine einzige Kerze brennt darin. Auf dem Tisch steht ein Stundenglas, daneben liegt aber ein Totenkopf! In der Dunklen Kammer wird der Bewerber befragt, ob er wirklich ein Freimaurer werden will, genau wie bei Preußler! Der einäugige Meister fragt Krabat, ob er außer Müllern auch alles andere lernen möchte!"

„Vielleicht hat er damit etwas anderes gemeint?"

„Wenn das nur eine einzige Stelle wäre, würde ich dir das alles gar nicht erzählen!" entgegnete Luka, dessen Augen wieder vor Leidenschaft glänzten. „Es gibt aber in diesem Buch Dutzende davon! Weißt du zufällig wie die Logenbrüder die Freimaurerei nennen?"

Ohne zu blinzeln, starrte er Anna direkt in die Augen. Das Mädchen schüttelte stumm den Kopf.

„Die Königliche Kunst!" sagte er bedeutungsvoll.

„Das habe ich auch gelesen!" rief Anna erfreut aus und erinnerte sich an mehrere Artikel, die sie vor einigen Tagen im Internet gefunden hatte.

„Jetzt hör ganz genau zu, was Preußler schreibt: *Der Meister belehrte ihn: „Du musst wissen, Krabat, dass du in einer Schwarzen Schule bist. Man lernt hier nicht Lesen und Schreiben und Rechnen – hier lernt man die Kunst der Künste…*"

„Die Kunst der Künste!" wiederholte Anna beeindruckt.

Ein leichter Schauer lief ihr über den Rücken, so einleuchtend war es auf einmal. Mit Hitlerjugend und mit dem Nationalsozialismus schien das Ganze in der Tat nur wenig zu tun zu haben.

„Und wenn dir das nicht genug ist, dann gibt es bei Preußler noch eine andere Stelle. Hier kann man ganz genau erkennen, was er damit gemeint hat!“ Luka blätterte schnell bis zum nächsten Lesezeichen, dann las er dem Mädchen die markierten Zeilen vor:

„Woran denkst du?“, wollte der Meister wissen.
„Ich denke darüber nach“, sagte Krabat, „wie weit man es bringen kann mit der Schwarzen Kunst – und dass sie ein Mittel ist, das einem selbst über Fürsten und Könige Macht verleiht.“

„Das ist noch nicht alles!“ fuhr Luka hektisch fort und schlug eine andere Seite auf. *„Krabat hat inzwischen begriffen: Wer in der Kunst der Künste bewandert war, der gewann über andere Menschen Macht...“*

Die Worte klangen sehr überzeugend. Anna hatte das Buch vor einem Jahr gelesen, doch damals fiel es ihr gar nicht auf, daß es dabei um solche Dinge gehen könnte. Ehrlich gesagt, hätte ihr das alles gar nicht einfallen können, da sie von den Freimaurern und deren Welt nicht einmal etwas geahnt hatte.

„Weißt du zufällig, warum der Meister nur ein Auge hatte?“ fragte Luka, außerordentlich zufrieden über die Wirkung seiner Erzählung. „Sein linkes Auge war doch mit einer schwarzen Klappe bedeckt!“

„Keine Ahnung“, gab Anna ehrlich zu.

„So geben sich einige von ihnen zu erkennen! Sie decken ihr linkes Auge ab! Das ist aber ein anderes Thema, davon erzähle ich dir nächstes Mal!“ sagte Luka, der vor Mitteilungsdrang kaum noch ruhig auf dem Stuhl sitzen konnten. „Sag mir lieber, ob du den Film *Der Herr der Ringe* gesehen hast?“

„Natürlich!“ bestätigte das Mädchen, denn sie hatte sich den berühmten Dreiteiler mehrmals angeschaut und war von ihm tief beeindruckt gewesen.

„Weißt du noch wie Sauron aussah, nachdem er das erste Mal besiegt worden war und den Ring der Macht verloren hatte?“ fragte Luka und beantwortete die Frage selbst: „Ein leuchtendes Auge über dem Turm von Mordor, das alles sah und vor dessen unsichtbarer Macht alle Angst hatten! Meinst du wirklich, daß Tolkien nicht wußte, was dieses Symbol bedeutete?“

„Und was bedeutet das?“ fragte Anna, von brennender Neugier getrieben.

„Das ist eines der wichtigsten Symbole der Meisterloge!“ erklärte der Junge mit todernster Stimme. „Das allsehende Auge im leuchtenden Dreieck ganz oben über dem Meisterstuhl!“

Luka entsperrte sein Handy und wählte unter den gespeicherten Favoriten ein Video aus. Er ließ es laufen und als er die gesuchte Stelle fand, legte er sein Handy direkt vor Anna hin.

Das Video zeigte einen gewaltigen Raum, der einem Opernsaal ähnlich war. Tausende, Zehntausende Männer in schwarzen Anzügen belegten ihn bis auf den letzten Platz! Sie trugen Schürzen! An dicken Halsketten hingen Bijoux, eine Art Medaillons! Nachdem Anna in den letzten Tagen so viel darüber gelesen hatte, wußte sie, daß es Freimaurer waren.

Eine pompöse Musik erklang. Die Logenbrüder erhoben sich, während im mittleren Gang eine Gruppe von Männern erschien. Angeführt von einem uralten Mann bewegten sie sich langsam wie bei einer feierlichen Prozession direkt auf die Bühne zu. Darüber leuchtete ein riesiges Dreieck mit einem Auge in der Mitte.

Luka ließ das Video einige Sekunden weiterlaufen, dann tippte er auf die Stopp-Schaltfläche.

„Ich habe aber gelesen… daß es sich dabei um das allsehende Auge Gottes handeln sollte“, entgegnete Anna unsicher, während sie nach wie vor unter dem Eindruck des Gesehenen stand.

Ohne ein Wort zu sagen, tippte Luka in die Google-Suchleiste etwas ein, dann schob er das Handy wieder zu Anna hin. Auf dem Display war eine Art Ölbild zu sehen. In einem Dreieck, das aus Winkelmaß und Zirkel gebildet wurde, befand sich ein menschliches Auge. In dessen Iris spiegelten sich die Umrisse eines Totenkopfes.

„Das ist ein Ölgemälde von Jens Rusch“, erklärte Luka, nahm das Handy und tippte wieder etwas in die Suchleiste ein. „Und wie gefällt dir das da?“

Er zeigte Anna noch ein Bild. Es sah wie ein Plakat aus. Workshop Bremer Symbolgemälde, war die Überschrift. Auch dort war ein ähnliches Dreieck mit dem menschlichen Schädel in der Iris eines Auges zu sehen.

„Sieht so das allsehende Auge Gottes aus?“ fragte Luka und lachte sarkastisch auf. „Wohl eher Satans Auge! Auch bei Tolkien im Herr der Ringe heißt das Reich, in dem das flammende Auge Saurons herrscht, nicht zufällig Mordor. Der Name kommt vom englischen Wort *murder* oder vom lateinischen *mortem*, was Tod bedeutet!“

Anna starrte das Bild an und die Erinnerungen an den grausigen

Totenkopf, der auf dem Altar der hiesigen Freimaurerloge liegen sollte, erfüllte sie wieder mit panischer Angst.

„Luka!" sagte sie aufgeregt. „Was glaubst du: Stehen unsere Väter auf der Seite des Bösen?"

Der Junge war von der brutalen Direktheit ihrer Frage überrascht. Er zögerte mit der Antwort und wich ihrem forschenden Blick aus.

„Das will ich doch gerade herausfinden", erwiderte er bedrängt.

Anna konnte an seinem Verhalten sofort sehen, daß er seine Meinung um jeden Preis vor ihr verheimlichen wollte.

„Luka!" sagte sie mit einer Stimme, die ihm deutlich machen sollte, daß sie seine Absicht schon längst erkannt hatte, doch in diesem Augenblick tauchte neben ihrem Tisch wieder Julia auf.

„Was habt ihr beide wieder?" fragte sie mißtrauisch. „Ich hab euch die ganze Zeit beobachtet. Irgend etwas brütet ihr aus!"

„Nichts besonderes", erwiderte Luka. „Wir haben uns bloß Gedanken gemacht, wie wir dich am schnellsten umbringen können."

Während das Mädchen noch lachte, steckte er das Buch wieder in die Schultasche und schaltete sein Handy aus. Er kaufte sich noch ein Glas Apfelsaft, und als er wieder an den Tisch zurückkehrte, kamen auch Sebastian und Walter.

„Was ist da schon wieder passiert?" fragte Walter verwundert, als er Lukas verletzte Hand sah.

Noch ehe Luka den Mund aufmachen konnte, begann Julia ihnen von dem Vorfall zu erzählen.

„Zeig mir die Hand!" sagte Walter, als sie damit fertig war.

Doch Luka reagierte nicht auf seine Worte. Er starrte durch die Glaswand nach draußen und schien von dem, was er gerade sah, gefesselt zu sein.

„Du schielst schon wieder auf sie!" rief Walter ihm erheitert zu, als er erkannte, wem seine Aufmerksamkeit galt.

Auf dem Schulhof stand Nadine und unterhielt sich mit einem Jungen. Sie war wie immer schick angezogen, und jede Bewegung ihres schlanken Körpers betonte ihre berauschende Weiblichkeit.

Luka wandte sich weg, während Julia das hübsche Mädchen mit unverhohlener Geringschätzung betrachtete.

„Sie ist doch blöd wie die Fernsehwerbung!" sagte sie mißgestimmt.

„Du meinst so schön?" fragte Luka verschmitzt.

Julia blickte verwundert zu ihm hinüber.

„Vor kurzem hast du noch behauptet, ich wäre die Schönste im ganzen Land!“ sagte sie ihm, als hätte sie ihn bei einem Diebstahl erwischt. „Hast du schon wieder gelogen?“

Luka zog seine Augenbrauen verärgert zusammen.

„Ich habe nicht gelogen!“ protestierte er, obwohl er sich gar nicht daran erinnern konnte, daß er jemals so etwas behauptet hätte.

Im nächsten Augenblick wußte er selbst nicht, warum er das gesagt hatte.

„Ach sooo!“ sagte Julia bedeutungsvoll und verstummte.

Luka wurde heiß. Er streckte die Hand nach seinem Glas aus, verfehlte es aber und erstarrte vor Schreck, als es mit lautem Klirren umkippte.

Walter und Sebastian, die ihm gegenüber saßen, sprangen sofort auf die Beine. Sie schoben ihre Stühle zurück und schauten betroffen auf die gelbe Flüssigkeit, die über den Tischrand floß und auf den Boden hinuntertropfte.

„Luka!“ rief Walter ihm vorwurfsvoll zu. „Was tust du da?!“

Der Junge zuckte schuldbewußt mit den Schultern.

„Ich bin schuld!“ erklärte Julia zufrieden, auf Luka schauend. „Nicht wahr, mein Schatz?“

Der Junge erwiderte ihre Worte mit einem schiefen Lächeln, packte eine Serviette und begann damit hastig hin und her zu wischen.

„Hör auf damit! Sonst versaust du den ganzen Tisch!“ rief Walter ihm verärgert zu.

Während sie noch darüber stritten, wie sie den Apfelsaft wegwischen sollten, lief Sebastian zum Personal und holte eine Rolle Küchentücher.

Bald waren die Spuren Lukas plötzlicher Verwirrung beseitigt, doch er selbst mußte sich noch lange gegen spöttische Bemerkungen und Sticheleien zur Wehr setzen. Frauenheld und Schürzenjäger waren noch die harmlosesten Titel, die er sich durch sein leichtsinniges Verhalten eingehandelt hatte.

„Das geht nicht!“ sagte Walter grinsend. „Melanie, Julia, Nadine… du mußt dich endlich entscheiden!“

Luka zeigte kein Verständnis für solche Ratschläge.

„Warum?“ fragte er uneinsichtig. „Ich würde gern alle drei haben! Bald werden die Politiker sowieso Polygamie beschließen, damit man unsere neuen Mitbürger nicht mehr diskriminiert!“

„Aber du mußt uns dann auch ernähren!“ warf Julia lachend ein. „Und auch noch kleiden!“

Während aber die Freunde über die witzigen Einfälle von Luka lachten, waren Annas unruhige Gedanken wieder bei Frank. Sehnsüchtig schaute sie durch die Glaswand nach draußen, und als sie ihn auf der Eingangstreppe neben dem Kant-Relief sah, erhob sie sich und ging sofort aus der Mensa in den Schulhof.

Frank verabschiedete sich von einem Jungen, mit dem er aus dem Gebäude hinausgegangen war, dann stieg er die Eingangstreppe hinunter und ging schnell zur Mensa. Doch als er sah, daß Anna direkt auf ihn zuging, wurde er langsamer und blieb schließlich stehen.

„Du bist heute so anders", sagte das Mädchen leise.

Nun blickten ihre hellblauen Augen so warm und zärtlich zu ihm empor, daß Frank für einen Augenblick der Atem wegblieb. Das kindliche Vertrauen, das in ihren sanften Gesichtszügen lag, zerriß ihm das Herz. Trotzdem sagte er nichts und ließ seinen Blick verlegen zu Boden sinken.

Annas Herz zog sich zusammen. Was ist passiert? dachte sie erschrokken, wollte seine Hand ergreifen, doch in diesem Augenblick tauchte Luka neben ihnen auf.

„Da bist du ja endlich!" rief er Frank zu. „Ich wollte dich was fragen!"

Er hielt ihm eine Zeitschrift entgegen, doch es dauerte einige Sekunden, bis dieser sich wieder gefaßt hatte.

„Was ist mit dir los?" fragte Frank besorgt, als er seine blutverschmierte Hose sah.

„Bin gestolpert!" winkte Luka beiläufig ab. „Ist gar nicht so schlimm, wie es aussieht!"

Bald kam auch Walter hinzu und überhäufte ihn mit Fragen, während Anna erschüttert daneben stand und nicht mehr wußte, was sie tun sollte. Als Julia ihren Zustand erkannte, zog sie ihre Freundin zur Seite.

„Warte hier!" flüsterte sie ihr ins Ohr. „Ich werde ihn weglocken! Dann kommst du dazu!"

Noch bevor Anna antworten konnte, ging sie zu Frank.

„Ich muß mit dir sprechen!" sagte sie, ohne auf die übrigen Freunde zu achten.

„Hast du heute nicht schon genug mit ihm geredet?" fragte Luka, während seine Augen wieder schelmisch aufblitzten.

„Sei nicht eifersüchtig, mein Schatz!" warf Julia ihm zu, packte Frank am Ärmel und zog ihn zur Seite.

Frank widersetzte sich nicht, und als sie vor dem Fahrradplatz stehenblieben, blickte er sie fragend an.

„Anna wollte mit dir sprechen“, erklärte Julia bedeutungsvoll und trat wieder beiseite, als ihre Freundin zu ihnen kam.

Schon wieder verfiel Frank in einen seltsamen Zustand. Seine stets leuchtenden Augen waren traurig und blickten sie verunsichert an.

„Ich wollte dich heute zu mir nach Hause einladen“, sagte Anna mit liebreizender Stimme. „Wenn du willst, können wir uns Parsifal anhören…“

Sie wartete auf die Antwort, doch sie war ihm ins Gesicht geschrieben.

„Ich kann heute nicht“, erwiderte er schuldbewußt. „Ich habe Sebastian versprochen, daß ich ihn gleich nach der Schule zu mir nach Hause mitnehme…“

Wieder trat eine Pause ein, die schrecklicher hätte gar nicht sein können. Anna wußte nicht, was sie ihm sonst noch sagen sollte. Erst Sebastian riß sie wieder aus ihrer Erstarrung heraus.

„Wann fahren wir?“ fragte er fröhlich, verstummte aber, als er sah, daß Anna die Tränen in den Augen standen.

Erschrocken trat er zurück, wollte sich sofort entschuldigen, doch Frank war schneller.

„Wir müssen uns beeilen!“ sagte er dem Jungen, auf die Armbanduhr schauend. „Sonst fährt der Bus ohne uns.“

Nicht weniger erschrocken war Anna. Panik erfaßte sie.

„Frank…“, sagte sie mit letzter Kraft.

„Tut mir leid“, erwiderte der Junge schuldbewußt und sogar verzweifelt, dann ging er mit Sebastian weg.

Während Anna ihnen erschüttert hinterherschaute, tauchte Julia neben ihr auf und nahm sie schnell bei der Hand.

„Tschüß!“ warf sie den übrigen Freunden zu. „Wir müssen noch etwas Dringendes erledigen.“

Sie zog Anna hinter sich her und bald verschwanden die beiden Mädchen in der schönen Bahnhofstraße.

Ein neuer Plan

Die beiden Mädchen saßen auf dem Sofa in Annas Zimmer und ihre Stimmung konnte kaum schlechter sein.

„Was ist mit ihm los?“ fragte Anna kummervoll und wischte sich mit dem Handrücken die Tränen weg. „Es muß doch einen Grund geben!“

„Ich weiß es nicht!“ erwiderte Julia ratlos. „Aber er ist schon den ganzen Tag so traurig! Als ich ihn heute morgen gesehen habe, sah er aus, als ob er die ganze Nacht nicht geschlafen hätte. Kannst du dich noch erinnern, wie blaß er war? Er hatte Ringe unter den Augen! Es muß etwas ganz Schlimmes geschehen sein. Und zwar gestern Abend oder nachts! Als wir vom Hermannsdenkmal zurückkamen, war er noch ganz in Ordnung!“

„Ist vielleicht heute Nacht jemand gestorben oder krank geworden? Verwandte oder so?“ fragte Anna mit zitternder Stimme.

Sie suchte im Gesicht ihrer Freundin nach Anzeichen einer Bestätigung, doch Julia blieb skeptisch.

„Das hätte er uns bestimmt gesagt“, meinte sie. „Es muß etwas anderes gewesen sein!“

„Aber was?“ rief Anna verzweifelt aus und schluchzte wieder auf.

„Das weiß ich eben nicht“, sagte Julia, bekümmert über den Zustand ihrer Freundin.

Erst als Anna sich wieder beruhigt hatte, fuhr sie fort:

„Er steckt voller Geheimnisse! Gestern tauchte plötzlich ein Junge auf, den niemand zuvor gesehen hatte. Er ist zwei Jahre älter als wir und stellte sich als Wieland vor. Angeblich hatte er von irgendeinem Freund unsere Schülerzeitung bekommen und wollte nun mit uns zum Hermannsdenkmal wandern.

Später hat sich aber herausgestellt, daß Frank ihn schon länger gekannt hatte. Dabei taten die beiden während der ganzen Wanderung so, als hätten sie einander noch nie gesehen! Erst abends auf dem Schulhof hat er uns davon erzählt. Aber auch da wollte er uns außer seinem Namen nichts weiter verraten. Das sei ein fremdes Geheimnis, hat er uns gesagt. Vielleicht würde er es irgendwann einigen von uns sagen dürfen. Kannst du dir so etwas vorstellen? Wir haben einen echten Schock bekommen!“

Anna starrte ihre Freundin ungläubig an, während ein schrecklicher Verdacht in ihrem Herzen erwachte.

„Meinst du, es wäre möglich, daß da auch noch ein Mädchen im Spiel ist?“ fragte sie schnell.

„Das glaube ich nicht“, erwiderte Julia. „Als du mit ihm nachmittags auf dem Schulhof gesprochen hast, habe ich ihn ganz genau beobachtet! Das alles hat ihm unheimlich weh getan, genau so wie dir!“

Als Anna das gehört hatte, preßte sie wieder die Hände auf ihr verweintes Gesicht.

„Er liebt dich!“ beteuerte Julia mit Nachdruck. „Daran gibt es keinen Zweifel!“

Ihre tröstenden Worte zeigten Wirkung. Genau danach lechzte Annas Herz. Wie einen kleinen Schluck kühles Wasser in der glühenden Wüste, so dringend brauchte sie jetzt eine winzige Hoffnung.

„Weißt du was!“ sagte Julia mit wieder erstarkter Stimme. „Lade ihn zum Geburtstag deiner Mutter ein! Dort kennt er niemanden und wird die ganze Zeit nur für dich dasein! Dann kannst du mit ihm in Ruhe sprechen!“

„Ich habe Angst!“ rief Anna verzweifelt aus. „Wenn er wieder ‚Nein‘ sagt...“

Die Vorstellung davon war so schrecklich, daß Anna wieder zu schluchzen begann.

„Ich werde es tun!“ sagte Julia wild entschlossen. „Morgen vor dem Unterricht werde ich ihn ansprechen.“

„Meinst du wirklich, du schaffst es?“ fragte Anna zweifelnd und zugleich hoffnungsvoll.

„Mach dir keine Sorgen! Wir tun so, als ob ich und Luka auch mitgehen würden, werden aber dann nicht kommen. Eine Ausrede werden wir schon finden.“

Nachdem Anna gehört hatte, daß Luka ebenfalls in ihren Plan eingeweiht werden sollte, wurde sie unruhig.

„Meinst du, er wird mitmachen?“

„Natürlich!“ rief Julia mit einer Stimme aus, als handelte es sich dabei um die allersicherste Sache der Welt.

„Willst du ihm alles erzählen?“ fragte Anna verlegen.

Julia seufzte und schüttelte den Kopf.

„Glaubst du im Ernst, sie sind alle blind und wissen nicht, was los ist?“

Anna widersprach nicht mehr und gab ihr Schicksal in Julias Hände, während diese bereits ihr Handy ans Ohr drückte.

„Luka! Bist du allein?“ fragte sie ernst. „Ich stelle jetzt auf laut, damit Anna auch mithören kann.“

Als Julia ihm die Einzelheiten ihres Plans erklärte, kniff Anna die Augen vor Peinlichkeit fest zu und öffnete sie erst, als ihre Freundin damit fertig war.

„So geht es nicht!" erwiderte Luka sachkundig. „Wir müssen ihm sagen, daß wir eingeladen wurden und daß wir unvorsichtigerweise bereits fest zugesagt haben! Auch für ihn! Dann wird es für ihn nicht mehr so leicht sein abzusagen. Sollte er aber trotzdem damit beginnen, dann machen wir betroffene Gesichter und sagen, daß es gar nicht mehr geht! Sonst werden wir bei der Gastgeberin für den Rest des Lebens in Ungnade fallen! Wir werden ihn schon rumkriegen!"

„Luka! Du bist ein Schatz!" jubelte Julia und überschüttete den Jungen mit überschwänglichem Lob, doch Anna konnte ihren Zweifel nicht überwinden.

„Und wenn er später fragt, warum ihr nicht gekommen seid?" fragte sie ängstlich.

„Glaubst du wirklich, daß er in Tränen ausbrechen würde, weil wir nicht mitgekommen sind?" entgegnete Luka.

Während Julia noch über seine ironische Bemerkung lachte, schöpfte Anna wieder ein wenig Hoffnung.

„Danke, Luka", sagte sie leise und war schon wieder nah am Weinen, als ihr plötzlich klar wurde, was ihre Freunde alles für sie tun und lassen würden.

„Keine Frage!" erwiderte der Junge. „Der Himmel wird es uns bestimmt vergeben."

Nachdem Julia aufgelegt hatte, warf sie ihr Handy wieder aufs Sofa und wurde auf einmal ernst. Mit blicklosen Augen schaute sie durch das Fenster nach draußen und schien tief in Gedanken zu sein. Erst als Anna sie fragte, was mit ihr los sei, drehte sie sich wieder zu ihr um.

„Wenn alles gut läuft, kannst du ihn vielleicht etwas fragen?" sagte Julia und schaute ihre Freundin erwartungsvoll an.

„Ich weiß, was du wissen willst", sagte Anna, ergriff ihre Hand und drückte sie fest zusammen. „Auch wenn er mir den Namen deines Märchenprinzen nicht verrät, so werde ich zumindest versuchen, so viel wie möglich aus ihm herauszulocken."

Julia lächelte sie dankbar an, doch ihre traurigen Augen lachten nicht mit...

New York

Das Fenster des luxuriös eingerichteten Arbeitszimmers beanspruchte eine ganze Wand und bot einen atemberaubenden Blick auf die gläsernen Türme von Manhattan. Die untergehende Sonne ließ sie aufleuchten und verwandelte sie für wenige Stunden in funkelnde Paläste, die um die Wette in den wolkenlosen Himmel ragten. Keine Wahrzeichen des schaffenden Geistes, kein Symbol der Freiheit, sondern der sichtbar gewordene Machtanspruch des Geldadels.

Vor der kugelsicheren Glaswand stand ein stattlicher Mann, dessen Haltung und willensstarkes Gesicht jedem Sterblichen einen gebührenden Respekt abverlangen würden: kein Mensch der Neuzeit, ein antiker Feldherr, dessen Gedanken jenseits jeder Geldgier und irdischer Genüsse weilten. Seine tiefblauen Augen schauten düster und nachdenklich auf die imposanten Türme der Wolkenkratzer, doch sein herausragender Geist durchdrang deren funkelnde Fassaden und suchte in ihrem verwinkelten Innern nach einem unsichtbaren Feind, der es gewagt hatte, ihn herauszufordern. Wie eine gefährliche Spinne lag dieser irgendwo in der Nähe auf der Lauer und wartete geduldig, bis sein Gegner einen falschen Schritt machen und in sein feingesponnenes Netz geraten würde. Erst dann, wenn es keine Rettung mehr gebe, werde er sein Versteck verlassen, um sich mit einem Satz auf sein unvorsichtiges Opfer zu stürzen, es mit starken Fäden einzuwickeln und dessen zuckenden Körper langsam und kaltblütig auszusaugen…

Ein leises Summen der Telefonanlage unterbrach seine düsteren Gedanken. Das Sekretariat meldete sich mit einer Terminbesprechung. Bald kam eine junge Sekretärin herein. Als sie das Zimmer betrat, stand ihr Chef nach wie vor nachdenklich vor dem großen Fenster und schwieg.

Die junge Frau blieb mitten im Raum stehen und wartete geduldig.

„Wir können beginnen“, sagte er sachlich kühl, ohne sich umzudrehen.

Nun berichtete sie ihm über geplante Sitzungen und wichtige Termine, worauf er diese mit knappen Sätzen bestätigte, verschob oder gänzlich verwarf.

Bald drehte er sich um und richtete seine Augen direkt auf sie. Der Anblick der schönen Frau bereitete ihm sichtbare Genugtuung. Ihr Wesen strahlte etwas Natürliches und durchaus Reines aus. Sie bemerkte seinen Blick und wurde rot. Während ihre hellen Augen beim Vortrag von Zeit zu Zeit aufblickten, versuchte sie vergeblich zu enträtseln, was in ihrem unergründlichen Chef vorging. Ein hauchdünnes wohlwollendes Lächeln lag auf seinem Gesicht.

Als sie das nächste Mal die Augen von ihrem Tablet zu ihm hob, verstummte sie. Der Chef sah sie nach wie vor mit diesem rätselhaften Wohlwollen an. Sie schaute flüchtig an ihren Kleidern hinab, fuhr unbewußt mit der Hand über die Frisur, konnte aber nichts finden, was unpassend wäre. Der Chef wußte, daß sie es nicht lange aushalten würde, so verlegen auf den Boden zu starren. So geschah es auch. Nach wenigen Sekunden blickte sie schutzlos zu ihm auf.

Er selbst hatte sie vor einigen Monaten gefunden. Die unermüdliche Personalabteilung hatte ihm unzählige Vorschläge unterbreitet. Man versuchte ihn mit Bildungsstand und Erfahrung zu beeindrucken, doch er suchte nach etwas anderem. Seine Menschenkenntnis hatte ihn nur selten im Stich gelassen. Eine winzige Anzeige im dichten Dschungel des Internets zog seine Aufmerksamkeit auf sich: *Abiturientin sucht Arbeit in einer christlichen Einrichtung*.

Als das junge Mädchen zum Vorstellungsgespräch erschien, stand sie vor ihm genauso schüchtern wie jetzt und konnte nur wenig vorweisen, was für ihre Anstellung gesprochen hätte: keine Erfahrung, keine überragende Bildung, kein sicheres Auftreten… Doch der stellvertretende Vorstandsvorsitzende eines weltbekannten Versicherungskonzerns wußte bereits, daß sie es sein würde, die ihn jeden Morgen begrüßen, sich um seine Termine kümmern und auch einen nicht unbedeutenden Einblick in sein privates Leben haben werde… Keine lüsterne Begehrlichkeit trieb ihn zu dieser Entscheidung. Unter keinen Umständen hätte er sich erlaubt, seine neue Sekretärin anzurühren und ihr reines Verhältnis zu entweihen. Er suchte nach etwas anderem. Er brauchte bedingungslose Treue, die sich nicht durch Geld und bloße Verpflichtungen zur Verschwiegenheit erreichen ließ. Er wollte etwas haben, was ihm hier, in dieser sachlich kühlen Umgebung auch einen Hauch menschlicher Wärme schenken könnte und was ihn an trostlosen Tagen darin bestärken würde, daß die Welt vielleicht noch nicht so hoffnungslos verloren sei…

„Sie sehen heute besonders schön aus“, sagte der Chef mit einer Stimme, deren Ehrlichkeit außer Zweifel lag.

„Danke“, erwiderte sie leise und erleichtert.

Ein schüchternes und doch sehr glückliches Lächeln erhellte ihr hübsches Gesicht. Der Chef genoß den Augenblick und bewunderte abermals die weibliche Natur, die so treu und ergeben sein konnte, wie nichts auf dieser sündigen Welt.

„Haben Sie noch etwas zu berichten?“ fragte er gut gelaunt.

Es dauerte einen Augenblick, bis sie ihr Glück verkraften konnte, dann sammelte sie sich und fuhr mit ihrem Vortrag fort.

„Herr Robertson hat Sie am kommenden Samstag für eine Konferenz in Washington angemeldet. Sie beginnt um vier Uhr nachmittags…“

Der Chef runzelte verwundert seine hohe Stirn.

„Senator Weith hat bei ihm angerufen“, erklärte die junge Frau. „Er hat ihn ausdrücklich darum gebeten, daß Sie persönlich erscheinen.“

Während sie noch sprach, wurde sein Gesicht ernst.

„Wurde Herr Robertson in Kenntnis gesetzt, daß meine Frau Geburtstag hat und daß ich beabsichtige, morgen nach Deutschland zu fliegen?“

„Ich habe ihm darüber berichtet“, bestätigte die Sekretärin, beunruhigt über den plötzlichen Stimmungswechsel ihres Vorgesetzten. „Er meinte, dieses Treffen sei überaus wichtig.“

Der Chef überlegte einige Sekunden.

„Ist Herr Robertson noch hier?“

Sie bestätigte die Anwesenheit des Vorstandsvorsitzenden und wartete geduldig auf seine Entscheidung.

„Richten Sie ihm bitte aus, daß ich ihn sprechen möchte. In fünf Minuten werde ich bei ihm sein“, sagte er leicht verstimmt.

Die Sekretärin nickte ihm besorgt zu und begab sich sofort zur Tür, doch die Stimme ihres Vorgesetzten hielt sie zurück.

„Warten Sie!“ sagte er etwas milder. „Sagen Sie bitte Herrn Robertson, er sollte lieber zu mir kommen. Ich möchte ihn hier sprechen.“

Die junge Frau schaute ihren Chef etwas verwirrt und sogar ängstlich an.

„Sie meinen hier… bei Ihnen?“ fragte sie unsicher.

„Genau das meine ich“, bestätigte er. „Und haben Sie bitte die Güte, ihm nahe zu legen, daß ich ihn unverzüglich sprechen möchte.“

Das hübsche Gesicht der jungen Frau verlor jeden Ausdruck. Dem Vorstandsvorsitzenden darüber zu berichten, daß sein Stellvertreter ihn auf diese Art und Weise zu sich bestelle, war keine leichte Aufgabe. Ihr erfahrener Chef hatte es längst bemerkt und beschenkte sie erneut mit diesem rätselhaften Lächeln.

„Sie stehen unter meinem Schutz“, sagte er nachsichtig.

Ihr Gesicht erhellte sich wieder. Die junge Frau atmete erleichtert auf und verließ sein Arbeitszimmer.

Es vergingen einige Minuten. Dann ging die Tür wieder auf, und an der Schwelle erschien der Vorstandsvorsitzende des Konzerns.

Robertson war ein großgewachsener Mann, dessen hünenhafter Körper trotz gewisser Neigung zur Fülle einen vitalen Eindruck vermittelte. Seine graumelierten Haare waren einwandfrei frisiert und verliehen seinem regelmäßigen Gesicht jene Seriosität, die vom Chef eines bedeutenden Finanzunternehmens allseits erwartet wird.

Als er das Zimmer betrat, sah er seinen Stellvertreter vor einem geöffneten Panzerschrank stehen, der in einer Wand eingemauert war.

„Herr Weigand! Sie wollten mich unbedingt hier bei Ihnen sprechen?“ fragte Robertson, ohne sein Staunen darüber zu verbergen.

„Meine Geschäftsräume sind abhörsicher“, entgegnete dieser sachlich. „Wir werden einige Dinge besprechen müssen, deren Inhalt zwischen uns beiden bleiben sollte.“

Die Verwunderung im Gesicht des Vorstandsvorsitzenden wurde dadurch nur noch größer. Es war kein Geheimnis, daß sein Stellvertreter selten ohne Grund gelächelt hatte, doch heute sah er besonders ernst aus.

„Darf ich Sie bitten, Ihr Handy für die Dauer unserer Unterhaltung hier abzulegen“, sagte Weigand mit kühler Höflichkeit.

Nachdem der Panzerschrank wieder geschlossen worden war, trat er näher und blieb zwei Schritte vor seinem Chef stehen.

„Es wurde mir soeben vorgetragen, daß ich am kommenden Samstag an einer Konferenz teilnehmen solle?“ fragte er mit rätselhafter Stimme.

„Die Regierung möchte mit den Vertretern der Finanzbranche die Wege aus der aufziehenden Krise besprechen…“, erwiderte Robertson, doch Weigand unterbrach ihn.

„Ich wußte nicht, daß Sie über meinen Terminkalender entscheiden“, sagte er in einem Ton, der seinen Chef erneut in großes Staunen versetzte.

„Diese Konferenz ist überaus wichtig!“ erklärte Robertson. „Außerdem wollte Senator Weith Sie danach zu einer privaten Veranstaltung einladen, wo er mit Ihnen ungestört sprechen könnte. Ich war der Meinung, daß es auch für Sie von großem Interesse sein könnte. Ich persönlich hätte eine solche Einladung niemals ausgeschlagen.“

Weigand blickte hart in die Augen des Vorgesetzten.

„Sie sind also der Meinung, daß ich nicht in der Lage bin, die Bedeutung einer solchen Zusammenkunft richtig einzuschätzen?“

Robertson war sichtlich verärgert. Die Unterhaltung schien eine Wendung zu nehmen, die er nicht erwartet hatte. Er versuchte aber, seine

Entscheidung noch einmal zu begründen:

„Senator Weith meinte, daß nur Sie in der Lage wären, dem Ausschuß die prekäre Situation in unserer Branche überzeugend genug darzulegen. Es ist nicht ausgeschlossen, daß der Vizepräsident höchstpersönlich vorbeischaut. Es ist eine einmalige Gelegenheit, in die Kreise einzudringen, die für uns von immenser Bedeutung sind!"

Während er noch sprach, veränderte sich der Gesichtsausdruck seines Gesprächspartners. Die Härte schwand aus seinen Zügen und machte einer merkwürdigen Ruhe Platz. Robertson glaubte sogar, ein nachsichtiges Lächeln gesehen zu haben, was ihn noch mehr verärgerte.

„Es ist mir äußerst unangenehm, doch ich sehe mich gezwungen, Sie daran zu erinnern, daß ich immer noch der Vorstandsvorsitzende dieses Konzerns bin", sagte Robertson etwas pikiert. „Und da Sie leider nicht erreichbar waren, habe ich mir die Freiheit genommen, über Ihre Teilnahme ohne Sie zu entscheiden."

„Man darf sich im Leben nur das nehmen, was einem wirklich zusteht", entgegnete Weigand mit überlegener Ruhe.

Robertson erstarrte. Noch bevor er den Schock verkraften konnte, fuhr sein Stellvertreter, ohne seinen durchdringenden Blick abzuwenden, fort: „Sie halten es also für nötig, mich darauf hinzuweisen, daß Sie der Vorstandsvorsitzende sind, obwohl Sie ganz genau wissen, daß ich selbst ihrer Kandidatur zugestimmt habe. Sie sind hier neu und darum über die internen Gepflogenheiten unseres Konzerns offensichtlich noch nicht im Bilde. Es ist sicher längst an der Zeit unser Verhältnis zu klären."

Robertson runzelte die Stirn. Eine solch dramatische Zuspitzung hätte er sich noch vor wenigen Minuten unter keinen Umständen vorstellen können.

„Meinen Sie, es gibt zwischen uns so viel Ungeklärtes?" fragte er verstört.

Eine wachsende Sorge erfaßte ihn. Hatte er in diesen zwei Monaten etwas Wichtiges übersehen? Stets war er der Meinung, daß sie keine nennenswerten Differenzen hätten und ein durchaus kollegiales, sogar ein harmonisches Verhältnis zueinander pflegen würden…

„Ich möchte, daß wir in einer wichtigen Frage Klarheit verschaffen", sagte Weigand. „Wenn Sie der Meinung sind, daß ich mich nach einer anderen Arbeitsstelle umschauen sollte, müssen Sie mir nur ein Wort sagen. Ich versichere Ihnen, daß Sie dabei keinen Machtkampf befürchten müssen."

Der Vorstandsvorsitzende erstarrte wieder. Einige Sekunden lang wußte er gar nicht, was er darauf antworten sollte.

„Ich bin weit davon entfernt, eine solche Möglichkeit auch nur in Erwägung zu ziehen“, erwiderte er etwas unsicher, „geschweige denn, mit Ihnen einen Machtkampf zu führen!“

Weigand schwieg. Robertson konnte fühlen, wie schwer dessen Blick auf seiner Seele lastete.

„Ihre Ehrlichkeit hat mich beeindruckt“, sagte Weigand mit fester Stimme. „Und ich möchte sie mit der gleichen Ehrlichkeit belohnen. Wenn es mein Wille wäre, hätten Sie diesen Kampf verloren, noch bevor Sie ihn überhaupt hätten beginnen können.“

Robertson wurde heiß im Gesicht. Die Worte trafen ihn mit einer Wucht, die ihn sprachlos machte.

„Ich will Sie nicht einschüchtern“, fügte Weigand viel nachsichtiger hinzu. „Im Gegenteil. Ich will es noch einmal bekräftigen: Ich habe nicht vor, Sie zu verdrängen. Ich schätze Sie nicht nur als Geschäftsmann, sondern vor allem als einen anständigen Menschen. Wenn ich auf Gegenseitigkeit hoffen dürfte, wäre eine solche sicher eine tragfähige Basis für echte Zusammenarbeit.“

Robertson fuhr unbewußt mit der Hand über seine Wange und starrte angestrengt vor sich hin, als würde er nach einer Lösung suchen. Weigand ging noch einen Schritt auf ihn zu.

„Ich reiche Ihnen meine Hand“, sagte er wesentlich milder.

Er hielt ihm die Hand hin und wartete auf seine Entscheidung, doch sein Chef zögerte. Wie sollte denn die Zusammenarbeit mit einem Menschen aussehen, der die ganze Macht auf diese Weise für sich allein beanspruchte? dachte Robertson. Außerdem hatte er als Vorstandsvorsitzender des Konzerns in diesen zwei Monaten eine ganze Menge erreicht, ohne daß sein Stellvertreter an diesem Erfolg wirklich mitgewirkt hatte. Allein die bevorstehende Übernahme der TDMZ wird ein glänzender Deal sein, den er zu Recht als seinen persönlichen Erfolg verbuchen konnte.

Robertson, der nach wie vor angestrengt vor sich hinstarrte, blickte wieder auf und erschrak. Der eiserne Blick seines Stellvertreters durchdrang ihn wie Röntgenstrahlen.

„Sie werden heute dieses Zimmer entweder als Freund oder als mein Gegner verlassen“, warnte Weigand ihn mit einer Stimme, die keinen Zweifel an der Ernsthaftigkeit seiner Absicht übrigließ.

„Ich würde Sie ungern zum Feind haben…“, erwiderte der Vorstandsvorsitzende ausweichend, doch sein Stellvertreter unterbrach ihn.

„Ich werde Ihnen diese Entscheidung erleichtern“, sagte Weigand.

Er ließ seine Hand wieder sinken und ging langsam zur gläsernen Wand. Einige Sekunden lang betrachtete er die funkelnden Fassaden der Wolkenkratzer, dann drehte er sich wieder zu seinem Gesprächspartner um.

„Was meinen Sie, was Senator Weith mit dem geplanten Treffen mit mir erreichen möchte?“ fragte er wie ein Mensch, der die Antwort auf die von ihm gestellte Frage bestens kannte.

„Darüber hat er mir leider nichts berichtet“, erwiderte Robertson mißgestimmt.

„Möchten Sie meine Meinung dazu hören?“ fragte Weigand und wies seinen Chef respektvoll auf die Polstergruppe am anderen Ende seines riesigen Arbeitszimmers. „Der Sinn dieser Einladung besteht nur darin, unverdächtig eine Gelegenheit zu schaffen, um meine Absichten in Bezug auf die geplante Übernahme der TDMZ auszuforschen.“

Robertson spannte sich augenblicklich an. Daß Senator Weith sich solche Mühe machte, um an die sensiblen Informationen zu kommen, war ungewöhnlich und in hohem Maße verdächtig.

„Wer könnte dahinterstecken?“ fragte er sichtlich besorgt.

„Milanda“, erwiderte Weigand bedeutungsvoll.

Das Gesicht des Vorstandsvorsitzenden wurde in Sekundenschnelle kreidebleich. Allein der bloße Gedanke daran, daß die Konkurrenz ebenfalls von der Übernahme der TDMZ träumte, versetzte ihn schlagartig in einen schockähnlichen Zustand.

„Welches Interesse könnte Furman haben, uns in die Quere zu kommen?“ fragte er verstört wie zu sich selbst. „Wenn er ins Rennen einsteigt, wird der Preis ins Unermeßliche steigen. So viel Geld wird er niemals aufbringen können!“

Er wollte noch weitere Gründe anführen, um den schrecklichen Gedanken irgendwie zu verdrängen, doch der todernste Ausdruck im Gesicht seines Stellvertreters ließ ihn verstummen.

„Milanda hat sich hinter unserem Rücken finanzielle Zusicherung der Bank-Gruppe verschafft und wird uns einen harten Kampf liefern“, erwiderte Weigand unbeeindruckt. „Falls wir den Zuschlag bekommen, wird es für uns wirklich teuer sein. Außerdem werden sie die TDMZ in die Zange nehmen und diese bereits nach wenigen Monaten ausbluten lassen.“

„Unmöglich!“ rief der Vorstandsvorsitzende erschüttert aus und sprang auf die Beine. „Warum sollten sie es tun? Und wie wollen sie das überhaupt anstellen?“

„Grinberg war, wie Sie wissen, letzte Woche im Nahen Osten“, sagte Weigand mit rätselhafter Stimme.

„Ich sehe keinen zwingenden Zusammenhang mit unserer Sache“, entgegnete Robertson erregt. „Ihre Gruppe hat dort Beteiligungen an mehreren Förderquellen.“

„Grinberg wäre niemals nach Saudi Arabien geflogen, nur um seine Fußtruppen persönlich in Augenschein zu nehmen. Sein Erscheinen dort hatte einen ganz anderen Zweck.“

„Ich wüßte nicht, was Sie meinen!“

„Er hat dort über Förderquoten verhandelt. Sollten wir den Zuschlag bei TDMZ erhalten, werden Sie uns mühelos blockieren können, sodaß wir dort in absehbarer Zeit keinen einzigen Tropfen Erdöl bekommen werden. Diese Tatsache wird die Bank-Gruppe in die Lage versetzten, angesichts der düsteren Prognose der TMDZ alle Kreditzusagen an uns zu kündigen.“

Robertson begann unruhig auf und ab zu gehen und versuchte, das vorgetragene Szenario einzuschätzen.

„Die wichtigsten Darlehen, die die TMDZ in den Ausbau ihrer Infrastruktur investieren möchte, sind aber kaum kündbar! Wir werden den Prozeß gegen die Bank-Gruppe mühelos gewinnen!“

„Dazu wird es wohl kaum kommen“, entgegnete Weigand trocken. „Noch bevor wir mit unseren Rechtsanwälten im Gerichtssaal erscheinen, werden wir gezwungen sein, entweder die TMDZ für einen Bruchteil ihres Wertes an Milanda abzutreten oder das Unternehmen mit eigenen Mitteln zu retten, was den Einsatz unserer gesamten Reserven erfordern würde. Diese unerfreulichen Nachrichten werden unsere Aktien ins Bodenlose stürzen lassen.“

Robertson blieb mitten im Raum stehen und faßte sich erschüttert an den Kopf.

„Wenn wir in ihre Falle tappen“, fuhr Weigand mit unheimlich wirkender Ruhe fort, „wird die Bertada-Gruppe ihren TMDZ-Anteil an Milanda abtreten. Somit werden wir ohne Zustimmung von Furman keine wichtigen Entscheidungen mehr treffen können, um das Unternehmen zu retten. Eine mündliche Vereinbarung zwischen Milanda und der Bertada-Gruppe wurde bereits getroffen. Der Preis für unsere Partner ist durchaus attraktiv. Furman wird ihnen mit Sicherheit sein Paket an Degeta anbieten.“

„Schändliche Verräter!“ rief Robertson außer sich vor Wut.

„Nur ein Geschäft, wie jedes andere“, bemerkte Weigand gelassen. „Wissen Sie, wer die Vereinbarung zwischen Milanda und der Bertada-Gruppe vermittelt hat?

Robertson atmete schwer und wartete ungeduldig auf die Antwort.

„Senator Weith hat es eingefädelt.“

Der Vorstandsvorsitzende kniff die Augen zu und schwieg. Die schäumende Wut, die ihn noch vor wenigen Augenblicken beherrscht hatte, bracht zusammen. Angst kroch ihm wie eine kalte Schlange in die Seele hinein und raubte ihm die letzte Kraft.

„Was sollen wir tun?“ fragte er erschöpft.

Weigand erhob sich.

„Sie haben mir noch nicht meine Frage beantwortet“, sagte er mit ruhigem Ernst und streckte ihm erneut seine Hand hin. „Nehmen Sie meine Freundschaft an oder nicht?“

Robertson erfaßte sie mit beiden Händen und drückte sie beherzt.

„Nun denn“, sagte Weigand zufrieden und versank erneut in seinem Sessel. „Da wir die wichtigste Frage geklärt haben, können wir uns wieder dieser leidigen Angelegenheit widmen.“

„Also, was sollen wir tun?“ fragte Robertson hoffnungsvoll und setzte sich ebenfalls hin.

Weigand lehnte sich im Sessel zurück und verschränkte die Arme vor der Brust.

„Ich werde ihnen das Spiel gründlich verderben“, sagte er mit machtvoller Stimme.

„Aber wie?“ stieß Robertson verzweifelt aus und sprang wieder auf die Beine. „Sollen wir die Übernahme fallen lassen?“

Allein der Gedanke daran bereitete ihm seelische Schmerzen. Bereits vor Wochen hatte er die Übernahme der TDMZ in mehreren Interviews als einen großen Erfolg gewertet und wußte nun überhaupt nicht, unter welchem Vorwand sie sich aus dem angekündigten Geschäft zurückziehen sollten, ohne den Aktienkurs ihres Unternehmens zu belasten.

„Nach dem Geburtstag meiner Frau fliege ich in die Schweiz“, sagte Weigand. „Dort werde ich mit einer einflußreichen Investorengruppe sprechen. Wenn wir unser Angebot zurückziehen, wird diese Gruppe die TDMZ übernehmen, um sie später unter günstigeren Umständen an uns abzutreten. Wenn wir aus dem Rennen sind, werden sowohl Milanda als auch die Bank-Gruppe aus dem Spiel aussteigen.“

Robertson schüttelte den Kopf, als wollte er die gewohnte Geistesgegenwart zurückgewinnen.

„Warum sollte Furman nach unserem Ausstieg das Interesse an der TDMZ verlieren, wenn er sie haben will?“

„Weil die TDMZ für Milanda nur ein Mittel zum Zweck ist.“

„Und welchen Zweck verfolgen sie damit?“ fragte Robertson gänzlich verstört.

„Die feindliche Übernahme unseres Konzerns“, sagte Weigand mit eiskalter Stimme.

Robertson wurde wieder heiß. Er lockerte seine Krawatte und bemerkte dabei, wie stark seine schweißfeuchten Hände zitterten. Während er gerade noch dabei war, die neue Hiobsbotschaft zu verkraften, erklärte Weigand ihm die wahre Absicht ihrer heimtückischen Feinde:

„Wenn wir für den Zuschlag einen hohen Preis zahlen, und davon gehen sie aus, werden sie die TDMZ in die Knie zwingen. Nach unseren verzweifelten Rettungsversuchen stürzen unsere Aktien in die Tiefe. Dabei werden unsere Gegenspieler noch eine Reihe weiterer Maßnahmen ergreifen, die den Kurs noch mehr belasten würden. Wir werden mindestens die Hälfte unseres Marktwertes verlieren. Die Bank-Gruppe hat bereits entsprechende Rücklagen gebildet, um uns dann restlos zu verschlingen.“

Der Vorstandsvorsitzende sank in den Sessel, faßte sich an die Stirn und kniff die Augen zu. Nach wenigen Sekunden öffnete er sie wieder.

„Ich danke Ihnen“, sagte er tief bewegt. „Unser Konzern sollte Ihren Namen tragen, um wenigstens einen Teil von dem zu vergelten, was Sie für unser Unternehmen leisten.“

„Das ist eine maßlose Übertreibung“, erwiderte Weigand mit nachsichtigem Lächeln.

„Darf ich zumindest hoffen, daß Sie uns noch lange erhalten bleiben?“

„Wenn ich gehen wollte, wäre ich schon längst woanders gewesen“, erwiderte Weigand. „Wir sollten uns lieber mit Senator Weith beschäftigen. Sollte der Fuchs in meiner Abwesenheit ein Gespräch mit Ihnen suchen, dürfen Sie sich auf keinen Fall darauf einlassen. Er muß weiterhin im Dunkeln tappen.“

Robertson nickte verständnisvoll mit dem Kopf.

„Was sollen wir aber mit der geplanten Vorstandssitzung machen? Wenn wir die Übernahme der TMDZ erwähnen, wird er bald wissen, was wir dort besprochen haben.“

„Verschieben Sie die Sitzung um zwei Wochen“, erwiderte Weigand.

„Sie werden bestimmt einen guten Grund dafür finden. Ich muß selbst mit Senator Weith reden. Er wird versuchen, mich auf seine Seite zu ziehen, und wird mir bestimmt Ihre Stelle anbieten."

Das Gesicht des Vorstandsvorsitzenden verlor jeden Ausdruck. Betroffen wartete er auf weitere Erklärungen und fühlte sich schutzlos und elend.

„Ich sehe, daß Sie nach wie vor kein Vertrauen zu mir haben", sagte Weigand mit leichtem Vorwurf. „Ich werde in diesem Gespräch zwar ein gewisses Interesse vortäuschen, aber sicher nicht für Ihre Stelle. Für den Anfang werde ich einen etwas höheren Preis anklingen lassen. Zum Beispiel den Vorsitz über Milanda."

„Sie wollen Furman verdrängen?" rief Robertson erstaunt aus.

„Ich habe nur gesagt, daß ich ein gewisses Interesse vortäuschen werde. Ich muß sie möglichst lange hinhalten. Ich will unbedingt erfahren, wer sie auf diese brillante Idee gebracht hat. Hinter diesen Geisteszwergen versteckt sich ein herausragender Kopf, der uns in naher Zukunft noch viel gefährlicher sein könnte."

Herr Weigand erhob sich, ging zur gepanzerten Fensterfront und blickte gedankenvoll auf die funkelnden Fassaden der Wolkenkratzer.

„Ich werde ihnen eine Lektion erteilen, die sie ihr Leben lang nicht vergessen werden", sagte er halblaut und mit drohender Stimme.

„Was haben Sie vor?" fragte Robertson, beeindruckt von der machtvollen Ausstrahlung, die von seinem Stellvertreter ausging.

„Ich werde mit ihnen das Gleiche tun", erwiderte Weigand ohne sich umzudrehen. „Wir werden Milanda übernehmen."

Der Vorstandsvorsitzende erstarrte vor Schreck und wagte nicht zu widersprechen.

„Danach werden wir die beiden Gesellschaften in einem mächtigen Konzern vereinigen und unsere Strategie neu ausrichten."

„Wird es in diesem neuen Konzern auch für mich einen Platz geben?" fragte Robertson hoffnungsvoll.

„Sie werden den Vorsitz übernehmen."

„Und Sie?"

„Ich?" fragte Weigand leicht verwundert. „Ich bleibe dort, wo ich bin."

Robertson verspürte tief in seiner Seele Erleichterung, die schnell von Freude abgelöst wurde. Der Gedanke daran, daß dieser unergründliche Mensch bereits an alles gedacht hatte und ihr Unternehmen mit Sicherheit zum Erfolg führen würde, berauschte ihn.

„Aber wie wollen Sie das erreichen?“ fragte er fasziniert. „Wollen Sie ihnen auch eine Falle stellen?“

Weigand drehte sich um.

„Sie sitzen bereits darin“, sagte er mit unheimlicher Stimme. „Nur haben sie es noch nicht gemerkt.“

* * *

Die Sekretärin von Herrn Weigand saß ganz allein im Vorzimmer ihres Chefs und schaute besorgt auf die große Wanduhr. Vor einer Stunde hatte der Vorstandsvorsitzende des Konzerns das Arbeitszimmer ihres Chefs betreten und befand sich trotz wichtiger Termine nach wie vor bei ihm. Eine schreckliche Ahnung quälte sie. Sollte wirklich wegen der Anmeldung zu dieser Konferenz ein Streit ausgebrochen sein? Habe ich selbst einen Fehler gemacht? Ich hätte Robertson sagen sollen, daß es nicht üblich sei, ohne Absprache mit ihrem Chef solche Zusagen zu machen.

Sie wünschte sich so sehr, daß die Sache doch irgendwie friedlich ausgehen würde, doch mit jeder weiteren Minute schwand diese Hoffnung. Statt dessen wuchs in ihrem bangen Herzen die Gewißheit, daß ihr Versehen ihrem Chef große Unannehmlichkeiten bereiten könnte. Sie faltete die Hände vor ihrem hübschen Gesicht und schloß die Augen.

Endlich ging die Tür auf und aus dem Zimmer ihres Chefs trat Robertson. Er zog die Tür hinter sich zu und ging tief in Gedanken versunken an ihr vorbei in den Flur. Als die junge Sekretärin sein ernstes Gesicht sah, wurde ihr ganz kalt ums Herz.

Kaum war er verschwunden, summte die Telefonanlage. Ein rotes Lämpchen leuchtete auf. Die junge Frau zuckte ängstlich zusammen und stürzte zum Arbeitszimmer ihres Chefs. Vor der Tür hielt sie für einen Augenblick inne und versuchte sich zu sammeln.

Sie ging hinein. Weigand saß an seinem Schreibtisch und blätterte in einer dicken Wirtschaftszeitung.

„Warum sind Sie so aufgeregt?“ fragte er gut gelaunt und legte die Zeitung zur Seite.

Die Sekretärin blinzelte ihn mit ihren schuldlosen Augen verstört an, während ihr Chef sie mit dem gleichen rätselhaften Lächeln betrachtete.

„Ich habe mir Sorgen gemacht“, sagte sie offenherzig, schlug ihre Augen nieder und wurde rot.

„Ich danke Ihnen“, erwiderte Weigand mit ungewöhnlich warmer

Stimme, wohl wissend, wem ihre Sorge galt. „Ich würde mich sehr freuen, wenn Sie mir einen Kaffee machen könnten."

Die Sekretärin lächelte ihn an und verließ das Zimmer ihres Chefs glücklicher denn je.

* * *

Seit Robertson das Arbeitszimmer seines Stellvertreters verlassen hatte, war bereits eine ganze Stunde verstrichen. Weigand stand regungslos am großen Panoramafenster und starrte mit abwesendem Blick auf die Wolkenkratzer. Sein wacher Geist war mit dem gleichen Rätsel beschäftigt. Irgendwo im Innern dieser Türme saß ein genialer Kopf, der ihn herausgefordert hatte. Verschanzt hinter einem hohen Schutzwall von unzähligen Beteiligungen und Investmentfonds, lag er auf der Lauer und wartete geduldig auf seine Chance. Weigand fühlte dessen Gegenwart und sah dessen geschickte Schachzüge, konnte aber seinen Gegner nicht aufspüren. Wenn die Wirtschaft nicht so verhängnisvoll mit der Politik verwoben wäre, hätte dieses blinde Spiel ihm keine großen Sorgen bereitet. Doch sie war es.

Er schloß die Augen und in seinem Bewußtsein tauchten immer neue Namen und relevante Begebenheiten auf: feindliche Übernahmen, vertrauliche Informationen aus politischen Kreisen sowie unzählige Intrigen und Ränke, die in den letzten zehn Jahren die Schlagzeilen der Leitmedien gefüllt hatten… Bald entfaltete sich vor seinem geistigen Auge ein atemberaubendes Bild. Namen und Tatsachen verwoben sich miteinander zu einem Spinnennetz, das immer breiter und dichter wurde. Da und dort liefen die hauchdünnen Fäden bereits zu bedeutenden Knoten zusammen, wo sich sein Gegenspieler verbergen könnte. Doch es gab nach wie vor zu viele Machtzentren, um mit Sicherheit sagen zu können, wo genau die gefährliche Spinne auf der Lauer lag…

Das Klingeln der hausinternen Telefonanlage unterbrach seine Gedanken. Die Sekretärin meldete einen Anruf aus Deutschland.

„Darf ich Sie mit Ihrer Frau verbinden?"

Bald hörte er am anderen Ende die weiche Stimme seiner Ehefrau. Sie war fröhlich und erinnerte ihn an einige wichtige Angelegenheiten, worauf er ihr zum wiederholten Male versicherte, daß alles bereits am Laufen sei und kein Grund bestehe, sich deswegen Sorgen zu machen.

„Wie geht es Anna?" fragte er, nachdem das meiste bereits besprochen worden war.

Der Zustand seiner Tochter bereitete ihm große Sorgen. Aus unerfindlichen Gründen war sie ganz plötzlich verschlossen geworden und hatte sich vor seiner Abreise nach New York äußerst ungewöhnlich benommen.

„Sie ist wieder fröhlich, als wäre nichts gewesen“, berichtete Frau Weigand. „Mir scheint, daß ich auch den Grund dafür kenne.“

„Ich höre?“

„Gestern hat sie mich gefragt, ob sie diesen Frank zu meinem Geburtstag einladen darf.“

Weigand spannte sich innerlich an.

„Und du hast natürlich Ja gesagt?“ fragte er mit ärgerlicher Stimme.

„Reiner, warum hätte ich meiner Tochter diesen Wunsch abschlagen sollen? Wie stellst du dir das vor? Wenn ich das getan hätte, würde sie mir das niemals verzeihen. Sie ist in der letzten Zeit so sensibel und verletzlich geworden!“

„Hättest du es wirklich gewollt, wäre dir auch ein triftiger Grund eingefallen“, erwiderte Weigand.

„Du hast Recht. Ich habe gegen diesen Jungen überhaupt nichts einzuwenden. Er ist hübsch und offensichtlich gut erzogen. Ich sehe nicht den geringsten Grund gegen ihre Wahl.“

„Aber ich!“ sagte er gereizt.

„Dann mußt du selbst mit deiner Tochter sprechen! Ich würde gern wissen, wie du das anstellen willst. Du kannst dich einfach nicht damit abfinden, daß deine Tochter zum ersten Mal in ihrem Leben eine ernsthafte Beziehung mit einem Jungen eingegangen ist.“

„Er ist kein gewöhnlicher Junge!“

„So, wie ich dich kenne, würdest du das auch bei jedem anderen sagen. Reiner, sie wird bald siebzehn! Viele Mädchen in diesem Alter haben bereits ganz andere Erfahrungen mit Jungen gemacht. Sie war, Gott sei Dank, noch bis vor kurzem sehr vernünftig. Vor einigen Tagen war sie so niedergeschlagen, daß ich mir große Sorgen um sie gemacht habe. Irgendetwas muß zwischen den beiden geschehen sein, was sie so unglücklich gemacht hat. Als ich gestern mit ihr gesprochen habe, wußte ich sofort, daß sie ihn liebt. Ich warne dich, Reiner! Wenn wir ihn ausladen, wird sie uns das niemals verzeihen!“

Als Weigand auflegte, war er lange unschlüssig, was er tun sollte. Die Vorstellung, diesen Jungen wieder zu treffen, dazu noch in Anwesenheit seiner Tochter, konnte ihn auf keinen Fall mit aufrichtiger Freude erfüllen. Was wird wohl Anna sagen, wenn sie sieht, wie reserviert und abweisend ich ihrem Jungen begegnen würde? Wenn sie ihn liebt, wie ich in ihrem Alter einst geliebt habe, wird es ihr große Schmerzen bereiten, dachte Weigand.

Die Vorstellung davon war unangenehm. Er setzte sich an den Schreibtisch und nahm das Bild seiner Tochter in die Hand. Er selbst hatte es vor vier Jahren in Kalifornien geschossen. Hier war sie noch zwölf. Das reine Lächeln eines Kindes, das stets sein Herz mit rührender Wärme erfüllte, tat es auch jetzt. Der Blick ihrer himmelblauen Augen, aus denen bedingungslose Liebe strahlte, die in diesem Augenblick nur ihm allein gegolten hatte… Wie gern hätte er all seine irdischen Güter dafür gegeben, um die Zeit aufzuhalten und die kindliche Anhänglichkeit seiner Tochter bis ans Ende seiner Tage ungeteilt genießen zu können. Doch die Zeit war unbestechlich. Sie floß einfach dahin und riß alles Irdische mit sich fort.

Als er das Bild wieder auf den Tisch stellte, griff er zum Telefon. Unverzüglich meldete sich am anderen Ende seine junge Sekretärin.

„Fragen Sie bitte Herrn Robertson, ob er für mich noch fünf Minuten Zeit hätte. Ich muß mit ihm noch etwas Wichtiges besprechen.“

Nach wenigen Minuten ging die Tür wieder auf. Robertson trat ins Zimmer.

„Sie wollten mich sprechen?“ fragte er besorgt.

„Nichts Besonderes“, erwiderte Weigand. „Es sind einige Änderungen eingetreten. Ich habe beschlossen, in New York zu bleiben. Haben Sie meine Teilnahme an der Konferenz in Washington bereits abgesagt?“

„Noch nicht“, sagte sein Chef erleichtert.

„Um so besser. Wir müssen die Sache etwas schneller klären.“

„Soll ich für Sie den Hubschrauber reservieren?“

„Tun Sie es! Mein Sicherheitsdienst übernimmt den Personenschutz“, sagte Weigand. „Sollten Sie noch einmal mit Senator Weith sprechen, sorgen Sie bitte dafür, daß Ihre Bewunderung für ihn genauso ungetrübt bleibt.“

Robertson nickte verständnisvoll und verließ sofort das Zimmer, während Weigand wieder zum Fenster ging.

Bald entfaltete sich vor seinem geistigen Auge das gleiche Bild. Sein Geist tastete das ganze Geflecht noch einmal sorgfältig ab, doch die tödliche Spinne war nicht zu finden. Die Sonne sackte bereits hinter den Horizont im Westen, und die gläsernen Fassaden der Wolkenkratzer verloren ihre funkelnde Pracht. Dunkel drohend ragten sie in den ausgeblichenen Abendhimmel, ohne ihr Geheimnis preiszugeben.

„Schon bald wird er seine Deckung verlassen müssen“, dachte Weigand ahnungsvoll. „Wenn er wirklich klug ist, wird er nach einer Möglichkeit suchen, mich persönlich zu sprechen. Vielleicht sogar am kommenden Samstag…“

Im dunklen Wald

Der Hubschrauber flog über einem bewaldeten Bergmassiv. Wie ein grüner Teppich zog es sich bis zum Ozean hin, wo die glühende Abendsonne bereits dessen funkelnde Oberfläche berührte: Ein Anblick, der jeden irdischen Menschen mit tiefster Ehrfurcht erfüllte.

„Ist diese Schönheit nur einem Zufall zu verdanken oder sehen wir tatsächlich den Abglanz eines unsichtbaren Schöpfers?“ fragte sich der einzige Fluggast, der auf einem weichen Sessel im Innern des Helikopters saß und nachdenklich hinuter schaute. „Wer könnte die Frage in einem solchen Augenblick mit Sicherheit beantworten?“

Ganz von selbst kam die Erinnerung an den sonderbaren Jungen, dem die Antwort auf die ewig unlösbare Frage scheinbar so leicht gefallen war. Es war ihm ein Bedürfnis, ihn davon zu überzeugen, daß es einen liebenden Gott gebe, der seinen verlorenen Kindern gnädig die rettende Hand reiche. Wie schnell hatte der Junge sich in einen edlen Eifer hineingeredet, daß ihm die Wangen zu glühen begannen und die hellgrauen Augen vor Leidenschaft aufflammten! Ist das die Kraft, die wir Leben nennen… die wie ein zarter Sproß die schwere Betondecke menschlicher Trägheit sprengt und zum Licht emporstrebt, in jene Sphären, von denen ein reifer Mensch nicht mehr zu träumen wagt? Bald regte sich im tiefsten Grund seines Herzens die Erinnerung an die eigene Jugend. Kann man sie nur mit kalter Vernunft erklären? Wohl kaum! Warum wird es einem so seltsam warm ums Herz, besonders dann, wenn man an all die heiligen Irrtümer und harmlose Dummheiten zurückdachte, die jeden Menschen in seinen jungen Jahren beherrschten…

Der Helikopter, der vor einer halben Stunde in San Francisco gestartet war, schien sein Ziel erreicht zu haben. Die Maschine wurde langsamer. Unten schlängelte sich ein Fluß, und ein kleiner Waldsee glänzte in den weichen Strahlen der niedergehenden Sonne. Nun schwebte der große Hubschrauber über einem runden Landeplatz. Bald begann er zu sinken.

Spezialeinheiten der Polizei sperrten das vom dichten Wald umschlossene Gelände weiträumig ab und warteten nun, bis die schwerfällige Maschine auf dem weiß markierten Platz landete.

Kaum berührten ihre Räder den Boden, sprangen daraus schwerbewaffnete Sicherheitskräfte. Mit Maschinenpistolen im Anschlag sicherten sie den Hubschrauber gegen mögliche Angriffe von außen und waren bereit, auf jeden zu schießen, der sich ohne ausdrückliche Genehmigung ihres Kommandeurs zu nähern versuchte. Obwohl die Maschine sicher auf dem Boden stand, lief der Motor weiter, um im Falle drohender Gefahr den unsicheren Ort sofort wieder verlassen zu können.

Der Einsatzleiter der Polizei wußte über diese Gepflogenheiten bestens Bescheid. Er trat einige Schritte vor und blieb am Rande des Landeplatzes stehen. Gleich darauf tauchte hinter seinem Rücken ein älterer Mann auf. Er trug helle Freizeitkleidung und drückte einen breiten Strohhut auf seine Brust. Der scharfe Wind, den die Rotorblätter verursachten, riß an seinen spärlichen Haaren und zwang ihn, die Augen zu zwei engen Schlitzen zusammenzukneifen.

„Worauf warten wir?“ fragte er fast schreiend, gegen den pfeifenden Lärm ankämpfend.

„Die Kerle da verstehen keinen Spaß“, erklärte der Einsatzleiter, auf die schwarz uniformierten Männer zeigend. „Das ist seine persönliche Leibwache!“

„Sie meinen etwa, sie würden auch auf uns schießen?“ fragte er überrascht.

„Mit Sicherheit, Senator“, erwiderte der Oberst.

Während sie noch sprachen, stieg aus dem Hubschrauber der Chef des persönlichen Sicherheitsdienstes des hohen Gastes und ging mit schnellen Schritten direkt auf sie zu.

„Ich freue mich, Sie wieder zu sehen, Herr Oberst!“ begrüßte er den Einsatzleiter mit einem kräftigen Händedruck und nickte respektvoll auch dessen Begleiter zu, den er mit einem langen forschenden Blick bedachte.

„Senator Weith“, erklärte der Einsatzleiter.

Erst nach einem ausführlichen Bericht der Polizei über die Sicherheitslage, gab der Chef seinen bewaffneten Männern ein entwarnendes Zeichen. Die Rotorblätter kamen zum Stehen, und aus dem Hubschrauber stieg ein Mann aus, dessen straffe Haltung einen starken Charakter verriet.

„Herr Weigand!“ rief Senator Weith ihm noch im Gehen zu und streckte ihm freudig seine Hand entgegen. „Ich wollte es mir nicht nehmen lassen, Sie persönlich bei uns willkommen zu heißen!“

„Sehr freundlich von Ihnen“, entgegnete Weigand mit kühler Höflichkeit.

„Ihre Ankunft ist sogar für einen erfahrenen Senator ein bleibendes Erlebnis! Man munkelt, daß gewisse Leute sogar den Luftraum entlang Ihrer Flugroute sperren wollten, um ihre Reise möglichst angenehm und sicher zu gestalten“, sagte Weith etwas neidisch.

„Dann wissen Sie viel mehr als ich, Senator“, entgegnete Weigand mit nachsichtigem Lächeln. „Aber wenn das auch wahr wäre, hielte ich solche Maßnahmen für eine haltlose Übertreibung.“

„Wie dem auch sei!“ erwiderte der Senator mit feierlicher Stimme. „Seien Sie bei uns herzlich willkommen!“

Sie fuhren in einem offenen Geländewagen durch einen Wald. Uralte Bäume, deren lichte Kronen wie die Säulen gotischer Kathedralen in schwindelerregender Höhe aufeinander zuliefen, säumten den gut befestigten Weg. Senator Weith saß am Steuer und seine betont lässige, sogar frivole Art zu sprechen verriet, welch außerordentliches Vergnügen ihm die Rolle des Gastgebers bereitete.

„Ich hoffe sehr, daß es Ihnen bei uns gefallen wird. Wir haben hier zwar keine Frauen…“, sagte er und verstummte für einige Augenblicke, nach passenden Worten suchend, dann machte er eine Handbewegung, als hätte er nun beschlossen, das lästige Herumreden beiseite zu schieben. „Wissen Sie... Ich würde sogar sagen, daß die meisten von uns kein echtes Bedürfnis nach dem weiblichen Geschlecht verspüren. Wir bevorzugen es ausdrücklich, und zwar in jeder Hinsicht nur mit unseresgleichen zu verkehren.“

Er lachte vergnügt, blickte zu seinem Gesprächspartner hinüber, konnte aber an seinem Gesicht nicht erkennen, mit welchen Gefühlen dieser seine Mitteilung zur Kenntnis genommen hatte. Er wollte das heikle Thema noch weiter vertiefen, kam aber nicht mehr dazu, denn im nächsten Augenblick tauchte hinter einer scharfen Kurve ein kleiner See auf. Ein schmaler Steg führte zu einer gemütlichen Terrasse, die auf schlanken Holzpfeilern direkt über dem Wasser ruhte.

Ein Dutzend Männer in leichter Freizeitkleidung saßen an einem runden Tisch. Sie rauchten, lachten und unterhielten sich lebhaft miteinander. Senator Weith reduzierte die Geschwindigkeit und hob grüßend die rechte Hand über den Kopf. Einige Männer erwiderten seinen Gruß.

„Sehen Sie den Mann, der ganz links mit einem Weinglas sitzt?“ fragte er bedeutungsvoll.

„Sie meinen den Vizepräsidenten?“ erkundigte sich Weigand.

„Gerade den meine ich!“ sagte Weith ehrfürchtig. „Der FED-Chef ist ebenfalls da.“

Er begann die wichtigsten Mitglieder der diskreten Gesellschaft aufzuzählen: bedeutende Politiker, Wirtschaftsleute, berühmte Schauspieler und Moderatoren, die man jeden Tag auf allen Kanälen sehen konnte…

Je länger er sprach, desto mehr geriet er unter den Eindruck seiner eigenen Erzählung.

„Heute werden Sie hier zwei ehemalige Präsidenten sehen!“ sagte Senator Weith rot vor Stolz und bremste den Wagen wieder ab.

Mitten auf dem Weg gingen zwei Männer, die sich vor Lachen kaum noch auf den Beinen halten konnten. Der ältere von ihnen, etwa siebzigjährig und zu Glatze neigend, trug eine kurze Hose, in der zwei knorrige, stark behaarte Beine steckten. Sein rechter Arm lag um den Hals eines jungen Mannes geschlungen, den er im Überschwang des Gefühls von Zeit zu Zeit auf die Wange küßte.

Erst als der Jeep kurz vor ihnen zum Stehen kam, drehten sie sich um.

„Hi, Jack!“ rief der ältere Herr dem Senator zu. „Wen hast du da?“

„Das ist eine Überraschung!“ warf Weith ihm zurück, während die beiden endlich den Weg freimachten.

Der Jeep fuhr wieder los, und als Weith aus den Augenwinkeln das ernst dreinblickende Gesicht seines Gastes sah, hielt er es für dringend nötig, ihm eine ausführliche Erklärung abzugeben.

„Wissen Sie, die Leute kommen her, um die Welt da draußen ganz zu vergessen. Mindestens einmal im Jahr muß man sich die Zeit nehmen, um so richtig die Sau rauszulassen. Glauben Sie mir, die Politik ist sehr anstrengend. Sie ist ein Schauspiel, mehr als jede andere Beschäftigung! Wenn ein gewöhnlicher Schauspieler nur auf der Bühne seiner Kunst nachgeht, sind wir fast ununterbrochen damit beschäftigt.“

„Sie müssen vorsichtig sein, Senator“, bemerkte Weigand leicht ironisch. „Wenn man Ihre Worte ernst nimmt und nur ein wenig weiter denkt, wird man zwangsläufig zu dem traurigen Schluß kommen müssen, daß unser Senat ein Zirkus ist?“

Senator Weith brach in schallendes Lachen aus.

„Wissen Sie, warum ich diese Treffen so sehr mag?“ fragte er, nachdem er seinen Lachanfall halbwegs bezwungen hatte. „Hier können wir alles tun und lassen, was wir wollen! Dazu gehört auch die Freiheit, offen über Dinge zu reden, die man da draußen nicht einmal erwähnt! Und was unseren Senat betrifft…“ Er seufzte schwer. „Seien wir doch ehrlich! Die traurige Wahrheit besteht doch gerade darin, daß die Demokratie ein zu edles Modell ist. Es erfordert reife Menschen, deren Bildung und Veranlagungen es ihnen erlauben, eine halbwegs begründete eigene Meinung zu haben. Nur wenige können so anspruchsvoll leben. Daher bleiben Demokratie und die feierlich verkündeten Freiheiten nur ein fernes, wenn auch erstrebenswertes Ziel. Die Menschen müssen regiert werden! Es sind in Wirklichkeit nur einige Tausend, vielleicht sogar nur einige Hundert Menschen, die dazu geeignet wären. Aber wem erzähle ich das!“

Bei den letzten Worten zeigte sich auf seinem Gesicht ein warmes Lächeln, das einen ungezwungenen, selbst einen kumpelhaften Umgang anklingen sollte.

„Sie meinen, Sie würden mich kennen?“ fragte Weigand und bedachte seinen Gesprächspartner mit einem prüfenden Blick.

„Ihr Ruf eilt Ihnen weit voraus“, erwiderte der Senator, während seine Stimme plötzlich ernst wurde. „Ich muß doch Ihnen nicht erzählen, daß Ihr Erscheinen hier wohl kaum zufällig ist. Es sind nur wenige Menschen auf dieser Welt, die darauf hoffen dürfen, Mitglied bei uns zu werden. Aber auch für jene, die in die engere Auswahl gekommen sind, beträgt die Wartezeit in der Regel fünfzehn bis zwanzig Jahre! Ich kenne nur wenige Ausnahmen, die im letzten Jahrhundert gemacht wurden.“

„Ich wüßte nicht, wodurch ich eine solche Ehre verdient hätte“, erwiderte Weigand ausweichend. „Ich bin nur ein Unternehmer.“

„Auch Politik ist in vielerlei Hinsicht nur eine gewöhnliche Unternehmung, ein Geschäft, wenn Sie so wollen. In unserem Projekt werden wir bestimmt Ihre Fähigkeiten gut gebrauchen können.“

Der Jeep näherte sich inzwischen einem großen Blockhaus und blieb auf dem davor liegenden Parkplatz stehen.

„Ich weiß Ihr Angebot zu schätzen, Senator“, sagte Weigand ernst. „Doch ich werde es mir überlegen müssen, ob ich tatsächlich derjenige bin, den Sie gebrauchen könnten.“

Weith zeigte sich trotz dieser Zurückhaltung sehr zufrieden.

„Wissen Sie, woran man einen fähigen Menschen erkennt?“ sagte er wie nebenbei. „Er stürzt sich nicht wie ein Geier auf jeden hingeworfenen Aasfetzen. Er kennt seinen Wert…“

* * *

Weigand saß auf der überdachten Terrasse des Blockhauses und genoß den frisch aufgebrühten Kaffee. Ein sanfter Sommerwind umschmeichelte sein glatt rasiertes Gesicht und spielte in seinen leicht ergrauten Haaren. Senator Weith war für einige Minuten zur Seite gerufen worden, was Weigand äußerst gelegen kam. Er beobachtete die exklusive Gesellschaft, deren Mitglieder da und dort kleine Gruppen bildeten. Die meisten kannte er bereits persönlich oder hatte sie geschäftlich getroffen, die übrigen waren in der bereiten Öffentlichkeit gut bekannt. Nur ein kleiner Teil ließ sich nicht mit Sicherheit zuordnen.

Wie ein Scanner erfaßte sein forschender Blick jeden einzelnen von ihnen und ordnete ihn in ein für gewöhnliche Menschen schwer durchschaubares Geflecht von Beziehungen und hierarchischen Strukturen. Nicht nur ihre Anwesenheit wurde erfaßt, sondern jedes Detail: Wer zu welcher Gruppe gehörte, wer neben wem stand oder gar in ein Gespräch verwickelt war? Wie sah das Verhältnis von außen aus: ungezwungen freundschaftlich, ungleich oder gar mit Anzeichen einer Unterwürfigkeit? Alles wurde gespeichert und sofort ausgewertet, weshalb das Gesamtbild einer ständigen Aktualisierung unterzogen wurde.

Das Ergebnis seiner Beobachtungen lag auf der Hand: Das, was Weigand vor Augen hatte, war eine gefährliche Mischung aus Politik, Wirtschaft und hochrangigen Vertretern der Presse und Hochfinanz, die ungeachtet der enormen Komplexität der modernen Gesellschaft durchaus in der Lage wären, die Geschicke der Welt zu lenken oder unter günstigen Voraussetzungen sogar zu bestimmen.

Doch nicht allein das allgemeine Interesse trieb Weigand zu einer solch intensiven Prüfung der Anwesenden. Sein von Natur aus sensibles, durch immense Erfahrung zusätzlich geschärftes Gespür sagte ihm, daß sich unter diesen Menschen sein Gegenspieler befand. Aller Wahrscheinlichkeit nach wird er noch heute in Erscheinung treten…

Bald kehrte Senator Weith zurück und setzte sich ebenfalls an den Tisch.

„Ich hoffe, ich habe Sie nicht allzu lange allein gelassen?“ fragte er mit übertriebener Höflichkeit, während seine unruhigen Finger nervös auf den Tisch trommelten.

„Nicht im Geringsten, Senator“, erwiderte Weigand, der seinen Stimmungswechsel sofort registrierte und ihn als klares Zeichen für eine unmittelbar bevorstehende Begegnung mit seinem Herausforderer deutete.

So geschah es auch. Bald erschien auf der gemütlichen Terrasse des Blockhauses ein alter Mann, in dessen ausgemergeltem Körper das Leben nur noch ansatzweise zu glimmen schien. Er ging, auf einen Gehstock gestützt, direkt auf ihren Tisch zu.

„Was für eine Freude!“ rief Senator Weith dem Alten zu, erhob sich und ging ihm einige Schritte entgegen.

Allerdings fiel die Begrüßung theatralisch aus, was Weigand vermuten ließ, daß die beiden einander noch vor kurzem gesehen hatten. Er erhob sich ebenfalls, und als der Alte vor ihm stehen blieb, schauten sie einander einige Sekunden lang forschend in die Augen.

Nun wußte Weigand mit letzter Sicherheit, daß er den Alten noch nie gesehen hatte. Sein ausgezehrtes, mit dunklen Flecken übersätes Gesicht beherrschte eine fleischige Nase, deren rötliche Farbe ihm einen höchst unvorteilhaften Eindruck verlieh. Die noch vorhandenen grauen Härchen waren so spärlich über den kahlen Schädel verteilt, daß man sich zwangsläufig fragen mußte, wieso der alte Herr sie nicht gänzlich abrasieren wollte. Das armselige Erscheinungsbild ergänzten zwei große Ohren, die fest an seinem unregelmäßigen Schädel zu kleben schienen.

Nichtsdestotrotz erkannte Weigand in dem alten Herrn einen beachtenswerten Gegenspieler. Grund dafür waren seine tiefsitzenden wässrigen Augen, deren messerscharfer Blick von einer überdurchschnittlichen Intelligenz zeugte.

„Es ist mir eine Ehre, Sie kennenzulernen, Herr Weigand", sagte der Alte mit einer süßlichen Stimme, während sich sein großer Mund zu einem Lächeln verzog. „Senator Weith hat mir so oft von Ihnen erzählt, daß ich es mir nicht nehmen lassen konnte, Sie persönlich zu sehen!"

„Ganz meinerseits!" erwiderte Weigand mit einem höflichen Nicken. „Mit wem habe ich die Ehre zu sprechen?"

„Ich heiße Marc Waldert", sagte der Alte. „Doch mein Name wird Ihnen bestimmt nicht viel sagen können."

„Ich der Tat", entgegnete Weigand, worauf der Alte sich mit gleicher, etwas schleppender Stimme an Weith wandte: „Lieber Senator! Haben Sie bitte die Güte, uns für einige Minuten allein zu lassen!"

„Natürlich!" entgegnete Weith und entfernte sich, während die beiden Herren sich an den Tisch setzten.

Es begann ein Gespräch, auf das sie so lange gewartet hatten.

Die Spinne

Als die beiden Herren sich an den Tisch setzten, tauchte neben ihnen ein junger Kellner auf, dessen Alter Weigand auf höchstens sechzehn Jahre schätzte. Er trug ein schneeweißes kurzärmeliges Hemd und eine schwarze Anzughose, was seinen schlanken Körper sehr vorteilhaft betonte. Sein makelloses Gesicht verstrahlte etwas ausgesprochen Edles. Er verbeugte sich höflich und erkundigte sich nach den Wünschen der beiden Herren.

Der Alte bestellte sich ein stilles Wasser und schaute dem hübschen Jungen seufzend hinterher.

„Was würde man alles geben, wenn man nur ein bißchen von seiner Jugend haben könnte", sagte er nachdenklich. „Junge Menschen jagen nach dem großen Geld, während steinreiche Greise von der Jugend träumen."

„Es gelingt nur wenigen, beides zu haben", bemerkte Weigand, während Waldert ihn mit einem geheimnisvollen Lächeln bedachte.

„Sie sind zu bescheiden, Herr Weigand", sagte er in einem wohlwollenden Ton. „Soviel ich weiß, gehören gerade Sie zu jenen glücklichen, die bereits mit dreißig Jahren kometenhaft aufgestiegen sind und ihren Appetit scheinbar bis heute noch nicht gestillt haben."

„Es liegt in der Natur des Menschen, zeit seines Lebens Hunger zu haben", entgegnete Weigand.

„Wie wahr!" rief der Alte mit schwacher Stimme hervor, während der Junge ihm das bestellte Wasser servierte.

„Ich habe neulich gehört, daß eine Schweizer Investmentgruppe durch ihre zahlreichen Strohmänner einen knapp zehnprozentigen Anteil an Amanda übernommen hat", sagte er wie nebenbei, während seine Aufmerksamkeit dem jungen Kellner galt. „Wer könnte es gewesen sein?"

Die tückische Frage brachte Weigand keineswegs in Verlegenheit.

„Wenn ich Ihnen sagen würde, daß ich davon keine Ahnung habe, würden Sie mir das bestimmt nicht abnehmen wollen", entgegnete er mit der gleichen Gemütsruhe.

Waldert lachte vergnügt.

„In der Tat", bestätigte er bereitwillig.

Der Kellner verbeugte sich und wollte gehen, doch Waldert nahm seine Hand und zog ihn sanft zu sich. Der Junge widersetzte sich nicht und schwieg, während der Alte dessen Hand vor seine Augen hob. Er bewunderte die wohl geformten Finger des Jungen mit einer Selbstverständlichkeit, als wären sie sein Eigentum.

„Darf ich Sie vielleicht fragen, Herr Weigand, was Sie damit bezwekken?“ fragte er, ohne seine Beschäftigung zu unterbrechen.

Weigand war von der respektlosen Szene unangenehm berührt, zeigte aber seine Abneigung nicht und blieb sachlich.

„Ich glaube, daß Amanda eine große Zukunft haben könnte.“

„Sehr interessant!“ erwiderte Waldert und strich mit seiner knorrigen Hand langsam über den Unterarm des Jungen, bis er dessen Ellenbogen erreichte. „Die Zukunft ist aber keine meßbare Einheit, Herr Weigand. Wie Sie sehen, ist mein Horizont bereits in greifbare Nähe gerückt, während dieser Jüngling noch ein ganzes Leben vor sich hat.“

Der Alte blickte fragend zum hübschen Jungen empor, nach einer Bestätigung suchend, doch dieser wagte sich nicht mehr zu rühren und starrte nur noch schüchtern auf den Boden.

„Die Zukunft hängt davon ab, auf welche Seite Sie sich in diesem Spiel schlagen werden“, sagte Weigand und wandte sich an den bedrängten Kellner.

„Bringen Sie mir bitte auch ein stilles Wasser?“ sagte Weigand mit einer Stimme, die keinen Widerspruch duldete.

Der Junge zuckte ängstlich zusammen, zog seine Hand vorsichtig zurück, nickte dem strengen Herrn höflich zu und entfernte sich, während die Augen des Alten für einen kurzen Moment zornig aufblitzten. Bald sah er aber wieder gefaßt aus und setzte das Gespräch mit gewohnter Gelassenheit fort.

„Nehmen wir an, ich würde mich für Sie entscheiden“, sagte er zweifelnd. „Womit kann ich in diesem Fall rechnen?“

„Zunächst müssen Sie Furman opfern“, entgegnete Weigand mit beeindruckender Direktheit.

„Wer sollte seine Stelle einnehmen?“

„Robertson.“

„Sie wollen überall Ihre Leute haben“, sagte der Alte, während der Junge ein kaltgeschwitztes Fläschchen Mineralwasser vor seinem Gesprächspartner hinstellte. „Wie kann ich sicher sein, daß Sie danach nicht den nächsten Schachzug machen, der uns gänzlich aus dem Spiel werfen würde?“

Er faßte den Jungen am Unterarm und zog ihn wieder zu sich.

Weigand wußte, daß der alles entscheidende Augenblick unmittelbar bevorstand. Wenn es ihm gelingen würde, in die Karten seines Gegenspielers zu blicken, würde er die anspruchsvolle Partie mit Sicherheit gewinnen können. Sein Instinkt trieb ihn jetzt aufs Ganze zu gehen.

„Den habe ich bereits gemacht", sagte Weigand kühl und richtete seinen messerscharfen Blick auf das zerfurchte Gesicht des Alten.

Waldert rührte sich nicht und schwieg. Seine wässrigen Augen zeigten nicht die geringste Spur einer Veränderung. Kein einziger Muskel zuckte auf seinem blutleeren Gesicht. Nichts deutete darauf hin, ob die bedeutungsschwere Nachricht ihn erschüttert hätte.

Plötzlich hörte Weigand ein unterdrücktes Aufstöhnen. Sein Blick schnellte zum Kellner hinüber und erkannte den wahren Grund dafür. Die knorrigen Finger des Alten krallten sich in den Unterarm des Jungen mit solcher Kraft, daß dieser sich vor Schmerz in die Lippe biß.

Waldert ließ den Arm des Jungen wieder los, erkannte aber im gleichen Augenblick, daß er sich längst verraten hatte. Auf dem Unterarm des Kellners prangten sichtbare Abdrücke seiner Finger.

Weigand lehnte sich über den Tisch zu ihm hinüber. Sein durchdringender Blick lastete schwer auf dem ausgetrockneten Gesicht des Alten. Er drang gewaltsam durch dessen Augenhöhlen tief in ihn hinein und erschütterte das Selbstvertrauen seines Gegners.

„Das Spiel ist schon längst aus", sagte Weigand mit einer unbarmherzigen Stimme. „Sie haben keine Entscheidungsfreiheit mehr über Amanda."

Eine schwere Pause trat ein. Selbst der ahnungslose Junge erkannte das Schicksalhafte des Augenblicks und rührte sich nicht von der Stelle, fasziniert von dem grausamen Machtkampf. Mit großen Augen starrte er Weigand an und erschauderte, als der strenge Herr seinen Blick erneut auf ihn richtete.

„Gehen Sie in meinen Bungalow und prüfen Sie, ob mein Gepäck bereits dort ist!" sagte Weigand dem jungen Kellner und reichte ihm einen Schlüssel hin.

Erst nach einigen Sekunden begann der Alte wieder zu sprechen.

„Ich bin beeindruckt", sagte er äußerlich gefaßt und anerkennend. „Furman hat einen Fehler begangen, den ich zu spät bemerkte. Sie haben ihn also sofort erkannt und ausgenutzt."

„Das ist noch lange nicht alles. Ich habe die TDMZ vorsorglich aus Ihrer Reichweite gebracht. Sie ist nicht mehr angreifbar", sagte Weigand und fügte etwas versöhnlicher hinzu. „Ich möchte Sie aber nicht vollständig verdrängen."

Der Alte blickte mißtrauisch in sein willensstarkes Gesicht.

„Ihre Bedingungen?“ fragte er trocken.

„Ich beanspruche die Mehrheit an Amanda“, sagte Weigand. „Den Rest können Sie haben.“

„Das ist sehr großzügig“, sagte Waldert sichtlich bedrängt. „Darf ich vielleicht erfahren, warum Sie es tun? Sie haben das Spiel ohnehin gewonnen.“

„Ich will Sie nicht als Gegner haben. Das Meer ist groß genug. Warum sollten wir unsere Netze so dicht nebeneinander auswerfen? Wenn wir wollen, werden wir bestimmt einen Modus finden, wie wir einander nicht behindern.“

„Das klingt sehr vernünftig, Herr Weigand“, erwiderte der Alte, während seine Stimme wieder einen süßlichen, dafür aber um so giftigeren Ton einschlug. „Wenn man aber etwas höher steigt, schrumpft dieses Meer auf die Größe einer seichten Pfütze!“ Er machte einen Schluck aus seinem Glas, um etwas Zeit zu gewinnen, dann fuhr er viel versöhnlicher fort. „Wissen Sie, ich habe Sie schon früher aufrichtig bewundert. Sie waren ihren Gegnern immer einige Schritte voraus. Ich konnte es mir einfach nicht nehmen lassen, Sie persönlich kennenzulernen. Ich muß Ihnen gestehen, meine Erwartungen sind bei weitem übertroffen worden. Es ist mir ein Rätsel, daß wir nicht schon früher aufeinander getroffen sind. Sie sind ein glänzender Kopf. Haben Sie nicht in Erwägung gezogen, einige Stufen höher zu steigen? Ihr Platz ist ganz oben!“

„Diese Frage habe ich bereits von Senator Weith vernommen“, erwiderte Weigand sachlich kühl.

„Weith ist ein einfältiger Narr, das wissen Sie genauso gut wie ich. Weder er noch Furman waren je in der Lage, Sie richtig einzuschätzen. Sie sind ein Mensch, der sich niemals in Abhängigkeiten begeben wird. Sie schätzen Ihre Freiheit, Herr Weigand! Genau wie ich.“

Der Alte schwieg einige Zeit, als wäre er tief in Gedanken versunken. Erst einige Sekunden später erwachte er aus seinem entrückten Zustand, als hätte er endlich eine wichtige Entscheidung getroffen.

„Bald wird es einen Sturm geben“, sagte er bedeutungsvoll. „Die Karten werden, wie Sie wissen, neu gemischt. Die Spieler wetzen bereits ihre Messer.“

Die Mitteilung machte keinen sichtbaren Eindruck auf Weigand.

„Der Sturm kann auch jene in die Tiefe reißen, die ihn ausgelöst haben“, sagte er nachdenklich.

„Nicht alle“, bemerkte Waldert. „Wenn man aber solche Gegenspieler hat wie Sie, dann kann einen das Schicksal in der Tat sehr hart treffen. Sie glauben doch an Schicksal, nicht war?“

„Man sieht sich leider stets gezwungen, gegen seine harten Schläge Vorkehrungen zu treffen“, erwiderte Weigand.

„Auch über den eigenen Tod hinaus?“ fragte der Alte, während sich sein Mund erneut zu einem honigsüßen Lächeln verzog.

„Der Tod ist unser aller Meister“, entgegnete Weigand mit eisiger Stimme, während in seinen tiefblauen Augen ein unheimliches Feuer erglühte. „Es ist ein schwerer Fehler zu glauben, daß es einem gelingen würde, seiner rächenden Hand zu entkommen!“

„Durchaus möglich“, sagte Waldert, ohne seinen Blick abzuwenden. „Aber wie Sie schon selbst gesagt haben, Frieden wäre eine weitaus angenehmere Sache. Gemeinsam könnten wir eine Partie bieten, die die Welt in dieser Form noch nicht erlebt hat. Um uns herum liegen Schätze, deren Besitzer durch seltene Dummheit glänzen. In ihren ungeschickten Händen werden sie bald zu Staub zerfallen. Sollen wir tatenlos zusehen, wie sich die anderen daran bedienen? Würden Sie auf mein Angebot eingehen, bekommen Sie von mir nicht nur den Kopf von Furman.“

Weigands Gesicht verriet ein gewisses Interesse.

„Ich wüßte nicht, was Sie mir sonst schenken könnten“, sagte er leicht skeptisch.

„Meine Freude wäre so groß, daß ich Ihnen sogar Amanda schenken würde“, erwiderte Waldert durchaus wohlwollend. „Und zwar ungeteilt.“

Weigand schwieg. Der Alte betrachtete sein Gesicht, doch es verriet nicht die Meinung seines Gesprächspartners.

„Ich weiß, daß Sie mir heute keine Antwort geben würden“, sagte er seufzend. „Menschen wie Sie sind äußerst vorsichtig. Ich würde mich daher freuen, wenn wir unser angenehmes Gespräch nächste Woche in New York fortsetzen könnten. Wir sind Nachbarn! Aus Ihrem Arbeitszimmer können sie meine Fenster sehen…“

* * *

Als Weigand allein zu seinem Bungalow ging, kroch die Nacht bereits aus allen Ecken heraus und beherrschte Stück für Stück den mächtigen Wald. Er schaute sich um, und als er sah, daß niemand ihm folgte, zog er aus der Innentasche seines Sakkos ein Handy hervor.

Es war kein einfaches Smartphone. Es war schwer und fast zwei Zentimeter dick. Als Weigand es entsperrte und eine Nummer wählte, forderte eine monotone Frauenstimme ihn auf, den zwanzigstelligen Code einzugeben, der nur für diesen einzigen Tag galt. Weigand tippte aus dem Gedächtnis die komplizierte Zeichenreihe, die nicht nur aus Buchstaben und Zahlen bestand, sondern auch andere Zeichen beinhaltete.

Bald kam die Verbindung zustande, dessen Inhalt nur ein einziges Handy auf dieser Welt entschlüsseln konnte. Selbst die Ortung seines Gesprächspartners war nicht möglich, denn der verschlüsselte Signal ging mehrmals um die Welt, sprang zu erdumkreisenden Satelliten hoch, kehrte dann zurück zur Erde, verlor sich dort und sprang unerwartet mit ganz anderen Parametern wieder hinauf in das Weltall, um das Gleiche noch und noch einmal zu wiederholen. Der Preis für absolute Sicherheit war beträchtlich. Ganze drei Sekunden brauchten seine Worte, um das Ohr seines Gesprächspartners zu erreichen. Das Gleiche galt auch in umgekehrter Richtung.

„Er ist aus der Deckung gegangen“, sagte Weigand leise. „Die Bank-Gruppe ist fest in seiner Hand. Ansonsten ist er schwach. Ich habe in seine Karten geschaut. Aus Verzweiflung hat er versucht, mir zu drohen.“

Nach sechs langen Sekunden kam die Antwort:

„Hat er eine Ahnung davon, was du vorhast?“

„Nein“, entgegnete Weigand. „Er glaubt, daß ich mich mit Amanda begnügen würde.“

„Was willst du tun?“

„Wir müssen die Bank-Gruppe einkreisen, noch bevor er sie absichern kann. In einer Woche wird er vor mir einen Köder auswerfen, in der Hoffnung, daß ich mich damit übernehmen und schließlich vor ihm in die Knie gehen würde.“

„Was hast du mit ihm vor?“

„Er kann sich nicht mehr aus der Schlinge befreien. Ich will sie ein bisschen fester zusammenziehen. Wenn er keine Luft mehr bekommt, wird er mir die Hälfte der Bank-Gruppe überlassen, damit sie uns nicht mehr im Weg steht. Sonst werde ich ihn zermalmen.“

„Wie lauten die Anweisungen?“

„Setzt die Übernahme von Amanda fort und beginnt mit der Einkreisung der Bank-Gruppe. Geht äußerst vorsichtig vor! Er soll weiterhin im Dunkeln tappen!“

Weigand beendete das Gespräch und steckte das schwere Handy

wieder ein. Nach wenigen Minuten erreichte er seinen Bungalow und entdeckte dort Senator Weith und den jungen Kellner, der im schwachen Licht einer Wandleuchte wie ein Wächter vor der Eingangstür stand.

„Herr Weigand!" rief der Senator ihm fröhlich zu. „Endlich sind Sie da!"

Weigand schaute ihn fragend an und erkannte in seinem Auftreten eine gewisse Verunsicherung. Obwohl Weith fleißig Fröhlichkeit vorspielte, blickten seine Augen ängstlich umher.

„Herr Waldert hat mich soeben gebeten, Ihnen ein kleines Geschenk von ihm zu überreichen", sagte er mit rätselhafter Stimme. „Er meinte, es würde Ihnen gewiß eine große Freude bereiten."

„Durchaus möglich", erwiderte Weigand und sah in dessen Hand eine große Plastiktüte.

Er wartete auf deren Übergabe, doch Senator Weith machte etwas ganz anderes. Er packte den Jungen am Oberarm und zog ihn vor, bis dieser direkt vor Weigand stand.

„Wie gefällt es Ihnen?" fragte er stolz und maß den Jungen von Kopf bis Fuß mit einem begehrlichen Blick. „Selbst Apollo könnte kaum schöner gewesen sein!"

Der Junge hob seine Augen zu Weigand hoch, versuchte zu lächeln, ließ aber seinen Blick wieder verlegen zu Boden sinken. Schamröte kam auf seinen zarten Wagen zum Vorschein.

„Sagen Sie Herrn Waldert, daß ich seine Großzügigkeit zu schätzen wisse. Zu gegebener Zeit werde ich mich für dieses Geschenk ebenfalls erkenntlich zeigen", erwiderte Weigand, während Senator Weith besorgt auf seine Armbanduhr blickte.

„Ach nein!" rief er laut hervor. „Wie die Zeit geht! Wir müssen uns beeilen! Bald beginnt das Wichtigste. Wir versammeln uns in einer halben Stunde auf dem Opferplatz. Der Junge zeigt Ihnen den Weg dorthin. Sie müssen aber unbedingt diesen Umhang anziehen!"

Er reichte ihm die große Tüte hin.

„Das ist eine Pflicht, die für alle gilt!" sagte Senator Weith eindringlich.

Die Eule

Wie ein schwarzes Tuch lag der Nachthimmel über dem Wald. Eine beklemmende Stille beherrschte ihn. Nur selten wurde das geheimnisvolle Flüstern der Bäume vom schrillen Schrei eines Nachtvogels gestört. Und doch war diese Ruhe trügerisch. Denn tief im Innern des Waldes, auf einer fackelerleuchteten Lichtung standen Menschen, die einen weiten Halbkreis bildeten. Ihre schwarzen Gewänder glichen mittelalterlichen Mönchskutten und reichten bis zum Boden. Tiefhängende Kapuzen überschatteten ihre schweigsamen Gesichter und machten ihre Träger zu namenlosen Gespenstern.

Bald traten in den Halbkreis zwei ähnlich gekleidete Männer. Langsam wie Priester gingen sie zu einem Altar, der vor einer gewaltigen Eule stand. Fast zehn Meter hoch ragte der aus Stein gemeißelte Nachtvogel in den pechschwarzen Himmel. Sein unheimlicher Blick ließ keinen Zweifel daran übrig, auf welcher Seite er im ewigen Ringen von Gut und Böse stand.

Weigand beobachtete das Geschehen und konnte im flackernden Licht der Fackel sehen, daß auf dem Altar die lebensgroße Puppe eines Kindes lag.

Die Priester blieben stehen und drehten sich zum schweigenden Halbkreis.

„Wir verbrennen heute unsere Sorgen“, verkündete eine feierliche Männerstimme. „Und wo liegt die Quelle unserer Sorgen?“ fragte sie laut und in einem Ton, der neben Verachtung auch stiller Haß offenbarte. Gleich danach beantwortete die rachsüchtige Stimme ihre Frage selbst: „Sie ist unser Gewissen, so wie es die Menschen da draußen verstehen!“

Die Priester nahmen brennende Fackel aus einer Halterung und warfen sie kaltblütig auf die Puppe des Kindes. Plötzlich erschallte von allen Seiten ein markerschütterndes homerisches Lachen, das kein Ende nehmen wollte und immer lauter wurde.

Als die Puppe in Flammen aufging und die schwarzgekleideten Gestalten um Weigand herum zu jubeln begannen, schaute er sich langsam um. Einige von ihnen drehten sich wie in einem Hexentanz, die anderen sprangen hoch, erfreut über die restlose Vertilgung ihres eigenen Gewissens. Weigand starrte auf die hohen Flammen, deren helles Licht die monströse Eule beschienen, und dachte darüber nach, wie wenig es in Wirklichkeit nötig war, damit auf diesem Altar ein schutzloses Kind geopfert würde. Etwas Dämonisches lag in der rauchgeschwängerten Luft…

Weigand schritt unauffällig zurück und verschwand nach wenigen Sekunden in der Dunkelheit des umliegenden Waldes.

In düsterer Stimmung ging er auf einem schwach beleuchteten Weg zurück, während das satanische Lachen nach wie vor seine Ohren quälte. Am Eingang seines Bungalows wurde er von dem gleichen jungen Kellner erwartet, der ihn vor einer Stunde zum Opferplatz begleitet hatte. Er begrüßte Weigand, und als dieser hineingehen wollte, sprach er ihn etwas schüchtern an:

„Hat der Herr noch irgendwelche Wünsche? Sie können über mich verfügen."

Weigand schaute fragend in sein Gesicht. Der Junge konnte den durchdringenden Blick nicht ertragen und schlug die Augen nieder.

„In jeder Hinsicht verfügen, meinte ich…", stotterte er verlegen.

„Sorgen Sie dafür, daß ich von niemandem gestört werde", erwiderte Weigand mit eiserner Stimme.

Kaum hatte er sich umgedreht, hörte er die gleiche flehende Stimme.

„Wenn sie mit mir nicht zufrieden sind, habe ich noch einen jüngeren Bruder", sagte der Junge schnell. „Er ist erst zehn…"

Weigand zog die Tür wieder zu, drehte sich langsam um und blickte ihm hart in die Augen.

„Von wem hast du den Auftrag?" fragte er leise, wodurch seine Stimme noch unheimlicher wirkte.

„Ich darf es nicht sagen", flehte der Junge ihn an und begann vor Angst zu zittern.

Bald glänzten in seinen halb geschlossenen Augen Tränen.

„War dein kleiner Bruder auch ein Geschenk von Waldert?" fragte Weigand streng wie in einem peinlichen Verhör.

Als der Junge den Namen hörte, geriet er in Panik. Es war nicht schwer, an seinem blassen Gesicht die Antwort abzulesen.

„Du brauchst keine Angst zu haben. Du hast mir nichts verraten", sagte Weigand beruhigend und mit einer durchaus warmen Stimme. „Und jetzt möchte ich nicht gestört werden. Das ist der einzige Wunsch, den ich noch habe."

Der Junge atmete erleichtert auf und nickte gehorsam mit dem Kopf, während Weigand aus der Innentasche seinen Sakkos einen Geldbeutel hervorholte.

„Sorge dafür, daß dein kleiner Bruder heute allein schläft", sagte er dem Jungen und steckte in die Brusttasche seines schneeweißen Hemdes einen ganzen Stapel Geldscheine hinein.

„Danke, Sir“, antwortete dieser, ohne ihm in die Augen zu schauen.

Als Weigand seinen Bungalow betrat und die Tür hinter sich verschloß, ließ er sich erschöpft auf ein weiches Sofa sinken und lockerte seine Krawatte. Ein schweres Gefühl lastet auf seinem Gemüt. Fast alles davon, was er hier gesehen hatte, war ihm seit langem bekannt. Doch an diesem merkwürdigen Tag hatte er die seltene Gelegenheit, so unmittelbar und tief in die Seelen jener Menschen zu blicken, die die Welt zu beherrschen glaubten. Dabei erkannte er dort etwas, was ihn zutiefst beunruhigte. Ein dunkler Abgrund, dachte Weigand, dunkler noch als dieser Wald…

Seltsame Post

Am nächsten Tag sah die Welt viel fröhlicher aus. Die Wolken zogen weg und die grelle Sonne spendete Wärme und gute Laune.

Friedrich saß am Küchentisch über seinem Matheheft und beobachtete eine fette Fliege, die es nicht begreifen konnte, daß die durchsichtige Glasscheibe ein unüberwindliches Hindernis für sie darstellte. Mit erstaunlicher Beharrlichkeit knallte sie gegen das Fensterglas, brummte dort eine Weile, flog dann wieder mehrere Runden umher und nahm schließlich den nächsten Anlauf.

„Eigentlich sollte sie jetzt eine Hirnerschütterung bekommen“, sagte der Junge, nachdem die fette Fliege wieder gegen die Glasscheibe geknallt war.

„Friedrich!“ sagte Frau Uffelmann verärgert. „Hörst du mir überhaupt noch zu?“

Der Junge sammelte sich wieder und versuchte, sich auf die Hausaufgaben zu konzentrieren.

„Wem erkläre ich das alles!“ seufzte die Mutter enttäuscht, als sie feststellen mußte, daß ihr zehnjähriger Sohn längst den Faden verloren hatte.

Sie bemühte sich ruhig zu bleiben und begann noch einmal von vorn.

„Wenn A nicht gleich C ist, was ist dann mit B?“ fragte sie geduldig und schaute ihm erwartungsvoll in die Augen.

„Na dann…“, erwiderte der Junge langgezogen, während er an einem Bleistift zu kauen begann. „Dann…“ Er runzelte die Stirn und schaute hoch zur Decke, als hoffte er, ausgerechnet dort die Lösung zu finden. „Laß mich einen Augenblick überlegen…“

Statt einer Antwort auf Mutters Frage entdeckte er dort wieder die fette Fliege. Mit beneidenswertem Fleiß rieb sie ihre glänzenden Augen mit den Vorderbeinen ab, während Friedrich sich die Frage stellen mußte, wie sie auf der Decke überhaupt sitzen konnte, ohne auf den Boden zu fallen.

Frau Uffelmann seufzte schwer und schaute weg.

„Was wolltest du noch einmal wissen, Mama?“ fragte der Junge mit schuldloser Stimme.

Es ist hoffnungslos, dachte Frau Uffelmann. Sie ging zum Fenster und ließ die Fliege hinaus. Friedrich stützte den rechten Ellenbogen auf den Tisch und legte sein zartes Kinn in die Hand.

„Wenn du mir nicht folgen willst, dann mußt du es allein versuchen", sagte die Mutter, worauf ihr Sohn lustlos und stumm einige Male zustimmend nickte.

Plötzlich ging die Wohnungstür. Friedrich sprang von seinem Stuhl auf und stürmte in den Flur. Mit leuchtenden Augen begrüßte er seinen großen Bruder. Frank ließ die Schultasche auf den Boden fallen und zog die Schuhe aus, während Friedrich ihn mit Fragen überhäufte.

„Wo warst du so lange?" fragte er vorwurfsvoll und doch sehr erfreut, daß Frank endlich nach Hause gekommen war.

„Ich mußte noch Blumen kaufen", erklärte Frank und drückte ihm einen Blumenstrauß in die Hand. „Kannst du sie ins Wasser stellen?"

„Mach ich", antwortete der Junge schnell, steckte sein Gesicht in den glitzernden Folientrichter und zog geräuschvoll die Luft durch dic Nase ein.

„Die riechen ja gar nicht", sagte er enttäuscht und wandte die fragenden Augen seinem Bruder zu. „Für wen sind sie?"

Statt einer Antwort verstrubbelte Frank dessen lange Haare und schubste ihn aus dem Flur in die Küche. Nun wußte Friedrich, warum sein Bruder gut gelaunt war. Und in der Tat konnte Frank seinen Seelenzustand nicht verbergen.

„Was ist passiert?" fragte Frau Uffelmann angenehm überrascht, als sie ihren Sohn so glücklich sah.

Frank zögerte mit der Antwort und suchte nach passenden Worten.

„Verknallt ist er, was sonst", brummte Friedrich verstimmt, warf die Blumen auf die Kommode und setzte sich wieder an den Küchentisch.

„Friedrich!" rief Frau Uffelmann ihm mit sanftem Vorwurf zu. „Sei bitte nicht so grob!"

Doch Friedrich starrte schmollend in sein Matheheft und zeigte keine Reue. Frank wußte, was der Grund des plötzlichen Stimmungswechsels seines jüngeren Bruders war, und konnte ihm deswegen nicht böse sein. Nach dem Tod des Vaters war er nicht nur Friedrichs Bruder, sondern auch sein einziger Freund. Besonders jetzt, nachdem Frank so viele Freunde gewonnen hatte und gerade dabei war, sich in eine Liebesbeziehung mit Anna zu stürzen, hatte er fast keine Zeit mehr für ihn. Anhänglich und äußerst verletzlich, konnte Friedrich das nicht verkraften und litt darunter.

„Anna hat mich zum Geburtstag ihrer Mutter eingeladen", erklärte Frank, während Frau Uffelmann die Blumen versorgte. „In zwei Stunden muß ich dort sein."

Doch nicht nur die Einladung selbst hatte ihn so beglückt, sondern Annas Mitteilung darüber, daß diese mit ihren Eltern abgesprochen worden sei. Zwei Mal hatte er sie gefragt, und zwei Mal hatte sie es ihm bestätigt. Vielleicht meint Annas Vater es doch nicht so schlecht mit mir, dachte Frank hoffnungsvoll.

Während Frank sich mit der Mutter unterhielt, beobachtete Friedrich aus den Ecken seiner hellbraunen Augen mißmutig das geschäftige Treiben seiner kleinen Familie. Bald konnte er es nicht mehr aushalten und erhob sich.

„So!“ sagte er betont laut und klappte sein Mathebuch zu. „Ich gehe üben!“

Frank wollte ihn aufhalten, doch Friedrich riß sich los und verschwand im Flur. Frau Uffelmann schaute ihm betroffen nach und seufzte wieder.

„Ich klär’ das schon“, sagte Frank beruhigend.

Er ging in die angrenzende Scheune, die mit ihrer Wohnung durch eine schmale Tür verbunden war. Friedrich hörte, daß Frank in den Raum trat, drehte sich aber nicht um. Niedergeschlagen stand er neben seinem E-Piano und starrte auf den Boden. In den Händen hielt er eine Geige und einen Bogen.

„Sei mir nicht böse“, sagte Frank mitfühlend und faßte ihn von hinten an den Schultern.

Friedrich antwortete nicht, doch Frank wußte, daß ihm die Tränen in den Augen standen. Er drehte Friedrich behutsam um und drückte ihn an seine Brust. Der Junge konnte sich der Zärtlichkeit seines Bruders nicht erwehren und begann, lautlos zu schluchzen. Die bitteren Tränen zerrissen Frank das Herz.

„Ich kann dich leider nicht mitnehmen“, sagte er schuldbewußt.

Friedrich nickte stumm und beruhigte sich ein wenig.

„Wann kommst du wieder?“ fragte er resigniert, als er sich von seinem Bruder löste.

„Ich weiß es nicht“, sagte Frank ehrlich. „Aber morgen werde ich den ganzen Abend für dich dasein. Auch wenn ich weggehen sollte, werde ich dich unbedingt mitnehmen. Das verspreche ich dir! Nur mußt du dann mit deinen Hausaufgaben fertig sein!“

Das gerötete Gesicht des Jungen erhellte sich ein wenig.

„Komm!“ sagte Frank aufmunternd, doch Friedrich rührte sich nicht von der Stelle.

„Geh nur“, erwiderte er, ohne ihn anzusehen. „Ich bleibe hier…“

Frank strich ihm liebevoll über die Haare und ging, während Friedrich traurig ihm hinterher schaute.

„Und?" fragte Frau Uffelmann besorgt, als Frank wieder in die Küche trat.

„Alles in Ordnung! Er hat sich beruhigt", erwiderte er, und als er sah, daß seine Worte keine Wirkung gezeigt hatten, fügte er noch mit Nachdruck hinzu: „Wirklich!"

Frau Uffelmann ließ sich erschöpft auf den Stuhl nieder und faßte sich an die Stirn.

„Ich weiß nicht, was ich tun soll", sagte sie kummervoll. „So wird er das Jahr gar nicht schaffen können."

„Ich werde morgen den ganzen Abend mit ihm sein", sagte Frank schnell, um die Mutter wieder aufzuhellen.

„Kannst du vielleicht mit ihm Mathe machen?" fragte sie hoffnungsvoll. „Er kann nur mit dir üben."

„Natürlich!" sagte Frank fröhlich. „Mach ich gern!"

Als er das sagte, erklang aus der Scheune Friedrichs Geige. Frank ging wieder in den Flur und machte die Tür vorsichtig einen Spaltbreit auf. In den Händen seines kleinen Bruders sang das alte Instrument so berauschend schön, daß Frank schon bald die Welt vergaß und ihm wie verzaubert zuhörte. Er machte die Tür noch ein Stück weiter auf. Nun konnte er sehen, mit welcher Sicherheit Friedrich den Bogen führte, während seine linke Hand mit beneidenswerter Leichtigkeit über das Griffbrett glitt. Friedrich spielte die berühmte Meditation von Massenet. Frank liebte dieses Werk und wußte, daß sein kleiner Bruder es jetzt für ihn spielte…

Erst nachdem die letzten Takte verklungen waren, kehrte Frank in die Küche zurück. Die Mutter saß nach wie vor auf dem Stuhl. Ihre Hände lagen kraftlos im Schoß.

„Wundervoll!" sagte Frank begeistert, „daß er so schön spielen kann!"

„Ja, ja, das kann er… Fast so gut wie Klavier", sagte die Mutter mit traurigem Lächeln. „Wenn er sich nur halb so gut um die Schule bemühen würde, wie er sich jeden Tag mit Musik beschäftigt."

„Dann wird er eben ein großer Künstler sein!" entgegnete Frank aufmunternd.

Frau Uffelmann antwortete nicht, blickte auf die Uhr und wurde unruhig.

„Du mußt bald gehen!"

Frank erinnerte sich an die Einladung, und das bevorstehende Ereignis zog ihn wieder in seinen Bann.

„Was soll ich anziehen?“ fragte er besorgt, denn sein dunkler Anzug war nach dem Angriff der Antifa mit roter Farbe verspritzt.

„Eine ordentliche Anzughose hast du doch, eine Krawatte auch“, sagte die Mutter. „Wenn du noch das schöne Hemd anziehst, das Anna dir geschenkt hat, dann bist du bereit. Alles andere hast du von Gott in Überfluß geschenkt bekommen.“

Frank blickte mißtrauisch in den Spiegel.

„Sehe ich wirklich so hübsch aus?“ fragte er verlegen.

„Ach du, mein Dummchen“, erwiderte die Mutter, zog ihn zu sich und küßte ihn auf die Stirn.

Frank ging ins Schlafzimmer der Mutter, öffnete den Kleiderschrank und begann sich umzuziehen. Als er das schneeweiße Hemd in die Hände nahm, das Anna ihm geschenkt hatte, tauchte vor seinem geistigen Auge wieder ihr helles Gesicht auf. Auch jetzt konnte er es einfach nicht fassen, daß ihr Vater so schnell seine Meinung geändert hatte, obwohl das heftige Gespräch mit ihm so gründlich gescheitert war. Und doch zwang ihn die heutige Einladung an dieses Wunder zu glauben. Während er von der bevorstehenden Begegnung mit Anna träumte, zog er das Hemd an, wählte eine passende Krawatte aus und ging in sein Zimmer. Doch als er vor den kleinen Spiegel trat, um sie zu binden, sah er auf seinem Schreibtisch einen großen Brief liegen. Er nahm ihn in die Hand. Auf dem Umschlag stand: *Frank Uffelmann.* Er drehte ihn mehrmals um, fand aber keinen Absender.

„Von wem ist der Brief?“ rief er seiner Mutter zu.

„Ich weiß nicht“, antwortete Frau Uffelmann. „Er lag heute in unserem Briefkasten.“

Frank riß den Umschlag auf und holte daraus einen Stapel bedruckter Blätter hervor. Auf der ersten Seite stand: **Fritjof Meyer, Leitender Spiegel-Redakteur, Die Zahl der Opfer von Auschwitz. Neue Erkenntnisse durch neue Archivfunde.**

Frank legte die Blätter auf den Tisch, schaute noch einmal in den gepolsterten Umschlag hinein und entdeckte dort einen kleinen Zettel:

Sollten Sie tatsächlich Kant verehren und ehrlich nach der Wahrheit suchen, werden Sie an diesem Artikel nicht vorbeikommen können. Er enthält gesicherte Erkenntnisse und zwingende Schlußfolgerungen, welche Ihnen die Augen öffnen werden.

Auch in diesem kurzen Schreiben fand er keinen Hinweis auf den geheimnisvollen Absender. Der Junge legte den Zettel beiseite und überflog die ersten Zeilen des Artikels:

Vier Millionen Opfer im nationalsozialistischen Arbeits- und Vernichtungslager Auschwitz-Birkenau zählte 1945 die sowjetische Untersuchungskommission, ein Produkt der Kriegspropaganda. Lagerkommandant Höß nannte unter Druck drei Millionen und widerrief. Wie viele Menschen wirklich diesem singulären Massenmord zum Opfer fielen, ließ sich bislang nur schätzen. Der erste Holocaust-Historiker Gerald Reitlinger vermutete eine Million, der letzte Forschungsstand bezifferte mehrere Hunderttausend weniger. Zwei neue Belege zur Kapazität der Krematorien bestätigen jetzt die vorhandenen Unterlagen über Einlieferungen ins Lager. Damit rückt die Dimension des Zivilisationsbruchs endlich in den Bereich des Vorstellbaren und wird so erst zum überzeugenden Menetekel für die Nachgeborenen...

Frank ließ die Krawatte auf den Boden fallen und sank, ohne seine Augen vom Text zu lösen, langsam auf den Stuhl. Immer tiefer zogen die Ausführungen des Spiegel-Redakteurs ihn in das hochinteressante Thema hinein, dessen Brisanz selbst einem Laien einleuchten sollte. Erst die Stimme seiner Mutter riß ihn wieder aus seiner Entrückung heraus.

„Frank!" rief sie ihm bestürzt zu, als sie ihren Sohn halb angezogen am Schreibtisch sitzen sah. „Du bist immer noch nicht fertig!"

Frank schien überwältigt. Zwar löste er sich von dem Text, doch der abwesende Blick seiner hellgrauen Augen zeugte davon, daß er nach wie vor mit dessen Inhalt beschäftigt war.

„Das ist unglaublich!" sagte er innerlich aufgewühlt. „Das mußt du unbedingt lesen..."

Er wollte seiner Mutter über den Standpunkt des Verfassers berichten, doch sie erinnerte ihn erneut an die Einladung und trieb ihn beharrlich an.

„Was wird sie von dir denken, wenn du zu spät kommst?!"

Die Einwände der Mutter waren durchaus berechtigt, doch Frank wirkte nach wie vor zerstreut. Er rückte die Krawatte zurecht, warf einen letzten Blick in den Wandspiegel und nahm die Blätter wieder in die Hand.

„Das nehme ich mit", sagte er begeistert. „Im Bus kann ich weiter lesen."

„Nein, Frank!“ erwiderte die Mutter mit Nachdruck und zog den Artikel aus seiner Hand. „Das kannst du später lesen. Bitte!“

Frank widersprach nicht, nahm die Blumen und wollte zur Tür gehen, doch Frau Uffelmann faßte ihn an der Hand.

„Frank“, sagte sie ernst und doch sehr warmherzig. „Anna ist ein sehr gutes Mädchen.“

„Das weiß ich, Mama“, antwortete der Junge, ohne sie anzusehen.

Er wollte dem beginnenden Gespräch ausweichen, doch die Mutter ließ seine Hand nicht los und redete weiter.

„Sei mit den Menschen nachsichtig und geduldig. Nicht alle denken so wie du. Und sprich bitte nicht so viel über Geschichte und Politik. Genieße den Abend! Versprichst du mir das?“

„Ich versuche es“, sagte Frank, während die Mutter ihn auf die Wange küßte.

„Versuchst du es oder versprichst du es mir?“

„Ich werde mich bemühen“, sagte Frank und ging aus dem Haus.

Unerwünschte Gespräche

Herr Niemeier saß in einem weichen Stoffsessel im Festsaal der Weigandschen Villa und beobachtete die eintretenden Gäste. Schon wieder sind fast zehn Jahre vergangen, dachte er wehmütig und erinnerte sich an seinen letzten Besuch in der Heimat. Seit fünfundzwanzig Jahren lebte er in Übersee. Was einst als eine Dienstreise begonnen hatte, entwickelte sich ohne seinen ausdrücklichen Wunsch zu einem dauerhaften Aufenthalt. Um so erfreulicher nahm er die Einlandung seines alten Freundes an, in häuslicher Umgebung den Geburtstag dessen liebenswürdiger Ehefrau zu feiern.

Man erwartete an die siebzig Gäste, die allesamt entweder zum engeren Verwandten- und Freundeskreis der Gastgeber zählten oder aus irgendeinem Grund für die Familie Weigand eine besondere Bedeutung erlangt hatten. So war auch Herr Niemeier als Freund und einflußreiches Mitglied des Vorstandes eines transnationalen Konzerns in aller Form und Herzlichkeit zur heutigen Feier eingeladen worden. Trotz unerwarteter Nachricht, Herr Weigand müsse wegen einer überaus wichtigen Unterredung in New York bleiben, folgte Herr Niemeier der Einlandung und freute sich aufrichtig, endlich mal wieder einige Tage in seiner deutschen Heimat zu verbringen.

Er war ein rüstiger Mann im besten Alter und zeichnete sich aus durch außergewöhnliche unternehmerische Fähigkeiten und einen starken Willen, die ihn sehr schnell nach oben gebracht hatten. So hoch, daß die Bekanntschaft mit Reiner Weigand nur eine Frage der Zeit war. Trotz einiger Ecken und Kanten, die seinen Charakter seit frühester Jugendzeit prägten, schätzten seine ausländischen Geschäftspartner seine sprichwörtliche Zuverlässigkeit, der sein weltweit agierender Konzern in schweren Zeiten so manchen Großauftrag verdankte. Das bloße Wort von Rolf Niemeier wog mehr als ein ganzer Stapel trickreicher Verträge und brachte ihm in betreffenden Kreisen den Ruf des letzten Deutschen ein.

Nun saß er im weichen Sessel und betrachtete den prächtigen Saal. Die exklusive Einrichtung verriet die Sehnsucht nach glanzvollen Zeiten der alten Adelshäuser. Aufwendige Stuckdecke mit geschwungenen Lilienkränzen, kristallbehängte Leuchter, alte Gemälde mit Darstellung ehrwürdiger Ahnen; Möbel, in deren Design keine Spur moderner Stilrichtungen zu erkennen war, als wollte das prominente Ehepaar jedem zu verstehen geben, daß hier nicht dem launenhaften Zeitgeist gefrönt, sondern nach Zeitlosem und Echtem gesucht wurde…

Immer neue Gäste trafen ein. Nach einem herzlichen Empfang durch Frau Weigand traten sie in den glanzvollen Festsaal, grüßten ihre zahlreichen Bekannten und gesellten sich schließlich zu ihrem jeweiligen Freundeskreis. Herr Niemeier erhob sich von seinem Sessel und stieß zu einer kleinen Gruppe, die sich um Pastor Langenhorst gebildet hatte. Der rüstige Mittsechziger, in dessen Augen er angeborene Intelligenz erkannt zu haben glaubte, machte auf ihn einen vorteilhaften Eindruck.

Er lauschte dem anspruchsvollen Gespräch und war nicht wenig überrascht, daß der evangelische Pfarrer die Meinung vertrat, daß alle Religionen trotz ihrer gegensätzlichen Auffassungen des Göttlichen lediglich verschiedene Wege seien, die zum gleichen Gott führten. Herr Langenhorst war ein redegewandter Mensch. Mit überlegener Ruhe begründete er seinen Standpunkt und wirkte dabei durchaus überzeugend.

„Aber der Islam ist doch nicht nur eine Religion, die nach spiritueller Verbindung mit dem Schöpfer sucht", warf Herr Niemeier ein. „Der Islam ist auch eine politische Ideologie, die vor allem die Errichtung eines weltweiten Gottesstaates anstrebt. Sogar ein umfassendes Gesetz ist bereits vorgeschrieben, das tief ins Geflecht der menschlichen Beziehungen greift. Viele Moslems neigen leider zum Extremismus. Sie nehmen den Koran wörtlich und behaupten dabei, daß jede Interpretation eine Sünde sei, der mit Todesstrafe zu begegnen wäre. So wie es eben im Koran geschrieben steht."

Das Gesicht des Pfarrers erfüllte sich mit milder Nachsicht.

„Ist es nicht unsere christliche Pflicht, gerade solchen Menschen mit Liebe zu begegnen und an unserem eigenen Beispiel zu zeigen, daß es auch anders gehen kann? Solange wir ihnen mit Unverständnis und Härte entgegentreten, bestärken wir sie nur in ihrem Glauben, daß das Leben ein harter Kampf sei." Er legte ihm die Hand behutsam auf den Unterarm und fügte mit sanfter Stimme hinzu: „Mit Liebe, mein Freund, erreicht man mehr." Er seufzte, und als er sah, daß Herr Niemeier ihm etwas entgegnen wollte, setzte er seine Ausführungen fort. „Gerade in solchen Fällen, wo wir so unmittelbar mit entgegengesetzten Meinungen konfrontiert werden, wo einem vielleicht sogar blanker Haß entgegenschlägt, bewährt sich die menschliche Größe."

Er senkte den Blick demütig zu Boden, verharrte so einige Sekunden, als ob er tief in Gedanken versunken wäre, dann blickte er wieder auf.

„Die Menschheit so zu lieben, wie sie ist, ist vielleicht die größte Heldentat, die überhaupt möglich wäre…"

Er nickte Herrn Niemeier ermutigend zu, wobei er als Zeichen einer besonderen Verbundenheit beim Nicken sogar die Augen zukniff. Dann ging der Pastor, von einer inneren Regung ergriffen, zum großen Fenster. Dort stand er nun ganz allein und schaute nachdenklich in den wolkenlosen Himmel.

Herr Niemeier beobachtete ihn eine Zeit lang, dann wandte er sich an einen anderen Herrn, der mit leicht geneigtem Kopf ihrem Gespräch aufmerksam gelauscht hatte.

„Aber es läßt sich doch nicht bestreiten, daß viele islamische Verbände ein problematisches Verhältnis zum Grundgesetz haben", sagte Herr Niemeier sichtlich enttäuscht. „Außerdem dürfen wir nicht übersehen, daß viele Moslems eine feindselige Einstellung zur einheimischen Bevölkerung haben, die nicht selten in Gewaltexzessen endet. Ich möchte gern wissen, wohin das alles führen sollte?"

Als sein Gesprächspartner erkannte, daß die Frage an ihn gerichtet war, veränderte sich sein Gesicht. Ein schiefes Lächeln durchzuckte es, während seine Augen unruhig wurden. Herr Niemeier erkannte seine Sorge und trat etwas näher an ihn heran.

„Wir sprechen doch jetzt nicht in der Öffentlichkeit", sagte er mit leicht gedämpfter Stimme, doch auch dieser Hinweis konnte den unbekannten Herrn nicht wirklich überzeugen.

Er entschuldigte sich mit einem stummen Kopfnicken und beeilte sich wegzukommen.

„Ich verstehe das nicht", murmelte Herr Niemeier kopfschüttelnd und gesellte sich zu einer anderen Gruppe.

Es ging um das alles beherrschende Thema: das Wetter und seine vielfältigen Einflüsse auf den menschlichen Körper. Mit akribischer Genauigkeit wurden alle Beschwerden aufgezählt und eingehend erörtert…

Herr Niemeier ging weiter. Nach einigen Minuten traf er wieder auf Herrn Langenhorst, der anscheinend der einzige Gast war, der an politischen und weltanschaulichen Fragen ein lebhaftes Interesse zeigte. Der Pfarrer erklärte einem kleinen Kreis rüstiger Rentner, daß die neuere Forschung zu dem Schluß gekommen sei, daß Hitler bereits in seiner frühesten Kindheit Anzeichen für krankhafte Herrschsucht und ausgesprochene Lieblosigkeit gezeigt hätte.

„Hitler und Liebe?" lachte eine elegante Dame spitz auf und schüttelte den Kopf. „Ob solche Menschen überhaupt lieben können?"

Die umstehenden Gäste beantworteten ihre Frage pflichtgemäß mit zustimmenden Bemerkungen und wandten sich von ihr wieder ab. Nur Herr Niemeier meldete sich wieder zu Wort.

„Ich bin der Meinung, daß jeder Mensch lieben kann, ob er Stalin heißt oder Hitler“, entgegnete er, sichtlich erfreut über das anspruchsvolle Thema.

„Auch Hitler?“ fragte der Pastor verwundert.

„Warum nicht?“ sagte Herr Niemeier. „Hitler war bestimmt ein gewöhnlicher Junge. Jedenfalls nicht wesentlich schlechter als die anderen Kinder in seiner Umgebung. Nachträglich in seiner Jugendzeit nach Makeln zu suchen, erscheint mir zu weit gegriffen. Übrigens habe ich seine Aquarelle gesehen. Er hat auch Maria mit Jesuskind gemalt. Das beweist meiner Meinung nach, daß auch solche Menschen durchaus ein tiefes Mitgefühl empfinden können…“

„Ich bezweifle, daß solche Menschen überhaupt ein wie auch immer geartetes Mitgefühl empfinden können“, warf Pastor Langenhorst mit leichtem Spott ein. „Vielleicht in ihrer Vorstellung. Wissen Sie, so etwas gibt es auch.“

„Nicht nur in ihrer Vorstellung“, widersprach Herr Niemeier. „Hitler zum Beispiel liebte seine Mutter sehr innig. Als sie an Brustkrebs erkrankte, pflegte er sie mit einer Hingabe, die ich jedem Menschen wünschen würde…“

Verlegene Pause trat ein. Einem Nachkriegsdeutschen etwas zu wünschen, was in irgendeiner Hinsicht in engerem Zusammenhang mit Hitler stand, galt allgemein als eine unerhörte Beleidigung. Sogar die unverdächtigsten Verehrer der Musik von Richard Wagner vermieden, ihr Gefühl für den Komponisten in allzu schwärmerischer Weise zum Ausdruck zu bringen. Schließlich verehrte ihn auch der berüchtigte Reichskanzler der Deutschen. So etwas färbt ab! Man war aufrichtig bemüht, das ergreifende Werk des Künstlers von seiner Person vollständig zu trennen, und das eine mit der gleichen Hingabe zu hassen, wie man das andere zu lieben pflegte. Selbst Wagners Enkel behauptete angeblich, nur sein männliches Geschlecht verbinde ihn mit seinem berühmten Großvater. Dabei vergaß er aber zu erklären, was er in diesem Fall in Bayreuth zu suchen habe…

Herr Niemeier schaute sich um. Die langen Gesichter der umstehenden Gäste zeugten unmißverständlich davon, daß sie keinen einzigen Charakterzug des Führers, mag er auch noch so gut erscheinen, zu haben wünschten.

„Sie behaupten also…“, sagte Herr Langenhorst mit tonloser Stimme.

Zwar verströmte sein Gesicht nach wie vor seltene Ruhe, doch seine feinen Hände verrieten den inneren Zustand. Herrn Niemeier war ein erfahrener Mensch, dem es nicht entgehen konnte, wie krampfhaft sich die langen Finger des Pastors in das schlanke Sektglas krallten. Ihr mattes Weiß und die krankhafte Reizbarkeit machten auf ihn einen ausgesprochen lebensfremden Eindruck.

Herr Niemeier versuchte seinen Standpunkt zu erklären.

„Ich will doch keineswegs Hitlers Verbrechen leugnen. Ich versuche bloß, mich an die Tatsachen zu halten, die reichlich belegt sind! Der jüdische Arzt, zum Beispiel, der Hitlers Mutter behandelte, kannte ihn als einen sehr höflichen Jungen…"

Während Herr Niemeier noch die letzten Sätze sprach, verringerte sich die Zahl seiner Zuhörer in Sekundenschnelle. Eine Mischung aus ungläubigem Staunen und Ängstlichkeit lag in ihren Augen. Sie traten still zurück oder machten ein Gesicht, als hätten sie am anderen Ende des Festsaals einen Bekannten erkannt, und suchten schnell das Weite. Angesichts dieser unerfreulichen Entwicklung wurde auch Herr Langenhorst unruhig.

„Ich sehe mich gezwungen, Ihnen in aller Deutlichkeit zu erklären, daß ich Ihre Ansichten in keiner Weise teile!" sagte er auffallend laut.

Allerdings schaute er dabei nicht zu seinem Gesprächspartner. Die sorgenvollen Augen des Pfarrers suchten in der Menge der noch verbliebenen Zuhörer jene, die seine klare Distanzierung deutlich genug hören konnten.

„Aber eine solche Position widerspricht der christlichen Auffassung. Wir können doch nicht ein Kind dämonisieren, nur weil es Jahrzehnte später als Erwachsener Verbrechen begangen hat. Der Mensch selbst, genau wie seine Ansichten ändern sich ständig. Saulus, der zunächst die Christen verfolgt hatte, wurde schließlich zum Paulus, der für eben dieses Christentum sein Leben lassen mußte. Sie als Pfarrer…", sagte Herr Niemeier, worauf Herr Langenhorst ihn mit einem finsteren Blick bedachte.

„Ich bitte Sie, mich zu entschuldigen", sagte dieser mit tonloser Stimme und entfernte sich.

Herr Niemeier runzelte ungläubig seine Stirn. Zwar lachte er ärgerlich auf, doch das erste Gefühl, das ihn dabei überfiel, war ein tiefgehendes Befremden. Er wandte sich an eine ältere Frau, die nach wie vor neben ihm stand und andauernd nach allen Seiten lächelte.

„Was sagen Sie denn dazu?" fragte Herr Niemeier hoffnungsvoll. „Man kann doch nicht Hitler bereits in seinem Kindesalter als Monster darstellen? Wir sind doch nicht in Nordkorea…"

„O-oh! Das ist ein heikles Thema!“ sagte die lustige Dame mit singender Stimme und tänzelte fröhlich davon.

Herr Niemeier schüttelte den Kopf und kehrte zu seinem Sessel zurück. Merkwürdig! dachte er verstimmt. Äußerst merkwürdig! Ob ich tatsächlich zu lange im Ausland gelebt habe? In der Hoffnung ein bekanntes Gesicht zu entdecken, widmete er seine Aufmerksamkeit erneut den eintreffenden Gästen.

Eine wundervolle Verwandlung

Willi Lech erschien mit einem prächtigen Blumenstrauß und sah ausgesprochen festlich aus. Sein eleganter Anzug saß an seinem gut trainierten jungen Körper wie angegossen, während sein sicheres Auftreten einen erfolgreichen Geschäftsmann vermuten ließ. Er gratulierte der Gastgeberin zu ihrem vierzigsten Geburtstag, nahm ihre herzliche Umarmung entgegen, doch seine unruhigen Augen suchten nach ihrer Tochter.

Das Mädchen stand in der Mitte des Raumes und unterhielt sich mit ihrer Tante. Willi wußte, daß es keinen besseren Augenblick geben würde, um ihr Verhältnis zu klären. Trotz eines krachenden Fiaskos, das er vor wenigen Tagen erlebt hatte, war er fest entschlossen, Anna in ein längeres Gespräch zu verwickeln. Doch im nächsten Augenblick geschah etwas ganz Unerwartetes. Als er noch auf sie zuging, begrüßte das Mädchen ihn mit falscher Freundlichkeit und bevor er noch ein einziges Wort sagen konnte, drehte sie sich wieder zu ihrer Tante um.

Willi, der eine solche Zurückweisung keineswegs erwartet hatte, blieb mitten im Raum stehen und verfiel in pure Verzweiflung. Ziellos und sichtlich niedergeschlagen ging er umher und wich seinen zahlreichen Bekannten nach Möglichkeit aus.

Anna kannte den Grund seiner bedrückten Stimmung, konnte aber nach dem letzten Gespräch mit Willi kein echtes Mitleid für ihn in ihrem Herzen empfinden, denn ein anderer Junge bewohnte es. Ein Junge, den sie in ihren schlaflosen Nächten und sehnsuchtsvollen Tagträumen mit zärtlichsten Kosenamen überhäufte. Mit angehaltenem Atem wartete sie auf sein Kommen.

Anna trug ein langes weißes Kleid, das ihren schlanken Körper noch zierlicher aussehen ließ. Diesmal verzichtete sie wieder fast vollständig auf Schminke. Auch Schmuck ließ sie in ihrem Zimmer liegen. Nur ein schlichtes Kreuzchen hing an einer feinen Goldkette um ihren Hals, als eine unmißverständliche Warnung an jene aufgeklärten Gäste, die auf den Gedanken kommen sollten, in ihrer Anwesenheit über Gott zu lästern. Nichts wurde dem Zufall überlassen, jede Kleinigkeit durchdacht. Auch die schneeweiße Farbe ihres edlen Kleides war mit Absicht gewählt. Das Bewußtsein ihrer unberührten Reinheit weckte in ihr einen zuvor unbekannten Stolz und Freude, ihrem Geliebten besonders in dieser Hinsicht ebenbürtig zu sein…

Als Frank endlich in den Saal trat, konnte sie nicht vermeiden, daß ihre

Blicke aufeinander trafen. Sie begrüßte ihn mit einem warmen Lächeln und senkte den Kopf, als wollte sie ihm die Zeit lassen, ihrer Mutter zum Geburtstag zu gratulieren. Mit hochschlagendem Herzen sah sie dem Augenblick entgegen, an dem sie den Jungen für sich allein haben könnte.

„Ist das der Junge, von dem du so geschwärmt hast?“ hörte sie ihren Großonkel fragen, der gerade an ihr vorbeiging.

Neugierig betrachtete er Frank und wartete auf eine Antwort.

„Ja. Wir sind in der gleichen Klasse“, erwiderte Anna ausweichend, ohne zu wissen, wie sie es zustande brachte, äußerlich so ungezwungen zu wirken.

Währenddessen begrüßte Frau Weigand den Jungen, verriet aber nicht, welchen Eindruck sie von ihm gewonnen hatte. Mit gewohnter Freundlichkeit bedankte sie sich für die Blumen und übergab ihn, abgelenkt durch neu ankommende Gäste, in die Obhut ihrer Tochter.

Gerade in dem Augenblick, als Frank auf halbem Weg zu ihr war, hob Anna den Kopf wieder hoch und begegnete mit leuchtenden Augen seinem Blick. Freudig lächelnd machte sie einige Schritte auf ihn zu und reichte ihm mit einer anmutigen Bewegung die Hand, die er mit ritterlichem Ernst mit seinen Lippen berührte. Dabei schaute er Anna aus nächster Nähe direkt in die Augen.

Und in seinem reinen, etwas schüchternen Blick sah sie die langersehnte Antwort auf die alles beherrschende Frage, die sie nächtelang gequält hatte. Mit elementarer Wucht brach in ihr von Liebeskummer gepeinigtes Herz eine berauschende Gewißheit: Er liebt mich! Er liebt mich…

Frau Weigand, die ihre Tochter aus den Augenwinkeln beobachtete, staunte über ihr ungewöhnliches Verhalten. Anna strahlte vor natürlicher Weiblichkeit, die sich nicht allein auf ihre Schönheit zurückführen ließ. Es war mehr als das! Es war kaum denkbar, daß ein Mädchen bei der Begegnung mit einem Jungen, dem sie unbedingt gefallen wollte, etwas besser machen könnte.

Auch Anna wußte nicht, was mit ihr geschah. Als der Junge endlich in ihrer Nähe war, wurde sie von einer magischen Kraft getrieben, zu reden und zu handeln nach Gesetzen, die ihr selbst zuvor unbekannt gewesen waren. Auch manchen Gästen entging nicht ihre wundervolle Verwandlung. Mit staunenden Augen verfolgten sie die Begegnung der jungen Menschen und empfanden die wärmste Anteilnahme an ihrem Glück.

„Du siehst entzückend aus!“ sagte Frank und verspürte schon wieder, wie verlegen und wenig einnehmend er in ihrer Gegenwart wurde.

Plötzlich beschlich ihn die Befürchtung, daß sein Handkuß ungewöhnlich zärtlich ausgefallen sei und außerdem zu lange gedauert habe, als daß man ihn unter solchen Umständen noch als anständig bezeichnen könnte. Doch Anna, die seine Hand nach wie vor in ihrer hielt, trat noch näher an ihn heran und berührte seine Wange mit ihren zärtlichen Lippen. Frank wußte, daß sein Gesicht jetzt rot wurde, fühlte sich aber nicht in der Lage, seine Empfindungen in irgendeiner Weise zu beeinflussen.

Anna führte ihn durch den Saal, stellte ihn voller Stolz einigen ausgesuchten Gästen vor und empfand ein quälendes Glück, als sie sah, welche Anerkennung und Warmherzigkeit sie ihrem Jungen entgegenbrachten. Was ist die Welt so wunderschön! dachte sie bei sich.

„Ein Märchenprinz!“ meinte ihre liebenswürdige Tante und gratulierte Anna zu ihrer Wahl, als wäre die Hochzeit eine längst beschlossene Sache.

Anna spürte, wie in ihrer Seele nach diesen Worten alles zitterte. Sie umarmte die Tante, um ihr glückliches Gesicht vor ihrem Geliebten zu verbergen, während Frank sich zum Zeichen der Dankbarkeit leicht verneigte und angesichts des heftigen Lobes genauso verlegen wirkte.

Immer neue Gäste kamen hinzu und begannen ihn auszufragen. Besonders sein leichter osteuropäischer Akzent erweckte allgemeines Interesse.

„Wo kommen Sie denn her?“ fragte ein älterer Herr, den Anna früher noch nie gesehen hatte.

Starke Neugier glänzte in seinen wäßrigen Augen, die mit ernst gemeinter Freundlichkeit bald zu Frank, bald zu Anna blickten.

„Aus Rußland“, erwiderte der Junge respektvoll. „Meine Vorfahren wanderten im achtzehnten Jahrhundert aus Hessen aus.“

„Oh, Sie kommen aus Rußland!“ mischte sich ein anderer Gast ein. „Ich war dort auch einige Male. Wissen Sie, mich haben schon immer die russischen Kirchengesänge fasziniert. Mir scheint, es ist in gewisser Weise dem katholischen sehr ähnlich. Gibt es bei Ihnen auch die Beichte?“

Frank hörte ihm aufmerksam zu und wartete geduldig auf eine Möglichkeit, das entstandene Mißverständnis zu beseitigen.

„Meine Vorfahren stammen aus Deutschland. Sie gehörten fast ausnahmslos der evangelisch-lutherischen Kirche an.“ sagte Frank. „Nur in der mütterlichen Linie waren einige katholisch.“

„Ach ja! Sehr interessant!“ bemerkte der ältere Herr freudestrahlend, während eine elegante Dame in rosafarbenem Kleid und schönem Hut unvermittelt das Gespräch übernahm.

„Bei mir in der Nachbarschaft wohnen auch Russen“, verkündete sie mit einem seltsamen Stolz, als hätte diese Tatsache sie mit Frank beinahe in verwandtschaftliches Verhältnis gebracht. „Aus Kasachstan.“

„Ich bin ein Deutscher“, erwiderte Frank, während Anna, die an diesem Tag ungewöhnlich reizbar war, vor Empörung kochte.

„Aber sie sind doch in Rußland zur Welt gekommen…“, sagte die Dame und blinzelte den Jungen mit ihren schuldlosen Augen an, was in Verbindung mit ihrem fortgeschrittenen Alter etwas seltsam wirkte. „Das verstehe ich nicht!“

Während Frank noch sprach und aufrichtig bemüht war, den umstehenden Gästen zu erklären, daß er ein Deutscher sei, beschloß Anna das Gespräch zu beenden. Sie entschuldigte sich bei seinen Gesprächspartnern und zog den Jungen zur Seite.

„Es ist doch gar nicht so schlimm“, sagte Frank beschwichtigend, als er sah, wie enttäuscht sie zu ihm blickte. „Woher sollen sie das alles wissen?“

Er nahm ihre Hand, drückte sie leicht und schon war Annas Welt wieder voller Farben.

Die nächste Überraschung

Das Fest verlief planmäßig und wurde von einer prächtigen Kapelle musikalisch begleitet. Anna nutzte die Gelegenheit und entführte Frank in den parkähnlichen Garten, wo sich nur wenige Gäste aufhielten.

Sie gingen im Schatten alter Bäume zwischen kunstvoll angelegten Blumenbeeten, unterhielten sich und waren glücklich darüber, allein zu sein. Doch als sie wieder in den Saal traten, stießen sie auf Pastor Langenhorst, der ihnen mit einem leeren Sektglas entgegenkam. Er erkundigte sich nach Annas Wohlbefinden und wandte sich nach einem kurzen Gespräch über die Nichtigkeiten der Welt an ihren Begleiter.

„Ich habe gehört, daß Sie aus Rußland kommen“, sagte er neugierig, während er einen vorbeieilenden Bediensteten herbeiwinkte. „Haben Sie Heimweh nach ihrer alten Heimat?“

Anna stockte der Atem, als sie schon wieder von Rußland hören mußte. Als ob sie sich alle verschworen hätten, ihn zu quälen, dachte sie enttäuscht.

„Wir müssen leider gehen“, sagte Anna und lächelte ihn schief an.

Sie nahm Frank bei der Hand, doch der Junge wollte nicht unhöflich sein und blieb stehen.

„Ich komme zwar aus Rußland, doch meine Heimat ist hier in Deutschland“, sagte er ruhig.

Sein Gesprächspartner wechselte sein leeres Sektglas gegen ein volles und musterte den Jungen mit einem leicht erstaunten Blick.

„Aber Sie sind doch bestimmt erst seit einigen Jahren hier, nicht wahr?“ fragte er in einem lässigen, etwas gönnerhaften Ton, wie es für einen nicht unbedeutenden, im Umgang mit der besten Gesellschaft geübten Mann üblich war.

„Seit zwei Monaten“, erwiderte Frank, wodurch er Herrn Langenhorst noch mehr verwunderte.

„Kann man sich so schnell von der alten Heimat abnabeln? fragte er zweifelnd. „Wo liegt sie denn, wenn nicht an dem Ort, wo unsereiner zur Welt kam und dazu noch seine Jugend verbrachte?“

Der Pastor nippte an seinem kaltgeschwitzten Sektglas und warf einen flüchtigen Blick auf Anna, die ihm mißgestimmt entgegenschaute.

„Ich bin der Meinung, daß die Antwort auf diese Frage in unseren Herzen liegt“, sagte Frank. „Die Heimat ist das Land der Vorfahren, nach dem wir tiefe Sehnsucht verspüren und mit dem wir uns geistig verbunden fühlen. Man kann von Glück reden, wenn man in seiner Heimat auch zur

Welt gekommen ist. Leider ist es nicht immer der Fall."

Trotz seiner ursprünglichen Absicht, möglichst ruhig und zurückhaltend zu sein, sprach er immer leidenschaftlicher. Sein Gesicht wurde etwas blaß, wodurch das leichte Rot auf seinen Wangen noch deutlicher zum Vorschein kam. Dabei bekamen seine hellgrauen Augen einen erregten Glanz.

Als Anna sah, daß die schmalen Lippen des Pfarrers zu einem nachsichtigen, ja überheblichen Lächeln zuckten, konnte sie sich nicht mehr zurückhalten.

„Jeder, der ihn etwas näher kennt, weiß, daß er ein Deutscher ist, mehr als viele andere... hier Anwesende", sagte sie mit einer Heftigkeit, die sie selbst keineswegs beabsichtigt hatte.

Obwohl die letzten Worte unmißverständlich dem Pastor galten, nahm er diese Anspielung überhaupt nicht zur Kenntnis und wechselte erneut sein Sektglas.

„Sehr interessant", bemerkte er selbstgefällig, während die freundliche Dame, die zuvor mit großem Stolz über ihre russischen Nachbarn aus Kasachstan erzählt hatte, sich wieder ins Gespräch mischte.

„Beruhigen Sie sich!" sagte sie Frank in gutmütigem, ja entgegenkommendem Ton. „Wir glauben Ihnen, daß Sie ein Deutscher sind."

Dann wandte sie sich an Anna, die sich jedes einzelne Wort sichtlich zu Herzen nahm, und versuchte auch sie zu trösten.

„Was für eine Bedeutung hat es überhaupt?" fragte sie mit übertriebenem Unverständnis, wodurch sie die Nichtigkeit der Frage nach der Abstammung ihres Freundes zusätzlich betonen wollte. „Mein Sohn ist mit einer Türkin verheiratet..."

Eine verlegene Pause trat ein.

„Ich gratuliere Ihnen zu einem solch bedeutenden Beitrag zur Völkerverständigung", erklang in der Nähe eine kraftvolle Männerstimme, die augenblicklich die allgemeine Aufmerksamkeit erregte.

Frank drehte sich um und sah einen stattlichen Herrn, dessen würdevolle Haltung auf ihn einen großen Eindruck machte. Offensichtlich verfolgte er seit geraumer Zeit die spontane Unterhaltung und hielt den Augenblick für geeignet, ins Gespräch einzugreifen.

„Es ist schon längst an der Zeit, für solche Heldentaten besondere Auszeichnungen zu verleihen", fuhr der Unbekannte mit hauchdünnem Lächeln fort und brachte mit dieser Bemerkung die Anwesenden in beträchtliche Heiterkeit.

Anna erstrahlte vor Glück, als sie diese Stimme hörte. Noch bevor Frank den unbekannten Herrn begrüßen konnte, ging sie ihm mit schnellen Schritten entgegen, umarmte ihn innig und legte ihren Kopf dankbar an seine Brust.

„Ach Sie sind es!" rief die elegante Dame aus, begann aus unerfindlichen Gründen zu lachen und verschwand gleich danach hinter den umstehenden Gästen.

Der staatliche Herr trat zu Frank, drückte ihm kräftig die Hand und blickte ihm durch seine vergoldete Brille freundlich in die Augen.

„Von Bennigsen", sagte der Mann.

Diese Mitteilung versetzte Frank in großes Staunen.

„Von Bennigsen…", wiederholte er leise.

Erst nach einigen Sekunden erwachte er aus seiner Erstarrung.

„Uffelmann", sagte er etwas verstört. „Frank Uffelmann."

„Es freut mich sehr", erwiderte von Bennigsen und blickte zufrieden in Annas glückliches Gesicht.

„Darf ich Sie fragen…", sagte Frank ehrfurchtsvoll und unsicher darüber, ob seine Frage wirklich angebracht wäre.

„Fragen Sie doch!" ermutigte ihn sein Gesprächspartner. „Was wollten Sie wissen?"

„Sind Sie mit dem Grafen August von Bennigsen verwandt?" fragte Frank, obwohl er sich aus unerklärlichen Gründen fast sicher war, daß dies der Fall sein sollte.

„In der Tat", bestätigte von Bennigsen.

„Es ist mir eine große Ehre, Sie kennenlernen zu dürfen", sagte Frank, und ohne zu wissen, wie er sonst noch seine Achtung zum Ausdruck bringen sollte, nickte er dem adeligen Herrn höflich mit dem Kopf.

Sie traten zur Seite und unterhielten sich einige Minuten über den ruhmreichen Grafen von Bennigsen, der als General des russischen Heeres im Kampf gegen Napoleon eine wichtige Rolle gespielt hatte. Als sie gerade die unverhältnismäßige Darstellung dessen Beitrags im Roman von Leo Tolstoj „Krieg und Frieden" erörterten, trat zu ihnen Frau Weigand.

Nach einem kurzen Gespräch mit Herrn von Bennigsen, wandte sie sich an Frank. Schon lange suchte sie nach einer Gelegenheit, den Jungen näher kennenzulernen. Sie begann ein unverbindliches Gespräch und war angenehm überrascht darüber, wie leicht und gewandt der Siebzehnjährige ihre anspruchsvollen Fragen beantwortete.

Während dessen fiel ihr auf, daß auf der Brusttasche seines schneeweißen Anzughemdes ein kleines verschnörkeltes Symbol aufgenäht war. Es gehörte einem Markendesigner, den sich nur wenige Menschen leisten konnten.

„Sie haben ein sehr schönes Hemd“, sagte die Gastgeberin anerkennend.

„Es gefällt mir auch“, erwiderte der Junge und fügte etwas verlegen hinzu: „Das ist ein Geschenk von Anna.“

Frau Weigand zog ihre dünnen Augenbrauen verwundert hoch.

„Erinnerst du dich nicht mehr?“ fragte Anna ihre Mutter. „Ich habe dir doch erzählt, daß die Türken ihn in der Schloßstraße überfallen haben! Sein Anzughemd war mit Blut verspritzt. Danach habe ich aus Papas Schrank ein Hemd geholt und es Frank gegeben.“

Mit auffallender Zärtlichkeit streifte das Mädchen über das schöne Hemd des Jungen.

„Das war mein Geschenk“, sagte sie leise und schaute mit verliebten Augen zu ihm auf.

Frau Weigand war beim Anblick ihrer Tochter von widersprüchlichen Gefühlen beherrscht. Einerseits war sie von dem Jungen angenehm beeindruckt, andererseits konnte sie nicht übersehen, daß ihre Tochter gänzlich den Kopf verloren hatte. Sie wechselte noch einige Worte mit den Jugendlichen, dann entschuldigte sie sich und ging zu Herrn von Bennigsen, der am Fenster stand und mit einem älteren Mann sprach.

„Schade, daß seine Frau nicht kommen konnte“, sagte Anna, als sie sah, welchen Eindruck der vornehme Herr bei Frank hinterließ. „Du wärest von ihr begeistert!“

„Woher kennt ihr Herrn von Bennigsen?“ fragte der Junge neugierig.

„Das ist mein Onkel“, entgegnete Anna unbekümmert. „Meine Mutter ist eine geborene von Bennigsen.“

Die Überraschung könnte kaum größer sein. Frank schaute sie lange an, als ob er sie zum ersten Mal gesehen hätte.

„Du bist mit August von Bennigsen verwandt?“ fragte er leise und ehrfurchtsvoll. „Eine Adelige…“

„Jaaah!“ sagte Anna langgezogen.

Sie machte ein übertrieben ernstes Gesicht, blickte gebieterisch auf ihn herab und brach schließlich in fröhliches Lachen aus.

Sie faßte den Jungen an der Hand und zog ihn in den Musiksalon, wo die Gäste sich zu einem musikalischen Geburtstagsgruß versammelt hatten.

Die erste Warnung

Das Musikprogramm mit Werken von Chopin und Mozart war zu Ende, und die Gäste gingen wieder in den Festsaal, wo zahlreiche Bedienstete bereits eine prächtige Tafel gedeckt hatten. Frank und Anna saßen gemäß der vorgeschriebenen Tischordnung in der Nähe der Gastgeberin, zogen entzückte Blicke auf sich und sorgten nach wie vor für ausreichend Gesprächsstoff.

„Bemerkenswert, wie unbefangen er sich zu seiner deutschen Herkunft bekennt", sagte Herr Niemeier mit unverkennbarer Sympathie für den Jungen.

„Ach, wissen Sie, das ist wie bei Konvertiten", erwiderte seine Tischnachbarin. „Sie glauben der ganzen Welt beweisen zu müssen, daß sie die besten sind. Ihr Eifer kann unter Umständen ganz schön auf die Nerven gehen. Als wären wir schuld daran, daß er im Ausland geboren wurde."

Nun mischte sich ein weiterer Gast in ihre Unterhaltung ein.

„Sollte dies tatsächlich die alleinige Ursache für eine solche Geisteshaltung sein, würde ich jedem Deutschen von Herzen wünschen, im entlegensten Winkel dieser Erde zur Welt zu kommen", meinte Herr von Bennigsen.

„Sie haben Humor!" stieß die Dame erheitert aus und begann zu lachen. „Aber wirklich…"

Herr von Bennigsen nickte ihr höflich zu und wandte sich wieder ab.

Unterdessen entwickelte sich am anderen Ende der Tafel eine Diskussion über die Bedeutung des Internets in unserer Zeit.

„In der Schule haben wir auch Internet", sagte Frank. „Ich nutze es für meine Recherchen."

„Hast du keinen Internet-Anschluß zu Hause?" wunderte sich Willi Lech, der ihm gegenüber saß.

„Er ist doch erst vor kurzem nach Deutschland gekommen!" mischte sich Anna ins Gespräch ein und warf ihrem einstigen Freund einen ärgerlichen Blick zu, bereute es aber im nächsten Augenblick.

Willi verstummte. Annas Heftigkeit verursachte eine Pause, die bestimmt noch länger ausgefallen wäre, wenn nicht Herr Niemeier dagewesen wäre, der sich bis dahin zurückgehalten hatte. Er hatte seinen Platz verlassen, stand nun hinter der Gastgeberin und verfolgte das Gespräch mit großem Interesse.

„Worüber recherchieren Sie dort?" fragte er den Jungen neugierig.

„Ich wollte wissen, ob es vielleicht etwas Neues über die Versenkung der Lusitania gibt."

„Lusitania?" fragte eine Dame stirnrunzelnd. „War das ein Schiff?"

„Ein britischer Dampfer, der 1915 unter amerikanischer Flagge von New York nach England fuhr und vor der englischen Küste von einem deutschen U-Boot torpediert wurde", erklärte Herr Langenhorst.

Selbstzufrieden über den eigenen Kenntnisstand, schaute er Frank erwartungsvoll an.

„Ja", bestätigte Frank. „Hunderte Passagiere sind dabei ums Leben gekommen, darunter viele Kinder und Frauen."

„Furchtbar, was dieser Krieg an sinnlosen Opfern gefordert hat", entrüstete sich eine ältere Dame, während die übrigen Gäste ebenfalls ihre Mißbilligung zum Ausdruck brachten.

„Schon damals!" sagte der Pastor und richtete seinen Zeigefinger mahnend gen Himmel. „Das Kaiserreich hat sich mit solchen Untaten vor den Augen der Weltöffentlichkeit hoffnungslos diskreditiert und seinen aggressiven, ja verbrecherischen Charakter offenbart."

Leichtes Murren flog über die Runde. Die Gäste bekundete ihre grundsätzliche Zustimmung mit dem Gesagten, allerdings hatten sie seine Ermahnung schnell vergessen. Denn die meisten von ihnen schauten neugierig den dunkelblonden Jungen an. Der erregte Glanz in dessen hellgrauen Augen deutete darauf hin, daß er mit einer solchen Meinung nicht einverstanden war.

Frank war unschlüssig darüber, ob er das beginnende Gespräch weiterführen sollte. Er erinnerte sich an die eindringliche Ermahnung seiner Mutter, weniger über Politik und Geschichte zu reden, doch das harte Urteil des Pfarrers über das Deutsche Kaiserreich verlangten nach Richtigstellung.

„Ich kann ihre Ansichten in diesem Punkt nicht teilen", erwiderte Frank und versetzte Herrn Langenhorst mit dieser Erklärung in leichte Verlegenheit.

„Wie meinen Sie das?" fragte er verwundert.

„Die Schuld an der Versenkung von Lusitania liegt im wesentlichen bei den Briten und Amerikanern."

Das Gesicht des Pfarrers verdüsterte sich schnell.

„Wie kommen Sie auf solche Gedanken?" fragte er gereizt. „Lehrt man so etwas heutzutage an deutschen Gymnasien?"

„Nein", entgegnete Frank. „In der Schule unterrichtet man so etwas bestimmt nicht. Eher das Gegenteil davon. Ich habe zu diesem Thema sehr viele Quellen gefunden…"

Er hatte noch nicht zu Ende gesprochen, als der Pfarrer ihn unterbrach.

„Sind Sie sich denn überhaupt dessen bewußt, was Sie hier sagen?" fragte er sichtlich verstimmt.

„Ich sage nur das, wovon ich überzeugt bin. Wenn Sie mir Tatsachen nennen können, die gegen meine Auffassung sprechen, dann würde ich sie bei der Beurteilung dieses Vorfalls mit Sicherheit berücksichtigen."

Herr Langenhorst antwortete auf die Aufforderung des Jungen mit einer Gegenfrage.

„Meine Meinung stimmt im Wesentlichen mit dem Standpunkt der offiziellen Geschichtsschreibung überein, die sie in jedem historischen Standardwerk zu diesem Thema nachlesen können. Sagen Sic uns lieber, welche Tatsachen Ihren eigenen Standpunkt stützten!"

Anna wurde unruhig. Wieder bahnte sich ein Gespräch an, das unmöglich gut ausgehen könnte. Sie faßte Frank an der Hand, die unter dem Tisch auf seinem Bein lag. Der Junge erkannte ihre Sorge und zögerte mit der Antwort, ohne zu wissen, wie er das Gespräch beenden sollte.

„Wollten Sie uns nicht darüber aufklären, welche geschichtliche Tatsachen Sie zum Schluß brachten, daß an der Versenkung der Lusitania England und die USA schuld waren?" fragte Herr Langenhorst mit Nachdruck.

„Ich weiß nicht, ob es angebracht ist, eine solche Diskussion während dieser Geburtstagsfeier zu beginnen", sagte Frank friedfertig, doch der Pfarrer ging auf sein Angebot nicht ein.

„Wieso denn nicht?" erwiderte er mit falscher Gelassenheit und streifte die Anwesenden mit einem Blick, als wollte er damit beweisen, daß auch sie seine Meinung teilten.

Und in der Tat meldete kein einziger Gast Widerspruch an. Frank warf Anna einen schuldbewußten Blick zu und sah sich gezwungen zu antworten.

„Zum ersten stand das Schiff unter militärischem Kommando", erklärte er sachlich. „Übrigens wurde es vom britischen Kriegsministerium mitfinanziert, um es im Kriegsfall einzusetzen. Die deutsche Regierung wußte, daß dieses Schiff die amerikanische Flagge benutzte, um Kriegsmaterial und Munition aus den USA nach England zu transportieren. Sie warnte sowohl die amerikanische, als auch die britische Regierung ausdrücklich davor, solche Schiffe für militärische Zwecke zu mißbrauchen. Sonst würde sie gezwungen sein, diese zu versenken. Mehr noch, die Deutsche Botschaft versuchte, durch Anzeigen in den amerikanischen Zeitungen die Menschen von der Fahrt mit der Lusitania abzuhalten…“

Er sprach immer leidenschaftlicher, und bald glänzten seine Augen wieder so unwiderstehlich, daß Anna den Faden seiner Ausführungen verlor. Erst der Anblick des Pfarrers ließ sie wieder aufwachen. Sein Gesicht verdüsterte sich gänzlich und versprach nichts Gutes. Außerdem trank er ununterbrochen Sekt, was ihn immer reizbarer machte.

„Na so was!“ stieß er spöttisch hervor, nachdem Frank die wichtigsten Argumente vorgetragen hatte. „Es klingt bei Ihnen so, als würden Sie das Deutsche Kaiserreich entlasten wollen.“

„Warum sollte ich mich bemühen, mein Volk mit Schuld zu beladen, wenn ich aufgrund gesicherter Fakten zu dem Schluß gekommen bin, daß die gängigen Vorwürfe nicht der Wahrheit entsprechen?“ antwortete Frank und griff seinerseits den Pfarrer geschickt an, indem er ihn erneut aufforderte seine Argumente offenzulegen.

„Ich kann mich ohne Vorbereitung nicht an jedes einzelne Detail erinnern“, entgegnete dieser forsch.

„Sie haben aber hier ohne Vorbereitung schwerwiegende Urteile abgegeben und mich zu einem Streitgespräch aufgefordert“, sagte Frank, worauf sein Gesprächspartner kalt auflachte.

„Dieses Thema ist ohnehin zweitrangig!“ rief Herr Langenhorst verärgert aus. „Es kann sich an der Gesamtbeurteilung des Ersten Weltkrieges gar nichts ändern, auch wenn es sich herausstellen sollte, daß Sie ausnahmsweise Recht haben.“

„Die Versenkung der Lusitania, die zum Zwecke der antideutschen Propaganda ausgenutzt wurde, ist keine Kleinigkeit. Sie selbst haben es vor einigen Minuten zum Anlaß genommen, dem Kaiserreich eine besondere Brutalität in der Kriegsführung vorzuwerfen, und deuteten sogar an, daß die Grausamkeiten des Zweiten Weltkrieges ihren Ursprung gerade in dieser Zeit genommen hätten.“

Nicht nur die geschickte Antwort des Jungen, sondern auch seine Ausdrucksweise machten auf die Gäste einen tiefen Eindruck.

„Ich bin überzeugt“, setzte Frank seine Ausführungen fort, „daß die Frage nach der Schuld an der Versenkung der Lusitania genauso wichtig ist wie die Bewertung anderer entscheidender Fragen der beiden Weltkriege. Ob es nun um den Beschuß der deutschen Zivilflugzeuge durch polnische Streitkräfte unmittelbar vor dem Ausbruch des Zweiten Weltkrieges geht oder um den verbrecherischen Bombenkrieg gegen die deutsche Zivilbevölkerung."

„Sie werfen alles in einen Topf!" warf der Pastor ihm zu und verkrampfte unbewußt seine langen, von Leichenblässe gezeichneten Finger zu Fäusten. „Was hat denn der Beschuß der deutschen Flugzeuge damit zu tun?"

„Genauso wie im Falle der Lusitania verweigert man hartnäckig die objektive Bewertung dieser Tatsachen", erklärte Frank. „Die Gerechtigkeit ist erst dann gewährleistet, wenn man die Frage beantwortet hat, wie die andere Seite in einer solchen Situation reagiert hätte. Stellen Sie sich vor, die deutschen Streitkräfte hätten im August 1939 mehrfach polnische Zivilflugzeuge beschossen. Die Antwort ist so eindeutig, daß kaum jemand wagen würde, die Folgen einer solchen Provokation herunterzuspielen. Man hätte eine solche Tat als eine Kriegserklärung gewertet. Nur wenn es um die Deutschen geht, verzichten die Historiker auf eine klare Beurteilung. Wir können aber diese Frage auch anders stellen: Was würden denn die USA oder England gemacht haben, wenn eine fremde Macht mehrmals und mit klarer Absicht ihre Zivilflugzeuge beschossen hätte?"

Nun mischte sich Herr Niemeier ins Gespräch ein.

„Als Amerikaner kann ich Ihnen diese Frage mit absoluter Sicherheit beantworten", sagte er laut. „Die USA hätten ein solches Land dem Erdboden gleich gemacht. Geschweige denn, es kämen noch weitere Faktoren hinzu."

„So schlimm war es auch nicht", wehrte sich Pastor Langenhorst. „Außerdem ist es für mich ein Rätsel, wie Sie auf den Gedanken kommen, die USA mit Nazi-Deutschland zu vergleichen!"

„Warum nicht?" fragte Herr Niemeier unbeeindruckt.

„Weil die USA ein demokratischer Staat war, während in Deutschland eine menschenverachtende Diktatur herrschte", erwiderte Herr Langenhorst mit einem kalten Lächeln.

Herr Niemeier begann ebenfalls zu lachen.

„Ich würde Ihnen dringend raten, die Geschichte der USA zumindest in Grundzügen zu verinnerlichen. Sie haben offensichtlich vergessen, daß in vielen Staaten der USA bis in die sechziger Jahre hinein eine Rassentrennung herrschte. Und das alles lange nach Beendigung des Zweiten Weltkrieges. Oder wollen Sie diese Tatsachen bestreiten?"

Herr Niemeier stand mit verschränkten Armen hinter Frau Weigand, die in ein Gespräch mit ihrer Freundin vertieft war, und schaute Pastor

Langenhorst mit nachsichtigem Lächeln an.

„Darf ich erfahren, wer Sie sind?“ fragte dieser mit falscher Freundlichkeit.

„Das hat mit dem Gegenstand unserer Diskussion herzlich wenig zu tun“, erwiderte Herr Niemeier. „Falls Sie es aber trotzdem wissen möchten: Mein Name ist Niemeier.“

Die Lautstärke der letzten Äußerungen bewog Frau Weigand zum Eingreifen.

„Herr Niemeier!“ rief die Gastgeberin ihm liebevoll zu und erhob sich. „Ich bitte Sie um Entschuldigung, daß ich Sie noch nicht vorgestellt habe.“

Sie wartete einige Sekunden, bis die letzten Stimmen verstummt waren, dann sagte sie mit feierlicher Stimme:

„Liebe Gäste, erlauben Sie mir, mein Versäumnis nachzuholen und Ihnen den langjährigen Freund unserer Familie, Herrn Niemeier, vorzustellen. Es ist uns wirklich eine große Freude, daß er trotz seiner vielfältigen Aufgaben als Vorstand der TDMZ Corporation die Zeit fand, aus den USA nach Deutschland zu kommen, um gemeinsam mit uns heute an dieser Feier teilzunehmen.“

Sie wandte sich wieder an Herrn Niemeier und reichte ihm freudestrahlend die Hand, während die Anwesenden neugierig den prominenten Gast betrachteten. Willi, der in unmittelbarer Nähe der Gastgeberin saß, sprang sofort auf und bot Herrn Niemeier seinen Platz an, doch dieser lehnte höflich ab und blieb stehen. Das leidige Gespräch über die deutsche Geschichte wurde beendet, und Frau Weigand berichtete ihren Gästen über die letzten Neuigkeiten im Streit zwischen zwei allgemein bekannten Persönlichkeiten. Die langjährigen Geschäftspartner waren vor einem Jahr wegen einer lukrativen Unternehmensbeteiligung hart aneinander geraten und schütteten seitdem kübelweise Dreck aufeinander.

„Bei Geld hört die Freundschaft bekanntlich auf“, sagte Frau Weigand seufzend und stieß mit dieser Feststellung auf breite Zustimmung der Gäste, während Herr Niemeier aufmerksam Frank beobachtete.

Der Junge schaute die Gastgeberin betroffen an und traute sich nicht, seinen Widerspruch anzumelden.

„Na“, wandte Herr Niemeier sich an Frank, „was sagt unser junger Philosoph über die Freundschaft? Sie haben doch bestimmt Ihre eigene Meinung dazu. Oder sind Sie mit dieser Feststellung einverstanden?“

„Nein“, gab der Junge zögerlich zu. „Bei Geld fängt die echte Freundschaft erst an.“

Frau Weigand schaute ihn mit Unverständnis an.

„Wie das?“ fragte sie ernst.

„Gerade in solchen Konflikten zeigt sich, ob sie wirklich Freunde waren“, erklärte Frank und versetzte Frau Weigand damit in eine ärgerliche Stimmung.

Sie empfand es als unhöflich, daß ein wildfremder Junge in Anwesenheit ihrer Gäste so direkt ihrer Meinung widersprach, wo es doch für ihn allein schon aus Gründen der Dankbarkeit für diese Einladung angebracht wäre, sich in größtmöglicher Zurückhaltung zu üben.

„Das sagen gewöhnlich nur Menschen, die außer ihrem letzten Hemd gar nichts mehr zu verlieren haben“, warf sie Frank mit vielsagender Stimme zu und streifte mit einem flüchtigen Blick über sein schönes Hemd, das Anna ihm zuvor geschenkt hatte.

Der Junge senkte die Augen. Schamröte flammte auf seinen Wangen auf, während Frau Weigand geschickt das Thema wechselte und fortan so tat, als wäre Frank gar nicht da gewesen.

Anna standen Tränen in den Augen. Bestürzt starrte sie ihre Mutter an, doch diese ignorierte sie und unterhielt sich auffallend ausgelassen mit ihren Gästen.

Herr Niemeier wußte nicht, worauf die Anspielung der Gastgeberin zielte, konnte aber am Verhalten der Jugendlichen sehen, daß ihre Worte die beiden tief ins Herz getroffen hatten.

„Du hast Recht“, sagte er dem Jungen absichtlich laut. „Ich meine, daß eine echte Freundschaft auch diese Prüfung bestehen sollte.“

Er legte seine Hände vorsichtig auf die Schulter der Gastgeberin und beugte sich lächelnd über sie.

„Du glaubst doch selbst nicht, daß Reiner mich wegen ein paar Beteiligungen über den Tisch ziehen würde?“ fragte er mit warmer Stimme.

„Auf keinen Fall! Dessen kannst du dir sicher sein“, antwortete Frau Weigand und erwiderte seine freundschaftliche Geste, indem sie ihre Hand auf seine legte.

„Na siehst du!“ sagte Herr Niemeier zufrieden. „Der Junge wollte doch nur sagen, daß er den Glauben an die menschliche Würde noch nicht verloren hat.“

„Das habe ich doch nicht bezweifelt“, erwiderte Frau Weigand friedfertig und streifte Frank am Oberarm so zärtlich, daß Annas Bedenken sich sofort in Luft auflösten.

Die Katastrophe

Als die Gäste den Tisch verließen und wieder in den Musiksalon gingen, sah Anna den Augenblick gekommen, in dem sie Frank unbemerkt entführen konnte.

„Ich will dir etwas zeigen“, flüsterte sie ihm ins Ohr und ging mit ihm in das zweite Obergeschoß.

Der große Flurbereich war menschenleer. Nur ein einziger Mann in schwarzem Anzug und mit einem Funkgerät in der Hand stand neben der Treppe. Frank konnte ihn mühelos erkennen. Es war einer der Männer, die ihn vor einigen Tagen zum Gespräch mit Annas Vater gebracht hatten. Noch bevor der Junge ihn begrüßen konnte, blickte das Mädchen den Mann bittend an. Ohne ein einziges Wort zu sagen, nickte dieser ihr lächelnd zu und zog sich sofort zurück.

„Personenschutz“, sagte Anna etwas verlegen, als wollte sie sich für diesen Umstand entschuldigen.

Bald standen sie im geräumigen Flur ganz allein. An den langen Wänden hingen mehrere Gemälde. Schwere, üppig verzierte Goldrahmen zeugten von ihrem beträchtlichen Alter.

„Das sind meine Ahnen“, sagte Anna ehrfürchtig und erzählte dem staunenden Jungen ihre Familiengeschichte.

Wie in einem Museum gingen sie von einem Ölgemälde zum anderen: Generäle, Wissenschaftler, bedeutende Politiker und Diplomaten... Frank bewunderte alles, was er sah, und hörte ihr aufmerksam zu, während Anna sich im siebten Himmel wähnte. Nun war er wieder so, wie sie ihn kennengelernt hatte: der gleiche Blick, in dem sie ein tiefes Gefühl zu sehen glaubte...

„Wenn du willst, können wir noch ein wenig Musik hören“, schlug sie vor. „Im Ritterkeller kann uns niemand stören.“

Anna faßte sich ein Herz und berührte seine Hand. Er zog sie nicht zurück und bald war sie in ihrem Besitz, den sie nicht mehr aufgeben wollte. Sie zog ihn wieder zur Haupttreppe, doch kaum erreichten sie das Erdgeschoß, stießen sie auf ihre Mutter.

„Wo wart ihr so lange?“ fragte Frau Weigand betont ernst und ließ den Blick auffallend lange auf ihren Händen ruhen, deren Finger nach wie vor gefühlvoll ineinander griffen.

Frank wurde verlegen und wollte seine Hand sofort zurückziehen, doch Anna hielt sie fest.

„Ich habe Frank die Ahnengalerie gezeigt", sagte sie fröhlich und blickte den Jungen mit verliebten Augen so zärtlich an, daß Frau Weigand erneut von sorgenvollen Gedanken beherrscht wurde.

„Du vernachläßigst unsere Gäste", sagte sie mit leichtem Vorwurf. „Zumindest an meinem Geburtstag wäre es angebracht, den Tag mit deinen Verwandten zu verbringen."

Anna blieb nichts übrig, als dem Willen ihrer Mutter Folge zu leisten, erinnerte sich aber an etwas durchaus Wichtiges, was sie beinahe vergessen hatte.

„Ich muß nur kurz auf mein Zimmer!" sagte sie, und noch bevor sie Frank wieder nach oben entführen konnte, nahm Frau Weigand den Jungen bei der Hand.

„Wir gehen schon vor!" sagte die Mutter mit seltsamer Stimme und geleitete Frank in den Festsaal.

Mit gemischten Gefühlen sah Anna den beiden hinterher. Zum ersten Mal in ihrem Leben hatte sie ein sicheres Gefühl, daß ihre Mutter ernsthafte Bedenken hatte, sie mit einem Jungen allein zu lassen. Erst als sie die Treppe hinaufstieg und in ihrem Zimmer war, gelang es ihr, die unangenehme Empfindung zu verdrängen. Sie griff nach ihrem Handy. So wie sie es vermutete, hatte Julia versucht sie anzurufen und ihr mehrere Nachrichten hinterlassen.

„Na endlich!" rief Julia erleichtert aus, als sie Annas Stimme hörte. „Wie läuft's?"

„Traumhaft!" erwiderte Anna glückselig. „Ich hab' ihn wieder!"

„Wie schön!" sagte ihre Freundin erfreut, doch ihre traurige Stimme verriet, daß es nicht die einzige Frage war, die sie quälte.

„Ich habe es nicht vergessen!" sagte Anna geheimnisvoll.

„Na komm schon!" flehte Julia sie an. „Ich bin schon ganz ausgebrannt! Hast du den Namen?"

„Nein", sagte Anna, womit sie ihre Freundin zutiefst enttäuschte.

Julia begann zu jammern, doch Anna wollte sich das jetzt nicht anhören.

„Sei doch jetzt endlich still!" rief sie ihr ungeduldig zu. „Ich habe dennoch etwas Wichtiges herausgefunden!"

„Was?" fragte Julia verzweifelt, hielt aber den Atem dennoch an, als sie in ihrer Stimme einen Funken Hoffnung erkannte.

„Er hat mir gesagt, daß ich deinen Märchenprinzen kenne! Verstehst du, was das bedeutet?!"

Die letzten Worte machten Julia sprachlos.

„Bist du noch da?“ fragte Anna besorgt, nachdem sie einige Sekunden lang vergeblich auf einen Kommentar gewartet hatte.

Als sie abermals keine Antwort bekam, wußte sie, daß ihre Freundin nicht mehr sprechen konnte.

„Julchen!“ sagte Anna mitleidvoll. „Das ist doch wundervoll! Der Kreis zieht sich immer enger zusammen. Jetzt werden wir ihn garantiert finden!“

Anna hatte keine Zeit, ihre Freundin zu trösten, konnte aber nicht auflegen, solange sie sich nicht beruhigt hatte. Sie redete so lange auf sie ein, bis es ihr gelang, Julia wieder ein wenig aufzumuntern.

„Ich muß jetzt leider wieder nach unten gehen, aber morgen werden wir versuchen herauszufinden, wer das sein könnte!“

Sie legte auf, blickte flüchtig in den Wandspiegel, und bald betrat sie den Festsaal. Blumensträuße, Torten und allerlei Dessert schmückten die festliche Tafel. Eine ganze Schar Bediensteter war eifrig darum bemüht, jeden Wunsch der Gäste sofort und zu ihrer vollsten Zufriedenheit zu erfüllen. Doch als Anna sich wieder neben Frank an den Tisch setzte, fühlte sie in ihrer Brust ein beklemmendes Gefühl. Die fröhliche Stimmung, von der sie so wundervoll getragen worden war, verflüchtigte sich in Sekundenschnelle. Die Gäste unterhielten sich schon wieder über diesen verdammten Krieg. Auch Pastor Langenhorst saß in der Nähe. Sichtlich angetrunken warf er mißtrauische, zumal provozierende Blicke auf Frank, der sich zwar an ihrer Unterhaltung nicht beteiligte, diese aber mit großem Interessen verfolgte. Ohne inhaltlichen Zusammenhang streifte das Gespräch mal eine historische Begebenheit, mal die andere, bis es schließlich bei der Bombardierung Dresdens angelangt war.

„Man darf nicht so maßlos übertreiben“, sagte Herr Langenhorst selbstgefällig. „Natürlich gab es viele Tote in Dresden! Aber von Hunderttausenden zu sprechen, ist nicht mehr seriös.“

„Welche Zahlen wären denn ihrer Meinung nach realistisch?“ fragte einer seiner Tischnachbarn interessiert.

„Na ja“, erwiderte der Pastor gelassen. „So ganz genau weiß das bestimmt keiner. Es dürften wohl an die dreißigtausend Opfer gewesen sein.“

Frank spannte sich augenblicklich an.

„Dreißig Tausend?“ flüsterte er verstört.

„Ganz genau“, bestätigte Herr Langenhorst und bedachte Frank mit einem nachsichtigen Lächeln.

Die verheerende Wirkung seiner Worte zeigte sich im Gesicht des

Jungen. Anna griff sofort ein und versuchte Frank abzulenken. Sie fragte ihn über die bevorstehende Kontrollarbeit, doch der Pastor beachtete nicht ihre Bemühungen.

„Ich würde Ihnen dringend raten, bei der Erörterung dieses Themas auf Emotionen zu verzichten. Ich wünschte jedem von uns etwas mehr Sachlichkeit", sagte er mit seltsamer Genugtuung.

„Sie sprechen von Sachlichkeit und nennen gleichzeitig Zahlen, die jenseits jeglicher Objektivität liegen", entgegnete Frank, sichtlich bemüht, seine Aufregung zu bezwingen. „Wenn Sie es beweisen können, werde ich Ihre Argumente sorgfältig prüfen. Solange das aber nicht der Fall ist, wage ich zu behaupten, daß die von Ihnen genannte Zahl von dreißig Tausend Opfer in keiner Weise der Wahrheit entspricht."

Pastor Langenhorst begann zu lachen. Allerdings konnte den anwesenden Gästen nicht entgehen, daß seine Augen keineswegs mitlachten.

„Sie unterstellen mir, daß ich lüge?" fragte er mit einer Stimme, die deutlich machen sollte, daß er seinen Gesprächspartner nicht mehr ernst nahm. „Das ist aber was!"

Er betrachtete den Jungen, als ob er ihn zum ersten Mal gesehen hätte.

„Das hängt davon ab, wie ausführlich Sie sich mit diesem Thema beschäftigt haben", erwiderte Frank. „Lügen ist immer eine Absicht. Ich bin mir sicher, daß Sie unverschuldet im Irrtum liegen."

„Ihr Selbstvertrauen ist erstaunlich", erwiderte der Pastor. „Nichtsdestotrotz gab es eine Historiker-Kommission, die sich ausschließlich mit dieser Frage beschäftigt hat. Sie kam auf eine Zahl, die noch wesentlich darunter lag. Sie spricht von vierundzwanzigtausend Opfern."

„Ich wäre froh, wenn diese Zahl stimmen würde, doch sie kann unmöglich der Wahrheit entsprechen", erwiderte Frank. „Gesicherten Angaben der Dresdner Ordnungspolizei zufolge wurden allein in der ersten Woche nach dem Bombenangriff über 200.000 Tote geborgen. Überwiegend Frauen und Kinder… Wenn man Diejenigen berücksichtigt, die in der glühenden Hitze der Phosphorbomben spurlos verbrannten oder unter dem Schutt liegen geblieben sind, sollte die tatsächliche Zahl der Opfer erheblich höher liegen… Dresden war militärisch ohne Bedeutung. Es war eine Lazarett-Stadt und diente zur Aufnahme der Flüchtlinge, die dort Schutz vor dem bestialischen Morden der Roten Armee suchten. Die Alliierten wußten das und trotzdem griffen sie die Stadt an. Die Bombardierung von Dresden ist eines der größten Kriegsverbrechen. Man verbrannte mit Absicht die wehrlosen Frauen und Kinder…"

Zustimmendes Murren begleitete seine Ausführungen, was Herrn Langenhorst noch mehr verstimmte. Nach einem kurzen Schlagabtausch lenkte er das Gespräch in eine andere Richtung:

„Abgesehen davon, daß Ihre Angaben zweifelhaft sind, wollte ich die grundsätzliche Frage stellen, ob es tatsächlich so wichtig ist, die genauesten Opferzahlen zu kennen. Was geschehen ist, ist geschehen, wie traurig es auch sein mag. Ob es dreißig oder auch dreihunderttausend Opfer gewesen sind, sie mahnen uns zum Frieden! Oder vertreten Sie auch hier eine andere Meinung?“

„Ich hätte gern gewußt, ob Sie bereit wären, den gleichen Grundsatz auch bei der Erfassung der jüdischen Opfer anzuwenden?“ erwiderte der Junge.

Das Gesicht des Pastors durchzuckte ein Krampf. Die Selbstgefälligkeit verschwand aus seinen Zügen und wich einem gefährlichen Ernst.

„Sie erdreisten sich also, die jüdischen Holocaust-Opfer mit den deutschen Opfern zu vergleichen?“ fragte er mit drohender Stimme und verengte die Augen.

Der Ton und die Lautstärke seiner Frage ließ die übrigen Gäste verstummen. Auch jene, die etwas abseits saßen und über andere Dinge sprachen, drehten sich zu ihnen um.

„Wo sollte der Unterschied zwischen einem jüdischen und einem deutschen Kind liegen? Die beiden starben völlig unverschuldet…“

Frank hatte den Satz noch nicht zu Ende gesprochen, als Pastor Langenhorst seine Hand zu einer Faust verkrampfte.

„Sie haben wohl vergessen, wer dieses unendliche Leid verursacht hatte?“ warf er beinahe ungehalten ein.

„Die Kinder von Dresden mit Sicherheit nicht“, entgegnete Frank. „Die Frage nach den Ursachen des Krieges hat mit den Kriegsverbrechen an unschuldigen Zivilisten nichts zu tun.“

„Doch, doch!“ protestierte der Pastor lautstark und fuchtelte mit einem Zeigefinger in der Luft. „Das hat sehr wohl etwas miteinander zu tun! Genauso wie der Bombenkrieg, der von Deutschland provoziert wurde.“

Anna war zutiefst besorgt. Ohnmächtig schaute sie dem unheimlichen Zweikampf zu, der in Sekundenschnelle an Heftigkeit gewann. Sie hätte ihn gern beendet, wenn sie nur wüßte, wie sie das anstellen sollte. Sie faßte Frank an der Hand, die auf dem Tisch lag, und konnte spüren, daß sie zitterte. Sie drückte sie fest zusammen, doch er konnte und wollte auf keinen Fall zurückweichen.

„Wann und wodurch wurde er provoziert?“ fragte er kampfbereit.

„Der Bombenkrieg gegen Deutschland war die Antwort auf den Angriff auf die englische Stadt Coventry! Zumindest das sollten Sie wissen, wenn Sie sich so intensiv mit diesem Thema auseinandergesetzt haben!“

„Coventry wurde erst im November 1940 bombardiert. Also sechs Monate nach Beginn der englischen Luftangriffe auf Deutschland“, entgegnete Frank, der sich vergeblich bemühte, seine Leidenschaft im Zaum zu halten. „Der Vernichtungskrieg gegen die deutsche Zivilbevölkerung wurde aber von Churchill spätestens im Mai 1940 vorbereitet.“

Herr Langenhorst lachte kalt auf und suchte in den steifen Gesichtern der Anwesenden nach Unterstützung. Um Ruhe vorzutäuschen, begann er demonstrativ seine Torte zu essen.

Anna war nah am Verzweifeln. Ihre Mutter war zuvor hinausgegangen, während die Gäste sich nicht trauten, den aufgebrachten Pastor zur Ruhe zu bringen.

„Im Mai 1940!“ wiederholte er kopfschüttelnd. „Wer hat denn Ihnen einen solchen Unsinn erzählt?“

„Churchill selbst!“ parierte Frank unnachgiebig. „Nur einen Tag nach seiner Amtseinführung als Premierminister im Mai 1940 ließ er den Grundsatz des Zivilschutzes bei Luftangriffen vom Kabinett aufheben und erklärte, daß er keinen Krieg mit Hitler führe, sondern mit Deutschland und daß fortan keine Rücksicht mehr auf die Zivilbevölkerung genommen werde…“

Während Frank noch über Churchill redete, stieg der Zorn des Pastors weiter an. Seine Mundwinkel begannen zu zucken.

„Davon ist mir nichts bekannt!“ warf er wütend ein. „Das, was Sie hier erzählen, sind nichts anderes als Halbwahrheiten und Lügen!“

Dabei spritzten die Tortenstückchen aus seinem Mund auf die festlich gedeckte Tafel.

„Das sind keine Lügen! Ich kann jedes Wort durch sichere Quellen belegen…“, entgegnete Frank, doch Pastor Langenhorst achtete nicht mehr auf seine Worte.

Mit haßverengten Augen starrte er vor sich hin und redete einfach weiter: „Die Deutschen haben in diesem Land eine menschenverachtende Diktatur nicht nur geduldet! Sie haben Hitler gewählt und unterstützt! Daß man sie in Dresden und anderswo zur Rechenschaft gezogen hat, ist durchaus verständlich! Sie können froh sein, daß man sie nicht vollständig ausgerottet hat!“

Dabei machte seine blasse Hand eine scharfe Bewegung, als wollte er auch noch dem Rest an Kindern und Frauen in den zerbombten deutschen Städten den Garaus machen.

„Sind Sie sich dessen bewußt, was Sie hier sagen?“ entgegnete Frank. „Sie sind Pastor...“

„Es reicht!“ schrie Herr Langenhorst unbeherrscht. „Es wird Ihnen nicht gelingen, die Geschichte auf den Kopf zu stellen! Gott sei Dank, beschäftigen sich damit nicht nur Dilettanten wie Sie und Ihresgleichen, sondern auch anerkannte Wissenschaftler!“

Dabei legten sich um die zuckenden Lippen des Pastors verächtliche Falten.

„Wer sichere Quellen mißachtet, der beschäftigt sich mit Geschichte nicht, um die Wahrheit zu ergründen!“ warf Frank ihm leidenschaftlich zurück. „Sie haben Angst vor der Wahrheit!“

„Nur zu, junger Mann!“ rief Pastor Langenhorst ihm gehässig zu. „Sagen Sie doch ehrlich, welche Absicht Sie den Wissenschaftlern unterstellen!“

„Sie arbeiten bei den Siegern ihren Wohlstand ab... die dreißig Silberlinge, für welche sie nicht nur die Wahrheit, sondern auch ihr eigenes Volk verraten haben!“ erwiderte Frank unversöhnlich. „Die Nachsicht, die Sie als Pastor so großzügig gegenüber den Siegern walten lassen, verwehren Sie Ihren Allernächsten mit einer Arroganz, die ihresgleichen sucht! Irgendwann werden Sie sich für Ihre Worte vor Christus verantworten müssen!“

Herr Langenhorst verlor den Rest an Selbstbeherrschung. Sein unheimliches Gesicht wurde fleckig.

„Das ist ja unerhört, was dieser Junge hier von sich gibt!“ brauste er schnaubend auf, während Frau Weigand besorgt zum Tisch eilte.

„Beruhigen Sie sich doch, Herr Langenhorst!“ redete sie mit sanfter Stimme auf ihn ein, erreichte aber mit diesen Worten das Gegenteil.

Der Pastor drehte sich ruckartig zu ihr um.

„Solche wie er muß man sofort zurückschicken... wo sie herkommen! Am besten in Handschellen!“ sagte er vor Wut zitternd. „Man muß dafür eine klare gesetzliche Regelung schaffen! Es kann nicht sein, daß man Menschen mit solcher Gesinnung ungehindert in dieses Land einsickern läßt!“

„Was hat er denn so Schlimmes gesagt?“ fragte Herr Niemeier mit harter Stimme. „Passen Sie lieber auf Ihre eigene Zunge auf!“

Doch der Pastor war nicht mehr zu bremsen. Ein irrer Glanz funkelte in seinen Augen.

„Ich werde niemandem erlauben, mich in dieser Weise öffentlich zu beleidigen!“ schrie er wieder los und warf die Gabel auf den Teller so unvorsichtig, daß sie mit rasselndem Geräusch vom Tellerrand abprallte und schließlich in der Geburtstagstorte landete.

Er sprang auf die Beine und ging mit hastigen Schritten zum Ausgang.

„Mankurt!“ rief Anna ihm zornig hinterher.

Die meisten Gäste hatten keine Ahnung, was dieses seltsame Wort bedeuten könnte, doch der Ausdruck im Gesicht des Mädchens machte deutlich, daß es sich dabei um eine handfeste Beleidigung handelte.

Erst einige Sekunden später kam Frau Weigand wieder zu sich.

„Na so was!“ rief sie bestürzt aus und lief dem laut schimpfenden Pastor hinterher.

Sprachlosigkeit herrschte im Festsaal der Weigandschen Villa. Nur zwei ältere Herren, die am Rande der festlich gedeckten Tafel saßen, kommentierten das Verhalten des Pastors mit seltener Ruhe.

„Das war äußerst vermessen von ihm, eine solche Szene zu machen“, sagte einer von ihnen halblaut. „Er wird leiden müssen. Weigand wird es ihm sicher nicht so schnell vergessen können.“

„Wenn überhaupt!“ bestätigte sein Gesprächspartner mit gewichtiger Stimme.

Während aber die übrigen Gäste nach wie vor unter dem schweren Eindruck des Vorgefallenen standen, betrachtete Herr Niemeier Frank mit sichtbarer Genugtuung.

„Der Junge hat Charakter!“ flüsterte er seiner Tischnachbarin zu.

„O ja!“ antwortete die Angesprochene beeindruckt und atmete tief durch. „Gut zu wissen, daß wir noch echte Männer haben.“

Wenige Sekunden später kam Frau Weigand und setzte sich wieder an den Tisch. Sie strafte Frank mit einem vorwurfsvollen Blick und versuchte, die gedrückte Stimmung ihrer Gäste aufzuhellen. Sie strahlte sie mit einem gut eingeübten Lächeln an, doch die Spannung in ihren Gesichtern war allzu groß, als daß sie ungezwungen zurücklächeln konnten. Das Gesprächsthema lag immer noch schwer in der Luft.

„Aber Sie können doch nicht die Bombardierung von Dresden ganz losgelöst von den übrigen Ereignissen betrachten“, meldete sich ein älterer Herr mit durchaus freundlicher Stimme. „Wir müssen berücksichtigen, was zuvor geschehen war.“

Frank schwieg einige Sekunden. Die Heftigkeit des Pastors und sein dramatischer Abgang erschütterten ihn. Vergeblich versuchte er, sich zu fassen. Sein Gesicht war blaß und die unruhigen Augen verrieten, welcher Sturm in seiner Seele tobte.

„Der Mord an wehrlosen Kindern und Frauen ist immer ein schweres Verbrechen… unabhängig davon, wer es begangen hat und was zuvor geschehen ist", sagte er leise.

„Glauben Sie wirklich, daß Sie diese edle Haltung auch unter den Bedingungen eines erbarmungslosen Krieges beibehalten würden?" fragte der gleiche Herr.

„Wenn ich einem unschuldigen Kind wegen Verbrechen seiner Eltern – auch wenn sie meine ganze Familie zuvor ermordet haben sollten – nur ein einziges Haar krümmen oder ihm durch Vorwerfen der Schuld seiner Eltern seelische Schmerzen zufügen würde, dann wird dies nur eins bedeuten, daß ich an diesem Tag als Kind eines liebenden Gottes gestorben bin", sagte Frank niedergeschlagen. „Die Bombardierung der deutschen Städte war ein kaltblütiger Massenmord an unschuldigen Menschen. Auch das bestialische Morden der Roten Armee in Ost- und Mitteldeutschland kann durch nichts gerechtfertigt werden."

Seine Worte machten einen tiefen Eindruck auf die anwesenden Gäste, während Frau Weigand über den Fortgang der unsäglichen Diskussion zutiefst verärgert schien.

„Sehr ungewöhnlich, eine solche Meinung von einem Russen zu hören", sagte sie mit aufgesetzter Gelassenheit.

Frank ließ seinen Blick sinken und wurde rot. Die Gäste verstummten.

„Was redest du da, Mama?" flüsterte Anna entsetzt.

Doch die Mutter tat, als hätte sie ihre Worte nicht gehört. Sie legte sich eine Tortenecke auf den Teller und nahm eine kleine Dessertgabel in die Hand.

„Sind alle Menschen in Rußland dieser Meinung?" fragte sie Frank, nach wie vor mit ihrem Nachtisch beschäftigt.

Der Junge starrte in seinen leeren Teller und schwieg.

„Warum antworten Sie mir nicht?"

Frank hob langsam die Augen und blickte ihr betroffen ins Gesicht.

„Sie wollten mir wehtun", sagte er leise.

Frau Weigand, die gerade ein Stückchen Torte auf der Gabel hielt, ließ sie wieder auf den Teller sinken.

„Was fällt Ihnen ein?" fragte sie gereizt.

Frank zögerte, als wüßte er nicht, was er darauf sagen sollte, dann legte er seine Serviette auf den Tisch und erhob sich vom Stuhl.

„Ich danke Ihnen für die Einladung…“, sagte er, ohne Frau Weigand anzusehen. „Ich bitte Sie… mich zu entschuldigen.“

Erst als Frank zur Tür ging, konnte Anna sich von ihrem Schock erholen.

„Frank!“ rief sie ihm flehend hinterher.

Sie holte ihn im Eingangsbereich ein und faßte seine Hand.

„Bitte bleib!“ bat sie ihn mit zitternder Stimme.

Tränen standen in ihren schönen Augen.

„Verzeih mir…“, sagte der Junge verzweifelt. „Ich glaube, es ist besser, wenn ich jetzt gehe.“

Sie wollte ihm etwas entgegnen, doch Frank drehte sich schnell um und verschwand hinter der Tür.

Als Anna wieder in den Festsaal trat, stieß sie auf ihre Tante, die ihr mit bekümmertem Gesicht entgegen eilte.

„Ännchen, mein Täubchen!“ sagte sie mitfühlend. „Mach dir keine Sorgen! Es wird schon alles wieder gut sein.“

Anna hob ihre verweinten Augen zu ihr, wollte ihre Wärme erwidern, doch der Schmerz überwältigte sie gänzlich. Sie drückte ihre Hand an den Mund und stürzte durch den Festsaal zur zweiten Tür, die zur Haupttreppe führte.

„Anna!“ rief Frau Weigand, besorgt über den Zustand ihrer Tochter, doch Anna achtete nicht auf ihre Worte und lief nur noch schneller.

Als sie endlich die Treppe erreichte, sank sie von Weinkrämpfen erschüttert auf die Stufen und preßte die Hände auf ihr Gesicht.

Bald tauchte die Mutter neben ihr auf. Sie versuchte ihre Tochter zu trösten, doch als sie ihre zuckende Schulter berührte, sprang Anna wieder auf die Beine.

„Was habe ich denn so Schlimmes getan?“ fragte die Mutter erschrokken, doch Anna wandte sich von ihr ab und stürzte die Treppe hinauf.

Frau Weigand blieb einige Sekunden lang fassungslos vor der Treppe stehen, dann ging sie ebenfalls ins Obergeschoß. Sie fand ihre Tochter in ihrem Zimmer auf dem Bett liegend.

„Anna!“ rief die Mutter ihr bestürzt zu, doch das Mädchen drehte sich zur Wand und schluchzte untröstlich wie ein kleines Kind.

„Warum seid ihr nur so böse…“, stieß sie verzweifelt aus und vergrub das Gesicht im Kissen.

Auf dem silbernen Pfad

Friedrich lag in seinem Bett mit den Händen unterm Kopf und war trotz später Stunde hellwach. Die Geigenpartie aus einem berühmten Violinkonzert von Mendelssohn, die er den ganzen Abend geübt hatte, hallte tief in seinem Innern nach und wollte überhaupt kein Ende nehmen. Kaum waren die letzten Takte verklungen, fing es schon wieder von vorne an…

Und als er so still und gedankenlos in seinem Zimmerchen lag, trat ganz unerwartet der volle Mond hinter den Wolken hervor. Das helle Licht ergoß sich durch das Fenster auf den Boden neben seinem Bett.

Der Junge setzte sich auf und schlang die Arme um seine angezogenen Knie. In stiller Verzückung bewunderte er die hauchdünnen Lichtfädchen, die sich aus der Tiefe des Alls direkt zu ihm hinzogen. Er tauchte seine Hand in die bläuliche Flut und sie leuchtete auf. Fasziniert drehte er sie einige Male hin und her, spielte mit seinen Fingern darin… Wenn man auf diesem Silberpfad gehen könnte, dachte Friedrich verträumt, würde man sicher irgendwann auch den Mond erreichen können. Der atemberaubende Gedanke umflutete ihn wie eine warme Strömung. Wie schön wäre es, gleich jetzt aus dem Bett zu steigen und barfuß auf diesem weichen Mondstreifen über der schlummernden Stadt zu wandern, immer weiter und immer höher… umgeben von unzähligen Sternen, die so schön und rätselhaft am tintenschwarzen Himmel funkelten…

Friedrich schloß die Augen. Die bläuliche Mondstraße lag direkt vor ihm… Und sogleich erwachte in ihm eine zauberhafte Musik. Eine Harfe, deren Klänge klar wie kühles Quellwasser die nächtliche Stille berührten, zeichnete das romantische Grundmotiv… Friedrich, in einen weißen Schlafanzug gekleidet, betrat den weichen Streifen und ging langsam auf den hellen Mond zu, der jetzt viel schöner war und größer. Bald gesellten sich zu den himmlischen Klängen die Streicher. Sie wurden dominanter und übernahmen schließlich die Führung. Sie verzierten das Grundmotiv mit leichten Schnörkeln, machten es fülliger… Friedrich blieb stehen und schaute hinunter. Das Städtchen lag in tiefem Schlaf. Das gelbliche Licht der Laternen zeichnete die menschenleeren Straßen und Plätze…

Ein süßer Schmerz ergoß sich in seine Brust und umnebelte das Herz: Komme ich je wieder zurück? Eine silberklare Geige gab die Antwort und sang ein Abschiedslied, das so berauschend traurig war und rein wie seine Tränen… Sollte ich mir das alles wirklich aus dem Herzen reißen und für immer zurücklassen? Die Seele weinte, doch der sehnsuchtsvolle Ruf der

Geige zog ihn weiter und weiter... Erst als die Wolken die helle Mondscheibe wieder verschlungen hatten, schaltete Friedrich die Nachttischlampe ein. Er nahm leere Notenblätter, die neben ihm auf einem Nachtschränkchen lagen, und begann, das schöne Stück aufzuschreiben...

Frau Uffelmann sah das Licht im Zimmer ihres zehnjährigen Sohnes und stieg aus dem Bett. Als sie in sein kleines Zimmerchen hineinging, saß er umgeben von vollgekritzelten Notenblättern im Bett und starrte, an einem Bleistift kauend, vor sich hin.

Sie setzte sich neben ihn auf den Bettrand, doch der Junge war tief in sich versunken und blieb regungslos. Bald erwachte er aus seinem entrückten Zustand und setzte mit schneller Hand einige Notenzeichen auf die feinen Linien.

„Darf ich?“ fragte die Mutter.

Friedrich nickte stumm, worauf Frau Uffelmann die herumliegenden Blätter in die Hand nahm. Ihr Blick glitt über die Noten.

„Wie wundervoll!“ sagte sie beeindruckt. „Hast du das Grundmotiv selbst komponiert?“

Friedrich nickte wieder, ohne seine Beschäftigung zu unterbrechen.

Die Mutter schaute ihm über die Schulter zu und wartete.

„Wie willst du es nennen?“ fragte sie, als er die letzten Takte aufschrieb.

„Auf dem silbernen Pfad“, antwortete Friedrich, während seine Gedanken nach wie vor zwischen den singenden Sternen weilten.

„Morgen werden wir es unbedingt spielen. Jetzt mußt du aber schlafen“, sagte die Mutter und strich ihm zärtlich über die Haare. „Hast du schon gebetet?“

„Ganz vergessen“, erwiderte Friedrich und setzte nach einer kurzen Pause zögerlich hinzu: „In der Schule glaubt aber keiner an Gott.“

„Das kannst du nicht wissen“, sagte die Mutter und faltete die Hände andächtig vor der Brust.

Friedrich tat das Gleiche und schlug die Augen nieder. Er wartete, bis die Erinnerung an Christus ihn mit Ehrfurcht erfüllte, dann begann er zu flüstern: „Vater unser im Himmel...“

Nachdem sie das Amen ausgesprochen hatten, richtete er seine Augen wieder auf die Mutter.

„Wann kommt Frank?“ fragte er mit unglücklicher Stimme.

„Er wird schon kommen. Morgen will er den ganzen Tag mit dir zusammen sein.“

Sie gab ihm einen Kuß auf die Wange, deckte ihn zu und schaltete das Licht aus.

Friedrich drehte sich auf die Seite und versuchte, dem heraufziehenden süßen Schlummer zu widerstehen, doch bald verklebte die Müdigkeit ihm die Augen und zog ihn hinunter in einen tiefen, traumlosen Schlaf…

Friedrich wußte nicht, warum er aufgewacht war. Schlaftrunken setzt er sich im Bett auf und schüttelte kräftig den Kopf. Im Flur schimmerte Licht. Bald fingen seine scharfen Ohren Geräusche auf und unter ihnen Schritte, die er leicht zuordnen konnte. Als er endlich begriff, was geschehen war, lief er barfuß in die Küche und traf dort auf seinen Bruder.

Friedrich mußte einige Sekunden hilflos blinzeln, bevor er im grellen Licht etwas sehen konnte. Er wollte sich wie gewohnt auf den Bruder stürzen und ihn umarmen, doch als er dessen Gesicht sah, blieb er wie angewurzelt vor ihm stehen und schaffte es gerade noch, einen Aufschrei zu unterdrücken.

Frank sah erschöpft und niedergeschlagen aus.

„Es ist schief gelaufen“, flüsterte Friedrich mitfühlend.

Frank antwortete nicht. Statt dessen legte er ihm die Hand auf die Schulter und versuchte, sein Gesicht zu einem Lächeln zu verziehen, doch das kraftlose Zucken seiner Lippen machte es nur noch schlimmer und verriet, daß an diesem Abend etwas Schreckliches geschehen war.

Frank ging in sein Zimmer und legte sich, ohne sich auszuziehen, auf das Bett, während Friedrich innerlich erschüttert mitten in der Küche stehen blieb. Noch nie hatte er seinen großen Bruder so unglücklich gesehen. In seiner Vorstellung explodierte ein ganzes Feuerwerk von gräßlichen Bildern und unerfreulichen Szenen, die geeignet wären, Frank eine solche Wunde ins Herz zu schlagen. Wie furchtbar, dachte Friedrich zutiefst besorgt. Er lief ihm hinterher, blieb aber unentschlossen vor der halbgeöffneten Tür stehen. Am liebsten hätte er ihm jetzt etwas Schönes gesagt, um ihn zu trösten, doch nun erschien die Mutter im Flur. Sie begleitete ihn wieder zu seinem Bett und wartete so lange, bis er murrend unter die Decke schlüpfte.

Als Frau Uffelmann das Zimmer ihres älteren Sohnes betrat, lag er auf dem Bett und starrte traurig an die Decke. Im schwachen Licht der Nachttischlampe sah sie sein Gesicht und konnte an ihm ablesen, wie sehr er gerade litt.

Sie setzte sich auf den Bettrand und strich ihm zärtlich über die Haare. „Hast du wieder deine Wahrheit verteidigt?“ fragte sie mitleidvoll.

Frank nickte, ohne sie anzusehen.

„Ich war ungehalten und ungerecht“, sagte er nach einer langen Pause.

„Wie geht es jetzt mit Anna weiter?“

„Ich weiß es nicht“, sagte Frank verzagt und schloß die Augen.

Es dauerte lange, bis er eingeschlafen war, doch die Mutter saß nach wie vor neben ihm und betrachtete sein Gesicht. Selbst im Schlaf sah es kummervoll aus. Sie deckte ihn vorsichtig zu und schaltete das Licht aus. Doch als sie in den dunklen Flur trat, bemerkte sie unter der Zimmertür ihres jüngsten Sohnes einen dünnen Lichtstreifen.

Sie ging hinein und fand ihn wieder im Bett sitzen. Mit der Zungenspitze zwischen den Lippen starrte er auf ein vollgekritzeltes Notenblatt. Dabei murmelte er etwas Wichtiges vor sich hin und runzelte seine hohe Stirn.

„Friedrich!“ sagte sie mit sanftem Vorwurf. „Es ist schon zwei Uhr nachts!“

„Ich mußte noch schnell etwas ändern“, sagte der Junge, ohne sich stören zu lassen. Bald blickte er auf. „Schau dir das an!“

Er reichte ihr die Notenblätter hin und wartete geduldig auf ihr Urteil. Frau Uffelmann überflog das Werk ihres Sohnes und konnte ihre stille Bewunderung kaum verbergen.

„Ich habe die Streicher etwas abgeändert“, sagte er stolz und zeigte mit einem Zeigefinger auf die betreffende Stelle. „Und hier die Querflöte eingesetzt! Was meinst du?“

„Ich kann mir das alles im Kopf gar nicht so richtig vorstellen“, gab die Mutter verlegen zu. „Hörst du das ganze Orchester spielen?“

Friedrich antwortete nicht. Die Frage hatte er schon so oft gehört und beantwortet, daß er sie nicht mehr beachtete. Statt dessen glitt sein Finger zu einer anderen Stelle.

„Aber den Kontrabaß kannst du doch hören?“ fragte er eindringlich. „Hier! Dieses Pizzicato an den Höhepunkten: Bum… Bum… tief und dunkel drohend wie die mondlose Nacht… das ganze Weltall brummt! Ich kriege eine Gänsehaut, wenn ich ihn höre“, sagte er ergriffen und zog sich zusammen, als ob er frieren würde. „Er wird aber weit im Hintergrund bleiben! Wenn die Streicher in Vollbesetzung sind, wird er sie nicht überlagern. Ich habe ihn extra von der Cello-Partie getrennt, damit du ihn besser sehen kannst…“

Er wartete auf ihre Meinung, doch Frau Uffelmann schaute ratlos in seine glänzenden Augen und schwieg, bewegt von der ungewöhnlichen Reife ihres Sohnes, dem sie als Musiklehrerin gar nicht mehr weiterhelfen konnte. Statt einer Antwort zog sie ihn zu sich und drückte ihn an ihre Brust.

„Alles klar", murmelte Friedrich enttäuscht.

Nachdem er sich aus ihrer Umarmung befreit hatte, wurde er unruhig und begann nervös auf seiner Unterlippe zu kauen.

„Schläft er?" fragte er unvermittelt.

Frau Uffelmann legte die Noten auf das Nachtschränkchen.

„Er schläft", sagte sie lächelnd, doch ihre müden Augen verrieten die quälende Sorge.

„Was meinst du Mama, war das eine gute Idee, nach Deutschland auszuwandern?" fragte der Junge ernst.

Die Frage traf die Mutter mitten ins Herz.

„Friedrich! Was sagst du da!" erwiderte sie tadelnd. „Was würde denn Frank dazu sagen, wenn er…"

„Ich weiß, Mama", sagte der Junge schnell und verstummte, doch im prüfenden Blick seiner kindlich reinen Augen lag nach wie vor die gleiche Frage.

Frau Uffelmann hatte keine Kraft mehr zu sprechen. Als Friedrich sah, wie unglücklich sie vor sich hinstarrte und wie kraftlos ihre Hände im Schoß lagen, bereute er seine unvorsichtige Frage.

„Entschuldigung, Mama", sagte er tröstend, stellte sich schnell in seinem Bett auf die Knie und schlang seine dünnen Arme um ihren Hals. „Sei nicht so traurig…"

Als die Mutter sich wieder beruhigt hatte, legte er die Beine in den Schneidersitz und griff unbekümmert nach seinen Notenblättern, doch Frau Uffelmann zog sie ihm wieder aus der Hand.

„Du mußt jetzt schlafen", sagte sie eindringlich. „In vier Stunden mußt du aufstehen! Wie soll ich dich aus dem Bett kriegen?"

Friedrich widersetzte sich nicht. Er schlüpfte unter die Decke, drehte sich zur Wand und zog die Beine an. Erst als die weichen Schritte der Mutter endgültig verhallten, setzte er sich im Bett wieder auf, umschlang die angezogenen Knie und legte sein zartes Kinn darauf. Der niedergehende Mond war immer noch so schön und geheimnisvoll…

Der Kuß

Sebastian ging neben Walter her, der bereits seit einigen Minuten sein Handy am Ohr hielt und über eine aufregende Schachpartie diskutierte. Im Gegensatz zu seinem großen Freund hatte Sebastian kein besonderes Interesse an diesem anspruchsvollen Spiel und ließ seine Gedanken ziellos umherschweifen.

Noch vor wenigen Tagen war er in einem hoffnungslosen Gedankenkreis gefangen gewesen und hatte trübselig darüber gegrübelt, wie es ihm wohl ergehen würde, denn die Ermittlungen über die Hakenkreuzschmierereien schwebten über ihm wie eine dunkle Wolke. Die quälende Ungewißheit hatte ihn so weit gebracht, daß er nur noch sehnsüchtig darauf gewartet hatte, daß alles endlich vorbei sei, egal welches Ende es nehmen würde. Erst das Gespräch mit dem Schulleiter hatte ihn ein wenig beruhigt. Vielleicht war es unklug, die Sache auf die leichte Schulter zu nehmen, doch was hätte er anders machen sollen?

Schicksalsergeben lebte er in den Tag hinein und dankte heimlich Christus dafür, daß er stets schützend von seinen Freunden umgeben war, von denen er noch vor einigen Monaten nicht einmal hätte träumen können! Denn im tiefsten Grunde seines Herzens glaubte er zu wissen, daß dieser Umstand nur einer göttlichen Macht zu verdanken sei. Wieso haben sie ausgerechnet mich in ihren Freundeskreis aufgenommen? Was habe ich vorzuweisen, was die anderen nicht hätten? Wenn seine großen Freunde miteinander sprachen, konnte er ihrem Gespräch nicht immer folgen, geschweige denn seine eigene Meinung vertreten. Und trotzdem wußte er, daß sie ihn allein deswegen niemals verachten würden…

Sebastian war noch tief in Gedanken, als Walter ihn mit der Schulter anschubste.

„Träumst du wieder?“ fragte er leicht ironisch, und noch bevor Sebastian ihm antworten konnte, packte er ihn von hinten an den Schultern und drehte ihn in Richtung des Fahrradplatzes. „Dein Freund ist schon da!“

Walter gesellte sich zu seinen Bekannten, mit denen er etwas Wichtiges besprechen wollte, während Sebastian in der Menge herumstehender Schüler René und Luka erkannte.

Er ging zu ihnen, und als er näher kam, wunderte er sich darüber, daß ihre Gesichter so seltsam ernst waren. Sie schauten besorgt auf Anna und Julia, die weit vorne vor der Bushaltestelle standen. Es war ein seltsamer Anblick! Anna starrte stumm auf den Boden, während Julia ihr etwas erklärte. Bald drückte Anna die Hände auf ihr Gesicht. Julia faßte sie an den Armen und begann eindringlich auf sie einzureden. Es war nicht schwer zu begreifen, daß etwas durchaus Unerfreuliches geschehen war.

„Was ist los?“ fragte Sebastian besorgt, doch niemand gab ihm eine Antwort.

Er drehte sich zu Luka um.

„Später!“ sagte der Junge düster, ohne seinen todernsten Blick von den Mädchen zu lösen.

Die knappe Antwort beunruhigte Sebastian noch mehr. Sein fragender Blick huschte zu René, doch auch dieser wandte seine hellen Augen zur Seite und sah genauso betroffen aus. Sebastians Herz begann zu schlagen.

„Haben Sie sich zerstritten?“ fragte er schnell, doch René schüttelte stumm den Kopf.

Sebastian richtete seinen unruhigen Blick wieder auf die beiden Mädchen und erkannte plötzlich, in welchem elenden Zustand sich Anna befand. Ihre Schultern hingen kraftlos hinunter und der Kopf war tief gesenkt, als wäre sie vom schwersten Kummer geschlagen. Als sie die Hände schon wieder auf ihr Gesicht preßte, zog sich Sebastians Herz vor Mitleid zusammen. Es gab nicht den geringsten Zweifel, daß sie jetzt bitterlich weinte. Julia umarmte ihre Freundin und tröstete sie, doch Anna sah aus, als ob sie jeden Augenblick zusammenbrechen würde.

Ein schrecklicher Verdacht wehte in Sebastians Seele wie ein eisiger Wind. Ist vielleicht etwas mit Frank geschehen… etwas so Schreckliches, daß niemand es auszusprechen wagte?

Sebastian spürte, wie die Angst ihm in die Knochen fuhr. Er wollte sich auf René stürzen, um endlich die Wahrheit zu erfahren, doch in diesem Augenblick erkannten seine scharfen Augen in der lärmenden Menge ankommender Schüler Frank. Sebastian ließ seinen Schulranzen auf den Boden fallen und stürmte zu ihm.

„Warte!“ rief ihm René hinterher, doch der Junge war schon weg und lief schnell seinem Freund entgegen.

Auch hier stieß er auf das gleiche Rätsel. Noch bevor er vor ihm zum Stehen kam, war seine Freude wie weggeblasen. Frank sah an diesem Morgen ganz anders aus. Sein Gesicht war blaß und die Augen, die ihm stets freudig entgegen strahlten, waren wie erloschen und seltsam unruhig. Sebastian schien es sogar, daß unter ihnen graue Schatten lagen.

„Was ist los?“ fragte Sebastian bestürzt.

Frank gab keine Antwort und schaute an ihm vorbei, als ob hinter seinem Rücken gerade etwas Schlimmes passiert wäre.

Sebastian drehte sich schnell um. Anna ging auf sie zu. Sie war innerlich aufgewühlt und atmete so unruhig, als ob sie zuvor lange gelaufen wäre. Es müßte zwischen den beiden etwas Furchtbares geschehen sein, dachte Sebastian.

„Ich gehe jetzt lieber", stammelte er verunsichert und trat einige Schritte zur Seite.

Gleich danach packte ihn jemand am Arm.

„Laß sie jetzt allein sprechen!" flüstere Luka ihm ins Ohr und zog ihn weg.

Frank starrte auf den Boden und wurde schnell rot, während Anna ihm direkt ins Gesicht schaute.

„Es war nicht schön von mir, auf diese Weise zu gehen... Es tut mir leid."

Als Anna die liebe Stimme hörte, mußte sie wieder weinen.

„Ich bringe dir nur Schwierigkeiten...", sagte Frank und blickte schuldbewußt in ihre flehenden Augen.

„Ich würde für dich sterben!" stieß Anna verzweifelt aus. „Siehst du das nicht?"

Noch bevor er etwas sagen konnte, schlang sie die Arme um seinen Hals und küßte ihn gefühlvoll auf den Mund. Als sie sich wieder von ihm gelöst hatte, drückte sie ihm einen Zettel in die Hand und lief davon.

Frank blieb mitten auf dem Schulhof stehen und schaute ihr überwältigt nach. Die Sechstkläßler johlten vor Vergnügen, kommentierten den aufregenden Vorfall und warteten gespannt darauf, was Frank jetzt machen würde.

Auch einige Mitschüler aus Franks Klasse standen an einem Fenster im Obergeschoß und beobachten die filmreife Szene.

„Ich bin gespannt, ob er jetzt in die Klasse kommt", sagte Georg, als er sah, daß Frank nach wie vor mitten auf dem Schulhof stand. „Gewöhnlich haut er sofort nach Hause ab."

Doch Frank ging nicht nach Hause. Nachdem die Pausenglocke zum Unterricht gerufen hatte, trat er in den Klassenraum, ging schnell zu seinem Platz und setzte sich hin. Seine Mitschüler warteten gespannt darauf, ob etwas Aufregendes geschehen würde, doch er starrte in das aufgeschlagene Geschichtsbuch und schwieg.

Erst als der Unterricht die Neugier der Mitschüler verdrängt hatte, konnte Frank sich ein wenig beruhigen. Während die Lehrerin den Stoff erklärte, faltete er Annas Zettel vorsichtig auseinander.

Es war ein Gedicht:

War es vielleicht ein schöner Traum,
Als wir, vergessen Zeit und Raum,
Im Schein des Mondes standen?

Doch fühl' ich nach wie vor die Hand,
die gestern noch in Flammen stand
und meine Hände küßte.

Was soll mir diese ganze Welt!
Vor Gott und dir, mein edler Held,
Will ich mein Glück gestehen.

Mag kommen jetzt, was kommen soll,
Die Seele ist der Liebe voll
Zu dir, zu dir mein Liebster!

Frank schlug die Augen nieder. Ein heftiger Sturm erhob sich in seiner erschöpften Seele. Er wußte nicht mehr, was mit ihm los war. Quälendes Glücksgefühl zerbrach an den harten Felsen seiner Zweifel und war gerade dabei im tosenden Meer unterzugehen, wurde aber von einer mächtig aufbrausenden Hoffnung wieder aufgerichtet und erlitt erneut einen jämmerlichen Schiffsbruch.

Er las das Gedicht immer und immer wieder, kannte es bereits auswendig, doch Annas liebliche Handschrift fesselte ihn so stark, daß er keine Kraft mehr hatte, sich von der ergreifenden Liebeserklärung zu lösen. Er wollte es glauben und hatte trotzdem Angst davor. Er schaute zu Anna, fing ihren Blick und flüchtete wieder zurück. Bald konnte er es nicht mehr aushalten und hob schicksalsergeben die Augen zu ihr.

Schutzlos und sehnsüchtig schaute sie direkt zu ihm und an dem Ausdruck ihres Gesichts konnte er das gleiche Gedicht ablesen. Doch jetzt war es noch tausendmal schöner und ergreifender. Bald versank er in ihren Augen, in denen er bedingungslose Hingabe zu sehen glaubte. Ein hellblauer Himmel, der einen süchtig machte…

Währenddessen erzählte die junge Geschichtslehrerin über die Ergebnisse der Jalta-Konferenz der Siegermächte und kämpfte vergeblich gegen die apathische Stimmung, die ihre Schüler befallen hatte. Sie unterbrach ihren Vortrag und forderte sie zur Mitarbeit auf.

„Weiß jemand, was die Siegermächte auf dieser Konferenz beschlossen haben?" fragte Frau Weimar und überblickte die Klasse.

Sie wartete geduldig, doch niemand wollte sich freiwillig melden.

„Keiner weiß, was dort besprochen wurde?" sagte sie leicht verwundert. „Auch Frank nicht?"

Die Lehrerin schaute den neuen Schüler an, doch dieser schien weit weg von der Jalta-Konferenz zu sein. Sie erkannte die Blickrichtung und konnte ihr Lächeln nicht unterdrücken.

„Herr Uffelmann!" rief sie ihm halblaut mit einer zärtlichen Stimme zu, wie man gewöhnlich ein Kleinkind aus dem Traum holte. „Frank! Bitte aufwachen!"

Doch ihre Worte zeigten überhaupt keine Wirkung. Ein helles Raunen ging durch die Klasse. Die Schüler machten gern mit und bemühten sich, das Kichern zu unterdrücken. Erst im dritten Anlauf gelang es Frau Weimar, den Jungen aus seinem traumseligen Zustand zu holen. Verstört blickte er in die lachenden Augen der Lehrerin, als hätte er Mühe zu begreifen, wo er war und was er jetzt tun sollte.

„Hoffnungslos verknallt!" kommentierte Georg sein merkwürdiges Verhalten.

Die Klasse brach in schallendes Lachen aus. Frau Weimar ging zu ihm und blieb dicht vor seiner Bank stehen.

„Bist du wieder da?" fragte sie mit warmer Stimme.

Frank bekam etwas Schamröte auf die Wangen und senkte den Blick.

„Entschuldigung", murmelte er verlegen, während die Klasse den Vorfall lebhaft kommentierte.

„Ist schon gut", sagte die Lehrerin nachsichtig. „Ehrlich gesagt ist es mir viel lieber, wenn du in deiner Liebesgeschichte aufgehst. Vielleicht wirst du dann weniger im Geschichtsunterricht streiten."

Wieder ging eine Lachsalve durch die Klasse.

„Das glaube ich nicht", sagte Georg mit ziemlicher Gewißheit und schüttelte dabei den Kopf.

Söhne der Witwe

Die Jugendstilvilla lag im historischen Kern einer kleinen Stadt, die sich dank guter Anbindung an Frankfurt wachsender Bedeutung erfreuen durfte. Die Stadtbewohner kannten das schöne Haus. Wer immer davor stand, konnte sich dem Zauber seiner verspielten Architektur nicht entziehen. Sein steiles, mit vielen Gauben geschmücktes Dach, geschwungene Formen der Bogenfenster oder auch die floralen Ornamente seiner Fassade… alles zeugte davon, daß es sich dabei um ein wahres Kunstwerk handelte. Allerdings ahnten die meisten Stadtbewohner nicht, was sich hinter seinen dicken Mauern verbarg und warum ausgerechnet heute auf dem großen Parkplatz davor so viele exklusive Wagen parkten. Nur ein erlesener Kreis von Eingeweihten wußte, was sich an diesem Abend in den Räumen der prächtigen Villa abspielen würde…

Der Pate, ein älterer Herr mit steifen Gesichtszügen, begleitete den jungen Mann zur Tür und bat ihn mit einer stummen Geste einzutreten. Er selbst blieb draußen und zog die Tür wieder zu.

Der Raum war dunkel. Eine einzige Kerze beleuchtete ihn und warf ihr zuckendes Licht auf die wenigen Gegenstände, die neben ihr auf dem Tisch lagen. Es waren ein Totenkopf und ein Stundenglas, dessen dünner Sandstrahl die Sterblichen an ihre Vergänglichkeit erinnern sollte.

Am Tisch saß ein Mann. Die tief heruntergezogene Kapuze seines schwarzen Gewandes überschattete sein Gesicht. Als der junge Mann die Dunkle Kammer betrat, erhob er sich und ging langsam auf ihn zu.

„Willkommen, mein Bruder, hier im Dunkel der Nacht, unter den Sinnbildern des Todes!“ sagte er ernst und reichte dem Eingetretenen die Hand. „Prüfen Sie sich in ernster Stille, ob Sie sich stark genug finden, dem Tode furchtlos ins Angesicht zu sehen. Ich entferne mich, um Sie in dieser Selbstprüfung nicht zu stören.“

Nachdem er den Raum verlassen hatte, setzte der junge Mann sich an den Tisch und blickte im düsteren Raum umher. Die Wände waren mit schwarzem Stoff beschlagen. In einer Ecke vor ihm stand ein Skelett. Selbst bei schwachem Kerzenlicht leuchtete sein bleiches Gerippe. Als der junge Mann den grinsenden Schädel direkt vor sich genauer betrachtete, überlief ihn ein frostiger Schauer. Seine gelbliche Farbe und die angefaulten Zähne deuteten unmißverständlich darauf hin, daß er echt war. Er wandte sich angewidert ab. Der Tod schien ihm plötzlich nicht mehr in weiter Ferne zu sein, er konnte dessen kriechende Grabeskälte spüren: ein schreckliches Nichts, unendlich wie die leblose Leere des Alls, an dessen Rand er stand und entsetzt hinunterblickte…

Panik erfaßte den jungen Mann. Für einen Augenblick verspürte er ein starkes Verlangen, die langersehnte Erhebung in den Meistergrad abzubrechen, den Raum zu verlassen und zu jenen zu flüchten, die ihr einfaches Leben genießen durften, die sich in kindlicher Einfalt am Sonnenaufgang erfreuten und keine Ahnung davon hatten, daß es unter dem gleichen tiefblauen Himmel nicht nur ihre sichtbare Welt gab, sondern auch noch andere, dunkle Welten verborgen lagen. Er schlug die Augen nieder und verdrängte, so gut er konnte, die plötzliche Gefühlsaufwallung. Es gab gewichtige Gründe, um hier zu bleiben…

Währenddessen herrschte im Tempel der *Loge zum aufgehenden Mond* die gleiche schwere Düsternis. Eine einzige Kerze brannte auf dem Altar und beleuchtete den schwarz ausgeschlagenen Raum. In schauriger Undeutlichkeit schimmerten an dessen Längsseiten Umrisse vermummter Menschen. Sie hüllten sich in die Farbe der Nacht und des Todes. Ihre langen Talare reichten bis zu den Füßen, Kapuzen überschatteten ihre Gesichter. Nur selten funkelten im zuckenden Kerzenschein ihre ernst dreinblickenden Augen. Die Söhne der Witwe schwiegen.

In der Mitte des Logenraumes standen drei schwarz umschlungene Säulen, die auf Manneshöhe drei Schalen trugen. Auf dem Boden dazwischen ruhte ein offener Sarg.

Der Meister vom Stuhl erhob seinen Hammer. Ein dumpfer Schlag zerriß die drückende Stille. Ihm folgten zwei weitere Schläge.

„Bruder Zweiter Schaffner! Erfüllen Sie die erste Pflicht eines Freimaurers“, sagte der Stuhlmeister.

Ein Bruder trat nach vorne. Langsam ging er entlang der Reihen und blickte in die stummen Gesichter der Logenbrüder.

„Ehrwürdiger Meister! Die Meisterloge ist gedeckt“, sagte der Zweite Schaffner, nachdem er mit eigenen Augen gesehen hatte, daß nur die eingeweihten Meister im Tempel zugegen waren.

Nun reichte der Meister vom Stuhl die brennende Kerze dem Ersten Schaffner. Wie ein Priester ging dieser in die Mitte des Raumes, um die hohen Lichter zu entzünden. Bald loderte in der ersten Schale eine Flamme auf.

„Weisheit leite unseren Bau!“ verkündete der Meister vom Stuhl, worauf der Erste Schaffner zu der zweiten Säule ging.

„Stärke führe ihn aus!“ sagte er und zündete das zweite Feuer an.

„Schönheit ziere ihn!" rief der Zweite Schaffner, nachdem auch die dritte Säule entzündet worden war.

Das flackernde Licht erhellte den schwarzen Sarg. Er war noch leer.

„In Ordnung, meine Brüder!" rief der Stuhlmeister aus. „Da hier nur Meister sind und jeder seine Pflichten kennt, so eröffne ich eine Meisterloge in Ehrfurcht vor dem Großen Baumeister aller Welten und nach den alten Gebräuchen der Freimaurermeister!"

Wieder zerrißen drei dumpfe Hammerschläge die Grabesstille. Als sie verhallten, verneigte der Stuhlmeister den Kopf und versank ins Gebet:

Du, der zu des Lebens schöner Gabe
Fügt die Hoffnung einer bessern Welt,
Gib uns Stärke an des Meisters Grabe,
Der, ein Opfer seiner Treue, fällt.
Laß sein Todesbeispiel uns ermahnen,
Treu zu sein in jeder Maurerpflicht,
Wert zu sein des Lebens, das wir ahnen,
Wenn für dieses unser Auge bricht…

Er sprach das Gebet zu Ende und machte gemeinsam mit allen Brüdern das Meisterzeichen.

„Die Meisterloge ist eröffnet. Gesegnet sei diese Stunde!" sprach er mit feierlicher Stimme.

Zwei Brüder verließen den Logenraum und gingen in die Dunkle Kammer. Willi Lech saß nach wie vor am Tisch vor der flackernden Kerze und starrte nachdenklich das tote Gerippe an. Als er sie eintreten sah, erhob er sich.

„Mein Bruder!" sagte einer von ihnen. „In einer noch düstereren Stimmung als bei Ihrer Aufnahme und Beförderung werden Sie heute von Ihren Brüdern erwartet. Der Tod ist der ernste Gedanke, der uns in diesen feierlichen Augenblicken beschäftigen, aber nicht bedrücken soll." Er zeigte auf den Tisch, wo neben dem Stundenglas ein Totenkopf lag. „Auch unser Schädel wird früher oder später diesem Schädel ähnlich sein, auch unsere Lebensuhr wird ausrinnen bis zum letzten Sandkorn wie diese. Aber so wie Sie *freudig leben* und *weise leben* durch die bisherigen Vorschriften gelernt haben, so soll Ihnen heute der Weg gewiesen werden, einst auch dem Sterben getrost entgegenzusehen.

Die Meisterloge kennt Ihren Wunsch, erhoben zu werden, und ist bereit, ihn zu erfüllen. Auch hier auf der dritten Stufe unseres Bundes sollen Sie uns ein herzlich willkommener Bruder sein. Erst heute werden Sie ganz verstehen, daß Sie sich uns auf Leben und Tod geweiht haben. Noch gewisser als bei Ihrer Gesellen-Beförderung müssen wir bei Ihrer Erhebung voraussetzen, daß Sie erfüllt sind von dem Streben nach größerer Vollkommenheit. Verhält es sich so?"

Willi antwortete mit einem Ja. Es folgten Fragen, viele Fragen! Nachdem er sie beantwortet hatte, ergriff der vorbereitende Bruder wieder das Wort.

„...Des Meisters Hammerschlag schallt dumpf hinab bis in des Grabes Tiefe. Wohl dem, der auf Erden sein Meisterwerk glücklich vollendet!"

Willi erschauderte. Die mahnenden Worte drangen tief in seine Seele und erschütterten sein Selbstgefühl. Die Brüder führten ihn aus der Dunklen Kammer heraus. Drei Mal schlug er mit geballter Hand an die Tür des Tempels, um Einlaß bittend.

„Wer hat angeklopft?" schallte es aus dem Logenraum, wo die Söhne der Witwe sich um den Sarg versammelt hatten.

„Ehrwürdiger Meister!" erwiderte der Zweite Schaffner. „Ein Bruder, der die rechte gesetzmäßige Zeit als Geselle gearbeitet hat und nun um die Meisterschaft bittet."

Nun wurden die Bürgen aufgerufen, um noch einmal feierlich zu bekräftigen, daß der junge Mann vor der Tür des Tempels ihrer würdig sei. Sie taten es, worauf Willi rückwärts in den Logenraum geführt wurde.

„...so wandere er in diesem Vertrauen mit einem neuen Führer und mit Gedanken, welche dieser Wanderung angemessen sind!" verkündete der Stuhlmeister.

Der Zweite Schaffner faßte Willi an der rechten Hand und legte ihm den Arm um die Schulter.

„Nur nach der Wand blicken!" sagte er warnend und führte ihn, immer mit dem Rücken zur Mitte des Raumes gekehrt, nach dem Norden der Loge.

Bald blieben sie stehen. Direkt vor Willi lag ein Schädel.

„Denk an den Tod!" ermahnte der ehrwürdige Meister und schlug mit dem Hammer auf. „Der Tod ist das letzte, sichere Ziel der menschlichen Wanderung durch das Erdenleben..."

Danach führten sie ihn gen Osten, wo das Gleiche geschah.

„Denk an den Tod!" rief der Stuhlmeister ihm zu. „Der Gedanke an den Tod ist dem Leidenden Trost..."

Als Willi schließlich im Süden war und erneut vor einem Schädel stehen blieb, schlug der Stuhlmeister zum dritten Mal auf.

„Denk an den Tod!“ forderte er den zu Erhebenden auf. „Die Wanderung zum Tode ist die Wanderung zum Ziele unserer Vollkommenheit!“

Nun stellten sie Willi mit dem Rücken zur Bruderschaft. Betäubt von bedeutungsschweren Eindrücken, war er nicht mehr fähig, sich wirklich zurecht zu finden. Mit leeren Augen starrte er in die gespenstische Düsternis des Raumes.

„Sie finden uns in Trauer gehüllt“, erschallte die grausige Stimme des Stuhlmeisters. „Sie sehen sich mit Bildern des Todes umgeben. Sie stehen am Rande des Grabes! Als Lehrling wurden Sie mit verschlossenen Augen von einem erfahrenen Führer ins Leben geleitet. Die Wanderung, welche Sie als Geselle an Freundes Hand froh und zufrieden durchs Leben fortsetzten, sollen Sie jetzt als Meister vollenden. Das Ziel dieser Wanderung ist der Tod…“

Panische Angst erfaßte Willi bei diesen Worten. Auf einmal glaubte er nicht mehr, daß es nur ein Ritual war. Irgendwo hinter ihm stand ein offener Sarg, der für ihn allein bestimmt war. Willi wurde heiß. Grauenvolle Gedanken gingen ihm durch den Kopf, während der Stuhlmeister von der Kunst zu leben und zu sterben sprach und ihn zur strengsten Ausübung der Meisterpflicht ermahnte.

„Nur der feste Vorsatz, diese Überzeugung heilig und treu zu bewahren, macht Sie der Erhebung würdig. Ist das auch Ihre Überzeugung, auch Ihr Vorsatz?“

Willi bestätigte es noch einmal. Nun war es soweit, daß er vor den Altar treten durfte.

„Entblößen Sie die Hände!“ sagte der Meister vom Stuhl. „Setzen Sie die Spitze dieses Zirkels mit Ihrer linken Hand auf Ihr Herz! Legen Sie Ihre rechte Hand auf die Bibel und das Winkelmaß!“

Willi streifte seine schneeweißen Handschuhe ab und tat, was von ihm verlangt wurde. Danach schlug der ehrwürdige Meister wieder mit dem Hammer auf.

„Sind Sie bereit, die Verpflichtung, welche Sie als Lehrling unterschrieben und als Geselle bekräftigten, zu erneuern und noch zu geloben, alles, was Ihnen als Meister anvertraut wird, ebenso unverbrüchlich gegen die Gesellen wie gegen die Lehrlinge und Nichtmaurer geheimzuhalten?“

„Ja!“ erwiderte Willi mit pochendem Herzen.

Das Ritual erhob sich zu seinem Höhepunkt. Dramatische Musik setzte ein und erinnerte die Brüder an die tragischen Ereignisse, die sich vor dreitausend Jahren im Heiligen Land zugetragen hatten. Willi wurde an den Armen gefaßt und rückwärts an den Rand des Sarges geführt. Der Meister vom Stuhl trat an ihn heran. In der Hand hielt er seinen Hammer.

„Sie wissen, daß das rechtwinklige längliche Viereck auch der Abriß des Salomonischen Tempels genannt wird“, verkündete eine feierliche Stimme aus dem Hintergrund.

Natürlich wußte Willi, daß mit dem länglichen Viereck die Loge gemeint war, die in der Freimaurerei den Tempel Salomos symbolisierte.

„Hiram Abiff, der Witwe Sohn, war der weise Mann, dem Salomo die Aufsicht über diesen Bau anvertraut hatte“, setzte die gleiche Stimme fort. „Da es ihm unmöglich war, die große Menge der Arbeiter kennenzulernen und die Lehrlinge, Gesellen und Meister zu unterscheiden, gab er jeder Klasse ein besonderes Zeichen, Wort und Griff, um jedem Arbeiter den verdienten Lohn zu bezahlen. Die Lehrlinge und Gesellen mußten sich im Vorhofe, bei den Säulen Jachin und Boas, die Meister aber im mittleren Raume versammeln.

Fünfzehn Gesellen vereinigten sich, dem Baumeister Hiram das Meisterwort bei der ersten Gelegenheit abzuzwingen, um in anderen Ländern für Meister gehalten zu werden und Meisterlohn zu bekommen. Zwölf dieser Gesellen bereuten den Vorsatz; drei beschlossen, ihn auszuführen. Sie kannten die Gewohnheit des Meisters, um Hochmittag, wenn die Arbeiter zur Erholung berufen waren, in den Tempel zu gehen und zu beten. Sie stellten sich an die drei Eingänge des Tempels in Westen, Süden und Osten.

Als der Meister an das südliche Tor kam, vertrat ihm einer dieser Bösewichte den Weg und begehrte das Meisterwort mit Ungestüm. Sanft antwortete ihm Hiram, daß er es auf eine solche Art nicht erhalten würde, daß nur Zeit und Geduld es ihm verschaffen könnten. Aufgebracht über diese Antwort, schlug ihm der Geselle mit dem Maßstock quer über die Gurgel.“

Als die letzten Worte gesprochen wurden, berührte einer der Aufseher mit dem Hammer den Hals des zu Erhebenden.

„Hiram floh zum westlichen Tor; er wurde aber auf dieselbe Art von dem zweiten Gesellen aufgehalten, dem er die gleiche Antwort gab. Darüber ergrimmt, gab ihm der Bösewicht mit dem Winkelmaß einen Schlag auf die linke Brust, der ihn zum Taumeln brachte.“

Willi spürte, wie der Hammer seine linke Brust berührte, während der Redner mit dramatischem Ernst seine Erzählung fortsetzte:

„Obgleich betäubt, behielt Hiram doch noch Gegenwart des Geistes genug, sich durch das östliche Tor retten zu wollen, als ihm der dritte Bösewicht den Weg vertrat und, wie die ersten, das Meisterwort forderte. Dem Tode nahe, blieb Hiram dennoch standhaft. Da empfing er mit einem Spitzhammer den dritten und tödlichen Schlag auf das Haupt."

Nun erhob der Stuhlmeister selbst seinen Hammer und berührte damit Willis Stirn. Im gleichen Augenblick wurde er vom mehreren Händen erfaßt und in den Sarg niedergerissen. Bald bedeckte ihn ein weißes Trauertuch.

Gleich danach erzählte der Redner, wie Salomo die Frevler fand und sie bestrafte. O weh! Das Meisterwort ist verlorengegangen! Ein neues muß ersonnen werden...

Willi lag im engen Sarg und verging vor lähmender Angst. Eine grausige Vorstellung, lebendig begraben zu werden, benebelte seinen Verstand und trieb ihm kalte Schweißperlen auf die Stirn.

„Laßt uns dem Befehle Salomos folgen und den Körper des erschlagenen Meisters suchen!" rief der ehrwürdige Meister und ging zusammen mit den beiden Aufsehern auf die mystische Suche.

Sie durchschritten den Süden, den Westen und den Norden, und kehrten wieder zum Sarg zurück.

„Hier ist frische Erde; hier liegt der erschlagene Meister!"

Das weiße Trauertuch wurde vom Sarg gerissen. Erstaunt blickten die umstehenden Brüder hinein.

„Mein Bruder!" rief der Stuhlmeister zum Zweiten Aufseher. „Versuchen Sie Ihre Kraft, den Körper aufzuheben!"

Doch dieser schaffte es nicht, genauso wie der Erste Aufseher. Nun trat der Stuhlmeister selbst an den offenen Sarg heran.

„So will ich es versuchen", sagte er und vollzog an Willi eine geheimnisvolle Kulthandlung, dann zog er ihn aus dem Sarg empor.

„Durch das neue Meisterwort und durch die fünf Punkte Meisterschaft erkläre ich Sie zum Freimaurer-Meister", sagte er mit feierlicher Stimme und berührte mit dem Hammer Willis Hals. „Zu Ehren des großen Baumeisters aller Welten!" Der Meister vom Stuhl berührte dessen linke Brust. „Im Namen der Großloge von Deutschland!" Nun spürte Willi den kalten Hammer auf seiner Stirn. „Und kraft meines Amtes als Meister vom Stuhl der *Loge zum aufgehenden Mond!"*

Willi kam langsam zu sich und blickte glücklich erschüttert umher. Die Loge war erhellt. Über dem Altar im Osten sah er ein vertrautes Symbol. Es war das allsehende Auge im leuchtenden Dreieck.

Die Söhne der Witwe von Hiram vollendeten das Meisterzeichen und stimmten ein Lied ein.

Ein neuer Meister erblickte das Licht der Welt…

Der Weg nach oben

Willi Lech saß in einem Café auf der Hauptallee und beobachtete Menschen, die um ihn herum an runden Tischen saßen und ihre Torten verspeisten: rüstige Rentner, gebrechliche Greise, die kaum noch laufen konnten, einige Familien, die ihren Urlaub im schönen Weserbergland verbrachten…

Seine Aufmerksamkeit galt aber einem Ehepaar mit zwei unruhigen Kindern. Während der Junge bestimmt fünf Jahre zählte, war seine Schwester kaum dreijährig. Sie spielten am Boden neben dem Tisch, stritten gelegentlich, versöhnten sich aber schnell wieder.

Willis Tisch befand sich in der Nähe dieser Familie, weshalb er ungewollt Zeuge ihrer Unterhaltung wurde. Es ging darum, daß alles teurer geworden sei, und wenn es so weiter gehe, würden sie bald ganz knapp bei Kasse sein. Wo die Meyers bloß das Geld her haben, um jedes Jahr nach Florida zu fliegen? wunderte sich die Frau, während ihr Ehemann etwas verlegen vor sich hin starrte.

„Sie haben keine Kinder“, erwiderte dieser nach kurzem Zögern. „Wenn sie zu viert wären, würden sie es auch nicht tun können.“

„Ist doch kein Problem“, beruhigte ihn die Frau. „Fahren wir eben an die Nordsee! Vielleicht könnten wir bei Mayers den Wohnwagen leihen?“

„Bald werden wir fünf sein, dann wird wohl die Frage nach Florida von selbst wegfallen“, sagte der Mann lächelnd und griff nach der Hand seiner Frau.

Erst jetzt bemerkte Willi, daß sie tatsächlich schwanger war. Zum dritten Mal! dachte Willi fassungslos und hätte jetzt gewiß den Kopf geschüttelt, wenn diese Geste nicht zu offensichtlich wäre.

Nun kam deren Bestellung, und die Kinder wurden an den Tisch gerufen. Unruhig und nicht gerade folgsam, bereiteten sie den Eltern gewisse Umstände.

Willi erinnerte sich an deren Gespräch über Florida und lächelte nachsichtig. Die Armen konnten nicht einmal ahnen, wer neben ihnen saß! Denn er, Willi konnte sich auf der Stelle ein Taxi bestellen, sich zum nächsten Flughafen fahren lassen und in der ersten Klasse eines komfortablen Jumbojets direkt zu dem Ort fliegen, von dem die beiden eben geträumt hatten. Spätestens morgen vormittags würde er im teuersten Hotel bei Sekt und Kaviar einen atemberaubenden Meeresblick genießen.

Ein angenehmes Gefühl durchströmte Willi bei diesem Gedanken.

Während er noch seinen Status genoß, geschah am Tisch des beobachteten Ehepaars etwas durchaus Unerfreuliches. Ihr unruhiger Junge griff nach einer Dessert-Gabel und stieß unverhofft ein Glas um. Im nächsten Augenblick krachte es auf den Boden und zersplitterte. Der gelbe Saft spritzte nach allen Seiten und verursachte auf den Fliesen eine wahre Sauerei.

Ein kleines Chaos brach aus: entsetzte Gesichter, das lästige Heulen des Jungen, vorwurfsvolle Blicke einiger Betroffener und hilflose Versuche der Eltern, den Schaden zu begrenzen… Willi beobachtete die entstandene Hektik und konnte es nicht begreifen! Wozu tun sich die Menschen das alles bloß an? Es gibt doch Verhütungsmittel, sogar Pillen danach!

Er seufzte und drehte sich weg, so unerträglich war der Anblick. Die Menschen sind an ihrem Schicksal selber schuld, stellte Willi enttäuscht fest. Sie haben keine Ahnung von Freiheit! Er betrachtete einige Zeit den besorgten Mann, der seinen schluchzenden Sohn auf den Schoß nahm und ihn zu trösten begann.

Nein, nein! dachte Willi. So ein Leben möchte ich auf keinen Fall haben!

Als er sich aber dessen Frau genauer anschaute, sah er sein Urteil noch mehr bestätigt. Sie war nicht wirklich schön, eher gewöhnlich. Ihr Gesicht war von Müdigkeit gezeichnet, als ob sie die Nacht davor gar nicht geschlafen hätte. Ihre hellblauen Augen waren glanzlos, die Lippen nicht mehr so frisch, die hellen Haare zwar ordentlich frisiert, doch sichtlich abgestumpft… Ich kann mir vorstellen, wie sie in fünf oder gar zehn Jahren aussehen wird, dachte Willi. Höchstens eine Lebensabschnittspartnerin.

Die Gedanken trugen ihn immer weiter. Muß man sich überhaupt an eine solche gleich mit einer Kinderschar binden? Zwar wären die Unterhaltszahlungen für ihn persönlich nicht so bedeutend, doch Willi konnte sich gut vorstellen, wie sie ihn ständig belästigen und immer mehr fordern würden. Dabei ist der unvermeidliche Streß noch gar nicht berücksichtigt! Er schaute sich den Mann noch einmal an und bedauerte ihn aufrichtig. Falls es schon zu solchen Pannen gekommen war, dann hätte man sie bestimmt noch rechtzeitig abtreiben können…

Was hat ihn bloß dazu bewogen, sie zu heiraten? fragte er sich und konnte keine überzeugende Antwort auf seine Frage finden. Vielleicht konnte er sich keine schönere leisten? Ich aber schon, dachte Willi zufrieden. Dazu noch einen ganzen Harem von bildhübschen Liebhaberinnen, die ihm jeden Wunsch erfüllen würden, wann auch immer er das von ihnen verlangen sollte…

Willi wandte sich wieder ab. Das Leben gewöhnlicher Menschen interessierte ihn nicht wirklich. Er wollte sich nur ein wenig ablenken, denn das grausige Erlebnis bei seiner Erhebung in den Meistergrad ging ihm nicht aus dem Kopf und lastete schwer auf seinem Gemüt. Zwar hatte er auf dieses Ereignis lange gewartet und gewußt, was auf ihn zukommen würde, trotzdem hatte er auf dem Höhepunkt des feierlichen Rituals Angst bekommen.

Was ist ein Sarg, wenn nicht ein Haufen Bretter, die zu einer länglichen Kiste zusammengezimmert waren? dachte Willi innerlich aufgewühlt. Und doch verunsicherte allein schon dessen Form die Menschen und erinnerte sie daran, was jedem von ihnen bevorstand. Was sollte denn ein normaler Mensch empfinden, wenn er, umgeben von schwarz umhüllten Gestalten, für eine halbe Stunde in sein Inneres versenkt wird? Willi wußte es. Auch wenn er die Nacht gut überstanden hatte, jagte ihm die Erinnerung daran immer noch schaurige Wellen über den Rücken. Panische Angst hatte ihn überkommen, als er die Sargenge am eigenen Leib erfahren hatte. Keine Legenden, keine noch so geschickt ausgeklügelten Geistesübungen waren imstande, den Schrecken des Todes auch nur ein wenig zu lindern. Als man über den Sarg noch ein Trauertuch warf, konnte Willi die grauenhafte Todesnähe physisch fühlen: Wie ein angekettetes Monster mit böse verengten, gelben Augen wartete der Tod auf ihn, während die gnadenlose Zeit und widrige Umstände ihn immer weiter vor sich her schoben…

Willi kniff die Augen zu, doch die qualvolle Erinnerung wollte ihn nicht aus ihren starken Klauen lassen. Er dachte an die Worte des vorbereitenden Bruders und lachte bitterlich auf. Man fragte ihn mit vollem Ernst, ob er sich stark genug finde, dem Tode furchtlos ins Angesicht zu sehen! Willi hätte gern gewußt, was der Fragende selbst alles tun und lassen würde, wenn das blutrünstige Monster sich bis auf Armlänge an ihn herangeschlichen hätte? Ob er sich dann noch an dieses ganze Gelaber erinnern würde? Hilflos würde er vor ihm im Staube kriechen, während seine Logenbrüder entsetzt nach allen Seiten flüchten würden… Glücklich sollte sich schätzen, wen die gnadenlose Bestie auf der Stelle erschlägt, ohne jahrelang und mit sadistischer Genugtuung an seinem Körper zu nagen.

Willi trank seinen Kaffee in einem Zug aus, doch die Gedanken verselbständigten sich und liefen einfach weiter: Und wenn das Biest ihn endlich erledigt hat, was dann? fragte er deprimiert, obwohl er die Antwort ganz genau wußte. Dann stürzt er in ein eiskaltes Nichts, vor dessen Leere jedem Sterblichen das Blut in den Adern gefriert…

Willi kniff die Augen wieder zu, doch das Gefühl, im engen Sarg zu liegen, wollte nicht weichen und trieb ihm Schweiß auf die Stirn. Er holte ein Taschentuch hervor, tupfte ihn weg und bestellte ein Fläschchen Mineralwasser. Nach einigen Minuten gelang es ihm, seine zerrütteten Nerven wieder in den Griff zu bekommen. Er war noch jung und voller Kraft, und das Monster mit den gelben Augen noch weit genug entfernt, um es getrost ignorieren zu können. Er blickte nach draußen und das schöne Wetter hinter dem Fensterglas erfüllte ihn mit jener Unbekümmertheit, die gewöhnlich nur der Jugend eigen ist.

Die Welt sah wieder viel fröhlicher und schöner aus. Er war mit siebenundzwanzig Jahren Meister geworden, obwohl er mit zwanzig nicht die geringste Ahnung hatte, daß es die Welt der Freimaurer überhaupt gab! Eine Welt mit eigenen Gesetzen, Tempeln und sogar mit eigenen Zeitungen! Und er, Willi Lech, war nicht nur ein Ehrenbürger dieser anderen Welt geworden, sondern hatte sich fest vorgenommen, bis an deren Spitze zu kommen. Das erhob ihn wieder über die Welt der Einfältigen.

Er schaute sich abermals um. Zwei ältere Damen plauderten über rheumatische Beschwerden, während die genervte Frau am Fenster versuchte, ihren quengelnden Kindern beizubringen, daß man beim Spielen Rücksicht auf die anderen Menschen nehmen sollte…

Willi wandte sich ab. Er verachtete diese Menschen nicht. Nein! Er empfand eine Art Mitleid mit ihnen. Wie es einem reichen Herrn manchmal geschah, wenn er an einem hilflosen Krüppel vorbeiging. Plötzlich regte sich ein starker Wunsch, wohltätig zu sein, eine Art Scham dafür, daß man selbst körperlich unversehrt, so reich und glücklich neben diesem armen Geschöpft leben mußte.

Wie traurig! dachte Willi, als er seine Mitbürger ansah: weder Geld noch Macht, noch sonstige Gaben, die sie über den tristen Alltag erheben. Sie sitzen da, verspeisen zufrieden ihren Nachtisch und wissen nicht, wer neben ihnen sitzt. Eigentlich wissen sie überhaupt gar nichts! Sie ahnen nicht einmal, wer über ihr armseliges Schicksal wacht und entscheidet.

Vielleicht ist es auch gut so! Wozu sollte man sie mit Dingen belasten, für die sie nicht reif sind oder gar nicht reif werden können? Sie sind ganz unten, am Fuße der Pyramide. Dort ist sie breit und hat genug Platz für alle, während sie mit jeder Stufe immer schlanker und anspruchsvoller wird. Es ist, wenn man so will, das eherne Gesetzt der Natur, das im Aufbau dieser Pyramide seinen Ausdruck fand! So wollte es der göttliche Baumeister aller Welten, der über dieser Pyramide wachte.

Willi kam beim Anblick der glückselig kauenden Menschen zu der Einsicht, daß seine Überlegungen richtig waren. Er nahm seinen Platz auf den oberen Rängen der Pyramide souverän und ohne Scham ein. Wenn man so will, trat er in sein Geburtsrecht ein, während diese Menschen mit ihrem angestammten Platz dort unten ebenfalls zufrieden zu sein schienen.

Jeder seiner Logenbrüder wußte es, auch wenn sie es ungern zugeben würden und mit ihrer Wohltätigkeit den Anschein erweckten, daß sie an die Gleichheit der Menschen tatsächlich glauben würden. Sie hatten manchmal sogar echtes Mitleid mit all den Unglückseligen, Minderbegabten und Zukurzgekommenen. Muß man sie alle aber deswegen unbedingt gewaltsam nach oben ziehen? Jedem das Seine! Ich bin mit zwölf Jahren auf der Straße gelandet und habe es trotzdem geschafft, aus dem Gossendreck nach oben zu kommen! Nein, dachte Willi mit letzter Sicherheit, ich bin an ihrem armseligen Dasein nicht schuldig…

Seine Überlegungen brachten ihn zwangsläufig zu jenen Menschen, die von einem ganz anderen Schlag waren. Sie standen auf den oberen Stufen der Pyramide. Auch Willi wollte unbedingt nach oben. Zwar hatte er mit seiner Erhebung in den Meistergrad die höchste Stufe der blauen Johannismaurerei erreicht, doch sie war nur der Vorhof zur wirklichen Macht. Diese lag in den höchsten Graden, deren Farbe rot war. Dort treffen sich Menschen, deren bloße Bekanntschaft wahre Wunder bewirken könnte. Wie hätte sein mächtiger Chef es sonst geschafft, es so weit in seinem Leben zu bringen, wenn er nicht mit jenen bekannt geworden wäre, die die Weltwirtschaft beherrschten? Seit Jahren versuchte Willi, sich an die Familie Weigand heranzuschleichen und war vor einigen Monaten bereits so weit, daß er ihre schöne Tochter an sich binden konnte.

Was aber danach geschah, entwickelte sich zu einem Desaster. Willi preßte die Zähne fest aneinander, ein Schmerz durchbohrte ihn. Die Erinnerung an die Geburtstagsfeier in der Weigandschen Villa war noch zu frisch, um ihn loszulassen. Als er den Festsaal betreten und Anna in ihrem schneeweißen Kleid gesehen hatte, war er buchstäblich überwältigt worden. Sie war kaum siebzehn Jahre alt, und doch hatte sie wie eine elegante junge Dame ausgesehen, deren selbstsicheres Auftreten einem unerfahrenen Mann kaum ihr Alter verraten würde. Auch er hatte stets einen vorteilhaften Eindruck hinterlassen, und doch hatte sie ihn vor aller Welt so kaltherzig zurückgewiesen, daß Willi jedes Mal heiß wurde, wenn er daran dachte.

Noch vor einigen Monaten hatte er Annas Freundschaft nicht ernst genommen und nur die Beziehung zu ihrem Vater im Auge gehabt. Erst als sie ihm entrissen worden war, hatte er plötzliche erkannt, wie stark sein Gefühl für sie tatsächlich war. Mehr noch, er war gar nicht in der Lage, sich von dieser Beziehung loszureißen! Je mehr er gerade das versuchte, um so anziehender wirkte auf ihn die Tochter seines mächtigen Chefs. Willi mußte sich selbst gestehen, daß er schon längst nach diesem Mädchen süchtig geworden war.

Es lief alles so prächtig! dachte Willi enttäuscht. Und gerade in dem Augenblick, wo sie kurz davor standen, ihre Beziehung auf eine ganz andere Ebene zu bringen, tauchte wie aus dem Nichts dieser hübsche Junge auf und schob sich sofort wie ein Keil dazwischen. Willi kniff die Augen zu. Blinder Haß bäumte sich in seiner Seele auf und trieb ihn zu blutigen Rachegedanken…

„Warum wolltest du mich sprechen, Willi?“ hörte er plötzlich neben sich eine raue Männerstimme.

Willi zuckte zusammen, so tief war er in seine Gedanken versunken.

Joe setzte sich an den Tisch ihm gegenüber und blickte forschend in sein Gesicht. „Glaubst du wirklich, daß diese Brille etwas nützt?“

„Wie hast du mich erkannt?“ fragte Willi, während er noch damit beschäftigt war, seine gewohnte Fassung zurückzugewinnen.

„Das ist für einen Journalisten gar nicht so schwer“, erwiderte Joe ausweichend. „Obwohl du schon immer ein helles Köpfchen warst, habe ich es zunächst einfach nicht für möglich gehalten, daß du es soweit bringen könntest, mir kostspielige Aufträge zu erteilen.“

„Das Leben kann echt spannend sein, nicht wahr?“ erwiderte Willi mit beißender Ironie.

„In der Tat, Willi. Ich gratuliere dir!“

Der junge Mann setzt die Sonnenbrille ab und steckte sie in die Brusttasche seines Hemdes. Joe betrachtete sein Gesicht einige Sekunden lang und schien gut gelaunt zu sein.

„Du hast immer noch die gleichen schönen Augen“, sagte er anerkennend. „Damit hast du mich damals zutiefst beeindruckt.“

Willi blickte verärgert in das bärtige Gesicht seines Gesprächspartners.

„Ich hoffe, du hast nicht vergessen, daß ich damals erst zwölf war“, sagte er, während er das Wort *damals* besonders stark betonte.

„Willst du mich damit erpressen?“ fragte Joe unbeeindruckt.

„Ich wollte dich nur daran erinnern, daß du mir was schuldest!“

„Du hast damals freiwillig eine Leistung erbracht, die ich übrigens fürstlich bezahlt habe…"

Willi fiel ihm sofort ins Wort.

„Als du mich in deinem Haus verführt hast, hast du mir eine Menge versprochen. Dann hast du mich aber im Stich gelassen!"

Joe seufzte schwer und schaute ihn versöhnlich an.

„Tut mir leid, Willi", sagte er ruhig. „Aber ich mußte damals München verlassen. Ich konnte dich unmöglich nach Hamburg mitnehmen."

„Aber auf der Straße konntest du mich einfach so zurücklassen!" erwiderte Willi gekränkt und zornig zugleich. „Du hast mich verraten!"

Beide schwiegen. Es dauerte eine Weile, bis er sein Gefühl zähmen konnte.

„Komm, Willi! Die Sache liegt schon so weit zurück", sagte Joe versöhnlich. „Außerdem sehe ich gerade, daß wir mehr Gemeinsamkeiten haben, als ich zunächst vermutet habe."

Dabei ließ er seinen Blick auf dem goldenen Ring ruhen, der auf Willis Finger streckte. Auf dessen blau emailliertem Kopf prangte ein Symbol: Winkelmaß und Zirkel, die kunstvoll ineinander verschränkt waren.

Will zog die Hand zurück und ließ sie unter dem Tisch verschwinden.

„Auch wenn du es jetzt vielleicht nicht wahrhaben willst: Wir sind Brüder!" sagte Joe bedeutungsvoll. „Und ich werde dir gern weiterhelfen! Du willst doch nicht ewig in einer blauen Loge sitzen? Nicht wahr?"

Willi blickte mißtrauisch in die Augen des bärtigen Journalisten.

„Wie weit bist du denn gekommen?"

„Ich bin ganz oben", sage Joe mit rätselhafter Stimme. „Höher, als du es dir vorstellen kannst."

„Das darfst du mir aber nicht sagen", bemerkte Willi mit dem gleichen Mißtrauen in der Stimme.

„Ich wollte dir damit nur beweisen, wie sehr ich mir wünsche, daß wir wieder Freunde sind. Ich mag dich immer noch, sonst hätte ich dich längst neutralisiert."

Die letzten Worte brachten Willi in beträchtliche Verwirrung: War das eine Liebeserklärung, oder eine handfeste Drohung? Ihre Unterhaltung entwickelte sich in eine Richtung, die er nicht beabsichtigt hatte, und gefiel ihm immer weniger.

„Eigentlich wollte ich nur wissen, ob es in unserer Angelegenheit etwas Neues gibt", sagte Willi viel nachsichtiger, auch wenn der restliche Unmut nach wie vor in seinen hellblauen Augen glimmte.

„Du mußt geduldiger sein, wir haben ihm eine Falle gestellt", sagte Joe. „Es wird nicht lange dauern, bis er hineintappt."

„Welche Konsequenzen kann man sich dabei erhoffen?" fragte Willi, erleichtert darüber, daß sie wieder beim ursprünglichen Thema waren.

„Wenn wir deinen Frank sicher vor Gericht bringen wollen, dann müssen wir unsere Bemühungen verdoppeln. Ich sitze mit meinem Team schon jetzt seit Tagen hier fest und arbeite praktisch nur noch an diesem Fall."

„Welche Strafe sieht das Gesetz vor, falls du ihn vor Gericht bringst?"

„Das Höchstmaß liegt bei fünf Jahren. Aber er ist, wie du weißt, noch zu jung und außerdem nicht vorbestraft. Daher läßt sich jetzt noch nicht sagen, wie ein Gericht entscheiden würde. Wenn man allerdings fleißig ist, wird man auf das Urteil der Richter Einfluß nehmen können. Wir sollten den Fall zu einem Politikum machen. Dafür muß ich aber mehrere Sender einschalten, um den nötigen Druck zu erzeugen."

„Wie willst du das anstellen?"

„Laß das meine Sorge sein! Ich kann dir nicht alles offenlegen, auch wenn ich es gern tun würde. Allein meine Beziehungen werden aber nicht ausreichen, um eine solche Lawine loszutreten. Wenn du ihn wirklich loswerden willst, brauchen wir mehr Geld."

„Ich verstehe", sagte Willi, während der Haß wieder von ihm Besitz ergriff. „Tu alles, was nötig ist! Morgen kriegst du noch fünfzigtausend. Wo soll ich das Geld überstellen?"

„Laß es morgen abend zu mir nach Hause bringen!" sagte der bärtige Journalist und legte auf den Tisch seine Visitenkarte. „Wenn du es aber persönlich tust und ein wenig länger bei mir bleibst, kannst du die Hälfte davon am nächsten Morgen wieder mitnehmen."

Willi war überrascht. Während er noch nach einer Antwort suchte, erhob sich Joe von seinem Stuhl.

„Denk in Ruhe darüber nach!" sagte er gut gelaunt, legte ihm zum Abschied die Hand auf die Schulter und verließ das Café.

Ein neues Geschäft

Als Tolik aus dem Treppenhaus seines Hauses nach draußen trat, sah er seinen Freund an dem verwitterten Sandkasten ungeduldig auf und ab gehen. Kaum hatte Chrissi ihn bemerkt, machte er einige schnelle Schritte in seine Richtung.

„Mann! Ich dreh jetzt durch! Wo steckt du bloß?" rief er ihm verärgert zu und unterstützte seine Worte mit hastigen Handbewegungen.

„Hat dich was gebissen?" wehrte sich Tolik, als er sah, wie aufgedreht sein Freund war.

„Joe hat angerufen!" erklärte dieser. „Sie wollen heute wieder einen Film drehen. Etwas ganz Besonderes!"

„Was sollen wir dabei tun?" fragte Tolik.

„Das Übliche! Wir müssen nur einige Szenen vorspielen", erwiderte Chrissi mit fiebrigem Glanz in seinen hellen Augen. „Sie wollen einen Film über die Nazis drehen!"

„Und wen sollen wir dabei spielen?"

„Die Nazis eben!" erklärte Chrissi, als ginge es um Nichtigkeiten.

„Was?!" stieß Tolik verblüfft hervor und zog seine Augenbrauen ungläubig zusammen. „Bist du wahnsinnig? Ich mach da nicht mit!"

„Wieso?" fragte Chrissi erstaunt.

„Hier!" sagte Tolik und tippte sich mit einem Zeigefinger an die Stirn. „Die werden uns am nächsten Tag aus der Schule schmeißen!"

„Quatsch!" wehrte sich Chrissi vehement. „Das ist doch nur ein Film!"

„Ich mach nicht mit!" sagte Tolik entschieden und setzte sich an den Rand des Sandkastens.

Chrissi sah auf einmal niedergeschlagen aus. Er überlegte einige Sekunden, dann setzte er sich neben seinen Freund.

„Wenn du nicht mitmachst, dann schlagen sie mich tot", sagte Chrissi entmutigt. „Ich brauche Geld."

„Immer ich!" explodierte Tolik. „Als wäre ich der einzige Mensch auf der Welt!"

„Ich kann nicht allein!" entgegnete Chrissi verzweifelt. „Sie brauchen mindestens noch einen. Dich kennen sie schon!"

Tolik drehte sich demonstrativ weg und schwieg.

„Wo soll ich denn sonst das Geld herzaubern?" sagte Chrissi mit klagender Stimme. „Du weißt doch, daß ich hundertzwanzig brauche! Ich habe nur noch fünfzig Euro übrig..."

„Wo ist der andere Fünfziger?“ fragte Tolik überrascht.

Chrissi hatte diese Frage erwartet, trotzdem fiel es ihm äußerst schwer, darüber zu sprechen:

„Ich hatte noch andere Schulden… bei meinem Bruder. Ich hab vergessen, das Geld zu verstecken, dann hat er’s gefunden.“

„Mann, bist du blöd!“ seufzte Tolik und schüttelte den Kopf. „Und was willst du jetzt denen da geben?“

„Deswegen brauche ich doch die Knete!“ stieß Chrissi laut hervor und fügte flehend hinzu: „Nur noch einen einzigen Tag…“

„Hör auf zu jammern!“ herrschte Tolik ihn gereizt und abweisend an. „Ich hab doch gesagt, ich mach nicht mehr mit.“

Chrissi verstummte und starrte einige Zeit gekränkt auf den schmutzigen Sand unter seinen Füßen. Dann sprang er mit einem Satz auf die Beine.

„Du bist genauso wie die anderen!“ warf er Tolik zornig zu.

Sein Gesicht verzog sich zu einer finsteren Grimasse. Er steckte seine Hände wie gewohnt in die Hosentaschen und ging hastig davon. Nach kurzem Zögern sprang auch Tolik auf die Beine.

„Hör doch auf!“ rief er ihm hinterher. „Warte jetzt!“

Er holte ihn ein und stellte sich entschlossen vor seinem Freund. Chrissi schnaubte und schaute weg.

„Sei nicht so zappelig!“ sagte Tolik viel versöhnlicher, als er sah, daß Chrissi Tränen in den Augen standen. „Willst du wirklich, daß sie uns als Nazis in der Glotze zeigen…“

„Ist dir das so wichtig?!“ fiel Chrissi ihm heftig ins Wort und fuchtelte dabei mit den Händen vor seinem Gesicht, als würde Tolik ihn sonst nicht verstehen können. „Mir ist es scheißegal, wo sie mich zeigen werden!“

Plötzlich ließ er sich auf die danebenstehende Bank fallen und legte seinen linken Fuß aufs Knie.

„Da!“ stieß er verzweifelt aus und zeigte auf die geplatzte Schuhsole hin. „Kannst du dir mal ansehen! Wenn’s morgen regnet?!“

Er setzte seinen Fuß wieder auf den Boden und rang um Fassung, während Tolik betroffen auf seinen Freund schaute.

„Wenn die Alten mich als Nazi im Fernsehen sehen, wird es Höllenkrach geben“, sagte Tolik nach kurzem Zögern.

Chrissis Zorn verflüchtigte sich in Sekundenschnelle.

„Sie werden doch nicht unsere Namen angeben!“ sagte er mit einer Stimme, als müßte er ihm bereits zum zehnten Mal sonnenklare Dinge erklären. „Und dann setzten sie noch einen schwarzen Streifen vor die Augen!“ Er hob eine Hand vor sein Gesicht und deutete dabei mit zwei Fingern einen breiten Balken an. „Wer wird dich überhaupt noch erkennen können?“

Tolik gab keine Antwort und sah unentschlossen aus. Chrissi dagegen hatte bereits eine Chance gewittert und setzte nur noch nach. Seine Überredungskunst zeigte Wirkung. Tolik widersprach fast gar nicht mehr und verteidigte sich nur noch halbherzig.

„Sollen wir uns jetzt noch die Haare wegrasieren?“ rief er sarkastisch aus.

„Nein!“ entgegnete Chrissi beruhigend. „Joe sagte mir, daß unsere Haare kurz genug sind. Sonst hätte ich gar nicht zugestimmt.“

„Hast du es schon getan?“ fragte Tolik ahnungsvoll.

„Ich mußte ihm sofort eine Antwort geben“, erklärte Chrissi schuldbewußt. „Sie werden bald da sein. Joe hat mir gesagt, daß er uns für diesen Film nagelneue Markenklamotten kauft. Danach dürfen wir sie behalten! Irgendwo in der Stadt sollte es ein Geschäft geben, wo die Nazis ihre Klamotten kaufen, dort fahren wir gleich hin! Echt cool, nicht war?“

Tolik schwieg. Zwar hatte die Mitteilung über die kostenlose Markenkleidung auf ihn einen gewissen Eindruck gemacht, doch er schien mit der Sache insgesamt nicht besonders glücklich. Sie kehrten zum Sandkasten zurück und setzten sich wieder darauf nieder.

„Wir dürfen aber auch niemandem etwas davon erzählen“, warnte Chrissi mit gewichtiger Stimme. „Sonst werden sie nächstes Mal andere Jungs finden. Was meinst du, wie viele es gern tun würden?! Siebzig Euro für jeden Drehtag, egal wie lange man da tatsächlich mitgemacht hat.“

„Siebzig?“ fragte Tolik verwundert und blickte forschend in die listig dreinschauenden Augen seines Freundes. „Hast du wieder gehandelt?“

Chrissi lachte vergnügt auf und begann davon zu träumen, was er mit dem Geld machen würde, brach aber mitten im Satz ab und sprang auf die Beine.

„Da sind sie!“ sagte er schnell und zeigte auf einen kleinen VW-Bus, der vor einem Wohnblock in einer Parklücke zum Stehen kam.

Er machte einige schnelle Schritte in Richtung der Straße, kehrte aber wieder zurück.

„Bleib cool!“ sagte Chrissi eher zu sich selbst, während er angestrengt auf den staubigen Rasen unter seinen Füßen starrte. „Laß mich mit ihnen reden!“

Tolik hatte ohnehin nicht vor, in irgendeiner Weise Initiative zu ergreifen. Mit ungutem Gefühl schaute er zu, wie aus dem Wagen Joe und sein Assistent ausstiegen. Nach einer kurzen Unterhaltung gingen die beiden Männer schnell auf sie zu.

Joe trug eine ausgewaschene Jeanshose und ein helles T-Shirt, das reichlich mit dunklen Schweißflecken bedeckt war. Auch sein übergewichtiger Assistent litt unter der sommerlichen Hitze. Den ganzen Weg zum Spielplatz sagte er kein einziges Wort, hörte aufmerksam seinem Chef zu und runzelte von Zeit zu Zeit besorgt seine breite Stirn.

Als die beiden Männer noch auf sie zugingen, lehnte sich Chrissi an den schrägen Schaukelpfosten, steckte die Hände in die Hosentaschen und zuckte seine schmalen Schultern frech zurück. Dabei winkelte er sein rechtes Bein an und drückte die Schuhsole an den morschen Holzpfeiler.

„Laß mich über das Geld reden!“ warnte er seinen Freund zum zweiten Mal.

Tolik, der bis dahin die beiden Journalisten beobachtet hatte, drehte sich um und lachte bei dem Anblick seines halb liegenden Freundes auf. Chrissi, der noch vor wenigen Minuten vor Aufregung zitterte, wirkte entspannt, als ginge ihn die Ankunft der beiden Fernsehjournalisten gar nichts an. Sein helles Gesicht hatte einen coolen Ausdruck und sah jetzt ausgesprochen verschlagen aus. Tolik grinste, worauf Chrissi ihn mit einem vorwurfsvollen Blick strafte.

„Hi, Chrissi!“ grüßte Joe noch im Gehen.

Seine rauhe Stimme klang angenehm und freundlich.

„Hi“, warf der Junge ihm lässig zurück und schirmte seine Augen mit der Hand gegen die grelle Sonne ab, um die Ankommenden besser sehen zu können.

Als die beiden Männer den Spielplatz erreichten, streckte der Bärtige ihm die Hand entgegen. Tolik bewunderte erneut seine Körpergröße. Der Mann sah neben seinem Freund wie ein Riese aus und mußte aus diesem Grunde zwangsläufig zu diesem hinabschauen.

„Es hat etwas länger gedauert“, entschuldigte sich Joe, doch der Junge unterbrach ihn.

„Ach was… Nicht schlimm“, sagte er lässig und zog den rechten Mundwinkel hoch, wodurch sein Lächeln eine Mischung aus nachsichtiger Ironie und leichtem Mißtrauen zeigte.

Der Bärtige begrüßte Tolik und kam sofort zur Sache.

„Seid ihr bereit?“ fragte er munter.

„Na klar!“ bestätigte Chrissi. „Wenn du bereit bist zu blechen…“

Dabei betrachtete er mit übertriebenem Interesse die langsam vorbeiziehenden weißen Wolken. Der Riese begann zu lachen.

„Wenn du jetzt wieder anfängst zu handeln“, sagte er warnend, „dann dreh ich mich gleich um und fahre wieder weg! Wir haben doch alles abgesprochen. Siebzig Euro…“

Der Junge verzog seine Lippen und ein überhebliches, beinahe gehässiges „Ha!“ entwich seinem Mund.

„Ich werde verrückt, Franzi!“ rief Joe seinem Kollegen zu. „Hast du gehört, das ganze Theater beginnt von vorne!“

Der Dicke spitzte stumm die Lippen und nickte ihm mit seinem großen Kopf zustimmend zu.

„Gar nicht wahr!“ wehrte sich Chrissi. „Ich habe bloß meine eigenen Vorstellungen.“

„Eigene Vorstellungen, sagst du?“ wiederholte der Bärtige vergnügt und ließ sich dabei jedes Wort auf der Zunge zergehen.

Dann faßte er den Jungen mit seinen riesigen Händen an den Schultern und zog ihn mühelos etwas näher zu sich: „Jetzt schau mir mal in die Augen!“

Chrissi blickte zu ihm hoch und preßte seine Lippen standhaft zusammen. Trotzdem spürte er, wie sein Selbstvertrauen zu schwinden begann.

„Hundertfünfzig“, preßte er durch zugebissene Zähne, ohne seinen Blick abzuwenden.

Joe ließ ihn wieder los und wandte sich an seinen grinsenden Kollegen.

„Gut daß wir zur Sicherheit Tony angerufen haben“, sagte er seufzend. „Wir hauen ab!“

Die Männer gingen, ohne sich umzudrehen, wieder zum Wagen, während Tolik verblüfft zu seinem Freund schaute.

„Hat dich was gebissen oder was?“ fragte er aufgeregt, doch Chrissi achtete nicht auf seine Worte und starrte wie gebannt die beiden Journalisten an.

„Hundertzwanzig!“ rief er ihnen hinterher, nachdem sie bereits die Hälfte des Weges zurückgelegt hatten.

Der Riese blieb stehen.

„Hundert“, warf er ihm zurück, „und keinen Cent mehr!“

Chrissi zögerte mit der Antwort, während Tolik vor Spannung mit den Augen zu blinzeln begann.

„Meinetwegen hundert“, gab Chrissi widerwillig nach. „Du hast gewonnen.“

Die beiden Männer warteten, bis die Jungen zu ihnen kamen.

„Das wirst du mir aber gleich schriftlich bestätigen!“ sagte Joe und drohte Chrissi lachend mit einem Zeigefinger. „Kommt jetzt!“

Die Kluft

Das Geschäft, in dem die Nazis ihre Klamotten kauften, war nicht groß, dafür aber voll mit Markensachen gestopft. Die Holzregale reichten bis zur Decke, während die Kleiderständer in Doppelreihe standen. Als Chrissi den Duft nagelneuer Ledersachen roch, kniff er die Augen zu und zog die Luft einige Male tief in die Lungen. Schwarze Jacken, Hosen, Hemden und Schuhe... Chrissi hatte früher teure Geschäfte nur von außen gesehen und sich niemals getraut, in seinen zerlumpten Kleidern hineinzugehen. Zwar war er frech genug, um dies zu tun, doch die Preisschilder in deren Schaufenstern warnten ihn dringend davor. Chrissi wußte, daß er danach schrecklich leiden würde.

Nun war er aber drin...

„Sieht wie eine Kluft aus!" sagte Tolik, als der schweigsame Verkäufer mit tätowierten Armen und einem silbernen Ohrring ihm ein schwarzes Hemd reichte.

Er drehte es mehrmals hin und her und verschwand in der Umkleidekabine, während sein Freund noch nach der passenden Größe suchte.

Chrissi quälte sich und konnte nicht mehr warten, bis Tolik endlich die Kabine freigeben würde. Er trat in den Gang zwischen den Kleiderständern, und als er sicher war, daß niemand außer Joe ihn sehen konnte, streifte er die Schuhe ab und zog seine Hose schnell aus.

„Du bist gut gebaut", bemerkte Joe mit rätselhaftem Lächeln und verschränkte die Arme vor seiner breiten Brust.

Chrissi nickte stumm und ließ seine ausgeleierte Jeans einfach auf den Boden fallen. Er griff nach seiner neuen Hose, die über einen Kleiderständer geworfen hing, doch Joe legte seine große Hand darauf. Der Junge, vom heftigen Kaufrausch ergriffen, merkte es nicht, zog an der Hose, doch der Bärtige ließ sie nicht los.

Chrissi schaute zu ihm fragend auf.

„Zieh das Hemd aus!" sagte Joe mit sanftem Nachdruck.

Der Junge war sichtlich überrascht und unentschlossen.

„Na mach schon!" ermutigte ihn Joe, als wäre das selbstverständlich.

Chrissi tat, was von ihm verlangt wurde, und wartete gespannt darauf, was dem Bärtigen noch alles einfallen würde.

„Ich kann mir ein paar tolle Aufnahmen am Strand vorstellen?" sagte dieser sachkundig und begutachtete den Jungen mit einem seltsamen Blick.

Chrissi spannte sich innerlich noch mehr an.

„Nicht in dieser Unterhose natürlich!“ lachte der Bärtige auf und strich gönnerhaft über dessen blonde Haare.

Chrissi faßte Mut und wollte nach den Einzelheiten fragen, doch Joe kam ihm zuvor.

„Ich kenne einen, der würde das Doppelte zahlen…“

„Zweihundert pro Tag?!“ stieß Chrissi ungläubig aus.

„Je nach dem“, erwiderte Joe ausweichend. „Wenn du brav bist und fleißig, kriegst du vielleicht noch etwas mehr.“

Der Junge stand nach wie vor halbnackt neben der Ankleidekabine und ließ sich von dem atemberaubenden Gedanken an so viel Geld in eine märchenhafte Welt tragen.

„Meinst du das ernst?“ fragte er vorsichtshalber.

„Warum nicht“, entgegnete Joe mit ruhiger, durchaus glaubwürdiger Stimme.

Chrissi konnte sich der berauschenen Vorstellung nicht erwehren. Die Bilder von einem anderen Leben wechselten immer schneller…

„Willst du dich gar nicht mehr anziehen?“ fragte Joe, sichtlich zufrieden über die Wirkung seines Angebots.

Chrissi, der noch nie um eine Antwort verlegen war, lächelte ihn schief an und wurde rot. Stumm griff er nach der schwarzen Hose und zog sie schnell an.

„Zu groß“, bemerkte der vorbeigehende Verkäufer und brachte ihm bald eine andere.

Chrissi verfiel abermals in einen heillosen Kaufrausch, der alle seine übrigen Empfindungen und Gedanken weit in den Hintergrund drängte. Nun saß die Hose perfekt und brachte trotz eines etwas breiteren Schnitts seine langen Beine sehr vorteilhaft zur Geltung. Chrissi drehte sich mehrmals vor dem Spiegel hin und her und sah, wie eine Mischung aus unerträglichem Glück und wachsender Sorge sein Gesicht zum Glühen brachte. Ob ich das alles wirklich behalten darf? dachte er unruhig.

„Schuhgröße?“ fragte der Bärtige.

„Was?“ sagte Chrissi verstört.

„Welche Schuhgröße hast du?“ rief Joe, als stünde der Junge auf der anderen Seite des Raumes.

„Zweiundvierzig“, schoß Chrissi eiligst hervor.

Der hünenhafte Journalist blickte stumm zum Verkäufer hinüber, worauf dieser sofort zum Schuhregal ging.

„Und bringen Sie bitte ein paar Socken mit!“ rief er ihm hinterher.

Während Chrissi noch überlegte, wie er seine zerrissenen Socken entschuldigen sollte, trat aus der Umkleidekabine Tolik hervor. Er strahlte wie ein Glückspilz.

„Voll kraß!“ flüsterte Chrissi fasziniert.

Sein Freund war kaum noch zu erkennen. Besonders sein rabenschwarzes Kragenhemd mit einem geheimnisvollen runden Symbol am rechten Ärmel beeindruckte Chrissi. Ein Dutzend blitzförmiger Strahlen strebten aus der Mitte zum Kreisrand hin.

„Die Schwarze Sonne“, erklärte Joe und nickte ihm anerkennend zu.

Tolik krempelte die Ärmel hoch, ließ die zwei oberen Knöpfe des Hemdes auf und sah dadurch besonders verwegen aus.

„Ich will auch so ein Hemd haben!“ sagte Chrissi mit fiebernder Stimme und schaute flehend zum Bärtigen auf.

Das Verlangen nach dem schicken Kleidungsstück überwältigte Chrissi. Er rieb nervös an seinem Kinn und quälte sich vor Ungeduld.

„O-oh!“ lachte Joe zufrieden. „Dann bist du aber bei mir in großer Schuld. Wie willst du es mir zurückzahlen?“

Chrissi hatte keine Ahnung, womit er seinen Gönner gnädig stimmen sollte, doch der schweigsame Verkäufer, dem das Wohlwollen des Bärtigen nicht entgangen war, brachte bereits das begehrte Hemd und reichte es Chrissi hin.

„Hundertsechzig Euro“, sagte er beiläufig.

„Hundertsechzig…“, stammelte Chrissi entsetzt.

Stumm reichte er das Hemd dem Verkäufer zurück.

„Probier es doch mal an!“ sagte Joe ermutigend und drückte das Hemd in die kraftlosen Hände des erschütterten Jungen.

„Na komm schon! Beeil’ dich!“ trieb der Bärtige ihn an, während der Verkäufer die Springerstiefel neben ihm hinstellte.

Chrissi erwachte aus seiner Erstarrung und wußte nicht, was er zuerst anziehen sollte. Als er endlich damit fertig war, steckte er noch die Hosenbeine in die matt glänzenden Springerstiefel und lief zum großen Spiegel hin, wo sein Freund bereits seit einigen Minuten verweilte.

„Laß mich mal!“ warf Chrissi ihm ungeduldig zu und drängte ihn zur Seite ab.

Das, was Chrissi im Spiegel sah, übertraf bei weitem seine Erwartungen. Die neue Kleidung veränderte sein Aussehen! Sein jungenhafter Körper schien viel männlicher und stärker. Sein ohnehin helles Gesicht und die strohblonden Haare sahen jetzt noch heller aus und gefielen ihm.

Sogar seine Sommersprossen unter den Augen störten ihn nicht wirklich.

Während Tolik mit dem Verkäufer zu einem Schuhregal ging, konnte Chrissi sich nicht mehr vom Spiegel losreißen. Nun sah er darin, daß Joe ganz dicht an ihn herangetreten war.

„Soll ich meinen Bekannten anrufen?“ fragte er leise.

Chrissi versuchte gelassen zu wirken, wurde aber trotzdem schnell rot. Ein ungutes Gefühl beschlich ihn, als er die geheimnisvolle Stimme so nah an seinem Ohr hörte.

„Ganz unverbindlich“, fügte Joe beruhigend hinzu.

„Wer ist er denn?“ fragte der Junge leicht verlegen.

„Ein ganz netter Mann…“, erklärte der Bärtige, brach aber gleich ab, als ob ihm eine bessere Idee gekommen wäre. „Weiß du, damit du keine Hemmungen hast, würde ich die Aufnahmen für ihn selbst machen. Vor mir wirst du dich doch nicht schämen, oder?“

„Von mir aus“, erwiderte Chrissi mit falscher Gelassenheit und versuchte, dem peinlichen Gespräch auszuweichen.

Er wollte zur Umkleidekabine gehen, doch Joe hielt ihn wieder zurück.

„Ich hab noch etwas für dich!“ Er reichte Chrissi einen Ledergürtel mit matt glänzender Schnalle. „Vierzig Euro“, fügte er mit gewichtiger Stimme hinzu, worauf der bedrängte Junge, ohne ihn anzusehen, zum Zeichen der Dankbarkeit mit dem Kopf nickte.

Nachdem Chrissi den Gürtel in die Hose eingezogen hatte, musterte Joe ihn noch einmal von allen Seiten. Mal zog er an seinem neuen Hemd, mal forderte er Chrissi auf, die Hände hochzuheben. Dann ging der riesige Mann vor ihn auf die Knie und faßte ihn an den Beinen an, um zu prüfen, ob die Hose nicht zu breit wäre. Chrissi ließ es stumm über sich ergehen, auch wenn die starke Vermutung, daß es dem bäritigen Journalisten gar nicht um seine Kleider ging, ihm schon längst zur Gewißheit wurde. Er hatte keine Ahnung, was er in einer solchen Lage tun sollte, und wich dem seltsamen Blick des riesigen Mannes aus, um nicht seine Verwirrung zu verraten. Endlich kam Tolik hinzu. Sie packten ihre alten Kleider in große Tüten und gingen, nachdem Joe mit einer Kreditkarte bezahlt hatte, auf die Straße. Tolik erzählte etwas Aufregendes, doch Chrissi wirkte zerstreut. Der peinliche Vorfall ging ihm nicht aus dem Kopf und vergiftete seine Freude über die neuen Markenkleider. Als er in den Wagen einsteigen wollte, war er so tief in seine Gedanken versunken, daß er unwillkürlich zusammenschreckte, als Joe ihm die Hand auf die Schulter legte und ihn zurückhielt.

„Du siehst toll aus", sagte der bärtige Riese und tätschelte ihn leicht an der Wange.

Chrissi sah zögernd zu ihm auf und begegnete seinem Blick, der jetzt wieder ganz unverdächtig und freundlich schien. Vielleicht war es gar nicht so gemeint, dachte Chrissi bei sich. Doch die widerwärtigen Details ließen sich nicht so leicht verdrängen. Er konnte wieder spüren, wie ungewöhnlich diese großen Hände ihn anfaßten, wie langsam sie an seinem Bein hinaufglitten... Auch wenn Chrissi es noch so gern hätte, konnte er einfach nicht glauben, daß dies alles rein zufällig geschehen war.

Als er wieder neben Tolik saß, fiel sein Blick auf die abgedunkelten Scheiben des Wagens, darin konnte er sein leicht verzehrtes Spiegelbild sehen. Er strich zufrieden über sein neues Hemd, atmete tief durch und kam schließlich zu der Einsicht, daß es ihm nicht so viel ausmachen sollte. Ist von mir etwa weniger geworden? dachte er jugendlich unbekümmert und wurde wieder fröhlicher...

Chrissi und Tolik saßen im kleinen Bus und warteten gelangweilt, bis das Fernsehteam den Drehort eingerichtet hatte. Es war der gleiche Parkplatz vor dem leerstehenden Kaufhaus, wo die Jungen zum ersten Mal Joe und sein Team gesehen hatten.

Der große fensterlose Bus hatte die Ausrüstung gebracht und war wieder weggefahren, da einige Kollegen in der nahegelegenen Kurstadt noch etwas Wichtiges erledigen mußten. Joe blieb aber mit einem Teil seines Teams zurück, um mit den Jungen neue Szenen zu proben.

Er gab ständig neue Anweisungen, ging da und dort seinen Kollegen zur Hand und kehrte bald sichtlich erschöpft zu dem VW-Bus zurück.

„Gib mir Wasser!" warf er beiläufig Chrissi zu, der neben einer Sprudelkiste saß.

Chrissi runzelte seine Stirn.

„Du kommandierst ja herum, als ob wir deine Knechte wären!" entrüstete er sich, wobei niemand mit Sicherheit sagen konnte, ob er es ernst meinte oder wie gewohnt nur sein künstlerisches Können zur Schau stellte. „Hat man dir im Kindergarten das berühmte Zauberwort gar nicht beigebracht?"

Ein müdes Lächeln zeigte sich auf dem Gesicht des Journalisten.

„Bitte", sagte er friedfertig und tätschelte Chrissi an der Wange. „Toll seht ihr aus!"

Die Jungen schauten ihre schwarze Kleidung an und ihre glänzenden

Augen verrieten, daß auch sie mit sich selbst zufrieden waren.

„Kriege ich jetzt endlich mein Wasser?“ fragte Joe.

„Na gut“, erwiderte Chrissi, als müßte er ihm ein Gefallen tun, den dieser nicht verdient hatte.

Er zog aus der Kiste eine Flasche heraus und wollte sie Joe reichen, doch in diesem Augenblick meldete sich dessen Handy.

Der Bärtige zog es aus der Hosentasche und stellte es auf laut.

„Wir haben ihn!“ schrie eine Männerstimme, ohne Joe zu begrüßen. „Er ist mit seiner Freundin in der Hauptallee! Ich sehe ihn!“

Während der Unbekannte noch sprach, veränderte sich der Ausdruck im Gesicht des Journalisten. Es wurde starr, als hätte er soeben eine Hiobsbotschaft erhalten.

„Versuche ihn abzufangen! Wir sind in einer halben Stunde bei euch!“ schrie Joe so laut zurück, daß Chrissi zusammenschreckte und sein Gesicht verzog, als hätte er unverhofft in eine Zitrone gebissen.

„Was schreist du so?“ reif er ihm vorwurfsvoll zu, doch Joe sprang bereits aus dem Wagen und stürzte wie besessen zum Drehort.

„Wir hauen ab!“ schrie er noch im Laufen seinen Mitarbeitern zu. „Packt alles in den Wagen ein!“

Seine Worte lösten unglaubliche Hektik aus. Die Kameraleute bauten ihre Geräte wieder ab und verstauten sie in die Alukoffer, während Joe mit seinem Assistenten die herumliegenden Kabel zusammengrapschte und diese ohne aufzuwickeln in den Kofferraum des Busses stopfte.

Chrissi und Tolik beobachteten das panikartige Räumen des Drehortes, als säßen sie im Kino und schauten sich einen spannenden Actionfilm an. Niemals hätte Chrissi sich früher vorstellen können, daß die schwerfälligen Kameraleute in ihrem Alter noch so schnell sein konnten. Und doch liefen diese keuchend mit ihren schweren Koffern direkt auf sie zu, als wären sie von einem ganzen Rudel tollwütiger Hunde gejagt.

Im nächsten Augenblick tauchte vor der offenen Wagentür Joe auf.

„Raus mit euch!“ warf er den Jungen atemlos zu.

Tolik ließ sich nicht zwei Mal bitten und war bereits im nächsten Augenblick draußen, während Chrissi noch zögerte. Er wollte Joe zur Höflichkeit ermahnen, doch dieser packte ihn am Arm und zog ihn unsanft aus dem Wagen heraus.

„Was tust du da?“ protestierte Chrissi beleidigt, doch Joe schubste ihn zur Seite, um den Kameraleuten Platz zu machen.

Diese hievten die schweren Alukoffer auf die Sitze, auf denen noch vor wenigen Sekunden die Jungen gesessen hatten, und stürmten zurück, um die restliche Ausrüstung einzusammeln.

Chrissi und Tolik standen wie benommen neben dem Wagen und hatten das schaurige Gefühl, daß ihre Stadt von einer schrecklichen Naturkatastrophe bedroht wäre. Als käme vom Ozean her eine vernichtende Riesenwelle, die jeden Augenblick wie ein böses Omen am Horizont erscheinen sollte.

Erst als der Kofferraum krachend zugeschlagen wurde und das Fernsehteam sich an die Seitentür des kleinen Busses drängte, erwachte Chrissi aus seiner Erstarrung.

„Und wir?“ fragte er besorgt, als der schweißgebadete Assistent den Motor angelassen hatte.

„Wir haben keinen Platz für euch!“ erwiderte Joe und sprang auf den Beifahrersitz. „Bleibt hier! Wir sind in ein paar Stunden zurück!“

Chrissi ging vor Überraschung der Mund auf.

„Du haust einfach so ab, und wir sollen hier stundenlang auf euch warten!“ rief er ihm entrüstet zurück. „Ich sterbe vor Hunger!“

Als Joe die Tür zuschlagen wollte, sprang Chrissi sofort dazwischen, doch Joe drückt ihm einen Fünfziger-Schein in die Hand und schubste ihn wieder zurück.

„Ich melde mich!“ rief er ihm zu, während der Wagen bereits zur Ausfahrt fuhr.

Die Jungen starrten ihnen sprachlos hinterher, sichtlich benommen von der fluchtartigen Abfahrt des Fernsehteams.

„Und unsere Sachen?“ fragte Tolik fassungslos, als der Wagen aus ihrer Sichtweite verschwunden war. Er schaute seine schwarzen Kleider hinab, dann blickte er wieder zu seinem Freund hinüber. „Sollen wir etwa so in der Stadt herumlaufen?“

Chrissi zuckte ratlos mit den Achseln…

Die Falle

Gibt es ungetrübtes Glück auf dieser Welt oder findet man dessen Abglanz nur in schönen Büchern? Wer es einmal selbst erlebte, kennt die Antwort. Auch wenn es noch so schutzlos und kurzlebig ist, das wahre Glück ist immer da, nicht selten neben uns! Man muß nur etwas aufmerksamer hinschauen.

Auch an diesem späten Nachmittag konnten viele Menschen es mit ihren eigenen Augen sehen. Frank und Anna gingen Hand in Hand im Schatten alter Kaiserlinden. Sie sagten einander kein einziges Wort, doch ihre verliebten Blicke verrieten den vorbeigehenden Menschen mehr als alle Worte dieser Welt…

Als sie den breiten Schloßgraben erreichten, blieben sie stehen.

„Hier waren wir schon mal", sagte der Junge. „Erinnerst du dich noch daran?"

Anna lächelte ihn glückselig an.

„Es war ein schöner Vollmond", sagte sie leise, während die Erinnerung sie wieder in jene traumhafte Nacht trug.

Frank nahm allen Mut zusammen.

„Darf ich dich etwas fragen?"

Das Mädchen nickte.

„Hast du das Gedicht selbst geschrieben?"

Anna nickte wieder.

„Nur für mich?" fragte der Junge.

Anna drehte sich zu ihm um und blickte in seine hellgrauen Augen. Die Antwort leuchtete aus ihren sanften Gesichtszügen. Frank nahm ihre Hände, legte sie zusammen und drückte sie an seine Brust.

„Danke", flüsterte er, überwältigt vom stillen Glück. „Es ist so wunderschön! Ich kenne es auswendig!"

War es vielleicht ein schöner Traum,
Als wir, vergessen Zeit und Raum,
Im Schein des Mondes standen?

Doch fühl' ich nach wie vor die Hand,
die gestern noch in Flammen stand
und meine Hände küßte.

Er verstummte. Die nächsten Strophen beschrieben ihn selbst und waren zu schön, als daß er sie wirklich verdient hätte. Doch Anna schlug die Augen nieder und trug sie selbst vor:

Was soll mir diese ganze Welt!
Vor Gott und dir, mein edler Held,
Will ich mein Glück gestehen.

Mag kommen jetzt, was kommen soll,
Die Seele ist der Liebe voll
Zu dir, zu dir mein Liebster!

„So schön hätte ich es niemals geschrieben", sagte Frank, während sein unruhiger Atem ihm zu schaffen machte.

„Fühlst du es genauso tief wie ich?" fragte Anna und suchte in seinem Gesicht nach einer fühlbaren Antwort.

Frank konnte es nicht aussprechen. Er nickte, hob ihre Hände an und bedeckte sie mit heißesten Küssen.

„Als du von der Feier gegangen warst, habe ich die ganze Nacht vor einer brennenden Kerze gebetet, daß du wieder zurückkommst", sagte Anna, berauscht von der Zärtlichkeit des Jungen.

„Ich bin zurückgekommen", erwiderte Frank. „Ich stand unter deinem Fenster."

„Mein Liebster! Ich habe es gespürt!" rief das Mädchen bewegt aus. „Ich wußte, daß du in der Nähe warst!"

Sie legte ihren Kopf auf seine Schulter, und als sie sich wieder beruhigt hatte, sagte sie: „Als ich gebetet habe, fielen mir für einige Sekunden die Augen zu, und in dieser kurzen Zeit habe ich geträumt. Es war ein seltsamer Traum!"

„Was hast du gesehen?" fragte Frank und strich ihr sanft über die Haare.

„Ich habe eine Stimme gehört", sagte Anna ängstlich. „Sie war in meinem Kopf. Sie sagte mir: Er wird dein sein, wenn du die Prüfungen bestehst. Ich wollte wissen, welche Prüfungen das sein sollten, bekam aber keine Antwort. Nur ein Bild habe ich gesehen, ein trauriges Blid... ich kann es immer noch sehen..."

„Was war das?"

„Ich habe mich selbst gesehen", erwiderte Anna, während der Traum sie wieder in seinen Bann zog. „Ich habe geweint… so bitterlich… so untröstlich geweint, daß ich Angst bekommen habe, daß etwas Schreckliches geschehen war… Gleich danach wachte ich auf, und es war alles vorbei."

Einige Zeit schwieg Anna in sich versunken, dann blickte sie zu ihm auf.

„Was könnte das bedeuten?" fragte sie besorgt.

„Das weiß ich nicht", entgegnete Frank. „Man kann es nur ahnen. Erst später werden wir das erfahren."

„Egal, was daß sein sollte!" sagte Anna. „Ich will mein Leben lang dein sein. Solange ich lebe, werde ich dir treu bleiben."

„Ich bin auch dein!" erwiderte Frank, beglückt über ihren Treuschwur. „Und ich werde dein sein, solange du mich liebst und an deiner Seite haben willst."

Frank hob ihre Hände wieder an, legte sie zusammen und küßte sie.

„Ich bin so glücklich, daß ich Angst habe weiterzuleben", sagte Anna. „Am besten würde ich dich jetzt umarmen und zusammen mit dir diese Welt für immer verlassen."

„Warum verlassen?" flüsterte Frank ihr lächelnd zu.

„Meine Oma hat mir einmal gesagt, daß diese Welt ungereicht ist. Sie verschlingt die Besten! Wenn ein Krieg kommt oder ein anderes Unglück, so stehen die edelsten Menschen an der vordersten Front und versuchen das, was ihnen heilig ist, mit ihrem Leben zu schützen, während sich das niederträchtige Gesindel hinter ihrem Rücken versteckt." Anna verstummte für einige Zeit, dann sagte sie: „Ich habe Angst, daß sie dir etwas antun… daß ich dich irgendwann verliere!"

Dabei umarmte sie den Jungen so fest, als ob sie ihn tatsächlich jeden Augenblick verlieren könnte.

„Es gibt keinen Grund für solche Gedanken", sagte Frank beruhiged. „Wer will mir schon was Schlimmes tun?"

„Trotzdem habe ich Angst", erwiderte Anna, schmiegte sich noch enger an ihren Geliebten und schlug die Augen nieder.

Einige Minuten standen sie vor dem Schloßgraben und schwiegen, dann nahm er ihr Gesicht zwischen die Hände und küßte sie wieder auf den Mund.

„Ich liebe dich", flüsterte er und tauchte seinen Blick in ihre Augen.

Bald wollte er nur noch schauen und schauen in diese himmelblauen, von langen Wimpern überschatteten Augen…

Frank hatte keine Ahnung, wie lange sie schon am Schloßgraben standen, noch weniger konnte er wissen, wie lange sie noch so gestanden hätten, wenn nicht etwas Seltsames geschehen wäre.

Ganz unerwartet tauchte neben ihnen ein kleiner Mann auf. Er war kaum vierzig, trug gewöhnliche Kleidung und hatte kurze Haare, die seine leicht abstehenden Ohren noch größer machten. Sein schmales Gesicht strahlte vor Freude.

„Endlich habe ich Sie gefunden!“ sagte er erleichtert. „Wir haben die ganze Stadt nach Ihnen abgesucht. Sogar im Schloßmuseum waren wir heute!“

Der Unbekannte trat näher und reichte Anna seine gepflegte Hand.

„Berkowski“, sagte er schnell und schaute ihr tief in die Augen.

Sein Blick war offen und arglos.

„Anna“, sagte das Mädchen verwundert und erwiderte sein warmes Lächeln.

„Das weiß ich inzwischen“, gab der kleine Mann zu, begann unbekümmert zu lachen, brach es aber wieder ab und räusperte sich. „Entschuldigung! Ich hätte es Ihnen sagen sollen. Ich habe Sie schon mal gesehen...“

„Sie haben mich schon gesehen?“ fragte Anna überrascht, während Berkowski ihre Hand nach wie vor in seiner hielt.

„Ja“, sagte der Mann verlegen und wandte seinen Blick zur Seite, wie jemand, der unverhofft etwas verraten hatte, zu lügen aber nicht fähig war. Bald blickte er wieder auf. „Sie waren aber sehr aufgeregt. Ich nehme an, daß etwas Schlimmes geschehen war... Dann kam auch Frank dazu...“ Er verhaspelte sich und kam durcheinander. „Ach, was rede ich da! Ich wollte Ihnen etwas ganz anderes sagen! Ich habe Sie damals nur aus der Ferne gesehen! Jetzt aber, wo ich vor Ihnen stehe, bin ich einfach überwältigt... Sie sehen bezaubernd aus!“

Anna mußte lachen, als sie sein Gesicht sah. Selten hatte sie Menschen erlebt, die so harmlos und ehrlich einfach so daherredeten, was ihnen gerade in den Sinn kam.

„Danke, Herr Berkowski!“ sagte sie gutgelaunt, während der Mann bei diesen Worten sein Gesicht verzog, als ob ihn etwas quälen würde.

„Ich weiß, daß es unüblich ist, aber wenn Sie mir einen Gefallen tun könnten...“, sagte er wie immer schnell und etwas verworren. „Wenn ich dieses schreckliche *Herr Berkowski* höre, fühle ich mich, als ob ich etwas Schlimmes getan hätte und nun vor einem Richter stehen würde...

Meinetwegen können Sie mich weiterhin siezen! Aber es wäre sehr lieb von Ihnen, wenn Sie zu mir einfach Robert sagen."

Als Anna seine schuldlosen Augen sah, die um eine bejahende Antwort flehten, ging sie auf sein Angebot sofort ein.

„Gut, Robert!" sagte sie lachend, worauf Berkowski ihre Hand noch kräftiger schüttelte.

Nun wandte er sich an ihren Begleiter.

„Von Ihnen habe ich auch schon eine Menge gehört!" sagte er etwas feierlich, reichte Frank die Hand und betrachtete sein Gesicht so lange und ehrfürchtig, als wäre er unverhofft einem weltbekannten Star begegnet. „Sie sehen genauso aus, wie man Sie mir beschrieben hat!"

„Ich hoffe, die Beschreibung fiel nicht allzu ungünstig aus?" fragte der Junge und mußte ebenfalls lachen, als er sah, mit welcher Neugier der seltsame Mann ihn betrachtete.

„So würden die meisten Menschen aussehen wollen", sagte Berkowski mit entwaffnender Direktheit. „Sie könnten Schauspieler werden! Diese Augen!" rief er aus und schüttelte tief beeindruckt den Kopf. „Ich will Ihnen nicht schmeicheln, ich rede jetzt als Profi!" Er wandte sich wieder an Anna. „Sagen Sie mir doch ehrlich, wer noch auf dieser sündigen Welt diese strahlenden Augen hat?"

Das Mädchen schwieg, doch ihr glückliches Gesicht verriet die Antwort.

„Ach ja!" sagte Berkowski und klopfte sich beherzt auf die Stirn. „Wen frage ich denn! Sie sind befangen!"

Anna konnte ihm gar nicht böse sein, auch wenn er so unvorsichtig von ihren intimsten Gefühlen sprach. So harmlos wirkte der kleine Mann!

„Ich kenne nur einen einzigen, der solche Augen hatte!" setzte Berkowski sachkundig fort. „Haben sie Jesus von Nazareth von Ziffirelli gesehen? Der Junge, der den kleinen Jesus gespielt hat... nur er hatte einen solchen umwerfenden Blick! Das grenzt schon fast an Magie!" Berkowski schaute mal Frank, mal Anna an, dann begann er wieder zu sprechen. „Ihr werdet mir natürlich nicht glauben, wie froh ich darüber bin... daß ihr euch gefunden habt." sagte er mit warmer Stimme. „Ich habe euch beobachtet... Es ist natürlich nicht schön, heimlich den Menschen zuzusehen, aber... als ich euch so schön hier vor diesem Schloß stehen sah... Ich habe ein paar Fotos gemacht..." Er schaute schuldbewußt zu Anna auf. „Darf ich sie behalten?"

Seine Worte trafen Anna mitten ins Herz und erinnerten sie so urplötzlich an das unverschämte Glück, das ihr zuteil wurde.

„Natürlich“, sagte sie leise, ergriff die Hand ihres Geliebten und drückte sie fest zusammen.

Das Gesicht des Mannes erstrahlte vor Freude.

„Danke!“ wiederholte er einige Male, innerlich aufgewühlt von der eigenen Erzählung.

Er begann wieder zu plaudern, erzählte ihnen ein paar lustige Geschichten aus seinem Leben und sparte dabei nicht mit intimen Details, die man sonst nur seinen besten Freunden anvertrauen würde.

„Ach ja!“ sagte er zum Schluß und seufzte schwer. „Ich war schon immer ein Tölpel. Damit habe ich mir eine Menge Ärger eingehandelt.“

Er verstummte und starrte nachdenklich vor sich hin, während sich in Annas Herzen ein warmes Gefühl regte, eine Mischung aus Zärtlichkeit und Mitleid mit dem kleinen Mann. Als die Pause aber länger wurde, ergriff Frank die günstige Gelegenheit, um sich nach dem Grund ihrer Begegnung zu erkundigen.

„Warum haben Sie nach mir gesucht?“ fragte er unvermittelt und riß Berkowski mit seiner Frage aus seiner Nachdenklichkeit.

„Wie?“ stieß dieser irritiert aus. „Mein Kollege hat mir gesagt, daß er mit Ihnen schon alles abgesprochen hat! Heute nachmittag… um sechzehn Uhr am Brunnenplatz…“

Etwas verwirrt schaute er direkt ins Gesicht seines jungen Gesprächspartners.

„Aber ich habe ihm doch gesagt, daß ich es mir gern noch einmal überlegen würde“, erwiderte Frank nicht weniger irritiert.

„Offensichtlich war es ein Mißverständnis“, sagte Berowski erschrokken. „Da Sie sich nicht mehr gemeldet haben, bin ich davon ausgegangen, daß Sie seinem Vorschlag zugestimmt haben… Wir hätten Sie gern zuvor angerufen, doch Sie haben ihm leider Ihre Handy-Nummer nicht gegeben.“

Eine unangenehme Pause trat ein.

„Sie machen mir Angst“, sagte der kleine Mann. „Ich habe mein ganzes Team mitgebracht!“

Er zeigte in Richtung des großen fensterlosen Busses, der fünfzig Meter weiter im Schatten der Kaiserlinden parkte. Frank wurde unschlüssig. Der kleine Mann wartete auf eine Antwort und an seinen unruhigen Augen konnte er deutlich erkennen, wie enttäuscht er von einem Nein sein würde.

„Wir haben aber von Dr. Oldenburg ein striktes Redeverbot bekommen!“ ermahnte ihn Anna, doch der kleine Mann fiel ihr ungeduldig ins Wort.

„Wer ist dieser Dr. Oldenburg?" fragte er besorgt.

„Unser Schulleiter", erklärte Anna, womit sie den kleinen Mann ganz durcheinander brachte.

„Er kann doch unmöglich einem Menschen ein Redeverbot erteilen!" rief er erstaunt aus. „Wir sind doch nicht in Nordkorea! Wenn überhaupt, dann kann er vielleicht auf seinem Gymnasium solche Verbote erteilen, doch außerhalb der Schule sind Sie genauso frei wie ich. Nicht wahr?"

Der Hinweis auf die Freiheit zeigte Wirkung. Frank konnte es unmöglich verneinen, denn genau das entsprach auch seiner eigenen Überzeugung. Nur Anna leistete noch Widerstand.

„Wieso wollen Sie überhaupt mit ihm sprechen?" fragte sie etwas mißtrauisch.

Der kleine Mann war sichtlich erfreut über diese Frage.

„Wir haben erfahren, daß auf dem Kant-Gymnasium unbescholtene Schüler wegen bloßer Meinungsäußerungen regelrecht bedrängt und bedroht werden. Während einer Diskussion in der Aula wurden sie sogar tätlich angegriffen! Wenn das nicht Grund genug ist, um die Öffentlichkeit über diese Mißstände zu informieren!"

Die Erklärung gefiel Anna, doch gleichzeitig bedrängte sie ein unangenehmes Gefühl, daß die Sache selbst gefährlich sein könnte.

„Wo kommen wir denn hin, wenn wir alle so tun, als ob nichts Schlimmes geschehen wäre? Die Freiheit ist ein allzu kostbares Gut und muß jeden Tag verteidigt werden! Nicht wahr?"

Anna starrte auf den Boden, nickte aber zustimmend und widersprach nicht mehr. Auch Frank war damit einverstanden.

„Soll ich Ihnen meine ehrliche Meinung sagen?" fragte Berkowski mit bestechender Offenheit und zeigte in Richtung einer Gruppe fröhlicher Kurgäste, die mit Stöcken in der Hand am Kriegerdenkmal vorbeigingen."Wenn wir diesen Menschen nicht die Wahrheit über den Krieg erzählen, werden sie niemals erfahren, wie es wirklich gewesen ist! Wissen Sie... so viele Menschen reden von der Freiheit und Wahrheit... wenn es aber dann wirklich darum geht, sie zu verteidigen... dann hat jeder seine Gründe..." Ein schmerzhafter Krampf durchzuckte sein Gesicht. „Wir alle müssen Opfer bringen..." Verzweifelt blickte er direkt in Annas Augen. „Glauben Sie wirklich, daß ich nach der Ausstrahlung dieser Sendung ungeschoren davon komme?"

Der unterschwellige Vorwurf, der in seinen Worten lag, traf Anna mit solcher Wucht, daß sie beschämt die Augen niederschlug.

„Sie haben Recht“, sagte Frank mit wiedererstarkter Stimme, womit er dem kleinen Mann eine große Freunde bereitete.

Sein Gesicht blühte wieder auf.

„Jetzt glaube ich das!“ rief er euphorisch aus. „Sie sind in der Tat genau so, wie man Sie mir allseits beschrieben hat!“

Frank wurde verlegen, doch Anna freute sich über diese Worte und blickte stolz zu ihm auf.

„Sie brauchen keine Angst haben!“ sagte Berkowski. „Wir werden nach dem Gespräch sowieso alles noch einmal in Ruh gemeinsam prüfen. Wenn Ihnen etwas nicht gefällt… was soll’s… dann schneiden wir es halt weg!“

Frank wollte sich danach erkundigen, wie es nun weiter gehen sollte, doch der Journalist kam seiner Frage zuvor.

„Wir haben schon alles vorbereitet!“ sagte er etwas hektisch, schaute flüchtig auf seine Armbanduhr und alle drei gingen zu einem naheliegenden Hotel, wo das fleißige Fernsehteam in einem Konferenzraum vorsorglich ein Aufnahmestudio eingerichtet hatte.

Krieg und Frieden

Eine seltsam fröhliche Stimmung erfaßte Chrissi und Tolik, als sie unbekümmert plaudernd in die Stadtmitte gingen. Zufrieden schauten sie ihre schwarze Kleidung an, die so angenehm am Körper saß, wie es neue Sachen gewöhnlich tun. Sie lächelten einander zu und waren stolz und glücklich. Als sie an einem überschatteten Schaufenster vorbeigingen, sahen sie darin ihr Spiegelbild. Die Freunde blieben stehen. Ohne es abzusprechen, traten sie näher heran und verfielen erneut in stille Begeisterung.

Zwei gut gebaute Jungen standen dicht nebeneinander. Auf wundersame Weise machte die schicke Kluft aus ihnen zwei verwandte Wesen. Nicht nur äußerlich, auch sonst fühlten sie sich jetzt viel näher. Etwas Neues erhob sich aus der Tiefe ihrer Seelen. Es war etwas Atemberaubendes, Berauschendes!

Chrissi blickte in die glänzenden Augen seines Freundes und erkannte, daß auch dieser das Gleiche empfand. Sprachlos standen die Jungen vor ihrem eigenen Spiegelbild, als wäre ein mächtiger Zauber über sie hinweggegangen. Zum ersten Mal dachte Chrissi daran, daß er für seinen Freund vielleicht sogar sein Leben geben würde, so unmittelbar fühlte er seine Gegenwart, so wichtig war er jetzt für ihn geworden. Als wäre alles, was sie bis dahin noch getrennt hatte, hinter diesem weichen schwarzen Stoff zurückgeblieben und hätte an Bedeutung verloren. Eine schmerzlich süße Zärtlichkeit überwältigte Chrissi beim Anblick seines ernst dreinblickenden Freundes, als wäre dies der letzte Augenblick, bevor er ihn mit dem eigenen Leben vor feindlichen Kugeln rettete…

Sie gingen weiter, doch das atemberaubende Gefühl wirkte noch eine Weile nach und weckte bei Chrissi seltsame Gedanken, die ihn früher noch nie beschäftigt hatten.

Eine Viertelstunde später saßen sie in einem Schnellimbiß und verdrückten ihre Bratwürstchen.

„Mann, bin ich satt geworden!“ sagte Tolik vergnügt und atmete langsam durch. „Nach dem Essen fühle ich mich wie besoffen. Am liebsten würde ich mich gleich auf diese Bank hinlegen und ein paar Stunden schlafen.“

Chrissi vertrat aber eine andere Meinung. Er war ganz aufgedreht, schwärmte von Joe und dessen abwechslungsreicher Tätigkeit.

„Dafür kriegen sie noch einen Haufen Geld! Kannst du dir vorstellen, was die jeden Monat kassieren?“

Tolik zuckte gleichgültig mit den Schultern, was Chrissi als eine förmliche Herausforderung empfand. Es dauerte nicht lange, bis er sich zu der dreisten Behauptung verstieg, auch er würde nach einer kurzen Einarbeitung ein Fernsehjournalist werden können.

„Das ist doch gar nicht so schwer!" versicherte er mit vollem Ernst, während Tolik ihm mit äußerst skeptischem Gesichtsausdruck zuhörte.

Nun brachte sein Geltungsdrang ihn an einen Punkt, wo es für ihn nicht mehr möglich war, so lange vor seinem Freund ein Geheimnis zu hüten. Chrissi stützte sich auf die Ellenbogen und lehnte sich über den Tisch zu ihm hinüber.

„Joe hat mir was angeboten", sagte er mit rätselhafter Stimme. „Etwas ganz Tolles!"

Tolik war seiner haltlosen Prahlerei schon längst überdrüssig geworden, seufzte schwer und erhob sich.

„Komm, gehen wir lieber raus!" sagte er ernst.

Als sie aber draußen waren und vor einem Waffengeschäft stehenblieben, setzte Chrissi seine Erzählung fort.

„Er will an einem Strand mit mir Spots drehen", sagte er stolz. „Für eine Werbeagentur! Er hat dort einige Freunde, die so was brauchen."

„Wo gibt's denn hier Strände?" fragte Tolik und lachte sarkastisch auf, ohne ihn anzusehen. „Oder will er mit dir in die Karibik fliegen?"

„Weiß ich nicht", erwiderte Chrissi unschlüssig. „Ist doch egal, wo das ist! Wichtig ist, daß die Kohle stimmt! Wenn heute alles gut läuft, dann hat jeder von uns wieder hundert Euro in der Tasche."

Tolik schwieg und schaute ihn seltsam an.

„Wenn ich dich nicht überredet hätte, würden wir jetzt irgendwo da draußen herumsitzen", sagte Chrissi mit leichtem Vorwurf.

„Vielleicht wär's tausendmal besser", warf ihm Tolik verärgert zurück, wandte sich von ihm ab und starrte finster zur Seite.

„Was ist jetzt mit dir wieder los?" fragte Chrissi verdutzt.

Tolik warf seinen Papierbecher in den Mülleimer und drehte sich ruckartig zu seinem Freund um.

„Er hat deine Beine angefaßt, als ob du ein Mädel wärest!" rief er ihm atemlos zu. „Du hättest sein Gesicht sehen sollen!"

Chrissi erstarrte vor Überraschung.

„Gar nicht", wehrte er sich verlegen. „So war das nicht…"

„Lüg doch nicht! Er hat dir zwischen die Beine gegriffen!"

Chrissi wurde dunkelrot vor Scham und wagte nicht, zu seinem schnaubenden Freund aufzublicken. Tolik kochte vor Zorn. Er sah sich um und entdeckte ganz in der Nähe zwei schlampige Chaoten, die mit Bierflaschen in der Hand auf dem Boden saßen. Sie tuschelten halblaut miteinander und bedachten die beiden Jungen mit mißtrauischen Blicken.

„Was glotzt ihr mich so blöd an, ihr Affen?!“ fauchte Tolik sie wütend an, ballte seine starke Hand zu einer Faust, und machte einen entschlossenen Schritt in ihre Richtung.

Die beiden sprangen auf die Beine und beeilten sich wegzukommen.

„Was ist mit dir los?“ fragte Chrissi erschrocken. „Wir sind doch nicht vor der Kamera! Wenn die Bullen sehen, wie du hier herumschreist, dazu noch in diesen Klamotten, dann kriegen wir garantiert Ärger!“

„Das war übrigens deine Idee!“ warf Tolik ihm grimmig zurück. „Ich kann mir vorstellen, was passiert, wenn mein Vater erfahren würde, was wir mit diesen Fernsehtypen alles tun. Das ist viel schlimmer als Bullen!“

Tolik sah gereizt und gewaltbereit aus, was Chrissi sichtlich verunsicherte. Er starrte ihn betroffen an und wagte es nicht zu widersprechen.

„Komm jetzt!“ herrschte Tolik ihn an und ging mit hastigen Schritten voraus.

Chrissi trottete hinterher und war bemüht, seinen Freund milder zu stimmen.

„Was hat dich bloß gestochen?“ fragte er durchaus freundlich.

Doch Tolik drehte sich abrupt um, packte Chrissi mit beiden Händen an seinem neuen Hemd und schüttelte ihn kräftig durch, ohne auf die wenigen Passanten zu achten.

„Bist du eine Schwuchtel?!“ schrie Tolik ihn vorwurfsvoll an.

„Gar nicht“, stammelte Chrissi entsetzt. „Was redest du da…“

Tolik schaute einige Sekunden lang in seine schuldlos blinzelnden Augen, dann ließ er ihn wieder los. Als sie einander noch stumm anstarrten, änderte sich das Gesicht von Chrissi.

„Gib mir meinen Ring zurück“, sagte er gekränkt, während sich seine Augen mit Tränen füllten.

„Erst gibst du mir meinen Fünfziger zurück“, erwiderte Tolik und lachte dabei kalt auf.

Chrissi holte aus der Hosentasche zerknitterte Geldscheine hervor und reichte ihm das Geld schweigend hin. Tolik gab ihm den Ring zurück, drehte sich um und ging davon.

Bereits nach wenigen Minuten wurde Tolik langsamer, dann blieb er stehen und schaute zurück. Chrissi, der in einigem Abstand hinterherging, blieb ebenfalls stehen und starrte ihn aus den Ecken seiner hellen Augen unversöhnlich an.

Tolik wartete einige Sekunden lang, doch sein Freund rührte sich nicht von der Stelle. An der nächsten Hausecke drehte Tolik sich wieder um und ging direkt auf Chrissi zu.

„Tut mir leid", sagte er schuldbewußt, ohne Chrissi anzusehen.

Nun gingen sie nebeneinander her und schwiegen. Nach und nach hellte sich die Stimmung wieder auf. Bald plapperte Chrissi genauso unbekümmert wie vorher.

Plötzlich blieb Chrissi stehen. Ohne ein einziges Wort zu sagen, holte er den goldenen Ring hervor und bewunderte ihn von allen Seiten. Auf dessen weinrotem Kopf glänzte ein geheimnisvolles Symol: Winkelmaß und Zirkel, die kunstvoll ineinander verschränkt waren. Was könnte das bedeuten? dachte Chrissi spontan, vergaß aber seine eigene Frage im nächsten Augenblick wieder und reichte den Ring seinem Freund hin.

„Tu das nicht!" sagte Tolik und gab ihm die fünzig Euro zurück.

„Was?" fragte Chrissi, als wüßte er nicht, was er damit gemeint hatte.

„Das mit den Strandaufnahmen", erklärte Tolik. „Macht es dir etwa gar nichts aus, daß die ganze Welt dich nackt sehen würde? Wenn du einmal Kinder hast, was wirst du ihnen sagen, warum du ohne Hose vor der Kamera getanzt hast. Oder willst du vielleicht ein Pornostar werden?"

„Hör auf!" protestierte Chrissi und war schon wieder dabei, sich zu beleidigen.

Tolik packte ihn aber an den Schultern mit solcher Kraft, daß es ihm der Atem verschlug.

„Dann sag es ab!" forderte Tolik, während er aus nächster Nähe in seine verängstigten Augen starrte. „Heute noch!"

Chrissi leistete keinen Widerstand gegen diesen erneuten Gewaltausbruch und konnte seinem Freund deswegen gar nicht böse sein, denn er sah und fühlte, daß er es gut mit ihm meinte.

„Das wollte ich sowieso machen", log Chrissi.

„Versprich mir das!" forderte Tolik mit Nachdruck, bemühte sich aber, seine Stimme so weich wie möglich klingen zu lassen.

„Klar", bestätigte Chrissi, auf den Boden starrend.

Ein großer Schauspieler

Chrissi glaubte von sich selbst, daß er einiges im Leben ertragen könne, doch das Warten fiel ihm unheimlich schwer. Es bereitete ihm seelische Schmerzen und trieb ihn oft genug sogar in pure Verzweiflung. Während Tolik ruhig auf einer leeren Sprudelkiste saß und mit gleichgültigem Gesichtsausdruck das merkwürdige Verhalten seines Freundes beobachtete, maß Chrissi die Breite des großen Parkplatzes vor dem leerstehenden Kaufhausgebäude ab, indem er seine Schritte zählte. Da er aber für die Sache selbst keine echte Begeisterung aufbringen konnte, blieb er einige Male stehen, ohne zu wissen, ob er den letzten Schritt bereits mitgezählt hatte oder nicht.

„Oh Mann!“ stöhnte Chrissi auf und ballte ohnmächtig die Fäuste.

„Zähl doch laut!“ schlug Tolik vor, unbeeindruckt von dem Wutausbruch seines Freundes. „Dann kann ich dir sagen, ob's richtig war!“

Doch Chrissi ließ sich nicht so leicht beruhigen.

„Wo sind sie denn?!“ rief er zurück, als wäre Tolik persönlich schuld gewesen, daß Joe mit seinen Leuten so lange weg war.

Chrissi begann zu schimpfen, erstarrte aber mitten im Satz. Das vertraute Brummen schwer beladener Fahrzeuge erreichte seine scharfen Ohren. Bald fuhr der fensterlose Bus, begleitet von einem langen Sattelzug, auf den leeren Parkplatz.

Das Auftauchen der beiden Fahrzeuge verwandelte den Jungen. Der Bus war noch nicht zum Stehen gekommen, doch vor seinen glänzenden Augen konnte Chrissi bereits sehen, wie die öde Asphaltwüste um ihn herum in einer halben Stunde aussehen würde: grelle Scheinwerfer, besorgte Kameraleute und selbst die einfachen Kabel, die sich in heillosem Durcheinander auf dem Boden schlängelten… all das weckte in ihm ein Glücksgefühl, das er kaum noch ertragen konnte.

Bald tauchte auf dem Parkplatz auch der kleine VW-Bus auf, mit dem die Jungen hierher gekommen waren. Auf dem Beifahrersitz saß Joe und erzählte seinem schwerfälligen Assistenten etwas Lustiges.

„Wo bleibt ihr denn?“ rief Chrssi ihm vorwurfsvoll zu, konnte aber seine Freude über deren Kommen nicht verbergen.

„Es ging nicht anders, Kleiner“, erwiderte Joe gut gelaunt und verstrubbelte ihm die Stirnlocke.

Chrissi kniff die Augen fest zu und blieb einige Sekunden lang regungslos mitten auf dem Parkplatz stehen. Hätte jemand ihn in diesem Augenblick gefragt, was er noch mehr liebte, als so im gleißenden Licht der Scheinwerfer zu stehen und eine ganz andere, fremde Gestalt anzunehmen, hätte er gewiß sehr lange überlegen müssen, so faszinierend war das alles! Auch früher hatte er sich in die Hauptrollen berühmter Spielfilme so tief hineingeträmt, daß er manchmal nicht mehr gewußt hatte, wo seine Traumwelt endete. Doch das, was er jetzt machte, wo er wie ein echter Schauspieler mit seinen Rollen nicht nur im Geiste so ganz und gar verschmelzen durfte, war etwas ganz Anderes...

Inzwischen füllte sich der Parkplatz mit Leben. Kräftige Männer luden aus dem LKW eiserne Schienen für den Kamerawagen aus, während die anderen mit Scheinwerfern oder dem Verlegen der Kabel beschäftigt waren.

Chrissi schaute ihnen wißbegierig zu, stellte andauernd Fragen und wunderte sich heimlich, daß niemand ihn verscheuchte oder ihm auf andere Weise zu verstehen gab, daß sie seiner lästigen Fragerei schon lange überdrüssig seien.

Bald tauchte neben ihm Joe auf und musterte ihn von Kopf bis Fuß mit einem prüfenden Blick. Auch Chrissi blickte sofort seinen Körper hinab. Seine neue Kleidung saß wie angegossen an seinem schlanken Körper.

„Mensch! Siehst du toll aus!“ sagte Joe anerkennend, legte ihm die Hand um die Schulter und zog ihn zur Seite. „Hör zu! Wir werden jetzt eine neue Szene drehen. Hier in der Nähe hat ein vierzehnjähriger Nazi-Bengel versucht, eine Geschäftsstelle der Grünen anzuzünden.“

„Ich bin aber schon sechzehn“, log Chrissi ohne mit der Wimper zu zucken.

„Du siehst aber jünger aus“, entgegnete Joe mit gewohnter Sachlichkeit und bereute es bereits im nächsten Augenblick.

Das Gesicht des Jungen veränderte sich. Die hellen Augen schauten ihn mißgesimmt an. Nicht, daß Chrissi damit ein Problem hätte, er befürchtete aber, daß Joe ihn durchschauen könnte. Wird er mir überhaupt so viel zahlen wollen, wenn er einmal weiß, welchen Spaß ich an der Sache habe? dachte Chrissi bei sich und zog dabei einen Schmollmund.

„Ich meinte, wir könnten dich viel jünger aussehen lassen“, fügte Joe hinzu und setzte seine Ausführungen fort. „Du läßt deine Nazi-Kleidung an, damit es authentischer wirkt.“

„Woher weißt du, welche Klamotten er anhatte?“ fragte Chrissi neugierig. „Hat man ihn dabei erwischt?“

„Das spielt doch keine Rolle!“ erwiderte Joe. „Es muß wirken!“

„Und das zeigt ihr dann den Deppen in der Glotze?“ fragte Chrissi und lachte hämisch auf.

„Was hast du dir denn gedacht? Meinst du, wir haben Zeit, wochenlang auf der Lauer zu liegen, um die Nazis bei ihren Untaten zu drehen? Wir arbeiten wie alle anderen mit nachgestellten Szenen.“

Die Erklärung überzeugte Chrissi nicht. Er schwieg, doch seine Meinung darüber stand ihm ins Gesicht geschrieben.

„Heißt das etwa, du willst nicht mitmachen?“ fragte der Bärtige ernst.

„Mir ist es egal“, erwiderte Chrissi lässig. „Fürs Geld mache ich alles mit.“

„Wirklich alles?“ setzte Joe nach.

„Fast alles“, berichtigte Chrissi seine voreiligen Worte. „Wenn du mir natürlich sagst, ich soll aus dem Fenster springen, dann tu ich das nicht. Wozu brauche ich dein Geld, wenn ich danach ein Krüppel bin oder sogar tot?“

Joe kam näher, legte seine riesige Hand auf die Schulter des Jungen und schaute ihm tief in die Augen.

„Und alles andere?“ fragte er rätselhaft.

„Was meist du jetzt ganz genau?“ fragte Chrissi mißtrauisch, bekam aber keine Antwort.

Statt dessen verwuschelte Joe wieder seine blonden Haare.

„Und schon siehst du viel jünger aus“, sagte er zufrieden. „Komm! Wir haben noch eine Menge Arbeit vor uns.“

Das Verhalten des bärtigen Journalisten erinnerte Chrissi an den peinlichen Vorfall mit der Hose, und die wunderbare Stimmung, die ihn beim Eintreffen des Fernsehteams erfaßt hatte, verflüchtigte sich immer schneller. Hoffentlich hat Tolik es nicht gesehen, dachte Chrissi und schaute sich verstohlen um.

Joe führte ihn vor den fensterlosen Bus und wies ihn auf einen lederbezogenen Hocker.

„Solange die Assistenten mit deinem Freund arbeiten, können wir dich schon für die nächste Aufnahme vorbereiten.“

Eine junge Frau trat dicht an Chrissi heran. Sie nahm sein Gesicht zwischen ihre weichen Hände, drehte es gegen das Scheinwerferlicht und betrachtete es aufmerksam. Dabei strich sie mit den beiden Daumen entlang seiner hellen Augenbrauen.

„Keine Angst“, sagte sie, ohne ihre Beschäftigung zu unterbrechen. „Ich muß nur etwas korrigieren.“

Sie nahm ein kleines Pinselchen, tunkte es in ein schwarzes Fläschchen und begann, damit seine Wimpern zu färben.

„Was machst du da?“ fragte Chrissi überrascht. „Ich bin doch keine Frau!“

„Noch nicht“, sagte Joe wie nebenbei. „Heute wirst du einen Jungen spielen.“

Seine flüchtige Bemerkung rief allgemeine Heiterkeit hervor.

Chrissi schwieg. Während sie noch lachten, verdüsterte sich sein Gesicht. Die Augen, eben noch mit dem Ausdruck innerer Unruhe, schauten Joe unversöhnlich an.

„Ist schon gut“, sagte dieser friedfertig und legte ihm die Hand beruhigend auf die Schulter. „Deine Wimpern sind zu hell. Bei dieser Beleuchtung wird man sie kaum sehen.“

Chrissi sprang mit einem Satz auf die Beine.

„Ich kann mir vorstellen, wie ich aussehen werde!“ warf er ihm beleidigt zurück und ging mit hastigen Schritten weg.

„Auf der Leinwand wird es ganz anders aussehen“, rief Joe ihm hinterher, doch Chrissi achtete nicht mehr auf seine Worte und verschwand im nächsten Augenblick hinter dem fensterlosen Bus.

Vor hilfloser Wut stiegen Chrissi die Tränen hoch. Er schaute sich schnaubend um, als würde er etwas suchen, dann trat er gegen den wuchtigen Reifen des Busses. Ein stechender Schmerz zwang Chrissi auf den Boden. Er faßte sich am Fuß, presste die Zähne fest zusammen, konnte aber das Aufstöhnen nicht unterdrücken…

Joe gab seinen Mitarbeitern einige Anweisungen und ging ebenfalls hinter den Bus. Chrissi saß an den schwarzen Reifen gelehnt auf dem Boden und starrte düster vor sich hin.

„Was hat dich gestochen?“ fragte Joe durchaus freundlich, doch der Junge sprang auf die Beine und fiel ihm sofort ins Wort.

„Übrigens wollte ich dir was sagen!“ warf er ihm widerspenstig ins Gesicht. „Ich will keine Aufnahmen am Strand!“

„Kein Problem“, erwiderte Joe unbeeindruckt. „Diesen Gedanken habe ich ohnehin schon fallen gelassen.“

Joe wollte näher kommen, doch Chrissi wich sofort vor ihm zurück.

„Ich meine es ernst“, beteuerte der Bärtige. „Für billige Versandhäuser Werbung zu machen, ist nicht schwer. Du bist zu etwas Höherem fähig.“

Chrissi starrte ihn mißtrauisch an und glich einer uneinnehmbaren Festung.

„Willst du es mit deinen eigenen Augen sehen?“ fragte Joe.

Chrissi blieb stumm, doch die Verbissenheit in seinem Gesicht schwächte sich nach diesen Worten bedeutend ab.

„Komm! Ich zeig’s dir!“ sagte Joe mit rätselhafter Stimme.

Chrissi gab keine Antwort, ging ihm aber in einigem Abstand hinterher. Nun zeigte Joe auf die geöffnete Tür des fensterlosen Busses, die bis dahin für die beiden Jungen ein striktes Tabu gewesen war. Chrissi ließ sich nicht zweimal bitten und nahm dessen Vorschlag sofort an. Schon lange hatte er nach einer günstigen Gelegenheit gesucht, einen Blick in das geheimnisvolle Innere des fahrenden Monsters zu werfen. Er ging hinein und blieb im schmalen Gang fasziniert stehen.

Was Chrissi dort sah, erinnerte ihn an einen Wagen des ICE-Zuges. Zu seiner Linken waren mehrere Abteile, deren Abtrennungen durchsichtig waren, sodaß er auch bei geschlossenen Türen mühelos alles sehen konnte. Er ging noch einige Schritte weiter. Um ihn herum blinkten und rauschten rätselhafte Geräte, die mit einem weitverzweigten Kabelnetz miteinander verbunden waren. Inmitten dieses elektronischen Chaos saßen zwei Mitarbeiter mit Kopfhörern und starrten angestrengt auf ihre Monitore. Darüber hingen noch andere Bildschirme, ganz große, auf denen Chrissi sich selbst sehen konnte. Es war ein Standbild aus einer Szene, die sie am ersten Tag auf dem gleichen Parkplatz gedreht hatten. Chrissis Herz begann zu schlagen. Wie anders wirkte es auf ihn…

Während er noch das Standbild betrachtete, erklang aus den unsichtbaren Lautsprechern eine dramatische, bedrohlich anschwellende Musik.

„Gewalt auf unseren Straßen“, sagte eine tiefe Männerstimme, die Chrissi erschaudern ließ. „Nicht alle kennen ihr wahres Gesicht…“

Einer der Bildschirme erwachte zum Leben. Chrissi saß rittlings auf seinem Opfer und stemmte seine Knie auf dessen Oberarme. Nun packte er den Jungen hart an den Ohren. In den Augen des hilflosen Knaben flammte panische Angst auf. Der Mitarbeiter hielt die Aufnahme an.

„Hier setzen wir lieber die zweite Kamera ein“, rief er seinem Kollegen zu, der vor einem anderen Computer saß.

Gleich darauf wechselte das Bild zu einer Nahaufnahme. Das Gesicht des verängstigten Jungen, der flehend zu Chrissi hochschaute, nahm fast die Hälfte der Bildschirmfläche ein. Er atmete unruhig. Als Chrissi seinen Kopf anhob, stöhnte er leise auf. Nun wechselte das Bild erneut und zeigte Chrissi, der mit sadistischer Genugtuung dem Jungen tief in die Augen schaute.

„Weißt du was passiert, wenn ich jetzt deine Rübe auf den Boden knalle?“ flüsterte er seinem Opfer mit einer Stimme zu, die selbst Chrissi eine Gänsehaut über die Arme jagte.

Wieder erstarrte das Bild, während der Mann mit den Kopfhörern seinen Blick auf einen anderen Monitor richtete. Chrissi konnte sehen, wie er mit der Maus einen grünen Balken anklickte und ihn an eine andere Stelle verschob.

„Hör dir das zweite Mikro an, vielleicht kann man seinen Atem herausschälen“, rief der gleiche Mitarbeiter.

Als er sah, mit welcher Spannung Chrissi auf den Bildschirm starrte, schob er die Glastür zur Seite, nahm vom schmalen Tisch die kleineren Kopfhörer und reichte sie schweigend dem Jungen hin.

Während Chrissi noch die Kopfhörer aufsetzte, wechselte das Bild wieder. Es war die gleiche Aufnahme, die noch einmal von vorne lief. Chrissi packte den Jungen an den Ohren und starrte ihn mit sadistischem Lächeln an. Doch jetzt wirkte die gleiche Szene viel dramatischer. Der heftige Atem des Jungen überdeckte die übrigen Geräusche und machte dessen unmittelbare Todesangst beinahe physisch fühlbar.

„Reduziere das Atmo!“ hörte Chrissi den jungen Mann rufen, worauf sein Kollege auf seinem Pult langsam einige Hebel bis zum Anschlag zu sich zog.

Gleichzeitig verschwanden alle übrigen Geräusche immer weiter im Hintergrund. Der heftige Atem des Jungen drang wie aus der gespenstischen Leere des kalten Universums herüber. Chrissi glaubte, selbst das Zittern der angsterfüllten Seele seines Opfers hören zu können.

Nun kam die Aufnahme erneut an die Stelle, wo Chrissi seine Knie noch fester auf die gequetschten Oberarme des Jungen stemmte und dessen Kopf langsam anhob. Der Junge stöhnte vor Schmerz auf, sein Atem begann zu stocken, das Bild zeigte seine geweiteten Augen.

„Weißt du was passiert, wenn ich deine Rübe jetzt auf den Boden knalle?“ flüsterte Chrissi, berauscht von der Macht, die er über den hilflosen Knaben erlangt hatte.

Seine Stimme, ebenfalls verstärkt und leicht bearbeitet, erhielt einen dämonischen Klang. Gelähmt vor Angst und Schmerz hatte der Junge keine Kraft mehr zu antworten. Sein unregelmäßiger Atem wurde noch heftiger. Sein Kinn begann zu zittern. Noch einen Augenblick länger und er würde in verzweifeltes Heulen ausbrechen! Selbst Chrissi konnte sich der Macht der Bilder nicht mehr entziehen. Fasziniert verfolgte er das eigene Schauspiel. Als das Bild wieder erstarrte, empfand Chrissi ein starkes Bedürfnis, Atem zu holen. Der Mann mit den Kopfhörern drehte sich zu ihm um.

„Das war gut“, sagte er anerkennend.

Seine Stimme ließ keinen Zweifel übrig, daß er das ernst meinte. Chrissi nickte ihm dankbar zu. Er hatte Angst darüber nachzudenken, doch die schnell wachsende Gewißheit dessen, daß selbst ein weltbekannter Hollywood-Star es kaum hätte besser machen können, war nicht mehr aufzuhalten und ging über ihn wie eine riesige Welle. Zum ersten Mal in seinem Leben erkannte Chrissi, daß er etwas konnte, wozu nur wenige Menschen fähig waren…

Langsam stieg er aus dem Bus, machte einige unsichere Schritte, und blieb verstört stehen, als wüßte er nicht mehr, wo er sich gerade befände.

„Und? Hast du es gesehen?“ fragte Joe neugierig, doch Chrissi starrte an ihm vorbei, ohne seine Frage zu beantworten.

„Hörst du mir überhaupt zu?“ fragte Joe und betrachtete vergnügt sein blasses Gesicht.

„Ich kann’s noch besser“, flüsterte Chrissi wie benommen.

„Gerade das wollte ich dir beweisen“, sagte Joe eindringlich. „Wenn du aber etwas erreichen willst, mußt du brav sein wie ein Engel! Meinst du, die anderen werden mit dir so lange herumreden, wie ich es tue?“

Auf einmal wurde Chrissi klar, wie albern er sich benommen hatte und daß er dadurch vielleicht sogar diese einmalige Chance verspielen könnte. Betroffen blickte er ins Gesicht des Journalisten, und noch bevor er sich für sein Benehmen entschuldigen konnte, schubste Joe ihn zu seiner jungen Kollegin, die mit einem feinen Pinsel in der Hand geduldig auf ihn wartete.

Der Junge sank auf den Hocker und streckte ihr bereitwillig sein Gesicht hin. Sie nahm es wieder zwischen die Hände, begutachtete seine Wimpern und strich ihm langsam die Haare aus der Stirn.

„Wir werden dich nur ein wenig jünger machen“, sagte sie mütterlich mild und begann mit ihrer Arbeit.

* * *

Die Dreharbeiten dauerten bis zum späten Abend an. Chrissi fühlte sich erschöpft, als habe er den ganzen Tag schwere Säcke getragen. Joe drehte eine Szene nach der anderen und gab sich nur dann zufrieden, wenn die Jungen wirklich an ihre Grenzen gingen. Dazwischen fielen ihm neue

Ideen ein, was gravierende Änderungen des Drehbuches nach sich zog. Danach begann das Ganze von vorne.

Nun aber war es wirklich zu Ende. Die Männer trugen die Ausrüstungen zum Sattelzug und rollten die Kabel ein, während Chrissi ständig dazwischen herumlief und sie mit Fragen überhäufte. Wie müde sie auch waren, blieben sie stets stehen und gaben ihm eine Antwort. Besonders die Kameraleute waren von seinem glänzenden Schauspiel tief beeindruckt und behandelten seinen äußerst schwierigen, launenhaften Charakter mit erstaunlicher Nachsicht.

Nachdem Joe mit seinen Kollegen den morgigen Tag besprochen hatte, kam er zu den beiden Jungen, die sich bereits umgezogen hatten und mit großen Tüten neben dem fensterlosen Bus auf ihn warteten.

„Bis morgen abend habt ihr frei", sagte er schnell. „Um halb zehn seid ihr aber auf dem Spielplatz! Ich hole euch dort ab."

„Sollen wir die Nazi-Klamotten wieder mitnehmen?" fragte Chrissi.

„Nein. Morgen werden wir andere Szenen drehen", erwiderte Joe.

„Welche denn?" wollte Chrissi wissen.

„Nachtszenen mit Polizei."

„Mit Polizei?" rief Chrissi verblüfft aus.

„Wir haben einen Polizeiwagen bestellt. Morgen werden wir dich wie einen Hasen durch die Straßen jagen", erklärte Joe lachend. „Zieh lieber Turnschuhe an, damit du keine Blasen bekommst."

Als Chrissi diese Worte hörte, veränderte sich sein Gesichtsausdruck.

„Das wird dich aber teuer zu stehen kommen", sagte der Junge, während er fassungslos den Kopf schüttelte.

Er wollte anfangen zu handeln, doch Joe unterbrach ihn.

„Jetzt aber ist Schluß damit, wir müssen abhauen…"

Das Paket

Herr Weigand saß auf dem Rücksitz einer gepanzerten Limousine, während draußen die hügelige Landschaft des lieblichen Weserberglandes langsam an ihm vorüberzog. Zwei weitere Fahrzeuge begleiteten unauffällig seinen Wagen und schirmten ihn vor möglichen Angriffen ab. Gewöhnlich verzichtete er auf erhöhten Personenschutz, doch diesmal widersprach er nicht dem Chef seines Sicherheitsdienstes.

Während des langen Flugs über dem Atlantik hatte er an das merkwürdige Gespräch mit seinem Gegenspieler gedacht und um eine Lösung gerungen. Die gefährliche Spinne, nach der er so lange gesucht hatte, offenbarte sich ihm in Gestalt eines lüsternen Greises, dessen glänzende Fähigkeiten auf dem Gebiet der globalen Wirtschaft in krassem Gegensatz zu seiner mangelnden Menschenkenntnis standen. Falls Marc Waldert tatsächlich geglaubt hatte, Weigand gehöre wie er selbst zu jener verkommener Gruppe, die sich an minderjährigen Jungen verging, so war es nur ein grober Fehler. Doch wenn der greise Kinderschänder ihn mit seinem anstößigen Geschenk in eine Falle locken wollte, um ihn später erpressen zu können, dann sah die Angelegenheit ganz anders aus. Dann war es ein äußerst feindseliger Angriff, der eine gleichwertige Antwort nahezu unvermeidlich machte.

Herr Weigand gehörte aber zu jenen vorsichtigen Menschen, die in solchen Fällen stets auf Nummer „sicher“ gingen. Auch wenn er sich nach wie vor über den Vorfall Gedanken machte, wußte er, daß seine Entscheidung so gut wie getroffen war. Es wird einen erbarmungslosen Krieg geben, den er hinter dem Rücken seiner Feinde schon längst begonnen hatte. Am Ende dieser Schlacht wird nur einer überleben: er oder die Spinne…

Inzwischen näherte sich der Wagen seinem Haus. Die Straße war wie gewohnt leer. Nur einzelne Touristen in heller Freizeitkleidung standen da und dort und bewunderten schöne Häuser. Weigand wußte, daß die meisten von ihnen für seinen Sicherheitsdienst tätig waren und seit einigen Tagen rund um die Uhr alle Zufahrten zu seiner prächtigen Villa überwachten. In Kriegszeiten wie diesen herrschten naturgemäß ganz andere Vorschriften…

Der Führungswagen fuhr ohne abzubremsen weiter, während die gepanzerte Limousine mit einem weiteren Fahrzeug in der Tiefgarage des Hauses verschwanden.

„Herr Weigand!“ salutierte der Leiter des Sicherheitsdienstes, als sein Chef aus dem Wagen stieg.

Es war ein vierzigjähriger Mann, dessen messerscharfer Blick und militärisch straffe Haltung seiner leitenden Position in vollem Umfang entsprach. Herr Weigand begrüßte ihn mit einem kräftigen Handschlag und ging mit ihm sofort in den abhörsicheren Verhandlungsraum.

„Gab es etwas Verdächtiges?“ fragte Weigand, ohne lange Einleitung.

„Nein“, erwiderte der Sicherheitschef. „Nur ein einziger Vorfall, den wir stets unter Kontrolle hatten.“

Herr Weigand blickte fragend zu ihm hinüber, worauf dieser sofort zu berichten begann.

„Ihre Tochter und Frank Uffelmann befanden sich gestern gegen sechzehn Uhr am Schloßgraben. Während sie noch miteinander gesprochen haben, tauchte neben ihnen eine verdächtige Person auf, die wir später als Robert Berkowski identifizieren konnten. Er ist ein Mitarbeiter im Team des freien Journalisten Jacob Müller. Berkowski suchte Kontakt zu Frank Uffelmann und lud ihn anschließend zu einem Interview ein, das in einem Hotel geführt wurde. Bereits eine halbe Stunde früher war uns aufgefallen, daß Berkowski die Jugendlichen den ganzen Weg von der Kurhalle bis zur Schloßstraße beschattete und mehrere Aufnahmen machte. Unsere Gruppe wurde sofort verstärkt. Da keine akute Gefährdung bestand, habe ich beschlossen, von präventiven Eingriffen Abstand zu nehmen. Unsere Gruppe blieb weitgehend unauffällig.“

Als Herr Weigand von dem umtriebigen Journalisten erfuhr, der heimlich seiner Tochter gefolgt war, verdunkelte sich sein Gesicht.

„Und wenn seine Absicht eine andere wäre?“ fragte er kühl und richtete seinen eisernen Blick direkt ins Gesicht seines Gesprächspartners.

„Wir konnten in der Nähe keine Komplizen feststellen und haben unsere besten Mitarbeiter bis auf acht Meter an sie herangeschoben. Hätte er unvorsichtig in die Tasche gegriffen oder eine verdächtige Bewegung gemacht, wäre er innerhalb weniger Sekunden unschädlich gemacht worden.“

„Gut“, sagte Herr Weigand beruhigt und wandte sich einem anderen Thema zu. „Wie ist das Verhältnis meiner Tochter zu diesem Jungen? Wie weit sind sie gegangen?“

„Keine Auffälligkeiten, bis auf einen unbedeutenden Fall“, erklärte der Sicherheitschef wie immer sachlich. „Das Verhältnis sollten Sie am besten selbst beurteilen.“

Er schaltete sein Tablet ein, fand die gesuchte Aufnahme und reichte es seinem Chef. Die Überwachungskamera lieferte exzellente Bildqualität.

Frank und Anna standen am Schloßgraben und schauten aus nächster Nähe einander in die Augen. Nachdem Anna dem Jungen etwas gesagt hatte, hob er ihre Hände an und bedeckte sie mit zärtlichsten Küssen. Die anmutige Szene ließ keine Fragen mehr offen. Herr Weigand schlug die Augen für einige Sekunden nieder, dann schaute er sich die Videoaufnahme noch einmal an. Die liebevollen Blicke, mit denen die beiden einander beschenkten und die Zärtlichkeit des Jungen hinterließen einen tiefen Eindruck auf ihn. Ein warmes Gefühl regte sich in seinem Herzen und verdrängte seinen Unmut. Er spulte zurück und als die beiden wieder so liebevoll einander in die Augen blickten, hielt er die Aufnahme an.

„Schicken Sie mir dieses Bild rüber!“ sagte er seinem Sicherheitschef. „Und drucken Sie es mir bitte aus!“

„Jawohl!“ erwiderte der Mann und setzte seinen Bericht über die aktuelle Sicherheitslage fort.

Erst in einer Stunde betrat Herr Weigand sein Arbeitszimmer. Auf dem Tisch lagen wie immer Zeitungen und Briefe, die an ihn persönlich adressiert waren. Darunter ein Paket, das seine Aufmerksamkeit auf sich zog. Er nahm es in die Hand und las den Absender: Frank Uffelmann…

Herr Weigand war verwundert, eine Sendung ausgerechnet von dem Jungen erhalten zu haben, an den er in den letzten Tagen so oft gedacht hatte. Er machte sie auf und zog daraus ein frisch gebügeltes Anzughemd. Es war sorgfältig zusammengelegt und mit einem Begleitzettel versehen.

Sehr geehrter Herr Weigand,
ich bitte Sie um Entschuldigung für die entstandenen Unannehmlichkeiten. Ich habe das Hemd nur zwei Mal angezogen. Wenn es aber für Sie trotzdem eine Zumutung sein sollte, das Hemd zurückzunehmen, nachdem ich es bereits getragen habe, so bin ich natürlich bereit, dessen Preis zu erstatten. Allerdings muß ich Sie in diesem Fall um Nachsicht bitten, da ich leider nicht in der Lage bin, einen solchen Betrag sofort zu bezahlen. Ich versichere Ihnen aber, daß ich mich darum bemühen werde.
Es ist ganz allein meine Schuld. Ich hätte dieses wertvolle Geschenk nicht annehmen dürfen.
Hochachtungsvoll
Frank Uffelmann

Während Herr Weigand noch den Zettel las, verspürte er ein beklemmendes Gefühl in der Brust. Es stand außer Frage, daß in seiner Abwesenheit etwas Wichtiges und durchaus Unerfreuliches geschehen war, wovon er bis jetzt noch keine Ahnung hatte. Er ging im Zimmer auf und ab und konnte sich nicht beruhigen. Als er den Zettel wieder in die Hand nahm, um ihn noch einmal zu lesen, hörte er im langen Flur die leichten Schritte seiner Frau.

„Wo bleibst du denn?“ sagte sie noch im Gehen. „Wir wollten doch zu Mittag essen! Der Tisch ist bereits gedeckt!“

Herr Weigand gab keine Antwort. Der durchdringende Blick seiner tiefblauen Augen deutete unmißverständlich darauf hin, daß seine Stimmung hätte nicht schlechter sein können.

„Was ist mit dir, Reiner?“ frage sie besorgt. „Ist etwas passiert?“

„Kannst du mir das bitte erklären“, sagte Herr Weigand und zeigte mit einer knappen Kopfbewegung auf seinen Schreibtisch.

Frau Weigand folgte der Blickrichtung und sah auf einem Haufen geöffneter Briefe ein weißes Anzughemd liegen.

„Was ist das?“ fragte sie verstört.

Herr Weigand warf den Zettel auf den Tisch und schwieg. Seine Frau nahm ihn zögerlich in die Hand und begann zu lesen. Nachdem sie die ersten Zeilen überflogen hatte, veränderte sich ihr Gesichtsausdruck.

„O nein!“ stieß sie bestürzt hervor. „Das kann doch nicht…“

Sie konnte den Satz nicht mehr zu Ende sprechen, hob die Hand vor den Mund und erstarrte für einige Sekunden.

„Was soll das bedeuten?“ setzte Herr Weigand nach.

„Es tut mir furchtbar leid“, sagte seine Frau bekümmert. „Anna hat ihm dieses Hemd geschenkt. Türken haben ihn vor einigen Wochen in der Schloßstraße überfallen. Sein Anzughemd war mit Blut verschmiert. Daher nahm sie ein Hemd aus deinem Schrank und schenkte es ihm.“

Sie wollte ihm noch mehr über die unerfreulichen Umstände des Überfalls erzählen, doch Herr Weigand unterbrach sie.

„Das war doch sicherlich nicht der Grund, weshalb er mir diesen Brief geschrieben hat“, sagte er in einem Ton, der das weitere Ausweichen sinnlos machte.

Frau Weigand schaute verlegen weg.

„Ich weiß nicht, was mich geritten hat“, sagte sie offenherzig. „Als dieser Frank sich mit Pastor Langenhorst zerstritten hatte, war ich sehr verärgert. Der Junge legte aber nach und wollte sich nicht beruhigen…“

Sie verstummte und runzelte die Stirn, als wollte sie sich ganz genau an die Einzelheiten erinnern. „Ach nein!“ sagte sie schnell. „Es geschah noch früher…“

Sie überlegte einige Sekunden lang, dann gab sie es wieder auf. „Egal, wie das war! Er hat mir widersprochen, und ich habe ihm in dem Sinne geantwortet, daß man im Leben zunächst einmal etwas erreicht haben sollte, bevor man solche Urteile abgibt.“ Frau Weigand senkte den Blick zu Boden und fügte schließlich etwas zögerlich hinzu: „Zumindest so viel, daß man sich ein Hemd leisten kann.“

Herr Weigand schlug die Augen nieder und wurde blaß.

„Einc Schande“, sagte er leise, wodurch seine Stimme noch unheimlicher wirkte.

Frau Weigand konnte sehen, wie ihm das Blut in den Stirnadern pulsierte.

„Reiner!“ entgegnete sie schuldbewußt. „Es tut mir schrecklich Leid! Ich weiß selbst nicht, wie mir das rausrutschen konnte. Ich war verärgert!“

Herr Weigand rang mit sich, um nicht noch mehr zu sagen, während seine Frau bemüht war, ihn ein wenig milder zu stimmen.

„Ich habe mich bei Anna bereits entschuldigt“, sagte sie reuevoll und fügte nach einer kurzen Pause warmherzig hinzu: „Er ist ein sehr lieber Junge.“

Herr Weigand blickte sie forschend an.

„Ist er ein Engel oder bloß ein begabter Schauspieler?“

„Nein, nein, Reiner!“ widersprach seine Frau mit Nachdruck und beeilte sich mit einer ausführlichen Erklärung. „Alles was du willst, aber mit Sicherheit kein Schauspieler! Ich weiß nicht, ob er überhaupt spielen kann. Wenn du gesehen hättest, wie er seine Meinung verteidigt hat! Da flogen nur so die Fetzen, wie bei einem Hahnenkampf! Trotzdem wirkte er sehr vornehm. Die Verwandtschaft war entzückt über seine offene Art. Der Junge hat einen unwiderstehlichen Charme! Wäre es nicht zu diesem fürchterlichen Streit gekommen, könnten wir uns nur freuen, daß Anna ausgerechnet mit ihm befreundet ist.“

Inzwischen gelang es Herrn Weigand seinen Ärger halbwegs zu bezwingen.

„Wie kam es überhaupt zu diesem Streit?“ fragte er düster.

„Langenhorst behauptete allen Ernstes, bei der Bombardierung Dresdens seien nicht mehr als dreißig Tausend Zivilisten umgekommen. Die Bediensteten haben mir erzählt, daß er zuvor mindestens acht Gläser Sekt getrunken habe. Dann setzte er sich an den Tisch und machte munter weiter. Dabei wollte er von dem Jungen einfach nicht ablassen! Als es dann hart auf hart kam, schrie Langenhorst, daß den Deutschen in Dresden Recht geschah, da sie den Krieg angezettelt hatten. Dann krachte es eben!"

Während Herr Weigand seiner Frau aufmerksam zuhörte, wurde der Blick seiner Augen wieder hart wie Eisen.

„Und ihr alle?" sagte er finster.

„Was meist du jetzt, Reiner?" fragte seine Frau erstaunt.

„Habt ihr alle geschwiegen?!" warf Herr Weigand ihr ins Gesicht.

Die Frau sah überrascht aus und runzelte die Stirn, im ehrlichen Bemühen, ihren Ehemann zu verstehen.

„Meine Großmutter wurde in Dresden bei lebendigem Leibe verbrannt!" sagte er unbeherrscht. „Dein eigener Onkel ist mit sechs Jahren unter dem Schutt einstürzender Häuser lebendig begraben worden! Geht euch das alles nichts an?! Kennst du denn überhaupt noch seinen Namen?! Muß ein siebzehnjähriger Bengel aus dem gottverlassenen Sibirien zu uns kommen, um das Andenken unserer Familie zu verteidigen, während ihr dieses verlogene Schwein hier, in meinem Haus, mit Champagner verköstigt?! Nicht seine Meinung hat dieser Junge verteidigt, sondern den bescheidenen Rest eurer eigenen Ehre!"

Beim letzten Satz knallte er mit der Handfläche auf die Tischplatte. Er atmete schwer, die Muskeln auf seinem bleichen Gesicht zuckten.

„*Das* ist eine Schande!" sagte er viel leiser. „Nicht nur dieses Hemd…"

Frau Weigand, die ihren Ehemann in einem solchen Zustand noch nie erlebt hatte, war sichtlich erschüttert. Sie ging schnell hinaus, ohne die Tür hinter sich zu schließen. Erst nachdem ihre hastigen Schritte verklungen waren, ließ er sich auf seinem Drehsessel nieder und versuchte, die gewohnte Fassung zu erlangen.

Eine halbe Stunde später nahm er sein abhörsicheres Handy in die Hand und bestellte den Chef seines Sicherheitsdienstes zu sich.

„Ich habe eine wichtige Angelegenheit", sagte Herr Weigand und bat ihn mit einer einladenden Geste, Platz zu nehmen. „Auf der Geburtstagsfeier meiner Frau war ein Gast anwesend, der sich äußerst ungebührlich benommen hat."

„Uns sind nur zwei Gäste aufgefallen, die die Feier vorzeitig und in einem erregten Zustand verlassen haben", sagte sein Mitarbeiter wie immer unvoreingenommen. „Meinen Sie jetzt Herrn Langenhorst oder Frank Uffelmann?"

„Ich meine den Pastor“, erwiderte Herr Weigand mit gefährlich ruhiger Stimme. „Ich werde ihm aufgrund seiner dreisten Äußerungen ein schriftliches Hausverbot erteilen. Ich möchte, daß die Angelegenheit möglichst bald an die Öffentlichkeit gelangt. Sorgen Sie für die entsprechende Indiskretion. Sie bekommen eine Kopie meines Schreibens an diesen Pastor, wo Sie unter anderem eine ausführliche Begründung für diesen Schritt finden. Des weiteren möchte ich etwas mehr über seine Lebensumstände wissen.“

„In welche Richtung sollten wir nachforschen?“ fragte der Sicherheitschef.

„Ich will ihm das Leben zur Hölle machen“, sagte Herr Weigand ohne Umschweife und ballte seine Rechte zu einer Faust.

„Sollen wir ihn in eine Falle locken?“

„Nein“, erwiderte Herr Weigand. „Sein Sündenregister ist gewiß lang genug, sodaß wir ihn nicht zusätzlich in Versuchung bringen müssen. Unehrenhafte Suspendierung von seinem Pfaffenamt ist das Allermindeste, was ich mir dabei wünschen würde. Sorgen Sie aber dafür, daß unsere Beteiligung an dieser Angelegenheit keine Spuren hinterläßt. Halten Sie mich auf dem Laufenden!“

„Selbstverständlich“, erwiderte der Sicherheitschef.

Als Herr Weigand wieder allein war, fiel sein Blick auf das weiße Anzughemd, das nach wie vor auf seinem Schreibtisch lag. Er nahm den Zettel in die Hand und las den Text noch einmal durch.

Nach kurzem Zögern legte er einen Briefbogen vor sich hin und nahm einen vergoldeten Kugelschreiber in die Hand. „Lieber Frank“ schrieb er nach einer langen Pause, zerknitterte das Blatt aber und warf es verstimmt in den Papierkorb, dessen eiserne Walzen es sofort zerschnipselten.

Bald nahm er ein neues Blatt und schrieb darauf: „Frank! Es tut uns leid! Es war nicht so gemeint. Wirst du es uns je vergessen können?“ Auch diese kurze Botschaft landete im Papierkorb.

Herr Weigand schlug die Augen nieder und seufzte.

Kann ein Mensch so gut sein? dachte er unschlüssig und nahm das schöne Bild in die Hand, das sein Sicherheitschef für ihn ausgedruckt hatte. Frank und Anna schauten einander sehnsüchtig in die Augen, während der Junge ihre Hände zärtlich mit den Lippen berührte. Der anmutige Anblick verstrahlte einen unwiderstehlichen Zauber, dem Herr Weigand sich nicht mehr entziehen konnte. Es ist unwahrscheinlich, daß er spielt, dachte er gerührt. Es ist einfach unmöglich!

Er ging in das Wirtschaftszimmer und machte seinen Kleiderschrank auf. An der Rückseite einer Spiegeltür hingen reihenweise wertvolle Krawatten: ganz schlichte und gemusterte, einfarbige und bunte... Herr Weigand überlegte, und schließlich fiel seine Wahl auf eine Krawatte mit schwarz-rot-goldenem Motiv. Diese wird ihm bestimmt gefallen, dachte Herr Weigand zufrieden und ging wieder in sein Arbeitszimmer.

In wenigen Minuten stand vor seinem Schreibtisch ein älterer Mann, der seit vielen Jahren als Privatchauffeur im Fuhrpark der Familie Weigand tätig war. Er war der einzige Mitarbeiter, den Herr Weigand duzte und dessen Verhältnis zu der Familie sehr eng war. Besonders aber Anna mochte den warmherzigen Mann, der aus ganz einfachen Verhältnissen stammte.

„Hör zu, Joseph! Heute abend mußt du dieses Paket Frank persönlich übergeben!“ sagte Herr Weigand eindringlich. „Der Junge muß es in deiner Anwesenheit öffnen!“

„Und wenn er sich weigern würde, es anzunehmen?“ fragte der alte Mann, wohl wissend, was auf dem Geburtstag geschehen war.

„Dann sagst du ihm, daß es nicht so gemeint war und daß es uns sehr leid tut“, erklärte Herr Weigand.

„Daß es Ihnen sehr leid tut?“ wiederholte der Fahrer vorsichtshalber, wobei er das Wort „sehr“ besonders stark betonte.

„Komm, Joseph, du weißt besser als ich, wie man das am besten anstellt! Du weißt bestimmt, was geschehen ist! Man hat dem Jungen Unrecht getan. Ich will es aus der Welt schaffen.“

Der Mann nickte ihm verständnisvoll zu und verließ das Zimmer.

Ein schönes Gedicht

Frank saß im Unterricht und träumte. Die Lehrerin erzählte über die zeitgenössische Dichtung, doch er konnte ihr beim besten Willen nur bedingt folgen. Schon wieder hatte er den Faden verloren und blickte auf seine neue Krawatte herab, die er von Annas Vater bekommen hatte. Der geschmeidige Seidenstoff war von höchster Qualität und mit einem schwarz-rot-goldenen Motiv bedruckt. Selten hatte ein Geschenk ihm eine solche Freude bereitet. Ehrlich gesagt wußte er gar nicht, was er sich an diesem Tag noch mehr hätte wünschen können.

Zwar konnte er nicht wissen, ob Annas Vater tatsächlich den echten Frieden suchte oder sich nur wegen des Vorfalls mit dem Hemd entschuldigen wollte, doch eins konnte Frank fühlen: Sie waren bereits auf dem sicheren Weg der Versöhnung. Von Zeit zu Zeit blickte er zu Anna und jedes Mal, wenn ihre Blicke sich trafen, überlief ihn eine schaurige Welle und hinterließ ein Gefühl der Glückseligkeit, von dem er früher keine Ahnung gehabt hatte. Frank schlug die Augen nieder und dankte Gott für ein Geschenk, daß noch viel größer war als die schöne Krawatte…

Die Deutschlehrerin aber erzählte über die zeitgenössische Dichtung. Es gebe auch experimentelle Lyrik und sogar die sogenannten Lautgedichte!

„Als Beispiel möchte ich euch ein Gedicht von Ernst Jandl vorlesen“, sagte sie bedeutungsvoll, nahm vom Tisch ein dünnes Buch und begann zu lesen: „Ba ba… ba ba ba…“

Es ging und ging im gleichen Sinne immer weiter und wollte nicht enden.

Die Klasse schaute die Lehrerin verwundert an. Selbst jene, die auf den letzten Bänken im süßen Schlummer verweilten, wachten auf. Bald konnten sich die Schüler das Kichern nicht mehr verkneifen.

„Ba ba ba…“, las die Lehrerin das Lautgedicht unbeirrt weiter und weiter.

Als sie damit endlich fertig war und in die Klasse schaute, krümmten sich einige Schüler vor unterdrücktem Lachen und schnappten erschöpft nach Luft.

„Was ist das für ein Schwachsinn?“ fragte Roberto verärgert. „Damit sollen wir etwa hier die Zeit vergeuden?“

Die Lehrerin täuschte Unverständnis für seine Kritik vor und versuchte, den Dichter zu verteidigen.

„Ich hab's!" rief Georg beglückt aus. „Ich weiß, was diesem Gedicht fehlt!"

Die Lehrerin starrte ihn fragend an.

„Nicht ‚ba ba ba' sollte die zweite Strophe einleiten, sondern: ba ba gu gu ba ba gu gu!"

Dabei bewegte sich sein Körper wie der eines Affen. Die Mitschüler weinten vor Lachen. Die Lehrerin mahnte ihn zur Mäßigung, doch Georg wollte sich nicht beruhigen.

„Offensichtlich hat er dabei gekifft, oder sich damit so lange beschäftigt, daß sein Hirn bis auf die Größe einer Erbse geschrumpft war", entgegnete er mißgestimmt. „Das sind doch des Kaisers neue Kleider! Und zwar eins zu eins! Diese Schurken halten uns einfach für blöd!"

Die Lehrerin wollte nicht aufgeben.

„Ihm wurden viele Preise verliehen!" sagte sie mit gewichtiger Stimme.

„Na, wenn da oben genau solche Deppen sitzen, dann kann man das sehr gut verstehen…"

Die Klasse begann zustimmend zu brummen, während die Lehrerin immer mehr in Bedrängnis geriet.

„Kannst du uns vielleicht ein Gedicht vortragen, das deiner Meinung nach besser wäre?" wandte sie sich an den vorlauten Jungen, um sein aufsässiges Gebaren zu bändigen.

„Ich kenne keine auswendig", gab Georg ehrlich zu, „aber Frank kann Ihnen bestimmt welche aufsagen. Fragen sie doch ihn!"

Erst nachdem Frank seinen Vornamen gehört hatte, erwachte er aus seinem glückseligen Zustand.

„Kannst du uns ein Gedicht vortragen, das dir besonders gut gefällt?" fragte die Lehrerin. „Komm am besten vor!"

Frank erhob sich. Noch bevor er die Klassentafel erreichte, wußte er, welches Gedicht er vortragen würde. Er sammelte sich, rief in Erinnerung die ersten Zeilen, und bereits nach wenigen Sekunden erfaßte ihn die gleiche weihevolle Stimmung, die das einfache Gedicht stets bei ihm hervorgerufen hatte.

Morgensonne lächelt auf mein Land,
Wälder grünen her in dunklem Schweigen.
Jedem Schatten bin ich nah verwandt,
Jedes Leuchten nimmt mich ganz zu eigen.

Land, mein Land, wie leb' ich tief aus dir!
Löst sich doch kein Hauch von diesen Lungen,
Den du nicht vorher und jetzt und hier
Erst mit deinem Hauche hast durchdrungen.

Deine Berge ragen in mir auf,
Deine Täler sind in mich gebettet,
Deiner Ströme, deiner Bäche Lauf
Ist an allen Adern mir gekettet.

Steht kein Baum auf deiner weiten Flur,
Der nicht Heimat wiegt mit allen Zweigen,
Und in jedem Winde läuft die Spur
Einer Liebe, der sich alle neigen.

Die Schüler schwiegen. Eine Innigkeit strömte aus den gereimten Zeilen, die sie an etwas weit Zurückliegendes und bereits Vergessenes erinnerten. Als berührte eine unsichtbare Hand wohlklingende Saiten in ihrem Herzen, von denen sie früher gar nicht wußten, daß sie da waren.

„Das ist ein Gedicht!" stieß Georg beeindruckt aus. „Da kommen einem fast die Tränen!"

Zustimmende Kommentare begleiteten seine Worte.

„Jaaa…", sagte die Lehrerin langgezogen, „kein schlechtes Gedicht, aber…"

Unschlüssig wiegte sie den Kopf hin und her und suchte nach passenden Worten, um ihre Vorbehalte so behutsam wie möglich anzukündigen.

„Ein Nazigedicht!" warf Benjamin ein. „Bestimmt aus den dreißiger Jahren."

Luka, der vom Gedicht innerlich berührt war, blickte ihn feindselig an.

„Bei dir ist alles, was dir nicht gefällt, aus dieser Zeit!" erwiderte er zornig, doch Frank unterbrach ihn.

„Es stammt in der Tat aus dieser Zeit", sagte er zur großen Überraschung seiner Freunde. „Es wurde von Karl Bröger geschrieben."

Während die Klasse noch darüber stritt, ob die Entstehungszeit eines Kunstwerkes für sie von Bedeutung sein sollte, beobachtete Frank Roberto, der auffallend still war und mit ausdruckslosem Gesicht vor sich hinstarrte.

„Roberto", sagte Frank, und als dieser zögernd seinen unsicheren Blick zu ihm hob, fragte er den Jungen: „Hat dir das Gedicht gefallen?"

Die Klasse verstummte. Die Meinung von Roberto Grimaldi, der sich selbst für einen Marxisten hielt und auf den solche archaischen Gefühlsausbrüche befremdlich wirken sollten, weckte ein großes Interesse bei seinen Mitschülern. Besonders unter Berücksichtigung dessen, daß die Frage von Frank kam, mit dem er vom ersten Tag an in eine ideologisch bedingte Gegnerschaft geraten war.

Einige Sekunden schwieg der Junge. Jeder konnte sehen, wie schwer ihm eine ehrliche Antwort fiel. Nervös drehte er seinen Kugelschreiber in den Händen, doch dann blickte er wieder zu Frank auf.

„Ein schönes Gedicht“, sagte er leise, was seinen Worten noch mehr Aussagekraft verlieh.

„Danke, Roberto“, erwiderte Frank aufrichtig erfreut, doch seine Freude verunsicherte den Jungen noch mehr.

Verlegen wandte er seinen Blick zur Seite. Während aber seine Mitschüler noch sein klares Urteil besprachen, hallten zu ihnen durch die geöffnete Tür hastige und verdächtig laute Schritte. Die Klasse verstummte.

„Wer ist der nächste?“ kommentierte Georg ahnungsvoll die wachsende Spannung.

„Frank Uffelmann!“ rief die Sekretärin des Schulleiters noch im Gehen, als sie den neuen Schüler an der Tafel stehend sah. „Herr Oldenburg möchte mit dir sprechen!“

Ihr tief besorgtes Gesicht versprach nichts Gutes…

Die Hiobsbotschaft

Frank trat in das Zimmer des Schulleiters ein. Dr. Oldenburg saß in seinem schwarzen Drehsessel und las. Erst als der Junge vor seinem Arbeitstisch stehenblieb, legte er die Blätter zur Seite und schaute ihn prüfend an. Das beklemmende Gefühl, das Frank auf dem Weg hierher verfolgt hatte, war nicht grundlos. Der todernste Blick des Schulleiters versprach eine unangenehme Auseinandersetzung.

„Sag mir, Frank, hast du irgendwann irgend etwas zum Thema Holocaust gesagt?“ fragte Dr. Oldenburg, ohne ihn zu begrüßen.

„Eigentlich nicht so viel“, erwiderte der Junge und zuckte verstört mit den Achseln.

„Wann und wo?“ fragte der Schulleiter.

Seine Stimme, die sonst immer einnehmend wirkte, klang gereizt und fordernd. Ein drohender Unterton lag darin. Das beginnende Gespräch erinnerte Frank an ein polizeiliches Verhör.

„Vor einer Woche hat mich ein Journalist angesprochen und wollte mit mir reden…“, begann er etwas unsicher zu erzählen, verstummte aber, da Dr. Oldenburg sich an die Stirn faßte und mit schmerzvollem Ausdruck im Gesicht die Augen niederschlug.

Der Schulleiter schwieg einige Sekunden lang, doch dessen Anblick ließ den Jungen ahnen, welch ein schreckliches Unheil sich über ihm zusammengezogen hatte.

„Erzähl mir etwas ausführlicher darüber! Wie haben sie dich angesprochen?“

„Auf dem Schulhof“, erklärte Frank bereitwillig. „Offensichtlich haben sie nach mir gesucht. Ein Mädchen zeigte in meine Richtung; danach kam einer von ihnen zu mir und stellte sich vor. Er wollte unbedingt ein Interview mit mir haben. Ich war mir aber nicht sicher, ob ich das tun sollte. Später hat mich sein Kollege am Schloßgraben angesprochen. Er hieß Robert Berkowski. Dann gingen wir in ein Hotel, wo wir ungestört sprechen konnten. Sie haben mir gesagt, daß sie aus Hamburg kommen… Sehr freundliche Menschen.“

„Freundliche Menschen“, wiederholte Dr. Oldenburg seufzend und fügte in einem leicht sentimentalen Ton hinzu: „Nach Hamburg eingeladen…“

„Ja“, bestätigte Frank leise und auf den Boden starrend.

Schamröte ergoß sich über die Wangen des Jungen. Schuldbewußt schaute er zum Schulleiter auf und erkannte an seinem Gesicht neben

Enttäuschung auch tiefes Bedauern, ja selbst ein gewisses Mitgefühl, an dem er den Grad seiner eigenen Naivität messen konnte.

„Hatten sie eine Kamera dabei oder ein anderes Aufzeichnungsgerät?“ fragte Dr. Oldenburg.

„Es war ein ganzes Fernsehteam“, sagte Frank. „Das Zimmer war voll mit Ausrüstung.“

„Und was haben sie dich gefragt?“

„Zunächst wollten sie meine Meinung über die Ursachen des Zweiten Weltkrieges wissen, dann kamen wir auf die Judenverfolgung zu sprechen“, antwortete Frank etwas zögernd. „Sie wollten wissen, was ich über die Zahl der ermordeten Juden in Auschwitz denke… über die Gaskammern… Ich habe ihnen nur den Inhalt eines Artikels von Fritjof Meier wiedergegeben. Er war damals ein leitender Spiegel-Redakteur…“

Frank erzählte weiter, während Dr. Oldenburg sich erhob und in seinem Zimmer auf und ab zu gehen begann. Sein Gesicht wurde fleckig rot und sah unheimlich aus. Plötzlich blieb er stehen und blickte zornig auf den Jungen.

„Weißt du überhaupt, was das bedeutet?“ sagte er laut, sichtlich bemüht, seinen Unmut halbwegs in Grenzen zu halten.

Frank wurde blaß und wagte nicht, die Frage zu beantworten.

„Bei diesem Thema hört der Spaß endgültig auf!“ stieß der Schulleiter ungehalten hervor, ging mit hastigen Schritten zum Fenster, blieb aber auf dem halben Weg stehen und drehte sich ruckartig zu Frank um. „Wo hast du denn überhaupt diesen verdammten Artikel gefunden?“

„Man hat ihn mir per Post zugeschickt…“

„Wer war das?“ fragte Dr. Oldenburg ungeduldig.

„Ich weiß es nicht“, erwiderte Frank irritiert. „Auf dem Umschlag stand kein Absender. Nur ein kleiner Zettel lag bei…“

„Mit welchem Inhalt?“ fragte der Schulleiter mit einem Ausdruck im Gesicht, als hätte er plötzlich einen schrecklichen Verdacht geschöpft.

Frank, der von dem unsäglichen Gespräch sichtlich verstört war, hatte Schwierigkeiten sich zu konzentrieren. Er rieb an seiner Stirn und versuchte, sich an den genauen Wortlaut zu erinnern.

„Sollten Sie ehrlich nach der Wahrheit suchen wollen…“, sagte er schnell und verstummte für einige Augenblicke, angestrengt vor sich hin starrend, „…werden Sie an diesem Artikel nicht vorbeikommen können. Er wird Ihnen die Augen öffnen…“

Während Frank noch die letzten Worte sprach, preßte der Schulleiter seine Zähne zusammen, ballte die rechte Hand zu einer Faust und schüttelte sie in ohnmächtiger Wut, als drohte er einem unsichtbaren Feind.

„Sie haben dich in eine Falle gelockt“, sagte er halblaut, was seinen Worten einen apokalyptischen Unterton verlieh. „Und du bist freiwillig… ja leichtsinnig in diese Falle hineingetappt!“

Er verstummte und schaute hilflos nach allen Seiten, als wüßte er nicht, wohin er flüchten sollte.

„Aber Herr Oldenburg“, entgegnete der Junge besorgt, „ich habe doch nichts Falsches gesagt.“

Der Schulleiter blickte ihm hart ins Gesicht, schritt hastig zu seinem Tisch, nahm von dort einen Stapel loser Blätter in die Hand und überflog ungeduldig die erste Seite.

„Hier!“ rief er dem Jungen zu und schlug beherzt mit dem Zeigefinger in die Blattmitte. „Hier steht schwarz auf weiß geschrieben, was du dort alles gesagt hast!“

Er warf die Blätter wieder auf den Tisch und forderte seinen Schüler mit einer nervösen Handbewegung auf, sich selbst davon zu überzeugen.

Frank nahm sie zögernd in die Hände und begann mit unruhigem Interesse darin zu lesen…

In der Pause

Luka saß im Unterricht und wechselte mit seinen Freunden besorgte Blicke. Während die Lehrerin nach wie vor mit Georg über die moderne Dichtung stritt, waren seine Gedanken weit weg vom Gebabbel des hochverehrten Jandl. Frank war bereits vor einer halben Stunde zum Schulleiter geholt worden und immer noch nicht zurückgekommen. Mit jeder Minute war die Gewißheit, daß etwas durchaus Unerfreuliches geschehen war, größer und größer. Er strengte sein Gedächtnis an, ließ die Ereignisse der letzten Tage noch einmal vor seinem geistigen Auge vorbeiziehen, konnte aber den Grund dieser Einlandung nicht erraten. Nach dem letzten Gespräch mit Dr. Oldenburg hatten sie ihre Schülerzeitung vorläufig eingestellt, auch mit den Lehrern hatte es seitdem keine großen Auseinandersetzungen gegeben, und trotzdem ließ das tief besorgte Gesicht der Sekretärin erkennen, daß etwas Unheilvolles im Gange war.

Endlich erklang die langersehnte Pausenglocke. Luka sprang sofort auf die Beine.

„Wartet auf mich auf dem Schulhof!“ warf er Anna hastig zu. „Ich versuche herauszufinden, was dort los ist.“

Danach stürmte er zur Tür und verschwand im nächsten Augenblick im menschenleeren Flur. Ratlos gingen die Freunde in den Schulhof und setzten sich auf eine Bank neben dem Fahrradplatz. Sie grübelten über die möglichen Gründe der Einladung, konnten aber dieses Rätsel nicht lösen. Auch Luka war verdächtig lange weg.

„Wo ist er denn?“ fragte Julia entnervt, doch keiner gab ihr eine Antwort.

„Ich hab das Gefühl, wir sollten uns auf eine neue Geschichte vorbereiten“, sagte Walter.

Julia wollte ihm widersprechen, vergaß aber seine Worte, denn aus dem Schulgebäude stürmte Luka.

„Was hast du herausgefunden?“ fragte Julia begierig, während er noch zu ihnen lief.

„Es wird Ärger geben!“ antwortete Luka atemlos, dann wandte er sich an Anna: „Erinnerst du dich noch daran, was du uns gestern erzählt hast?“

Das Mädchen wirkte tief beunruhigt und schüttelte den Kopf.

„Na, das mit dem Interview!“ trieb Luka sie ungeduldig an. „Er hat doch mit Journalisten gesprochen! Über den Krieg und so…“

Die Erinnerung an den kleinen Mann, der Frank zu einem Interview überredet hatte, hauchte in Annas Seele wie ein eisiger Wind. Schon damals hatte sie befürchtet, daß die Sache unangenehme Folgen haben würde, konnte aber Frank nicht überreden, das Gespräch abzusagen.

„Sie haben dort über die Ursachen des Krieges gesprochen“, sagte Anna ängstlich, „und über die Judenverfolgung…“

„Genau das ist es!“ rief Luka erregt aus.

Während Anna sich noch an die Einzelheiten erinnerte, starrte Julia erwartungsvoll Luka an.

„Und?“

„Gerade darüber reden sie jetzt dort!“

„Hast du es selbst gehört?“ fragte Julia mißtrauisch.

„Man sagt, daß Dr. Oldenburg so laut geschrien habe, daß man ihn sogar im Flur hören konnte!“ erwiderte Luka und wandte sich wieder an Anna: „Kannst du dich noch daran erinnern, was er den Journalisten über die Juden gesagt hat?“

„Sie haben ihn gefragt, ob in Auschwitz tatsächlich Millionen von Juden vergast wurden“, erwiderte das Mädchen. „Er hat ihnen geantwortet, daß er das nicht weiß…“

Luka machte ein betroffenes Gesicht und schwieg.

„Na und?“ fragte Julia verärgert.

„Das ist schon beinahe Holocaust-Leugnung“, erklärte Luka bedeutungsvoll.

„Er hat gar nichts geleugnet!“ protestierte Anna zutiefst beunruhigt. „Er hat nur gesagt, daß er das nicht weiß und daß es ihm schwer fällt, zu glauben, daß…“

Julia konnte es nicht mehr aushalten und unterbrach sie.

„Glauben oder nicht glauben!“ rief sie empört aus. „Was für eine Rolle spielt es überhaupt, wer was glaubt? Sind wir immer noch im tiefsten Mittelalter?! Wollen Sie jetzt noch einen Scheiterhaufen für ihn auf dem Marktplatz aufschütten, nur weil er etwas Falsches glaubt?!“

„Danach sieht es aus“, erwiderte Luka mit todernstem Gesichtsausdruck. „Wenn du im Internet ein bißchen mehr darüber gelesen hättest, würdest du jetzt bestimmt nicht so laut herumschreien.“

Julia konnte sich nicht beruhigen und bedrängte Luka immer heftiger, als wäre er persönlich an der entstandenen Lage schuld.

„Freuen sich die Juden nicht, daß weniger Menschen ermordet wurden, als sie es zunächst angenommen haben?“ fragte sie erzürnt. „Das ist doch ein Schwachsinn! Wollen sie unbedingt vier Millionen Tote in Auschwitz haben?“

„Was weiß ich!“ wehrte sich Luka bedrängt. „Frag doch lieber die Juden selbst danach!“

Als Walter schon wieder das Wort „Juden“ hörte, schaute er besorgt um sich.

„Seid nicht so laut!“ sagte er ihnen vorwurfsvoll. „Sonst wird man uns noch als Antisemiten beschimpfen.“

„Oh je!“ stöhnte Luka zum Himmel blickend, „ich wußte gar nicht, daß das Leben so spannend sein könnte.“

„Luka! Du gehst mir so langsam auf die Nerven!“ warf Julia ihm zu. „Was sollen wir tun? Kannst du etwas Konkretes vorschlagen oder nicht?“

Luka schüttelte stumm den Kopf. Die Pausenglocke rief die Schüler wieder zum Unterricht.

Der Sturm

Frank stand vor dem Schreibtisch des Schulleiters, hielt in seinen Händen einen Stapel loser Blätter und las darin. Das Filmstudio mit dem rätselhaftem Namen *Janus* bat Dr. Oldenburg, die Aussagen seines Schülers Frank Uffelmann zu bewerten und die Fragen der Redaktion möglichst ausführlich zu beantworten. Unten stand noch eine unmißverständliche Warnung darüber, daß an dem geplanten Fernsehbericht über die Vorkommnisse auf dem Kant-Gymnasium unabhängig von der Haltung der Schulleitung weitergearbeitet werde. Man beabsichtige einige Interview-Ausschnitte einzubeziehen. Um mögliche Mißverständnisse zu vermeiden, wäre es im Interesse der Schulleitung, ihre Stellungnahme dazu möglichst klar noch vor der Ausstrahlung der Sendung zum Ausdruck zu bringen. Auf der nächsten Seite folgten einige Auszüge aus dem erwähnten Gespräch mit Frank.

FRAGE: Wenn aber die Zahl der Opfer in Auschwitz, wie Sie sagen, nicht mehr vier Millionen, sondern nur noch etwa fünfhunderttausend ausmachen sollte, wie hoch wäre dann Ihrer Meinung nach die tatsächliche Gesamtzahl der Opfer?

UFFELMANN: Leider ist mir der letzte Forschungsstand hinsichtlich der gesamten Opferzahlen nicht in allen Details bekannt, doch wenn wir davon ausgehen dürfen, daß der Spiegel-Redakteur Fritjof Meyer in seinem Artikel recht hatte, müssen wir die Gesamtzahl der Opfer zwangsläufig um dreieinhalb Millionen nach unten korrigieren."

FRAGE: Sie behaupteten also, daß die Zahl der jüdischen Opfer nicht mehr als zweieinhalb Millionen betrug?

UFFELMANN: Ich bin kein Wissenschaftler. Ich kann es nur von meinem heutigen Kenntnisstand aus beurteilen. Wenn die Faktenlage morgen andere Erkenntnisse zuläßt, dann müssen die Zahlen erneut korrigiert werden.

FRAGE: Sie schließen also nicht aus, daß die Zahl der Opfer noch weiter nach unten korrigiert werden könnte?

UFFELMANN: Auch das ist nicht völlig ausgeschlossen, wobei es sich natürlich herausstellen könnte, daß die tatsächliche Zahl höher lag, als Fritjof Meyer es in seinem Artikel vermutete. Mir fehlt leider die genaue Kenntnis der Quellen, um solche Aussagen zu tätigen…

Frank las die Seite zu Ende, dann blickte er fragend zum Schulleiter, dessen Finger nervös auf die Tischplatte trommelten.

„Weißt du überhaupt, was das bedeutet?“ fragte Dr. Oldenburg mit dramatischem Ernst.

„Ich habe doch nur meine Meinung gesagt! Was ist daran so falsch?“

„Es geht dabei gar nicht darum, ob du etwas Falsches gesagt hast oder nicht!“

„Worum geht es dann?“ fragte Frank besorgt.

„Es geht darum, daß deine Worte als Relativierung oder gar als Leugnung des Holocaust interpretiert werden können… als Verunglimpfung des Andenkens der Verstorbenen!“

Frank spürte, wie ihm heiß wurde.

„Nichts lag mir ferner, als die Opfer zu verunglimpfen! Wie kann die Suche nach der tatsächlichen Zahl der Opfer einen Menschen verletzen?“ fragte er verstört. „Sonst müssen wir die gesamte Geschichte ad acta legen, da sie an ihren wichtigsten Bruchstellen leider fast immer blutig war und unzählige Opfer forderte. Wenn man das Schicksal der Vertriebenen vor Augen hat, dann sieht man gleich, daß hier auch fast keine Familie verschont blieb. Sie alle wurden ebenfalls ohne jede Schuld ums Leben gebracht. An welcher Ecke man auch forscht, überall gewaltsamer Tod und Ungerechtigkeit! Das gleiche Schicksal ereilte Millionen Menschen in der UdSSR, die schuldlos erschossen wurden oder in den schrecklichen Lagern starben. Doch keinem käme in den Sinn, die Forschung in Bezug auf deren Zahl als Verunglimpfung der Opfer zu interpretieren. Es wäre absurd!“

„Du bist naiv! Sträflichst naiv!“ stieß der Schulleiter hervor und fuchtelte verzweifelt mit den beiden Händen vor seinem schmerzverzerrten Gesicht. „Du kannst doch nicht in dieser Sache nur auf Logik und gesunden Menschenverstand verweisen! Niemand wird dich hören wollen! Niemand! Wen interessieren denn überhaupt noch die ermordeten deutschen Kinder in Ostdeutschland oder anderswo? Wenn du deren Zahl leugnest, werden sie dich noch mit Lob überschütten! Sobald aber das Wort Holocaust fällt, löst sich jede Vernunft im juristischen Dunst restlos auf! Ist dir der Name Zündel bekannt?“

„Ich habe gehört, daß er verurteilt wurde", erwiderte der Junge.
„Ist das alles?"
Frank versuchte, sich an den Inhalt einiger Berichte in der russischen Presse zu erinnern, doch Dr. Oldenburg konnte nicht warten.
„Erst vor einer Woche habe ich mehrere Artikel zu diesem Thema gelesen und darüber sogar mit einem angesehenen Geschichtsprofessor gesprochen", sagte er eindringlich. „Herr Zündel hat sich auch mit dem Holocaust beschäftigt. Er wohnte weit weg von seinem Heimatland in Amerika, dort, wo die Leugnung des Holocaust gar nicht strafbar ist! Weißt du zufällig, was mit ihm geschah? Um ihn doch irgendwie ins Gefängnis zu stecken, haben die USA ihn nach Kanada abgeschoben, wo er zwei Jahre lang ohne Anklage in der Auslieferungshaft saß! Von dort aus wurde er nach Deutschland ausgeliefert, wo ihm in Mannheim der Prozeß gemacht wurde. Weißt du zufällig, was ein deutscher Richter dort vor aller Welt verkündet haben soll?"
Frank zuckte ratlos mit den Schultern.
„Er sagte nämlich, daß es ihm gar nicht darum gehe, ob es den Holocaust gab oder nicht, sondern nur darum, daß die bloße Leugnung des Holocaust in Deutschland strafbar sei!"
„Aber was habe ich geleugnet?" fragte der Junge irritiert, doch der Schulleiter ignorierte seine Frage und redete einfach weiter.
„Zündel wurde für ganze fünf Jahre ins Gefängnis geworfen, ohne Anrechnung der Zeit, die er in der Auslieferungshaft verbracht hatte. Dutzende Leute sitzen jahrelang im Gefängnis, nur weil sie eine andere Meinung zu diesem Thema haben! So sieht es aus mit der Freiheit und Demokratie!"
„Aber das ist doch ein offener Verfassungsbruch!" sagte Frank erschüttert.
„Ein Fetzen Papier ist deine Verfassung!" rief der aufgebrachte Schulleiter ihm zu. „Abgesehen davon, daß wir gar keine haben, steht in unserem Grundgesetz alles Mögliche drin! Unter anderem steht dort schwarz auf weiß geschrieben, daß niemand! ich wiederhole es noch einmal, niemand!!! wegen seiner politischen Überzeugung oder Weltanschauung benachteiligt oder bevorzugt werden darf! Man muß auch den letzten Rest an Verstand verloren haben, um diesen blühenden Unsinn zu glauben!" Während er die letzten Worte sprach, schlug er sich mehrmals mit flacher Hand auf die Stirn. „Wenn nicht ich, sondern Frau Bammert die Schulleiterin wäre, wärest du schon längst allein wegen deiner Einlassungen zum Ausbruch

des Krieges in hohem Bogen aus dem Gymnasium geflogen und in der Hauptschule gelandet! Und kein Mensch, aber wirklich kein einziger Mensch wäre imstande gewesen, dir zu helfen, unabhängig davon, ob du mit deiner Meinung Recht hattest oder nicht. So sieht es aus mit der grundgesetzlich verbürgten Meinungsfreiheit und der Würde des Menschen! Ich hoffe, daß du zumindest das begreifen kannst!"

Es dauerte einige Sekunden, bis der Junge wieder die Fähigkeit erlangte, einigermaßen vernünftig zu sprechen.

„Ich weiß Ihre Nachsicht mit mir zu schätzen", sagte er verlegen, während seine Hand unbewußt am Hosenbein zupfte.

„Ich wollte dich jetzt nicht zur Dankbarkeit zwingen. Ich wollte dir nur klar machen, daß du auf dem sicheren Weg bist, in einen fatalen Konflikt mit dem hiesigen Strafrecht zu geraten. Und ich verrate dir noch mehr! Jede einzelne öffentliche Äußerung zum Thema Holocaust, die von der offiziellen Geschichtsauffassung abweicht, wird hierzulande als eine selbständige Straftat angesehen! Selbst Rechtsanwälte werden mit den gleichen Freiheitsstrafen bedroht, sollten sie auf den dummen Gedanken kommen, mit ihren Beweisanträgen und Gutachten dem Gericht weismachen zu wollen, daß der Beschuldigte womöglich Recht haben könnte! Denn die Sieger haben den Holocaust per Gesetz zu einer offenkundigen Tatsache erklärt! Frank! Du wirst mit deiner weltfremden Wahrheitsliebe gar nicht mehr aus dem Knast herauskommen! Begreifst du das?"

Frank empfand das Bedürfnis, Luft zu holen und schluckte nervös.

„Ich kann mich bei der Wahrheitssuche nicht nach gesetzlichen Regelungen richten. Wenn die damaligen Ereignisse in Auschwitz wirklich so offenkundig sind, so wird es den Wissenschaftlern gewiß nicht so schwer fallen, die Kernaussagen des Artikels von Fritjof Meier zu widerlegen. Wenn die Argumente glaubwürdig ausfallen würden, werde ich meine Meinung sofort korrigieren. Das verspreche ich Ihnen! Solange dies aber nicht geschehen ist, kann ich nicht schweigen, wenn ich der Meinung bin, daß meinem Volk mehr Verbrechen angelastet werden, als es tatsächlich begangen hat.

Wenn alle Menschen nur daran geglaubt hätten, was die Obrigkeit ihnen als offenkundige Wahrheit gepredigt hat, hätten wir bestimmt noch heute geglaubt, daß die Sonne sich um die Erde dreht. Man darf sein Gewissen nicht nach den Vorstellungen des jeweiligen Systems ausrichten und ständig anpassen. Die menschliche Würde und die Freiheit des Denkens wurden uns nicht von den weltlichen Herrschern geschenkt, sondern von Gott allein verliehen. Und es steht keinem Staat dieser Welt zu, seinen Bürgern vorzuschreiben, was die Wahrheit ist. Noch weniger darf er sie bei der ehrlichen Suche danach behindern."

Auch wenn es Dr. Oldenburg sichtlich schwer fiel, unterbrach er seinen widerspenstigen Schüler nicht und begann erst dann zu reden, nachdem dieser den letzten Satz zu Ende gesprochen hatte.

„Genau das tut aber unser Staat", erwiderte er mit Nachdruck. „Er schreibt uns vor, was wir für Wahrheit halten sollten, und du wirst es am eigenen Leib erfahren müssen, daß er das noch lange tun wird!"

„Dann wird einen solchen Staat das gleiche Schicksal ereilen, wie es zuvor schon der Sowjetunion zuteil wurde", sagte Frank, während in seinen Augen neben Verzweiflung auch unbeugsamer Trotz glühte. „Ihr werdet die Wahrheit erkennen und die Wahrheit wird euch frei machen, sagt uns Christus. Danach müssen wir uns richten und nur danach!"

Dr. Oldenburg konnte sich des brennenden Mitleids mit dem törichten Jungen nicht erwehren und unternahm, obgleich er sich wenig Erfolg davon versprach, noch einen letzten Versuch, ihn zur Besinnung zu bringen.

„Ich weiß, daß du gläubig bist. Aber tu bitte nicht so, als ob du allein an Gott glaubst! Es gibt auch noch andere Menschen, die den Glauben ebenfalls ernst nehmen. Trotzdem preschen sie nicht so kopflos nach vorne! Keiner von ihnen verbreitet solche Ansichten!"

„Es steht mir nicht zu, ein Urteil über solche Christen abzugeben. In solchen Fällen versuche ich mir einfach vorzustellen, was Jesus tun würde, wenn er wieder zu uns käme. Würde er ein unauffälliges Leben führen, um nicht anzuecken, oder würde er zu seinen Mitmenschen gehen und offen vor aller Welt aussprechen, was er an unserem Miteinander falsch findet? Würde er schweigen, wenn neben ihm schreiendes Unrecht geschieht, oder doch offen sagen, was er denkt? Als Christ kommt man an dieser Frage einfach nicht vorbei..."

Dr. Oldenburg atmete schwer. Er hob seine Hände an und machte Bewegungen, als wollte er ihn und sich selbst beruhigen und das heftige Gespräch wieder in eine vernünftige Richtung zu lenken.

„Frank!" sagte er wesentlich milder. „Ich will dir doch nur helfen. Komm! Ich schreibe jetzt, daß du das Ganze zutiefst bedauerst und daß es dir gar nicht bewußt war, daß in Deutschland dieses Thema solche Emotionen hervorruft und daß deine unbedachten Äußerungen als Verunglimpfung der Opfer aufgefaßt werden könnten. Dann versuche ich, die Sache möglichst schnell aus der Welt zu schaffen und dich auf dem

Gymnasium zu belassen! Ich bitte dich! Du mußt nur sagen, daß du es aufrichtig bereust."

Die letzten Worte klangen väterlich mild und sogar flehend, daß Frank fast die Tränen in die Augen stiegen.

„Tut mir leid", sagte er leise. „Ich bin mir keiner Schuld bewußt. Christus wird mir bestimmt viele Fehler vergeben können, aber nicht die Feigheit. Ich kann ihn nicht verraten…"

Dr. Oldenburg verlor die Nerven und explodierte wieder.

„Es ist Wahnsinn! Frank! Besinne dich, sonst wirst du dir und den Menschen, die dir nahe stehen und dich wirklich lieben, großes Leid zufügen. Jetzt geht es nur noch darum: entweder – oder. Ich muß diesen verdammten Brief beantworten! Verstehst du das oder nicht? Beantworten! Oder glaubst du, ich werde deinetwegen meinen Kopf freiwillig in die Schlinge stecken?"

Die letzten Worte trafen Frank mitten ins Herz. Kränkung lag in seinem Gesicht.

„Das kannst du von mir nicht erwarten!" schrie Dr. Oldenburg unbeherrscht. Dabei ging er auf den Jungen zu und blieb dicht vor ihm stehen. „Willst du wie Christus ans Kreuz geschlagen werden? Dann tu es allein! Dann kannst du gleich deine Sachen packen und nach Hause gehen!"

Frank wich einige Schritte vor ihm zurück, dann drehte er sich um und ging aus dem Zimmer.

„Ich teile deine Ansichten nicht!" schrie Dr. Oldenburg ihm hinterher.

Der Abschied

Max Oldenburg fühlte sich schlecht. Die nächste Unterrichtsstunde hatte bereits begonnen, doch Luka, Walter, Anna und auch Julia fehlten. Als sie aber ohne Frank in der Klasse erschienen und schweigsam zu ihren Plätzen gingen, konnte er an ihren besorgten Gesichtern ablesen, wie ernst die Lage tatsächlich war. Er schlug die Augen nieder und begann zu beten: Möge Gott meinem Vater Kraft geben, die Sache gütig zu lösen, ohne meinen Freund in Schwierigkeiten zu bringen…

Der Unterricht war in vollem Gange, doch Max konnte ihm nicht mehr folgen. Endlich hörte er im langen Flur Schritte. Er atmete erleichtert auf, doch als sein Freund in die Klasse trat, blieb ihm das Herz stehen.

Frank sah niedergeschlagen aus. Sein Gesicht war kreidebleich. Mit verstörtem Blick schaute er in den Raum, als könnte er sich nicht zurecht finden. Die Lehrerin war aber in eine kontroverse Diskussion verwickelt.

„Setz dich!" warf sie ihm beiläufig zu, ohne seinen Zustand erkannt zu haben.

Frank ging zu seinem Platz und begann mit ungeschickten Händen seine Schulsachen zu packen.

„Wir sind nach wie vor mit Bröger beschäftigt!" sagte die Lehrerin. „Wir haben im Internet herausgefunden, daß er ein SPD-Mitglied war."

Offensichtlich hatte diese Tatsache sie beruhigt, worauf sie keine Bedenken mehr hatte, das Wirken dieses Dichters mit der Klasse zu diskutieren.

„Kennst du noch irgendwelche Gedichte von ihm?" fragte sie, als Frank bereits seine Tasche nahm und schweigend zur Tür ging.

Nun wußten seine Mitschüler, daß etwas Schreckliches geschehen war. Frank wollte hinausgehen, blieb aber einige Sekunden lang unentschlossen vor der Tür stehen, dann drehte er sich wieder zur Klasse um. Nun verstummten auch die letzten Stimmen.

„Ich kenne noch ein Gedicht von Bröger", sagte Frank innerlich aufgewühlt.

Nichts kann uns rauben
Liebe und Glauben
Zu unserm Land;
Es zu erhalten
Und zu gestalten
Sind wir gesandt.

Mögen wir streben,
Unseren Erben
Bleibt dann die Pflicht:
Es zu erhalten
Und zu gestalten:
Deutschland stirbt nicht!

Frank drehte sich wieder um und ging hinaus.

Die Schüler schwiegen. Max saß wie gelähmt auf seinem Stuhl und starrte entsetzt vor sich hin. Noch nie hatte er seinen Freund so unglücklich gesehen. Ihm schien sogar, daß Frank sich mit diesem letzten Gedicht von der Welt verabschiedet hatte.

Kaum war sein Freund hinausgegangen, sprang auch Anna von ihrem Platz auf und stürmte ihm schluchzend hinterher. Während die Lehrerin noch dabei war zu begreifen, was in ihrer Klasse vorging, liefen auch Luka und Julia aus dem Raum.

„Was geht hier vor?" flüsterte die Lehrerin verblüfft, während Walter seine Schultasche über die Schulter warf und mit hastigen Schritten zur Tür ging.

Die Klasse kam langsam zu sich, die Schüler tuschelten, doch Max konnte nicht mehr wahrnehmen, was um ihn herum geschah. Er schlug die Augen nieder und betete.

Dann stürmte er ebenfalls aus dem Klassenzimmer…

Erpressung

Dr. Oldenburg ging in seinem Arbeitszimmer auf und ab. Warum habe ich so lange gewartet, obwohl ich schon lange wußte, daß es so enden würde. Man muß retten, was noch zu retten ist.

Er griff nach dem Telefon und rief die Sekretärin zu sich.

„Ich habe beschlossen, Frank Uffelmann von der Schule zu verweisen", sagte er schnell."Könnten Sie mir bitte den entsprechenden Beschluß vorbereiten."

Er diktierte ihr die Begründung und als sie das Zimmer verlassen wollte, hielt er sie zurück.

„Ich würde den Beschluß am besten mit dem gestrigen Datum versehen", sagte der Schulleiter und blickte sie ernst und ungewöhnlich lange an.

„Mit dem gestrigen Datum", wiederholte die Frau und nickte verständnisvoll mit dem Kopf.

Als Dr. Oldenburg wieder allein war, nahm er das verhängnisvolle Schreiben der Journalisten in die Hände und setzte seine hektischen Überlegungen fort. Ich werde antworten, daß Frank bereits von der Schule verwiesen worden wäre und alles, was er gesagt habe, natürlich nicht akzeptabel sei. Die Schulleitung distanziere sich in aller Deutlichkeit von den Äußerungen des neuen Schülers. Man wollte einem Jungen mit Migrationshintergrund, der erst vor einigen Monaten nach Deutschland gekommen sei, eine Chance geben, sich in unser freiheitliches System zu integrieren. Und das entspreche gerade unserem Verständnis von Toleranz und Demokratie. Doch dieser mißachtete zum wiederholten Male die Grenzen, die wir nach dem Ende des letzten Weltkrieges kompromißlos verteidigt haben und deren Verletzung von allen Menschen guten Willens zu Recht als unzulässiger Bruch des gesellschaftlichen Konsenses angesehen werde…

Während Dr. Oldenburg noch mit seinem Vortrag beschäftigt war, ging die Tür plötzlich auf und in das Zimmer stürmte sein Sohn herein.

„Was ist passiert?" rief er dem Vater atemlos zu.

Das besorgte Gesicht des Jungen glühte und seine angsterfüllten Augen verlangten nach einer Antwort.

„Beruhige dich!" erwiderte Dr. Oldenburg, sichtlich überrascht von dem aufgewühlten Zustand seines Sohnes.

Er erhob sich von seinem Sessel und wollte ein wenig Zeit gewinnen, um die richtigen Worte zu finden, doch Max regte sich noch mehr auf.

„Was ist passiert?“ flüsterte er, während seine zitternde Hand auf der Brust lag und den Stoff seines Hemdes zu einem Knäuel zusammenraffte.

„Max!“ rief Dr. Oldenburg ihm eindringlich zu. „Frank hat sich vor der Kamera zum Thema Holocaust geäußert, obwohl ich ihm ein striktes Redeverbot erteilt hatte! Es tut mir leid! Ich kann ihn nicht mehr auf dem Gymnasium halten.“

Max erstarrte. Panische Angst zeigte sich in seinen weit geöffneten Augen.

„Nein!“ flüsterte er entsetzt und schüttelte den Kopf. „Nein!“

„Max, hör mir zu!“ sagte Dr. Oldenburg und ging einige Schritte auf ihn zu, doch sein Sohn wich vor ihm zurück.

„Max! Laß mich erklären!“ bat Dr. Oldenburg, als er sah, daß sein Sohn flüchten wollte.

Er schnitt ihm den Weg ab und stellte sich vor die Tür, die in den Flur führte.

„Wenn du ihn aus der Schule wirfst, nehme ich mir das Leben“, flüsterte Max wie benommen und stürzte zu der zweiten Tür, die ins Vorzimmer seiner Sekretärin führte.

Dr. Oldenburg atmete schwer. Sein Sohn war schon längst verschwunden, doch er starrte nach wie vor in die Türöffnung. Erst als er den Schock halbwegs überwunden hatte, lockerte er seine Krawatte und sank erschöpft auf einen Besucherstuhl.

Bald erschien in der offengebliebenen Tür seine Sekretärin. Sichtlich erschüttert über den unerfreulichen Vorfall, dessen unfreiwillige Zeugin sie eben geworden war, blickte sie besorgt ihren Vorgesetzten an. Doch bevor sie noch ein Wort sagen konnte, erschien im Vorzimmer ein Lehrer. Er wollte zum Schulleiter, doch sie machte die Tür schnell zu und wies ihn entschieden zurück:

„Dr. Oldenburg ist beschäftigt. Kommen Sie bitte später!“

Sie drängte ihn ab, und als dieser das Sekretariat verlassen hatte, kam sie wieder zurück.

„Ich habe den Beschuß über den Verweis von Frank Uffelmann vorbereitet“, sagte sie leise.

Der Schulleiter nahm das Blatt entgegen, zerriß es und ließ die Fetzen auf den Boden fallen.

„Soll ich Ihnen eine Tasse Tee bringen?“ fragte die Frau besorgt, doch er schüttelte den Kopf und blieb regungslos in dem Besucherstuhl sitzen…

Familie Uffelmann

Das Haus, in dem die Familie Uffelmann wohnte, war leicht zu finden. Der große Bauernhof lag direkt an der Hauptstraße und bestand aus einem alten Fachwerkhaus und mehreren Nebengebäuden und Schuppen. Dr. Oldenburg fuhr durch die breite Einfahrt direkt in den Hof, fand neben einem Traktor einen geeigneten Parkplatz und stieg aus dem Wagen.

Auf einer Bank neben dem Eingang eines langen Stallgebäudes saß ein älterer Mann. Dr. Oldenburg ging zu ihm, um sich nach der Wohnung der Familie Uffelmann zu erkundigen, wollte ihn begrüßen, doch der Bauer drückte einen Zeigefinger auf die Lippen, zur Ruhe mahnend. Aus dem Stallgebäude schallte Musik.

Zwei Geigen führten ein Zwiegespräch. Zwei wehmütige Stimmen, die der Welt ihr Leid klagten. Es war etwas sehr Bekanntes, doch Dr. Oldenburg, dem mit der Welt der Musik bestens vertraut war, konnte es nicht gleich erkennen. Technische Perfektion und unverkennbare Begabung der Spieler ergänzten einander und entfalteten eine Wirkung, die jedes fühlende Herz berührte.

Bald erkannte Dr. Oldenburg auch das Werk. Es war das Doppelkonzert von Bach. Doch das ungewöhnlich langsame Tempo, mit dem dessen großes Werk gespielt wurde, verlieh ihm eine ganz andere Dimension. Das barocke Konzert verwandelte sich auf eine wundersame Weise in ein beinahe schon romantisches Werk: reine Sehnsucht, der man sich nicht erwehren konnte…

Erst als die schöne Musik verklungen war, erwachte der Bauer aus seinem entrückten Zustand. Er fuhr mit der Hand über sein unrasiertes Gesicht, schüttelte leicht den Kopf, als wollte er den Schlaf vertreiben, und blickte fragend zu Dr. Oldenburg auf. In der Hand hielt er eine dünne Eisenstange.

„Wer hat es gespielt?“ fragte Dr. Oldenburg.

„Der Kleine“, erwiderte der Bauer mit warmer Stimme. „Jeden Tag spielt er! Manchmal bis in die späte Nacht hinein…“

Dr. Oldenburg zeigte auf die Eisenstange: „Und das da?“

„Ach, ja! Seltsame Gestalten lungern hier seit Tagen herum… Die ganze Hauswand haben sie mir versaut. Haben Sie’s gesehen? Nazis! haben die Deppen mir neben der Einfahrt aufgesprüht!“ Der Bauer zeigte in Richtung der Hauptstraße und drohte mit einem Zeigefinger: „Wenn ich sie kriege!“

Dr. Oldenburg wußte, daß die aufgesprühte Botschaft seinem Schüler Frank galt, und verzichtete auf weiter Fragen.

„Ich nehme an, daß Sie Frau Uffelmann sehen wollten?“ fragte der Bauer und fuhr ohne eine Antwort abzuwarten fort. „Gehen Sie einfach rein!“

Der Schulleiter klopfte an der Tür, wartete einen Augenblick und ging hinein. Das lange Stallgebäude wurde allem Anschein nach seit langem als solches nicht mehr genutzt und sah innen wie eine leere Werkstatt aus. Die kleinen Fenster ließen nicht allzu viel Licht hinein, daher wirkte der Raum etwas düster. An einer Wand stand ein einfacher Tisch mit mehreren Stühlen, daneben ein E-Piano und eine Stehlampe.

Neben dem Tisch stand eine Frau von etwa vierzig Jahren und ein Junge, der mit einer Geige in der Hand etwas verstört zu ihm schaute.

„Ich bitte Sie um Entschuldigung“, sagte Dr. Oldenburg höflich, während die Frau noch zu ihm ging. „Ich nehme an, Sie sind Frau Uffelmann? Ich bin der Schulleiter des Kant-Gymnasiums.“

Diese einfache Mitteilung hatte auf Frau Uffelmann eine Wirkung, die Dr. Oldenburg auf keinen Fall beabsichtigt oder gar erwartet hatte. Die Frau blieb stehen, schloß die Augen und drückte die Hand auf ihre Brust, als hätte sie darin plötzlich einen starken Schmerz verspürt.

„Fühlen Sie sich nicht gut?“ fragte Dr. Oldenburg besorgt und beeilte sich zu ihr zu kommen.

„Ist mit Frank etwas passiert?“ fragte sie, ohne die Augen zu öffnen.

„Nein, nein!“ rief der Schulleiter ihr beruhigend zu. „Alles in Ordnung!“

Frau Uffelmann schlug die Augen auf und schwieg einige Sekunden. Dr. Oldenburg erkannte sofort eine gewisse Ähnlichkeit mit Frank. Die regelmäßigen Gesichtszüge, die dunkelblonden, leicht gewellten Haare und vor allem die großen hellen Augen hatte er ohne Zweifel von seiner Mutter geerbt.

„Als mein Mann gestorben war, kam zu mir sein Vorgesetzter…“, sagte sie leise. „Genau so, wie Sie jetzt gekommen sind.“

Dr. Oldenburg versicherte ihr noch einmal, daß kein Grund bestehe, sich solche Sorgen zu machen, worauf Frau Uffelmann ihn in die Wohnung bat. Doch der Schulleiter lehnte es höflich ab, denn seine Aufmerksamkeit galt dem Jungen, der nach wie vor etwas schüchtern am Tisch stand.

„Ist das ihr Sohn?“ fragte er neugierig.

„Friedrich“, bestätigte Frau Uffelmann und blickte mütterlich mild zu ihrem Sohn hinüber.

„Wie alt bist du denn?"

„Er ist noch zehn", erklärte Frau Uffelmann.

Dr. Oldenburg kam näher und wunderte sich. Der Junge sah Frank überhaupt nicht ähnlich. Seine hellbraunen Augen waren genauso groß und ausdrucksvoll, doch sie hatten nichts von der strahlenden Fröhlichkeit seines älteren Bruders. Ein ungewöhnlicher Ernst lag darin und eine Tiefe, die nur wenigen Kindern eigen war. Es war schwer sich vorzustellen, daß dieser Junge in seinem kurzen Leben oft gelacht hatte. Sein Gesicht war von langen hellbraunen Haaren umrandet und dessen feine Züge verrieten eine tief fühlende Künstlernatur.

Als der Junge sah, daß der vornehme Herr in dunklem Anzug so aufmerksam auf ihn schaute, flüchtete sein scheuer Blick sofort zu Boden. Was für eine verblüffende Ähnlichkeit mit meinem Sohn! dachte Dr. Oldenburg gerührt. Einen Augenblick beschäftige ihn sogar die Frage, ob der Junge es genauso schwer im Leben habe wie sein Max.

„Hast du gerade Geige gespielt?" fragte er behutsam.

Der Junge schwieg. Die Frage war ohnehin überflüssig, da er nach wie vor die Geige in der Hand hielt. Obwohl Friedrich keine Antwort gab, sprach Dr. Oldenburg einfach weiter: „Welche Klasse besuchst du gerade?"

„In diesem Jahr wird er hoffentlich mit der Grundschule fertig", kam Frau Uffelmann ihrem schweigsamen Sohn zur Hilfe.

„Dann kommst du bald auf mein Gymnasium?" rief der Schulleiter erfreut aus, als wäre es gar selbstverständlich.

Friedrich rührte sich nicht und starrte auf die ausgetretenen Bretter des Fußbodens.

„Ich weiß nicht, ob er eine Empfehlung fürs Gymnasium bekommt", sagte Frau Uffelmann verlegen.

Dr. Oldenburg war sein ganzes Leben lang mit Kindern und ihren Problemen beschäftigt und wußte sofort, worum es ging. Er versuchte es auf andere Weise:

„Was hast du in Musik?"

Frau Uffelmann erkannte, daß es keinen Sinn mehr hatte, die Schulleistungen ihres Sohnes zu verbergen.

„Eine Vier", sagte sie mit einer Stimme, als wollte sie sich dafür entschuldigen.

„Eine Vier!" wiederholte Dr. Oldenburg verwundert. „Kennst du die Noten nicht?"

Frau Uffelmann seufzte schwer.

„Das kann er natürlich“, sagte sie traurig. „Viel besser als alles Andere…“

Der Schulleiter wollte nicht aufgeben.

„Als ich in deinem Alter war, habe ich auch Geige gespielt“, sagte er nicht ohne Stolz. „Meine Musiklehrerin sagte mir, ich habe das Zeug dazu! Ich hatte ein absolutes Gehör!“

Friedrich blickte zu ihm auf, und in seinen mißtrauisch dreinblickenden Augen leuchtete eine gewisse Neugier auf.

„Ich kann’s dir beweisen!“ setzte Dr. Oldenburg etwas angeberisch nach. „Gib mir einen beliebigen Ton.“

Ohne sich zum E-Piano umzudrehen, streckte Friedrich seine Hand zur Tastatur hin und drückte auf eine Taste. Dr. Oldenburg schlug die Augen nieder und begann das Ratespiel.

„Ich glaube, es war ein D“, sagte er unsicher, als er die Augen wieder öffnete.

Friedrich versuchte ein nachsichtiges Lächeln zu unterdrücken.

„War das falsch?“ fragte Dr. Oldenburg besorgt.

Friedrich sah am Gesicht des Schulleiters, daß er ihm jetzt etwas vorspielte, wie es Erwachsenen oft taten, wenn sie Kinder in ein Gespräch verwickeln wollten, fand es aber nett und ging zunächst einmal auf dessen Spiel ein.

„Es war ein E“, sagte er seufzend.

„Bist du dir sicher?“ fragte Dr. Oldenburg und runzelte mißtrauisch seine hohe Stirn.

Das Lächeln des Jungen verstärkte sich und machte die Antwort überflüssig. Auch der nächste Anlauf des Schulleiters scheiterte.

„Das kommt wahrscheinlich davon, daß ich schon lange nicht mehr gespielt habe“, erklärte er, als wollte er sich damit selbst beruhigen.

„Sehr lange“, bestätigte der Junge und betonte dabei das Wort „sehr“ besonders stark. „Sie haben sich um einen ganzen Ton vertan. Wie haben Sie denn Geige gespielt?“

Dr. Oldenburg hatte mit einem solchen Kommentar wohl kaum gerechnet und rieb grübelnd mit der Hand an seiner glattrasierten Wange.

„Jetzt, wo du es sagst, habe ich selbst Zweifel bekommen.“ Dabei schaute er auf die Geige. „Darf ich?“

Friedrich reichte ihm das Instrument hin. Dr. Oldenburg legte es an und begann zu spielen. Die Augen des Jungen lachten. Der Schulleiter kam einige Male durcheinander, fing dann das Ganze von vorne an und reichte schließlich die Geige wieder zurück.

„Klingt nicht so berauschend“, gab er enttäuscht zu.

Der Junge nickte.

„Massenet“, sagte er leise.

„Kennst du das Stück?“ fragte der Schulleiter verwundert. „Kannst du mir zeigen, wie das geht?“

Statt einer Antwort schaute Friedrich zu seiner Mutter hinüber.

„Komm, ich begleite dich!“ sagte Frau Uffelmann ermutigend, bot dem Gast einen Stuhl an, doch dieser lehnte höflich ab und blieb stehen.

Die Frau schaltete die Stehlampe ein und setzte sich an das E-Piano.

Friedrich legte die Geige an und schlug die Augen nieder. Wenige Sekunden später öffnete er sie wieder und nickte zum Zeichen seiner Bereitschaft. Frau Uffelmann begann zu spielen.

Dr. Oldenburg war erneut überrascht. Die einfache Geige, die bei seinem kläglich gescheiterten Versuch gar nicht so richtig klingen wollte, verwandelte sich in den Händen des Jungen und sang jetzt berauschend schön! Auch der Junge selbst verwandelte sich dabei. Die Schüchternheit verflüchtigte sich ganz, und sein sensibles Wesen kam leuchtend zum Vorschein. Nicht nur seine geschickten Hände spielten, er selbst war Musik! Sein Gesicht, die Bewegungen seines schlanken Körpers spielten im Anflug äußerster Hingabe mit.

Noch bevor Friedrich die letzten Takte gespielt hatte, stand die außerordentliche Begabung des Jungen für den erfahrenen Schulleiter außer Frage.

„Ich bin zutiefst beeindruckt!“ sagte er dem jungen Geiger, der auf den Boden starrend, auf sein Urteil wartete. „Ich hätte jetzt gelogen, wenn ich etwas anderes gesagt hätte.“

Der aufrichtige Lob des Schulleiters hatte seine Wirkung nicht verfehlt. Die zarten Wangen des Jungen bekamen Farbe.

„Kannst du mir sagen, wo meine Fehler lagen?“ fragte Dr. Oldenburg.

„Es gab viele“, erwiderte Friedrich etwas verlegen.

„Kannst du mir zumindest den Anfang richtig beibringen?“

Frau Uffelmann lächelte leutselig, als sie sah, daß ihr Sohn auf die Bitte des Schulleiters so willig eingegangen war, und reichte ihm die zweite Geige hin.

„Zunächst müssen Sie den richtigen Ton treffen. Ohne das geht’s überhaupt nicht“, sagte Friedrich sachkundig. „Ich spiele es Ihnen vor.“

Er strich mit dem Bogen über die Seiten und blickte Dr. Oldenburg erwartungsvoll an. Als dieser den Ton verfehlte, wiederholte der Junge es kommentarlos noch einmal.

Friedrich hatte sich seit langem damit abgefunden, daß er in der Welt der Hörgeschädigten leben mußte, und ärgerte sich nicht mehr darüber, daß die meisten Menschen ein C nicht von einem D unterscheiden konnten, während der Unterschied für ihn selbst so gewaltig war, daß er es einfach nicht begreifen konnte, aus welchem Grunde ein Mensch das Wort „Ja“ hörte, wenn man ihm direkt ins Ohr „Nein“ schrie.

„War das jetzt besser?“ fragte Dr. Oldenburg neugierig, nachdem er es noch einmal versucht hatte.

„Schon besser“, sagte Friedrich nachsichtig.

Der Unterricht kam langsam in Fahrt. Dr. Oldenburg gab sich große Mühe, um den strengen Anweisungen des Jungen haargenau zu folgen, konnte ihn aber damit keineswegs zufriedenstellen. Bald schlüpfte Friedrich in die Rolle des Musiklehrers und gab jede Zurückhaltung auf.

„Sie klammern sich an den Griff, als ob es ein Besenstiel wäre!“ sagte er ernst. „Die Hand sollte über das Griffbrett fliegen können. Wie wollen Sie denn schwierige Stücke spielen, wenn sie so weitermachen?“

„Wie meist du das mit dem Fliegen?“ fragte Dr. Oldenburg. „Kannst du es mir zeigen?“

„Na ja, zum Beispiel bei Saint-Saens“, sagte Friedrich und legte die Geige an.

Was Dr. Oldenburg gleich danach sah und hörte, versetzte ihn in helle Begeisterung. Die flinken Finger des Jungen flogen tatsächlich über dem Griff mit einer schwindelerregenden Geschwindigkeit. Nicht weniger beeindruckend waren auch die rasanten Bewegungen seines Bogens.

Als Friedrich aufhörte und wieder zum Schulleiter aufblickte, war dieser sichtlich überfordert.

„Warte mal!“ sagte er schnell und atmete tief durch. „Kannst du es mir noch einmal vorspielen?“

Der Junge wiederholte das virtuose Stück.

„Sehen Sie!“ sagte Friedrich belehrend. „Dabei habe ich selbst zwei Fehler gemacht. Ohne ein Warmspielen geht es gar nicht. Der kleine Finger kommt nicht nach und rutsch einfach zu weit weg! Wenn Sie sich aber so fest an den Griff klammern, als wäre es ein Rettungsring, werden Sie die Hand gar nicht richtig bewegen können!“

Dr. Oldenburg bemühte sich, das Gesagte zu verinnerlichen und nickte wie ein braver Schüler, was den Jungen nur noch mehr anspornte.

„Und wie Sie den Bogen führen! Das ist doch keine Holzsäge! Der Bogen wiegt ja nur sechzig Gramm! Sie müssen die richtige Strichstelle finden und den Bogendruck kontrollieren, sonst klingt es nicht…“

Der Junge erklärte ihm die wichtigsten Grundregeln, während seine tiefsinnigen Augen vor Begeisterung glühten.

„Meinst du, ich werde jemals so spielen können?“ fragte Dr. Oldenburg etwas wehmütig.

„Nein“, sagte der Junge ernst. „Sie haben einfach keinen Sinn für die Geige. Ihre Musiklehrerin hat Sie belogen. Außerdem sind Sie zu alt dafür. Versuchen Sie es lieber mit einem anderen Instrument…“

„Friedrich!“ rief Frau Uffelmann ihm vorwurfsvoll zu. „Was sagst du da?“

Der Junge erstarrte. Als er sich wieder daran erinnerte, wer vor ihm stand, vergrub er den Blick tief unter seinen Füßen.

„Entschuldigung“, sagte er leise, während Dr. Oldenburg von Herzen lachte.

„Du hast sicher Recht!“ entgegnete er fröhlich und legte dem Jungen die Hand freundschaftlich auf die Schulter. „Nach deinem Unterricht leuchtet es mir auch ein!“

Als Friedrich nach der Zurechtweisung der Mutter gerade dabei war, sich innerlich wieder zurückzuziehen, überraschte der Schulleiter ihn mit einem Angebot.

„Weißt du was?“ sagte er gut gelaunt. „Ich würde mich sehr freuen, wenn du auf mein Gymnasium kommst. Willst du das?“

Der Junge blickte ihn ratlos an und schwieg.

„Ich habe so viele nette Schüler, die dir gern helfen würden, deine Noten in anderen Fächern zu verbessern. Du hast ein helles Köpfchen! Wenn du willst, schaffst du es! Bei mir auf dem Gymnasium wirst du in Musik eine glatte Eins haben!“ Dr. Oldenburg streckte ihm seine Hand hin. „Schlag ein!“

Friedrich rang mit sich und konnte zu keiner Entscheidung gelangen. Hilflos blickte er zu seiner Mutter, und als er sah, wie ausdrucksvoll sie ihm mit dem Kopf zunickte, gab er dem Schulleiter zögerlich seine Hand.

„Komm in den nächsten Tagen nach dem Unterricht mit Frank einfach zu mir! Dort können wir die Sache in Ruhe besprechen“, sagte Dr. Oldenburg zufrieden, während er dessen Hand in seiner hielt.

Als die Entscheidung getroffen war, entspannte sich der Junge und schaute den vornehmen Herrn aus den Ecken seiner glänzenden Augen fasziniert an. Nicht weniger beeindruckt und dankbar war Frau Uffelmann. Sie wollte den Schulleiter in die Wohnung einladen und bot ihm einen Kaffee an, doch er lehnte es höflich ab, verabschiedete sich von Friedrich und bat sie, mit ihm für einige Worte nach draußen zu gehen.

Frau Uffelmann wurde wieder unruhig und mußte daran denken, daß der Schulleiter wohl kaum ohne Grund zu ihnen gekommen war, und wartete in banger Vorahnung auf das, was er ihr sagen würde.

„Wissen Sie“, sagte Dr. Oldenburg, als sie draußen neben der Tür standen. „Frank war heute bei mir, und wir haben ein kontroverses Gespräch geführt, das immer heftiger wurde. Könnten Sie ihm bitte ausrichten, daß es nicht so gemeint war. Es tut mir wirklich leid. Er sollte morgen früh vor dem Unterricht unbedingt zu mir kommen.“

Frau Uffelmann entspannte sich ein wenig, doch der Gedanke daran, daß es zwischen Frank und diesem liebenswürdigen Menschen zu einem Streit gekommen war, quälte sie unablässig.

„Frank ist manchmal aufbrausend“, sagte sie verlegen, „doch später tut es ihm sehr leid. Oft kann er danach die ganze Nacht nicht mehr schlafen…“

Dr. Oldenburg fand diese Erklärung überflüssig und unterbrach sie.

„Sie haben wundervolle Kinder“, sagte er offenherzig. „Man kann sie nur beneiden.“

Die Worte berührten die Frau.

„Ich weiß nicht, wie ich Ihnen danken sollte…“, sagte sie bewegt.

Nachdem Frau Uffelmann sich beruhigt hatte, blickte sie wieder zu ihm auf.

„Ich weiß, das etwas geschehen ist“, sagte sie kummervoll. „Ich wäre Ihnen sehr dankbar, wenn Sie es mir sagen würden.“

Dr. Oldenburg wußte nicht, wo er beginnen sollte, und schwieg einige Sekunden lang.

„Frank hat sich öffentlich zu einem Thema geäußert, das hierzulande sehr sensibel ist“, sagte er behutsam. „Es betrifft die Zeit des Nationalsozialismus, genauer gesagt, die Judenverfolgung während dieser Zeit. Irgendjemand hat ihm einen Artikel zugesandt, der sich mit der Zahl der Holocaust-Opfer in Auschwitz kritisch auseinandersetzt.“

Frau Uffelmann schlug die Augen nieder.

„Ich weiß, welchen Artikel sie meinen. Vor einer Woche habe ich im Briefkasten einen großen Umschlag gefunden.“

Als Dr. Oldenburg sah, wie groß ihre Angst war, beschloß er, den Angriff der Journalisten erst gar nicht zu erwähnen.

„Er muß einfach vorsichtiger sein“, sagte er beruhigend. „Wissen Sie, die Beschäftigung mit diesen Fragen ist leider sehr oft mit dem Vorwurf des Antisemitismus verbunden.“

„Aber er hatte doch in Rußland so viele jüdische Freunde!“ erwiderte sie besorgt. „Sie waren so oft bei uns zu Hause. Ich habe noch nie gehört, daß Frank abfällig von Juden gesprochen hat. Das kann ich mir auch gar nicht vorstellen!“

„Ich glaube Ihnen“, beteuerte Dr. Oldenburg. „Ehrlich gesagt, kann ich es mir genauso wenig vorstellen! Das wird ihm aber kaum helfen, wenn er sich wieder öffentlich zu diesem Thema äußert.“ Er legte eine kurze Pause ein, dann blickte er vertrauensvoll in ihre Augen. „Könnten Sie vielleicht mit ihm darüber sprechen?“

Frau Uffelmann nickte verständnisvoll, versuchte zu lächeln, konnte aber ihre innere Unruhe nicht verbergen.

Sie verabschiedeten sich, und der Schulleiter stieg wieder in seinen Wagen ein.

* * *

Der Nachmittag neigte sich seinem Ende zu, doch Dr. Oldenburg hatte nicht vor, nach Hause zu fahren. Zwar konnte er seinen Sohn nicht erreichen, doch er hatte ihm eine beruhigende Nachricht hinterlassen, die Max bereits gelesen hatte.

Als Dr. Oldenburg das kleine Bergdorf verlassen hatte, fuhr er einfach weiter und erreichte bald einen kleinen Parkplatz. Hier an den Hängen eines flachen Hügels war er früher oft mit seinem Max gewandert. Allein die Erinnerung an diese glückliche Zeit füllte sein Herz mit süßem Schmerz. Anhänglich und voller Vertrauen hatte sein kleiner Sohn zu ihm geschaut und ihn mit Fragen überhäuft, die jedes Kind in diesem Alter beschäftigen. Verträumt baute er sich in seinem Zimmerchen märchenhafte Welten auf, ohne zu ahnen, wie hart und ungerecht die Welt da draußen war. Erst in der Grundschule hatte sich das Leben auf ihn gestürzt und ihm seitdem keine Atempause gegönnt.

Dr. Oldenburg stieg aus dem Wagen und ging auf dem verschlungenen Waldweg den Berg hinauf. Die Gedanken an seinen Sohn ließen ihn nicht los.

Wie sollte es bloß weitergehen? dachte er sorgenvoll. Wie soll er mit anderen Menschen zurecht kommen, wenn auch ich dabei versagt habe? Tausendmal hatte er sich gefragt, warum sein Sohn so anders war. Weder die üppigen Stammbäume ihrer Vorfahren noch die Gutachten erfahrener Psychologen konnten das Geheimnis seines ungewöhnlichen Wesens lüften.

Was konnte seinen achtjährigen Sohn dazu verleiten, sich so tiefgründig mit klassischer Musik zu beschäftigen, wie sie nur einem erlesenen Kreis von Kunstkennern zugänglich war? Was muß geschehen sein, daß ein Kind von sich aus den Weg zu Christus fand, wenn seine Familie auf der anderen Seite stand und für den Glauben nur ein nachsichtiges Lächeln übrig hatte? War das mein Vater, der seinen Enkel so geprägt hatte?

Erst als sein Sohn zum ersten Mal in seinem Leben einen echten Freund gewonnen hatte, blühte er wieder auf. Dr. Oldenburg blieb stehen. Die Erinnerung an jenen Augenblick, als Max ins Wohnzimmer gestürmt war und ihn mit glänzenden Augen um zwei Karten für Bayreuth gebeten hatte, ging es über ihn wie eine warme Welle. Was für ein Glück war das, sein leidendes Kind plötzlich so fröhlich sehen zu dürfen!

Ausgerechnet Frank gab Max die Kraft, die er so bitter nötig brauchte. Nun war aber das Schicksal seines Sohnes an einen Jungen gebunden, der selbst an dieser Welt zugrunde zu gehen schien. Wie dem auch sei, dachte Dr. Oldenburg, ich werde meinen Sohn nicht verraten…

Das Klingeln seines Handys unterbracht seine Gedanken. Auf dem Display leuchtete die Nummer des Ministers. Nun weiß auch das Ministerium von dem Interview mit Frank, stellte Dr. Oldenburg nüchtern fest. Er schlug die Augen nieder und wartete, bis das Klingeln erstarb, dann steckte er das Telefon wieder in die Tasche und ging weiter.

Jetzt habe ich den Rubikon überschritten und einen Punkt erreicht, an dem es kein Zurück mehr geben kann, dachte Dr. Oldenburg sichtlich erleichtert darüber, daß es endlich geschehen war. Bin ich noch Herr über mein eigenes Schicksal? Tief in seiner Brust fühlte er beinahe physisch, wie die Fluten des Lebens ihn erfaßten und in eine Zukunft trugen, die im dichten Nebel lag. Doch die Sorge darüber störte nicht den seltsamen Frieden in seiner Seele. Man muß wieder lernen, sich selbst treu zu bleiben, dachte er und ging immer weiter in den lichten Buchenwald hinein. Gibt es eine größere Freude, als dem Ruf seines eigenen Gewissens zu folgen?

Auf einer Lichtung blieb er stehen und lauschte dem zauberhaften Raunen des Waldes. Ein leichter Höhenwind streifte die Baumkronen und brachte die umstehenden Buchen zum Flüstern. Dr. Oldenburg schaute in den Himmel. So hoch und rein hatte er ihn schon lange nicht mehr gesehen. Eine stille Freude keimte in seiner Brust, ein fast in Vergessenheit geratenes Gefühl, ein Teil dieser großen geheimnisvollen Welt zu sein. Er konnte fühlen, wie sich all die bedauerlichen Nichtigkeiten, die ihn wie starke Fesseln am Boden hielten, zu lösen begannen, wie sein Geist in die blaue Unendlichkeit strebte. Er fühlte wieder das Leben, wie er es einst in seiner Kindheit fühlen konnte! Wie wundervoll! dachte Dr. Oldenburg entzückt. Selbst der Gedanke an Gott schien ihm plötzlich nicht mehr so fremd. Ganz ohne zusätzliche Beweise konnte er sich jetzt durchaus vorstellen, daß über dieser Welt und über diesem tiefblauen Himmel eine liebende Macht wachte, die allem Seienden einen höheren Sinn gab…

Warum habe ich es früher nicht gesehen, nicht so klar fühlen können? Zwar tauchte die Frage auf, doch die Suche nach einer Antwort belastete ihn nicht wirklich. War diese Wonne ein Zeichen von jener geheimnisvollen Macht? Ein Geschenk dafür, daß ich vielleicht zum ersten Mal gewagt habe, so zu handeln, wie ich es schon immer wollte? Auch wenn ich den Jungen nicht retten kann, auch wenn es noch so sinnlos erscheinen mag, will ich es nicht mehr anders haben…

Als Dr. Oldenburg wieder den Parkplatz erreichte, blieb er unentschlossen an seinem Wagen stehen. Nach Hause wollte er nicht fahren. Max wird bestimmt erst am späten Abend kommen, und die unausweichliche Aussprache mit seiner Frau wollte er unbedingt hinauszögern. Der Streit würde ihn wieder herunterziehen, das schöne Erlebnis im Wald aus seinem Herzen verdrängen.

Ohne zu wissen warum, erinnerte er sich an seinen Jugendfreud, holte sein Handy hervor, um seinen Besuch anzukündigen, zögerte aber einige Sekunden lang. Wie haben wir denn damals ohne Handys gelebt, dachte Dr. Oldenburg und steckte es wieder in die Tasche…

Alte Freunde

Das Haus, in dem Professor Meisner wohnte, lag in einer ruhigen Straße am Rande der Kreisstadt. Dr. Oldenburg kannte es in- und auswendig, auch wenn er sich nicht mehr erinnern konnte, wann ganz genau er seinen Jungendfreund zum letzten Mal besucht hatte.

Er klingelte, doch im Haus rührte sich lange Zeit nichts. Erst nachdem er noch einmal geklingelt hatte, hörte er die Stimme des Hausherrn.

„Ich komme schon“, rief dieser mit schwacher Stimme.

Bald wurde die Tür geöffnet. Prof. Meisner war in einen Bademantel gekleidet und sah ausgesprochen kränklich aus. Von seiner sonst immer frischen Gesichtsfarbe war keine Spur mehr zu sehen. Tiefe Falten zogen sich um seine Mundwinkel, während sein prächtiger Schnurrbart, dessen Spitzen stets hochgedreht worden waren, kraftlos herunterhing.

„Was für eine Überraschung!“ rief er erfreut aus und bat seinen Freund einzutreten. „Ich bin ein wenig krank geworden, aber das ist nur eine Kleinigkeit.“

„Hoffentlich habe ich dich nicht gestört?“ fragte Dr. Oldenburg etwas verlegen, als er seine kraftlose Hand drückte.

„Wovon redest du, Hermann? Ich freue mich, daß du dir den Weg gemacht hast, um mich zu besuchen!“

„Ich habe mich aber nicht angemeldet“, entgegnete Dr. Oldenburg.

„Das ist der beste Beweis dafür, daß du immer noch mein Freund bist“, sagte der Hausherr zufrieden und führte ihn ins Wohnzimmer.

Hier hatte sich nichts verändert. Ein altmodischer Schrank und ein breites Bücherregal beherrschten den Raum. Eine lederne Polstergruppe um einen runden Couchtisch und ein Fernsehgerät vervollständigten die bescheidene Einrichtung, um deren Erneuerung sich der Hausherr keine Gedanken zu machen schien.

„Was hast du, Dieter? Ist’s was Ernstes?“ fragte Dr. Oldenburg, besorgt über den Gesundheitszustand seines Freundes, denn bereits bei ihrem letzten Treffen hatte er bemerkt, daß dieser sichtlich angeschlagen gewesen war.

„Nicht der Rede wert!“ erwiderte Prof. Meisner und schlurfte ins Schlafzimmer, um sich umzuziehen.

Als er einige Zeit später in den Raum trat, trug er wie gewohnt einen dunklen Anzug und Krawatte. Erst jetzt sah Dr. Oldenburg, wie stark sein Freund in den letzten Wochen abgenommen hatte. Nicht nur der Sakko schien eine Nummer größer zu sein, sondern auch die Hose hing an ihm schlapp herunter und wäre ohne Gürtel sofort auf den Boden gerutscht. Betroffen blickte Dr. Oldenburg in sein verwelktes Gesicht, unsicher darüber, ob es angebracht wäre, ihn noch einmal nach seiner Erkrankung zu fragen.

Prof. Meisner ließ sich mühevoll auf einem Sessel nieder, wobei er sich mit beiden Händen an dessen Lehnen stützte. Selbst dafür schien er zu schwach zu sein.

„Wie geht's dir, Hermann?“ fragte er, als sein Atem wieder ruhiger ging.

„Gar nicht so gut“, gab Dr. Oldenburg seufzend zu. „Dieser Junge, von dem ich dir damals erzählt habe, hat vor einigen Tagen ein Interview gegeben. Die Journalisten haben ihn in die Falle gelockt. Sie haben ihn über den Holocaust ausgefragt.“

„Ich habe dich gewarnt“, sagte Prof. Meisner, sichtlich bedrückt ob der schlechten Nachricht. „Du hättest solche Diskussionen im Keim ersticken sollen. Sie führen jeden ehrlichen Menschen auf ein gefährliches Minenfeld, wo er früher oder später in die Luft gesprengt wird. Eine solche Herausforderung darf man nur dann annehmen, wenn man ausreichend gewappnet ist. Vor allem aber muß man sich dessen bewußt sein, worauf man sich dabei einläßt. Du ahnst wahrscheinlich immer noch nicht, in welchem Staat wir leben.“

„Du hast Recht, Dieter! Noch vor einigen Monaten habe ich geglaubt, ich wüßte es“, erwiderte Dr. Oldenburg schwermütig.

Ein nachsichtiges Lächeln zeigte sich auf dem ausgezehrten Gesicht seines Freundes und verflüchtigte sich wieder.

„Es gibt viele Ländern, in denen eine wissenschaftliche Erörterung geschichtlicher Vorgänge nicht möglich ist. Unser Staat führt diese Liste souverän an. Denn es gibt kein einziges Land auf dieser Erde, das seinen Bürgern drakonische Strafen androht, nur weil sie eben dieses eigene Land mit redlichen Mitteln vor zweifelhaften Vorwürfen in Schutz nehmen wollen! Unsere Gesetze verbieten den Menschen nicht nur ihre Meinung in der Öffentlichkeit zu äußern, sondern sie nehmen ihnen sogar das Recht, sich vor Gericht zu verteidigen. Nicht einmal die Inquisition ist so weit gegangen!

Der Bereich des Verbotenen wird immer schneller ausgeweitet. Inzwischen betrifft es nicht nur den Holocaust und die Zeit des Nationalsozialismus. Vor einer Woche hat man im Internet einen Beitrag zensiert, weil dort ein Zitat von Helmut Schmidt angeführt war. Nicht nur dein Wunderjunge, sogar ich, immerhin ein nicht gänzlich unbekannter Geschichtsprofessor, wäre schon längst hinter schwedischen Gardinen gelandet, wenn ich eine abweichende Meinung zu diesem Thema zum Ausdruck gebracht hätte. Wohl gemerkt, ganz unabhängig davon, wie begründet diese Meinung gewesen wäre.“

„Ist es wirklich so dramatisch?“ fragte Dr. Oldenburg.

Die Frage wühlte den Professor gehörig auf. Seine müden Augen fingen wieder Feuer und blitzten zornig.

„Sag mir ehrlich!“ sagte er aufgeregt. „Glaubst du wirklich, daß dieser Junge ein Antisemit ist oder aus niederen Beweggründen zur Ungerechtigkeit neigt?“

„Nein! Er liebt zwar sein Volk…“, fing Dr. Oldenburg vorsichtig an, um seinen kranken Freund zu schonen, doch dieser unterbrach ihn.

„Hand aufs Herz, Hermann!“ rief er ihm zu. „Würde der Junge seine Meinung korrigieren, wenn neue Tatsachen sie erschüttern würden? Damals hast du mir gesagt, daß er das tun würde.“

„Auch jetzt wollte ich dir nichts anderes sagen. Das wird er bestimmt tun“, bestätigte Dr. Oldenburg, sichtlich bemüht, das Gespräch in ruhigere Gewässer zu bringen, doch sein Freund wurde nur noch heftiger.

„Dann weißt du, welches Verbrechen unsere Elite auf ihre Schultern geladen hat!“ stieß Prof. Meisner hervor, während sein blasses Gesicht fleckig wurde. „Man hat das christliche Abendland schändlichst verraten und sich auf materialistische Ideologien eingelassen. Dabei hat man aber leichtfertig vergessen, daß eine Ideologie, welche hehren Ziele sie auch zu haben vorgibt, immer darauf angewiesen ist, die Wahrheit in ihrem Sinne zu verbiegen. Irgendwann verheddert man sich in Halbwahrheiten und gemeinste Lügen so weit, daß man sich vor solchen Menschen wie diesem Jungen nur noch durch Androhung drakonischer Haftstrafen schützen kann. Irgendwann stecken sie ihn ins Gefängnis! Wofür, frage ich dich? Wofür?!“

Der Professor hatte sich dermaßen aufgeregt, daß er gezwungen war, eine Pause einzulegen. Schwer atmend starrte er vor sich hin, während seine zitternde Hand auf der Brust lag. Unter großer Kraftanstrengung erhob er sich von seinem Sessel, ging zum Wohnzimmerschrank und holte daraus einen Streifen Tabletten. Dr. Oldenburg versuchte zu erkennten, um welche Arzneimittel es sich handelte, doch der Abstand war viel zu groß.

„Du bist krank, Dieter! Was hast du denn?“ fragte Dr. Oldenburg zutiefst besorgt, doch sein Jugendfreund machte eine ärgerliche Handbewegung, die es deutlich machte, daß er darüber überhaupt nicht sprechen wollte.

„Nicht schlimm“, warf er ihm wie nebenbei zu, nachdem er eine kleine Tablette geschluckt hatte.

Er setzte sich wieder hin und sagte wesentlich ruhiger: „Wenn in einem System nicht die ehrlichsten Menschen nach oben kommen, sondern nur noch zwielichtige Personen, denen Anstand und Wahrheit nicht mehr wichtig sind, dann hat dieses System keine Zukunft mehr!“

Dr. Oldenburg hielt diese Prognose für übertrieben und wollte seinen Glauben an die selbstheilenden Kräfte der liberalen Gesellschaft nicht so einfach aufgeben.

„Man kann natürlich vieles kritisieren und sogar verurteilen, aber im Ganzen genommen leben wir doch in einer Demokratie“, entgegnete er möglichst ruhig.

„Welche Demokratie meinst du jetzt?“ fragte Prof. Meisner und runzelte seine Stirn. „Erklär mir bitte dieses rätselhafte Wort, das alle im Munde führen.“

„Das ist vor allem der Wille des Volkes. Das weißt du doch!“

„Ach ja!“ sagte sein Jugendfreund erheitert. „Wie konnte ich das bloß vergessen? Der Wille des Volkes! Wenn dem aber so ist, dann versuchen wir uns mal daran zu erinnern, wann dieser Wille des Volkes je verwirklicht wurde. Wollte unser Volk etwa unsere Deutsche Mark, um die uns der Rest der Welt beneidet hat, gegen den Euro eintauschen? Sogar die letzten Lügner werden es nicht wagen, eine solche Behauptung aufzustellen. Oder wollte das deutsche Volk vielleicht die Grenzen unseres Landes für die Masseneinwanderung öffnen? Wiederum nicht! Oder wollten die Deutschen etwa ihr Leben für die Interessen einer globalistischen Elite opfern, indem ihre Söhne angeblich unsere Freiheit am Hindukusch verteidigten? Wann, frage ich dich, wann wurde in dieser Republik je der Wille des Volkes berücksichtigt? Nicht einmal eine Verfassung haben wir. Nur ein Grundgesetz, das uns vor langer Zeit von den Siegern verordnet wurde!“

„Das weiß ich doch, Dieter!“ entgegnete Dr. Oldenburg. „Du wirst es mir vielleicht nicht glauben wollen, aber genau das Gleiche habe ich heute meinem vorlauten Schüler gepredigt! Es gibt in der Tat sehr viel, was bei uns schief gelaufen ist. Trotzdem leben wir hier nicht wie in Nordkorea! Du kannst doch nicht abstreiten, daß wir eine Volksvertretung haben!“

Auf dem ausgezehrten Gesicht des Professors zeigte sich ein nachsichtiges Lächeln.

„Der Bundestag, mein Freund, ist nur dafür zuständig, die Art und Weise unserer Selbstvernichtung zu wählen“, sagte er mit beißender Ironie. „In den lebenswichtigen Richtungsfragen sind alle Parteien einer Meinung. Sie arbeiten an der Abschaffung ihres eigenen Nationalstaates und helfen fleißig mit, eine neue Welt zu errichten! Die Sozialdemokraten möchten den Übergang gern etwas sozialer gestalten, die Liberalen betonen dabei die wirtschaftliche Freiheit, während es den Grünen und den Linken gar nicht schnell genug gehen kann. Selbst deine Partei, die CDU, die früher vorgab, konservative Werte zu verteidigen, ist bereits soweit gekommen, daß sie das verkommene Menschenbild der Neomarxisten übernommen und sich selbst an die Spitze der globalistischen Agenda gesetzt hat.

In diesem absurden Theater schlagen sie sich die Köpfe ein bei der Erörterung der Frage, ob die Beiträge zur Krankenversicherung im nächsten Jahr um ein halbes Prozent steigen sollten, während die grundlegenden Entscheidungen außerhalb des Bundestages getroffen werden. Meinst du wirklich, daß es der Wille unseres Volkes war, daß die anständigen Menschen nur hinter zugezogenen Gardinen ängstlich einander ins Ohr flüstern, was sie über die eine oder die andere historische Begebenheit denken? Ich kann mir vorstellen, womit das alles enden wird, wenn die Zahl der Holocaust-Opfer, die der Junge angezweifelt hat, bereits heute eine religiöse Dimension angenommen hat. Ob da die Wahrheit überhaupt noch eine Rolle spielen würde?“

„Aber du kennst sie, die Wahrheit?“ fragte Dr. Oldenburg forschend.

Prof. Meisner ließ sich Zeit mit der Antwort, als wollte er sich zunächst einmal beruhigen. Dann sagte er sachlich kühl:

„Ich möchte nicht unbescheiden sein. Doch wenn es tatsächlich jemanden auf dieser Welt geben sollte, der vom Holocaust Ahnung hat, dann bin ich es.“

„Ich muß sie aber auch wissen!“ erwiderte Dr. Oldenburg mit Nachdruck. „In den nächsten Tagen werde ich mit Fragen bombardiert! Ich muß etwas sagen können!“

„Sag doch einfach die Wahrheit!“ schlug Prof. Meisner vor.

„Was meinst du jetzt ganz genau?“ fragte Dr. Oldenburg irritiert. „Wenn ich ehrlich sein sollte, muß ich gestehen, daß ich nur wenig darüber weiß!“

„Das habe ich doch gerade gemeint!“ rief sein Freund ihm zu. “Sag die Wahrheit! Sag ihnen, daß du es nicht weißt! Denn Wissen gründet auf harten Tatsachen, genauer Kenntnis der Umstände und eiserner Logik. Du hast aber, wenn überhaupt, nur zweifelhafte Sekundärliteratur gelesen! Ich bin mir sicher, daß du keine Ahnung von der Quellenlage hast!"

Dr. Oldenburg war noch mehr beunruhigt.

„Das kann ich als Schulleiter unmöglich sagen! Wie stellst du dir das vor? Wenn ich vor laufender Kamera zugebe, daß ich die Wahrheit über den Holocaust nicht kenne, würden meine Feinde daraus sofort eine Holocaust-Leugnung konstruieren!"

Prof. Meisner lachte bitter auf.

„Das muß man sich auf der Zuge zergehen lassen: Du kann nicht sagen, daß du es nicht weißt!!! Soweit sind wir schon gekommen, Hermann! Ich bin mir gar nicht so sicher, ob das Mittelalter tatsächlich so dunkel war. Wozu wolltest du denn überhaupt von mir die Wahrheit wissen, wenn du nicht einmal sagen darfst, daß du sie nicht kennst? Bist du etwa bereit, sie auszusprechen, wenn sich herausstellen sollte, daß sie die offizielle Version der Geschichte nicht stützt?"

Dr. Oldenburg faßte sich an die Stirn.

„Das wäre Selbstmord. Das weißt du doch", sagte er leise, ohne seinen Jugendfreund anzuschauen. „Wie konnte es aber dazu kommen, daß wir nicht einmal das sagen dürfen?" fragte er innerlich aufgewühlt. „Hat die Menschheit Jahrhunderte lang umsonst für die Freiheit gekämpft? Ist so viel Blut vergossen worden, damit wir im einundzwanzigsten Jahrhundert, wie du so trefflich gesagt hast, bei zugezogenen Gardinen einander unsere Meinungen ins Ohr flüstern müssen?"

Prof. Meisner lächelte über die Gefühlsaufwallung seines Freundes.

„Nun sehe ich endlich meinen Jugendfreund so, wie ich ihn in Erinnerung habe", sagte er mit warmer Stimme. „So haben deine Augen früher geglänzt, wenn du über Politik gesprochen hast! Ich war unheimlich stolz, einen solchen Freund zu haben!"

Dr. Oldenburg schwieg. Noch nie konnte er Lob ertragen, auch wenn man damit unterschwellig Kritik an seinem aktuellen Zustand übte. In solchen Augenblicken hatte er das sichere Gefühl, daß seine Gesprächspartner ihre Meinung sofort ändern würden, wenn sie nur einen Teil davon erfahren hätten, was er in seinem Leben bereits getan und gedacht hatte.

„Hast du eine Ahnung, wie es dazu kommen konnte, daß wir unsere Freiheit verloren haben?" wiederholte er seine Frage, um die unangenehme Pause so schnell wie möglich zu beenden.

„Um diese Frage zu beantworten, muß man zunächst verstehen, welche

Kräfte das Geschehen in der Welt vorantreiben. Die Geschichte ist der Schlüssel zum Verständnis der Politik, und diese ist nicht nur von Sachzwängen beherrscht, wie die Marxisten uns gern beweisen möchten. Sie wird im Wesentlichen von Religionen, Weltanschauungen und Ideen bewegt, die frontbildende Kräfte entfalten. Dabei spielt aber auch Mystik eine gewisse Rolle. Du mußt es besser wissen", sagte Prof. Meisner mit rätselhafter Stimme.

„Wieso?" wunderte sich sein Jugendfreund.

„Erinnerst du dich noch an unsere Blutsbrüderschaft?"

„Natürlich!" bestätigte Dr. Oldenburg. „Wir waren damals, soviel ich weiß, erst fünfzehn..."

Eine warme Erinnerung regte sich in ihm. Niemals hätte er vergessen können, wie sie sich hinter einer Scheune versteckt und die blutenden Arme aneinander gedrückt hatten. Besonders jetzt, wo sein Leben so mächtig ins Wanken geraten war, fühlte er die Sehnsucht nach dieser schönen Zeit so stark, daß seine Augen feucht wurden.

„Du selbst hast es mir damals angeboten", fuhr Prof. Meisner fort. „Hast du noch nicht vergessen, wie wir einander geschworen haben, keine Geheimnisse voreinander zu haben?"

„Wie kann ich das vergessen?" sagte Dr. Oldenburg leise.

„Ich habe diesen Eid als heilig empfunden, und ich habe damals in deine leuchtenden Augen geschaut und fest daran geglaubt, daß du es auch ernst gemeint hast."

„Ich habe es auch ernst gemeint!" beteuerte Dr. Oldenburg bewegt.

„Warum hast du dann vor mir verschwiegen, daß du Freimaurer geworden bist?"

Dr. Oldenburg sah ihn mit großen Augen an.

„Woher weißt du das?" fragte er verblüfft.

„Für einen Menschen, der sich so lange mit diesen Themen beschäftigt hat, ist es gar nicht so schwer, einen Freimaurer zu erkennen. Es steht in großen Buchstaben auf deiner Stirn geschrieben. So etwas färbt ganz schön ab. Ich bin überzeugt, daß du es selbst gar nicht bemerkt hast. Ich aber kenne dich, wie kein anderer. Ich habe dich stets bewundert, wie rein du warst, Hermann, wie edel deine Gedanken waren. Mag sein, daß wir uns in vielen Dingen geirrt haben. Doch du warst immer ehrlich und deinem neuen Schüler gar nicht so unähnlich!"

Dr. Oldenburg starrte vor sich hin und schwieg. Die Worte seines Freundes brannten auf seinem Gewissen wie glühendes Eisen.

„Es war nicht mein Geheimnis, Dieter…“, sagte er leise, doch Prof. Meisner unterbrach ihn.

„Ich weiß!“ sagte er nachsichtig. „Ich wollte dir nur vor Augen führen, wie schnell das geht. Vielleicht war unsere Freundschaft für dich nicht so viel wert, wie sie es für mich war…“

„Dieter!“ rief Dr. Oldenburg ihm betroffen zu. „Was sagst du denn…“

„Das ist kein Vorwurf“, erwiderte Prof. Meisner beruhigend. „Ich will dich nicht verletzen! Ich möchte nur, daß du verstehst, was mit dir damals geschehen ist. Denn das war mit Sicherheit nur das erste Opfer. Ich will gar nicht wissen, was du noch alles auf dem Altar der vermeintlichen Freiheit, Gleichheit und Brüderlichkeit geopfert hast. Sag mir ehrlich, ob du noch ein freier Mensch bist?“

„Ich weiß es nicht“, sagte Dr. Oldenburg deprimiert.

„Wieso bis du denn überhaupt dem Orden beigetreten?“

„Es hat sich so ergeben.“

„Ich vermute: Es hat sich genauso ergeben, wie es sich bei den meisten Freimaurern ergeben hat“, sagte Prof. Meisner. „Soll ich dir das im Einzelnen erklären?“

Dr. Oldenburg hob die Augen wieder zu ihm.

„Das ganze Geheimnis ist denkbar einfach. Ein feinfühliger, dazu noch ein gebildeter Mensch vereinsamt mit dem Eintritt in das Erwachsenenalter. Die meisten Menschen, die ihn im Alltag umgeben, sind nicht so anspruchsvoll. Kein Wunder, daß er in helle Begeisterung gerät, wenn er dem Orden begegnet! Hier trifft er Menschen von feinster Bildung, Menschen, die einem hohen Ideal zu dienen glauben und nicht zuletzt eine bedeutende Stellung in der Gesellschaft haben. Dieses Erlebnis ist für die meisten Novizen von prägender Bedeutung. Das ist für sie, wenn man so will, ein Schluck Wasser in der glühenden Wüste des Alltags. Unterschwellig wird ihm nahegelegt, daß auch er nicht zufällig den Weg zu ihnen gefunden habe. Er sei schon immer Freimaurer gewesen, auch wenn er früher noch nichts davon gewußt habe. Wer wird ihm verübeln, daß er auf den leichten Flügeln seiner Begeisterung geradewegs in ihre Netze fliegt und bald in ein pompöses Aufnahmeritual hineinstolpert. Das Bewußtsein, einem erlesenen Kreis anzugehören, ist eine der stärksten Versuchungen, mein Freund.“

„So einfach ist das?“ fragte Dr. Oldenburg bekümmert.

„Wenn man die Einzelheiten wegläßt, ist der Ablauf immer der gleiche. Und bei dir war es bestimmt nicht anders. Ich glaube nicht, daß du vor der Aufnahme in den Orden an mögliche Vorteile und Beziehungen gedacht hast. Ich bilde mir ein, dich gut zu kennen. Du bist eingetreten, um der Sinnlosigkeit deines Lebens zu entfliehen!"

Dr. Oldenburg schwieg. Es war nicht leicht zuzugeben, daß sein Freund in vielerlei Hinsicht Recht hatte.

„Dabei hast du aber übersehen, daß hinter der freimaurerischen Mystik, ihren ausgeschmückten Ritualen und zahllosen Symbolen sich eine Leere verbirgt, die niemals die Seele eines gesunden Menschen erquicken kann", setzte Prof. Meisner seine Ausführungen fort. „Es reicht nicht aus, gebetsmühlenartig grenzenlose Freiheit und Toleranz zu beschwören, wenn man nicht bereit ist, nur ein Stückchen davon im eigenen Leben umzusetzen. Denn wäre es anders, hätten die Logenbrüder gerade solche Menschen wie diesen unbescholtenen Jungen selbst mit ihrem Leben vor den Angriffen der Presse und Jusitz verteidigt. Dadurch hätten sie vor aller Welt bewiesen, daß sie es ernst meinen mit der Freiheit, die sie so unbescheiden auf ihre Fahnen geschrieben haben. Daß sie das aber niemals tun werden, muß ich dir gar nicht beweisen. Das weißt du besser als ich!

Die Freimaurerei stärkt nur die Selbstgefälligkeit ihrer Mitglieder, ansonsten tun sie nur das, was von ihnen erwartet wird!" Professor Meisner schwieg einige Sekunden, dann sagte er mit harter Stimme. „Die Menschen im Westen sind zu Untertanen geworden: glückliche Sklaven, die kein Bedürfnis nach Freiheit mehr haben! Und die Freimaurerei hat zu diesem Zustand erheblich beigetragen. Die Logenbrüder haben die Zukunft ihrer Länder und ihrer eigenen Nachkommen zugunsten einer abstrakten Idee geopfert, die in absehbarer Zeit krachend zusammenbrechen wird. Unabhängig davon, ob sie es bewußt oder unbewußt getan haben, werden sie es einmal bitterlich bereuen. Der Weg in die Hölle ist bekanntlich mit guten Absichten gepflastert."

Dr. Oldenburg fühlte sich schlecht. Nicht nur die harten Worte über die Freimaurerei hatten ihn tief ins Herz getroffen. Auch der Gedanke daran, daß er seinen Freund damals verraten hatte, lag ihm schwer auf der Seele. Er konnte nicht einmal ahnen, wie tief er ihn damit verletzt hatte. Als er den Augenblick für günstig hielt, blickte er schuldbewußt in dessen wässrige Augen.

„Kannst du mir verzeihen?" fragte er leise.

„Hermann!" erwiderte Prof. Meisner warmherzig. „Ich maße mir doch nicht an, dein Richter zu sein! Mein Sündenregister ist sicher viel länger als deines. Du bist schon immer ein guter Mensch gewesen. Kant würde sagen: aus Neigung gut. Ich bin mir sicher, daß deine Schüler dich wirklich lieben! Das kann ich von mir nicht behaupten."

Dr. Oldenburg wollte widersprechen, doch sein Freund kam ihm zuvor.

„Lassen wir das Thema!" sagte er schnell, verzog sein Gesicht, als plagten ihn wieder große Schmerzen, und griff nach seinem Glas.

„Glaubst du wirklich daran, daß unser Freimaurer-Orden so mächtig ist?" fragte Dr. Oldenburg beunruhigt.

„Das Weltgeschehen ist zu komplex und vielfältig, um es global beherrschen zu können. Es bilden sich ständig neue Machtzentren, die ebenfalls nach allgemeiner Geltung streben. Dabei verweben sich private Interessen mit höheren Zielsetzungen. Doch hinter diesem Chaos erkennen wir Mächte, die versuchen, dem scheinbaren Durcheinander eine bestimmte Richtung zu geben."

„Was willst du damit sagen?" fragte Dr. Oldenburg.

„Du mußt wissen, im Dienste welcher Macht du stehst. Die globalistische Agenda, die unsere Welt bedroht, ist im Wesentlichen dem freimaurerischen Gedankengut entsprungen. Später wurde sie von den meisten aufklärerischen Geheimbünden übernommen. Sie alle streben eine neue Weltordnung an, ohne zu wissen, welche Formen eine solche letztendlich annehmen könnte. Obwohl ihnen bekannt ist, daß sowohl die Französische Revolution, als auch der bolschewistische Umsturz in einer Schreckensherrschaft endeten, gehen sie dieses Risiko bewußt ein. Die meisten Logenbrüder sind indoktriniert! Du bist aber anders. Daß du den Jungen bis heute nicht fallen gelassen hast, spricht dafür, daß du trotz deines Umfeldes das natürliche Empfinden nicht eingebüßt hast. Vergiß nicht, was für einen jeden Menschen das Wichtigste im Leben sein sollte!"

„Und das wäre?" fragte Dr. Oldenburg nachdenklich.

„Die Seele zu retten", erwiderte Prof. Meisner. „Kannst du dir nur für einen Augenblick vorstellen, daß es da oben tatsächlich einen Gott gäbe?"

„Das habe ich mir oft genug vorgestellt", erwiderte Dr. Oldenburg.

„Dann weißt du auch, wovon ich jetzt rede", sagte der Professor mit dramatischem Ernst. „All die unglückseligen Verräter reden sich gegenseitig ein, daß nach dem Tod alles aus und vorbei wäre. Das wünschen sie sich so sehnlichst! Allein der Gedanke daran, daß sie mit dem ganzen Mist, den sie in ihrem Leben angehäuft haben, vor dem Schöpfer stehen würden, macht sie rasend. Daher sind sie so unerbittlich gegen den Glauben. Wenn es wahr sein sollte, was die Bibel uns sagt, dann Gnade uns Gott! Das wissen sie!"

Innerlich erschüttert hörte Dr. Oldenburg seinem Jugendfreund zu und schaute ihn an, als ob er ihn zum ersten Mal sehen würde.

„Ich weiß, Hermann, was du jetzt denkst", sagte Prof. Meisner. „Du hast natürlich etwas Anderes von mir erwartet. Doch im Leben eines reifen Menschen kommt früher oder später der Augenblick, in dem er zu begreifen beginnt, was die Welt im Innersten zusammenhält. Das hat Goethe sehr schön gesagt, nicht war? Es tobt ein Kampf in dieser sündigen Welt! Spätestens in diesem Augenblick muß der Mensch entscheiden, auf welcher Seite er steht. Man kann nicht zwei Herren dienen, mein Freund… dessen kannst du dir ganz sicher sein."

„Und du?" fragte Dr. Oldenburg. „Hast du dich bereits entschieden?"

„Ja!" erwiderte sein Jungendfreund. „Und es ist mir ein Herzensanliegen, daß du dir ebenfalls darüber Gedanken machst. Es bricht mir das Herz, daß solche Menschen wie du verloren gehen…"

„Hör auf, Dieter!" rief Dr. Oldenburg ihm zu. Er konnte es nicht mehr ertragen, so maßlos in den Himmel gelobt zu werden. „Ich glaube nicht, daß dein Sündenregister viel länger ist als meines." Er versuchte seinen Freund aufzumuntern und fragte ihn mit warmem Lächeln: „Na, was hast du denn so Schlimmes in deinem Leben getan?"

Seine freundliche Geste blieb aber wirkungslos. Ihm schien sogar, daß sein Freund danach noch trauriger wurde.

„Ich habe auch etwas Wichtiges vor dir verheimlicht", sagte Prof. Meisner.

Dr. Oldenburg runzelte ungläubig die Stirn.

„Was denn?" fragte er irritiert.

Prof. Meisner seufzte und schlug für einige Sekunden die Augen nieder, als sammelte er seelische Kräfte, um ein schwerwiegendes Geständnis zu machen. Dann blickte er direkt in die Augen seines Freundes.

„Ich bin ein Jude", sagte er mit ruhiger Stimme.

Atemlose Stille beherrschte den Raum. Erst einige Sekunden später erlangte Dr. Oldenburg wieder die Fähigkeit, vernünftig zu denken.

„Dieter! Warum hast du mir das früher nicht gesagt?"

„Ich weiß es nicht", erwiderte Prof. Meisner traurig. „Ich habe mich einfach nicht getraut. Ich habe immer befürchtet, du würdest mich nicht mehr als Freund haben wollen."

„Wieso, Dieter?!" rief Dr. Oldenburg aus, überwältigt von seelischem Schmerz. „Habe ich dir jemals Anlaß gegeben, so etwa von mir zu denken?"

„Nein, Hermann, nein! Das hast du nicht!“ sagte der Professor schnell. „Es ist etwas Anderes gewesen, was mich damals belastet hat.“ Er atmete schwer auf. „Meine Mutter war Jüdin. Ihre Familie wanderte in den dreißiger Jahren aus Polen nach Deutschland ein.“

„Nach Deutschland?“ fragte Dr. Oldenburg verblüfft.

„Ja, Dieter, nach Deutschland! Es überrascht dich, doch es waren Tausende, die damals illegal über die Grenze in das Land flüchteten, in dem Hitler bereits seit Jahren an der Macht war und in seinen Reden den Juden die Schuld an allem Unglück dieser Welt gab. Meine Mutter war da gerade mal drei Jahre alt.“

„Ich hoffe, sie haben überlebt?“ fragte Dr. Oldenburg betroffen.

„Zweiundvierzig wurde mein Großvater nach Auschwitz deportiert, wo er zwei Jahre später an Typhus verstarb. Die Großmutter durfte mit ihren Kindern zu Hause bleiben und überlebte das Kriegsende. Sie ist in Jerusalem begraben worden.“

„Tut mir leid, Dieter!“ sagte Dr. Oldenburg mitfühlend.

„Mein Vater aber war, wie du weißt, ein Deutscher. Als der Krieg ausbrach, meldete er sich freiwillig zum Kriegsdienst und wurde an der Ostfront eingesetzt. Seine Familie stammte aus Hannover und unterstützte den Nationalsozialismus. Mein Großvater väterlicherseits war ein Obersturmbannführer der Waffen SS, der als Gefangener auf den Rheinwiesen verhungert ist. Als meine Eltern sich Ende der fünfziger Jahre kennengelernt haben, waren sie ineinander so verliebt, daß sie bereits nach wenigen Monaten geheiratet haben. Erst später wurden sie von unserer unsäglichen Geschichte eingeholt. Die beiden stritten ihr Leben lang über den Krieg und den Holocaust, obwohl sie keine Ahnung davon hatten, was tatsächlich geschehen war.

Die Mutter hielt meinem Vater die offizielle Geschichtsschreibung vor, während dieser behauptete, daß es nicht möglich gewesen wäre und daß er gar nichts davon gewußt habe. Sie litten darunter, jeder auf seine eigene Weise, und haben mir das Leben zur Hölle gemacht. Während sie einander beschimpften, habe ich mich in mein Zimmer verkrochen und geweint, ohne zu wissen, wer ich bin. Ich hatte Angst, daß du es erfahren würdest. Wenn ich damals auch noch dich verloren hätte, weiß ich nicht, was aus mir geworden wäre.“

Dr. Oldenburg traute sich nicht, die Augen zu heben. Brennendes Mitleid mit seinem Jugendfreund überflutete ihn. Erst jetzt konnte er so vieles nachvollziehen, was ihm früher an dessen Verhalten so merkwürdig erschienen war. Er suchte nach passenden Worten, um dies zum Ausdruck zu bringen, doch Prof. Meisner sprach bereits weiter:

„Unzählige Male war ich in Auschwitz und konnte sehen, wie die deutschen und jüdischen Schüler scharenweise dahin gebracht wurden. In ihren entsetzten Augen habe ich Fragen gesehen, die sie nicht beantworten konnten. Ich weiß bis heute nicht, wer von diesen Kindern mehr gelitten hat. Aber eins habe ich damals erkannt: Wir müssen die Wahrheit herausfinden, um diese Fragen glaubwürdig zu beantworten… damit wir sie wieder zusammenbringen können. Als ich dort stand, habe ich mich gefragt, wie wäre es meinen eigenen Kindern ergangen, wenn meine Frau nicht verstorben wäre und ich das Vaterglück hätte erleben dürfen. Wie würde dann ihr Leben heute aussehen, wenn die Frontlinie so schonungslos direkt durch ihre Seelen ginge? Ich wollte verhindern, daß es jemandem genauso ergeht, wie es mir einst ergangen ist.

Ich habe mir damals vorgenommen, alles in meinen Kräften Stehende zu tun, um den Krieg in meiner Seele zu beenden. Und die Wahrheit ist der einzige Boden, auf dem eine solche Versöhnung überhaupt möglich ist. Und die Juden brauchen die Wahrheit nicht weniger als die Deutschen!"

Prof. Meisner verstummte. Das Gespräch hatte ihm viel Kraft abverlangt. Er atmete schwer, griff wieder nach seiner Arznei und löste aus dem Streifen noch zwei Tabletten heraus.

„Kannst du mir bitte ein Glas Wasser holen", fragte er, sichtlich verlegen wegen seines hilflosen Zustandes.

Dr. Oldenburg lief sofort in die Küche, brachte ihm Wasser und schaute besorgt in das bleiche Gesicht seines Freundes.

„Was hast du, Dieter? Sag's ehrlich!"

Der Professor trank einen Schluck davon und stellte das Glas wieder auf den Tisch.

„Nichts Besonderes. Das Herz will manchmal nicht mehr mitmachen", sagte er erschöpft.

„Wie kann ich dir helfen?" wollte Dr. Oldenburg wissen, doch sein Jugendfreund beteuerte, daß er die beste medizinische Betreuung habe und überhaupt kein Anlaß bestünde, sich solche Sorgen zu machen.

Bis in den späten Abend hinein saßen sie im Wohnzimmer, erinnerten sich an die glücklichen Jahre ihrer Schulzeit, dann war die Zeit gekommen, Abschied zu nehmen.

„Ich freue mich sehr, daß du gekommen bist", sagte Prof. Meisner. „Um so mehr, da ich nicht weiß, wann wir uns wiedersehen werden."

„Wie meinst du das?“ fragte Dr. Oldenburg besorgt.

Prof. Meisner gab keine Antwort. Schwerfällig erhob er sich aus seinem Sessel, holte vom Bücherregal einen dicken Ordner und legte ihn auf den Couchtisch.

„Was ist das, Dieter?“

„Du wolltest die Wahrheit wissen“, sagte der Professor und strich langsam über den Ordner. „Ich habe fünfundzwanzig Jahre an diesem Buch gearbeitet. Es ist mein Lebenswerk. Hier ist der letzte Forschungsstand zu den beiden Weltkriegen und zur Geschichte des Holocaust. Bald wird es in den USA erscheinen. Ich habe es meinen Eltern gewidmet.“

Dr. Oldenburg zog den Ordner zu sich, überflog die ersten Seiten und hob seinen fragenden Blick wieder zu seinem Jugendfreud.

„Sie werden mich natürlich von allen Seiten angreifen“, sagte Prof. Meisner. „Aber sie werden es sicher nicht aus niederen Beweggründen tun. Viele von ihnen kenne ich persönlich. Sie sind davon überzeugt, damit etwas Gutes zu verteidigen. Ich vergebe ihnen… Sie wissen nicht, was sie tun.“

Er schwieg einige Augenblicke, dann sagte er: „Ich bin froh, daß ich dir endlich gesagt habe, wer ich bin. Noch mehr freue ich mich, daß du es mir nicht übel genommen hast, daß ich es so lange vor dir verheimlicht habe. Außer dir hatte ich niemanden, dem ich wirklich vertrauen konnte.“

Er nahm von Tisch einen Briefumschlag und reichte ihn seinem Freund.

„Ich weiß nicht, was in den nächsten Monaten geschehen wird“, sagte Prof. Meisner. „Ich habe mein Testament geschrieben…“

Ein später Gast

Am Abend trieb der Westwind schwere Regenwolken über das Land. Der Himmel verdüsterte sich und nach Einbruch der Dunkelheit begann es zu regnen.

Frank machte die quietschende Tür vorsichtig auf und trat in die Scheune. Es war stockdunkel und still. Nur das Rauschen des starken Regens drang von draußen herein. Er hob den Stecker vom Boden auf, tastete die Wand neben der Tür ab, und als er die Steckdose fand, leuchteten im riesigen Raum zwei kleine Scheinwerfer auf.

Frank spürte, wie die Freude ihn immer mehr erfaßte. Allein schon der so bekannte Terpentingeruch ließ sein Herz höher schlagen. Er mochte diese späten Stunden, in denen die unruhige Welt immer tiefer in süßen Schlummer versank und ihn von ihrer drückenden Last befreite.

Bald stand er vor einer großen Leinwand und betrachtete nachdenklich unvollendete Stellen, die nur mit Kohle skizziert worden waren. Nach all dem, was dieser Tag ihm abverlangt hatte, konnte er nicht schlafen. Er fühlte sich müde, doch die Begeisterung für sein Werk kämpfte dagegen an und siegte schließlich über die körperliche Schwäche. Er wußte es ganz genau: Sollte er jetzt den ersten Pinselstrich machen, so wird es nicht mehr lange dauern, bis die Arbeit ihn restlos verschlingen würde. Und gerade danach sehnte er sich in dieser verregneten Nacht. Denn die Angst vor der ungewissen Zukunft ließ sich nicht mehr verdrängen und raubte ihm nicht nur Kraft, sie nagte bereits an seiner Lebenslust. Er betete und bat den himmlischen Vater, ihm beizustehen: Bis dahin hast Du mich getragen, so laß mich auch jetzt nicht allein! Und wenn es sich doch nicht mehr vermeiden läßt, so bitte ich, zumindest das unvermeidliche Leid meiner Allernächsten zu lindern. Das Gebet wühlte ihn auf, doch nach dem Amen, als er seine Sorgen in die gütigen Hände des Heilands gelegt und ihm sein Schicksal anvertraut hatte, fühlte er sich viel besser.

Er zog einen weißen Arbeitskittel über, suchte aus einer kleinen Holzkiste einige Farbtuben heraus und begann zu malen.

Ein fremdes Geräusch störte das gleichmäßige Rauschen des Regens. Frank glaubte es deutlich gehört zu haben. Es könnten Schritte gewesen sein, menschliche Schritte! Ein eiskalter Schauer lief über ihn bei diesem Gedanken. Sein Herz begann zu klopften. Bald lähmte die Angst seine Hand, die jetzt die feinsten Pinselstriche auf die Leinwand setzen sollte.

Frank atmete tief durch und legte den Pinsel zur Seite. Das ist der

Vollmond, dachte er und ließ sich auf dem alten Bürostuhl nieder. Er spürte den hellen Erdtrabanten, auch wenn dieser sich hinter dichten Regenwolken versteckte. Ein eigenartiges Gefühl war das, eine ins Unerträgliche gesteigerte Sensibilität, die ihm das Leben schwer machte. Und doch war sie so wichtig für seine Kunst. Ein Zustand, in dem es einem so leicht war, jede denkbare Gestalt anzunehmen, jedes auch noch so fremde Gefühl nachzuempfinden und festzuhalten, egal ob auf Leinwand oder in Zeilen. Er mußte nur die Augen schließen und schon erstanden vor ihm dramatische Szenen, die allein die unerschöpfliche Fantasie eines Heranwachsenden zum Leben erwecken konnte.

Das Geräusch kam wieder. Es erinnerte ihn an leises Klopfen! Frank hielt den Atem an. Es kam aus der Tiefe des Raumes, von dort, wo die zweite Tür direkt in den Hof führte. Er konnte es nicht deutlich genug hören, so flüchtig war es, und doch ergänzte die Vorstellungskraft die Lücken und formte daraus ein leichenblasses Gespenst, das jetzt vor dem Eingang stand. Was auch immer zu dieser Stunde Einlaß begehrte, schien grauenhaft gefährlich zu sein. Frank hörte, wie das Blut in seinen Andern rauschte. Angespannt lauschte er in die verregnete Nacht, doch das schreckliche Geräusch kam nicht wieder. Bald konnte Frank die Spannung nicht mehr aushalten und ging zur Tür. Einige Sekunden kämpfte er mit sich, dann riß er sie ruckartig auf.

Das Unwetter hauchte kühl und regenfeucht hinein. Im schwachen Licht einer Straßenlaterne erkannte Frank eine schlanke Menschengestalt. Es war ein Junge. Frierend den Leib umschlungen, suchte er Schutz im Windschatten eines nahegelegenen Holzschuppens.

„Max!“ rief Frank ihm verblüfft zu, während ihm die Stimme vor Angst zu versagen drohte.

Der Junge antwortete nicht, doch Frank lief bereits zu ihm, packte ihn am Arm und zog ihn schnell in die Scheune herein.

„Was ist passiert?“ fragte er besorgt und versuchte in seine Augen zu blicken.

Max sah elend aus und zitterte am ganzen Körper. Regenwasser tropfte von seinen Haaren herunter und lief über sein unglückliches Gesicht.

„Ich wollte dir nur sagen, daß du morgen wieder in die Schule kommen darfst… Leider hast du kein Telefon… Mein Vater hat es sich anders überlegt…“

„Das weiß ich schon!“ sagte Frank erleichtert. „Dein Vater war heute bei uns!“

„Bei euch zu Hause?“ fragte Max überrascht.

„Er hat mit meiner Mutter gesprochen!“ sagte Frank. „Es ist alles in Ordnung!“

Tiefer Schmerz zeigte sich im Gesicht seines Freundes.

„Gar nichts ist in Ordnung!“ rief Max verzweifelt aus. „Hast du wirklich den Holocaust geleugnet?“

„Beruhige dich! Ich habe nur meine Meinung gesagt!“ erwiderte Frank. „Vor kurzem habe ich einen Artikel von dem ehemaligen Spiegel-Redakteur Fritjof Meyer gelesen. Das, was er dort schreibt, scheint durchaus überzeugend. Nichts anderes habe ich den Journalisten gesagt. Ich kann natürlich nicht behaupten, daß dieser Fritjof Meyer Recht hat. Ich kann das nicht überprüfen! In Rußland konnte ich keine verläßlichen Quellen zu diesem Thema finden. Aber solange ich keine Widerlegung seiner Thesen finde, bleibe ich dabei… Jetzt aber Schluß damit! Komm! Du frierst!“

Er faßte seinen zitternden Freund am Arm, doch Max widersetzte sich.

„Frank!“ rief er ihm betroffen zu. „Hast du keine Angst?“

Frank atmete schwer auf und ließ seinen Blick sinken.

„Natürlich habe ich Angst“, erwiderte er nach kurzem Zögern. „Mehr, als du dir vorstellen kannst. Ich bin kein Held! Als ich bei deinem Vater war, haben meine Hände gezittert, als ob ich vor dem Galgen stünde! Aber was soll ich tun? So ist es nun mal!“

„Du mußt vorsichtiger sein!“ sagte Max eindringlich.

„Was bedeutet das?“ fragte Frank und blickte forschend in seine smaragdgrünen Augen. „Soll ich meine Meinung zurückhalten, nur weil irgend jemand mir mit Gewalt droht?“ Er redete immer leidenschaftlicher. „Ich habe mich oft genug gefragt: Was ist mir die Freiheit wert? Ist sie nicht das Wertvollste, was wir von Gott geschenkt bekommen haben? Wenn es aber so ist: Warum verraten wir sie so leichtfertig, wenn sie verteidigt werden muß? Warum sind wir nicht bereit, für unsere eigene Freiheit einen angemessenen Preis zu bezahlen?“

Max wußte nicht, was er darauf entgegnen sollte. Tiefes Schamgefühl erfaßte ihn, als er diese Worte hörte.

„Du hast Recht…“, stotterte er verlegen. „Ich wollte nur sagen…“

Schuldbewußt blickte er zu seinem Freund, doch Frank schien auf einmal wieder fröhlich zu sein.

„Mach dir keine Sorgen, Max!“ sagte er mit warmer Stimme. „Wenn du weißt, was uns alle morgen erwartet, dann bist du ein großer Zauberer! Ich weiß es nicht, und ich will es auch nicht wissen!“

Während er noch sprach, zog er seinen Freund ins Licht.

„Max! Du bist klitschnaß!“ sagte er.

Er faßte ihn am Ärmel, drückte den nassen Stoff fest zusammen und eine ganze Menge Wasser tröpfelte auf den grob gehobelten Bretterboden hinunter.

„Warte!“ sagte Frank und verschwand im nächsten Augenblick hinter der quietschender Tür.

Bald kehrte er mit einem weißen Handtuch zurück.

„Darf ich?“ fragte er, während er Max das Handtuch über den Kopf warf und dessen Haare zu trocknen begann.

„So ist es schon viel besser!“ sagte Frank munter, glättete die widerspenstigen Haarsträhnen und schaute zufrieden ins Gesicht seines Freundes. „Du mußt sofort unter die heiße Dusche! Sonst wirst du krank!“

„Vielleicht störe ich gerade?“ fragte Max verlegen, doch Frank unterbrach ihn.

„Bist du mein Freund?“ fragte er ihn eindringlich.

Max nickte stumm mit dem Kopf.

„Dann benimm dich auch so!“ sagte Frank mit Nachdruck. „Zieh die naßen Sachen aus, wir hängen sie am besten hier auf. Ich hole dir einen Bademantel.“

Frank ging wieder in die Wohnung, während Max noch eine Weile regungslos mitten im Raum stehenblieb. Erst als er sein Hemd aufknöpfte, fiel sein Blick auf die riesige Leinwand. Sie war über zwei Meter hoch und zog sich wie eine Wand mindestens sechs Meter in die Länge. Sie wurde von mehreren, aus dicken Kanthölzern zusammengezimmerten Ständern in einigem Abstand vom Boden gehalten.

Max kam näher. Der gierige Blick seiner staunenden Augen tastete jede Einzelheit ab. Ehrfurcht überkam ihn. Die ganze Leinwand wurde von einer Kohleskizze überzogen. Es waren mehrere Szenen, die harmonisch ineinander griffen. Sie gaben ihm Rätsel auf! Einige Stellen waren bereits ausgearbeitet: die einen mit ersten Übermalungen in Öl, die anderen bereits dem letzten Pinselstrich nahe.

„Ich verstehe…“, flüsterte Max, während sein entzückter Blick von einer Szene zur anderen glitt, dann kehrte er wieder zurück zum Anfang des seltsamen Ölgemäldes.

Wie aus dem geheimnisvollen Dunkel der Vergangenheit schlängelte sich durch die hügelige, dicht bewaldete Landschaft ein unendlicher Wagentroß. Max erkannte es gleich: Es waren die Urgermanen, die das europäische Kampffeld der Geschichte betraten! Mit Weib und Kind zogen die kampferprobten Krieger am staunenden Betrachter vorbei, und mit ihnen auch ihre nordische Götterwelt: In wildem Ritt brausten in luftigen Höhen stolze Walküren; der zornige Thor kämpfte mit seinem Hammer Mjölnir in der Hand gegen die Riesen; hoch über ihnen thronte aber der mächtige Odin.

Keine Krone zierte sein Haupt, keine Königsgewänder. Ein schlichtes Leinenhemd bedeckte seinen starken Körper. Max blickte in sein ernst dreinblickendes Gesicht und erschauderte vor Ehrfurcht. Unerschütterlicher Wille und herrschaftlicher Machtanspruch lagen im Antlitz ihres obersten Gottes.

Daneben ein großer, kunstvoll mit anderen Szenen verschmolzener Ausschnitt eines von innen erleuchteten Globus, der den eurasischen Teil der Erdkugel zeigte. Auf dessen mit Flüssen und Bergen durchzogener Oberfläche krochen emsige Historiker aus verschiedenen Jahrhunderten: in altmodischen Dreiern, mit Monokeln und spitzen Professorenbärtchen, dazwischen auch jene, aus unserer Zeit... Sie sind fleißig und beseelt von dem ehrgeizigen Ziel, den Ursprung dieser sagenumwobenen Urgermanen zu finden. Ein ergrauter Professor, allem Anschein nach Felix Dahn, suchte akribisch mit einem Vergrößerungsglas in der Hand das tibetische Gebirge ab, während ein anderer, vom dichterischen Pathos ergriffen, entschlossen gen Norden zeigte...

Über diesen allen aber ein ergrauter Greis. In eine römische Toga gekleidet und mit weißer Feder in der Hand, beugte er sich über eine lange Papyrusrolle, deren Ende über seinen Tisch fast bis zum unteren Rand des Bildes herunterhing. Rätselhafte Namen germanischer Stämme bedeckten das weiße Papyrus: Cherusker, Brukterer, Angrivarier, Goten, Heruler, Gepiden...

„Tacitus!“ flüsterte Max begeistert und betrachtete aufmerksam das Gesicht des Greises.

Es war bereits soweit ausgearbeitet, daß man im Ausdruck seines zerfurchten Gesichts die Tiefe seiner Weisheit erkennen konnte.

„Wie schön!“ rief Max entzückt aus.

Eine ganze Welt erstand vor seinen Augen, die Welt seiner Vorfahren!

Als er endlich bemerkte, daß Frank neben ihm stand, drehte er sich zu ihm um.

„Ich habe alles verstanden! Frank… mir fehlen die Worte! Du willst unsere Geschichte in einem großen Panorama darstellen… Bis zu welchem Schlüsselereignis aber soll diese mystische Reise uns führen? Karl der Großen? Luther? Bis zum deutsch-französischen Krieg? Oder vielleicht noch weiter?“

Frank lächelte, sichtlich zufrieden über das große Interesse seines Freundes.

„Erst gehst du unter die Dusche, dann werde ich dir alles erklären!“

teutonica magna

Als Max nach dem Duschen trockene Kleidung angezogen hatte, schlichen sich die beiden Freunde auf Zehenspitzen wieder zur Scheunentür. Max lief sofort zu der riesigen Leinwand.

„Erzähl!“ rief er Frank ungeduldig zu, doch sein Freund zog ihn zu einem alten Schreibtisch, der einsam in einer Ecke stand, und schaltete die Tischlampe ein.

Dutzende großformatige Zeichenblöcke lagen darauf. Auf jedem dieser Blöcke stand eine rätselhafte Aufschrift: ***teutonica magna.***

„Was ist das?“ fragte Max neugierig und zugleich ahnungsvoll.

„Mein Werk“, erklärte Frank.

Er nahm den ersten Block und schlug ihn auf. Gleich auf der ersten Seite erkannte Max die Szenen, die er auf der Leinwand gesehen hatte. Er blätterte weiter: es waren Farbskizzen, einzelne Fragmente, Alternativen…

„Wann hast du das alles nur geschaffen?“ fragte Max und fuhr ehrfürchtig mit der Hand über die Blöcke. „Das ist eine ungeheure Arbeit… Frank!“

„Vor drei Jahren habe ich mit den ersten Skizzen begonnen.“

„Aber das?“ fragte Max ungläubig und zeigte auf die Leinwand. „Wann hast du das gemalt?“

Frank lächelte.

„Die Nächte, mein Freund, sind lang“, sagte er fröhlich. „Ich komme gut voran.“

„Aber wenn du das alles in diesem Format umsetzen willst… dann sind es mindestens hundert Meter!“

„Viele hundert Meter“, bestätigte Frank, „und das ganze Leben dazu.“

„Hunderte Meter…“, flüsterte Max überwältigt.

„Warum nicht?“ fragte sein Freund unbeeindruckt. „Wir müssen nach den hellsten Sternen greifen, so wie es unsere Vorfahren getan haben! Ob wir dabei scheitern oder den Sieg davon tragen, sollte uns weniger kümmern. Wenn ich sterben sollte, dann wird ein anderer weitermachen. Julia kann viel besser zeichnen. Ich habe ihre Skizzen gesehen. Sie sind perfekt!“

Als Max von Julia hörte, spannte er sich augenblicklich an und starrte verbissen auf die Zeichnungen, als wollte er vor seinem Freund etwas Wichtiges verheimlichen.

„Max“, sagte Frank behutsam. „Erinnerst du dich noch daran: Als wir vor der Dunst-Höhle saßen, habe ich dich gefragt, ob es in unserer Klasse ein Mädchen gibt, das du liebst? Du wolltest es mir nicht sagen. Ich mußte dir sogar schwören, daß ich dich nicht mehr danach frage.“

Max nickte, ohne seine Augen zu heben.

„Hast du wirklich gedacht, daß ich das nicht bemerkt habe?“ fragte Frank.

Max blickte zu ihm auf. Angst loderte in seinen weit geöffneten Augen.

„Sieht man das?“ fragte er erschüttert.

„Ich habe gesehen, wie du sie im Unterricht heimlich angeschaut hast“, sagte Frank. „Ich will mit dir darüber reden. Entbinde mich von meinem Versprechen!“

Max fühlte sich elend.

„Da du sowieso schon alles weißt…“, stammelte er mit unglücklicher Stimme.

„Seit wann liebst du sie?“

„Schon lange“, erwiderte Max seufzend.

„Weißt du, was Julia mich vor einigen Tagen gefragt hat?“ fragte Frank mit rätselhafter Stimme, während Max ängstlich zu ihm aufblickte. „Nachdem sie deinen Roman gelesen hat, will sie wissen, wer ihn geschrieben hat.“

Max wurde bleich. Selbst sein unruhiger Atem blieb für einige Sekunden still.

„Max! Sie will das wissen. Es hat keinen Sinn! Sie wird es bald erfahren!“

Max schüttelte den Kopf.

„Nein! Frank, bitte nicht!“ flehte er ihn eindringlich an. „Verrate es bitte nicht!“

„Eine Kleinigkeit habe ich aber schon verraten“, sagte Frank mit gestellt schuldlosen Augen.

Marx starrte ihn sprachlos an. Er machte den Mund auf, um etwas zu sagen, konnte aber vor Aufregung kein Wort aussprechen.

„Du kannst dich sicher noch daran erinnern: Ich habe dir nur versprochen, daß ich deinen Namen nicht verraten werde“, wehrte sich Frank gegen den stummen Vorwurf und mühte sich vergeblich, ein Lachen zu unterdrücken.

„Was hast du ihr verraten?“ flüsterte Max entsetzt.

„Ich habe ihr zu verstehen gegeben, daß du jung bist“, entgegnete

Frank amüsiert. „Denn das wollte sie unbedingt wissen!“

„Und was hast du ihr ganz genau gesagt?“

„Daß du jung bist, und zwar wie ein Märchenprinz!“

„Frank!“ rief Max ihm mit schmerzverzerrtem Gesichtsausdruck zu. „Ich bin zwar jung, aber ich bin doch kein Märchenprinz!“

„Wer hat dir denn so etwas erzählt?“ widersprach Frank lachend. „Genau das bist du! Und du bist noch viel mehr als das! Du bist ein Dichterkönig!“

„Das hat keine Bedeutung“, sagte Max niedergeschlagen. „Wenn sie mich als Menschen nicht erkannt hat, dann sind auch Gedichte nutzlos.“

Frank blieb von seinen trüben Gedanken sichtlich unberührt.

„Darf ich ihr bei der Suche ein wenig nachhelfen?“ setzte er unbarmherzig nach. „Nur ein bißchen?“

„Wie?“ fragte Max, beunruhigt über den leichtfertigen Umgang seines Freundes mit seinem Geheimnis.

„Ich will ihr nur sagen, daß sie dich kennt! Nicht mehr und nicht weniger!“ sagte Frank, wobei seine Stimme plötzlich wieder ernst wurde. „Seit mehr als zwei Jahren sucht sie nach dir! Wenn sie in deine Augen schaut, wird sie dich unter Tausenden erkennen… mit ihrem Herzen! Bitte glaub mir!“

Max wurde von widersprüchlichen Gefühlen beherrscht. Panische Angst kämpfte gegen die wachsende Hoffnung, daß Julia ihn vielleicht doch nicht abweisen würde.

„Darf ich ihr das sagen?“ fragte Frank noch einmal.

Max zögerte mit der Antwort, dann gab er nach.

„Du versprichst mir aber, daß du meinen Namen niemandem, aber wirklich niemandem verraten wirst“, sagte er besorgt. „Wenn sie mich nicht findet, dann soll es auch so bleiben.“

„Abgemacht!“ rief Frank erfreut aus und schlug ihm kumpelhaft auf die Schulter.

Als Max sich wieder beruhigte, setzte er sich an den Tisch, schlug einen anderen Block auf und sah auf einen Abschnitt, der die Zeit des Mittelalters darstellte. Als er ein schönes Christusbild sah, verweilte er einige Minuten darüber. In ein helles Gewand gekleidet, stand Jesus auf einer Anhöhe und sprach zu einer großen Menschenmenge.

Frank holte sich einen Stuhl und setzte sich neben ihn.

„Gefällt es dir?“ fragte er, als er sah, welches Bild seine Aufmerksamkeit weckte.

„Sehr schön“, bestätigte Max mit warmer Stimme.

„Kannst du mir auch in einem Gedicht sagen, wie schön du es findest?“

„Ich versuche es“, erwiderte Max und verstummte für kurze Zeit.

Dann schlug er die Augen nieder und begann es mit gefühlvoller Stimme vorzutragen:

Schlicht ist die wahre Schönheit! Wo die Farbe
Berieselt oder grell ins Auge sticht,
Dort finden wir Betrug, zumal naive Täuschung.
Er aber steht in schlichtem weißem Stoff,
Ganz ohne Zier,
kein Zepter,
keine Krone,
Doch herrlicher als jeder Fürst!

In allem spiegelt sich die göttliche Natur,
In seinem lichten Blick,
in jeglicher Bewegung!
Als ob des Vaters Kraft ihn schweben läßt,
obgleich des Menschen Blut in seinen Adern.
Ein Gott!
Obwohl ein Teil vom Ganzen,
Doch wenn das Ganze keine Grenzen hat,
Wer könnte einen Teil von ihm ermessen?
Ist dann ein Teil nicht gleich das Ganze selbst?

„Du bist ein Dichter!“ sagte Frank begeistert. „Ein großer Dichter!“

Max antwortete nicht. Verlegen und doch sehr glücklich über das heftige Lob seines Freundes, begann er wieder in den Blöcken zu blättern.

„Wenn du allein bist, woran denkst du?“ fragte Frank.

„Alles mögliche“, erwiderte Max lustlos. „Manchmal denke ich nur in Reimen…“

„Wie geht das?“

„Das ist gar nicht so schwer! Es fließt wie von selbst. Man denkt dabei gar nicht so lange nach. Na, so etwas wie…“

Er machte eine kleine Pause, dann sagte er:

Die Blätter rauschen mir ihr stilles Leiden,
Der Mond beweint die längst erlöschte Glut.
Was treib' ich hier, auf dieser tristen Erde,
So ganz alleine, ohne Hab und Gut?

Des Schicksals Laune – wie der Flug der Schwalbe,
Mal fliegt sie hoch, dann stürzt sie wieder ab,
So geht es mir, wenn ich durchs Leben wandre,
Von Tag zu Tag, von Leid zu Leid hinab.

Und wenn der Sonne lichter Strahl erglühet
Im blauen Himmel, sag ich dankend ab.
Ich glaub' an nichts mehr und ich glaube keinem.
Ich denke nur noch an mein kühles Grab…

Max begann zu lachen.

„Das ist natürlich keine Dichtkunst, das ist verreimter Unsinn! Nur einige Zeilen sind wirklich gelungen! Alles andere ist banal und unreif! So kann man die Wörter kilometerlang miteinander verflechten“, sagte er erheitert, wurde aber bald wieder ernst. „Heute hat mich aber etwas anderes beschäftigt. Ich habe an Goethe gedacht und an seinen Faust. Ich habe mir vorgestellt, wie es weiter gehen könnte.“

„Und?“ fragte Frank neugierig. „Was hast du dir dabei gedacht?“

„Ich wollte, daß Jesus den verstorbenen Faust wieder in diese Welt kommen läßt, damit er noch einmal von vorne beginnen könnte. Goethe schickte ihn auf die Reise vom Himmel durch die sündige Welt direkt in die Hölle. Das Ende des zweiten Teils, in dem Faust eine Erlösung findet, ist unchristlich und im höchsten Maße unglaubwürdig. Faust hat die Wette mit dem Teufel eindeutig verloren! Goethe hat einfach geschummelt!

Ich möchte Faust in die entgegengesetzte Richtung schicken. Dazu muß er eben wieder als Kind geboren werden, und zwar in unserer Zeit!“

Die Augen des Dichters flammten auf.

„Wie hast du dir das vorgestellt?“ fragte Frank.

Max erhob sich von seinem Stuhl, ging einige Schritte vor und drehte sich zu seinem Freund um. Nun stand er vor ihm wie ein Schauspieler vor dem Publikum.

„Als Christus die Entscheidung trifft, Faust noch einmal in die Welt zu senden, sagt er:

Nun kommt er neu in diese alte Welt,
Mit neuer Hoffnung, neuer Kraft,
Um dem zu trotzen,
Der ihn schon einmal in die dunkle Tiefe riß,
In jenen Sturm von irdischen Gefühlen,
Wo nur ein reifer Geist zu kämpfen wagt.“

Max verstummte. Während sein ernster Blick durch die Wände der Scheune in die Ferne strebte, hob er die Hände wie ein Priester langsam hoch.

Damit des holden Knaben zarter Sinn
Nicht durch die Last des längst Verhallten
Erdrückt und ausgesogen wird,
Soll ihm Vergangenheit verborgen bleiben.

Der alten Jahre Freud' und Schmach,
Mit leichtem Schleier überworfen,
Sie tauchen nur
wie leise Ahnung auf,
Ein flüchtiges Gefühl,
ein sehnsuchtsvoller Traum
von einer weiten Welt,
Die einem so vertraut…
und doch so fremd.

Max vergaß Zeit und Raum. Er trug seinem Freund sein dramatisches Werk vor, und als er wieder auf seinen Stuhl sank, schlug er erschöpft die Augen nieder.

„Max!“ sagte Frank. „Wenn jemand sich nach meinem Tod an mich erinnern sollte, dann nur, weil du mich ab und zu in dieser Scheune besucht hast.“

„Hör auf zu lügen!“ sagte Max mit warnender Stimme. „Kant wird es dir nicht verzeihen.“

Sie saßen eine Weile schweigend nebeneinander, dann blickte Frank zu seinem Freund hinüber.

„Max!“ sagte er ernst. „Werden sich deine Eltern keine Sorgen machen?“

Max hielt inne. Die Worte rissen ihn augenblicklich aus seinem Glück heraus.

„Verzeihung!“ stammelte er verlegen. „Bestimmt ist Mitternacht längst vorbei…“

Frank legte ihm die Hand auf die Schulter.

„Max! Du bleibst bei mir!“

„Darf ich?“ fragte dieser unsicher.

„Nur mußt du deine Eltern anrufen!“ erwiderte Frank. „Sie machen sich Sorgen!“

Max schwieg. Er holte sein Handy und konnte sich nicht entscheiden.

„Komm!“ sagte Frank. „Ich mache das!“

Max wählte die Nummer und reichte ihm das Handy hin.

„Guten Abend Doktor Oldenburg!“ sagte Frank „Verzeihen Sie bitte die Störung. Es ist schon so spät! Ich wollte Ihnen nur sagen, daß Max noch bei mir ist und gerne über Nacht bleiben würde.“

Dr. Oldenburg schwieg eine Weile.

„Ich danke dir für diesen Anruf“, sagte er erleichtert. „Bist du mir böse?“

„Nein!“ entgegnete Frank entschieden. „Ich bin Ihnen dankbar für Ihre Nachsicht mit mir. Es ist gar nicht so selbstverständlich, daß Sie mich in der Schule belassen haben. Ich weiß, daß ich Ihnen große Schwierigkeiten bereitet habe. Ich hoffe, daß Sie mir das nachsehen können…“

„Ist schon gut“, erwiderte Dr. Oldenburg, dann fragte er nach einer kurzen Pause. „Ist mein Sohn jetzt gerade in der Nähe?“

„Ja“, bestätigte Frank, „er steht neben mir.“

„Kannst du ihn fragen, ob er mit mir sprechen möchte? Ich nehme an, daß du weißt, was ich meine…“

„Ja, ja“, sagte Frank. „Natürlich möchte er mit Ihnen sprechen!“

Er drückte das Handy in die kraftlose Hand seines Freundes mit einem solchen Nachdruck, daß Max es nicht für möglich hielt, sich seinem Willen zu widersetzen.

Er legte das Handy ans Ohr und sagte ein kurzes „Ja“.

„Max! Fühlst du dich gut?“

„Es geht.“

„Willst du wegen unseres Streits heute bei Frank übernachten?“

„Nein, Papa.“

„Ich bringe deine Schultasche morgen mit in die Schule“, sagte Dr.

Oldenburg und fügte ein wenig später hinzu. „Übrigens wollte ich dich schon lange fragen, warum du deinen Freund noch niemals zu uns nach Hause eingeladen hast. Ich hoffe, du weißt, daß ich nichts dagegen habe."

„Danke, Papa!" erwiderte Max innerlich aufgewühlt.

Er verabschiedete sich vom Vater und blickte dankbar zu seinem Freund hinüber.

Virtuelle Schlachten

„Lisa!“ rief die Mutter, am Fuße der Holztreppe stehend, bekam aber keine Antwort.

Sie seufzte und sah sich gezwungen, ins Obergeschoß zu gehen. Als sie aber an der Tür klopfte, hörte sie die gereizte Stimme ihrer Tochter.

„Ich bin nicht hungrig!“

„Du hast doch den ganzen Abend nichts gegessen“, meinte die Mutter und machte die Tür auf.

Lisa, die gerade an ihrem PC saß, sprang augenblicklich von ihrem Stuhl auf.

„Ich hab doch gesagt, daß ich nicht hungrig bin!“ schrie sie wutentbrannt und ballte dabei die Fäuste, als wollte sie ihre Mutter auf der Stelle überfallen.

Die Frau wich erschrocken vor ihr zurück, und nachdem sie einander einige Sekunden angestarrt hatten, ging sie, ohne ein Wort zu sagen, aus dem Zimmer und machte die Tür wieder zu.

Lisa sank auf den Drehstuhl und faßte sich an die Stirn. Das war nicht schön. Das wußte sie. Doch ihre Nerven lagen blank, und jede Belanglosigkeit reizte sie bis aufs Blut.

Ein leiser Klingelton kündigte eine neue Nachricht an. Lisa blickte sofort auf den Bildschirm und las gierig die Antwort auf ihren flammenden Beitrag in einem wichtigen Chat.

„Hör zu Lea! Du spinnst! Ich selbst habe jüdische Freunde, aber solche wie dich, habe ich noch nie gesehen! Daß es bei uns Nazis gibt, mußt du hier niemandem erzählen. Ein paar gibt es sogar in Israel, die Synagogen mit Hakenkreuzen einsauen. Deswegen sind die Juden aber noch lange keine Hitler-Verehrer. Schau lieber auf die Moslems, die bei uns leben! Da gibt es viel mehr davon. Am besten würdest du bei uns in Berlin auf die Straße gehen, damit du deine rosafarbene Brille endlich abstreifen kannst.“

Während Lisa noch diese Zeilen las, begann sie vor Wut zu zittern. In fliegender Hast begann sie zu tippen:

„Ihr seid doch bloß verkappte Nazis! Meine Großeltern sind in einem KZ vergast worden! Und die Nachkommen der Täter lachen noch darüber! Schämt euch! Ihr seid durch die gleichen mörderischen Nazi-Gene verseucht! Ich habe schon oft mit dem Gedanken gespielt, das Land der Täter zu verlassen, hatte aber trotz allem noch eine

leise Hoffnung gehabt. Jetzt ist aber Schluss damit! Ich kann es nicht mehr ertragen! Ich wandere aus!!!"

Schweinehunde! dachte Lisa und stellte sich vor, wie sie mit einer Maschinenpistole diesen ganzen Nazidreck ins Jenseits beförderte. Manchmal schlug sie die Augen nieder und sah, wie sie mit einer langen Liste in der Hand von Haus zu Haus ging und höchstpersönlich heilige Rache an diesen Unmenschen vollzog. Manchmal gingen ihre Mordfantasien sogar noch weiter: Sie habe mit höheren Mächten einen Vertrag ausgehandelt, wonach sie körperlos und unsichtbar als Geist weiterleben könnte, dafür aber ihren physischen Körper für immer aufgeben müßte. Sie habe dieses Opfer gern gebracht und streifte nun Tag und Nacht durch Deutschland, sprach harte Urteile über die Nachkommen der Nazis und vollzog sie gleich danach eigenhändig…

Inzwischen kam die Antwort.

„Hallo Lea! Du kannst wohl nicht mehr richtig zählen! Wenn du erst siebzehn bist und deine Großeltern tatsächlich in einem KZ vergast wurden, wie alt sind dann deine Eltern? Hör lieber auf zu lügen! Das hat doch keinen Zweck! Laß dich bei einem guten Psychiater durchchecken oder laß dich lieber gleich in die Klapse einweisen!"

Lisa rastete aus und schlug mit der Faust auf die Tastatur. Sie kniff die Augen zu und vollzog an den widerlichen Schreiberlingen ihr furchtbares Gericht. Doch wie blutig sie sich die Hinrichtung auch vorstellte, reichte ihre Rache nicht in die Wirklichkeit hinein. Es gab keine höheren Mächte, die sie zu einer Rachegöttin machen könnten…

Sie wollte einen weiteren Kommentar schreiben, ihren Gegnern einen Spiegel vorhalten, damit sie ihre widerwärtigen Fratzen sehen können, doch etwas Merkwürdiges geschah mit ihrem PC. Ihre Finger schlugen beherzt auf die Tasten, doch auf dem Bildschirm erschienen keine Buchstaben. Sie schüttelte die Tastatur, probierte es noch einmal, doch alle Versuche, das kaputte Gerät wieder zum Leben zu erwecken, schlugen fehl.

Lisa warf sich aufs Bett und starrte mit blicklosen Augen die Decke an. Das ist alles nichts! dachte sie enttäuscht. Die Tränen kamen… Das ist kein echter Kampf! Das ist nur ein nutzloser Zeitvertreib! Bin ich überhaupt dazu fähig, wirklich zu handeln? Oder bin ich dafür zu schwach? Ich muß etwas tun! Noch vor einigen Tagen habe ich mir gesagt, ich werde es tun, und jetzt habe ich wieder weiche Knie bekommen…

Während sie noch darüber nachdachte, schlief sie ein.

Die Angst

Die Nachricht darüber, daß ein Schüler des Kant-Gymnasiums den Holocaust geleugnet haben sollte, verbreitete sich in Windeseile durch alle Stufen und Klassen. Bereits vor dem Unterricht konnte Luka sehen, mit welchem Interesse die Mitschüler seinen Freund Frank beobachteten. Sie tuschelten, und wenn er an ihnen vorbeiging, verstummten sie und beäugten ihn, als hätten sie ihn zuvor noch nie gesehen.

Doch wenn die Schüler meist von gewöhnlicher Neugier getrieben wurden, so zeugte das Verhalten der Mitglieder des Komitees gegen rechte Gewalt davon, daß sie die Angelegenheit viel ernster nahmen. Mit besorgten Gesichtern eilten die dazu gehörenden Lehrer die Treppen hoch und runter und antworteten selbst auf die dringendsten Fragen der Schüler mit einem gereizten „später!"

Noch vor dem Unterrichtsbeginn fertigten einige besonders couragierten Schüler der Oberstufe unter Anleitung von Frau Bammert ein großes Plakat, das die Mitschüler darüber aufklärte, wie sie eine solche Straftat bewerten sollten.

Holocaustleugnung – Verbrechen gegen die Menschlichkeit!

So lautete die Überschrift des besagten Plakats, das an der Haupttreppe aufgestellt worden war. Es wurden keine Namen genannt, es gab nicht einmal den kleinsten Hinweis auf den möglichen Straftäter, doch selbst die Einfältigsten unter den Schülern des Kant-Gymnasiums konnten mühelos den zwingenden Zusammenhang zu den neuesten Gerüchten herstellen. Es gab nicht wenige Lehrer, die eine solche Behauptung für maßlos übertrieben hielten, doch einen wie auch immer gearteten Widerspruch dagegen anzumelden, wäre unter gegebenen Umständen gleichbedeutend, sich selbst damit einem dringenden Verdacht der Verharmlosung oder sogar der Sympathie mit dem Täter auszusetzen. Wie schwüle Luft vor einem nahenden Gewitter lag die unruhige Erwartung dessen, was in den nächsten Tagen geschehen würde.

Am meisten aber waren die Schüler beunruhigt, die zu dem engsten Freundeskreis eben jenes Schülers zählten, der sich erdreistet hatte, seine Gedanken über die Zahl der Holocaust-Opfer öffentlich zu äußern. Nachdem Frank gestern die Sachen gepackt und sich mit einem herzzerreißenden Gedicht von der Klasse verabschiedet hatte, stürmten sie ihrem bedrängten Freund hinterher. Bis zum frühen Abend waren sie zusammen gewesen und hatten versucht, Frank das Gefühl zu geben, daß er nicht allein sei und daß sie an seiner Seite bleiben würden, was auch immer geschehen möge. Auch jetzt, nachdem die Glocke die große Mittagspause angekündigt hatte, sammelten sie sich um ihn herum und gingen gemeinsam mit ihm in die Mensa. Auch Luka war darunter. Etwas zerstreut und nachdenklich ging er neben Julia her und schwieg. Doch als sie das Erdgeschoß erreichten, faßte er das Mädchen am Arm und hielt sie zurück.

„Ich muß mit dir reden“, sagte er leise.

Als Julia sein todernstes Gesicht sah, verzichtete sie auf Fragen und trat mit ihm hinter einen großen Ständer der Holocaust-Ausstellung.

Erst als Luka sah, daß ihr Verschwinden unbemerkt geblieben war, begann er zu sprechen.

„Ich habe mich nachts mit der Holocaustleugnung beschäftigt“, sagte der Junge. „Alles was du darüber zu wissen glaubst, kannst du gleich vergessen! Es ist tausendmal schlimmer, als wir gedacht haben!“

„Wie meinst du das?“ fragte Julia besorgt.

„Alles ist verboten und alles ist strafbar!“ erklärte Luka vor Aufregung zitternd. „Was bei uns in Deutschland und anderswo geschieht, ist blanker Wahnsinn! Ich zeig dir was!“

Er holte sein Smartphone hervor, tippte etwas in die Google-Suchleiste, und als er die gesuchte Seite gefunden hatte, begann er zu lesen: **„Die Holocaustforschung lehnt eine ergebnisoffene Debatte ab!“** Er blickte zu Julia auf. „Weißt du, was das bedeutet?“

„Nur ungefähr“, gab das Mädchen sofort zu.

„Die ergebnisoffene Debatte ist die erste Voraussetzung der Wissenschaft! Wenn dies nicht der Fall ist, dann geht es hier nicht mehr um eine Wissenschaft, sondern um eine Religion, die ihre heiligen Dogmen aufstellt und diese mit drakonischen Strafen verteidigt! Eine ganze Kaste von Hohepriestern wacht darüber, daß niemand ihre Dogmen in Frage stellt. Es geht hier überhaupt nicht um die Wahrheit! Selbst jene, die nur wissen wollen, wo die sechs Millionen ermordet wurden, werden der Holocaustleugnung verdächtigt, weil die Frage selbst angeblich diese Zahl anzweifelt! Geschweige denn, wenn du zu den genaueren Umständen dieses Verbrechens Fragen stellst! Sofort wirst du als Verdächtiger behandelt, weil normale Menschen so was nicht hinterfragen! Klar?!“

„Und was ist mit den sechs Millionen?“ fragte Julia. „Waren es wirklich so viele?“

„Woher soll ich das wissen?“ erwiderte Luka. „Einige Leute haben Minister, Politiker und Wissenschaftler angeschrieben und ihnen nur eine einzige Frage gestellt, in welchen Konzentrationslagern wie viel Juden ermordet wurden und wie sie überhaupt auf diese Zahl von sechs Millionen gekommen sind. Meinst du, sie haben eine Antwort bekommen? Grabesstille!!! Dabei heißt es aber, daß der Holocaust offenkundig sei! Bei Wikipedia wurde eine Liste der Holocaustleugner zusammengestellt, um sie öffentlich an den Pranger zu stellen! Das ist so etwas wie die Abschußliste! Als ich das alles gelesen habe, konnte ich die ganze Nacht nicht schlafen! Ich habe Angst bekommen! Wo leben wir denn?“

Ein schauriges Gefühl ging über Julia. Das blasse Gesicht ihres Klassenkameraden zeugte eindrucksvoll davon, daß er sich tatsächlich die ganze Nacht mit dem heiklen Thema abgequält hatte. Angst glimmte in seinen müden Augen.

„Und?“ fragte sie besorgt. „Was meinst du: Wie geht es jetzt mit Frank weiter?“

„Das weiß ich eben nicht!“ erwiderte Luka verzweifelt. „Aber wir müssen uns auf das Schlimmste vorbereiten. Die Sache kann unmöglich gut ausgehen, egal was er dort gesagt oder nicht gesagt hat. Bammert wird es bald an die große Glocke hängen, dann wird es für ihn gefährlich! Sebastian hat bereits ein Verfahren am Hals. Jetzt kommt aber der richtige Hammer!“

Julia faßte sich an die Stirn und starrte einige Sekunden angestrengt vor sich hin.

„Hör zu, Luka!“ sagte sie entschlossen, indem sie wieder zu ihm aufblickte. „Du darfst Frank so etwas nicht erzählen! Weder ihm noch Anna! Es hat überhaupt keinen Sinn, wenn wir ihnen mit diesen Horrorgeschichten Angst machen! Egal was passiert, wir müssen sie jetzt bei Laune halten! Tu so, als wäre nichts gewesen! Schaffst du das?“

„In versuche es“, sagte Luka mit unglücklicher Stimme und schaute sich um, als ob er befürchtet hätte, jemand könnte ihr Gespräch belauschen. „Ich hoffe nur, daß Dr. Oldenburg nicht einknickt…“

Die Vorsicht des Jungen war durchaus berechtigt. Denn an einem Fenster neben der Haupttreppe stand ein Mädchen und beobachtete die beiden aus den Augenwinkeln. Als Julia und Luka nach wenigen Minuten zum Ausgang gingen, folgte sie ihnen.

Die Mensa war an diesem Tag wie immer gut besucht. Die meisten Tische waren besetzt, weshalb Lisa Angst hatte, daß sie den Tisch neben

Frank und seinen Freunden nicht bekommen würde. Sie holte sich das Essen, ging möglichst unauffällig zum begehrten Tisch und atmete erleichtert auf, als sie sich endlich auf einen Stuhl setzte.

Nun konnte sie ihre Feinde nicht nur sehen, sondern auch jedes Wort mithören…

Am Tisch, an dem Frank mit seinen Freunden saß, hatte zunächst eine recht trübe Stimmung geherrscht. Man hatte versucht, Fröhlichkeit vorzuspielen, doch es war nur wenigen gelungen, so zu tun, als wäre nichts gewesen. Erst nachdem Luka und Julia sich an den Tisch gesetzt hatten, hellte sich die Stimmung ein wenig auf…

Lisa starrte auf ihren Teller und traute sich nicht, in deren Richtung zu schauen. Zu verdächtig, dachte sie aufgeregt. Außerdem war es gar nicht nötig. Sie konnte alles hören und jede einzelne Stimme mühelos zuordnen.

Denn es war außerordentlich wichtig! Heute hatte Lisa endlich ihre Zweifel überwunden. Kaum hatte sie in aller Frühe den Schulhof betreten, kam Benjamin auf sie zu und berichtete ihr davon, daß Frank Uffelmann zu einem neuen Angriff geblasen habe. Diesmal griff er das Heiligste an! Sie hatte es mit eigenen Augen gesehen! Frau Bammert hatte einige Auszüge aus seinem Interview unter ihren Vertrauten verteilen lassen. Eine Krisensitzung des Komitees gegen rechte Gewalt war für achtzehn Uhr einberufen worden, doch Lisa hatte dieser Ankündigung keine große Bedeutung beigemessen. Ein Sturm tobte in ihrer Seele! Mandy, die Leiterin der antifaschistischen Gruppe „Nord“ hatte Recht: Es war nur folgenloses Gebabbel, was Frau Bammert mit ihrem Komitee gegen rechte Gewalt veranstaltete, während die Rechtsradikalen ihr auf der Nase herumtanzten… Diese Gedanken wühlten Lisa gehörig auf. Sie hörte auf zu essen und blickte feindselig zu Frank hinüber.

„Wohin ist denn Luka wieder verschwunden?“ fragte Frank, während er um sich blickte.

Sebastian schluckte den Bissen hinunter und zeigte mit einem Finger durch die Glaswand nach draußen.

„Er telefoniert gerade“, sagte der Junge.

Luka stand neben dem Fahrradplatz und seine Körpersprache verriet, wie stark er von dem Gespräch eingenommen war. Er nickte und fuchtelte mit der freien Hand, als ob sein Gesprächspartner direkt vor ihm stünde. Kurz darauf steckte er sein Handy in die Hosentasche und kam wieder in die Mensa.

„Mit wem hast du denn gesprochen?“ fragte Julia neugierig. „Du hast so stark mit den Händen gefuchtelt, daß ich gedacht habe, der dritte Weltkrieg wäre ausgebrochen! Oder hast du wieder mit Melanie geplaudert!“

„Sei nicht eifersüchtig!“ warf Luka ihr wie nebenbei zu und ließ sich auf einen freien Stuhl neben ihr fallen.

„Ach soooo!“ erwiderte Julia mit gefährlichem Lächeln im Gesicht. „Herr Lemke hat Geheimnisse!“

Die Jugendlichen schmunzelten, wohl wissend, daß es nicht lange dauern würde, bis Julia dem übermütigen Klassenkameraden seinen Spruch doppelt heimzahlen würde.

„Ich habe mit Wieland gesprochen“, erklärte Luka.

„Und?“ fragte das Mädchen. „Willst du uns nicht verraten, worüber du mit ihm gesprochen hast?“

„Warte!“ wies Luka sie übertrieben frech ab, als ginge ihm ihre lästige Fragerei gehörig auf den Wecker. Er räusperte sich. „Irgendwie bin ich heute heiser geworden.“

Er hustete einige Male und faßte sich besorgt am Hals.

„Bist du gerade in die Pubertät hineingerutscht?“ fragte Julia und zog verwundert ihre Augenbrauen hoch. „Da wird sich Melanie aber freuen!“

„Julia!“ rief Anna ihr vorwurfsvoll zu, konnte sich aber beim Anblick des vor Peinlichkeit erstarrten Jungen ein Lächeln nicht verkneifen.

Selbst Frank konnte sich nicht beherrschen. Am schlimmsten erging es aber Sebastian. Er verschluckte sich vor Lachen, sodaß ihm Orangensaft durch die Nase auf die Hose lief.

„Hört auf!“ rief Walter ihnen mit weinerlicher Stimme zu, während Julia ihre Hand um Lukas Hals schlang und ihn zu sich zog.

„Du mußt doch nicht gleich rot werden“, sagte sie ihm mütterlich mild und tätschelte ihn an der Wange. „Sagst du jetzt freiwillig, worüber du mit Wieland gesprochen hast, oder sollen wir dich verprügeln.“

„Ich wollte es doch gerade erzählen!“ protestierte Luka und drückte die abstehenden Haarsträhnen wieder platt. „Er hat uns zu einem Vortrag eingeladen! Ein russischer Professor wird morgen über die Zukunft Europas sprechen!“

„Meinst du wirklich, daß sein Vortrag so spannend sein wird?“ fragte Walter zweifelnd.

„Bestimmt!“ erwiderte Luka zuversichtlich. „Wieland sagte, dieser Russe sei ein hohes Tier!“

„Warum nicht?“ sagte Julia begeistert. „Ich bin dafür!“

Nach kurzem Hin und Her stimmten auch Frank, Anna und Sebastian dem Vorschlag zu.

„Dann ist es beschlossen!“ stellte Luka schnell fest, um weitere Diskussionen zu diesem Thema zu unterbinden. „Morgen abend fahren wir mit der Bahn zum Vortrag.“

„Ich hoffe, er wird dort Deutsch reden“, sagte Walter skeptisch, nachdem auch er sich dem Wunsch der Mehrheit gebeugt hatte. „Außerdem weiß ich noch nicht, ob ich morgen mitkommen kann.“

„Was willst du denn hier machen? Bei uns ist doch gar nicht so viel los! Tote Hose!“ redete Luka auf ihn ein. „Die Schülerzeitung ist verboten! Diskussionsrunden sind auch verboten! Nicht einmal reden dürfen wir! Sobald man nur den Mund aufmacht, kriegt man sofort ein Redeverbot!“

„Jetzt übertreib bitte nicht!“ erwiderte Julia beschwichtigend. „Bei dir geht doch der Mund gar nicht zu!“

Luka wartete geduldig, bis die letzten Lacher verhallten, dann räusperte er sich wieder.

„Als wir noch die Grundschule besuchten, waren wir sorglos und unschuldig…“, sagte er bedeutungsvoll, verstummte aber, als er Julias Gesicht sah.

Mitleidvoll schaute sie zu ihm hinüber und schwieg.

„Was ist?“ fragte Luka mit ärgerlicher Stimme.

„Mir scheint, daß du immer noch die Grundschule besuchst“, sagte das Mädchen, worauf die Runde in schallendes Lachen verfiel…

Sie lachen noch! dachte Lisa wutentbrannt, während Luka nur noch nachlegte. Es dauerte nicht lange, dann waren sie wieder fröhlich und unbekümmert, als wäre die Welt tatsächlich in Ordnung und die Zukunft so hell und spannend.

„Habt ihr den Film Spartakus gesehen?“ fragte Luka aufgeregt. „Dort hat man Sklaven gezeigt. Sie arbeiten schwer, kriegen ihr Essen und Trinken und haben Angst, gegen ihre Sklaverei zu rebellieren, obwohl sie gar nicht so viel zu verlieren hatten. Wenn man überlegt, wie viele es waren und wie schwach ihre Bewachung war, dann wundert man sich, daß sie das so lange über sich ergehen ließen.“

„Mann o Mann!“ rief Walter erheitert aus. „Ich kann mir schon vorstellen, in welche Richtung du denkst! Georg hat recht. Du bist ein chronischer Rebell!“

„Gar nicht!“ verteidigte sich Luka. „Ich bin ein gesetzestreuer Staatsbürger! Ich wollte bloß sagen, daß es heute nicht anders ist.“

„Gesetzestreue Staatsbürger bringen nicht die Verhältnisse in ihrem Staat in Verbindung mit Sklaverei!“ entgegnete Walter.

„Eigentlich wollte ich etwas anderes sagen! Laß mich doch zu Ende reden, dann kannst du kritisieren!“ ärgerte sich Luka. „Sie hatten Angst sich zu erheben, weil sie uneins waren und an einen Sieg nicht geglaubt haben.“

„Staatsfeindliche Reden!“ sagte Walter mit beißender Ironie in der Stimme. „Du mußt leiser sein, mein Freund! Die Mensa ist voll von Spitzeln!“

Er zuckte leicht mit dem Kopf zum Nachbartisch hin und blickte bedeutungsvoll auf Lisa, die mit versteinertem Gesicht in ihre Richtung schaute.

„Das ist doch diese Lisa vom Komitee gegen rechte Gewalt?“ fragte Julia stirnrunzelnd. „Erinnerst du dich noch daran, was für einen Zirkus sie während der Diskussion veranstaltet hat?“

„Klar!“ erwiderte Luka. „Wie eine Besessene ist sie mit einem Plakat auf der Bühne rumgehopst!“

Lisa erhob sich, räumte ihr Geschirr weg und ging mit zügigen Schritten zum Ausgang.

„Herzliche Grüße an Frau Bammert!“ rief Julia ihr hinterher, worauf das Mädchen nur noch schneller ging.

Bald erreichte Lisa die Eingangstreppe des Hauptgebäudes, ging durch die Tür hinein und blieb vor der Holocaust-Ausstellung stehen. Die schrecklichen Bilder erinnerten sie noch einmal daran, worum es bei ihrem Kampf ging. Sie schritt von einem Ständer zum anderen und bald traf ihr Blick auf ihr Lieblingsbild. Ein Dutzend KZ-Sträflinge in gestreiften Anzügen standen hinter dem Stacheldraht. Darunter ein zierlicher Junge mit spitzen Schultern. Mit traurigen Augen schaute er Lisa an, als wollte er sie fragen, was sie in ihrem Leben getan habe, um die Wiederholung dieser Barbarei unmöglich zu machen…

Das Bild gab Lisa wieder Kraft. Mit hastigen Schritten überquerte sie die Eingangshalle und verschwand schließlich in einem Toilettenraum hinter der Haupttreppe. Sie schloß sich in eine Kabine ein, setzte sich auf den WC-Deckel und schlug die Augen für einige Sekunden nieder. Mandy hat Recht, dachte Lisa mit letzter Sicherheit. Wer so frech das Heiligste beschmutzt und danach noch unbekümmert lacht, der ist kein Mensch mehr!

Sie zog aus ihrer Schultasche ein langes Küchenmesser hervor und berührte mit einem Daumen die Klinge. Es war scharf. Lisa drückte das Messer vorsichtig gegen die Kabinenabtrennung. Die Spitze versank im Holz…

Es ist in Wirklichkeit so leicht! dachte Lisa fasziniert. Und doch überkommt einen panische Angst, wenn man nur daran denkt. Als ob man auf einer Klippe stünde und gern in den Tod springen würde. Doch statt diesen letzten Schritt zu machen, starrt man vor Entsetzen gelähmt in die dunkle Tiefe und hat nicht die Kraft, sich nur einen einzigen Millimeter in Richtung des Abgrunds zu bewegen.

Das ist Feigheit! dachte Lisa enttäuscht. Beschämende Feigheit! Man redet und redet, dann stellt man sich es ganz genau vor, doch wenn es wirklich darauf ankommt, hat man auf einmal die Hose voll…

Lisa griff erneut in die Schultasche und holte daraus ihr Lieblingsfoto. Die KZ-Häftlinge standen hinter dem Stacheldraht und in ihren ausgemergelten Gesichtern lag eine stumme Anklage. Als der schutzlose Junge wieder in ihre Augen blickte, liefen Lisa die Tränen über die Wangen.

„Ich werde es tun!“ flüsterte das Mädchen bekümmert. „Für dich…“

Erst als die Pausenglocke zum Unterricht rief, steckte Lisa das Messer wieder in die Schultasche ein, spülte zum Schein und verließ das Mädchen-Klo.

Ein schlechter Tag

Nun war auch dieser Schultag zu Ende. Doch Sebastian konnte sich darüber nicht freuen, wie es seine Altersgenossen gewöhnlich taten. Walter begleitete ihn wie gewohnt nach Hause, damit seine Feinde ihn nicht auf dem Heimweg überfallen konnten, und nach einer guten Viertelstunde blieben sie vor einem grauen Mietshaus stehen.

„Jetzt bist du wieder zu Hause", sagte Walter zufrieden und reichte ihm seine starke Hand.

Sebastian zögerte. Zwar hatte er stets versucht, es zu verbergen, doch jedes Mal, wenn er Abschied von seinen Freunden nehmen mußte, überfiel ihn ein trostloses Gefühl. Eine schreckliche Einsamkeit rollte auf ihn zu, vor deren Kälte es kein Entrinnen gab…

Sebastian verabschiedete sich von Walter und ging zur Haustür. Der Briefkasten mit dem Namensschild Rohde quoll schon wieder über. Mehrere Werbezeitungen und Prospekte steckten darin.

Er zog sie heraus und blickte durch die schmale Klappe hinein. Im Innern des Briefkastens lagen noch einige Briefe. Obwohl Sebastian keinen Schlüssel besaß, hatte er kein Problem damit. Er griff mit der Hand durch die Einwurföffnung hinein, schnappte sie mit gestreckten Fingern und zog sie hervor.

Gleich neben dem Eingang befand sich eine große Papiertonne, wo Sebastian gewöhnlich den Inhalt des Briefkastens entsorgte. Doch als er den blauen Deckel aufmachte, um die Werbezeitungen hineinzuwerfen, blieb ihm der Atem weg.

Zwischen bunten Prospekten lag ein bedrucktes Blatt Papier. Darauf prangte die Überschrift: *Wir kriegen dich, du dreckiges Nazischwein!*

Nachdem Sebastian diesen Satz gelesen hatte, wurde ihm heiß. Er legte den Zettel schnell zusammen, steckte ihn in seine Hosentasche und lief in das zweite Stockwerk hinauf. Erst als er auf seinem Bett saß, faltete er ihn wieder auseinander. Je länger er las, um so unerträglicher war die Angst.

*Wir werden dich einer nach dem anderen in alle deine Löcher durchf*cken, und dann werden wir dich noch am Kragen packen und deine abscheuliche Nazi-Fratze solange in deine braune Scheiße drücken, bis du darin langsam und qualvoll erstickst, verfluchter Hurensohn…*

Sebastian konnte nicht mehr weiterlesen und kniff die Augen fest zu. Jetzt wissen sie, wo ich wohne, dachte er verzweifelt. Er wußte, daß er sich jetzt unbedingt ablenken mußte. Wenn das quälende Gefühl sich noch tiefer in seine Brust hineinbohren würde, dann würde er nicht einmal seine Hausaufgaben machen können. Er versteckte den Zettel unter der Matratze, damit die Mutter ihn nicht finden konnte, und griff nach seiner Schultasche. Kaum hatte er aber sein Englisch-Heft daraus hervorgeholt, klingelte das Telefon.

Sebastian lief ins Wohnzimmer, nahm es aus der Ladeschale heraus und drückte auf den grünen Knopf.

„Rohde", sagte er wie gewohnt, doch sein Gesprächspartner antwortete nicht. Sebastian glaubte aber das sichere Gefühl zu haben, daß dieser ihn höre. „Hallo!" sagte er verwundert.

Zwar bekam er abermals keine Antwort, dafür aber konnte er am anderen Ende der Leitung einen gleichmäßigen Atem hören.

„Wer sind Sie? Ich kann Sie nicht hören!" fragte Sebastian besorgt.

Der Atem wurde heftiger und verriet, daß sein Gesprächspartner ihn durchaus verstanden hatte. Erst nach mehreren qualvollen Sekunden legte der geheimnisvoller Anrufer wieder auf.

Sebastian setzte sich wieder aufs Bett, legte das Telefon zur Seite und starrte trübselig vor sich hin. Für die Hausaufgaben hatte er keine Kraft mehr. Es war so schrecklich, wieder allein zu sein. Er dachte an den Vortrag des Russen, den Luka für den morgigen Abend angekündigt hatte. Doch nicht die Veranstaltung selbst weckte sein Interesse. Unerträgliche Sehnsucht quälte ihn, die Sehsucht nach seinen Freunden. Besonders Frank fehlte ihm in solchen trostlosen Stunden. Wenn dieser neben ihm war, hatte er fast keine Angst mehr. Sobald er aber allein in seinem Zimmer saß, fiel er in einen bodenlosen Abgrund, und nur noch die Erinnerung an Gott gab ihm ein wenig Kraft.

Wie soll das bloß weitergehen? dachte Sebastian. Frank war immer öfter mit Anna zusammen, und es deutete nichts darauf hin, daß er in Zukunft etwas mehr Zeit für ihn haben würde. Es tat Sebastian weh, doch er konnte es seinem Freund nicht verübeln…

Je länger er darüber dachte, desto mehr breitete sich tief in seiner Brust ein drückender Schmerz aus. Als ob ein giftiger Stachel darin stecken würde, den er nicht herausziehen konnte. An manchen schlimmen Tagen glaubte er, ein tonnenschwerer Stein laste auf ihm, den er jedes Mal anheben mußte, um erneut einatmen zu können.

Sebastian wollte sein Englisch-Heft in die Hand nehmen, griff aber statt dessen unter die Matratze und holt sein dünnes Tagebuch hervor. Ohne sich auszuziehen, schlüpfte er unter die Decke, lehnte sich an die kühle Wand und begann zu schreiben:

„Ach Papa! Wenn ich sterbe, dann wirst du mich niemals gesehen haben. Und ich dich auch nicht. Ist das nicht traurig? Ich will aber, daß du es weißt: solange ich noch auf dieser Welt bin, lebst du tief in meinem Herzen. Mein neuer Freund Frank hat mir versichert, daß es Tausend gute Gründe geben könnte, warum du dich bei mir noch nicht gemeldet hast. Dann aber fragte er mich, warum ich mich bei dir bis heute noch nicht gemeldet habe. Ich wußte gar nicht, was ich ihm sagen sollte. Ich habe schon immer davon geträumt, mich eines Tages auf die Suche nach dir zu machen. Tausendmal habe ich mir vorgestellt, wie der erste Augenblick unserer Begegnung aussehen könnte. Wenn ich dann aber aus meinen Träumen erwachte, dachte ich daran, was geschehen würde, wenn sich dabei herausstellen sollte, daß du mich gar nicht sehen willst. Davor habe ich noch mehr Angst. Dann habe ich dich verloren, auf immer verloren! Wie soll ich dann noch weiterleben? Ich weiß nicht, was ich tun soll. Ich hoffe nur, du wirst niemals sterben. Zumindest nicht früher, als ich schon längst gestorben bin…"

Der Schmerz in der Brust wurde heftiger und raubte Sebastian die letzte Kraft. Er rutschte die Wand hinunter und zog die Decke über den Kopf. Er atmete einige Male tief durch, schüttelte den Kopf, doch der giftige Stachel bohrte sich immer tiefer in die Seele hinein.

Als das Telefon wieder zu klingeln begann, wußte Sebastian nicht, was er tun sollte. Ob es wieder jene Menschen waren, die sich vorgenommen hatten, sein Leben zur Hölle zu machen? Er schaute auf das leuchtende Display und sah darauf die Nummer des Anrufers. Unmöglich, daß es seine Peiniger waren, denn bei ihnen war die Nummer stets unterdrückt. Er griff nach dem Telefon und drückte auf den grünen Knopf.

„Rohde", sagte er mit letzter Kraft.

„Grüß dich, Sebastian!" meldete sich Frank am anderen Ende. „Wir haben ab heute Telefon zu Hause!" sagte er stolz. „Wie geht's dir?"

Sebastian wollte ihm sagen, daß es ihm gut gehe, brachte aber kein Wort hervor. Erst nach einigen Sekunden konnte er sich wieder fassen.

„Erträglich."

„Sag's ehrlich!" forderte Frank besorgt. „Du darfst mich nicht belügen, auch wenn du dabei glaubst, mir damit etwas Gutes zu tun!"

Sebastian schwieg, was Frank in höchste Alarmbereitschaft versetzte, denn sein junger Freund hatte von Natur aus ein sonniges Gemüt und hatte sich immer gefreut, ihn zu sehen.

„Sag mir jetzt, wie es dir geht!" fragte er wieder.

„Schlecht", gab Sebastian schließlich zu.

„So! Laß mich einen Augenblick überlegen!" sagte Frank etwas hektisch. „Du kannst mit dem Bus kommen, aber sie können dich am Marktplatz abfangen! Das ist zu gefährlich! Ich rufe jetzt Walter an, er kann dich bestimmt bis zur Haltestelle begleiten. Ich werde dich dann hier bei uns im Dorf an der Bushaltestelle abholen! Versprich mir aber, daß du jetzt zu Haus bleibst und auf meinen Anruft wartest!"

Als Sebastian hörte, wieviel Mühe sich sein Freund machte, stiegen ihm die Tränen hoch. Er schluckte sie hinunter und versuchte, ruhig zu bleiben.

„Bleibst du zu Hause, bis ich mich bei dir melde?" fragte Frank noch einmal.

Erst als er eine Bestätigung bekam, legte er auf.

Sebastian schlug die Augen nieder. Der giftige Stachel steckte immer noch tief in der Brust, doch die Vorfreude auf ein baldiges Treffen mit seinem Freund ging über ihn wie eine warme Welle. Und dieser schrekkliche Kampf machte ihm schwer zu schaffen. Sein Herz raste.

Bald klingelte das Telefon wieder.

„Hör zu! Anna kommt jetzt mit dem Wagen ihres Vaters bei dir vorbei, danach fahrt ihr beide gleich zu mir. Du übernachtest heute bei mir! Klar?" sagte Frank eindringlich. „Nimm deine Schultasche mit!"

Sebastian hatte auf diese Worte sehnsüchtig gewartet, empfand aber gleichzeitig ein tiefes Schuldgefühl. Ihm war, als stünde er zwischen Frank und Anna, auch wenn die beiden es niemals zeigen würden.

„Werde ich nicht stören?" fragte er unsicher.

„Hör auf!" sagte Frank vorwurfsvoll. „Wie kannst du so etwas sagen?"

Es klang ehrlich. So ehrlich, daß die Worte seines Freundes wie Balsam über seine Wunden floßen.

„Danke!" sagte Sebastian und fühlte sich wieder besser und verspürte sogar ein wenig von seiner gewohnten Lebenslust.

Eine echte Demo

Als die S-Bahn die Kreisstadt erreichte und zu bremsen begann, stand Wieland von Maysenberg auf dem Bahnsteig und wartete auf seine Freunde. Sebastian sah ihn aus dem Fenster, noch bevor der Zug zum Stehen kam. Wieland war kaum zu erkennen, denn sie hatten ihn zuvor nur in Freizeitkleidung gesehen. Heute aber trug ihr adeliger Freund schwarze Anzughose, schneeweißes Hemd und Krawatte, und sah ausgesprochen feierlich aus. Sebastian blickte auf seine eigenen Kleider hinab und fühlte sich auf einmal unwohl. Sein kariertes Hemd sah zwar ordentlich aus, doch die Frage, ob es überhaupt angebracht war, in einer Jeans dem Vortrag eines bekannten ausländischen Professors beizuwohnen, quälte ihn immer mehr. Während Frank und seine Freunde Wieland auf die Schulter klopften und seine Hand drückten, fiel Sebastian auf, daß sogar Walter heute eine schwarze Kordhose trug…

„Komm her, du Kleiner!" rief Wieland ihm fröhlich zu, als er den Jungen hinter den Rücken seiner Freunde entdeckte. Er drückte seine Hand und fragte ihn: „Bist du bereit?"

Sebastian hatte keine Ahnung, was er damit gemeint hatte.

„Ich bin immer bereit", erwiderte er für alle Fälle und wartete auf weitere Erklärungen.

„Bist du dir sicher?" fragte Wieland mit rätselhafter Stimme, worauf Sebastian wieder auf seine Jeans hinabschaute.

„Was meinst du, Wieland, ist meine Hose so in Ordnung?" fragte er besorgt und begann auf seiner Unterlippe zu kauen.

Wieland ging einen Schritt zurück, begutachtete seine Jeans, dann schüttelte er entschieden den Kopf. „Nö, so darfst du nicht rein!"

Sebastian wurde heiß. Betroffen starrte er ins Gesicht seines Freundes und wußte nicht, was er nach einem solchen Urteil machen sollte. Allein in die Kurstadt zurückzufahren, war mit Sicherheit das Allerletzte, was Sebastian sich an diesem Abend wünschen könnte…

„Hör auf ihm Angst zu machen!" mischte sich Julia ein und umarmte schützend den verunsicherten Jungen. „Schäm dich!"

Erst als Wieland zu lachen begann, atmete Sebastian erleichtert auf.

„Du wirst niemals erkennen können, ob ich dich auf den Arm nehme!" rief Wieland ihm erheitert zu und schlug ihm kumpelhaft auf die Schulter.

„Was kann er dafür, daß er von solchen Lügnern umgeben ist", erwiderte Julia.

Während die Jugendlichen noch Sebastians Gutgläubigkeit kommentierten, fuhr die S-Bahn wieder weg und der Bahnsteig leerte sich in Sekundenschnelle. Wieland bat seine Freunde näher zu kommen.

„Es gibt Neuigkeiten", sagte er ungewöhnlich ernst. „Eine Gute und noch eine andere. Womit soll ich beginnen?"

„Mach's nicht so spannend!" sagte Luka. „Schieß los!"

„Wir haben im letzten Augenblick den Rechtsstreit um die Halle gewonnen! Die Veranstaltung findet wie geplant statt", sagte Wieland beinahe feierlich.

„Na, wenn das die gute Neuigkeit sein soll, dann kann ich mir vorstellen, wie die andere aussieht!" sagte Luka, worauf die Spannung noch mehr anstieg.

„Das war gar nicht so einfach!" erwiderte Wieland bedeutungsvoll. „Die Stadt wollte mit allen Mitteln die Veranstaltung verhindern. Erst die Drohung der russischen Diplomaten, den Fall an die große Glocke zu hängen, hat die Sache entschieden."

Seine Mitteilung hatte einen gehörigen Eindruck gemacht, was an den Gesichtern der Jugendlichen deutlich zu sehen war. Daß die Stadt wegen des Vortrags eines russischen Professors zu einem Thema, das die Zukunft Europas behandeln sollte, einen solchen Widerstand leistete, war nicht nur für Sebastian ein unlösbares Rätsel. Doch der Hinweis darauf, daß dabei noch Diplomaten im Spiel gewesen waren, brachte sie ganz durcheinander.

„Die zweite Neuigkeit ist in der Tat nicht so gut", fuhr Wieland sachlich fort. „Die Antifa hat eine Protestkundgebung angekündigt und so, wie es aussieht, werden sie ziemlich zahlreich sein. Sie kommen mit Bussen an. Sogar aus Bayern! Es wird eine Schlacht geben!"

Nun war die Überraschung perfekt. Was zunächst als fröhlicher Ausflug gedacht war, um sich von den unerfreulichen Ereignissen in der Kurstadt abzulenken, entwickelte sich zu einer abenteuerlichen Geschichte. Während die Freunde noch dabei waren, seine Mitteilung zu verdauen, legte Wieland noch eins drauf.

„Der schwarze Block der Antifa wird dabei sein. Ich habe sie schon gesehen. Sie werden versuchen, uns auf dem Weg zur Halle anzugreifen. Aber die Bereitschaftspolizei ist schon da und wird uns bis zur Stadthalle begleiten."

Sebastian spürte im Hals ein merkwürdiges Kribbeln und schluckte verkrampft. Zwar konnte er sich unter dem Ausdruck Schwarzer Block kaum etwas Konkretes vorstellen, doch der Ton, in dem Wieland davon gesprochen hatte, vermittelte ihm ein sicheres Gefühl, daß es sich dabei um eine äußerst gefährliche Sache handeln könnte.

„Wie schööön!“ rief Luka fröhlich aus, doch Wieland reagierte nicht auf seine spöttische Bemerkung.

„Wollt ihr wirklich mitmachen?“ fragte er ernst.

Eine solche Frage hatte niemand erwartet. Einige Augenblicke schwiegen sie.

„Meinst du, wir sind Feiglinge?“ fragte Julia gekränkt.

„Natürlich nicht!“ erwiderte Wieland beschwichtigend. „Ich mußte euch aber warnen. Das ist kein Spaß! Wer weiß, was dort alles passieren könnte. Wenn einer von euch mit einem Pflasterstein am Kopf getroffen wird, dann kann es wirklich böse ausgehen!“

Seine Erklärung zeigte Wirkung. Einige Sekunden lang schwiegen seine Freunde. Wieland bedrängte sie nicht und warf Frank einen langen Blick zu, als ob er ihm damit etwas Wichtiges mitteilen wollte. Luka hatte es zwar bemerkt, war aber von der Angelegenheit selbst so sehr in Anspruch genommen, daß er das wieder vergaß.

„Ich mache mit!“ sagte er entschlossen.

Einer nach dem anderen folgten seinem Beispiel: Julia, Anna, Frank und Walter… Nun war Sebastian an der Reihe, doch bevor er noch den Mund aufmachen konnte, machte Frank einen Schritt auf ihn zu und faßte ihn mit beiden Händen an den Schultern.

„Und du?“ fragte er eindringlich und schaute ihm tief in die Augen. „Willst du wirklich mitmachen?“

„Klar!“ antwortete Sebastian, ohne zu überlegen, denn etwas anderes zu sagen, wäre ihm wohl kaum in den Sinn gekommen, selbst wenn sie jetzt in eine echte Schlacht ziehen sollten.

Frank war mit der Antwort sichtlich zufrieden, konnte aber an dem ausdruckslosen Gesicht des Jungen sehen, daß die Frage ihn verletzt hatte.

„Habe ich nie bezweifelt!“ fügte er lächelnd hinzu, worauf Sebastians sich wieder entspannte.

„Dann gehen wir!“ schlug Wieland vor. „Die Polizei wartet auf uns.“

Sie passierten die Unterführung und als sie das Bahnhofsgebäude betraten, konnte Sebastian spüren, daß an diesem Abend die Spannung buchstäblich in der Luft lag. Schwarzgekleidete Polizisten mit Pistolen und Handschellen an ihren Gürteln standen neben der Unterführung und beobachteten mit mißtrauischen Blicken die ankommenden Fahrgäste.

Auch am Eingang standen einige… Sebastian versuchte sich einzureden, daß es reine Vorsichtsmaßnahmen wären. Doch er war längst nicht so gelassen, wie er sich gab. Nach all dem, was er soeben gehört hatte, war er etwas ängstlich, zugleich aber neugierig und aufgeregt, wie es mit Sicherheit jedem Jungen ergangen wäre, der noch keine große Erfahrung mit solchen Veranstaltungen hatte. Als sie draußen waren, stießen sie zu einer Gruppe von etwa fünfzig Menschen, die ebenfalls zum Vortrag des russischen Professors gehen wollten. Zwei Dutzend Polizisten mit durchsichtigen Schildern standen in der Nähe und warteten auf den Abmarsch. Ihre Helme und dicken Schutzwesten mit rätselhaften Zeichen am Rücken flößten Sebastian Respekt ein! Selbst ihre Handschuhe waren gepolstert und die Ellenbogen mit tellerförmigen Platten geschützt! Sie standen da, als machten sie bloß eine kurze Pause, um im nächsten Augenblick wieder in den Krieg zu ziehen…

„Das waren die letzten", rief Wieland ihrem Kommandeur zu, der mit einem Funkgerät in der Hand direkt auf sie zuging.

Der Polizist schaute sich die Jugendlichen an, und als sein Blick Sebastian erreichte, betrachtete er den Jungen besonders aufmerksam.

Sebastians Herz zog sich ängstlich zusammen. Er wollte gelassen wirken, schaffte es aber nicht.

„Ich werde bald fünfzehn", murmelte er verlegen, als wollte er sich für irgend etwas rechtfertigen.

„Ihre Ausweise, bitte!" sagte der Polizist streng, ohne seinen Blick von dem Jungen abzuwenden.

Sebastian griff in die Hosentasche, zog daraus einen dünnen Geldbeutel und reichte ihm seinen Ausweis hin.

„Wir werden auf ihn aufpassen!" sagte Frank und legte seinem jungen Freund den Arm um die Schulter.

Sein leichter osteuropäischer Akzent blieb nicht unbemerkt. Der Polizist reichte Sebastian den Ausweis kommentarlos zurück, und wandte sich an Frank. Es dauerte nur wenige Minuten, dann war der Beamte mit der Überprüfung der Personalien fertig.

„Bleibt zusammen und laßt euch nicht provozieren!" sagte er warnend. „Wir begleiten euch zur Versammlungshalle!"

Sebastian atmete erleichtert auf. Seine Hände zitterten vor Aufregung. Das alles war so schrecklich faszinierend, daß ihn im nächsten Augenblick ein atemberaubendes Gefühl erfaßte, mit seinen Freunden zu einem großen Abenteuer aufzubrechen…

Hitlergruß

Der fensterlose Bus mit zwei tellerförmigen Antennen auf dem Dach stand auf dem Parkstreifen in einer Querstraße, doch jene, die darin waren, konnten das Geschehen vor der städtischen Halle ganz genau beobachten. Die Veranstaltung hatte noch nicht begonnen, doch vor dem Gebäude spielten sich bereits tumultartige Szenen ab. Lange Reihen bewaffneter Polizisten sicherten den Eingang und versuchten vergeblich, die laut skandierenden Antifaschisten zur Seite abzudrängen.

Es waren Hunderte, die dem Aufruf der Linken gefolgt waren, gegen den Vortrag des konservativen russischen Professors zu demonstrieren. Ein Meer von Plakaten und roten Fahnen ragte über ihren Köpfen. „Faschismus ist keine Meinung, sondern ein Verbrechen!“ stand auf einem langen Banner geschrieben.

Eine junge Frau mit Megafon in der Hand rief markige Sprüche aus, worauf ihre Kampfgenossen diese laut und drohend in Richtung jener schrien, die es wagten, den Vortrag des Russen hören zu wollen.

Plötzlich durchbrachen zwei Demonstranten die Polizeikette und stürmten zum Eingang.

„Voll krass!“ rief Chrissi begeistert aus, als die Polizisten sie einholten und mit ihnen hart auf den Boden fielen.

„Toll!“ bestätigte Tolik, der von der filmreifen Szene nicht weniger beeindruckt war.

Die Jungen starrten auf die Bildschirme und waren von dem unerwarteten Gewaltausbruch so gefesselt, daß sie gar nicht gemerkt hatten, daß Joe wieder in den Bus eingestiegen war.

„Ihr steht ja immer noch da!“ rief er ihnen vorwurfsvoll zu. „Zieht euch schnell um!“

Erst seine Ermahnung erinnerte die Jungen daran, warum sie heute hier waren. Sie packten ihre Nazi-Kleider aus und begannen sich umzuziehen.

„Zweihundert Euro!“ sagte Chrissi wie nebenbei und wiederholte es noch einmal wesentlich lauter, als er keine Bestätigung bekommen hatte.

„Habe ich dich jemals betrogen?“ fragte Joe verstimmt, während Chrissi in seine rabenschwarze Hose schlüpfte.

Der Junge antwortete nicht, denn Joe hatte in der Tat immer sein Wort gehalten. Zwar hatte Chrissi mit ihm stets hart verhandeln müssen, doch wenn sie sich auf einen Betrag geeinigt hatten, zahlte der Bärtige sie am gleichen Tag aus, ohne daß Chrissi ihn daran erinnern mußte. Heute aber hatte Joe gar nicht gehandelt und war sofort bereit, zweihundert Euro zu zahlen, wenn die Jungen sich unter die Leute mischen und mit diesen in den Vortragsraum gelangen würden. Zwar wußte Chrissi nicht, wozu das gut sein könnte, doch das allein schien ihm zu einfach.

Während die Jungen noch ihre Springerstiefel zuschnürten, konnten sie hören, wie in dem Abteil, wo die Techniker saßen, große Aufregung ausgebrochen war. Sie liefen schnell hin, um zu sehen, was los war.

„Ich wußte, daß er kommt!" rief Joe laut aus und klatschte vor Freude mit seinen riesigen Händen so laut, daß Chrissi sein Gesicht verzog.

„Kannst du noch näher an ihn herankommen?" schrie der Bärtige hektisch in sein Handy, während er wie gebannt auf den Bildschirm starrte.

Es war nicht schwer zu erkennen, wem seine Aufmerksamkeit galt. Die Kamera nahm einen dunkelblonden Jungen ins Visier, der in der Menge der Wartenden neben einem hübschen Mädchen stand.

„Wunderbar!" stieß Joe begeistert hervor, packte Chrissi am Ärmel und zog ihn unsanft zum Bildschirm.

„Bleib cool!" protestierte der Junge, doch Joe ignorierte seinen vorwurfsvollen Blick.

„Schaut euch den Jungen ganz genau an!" sagte der Bärtige eindringlich. „Ihr müßt euch ganz dicht an ihn heranschleichen!"

„Und dann?" fragte Chrissi neugierig.

Joe starrte angestrengt vor sich hin und schien hektisch nach einer Lösung zu suchen. Dann blickte er Chrissi prüfend an und sagte:

„Wenn ihr zusammen mit ihm zum Eingang geht, hebst du deine rechte Hand kurz hoch!"

„Was?" fragte Chrissi verblüfft und runzelte die Stirn, als wollte er dahinterkommen, ob sein Gesprächspartner das ernst gemeint haben könnte.

„Geh einfach hin, und wenn du dicht neben ihm stehst, heb' die Hand hoch, wie es die Nazis tun!" erklärte Joe unbeeindruckt, und als ob das nicht schon genug wäre, fügte er warnend hinzu: „Und zwar so, daß unsere Kamera euch voll im Blick hat."

Während Tolik noch mit geöffneten Mund den Bärtigen anstarrte, erholte sich Chrissi bereits von seinem Schock.

„Einen Hitlergruß soll ich zeigen?" fragte er aufgebracht. „Und wenn die Bullen mich erwischen?!"

Zornesfunken sprühten aus seinen hellen Augen.

„Sie stehen doch mit dem Rücken zu euch!“ erwiderte Joe. „Und wenn sie euch schnappen, leugnet alles! Sag einfach, daß du in der Menge einen Bekannten gesehen hast und ihn begrüßen wolltest! Außerdem habt ihr das Recht, die Aussage zu verweigern.“

Chrissi holte tief Luft, als wollte er heftig widersprechen, hielt aber einige Sekunden inne, dann atmete er stoßartig aus.

„Zweihundert Euro zusätzlich!“ sagte Chrissi entschieden, doch zu seiner Überraschung willige Joe sofort ein.

„Abgemacht!“ sagte der Bärtige und streckte ihm seine riesigen Hand hin.

„Bist du bescheuert oder was?!“ rief Tolik seinem Freund erbost zu, als er sah, daß dieser tatsächlich darauf eingehen wollte.

Chrissi wurde unschlüssig und zog seine Hand wieder zurück. Die Vorstellung, vierhundert Euro an einem Abend zu verdienen, beeindruckte ihn sehr, doch die Angst, dabei erwischt zu werden, ließ sich nicht so leicht verdrängen. Er kniff die Augen zu und kämpfte mit sich, als ob er von einer Klippe hinunterspringen sollte.

„Fünfhundert!“ sagte Joe mit todernster Stimme.

Chrissi schlug die Augen auf.

„Fünfhundert Euro zusätzlich?“ stammelte er ungläubig.

„Schlag ein!“ setzte Joe nach.

Chrissi blickte zu Tolik hinüber, doch auch dessen vorwurfsvoller Blick konnte ihn nicht mehr zurückhalten.

„Fünfhundert!“ sagte der Junge und gab ihm seine Hand.

Joe war sichtlich zufrieden über dessen Zusage und gab ihm die letzten Anweisungen.

„Du mußt dich aber ganz dicht an diesen Jungen heranschleichen! Sonst hat es keinen Sinn!“ sagte er warnend, ohne seine Hand loszulassen. „Kapiert?“

Nachdem Chrissi das noch einmal bestätigt hatte, wandte sich Joe an seinen schweigsamen Freund.

„Und du?“ fragte er mit der gleichen todernsten Stimme. „Machst du mit?“

Die Antwort stand dem Jungen ins Gesicht geschrieben.

„In die Veranstaltung gehe ich meinetwegen, aber den Hitlergruß werde ich nicht zeigen“, erwiderte Tolik düster.

„Gut“, sagte Joe. „Ihr wartet hier, bis wir die Kameras umgruppieren!“

Als es so weit war, stiegen die Jungen unbemerkt aus dem Bus…

Der Spießrutenlauf

Sebastian stand neben seinen Freunden und war innerlich aufgewühlt. Ihm war, als stünde er mit hundert genauso verängstigten Menschen auf einem Floß, während um sie herum ein stürmisches Meer tobte. Der Zwischenfall in der Aula des Kant-Gymnasiums sah dagegen wie ein Kinderspiel aus. Obwohl auch dort Flaschen und Farbbeutel geflogen waren, war es hier wirklich gefährlich.

Die Autonomen durchbrachen die Absperrungen und blockierten den Haupteingang. Alle Versuche der Polizei, sie wieder abzudrängen, scheiterten. Die Antifaschisten grölten ihre Sprüche, beschimpften und bespuckten die Polizisten, die das mit erstaunlicher Geduld über sich ergehen ließen, während die flinken Journalisten sehnsüchtig darauf warteten, daß ihnen irgendwann die Nerven versagen würden. Mit allen Sinnen konnte Sebastian fühlen, daß ein brutaler Gewaltausbruch immer wahrscheinlicher wurde.

Blutrote Antifa-Fahnen wehten über den Köpfen der Antifaschisten. Die eiserne Faust – ein Symbol der rohen, nicht sanktionierten Gewalt – und ein fünfzackiger Stern prangten darauf. Daneben ein Banner: Für Toleranz und Demokratie!

Sebastian konnte nicht verstehen, wie diese Worte zu den wutverzerrten Gesichtern jener Demonstranten passen sollten, die dieses Banner hielten. Dagegen waren die Menschen um ihn herum friedlich und wären wohl kaum auf den Gedanken gekommen, jemanden zu überfallen. Schon gar nicht aus politischen Gründen! Es war Sebastian sonnenklar, daß die Hundertschaften der Polizei nicht ihretwegen hier standen. Sie waren hergekommen, um jene gewalttätigen Antifaschisten in Schach zu halten, die sie am liebsten sofort verprügeln würden.

Sebastian blickte zu seinen Freunden hinüber und erkannte an ihren Gesichtern, daß auch sie von den gleichen Gedanken beherrscht waren.

„Ist das nicht prächtig?“ fragte Luka sarkastisch. „Unser Ausflug verwandelt sich zu einem fröhlichen Fest der Toleranz und Demokratie! Nicht wahr?“

„Wir werden von Glück reden können, wenn wir hier lebend davonkommen!“ erwiderte Walter. „Ich hoffe, daß die Polizei diesen Abschaum zurückhalten kann!“

Während die Freunde noch das Geschehen kommentierten, ging durch die wogende Menge der Antifaschisten ein Ruck. Bald wußten sie, warum.

Weit hinter ihnen, direkt an der Polizeisperre stand eine schwarze Limousine. Der Russe ist da! hörte Sebastian von allen Seiten.

Die Einsatzleitung der Polizei schaute ebenfalls in die gleiche Richtung. Ein Dutzend Polizisten mit Schutzschildern und ein ganzes Herr aufgeregter Journalisten begleiteten einen stattlichen Herrn mit dem Aussehen eines wichtigen Staatsmannes. In einen dunkeln Anzug gekleidet, ging er selbstbewußt auf den Einsatzleiter zu, blieb dicht vor ihm stehen und begrüßte ihn mit einem kräftigen Handschlag.

Die Ankunft des russischen Professors versetzte die Demonstranten in Raserei. Schmählichen Buhrufen folgten laute Sprechchöre. Die Polizei unternahm einen weiteren Versuch den Eingang zu räumen, konnte aber die mit verhakten Armen sitzenden Blockierer nicht vertreiben und mußte es bald wieder aufgeben.

Aus unerfindlichen Gründen bat die Polizei die Wartenden mit ihnen zur Seite zu gehen. Frank, der Sebastian nie aus den Augen gelassen hatte, zog ihn mit sich, doch Wieland, der wieder neben ihnen auftauchte, packte den Jungen am Arm und zog ihn beharrlich zurück.

„Er sollte lieber bei mir bleiben“, sagte er Frank. „Dort wird es jetzt zu heiß sein.“

„Schade!“ sagte Anna und schaute Sebastian an, als ob er ihnen für den Rest des Tages entrissen werden sollte.

Doch Wieland zeigte kein Verständnis für ihre Zärtlichkeit.

„Siehst du, wie viele schon da sind!“ sagte er düster und zeigte in Richtung der wütenden Antifaschisten. „Eben sind noch acht Busse aus Berlin gekommen. Sie steckten im Stau, doch bald werden sie da sein!“

Frank nickte ihm verständnisvoll zu, worauf Sebastian mit Wieland in die entgegengesetzte Richtung ging.

„Wenn sie uns totschlagen, wirst du unsere Gräber mit Blumen schmücken!“ rief Luka ihnen hinterher.

Sebastian wäre gern mit seinen Freunden gegangen, traute sich aber nicht zu widersprechen, so ernst sah das Gesicht seines adeligen Freundes aus. Doch Augenblicke später war er sogar froh darüber, daß er bei Wieland bleiben durfte, denn sie gingen direkt zu einer Gruppe junger Menschen, die den russischen Professor umringten.

„Egal was passiert, du bleibst die ganze Zeit bei mir!“ schärfte Wieland ihm ein. „Ist das klar?“

Sebastian nickte fleißig, war aber schon längst damit beschäftigt, den prominenten Gast zu betrachten. Sein Gesicht machte auf ihn einen tiefen

Eindruck. Es erinnerte ihn an wichtige Persönlichkeiten aus den vergangenen Jahrhunderten, deren Bilder er in seinen Schulbüchern gesehen hatte. Schuld daran war vor allem sein gepflegtes Professorenbärtchen, das von strahlend weißer Farbe war. Genau so weiß waren auch seine dünnen, akkurat nach hinten gestrichenen Haare. Doch der wahre Grund, warum Sebastian den ausländischen Gast so neugierig anstarrte, war ein anderer. Es waren die Augen, die das gepflegte Gesicht des Russen prägten. Ihr selbstbewußter Blick war von einer Kraft, die niemals unbemerkt hätte bleiben können.

Sebastian versuchte, so nah wie möglich an ihn heranzukommen, um ihrem Gespräch zu lauschen. Bald stand er ganz in der Nähe.

„Nun denn!“ sagte der Russe gut gelaunt. „Wir werden bald sehen, ob wir rechtzeitig beginnen können.“

Sebastian war überrascht. Der russische Professor sprach einwandfreies Deutsch, auch wenn seine Aussprache einen osteuropäischen Akzent hatte. Nicht weniger beeindruckte ihn die Tatsache, daß Wieland den prominenten Russen gut zu kennen schien. Er sprach mit ihm im Gegensatz zu anderen Jugendlichen ganz ohne Zwang.

„Ich werde mich erkundigen, ob sie bereits soweit sind“, sagte er dem Professor und ging zum Einsatzleiter, während auch Sebastian ihm folgen mußte.

Der Polizeibeamte hielt ein Funkgerät in der Hand und war sichtlich nervös. Er nahm Lageberichte entgegen und gab ständig neue Anweisungen. Sein besorgtes Gesicht verriet, daß die Lage langsam außer Kontrolle geriet.

„Wir werden jetzt einen Weg zum Nebeneingang räumen“, sagte er schnell, noch bevor Wieland ihm etwas sagen konnte. „Wenn alle drin sind, begleiten wir ihn dahin!“

Bald hörte Sebastian markerschütternde Schreie und drehte sich schnell um. An der linken Seite der Halle, dort, wo die Polizei gerade dabei war, eine Gasse freizukämpfen, entbrannte eine echte Schlacht. Die übrigen Demonstranten, die auf der rechten Seite standen, gerieten ebenfalls in Bewegung. Sie grölten ihre Parolen und drückten immer stärker gegen die wankende Polizeikette.

Mit weit geöffneten Augen schaute Sebastian zu, wie die Polizisten eine junge Frau an ihm vorbei trugen. Sie hielten sie an Armen und Beinen, während sie wie eine Besessene schrie und sich zu befreien versuchte. Mehrere Kameraleute liefen neben ihnen her und hielten ihre Aufnahmegeräte auf sie gerichtet. Bald wurden weitere Demonstranten abgeführt.

Sebastians Atem stockte. Es waren Augenblicke, wie er sie noch nie erlebt hatte. Als Wieland ihm die Hand auf die Schulter legte, zuckte er zusammen, als wäre es glühendes Eisen, das ihn berührte.

„Komm! Wir müssen gehen!" sagte Wieland, sichtlich erheitert über den Zustand seines jungen Freundes.

Sebastian war von dem Ausbruch der Gewalttätigkeiten dermaßen überfordert, daß er sein nachsichtiges Schmunzeln gar nicht bemerkt hatte. Nun sah er, daß die Polizisten zu beiden Seiten des russischen Professors ihre Schilder zusammenrückten und auf einen Befehl der Einsatzleitung warteten, um ihn zum Nebeneingang zu begleiten. Wieland zog Sebastian in ihre Richtung.

„Du bleibst hier!" sagte er dem verstörten Jungen. „Hast du verstanden?"

Sebastian nickte stumm, doch das Geschehen vor dem Nebeneingang fesselte ihn so sehr, daß er seinen Blick gar nicht mehr abwenden konnte.

Bald gelang es der Polizei, die randalierenden Antifaschisten abzudrängen. Die wartenden Menschen kamen in Bewegung. Sie gingen durch eine freigekämpfte Gasse zur Tür, während sie von beiden Seiten beschimpft wurden. Eine ältere Dame mit grimmigem Gesicht und zerwühlten Haaren fand zwischen den Polizisten eine kleine Lücke und bespuckte die vorbeigehenden Teilnehmer des Vortrags.

Nun sah Sebastian unter ihnen seine Freunde, die sich dem Eingang näherten. Doch als sie dicht vor der Tür waren, ereignete sich etwas so Unerwartetes, daß Sebastian der Mund aufging. Ein schwarzgekleideter Junge mit hellblonden Haaren, der neben Frank ging, drehte sich zu den wütenden Demonstranten und warf seine rechte Hand hoch.

Gleich darauf brach die Hölle los. Wie tollwütige Kettenhunde, die sich plötzlich losgerissen hatten, warfen sich die vermummten Antifaschisten auf die Absperrungen. Die Polizisten versuchten dagegenzuhalten, doch die Lage eskalierte. Sebastian konnte sehen, wie seine Freunde es gerade noch schafften, sich durch die Tür zu zwängen, doch gleich darauf durchbrach der Schwarze Block die Polizeikette und stürzte sich auf die Menschen, die vor der Tür standen. Mehrere Polizisten aus der zweiten Reihe gingen sofort dazwischen. Ein heftiger Kampf entbrannte und blockierte den Nebeneingang.

Auch vor dem Haupteingang gerieten die Ordnungskräfte unter dem Druck schwarzgekleideter Demonstranten ins Wanken. Abgrundtiefer Haß entlud sich in schrecklichen Szenen. Mehrere Polizisten gingen zu Boden und wurden erbarmungslos mit Füßen getreten. Gelähmt vor Entsetzen stand Sebastian inmitten des ausgebrochenen Chaos und wußte nicht, wo er hinlaufen sollte. Erbärmlich klein kam er sich vor und hilflos!

Bald flogen Steine und Flaschen, doch Sebastian konnte sich nicht mehr von der Stelle rühren, so weich waren seine Knie geworden! Plötzlich wurde er von hinten am Körper gepackt. Sebastian verlor das Gleichgewicht und wußte nicht, ob seine Füße noch den Boden berührten, mit solcher Kraft wurde er zur Seite gerissen! Sekunden später begriff er, was geschehen war. Ein Polizist, der Sebastian fast um Kopfeslänge überragte, drückte ihn mit einem Arm an seine Brust und hob einen breiten Schild schützend vor ihm hoch. Ein Steinhagel ging auf sie nieder. Der Schild erzitterte. Sebastian kniff die Augen zu, so schrecklich hörten sich die wuchtigen Einschläge der Pflastersteine an! Eine Glasflasche prallte vom Schild ab und zersplitterte auf dem Boden direkt vor ihm. Der Junge zog sich zusammen und blickte hoch zu seinem Beschützer. Als sein verängstigter Blick das Schutzglas dessen Helmes erreichte, kamen ihm die Tränen hoch, so dankbar war er dem unbekannten Retter, der seine Angst erkannte und ihn noch fester an seine breite Brust drückte.

Die Polizei setzte Schlagstöcke ein, überwältigte die Angreifer und führte sie unter lauten Buhrufen zum Polizeibus ab. Bald wurden die Demonstranten wieder abgedrängt.

Der Polizist setzte seinen Schild auf den Boden, und Sebastian konnte über dessen Rand sehen, wie zwei Polizisten mit Schlagstöcken in der Hand einen schwarzgekleideten Jungen vom Eingang wegschleppten. Er war benommen und konnte kaum noch die Beine bewegen. Sein blonder Kopf hing tief hinunter. Erst als sie näher kamen, richtete er sich auf. Sebastian erstarrte vor Überraschung. Das Gesicht des Jungen war blutverschmiert, doch er konnte ihn mühelos erkennen: Es war Chrissi!

Sebastian wußte nicht, ob der Junge ihn ebenfalls erkannt hatte, wollte ihm ein Zeichen geben, doch Chrissi ließ den Kopf wieder hängen. Nach wenigen Sekunden verschwand er aus seiner Sichtweite. Während Sebastian noch dabei war, zu überlegen, was Chrissi hier zu suchen hatte, wurde der Nebeneingang wieder freigeräumt. Die Polizeigruppe, die den russischen Professor mit ihren Schilden schützte, setzte sich in Bewegung.

Der Polizist ließ Sebastian wieder los und schubste ihn stumm in Richtung des Eingangs…

Die Freiheit

Sebastian saß im großen Saal neben Frank und drückte seine Hände fest auf die Beine, damit niemand sehen könnte, daß sie zitterten. Sein Herz schlug immer noch wie ein Hammer, und das schweißfeuchte Hemd klebte ihm unangenehm am Rücken.

Nichtsdestotrotz freute er sich darüber, daß sie alle glimpflich davongekommen waren. Er erinnerte sich an den heftigen Steinhagel und erschauderte bei dem Gedanken, was geschehen wäre, wenn ein kantiger Pflasterstein seinen Kopf getroffen hätte. Doch jetzt war es vorbei, und das Erlebte verwandelte sich auf wundersame Art und Weise in ein atemberaubendes Abenteuer, das er nicht mehr missen wollte.

Nicht viel anders erging es seinen Freunden. Die gewalttätige Auseinandersetzung vor der Tür war wie eine Naturgewalt über sie gegangen und ließ sie nicht mehr los. Sie erinnerten sich an besonders gefährliche Szenen, kommentierten sie und hatten das Gefühl, nicht nur Zeugen, sondern selbst Teil eines großen Ereignisses zu sein. Nur Wieland sah viel ruhiger aus. Er stand mit seinen Kameraden auf der Bühne und sprach mit dem russischen Professor, der trotz dieser unglaublichen Vorfälle vor der Stadthalle gut gelaunt zu sein schien.

Als er ans Rednerpult kam, beruhigte sich das Publikum.

„Liebe Freunde!" sagte der Professor munter und mit rätselhaftem Lächeln im Gesicht. „Ich freue mich sehr, daß ich die Ehre habe, heute mit Ihnen hier zu sein. Doch leider ist die Wahrnehmung des Grundrechts auf Versammlungs- und Redefreiheit in Deutschland an diesem Abend nur durch die Hintertür erreicht worden. Ich bitte Sie um Verständnis, daß ich nicht mit dem Vortrag beginnen werde, bevor der Haupteingang freigemacht worden ist!"

Das Publikum erstarrte. Atemlose Stille beherrschte den Raum. Noch bevor Sebastian den Sinn dieser Worte begreifen konnte, begann Julia zu klatschen. Nun kam der Beifall. Zunächst vereinzelt, dann immer lauter!

Sebastian war von der Höhe des Augenblicks überwältigt! Begeistert starrte er den mutigen Professor an und konnte seinen Ohren nicht trauen, als dieser die Anwesenden aufforderte, mit ihm wieder nach draußen zu gehen. Sebastian sprang von seinem Platz, blickte zu seinen Freunden und sah, daß es ihnen nicht anders erging.

Tosender Applaus erschütterte die Luft. Die Menschen erhoben sich und gingen, angeführt von dem russischen Professor, wieder zum Ausgang.

Als Sebastian mit seinen Freunden vor der Tür war, faßte jemand seinen Arm und zog ihn zur Seite.

„Du bleibst bei mir!“ sagte Wieland eindringlich. „Egal was passiert!“

Erst seine warnende Stimme erinnerte Sebastian wieder an die Gefahren, die vor dem Haupteingang der Stadthalle auf sie lauerten. Er widersetzte sich nicht und ging nun in Begleitung seines Freundes zum Ausgang.

Als die Antifaschisten sahen, daß die Menschen wieder nach draußen strömten, begannen sie zu klatschen und zu jubeln. Offensichtlich glaubten sie, daß die Veranstaltung aus irgendeinem Grund nicht wie geplant stattfinden würde.

Kaum waren die Menschen hinausgegangen, ging der sichtlich irritierte Einsatzleiter zu ihnen, um zu erfahren, warum sie wieder draußen seien. Nachdem der russische Professor ihm sein Anliegen erläutert hatte, wurden die leitenden Polizeibeamten, die ihn umringten, für einige Sekunden sprachlos.

„Die Veranstaltung kann durchgeführt werden, womit dem öffentlichen Interesse Genüge geleistet ist“, erwiderte der Einsatzleiter, doch der Russe bestand darauf, daß die Polzeit den Haupteingang freiräumen sollte.

Als die Verhandlungen noch im vollen Gange waren, wurde den Demonstranten, die freudetrunken ihre antifaschistischen Parolen grölten, langsam bewußt, was in Wirklichkeit geschehen war. Ein neuer Wutausbruch erfaßte sie.

Plötzlich tauchte vor dem Einsatzleiter ein junger Mann auf und gab vor laufenden Kameras eine Erklärung ab. Er sei ein CDU-Mitglied und möchte nun die Veranstalter anzeigen.

„Was wollten Sie ganz genau?“ fragte der sichtlich genervte Einsatzleiter.

„Die Veranstalter haben zu einer Straftat aufgerufen!“ rief der Mann mit bebender Stimme aus. „Sie wollen selbst gegen die Demonstranten vorgehen, indem sie sich eigenmächtig Zutritt zum Versammlungsraum verschaffen!“

Der Einsatzleiter preßte die Zähne fest zusammen, um die angestaute Wut zu unterdrücken, dann verwies er ihn an das zuständige Revier. Der junge Mann mußte zur Seite gehen, doch der Ausdruck in seinem besorgten Gesicht verriet, wie hoch er seine eigene Heldentat einschätzte. Sofort wurde er von Journalisten umringt, die ihn mit verständnisvollen Fragen überhäuften.

Währenddessen eskalierte die Lage noch weiter.

„Für die Freiheit! Für das Leben! Nazis von der Straße fegen!“ schrien die Antifaschisten immer lauter.

Nun flogen wieder Flaschen. Sebastians Herz begann zu rasen. Bald durchbrachen die vermummten Antifa-Kämpfer wieder die Polizeikette und stürmten auf die Teilnehmer der Veranstaltung zu. Die Reservegruppe der Polizei ging sofort dazwischen, doch einige Demonstranten konnten sich losreißen. Einer davon, stark wie ein Bär, schlug einen Polizisten nieder und rannte mit wutverzerrtem Gesicht direkt auf Sebastian zu. Wie eine Handgranate hielt er in seiner Hand eine schwere Sektflasche.

Die Polizisten stürmten ihm hinterher, hatten aber keine Chance, ihn einzuholen. Sebastian erschauderte, als er begriff, wen der blindwütige Mann angreifen wollte. Denn er lief jetzt direkt auf Wieland zu, der mit dem russischen Professor sprach und den Mann nicht sehen konnte.

„Wieland!“ schrie Sebastian mit aller Kraft und stellte dem Angreifer ein Bein.

Der Mann strauchelte, behielt aber das Gleichgewicht und schwang die Flasche hoch, doch bevor er Wieland damit treffen konnte, sprang Sebastian wie eine Katze auf seinen Rücken, nahm seinen Hals in den Würgegriff und riß ihn mit verbissener Kraft nach hinten.

Der Mann stürzte auf den Boden und begrub Sebastian unter seinem massigen Körper, doch der Junge ließ seinen Hals nicht los und würgte ihn, während dieser in blinder Wut mit der Faust seinen Kopf zu treffen versuchte.

Im nächsten Augenblick entstand um sie herum ein wildes Gerangel, das Sebastian nicht mehr überblicken konnte. Die Polizisten drückten die Arme des Mannes auf den Boden, während dieser mit den Knien nach ihnen schlug. Wieland packte Sebastian unter den Achseln. Er wollte ihn unter dem Mann hervorziehen, doch es dauerte eine ganze Weile, bis sie den Jungen befreien konnten.

„Bist du verletzt?“ fragte Wieland besorgt, doch Sebastian saß auf dem Boden und konnte nicht antworteten.

Benommen schüttelte er den Kopf und atmete, als wäre er sehr schnell gelaufen. Bald tauchte neben ihm der russische Professor auf. Sie zogen ihm das Hemd hoch, begutachteten seinen Oberkörper, konnten aber nichts Auffälliges finden.

„Ich bin nicht verletzt!“ versicherte Sebastian, peinlich berührt darüber, daß man sich so viel Sorgen um ihn machte.

Währenddessen waren die Polizisten immer noch mit dem ausgerasteten Antifaschisten beschäftigt. Es gelang ihnen, den Mann auf den Bauch zu drehen. Sie wollten ihm Handschellen anlegen, doch er schrie wie ein wildes Tier und schlug mit seinem Gesicht auf den Boden. Ein weiterer Polizist ging vor ihm in die Knie und versuchte, ihn daran zu hindern.

Sebastian erholte sich zunehmend. Seine Arme und der Rücken schmerzten, ansonsten aber fühlte er sich durchaus erträglich. Als Wieland ihn auf die Beine hob, wurde er von seinen Freunden umringt, die ihn mit besorgten Gesichtern nach seinem Befinden ausfragten…

Der Kampf um die Halle ging aber unvermindert weiter. Die Polizei hatte nicht genügend Kräfte, um dem wachsenden Druck standzuhalten. Der Einsatzleiter telefonierte mit der zuständigen Dienststelle, erbat Anweisungen, bekam aber nur eine schwammige Antwort, daß es unmöglich sei, so schnell die gewünschte Verstärkung zu organisieren.

Als die Polizeikette erneut durchbrochen wurde, drang aus seinem Funkgerät eine verzweifelte Stimme, die ihm die Lage vor dem Haupteingang schilderte. Der Einsatzleiter zögerte einige Augenblicke, dann erteilte er endlich den lang erwarteten Befehl: „Machen Sie den Eingang frei!“

Die Schlagstöcke wurden eingesetzt. Der Kampf erreichte seinen Höhepunkt. Wildes Geschrei übertönte den übrigen Lärm. Erst nach einigen Minuten gelang es, der Haupteingang freizukämpfen. Die rasende Menge der Antifaschisten wurde abgedrängt.

Triumphierend gingen die Teilnehmer des Vortrags durch den Haupteingang hinein…

Der Vortrag

Sebastian saß wieder in der ersten Reihe neben Frank. Wieland erzählte seinen Freunden in allen Einzelheiten von dem Vorfall, womit er Sebastian in große Verlegenheit brachte. Denn er fühlte sich gar nicht wie einer, von dem sein adeliger Freund gerade berichtete. Er wußte selbst nicht, wie ihm geschehen war, so schnell war das Ganze gegangen. Wenn Sebastian daran dachte, wie weich seine Knie geworden waren, als die Pflastersteine auf ihn zuflogen, wußte er gar nicht, ob er die Kraft finden würde, es noch einmal zu tun…

Die Menge der Anwesenden wuchs. Im Saal selbst gab es keine Sitzplätze mehr. Die Leute standen in den Gängen. Bald kam der russische Professor. Er begleitete eine alte Dame, die kaum noch gehen konnte. Noch bevor er vor ihnen stand, sprang Sebastian auf die Beine und bot der alten Frau seinen Platz an. Dabei fiel ihm auf, daß Wieland ihn so lange und seltsam anschaute, daß Sebastian befürchten mußte, etwas Falsches gemacht zu haben. Doch im nächsten Augenblick verflüchtigte sich das unangenehme Gefühl, denn Wieland lächelte ihn an und war ehrlich darum bemüht, eine Sitzgelegenheit für ihn zu finden.

„Ich setze mich einfach da hin!" rief Sebastian unbekümmert aus, und noch bevor Wieland ihm etwas antworten konnte, lief er zu einer Seitentreppe.

Er setzte sich auf die unterste Stufe, lehnte sich mit der Schulter an die Wand und blickte neugierig auf die Bühne. Der russische Professor stand am Rednerpult und schaute in das erregte Publikum.

„Nun denn, meine Freunde!" sagte er laut und strich zufrieden über sein weißes Bärtchen. „Wir haben einen kleinen Sieg errungen, der in Wirklichkeit nicht so unbedeutend war! Es sind die menschliche Würde und die damit verbundene Freiheit, um die wir uns stets Sorgen machen sollten. Wer die eigene Würde nicht verteidigt, wird mit Sicherheit keine Kraft finden, für andere Werte zu kämpfen!"

Als der Beifall wieder abflaute, setzte er seine Ausführungen fort.

„An den Gesichtern jener Teilnehmer, die einen solchen Gewaltausbruch nicht erwartet haben, kann man leicht erkennen, welchen tiefen Eindruck der Kampf um die Halle bei ihnen hinterlassen hat. Doch ich werde heute nicht von dem Mob sprechen, der draußen vor dem Eingang grölt. Das sind nur gemeine Fußsoldaten jener, die in Designeranzügen in ihren komfortablen Arbeitszimmern sitzen und hoffen, daß diese verhetzten

Menschen mich oder einen von Ihnen mit einem Pflasterstein am Kopf treffen würden.

Morgen werden sie vor den Fernsehkameras davon sprechen, daß es natürlich nicht akzeptabel sei und daß Gewalt in ihrem, ach so demokratischen Staate keine Lösung sein dürfe. Es sind Heuchler, wie sie gefährlicher gar nicht sein könnten! Denn sie selbst ermutigen und bezahlen diese Schlägertrupps, um uns einzuschüchtern! Ihre schärfsten Waffen waren und sind: Verleumdung und Täuschung! Ihre menschenfeindliche Ideologie gründet einzig und allein auf der schlichten Tatsache, daß die rechtschaffenen Menschen von Natur aus gutgläubig und vor ihren unverschämten Lügen weitgehend ungeschützt sind.

Und gerade darüber möchte ich heute mit Ihnen sprechen. Von jenen, die im Verborgenen wirken und grade dabei sind, die Reste jener schönen Welt zu beseitigen, an die wir uns noch erinnern können. Ich werde von jenen Feinden der Freiheit reden, die vorgeben, für Toleranz und Demokratie zu kämpfen, in Wirklichkeit aber einen perfiden Plan verfolgen, der den meisten Menschen auf dieser Welt weitgehend unbekannt ist.

Ich kann Ihnen versichern: Es ist keine Verschwörungstheorie! Es handelt sich dabei um eine handfeste Verschwörung! Der Großteil der Elite, besonders in der westlichen Welt, verfolgt seit geraumer Zeit ein gemeinsames Ziel, das sie vor der Öffentlichkeit verbergen. Ihr zersetzendes Wirken ist inzwischen so umfangreich belegt, wie kein anderes Ereignis in der jüngeren Zeitgeschichte…“

Allein diese Ankündigung versetzte Sebastian in einen Zustand, den er selten erlebt hatte. Nicht nur starke Neugier packte ihn dabei. Der unmißverständliche Hinweis darauf, daß im Verborgenen Kräfte am Werke waren, von denen er nicht die geringste Ahnung hatte, weckte in ihm ein äußerst unruhiges Gefühl.

Der russische Professor sprach immer leidenschaftlicher. Das Rednerpult vor ihm war leer: kein einziges Blatt Papier lag darauf, keine Spickzettel.

„Wir müssen uns von den alten Vorstellungen über Politik endgültig lösen. Die Frontlinie verläuft heute ganz anders, als es noch im zwanzigsten Jahrhundert der Fall war. Es gibt keine Sozialdemokratie mehr. Genau so wenig können wir heute von etablierten Parteien sprechen, die noch das christliche Menschenbild auf ihren Fahnen hätten. Ob links, liberal oder auch christdemokratisch, sie alle bilden heute eine geschlossene Einheitsfront! Sie unterscheiden sich nicht durch ihre Zielsetzungen, sondern nur noch durch ihre Vorstellungen, wie sie uns in ihre neue Weltordnung hineinmanövrieren wollen.“

Lebhafter Applaus unterbrach seine flammende Rede. Er wartete nicht, bis er wieder verebbte, sondern warf in das Publikum das nächste Schlagwort hinein:

„Die Zukunft unserer Welt, meine Damen und Herren, wird an einer einzigen Frage entschieden: Vielfalt der Völker oder Globalismus!“

Sebastian konnte nicht allem folgen, wovon der hochgebildete Redner sprach, doch das Wesentliche glaubte er erfaßt zu haben. Eine Entscheidungsschlacht rücke in unmittelbare Nähe und es werde wohl nicht mehr lange dauern, bis jeder von ihnen gefordert sein werde. Bald keimte in Sebastians Brust ein freudiges Gefühl auf, das ihm die Kraft gab zu glauben, daß die Welt wohl kaum zu Grunde gehen werde, wenn solche Menschen wie dieser Redner sie so tapfer verteidigten. Er klatschte so beherzt, daß ihm die Handflächen brannten.

„Unsere politischen Gegner reden von der Vielfalt und einer bunten Welt, tun aber genau das Gegenteil davon. Ihre Absicht besteht darin, eine einheitliche Welt zu schaffen, in der eben diese Vielfalt endgültig verschwindet. Sollten sie das wirklich schaffen, dann kleiden sie uns in chinesische Arbeitsjacken und werden uns das Leben zur Hölle machen. Es gab keine linke Ideologie, die irgendwo auf dieser Welt an die Macht käme und nicht zwangsläufig im Despotismus endete, und es wird auch in Zukunft keine geben. Denn ihr wahrer Kern besteht in der Verleugnung der menschlichen Natur, die sie mit Gewalt ändern wollen. Jede menschliche Regung, auch wenn sie noch so schön und harmlos sein sollte, ist ihnen verdächtig! Durch anerzogene Verhaltensmuster wollen sie ihren neuen Menschen heranzüchten: ein grinsendes Monster, das sich wie ein Roboter nach Belieben konditionieren läßt! Sie, die neuen Herrscher, werden ihm dann erklären, was gut und böse ist…“

Nun war Sebastian mit seinem Latein endgültig am Ende. Der Russe sprach weiter, doch der Sinn des Gesagten schimmerte zu ihm nur noch neblig verschwommen herüber. Seine Rede hinterließ bei ihm bestenfalls Eindrücke, die er kaum zuordnen konnte. Trotzdem brannte sein Herz wie eine Fackel und bestärkte in ihm die Hoffnung, daß auch er irgendwann zu diesen Höhen emporsteigen würde.

„Zum Schluß möchte ich Ihnen noch einmal ins Gedächtnis rufen, womit ich heute meinen Vortrag begonnen habe: Es gibt in der Politik jene, die die natürliche Ordnung verteidigen und den Nationalstaat für die höchste

Form des menschlichen Zusammenlebens halten, und es gibt solche, die diese Ordnung mit allen Mitteln stürzen wollen. Die einen halten an einem edlen Menschenbild fest, die anderen verachten alles, was unseren Ahnen heilig war. Wir stehen am Wendepunkt der Geschichte, und jeder rechtschaffene Mensch muß sich entscheiden, auf welcher Seite er steht! Er wird die kommende Krise nicht aussitzen können! Die Entscheidungsschlacht wird uns nicht erspart bleiben!“

Als der tosende Beifall ein wenig abflaute, hob er um Aufmerksamkeit bittend die Hand: „Und nun verrate ich Ihnen, warum ich so oft nach Deutschland reise. In diesem Zusammenhang möchte ich einen armenischen Philosophen zitieren, der es auf den Punkt brachte: Menschen, die den Bankrott der liberalistischen Systeme durchschaut haben, gelangen schließlich zu der Erkenntnis, daß die Leere, die sich in der materialistisch geprägten Welt aufgetan hat, wieder mit Sinn gefüllt werden muß. Diese große Aufgabe kann ohne die Deutschen nicht erfüllt werden. Sie müssen wieder zu ihren reinen Quellen emporsteigen! Sie müssen endlich erkennen, wer sie sind!“

Die Menschen erhoben sich und dankten dem Redner mit langanhaltenden Beifall.

Die Vortrag war schon längst zu Ende, doch die meisten Menschen saßen auf ihren Plätzen oder standen in den Gängen. Sie diskutierten über die Thesen des russischen Professors, während dieser neben dem Pult stand, belagert von einer Gruppe junger Menschen. Auch Frank mit seinen Freunden war unter ihnen. Nur Sebastian traute sich nicht näher zu kommen, und schaute den prominenten Redner mit glänzenden Augen an. Als Wieland ihn so abseits stehen sah, ging er zu ihm.

„Komm!“ sagte er Sebastian und zog ihn beharrlich zum Rednerpult.

Nun stand der Junge in der Nähe und konnte hören, worüber gesprochen wurde. Einige Male schaute der Russe ihn so neugierig an, daß Sebastian befürchten mußte, daß er ihn etwas fragen würde, was er nicht verstehen könnte. Doch bald erschien im Raum der Einsatzleiter und verkündete, daß die Veranstaltung zu Ende sei und alle, die zum Bahnhof gehen wollten, sich vor dem Haupteingang versammeln sollten.

„Woher kennst du diesen Russen?“ fragte Sebastian, als Wieland wieder neben ihm auftauchte.

„Meine Eltern haben ihn gekannt, als ich noch gar nicht auf der Welt war“, erklärte Wieland. „Morgen kommt er wieder zu uns.“

„Zu dir nach Hause?“ rief Sebastian verblüfft aus.

„Warum nicht?“ erwiderte Wieland, als wäre es gar selbstverständlich, daß solche Leute bei ihnen täglich ein- und ausgingen. „Wenn du willst, kannst du heute bei mir übernachten. Dann wirst du ihn morgen auch sehen.“

„Darf ich?“ fragte Sebastian erfreut und ungläubig zugleich.

„Natürlich darfst du!“ sagte Wieland erheitert. „Wenn deine Eltern nichts dagegen haben, fahren wir gleich zu mir.“

„Sie werden nichts dagegen haben!“ rief Sebastian glücklich aus und blickte fragend Frank an.

„Fahr ruhig hin!“ ermutigte ihn dieser. „Es wird für dich bestimmt sehr interessant sein. Ich bin mir sicher, du wirst viel Neues erfahren.“

Sebastian frohlockte. Zwar war seine Scheu vor dem prominenten Gast groß, doch die Neugier war noch tausendmal größer.

„Dann fahren wir bald los!“ sagte Wieland. „Ich habe am Bahnhof geparkt.“

* * *

Sebastian machte die Augen auf. Er saß auf dem Beifahrersitz und versuchte zu begreifen, wo er gerade war. Irgend jemand rüttelte ihn an der Schulter.

„Wir sind schon da!“ rief Wieland ihm lachend zu. „Schläfst du immer so tief?“

Sebastian wußte nicht, was er darauf antworten sollte. Gewöhnlich schlief er nur nachts und hatte überhaupt keine Probleme damit, morgens aufzustehen. Doch heute war es anders. Sebastian konnte sich nicht erinnern, wann und wie er eingeschlafen war, so erschöpft war er von den aufregenden Ereignissen gewesen.

„Ich habe geredet und geredet! Dann habe ich irgendwann bemerkt, daß ich mir umsonst die Mühe gemacht habe!“ sagte Wieland mit leichtem Vorwurf in der Stimme.

„Tut mir leid“, sagte Sebastian verlegen. „Ich habe es gar nicht mitbekommen!“

Der schuldbewußte Ausdruck in seinem Gesicht brachte Wieland wieder zum Lachen.

„Mensch! Entspann dich!“ rief er ihm fröhlich zu. „Gleich essen wir eine Kleinigkeit zu Abend, dann machen wir es uns gemütlich.“

Sebastian schüttelte kräftig den Kopf und schaute durch das Seitenfenster nach draußen. Der Wagen stand in einer beleuchteten Tiefgarage, in der zwei weitere Wagen parkten.

„In welchem Stockwerk liegt eure Wohnung?“ fragte Sebastian.

„Das Haus gehört uns“, erwiderte Wieland. „Mein Zimmer liegt im Obergeschoß.“

Reinhard

Nach dem tiefen Schlaf während der Fahrt fühlte sich Sebastian ausgeruht und gewann sogar ein wenig Abstand von den kriegsähnlichen Ereignissen vor der Stadthalle. Zwar tauchten sie in seiner Erinnerung von Zeit zu Zeit wieder auf, doch sie überfluteten seine gereizten Sinne nicht mehr so dramatisch.

Nach dem Abendessen zeigte Wieland ihm das Gästezimmer. Es war groß und schön eingerichtet. Echte Ölbilder hingen an den Wänden. Schneeweiße Bettwäsche und ein Badetuch lagen auf dem Stuhl neben dem Bett…

„Hier ist unser Gästebad mit einer Dusche", erklärte Wieland und zeigte auf eine schmale Tür. „Komm, ich gebe dir frische Socken und Unterwäsche."

Sie gingen in Wielands Zimmer, das gleich daneben lag.

„Nimm die da!" Er drückte Sebastian eine schwarze Unterhose in die Hand. „Sie wird dir bestimmt nicht allzu groß sein. Weiß du! Man hat ein ganz anderes Gefühl, wenn man nach dem Duschen frische Unterwäsche anzieht."

Unmut überfiel Sebastian, als er die letzten Worte hörte. Warum sagen sie mir das immer wieder? Als ob ich selbst nicht wüßte, daß frische Unterwäsche angenehmer ist als schmutzige. Sehe ich so schmuddelig aus? dachte er gekränkt.

Dabei blickte er auf seine Kleider hinab und erschrak. Seine helle Jeans, die er vor zwei Tagen gewaschen hatte, war schmutzig! Mehrere dunkle Flecken bedeckten die Hosenbeine. Nicht besser sah sein kariertes Hemd aus. Es war im Laufe des Abends mehrmals durchgeschwitzt gewesen und sah jetzt wie ein zerknitterter Lumpen aus…

Als Sebastian an das morgige Treffen mit dem russischen Professor dachte, ging ihm vor Entsetzen der Mund auf. Am liebsten wäre er sofort nach Hause losgelaufen, auch wenn er die letzte S-Bahn nicht mehr erwischen sollte.

„Laß die Klamotten einfach im Bad liegen!" sagte Wieland, dem seine Bestürzung nicht entgehen konnte. „Ich werfe sie gleich in die Waschmaschine rein! Bis Morgen sind sie garantiert trocken."

Sebastian entspannte sich wieder. Wieland gab ihm eine Zahnbürste und begleitete ihn zum Bad.

„Wenn du nicht zu müde bist, kannst du gleich nach dem Duschen ins

Kaminzimmer gehen. Ich komme dann auch dazu. Wenn du willst, mache ich uns ein Feuer an. Dann können wir noch ein wenig plaudern.“

Sebastian zeigte lebhaftes Interesse für diesen Vorschlag, worauf Wieland ihm einen weichen Bademantel in die Hände drückte.

„Fühl dich wie zu Hause!“ sagte er seinem jungen Freund und verschwand im nächsten Augenblick hinter einer Tür.

Sebastian ging ins Bad, und als er seine schmutzige Hose ausgezogen hatte, entdeckte er mehrere blaue Flecken an seinen Waden. Der tollwütige Mann hatte zwar nach ihm geschlagen und getreten, hatte sich aber von seinem Würgegriff nicht befreien können. Sebastian betrachtete seine Arme, spannte die Muskeln an, befühlte sie, hatte aber nach wie vor keine Ahnung, wie er es geschafft hatte, ihn so lang festzuhalten.

Warmes Wasser tat ihm gut. Er fühlte es an seiner Haut angenehm hinunterströmen, streckte sein Gesicht dem brausenden Strahl entgegen, dann ließ er es wieder auf dem Rücken hinunterfließen. Obwohl er sich schon zweimal gründlich gewaschen hatte, konnte er sich nicht mehr davon losreißen. Nur der aufregende Gedanke an das Kaminzimmer bewog ihn schließlich, das Wasser abzustellen und nach dem Handtuch zu greifen.

Er föhnte schnell die Haare, zog Wielands Bademantel an und beschloß, auch die Socken anzuziehen, da er nicht wußte, ob es in solchen Familien angebracht wäre, barfuß in der Wohnung herumzulaufen.

* * *

Sebastian hielt sich im Kaminzimmer auf und wartete auf Wieland. In den weichen Bademantel gekleidet, saß er halb liegend auf einem Sofa und schaute sich neugierig um. Daß die Menschen es sich leisten konnten, diesen großen Raum allein dafür zu haben, um abends mit einem Buch in der Hand vor dem knisternden Feuer zu sitzen, empfand er als unerreichbaren Luxus. An einer Wand direkt vor ihm befand sich ein wuchtiger Kamin, dessen Frontseite mit Natursteinen verkleidet war. Darüber war ein prunkvolles Wappen zu sehen. Ein Ritterhelm und üppige Zier schmückten einen viergeteilten Schild, dessen Symbole Sebastian genauso rätselhaft erschienen wie ägyptische Hieroglyphen. Zu beiden Seiten des Kamins hingen vergilbte Familienfotos, die aus einer Zeit stammten, in der Deutschland offensichtlich noch von einem Kaiser regiert wurde. Prächtige Uniformen, würdevolle Haltung der Familienväter und lange Kleider der Frauen bestätigten seine Annahme.

Links von ihm erstreckte sich eine Bücherwand, deren Inhalt keine sichtbare Ordnung aufwies. Große und kleine Bände standen nebeneinander, wobei nicht wenige einfach aufgestapelt oder gar aufgeschlagen übereinander lagen.

Die lange Außenwand war dagegen von drei großen Fenstern beherrscht. Schwere Übergardinen waren zur Seite gezogen und gaben den Blick in den weiträumigen Garten frei, der in der aufziehenden Dämmerung versank. Ansonsten gab es nicht viel zu sehen: ein weicher Teppich, ein Couchtisch und eine große Polstergruppe.

Sebastian wollte gerade aufstehen und zum Bücherregal gehen, blickte aber, ohne etwas Bestimmtes zu suchen, auf die Wand hinter ihm und sah auf ein großes Bild, das er bis dahin kaum beachtet hatte. Es war ein Ölgemälde, das in einen schweren Goldrahmen gefaßt worden war. Sebastian empfand Ehrfurcht bei dessen Anblick. Er drehte sich um, kniete auf dem weichen Polstersofa, stützte die Hände auf die Rückenlehne und betrachtete es aufmerksam.

Sebastian hatte bis dahin nur wenig mit solchen Bildern zu tun gehabt, doch in diesem Fall glaubte er zu wissen, daß es alt war, vielleicht sogar uralt! Seine scharfen Augen konnten die hauchdünnen Risse erkennen, die das ganze Gemälde wie ein Spinnennetz überzogen.

Eine gewaltige Schlacht war darauf zu sehen. Reiter prallten auf Reiter, unzählige Menschen in einem unvorstellbaren Gemenge stachen, schlugen und schossen aufeinander, daß es Sebastian bald den Atem verschlug. Blut floß auf den Boden, die Verwundeten lagen zwischen den Toten. Benommen und hilfesuchend streckten sie ihre Hände hoch oder verbluteten gesenkten Kopfes unter den Füßen ihrer kämpfenden Kameraden.

Inmitten dieses erbitterten Kampfes ragte – das Hauptmotiv des Gemäldes bildend – ein vorwärts stürmender junger Reiter heraus. Kein Krieger wie die anderen. Weder Kettenhemd noch Helm schützten ihn vor den feindlichen Waffen. In ein schlichtes Leinenhemd gekleidet und mit langen wehenden Haaren, trug der anmutige Jüngling hoch über seinem Haupt eine golddurchwirkte Fahne, in deren Falten ein gekrönter Adler erkennbar war.

Sebastian glitt von dem Sofa hinunter und ging zum Bild. Nun stand er direkt davor und fühlte, wie heftig ihm das Herz in der Brust schlug. Sein Blick wanderte über das blutige Schlachtfeld, nahm jede Einzelheit gierig auf, kehrte aber immer wieder zu dem mutigen Fahnenträger zurück.

Etwas Magisches lag in den feinen Gesichtszügen des Jünglings, auf den von allen Seiten die Feinde mit krummen Säbeln stürzten. Kein kraftstrotzender Recke mit versteinertem Göttergesicht, nein! Ein zarter Junge, der die Todesfurcht überwand und dem eine ganze Schar hünenhafter Krieger folgte. Er hat sie mitgerissen, und er hat sie gewiß zum Sieg geführt!

Sebastian begann zu träumen, er selbst säße jetzt auf dem vorwärts stürmenden Schimmel. Er versuchte, den nächsten Augenblick vorauszuahnen: Ob der blutverschmierte krumme Säbel des bärtigen Fremdlings mein Bein wirklich treffen würde? Sebastian kniff die Augen zu und biß sich sogar in die Lippe, um ein Aufstöhnen zu unterdrücken. Ihm war, als ob das scharfe Eisen tief in seine Wade drang! Kein echter Schmerz, den er jetzt nicht aushalten könnte, doch allein die Vorstellung davon war schwer zu ertragen.

Sebastian versuchte sich abzulenken und bewunderte erneut das helle Gesicht des Jungen. Trotz einfacher Kleidung strahlte aus ihm etwas Königliches! Eine Hingabe, die er in seinem Leben noch nie gesehen hatte! Ihm schien sogar, daß der Junge in diesem Augenblick auf einer unsichtbaren Brücke in den Himmel reiten würde.

Sebastian schlug die Augen nieder und flehte Christus an, er möge den mutigen Fahnenträger verschonen! Er wußte, daß diese Schlacht, falls sie jemals stattgefunden hatte, bereits seit langem geschlagen war. Und trotzdem war es ihm ein inniges Bedürfnis, für ihn zu beten, auf daß er unversehrt den Sieg erleben könnte. Sebastian schien, daß die Nachricht von seinem Heldentod ihm großen Kummer bereiten würde…

„Ein Erbstück unserer Familie“, hörte er Wielands Stimme, die ihn abrupt aus dem hitzigen Schlachtgeschehen riß.

Sebastian zuckte leicht zusammen und blickte ihn verstört an.

„Als ich das Bild zum ersten Mal gesehen habe, konnte ich nicht schlafen“, erklärte sein adeliger Freund. „Die halbe Nacht stand ich davor! Das ist eine Schlacht mit Osmanen.“

Sebastian nickte ihm zu, worauf sie noch eine Weile still vor dem Gemälde standen.

„Dieser Junge“, sagte Wieland, auf den Fahnenträger zeigend, „ist mein Urahn Reinhard.“

Sebastian drehte sich schnell zu ihm um und starrte ihn mit großen Augen an.

„Das ist ein Verwandter von dir?!“ stieß er überrascht aus.

Wieland lächelte vergnügt.

„Ich bin sein Nachkomme! Du kannst mich sogar anfassen! Ich bin echt!“

Das Staunen des Jungen stieg über alle Grenzen.

„Sag’s mir ehrlich, Wieland, sag’s ehrlich!“ flehte Sebastian ihn an und versuchte, an seinen lachenden Augen zu erraten, ob er mit ihm nur einen derben Spaß trieb.

„Sei nicht so laut!“ sagte Wieland erheitert. „Sonst weckst du noch meine Eltern auf.“

Sebastian erschrak, warf die Hand vor den Mund und erstarrte mit schuldbewußtem Ausdruck im Gesicht.

Wieland lachte aus vollem Herzen.

„Entspann dich! Das war nur ein Scherz! Sie schlafen noch nicht. Ich hab dir doch erzählt: Die beiden sind Professoren! Sie lesen jetzt im Bett ihre hochwissenschaftlichen Bücher. Irgendwann nach Mitternacht schalten sie vor Müdigkeit das Licht aus. Dann hören sie sowieso nichts mehr. Ich wundere mich manchmal darüber, daß ich bei solchen Eltern überhaupt zur Welt gekommen bin.“

Sebastian atmete zwar erleichtert auf, beschloß aber vorsichtshalber leiser zu sein. Er setzte sich wieder aufs Sofa, doch seine Gedanken waren nach wie vor bei dem mutigen Fahnenträger.

Natürlich wußte Sebastian, daß all die großen Menschen, von denen er so oft in den Schulbüchern gelesen hatte, bestimmt auch Nachkommen hatten und daß deren Stammreihen bis in die Gegenwart hinein reichen könnten. Doch davon, daß er einmal das Glück haben würde, mit einem von ihnen befreundet zu sein, hätte er sich früher gewiß nicht einmal träumen lassen!

„Aber der Fahnenträger?“ fragte er aufgeregt. „Stammst du wirklich direkt von ihm ab?“

„Wenn du wüßtest, was meine übrigen Verwandten alles angestellt haben!“ entgegnete Wieland. „Um mit ihnen gleichzuziehen, muß ich zwei Weltkriege gewinnen oder die Menschheit zumindest mit der Entdeckung eines Lebenselixiers beglücken.“

Sebastians Augen glühten vor Ehrfurcht. Er versuchte sich vorzustellen, wie es sich anfühlen würde, wenn er wüßte, daß in seinen Andern das Blut eines Helden fließe.

„Vielleicht wirst du noch größere Taten vollbringen“, fügte Wieland hinzu, um seinen jungen Freund ein wenig aufzumuntern.

„Leicht gesagt“, erwiderte Sebastian wehmütig, als er sich an die eigenen Erfahrungen mit seinen Feinden erinnerte.

Er zog die Beine an, umschlang sie mit beiden Armen und starrte verträumt vor sich hin.

„Woher willst du wissen, welches Schicksal dich erwartet?“ fragte Wieland halblaut.

Seine Stimme klang so seltsam geheimnisvoll, daß Sebastian ein leichtes Frösteln über den Rücken lief.

„Um wirklich große Taten zu vollbringen, muß man nicht selten aufs Ganze gehen“, erklärte Wieland. „Oft muß man sogar bereit sein zu sterben!“

„Zu sterben“, wiederholte Sebastian nachdenklich.

„Was meinst du, was mit uns allen, sagen wir mal, in hundert Jahren passieren wird?“

„Wir werden wohl alle schon lange tot sein“, erwiderte der Junge, ohne seinen Freund anzusehen.

„So ist es von Gott gewollt. Zwar kennen wir nicht die Stunde, doch wir wissen, daß der Tod uns einst dahinraffen wird.“

Sebastian verspürte bei diesen Worten keine Angst. Eine leichte Trauer streifte sein Gemüt und verflüchtigte sich wieder.

„Wie wird es wohl geschehen?“ fragte er gedankenverloren, als spräche er zu sich selbst. „Ist dein Verwandter, der Fahnenträger… ist er in dieser Schlacht gefallen?“

„Nein“, erwiderte Wieland. „Er ist viel später gefallen, sonst wäre ich jetzt gar nicht da.“

Sebastian lächelte über seine törichte Frage, wurde aber deswegen nicht verlegen. Er dachte an das blutige Schlachtgemälde und an die vielen feindlichen Krieger, die nach dem Leben des jungen Helden trachteten. Es war nicht leicht sich vorzustellen, wie man ein solches Gemetzel überleben konnte.

„Das ist ein echtes Wunder!“ sagte er beeindruckt.

„Auch unser Leben ist voller Wunder! Bloß merken die Menschen es nicht mehr. So ist es auch mit dem Tod. Sie verdrängen ihn. Der Mensch sollte aber den irdischen Tod als Schicksal annehmen, als einen durchaus angemessenen Preis für ein echtes Leben!“

„Was ist ein echtes Leben?“ wollte Sebastian wissen.

„Ein Leben ohne Angst!“ erklärte Wieland mit wachsender Begeisterung. „Wenn du jeden Tag als deinen letzten lebst, hast du ein Gefühl in der Brust, als ob ein frischer Frühlingswind hineinwehen würde! Die Angst vergiftet das Leben der Menschen. Sie raubt ihnen die Kraft. Sie macht aus ihnen unterwürfige Knechte! Ein Mensch, der das echte Leben nicht wagt, leidet darunter und verkümmert. Er hat Angst um seinen Arbeitsplatz, um seine Gesundheit. Er macht sich Sorgen um seine Rente, obwohl er erst vierzig ist und nicht einmal weiß, ob er bis dahin überhaupt am Leben bleibt! Er hat Angst zu sagen, was er denkt, weil er meint, es würde ihm Nachteile bringen. Die Angst ist allgegenwärtig…"

„Ich weiß das, Wieland!" rief Sebastian bekümmert aus. „Ich hatte früher auch Angst. Ehrlich gesagt: Ich habe sie immer noch. Du hast es nicht gesehen… Als du weg warst und die Steine flogen, waren meine Knie so weich geworden, daß ich mich nicht von der Stelle rühren konnte! Ich hatte panische Angst…"

Die Worte seines Freundes wühlten Sebastian gehörig auf und erinnerten ihn an die Einzelheiten des peinlichen Vorfalls. Er starrte in das schwarze Innere des Kamins und schwieg.

„Klar, hast du Angst gehabt!" entgegnete Wieland. „Und doch hast du mir heute das Leben gerettet. Wir alle sind Menschen. Auch Frank hat Angst. Doch sie ist bei ihm eine andere. Es muß im Leben eines Menschen unbedingt etwas Großes geben, wofür er jederzeit zu sterben bereit wäre. Verstehst du? Zunächst muß man aber glauben können! An einen liebenden Gott und an das ewige Leben, das uns nach dem Tode erwartet! Das wäre der Anfang…"

„Ich glaube an Gott!" sagte Sebastian ernst. „Auch wenn ich noch nicht so lange gläubig bin."

Die Ehrlichkeit, mit der er sein Bekenntnis abgelegt hatte, erfreute Wieland über alle Maße.

„Dann wirst du irgendwann merken, daß die Angst immer mehr von dir weicht. Es wird bestimmt nicht mehr lange dauern, bis der Augenblick kommt, in dem du sie bezwingen wirst! So wie Reinhard sie damals bezwungen hat!"

Die Worte seines Freundes gefielen Sebastian, besonders als er ihn indirekt mit dem mutigen Fahnenträger verglich. Allerdings hielt er diesen Vergleich für eine ungeheuerliche Übertreibung.

„Wenn es ihm gelungen ist, dann wird es auch dir gelingen", legte Wieland entschieden nach, als hätte er dessen Gedanken gelesen. „Du bist ihm gar nicht so unähnlich."

Der letzte Satz traf Sebastian wie ein Blitz und drang so tief in sein

Herz hinein, daß ihm bald heiß wurde. Er drehte sich wieder zum Bild um, damit sein Freund seine glühenden Wangen nicht sehen konnte.

„Er war aber bestimmt kein einfacher Junge", sagte Sebastian ausweichend.

Nachdem er sich ein wenig beruhigt hatte, stützte er sein Kinn mit der Hand ab und schaute den weißen Reiter etwas neidisch an.

„Reinhard", sagte er verträumt.

„Gefällt dir der Name?"

Sebastian nickte, ohne seinen Blick von dem Bild zu lösen.

„Er paßt zu ihm", fügte er etwas später hinzu. „Rein und hart! Ich meine… so mutig und standhaft."

„Zu jener Zeit war er kaum älter als du. Rate mal, was er vor dieser Schlacht war?"

„Woher soll ich das wissen?" wunderte sich der Junge. „Das kann man so nicht erkennen."

Wieland schwieg, bis Sebastian fragend zu ihm hinüberblickte.

„Ein Schustersohn war er. Dazu noch ein Waisenkind."

Sebastian schien von der knappen Mitteilung überwältigt. Er richtete sich auf und schaute überrascht mal auf den jungen Fahnenträger, mal auf seinen Freund.

„Ein Schustersohn?" rief er verblüfft aus. „Ich habe gedacht, daß er wie du ein Adeliger war!"

Wielands Gesicht wurde augenblicklich ernst. Sebastian hatte sogar Angst, daß er etwas Unpassendes gesagt hatte. Er wollte ihn fragen, was mit ihm los sei, doch Wieland begann zu sprechen:

„Die Tat adelt den Menschen mehr als seine Herkunft. Die adelige Abstammung ist nur ein Vorschuß, den man von seinen Ahnen bekommen hat. Er ist ein Darlehen, das du bereits in deiner Jugendzeit bis zum letzten Heller zurückzahlen mußt. Sonst verfällt es und macht aus dir einen ehrlosen Schwindler!"

Sebastian mußte schon wieder staunen. Daß ein Mensch so schöne Sätze prägen konnte, ohne lange darüber nachzudenken! Am liebsten würde er sie sofort aufschreiben, so sehr gefiel ihm alles, wovon sein großer Freund ihm erzählte.

Als Wieland sich erhob und eine Bewegung machte, als ob er gehen wollte, erschrak Sebastian.

„Wo willst du denn hin?" rief er ihm besorgt zu. „Bleib doch hier! Erzähl mir noch mehr davon!"

Wieland lächelte über seine Empfänglichkeit.

„Ich wollte nur das Feuer anmachen. Damit es gemütlicher wird!"

Während Wieland mit dem Kamin beschäftigt war, lief Sebastian wieder zu dem schönen Ölgemälde und sah sich den jungen Reinhard noch einmal an.

„Ein Schustersohn!" flüsterte er andächtig, und diese simple Tatsache machte ihn freudetrunken.

Jetzt endlich konnte Sebastian seiner Vorstellungskraft freien Lauf lassen. Er schwang sich auf den rassigen Schimmel und keilte sich mit voller Wucht in die feindlichen Reihen!

Als das Feuer zu knistern begann und die Flammen das ganze Holz erfaßten, schaltete Wieland alle Lichter aus. Der Raum versank in geisterhafte Dämmerung. Sebastian war glücklich, sprang aufs Sofa und wickelte sich fest in den weichen Bademantel ein.

„Ja!" stieß er begeistert aus. „Erzähl jetzt!"

„Was willst du hören?"

„Von Reinhard!" sagte der Junge. „Was weißt du noch über ihn?"

„Ziemlich viel", sagte Wieland und begann zu erzählen: „Einige unserer Ahnen stammten aus Brandenburg und Sachsen. Auch Reinhard wohnte nicht allzu weit von Dresden. Als die Pest erneut ihre Gegend heimsuchte, fiel auch sein Heimatdorf dem schwarzen Reiter zum Opfer. Bald starben seine Geschwister und die Eltern. Nur Reinhard und seine jüngste Schwester Ursula blieben am Leben. Halb verweste Leichen lagen auf den Straßen des sterbenden Dorfes. Sie mußten flüchten! In einer kalten, verregneten Nacht erreichten sie mit letzter Kraft das Nachbardorf und brachen vor der Kirche erschöpft zusammen. Erst am frühen Morgen hat der Pfarrer sie vor der Tür gefunden und bei sich aufgenommen.

Man sagt, daß Reinhard eine schöne Stimme hatte, konnte aber nach dem Tod der Familie lange Zeit nicht singen. Sobald der Chor in der Kirche zu singen begann, erinnerte er sich an die glücklichen Jahre mit seiner Familie und brach jedes Mal in Tränen aus…"

Nachdem Sebastian noch mehr von dem traurigen Schicksal der Kinder erfahren hatte, stiegen auch ihm die Tränen hoch. Er schluckte sie hinunter, doch die Geschichte drang in sein Herz so tief ein, daß er sich nicht mehr dagegen wehren konnte. Er schaute verlegen weg, doch Wieland tat, als hätte er seine Schwäche gar nicht gemerkt.

„Einmal machte der Landesherr in ihrem Dorf Rast. Nun sang aber auch Reinhard im Gottesdienst wieder mit. Als der alte Graf seine Stimme hörte, geriet er in Verzückung. Er nahm die beiden Kinder mit und verschaffte dem Jungen eine Lehrlingsstelle in der Schloßschmiede.

Einige Jahre später belagerten die Türken Wien, worauf sein Herr in den Krieg zog. Zwar nahm er auch Reinhard mit, verbot ihm aber in die Nähe der Schlacht zu kommen. Hände und Füße haben alle Menschen, sagte er, eine solche Stimme aber gibt es nur selten auf dieser Erde.

Als die Schlacht entbrannte, brachten die Helfer die ersten Verwundeten ins Lager: blutüberströmt und mit schrecklichen Wunden. Auch ihre Mitteilungen über den Verlauf der Schlacht waren schrecklich. Der übermächtige Feind bedrängte die Ihrigen. Nun brachten die Soldaten den schwer verwundeten Grafen. Reinhard stürzte zu ihm, um seine Wunden zu verbinden, doch sein Herr trug ihm auf, er sollte sein Pferd nehmen und schnell zum Kriegsherrn reiten, um Hilfe anzufordern. Wenn die Türken an ihrem Flügel durchbrechen würden, drohe eine Niederlage!

Der Junge schwang sich auf den gräflichen Schimmel und ritt zum Kriegsherrn. Doch es gab keine Truppen mehr, die ihnen zur Hilfe hätten eilen können. Ihr müßt allein zurecht kommen, lautete die Antwort.

Als Reinhard aber zurückritt, sah er von einer Anhöhe, wie die große Zahl der Feinde ihre Reihen bedrängte. Er kam näher. Der gräfliche Banner lag auf dem Boden! Tränen kamen ihm hoch, als er die vielen Toten sah! Er hob die Fahne auf und stürzte in die Schlacht. Als die Soldaten sahen, wie der Junge so mutig auf dem gräflichen Schimmel nach vorne preschte, stoben sie ihm hinterher, schützten ihn nach Kräften und drängten den Feind wieder ab.

Als der Sieg mit großem Blutzoll errungen war, wurde Reinhard noch in der gleichen Nacht vor den Toren Wiens in den Adelsstand erhoben."

Sebastians Augen strahlten vor Begeisterung. Ein Gefühl erfaßte ihn, das er nicht in Worte fassen konnte.

„Wie schön!" rief er freudetrunken aus.

Selten war er so glücklich wie an diesem späten Abend. Wie wundervoll das Leben doch sein kann! dachte Sebastian entzückt und stellte erstaunt fest, daß die Zukunft ihm keine Angst mehr machte und daß der giftige Stachel in seiner Brust gar nicht mehr da war. Wieland erzählte ihm von dem Schicksalskampf des Reiches gegen die Osmanen und Sebastian wünschte sich, die Nacht würde niemals enden.

„Was ist wohl aus ihm geworden?" fragte er nachdenklich, als sein verträumter Blick wieder zum jungen Fahnenträger hinüber wanderte.

„Das kann ich dir zeigen", sagte Wieland und ging zu einer breiten

Flügeltür, die Sebastian zuvor gar nicht beachtet hatte.

Als der Junge neben ihm stand, machte Wieland sie auf und bat ihn einzutreten. Im großen Raum war es dunkel. Sebastian konnte aber sehen, daß er fast leer war. An der Decke hing ein schwerer Kornleuchter, doch Wieland machte ihn nicht an, sondern nahm von der kleinen Wandkonsole Streichhölzer und zündete mehrere Kerzen an, die in reich verzierten Messingständern zu beiden Seiten eines riesigen Ölgemäldes steckten.

Sebastian trat näher und blickte neugierig auf die Leinwand. Bald erkannte er im aufflackernden Kerzenlicht Reinhard! Er sah genauso jung aus und trug ein weißes Leinenhemd. Auf seiner Stirn prangte ein blutrotes Kreuzchen, als wäre es mit einem Finger draufgemalt. In den Händen hielt der anmutige Junge eine goldene Schale. Helle Flammen stiegen daraus und erleuchteten den großen Rittersaal. Er hielt sie hoch, als wollte er sie Gott zeigen. Nicht nur sein edles Gesicht, sein ganzes Wesen strebte in reinster Hingabe dem Himmel entgegen.

In einem breiten Kreis um ihn herum standen Jungen und Mädchen in gleichen hellen Gewändern. Hinter ihnen ein zweiter Kreis von kampferprobten Rittern und edlen Ritterdamen. Sie trugen hellblaue Umhänge, auf denen rote Kreuze prangten. Auch ihre verzückten Blicke waren auf die geheimnisvolle Schale gerichtet, als spendete sie ihnen die höchste Glückseligkeit.

Sebastian war verzaubert von dem schönen Anblick! Er starrte Reinhard an und ahnte, daß er etwas Großes und Erhabenes in seinen Händen emporhielt.

„Was ist das?“ flüsterte Sebastian fasziniert.

„Der Gral“, sagte Wieland.

Seine Stimme klag so geheimnisvoll, daß Sebastian zu frösteln begann.

„Was ist der Gral?“ fragte er, ohne seinen Blick von der flammenden Schale zu lösen.

„Das sagt sich nicht. Doch bist du selbst zu ihm erkoren, bleibt dir die Kunde unverloren“, drang zu ihm die gleiche rätselhafte Stimme.

Sebastian konnte den Sinn der gereimten Sätze nicht ganz verstehen, erschauderte aber um so mehr vor dem tiefen Geheimnis, das darin verborgen lag. Fragend blickte er ins Gesicht seines Freundes.

„So hat Gurnemanz diese Frage beantwortet. Weißt du, wer Gurnemanz war?“

„Nein“, gab Sebastian ehrlich zu.

„Aber von Parsifal hast du doch bestimmt schon etwas gehört?“

Sebastian schüttelte den Kopf.

„Und von Wagner und Wolfram von Eschenbach weißt du vermutlich auch nichts“, sagte Wieland.

Sebastian glaubte in seiner Stimme eine gewisse Enttäuschung erkannt zu haben und senkte den Blick. Schamröte flammte auf seinen Wangen auf.

„Ich weiß überhaupt nichts“, sagte er verzagt und ließ seinen Kopf noch tiefer sinken.

„Wenn du willst, erzähle ich dir etwas mehr davon“, sagte Wieland mit einer freundlichen, durchaus warmen Stimme.

Der Gral

Wieland legte noch mehr Holz auf die glühenden Kohlen und kippte die Fenster. Draußen setzte starker Regen ein und trommelte auf den breiten Sims. Mit abwesendem Blick starrte Sebastian in die mondlose Finsternis und atmete die einströmende Luft, die, getränkt mit schwerem Regenduft, das wehmütige Glücksgefühl in ihm noch mehr verstärkte.

Seine Gedanken kreisten nach wie vor um Reinhard und die flammende Schale. Was hat dem einfachen Schustersohn bloß die Ehre verliehen, so herrlich am Altar zu stehen und den Gral in seinen Händen hochzuhalten? War das allein seine Heldentat? Sebastian erinnerte sich an die kampferprobten Ritter, die im breiten Kreis um Reinhard herum standen, und konnte es nicht so richtig glauben, daß diese edlen Männer nicht genauso tapfer waren: Freiherren, Grafen, vielleicht sogar Fürsten, die unter ihnen weilten! Je länger er darüber nachdachte, um so stärker beschlich ihn die Ahnung, daß auch darüber der Schleier eines tiefen Geheimnisses lag…

Bald setzte sich Wieland in einen Sessel. Seine Katze hatte sich auf dem Sofa neben Sebastian eingekringelt, gähnte einige Male und döste schließlich ein, während Wieland zu erzählen begann:

„Man sagt, es gäbe eine geheime Gralsgemeinschaft, so etwas wie einen deutschen Ritterorden."

„Warum geheim?"

„Es gibt viele Gründe dafür. Nicht zuletzt, weil man das Heilige nicht zum Gespött seiner Feinde machen darf. Jesus sagt: *Ihr sollt das Heilige nicht den Hunden geben und eure Perlen sollt ihr nicht vor die Säue werfen, damit die sie nicht zertreten mit ihren Füßen und sich umwenden und euch zerreißen.* Außerdem wollen die Ritter ihre guten Werke nicht zur Schau stellen. So wie Christus es von uns verlangt: *Gebt acht, daß ihr eure Gerechtigkeit nicht vor den Menschen tut, um euch sehen zu lassen von ihnen.* Sie wollen dem Gral dienen und nicht ihren Namen rühmen!"

„Was bedeutet das: dem Gral dienen?" fragte Sebastian wißbegierig.

„Dem Gral dienen heißt unter anderem, den christlichen Glauben ins Leben tragen. Die Ritter sind angehalten, den göttlichen Geboten zu folgen und über sie zu wachen. Besonders über das Doppelgebot der Liebe, das Christus zum Allerhöchsten erhoben hat. Daher sehen sie es als ihre höchste Pflicht, Gott zu lieben und ihrem Volk zu dienen."

„Ihrem Volk…", wiederholte Sebastian beeindruckt und erinnerte sich an Frank, der ihm genau das Gleiche gesagt hatte.

„Denn deine Volksgenossen deine Nächsten sind!" erklärte Wieland. „Und zwar im wahrsten Sinne des Wortes. Das Volk ist nichts anderes als eine große Familie. Was wäre ein Mensch, der den Fremden gegenüber wohltätig ist, seine eigenen Kinder aber vernachlässigt! Bei allen Völkern gibt es für solche Menschen nur einen einzigen Namen…"

„Verräter!" warf Sebastian aufgeregt ein.

„Klar!" bestätigte Wieland. „Und die Verräter werden überall auf dieser Erde verachtet. Und nicht nur von ihrem eigenen Volk, das sie verraten haben, auch die Fremden werden einem solchen Menschen nicht trauen können!"

Wieland erzählte von den Gralsrittern und von dem Ehrenkodex, dem sie alle bedingungslos folgten, während Sebastian schon wieder zu träumen begann. Er zog seine Beine noch näher an sich, legte sein Kinn auf die Knie und blickte in das knisternde Feuer.

„Was meinst du, gibt es diese Ritter wirklich?" fragte er etwas wehmütig.

Wieland lächelte zufrieden über die außergewöhnliche Begeisterung, die sein junger Freund für die ritterlichen Tugenden empfand.

„Ich habe von vielen Menschen gehört, daß es diese Bruderschaft tatsächlich geben solle. Sie hinterläßt Spuren in unserem Leben. Wenn man nur etwas aufmerksamer hinschaut, wird mal bald feststellen, daß um uns herum ungewöhnliche Dinge passieren. Sie geben Anlaß zu vermuten, daß die Gralsritter in der Tat unter uns sind. Sie helfen denen, die schon ganz verzweifelt sind. Wenn eine deutsche Seele um Hilfe ruft, so reiten die Ritter aus und versuchen mit allem, was sie nur aufbringen können, ihrem Nächsten aus der Not zu helfen. Selbst mit ihrem eigenen Leben."

„Mit ihrem eigenen Leben!" wiederholte Sebastian tief beeindruckt. „Würden sie auch mir helfen wollen, wenn's mir einmal ganz schlecht gehen sollte?"

„Gewiß werden sie es tun."

„Weil ich auch ein Deutscher bin?" fragte der Junge.

„Na klar! Wie ich schon sagte: Für sie ist unser Volk eine große Familie, zu der auch du gehörst. Sie fühlen es so und können nicht anders: die Menschen aus anderen Völkern zu achten und ihrer Eigenart mit dem größtmöglichen Respekt zu begegnen, die eigenen Volksgenossen aber wie sich selbst lieben und vielleicht sogar noch mehr…"

Sebastian fühlte sich mitgerissen.

„Ich empfinde es auch so!“ rief er seinem Freund mit leuchtenden Augen zu. „Wir müssen zusammenhalten!“

Wieland wartete, bis Sebastian sich wieder beruhigt hatte, dann setzte er seine Erzählung fort:

„Die Gralsritter hüten einen kostbaren Schatz und haben ein großes Wissen angesammelt!“

„Was wissen sie ganz genau?“

„Zum Beispiel, wer an Gottes Seite kämpft, und wer gegen ihn Krieg führt.“

„Das hätte ich auch gern gewußt“, warf Sebastian ein.

„Dann hör mir ganz genau zu!“ sagte Wieland ernst. „Der Satan ist der Widersacher unseres himmlischen Vaters. Wenn Gott die Wahrheit ist, wer ist dann der Satan?“

„Ein Lügner!“ sagte Sebastian entschieden.

„Genau das ist er! An alle Menschen, die sich gern der Lüge bedienen, sagt Christus folgende Worte: *Ihr habt den Teufel zum Vater, und nach eures Vaters Begierden wollt ihr tun. Der ist ein Mörder von Anfang an und steht nicht in der Wahrheit, denn die Wahrheit ist nicht in ihm. Wenn er die Lüge redet, so redet er aus dem Eigenen; denn er ist ein Lügner und Vater der Lüge!*“ Wieland machte eine kurze Pause, dann sagte er mit warnender Stimme: „Jeder Mensch, der lügt, auch wenn er selbst dabei glaubt, es wäre zur Mehrung des Guten nützlich, stellt sich gegen Gott und wählt sich den Satan zum geistigen Vater! Die Mitgliedschaft im Orden und dessen Wirken sind das einzige Geheimnis, das die Ritter haben dürfen.“

Sebastian faßte Mut und stellte eine Frage, die ihn immer mehr bedrängte.

„Was meinst du, ist Frank auch ein Ritter?“ flüsterte er ganz leise. „Ich schwöre, ich werde es niemandem verraten!“

Wieland aber schien seine Frage gar nicht gehört zu haben, denn er sprach einfach weiter:

„Die schärfste Waffe Satans ist die Lüge. Damit beherrscht er die Menschen und hetzt sie gegeneinander auf. Die Gralsritter hingegen kämpfen für die Freiheit ihrer Völker mit dem Schwert der Wahrheit. Christus selbst hat uns den Weg gezeigt: *Ihr werdet die Wahrheit erkennen, und die Wahrheit wird euch frei machen!*“

„Das alles wissen die Ritter?“ wunderte sich Sebastian.

„Nicht nur das wissen sie, sondern viel, viel mehr!“ bestätigte Wieland. „Sie kennen auch das Geheimnis der Nächstenliebe.“

Als Sebastian schon wieder von einem Geheimnis hörte, kroch ihm trotz des wärmenden Feuers eine Gänsehaut die Arme hoch.

„Was für ein Geheimnis ist das?“

„Wenn Christus sagt, wir sollten die Nächsten lieben, was würde dann sein Widersacher von uns verlangen?“ fragte Wieland mit seltsamem Ernst.

„Daß wir die Fremden lieben…“, flüsterte Sebastian, überwältigt von der einleuchtenden Erkenntnis. Er wollte noch etwas sagen, doch seine Gedanken stürmten weiter, reihten sich zu festen Beweisketten und brachten ihn schließlich zu einer ganz anderen Frage: „Und was passiert mit denen, die dabei dem Widersacher folgen?“

„Jene, die sich der Fremdenliebe verschrieben haben, beginnen, ohne es selbst zu merken, ihre Nächsten immer mehr zu hassen“, erwiderte Wieland. „Man kann nicht zwei Herren dienen…“

„Ich habe es gewußt!“ rief Sebastian ergriffen aus und sprang sogar auf die Beine.

Die neu gewonnene Erkenntnis erfüllte ihn mit einer Freude, die er kaum noch ertragen konnte. Auch Wieland erhob sich. Er machte einen Schritt auf ihn zu und schaute ihm tief in die Augen.

„Ein erbitterter Kampf tobt auf dieser Erde, und der Feind ist immer der gleiche“, sagte er bedeutungsvoll. „Es sind zwei Mächte, die seit Ewigkeiten miteinander ringen! Jeder, der das weiß, muß sich entscheiden, auf welcher Seite er steht.“

„Worum kämpfen sie?“

„Um die Seelen der Menschen“, erklärte Wieland. „Auch um deine Seele!“

Sebastian wandte seinen Blick zur Seite und rieb nervös an seiner Stirn. Gern hätte er sich in diesen Kampf gestürzt! Aber wie?!

„Christus ist der König des Grals“, sagte Wieland wie ein Priester. „Jedem Volk hat er eine Heimat gegeben, jedes Volk mit eigener Sprache beschenkt, mit eigenem Fühlen und Sehnen, aus denen heraus seine eigene, allein ihm eigentümliche Kultur entstand. Das alles ist Teil der Göttlichen Ordnung! Sie zu beschützen ist die höchste Ehre seiner Ritter und die Erfüllung ihres irdischen Lebens.“

„Das ist also der Gral!“ rief Sebastian verzückt aus.

„Er ist das, und er ist noch viel, viel mehr!“ flüsterte sein Freund ihm geheimnisvoll zu.

„Was ist er noch?“

„Das läßt sich nicht so leicht in Worte fassen“, erwiderte Wieland. „Wer die Aufnahme in den Orden begehrt, der muß vor allem bereit sein, ein Ritter zu werden.“

„Was bedeutet das? Kannst du es mir noch einmal erklären?“

„Bereit sein, für seine Nächsten zu sterben. Wie auch Christus für uns gestorben ist.“

Sebastian erschauderte vor Ehrfurcht.

„Ein Gralsritter hat die heilige Pflicht, uneigennützig seinem Volk zu dienen. Sie ist wie ein schwerer Stein, den du überall mit dir trägst. Du kannst ihn von heute auf morgen aus der Hand legen und dich von dessen Last befreien. Und doch tun die Gralsritter es nicht, sondern versuchen, die schwersten Brocken auf ihre Schulter zu nehmen. Weil diese Pflicht für sie etwas Wichtiges ist. Vor allem aber für ihre Nächsten! Daher tun sie ihre Pflicht mit Freude, auch wenn sie ihnen so viel abverlangt und niemand weiß, wie viele schon unter ihrer Last das Leben verloren haben.“

Sebastians Augen glänzten im flackernden Licht des Feuers.

„Du spricht so seltsam, Wieland…“, flüsterte er ergriffen, „genauso wie Frank!“

Wieland schwieg einige Sekunden lang, als wüßte er nicht, ob er seinem jungen Freund noch mehr erzählen sollte. Dann nahm er eine Fernbedienung und schaltete die Musikanlage ein. Aus den Lautsprechern erklang eine sehnsuchtsvolle Musik.

Sebastian war so sehr mit den Worten seines Freundes beschäftigt, daß sie zunächst an ihm vorüber floß, ohne ihn zu berühren. Doch kaum schenkte er ihr seine Aufmerksamkeit, erlag er den zauberhaften Klängen. Ein einsamer Ruf tönte zu ihm hinüber. Rein und traurig und doch so schön und erhaben! Er weckte in ihm etwas Helles, was tief in seinem Herzen schon immer geschlummert hatte und jetzt so wundervoll erwachte.

Der Ruf schwoll an, erreichte seinen Höhepunkt und verhallte. Nur das Knistern des Kaminfeuers und das eintönige Trommeln des Regens störten die atemlose Stille. Sebastian wartete auf den nächsten Ton, vertiefte sich so sehr in diese Erwartung, daß er schon bald von dem schaurigen Gefühl ergriffen wurde, immer schneller in die bodenlose Leere des Weltalls zu fallen. Doch wenige Augenblicke später kam der gleiche sehnsuchtsvolle Ruf wieder und war jetzt noch schöner und mächtiger. Als die zauberhafte Musik sich erneut in die Höhe schwang, weckte sie in ihm eine unbestimmte Erinnerung an etwas Erhabenes. Er schlug die Augen nieder und sah die flammende Schale, die Reinhard in seinen Händen emporhielt.

„Was war das?“ flüsterte Sebastian fasziniert, als es wieder still wurde.

„Das Vorspiel zum ersten Akt aus der Oper Parsifal“, sagte Wieland und ging, ohne ein weiteres Wort zu sagen, zur großen Flügeltür.

Sebastian lief ihm hinterher, und bald standen die beiden wieder vor dem geheimnisvollen Gralsgemälde, das von flackernden Kerzen erleuchtet war.

„Der Ritterorden ist eine echte Bruderschaft, ein Bund fürs Leben“, sagte Wieland. „Wie es in einer Familie üblich ist, teilen sie miteinander alles, was sie haben: Leid und Freude, Geld und Sorgen. Wer seinen Ordensbruder verrät oder ihn auch nur im Stich läßt, hat keinen Platz mehr unter ihnen. Gemeinsam streiten sie für die göttliche Ordnung und sind stets bereit, füreinander zu sterben. *Das ist mein Gebot, daß ihr einander liebt, wie ich euch geliebt habe,* sagt Christus. *Eine größere Liebe hat niemand als die, daß er sein Leben hingibt für seine Freunde.*“

Die letzten Worte berührten Sebastians Herz. Er sah auf das schöne Gemälde und versuchte, sich das Leben dieser edlen Menschen vorzustellen. Schön war das alles! So unerträglich schön, daß seine Augen sich mit Tränen füllten.

„Es ist wichtig zu wissen, daß der Gral für Sünder unsichtbar ist“, sagte Wieland mit gedämpfter Stimme. „Der Gral sucht nach seinen Rittern, und die Reinen sehnen sich nach ihm.“

Die Worte rissen Sebastian aus seinem schönen Traum heraus.

„Nur die Reinen?“ fragte er überrascht.

Die Begeisterung, mit der er seinem Freund zuvor gelauscht hatte, brach zusammen. Ein tiefer Schmerz zeigte sich im Gesicht des Jungen.

„Ob ich ihn jemals sehen würde?“ fragte er verzagt, als gäbe es keine Hoffnung mehr auf eine tröstende Antwort.

„Wenn es den Orden geben würde, meist du?“ fragte Wieland.

Er wollte noch etwas hinzufügen, doch Sebastian packte ihn mit beiden Händen an seinem Hemd und zog ihn zu sich.

„Wieland!“ rief er ihm verzweifelt zu. „Und wenn es den Orden noch gar nicht gibt, dann mußt du ihn gründen!“

Einen solchen Gefühlsausbruch hatte Wieland nicht erwartet. Tief beeindruckt starrte er in die Augen des Jungen, in denen ein Feuer glühte, das nur eine unverbrauchte Seele entfachen konnte. Erst einige Sekunden später ließ Sebastian ihn wieder los.

„Entschuldigung“, murmelte er vor sich hin und starrte verlegen auf den Boden.

Er wußte selbst nicht, wie ihm so plötzlich geschehen war. Auch Wieland brauchte Zeit, bis er wieder zu sich kam und seine Erzählung fortsetzen konnte.

„Wenn der Gral enthüllt wird, leuchten an seinem Rand Namen auf.“

„Wessen Namen sind das?“ fragte Sebastian bekümmert.

„Die Namen der von ihm berufenen Mädchen und Knaben“, erklärte Wieland. „Der Weg zum Gral kann nur von einem Erwählten gefunden werden.“

„Das alles verstehe ich nicht!“ stieß Sebastian qualvoll hervor und bedeckte sein Gesicht mit den Händen, während Wieland weitersprach:

„Erst wenn ein Junge viele schwere Prüfungen bestanden hat, wird er zum Knappen der Gralsritter geschlagen. Von dieser Stunde an gehört er mit Leib und Seele der Bruderschaft und bekommt von dem Großmeister ein geweihtes Kurzschwert überreicht, dessen Klinge nicht nur seinen Ordensnamen, sondern auch seinen Wahlspruch trägt.

Die Prüfungen aber, die ein Anwärter zuvor bestehen sollte, sind wirklich hart und treffen ihn gerade dort, wo er sie am wenigsten erwartet. Es wird sehr viel verlangt: Treue und Mut, reines Herz und aufrichtiges Mitleid mit jenen, die Not leiden... Man kann sich nicht verstellen. Es ist unmöglich, den Orden zu täuschen! Wenn man noch nicht soweit ist, wird man den Weg zum Gral niemals finden können! Viele Novizen bestehen die Prüfung nicht oder geben sogar auf...“

„Ich hätte niemals aufgegeben!“ rief Sebastian beherzt aus.

„Soll das heißen, du würdest dich auch dieser Prüfung stellen, wenn es den Ritterorden wirklich geben würde?“

„Ich würde es tun! Sofort!“ bestätigte der Junge, kniff die Augen zu und flüsterte sehnsüchtig: „Wenn es ihn nur geben würde!“

„Und du würdest es nie bereuen?“ fragte Wieland forschend.

Ein Schauer überlief Sebastian, als er die todernste Stimme seines Freundes hörte.

„Niemals!“ beteuerte er mit ganzer Kraft seiner jungen Seele. „Niemals!“

Er atmete unruhig und starrte traumselig Reinhard an, der die flammende Schale in seinen Händen emporhielt.

„Wenn ich nur diese Prüfung bestehen könnte!“ rief Sebastian aus, während seine unruhige Hand auf der Brust lag.

Wieland war innerlich berührt von dem Edelmut seines jungen Freundes.

„Wenn du sie nicht bestehst, so würde auch ich sie niemals bestehen können“, sagte er leise.

Sebastian stiegen Tränen in die Augen.

„Hör auf!“ bat er ihn gekränkt. „Was gibt’s da zu lachen?!“

„Ich meine es ernst“, sagte Wieland, worauf Sebastian mißtrauisch zu ihm hinüberblickte.

Wieland faßte den Jungen an den Schultern und schüttelte ihn leicht.

„Ich – meine – es – ernst!“ wiederholte er langsam Wort für Wort, doch Sebastian starrte mutlos auf den Boden und konnte nach wie vor nicht glauben, daß sein adeliger Freund die Wahrheit gesagt haben könnte.

„So viele Jungen und Mädchen leben in deiner Stadt“, erklärte Wieland mit warmer Stimme, „und doch sind es nur wenige, die es so tief fühlen können, wie du es jetzt in deinem Herzen fühlst. Das ist der Gral!“

Sebastian hob seinen Blick unsicher zu ihm, während die ruhige Stimme seines Freundes wie aus einer anderen Welt zu ihm strömte:

„Seine lebenspendenden Strahlen durchfluten die Welt, erleuchten die einfühlsamen Seelen und wecken in ihnen tiefe Sehnsucht nach dem Guten, nach dem Wahren und nach dem wahrhaft Schönen. Er läßt sie wundervoll von einer Welt träumen, in der die Kinder ihres Volkes glücklich sind; von einer Welt, wo die Göttliche Ordnung gedeiht, wo Christus gegenwärtig ist!“

„Das ist also der Weg?“ rief Sebastian fasziniert aus.

„Rein bleiben und rein werden – das ist der Weg“, flüsterte Wieland ihm zu. „Vielleicht hast du ihn bereits beschritten! Die erste Prüfung hast du schon bestanden. Der Gral wird dir Zeichen geben, und er wird dir Menschen senden. Sie werden dir helfen, den Weg zu ihm zu finden.“

„Wie kann man wissen, daß sie von ihm gesandt sind?“ fragte Sebastian etwas verstört. „Vielleicht ist es nur ein Zufall?“

Wieland gab keine Antwort, zog aus der Brusttasche seines Hemdes eine kleine Fernbedienung und schaltete die Musikanlage wieder ein.

„Das ist die Gralsmusik aus dem dritten Akt, wo Parsifal den Gral enthüllt“, sagte er. „Hör sie dir ganz genau an!“

Zauberhafte Musik erklang aus dem Kaminzimmer. Wie eine warme Strömung erfaßte sie Sebastian und trug ihn auf ihren leichten Wogen in eine Welt, von der er früher keine Ahnung gehabt hatte. Während er immer weiter und höher von ihr getragen wurde, hörte er Wielands Stimme.

„Nur wenige Dinge geschehen wirklich zufällig. Was meinst du, warum du mit Frank befreundet bist? Und warum du jetzt hier vor diesem Gralsgemälde stehst?"

„Ich weiß es nicht."

„Es gibt keine Zufälle, Janni! Alles hat einen Sinn!"

Sebastian hielt den Atem an.

„Woher kennst du meinen Spitznamen?" fragte er und blickte ihn verstört an.

„Zufällig", erwiderte Wieland und kam noch näher an ihn heran. „Wenn ein Junge wie du die Prüfungen besteht, wird der Gral ihn an seine reich gedeckte Tafel führen, wo ihm Liebe zuteil wird und die aufrichtige Freude der Gralsritter darüber, daß er in so jungen Jahren den Weg in ihre Mitte gefunden hat… Die Ehre, den Gral zu enthüllen, gebührt dem jüngsten von ihnen."

Sebastian war gänzlich überwältigt. Die Gralsmusik erreichte ihren Höhepunkt. Die süßen Engelsstimmen tönten vom Himmel herab und riefen ihn in ihre Mitte. Ein ehrfurchtsvoller Schauer lief über ihn und erreichte bald jede Zelle seines Körpers.

Wieland ging aus dem Zimmer, doch Sebastian stand noch lange vor dem geheimnisvollen Gemälde und bewunderte die flammende Schale.

„Ich will dich sehen!" flüsterte er mit aller Schönheit jugendlicher Hingabe.

Am Bahnhof

Die Nacht senkte sich über die Stadt und brachte mit sich die langersehnte Ruhe. Der Vortrag des russischen Professors war längst zu Ende. Auch die letzten Antifaschisten waren nach und nach abgezogen, und nur der Müll und herumliegende Pflastersteine in den menschenleeren Straßen um die Stadthalle erinnerten noch an die Schlacht, die vor einigen Stunden hier getobt hatte.

Als der Polizeiwagen vor dem Bahnhofsgebäude zum Stehen kam, zeigte die große Uhr über dessen Haupteingang Mitternacht. Zwei Polizisten stiegen aus dem Wagen. Während einer von ihnen nach wie vor mit der Einsatzleitung telefonierte, machte sein Kollege die rechte Hintertür auf.

„Steigt aus!" sagte er mit einer Stimme, die den Umständen entsprechend durchaus freundlich klang. „In einer halben Stunde kommt die S-Bahn. Paßt aber auf! Das ist die letzte! Sonst müßt ihr hier bis morgen warten."

Zwei schwarz gekleidete Jungen stiegen aus dem Wagen. Ihre nagelneuen Springerstiefel glänzten im fahlen Licht einer Straßenlaterne, doch die schicke, militant anmutende Kleidung der beiden Jungen stand im krassen Gegensatz zu ihrer gedrückten Stimmung.

Chrissi hatte keine Kraft zu antworten. Seine Nase war rot und die strohblonden Haare zeigten keine Spur mehr von Ordnung, was ihn besonders elend aussehen ließ. Auch Tolik sah niedergeschlagen aus. Seine unruhige Hand, die mit einem billigen Feuerzeug spielte, verriet, daß die unerfreulichen Ereignisse vor der Stadthalle nach wie vor sein Gemüt belasteten.

Gleich darauf stiegen die Beamten in ihren Dienstwagen ein und fuhren los, während die beiden Jungen ratlos auf dem lehren Parkplatz zurückblieben.

Weit weg am westlichen Stadtrand zuckten mehrere Blitze und erhellten den sternlosen Himmel. Fernes Donnergrollen ließ die Luft erzittern und kündigte einen nahenden Regen an.

„Und?" sagte Tolik düster, als der Polizeiwagen aus ihrer Sichtweise verschwand. „Was machen wir jetzt?"

Chrissi zog sich ängstlich zusammen.

„Wir fahren nach Hause", sagte er leise, während Tolik vor Zorn zu schnauben begann.

„Wie soll ich in diesen Klamotten nach Hause gehen?“

Dabei packte er sein rabenschwarzes Hemd mit beiden Händen und zog an ihm, als wollte er seinem Freund das darauf aufgenähte Symbol der Schwarzen Sonne direkt vor die Nase halten.

Chrissi starrte reumütig vor sich hin und wagte nicht aufzublicken, während Tolik aus der Hosentasche sein Handy hervorholte. Er wollte es einschalten, doch es zeigte kein Lebenszeichen. Der Akku war leer.

„Scheiße!“ stieß er wutentbrannt aus und haute mit der Faust auf den eisernen Pfosten einer Straßenlaterne. „Mein Vater wird mich totschlagen!“

Als Chrissi sah, wie stark der Pfosten nach dem wuchtigen Schlag erzitterte, zog er sich noch mehr zusammen.

„Wie kann man so blöd sein!“ schrie Tolik ihn an und klopfte sich zähneknirschend mit der Faust auf die Stirn. „Weißt du überhaupt, was dir alles blüht? Wenn sie dich nicht in den Knast stecken, werden sie dich garantiert aus der Schule werfen!“

Er wollte seinem leichtsinnigen Freund noch mehr sagen, doch Chrissis Augen schwammen bereits in Tränen. Tolik drehte sich ruckartig von ihm weg.

„Hör auf zu heulen!“ warf er ihm schroff zu, doch sein heftiger Wutausbruch schwächte sich nach und nach ab.

Als Tolik sich wieder zu seinem Freund umdrehte, saß dieser auf dem Bordstein, umschlang mit den beiden Händen seinen unglückseligen Kopf und schluchzte leise.

„Ich bin verloren…“, sagte er mit einer Stimme, die so verzweifelt klang und kläglich, daß Tolik sich des heißen Mitgefühls nicht mehr erwehren konnte.

Er setzte sich neben ihn auf den Bordstein hin und schwieg, ohne zu wissen, wie er ihn trösten sollte.

In diesem Augenblick fuhr auf den lehren Parkplatz vor das Bahnhofsgebäude ein Wagen. Das grelle Licht seiner Scheinwerfer blendete die Jungen so stark, daß sie die Hände vor die Augen halten mußten. Tolik machte bereits den Mund auf, um loszuschimpfen, doch dazu hatte er keine Zeit mehr. Der Wagen raste direkt auf sie zu und machte keine Anstalten zu bremsen. Die Jungen sprangen auf die Beine und wollten gerade zur Seite ausweichen, um nicht überfahren zu werden, doch der Wagen bog direkt vor ihnen scharf nach links und blieb mit quietschenden Reifen abrupt stehen.

Geblendet von dem gleißenden Licht und zu Tode erschrocken starrte

Chrissi mit halb geöffnetem Mund das schicke Cabriolet an und mühte sich vergeblich zu begreifen, was das Ganze bedeuten sollte.

„Da seid ihr!“ hörten sie eine bekannte Stimme.

Aus dem Wagen stieg ein großer Mann aus, den sie sofort erkannten. Es war Joe.

Die Überraschung der Jungen hätte nicht größer sein können. Chrissi blinzelte den bärtigen Journalisten an, und noch bevor er ein Wort sagen konnte, verwuschelte Joe dessen hellen Schopf und strich ihm mit seiner riesigen Hand vergnügt über die tränenfeuchte Wange.

„Hast wohl Angst bekommen?“ sagte er mit einer fröhlichen Stimme, als wäre an diesem Abend gar nichts Schlimmes geschehen.

Tief in seinem Herzen war Chrissi froh, in dieser schlimmen Stunde Joe zu sehen, doch die Erinnerung an das dramatische Desaster überlagerte dieses spontane Gefühl.

„Machst du Späße?“ warf Chrissi ihm vorwurfsvoll zu. „Man hat mir fast die Nase gebrochen! Dann hat mich die Polizei verhört! Vielleicht stecken sie mich wegen dir sogar in den Knast!“

Die schreckliche Vorstellung gab ihm noch mehr Auftrieb. Er überhäufte Joe mit schwersten Vorwürfen, doch dieser begann zu lachen, packte ihn an den Schultern und schüttelte ihn leicht, um seinen Wortschwall zu beenden.

„Was hast du ihnen erzählt?“ wollte er wissen.

„Gar nichts!“ rief Chrissi ihm zu. „Ich habe alles geleugnet! So wie du es mir gesagt hast!“

Joe blickte forschend in seine hellen Augen.

„Kannst du mir glauben“, murrte Chrissi, ohne seinen Blick abzuwenden. „Weißt du überhaupt, was du mir jetzt schuldest?“

Joe ließ ihn wieder los und wandte sich an dessen Freund.

„Und was hast du ihnen gesagt?“

„Daß ich gar nichts gesehen habe“, erwiderte Tolik und erzählte Joe darüber, was die Polizeibeamten ihn alles gefragt hatten.

„Und was jetzt?“ warf Chrissi ungeduldig ein, nachdem der bärtige Journalist keine Fragen mehr stellte und einige Sekunden nachdenklich vor sich hin starrte.

„Ich werde versuchen, die Sache auszubügeln“, erwiderte er ruhig.

„Ich werde versuchen!“ ahmte Chrissi seine Worte neckisch nach. „Und wenn es nicht klappt?“

„Dann atmest du einige Jährchen gesiebte Luft, während ich mit deinem

Freund ein paar nette Filme drehe“, antwortete der Bärtige unbeeindruckt und schaute vergnügt in das gerötete Gesicht des Jungen.

„Das ist gar nicht lustig!“ warf Chrissi ihm gekränkt zu und drehte sich weg.

Joe wurde ernst.

„Wenn du brav bist und ganz genau alles tust, was ich dir sage, dann werde ich die Sache bereinigen. Klar?“

Chrissi drehte sich wieder um und schaute ihn mißtrauisch an, doch Joe wollte nicht mehr darüber reden und ging zum Wagen.

„Ich hab eure Sachen mitgebracht“, sagte er und zeigte auf zwei Plastiktüten, die auf dem Rücksitz lagen. „Ich bringe euch nach Hause.“

Als Tolik seine Sachen sah, atmete er erleichtert auf, während Chrissi sich nicht von der Stelle rührte. Erst jetzt fiel ihm auf, mit welchem Wagen Joe so flott vorgefahren war. Es war ein offener Sportwagen, auf dessen ledernem Lenkrad ein Mercedes-Stern prangte. Chrissi war kein Einfaltspinsel und konnte mühelos erkennen, daß es sich dabei um eines der teuersten Modelle handeln dürfte. Ein Schlitten, den er früher nur in Werbespots gesehen hatte. Mit großen Augen betrachtete er die luxuriöse Ausstattung und vergaß sogar den unheilvollen Vorfall mit der Polizei.

Da Joe den Motor laufen ließ, leuchtete das Armaturenbrett des schicken Cabrio wie das Cockpit eines Flugzeugs. Teure Lederausstattung, ergonomisch geformte Sportsitze und viele andere exklusive Details… Bezaubert von allem, was er sah, stand Chrissi mit der Plastiktüte in der Hand regungslos neben dem Wagen, während Tolik bereits die Springerstiefel und die Hose ausgezogen hatte.

„Was stehst du da wie angewurzelt?“ fauchte er Chrissi an und schubste ihn in den Rücken, doch dieser reagierte kaum auf seine Ermahnung.

„Hast du schon mal so was aus der Nähe gesehen?“ fragte Chrissi fasziniert.

„Cooler Schlitten“, erwiderte Tolik trocken. „Komm jetzt! Oder willst du hier bis morgen bleiben?!“

Widerwillig zog Chrissi sein rabenschwarzes Hemd aus, während seine leuchtenden Augen nach wie vor an dem schicken Wagen klebten.

„Darf ich hier vorne sitzen?“ fragte er aufgeregt, als Joe wieder zu ihnen kam.

Ehrfürchtig machte Chrissi die Beifahrertür auf, klappte den Sitz nach vorne und ließ Tolik auf dem schmalen Hintersitz Platz nehmen.

„Cool!“ flüsterte Chrissi überwältigt, als er endlich im Wagen saß.

Bevor er sich anschnallte, lehnte er sich zu Joe hinüber und strich langsam über das lederne Lenkrad. Der Bärtige ließ ihn gewähren und beantwortete seine zahlreichen Fragen.

„Und?“ fragte er erheitert, als Chrissi seine Neugier halbwegs gestillt hatte. „Können wir jetzt endlich fahren?“

Chrissi nickte und der schicke Wagen verließ den leeren Parkplatz. Nach einer halben Stunde erreichten sie die Kreisstadt.

„Und was machst du im Winter?“ fragte Chrissi besorgt, während er das Faltverdeck über seinem Kopf begutachtete, das Joe wegen eines Regenschauers ausfahren mußte. „Ist es nicht zu kalt?“

„Ich benutze diesen Wagen selten“, entgegnete Joe. „Ich habe noch zwei andere.“

Genau das vermutete Chrissi, als er diese Frage stellte. Nun war es für ihn eine ausgemachte Sache, daß Joe zu jenen glücklichen Menschen gehörte, über die man mit Recht sagen könnte, sie wären wirklich reich. Er stellte keine Fragen mehr und begann wie gewohnt davon zu träumen, was er alles tun und lassen würde, wenn er auch so viel Geld hätte…

Tolik aber schwieg während der Fahrt. Erst nachdem der Wagen in die Krügerstraße abgebogen war, wurde er unruhig.

„Willst du nicht zuerst Chrissi nach Hause bringen?“ fragte er Joe, denn sie waren gerade an der Straße vorbeigefahren, in der sein Freund wohnte.

„Zuerst bringen wir dich nach Hause“, sagte der Bärtige wie nebenbei.

„Wieso?“ fragte Tolik mißtrauisch.

„Ich wollte mit ihm noch ein paar Sachen besprechen“, erwiderte Joe und schaute in den Rückspiegel, in dem er Tolik sehen konnte. „Darf ich doch, oder?“

Tolik schwieg, doch sein ernstes Gesicht zeigte, daß er eine ganze Menge dagegen hatte. Chrissi aber tat, als wüßte er nicht, warum sein Freund so besorgt war.

„Ist doch kein Problem!“ rief er ihm unbekümmert zu.

Tolik kochte vor Zorn, sagte aber kein Wort mehr. Als er aus dem Wagen stieg, hielt Chrissi ihm wie gewohnt die Hand hin, doch Tolik nahm sie nicht an.

„Was ist mit dir?“ fragte Chrissi überrascht.

Tolik starrte ihn feindselig an.

„Viel Spaß!“ schleuderte er ihm zornig ins Gesicht und ging schnell weg, ohne sich umzudrehen.

Chrissi wollte ihm hinterher laufen, doch die Stimme des Bärtigen hielt ihn zurück.

„Wollten wir nicht lieber fahren?“ rief er ihm zu. „Er wird sich schon beruhigen.“

Chrissi war unschlüssig. Es war nicht das erste Mal, daß Tolik wegen einer Kleinigkeit einen Wutanfall bekommen hatte, doch diesmal schien es so, daß in seiner Stimme eine Art Verachtung lag. Erst als Tolik im Treppenhaus verschwand, stieg Chrissi wieder in den Wagen ein.

„Ziemlich eifersüchtig, dein Freund, nicht wahr?“ sagte Joe wie nebenbei, worauf Chrissi verstimmt und äußerst mißtrauisch zu ihm aufblickte.

Der Journalist brach in Lachen aus und drückte Chrissi die abstehenden Haare platt.

„Ich wollte mit dir in Ruhe über unsere Angelegenheit reden“, sagte er mit der gleichen Gelassenheit. „Hast du heute noch etwas vor?“

„Was kann ich denn so spät noch vorhaben?“ erwiderte Chrissi.

„Ich möchte dich gern zu mir nach Hause einladen“, sagte Joe ohne Umschweife. „Morgen hast du doch sowieso keine Schule.“

Chrissi konnte sich nicht entscheiden.

„Ich kann dir versichern: Mein Haus ist viel aufregender als dieser Wagen“, setzte Joe nach, wodurch er den Widerstand des Jungen erheblich abschwächte.

„Wohnst du etwa in einer Villa?“ fragte Chrissi ahnungsvoll.

„Das kann man sicher so sagen“, bestätigte Joe mit einem geheimnisvollen Lächeln. „Willst du vielleicht deine Eltern anrufen und ihnen sagen, daß du heute bei deinem Schulfreund übernachtest. Sie werden sich doch bestimmt Sorgen machen?“

„Sie werden sich bestimmt keine Sorgen machen“, erwiderte Chrissi verbittert.

Joe wartete auf seine Entscheidung, doch der Junge schwieg. Einige Sekunden lang starrte er vor sich hin, dann blickte er wieder zu ihm auf.

„Kannst du die Sache mit der Polizei wirklich aus der Welt schaffen, oder machst du mir bloß was vor?“

„Habe ich dich schon mal betrogen?“

Chrissi schüttelte den Kopf, worauf Joe seine riesige Hand unter dessen Kien legte. Dann zog er sein Gesicht leicht zu sich und blickte ihm aus nächster Nähe direkt in die Augen.

„Wir sind jetzt aufeinander angewiesen“, sagte er eindringlich. „Das heißt, wir müssen zusammenhalten! Sonst wird dir keiner helfen können.“

Der Ernst in der Stimme des Bärtigen jagte Chrissi wieder Angst ein. Plötzlich war ihm klar, wie böse die Sache mit dem Hitlergruß für ihn enden könnte.

„Und wenn wir zusammenhalten?“ fragte Chrissi bange. „Wie willst du die Bullen abhängen?“

„Laß das meine Sache sein!“ sagte Joe. „Oder vertraust du mir nicht?“

Chrissi schaute in seine ruhig dreinblickenden Augen und konnte dort nichts entdecken, was seinen Zweifel nähren könnte.

„Vertraust du mir?“ setzte Joe nach, ohne sein Gesicht loszulassen.

„Ich vertraue dir“, erwiderte Chrissi und versöhnte sich schließlich mit dem Gedanken, daß sein Schicksal so hoffnungslos in die Hände des bärtigen Journalisten geraten war.

„Dann will ich, daß du wieder fröhlich bist“, sagte Joe zufrieden.

„Ich bin fröhlich“, erwiderte Chrissi und fühlte sich nach diesem Gespräch tatsächlich viel besser.

* * *

„Kannst du die Plane wieder wegtun?“ fragte Chrissi, als die Straßen wieder trocken waren. „Ich will wissen, wie sich der Fahrtwind anfühlt.“

Joe hielt den Wagen auf dem Standstreifen an, drückte einen Knopf und das schwarze Faltdach über ihnen kam in Bewegung. Tief beeindruckt beobachtete Chrissi, wie es sich zusammenlegte und in der schmalen Öffnung hinter den Sitzen verschwand.

„Jetzt kannst du ihn fühlen“, sagte Joe und gab Gas.

Der rauschende Fahrtwind faszinierte den Jungen. Zuerst hob er seine Hände hoch, genoß den wachsenden Widerstand, dann aber blickte er flehend zu Joe hinüber.

Der bärtige Journalist erkannte seinen Wunsch und drückte einen Knopf. Der Beifahrersitz fuhr bis zum Anschlag zurück. Der Junge schnallte sich ab, klammerte sich mit den beiden Händen am oberen Rand der Windschutzscheibe fest, und während Joe die Geschwindigkeit reduzierte, zog er sich hoch und richtete sich mit einem Ruck auf.

Ein mächtiger Strom schlug dem Jungen entgegen. Die sommerlich warme, feuchte Regenluft brauste um seinen schlanken Körper, warf seine strohblonden Haare nach hinten, sauste in den Ohren und kitzelte ihn am Hals. Mit geschlossenen Augen hielt er sein Gesicht dem Wind entgegen und fühlte in seiner Brust ein berauschendes Glücksgefühl.

„Kannst du ein bißchen schneller fahren?“ schrie Chrissi dem Bärtigen, ohne ihn anzusehen.

Joe drückte aufs Gaspedal, sicherte aber ihn mit seiner starken Hand ab.

Nun lehnte sich der Junge nach vorne und warf die beiden Hände hoch, als wollte er die warme Sommernacht begrüßen. Sein Glück erreichte ein Maß, das er kaum noch ertragen konnte.

„Juhuuu!“ schrie Chrissi in die Welt hinaus und lachte wie ein kleines Kind, das plötzlich alle Sorgen vergaß und nur noch den schönen Augenblick lebte.

Als der Wagen sich einer Ortschaft näherte und an einer Kreuzung zum Stehen kam, fiel Chrissi erschöpft und glücklich wieder auf seinen Sitz.

Und als er so mit geschlossenen Augen seinem heftigen Herzschlag lauschte, spürte er plötzlich, daß Joe die Hand auf sein Bein legte.

Chrissi öffnete die Augen und sah ihn fragend an. Es war unangenehm und sogar widerlich daran zu denken, was Joe mit ihm alles gern tun würde, doch er sagte nichts und nahm es ohne Widerspruch hin.

„Ich freue mich, daß du glücklich bist“, sagte Joe durchaus freundlich und nahm die Hand wieder weg.

Chrissi entspannte sich, konnte aber das schmutzige Gefühl nicht so schnell verdrängen.

Bei Joe

Noch bevor das schicke Cabrio die Einfahrt erreichte, glitt das schwere Tor langsam zur Seite. Ohne anzuhalten, rollte der Wagen auf einem gepflasterten Weg vor eine imposante Villa, die in der Mitte eines uneinsehbaren Grundstücks lag. Das weitläufige Gelände war mit einer hohen Mauer umgeben, die von blühenden Büschen und jungen Bäumen gesäumt war.

Chrissi stieg aus dem Wagen, und als er eine solche Pracht vor Augen hatte, blieb er wie verzaubert stehen… ein Paradies auf Erden, das er früher nur im Kino gesehen hatte! Unzählige Laternen, große und ganz kleine, beleuchteten den Garten Eden! Gepflegte Wege, bunte Blumenbeete, ein asiatisch anmutender Pavillon und mehrere Ruheplätze mit eleganten Bänken… Als Chrissi noch mit halb geöffnetem Mund den atemberaubenden Anblick genoß, hörte er ganz plötzlich das Plätschern von Wasser hinter ihm. Er drehte sich um und sah vor dem Haus einen großen Springbrunnen, der vor seinen Augen langsam aufleuchtete. Das grelle Licht der Scheinwerfer traf in dessen Mitte aufeinander, dort, wo auf einem Marmorsockel ein nackter Jüngling stand. Blendend weiß und erhaben, trug er auf seiner Schulter einen schmalen Streifen, der Chrissi an einen Ledergurt erinnerte.

„Der junge David von Michelangelo“, erklärte Joe sachkundig. „Mit dieser Schleuder besiegte er Goliath, einen mächtigen Riesen.“

Chrissi lief zum Brunnen und konnte sich nicht mehr von dem schönen Anblick losreißen. Das perlende Wasser funkelte im gleißenden Licht und verlieh dem anmutigen Jungen etwas Himmlisches!

„Gehört das alles dir?“ flüsterte Chrissi, als er sah, daß der Gastgeber wieder neben ihm stand.

„Nicht nur das“, erwiderte dieser, legte ihm die Hände auf die Schultern und drehte ihn leicht in Richtung des Hauses.

Erst jetzt konnte Chrissi bewußt wahrnehmen, welche Ausmaße die ungewöhnliche Villa hatte, vor deren breiter Eingangstreppe der schicke Sportwagen parkte. Es war ein Architektenhaus, das nur zwei Stockwerke hatte, dafür aber zog sich dessen Frontseite über ganze dreißig Meter her. Sie bestand aus Glas! Nicht nur der schöne Brunnen spiegelte sich darin, sondern der ganze Garten Eden, der davor lag!

Chrissi konnte nicht mit Sicherheit sagen, ob der Baustil unbedingt seinen Vorstellungen von Schönheit entsprach, doch er hatte das sichere

Gefühl, daß dieses Gebäude mehrere Millionen gekostet hatte.

„Voll krass!“ stieß er beeindruckt aus.

„Komm, ich zeig dir das Haus!“ sagte Joe zufrieden und schubste den Jungen zum Eingang.

Als Chrissi das Erdgeschoß betrat, öffnete sich seinem Blick eine weitläufige Wohnlandschaft. Er wußte gar nicht, was er sich zuerst anschauen sollte, so viel war hier zu sehen! Ein schöner Kamin, mehrere Polstergruppen und exklusive Möbeln, deren Wert er nur ahnen konnte, darunter ein Fernseher, dessen Größe bei weitem alles übertraf, was er bis jetzt in der Werbung gesehen hatte!

Chrissi überhäufte den Bärtigen mit Fragen und wollte jeden einzelnen Raum persönlich in Augenschein nehmen. Was ihn dabei aber besonders verwunderte, war die Nachsicht seines Gastgebers. Chrissi fühlte sich wie ein König! Jeder Wunsch, den er geäußert hatte, wurde sofort erfüllt.

Als er aber die breite Treppe hinauflaufen wollte, die aus der Wohnlandschaft ins Obergeschoß führte, zog Joe ihn wieder zurück.

„Ich will dir noch was anderes zeigen“, sagte er und führte den Jungen auf eine Terrasse, die auf der andren Seite des Hauses lag.

Chrissi, der schon so viel gesehen hatte, daß er sich kaum noch wundern konnte und nur noch mit glänzenden Augen nach allen Seiten schaute, ging der Mund vor Überraschung schon wieder auf. Ein Teil der Terrasse war überdacht und windgeschützt. Ein langer Tisch mit eleganten Holzstühlen und ein großer Außenkamin aus Naturstein befanden sich dort.

Er wollte hinlaufen, um das alles aus der Nähe zu sehen, doch in diesem Augenblick ging die Außenbeleuchtung an. Vor ihm lag ein großes parkähnliches Gelände. Es war genauso schön und gepflegt, auch wenn es hier nicht so viele Blumen gab, dafür aber saftige Rasenflächen, die sich bis zu den blühenden Sträuchern hinzogen, die entlang der Außenmauer wuchsen.

Doch wie schön der Park auch sein mochte, etwas Anderes beherrsche die Aufmerksamkeit des Jungen. Direkt an die Terrasse grenzte ein Schwimmbecken, dessen Länge mindestens zwanzig Meter betrug. Mehrere Lampen beleuchteten es, und als Chrissi seine Hand ins kristallklare Wasser steckte, kam dessen Oberfläche in Bewegung und entfaltete ein beeindruckendes Lichtspiel.

„Darf ich?“ fragte Chrissi und blickte den Bärtigen flehend an.

„Zuerst mußt du dich gründlich duschen“, erwiderte Joe.

In einer Viertelstunde tauchte Chrissi wieder auf der Terrasse auf.

Barfuß und in einen weichen Bademantel gehüllt, lief er zum Schwimmbecken, blieb aber an dessen Rand unentschlossen stehen.

„Spring doch rein!“ sagte Joe ermutigend.

„Ich habe keine Badehose“, erwiderte Chrissi etwas verlegen.

„Brauchst du eine?“ wunderte sich Joe. „Niemand sieht dich hier außer mir.“

Chrissi ließ den Bademantel auf den Boden fallen und sprang ins Wasser. Obwohl er gar nicht müde war, tat das Schwimmen ihm wirklich gut. Er tauchte das Becken durch, und als er am anderen Ende wieder auftauchte, sah er in den Händen des Bärtigen einen großen Fotoapparat.

„Darf ich?“ fragte Joe.

Das berauschende Glücksgefühl, das alles erleben zu dürfen, betäubte den Jungen so sehr, daß es ihm gar nicht in den Sinn gekommen wäre, dem Gastgeber eine solche Gefälligkeit abzuschlagen.

„Von mir aus“, sagte er gedankenlos und tauchte wieder unter.

Als Chrissi aus dem Wasser stieg und mit einem Badetuch seine Haare trocknete, machte Joe Dutzende von Aufnahmen.

Ein kleiner Preis, dachte Chrissi. Außerdem glaubte er gar nicht, daß Joe diese Aufnahmen irgendwo veröffentlichen würde, ohne sein Gesicht zuvor unkenntlich zu machen. Viel mehr beschäftigte ihn eine andere Frage. Aus den Winkeln seiner hellblauen Augen blickte er von Zeit zu Zeit zu dem Bärtigen hinüber und rätselte darüber, wie viele Millionen dieser unergründliche Mann haben könnte.

„Wenn du fleißig bist, wirst du irgendwann bestimmt genauso leben können“, sagte Joe, als hätte er in diesem Augenblick seine Gedanken gelesen.

„Wirklich?“ fragte der Junge, während seine fröhliche Stimmung sich schnell verflüchtigte.

Auch wenn Chrissi es sich so sehr wünschte, daß ihm beinahe Tränen in die Augen stiegen, konnte er dem Bärtigen kein Wort glauben.

„Du hast Talent, vielleicht sogar ein großes Talent“, erklärte Joe mit einer Stimme, die so ruhig und überzeugend klang, daß Chrissi das Badetuch aus den Händen glitt. „Aber das ist noch lange nicht alles, was man braucht, um eine große Karriere zu machen.“

„Was bracht man noch?“

„Eine ganze Menge! Darunter auch Beziehungen“, sagte Joe bedeutungsvoll. „Um die Hauptrollen in großen Filmen tobt ein erbitterter Kampf, in dem nur selten die Besten gewinnen.“

„Das ist aber nicht gut!“ warf Chrissi besorgt ein.

„Es gibt kein Gut und Böse in dieser Welt!“ sagte Joe mit Nachdruck. „Jeder kämpft um seine Zukunft und jeder hat tausend gute Gründe, warum er das oder jenes tut. Wenn du nach oben willst, brauchst du einflußreiche Gönner, die deinen Aufstieg begleiten und dir den Weg dahin freiräumen!“

Chrissi hatte ein helles Köpfchen und hatte schon längst begriffen, welche Richtung das beginnende Gespräch nehmen würde, und wollte dem sogar ein wenig Vorschub leisten. Seine Augen leuchteten schelmisch auf.

„Ich habe bereits einen Gönner“, sagte er mit rätselhafter Stimme.

„Du hast ihn bereits?“ wunderte sich Joe und schaute prüfend ins Gesicht des Jungen, der nach wie vor nackt vor ihm stand. „Wen kennst du denn?“

„Dich!“ erwiderte Chrissi und lachte unbekümmert los. „Du magst mich doch?“

Der Junge konnte sehen, daß seine Antwort Joe durchaus gefallen hatte, allerdings ging der Bärtige nicht auf seine Frage ein. Chrissi hörte auf zu lachen und schaute ihn verstört an.

Ein heller Blitz zuckte am tintenschwarzen Himmel. Gleich darauf zerriß ein mächtiger Donnerschlag die nächtliche Stille. Doch Chrissi schien das gar nicht zu bemerken. Gekränkt versuchte er zu verstehen, womit er seinen Gönner enttäuscht haben könnte.

„Beziehungen, die einem wirklich nützlich sein könnten, sind eine feine Sache“, sagte Joe, als hätte er die Verwirrung des Jungen gar nicht bemerkt. „Man kann nicht nur nehmen, man muß vor allem auch bereit sein, etwas zu geben.“

Chrissi schaute ihn betroffen an.

„Was kann ich dir geben?“ sagte er etwas verlegen. „Ich hab doch gar nichts!“

Die ersten Regentropfen fielen auf die geflieste Terrasse. Joe hob das Badetuch vom Boden auf, ging zur Terrassentür, blieb aber auf dem halben Weg stehen und drehte sich um.

„Oft hat man im Leben nur eine einzige Chance“, sagte er, als wollte er den Jungen warnen. „Es geht nur darum, ob man bereit ist, sie zu ergreifen!“

Chrissi nickte verständnisvoll, zog schnell den Bademantel an und lief ihm hinterher. Eigentlich wußte er, was Joe von ihm verlangen würde, wollte es aber vor sich selbst nicht eingestehen. Ein unangenehmes, schmutziges Gefühl kam über ihn bei diesem Gedanken. Er erinnerte sich an Tolik und an sein Versprechen, sich von dem Bärtigen fern zu halten, und hatte keine Ahnung, wie er sich verhalten sollte. Er setzte sich auf ein weiches Sofa vor dem knisternden Kamin und zündete sich eine Zigarette an. Die gleichen unruhigen Gedanken quälten ihn.

„Du willst also ein Schauspieler werden?“ fragte Joe und ließ sich ebenfalls in einen Sessel nieder.

„Ich will auch reich werden“, ergänzte Chrissi. „Wie du!“

„Bist du aber wirklich reif dafür?“ fragte Joe.

„Ich glaub’ schon“, erwiderte der Junge leicht verunsichert, worauf Joe aus einer Tasche seines Mantels etwas Rundes hervorholte.

„Schau dir diese Münze an!“ sagte er mit todernster Stimme. „Sie hat zwei Seiten.“

Chrissi nahm die schwere Münze entgegen, drehte sie einige Male in den Händen, dann hob er seine fragenden Augen wieder zum Gastgeber.

„Sie ist aus purem Gold!“ erklärte Joe mit gewichtiger Stimme.

Erst die Vorstellung, welchen Wert die große Münze haben könnte, bewog Chrissi diese näher zu betrachten. Offensichtlich war es kein Zahlungsmittel, denn es fehlte die Wertangabe. Auf der hellen Seite war eine lachende Maske abgebildet, auf der dunklen eine weinende.

„Welche Seite gefällt dir?“

„Die da, mit dem lachenden Gesicht“, erwiderte Chrissi.

„Wenn du mir die dunkle Seite zurückgibst, kannst du die helle behalten.“

„Das kann ich nicht!“ rief der Junge ihm irritiert zu.

„Niemand kann das“, sagte Joe nachdenklich, während er mit abwesendem Blick vor sich hin starrte. „Genauso ist es auch mit Hollywood. Wenn man eine Seite haben möchte, wird man nicht umhinkommen, auch die andere zu nehmen.“

„Du meinst, die dunkle?“ fragte Chrissi ahnungsvoll.

Joe lachte auf und betrachtete den Jungen mit einem rätselhaften Blick.

„Vielleicht ist sie gar nicht so dunkel“, erwiderte er. „Es sind ja nur ein paar gewisse Gefälligkeiten, von denen es aber abhängt, ob du überhaupt weiterkommst. Solange du jung bist, hast du etwas ganz Besonders an dir, was von vielen begehrt wird. Wenn du bereit bist, dieses Kapital einzusetzen, kannst du sehr schnell eine bedeutende Karriere machen.“

Chrissi hatte schon längst verstanden, worum es ging, zögerte aber mit der Antwort. Ohne den Bärtigen anzusehen, kämpfte er gegen Schamgefühl und Ekel, die er nicht verdrängen konnte.

Joe erhob sich von seinem Sessel.

„Ich werde dir die Entscheidung erleichtern", sagte er und ging weg.

Während Chrissi nach wie vor über die letzten Worte grübelte, brachte Joe ihm einen Cocktail und ging wieder hinaus, um eine Flasche Wein zu holen. Und gerade in dieser Zeit geschah mit Chrissi etwas Merkwürdiges. Nachdem er sein leckeres Getränk zur Hälfte getrunken hatte, erfaßte ihn ein seltsamer Rausch. Es könnte unmöglich Alkohol gewesen sein, dachte Chrissi, denn damit hatte er genug Erfahrung gesammelt. Bald fühlte sich sein Körper so leicht an, als ob er ein Geist wäre und nichts mehr wiegen würde! Eine Glückseligkeit erfaßte ihn, die seine ängstlichen Gedanken restlos vertrieb.

„Und?" fragte Joe und sank vor dem Jungen auf die Knie.

Er zog ihm die qualmende Zigarette aus der Hand und blickte ihm forschend in die Augen.

Chrissi sah, daß sein Gastgeber sich umgezogen hatte. Er trug einen schwarzen Bademantel. Auf seiner nackten Brust glänzte ein fünfzackiger Stern, der an einer goldenen Kette um seinen Hals hing. Während der Junge noch die feinen Linien des Pentagramms betrachtete, überlief der Rausch ihn mit neuer Kraft.

Chrissi nahm sein Glas in die Hand und schaute hinein.

„Was ist das?" fragte er, fasziniert über die eigenartige Wirkung des Getränks.

„Gefällt es dir?" erwiderte Joe ausweichend, doch Chrissi hörte ihm nicht mehr zu.

Er hob seine Hände vors Gesicht und betrachtete sie, als ob er sie zum ersten Mal gesehen hätte. Dann strich er langsam über seine Wange und mußte verwundert feststellen, daß es sich ganz anders anfühlte. Hundertfach intensiver, als ob jede Zelle seines Körpers mit eigenen Sinnen ausgestattet wäre. Selbst das Knistern des Kaminfeuers hörte er auf einmal vielfach klarer, als stünde er auf einem Scheiterhaufen, umgeben von glühendem Flammenmeer…

Erst als Joe die Hand auf sein nacktes Bein legte, erinnerte sich Chrissi an den Gastgeber. Er hob die Augen, doch bevor sein Blick dessen bärtiges Gesicht erreichte, sah er wieder den fünfzackigen Stern. Auf seiner goldenen Oberfläche spiegelten sich die tanzenden Feuerzungen, die dem glühenden Pentagramm dämonische Schönheit verliehen.

„Was ist das?" fragte der Junge.

„Die dunkle Seite", erwidert Joe mit der gleichen rätselhaften Stimme.

Chrissi wurde bange. Trotz seines Zustandes konnte er sich daran erinnern, in welchen Filmen er solche Sterne gesehen hatte.

„Wenn du etwas erreichen willst, mußt du mir vertrauen! Es wird nicht zu deinem Schaden sein. Du wolltest reich werden. Schon jetzt kannst du damit beginnen."

„Wie?" fragte der Junge, während er den Eindruck hatte, daß seine eigene Stimme aus weiter Ferne zu ihm hallte.

Joe hob den silbernen Aschenbecher an, der auf einem Tischchen neben dem Sessel stand. Darunter lagen mehrere Hundert-Euro-Scheine.

„Hier sind fünfhundert Euro", sagte der Bärtige. „Du kannst sie haben!"

Chrissi zögerte. Dann nahm er die Scheine in die Hand, betrachtete sie und steckte sie schließlich in eine Tasche des Bademantels.

„Und was jetzt?" fragte Chrissi, während der Rausch noch heftiger wurde.

Der bärtige Riese hob den Jungen mühelos aus dem Sessel und trug ihn auf seinen starken Armen in einen anderen Raum.

„Hab keine Angst! Dir geschieht nichts Schlimmes", sagte Joe, doch Chrissi hörte ihm nicht mehr zu.

Er flog in eine sternenreiche Nacht, berauscht von himmlischer Glückseligkeit, die ihn wie eine warme Welle überrollte…

Am nächsten Morgen

Es mag wohl ein flüchtiges Geräusch gewesen sein, das Sebastian aufgeweckt hatte. Schlaftrunken schlug er die Augen auf und erschrak beim Anblick einer fremden Frau. Sie stand in der Nähe und war gerade damit beschäftigt, die weißgrauen Aschenflocken von einer massigen Steinplatte ins schwarze Innere des Kamins zurückzufegen. Sie war Mitte vierzig, sah etwas füllig aus und hatte helle, aufwendig frisierte Haare.

Sebastian setzte sich auf dem Sofa auf, schüttelte den Kopf und versuchte zu begreifen, wie es dazu kommen konnte, daß er, immer noch in einen Bademantel gekleidet, hier im Kaminzimmer aufgewacht war. Verstört starrte er die Frau an und wußte nicht, wie er sich aus dieser peinlichen Lage retten sollte.

Sie bemerkte, daß er bereits wach war, und legte den Feger aus der Hand.

„Guten Morgen“, sagte sie lächelnd. „Habe ich dich aufgeweckt? Wolltest du noch weiterschlafen?“

„Morgen“, stammelte Sebastian, erfreut über die Warmherzigkeit, die zu ihm herüberstrahlte.

Nun kam auch Wieland herein.

„Na endlich!“ sagte er munter und erklärte: „Als wir Musik gehört haben, warst du einfach weg! Ich wollte dich nicht wecken und hab dir eine Decke gebracht, damit du nicht frierst.“

Sebastian hörte ihm aufmerksam zu und kaute unbewußt auf seiner Unterlippe.

„Das ist also Sebastian“, sagte Frau von Maysenberg, als hätte sie von ihm bereits eine Menge gehört.

„Und das ist meine Mutter“, sagte Wieland langsam und mit einer Stimme, die plötzlich so heiser und bedrohlich klang. „Nimm dich in Acht vor ihr!“ Er hob seine Hände an wie ein Gruselgeschichtenerzähler, der gerade dabei war, einen blutrünstigen Vampir bildlich darzustellen. „Doktor aller möglichen Wissenschaften! Universitätsprofessorin…“, rief er ihm zu. „Aus einem gräflichen Geschlecht!“

Wieland stieß ein furchtbares Geräusch aus, als wollte er Sebastian im nächsten Augenblick überfallen. Seine stark geweiteten Augen glühten.

„Ur-r-r-r-adel!“ dröhnte Wielands entfesselte Gruselstimme.

Sebastians zog sich in Erwartung eines Angriffs zusammen und kniff die Augen zu.

„Hör auf, Wieland!“ lachte Frau von Maysenberg und zog ihren Sohn zur Seite.

„In einer halben Stunde gibt es übrigens Frühstück“, sagte Wieland wie nebenbei. „Ich würde dir vorschlagen, du gehst jetzt schnell ins Bad. Es ist schon viertel vor zehn.“

„Viertel vor zehn!“ wiederholte Sebastian verblüfft.

„Was meinst du denn? Um drei Uhr morgens haben wir hier noch Parsifal gehört! Ich habe deine Kleider gebügelt. Sie liegen in deinem Zimmer!“

Sebastian atmete erleichtert aus. Eine größere Freude hätte Wieland ihm in diesem Augenblick nicht bereiten können. Denn allein die Vorstellung, in einem fremden Haus ohne Hose herumzulaufen, war grauenhaft.

Wieland ging wieder hinaus, während seine Mutter den Jungen sehr geschickt in ein Gespräch verwickelte. Sie wollte dies und jenes wissen und konnte in wenigen Minuten sein Vertrauen gewinnen. Doch kaum begann sich die Spannung zu lösen, tauchte im Kaminzimmer noch jemand auf. Schlimmer hätte es nicht kommen können: Ein wildfremdes Mädchen kam unbekümmert herein.

„Mama“, rief es noch im Gehen Frau Maysenberg zu. „Hast du zufällig Wieland gesehen?“

Sie hielt in der Hand ein aufgeschlagenes Buch und bemerkte Sebastian aus diesem Grunde erst, als sie direkt vor dem Sofa stehenblieb. Die unerwartete Begegnung hatte auf das junge Mädchen fast die gleiche Schockwirkung, unter der bereits der Junge stand.

„Das ist Sebastian, Wielands Freund“, erklärte Frau von Maysenberg seelenruhig, doch das Mädchen rührte sich nicht von der Stelle und schwieg.

„Meine Tochter Freya“, fügte die Mutter mit seltsamem Lächeln hinzu, bevor sie, von einer männlichen Stimme herbeigerufen, aus dem Zimmer ging und den Jungen, zu seiner vollkommenen Bestürzung, mit ihrer Tochter alleine ließ.

Es dauerte noch einen Augenblick, bis Freya sich wieder fassen konnte. Sie war kaum älter als Sebastian, schlank und genauso groß wie er. Der Junge starrte in ihre hellblauen, etwas tiefliegenden Augen und hatte Angst, den Blick abzuwenden. Auch sie schaute direkt in sein Gesicht, das in Sekundenschnelle blaß wurde.

„Guten Morgen“, sagte sie endlich dem Jungen, der, die Decke bis zum Kinn hochgezogen, regungslos auf dem Sofa kauerte.

Sebastian nickte ihr stumm zu, danach ging das Mädchen wieder.

Erst im Bad konnte der Junge sich einigermaßen beruhigen, kämmte sorgfältig seine Haare und putzte zwei Mal die Zähne. Nun suchte er nach Wieland, dem er einiges zu sagen hatte. Selbst die aufregendsten Ereignisse des gestrigen Tages traten vorläufig in den Hintergrund. Er fand ihn oben in seinem Zimmer. Wieland saß an einem Computer und hämmerte mit atemberaubender Geschwindigkeit auf einer schwarzen Tastatur.

„Warum hast du mir nicht gesagt, daß du eine Schwester hast?“ fragte Sebastian vorwurfsvoll und mit finsterer Miene.

Wieland hörte auf zu tippen und drehte sich auf dem Stuhl zu ihm um.

„Erstens, hast du mich danach nicht gefragt, und zweitens, wärest du dann bestimmt nicht mitgekommen“, erklärte er, unbeeindruckt von der mißmutigen Stimmung seines Freundes, dann fragte er: „Gefällt sie dir nicht?“ Wieland erhob sich und machte eine Bewegung, als wollte er gehen. „Ich sag’s ihr gleich, damit sie dir möglichst aus dem Weg geht.“

Sebastian erstarrte, als er verstand, was Wieland soeben gesagt hatte.

„Bist du verrückt?“ stieß er mit ängstlich gesenkter Stimme aus.

Im nächsten Augenblick krallte er sich in Wielands Arm fest und hielt ihn zurück.

„Doch nicht?“ fragte dieser leicht verwundert. „Gefällt sie dir?“

Dabei sprach er die letzten Worte mit einer Lautstärke aus, die Sebastian zutiefst erschütterte. Er kniff die Augen fest zu und atmete stoßartig aus.

„Hör auf!“ flehte er seinen großen Freund entkräftet an. „Bitte!“

Wieland geriet ins Lachen und schlug ihm freundschaftlich auf den Rücken.

„Entspann dich! Sie hat sich bestimmt noch mehr erschreckt als du.“

Sebastian sank in den weichen Sessel, versuchte die verkrampfte Bauchmuskulatur zu entspannen und war froh, daß er bis zum Frühstück einfach so sitzen durfte, während Wieland ein wichtiges Referat für die Schule vorbereitete. Als er sich beruhigte, mußte er wieder an die jüngsten Ereignisse denken.

Einen solchen Tag wie gestern hatte Sebastian noch nie erlebt. Es geschah so viel Schönes und Bedeutsames, wie sonst in Jahren nicht! Ihm schien, er wäre unverhofft in einen schönen Traum geraten! Als hätte eine unbekannte Naturgewalt ihn aus dem tristen Alltag gerissen und trüge ihn nun in eine Zukunft, die zwar unbekannt, doch so aufregend zu sein schien! Als Sebastian wieder an Reinhard und die flammende

Schale dachte, überlief ihn ein ehrfurchtsvoller Schauer. Ein Geheimnis lag darüber, ein tiefes Geheimnis! Sebastian schlug die Augen nieder und betete zu Christus, der Traum möge niemals aufhören…

Nachdem aber Freya sie zum Frühstück gerufen hatte, passierten Dinge, die Sebastian erneut viel Kraft abverlangten. Sie saßen im Eßzimmer am schön gedeckten und mit frischen Blumen geschmückten Tisch und warteten auf den Hausherrn, der in einem nahe gelegenen Arbeitszimmer ein wichtiges Telefongespräch führte.

Sebastian fühlte sich angesichts der festlichen Atmosphäre etwas unbehaglich. Wieland unterhielt sich gerade mit seiner Mutter über ihre persönlichen Angelegenheiten, die ohne Vorkenntnisse keinen Sinn für ihn ergaben, während Freya die ganze Zeit stumm zu ihnen schaute.

Sebastian nutzte die günstige Gelegenheit und blickte etwas scheu zu ihr. Er mußte sich nichts vormachen: Das Mädchen gefiel ihm, und je länger er die Schwester seines adeligen Freundes anschaute, umso stärker fühlte er eine unwiderstehliche Anziehungskraft, die von ihr ausging. Er wußte, daß es nicht schön war, das Mädchen so lange anzustarren, konnte aber seinen Blick einfach nicht abwenden. Erst als sie zu ihm hinüberblickte, schlug er die Augen nieder und wurde rot. Auf einmal wußte er nicht mehr, wo er seine unruhigen Hände verstecken sollte. Mal kreuzte er sie vor der Brust, mal schob er sie zwischen die Knie. Schließlich beschloß er sich abzulenken, nahm ein Messer vom Tisch und betrachtete dessen reich verzierten Griff. Auch die Gabeln hatten das gleiche schöne Muster!

Nun kam Wielands Vater herein und blieb neben einem Stuhl stehen. Er war groß, etwas mager und sah ausgesprochen vornehm aus. Die noch erhalten gebliebenen Haare waren sorgfältig frisiert und verliehen seinem länglichen Gesicht eine gewisse Strenge. Hinter leicht getönten Brillengläsern leuchteten zwei aufmerksame Augen, die Sebastian lange und so ausführlich musterten, daß der Junge gar nicht mehr wußte, wo er hinsehen sollte.

„Nun wollen wir gemeinsam beten“, sagte Herr von Maysenberg und wandte sich mit durchaus freundlicher Stimme an den jungen Gast: „Darf ich Sie bitten, das Messer wieder auf den Tisch zu legen?“

Sebastian bemerkte, daß er nach wie vor Besteck in den Händen hielt. Aus unerfindlichen Gründen wollte er das Messer auf seinen Teller legen. Dabei verursachte er ein klirrendes Geräusch, sodaß ihm die Schamröte ins Gesicht schoß.

„Wunderbar!“ stieß Wielands Vater temperamentvoll aus. „Und die Gabel auch!“

Daß die anderen sich gleich darauf erhoben hatten, erkannte Sebastian nur, weil er hörte, wie die Stühle zurückgeschoben wurden. Denn er wagte nicht, die Augen zu heben. Das gemeinsame Gebet floß wie in einem Albtraum an ihm vorbei, ohne sein pochendes Herz erreicht zu haben. Er murmelte etwas Undeutliches vor sich hin, versuchte dabei den Anschein einer gewissen Inbrunst zu erwecken und war froh, als er wieder auf den Stuhl sinken durfte.

Plötzlich fühlte sich Sebastian fremd… so fremd, daß er am liebsten zu Fuß nach Hause gelaufen wäre. Er vermißte in sich jede Lust. Doch gerade jetzt, als er immer mehr verzagte, ereignete sich die nächste Überraschung des Tages. Nicht nur Frau von Maysenberg umsorgte ihn wie ihren eigenen Sohn, sondern ausgerechnet Wielands Vater begann, sich um ihn zu kümmern. Er schob ihm verschiedene Schüsseln und Teller zu, forderte ihn auf, von diesem und jenem zu kosten, erzählte ihm lustige Geschichten und duzte ihn bereits nach wenigen Minuten. Sebastian entspannte sich angesichts dieser unerwarteten Zuwendung und spürte, wie die Lebenslust in seinen Andern wieder erwachte.

„Nein, nein, nein, nein!“ ertönte wie eine Maschinenpistolensalve die lebendige Stimme des Professors. „Zunächst, mein Freund, probiere etwas Milderes. Nimm dir mal ein Stückchen Leerdamer! Du kennst doch Leerdamer, nicht?“

„Ja, ich glaube, ich hab mir schon mal eine Packung davon gekauft“, bestätigte Sebastian und freute sich darüber, daß er etwas sagen konnte, was dem liebenswürdigen Professor angenehm wäre.

Doch die erhoffte Wirkung blieb aus. Wielands Vater hörte auf zu kauen und machte ein Gesicht, als hätte er soeben eine Hiobsbotschaft vernommen. Sebastian wurde wieder kalt ums Herz.

„Du kaufst dir doch nicht etwa dieses in Scheiben geschnittene, in Plastik verpackte, wochenlang in den Regalen herumliegende Lebensmittel, das man unerklärlicherweise auch Käse nennt?“ fragte Herr von Maysenberg enttäuscht und sogar sichtlich angewidert.

Der Junge hörte auf zu kauen, schluckte den im Halse steckengebliebenen Bissen verkrampft hinunter und hob langsam die Augen zu ihm hoch. Nicht nur Betroffenheit lag in ihnen, sondern vor allem der Ausdruck eines Schuldbekenntnisses. Dabei fuhr seine Hand langsam und unbewußt über die Wange.

Wieland konnte sich nicht mehr halten und brach in schallendes Lachen aus, das kein Ende nehmen wollte. Ohne auf den Tisch zu sehen, legte er sein angebissenes Brot auf den Teller, faßte sich an die Stirn und drehte sein Gesicht zur Seite. Nun lachten mehr oder weniger alle. Nur Sebastian wußte nicht, ob er jetzt auch mitlachen sollte.

Frau von Maysenberg, die soeben aus der Küche hereingekommen war, legte ihm die Hand um die Schulter und drückte ihn zärtlich an ihre Seite.

„Man kann die beiden nicht für eine einzige Minute unbeaufsichtigt lassen“, erklärte sie dem verstörten Jungen. „Du mußt vorsichtig sein! Sie machen jeden Tag Zirkus!“

Sebastian war sichtlich erleichtert und strahlte nun vor Glück, daß es nur ein kleiner Spaß gewesen war und das Verhältnis keinen Schaden genommen hatte. Denn Wielands Vater griff nach seiner Hand und hielt sie einige Zeit in seiner. Sogar Freya, vor der er sich am meisten gefürchtet hatte, zeigte auf ihrem Gesicht nichts, was ihn verletzen könnte. Ihm schien, daß sie ihn die ganze Zeit mit großem Interesse beobachtet hatte.

„Wie der Vater, so der Sohn!“ wandte sich Frau von Maysenberg an Wieland und schüttelte vorwurfsvoll den Kopf. „Ein überzeugender Beweis dafür, daß der Apfel nicht weit vom Stamm fällt.“

Wieland beruhigte sich und atmete erschöpft durch.

„Rein wie Parsifal!“ sagte er, auf Sebastian schauend.

Das schöne Frühstück wurde fortgesetzt.

„Jetzt aber im Ernst“, sagte Wielands Vater. „Käse darf man nur am Stück kaufen, damit er immer frisch und fruchtig bleibt.“

Er erzählte dem Jungen die Geheimnisse der Feinschmecker und legte großen Wert darauf, daß der Junge ihm wirklich folgen konnte.

„Laß ihn langsam im Mund zergehen… und jetzt nimm mal bitte diesen da… und wenn du sagst, daß er dir nicht schmeckt, wirst du für den Rest des Lebens mein Todfeind sein!“

Sebastian lachte, schob das angebotene Stückchen in den Mund und kaute es langsam, während er seinen entzückten Blick gen Himmel gleiten ließ.

„Und?“ fragte Herr von Maysenberg ungeduldig. „Was sagst du dazu?“

„Hervorragend!“ bestätigte der Junge übertrieben euphorisch.

Obwohl er die Begeisterung des Professors nicht immer nachvollziehen konnte, machte es ihm einen Heidenspaß, bei diesem Spiel mitzumachen. Er hatte das schöne Gefühl, daß sich in ihm etwas gelöst hatte. Es war keine Qual mehr, mit diesen wildfremden Menschen zu sprechen, obwohl er nach wie vor ein wenig Angst hatte, etwas Unpassendes zu sagen.

„Das Essen mein Freund ist ein uraltes Ritual! Es muß gelernt werden, ins Blut übergehen“, erklärte Herr von Maysenberg zufrieden.

Sebastian verließ den Tisch mit dem Gefühl angenehmer Trägheit und glaubte, daß er wegen maßloser Völlerei nicht mehr fähig sei tief einzuatmen. Als er mit Wieland gerade das Eßzimmer verlassen wollte, hielt Herr von Maysenberg ihn unerwartet zurück.

„Hast du heute etwas Besonderes vor? Wir wollten jetzt unserem russischen Freund den Tierpark zeigen. Hast du Lust mitzukommen?“

Sebastian zögerte mit der Antwort.

„Ich hätte schon Lust…“, sagte er verlegen.

„Und? Woran liegt es?“

„Wenn ich Sie nicht…“, begann Sebastian zu stammeln, während jeder sehen konnte, wie gern er mitfahren würde.

„Dann ist es beschlossen“, sagte Herr von Maysenberg. „Wir machen heute gemeinsam einen schönen Ausflug! In einer Stunde mögen bitte alle bereit sein.“

Von Gotteskindern und Affenmenschen

Das Wetter war herrlich. Vom nächtlichen Gewitter zeugten nur noch einige dunkle Flecken auf den getrockneten Straßen. Die Sonne stand hoch über dem spitzen Kirchturm und ließ Sebastian die Augen zu engen Schlitzen zukneifen. Es dauerte eine Weile, bis er ohne Schmerzen in den wolkenlosen Himmel sehen konnte. Ein schönes Gefühl wärmte seine Seele. Freya konnte zwar wegen Klavierunterricht nicht mitfahren, doch der Junge hegte die Hoffnung, das Mädchen nach dem Ausflug noch einmal zu treffen.

Bald fuhren sie zum Tierpark. Dort angekommen warteten sie einige Minuten auf den russischen Gast, der in einer schwarzen Limousine gebracht wurde. Als dieser aus dem Wagen stieg, begrüßte er sehr herzlich die Familie von Maysenberg und wandte sich schließlich an Sebastian.

„Auch unser junger Held ist heute dabei!" sagte er zufrieden und streckte Sebastian seine Hand hin.

Eine solche Begrüßung beglückte Sebastian. Daß der russische Professor sich an ihn erinnerte und dazu noch wirklich erfreut war, ihn wieder zu sehen! So etwas Schönes hätte sich Sebastian nicht im Traum vorstellen können! Herr Wassiljew wandte sich wieder von ihm ab, doch Sebastian starrte ihn nach wie vor wie verzaubert an.

Obwohl der russische Gast heute einen hellen Anzug trug, sah er nicht weniger repräsentativ aus. Sein vornehmer Hut und eleganter Spazierstock hoben ihn von seiner Umgebung so deutlich ab, daß Sebastian glaubte, die fühlbar gewordene Distanz zwischen ihm und dem ausländischen Gast in Lichtjahren messen zu müssen.

Nun gingen sie in den Park, und Sebastian nutzte die günstige Gelegenheit, um Wieland auszufragen.

„Woher kann er so gut Deutsch?" wollte er wissen.

„Er spricht fünf Sprachen, und zwar fließend", erklärte Wieland beiläufig. „Dazu kann er noch einigermaßen Altgriechisch und Latein."

„Fünf Sprachen!" wiederholte Sebastian tief beeindruckt. „Und was macht er so?"

„Er unterrichtet Geschichte, Philosophie und Politik, wenn ich mich nicht täusche. Zwei Mal Doktor, Akademiemitglied und tausend weitere Titel! Ich glaube nicht, daß er sie selbst alle auswendig kennt. Man munkelt, daß er jahrelang den russischen Präsidenten beraten hat."

Sebastian stellte keine Fragen mehr. Er ging ganz still hinter dem russischen Gast und hatte den Eindruck, daß gerade jetzt jener einzigartige Augenblick seines Lebens gekommen wäre, von dem er später noch seinen Urenkeln erzählen würde.

Wieland sprach weiter und erklärte ihm, daß seine Mutter einen großen wissenschaftlichen Beitrag zur Erhaltung seltener Tierarten geleistet hatte. Auch heute war es ihre Idee, den Tierpark zu besuchen, der seiner Mutter sehr am Herzen lag und wo viele Mitarbeiter sie persönlich kannten. Überall wurden sie freundlichst begrüßt, und Sebastian – ernst und wichtig an ihrer Seite stehend – empfand so etwas wie Stolz. Es war ein schönes Gefühl, dazu gehören zu dürfen.

Bald zeigte der russische Gast großes Interesse für den deutschen Jungen. Der bloße Umstand, daß Sebastian das Gymnasium in einer abgelegenen Kleinstadt besuchte, erfreute den Russen.

„Was hast du in Biologie?"

Die Frage überraschte den Jungen. Er senkte den Blick und begann sich Vorwürfe zu machen, daß er sich nicht ausreichend um gute Noten bemüht hatte.

„Eine Drei", gestand Sebastian verlegen.

Doch die Drei in Biologie hatte die Unterhaltung keineswegs getrübt.

„Ausgezeichnet!" stieß der russische Professor in einem Ton aus, als würde ihm diese Mitteilung sogar eine Freude bereiten. „Dann bist du von der materialistischen Propaganda noch nicht ganz vergiftet."

Sebastian wußte nicht, was er dazu sagen sollte. Der Gedanke an Gift, auch wenn er noch nicht ganz vergiftet sein sollte, rief in ihm kein gutes Gefühl hervor. Es zeigte sich auf seinem Gesicht so deutlich, daß Herr Wassiljew sogar stehenblieb. Er schaute den deutschen Jungen prüfend an.

„Du bist doch kein Affenmensch?" fragte er besorgt, als hätte er in seinem Aussehen ausgerechnet Anzeichen dessen entdeckt, wonach er soeben gefragt hatte.

„Ich wüßte gern, wie Sie das meinen?" fragte Sebastian mit gequält klingender Stimme und spürte, wie ihm die Kraft aus den Knien zu schwinden begann.

„Du glaubst doch nicht etwa, daß du von Affen abstammst?" fragte Herr Wassiljew, während seine buschigen Augenbrauen sich besorgt zusammenzogen.

„Das nicht", bestätigte Sebastian heiser und begann vor Aufregung an seiner Unterlippe zu kauen.

„Na siehst du! Hab ich doch gewußt!“ stieß der ausländische Gast freudig hervor und seufzte erleichtert.

Auch Sebastian empfand das dringende Bedürfnis, Atem zu holen. Doch kaum glaubte er, den unerwarteten Angriff unbeschadet überstanden zu haben, wandte sich der Russe erneut an ihn: „Du mußt mir nicht nach dem Mund reden, wie es meine Studenten manchmal tun, um gute Noten zu erschleichen! Sag mir jetzt ehrlich: Bist du ein Affenmensch oder ein Gotteskind?“

Sebastian hatte Angst, etwas Falsches zu sagen. Er blickte hilfesuchend zu Frau von Maysenberg, die ihm in seiner Not so nah erschien wie die leibliche Mutter.

„Du mußt ihm zuerst erklären, was du damit meinst?“ bemerkte diese mit leichtem Vorwurf. „Er ist erst vierzehn.“

Trotzt aller Aufregung wollte Sebastian eine kleine Korrektur hinzufügen: Schließlich werde er bald fünfzehn sein! Doch der russische Professor fing bereits an zu reden.

„Gern!“ sagte er in wohlwollendem Ton. „Ich bin der Meinung, daß jedem Recht geschehen sollte. Ein wahrhaft gläubiger Mensch ist fest davon überzeugt, daß seine Vorfahren von Gott geschaffen wurden. Und zwar nicht durch irgendeine wie auch immer geartete Evolution, sondern unmittelbar. Somit sind sie, nach ihrer eigenen Bekundung, Kinder eines lebendigen Gottes. Die Atheisten hingegen glauben, daß ihre Vorfahren gemeine Affen waren, die du heute in diesem Zoo zu genüge erleben wirst. Diese unterhaltsamen Tiere hätten sich, ihrer Meinung nach, im Laufe einer sehr, sehr langen Zeit zu Menschen entwickelt.“

„Mehr noch!“ ergänzte sein deutscher Kollege. „Einige von ihnen begnügen sich nicht mit dieser Behauptung und erklären feierlich, daß sie nicht nur von Affen abstammen würden, sondern selber Affen mit etwas mehr Gehirn seien.“

Er lachte gutmütig auf, während der russische Wissenschaftler erneut das Wort ergriff.

„Daher sollten sich doch die Anbeter der Evolutionstheorie nicht wundern, wenn ich sie gemäß ihrer eigenen Überzeugung als Affenmenschen bezeichne“, sagte er direkt im Anschluß an die Ausführungen des deutschen Professors.

Mit großer Genugtuung sah er Sebastian an, der über eine solche Erklärung von Herzen lachte.

„Glaubst du an Gott?“ fragte er den Jungen.

Sebastian hörte auf zu lachen und fühlte sich wieder an die Wand gedrückt. Die gleiche Angst, etwas Falsches zu sagen, erfaßte ihn mit neuer Kraft.

„Laßt den Jungen in Ruhe! Vielleicht möchte er sich lieber Tiere ansehen“, sagte Frau von Maysenberg den beiden Professoren. Mit warnender Stimme versuchte sie ihnen ein schlechtes Gewissen einzureden: „Er ist erst vierzehn! Sucht euch ein anderes Opfer aus!“

Einen erneuten Hinweis auf sein junges Alter konnte Sebastian nicht unwidersprochen hinnehmen.

„Ich werde bald fünfzehn“, warf er schnell ein.

„Na siehst du!“ sagte Herr von Maysenberg mit vorgetäuschter Erleichterung. „Wir lenken ihn doch gar nicht ab. Wenn er möchte, kann er natürlich den Schildkröten beim Mittagsschläfchen zusehen.“

Noch bevor er den Jungen danach fragen konnte, schüttelte dieser verneinend den Kopf und löste durch diese entschiedene Geste allgemeine Heiterkeit aus. Die Vorstellung, sich grunzende Wildschweine anschauen zu müssen, während solche Menschen sich in seiner unmittelbaren Nähe befanden, war viel schlimmer als seine Scheu vor dem prominenten Gast.

„Welches Sternzeichen bist du denn?“ fragte Herr Wassiljew.

„Ich bin ein Löwe“, erwiderte Sebastian ernst.

„Dann bist du ein gefährliches Tier!“ sagte der russische Professor mit dem gleichen dramatischen Ernst.

Sebastian konnte sein helles Lachen nicht zurückhalten. So lustig war die Vorstellung, daß er für jemanden tatsächlich gefährlich sein könnte.

„Außerdem muß er unsere Aussagen nicht unbedingt auf der Stelle mit wissenschaftlichen Argumenten widerlegen. Dazu ist er ja noch gar nicht in der Lage“, fügte Herr von Maysenberg beruhigend hinzu. „Es wird schon reichen, wenn er unsere Worte zur Kenntnis nimmt und sich irgendwann später darüber Gedanken macht.“

Frau von Maysenberg vertrat jedoch eine andere Meinung, auch wenn die gute Stimmung des Jungen ihre Bedenken bedeutend abschwächte. Schließlich ging sie mit ihrem Ehemann zur Seite, während der Russe den Jungen zum nahegelegenen Gehege entführte.

Dort angekommen, blickte er Sebastian tief in die Augen.

„Jetzt aber Hand aufs Herz“, sagte er ganz vertraulich. „Glaubst du an Gott?“

Der Junge ließ den Blick zu Boden sinken.

„So richtig habe ich früher nicht geglaubt“, gab er leise zu. „Erst vor einigen Wochen bin ich wirklich gläubig geworden."

„Wie ist es passiert?"

Sebastian wurde verlegen, doch der russische Professor faßte ihn behutsam am Oberarm und zog ihn einige Schritte zur Seite, an eine Stelle, wo kein einziger Mensch sie hören konnte.

„Ich würde mich geehrte fühlen, wenn du mir dein Vertrauen schenkst", sagte er halblaut.

Sebastian nickte und begann zu sprechen.

„Mein Freund wollte unbedingt, daß ich mit ihm gemeinsam bete... Es war damals etwas Schlimmes passiert... Er meinte, daß Gott mir ganz sicher Kraft geben würde, wenn ich ihn darum bitte..."

„Hast du sie bekommen?" fragte der Russe ungeduldig. „Wie hast du es mit deinem Gefühl erfaßt? Hast du es in deinem Herzen als *seine* Hilfe empfunden?"

„Ja", bestätigte Sebastian und blickte wieder zu ihm auf.

„Gut", sagte Herr Wassiljew mit bewegter Stimme, nachdem er einige Sekunden lang in seine ehrlichen Augen gesehen hatte. „Sehr gut..."

Er wandte sein Gesicht weg und ließ den Blick über die Dächer streifen. Sebastian konnte sehen, daß seine Augen feucht geworden waren.

„Ich will dir auch etwas erzählen", sagte der russische Gast traurig. „Ich war früher kein gläubiger Mensch. Verstehst du? Ein Atheist, wie es viele damals in der Sowjetunion gewesen sind. Man hat in der Schule alles, was Gott und Glauben betraf, lächerlich gemacht. Meine Mutter war aber gläubig und betete jeden Abend. Ich hatte versucht, sie davon abzubringen... sie von der Unsinnigkeit und Rückständigkeit des Glaubens zu überzeugen. Oft war ich über ihre Sturheit verärgert. Sogar erbost. Weißt du, ich lästerte über Gott und lachte dabei, während sie für mich gebetet hat. Jeden Abend stand sie mit gefalteten Händen vor ihrer kleinen Ikone und betete leise... Wenn ich nur daran denke, wie viel Leid ich meiner Mutter zugefügt habe..." Er seufzte schwer. „Mit einem Wort, ich war ein schlechter Sohn..."

Sebastian war von einem solchen Vertrauen sehr angetan und empfand in seiner Seele ein heißes Mitgefühl mit ihm. Nur wußte er nicht, wie er ihm das zeigen sollte.

„Aber du... du hast es viel früher verstanden", sagte der Russe väterlich mild. „Ich freue mich für dich."

Nach einer kleinen Kaffeepause blieben sie noch eine Zeit lang auf der Terrasse eines Restaurants sitzen und unterhielten sich. Es ging um Religionsunterricht und darüber, daß es dort immer weniger um christliche Glaubensinhalte gehe, sondern viel mehr um Religionsgeschichte, Islam und Judentum. Dann kamen sie erneut auf die Evolution zu sprechen.

„Viele Menschen haben ein dringendes Bedürfnis, eine Bestätigung zu finden, daß sie von Affen abstammen. Der bloße Gedanke an Gott versetzt sie in rasende Wut", sagte der russische Professor und wandte sich an Sebastian.

„Besuchst du auch Religionsunterricht?"

Sebastian bestätigte seine Annahme und war froh, daß man ihn endlich wieder bemerkt hatte.

„Was sagen sie dort zum Schöpfungsbericht?"

„Daß es nicht so gemeint war. Gott hat nur einen Anstoß gegeben. Das Leben entwickelte sich dann selbständig immer weiter", gab er zur Antwort, ohne lange zu überlegen, da er zu diesem Thema vor einem Jahr ein Referat vorbereitet hatte.

„Hörst du, Herbert, was der Junge sagt?" empörte sich Herr Wassiljew und blickte vielsagend zu seinem deutschen Kollegen. „Das ist eine subtile Abwandlung des Atheismus, was sie dort predigen! Ich habe es bereits vor dreißig Jahren befürchtet. Solschenizyn hat es noch früher erkannt."

„Kein Wunder!" erwiderte Herr von Maysenberg. „Sie sind überall eingedrungen. Ich habe vor einigen Monaten zufällig die sogenannte Glaubensinformation der katholischen Kirche in die Hand bekommen, ein Briefkurs, wie sie selbst sagen. Auf die Frage, woher wir kommen? steht dort wörtlich geschrieben, daß wir es heute sicher wissen, daß der Mensch sich im Laufe einer Jahrmillionen langen Geschichte allmählich aus niederen Formen des Lebens emporentwickelt habe. Ferner wird den angehenden Katholiken mitgeteilt, daß man die Evolution annehmen und zugleich gläubiger Christ sein kann. Soweit sind wir schon gekommen!"

Sebastian merkte inzwischen, daß nicht seine spontane Erklärung die Ursache dieser unerwarteten Aufregung gewesen war, und beruhigte sich allmählich.

„Die Affenmenschen haben eine ungeheure Dynamik entwickelt", sagte der Russe. „Besonders interessant erscheint mir in diesem Zusammenhang die Tatsache, daß über den Ursprung des Lebens gerade diejenigen am lautesten schreien, die am wenigsten Bescheid darüber wissen. Statt sich einmal ernsthaft Gedanken darüber zu machen, wie, zum Beispiel, molekulare Maschinen ohne Sinnesorgane und ohne eigenes Hirn ihre Aufgaben in einer Zelle erledigen können, verbreiten sie ihren Unsinn mit einer solchen Selbstverständlichkeit, daß die ungebildeten Menschen den Eindruck gewinnen, daß daran etwas Wahres sein könnte. Allein schon ein flüchtiger Blick in die Funktionsweise einer Zelle reicht jedem vernünftigen Menschen aus, um zu den logischen Schlüssen zu kommen, die nicht nur Darwinismus, sonder die gesamte materialistische Weltanschauung verwerfen! Die Atheisten wissen, daß sie ihre pseudowissenschaftlichen Ansichten nicht mehr lange halten können und schäumen vor Wut allein bei dem Gedanken an den Schöpfer!“

Während er sprach, schaute er auf Sebastian, der vom brennenden Verlangen gequält wurde, ihm eine Frage zu stellen. Als der russische Professor verstummte, faßte er endlich den Mut dazu.

„Aber warum schäumen sie vor Wut?“ fragte er schnell. „Wenn sie nicht mehr mit Sicherheit ausschließen können, daß es einen Schöpfer gibt, warum stellen sie sich dann gegen Gott?“

„Das hast du sehr gut erkannt!“ bemerkte Herr von Maysenberg. „Gegen Gott! Das ist das!“

Der russische Professor strich langsam an seinem ergrauten Bärtchen und überlegte einige Sekunden.

„Wie soll ich dir das erklären, damit du mich richtig verstehen kannst“, sagte er nachdenklich. „Grob gesagt, es gibt in der Welt zwei Glaubensrichtungen: einige Menschen glauben an Gott, die andere aber an den Materialismus. Ich hoffe, du verstehst, was ich meine?“

„Sie meinen, daß der Materialismus keine Wissenschaft ist?“ fragte Sebastian.

„Genau das wollte ich sagen“, bestätigte Herr Wassiljew zufrieden. „Der Materialismus ist nur ein Glaube, da er keine einzige grundlegende Frage mit wissenschaftlichen Methoden beantworten kann. Verstehst du? Man nimmt einfach an, daß irgendwann aus dem Nichts Materie entstand. Statt ehrlich zu sagen, daß sie nicht die geringste Ahnung davon haben, setzen sie das einfach bei ihren Überlegungen voraus! Ein in wissenschaftlichen Kategorien denkender Mensch kann sich allein über diese absurde Annahme kaputtlachen. Die sogenannten Wissenschaftler, die ansonsten unerschütterlich daran glauben, daß jede Erscheinung eine Ursache hat, verschließen vor diesem eklatanten Bruch die Augen und gehen in ihren Überlegungen seelenruhig weiter. Aus dieser toten Materie sollten, wiederum *irgendwie*, primitive Formen des Lebens hervorgegangen sein. Darüber, wie ein solches Wunder überhaupt möglich sein sollte, haben sie nicht einmal eine wilde Theorie. Sie gehen einfach weiter und behaupten, aus diesen primitiven Lebensformen hätten sich, wiederum auf völlig unbekannte Art und Weise, höhere Lebewesen mit komplizierten Organen entwickelt. Man zeigt den Menschen verschiedene Funde aus prähistorischen Zeiten, eine Reihe wissenschaftlich anmutender Tabellen, doch den eigentlichen Übergang zu einem höher entwickelten Lebewesen können sie heute, nachdem wir in der Genforschung entscheidende Durchbrüche erzielt haben, nicht einmal spekulativ erklären. Geschweige denn, sie wären in der Lage, tragbare wissenschaftliche Erkenntnisse vorzuweisen. Nicht anders verhält es sich mit der Entwicklung des Affen zu einem Menschen. In ihrer Not verweisen sie sogar darauf, daß dies durch außergewöhnliche Umstände hätte geschehen können. Radioaktive Strahlung, zum Beispiel, und so weiter und so fort. Lauter abenteuerliche Geschichten und Wunder!

Somit haben wir es hier mit einem Glaubenssystem zu tun, das auf unbewiesenen, teilweise gar absurden Annahmen und echten Wundern gründet und von rein wissenschaftlichem Standpunkt gesehen viel weniger glaubwürdig erscheint als der traditionelle Glaube an Gott." Er seufzte und fügte etwas später nachdenklich hinzu: „Ja, ja… Sie werde alles daran setzen, um das Christentum zu schwächen oder sogar vollständig zu beseitigen."

„Aber warum hassen sie das Christentum?" fragte Sebastian beunruhigt.

„Das ist eine Frage, die tief ins Theologische hineinreicht. Ich will dich damit nicht belasten. Glaub mir: Deine Aufgabe besteht jetzt darin, das Gute in deinem Herzen zu bewahren und zu stärken. Um gegen das Böse ins Feld zu ziehen, muß du zunächst die Waffen schärfen."

Sebastian spürte, daß hinter diesen Worten ein dunkles Geheimnis lag.

„Eins kann ich dir aber schon jetzt verraten", fügte der Russe hinzu. „Sie werden nicht siegen. Sie werden vielleicht in ihrem blinden Haß die bestehende Welt weitgehend zerstören, doch sie werden nicht siegen."

„Wissen Sie das ganz genau?" fragte Sebastian besorgt. „Warum werden sie nicht siegen?"

„Weil es eben einen liebenden Gott gibt", erklärte Herr Wassiljew. „Und weil es im Herzen Europas noch Völker gibt, wie das deutsche."

Die Antwort überraschte den Jungen. Wenn der Hinweis auf Gott ihm durchaus einleuchtend erschien, so brachte ihn die Erwähnung des deutschen Volkes gerade in diesem Zusammenhang in beträchtliche Verwirrung.

„Weißt du, worauf wir alle warten?“ fragte der Russe mit rätselhaftem Lächeln.

Sebastian zuckte ratlos mit den Achseln.

„Hätt’ ich gern gewußt“, sagte er offenherzig.

„Auf die geistige Wiedergeburt Deutschlands“, erklärte Herr Wassiljew.

„Was heißt das?“

„Die Deutschen müssen unbedingt zu ihrem eigenen Wesen zurückfinden. In ihre eigene Lebenswelt! Wie ein moderner Philosoph sehr trefflich bemerkt hat: Die Befreiung der deutschen Welt von dem darin angehäuften materialistischen Mist, ob westlichen oder östlichen Ursprungs, ist die dringendste Aufgabe der wahren Elite des deutschen Volkes. Man muß diejenigen aus der Verantwortung zurückdrängen, die alles Mögliche sein wollen, nur nicht deutsch.“

„Aber was bedeutet das, deutsch zu sein?“ fragte Sebastian unsicher.

„Er fragt!“ rief der Russe zufrieden aus. „Er fragt! Er ahnt nicht, was tief in seiner Seele schlummert und ins Leben drängt.“

„Das ist auch gut so“, bemerkte Herr von Maysenberg und lächelte darüber, wie der Junge etwas verstört mal zu ihm, mal zu seinem russischen Kollegen hinüberblickte. „Für diese Versuchung bist du noch nicht reif genug.“

Sebastian war mit dieser Antwort sichtlich unzufrieden und schaute flehend den Russen an. Doch auch seine Antwort fiel ausweichend und rätselhaft aus.

„Ich hoffe, du verzeihst mir, wenn ich es dir heute nicht verraten werde. Diesen Weg mußt du allein gehen. Du mußt ihn erahnen, erfahren, erkämpfen, ich würde sogar sagen, *erleiden!* Es wird kein fröhlicher Ausflug sein! Das kann ich dir schon jetzt versichern. Hier sind Jahrtausende an Erfahrungen, Irrwegen und Erleuchtungen! Dafür lieben wir euch. Ihr seid im Grunde genommen das, was wir selbst schon immer sein wollten! Auch wenn wir hin und wieder über euch herfallen und schimpfen. Wir Russen wissen zwar auch, wie es sein sollte, sogar sehr gut! Nur klappt es bei uns im Leben gewöhnlich nicht so ganz.“

„Aber Alexander! Bei allem Respekt muß ich dir sagen…“, schickte sich Herr von Maysenberg an, auf seinen russischen Kollegen mäßigend zu wirken, doch der Russe unterbrach ihn:

„Nein, nein, mein Lieber! Tausendmal nein! Ich weiß, was du mir sagen willst. Und trotzdem nehme ich das deutsche Volk entschieden in Schutz. Ihr wollt mir bestimmt ideologisch verblendete, bildungslose Massen vor Augen führen. Die sehe ich auch. Ich bin, Gott sei Dank, nicht blind. Doch ich sehe auch eine andere Seite. Ich bilde mir ein, das deutsche Volk nicht nur aus Büchern zu kennen."

„Ich danke dir, Alexander", sagte Herr von Maysenberg bewegt. „Ich danke dir, mein Lieber..."

„Es ist keine Höflichkeit, Herbert", entgegnete der Russe ernst. „Das ist die Wahrheit. Natürlich sehe ich auch den schleichenden Verfall. Doch ich stelle mir die Frage, was aus einem anderen Volk geworden wäre, wenn die Sieger nach einer ähnlichen militärischen Katastrophe über Jahrzehnte hinweg sein Land besetzt gehalten und ihm mit einer scharfen Waffe in die Seele gestochen hätten! Man kann sich nur wundern, daß aus der Mitte des deutschen Volkes immer noch so viel Reines und Lebendiges empor sprießt."

Er schaute auf Sebastian und legte ihm die Hand väterlich um die Schulter.

„Nein, nein, Herbert!" sagte der Russe mit warmer Stimme. „Solange ihr noch solche Jungen habt, ist die Zukunft nicht verloren."

Sebastian, von dem Vortrag des russischen Professors innerlich gerührt, senkte den Blick und verfiel in einen Zustand, den er zuvor noch nie erlebt hatte: Freude über die unerwartete Wertschätzung und das brennende Verlangen, dem eben Gesagten – diesem unglaublichen, ja unmöglichen Satz – gerecht zu werden, lösten in ihm einen ehrfurchtsvollen Schauer aus. Er biß sich in die Unterlippe, um sich beherrschen zu können.

„Glaub mir, mein werter Kollege", fuhr der russische Professor fort. „Wenn ich in all den Jahren etwas gelernt habe, dann war das die einfache Erkenntnis, daß die Seele eines Volkes von innen geformt wird. Von außen kannst du sie nur verderben. Sobald die Ketten fallen, wird das wundervolle Wesen der Deutschen wieder in voller Pracht aufblühen und eine wahre Elite hervorbringen, die ihre deutsche Heimat vor dem drohenden Niedergang retten wird.

Man kann das deutsche Volk entweder lieben oder hassen. Und ich sage es dir als einer, der die Verhältnisse in der Welt am besten kennt: Diejenigen, die selbst zu solcher Sittlichkeit und schöpferischer Leistung nicht fähig sind, säen Haß und Neid gegen das deutsche Volk. Wer es aber wirklich kennt und sein Wollen versteht, liebt es trotz allen Verirrungen."

Das Gespräch ging weiter, wandte sich anderen Themen zu, während Sebastians Gedanken nach wie vor um die Worte des russischen Professors kreisten. Hat er nicht gesagt, daß wir wieder sein sollten, was wir eigentlich sind? Dabei hat er etwas Gutes gemeint, etwas Großes… wahrhaft Großes!

Bald tauchte Wieland neben ihm auf und zog ihn in einen stickigen, düsteren Raum. Unzählige Insekten krabbelten in den dürftig beleuchteten Schaukästen. Mit leeren Augen schaute Sebastian hinter die schmutzigen Glasscheiben und verspürte großes Verlangen, wieder in die frische Luft zu gehen. Als sie endlich draußen waren, blieb er stehen und faßte Wieland am Ärmel.

„Was sind wir, Wieland?“ fragte er innerlich aufgewühlt.

„Wer?“

„Wir, die Deutschen!“ stieß Sebastian so heftig aus, daß einige Besucher sich nach ihm umdrehten. „Was heißt das ganz genau, deutsch zu sein?“

„Beruhige dich!“ erwiderte Wieland eindringlich. „Warum fragst du nicht unsere hochgelehrten Professoren? Sie werden es dir besser erklären können als ich.“

Sebastian wurde rot.

„Sie wollten mir das nicht sagen“, gab er enttäuscht zu.

Ein Wink von ganz oben

Während Wieland seinen jungen Freund zum Eisessen überredet hatte und mit ihm zum nahegelegenen Café ging, blieb das Ehepaar von Maysenberg mit ihrem russischen Gast unter einem breiten Sonnenschirm sitzen.

„Wie siehst du die Lage?“ fragte Herr von Maysenberg seinen russischen Kollegen, der ungewöhnlich schweigsam an seiner Kaffeetasse nippte.

„Die Frage ist, ob der Westen aus sich heraus die Kraft findet, den voranschreitenden Zerfall mit friedlichen Mitteln aufzuhalten“, erwiderte der Russe. „Zur Zeit rast er – von dekadenter Todessehnsucht gelähmt – geradewegs in die Katastrophe hinein. Er versucht, sich nach außen durch technische Überlegenheit zu schützen, während er von innen ausgehöhlt wird. Der Begriff eines höheren Lebenssinns ist im Westen inzwischen fast vollständig abhanden gekommen. Die Menschen werden von den Massenmedien zu rastloser Jagd nach persönlichem Glück aufgehetzt und dadurch von den schicksalhaften Fragen des Lebens abgelenkt. Aber das weißt du doch alles.“

Er verstummte, tauchte in seine Gedanken ein und wandte sich dann erneut an seine Freunde:

„Aber ihr, die Deutschen! Ihr gehört nicht zu dieser verbrauchten Gesellschaft, die ihren eigenen Untergang feiert. Euer natürliches Gefühl liegt weit außerhalb des liberalistischen Egoismus und atheistischer Sittenlosigkeit. Es ist höchste Zeit für die Wiederbelebung des deutschen Idealismus und der natürlichen Sittlichkeit eures Volkes. Ihr müßt euren eigenen Weg gehen, ehe ihr zusammen mit dem Westen im Abgrund verschwindet. Ihr müßt an eurem Beispiel zeigen, wie die Menschen hier, auf unserer Erde, ihr Dasein organisieren können und wie sie wieder einen höheren Sinn in ihrem Leben entdecken! Darin besteht letztendlich eure geschichtliche Mission.“

„Ach, Alexander…“, seufzte Frau von Maysenberg. „Bist du tatsächlich der Meinung, daß dieser Auftrag auch heute noch bei uns liegt?“

„Es gibt viele kleinere Völker in Europa, die euch verwandt sind und eine ähnliche Tradition und sittliche Veranlagung aufweisen. Sie sind aber zu klein dafür. Sie können, auf sich allein gestellt, kein ausreichendes Sendungsbewußtsein entwickeln. Diese große Aufgabe müssen die Deutschen übernehmen. Nehmt sie an! Auch wenn das Böse die ganze Welt gegen euch aufhetzen sollte, müßt ihr diesen Weg beschreiten. Die

Welt, liebe Linda, stirbt hundertmal schneller, als wir es wahrzunehmen glauben. Ihr müßt es wagen! Wir Russen werden euch dabei treu zur Seite stehen. Wie Solschenizyn zu Recht behauptete, gibt es zwischen unseren Völkern trotz beider Weltkriege eine tiefgreifende, von Gott inspirierte Anziehungskraft. Daraus müssen wir unsere Hoffnung schöpfen."

„Am deutschen Wesen soll die Welt genesen?" fragte Herr von Maysenberg etwas traurig.

„An welchem sonst, mein Freund?" lachte Herr Wassiljew auf, drehte sich um und stellte verwundert fest, daß Sebastian neben ihm stand und gierig seinen Ausführungen lauschte.

„Du bist ja wieder da!" sagte er verwundert. „Sind die Affen doch nicht so interessant?"

Sebastians Gesichtsausdruck zeugte deutlich davon, daß die Affen im Moment keine Chance hatten, seine Aufmerksamkeit zu gewinnen.

„Sie haben von der wahren Elite gesprochen", sagte der Junge etwas überstürzt, als hätte er Angst, daß man ihn wieder wegschicken würde. „Wer sind diese Menschen, die unser Land retten sollten?"

„Das würdest du gern wissen?"

Sebastian setzte sich neben dem russischen Professor hin und schaute erwartungsvoll in dessen gütiges Gesicht. Die Empfänglichkeit des Jungen hatte den alten Herrn beeindruckt.

„Die heutige Elite, die an den Schaltstellen der Macht sitzt, ist in Wirklichkeit gar keine", sagte er nachdenklich. „In ihrem Innersten verachten sie das Volk, bezichtigen es allerlei Unzulänglichkeiten und vergessen dabei, daß gerade sie selbst an diesem Zustand am meisten schuld sind. Sie herrschen nur noch durch das Mittel der Massenmedien und des materiellen Drucks. Sie bauen an ihrem Babelturm und glauben, daß ihre Gegner, die sich um den Fortbestand ihres Volks kümmern, nur von rückständiger Sehnsucht und einer zum Scheitern vorbestimmten Hoffnung leben. Sie täuschen sich. Es kommt eine Zeit, wo sie eines Besseren belehrt werden. Dann wird man ihr verschwörerisches Treiben ans Licht bringen. Ich will dir noch mehr sagen…"

Er schaute ins Gesicht des wißbegierigen Jungen und wollte ihm etwas Wichtiges offenbaren, doch Frau von Maysenberg unterbrach ihn.

„Alexander", sagte sie weich und bittend.

Die ernsten Gesichter seiner deutschen Kollegen verrieten dem russischen Gast ihre stumme Bitte.

„Hat doch keinen Zweck, die tatsächlichen Verhältnisse vor dem Jungen zu verschweigen“, sagte er sichtlich enttäuscht. „Dort, wo die Wahrheit mit der Zweckmäßigkeit kollidiert, muß am Ende doch die Wahrheit siegen. Sonst entsteht an dieser Stelle ein gefährlicher Sumpf, der alle gesunden Lebenskräfte in seinem Schlamm erstickt.“

„Alexander“, wiederholte Frau von Maysenberg und schaute liebevoll zu ihm hinüber. „Wir machen uns Sorgen nicht um uns… Er ist einfach zu jung. Wie soll er damit fertig werden?“

„Ich weiß, ich weiß“, gab der Russe schließlich nach und legte seine Hand wieder auf die Schulter des Jungen. „Wenn du einmal Gelegenheit hast, nach Moskau zu reisen, so bist du bei mir herzlich willkommen. Meine Enkelkinder sprechen auch Deutsch. Sie bringen dich weit weg von Moskau, damit du Rußland sehen und vor allem verstehen kannst. Davon wird es letztendlich abhängen, ob wir – die Russen und die Deutschen – einander beistehen können.“

Sebastian war über die Einladung sehr erfreut, auch wenn er wußte, daß es für ihn allein schon aus finanziellen Gründen kaum möglich sein würde, davon Gebrauch zu machen. Sie verließen das Restaurant und gingen nun abseits des üblichen Gedränges auf einem kiesbestreuten Gehweg über das parkähnliche Gelände. Nachdem Wieland und seine Mutter an einem Gehege stehengeblieben waren, beschloß Sebastian, es noch einmal zu versuchen.

„Sie wollten mir noch etwas erzählen“, sagte er halblaut und blickte verstohlen zurück, um zu sehen, ob Wielands Mutter schon weit genug weg war, „von denen, die gegen Christus kämpfen und von der wahren Elite, die unser Volk retten sollte!“

„Wir haben aber ein striktes Redeverbot erteilt bekommen“, bemerkte Herr von Maysenberg.

Tiefe Enttäuschung zeigte sich im Gesicht des Jungen. Er wurde rot und zog sich innerlich zurück.

„Wir können aber versuchen, zumindest die zweite Frage anzuschneiden“, schlug der Russe nachgiebig vor.

Als Sebastian sah, daß der deutsche Professor keinen Widerspruch dagegen angemeldet hatte, leuchteten seine Augen wieder auf.

„Hör zu!“ sagte Herr von Maysenberg mit wiedererwachter Gesprächsbereitschaft. „Wenn man heutzutage von der Elite spricht, pflegt man gewöhnlich den Sinn dieses Wortes zu verdrehen. Nicht der Anmaßende gehört zur wahren Elite, sondern nur derjenige, der im ehrlichen Bemühen Gutes zu tun mehr von sich selbst fordert als die anderen. Kant behauptet, daß ein solcher Mensch wie ein kostbarer Juwel glänzen würde, auch wenn er nicht immer seine hochgesteckten Ziele zu erreichen vermöge. Das Wesentliche besteht darin, daß es Menschen gibt, die sich selbst tagtäglich für ihre Nächsten einsetzen, sich freiwillig mit Pflichten beladen, während die anderen nur nach ihrem persönlichen Glück jagen und nicht bereit sind, ihre Kraft und Fähigkeiten ihrem eigenen Volk zu schenken, dem sie alles in ihrem Leben verdanken…"

„Verwelkte Blätter, die nutzlos im Winde treiben!" fügte der russische Professor hinzu und geriet seinerseits in einen leidenschaftlichen Monolog. „Wer den voranschreitenden Niedergang seines Vaterlandes tatenlos und ohne tiefen Schmerz hinnimmt und sich seinen persönlichen Angelegenheiten widmet, der ist ein schändlicher Verräter! Welche Fähigkeiten einen solchen Menschen auch auszeichnen mögen, kann er unmöglich zur wahren Elite gehören. Fähigkeiten sind nur Werkzeuge, sie können für alle möglichen Zwecke mißbraucht werden…"

Sie blieben stehen. Der Wortwechsel der Professoren glich einem atemberaubenden Schauspiel. Wie nach einem vorher genau abgestimmten Szenario wechselten sie einander nahtlos ab und erzeugten somit eine überwältigende Wirkung. Nun kam der deutsche Professor an die Reihe. Er faßte Sebastian an den Schultern, drehte ihn leicht zu sich und begann ihm eindringlich zu erklären:

„Hör mir ganz genau zu! Es ist in Wirklichkeit sehr einfach. Wenn dir das Schicksal deines Volkes, nachdem du die ihm drohenden Gefahren erkannt hast, immer noch gleichgültig ist, dann bist du als Kind eines liebenden Gottes noch nicht geboren worden oder bereits gestorben. Dann ist es an der Zeit, dich zu beweinen, deinen geistigen Tod zu beweinen! Dagegen wird auch das leere Geschwätz von der Liebe zur Menschheit kaum helfen können. Dann verdorrt deine Seele, wie ein Baum ohne Wasser."

Sebastian starrte erschrocken in die Augen des deutschen Professors und schüttelte unbewußt mit dem Kopf.

„Ich weiß! Du bist es nicht", sagte Herr von Maysenberg in wohlwollendem Ton und übergab den Jungen seinem russischen Kollegen, der ihm mit wärmster Anteilnahme zugehört hatte.

„Die geistige Substanz eines Volkes nährt sich von den grünen Tälern der Heimatliebe und nicht von den felsigen Gipfeln abstrakter Lehren", sagte der Russe. „Auch deine Seele sollte ihre Nahrung aus dieser Quelle schöpfen. Die großen Taten deiner Ahnen, welche Titel und Würden sie auch hatten, sind Samen, die in deiner Seele keimen sollten und aus dir einen würdigen Sohn deines Volkes machen. Dein Volk umfaßt nicht nur jene, die heute leben. Noch mehr sind es die Ahnen und unsere Nachkommen! Hingebungsvolle Fürsorge und bedingungslose Liebe werden von jenen erwartet, die nach vorn treten. Das ist, im Grunde genommen, das eigentliche Geheimnis der wahren Elite. Es liegt im Verhältnis zu ihrem Volk!

Arminius hat vor zweitausend Jahren die Römer geschlagen, deine Heimat von der drückenden Fremdherrschaft befreit. Glaub nicht den gottlosen Mankurten, die böswillig behaupten, er wäre nur von dem eitlen Wunsch besessen gewesen, König zu werden. Sie können sich die selbstlose Hingabe an ihr eigenes Volk gar nicht vorstellen, weil diese edle Flamme in ihren kalten Herzen längst erstickt ist. Ihre Seelen sind vom Haß ausgebrannt.

Denk lieber daran, was du jetzt wärest, wenn der edle Fürstensohn die Römer nicht geschlagen hätte. Denk an den deutschen König Heinrich den Vogler oder seinen Sohn Otto den Großen! Was wäre aus dir geworden, wenn es ihnen vor über tausend Jahren nicht gelungen wäre, die einfachen Krieger zum größten Opfer zu bewegen und mit ihnen den Ansturm der Ungarn zurückzuschlagen? Denk an jene, die damals vor dem kampferprobten Feind in den ersten Reihen standen! Viele von ihnen waren kaum älter als du! Sie wußten, daß die meisten von ihnen die Schlacht nicht überleben werden. Und trotzdem haben sie dieses Opfer gebracht. Alles gegeben, was sie hatten! Für wen? Die Antwort sollte dir nicht schwer fallen: Sie haben es für ihre Liebsten getan, für die Zukunft ihrer Nachkommen, daß heißt, ihres Volkes! Sie haben es auch für dich getan! Denn du bist Blut von ihrem Blut!“

Der deutsche Professor, von den Ausführungen des Russen mitgerissen, konnte sich nicht mehr halten und ergänzte dessen Vortrag:

„Wenn Otto der Große die Schlacht am Lechfeld verloren hätte, wäre das deutsche Reich in eine tributpflichtige Stammesstruktur zurückgefallen, das Land wäre entvölkert worden und verödet. Gott weiß, was aus unserem Volk geworden wäre! Ob du überhaupt zur Welt gekommen wärest! Verstehst du?“

Der Junge hatte es gerade noch geschafft, ihm zustimmend mit dem Kopf zu nicken, und schon fiel der russische Professor über ihn her:

„Unabhängig davon, wie wir es bewerten, eines steht fest: Du wärest heute ein anderer Mensch! Somit bist du untrennbar mit deinem Volk und seiner Geschichte verbunden. Mehr noch, du selbst bist die Verkörperung, ja der Höhepunkt dieser Geschichte! In dir verdichtet sich das Schicksal deiner Ahnen, die uralten Träume deines Volkes, dessen Sehnsucht nach einer echten Volksgemeinschaft. Die ganze Hoffnung deiner Ahnen ruht auf dir! Du mußt dich dieses hohen Anspruchs würdig erweisen! Vergiß nicht jene, die alles gegeben haben, um dein Leben zu ermöglichen. Darunter auch Millionen Namenloser, die mit reinem Gewissen ihr Blut dafür vergossen haben."

„Helden, die im Herzen des Volkes ewig weiterleben werden!" stieß sein deutscher Kollege mit hinreißendem Schwung hervor, während sein vor Leidenschaft glühender Blick durch die weit geöffneten Augen des Jungen tief in seine Seele drang.

In diesem Augenblick tauchte in der Nähe Frau von Maysenberg auf und stellte sich schützend vor Sebastian hin.

„Es reicht, Herbert!" sagte sie entschlossen zu ihrem Ehemann. „Was macht ihr mit dem Jungen?"

Und in der Tat war der Zustand ihres jungen Gesprächspartners besorgniserregend. Aufrichtig erschüttert stand er zwischen den beiden Professoren und seine leuchtenden Augen verrieten, welchen Sturm der leidenschaftliche Vortrag in seiner Seele entfacht hatte.

Frau von Maysenberg drehte sich zu ihm, betrachtete besorgt sein blasses Gesicht und redete beruhigend auf ihn ein, doch Sebastian starrte wie gebannt über ihre Schulter hinweg den russischen Professor an.

Jemand packte ihn am Ärmel.

„Komm jetzt!" sagte Wieland und zog ihn mit sich fort. „Wir wollen uns Affen ansehen."

„Um Affen zu sehen, braucht man heutzutage nicht unbedingt in den Zoo zu gehen", bemerkte Herr von Maysenberg, der den Eingriff seiner Frau für übertriebene Sorge hielt.

„Wovon redest du, Herbert! Er ist noch ein Kind! Ihr habt den Jungen mit eurem Wortschwall beinahe erschlagen. Das ist doch kein Gespräch mehr! In dieser ganzen Zeit hat er bestimmt kein einziges Wort sagen können!"

Während der russische Gast sich gezwungen sah, dieser Einschätzung zuzustimmen, wollte Herr von Maysenberg nicht einsichtig werden. Enttäuscht sah er den beiden Jungen nach, die im dichten Strom der Besucher seinem Blick entschwanden.

„Wie fühlst du dich?" fragte Wieland.

„Was?“ sagte Sebastian verstört und sah zu ihm, als ob er nicht begreifen konnte, wer neben ihm herging.

„Wie – fühlst – du – dich, wollte ich wissen“, wiederholte Wieland mit einer Stimme, als stünde Sebastian auf der anderen Straßenseite.

„Erträglich…“, stammelte der Junge und zeigte erste Anzeichen dessen, daß er langsam zu sich kam.

„Willkommen im engsten Freundeskreis der Familie von Maysenberg!“ verkündete sein adeliger Freund in feierlichem Ton. „Jetzt kannst du es vielleicht nachvollziehen.“

„Was?“

„Ich habe eine schwere Kindheit gehabt“, erklärte Wieland. „In einem solchen Umfeld…“

Sebastians Gesicht zeigte kein Verständnis für solche Zusammenhänge.

„Mit sechs Jahren mußte ich mit meinem hochverehrten Onkel Eberhard in Bayreuth die Wagner-Opern hören und die frühgermanische Geschichte studieren: Ermanarich, Geiserich, Alarich, Totila, Witichis, Amalaswintha…“

Er schaute prüfend auf Sebastian und fragte ihn:

„Hast du schon mal so etwas wie Amalaswintha gehört?“

„Noch nie“, gab der Junge ehrlich zu.

„Siehst du! Lauter Sachen, von denen die meisten nicht die geringste Ahnung haben“, setzte sein Freund mit ernster Stimme fort. „Eine solche Gehirnwäsche hinterläßt bleibende Schäden. Verstehst du?“

Er begann zu lachen, während Sebastian ernst und neidisch in sein fröhliches Gesicht starrte.

„Versteh doch mal endlich ein bißchen Spaß!“ sagte Wieland aufmunternd. „Bleib hier! Ich komme gleich wieder.“

Nachdem sein Freund hinter einer grünen Hecke verschwunden war, ging Sebastian gedankenverloren weiter, ohne ein bestimmtes Ziel zu verfolgen.

Als er wieder aus seinen Gedanken auftauchte, stand er vor einem Gorilla, der mit verdrießlich dreinschauenden Augen das chaotische Treiben vor seinem Käfig beobachtete. Die hartnäckigen Versuche der Zuschauer, dessen Aufmerksamkeit zu wecken, scheiterten kläglich. Kinder neckten ihn, indem sie lustige Grimassen schnitten, Erwachsene lockten das Tier mit allerhand Leckereien. Alles umsonst! Der riesige Graurücken sah in die Menge mit einem Blick, in dem neben überlegen wirkender Gelassenheit auch gewisses Mitleid mit ihnen zu sehen war. Trotzdem zog er zahlreiche

Besucher an, die recht lange und fasziniert seine Menschenähnlichkeit bewunderten.

Nur Sebastian stand regungslos vor der Absperrung und starrte mit abwesenden Augen in die dunkle Tiefe des Käfigs. Seine Gedanken drehten sich nach wie vor um die flammenden Worte der Professoren. Eine wachsende Ahnung, die ihm selbst verrückt vorkam, nahm seine ganze Gefühlswelt in Anspruch. Könnte das wirklich Zufall sein, was in den letzten Wochen mit mir geschehen ist? dachte Sebastian. Ein Schauer überlief den Jungen, als er an den Gral dachte. Ihm war, als wäre er tatsächlich von einer unsichtbaren Macht gelenkt worden, die ihm all die ungewöhnlichen Menschen schickte, die es unerklärlicherweise für wichtig hielten, ihre kostbare Zeit mit ihm zu vergeuden, sich in lange Gespräche mit ihm zu vertiefen, in deren Verlauf er nicht selten kein einziges vernünftiges Wort von sich geben konnte… Das alles erschien ihm sonderbar, geheimnisvoll…

Oh, wenn Gott mir ein Zeichen geben würde! dachte der Junge. Nur einen kleinen Wink von oben… eine winzige Bestätigung, daß es wahr sein könnte…

Sebastian klammerte sich an die rostige Absperrung, kniff die Augen fest zu und richtete seine ganzen geistigen Kräfte auf diesen einen Gedanken: Herr! Gib mir ein Zeichen, ein kleines Zeichen!

Nun geschah ihm etwas Ungewöhnliches. Der riesige Affe, der bis dahin teilnahmslos auf einem Holzstamm gesessen hatte, schwankte leicht zur Seite, grabschte mit seiner schwarzen Hand eine ganze Menge Sand und schleuderte ihn ins Gesicht des Jungen.

Sebastian wich instinktiv einen Schritt zurück und riß die Augen erschrocken auf. Fassungslos und mit halb geöffnetem Mund starrte er ins Gesicht des Affen, um dessen tiefliegende, kluge Augen sich leichte Lachfalten gebildet hatten. Eine Art wohlwollender Ermunterung lag im Gesicht des Tieres.

Sebastian kniff die Augen wieder zu.

„Ich bin verrückt“, flüsterte er bestürzt, ohne auf die allgemeine Heiterkeit achtzugeben.

„Da bist du ja! Ich dachte schon, ich hab dich verloren“, hörte er plötzlich Wielands Stimme. „Was hast du angestellt? Warum lachen sie über dich?“

„Der Affe…“, stammelte Sebastian verstört. „Er hat mich mit Sand beworfen.“

„Das ist eine große Ehre“, meinte Wieland gut gelaunt und strich von dem Hemd seines jungen Freundes die restlichen Sandkörner weg. „Sonst bewegt sich der faule Sack kaum von der Stelle."

* * *

Das Ehepaar von Maysenberg saß mit ihrem russischen Gast nach wie vor auf der Terrasse, während ihr Gespräch von einer wichtigen Frage zur anderen eilte. Erst nach einigen Stunden bemerkten sie, daß die Sonne ihre Kraft bereits verloren hatte. Herr von Maysenberg schaute sich etwas besorgt um.

„Und wo verweilt unser junger Freund?" fragte er neugierig, als er Wieland allein an einer Infotafel stehen sah.

„Offensichtlich hat er etwas Wichtigeres zu tun, als mit euch seine Zeit zu vergeuden", entgegnete seine Ehefrau, während sie an ihm vorbei über den grünen Zaun schaute.

Die beiden Herren folgten ihrem Blick und sahen in der Tiefe eines weitläufigen Geheges Sebastian und Freya. Etwas schüchtern und leicht einander zugewandt standen sie auf der Wiese und fütterten aus der Hand junge Rehe. Sie unterhielten sich und streichelten die zahmen Tiere.

„Das ist das Leben in seiner schönsten Form", sagte der Russe gerührt.

Auch Freyas Eltern waren von dem anmutigen Anblick bezaubert.

„Wenn ich mich nicht täusche, ist das deine Tochter, mein Freund", sagte Herr Wassiljew nach einer langen Pause, wobei in seinen Augen schelmische Funken aufblitzten.

Herr von Maysenberg schreckte zusammen und machte ein Gesicht, als hätte er einen wichtigen Termin verpaßt. Er schaute auf seine Armbanduhr und die Ratlosigkeit in seinem Gesicht verstärkte sich.

„Ist es nicht so, daß Freya jetzt am anderen Ende der Stadt Klavierunterricht haben sollte?" Er blickte hilfesuchend zu seiner Ehefrau hinüber. „Und überhaupt, wie hat sie uns hier gefunden?"

„Hör auf mit dem Zirkus!" sagte Frau von Maysenberg lachend und wandte sich an den russischen Gast: „Und mit diesem Mann lebe ich seit zwanzig Jahren! Es vergeht kein einziger Tag, an dem er nicht seine albernen Späßchen gemacht hätte. Statt sich mit Philosophie und Geschichte zu plagen, hätte er lieber Schauspieler werden sollen!" Sie schaute zu ihrem Ehemann und streichelte ihn zärtlich über den Arm. „Jetzt aber im Ernst", sagte sie bittend zu ihm. „Tu so, als wäre alles ganz normal! Mach deiner Tochter diese Freude!"

„Ist schon gut, Linda", erwiderte er beruhigend. „Ich werde mich zurückhalten."

Wieder schauten sie entzückt den beiden Jugendlichen zu.

„Wie gut kennt ihr den Jungen?" fragte der Russe.

„Zum ersten Mal gesehen", erklärte Frau von Maysenberg. „Ein lieber Junge."

„Er dürfte bereits viel gelitten haben", sagte der russische Professor nachdenklich. „Es liegt etwas Besonderes in seinem Wesen, das weit über sein Alter hinausreicht." Er drehte sich zu ihnen um und sagte ernst: „Gestern hat er eurem Sohn das Leben gerettet…"

Eine wichtige Frage

Sebastian wünschte sich, der Tag würde nie zu Ende gehen. Doch die Zeit tickte nach ihren eigenen Gesetzen und wollte keine Rücksicht auf seine Wünsche nehmen. Es war bereits vier Uhr nachmittags. Die Familie von Maysenberg versammelte sich am großen Tisch im Eßzimmer und unterhielt sich bei echtem Friesentee und Kuchen mit ihren Gästen.

Die Zuneigung des russischen Professors für den deutschen Jungen war so groß, daß dieser sie sofort gespürt hatte. Er mochte ihn einfach, weshalb Sebastian sich im Umgang mit ihm immer sicherer fühlte. Nun wollte der Junge die günstige Gelegenheit ergreifen und wandte sich an den russischen Gast mit einer Frage, die ihm seit vielen Stunden keine Ruhe mehr ließ.

„Sie haben mir heute zu verstehen gegeben, daß es Menschen gibt, die gegen Gott kämpfen und seine Ordnung stürzen wollen", sagte er mit gesenkter Stimme. „Wer sind diese bösen Menschen? Sie wollten es mir im Zoo sagen!"

Er warf einen verstohlenen Seitenblick auf Wielands Mutter, die in der Nähe saß und ihre Unterhaltung aufmerksam verfolgte. Als Sebastian ihr Gesicht sah, wurde ihm klar, daß sie seinen erneuten Versuch, sich an die Lösung dieser Frage heranzuschleichen, wieder vereiteln würde. Er schwieg und war über die strenge Zensur sichtlich enttäuscht.

„Ich wollte doch nur, daß du nicht mit Fragen in Berührung kommst, für die du noch nicht reif bist", sagte Frau von Maysenberg warmherzig. „Sonst kommst du ganz durcheinander. Eine verfrühte Erkenntnis kann einen Menschen nicht nur beflügeln, sondern auch großen Schaden anrichten. Sie kann dein sonniges Gemüt für immer überschatten. Wenn man noch zu schwach ist, um diese Last zu tragen, kann man sehr schnell zu falschen Schlußfolgerungen kommen, vielleicht sogar etwas Unüberlegtes, ja Schreckliches tun, was man später sein ganzes Leben lang bereuen würde."

„Aber Linda!" sagte der Russe beschwichtigend. „So schlimm ist es doch gar nicht! Der Junge ist, wie mir scheint, von Natur aus belastbar und widerstandsfähig genug. Außerdem will ich ihm die Welt nicht unbedingt nur in dunklen Farben ausmalen. Er glaubt an Gott! Was kann schon einen gläubigen Menschen dermaßen in Verzweiflung treiben?"

Nach einer kurzen Diskussion gab Frau von Maysenberg schließlich nach.

„Auf deine Verantwortung!“ sagte sie ihrem russischen Freund warnend. „Paß auf, daß der Junge danach immer noch so unbekümmert lachen kann, wie er das heute am Frühstückstisch getan hat.“

Sebastian erinnerte sich daran, wie der deutsche Professor ihn mit Käse gefüttert hatte, und seine Mundwinkel schnellten auseinander.

„Sieh dir das mal an!“ sagte Herr Wassiljew ihr zufrieden. „Trotz unserer Gespräche lächelt er immer noch so schön!“

Sebastian hätte singen können, so leicht war ihm in der Brust. Wielands Mutter übergab ihn in die Obhut des russischen Professors, worauf dieser ihm ganz unerwartet einen Spaziergang in dem nahegelegenen Wald vorschlug.

„Sonst werden wir hier ständig überwacht“, erklärte Herr Wassiljew mit vielsagender Stimme. „Hier ist es noch viel schlimmer als in Nordkorea!“

Er setzte einen Hut auf, nahm seinen Spazierstock, und die beiden gingen hinaus.

Das Haus der Familie von Maysenberg lag am Stadtrand, und es dauerte nicht lange, bis sie den Wald erreichten. Herr Wassiljew fragte den Jungen aus und wollte so ziemlich alles über ihn wissen. Dabei vermied er aber, ihn nach seiner Familie zu fragen, was Sebastian zu der Annahme verleitete, daß auch er bereits die Wahrheit über seine traurigen Familienverhältnisse kannte. Dieser Umstand betrübte Sebastian, obwohl er wußte, daß es im anderen Fall noch tausendmal schlimmer gewesen wäre.

Sein Leben lang mußte er irgendwie damit zurecht kommen, daß er seinen Vater noch nie gesehen hatte, und trotzdem hatte er jedesmal Angst, daß die Menschen ihn danach fragen würden. Bis heute hatte er nicht die geringste Ahnung, was er ihnen darauf antworten sollte. War es überhaupt möglich, das Unerklärliche zu erklären? Gewöhnlich hatte Sebastian sich sofort zurückgezogen und gesagt, daß er darüber nicht reden möchte. Doch reden war die eine Sache, die Gedanken aber, die man gar nicht so leicht vertreiben konnte, waren etwas ganz anderes. Auch wenn die Menschen nichts dafür konnten, rissen ihre Fragen in seinem Innern die alte Wunde wieder auf, die noch tagelang danach blutete…

Sebastian hatte mit den Jahren gelernt, sein Leid zu verbergen. Im tiefsten Grunde seines Herzens war er dem russischen Professor sogar dankbar, daß er die verfluchte Frage so respektvoll und geschickt umschifft hatte. Sie unterhielten sich über dies und jenes; als sie aber den Waldrand erreichten, blieb der alte Herr stehen und drehte sich zu Sebastian um.

„Du wolltest also von mir wissen, wer diese Menschen sind, die einen Krieg gegen Gott führen, nicht wahr?“

„Das hätte ich gern gewußt!“ bestätigte Sebastian erwartungsvoll.

Herr Wassiljew überlegte, als wüßte er nicht, wie er das Gespräch beginnen sollte, dann musterte er den Jungen von Kopf bis Fuß mit einem prüfenden Blick.

„Du mußt mir aber etwas versprechen“, sagte er nach kurzem Zögern. „Erst wenn du es getan hast, werde ich versuchen, dir das Wesentliche zu erklären.“

„Was soll ich Ihnen versprechen?“ fragte der Junge verwundert und zugleich ein wenig besorgt.

„Du darfst mir nicht glauben“, sagte der alte Herr.

Sebastian ging vor Überraschung der Mund auf. Betroffen schaute er ins Gesicht des Professors und wußte nicht, was er davon halten sollte.

„Wie meinen Sie das?“ fragte er verstört.

„So, wie ich es eben gesagt habe“, erwiderte Herr Wassiljew mit der gleichen ruhigen Stimme und verstummte wieder.

Sebastian wartete auf eine Erklärung, bekam aber keine. Als die unangenehme Pause immer länger wurde, konnte er sie nicht mehr ertragen und begann etwas schüchtern zu sprechen:

„Wenn ich aber selbst Ihnen nicht glauben darf, wem sollte ich dann überhaupt noch vertrauen?“

Nun war der Professor sichtlich zufrieden. Endlich hatte der Junge seine Scheu einigermaßen überwunden und ließ sich langsam in ein echtes Gespräch hineinziehen.

„Nur Gott darfst du bedingungslos vertrauen, alles andere bedarf eines wissenschaftlichen Beweises!“ erklärte Herr Wassiljew mit Nachdruck. „Viele Menschen werden deinen Lebensweg kreuzen. Darunter auch solche, die du mögen wirst! Die einen werden dir das eine sagen, die anderen aber das Gegenteil davon behaupten. Wem willst du dann dein Vertrauen schenken?

Auch wenn du jemanden sympathisch findest und wenn seine Worte noch so glaubwürdig klingen sollten, darfst du sie nur unter dem Vorbehalt der Nachprüfung an dich heranlassen! Falls sie sich irren, ganz gleich, ob ideologisch verblendet oder völlig unverschuldet, dann wirst auch du von dem Weg der Wahrheit abkommen und zusammen mit ihnen in eine todbringende Finsternis geraten. Aus diesem Loch wieder herauszukommen, wird gar nicht so einfach sein!“

Er faßte den Jungen am Oberarm, drückte diesen leicht zusammen, um seinen eindringlichen Worten Nachdruck zu verleihen, und schaute direkt in seine Augen.

„Du bist für mich kein leeres Gefäß, das ich mit meinen Ansichten füllen möchte! Du bist eine Fackel, die ich entzünden will!"

Die letzte Worte des Professors drangen tief in die Seele des Jungen. Die hohe Wertschätzung, die so offensichtlich darin lag, berührte ihn auf eine Weise, die ihn beinahe sprachlos machte.

„Kannst du mir versprechen, daß du jedes Wort, das du heute von mir hören wirst, auf der Goldwaage deiner eigenen Vernunft prüfen wirst, bevor du es dir zu eigen machst?"

Sebastian war von der Höhe des Augenblicks überwältigt. Noch nie hatte ein Erwachsener so mit ihm gesprochen.

„Ich verspreche es Ihnen!" sagte er innerlich aufgewühlt dem alten Herrn, der ihm entschlossen seine Hand reichte.

„Es gibt nur zwei Dinge, die uns auf dem Weg der Erkenntnis sicheres Geleit geben können: Harte Tatsachen und eiserne Logik!" erklärte der Professor, während er die Hand des Jungen in seiner hielt. „Laß dir meine Worte lediglich eine hilfreiche Anleitung für deine eigenen Forschungen sein!"

Sebastian nickte, auch wenn der innere Widerstand noch viel zu groß war, um diesen Worten tatsächlich Folge zu leisten. Die Autorität und vor allem die Kompetenz eines weltbekannten Professors in Frage zu stellen, erschien Sebastian im höchsten Maße ungebührlich. Als er daran dachte, starrte er verlegen zu Boden.

„Ich weiß, was du jetzt fühlst und denkst", sagte der russische Gelehrte und drückte seine Hand so stark zusammen, daß Sebastian seinen verunsicherten Blick wieder zu ihm heben mußte.

„Vielleicht irre ich mich!" sagte Herr Wassiljew mit vollem Ernst. „Vielleicht wirst du es sein, der in meinen Worten Fehler findet und mich vor einem fatalen Irrtum bewahrt!"

Auch wenn Sebastian es für äußerst unhöflich hielt, konnte er ein plötzliches Auflachen nicht unterdrücken. Er preßte die freie Hand auf den Mund, während seine lachenden Augen versuchten, am Gesichtsausdruck des Professors zu erkennen, ob er das ernst gemeint haben könnte.

„So witzig ist es ja gar nicht!" beteuerte dieser, angesteckt von dem hellen Lachen des Jungen. „In deinem Alter habe ich noch Vieh gehütet.

Damals hatte ich nicht die geringste Ahnung von dem, was du schon alles weißt."

Sie gingen weiter. Der Professor schwieg eine Weile, dann frage er:

„Sag mir, hast du schon mal die Evangelien gelesen?"

„Ja! Mein Freund Frank, den Sie gestern nach Ihrem Vortrag gesehen haben, hat mir eine Bibel geschenkt", erwiderte Sebastian. „Er meinte, ich sollte mit den Evangelien beginnen."

„Das ist gut!" bestätigte der alte Herr. „Erinnerst du dich vielleicht noch daran, wie Jesus von Satan in der Wüste versucht wurde?"

„Vierzig Tage fastete Christus, danach kam der Teufel!" rief Sebastian aus, erfreut darüber, daß er die Antwort kannte.

„Ganz richtig!" bestätigte der Professor und begann aus dem Gedächtnis zu zitieren: „*Wiederum führte ihn der Teufel mit sich auf einen sehr hohen Berg und zeigte ihm alle Reiche der Welt und ihre Herrlichkeit und sprach zu ihm: Das alles will ich dir geben, so du niederfällst und mich anbetest.*"

Nun zeigte Herr Wassiljew auf eine dicke Eiche, die direkt vor ihnen stand.

„Kannst du mir diesen wunderschönen Baum verkaufen oder vielleicht sogar schenken?" fragte er ernst, auf Sebastian schauend.

Der Junge blieb stehen und blickte den Professor betroffen an.

„Das kann ich leider nicht tun!"

„Warum?"

„Der gehört mir ja gar nicht", erwiderte Sebastian, indem er noch darüber rätselte, was das alles zu bedeuten hatte.

„Warum bietet aber der Satan Christus alle Reiche der Welt an?" fragte der Professor, während er leicht schmunzelnd und mit übertriebenem Interesse das weit verzweigte Geäst der Eiche betrachtete.

„Weil sie ihm gehören!" sagte Sebastian, erfreut über die gefundene Lösung.

Allerdings erstarrte er im nächsten Augenblick, nachdem er die Tragweite dieser Aussage erkannt hatte. Etwas verstört faßte er sich an die Stirn.

„Das würde aber bedeuten, daß ihm die ganze Welt gehört!" rief er nach kurzem Zögern überrascht aus.

Der Professor strich zufrieden über sein weißes Bärtchen und bat seinen jungen Gesprächspartner mit einer respektvollen Geste weiterzugehen.

„Die Bibel sagt uns, daß der Satan alle Reiche dieser Welt beherrscht. Er ist der Fürst dieser Welt! Das ist eine grundlegende Erkenntnis, die selbst erfahrene Theologen sehr schnell aus den Augen verlieren. Behalte bitte diesen Teil unseres Gesprächs im Gedächtnis, denn ich möchte zunächst einmal mit dir etwas ganz Anderes besprechen!"

Er holte aus der Innentasche seines Sakkos einen zusammengelegten grünlichen Geldschein und reichte ihn Sebastian hin.

„Das ist ein Dollarschein", erklärte er. „Schau ihn dir ganz genau an!"

Sebastian blieb wieder stehen, faltete den Geldschein auseinander und betrachtete ihn flüchtig von allen Seiten.

„Ich weiß, worauf Sie mich aufmerksam machen wollen", sagte er altklug und deutete mit einem Zeigefinger auf die unvollendete Pyramide.

„Genau das ist es!" sagte der alte Herr. „Was weißt du davon?"

„Nicht viel", gab der Junge verlegen zu. „Ein Klassenkamerad hat mir erzählt, es wäre ein geheimes Zeichen..."

„Dann vergiß bitte alles, was du von ihm gehört hast! Wir fangen unvoreingenommen und ganz von vorne an. Schau dir zunächst einmal nur die Pyramide an! Ich will wissen, was du siehst."

Sebastian wollte den russischen Professor auf keinen Fall enttäuschen. Sein Blick krallte sich in die Dollarnote.

„Die unvollendete Pyramide hat dreizehn Stufen", sagte er nach kurzem Schweigen. „Unten steht eine römische Zahl..."

„Wunderbar!" sagte der Russe ermutigend. „Was ist mit ihrer Spitze?"

„Sie ist abgetrennt und schwebt darüber. Es ist ein leuchtendes Dreieck mit einem Auge darin."

„Das ist alles richtig. Was fällt dir aber noch auf?"

Sebastian wurde heiß. Er starrte das geheimnisvolle Symbol an, konnte aber nichts mehr finden. Er strengte seine ganzen geistigen Kräfte an, doch der Gedanke daran, daß er dabei versagen könnte, hinderte ihn bei der Suche nach der Lösung und blockierte ihn schließlich vollständig.

„Laß dir ruhig Zeit!" sagte Herr Wassiljew, der über den Zustand des Jungen bestens Bescheid wußte. „Viele Menschen haben Jahre gebraucht, um auf die richtige Lösung zu kommen."

Sebastian war über diese Ermutigung dankbar, doch die Panik wollte nicht so schnell zurückweichen. Er kniff die Augen zu und atmete einige Male tief durch. Bald wurde ihm klar, daß die Lösung viel tiefer liegen mußte...

„Die Spitze ist nicht Teil dieser Pyramide", sagte Sebastian nach einer langen Pause und schaute unsicher zum alten Herrn hinüber.

„Wie bist du nur darauf gekommen?“ rief der Professor begeistert aus. „Erklär’ mir das!“

Als Sebastian erkannte, daß er haargenau ins Schwarze getroffen hatte, atmete er erleichtert auf. Sein dünnes Hemd klebte ihm auf dem Rücken.

„Das Dreieck ist zweidimensional, während die unvollendete Pyramide dreidimensional ist.“

„Ausgezeichnet!“ erwiderte Herr Wassiljew. „Wenn du aber berücksichtigst, daß unsere Welt ebenfalls dreidimensional ist, was kann man dann über die Spitze sagen?“

Sebastian faßte sich unbewußt am Kopf. Er fühlte sich nicht mehr so bedrängt, doch der Ehrgeiz trieb ihn mächtig an. Auch das Geheimnis selbst faszinierte ihn. Um die größtmögliche Konzentration zu erreichen, kniff er die Augen zu.

Als er sie wieder öffnete, sagte er:

„Das Dreieck mit dem Auge… es ist nicht von dieser Welt…“

Der Professor schien von der Antwort tief beeindruckt zu sein.

„Hervorragend!“ sagte er freudestrahlend und streckte ihm seine Hand hin.

„Es ist noch nicht alles“, sagte der Junge schnell, während der Professor ihm noch die Hand drückte.

„Dann sag es mir!“

„Das Wesen hinter dem leuchtenden Dreieck hält sich im Verborgenen auf. Es beherrscht die dreidimensionale Pyramide… Es ist der Satan, der unsere Welt beherrscht!“

Als Sebastian seine Vermutung äußerte, überlief ihn ein kalter Schauer, so schrecklich war der Gedanke daran. Der russische Professor aber sah ihn mit stiller Bewunderung an. Sebastian schien sogar, daß seine Augen feucht wurden.

„Ich wußte, daß du etwas Besonderes bist“, sagte Herr Wassiljew mit warmer Stimme. „Ich kenne viele Menschen mit großen Namen und vielen Titeln, die es ohne Anleitung anderer nicht geschafft haben.“

Sebastian ließ den Blick sinken. So viel Lob, wie er es in den letzten zwei Tagen bekommen hatte, war ihm in seinem ganzen Leben nicht zuteil geworden. Seine Wangen glühten. Erst nach und nach konnte er sich davon erholen. Sie gingen weiter, worauf Herr Wassiljew wieder zu sprechen begann:

„Der Satan bietet den Menschen, besonders jenen, die von Natur aus herausragende Fähigkeiten besitzen, alle Schätze dieser Welt an, falls sie sich von Gott abwenden und ihn anbeten. Dazu gehören vor allem Geld, Macht und Ruhm! Christus aber sagt, daß wir unsere Schätze im Himmel sammeln sollten! Im Markus-Evangelium warnt er uns vor falschen Entscheidungen: *Denn was hat ein Mensch davon, wenn er die ganze Welt gewinnt, dabei aber seine Seele verliert?* Zu allen Zeiten gab es leider Menschen, die einer solchen Versuchung nicht widerstehen konnten. Während aber die meisten den materiellen Dingen unbewußt nachjagen, schließen die anderen mit dem einäugigen Wesen Verträge ab und unterschreiben sie mit ihrem Blut."

Sebastian blickte ängstlich zu ihm auf. Allein die Vorstellung davon, daß es um uns herum Menschen geben sollte, die so etwas machen, war schauderhaft.

„Wer sind diese Menschen, die ihre Seelen verkauft haben?" fragte er beunruhigt. „Gibt es viele davon?"

„Ihr Name ist Legion", erwiderte der Professor ernst und wies ihn in Richtung einer Bank, die im Schatten der Bäume am Wanderweg stand. „Damit wir nicht nur abstrakte Gedanken austauschen, möchte ich dir zeigen, wie so etwas im Leben aussieht."

Sie setzten sich auf die Bank, dann holte der alte Herr ein Smartphone aus der Innentasche seines Sakkos und schaltete es ein.

„Kennst du diesen Mann?" fragte Herr Wassiljew und zeigte ihm ein Bild, das er im Internet gefunden hatte.

Sebastian betrachtete es aufmerksam. Der Mann bedeckte mit der Hand sein rechtes Auge, während er mit dem linken zu ihnen schaute.

„Keine Ahnung", erwiderte der Junge.

„Das ist Bono", erklärte der Professor, „der Sänger der Band U2. Einer der reichsten Musiker der Welt! Ein Milliardär, soviel ich weiß. Was meinst du, warum er sein rechtes Auge verdeckt?"

Eine grausige Vermutung beschlich Sebastian.

„Er hat seine Seele dem einäugigen Wesen verkauft", sagte er, auf das Bild des Mannes starrend.

„Es spricht vieles dafür, daß er sich mit diesem einen Auge gerade in diesem Sinne zu erkennen gibt", sagte der Professor und tippte in die Google-Suchleiste einen anderen Namen.

Bald tauchte auf dem Display das Bild einer jungen Frau auf.

„Die kenne ich!" rief Sebastian aus. „Das ist Kesha! Die halbe Schule ist nach ihren Songs verrückt!"

„Richtig“, bestätigte Herr Wassiljew. „Auch sie schaut uns nur mit einem Auge an!“

Auch die nächste Sängerin konnte Sebastian mühelos erkennen.

„Lady Gaga!“ sagte er schnell und wunderte sich, daß auch sie ein Auge mit der Hand bedeckte.

Der russische Professor öffnete einen Ordner in der Bildergalerie seines Smartphones und zeigte Sebastian ein Bild nach dem anderen, auf denen die weltberühmten Sänger immer das Gleiche taten: Sie deckten ein Auge mit einer Hand oder mit einem Gegenstand ab! Der Professor nannte ihre Namen, erzählte in knappen Worten von ihren steilen Karrieren und fuhr damit immer weiter fort: Eminem, Michael Jeckson, Celine Dion, Jon Bon Jovi, Ed Sheeran…

„Und das ist der reichste Rapper der Welt: Jay Z!“ erklärte Herr Wassiljew. „Warum hat er bloß sein Auge verdeckt?“

„Weil auch er seine Seele dem Einäugigen verkauft hat!“ erwiderte Sebastian, ohne lange zu überlegen.

Der Professor musterte den Jungen mit einem äußerst mißtrauischen Blick und zog sogar seine buschigen Augenbrauen besorgt zusammen.

„Mir scheint, daß du so langsam die Fähigkeit zum kritischen Denken verlierst! Vor kurzem hast du mir noch versprochen, daß du mir nicht so einfach alles abnehmen würdest! Es hätte doch ein Zufall sein können, daß dieser junge Mann ein Auge mit der Hand verdeckt? Vielleicht ist es nur eine Mode?“

Sebastian fühlte sich erwischt, wollte es aber nicht unbedingt zugeben.

„Es hätte natürlich sein können“, erwiderte er zweifelnd und versuchte dabei, die Ausdrucksweise des russischen Professors nachzuahmen. „Aber es scheint mir sehr unwahrscheinlich, daß Sie mir dieses Bild gezeigt hätten, wenn Sie selbst nicht davon überzeugt gewesen wären, daß dies kein Zufall sei. Ich nehme an, Sie werden mir jetzt noch einige Bilder zeigen.“

Die geschickte Antwort des Jungen brachte den alten Herrn zum Lachen.

„In der Tat, mein Freund!“ erwiderte er zufrieden. „Ich werde versuchen, dir zu beweisen, daß es kein Zufall ist.“

Sebastian hätte vor Freude hüpfen können, als der hochverdiente Professor „mein Freund“ zu ihm sagte. Ihm schien, daß es keine bedeutungslose Redewendung war, sondern daß er es ehrlich meinte.

„Schau dir mal dieses Bild an!“

Auf dem Display erschien der gleiche Sänger. Seine Finger zeigten ein Dreieck, das er vor seinem Auge hielt.

„Die Spitze der Pyramide!“ rief Sebastian überrascht aus.

Es folgten mehrere Bilder weltbekannter Stars, die das gleiche zeigten: sie schauten mit einem Auge durch ein Dreieck, das sie mit ihren Fingern gebildet hatten. Und als wäre es nicht genug gewesen, zeigte der Professor ihm einen Sänger, der mit seinen Fingern nicht nur die Spitze, sondern die ganze Pyramide geformt hatte.

„Ist es überall so?“ fragte Sebastian beunruhigt. „Ich meine, auf der ganzen Welt?“

„Leider ja“, erwiderte Herr Wassiljew. „Selbst bei uns in Rußland sieht es nicht viel anders aus! Das, zum Beispiel, ist der türkische Sänger Tarkan. Auch er zeigt uns das Geheimnis seines Erfolgs.“

Gleich darauf folgten Stars aus Südafrika, Rumänien, Südkorea, China, Indien… Die ganze Erde schien davon befallen zu sein!

„Diese Menschen haben ein Geheimnis“, sagte der Professor. „Und das ist ein düsteres Geheimnis! Auf diese Weise kommunizieren sie miteinander. Und nicht nur die Sänger und Musiker! Jetzt zeige ich dir Hollywood! Emma Watson, Dustin Hoffman, Russell Crowe…“

Es folgten weitere Namen. Es waren nur wenige, die Sebastian kannte, doch der Professor erklärte ihm, in welchen Filmen sie mitgewirkt hatten.

„Und das ist die Spitze der iranischen Filmkunst! Man sollte doch meinen, daß die islamische Republik etwas strenger damit umgeht, nicht war?“

Sebastian war so sehr von dem spannenden Thema mitgerissen worden, daß er sogar vergaß, auf die Frage zu antworten. Er sah auf dem Bildschirm drei junge Männer. Alle drei zeigten das Ein-Auge-Symbol.

„Ich kann dir versichern, daß es auch im Sport und in vielen führenden Leitmedien nicht anders aussieht. Zum Beispiel die deutsche Wochenzeitung *Die Zeit*. Aber das kannst du später selbst überprüfen“, sagte der Professor. „Ich wollte, daß wir uns noch einmal den Dollarschein anschauen.“

Sebastian strich den grünen Geldschein glatt und schaute sich wieder die geheimnisvolle Pyramide an.

„Siehst du, was da oben geschrieben steht?“ fragte der alte Herr und zeigte mit einem Finger auf die Worte über der Pyramide. „ANNUIT COEPTIS. Auf Deutsch klingt es ungefähr so: Es hat unserem Handeln zugestimmt! Gemeint ist natürlich das Auge im Dreieck, das die Welt überwacht.“

„Was aber wollen der Einäugige und seine Diener erreichen?“ fragte Sebastian mit gesenkter Stimme, als hätte er befürchtet, jemand könnte ihr Gespräch belauschen.

„Auch darüber gibt dieser Dollarschein uns eine genaue Auskunft. Hier unten steht geschrieben: NOVUS ORDO SECLORUM. Zu deutsch so etwa wie die Neue Weltordnung.“

„Und was sagen die Amerikaner dazu?“ fragte Sebastian. „Sie haben doch ihre eigene Erklärung! Oder geben sie offen zu, daß sie dem Satan dienen?“

„Sehr gut!“ erwiderte der Professor. „Solche Fragen erwarte ich von dir! Zieh alles in Zweifel, dreh es mehrmals um, damit kein einziges Detail vor dir verborgen bleibt! Und laß dich nicht von einem alten Professor durch seine Titel einschüchtern und in die Enge treiben!“

Sebastian mußte wieder lachen, so lustig klang die Aufforderung, gegen einen weltbekannten Gelehrten ins Feld zu ziehen.

„Ich versuche es“, sagte Sebastian um des Friedens willen.

„Die offizielle Darstellung besagt, daß die Gründung der USA angeblich ein neues Zeitalter eröffnet habe und die Aufschrift ANNUIT COEPTIS gerade darauf hindeute, daß ihr Tun Gottes Werk sei. Da es am Anfang dreizehn Staaten waren, sei diese Zahl auf dem Dollarschein so oft zu finden. Und was das leuchtende Dreieck betrifft, so sollte es sich dabei um das allsehende Auge des dreieinigen Gottes handeln, vor dem sie sich alle in Demut verneigen!“

„Das wäre aber genau das Gegenteil davon, was Sie behaupten!“ rief Sebastian bestürzt aus.

Auf einmal fühlte er sich ganz verunsichert. Das weltanschauliche Gebäude, das er sich in diesen Stunden so leicht aufgebaut hatte, begann zu wackeln.

„Und wenn es wirklich so gedacht war?“ fragte er verlegen.

„Dann müssen wir es eben prüfen, wer in diesem Fall Recht hat!“ rief der Professor zufrieden aus. „Am besten schauen wir uns an, was die Anhänger des Einäugigen so alles predigen. Es gibt keinen guten Baum, der schlechte Früchte trägt! Da du mit den biblischen Aussagen im Allgemeinen vertraut bist, wird es dir bestimmt nicht so schwer fallen, ihre Taten richtig einzuordnen!“

Er schaltete sein Smartphone wieder ein.

„Das ist die Sängerin Anita Doth“, sagte er, nachdem er im Internet ihr Bild gefunden hatte.

Die Frau zeigte das gleiche Ein-Auge-Zeichen, während um ihren Hals ein Pentagramm an einer goldenen Kette hing. Der Drudenfuß, den Sebastian in mehreren Horrorfilmen gesehen hatte, erinnerte ihn wieder daran, wer das einäugige Wesen in Wirklichkeit war. Etwas sträubte sich in ihm sogar dagegen zu glauben, daß all die Stars es wirklich ernst damit meinten, so ungeheuerlich kam ihm das Ganze vor. Und doch legte der prominente Professor ihm immer neue Beweise vor.

„Und das ist die Popgruppe Little Mix“, sagte er und zeigte Sebastian ein Bild, auf dem drei junge Frauen ein Auge mit der Hand verdeckten, während die vierte das rechte Auge hinter ihren herunterhängenden Haaren versteckte. „Es gibt aber noch ein Bild dieser Popgruppe, auf dem sie ein ganzes Stück ihres Geheimnisses preisgibt. Schau dir mal das an!“

Es waren die gleichen Frauen, die dicht nebeneinander standen. Allerdings gab es auf diesem Bild ein anderes Symbol, das Sebastian zutiefst beunruhigte. Auf dem weißen Kleid einer der Frauen prangte ein umgedrehtes schwarzes Kreuz.

„Ich glaube, ich muß dir nicht erklären, was dieses Zeichen bedeutet, oder?“ fragte der Professor.

„Der Antichrist!“ flüsterte Sebastian und blickte ängstlich zu ihm hinüber.

„Das ist noch lange nicht alles, was ich dir zeigen wollte“, sagte Herr Wassiljew ernst. „Du hast mir gesagt, daß deine Mitschüler von Kesha und Lady Gaga begeistert sind. Wollen wir prüfen, was sie uns zu sagen haben?“

Sebastian stimmte sofort zu, worauf der Professor ein Video startete.

„Das ist eines der berühmtesten Lieder von Lady Gaga. Es heißt Alejandro. Paß bitte gut auf! Ich bin gespannt, was du dazu sagen wirst.“

Das Video zeigte einen seltsamen Mann. Mit nacktem Oberkörper schlief er, in einem Sessel sitzend, wobei er statt einer Hose eine Art Damenstrümpfe trug. Diese wiederum waren nur angedeutet, denn sie wurden aus einem grobmaschigen Netz gefertigt. Die Kamera glitt weiter und zeigte eine Gruppe von Soldaten, die an Tischen saßen und ebenfalls schliefen. Dann verschwanden sie und im nächsten Augenblick erschien auf dem Display eine weitere Gruppe von jungen Männern, die im Takt der rhythmischen Trommelschläge zu marschieren begannen. Während die einen auf den Zuschauer zugingen, bewegten sich die anderen kreuz und quer über die Bühne. Sebastian achtete auf jedes Detail, konnte aber beim besten Willen keinen Sinn dahinter erkennen.

Bald verschwanden die Männer, worauf im Vordergrund Lady Gaga auftauchte. Sie hatte eine schwarze Krone auf ihrem Kopf. Eine aus der Ferne schallende Geige leitete ihren Auftritt ein. Die Kamera glitt hinunter. Ein abscheuliches Bild offenbarte sich vor den Augen des Jungen. Lady Gaga hielt ein schwarzes Kissen vor sich, auf dem ein blutiges Stück Fleisch lag. Es war von Stacheldraht umwickelt, mehrere Nägel steckten darin. Ein Herz, dachte Sebastian angeekelt, doch das Bild wechselte wieder: Lady Gaga strich sinnlich erregt mit den Fingern über ihren halb geöffneten Mund, als lechzte sie nach eben diesem herausgerissenen, blutigen Stück Fleisch. Nun zeigte sich auf dem Bildschirm eine von Mondlicht überflutete, verschneite Landschaft. Ein schwarzer Sarg stand auf dem Boden! Schon wieder machte die Sängerin Bewegungen, als schleckte sie verträumt ihre Finger ab. Ein Auge von ihr war verdeckt!

Lady Gaga begann zu singen. Sebastians Englischkenntnisse waren gut genug um zu verstehen, was sie in etwa sang: *Ich weiß, daß wir jung sind und daß du mich magst, ich kann aber nicht bei dir sein.* Dann wiederholte sie mehrmals: *Don't call my name!* Nenn meinen Namen nicht mehr!

Dann sang sie plötzlich: Ich bin nicht dein Kind, Fernando! Danach wiederum: Nenne meinen Name nicht, Roberto!

Nun begann auf der Bühne eine wahre Orgie. Junge Männer mit nackten Oberkörpern tanzten in einem Kreis. Dazwischen wurde immer wieder Lady Gaga eingeblendet, die dem Zuschauer ein Auge zeigte.

Bald wurden ihre Bewegungen immer heftiger. Die Männer lösten den Kreis auf und tanzten nun paarweise, wobei ihr wilder Tanz nicht nur erotische Züge aufwies, sondern gerade dabei war, jeden Anstand zu verlassen. Die einen lagen auf dem Bauch, während ihre Tanzpartner über ihnen standen, sie an den Hüften faßten, sie hoch zogen und dabei Bewegungen machten, die Sebastian zum Fremdschämen zwangen. Ein Ekelgefühl kam über ihn.

Nun wechselte aber das Bild. Lady Gaga trug Nonnenkleidung. Sie drückte die Hände auf die Brust und blickte andächtig zum Himmel. „Alejandro", sang die Sängerin und hob langsam die gefalteten Hände hoch, die eine Kette hielten.

Als Sebastian darin ein Kreuz sah, blieb ihm der Atem weg. Auf einmal wußte er, wer Alejandro war, von dem sich die Nonne abgewandt hatte und warum er drei Namen hatte! Es war Christus und die drei Namen standen für die Dreieinigkeit Gottes! Und das blutige Fleischstück war nichts anderes als das Herz des Erlösers, das mit Dornen umwickelt war! Und die Nägel, die darin steckten? Das sind die Nägel, mit denen der Heiland ans Kreuz geschlagen war…

Sebastian starrte entsetzt auf den Bildschirm, während die Szene wieder wechselte. Nun stand auf der Bühne ein Bett, auf dem ein junger Mann lag, der außer Unterhose nichts mehr anhatte. Damenschuhe glänzten an seinen Füßen! Er lag auf dem Bauch, während Lady Gaga, ebenfalls nur Unterwäsche und Schuhe am Leib, wie eine Hexe rittlings auf ihm saß. In der Hand hielt sie ein schwarzes Seil, mit dem sie ihre sadistische Absicht andeutete. Danach folgten Szenen, die man nur als satanische Sexorgie bezeichnen könnte. Nun trug die hurende Nonne an ihrem Körper eine Art weißen Bademantel. Auf den beiden Ärmeln prangten umgedrehte Kreuze…

Sebastian konnte es nicht mehr sehen und drehte sich weg.

„Dämonen!“ flüsterte er bekümmert.

„Genau das sind sie!“ bestätigte Herr Wassiljew. „Und das verheimlichen sie nicht einmal! In seinem Lied *Demon Insiede of Me* singt der Rapper Eminem folgendes: *Ich bin besessen von bösen Dämonen, die mich im Schlaf quälen. Ich träume vom Tod und ich höre Leute schreien. Der Geist des Teufels ist in mir gefangen…* In einem anderen Lied, das *Say goodbay Hollywood* heißt, offenbart er seinen Zuhörern, was mit ihm geschehen ist: *Ich verkaufte dem Teufel meine Seele, ich bekomme sie nie wieder zurück.* Der US-amerikanische Rap-Musiker Spice 1 sagt in seinem Lied *Face of a Desperate Man* das Gleiche: *Ich machte ein Geschäft mit dem Teufel und verkaufte meine Seele.“*

Ein Schauder durchzuckte Sebastian bei diesen Worten.

„Nun weißt du, wem das leuchtende Auge im Dreieck gehört?“ fragte Herr Wassiljew, als der Junge wieder zu ihm aufblickte. „Ich könnte dir Hunderte anderer Beispiele anführen, die viel schlimmer sind als das, was du eben gesehen und gehört hast. Aber ich glaube, daß du ohnehin verstanden hast, mit wem wir es hier zu tun haben. Ich wollte dir nur noch zeigen, wohin die Satanisten die Menschen treiben und was sie erreichen wollen.“

Er entsperrte sein Smartphone, suchte in der Galerie ein Bild aus und zeigte es Sebastian. Der Junge blickte darauf und erstarrte. Er konnte seinen Augen nicht mehr trauen! Das Bild zeigte ein Kinderspiel. Der Deckel der flachen Schachtel war aus durchsichtigem Kunststoff gefertigt, sodaß man alle Teile in ihrem Innern sehen konnte. In der Mitte lag Jesus mit ausgebreiteten Händen, wie man ihn auf einem Kruzifix gewöhnlich sah. Auch die Balken des Kreuzes lagen daneben. Was aber Sebastian am meisten verblüffte, waren ein kleiner Hammer und Nägel, die dazu gehörten. Unten stand in großen Lettern:

CRUCIFY JESUS BY YOURSELF!

Sebastian kniff die Augen zu und schüttelte den Kopf. Es war nicht schwer, diesen Satz zu übersetzen, doch sein Verstand weigerte sich eine solche Übersetzung als wahr zu akzeptieren.

Denn das würde heißen: **Kreuzige Jesus selbst!**

Sofort erstand vor seinem geistigen Auge der Richtplatz auf Golgotha und Christus mit Dornenkrone, der sein schweres Kreuz den Berg hinaufschleppte, um jene zu erlösen, die ihn voller Haß bespuckten. Bald sah er die schreckliche Kreuzigung selbst, die spitzen Nägel, die in die Hände des schuldlosen Heilands drangen! Selbst am Kreuz bat der leidende Christus den himmlischen Vater, seinen Henkern ihre unermeßliche Schuld zu vergeben…

Der Anblick des satanischen Kinderspiels erschütterte Sebastian bis auf den Grund seiner Seele. Welche Art Menschen waren das, die ahnungslose Kinder zu eigenhändiger Kreuzigung des Erlösers anstifteten! Sebastian atmete schwer. Das Allerheiligste haben sie mit ihren schmutzigen Händen angefaßt…

Dreckiger Abschaum! dachte Sebastian zutiefst gekränkt. Ein trostloses Gefühl kaum über ihn und zerriß sein warmes Herz.

„Warum hassen sie Christus so sehr?“ stieß Sebastian verzweifelt aus und wischte sich die Tränen weg.

Der Professor schaute ihn mitfühlend an und schwieg. Erst als der Junge wieder zu ihm aufblickte, begann er zu sprechen.

„Im Brief von Paulus an die Epheser, Kapitel fünf, steht: *Prüft also, was dem Herrn wohlgefällig ist, und habt keine Gemeinschaft mit den unfruchtbaren Werken der Finsternis, deckt sie vielmehr auf; denn was heimlich von ihnen getan wird, ist schändlich auch nur zu sagen.*“ Er zögerte einige Augenblicke, dann sagte er: „Ich versuche dir zu erklären, welche Taten diese Menschen heimlich vollbringen, von denen auch nur zu sagen schändlich sei… Wenn die Knechte der Finsternis die Wahl haben zwischen einer reizenden Hure und einer unschuldigen Nonne, werden sie sich immer für die Nonne entscheiden. Und wenn sie

Gelegenheit haben, sich an ein schutzloses Kind heranzuschleichen, werden sie es auch ihm antun, denn sie lechzen nach unberührter Reinheit, die sie verführen und entweihen könnten."

„Ich weiß, was sie meinen", erwiderte Sebastian, ohne ihn anzusehen, und wurde rot vor Scham, als er daran denken mußte.

„Ich hoffe, du vergibst mir, daß ich dir das alles erzählt und gezeigt habe", sagte der alte Herr schuldbewußt. „Aber ich mußte es tun. Du bist noch rein und schutzlos. Ich wollte dich warnen! Ich hätte es mir bis an mein Lebensende nicht verziehen, wenn du in die Fänge dieser Monster geraten wärest! Die meisten deiner armen Mitschüler, selbst die Zehnjährigen, berauschen sich an deren Liedern und ergötzen sich an diesen obszönen Bildern, ohne zu ahnen, in welchem Abgrund sie später enden werden!" Er seufzte schwer, dann setzte er seine Ausführungen fort. „Du kannst dir bestimmt nicht mal vorstellen, wie anders du bist! Gott hat dich mit einem fühlenden Herzen gesegnet, das du inmitten von Sodom und Gomorrha auf wundersame Weise rein behalten hast! Der Schöpfer hat dir aber noch eine andere Gnade erwiesen! Er hat dich mit einem scharfen Verstand beschenkt. Solche wie du sind unsere Hoffnung!"

Sebastian lächelte ihn dankbar durch die Tränen an und nickte. Die tröstenden Worte spendeten ihm wieder Kraft und Zuversicht, daß diese sündige Welt noch nicht verloren war und daß es nach wie vor Hoffnung gab…

Sie saßen im Schatten der Bäume und schwiegen einige Zeit. Sebastian beruhigte sich wieder, und der sonnige Tag und das Zwitschern der Vögel weckten in ihm die gewohnte Lebenslust.

„Sie haben ein Bibelzitat angeführt, wonach wir die Werke der Finsternis aufdecken sollten!" sagte Sebastian, dann fragte er wißbegierig: „Was kann man auf dem Dollarschein noch alles sehen?"

Der russische Professor begann zu lachen.

„Du willst alles und sofort wissen, nicht wahr?" fragte er nachsichtig und holte den Dollarschein wieder hervor. „Machen wir doch ein Ratespiel! Schau dir ganz aufmerksam das Muster hier am unteren Rand an! Was fällt dir auf?"

Sebastian hatte keine Angst mehr vor Versagen. Er nahm den Geldschein entgegen und betrachtete das Ornament zu beiden Seiten der Aufschrift ONE DOLLAR. Es war ein Geflecht von feinen Linien, die in wiederkehrendem Muster die untere Leiste bedeckten. Sein forschender Blick tastete alle möglichen Details ab, konnte aber keine Unregelmäßigkeiten entdecken, die erwähnenswert wären. Nur ein einziges Element, das zu beiden Seiten der Aufschrift zu finden war, zog seine Aufmerksamkeit immer wieder auf sich. Es waren dreieckige Segmente, die nicht so richtig in den Verlauf des Musters passen wollten. In der Mitte befand sich etwas Merkwürdiges, was ihn an einen Uhu erinnerte. Allerdings saß er mit tief herunterhängenden Flügeln. Er schaute sich die Leiste noch einmal an, konnte aber nichts anderes darauf entdecken.

„Ist das ein Uhu oder eine Eule?“ fragte er unsicher, womit er dem russischen Professor schon wieder große Freude bereitete.

Er lobte ihn und gab ihm das nächste Rätsel auf.

„Schau dir den Bereich um die Zahl eins hier in der Ecke an!“ sagte er begeistert. „Was siehst du dort?“

Kaum blickte Sebastian auf die mit einer Zierpflanze hinterlegte Umrandung, rief er erfreut aus:

„Da ist sie wieder!“

Herr Wassiljew war sichtlich zufrieden, verzichtete aber auf Lob.

„Vielleicht ist es aber nur ein Zufall?“ sagte er vergnügt und etwas provozierend zugleich. „Man sagt, es wäre nur eine Fortsetzung des Blattes, das in seiner Mitte durch das Zahlenschild verdeckt wurde…“

„Unmöglich!“ rief Sebastian kämpferisch aus. „Das Blatt verläuft ja ganz anders! Die Spitze hätte dann hier sein müssen!“ Er zeigte mit einem Fingernagel auf die Stelle rechts der Eule. „Außerdem ist dieses Element zu dick für die Spitze! Wenn man es mit anderen Blättern vergleicht, dann sieht man sofort, daß es nicht dazu gehört! Das ist eine Eule!“

Er schaute den alten Professor mit einem Blick an, in dem nicht nur die Erwartung einer bedingungslosen Zustimmung lag, sondern auch die Bereitschaft, seine Meinung zu verteidigen.

„Dann ist das die Frucht!“ erwiderte Professor unbeeindruckt.

Sebastian wußte, daß der alte Herr ihn damit nur provozieren wollte, trotzdem fühlte er sich ernsthaft herausgefordert.

„Nein!“ beteuerte er eindringlich. „Schauen Sie sich doch die anderen Früchte an, wie sie aussehen! Sie sind rund und haben eine regelmäßige Form! Das ist eine Eule! Und das wissen Sie!“

„Du hast Recht“, sagte Herr Wassiljew friedfertig und hob lachend die Hände hoch. „Das ist in der Tat eine Eule. Doch wie wichtig es für unsere Forschungsarbeit auch sein mag, sie ist nur ein Detail auf diesem Dollarschein, das man mit viel Fantasie dem Zufall zuschreiben könnte. Das ist, wenn man so will, ein kleines Mosaiksteinchen, das allein genommen noch keine Aussagekraft besitzt! Damit wirst du niemanden überzeugen können, nicht einmal dich selbst! Die Menschen werden sagen, du wärest ein Spinner, ein Verschwörungstheoretiker! Die wahre Bedeutung dieses Details eröffnet sich dir nur dann, wenn du das ganze Bild siehst, zu dem dieser Mosaikstein gehört! Auch wenn du eine ganze Handvoll von solchen Steinchen hast, wird das wohl kaum ausreichen, um diesem Ziel näher zu kommen. Selbst wenn du alle Steinchen gefunden hast, mußt du sie noch zu einem Bild zusammenfügen. Erst dann eröffnet sich deinem Blick ein gewaltiges Panorama geschichtlicher Abläufe, das der Wahrheit sehr nahe kommt! Dann werden auch die treibenden Kräfte sichtbar und ihre Absicht in diesem ewigen Ringen! Um das zu bewerkstelligen, braucht man nicht nur herausragende Fähigkeiten und eisernen Willen, sondern auch den unerschütterlichen Glauben an den höheren Sinn in unserem Leben! Es gibt einen schönen Vers in der Bibel: *Wache auf, der du schläfst, und stehe auf aus den Toten, so wird Christus dich erleuchten!*"

Er machte eine kurze Pause, dann sagte er viel ruhiger: „Jetzt aber müssen wir gehen! Es war sowieso schon viel zu viel für heute! Wenn Frau von Maysenberg erfährt, wovon wir gesprochen haben, dann habe ich ein Problem!"

Sebastian war aber von den Ausführungen des Professors in helle Begeisterung geraten. Seine Augen leuchteten! Es klang nach einem großen Abenteuer, sogar nach einer klaren Aufforderung, sich eingehend mit diesem weltbewegenden Thema auseinanderzusetzen!

„Nur noch eine letzte Frage!" rief Sebastian ihm flehend zu.

„Gut!" sagte der alte Herr nachgiebig. „Die letzte aber!"

„Warum haben sie mich ausgerechnet nach dieser Eule suchen lassen?" fragte der Junge forschend.

Das wohlwollende Lächeln verflüchtigte sich aus dem Gesicht des russischen Gelehrten.

„Weil ich dich vor ihrem bösen Blick warnen wollte", erwiderte er mit todernster Stimme. „Es ist die Eule der Göttin Minerva! Ein Symbol, das gerade jene für sich gewählt haben, die unsere Welt zerstören und auf ihren Trümmern ihre neue Weltordnung errichten wollen, das Reich des Antichristen!"

Der Junge war von der Antwort erneut überwältigt. Wie ein dunkler Abgrund tat sich vor ihm ein neues Geheimnis auf, dessen unergründliche Tiefe ihm eine schaurige Welle über den Rücken jagte. Bald war sein Kopf voll mit neuen Gedanken. Er machte gerade den Mund auf, um den alten Herrn mit weiteren Fragen zu überschütten, doch dieser hob die Hand schützend hoch und begann zu lachen.

„Das war aber jetzt die letzte Frage!" warnte er den wißbegierigen Jungen. „Hast du das schon vergessen?"

Herr Wassiljew legte ihm die Hand auf die Schulter und sagte:

„Den Dollarschein kannst du behalten. Ich bin mir sicher, daß du dort mehr findest als manche Wissenschaftler. Vergiß dabei aber nicht, was du mir versprochen hast! Zieh alles in Zweifel! Es ist zu verlockend, diese komplexe Welt mit einfachen Erklärungsmustern zu deuten, als daß man sich damit wissenschaftlich beschäftigt."

Sebastian steckte den grünlichen Dollarschein in die Brusttasche seines Hemdes und versprach ihm noch einmal hoch und heilig, seinem Ratschlag zu folgen. Sie gingen zurück, und als sie das große Haus der Familie von Maysenberg erreichten, blieb Sebastian einige Schritte vor der Tür stehen und drehte sich zu seinem Begleiter um.

„Ich bin Ihnen so dankbar, daß ich heute mit Ihnen sprechen durfte…", begann Sebastian recht umständlich und etwas verlegen zu sprechen, doch der hochverdiente Professor unterbrach ihn.

„Ich auch", sagte er gut gelaunt, womit er den Jungen schon wieder überraschte.

Während Sebastian in sein gütiges Gesicht starrte, erklärte der alte Herr: „Das Leben ist das schönste Geheimnis, dessen Lösung wir erst nach dem Tode erfahren werden. Wer weiß, vielleicht war gerade das heutige Gespräch mit dir das größte Verdienst meines irdischen Lebens…"

Er wollte ihm noch mehr sagen, doch die Tür ging plötzlich auf.

„Na endlich!" rief Wieland ihnen erfreut zu. „Ich habe euch bereits vermißt! Wir wollten zum Abschied noch ein paar Bilder machen."

Sie gingen hinein, gesellten sich zu der Familie von Maysenberg, und als die Gruppenbilder geschossen worden waren, zog der Professor Sebastian wieder zu sich.

„Mach bitte noch ein Bild von uns beiden!" sagte er Wieland, der mit einem Smartphone in der Hand in der Nähe stand.

Der alte Herr legte dem deutschen Jungen den Arm um die Schulter und drückte ihn leicht an seine Seite. Sebastian fühlte sich glücklich, blickte dankbar zu ihm hoch und hatte kein bißchen Angst mehr vor dessen zahlreichen Titeln.

„Linda!" rief Herr Wassiljew der Gastgeberin zu, nachdem Wieland einige Bilder geschossen hatte.

Frau von Maysenberg drehte sich zu ihnen um.

„Schau dir mal bloß an, wie er lacht!“ sagte er zufrieden. „Somit übergebe ich euch den Jungen wohlbehalten und in bester seelischer Verfassung.“

Der schwere Abschied

Gegen sieben Uhr abends kam ein Wagen und holte den russischen Gast ab. Es war ein schwerer Abschied, den Sebastian irgendwie bewältigen mußte. Doch der russische Professor teilte ihm mit, daß er in zwei Monaten wieder nach Deutschland kommen und mit Sicherheit einige Tage bei der Familie von Maysenberg verbringen würde. Eine schöne Visitenkarte hatte er Sebastian gegeben, die der Junge wie einen kostbaren Schatz vorsichtig in die Brusttasche seines Hemdes versenkte.

Bald mußte Sebastian mit Widerwillen daran denken, daß auch er sich auf den Heimweg machen sollte. Wielands Eltern, die sich sehr herzlich von ihm verabschiedet hatten, waren bereits zu einem wichtigen Vortrag gegangen. Nun stand auch Freya vor Sebastian. Sie verabschiedete sich von ihm und ging zur Tür, während der Junge erneut in einen merkwürdigen Zustand verfiel. Betroffen schaute er dem Mädchen nach und schien, qualvoll mit sich selbst zu ringen. Schon hatte Freyas Hand den Türgriff berührt, als es aus ihm endlich herauskam.

„Kann ich deine Telefonnummer haben?" rief Sebastian ihr hinterher.

Wieland, der die Szene ganz genau beobachtet hatte, wandte sich ab und sah mit einem Lächeln zu, wie eine große Fliege hartnäckig gegen die Fensterscheibe brummte, während seine junge Schwester, etwas verlegen und nicht ohne aufrichtige Freude, dem vor Peinlichkeit betäubten Jungen ihre Nummer auf einen Papierfetzen schrieb.

„Es war mir ein Vergnügen, dich kennenzulernen", sagte das Mädchen.

Bevor sie ging, gab sie ihm zum Abschied die Hand und schenkte ihm noch ein schönes Lächeln, das sein Herz wieder zum Rasen brachte. Diese Wirkung erschreckte ihn, doch es geschah von selbst, ohne daß er in irgendwelcher Form darauf Einfluß nehmen konnte. Er stand mitten im Flur und bemühte sich, seinen Zustand zu tarnen.

„Ich nehme an, daß wir uns jetzt etwas öfter sehen werden", sagte Wieland wie nebenbei und verkniff mit Mühe sein schelmisches Grinsen.

Sebastian steckte den Zettel in seine Hosentasche und murmelte ihm etwas Undeutliches zurück. Er hatte zwar verstanden, worauf sein Freund hinauswollte, doch die Nachwirkungen des Abschieds von dem Mädchen beanspruchten seine ganze Gefühlswelt und waren viel zu heftig, um auf seine Anspielung reagieren zu können.

Sie gingen durch das schöne Kaminzimmer und Sebastians zerstreuter Blick fiel dabei auf die weiße Flügeltür.

„Darf ich es noch einmal sehen?“ fragte er hoffnungsvoll.

Wieland ging zur Tür, machte sie auf und bat ihn mit einer einladenden Geste einzutreten. Die Ereignisse der vergangenen Nacht erwachten vor Sebastians Augen. Er blieb vor dem Bild einige Minuten stehen. Reinhard hielt die flammende Schale hoch, und sein glückseliges Gesicht verriet, welchen Wert sie in seinem Leben hatte.

„Sag mir, Wieland, ob es sie wirklich gibt?“

„Was meinst du?“

„Die Gralsritter“, flüsterte Sebastian, als ob er Angst hätte, daß jemand sie belauschen könnte.

Erwartungsvoll schaute er ins Gesicht seines Freundes.

„Du meinst den Orden?“

„Ja, den Ritterorden!“ bestätigte Sebastian aufgeregt.

„Ich meine, es muß ihn geben“, sagte Wieland nach einem kurzen Zögern. „Wenn eine so große Idee in der Welt ist, dann muß es auch Menschen geben, die sie ins Leben tragen.“

Diese Worte lösten bei seinem jungen Freund eine Freude aus, die sein ganzes Wesen erhellte.

„Darf ich dich noch etwas fragen?“ sagte Sebastian beinahe flehend.

„Was willst du wissen?“

Sebastian blickte wieder zu Reinhard hoch.

„Was ist in der heiligen Schale drin?“ fragte Sebastian flüsternd.

„Ein Geheimnis, das nur die Ritter kennen“, erwiderte Wieland.

Obwohl Sebastian keine Antwort bekommen hatte und sichtlich enttäuscht den Boden anstarrte, nickte er ihm verständnisvoll zu. Er wollte noch etwas fragen, doch Wieland machte ein Gesicht, als ob er sich an etwas Wichtiges erinnert hätte.

„Ich habe auf deiner Bücherliste einen Roman von Felix Dahn gesehen!“

„Ein Kampf um Rom“, bestätigte Sebastian. „Frank hat es mir empfohlen. Ich will mir das Buch nächste Woche ausleihen.“

„Komm!“ sagte Wieland und führte ihn nach oben in sein Zimmer.

Als sie vor seinem Bücherschrank standen, zog er drei große Bände heraus und reichte sie Sebastian hin.

„Das ist für dich“, sagte er halblaut.

Sebastian nahm sie vorsichtig entgegen und konnte zunächst nicht begreifen, was Wieland damit gemeint hatte. Unruhig wanderte sein Blick über den goldgeprägten Einband, bis er endlich die reichverzierten Buchstaben las: Ein Kampf um Rom.

„Für mich?“ fragte er verblüfft.

„Ein Geschenk von uns“, bestätigte Wieland. „Eine sehr seltene Ausgabe, über hundert Jahre alt.“

Sebastian war über alle Maße erfreut. Freudetrunken blätterte er darin, verweilte an einigen schönen Zeichnungen und wußte nicht, wie er seine Dankbarkeit zum Ausdruck bringen sollte.

„Sie sind bestimmt sehr teuer…“, fing er etwas verlegen an.

„Na klar!“ sagte Wieland ernst. „Ein Vermögen!“

Sebastian legte die Bücher zögernd auf den Tisch.

„Was ist?“ fragte Wieland.

„Tut mir leid“, sagte der Junge leise und lächelte ihn traurig an. „Ich kann sie nicht annehmen.“

Wieland lachte plötzlich los und drückte ihm sein Geschenk wieder in die Hände.

„Du wirst es nie erkennen können, wann ich dich auf die Schippe nehme!“

Sie stiegen die Treppe hinab, und auch im Gehen betrachtete Sebastian die Bücher wie einen Schatz, von dem er früher kaum zu träumen gewagt hätte. An der Haustür blieben sie stehen.

„Ich bringe dich zum Bahnhof“, sagte Wieland. „Walter wird dich abholen. Ich habe ihm bereits gesagt, wann du kommst.“

* * *

Sebastian stand neben Wieland auf dem Bahnsteig und schwieg. Gewöhnlich mochte er die überfüllten Bahnhöfe mit ihren lauten Ansagen, ankommenden Zügen und allem, was an lange Reisen und ferne Länder erinnerte. Doch jetzt, als die nächste S-Bahn ihn ganz allein nach Hause bringen sollte, empfand er keine Lust mehr, in den wartenden Zug einzusteigen.

„Hat’s dir bei uns gefallen?“ fragte Wieland, als hätte er die Antwort nicht gewußt.

„Du hast eine gute Familie… Ich wußte gar nicht, daß es…“

Sebastian konnte nicht mehr weiter reden.

„Weißt du“, sagte Wieland nachdenklich, „die es haben, schätzen es nicht.“

Sebastian schwieg. Ein trauriges Gefühl kam über ihn. Er starrte zur Seite, während Wieland versuchte, fröhlich zu wirken.

„Sie haben dich auch liebgewonnen", sagte er aufmunternd. „Das ist gar nicht so selbstverständlich. Glaub mir!"

Sebastian hatte keine Kraft zu antworten.

„Ruf unbedingt Freya an, sie wird sich freuen. Und denk dabei weniger darüber nach, was du ihr sagen solltest. Das ist in Wirklichkeit gar nicht so wichtig."

Wieland reichte ihm seine Hand und konnte sehen, wie schwer dem Jungen der Abschied fiel.

„Wann kommst du wieder zu uns?" fragte Sebastian verzagt.

„Vielleicht am Dienstag", sagte Wieland, zog ihn zu sich und umarmte ihn.

Sebastian stieg in den Wagen ein und blieb vor einem Fenster stehen. Sein Freund stand auf dem Bahnsteig und winkte ihm lächelnd zu, während der Zug in Bewegung kam und immer schneller wurde…

Sebastian fühlte sich aus einem schönen Traum gerissen, aus einer Welt, die ihn schon lange süchtig gemacht hatte. Er schaute sich um. Die wenigen Fahrgäste starrten stumm und lustlos in ihre bunten Zeitschriften. Ein junger Mann saß halb liegend und mit geschlossenen Augen auf einem Sitz am Fester. In seinen Ohren steckten Kopfhörer. Sein Kopf zuckte, und die Mimik in seinem ungepflegten Gesicht verriet seinen bescheidenen Entwicklungsstand.

Sebastian drehte sich weg und wußte nicht mehr, wie er weiterleben sollte. Nur der Gedanke an Frank und seine Freunde gab ihm noch Kraft. Er ließ sich auf einen Sitz fallen und schloß die Augen. Erst als er sich an Wielands Geschenk erinnerte, schlug er sie wieder auf. Er zog aus seinem Rucksack den ersten Band heraus und betrachtete ihn liebevoll. *Ein Kampf um Rom*, stand auf dem goldgeprägten Einband.

Sebastian fing zu lesen an und bereits nach wenigen Seiten tauchte er fasziniert in die gleiche Welt ein, die er soeben verlassen hatte. In einer stürmischen Nacht versammelte der alte Waffenmeister Hildebrand die Besten des Volkes, um mit ihnen zu beraten, wie sie die guten Goten vor den aufziehenden Gefahren beschützen sollten. Sie schlossen sich zu einer Bruderschaft zusammen und schworen einander, über die Zukunft ihres gotischen Volkes zu wachen und diese, wenn nötig, mit ihrem Blut zu sichern…

Ich darf auf keinen Fall die Kurstadt verpassen, war der letzte Gedanke, der Sebastian noch mit der Wirklichkeit verband.

In der Höhle

Am gleichen Sonntagabend tauchte das schicke Cabrio wieder in der Kreisstadt auf. Chrissi saß auf dem Beifahrersitz, ließ seinen Ellenbogen lässig aus dem Wagen hängen und war zum ersten Mal in seinem Leben mit sich selbst und der Welt ganz und gar zufrieden. Er mußte nicht einmal schauspielern, er fühlte sich tatsächlich wie einer, der das Glück hatte, zu jener dünnen Schicht zu gehören, die schöne Villen bewohnte, mehrere Wagen in der Garage stehen hatte und sich auch sonst alles leisten konnte. Er schaute auf die Menschen, die an den Ampeln auf grünes Licht warteten oder sich mit schweren Stofftaschen in der Hand nach Hause schleppten, und fühlte sich gar nicht mehr so richtig wie einer von ihnen. Mit überlegenem Gefühl sah er direkt in ihre Gesichter, und wenn nur einer von ihnen zufällig in seine Richtung blickte, überlief ihn eine schaurige Welle…

Nachdem Chrissi am späten Vormittag bei Joe aufgewacht war, begann er den neuen Tag damit, daß er eine halbe Stunde im Schwimmbecken verbrachte. Während er noch seine Haare föhnte, schlug Joe ihm ganz spontan vor, statt eines Frühstücks auf der Terrasse seiner schönen Villa in ein nobles Restaurant zu einem Brunch zu fahren. Chrissi war von Natur aus nicht zu übermäßiger Bescheidenheit veranlagt und ging sofort darauf ein.

Die gehobenen Tischmanieren der betuchten Restaurant-Besucher hatten Chrissi nicht im Geringsten in Verlegenheit gebracht. Keine auch noch so unbedeutende Kleinigkeit konnte seinem neugierigen Blick entgehen. Bald fühlte er sich in der noblen Umgebung ausgesprochen wohl. Trotz seiner unpassenden Kleidung spielte er sehr geschickt einen Aristokraten, was Joe abermals in Staunen versetzte. Er sagte Chrissi eine große Zukunft voraus, wenn er nur vernünftig bleiben würde…

Aber auch für seine Kleidung wurde gesorgt. Gleich nach der üppigen Mahlzeit, fuhren sie in ein teures Einkaufszentrum, das an diesem Sonntag geöffnet hatte, und kauften für ihn eine Menge Markensachen, die er früher nur in Schaufenstern gesehen hatte.

Chrissi fühlte sich wie ein Märchenprinz, der durch glückliche Umstände endlich in sein angestammtes Recht getreten wäre. Als er durch die Straßen seiner Heimatstadt fuhr und sein Glück wieder vor Augen hatte, schien ihm der Preis, den er für diesen Tag und nicht zuletzt für seine glorreiche Zukunft bezahlt hatte, gar nicht so hoch gewesen. Zwar konnte er den Ekel nach wie vor nicht bezwingen, wenn er daran denken mußte, doch jetzt war er sogar besorgt darüber, daß Joe sein starkes Interesse an ihm verlieren könnte. Ich sollte es ihm nicht so leicht machen, dachte Chrissi. Diese und ähnliche Gedanken fluteten über ihn und verflüchtigten sich spurlos, ohne eine klare Bestätigung oder gar Ablehnung gefunden zu haben…

Erst als der Wagen sein Ziel erreichte und am Straßenrand zum Stehen kam, wurde Chrissi plötzlich von panischer Angst heimgesucht. Er wollte die Tür aufmachen und aussteigen, blieb aber wie gelähmt im Wagen sitzen. Weit vorne ragte unübersehbar der heruntergekommene Wohnblock empor, in dem seine Familie eine Wohnung gemietet hatte. Es war gar nicht schwer sich vorzustellen, was ihn dort in wenigen Minuten erwarten würde.

„Wenn du willst, hole ich dich morgen wieder ab“, sagte Joe, wohl wissend, wie es dem Jungen gerade ging. „Ruf mich morgen an!“

Chrissi nickte, während Joe die Hand auf sein Bein legte.

„Ich mag dich, Junge!“ sagte er wohlwollend. „Vergiß nicht, was wir alles gemeinsam erreichen wollen und mach keine Dummheiten!“

Die Worte des Bärtigen hatten ihm gutgetan. Er wurde wieder fröhlicher, nahm seine große Tüte mit alten Sachen und stieg aus dem Wagen. Als das schicke Cabrio um die Ecke verschwand, verflüchtigte sich nach und nach auch die Angst. Gut gelaunt ging er in Richtung seines Hauses und pfiff unbekümmert ein neues Lied von Kesha, das er bei Joe gehört hatte. Chrissi wollte gerade um die Ecke gehen, als er plötzlich Kevins raue Stimme hörte.

„Hi, Chrissi!“ rief er ihm zu. „Was für ein Zufall!“

Chrissi erschrak. In Kevins übertrieben freundlich klingender Stimme lag etwas Unheimliches. Es war ihm klar, daß diese Begegnung auf keinen Fall zufällig zustanden gekommen war.

Kevin stand vor ihm wie gewohnt breitbeinig und stützte seine starke Fäuste in die Hüfte. Er trug ein ausgewaschenes T-Shirt, das frei über seine Jeanshose herunterhing, und billige Turnschuhe. Sein willensstarkes Gesicht war entspannt, doch der Blick seiner hellblauen Augen war unheimlich.

Chrissi war dermaßen überrascht, daß er seine Begrüßung gar nicht erwidert hatte.

„Wo warst du denn?“

„In Hannover… bei meinen Verwandten“, stotterte Chrissi unsicher.

„Ach so!“ rief Kevin aus, als hätte er sich an etwas durchaus Erfreuliches erinnert. „Das war wahrscheinlich dein super reicher Onkel, der sich bei der Müllabfuhr eine goldene Nase verdient hat!“

Kaum machte Chrissi den Mund auf, um ihm eine neue Notlüge aufzutischen, trat hinter einem nahegelegenen Gebüsch Tolik hervor. Als Chrissi seinen Freund sah, wurde er rot und wußte nun, weshalb sie auf ihn gewartet hatten.

„Hast neue Turnschuhe bekommen!“ sagte Kevin und betrachtete dessen Schuhwerk mit übertriebenem Interesse. „Adidas!“

„Meine waren schon lange kaputt“, erwiderte Chrissi und versuchte zu lächeln.

„Fabelhaft!“ rief Kevin ihm zu. „Gratuliere!“

Wieder blickte er Chrissi so hart und merkwürdig an, daß dem Jungen ein Frösteln über den Rücken lief.

„Komm, gehen wir!“ sagte Kevin nach einigen qualvollen Sekunden.

„Wohin?“ stammelte Chrissi entsetzt.

„In die Höhle“, erklärte Kevin. „Wir müssen mit dir ein paar Sachen klären.“

Chrissi fügte sich widerspruchslos seinem Willen. Kevin und Tolik gingen mit ernsten Gesichtern neben ihm und schwiegen, und dieses schreckliche Schweigen raubte ihm die letzte Kraft. Selbst sein Freund Tolik hatte ihn nicht eines einzigen Blickes gewürdigt und starrte die ganze Zeit finster vor sich hin. Als sie die verlassene Baustelle erreicht hatten, sprangen sie in den Keller hinunter und traten bald in den düsteren Raum ein.

Im flackernden Kerzenschein konnte Chrissi einen weiteren Jungen aus ihrer Clique sehen. Thomi saß in einem altmodischen Sessel, spielte mit seinem Klappmesser und schaute neugierig zu ihm, ohne ihn zu begrüßen. Tolik nickte dem schwarzgekleideten Jungen zu und setzte sich auf ein halb zerfallenes Sofa.

Die große Stahltür wurde mit einem dumpfen Knall zugeschlagen.

Chrissi blieb mitten im Raum stehen. Sein unruhiger Blick wanderte von einem Gesicht zum anderen, in der Hoffnung endlich zu erraten, was mit ihm in den nächsten Minuten geschehen würde, doch die steifen Gesichter seiner Freunde verrieten es nicht.

Kevin schloß die Tür ab und trat dicht an ihn heran.

„Na du, James Bond, wo hast du dich herumgetrieben?“ fragte er mit grimmiger Stimme. „Oder bist du jetzt Marilyn Monroe?“

„Ich…“, stotterte Chrissi entsetzt und wich vor ihm ängstlich einen Schritt zurück. „Ich habe bloß…“

Er hatte noch nicht zu Ende gesprochen, als Kevin noch näher an ihn herantrat und begann, seine Hosentaschen zu durchsuchen. Bald holte er daraus eine Menge zerknitterter Geldscheine, darunter auch einige Hunderter.

„Was hat er mit dir gemacht?“ fragte Kevin drohend, während Chrissi zu zittern begann.

„Gar nichts…“, stammelte er und zog sich zusammen, als wollte er sich vor starken Schlägen schützen. „Das Geld habe ich verdient… Tolik kann es bestätigen…“

Kevin konnte seine Wut nicht mehr zähmen. Er packte Chrissi an seinen schmalen Schultern und drückte ihn mit ganzer Kraft gegen die Stahltür.

„Lüg mich nicht an!“ zischte Kevin ihm atemlos zu. „Schau mir in die Augen!“

Chrissi ließ seine Tüte auf den Boden fallen und begann zu schluchzen.

„Kevin!“ rief Thomi seinem schnaubenden Freund vorwurfsvoll zu.

Dieser zögerte einen Augenblick, dann ließ er Chrissi widerwillig los und trat einige Schritte zurück.

„Was hat er mit dir gemacht?“ wiederholte Kevin seine Frage wie in einem peinlichen Verhör.

Chrissi blickte hilflos umher und zögerte mit der Antwort. Doch als sein Peiniger wieder näher kam, brach sein Widerstand zusammen.

„Nicht, was du denkst!“ sagte er schnell, blickte seinen Körper hinab und wurde knallrot. „Er hat nur da unten genippt…“

Kevin drehte sein Gesicht angewidert weg und spuckte geräuschvoll auf den Boden, während Thomi in ein ungesundes, fast lautloses Lachen verfiel.

„Kann mir das gut vorstellen…“ stieß er atemlos hervor, „wie er dir einen geblasen hat…“

Chrissi wußte nicht, wo er hinsehen sollte, so schlimm und ekelhaft schien ihm plötzlich das, was Joe mit ihm gemacht hatte.

„Und du?“ fragte Kevin voller Abscheu. „Hast du ihm auch einen geblasen?“

„Hab ich nicht!“ rief Chrissi erschrocken aus, ohne zu wissen, wie er diesen schrecklichen Verdacht entkräften sollte.

„Ich glaube dir nicht“, sagte Kevin und warf ihm die Geldscheine ins Gesicht.

Dann schloß er die schwere Eisentür wieder auf und zeigte auf die Türöffnung.

„Hau ab!“ sagte er schroff, doch Chrissi rührte sich nicht von der Stelle.

„Laß ihn doch!“ rief Thomi seinem Freund erheitert zu. „Sonst landet er garantiert auf dem Strich.“

„Dort ist auch sein Platz!“ erwiderte Kevin ungehalten und wandte sich wieder an Chrissi.

„Nimm dein schmutziges Geld mit und hau ab!“ sagte er drohend. „Oder willst du auch bei uns noch ein paar Groschen verdienen?“

Tiefe Verachtung lag in seinem Gesicht. Chrissi starrte ihn mit großen Augen an und konnte sich vor Entsetzen gar nicht mehr rühren. Was habe ich getan! dachte er verzweifelt, schaute in stumme Gesichter und wußte nicht, wie er ihre Freundschaft wieder gewinnen konnte.

„Hau ab, hab ich dir gesagt!“ schrie Kevin ihn wutentbrannt an und ballte seine starke Hand zu einer Faust.

Doch bevor er zum Schlag ausholten konnte, sprang Tolik dazwischen.

„Hör auf!“ bat er Kevin, doch dieser wurde nur noch wütender.

„Hau doch endlich ab!“ rief Thomi dem zitternden Chrissi zu und machte eine entsprechende Geste.

Chrissi stürzte aus dem düsteren Keller hinaus.

Der letzte Akt

An diesem Montag ging es Lisa nicht gut. In der großen Pause saß sie ganz allein auf einer Bank neben dem Fahrradplatz und starrte trübselig vor sich hin. Zu Hause hatte sie wieder einen heftigen Streit gehabt. Sie bereute es. Sie hätte es gern anders gehabt, doch die Eltern wollten einfach nicht begreifen, daß sie ihre eigene Vergangenheit endlich aufarbeiten mußten! Sie hatten versucht, ihre Großeltern in Schutz zu nehmen, obwohl diese in der Hitlerjugend gewesen waren! Sie waren in Reih und Glied mitmarschiert und hatten gewiß mit Begeisterung diese blöden Nazi-Lieder gegrölt…

Als Lisa daran denken mußte, kochte der Zorn in ihren Adern wieder auf. Vielleicht waren die Eltern tatsächlich verkappte Nazis?! Möglich, dachte das Mädchen und verengte die Augen. Wer weiß schon, worüber sie sprechen, wenn sie alleine sind… Die Frage hatte Lisa schon früher beschäftigt. Um endlich die Wahrheit über ihre Eltern herauszufinden, hatte sie beschlossen, ihr Handy am kommenden Sonntag unauffällig hinter einem Sessel im Wohnzimmer zu verstecken. Es hatte eine Diktiergerät-Funktion, und wenn man es mit einem Ladekabel an Strom anschließen würde, könnte es stundenlang ihre vertraulichen Gespräche aufzeichnen! Dann werde ich endlich die Wahrheit erfahren, dachte sie zufrieden. Und zwar die ganze Wahrheit!

Wann immer sie daran dachte, stand Lisa stets das gleich Bild vor Augen. Sie saß mit ihren Eltern am großen Tisch im Wohnzimmer. Sie schwieg, während ihr Vater entsetzt ihr Handy anstarrte, das unwiderlegbare Beweise für deren rechte Gesinnung präsentierte. Die Vorstellung davon bereitete Lisa große Genugtuung, auch wenn sie nach wie vor darüber unschlüssig war, was sie mit ihren reuigen Eltern danach tun sollte. Stimmungsabhängig schwankte ihr Urteil von der großzügigen Vergebung bis zur öffentlichen Anprangerung und Verleugnung…

Ihre Gedanken wurden abrupt unterbrochen.

„Hi!“ warf Alina ihr grüßend zu und setzte sich neben sie.

Lisa antwortete nicht auf ihre Begrüßung, sondern blickte ihre einstige Freundin mißtrauisch an. Nachdem Alina sich vom antifaschistischen Kampf grundsätzlich abgewandt hatte und nichts mehr davon hören wollte, wurde die Kluft zwischen ihnen immer tiefer und tiefer.

Alina packte ihr Pausenbrot aus und begann zu essen. Eine große Scheibe Kochschinken hing aus ihrem belegten Brötchen herunter.

Angeekelt schaute Lisa zu, wie die dünne Scheibe direkt vor deren Nase hin und her flatterte.

„Was ist?“ fragt Alina, als sie ihren verächtlichen Blick bemerkte.

„Du ißt tote Tiere?“ fragte Lisa vorwurfsvoll.

Alina hörte auf zu kauen und betrachtete ihr Brötchen von allen Seite, während Lisa vor Zorn zu schnauben begann.

„Machst du Witze oder was?“ fragte Alina verärgert, als sie endlich begriff, was sie damit gemeint hatte.

Lisa preßte die Zähne fest aufeinander, konnte aber den Wutausbruch nicht mehr aufhalten.

„Hörst du nicht die Schreie der geknechteten Tiere?“ fauchte Lisa ihre Freundin an und ballte unbewußt die Fäuste.

Alina sprang von der Bank auf, zeigt ihr einen Vogel und ging, ohne ein Wort zu sagen, weg, während Lisa ihr schwer atmend hinterherstarrte... Auch der Sportunterricht begann nicht besser. Als Lisa die Umkleidekabine verließ, waren ihre Mitschüler bereits in der Halle.

„Wo steckst du denn?“ rief ein Mädchen ihr gereizt zu. „Kannst du deinen Hintern nicht ein wenig schneller bewegen?!“

Lisa beantwortete ihre Unfreundlichkeit mit einem zornigen Blick. Während ihre Mitschüler noch kicherten, kam der Sportlehrer.

„Bist du verletzt?“ fragte er besorgt, als er einen dicken Verband auf Lisas Oberschenkel sah.

„Nichts Schlimmes“, antwortete das Mädchen ausweichend, ohne ihn anzusehen.

Sie teilten sich in zwei Mannschaften und spielten Volleyball. Lisa bemühte sich nicht aufzufallen, doch das Spiel begann für sie enttäuschend. Den Aufschlag hatte sie vermasselt. Dann wollte sie blocken, konnte den Ball zwar erreichen, doch dieser prallte von ihrer Hand ab und flog in eine ganz andere Richtung. Schließlich landete er weit weg hinter der Grundlinie.

Als Lisa erneut die vorwurfsvollen Blicke ihrer Mitspielerinnen kassieren mußte, sammelte sie sich und wollte es unbedingt wieder gut machen. Sie wartete eine günstige Gelegenheit ab, dann warf sie sich zum Netz, um den Ball zu blocken, stieß aber mit einem anderen Mädchen zusammen und stürzte recht unglücklich auf den harten Boden.

Das Spiel wurde unterbrochen, denn Lisa konnte nicht sofort aufstehen. Sie berappelte sich, setzte sich mühsam auf und faßte sich an der verletzten Schulter. Bald versammelten sich die beiden Mannschaften um sie herum. Während aber Lisa noch ihre Schulter massierte, verstummten ihre Mitschüler. Mit großen Augen starrten sie ihr rechtes Bein an. Der ausgeleierte Verband war beim Sturz nach unten gerutscht. Auf Lisas Oberschenkel prangte eine häßliche Schnittwunde. Es war ein Hakenkreuz, das in ihre weiße Haut geritzt worden war!

Als Lisa es bemerkte, wollte sie den Verband schnell wieder hochziehen, doch in diesem Augenblick kam der Sportlehrer hinzu. Er beugte sich über Lisa, um sich nach ihrem Befinden zu erkundigen, verstummte aber mitten im Satz.

„Wer hat das getan?“ fragte der Lehrer entsetzt, nachdem er den ersten Schock überwunden hatte.

Lisas Kinn begann zu zittern.

„Die Nazis“, kreischte sie hysterisch los und preßte ihre Hände aufs Gesicht.

Bald krümmte sie sich auf dem Boden und schluchzte untröstlich wie ein kleines Kind…

* * *

Wenige Minuten später heulten die Sirenen der Polizei auf. Ein Rettungswagen des Roten Kreuzes und ein Notarzt eilten durch die Straßen der kleinen Kurstadt zu ihrem nächsten Einsatzort. Blaue Blitzlichter und durchdringende Hornsignale ließen die aufgescheuchten Kurgäste ahnen, wie dringend ihr Anliegen war.

Auch Frau Bammert rannte über den Schulhof in Richtung der Sporthalle. Sie keuchte vor Anstrengung, konnte sich aber keine Pause gönnen. Mit einem Handy in der Hand stürmte sie hinein und stieß auf den Physiklehrer Ginster, der ihr mit besorgtem Gesicht entgegeneilte.

„Wo ist sie?!“ schrie Frau Bammert wie eine Besessene.

Die zerwühlte Frisur und das unheimliche Feuer in ihren Augen jagten dem schmächtigen Lehrer einen Schreck ein. Statt einer Antwort wies er mit einem Zeigefinger auf die Umkleidekabine.

Frau Bammert rannte sofort weiter, während der Physiklehrer mit halb geöffnetem Mund hinter ihr her starrte.

Als sie endlich ihr Ziel erreichte, bahnte sie sich gewaltsam den Weg durch die Menge gaffender Schüler und blieb schwer atmend vor dem schluchzenden Mädchen stehen.

„Wir haben die Polizei und den Notarzt informiert…“, sagte der Sportlehrer, doch Frau Bammert hörte ihm nicht zu.

Lisa sah elend aus. Sie kauerte in einer Ecke auf dem Boden und schluchzte leise. Frau Bammert beugte sich über das verängstigte Mädchen und begutachtete ihren Oberschenkel.

Der Anblick des Hakenkreuzes hatte unerwartete Wirkung auf die Vorsitzende des Komitees gegen rechte Gewalt. Frau Bammert wirkte auf einmal viel ruhiger. Sie starrte das Hakenkreuz an, und ein gefährliches Lächeln zeigte sich auf ihrem geröteten Gesicht.

„Raus hier!" warf sie den umstehenden Schülerinnen zu. „Ihr alle!"

Niemand widersetzte sich ihrer Aufforderung. Schweigend gingen die Mädchen hinaus. Auch der Sportlehrer verließ den Umkleideraum. Frau Bammert richtete ihr Smartphone auf das verängstigte Mädchen und schoß mehrere Bilder.

Gleich darauf fuhren Fahrzeuge der Polizei und des Rettungsdienstes in den Hof des Kant-Gymnasiums ein.

Schon wieder verdichtete sich die Zeitgeschichte und löste ein dramatisches Erdbeben aus, dessen Epizentrum erneut auf dem Gebiet des städtischen Kant-Gymnasiums lag. Bereits die ersten Wellen, die der Krisenherd ausgesandt hatte, erschütterten das moralische Empfinden der Menschen und erreichten in Windeseile die Redaktionen führender Leitmedien. Ein hartes Wettrennen setzte ein. Mit Wagen, Fernsehbussen und Hubschraubern bewegten sich Reporter und freie Journalisten von allen Seiten auf das Katastrophengebiet zu.

Die neue Schulleiterin

Am Morgen des nächsten Tages stand Dr. Oldenburg in seinem Arbeitszimmer vor dem Schreibtisch und räumte den Inhalt der Schubladen aus.

„Könnten Sie sich vielleicht ein bißchen beeilen?“ sagte Frau Bammert. „Ich habe bald eine wichtige Sitzung.“

Die Vorsitzende des Komitees gegen rechte Gewalt stand neben der offenen Tür und beobachtete mit unverhohlener Genugtuung, wie der ehemalige Schulleiter seine Sachen in einen Umzugskarton packte.

„Das kann ich leider nicht“, antwortete Dr. Oldenburg, ohne seine Beschäftigung zu unterbrechen.

Er versuchte seinen inneren Zustand zu verbergen, doch es gelang ihm nur teilweise. Sichtlich getroffen von der Entscheidung des Ministers über seine Suspendierung wirkte er niedergeschlagen und zerstreut.

Frau Bammert grinste. Nicht, daß sie es wirklich eilig gehabt hätte. Nein! Sie wollte ihren Sieg auskosten! Lange hat sie auf diesen Augenblick gewartet, sehr lange! Jetzt aber genoß sie ihn in vollen Zügen.

„Ich hoffe, daß Sie so anständig sind und nur Ihre privaten Sachen mitnehmen?“ sagte sie mit beißendem Spott in der Stimme.

„Das wissen Sie doch ganz genau“, erwiderte Dr. Oldenburg, ohne sie anzusehen.

„Wer weiß! Wer weiß!“ sagte Frau Bammert vieldeutig und verschränkte ihre Arme vor der Brust.

Als der ehemalige Schulleiter zum letzten Mal sein Arbeitszimmer überblickte, zog sich sein Herz schmerzhaft zusammen.

„Auf Nimmerwiedersehen!“ warf seine Nachfolgerin ihm gehässig hinterher.

Kaum trat er über die Schwelle, zog sie die Tür hinter ihm zu.

Dr. Oldenburg blieb einige Sekunden mit dem Umzugskarton in der Hand stehen, dann wandte er sich an die Sekretärin, die neben ihrem Tisch stand und mitleidvoll zu ihm schaute.

„Darf ich meine Sachen bis morgen bei Ihnen lassen?“ fragte Dr. Oldenburg etwas verstört.

Die Frau konnte nicht antworten. Tränen glänzten in ihren unglücklichen Augen.

„Nehmen Sie es nicht so schwer“, sagte Dr. Oldenburg beruhigend. „Ich bin Ihnen sehr dankbar, daß Sie diese ganzen Jahre mit mir so geduldig waren.“

Die Frau wischte sich die Tränen weg und nickte ihm zum Abschied zu…

Als Dr. Oldenburg hinausging, blieb er auf der Eingangstreppe ratlos stehen. Rechts neben ihm hing das steinerne Relief von Immanuel Kant. sapere aude – so hieß die in Granit gemeißelte Losung, die er vor mehr als zweihundert Jahren in die Welt gesetzt hatte. Wage es zu wissen, dich also deines eigenen Verstandes zu bedienen! Wie hast du es nur geschafft, so lange in deinem Professorenstuhl auszuharren, ohne daß man dich für deine ketzerischen Gedanken am Kragen packte und auf die Straße hinauswarf? fragte Dr. Oldenburg verwundert und stieg die Treppe langsam hinunter. Um den herumschleichenden Journalisten auszuweichen, ging er durch das zweite Tor auf die Max-Born-Straße.

Widersprüchliche Gefühle beherrschten ihn: Kränkung und Angst vor der ungewissen Zukunft, aber auch Erleichterung darüber, daß das Unausweichliche endlich geschehen war. Am meisten aber quälte ihn die traurige Erkenntnis dessen, daß ihm seine Schule fehlen würde.

Er schritt immer weiter, und als er aus seinen trübseligen Gedanken aufwachte, sah er einen Grundschüler, der mit buntem Schulranzen auf dem Rücken die Straße hinunter hüpfte. Mit kindlichem Fleiß versuchte er, immer jede vierte Platte mit dem Fuß zu treffen. Dabei sprach er mit sich selbst und bemerkte gar nicht, daß er direkt bis vor Dr. Oldenburg herangehüpft war.

„Toll machst du das!“ sagte dieser, als der verspielte Junge vor ihm stehenblieb.

Er schaute auf und erstarrte beim Anblick des stattlichen Herrn in einem dunklen Anzug.

„Tschuldigung“, sagte er schnell.

„Warum bist du nicht in der Schule?“ fragte Dr. Oldenburg mit milder Strenge. „Der Unterricht hat schon längst begonnen!“

Mit großen Augen starrte der Junge ihn an, machte einige Male den Mund auf, um etwas Passendes zu erwidern, blieb aber stumm, als hätte er das Sprechen verlernt.

„Komm, machen wir ein Tauschgeschäft!“ schlug Dr. Oldenburg nachsichtig vor. „Ich werde es niemandem erzählen, und du gehst jetzt sofort in die Schule. Und wenn die Lehrerin dich fragt, warum du zu spät gekommen bist, dann sagst du ihr, daß ich dich aufgehalten habe. Du weißt doch, wer ich bin?“

Der Junge nickte fleißig, während Dr. Oldenburg ihm die Hand reichte:

„Schlag ein!“

Das Gesicht des verängstigten Jungen erhellte sich wieder.

„Danke“, sagte er erfreut über die gefundene Lösung und ergriff etwas schüchtern die ausgestreckte Hand.

Dr. Oldenburg strich ihm lächelnd über die Haare, worauf dieser die Straße hinunter stürmte.

„Nicht so schnell!“ rief er ihm hinterher. „Paß an der Kreuzung auf!“

Ein warmes Gefühl streifte sein Herz. Nachdem es sich aber wieder verflüchtigt hatte, wurde der quälende Schmerz in der Brust nur noch heftiger. Wie sollte es jetzt ohne diese Kinder weitergehen? Es war so selbstverständlich, fast jeden Tag eine ganze Schar um sich herum zu sehen, sich um ihre Probleme und Problemchen zu kümmern und abends trotz allen Ärgers irgendwo tief in der Seele ein schönes Gefühl zu haben, daß man dem einen oder anderen Kind wirklich geholfen hatte. Das alles war jetzt nicht mehr, und er werde sich wohl daran irgendwie gewöhnen müssen. Eine Leere tat sich in seinem Innern auf, die er nicht mehr mit neuem Sinn zu füllen vermochte.

Ohne zu wissen, was er mit seiner Zeit anfangen sollte, ging er aufs Geratewohl durch die Straßen der lieblichen Kurstadt. Er wollte sich ablenken, doch jede Kreuzung und fast jede Hausecke erinnerten ihn an lustige oder gar bedeutungsvolle Begebenheiten, die ihn immer wieder zu seinen Schülern brachten…

Dr. Oldenburg bog in die menschenleere Bombergallee ein. Wenn er das Weinen nicht verlernt hätte, hätte er jetzt geweint, so stark war der Schmerz, der ihn gnadenlos vor sich herjagte.

Als Dr. Oldenburg um die Mittagszeit nach Hause kam, saß seine Frau auf dem Sofa im Wohnzimmer. Auf ihrem versteinerten Gesicht konnte er mühelos ablesen, daß sie bereits alles wußte und auf ihn wartete.

„Und?“ fragte sie höhnisch und warf die frische Ausgabe der örtlichen Zeitung auf den Couchtisch.

Dr. Oldenburg nahm sie in die Hand und las die Überschrift: *Leiter des Kant-Gymnasiums gefeuert. Ein längst überfälliger Schritt.* Er warf die Zeitung gleichgültig auf den Tisch und setzte sich auf einen Sessel.

„Bist du jetzt zufrieden?“ fragte sie im gleichen verächtlichen Ton.

„Ja“, antwortete Dr. Oldenburg und schlug für einige Sekunden die Augen nieder.

„Du findest das Ganze noch lustig?!“ erwiderte sie empört, während ihre Stimme immer lauter wurde.

Dr. Oldenburg hatte es gar nicht anders erwartet und ließ es über sich ergehen, ohne sich dabei wirklich getroffen zu fühlen. Erst als seine Ehefrau ihm eröffnet hatte, daß sie ihn bereits seit einiger Zeit verlassen wollte, begann er zu sprechen.

„Warum hast du es nicht getan?“ fragte er mit gleichgültiger Stimme.

„Das habe ich mich auch schon oft genug gefragt“, erwiderte sie und lachte auf. „Jetzt aber ist endgültig Schluß!“

„Das ist mit Sicherheit der beste Augenblick dafür“, sagte Dr. Oldenburg leicht ironisch, als wollte er sie in ihrem Entschluß bestärken, dann erhob er sich von seinem Sessel.

Diese Worte riefen einen erneuten Ausbruch von Gehässigkeiten hervor, doch Dr. Oldenburg zog bereits die Haustür hinter sich zu und trat wieder auf die Straße. Er wunderte sich über die seltsame Ruhe in seiner Seele. Kein Zorn, keine Rachegedanken regten sich in seinem Herzen. Eine helle Trauer flutete über ihn hinweg.

Wieder sah er einen hellblauen Himmel, der so hoch war, daß er bis zum göttlichen Thron zu reichen schien. Dr. Oldenburg konnte fühlen, wie das Schicksal ihn immer weiter trug, doch er widersetzte sich seiner Strömung nicht und nahm es demütig hin: Es muß wohl einen Sinn haben, warum es ausgerechnet so gekommen ist…

Bald zog er aus der Tasche sein Handy hervor und wählte die Nummer seines Jugendfreundes an.

„Dieter!“ sagte er, nachdem sich am anderen Ende der Leitung Prof. Meisner gemeldet hatte. „Ich habe im Wagen zufällig eine Flasche guten Rotwein gefunden und weiß nicht, mit wem ich sie trinken sollte!“

„In diesem Fall bist du bei mir gerade richtig“, erwiderte der Professor mit schwacher Stimme und lachte vergnügt auf.

Feindliche Belagerung

Wenige Stunden nach der Machtübernahme durch Frau Bammert glich das Arbeitszimmer der neuen Schulleiterin dem Stabsquartier einer in erbitterte Abwehrkämpfe verwickelten Armee, dem die Verteidigung der letzten Festung oblag. Menschen liefen ein und aus. Wichtige Beschlüsse wurden gefaßt, Initiativen beschlossen. Rundbriefe und Appelle wurden in alle Himmelsrichtungen verschickt. Die Telefone der Mitglieder des Komitees liefen heiß. Während mehrere Menschen gleichzeitig erregte Gespräche führten, krochen drei Schüler der Oberstufe mit Filzstiften in der Hand auf dem Fußboden herum und bastelten an einer Aufklärungstafel zum jüngsten Angriff der Rechtsradikalen.

Gleichzeitig wurde ein Bulletin über den Gesundheitszustand des Opfers vorbereitet. Es war ein großes Plakat mit mehreren Bildern von Lisa. Besonders eines davon war hübsch. Zwar stammte es aus einer Zeit, als das Mädchen noch die achte Klasse besucht hatte, doch die Wirkung ihres unschuldigen Lächelns auf diesem Bild war so bestechend, daß Frau Bammert auf keinen Fall darauf verzichten wollte.

Das zweite Bild zeigte Lisa in der Umkleidekabine der Sporthalle. Das Mädchen kauerte verängstigt in der Ecke und hielt die Hände auf ihr verweintes Gesicht gepreßt. Auf dem dritten Bild war das stark vergrößerte Hakenkreuz zu sehen, das die Nazis ihr auf den Oberschenkel geschnitten hatten.

Daneben aktuelle Angaben zum Gesundheitszustand des Opfers. Die letzte Nachricht war um 09:17 Uhr eingegangen: *Unsere Lisa befindet sich in psychiatrischer Betreuung und ist nach erlittenem Trauma nach wie vor nicht vernehmungsfähig… laut unbestätigter Informationen aus Ermittlungskreisen hätten die rechtsradikalen Täter versucht, das Mädchen zu vergewaltigen, was nur durch glückliche Umstände im allerletzten Augenblick verhindert worden sei… Der Staatsschutz hat die Ermittlungen übernommen! Wir erwarten um 11:00 Uhr die Pressekonferenz des stellvertretenden Innenministers, in deren Verlauf wir neue Informationen zum Ermittlungsstand erwarten!*

Als Herr Ginster im Arbeitszimmer der neuen Schulleiterin auftauchte, war er von der gleichen dramatischen Stimmung erfaßt und wußte vor lauter Aufregung gar nicht, was er zuerst anpacken sollte. Als er die Infotafel und das Bulletin sah, schlug er begeistert vor, in der Eingangshalle unter einem Bild von Lisa einen Platz für Teelichter und Blumen vorzusehen. Allerdings wurde sein Vorschlag abgelehnt. Schließlich war das Mädchen noch am Leben.

Während Herr Ginster sich über die ungerechte Behandlung seines Vorschlags grämte, wurde er von der mächtigen Generalsstimme der neuen Schulleiterin überrascht.

„Was stehen Sie hier sinnlos herum?“ fuhr Frau Bammert ihn gebieterisch an. „Tun Sie etwas Sinnvolles!“

„Jawohl!“ erwiderte Herr Ginster wie ein braver Soldat und stürzte ohne einen nachvollziehbaren Grund wieder aus dem Zimmer.

Dabei wurde er von einem Schüler beinahe überrannt. Ohne sich bei dem Lehrer zu entschuldigen, lief der Junge einfach weiter.

„Ich bin fertig!“ rief er der neuen Schulleiterin atemlos zu und hielt ihr sein Tablet hin.

Voller Stolz präsentierte er virtuelle Räume, die er in allen wichtigen Sozialnetzen eingerichtet hatte, wo die Menschen sich über den niederträchtigen Angriff auf Lisa informieren, ihre Solidaritätsbekundungen und Besserungswünsche zum Ausdruck bringen oder auch über das nicht hinzunehmende Ausufern der rechten Gewalt diskutieren könnten…

Während er noch über die neuen Chatgruppen sprach, meldete sich die Leiterin der antifaschistischen Gruppe Nord. Frau Bammert ging zu Seite.

„Wie lange sollen wir noch warten? Wir wollen ein Zeichen setzen!“ sagte Mandy nachdrücklich. „Ich will Rache!“

Frau Bammert zögerte einige Sekunden lang. Ihre neue Stellung verlangte ein umsichtiges Vorgehen bei solch heiklen Vorhaben. Andererseits sah sie durchaus die Notwendigkeit, ihre antifaschistischen Mitstreiter bei Laune zu halten und ihnen zu erlauben, von Zeit zu Zeit Dampf abzulassen.

„Gut!“ sagte sie schließlich mit gedämpfter Stimme. „Aber nur unter einer Bedingung: Ich persönlich habe davon nichts gewußt! Klar?“

„In Ordnung“, bestätigte Mandy. „Sie müssen aber dafür sorgen, daß die Bullen uns in die Stadt lassen! Tragen Sie uns in die Liste der Veranstalter ein!“

Als Frau Bammert ihr Handy wieder sinken ließ, wartete Frau Elsenwittner-Grevenbräuch mit einer wichtigen Mitteilung auf sie.

„Bald beginnt Ihre Pressekonferenz!“ sagte sie bedeutungsvoll. „Die Journalisten warten bereits in der Aula. Die meisten Fernsehsender sind da?“

Die Schulleiterin nickte ihr verständnisvoll zu. Nachdem sie noch einige letzte Anweisungen erteilt hatte, nahm sie ihre Mappe mit Bildern, die sie für die Pressekonferenz vorbereitet hatte, und verließ das Zimmer.

Frau Bammert ging durch die langen Flure des Schulgebäudes und wiederholte im Geiste die Kernpunkte ihrer Rede. Noch nie hatte sie etwas vom Blatt vorgelesen. Auch jetzt hatte sie keinen Text dabei. Nichtsdestotrotz hatte sie sehr lange überlegt, wie sie ihre Presseerklärung gestalten sollte. Denn ihr flammender Appell sollte alle Grenzen überwinden und das Gewissen aller Menschen erreichen, die noch wert sind, diesen hohen Namen zu tragen.

Als die neue Schulleiterin die Aula des Kant-Gymnasiums betrat, wurde sie von langanhaltendem Blitzlichtgewitter der Journalisten begrüßt…

* * *

Auch wenn der Feind kaum unterschiedlicher hätte sein können, herrschte in der Stadtverwaltung zu dieser Stunde die gleiche Krisenstimmung. Während aber das Komitee gegen rechte Gewalt die Verteidigung gegen die Nazis organisierte und sogar Gegenangriffe plante, so konnte der Bürgermeister dessen Vorsitzende Frau Bammert um ihre Lage nur noch aufrichtig beneiden. Denn die Stadtverwaltung vermittelte an diesem Morgen den Eindruck, daß die Armee seiner Feinde nicht nur im Aufmarsch begriffen war, sondern bereits plündernd und mordend durch die Straßen der schutzlosen Kurstadt zog.

Drückende Stille herrschte im Arbeitszimmer des Bürgermeisters. Umgeben von treuen Mitarbeitern saß er in einem Drehstuhl und starrte entsetzt auf den Bildschirm, wo nach jedem fröhlichen Klingelton eine neue Hiobsbotschaft auftauchte:

Wir rufen alle Menschen
guten Willens zu einem Marsch der Anständigen auf!
Organisiert euch!
Auf zur Verteidigung der Menschenwürde!
Auf zum kompromißlosen Kampf gegen die Nazis!

Kaum wurde die Nachricht verinnerlicht, klingelte es schon wieder:

Wir werden nicht ruhen,
solange nur noch ein einziger Mensch
in eurem verkommenen Nazi-Nest eine Kur macht!
Ja, wir drohen euch! Unmißverständlich und kompromißlos…

Solche Wörter wie *kompromißlos*, die von den antifaschistischen Führern in ihren Botschaften so gern verwendet wurden, schlugen wie Peitschenhiebe auf die geschundene Seele des Bürgermeisters. Denn er wünschte sich nichts sehnlicher als einen echten Kompromiß! Wenn auch der Friedensschluß zur Zeit unerreichbar erschien, so wollte er seine wunderschöne Kurstadt zumindest durch einen Waffenstillstand schützen.

„Wir müssen etwas dagegen tun!" rief er seinen verängstigten Mitarbeitern zu. „Wir schließen uns diesem Bürgerprotest an! Alle Kirchen, alle Parteien, Verbände und Vereine werden dabei sein! Auf diese Weise werden wir ihnen zeigen, daß wir Partner sind! Ich persönlich werde diesen Marsch anführen!"

Der Bürgermeister redete sich in helle Begeisterung hinein, konnte aber in den stummen Gesichtern seiner Gefolgsleute keine nennenswerte Veränderung feststellen. Denn die nächste Nachricht, die in seinen Krisenstab hineinflatterte, versprach nichts Gutes:

Zieh dich warm an, du verfettetes Schwein!
Bald wirst du was erleben!
Wir werden deine Nazi-Stadt in Schutt und Asche legen…

Der Bürgermeister kniff die Augen zu und stöhnte qualvoll auf. Ein schrekkliches Szenario entrollte sich vor seinem geistigen Auge: Zertrümmerte Schaufenster, Straßenschlachten und brennende Barrikaden, schutzsuchende Kurgäste, die von vermummten Antifaschisten durch die Straßen gejagt werden…

Als er die Augen wieder öffnete, stand neben ihm der Polizeidirektor Bölle. Noch bevor der Bürgermeister ihn nach seinem Anliegen fragen konnte, begann der Polizeibeamte mit seinem Rapport.

„Die Stadtverwaltung muß geräumt werden", teilte er ihm sachlich kühl mit. „Eine ernstzunehmende Bombendrohung ist eingegangen…"

Die Kundgebung

Am Abend des gleichen Tages verschlechterte sich das Wetter. Schwere Wolken jagten tief über die Kurstadt hinweg und der böige Wind riß trockene Äste von den alten Kaiserlinden. Die wenigen Kurgäste, die noch auf den Straßen waren, blickten in Erwartung eines heftigen Regens ängstlich hoch und beeilten sich wegzukommen.

Nur auf dem Brunnenplatz vor der Wandelhalle, im Herzen der schönen Kurstadt, bildete sich trotz aufziehenden Gewitters ein großer Menschenauflauf. Es waren Hunderte, die vor einer auf die Schnelle gezimmerten Bühne standen und mit ernsten Gesichtern einer temperamentvollen Rednerin lauschten.

Es war eine Kundgebung, die einem außerordentlichen Ereignis gewidmet wurde, das die beschauliche Kurstadt erneut in Aufruhr gebracht hatte. Vermummte Jugendliche sollten vor einigen Tagen eine Schülerin des Kant-Gymnasiums überfallen haben, die sich ehrenamtlich im Komitee gegen rechte Gewalt engagiert hatte. Sie hätten sie erniedrigt, ihr die Hose ausgezogen und ihr ein Hakenkreuz in den Oberschenkel geschnitten.

Um den drohenden Imageverlust von der schönen Kurstadt abzuwenden, wurde beschlossen, unverzüglich eine Protestkundgebung zu organisieren, zu der neben dem Bürgermeister alle Parteien, Verbände und Kirchen aufgerufen hatten.

Dank der neuen Schulleiterin Frau Bammert, die seit Jahren auch die Vorsitzende des Komitees gegen rechte Gewalt war, bekam das unerfreuliche Ereignis ein breites mediales Echo. Selbst überregionale Sender zeigten Interesse an dem Vorfall und schickten ihre Reporter in die kleine Kurstadt. Mehrere Presse-Fahrzeuge und eine ganze Schar Kameraleute zeugten von ihrer überdurchschnittlichen Präsenz. Auch ein großer fensterloser Bus mit zwei tellerförmigen Satellitenantennen auf dem Dach befand sich in der Nähe. *Janus* stand schräg über seine weißlackierte Seite geschrieben, darunter eine zweigesichtige Maske, wobei das helle Gesicht lachte, das dunkle aber mit tief heruntergezogenen Mundwinkeln finster dreinblickte.

Der Bus stand unter den Kaiserlinden der Hauptallee und stellte auftragsgemäß eine Medienbrücke in die ferne Landeshauptstadt her, wo ein weiteres Studio zeitnah einen Videobeitrag zum Verlauf der Kundgebung vorbereitete. Ein hünenhafter Reporter mit einem gepflegten Vollbart und großer Glatze stand auf dem Brunnenplatz vor der Kamera und wartete mit einem windgeschützten Mikrofon in der Hand auf die Live-Schaltung in die Abendnachrichten.

Währenddessen sparte die Rednerin nicht mit rhetorischen Mitteln, um jedem wachsamen Bürger die Bedeutung des Vorfalls klar zu machen.

„Es war nicht das erste Mal, daß in unserer Stadt fremdenfeindliche Angriffe begangen wurden. Ich möchte sie an die schändliche Tat eines Schülers unseres Gymnasiums erinnern, der einen heimtückischen Anschlag auf den türkischen Teppichladen verübte. Es gab Menschen, die nicht müde waren, diese abscheuliche Tat herunterzuspielen, indem sie ständig auf das junge Alter des Beschuldigten verwiesen und damit die rechtsradikalen Jugendlichen zu weiteren Straftaten ermutigten! Auch jetzt, während wir hier unsere Solidarität mit den Opfern dieser Schandtaten bekunden, läuft der Täter irgendwo da draußen unbehelligt herum und lacht über die Unfähigkeit des Staates, unsere Werte zu verteidigen!"

Als Frau Bammert diese Worte sagte, konnte sie nicht wissen, daß Sebastian, dem die beschriebene Untat zu Last gelegt wurde, sich in unmittelbarer Nähe befand und weit davon entfernt war, hämisch zu lachen. Er kauerte in der Ecke eines Zimmers im ersten Stock direkt über der Bühne, auf der die Rednerin stand, und hörte ihr durch das geöffnete Fenster verängstigt zu.

„Eigentlich sollte er jetzt hier sein, um uns für seine niederträchtige Tat Rede und Antwort zu stehen!" dröhnte die mächtige Stimme der neuen Schulleiterin.

Lebhafter Applaus und zustimmendes Murren begleiteten diese Forderung. Die angereisten Antifa-Gruppen, die von der Polizei auf sicherem Abstand gehalten wurden, grölten ihre Kampfparolen.

Sebastian wurde blaß und zog sich noch mehr zusammen.

„Aber nicht nur dieser Junge trägt die Schuld", setzte Frau Bammert ihre entlarvende Rede fort. „Noch mehr trifft sie jene, die ihn zu dieser schändlichen Tat verhetzt haben. Ich würde mich nicht wundern, wenn sie auch in den niederträchtigen Angriff auf Lisa verwickelt waren!"

„Jetzt kommen auch wir dran", kommentierte Luka ahnungsvoll.

Denn einige Schüler, die Sebastian angeblich vor der Tat radikalisiert hatten, saßen im gleichen Zimmer in der Wohnung des Buchhändlers Maiski und hörten ihr ebenfalls aufmerksam zu.

„So ein Scheusal!" flüsterte Julia durch zusammengepreßte Zähne. „Warte nur! Ich werde es dir später tausendfach heimzahlen!"

Die Zornesfunken in ihren hellbraunen Augen verrieten ihren seelischen

Zustand. Sie ballte die Fäuste zusammen und ließ erkennen, was sie mit Frau Bammert gern machen würde, wenn sie eine günstige Gelegenheit dazu hätte.

„Unter solchen Umständen würde ich keine große Pläne für die Zukunft schmieden“, erwiderte Luka sarkastisch. „Ich wäre schon zufrieden, wenn wir den morgigen Tag überleben.“

Inzwischen wurden die Antifa-Sprüche noch lauter.

„Für die Freiheit, für das Leben! Nazis von der Straße fegen!“ skandierten die schwarzgekleideten Antifaschisten, die seit einigen Stunden die Stadtmitte überschwemmten.

Mehrere Knallkörper explodierten, bald ging ein Schaufenster klirrend zu Bruch. Die Lage vor dem Brunnenplatz eskalierte immer weiter. Sirenen heulten los. Messerscharfe Blaulichter der Polizeiwagen huschten geisterhaft über die Wänden des Zimmers.

„Wir werden in die Geschichte dieser Stadt eingehen“, flüsterte Luka halb ernst, halb ironisch Sebastian zu. „Besonders du!“

Doch der Junge sah aus, als ob er auf seinen Platz in der Geschichte gern verzichten würde. Er saß stumm auf dem Boden, umschlang seine angezogenen Beine und kaute nervös an den Lippen.

„Hör auf ihm Angst zu machen!“ sagte Julia vorwurfsvoll, als sie sah, daß Sebastian das restliche Blut aus dem Gesicht gewichen war.

„Mach es zu, René!“ bat sie einen Jungen, der am geöffneten Fenster stand. „Das kann ich nicht mehr hören.“

René de Will, ein hellblonder Junge, der mit Sebastian die gleiche Klasse besuchte, machte das Fenster vorsichtig zu, und auf einmal wurde es im Zimmer wesentlich stiller. Er atmete erleichtert auf und setzte sich an den Tisch, wo Luka und Julia saßen.

„Ich habe ein Gefühl, als ob wir tatsächlich etwas Schlimmes angestellt hätten“, sagte René und wußte nicht, was er mit seinen unruhigen Händen machen sollte.

Mal verkrampfte er sie zu Fäusten, mal versteckte er sie unter dem Tisch.

„Wenn meine Eltern nur einen Teil davon mitbekommen, werden sie mich sofort totschlagen“, stimmte Luka ihm zu. „Ich kann mir gut vorstellen, daß sie jetzt da unten stehen.“

„Hört auf zu jammern!“ wies Julia die beiden sofort zurecht und ging zum Fenster.

Sie machte es wieder auf und schaute hinunter. Die anklagende Stimme der Vorsitzenden des Komitees gegen rechte Gewalt dröhnte noch lauter und unheimlicher.

„Das rechtsradikale Gedankengut grassierte unter den Schülern des Kant-Gymnasiums wie eine ansteckende Seuche, während die Verantwortlichen versuchten, diese Tatsache wie gewohnt unter den Teppich zu kehren“, warf Frau Bammert in die Menge mit einer Wucht, als wäre die Machtergreifung der Nationalsozialisten nur noch eine Sache von wenigen Wochen. „Nun aber nähern wir uns dem logischen Schluß dieser schrecklichen Entwicklung. Vor einigen Tagen erreichte das Komitee gegen rechte Gewalt eine erschütternde Nachricht, wonach ein Schüler unseres Kant-Gymnasiums auch noch das Allerheiligste geschändet haben sollte, indem er öffentlich und in kalter Absicht den Holocaust leugnete.“

Während die Menschen direkt vor der Bühne bei den letzten Worten voller Entsetzen erstarrten, wirkte die darin enthaltene Botschaft auf die angereisten Antifaschisten um so verheerender. Ihre angestaute Wut entlud sich nicht nur im drohenden Grölen ihrer Sprüche, sondern verwandelte die anliegenden Straßen in ein Schlachtfeld. Wieder gingen Fenster zu Bruch, die Polizeiketten kamen in Bewegung, um die rasenden Antifaschisten abzudrängen.

„Geh doch jetzt endlich vom Fenster weg! Wenn sie uns hier sehen, werden sie die Tür einschlagen!“ flehte Luka das Mädchen an, doch Julia achtete nicht auf seine Ermahnung und lehnte sich noch tiefer aus dem Fenster hinaus.

„Sie will überhaupt nicht mehr aufhören!“ sagte Julia rachsüchtig und wandte sich an René. „Kannst du mir einen Eimer Wasser aus der Küche holen!“

Der Junge sprang sofort von seinem Stuhl auf, erstarrte aber, als er den Sinn ihrer Bitte verstanden hatte.

„Wozu brauchst du Wasser?“ fragte Luka besorgt.

„Ich will diese Hexe ein bißchen abkühlen, was sonst!“ erklärte Julia.

Die Lautstärke, mit der diese Worte ausgesprochen wurden, erschütterte die Jungen. Ihre Gesichter verloren jeden Ausdruck. Sebastian spürte wie heftig ihm das Herz zu schlagen begann. Und dafür gab es einen gewichtigen Grund: Bei Julia war alles möglich! Denn sie gehörte zu jener Art Mädchen, die oft viel mutiger und verwegener waren als die meisten Jungen. Auch jetzt blickten Julias Augen mit wilder Entschlossenheit, die ihren männlichen Freunden einen gehörigen Schrecken einjagte.

„Was ist?“ fragte das Mädchen vergnügt. „Habt ihr schon wieder in die Hosen gemacht?“

Plötzlich begann sie zu lachen.

„Du mit deinen Späßen!“ atmete Luka erleichtert auf und wollte wie gewohnt über ihr unangemessenes Verhalten schimpfen, doch in diesem Augenblick klingelte es unten an der Tür der Buchhandlung.

Für einige Sekunden erstarrten sie. Dann sprang Luka von seinem Stuhl auf.

„Jetzt haben wir das!“ sagte er ahnungsvoll und bedachte Julia mit einem vorwurfsvollen Blick.

Bald hallten von unten die gemächlichen Schritte des Buchhändlers empor, der zur Eingangstür ging. Es klingelte wieder.

„Wenn das die Roten sind, versteckst du dich im Schrank. Klar?“ warf Luka Sebastian hastig zu und lief zur Treppe, die nach unten führte.

Auch Julia stürmte ihm hinterher.

Sebastian fühlte es beinahe physisch, in welcher Gefahr er sich gerade befand. Er sprang auf die Beine und schaute ratlos René an, der eine Schranktür aufgerissen hatte und die Kleider zur Seite schob.

„Paßt du da überhaupt rein?“ flüsterte er fieberhaft.

Die Worte seines Freundes rissen Sebastian aus seiner Starre. Die Vorstellung davon, daß die Roten ihn im Schrank finden und ihn wie einen Feigling daraus hervorziehen würden, ließ seine Ohren vor Scham erglühen.

„Mach den Schrank zu!“ sagte Sebastian entschieden.

Er holte aus der Tasche seiner Jeanshose einen schweren Bolzen, den er heute wegen akuter Gefahr wieder mitgenommen hatte, legte ihn in seine Rechte und verkrampfte sie zu einer Faust.

„Ich werde mich nicht verstecken!“ sagte er mit verbissenem Ausdruck in seinem jungen Gesicht.

René widersprach nicht und schaute sich hastig im Zimmer nach einem geeigneten Gegenstand um, den er als Waffe benutzen könnte. Schließlich packte er einen Stuhl an der Lehne und hielt den Atem an.

Unten ging die Tür auf. Gleich darauf drang zu ihnen Julias jauchzende Stimme.

„Wieland“, sagte Sebastian erleichtert und sank erschöpft auf den Stuhl.

Und in der Tat stand ihr neuer Freund vor der Tür der Buchhandlung und klappte seinen Regenschirm zusammen. Er wurde sofort hineingezogen und mit Fragen überhäuft.

„Bist du verrückt, einfach so da draußen herumzulaufen! Und wenn sie dich erwischt hätten?“ rief Luka ihm vorwurfsvoll zu. „Wenn sie erfahren, wer du bist, werden sie dich sofort kreuzigen!“

„Sie wissen aber nicht, wer ich bin“, erwiderte Wieland gut gelaunt. „Wo ist Frank?“

„Er ist gerade bei Anna!“ erwiderte Julia. „Wir haben ihnen gesagt, sie sollen lieber dort bleiben! Wenn sich die Lage beruhigt hat, gehen wir alle zu ihnen!“

Bald tauchten vor der Tür Sebastian und René auf und bestürmten Wieland nach Atem ringend mit den gleichen Fragen. Unbändige Freude erfaßte Sebastian, als er seinen adeligen Freund wiedersah. Er umarmte ihn innig, und seine Augen, noch vor wenigen Minuten ängstlich und trübe dreinschauend, leuchteten wieder auf…

Die Blutzeugin

Lisa stand auf der Bühne hinter Frau Bammert und bewunderte heimlich die Vorsitzende des Komitees gegen rechte Gewalt. Wortgewaltig und ohne Spickzettel entwarf sie vor den Teilnehmern der Kundgebung ein dramatisches Bild der untragbaren Zustände in der beschaulichen Kurstadt. Das Mädchen fühlte sich von der Rede mitgerissen, doch gleichzeitig kroch lähmende Furcht in ihre Seele. Mandy hatte ihr am Telefon Mut zugesprochen und gesagt, daß sie jetzt stark sein müsse, und das wollte sie auch sein. Doch wie sollte sie nach diesem ergreifenden Vortrag vor die Menschen treten? Wovon sollte sie ihnen noch berichten, wenn Frau Bammert alles Wichtige bereits gesagt hatte? Lisa kam sich klein und schutzlos vor. Nervös drückte sie den Text ihrer Rede auf die Brust und sah ängstlich dem Augenblick entgegen, in dem sie vor das Mikrofon treten sollte.

Der Wind hob wieder an, rüttelte mächtig an den Kronen der Kaiserlinden und warf ihr einige Haarsträhnen ins Gesicht. Lisa blickte hinauf. Dunkle Regenwolken zogen in östliche Richtung, jederzeit bereit ihre schwere Ladung über der Stadt niedergehen zu lassen. Vielleicht wird es doch regnen? dachte sie hoffnungsvoll, doch Frau Bammert beendete bereits ihre Rede mit einem flammenden Appell an alle Anständigen, genoß deren langanhaltenden Applaus, dann trat sie wieder ans Mikrofon.

„Ich habe Lisa gebeten, heute bei uns zu sein“, sagte sie mit äußerst warmer, mitleidvoller Stimme. „Trotzt eines seelischen Traumas, das sie erleiden mußte, stimmte sie meinem Vorschlag zu…“

Als Frau Bammert mit ihrer Einleitung fertig war, ging Lisa nach vorne und fühlte, wie die Angst ihr die letzte Kraft nahm. Sie starrte in den Text ihrer Rede und mit jedem Herzschlag wurde ihr immer klarer, daß sie es nicht schaffen würde, den Text vorzulesen. Sie ließ die Hände wieder sinken und trat noch näher an das Mikrofon.

„Ich wollte Ihnen davon berichten, was mir an dem schlimmsten Tag meines Lebens widerfahren ist… wie sie mich gedemütigt haben, und davon, was sie sonst noch alles mit mir gemacht haben und machen wollten…“, begann Lisa recht unsicher zu sprechen, „doch Frau Bammert hat es so ausführlich geschildert, daß ich kaum noch etwas Neues dazu sagen könnte…“ Sie verstummte, blickte einige Sekunden lang hilflos in die Menge, dann begann sie wieder zu sprechen. „Daher will ich Ihnen heute etwas ganz Anderes erzählen, was vielleicht viel wichtiger ist, als das, was die Nazis mit mir gemacht haben. Ich wollte darüber reden, was auf unserem Gymnasium geschah… wie das alles begonnen hat… Es gibt so viele Nazis in dieser Stadt! Sie haben keine Angst mehr! Was ich während einer Diskussion in der Aula mit eigenen Augen gesehen hatte… was ich dort gehört habe… Es war einfach furchtbar!" sagte Lisa mit einer Stimme, deren Ehrlichkeit einen großen Eindruck hinterließ. „Ein rechtsradikaler Schüler, der damals erst seit wenigen Wochen bei uns auf der Schule war, hat unsere ganze Geschichte auf den Kopf gestellt… Dinge gesagt, die einfach unmöglich sind…" In bruchstückhaften Sätzen begann sie über Franks Vortrag zu erzählen, verhaspelte sich aber vor Aufregung und brach es schließlich ab. „Nein!" stieß sie verzweifelt aus und schüttelte dabei energisch den Kopf. „Nein! Nicht das wollte ich Ihnen erzählen… Es ist etwas viel, viel Schlimmeres passiert! Ich habe gesehen, wie unsere Schüler ihm zugehört haben! Viele hatten die gleiche Meinung! Ich konnte sehen, wie begeistert sie waren… begeistert von diesen schrecklichen Worten… die er gesagt hat! Ihre Augen glänzten! Sie haben ihm zugejubelt!"

Lisa blickte in die betroffenen Gesichter der Menschen, als flehte sie jeden einzelnen von ihnen um Hilfe an, brach plötzlich in Tränen aus und verbarg ihr Gesicht in den Händen. Die Menschen schwiegen. Selbst die linken Chaoten verstummten. Das bittere Schluchzen des verzweifelten Mädchens, das mehrfach verstärkt aus den Lautsprechern schallte, drang tief in die Seelen der Anständigen.

„Das sind doch eure Kinder!" stieß Lisa mit brüchiger Stimme hervor und blickte mit verweinten Augen in die erstarrte Menge. „Warum laßt ihr das alles bloß zu?"

Lisa konnte nicht mehr sprechen! Die Worte erstickten im bitteren Schluchzen. Sie drehte sich weg, dann ging sie mit zuckenden Schultern zur Seite.

Die erschütterten Antifaschisten holten Luft, und wenige Sekunden später brach auf dem Brunnenplatz die Hölle los. Die vermummten Kämpfer stöhnten vor Wut, ballten ohnmächtig die Fäuste und verfielen in hysterische Raserei.

„Nazi-Stadt! Nazi-Stadt!" brüllten sie wie von Sinnen und drückten gegen die Polizeisperren.

Der zu Tode erschrockene Bürgermeister stürzte zum Mikrofon, um die wütenden Demonstranten zu beruhigen und ihnen mitzuteilen, daß die ganze Stadt entschieden gegen Rechts wäre und sie alle gemeinsam an einem Strang ziehen sollten, doch ein Stein traf ihn schwer am Kopf, worauf er ohnmächtig von der Bühne auf den harten Boden fiel.

Die Angriffe der Antifa wurden immer brutaler: Pflastersteine flogen, Fensterscheiben gingen zu Bruch, Hornsignale der Rettungswagen heulten auf.

Gleich darauf kam Gewitter. Es schüttete wie aus Eimern. Die Menschen liefen schutzsuchend wild durcheinander. Während der Schwarze Block der Antifa der Polizei eine blutige Schlacht lieferte, zogen andere Gruppen randalierend durch die anliegenden Straßen. Mehrere Luxuswagen gingen einer nach dem anderen in Flammen auf.

Die schöne Kurstadt versank im Chaos...

Ein wichtiger Auftrag

Die Freunde drängten sich am Fenster im Wohnzimmer des Buchhändlers Maiski und blickten sprachlos auf den Brunnenplatz hinunter. Es waren dramatische Szenen, die sich direkt vor ihren Augen abspielten. Bereitschaftspolizisten mit Knüppeln in der Hand versuchten, die Steine werfenden Antifaschisten in die anliegenden Straßen abzudrängen, um die übrigen Teilnehmer der Kundgebung vor ihren Angriffen zu schützen.

„Wie gefällt euch unsere freiheitlich-demokratische Grundordnung?" fragte Julia und lachte sarkastisch auf. „Ich habe im Unterricht gehört, daß die Bundesrepublik der freieste Staat auf deutschem Boden sein sollte? Kein Mensch darf wegen seiner politischen oder weltanschaulicher Überzeugung bevorzugt oder gar benachteiligt werden. Auch Zensur findet nicht statt! Freut euch und jauchzt!"

Dabei schaute sie vor allem auf Luka, der an politischen Diskussionen am meisten interessiert war.

„Das ist ein Krieg!" sagt Luka, während er nervös die Hände rieb, als wollte er sie gründlich einseifen. „Mir scheint, daß ich es endlich kapiert habe!"

„So, so!" erwiderte Julia und blickte wieder nach draußen, wo die wütenden Antifaschisten einen Wagen in Brand setzten. „Du hast es also endlich kapiert!"

„Ja!" bestätigte der Junge entschlossen. „Solange wir wie glückliche Sklaven auf den Knien herumkriechen, ohne es zu merken, ist alles schön und ruhig: Du kannst arbeiten, Rosen in deinem Garten schneiden, Urlaub auf Mallorca machen! Wenn du aber versuchst, nur ein Stück der versprochenen Freiheit in Anspruch zu nehmen, stampfen sie dich sofort in den Dreck. Sie wollen aus uns Mankurten machen! Bereits in der Schule! Wer aber ihren Stirnreif von seinem Kopf reißen will, lebt gefährlich! Bald fliegen wir alle von der Schule!"

Er wollte noch weiter sprechen, verstummte aber, denn die Lage auf dem Brunnenplatz eskalierte noch weiter. Besonders Sebastian war von den kriegsähnlichen Zuständen in seiner Heimatstadt tief beeindruckt. Mit großen Augen schaute er hinunter und konnte nicht begreifen, worum es in diesem heftigen Kampf tatsächlich ging. Denn die Nazis, die alle zu ihrem gemeinsamen Feind erklärt hatten, waren ja gar nicht da! Und trotzdem tobte die Schlacht mit unerbittlicher Härte weiter. Einige Dutzend Menschen flüchteten vor dem starken Regen unter die steinerne Kuppel des Eingangsportals der Kurhalle, wurden aber auch dort mit Knallkörpern und Steinen angegriffen.

Als eine jüngere Frau damit getroffen wurde, schrie sie so laut und hysterisch los, daß Sebastian ein heftiger Schauder überlief. Plötzlich spürte er eine Hand auf seiner Schulter. Er schreckte unwillkürlich zusammen, so sehr hatten die Ereignisse vor der Kurhalle ihn aufgeregt.

„Ich bin's“, sagte Wieland leise.

Sebastian schlug die Augen nieder und atmete nervös auf.

„Hast du mich aber erschreckt!“ flüsterte er ihm zurück.

„Ich wollte mit dir sprechen“, sagte Wieland, worauf Sebastian sich zu ihm drehte und zum Zeichen seiner Bereitschaft mit dem Kopf nickte.

„Wollen wir nicht lieber nach unten gehen?“ schlug Wieland ihm vor.

Während die anderen Freunde nach wie vor wie gebannt am Fenster klebten, stiegen die beiden die schmale Holztreppe hinunter. In der Buchhandlung war es dunkel, doch die Straßenbeleuchtung reichte aus, um sich mühelos zurecht zu finden. Sie setzten sich vor das große Schaufenster auf den Boden und lehnten sich an ein großes Bücherregal.

Direkt vor ihnen lag die Hauptallee, die von beiden Seiten mit alten Kaiserlinden gesäumt war. Zwar konnten die Jungen die Schlacht auf dem Brunnenplatz nicht mehr sehen, doch die Ansagen der Polizei und das wilde Geschrei der linken Chaoten war so laut, daß Sebastian den Eindruck hatte, der Kampf tobte um sie herum. Bald sahen sie direkt vor ihnen eine weitere Hundertschaft der Bereitschaftspolizei, die einen riesigen Wasserwerfer begleitete. Fasziniert beobachtete Sebastian, wie das gepanzerte Monster sich langsam zum Brunnenplatz bewegte. Und schon begann er zu träumen: Er selbst wäre einer dieser schwarzgekleideten Polizisten, die mit großen Schildern und Schlagstöcken in die Schlacht zogen…

„Wie geht es dir?“ fragte Wieland, womit er seinen jungen Freund augenblicklich zurück in die Wirklichkeit holte.

„Wie meinst du das?“ erwiderte Sebastian ausweichend und blickte irritiert zu ihm hinüber.

„Hast du Angst?“ fragte Wieland.

„Ein wenig“, sagte Sebastian, ohne ihn anzusehen.

Es war gar nicht so leicht zuzugeben, daß es ihm beim Anblick der heftigen Kampfszenen nicht nur den Atem verschlug, sondern auch noch die Hände vor Aufregung zitterten. Es war noch viel, viel schlimmer, als die Ausschreitungen der Linken vor der Stadthalle, die sie vor einigen Tagen erlebt hatten.

„Ich meine jetzt etwas Anderes“, sagte Wieland bedeutungsvoll.

Sebastian blickte in seine ernst dreinschauenden Augen und konnte an ihnen sofort erkennen, was er damit gemeint hatte. Der Gedanke an die Schule und daran, was ihm noch alles bevorstand, bohrte sich wie ein giftiger Stachel in seine blutende Seele.

„Dr. Oldenburg wurde gefeuert“, sagte er traurig. „Frau Bammert ist jetzt die neue Schulleiterin… Sie wird mich aus der Schule werfen.“

Nachdem Sebastian es ausgesprochen hatte, erschien ihm seine Lage noch schrecklicher und trostloser. Ihm war, als wäre er unverhofft in einen tiefen Abgrund gestürzt. Ohnmächtig und voller Angst hatte er nur noch darauf zu warten, bis er krachend auf dessen harten Boden aufschlagen würde. Er zog die Beine an und drückte die Stirn auf die Knie.

„Ich weiß“, sagte Wieland nach kurzer Pause. „Frank hat mich angerufen und alles erzählt.“

Sebastian schwieg. Trübselig und mit leeren Augen starrte er nach draußen, in die stürmische Nacht. Noch immer peitschte der Regen gegen die Schaufenster der Buchhandlung.

„Egal was passiert“, sagte Wieland, „du darfst jetzt nicht den Mut verlieren. Auch wenn diese Bammert dich tatsächlich von der Schule wirft, wird das Leben trotzdem weitergehen. Wir werden eine Lösung finden!“

Sebastian richtete sich wieder auf und schaute verzweifelt zu ihm hinüber.

„Von welcher Lösung sprichst du denn?“ fragte er kummervoll.

„Meine Eltern sind Professoren!“ entgegnete Wieland eindringlich. „Sie haben Beziehungen! Wir werden für dich ein anderes Gymnasium finden.“

„Was sagst du da, Wieland?“ rief Sebastian ihm zu. „Das nächste Gymnasium ist in der Kreisstadt! Wer weiß, ob sie mich dort überhaupt aufnehmen würden!“

„Dann gehst du eben bei uns aufs Gymnasium!“ sagte Wieland zuversichtlich. „Bei uns in der Stadt gibt es viele davon!“

„Das ist doch gar nicht möglich! Wo soll ich dort bitte schön wohnen?“

„Wenn es dir nichts ausmacht, kannst du bei uns wohnen! Wir haben ein Gästezimmer“, entgegnete Wieland, als wäre dies eine Selbstverständlichkeit. „Ich habe schon mit den Eltern gesprochen. Sie haben sofort zugestimmt!“

„Wieland!“ rief Sebastian ihm zu, als täten ihm die Worte seines Freundes weh. Tränen glänzten in seinen Augen. „Meinst du das ernst?“

„Gott soll mich auf der Stelle erschlagen, wenn ich jetzt unehrlich bin!“

rief Wieland ihm zurück, während er in seine verzweifelten Augen blickte.

Als Sebastian es noch einmal hörte, drehte er sich weg. Daß es Menschen gab, die eine solche Anteilnahme an seinem Schicksal zeigten, traf ihn mitten ins Herz.

„Auch wenn die Lage noch so hoffnungslos aussieht, du darfst nicht vergessen, daß du Freunde hast! Echte Freunde!“ beteuerte Wieland. „Egal, was geschieht, du klopfst sofort an meine Tür! Klar?“

Sebastian konnte nicht sprechen, nickte ihm aber zu. Wieland bedrängte ihn nicht mehr mit Fragen und schwieg.

„Bist du heute wegen mir hergekommen?“ fragte Sebastian mit brüchiger Stimme, als er sich einigermaßen beruhigt hatte.

„Ich wollte dir bloß sagen, daß du dir keine Sorgen um deine Zukunft machen sollst“, erklärte Wieland mit warmer Stimme. „Christus fragt uns: *Wer ist aber unter euch, der seiner Länge eine Elle zusetzen könnte; wie sehr er sich auch darum sorgt?* Das Leben ist ein großes Geheimnis. Wenn du mir sagen kannst, was morgen geschieht, dann bist du ein Hellseher! Ich kann es nicht. Sieh lieber zu, daß du bei den kommenden Schicksalsschlägen deine Seele nicht mit Sünden befleckst! ***Beati mundo corde!*** So lautet der Leitspruch der Gralsritter: Selig sind, die ein reines Herz haben!“ Er schubste Sebastian mit der Schulter aufmunternd an. „Gib mir die Hand und sei jetzt gefälligst wieder fröhlich!“

Die Erinnerung an die geheimnisvollen Ritter und der starke Händedruck seines Freundes weckten in Sebastian wieder Lebenskraft und Zuversicht.

„Danke!“ sagte er mehrmals nacheinander und verspürte eine Leichtigkeit in der Brust, als wäre ihm ein tonnenschwerer Stein vom Herzen gefallen.

Nur der peinliche Gedanke daran, daß er trotz seines festen Vorsatzes, künftig nicht mehr zu weinen, wieder feuchte Augen bekommen hatte, trübte ein wenig seine fröhliche Stimmung.

„Vergiß nicht: Der Satan lechzt danach, den Menschen ihre Reinheit abzukaufen“, warnte Wieland. „Er ist bereit, einen sehr hohen Preis dafür zu zahlen!“

Als Sebastian vom Satan hörte, erinnerte er sich an das lange Gespräch mit dem russischen Professor, der ihn ebenfalls vor dem Satan gewarnt hatte. Schon lange wollte er mit Wieland darüber reden, hatte aber noch keine Gelegenheit dazu gehabt. Nun aber schien der Augenblick günstig zu sein.

„Was weißt du über das einäugige Wesen?“ fragte Sebastian leise und schaute sich im düsteren Raum um, als wollte er sich vergewissern, daß niemand sie belauschte.

„Was meinst du?“ erwiderte Wieland mit dem Anflug eines unterdrückten Lächelns.

Sebastian zog die Augenbrauen verärgert zusammen.

„Hör auf, mir was vorzumachen! Du weißt, wovon ich rede!“ sagte er ernst und holte aus der Brusttasche seines Hemdes einen Dollarschein hervor. „Den da meine ich, der sich hinter dem Dreieck versteckt!“

Er zeigte auf das leuchtende Auge, das über der unvollendeten Pyramide wachte.

„Warum willst du es wissen?“

Sebastian blickte ihn irritiert an.

„Wie sollte man gegen ihn kämpfen, wenn man ihn gar nicht kennt?“

„Wenn du das christliche Abendland verteidigen willst, mußt du zunächst deine Nächstenliebe stärken, bevor du das Böse zu hassen lernst! Sonst ergeht es dir genauso, wie es einigen Rechten ergangen ist: Sie hassen das Böse mehr, als sie das Gute lieben! Um gegen einen übermächtigen Feind zu kämpfen, braucht man unversiegbare Kraft, die nur aus Liebe geschöpft werden kann!“ erwiderte sein adeliger Freund, womit er Sebastian wieder in großes Staunen versetzte.

So prägnant und schön waren seine Worte, daß er sie am liebsten sofort aufgeschrieben hätte.

„Was meist du, Wieland, leben wir wirklich in einem christlichen Abendland?“ fragte er wißbegierig.

„Was meinst du selbst dazu?“

„Ehrlich gesagt, habe ich außer dir und Frank keine Menschen gesehen, die den Glauben wirklich ernst nehmen.“

Wieland blickte erheitert zu ihm hinüber.

„Was du da sagst, ist eine große Ehre, die mit Sicherheit weder ich noch Frank verdient haben“, sagte er. „Du hast es aber richtig erkannt: Wir leben im Reich des Antichristen.“

„Kannst du mir etwas mehr von ihm erzählen?“

„Zuerst mußt du mir sagen, ob du schon mal die Offenbarung von Johannes gelesen hast? Sie steht ganz am Ende der Bibel.“

„Bis dahin bin ich leider noch nicht gekommen“, gab Sebastian gezwungenermaßen zu.

„Dann darf ich dir das gar nicht sagen“, erwiderte Wieland entschieden, wodurch er seinen jungen Freund in große Aufregung versetzte.

„Wieso, Wieland?!“ rief der Junge verblüfft aus.

„Leider neigen die Menschen dazu, allzu schnell die Ansichten der anderen zu übernehmen, ohne sich selbst damit auseinanderzusetzen. Kant hat zurecht behauptet: Faulheit und Feigheit sind die Ursachen, warum ein so großer Teil der Menschen, gerne zeitlebens unmündig bleiben. Das ist auch der Grund dafür, warum es Andern so leicht wird, sich zu deren Vormündern aufzuwerfen. Es ist so bequem, unmündig zu sein!“

Ein dermaßen ungünstiges Zitat, dazu noch in diesem Zusammenhang, konnte Sebastian nur als direkten Angriff auf seine Persönlichkeit empfinden.

„Ich bin nicht faul!“ protestierte er lautstark.

„Das sagen alle“, erwiderte Wieland unbeeindruckt. „Das mußt du mir erst beweisen!“

„Wie soll ich dir das beweisen?“ rief der Junge ihm wild entschlossen zu und sprang auf die Beine.

Wieland schmunzelte über den Zustand seines Freundes, faßte seine Hand und zog ihn wieder hinunter.

„Wenn du wirklich so fleißig bist, wie du behauptest, dann versprichst du mir Folgendes: Bevor wir das nächste Mal über die Bibel sprechen, mußt du die ganze Offenbarung gelesen haben. Und zwar aufmerksam! Damit du mir später erzählen kannst, was du gelesen hast. Wenn du einverstanden bist, erzähle ich dir vom Antichristen und seinem Reich.“

Er streckte ihm die Hand hin, doch Sebastian, wie aufgeregt er auch war, zügelte sein Temperament und zögerte mit der Antwort.

„Sie ist ja gar nicht so lang“, sagte Wieland beruhigend. „Das schaffst du bestimmt an einem einzigen Tag!“

Sebastian überlegte, ob er eine solche Verpflichtung wirklich übernehmen sollte. Das Lesen an sich wäre für ihn überhaupt kein Problem, doch das Verstehen und besonders das Nacherzählen biblischer Texte war etwas ganz anderes. Schließlich besiegte die brennende Neugier seine Zweifel. Er nahm das Angebot an, zog die Beine noch näher an sich und wurde von einem schaurigen Glücksgefühl erfaßt, genau wie damals vor dem knisternden Feuer im Kaminzimmer der Familie von Maysenberg. Er kniff die Augen zu und konnte wieder das geheimnisvolle Gemälde sehen und den jungen Reinhard, der die flammende Schale in seinen Händen emporhielt. Während er noch von dem Gral und dessen Rittern träumte, begann Wieland zu sprechen.

„Zunächst will ich dir eine Stelle aus dem Matthäus-Evangelium vorlesen, wo Christus im Tempel zu den Hohenpriestern und den Ältesten des jüdischen Volkes spricht.“ Er holte aus der Innentasche seiner Sommerjacke ein kleines Büchlein hervor und schlug es auf. Dann drehte er es so lange hin und her, bis er im schwachen Licht der Laternen, das von draußen durch die Schaufenster in die Buchhandlung hereinfiel, den Text erkennen konnte. „*Hört ein anderes Gleichnis: Es war ein Gutsherr, der pflanzte einen Weinberg, umgab ihn mit einem Zaun, grub darin eine Kelter, baute einen Turm, verpachtete ihn an Winzer und begab sich außer Landes. Als die Zeit der Ernte herankam, schickte er seine Knechte zu den Winzern, um seinen Ertrag in Empfang zu nehmen. Die Winzer aber ergriffen seine Knechte, schlugen den einen, töteten den andern, und den dritten steinigten sie. Abermals schickte er andere Knechte, und zwar mehr als zuvor, und sie machten es ihnen ebenso. Zuletzt aber sandte er seinen Sohn zu ihnen, indem er sprach: Sie werden Achtung haben vor meinem Sohn. Als aber die Winzer den Sohn erblickten, sagten sie untereinander: Das ist der Erbe; kommt, wir wollen ihn umbringen und sein Erbe in Besitz nehmen! Und sie ergriffen ihn, warfen ihn zum Weinberg hinaus und töteten ihn. Wenn nun der Herr des Weinberges kommt, was wird er diesen Winzern tun? Sie sagten zu ihm: Er wird den Bösen ein böses Ende bereiten und seinen Weinberg an andere Winzer verpachten, die ihm die Früchte abliefern werden zu gegebener Zeit.*“

Die dramatische Geschichte, die Sebastian schon einmal gelesen hatte, machte auf ihn einen tiefen Eindruck.

„Was meint aber Jesus mit diesem Gleichnis?“ fragte er. „Ich nehme an, daß es sich bei dem Gutsherrn um Gott handelt?“

„Richtig“, antwortete Wieland zufrieden. „Es geht darum, daß Gott die Juden vor langer Zeit zu seinem Volk auserwählt hatte. Dann schickte er zu ihnen Propheten, die sie an ihre Pflichten erinnern sollten. Aber die Juden hörten nicht auf sie und brachten sie um. Danach sandte Gott seinen Sohn zu ihnen. Doch sie weigerten sich, ihn als Messias anzunehmen, und trachteten sogar danach, ihn zu töten.“

Sebastian atmete schwer auf. Jedes Mal, wenn er vom Opfertod Christi hörte, regte sich tiefes Mitgefühl in seinem Herzen.

„Kannst du mir sagen, was Jesus mit den Früchten ganz genau gemeint hat?“ fragte er nach einer kurzen Pause. „Was schuldeten die Juden dem Schöpfer?“

„Die Früchte des Glaubens“, erklärte Wieland. „Das Gleiche erwartet er auch von uns! *Es gibt keinen guten Baum, der faule Früchte trägt, sagt Jesus. Ein guter Mensch bringt Gutes hervor aus dem guten Schatz seines Herzens; und ein böser bringt Böses hervor aus dem bösen. Denn wes das Herz voll ist, des geht der Mund über. Was nennt ihr mich aber Herr, Herr, und tut nicht, was ich euch sage?*

Gott hat seinem auserwählten Volk einst auf dem Berg Sinai ein strenges Gesetz auferlegt und erwartete von den Juden dessen Einhaltung. Er hat ihnen aber auch einen Messias versprochen, der in ihrer Mitte zur Welt kommen sollte. Doch als Christus kam und ihnen das Himmelreich verkündete, lehnten sie es ab.“ Wieland schlug das Neue Testament wieder auf und begann darin zu lesen: „*Wieder nahm Jesus das Wort und sprach in Gleichnissen zu ihnen: Das Himmelreich ist einem König gleich, der seinem Sohn Hochzeit hielt. Er sandte seine Knechte aus, die Geladenen zur Hochzeit zu rufen, doch sie wollten nicht kommen. Abermals sandte er andere Knechte aus und sprach: Sagt den Geladenen: Seht, mein Mahl habe ich bereitet, meine Ochsen und Masttiere sind geschlachtet, und alles ist bereit; kommt zur Hochzeit! Sie aber achteten nicht darauf und gingen ihrer Wege, der eine auf seinen Acker, der andere zu seinem Geschäft. Die übrigen aber ergriffen seine Knechte, mißhandelten und töteten sie. Da sandte der König voll Zorn seine Truppen aus, ließ jene Mörder umbringen und ihre Stadt in Brand stecken. Dann sprach er zu seinen Knechten: Die Hochzeit war bereit, doch die Geladenen waren nicht würdig.*“

Ein Schweigen trat ein, als Wieland zu Ende gelesen hatte. Das Gleichnis rief bei seinem jungen Freund eindrucksvolle Bilder hervor, deren weltbewegende Bedeutung immer tiefer in sein Bewußtsein drang.

„Das ist aber eine schreckliche Strafe, von der Jesus spricht!“ sagte Sebastian einige Sekunden später. „Was ist aber danach geschehen?“

„Nachdem der Großteil der Juden Christus verleugnet hatte, nahm Gott seine schützende Hand von ihnen“, sagte Wieland. „Im Jahre siebzig haben die römischen Truppen nach dem Aufstand der Zeloten deren Staat vernichtet, und genauso, wie Jesus es vorausgesagt hatte, wurde die heilige Stadt Jerusalem zerstört und der Tempel dem Erdboden gleich gemacht.“

Sebastian seufzte. Tiefer Schmerz zeigte sich auf seinem Gesicht.

„Hat Gott also sein Volk endgültig verstoßen?“ fragte er ahnungsvoll.

„Diese Frage hat Jesus selbst beantwortet. Im Tempel hat er ihnen folgendes gesagt“, erwiderte Wieland und begann, aus dem Gedächtnis die entsprechende Bibelstelle zu zitieren: „*Darum sage ich euch: Das Reich Gottes wird von euch genommen und einem Volk gegeben werden, das seine Früchte bringt.*“

„Oh je!“ stieß Sebastian hervor, erschüttert von dem harten Urteil des Schöpfers. „Und welches Volk ist das, von dem Christus spricht? Weißt du das?“

„Es gab zu jener Zeit weit weg im Norden ein anderes Volk, das genauso von den Römern bedrängt wurde. Die Besatzer belegten dessen Stämme mit Steuern und versuchten, ihnen ihre sittenlose Lebensweise aufzuzwingen. Ein junger Fürstensohn, der bei den Römern als Geisel erzogen wurde, kehrte in seine in Niedergang begriffene Heimat zurück und schlug den übermächtigen Feind auf wundersame Weise zurück. In zähen Kämpfen erstritt er für sein Volk die Freiheit, die zu seinem Wesen gehörte…“

„Arminius!“ rief Sebastian beglückt aus. „Wieland! Glaubst du wirklich, daß es unsere Vorfahren waren, die das Himmelreich geerbt haben?“

Die vage Vermutung brach in seine Seele mit einer Kraft ein, daß er kaum noch vernünftig denken konnte. Es waren nur Gedankenfetzen, und doch trieben sie ihn hartnäckig in eine ganz bestimmte Richtung.

„Wenn sie es waren…“, sagte er leise und blickte unsicher zu seinem Freund hinüber. „Dann sind wir es auch?“

„Um diese Frage zu beantworten, müssen wir uns mit der Offenbarung von Johannes beschäftigen“, erwiderte Wieland. „Denn dort steht geschrieben, was mit der Welt der Menschen nach der Auferstehung Christi geschehen sein sollte. Es ist aber gar nicht so einfach zu verstehen, denn Gott hat zu uns in stark verschlüsselten Bildern gesprochen.“

„Aber warum?“ fragte Sebastian. „Er hätte uns doch klar sagen können, was geschehen wird!“

„Der Glaube sollte nicht zum Wissen werden“, entgegnete Wieland. „Der Weg zur geistigen Reife ist ein steiniger Pfad, der durch dichten Nebel verhangen ist. Sie muß durch harte Arbeit erworben werden. Selbst ausgewiesene Kenner, die die Offenbarung von Johannes auswendig kennen, irren ihr Leben lang durch deren Labyrinthe. Aber einiges können wir heute darin erkennen, vor allem die Vernichtung des jüdischen Staates und des römischen Reiches. Dann aber geht es um ein tausendjähriges Reich, das danach kommen sollte. Ich lese dir diese Stelle vor!“ Wieland schlug die Bibel auf. „*Und ich sah einen Engel niedersteigen aus dem Himmel, der hatte den Schlüssel zum Abgrund und eine große Kette in seiner Hand. Er ergriff den Drachen, die alte Schlange, das ist der Teufel und Satan, und fesselte ihn auf tausend Jahre. Er warf ihn in den Abgrund, schloß zu und brachte ein Siegel darüber an, damit er nicht mehr die Völker verführe, bis vollendet sind die tausend Jahre. Danach muß er losgelassen werden auf eine kurze Zeit.*"

Wieland legte das Neue Testament zur Seite, dann fragte er Sebastian:

„Welches Reich, das nach dem Niedergang Roms entstanden war, dauerte tausend Jahre?

Sebastian hatte ein gutes Gedächtnis, und die Frage schien ihm leicht zu beantworten.

„Das Heilige Römische Reich Deutscher Nation", sagte er schnell.

„Genau das habe ich auch gemeint", sagte Wieland. „Mit der Krönung Karl des Großen am Weihnachten des Jahres achthundert begann die wahre, sakrale Geschichte des Reiches und mit der Abdankung des letzten Kaisers im Jahre achtzehnhundertsechs endete es. Christus war der König dieses Reiches, das er mit seinen Heiligen regierte! *Per me reges regnant!* wurde über einem Christusbild in die Reichskrone eingeschmolzen: *Durch mich regieren die Könige!* Die Gründer des Reiches, die Franken, sahen sich als von Gott auserwähltes Volk, dessen Pflicht darin bestand, die christlichen Werte nicht nur im Reich zu wahren, sondern diese in die gesamte erreichbare Welt zu tragen. Hundert Jahre später waren es die Sachsen. Ausgerechnet jener stolze Stamm, der einst erbitterten Widerstand gegen Karl den Großen geleistet hatte, ist zum eifrigsten Vorkämpfer des Christentums geworden! Sie einigten germanische Stämme und retteten das vom Untergang bedrohte, von Gott auserwählte Volk gegen die Feinde. Mit der Heiligen Lanze in der Hand schlug Otto der Große die heidnischen Ungarn am Lechfeld. Die Überzeugung, daß dieses heilige Reich nicht von Menschen, sondern von Christus selbst gegründet worden war, wurde den Menschen zur Gewißheit. Die zeitgenössischen Quellen sprechen vom Goldenen Zeitalter, vom Reich Christi auf Erden! Im Schoß dieses Reiches blühten die ritterlichen Tugenden auf: Treue, Güte, Tapferkeit, Großzügigkeit, Würde und Minne… Das unvergängliche Ideal des edlen Menschen prägte das christliche Abendland! Mächtige Burgen und gotische Kathedralen schossen in den Himmel empor. Mit Gottes Segen und aufrichtigem Glauben im Herzen schlugen unsere tapferen Ahnen die übermächtigen Osmanen mehrmals zurück…

Was geschah aber nach diesen tausend Jahren? Hör zu, was uns die Bibel sagt: *Wenn die tausend Jahre vollendet sind, wird der Satan losgelassen werden aus seinem Kerker, und er wird ausziehen, um die Völker an den vier Enden der Erde zu verführen, den Gog und den Magog, um sie zusammenzuholen zum Kampf. Ihre Zahl ist wie der Sand am Meere.*“

Wieland verstummte, während Sebastian angestrengt vor sich hinstarrte. Er wollte unbedingt die geheimnisvolle Botschaft entschlüsseln, konnte sich aber keinen Reim darauf machen. Bald merkte er zu seinem Leidwesen, daß seine bescheidenen Geschichtskenntnisse nicht ausreichten, um das Rätsel mit Sicherheit lösen zu können.

„Sollte etwa die Französische Revolution die Entfesselung Satans bedeuten?“ fragte er unschlüssig.

„Wunderbar!“ bestätigte Wieland, doch Sebastian schien nach wie vor von großen Zweifel beherrscht.

Plötzlich schallte von oben Julias Stimme.

„Wo steckt ihr denn?“ fragte sie vorwurfsvoll.

Sebastian sprang sofort auf die Beine und lief zur Treppe.

„Wir kommen gleich!“ rief er ihr hinauf. „Wir müssen noch etwas sehr Wichtiges besprechen! Bitte!“

Als er zurückkehrte, setzte er sich wieder auf den Boden neben Wieland und atmete tief durch.

„So!“ sagte er. „Jetzt kann es weitergehen!“

Das brennende Interesse, das der Junge für diese anspruchsvollen Themen zeigte, erstaunte Wieland immer wieder aufs Neue.

„Weißt du, was man heute als die größte Errungenschaft der Französischen Revolution anpreist?“ fragte er.

„Die Menschenrechtserklärung“, erwiderte Sebastian, ohne lange nachzudenken, denn dieses Thema hatten sie vor nicht so langer Zeit im Unterricht gehabt.

„Schön, schön!“ sagte Wieland rätselhaft, während er mit seinem Handy das Internet durchsuchte. „Ich will dir was zeigen… Da ist sie, die Erklärung der Menschen- und Bürgerrechte! Fällt dir hier etwas Besonders ein?“

Als Sebastian auf den Bildschirm seines Handys blickte, ging ihm vor Überraschung der Mund auf.

„Der Einäugige!“ flüsterte er überwältigt, als er über dem Text der Menschenrechtserklärung ein leuchtendes Dreieck mit dem Auge sah.

Sebastian starrte auf das geheimnisvolle Symbol und konnte es nicht begreifen, daß den Verfassern nichts Besseres eingefallen war, als dieses wichtige Dokument ausgerechnet damit zu schmücken.

„Vielleicht war damit nur das allsehende Auge Gottes gemeint?“ fragte er zur Sicherheit, denn die Erklärung der Menschenrechte schien ihm irgendwie gut zu sein, obwohl er sie zuvor gar nicht gelesen hatte.

„Die Menschen, die diese Erklärung verfaßten, haben Christus gehaßt. Kaum waren sie an der Macht, haben sie den christlichen Glauben verboten, furchtbare Verbrechen gegen die Geistlichen begangen und in den Kirchen ihre Orgien gefeiert! In Paris haben sie in der erzbischöflichen Kirche von Notre-Dame eine hurende Schauspielerin auf den Altar gesetzt und sie als Göttin der Freiheit und Vernunft angebetet. Entsetzt blickten die christlichen Menschen auf das satanische Treiben, das sie sich früher hätten gar nicht vorstellen können." Er reichte Sebastian sein Smartphone hin. „Lies bitte diese Stelle vor!"

Sebastian betrachtete noch einmal das leuchtende Dreieck mit dem Auge und begann zu lesen:

„Zufolge dessen erkennet und erkläret die National-Versammlung, in Gegenwart und unter Obwaltung des Höchsten folgende Rechte des Menschen und des Bürgers."

„Wie sie selbst damals verkündeten, wollten sie den Kult des Höchsten Wesens etablieren", erklärte Wieland. „Wenn es aber nicht Gott war, wen haben sie damit gemeint?"

„Den Einäugigen!" flüsterte Sebastian.

„Ob sie ihn nun als Höchstes Wesen oder auch als göttlichen Baumeister aller Welten bezeichnen, seitdem greift der Widersacher Gottes uns an und feiert einen Sieg nach dem anderen", sagte Wieland. „Und nicht nur auf dem Schlachtfeld! Seine schärfste Waffe ist nach wie vor die Lüge, und seine Anhänger sind so zahlreich wie Sand am Meer."

Sebastian erschauderte bei diesen Worten.

„Schau dir diese Erklärung aber ganz genau an! Hier gibt es noch mehr zu entdecken!" sagte Wieland.

Der Junge betrachtete das Dokument noch einmal. Links und rechts über dem Text saßen zwei Frauen. Die rechte hatte große Flügel, wie sie gewöhnlich Engel hatten. Mit der linken Hand zeigte sie auf den Text der Erklärung, in der rechten aber hielt sie ein Zepter, mit dem sie auf Luzifers leuchtendes Auge wies.

„Die Frau wollte uns also sagen, daß die Erklärung von dem Einäugigen stammt!" rief Sebastian beeindruckt aus.

„So wie es eben im Text steht: *in Gegenwart und unter Obwaltung des Höchsten*", bestätigte Wieland mit rätselhafter Stimme. „Aber auf welche Stelle zeigt ihr Finger ganz genau?"

Sebastian zog im Geiste eine Linie und stieß dabei direkt auf die besagte Textstelle. Sprachlos blickte er seinen großen Freund an.

„Wieder so eine haltlose Verschwörungstheorie! Nicht wahr?“ sagte Wieland und lächelte über den verdutzten Gesichtsausdruck seines jungen Freundes. Dann fragte er ihn: „Was ist mit der zweiten Frau, die links sitzt?“

Als Sebastian noch einmal auf die Erklärung blickte, blieb ihm der Atem weg. Die Frau hielt eine große Kette in den Händen, genauer gesagt, den zerbrochenen eisernen Ring, der daran hing.

„Das ist doch die Kette, an der der Satan tausend Jahre gefangen gehalten wurde!“ rief er erstaunt aus.

„Vielleicht sind es bloß Handeisen, die Unfreiheit symbolisieren sollen? Schließlich gaben die Jakobiner vor, mit dieser Erklärung die Ketten der Sklaverei sprengen zu wollen?“ fragte Wieland zweifelnd.

„Nein! Die Kette ist zu lang und zu dick dafür, außerdem ist der zerbrochene Ring viel zu groß für die Handgelenke!“ rief Sebastian beglückt über die neu gewonnene Erkenntnis.

„Das ist noch lange nicht alles!“ sagte Wieland. „Es gibt hier neben vielen anderen ein weiteres Symbol, das besonders wichtig ist!“

Sebastian betrachtete die Menschenrechtserklärung noch einmal. Das ergreifende Rätselspiel begeisterte ihn immer mehr.

„Was ist das für eine Schlange hier!“ stieß er verblüfft hervor und tippte mit einem Zeigefinger eine sich in den Schwanz beißende Schlange an, die sich direkt in der Mitte über dem Text befand.

„Das ist Ouroboros - eines der wichtigsten Symbole der Freimaurer“, erklärte Wieland. „Christen kennen aber noch eine andere Bedeutung. Erinnerst du dich noch daran, was ich dir aus der Offenbarung von Johannes vorgelesen habe? *Und ich sah einen Engel niedersteigen aus dem Himmel, der hatte den Schlüssel zum Abgrund und eine große Kette in seiner Hand. Er ergriff den Drachen, die alte Schlange, das ist der Teufel und Satan, und fesselte ihn auf tausend Jahre.“*

„Voll krass!“ flüsterte Sebastian beeindruckt und atmete tief durch. „Jetzt verstehe ich das endlich!“

„Bist du dir sicher, daß du wirklich alles verstanden hast?“ fragte Wieland mißtrauisch.

„Klar!“ bestätigte der Junge, womit er seinen Freund sichtlich enttäuschte.

„Zu schnell bist du in die Knie gegangen“, sagte Wieland vorwurfsvoll.

„Wenn ich gewußt hätte, daß du dir so schnell und kampflos die Meinung anderer zu eigen machst, hätte ich dir das alles gar nicht erzählt!“

„Was redest du da, Wieland!“ protestierte Sebastian und faßte sich mit beiden Händen an den Kopf, als hätten seine Worte ihm wehgetan. „Das ist doch gar nicht wahr! Das ist auch meine eigene Meinung!“

„Dann schreibst du ein Referat darüber! In einem Monat mußt du es bei uns vortragen und deine Meinung verteidigen, egal, wie sie nach deinen eigenen Recherchen ausfallen würde! Vielleicht kommst du zu einem anderen Ergebnis!“

„Was soll das heißen: vortragen?“ fragte Sebastian überrascht und beunruhigt zugleich.

„Ganz einfach: Wir schicken an einige ausgewählte Freunde Einladungen. Dann machen wir einen schönen Abend bei uns zu Hause, mit Vorträgen und einem guten Abendessen. Nach deinem Vortrag können wir dann das Thema noch weiter vertiefen. Oder hast du Angst?“

„Ich habe keine Angst!“ widersprach Sebastian.

Er traute es sich durchaus zu, ein gutes Referat zu diesem fesselnden Thema vorzubereiten. Das hatte er in der Schule schon immer gut gemacht. Doch vor Professoren Vorträge zu halten, war gewiß das Letzte, was er sich in diesem Augenblick gewünscht hätte. Ein leichter Schauer überlief ihn bei dem Gedanken an ein solches Vorhaben. Und doch reizte es ihn ungemein, seinem großen Freund zu beweisen, daß er auch etwas könne.

„Woran liegt es dann?“ setzte Wieland beharrlich nach.

„Ich habe kein Internet, um recherchieren zu können“, sagte Sebastian verlegen und zupfte vor Aufregung an den Hosenbeinen seiner Jeans. „Den Anschluß haben wir zu Hause, aber ich habe keinen Computer.“

„Ich besorge dir einen!“ erwiderte Wieland. „Aber bis dahin wohnst du vielleicht schon bei uns, dann kannst du auch meinen benutzen.“

Seine Worte rissen Sebastian mit einem Schlag zurück in die Wirklichkeit seines Lebens.

„Danke“, stammelte er, gerührt von der Hilfsbereitschaft seines Freundes.

Wieland schubste ihn wieder mit der Schulter ermutigend an.

„Nicht der Rede wert!“ sagte er freundschaftlich. „Paß lieber auf, daß du das Wichtigste nicht aus den Augen verlierst! Und das ist bei weitem nicht die Erkenntnis, wie wichtig sie auch sein mag. Das Wissen kann man nach und nach erwerben. Der Satan weiß aber mehr als wir, und trotzdem tut er das Böse. Es ist die Reinheit, die du vor seinen heimtückischen Angriffen schützen sollst! Erinnerst du dich noch daran, was ich dir gesagt habe? **Beati mundo corde!** So lautet der Leitspruch der Gralsritter: Selig sind, die reines Herzens sind!“

Sebastian schlug die Augen nieder.

„Beati mundo corde“, wiederholte er andächtig.

Wieland wartete einige Sekunden lang, dann setzte er seine Erzählung fort: „Schau dir nur an, was der Satan seitdem angerichtet hat! Es gibt fast keine Christen mehr. Selbst jene, die sich als solche bezeichnen, glauben nicht mehr an Gott, sondern nur noch an irgendwelche Energien oder Kräfte, die irgendwo da oben und zwar unpersönlich existieren sollen. Kirchen sind nur noch soziale Einrichtungen, die vom Geist des Antichristen durchdrungen sind.

Als Jesus nach Jerusalem kam, ging er in den Tempel und sah, was die Menschen daraus gemacht hatten. Er trieb alle hinaus, die im Tempel verkauften und kauften, stieß die Tische der Geldwechsler und die Stände der Taubenverkäufer um und sprach zu ihnen: Es steht geschrieben: *Mein Haus soll ein Bethaus heißen, ihr aber macht es zu einer Räuberhöhle!*

Genau so ist es auch heute: Die Kirche ist kein heiliger Ort mehr, an dem ein Mensch zu Gott beten kann. Man hat die Gotteshäuser entweiht! Auf dem Altarplatz tanzen gottlose Bands und grölen ihre obszönen Lieder. Die Pfaffen predigen puren Blödsinn von der Kanzel und lecken den Mächtigen dieser Welt den Hintern ab! Es ist eine Räuberhöhle, wo die irregeleiteten Massen dem Antichristen huldigen!“

Wieland hatte sich in einen solchen Eifer hineingeredet, daß Sebastian wie gebannt in seine blauen Augen starrte. Eine Kraft ging von seinem Freund aus, die er zuvor nur bei Frank verspürt hatte.

„Wir sind gar nicht mehr so viele“, sagte er mit dramatischem Ernst. „Und wir müssen füreinander einstehen! Christus sagt: *Es gibt keine größere Liebe, als wenn einer für seine Freunde sein Leben hingibt.* Das darf nicht zu einem schönen Spruch verkommen! Das ist ein göttliches Gebot! Wenn wir Christen sind, müssen wir unser Leben danach ausrichten! Was meinst du, wie viele das bereits vergessen haben! Die meisten wissen nicht einmal, was ein echter Freund ist!“

Die flammenden Worte wühlten Sebastian erneut auf und rissen ihn mit. Er drehte sich zu ihm um und starrte ihn mit leuchtenden Augen an.

„Ich werde es versuchen, Wieland!“ sagte er eindringlich, als wollte er vor ihm auf der Stelle einen heiligen Eid ablegen.

„Ich weiß, daß Frank dein bester Freund ist…“, sagte Wieland.

„Ich habe noch einen!“ warf Sebastian schnell ein und wandte seinen Blick verlegen zur Seite.

Er hätte es so gern gesagt, daß auch Wieland zu seinen besten Freunden zählte, traute sich aber nicht, noch deutlicher zu werden.

„Bleiben wir bei Frank“, schlug Wieland vor. „Was meinst du, wie du dich verhalten würdest, wenn man dir Folter oder gar den Tod androht? Wirst du Frank verraten?“

„Niemals!“ rief Sebastian entschlossen aus und es schien ihm in diesem Augenblick, daß er es tatsächlich niemals tun würde.

„Das hat Petrus auch gesagt“, erwiderte Wieland ernst und etwas traurig. „Danach hat er Christus drei mal verleugnet.“

Sebastian blieb den Atem weg, so plötzlich kam die Erinnerung an die biblische Geschichte. Zwar wollte er hoch und heilig schwören, daß er Frank niemals verraten würde, doch dies hätte bedeutet, daß er von sich selbst der Meinung wäre, er stehe sogar über Petrus. Während er noch darüber nachdachte, was er darauf sagen sollte, nahm Wieland das Neue Testament in die Hand.

„Ich will dir diese Stelle vorlesen“, sagte er und schlug eine Seite auf, die mit einem Lesebändchen markiert war. „Erinnerst du dich noch, wie Christus nach der Festnahme beim Hohenpriester vernommen wurde?“

Nachdem Sebastian es bestätigt hatte, begann er zu lesen:

„*Petrus aber saß draußen im Hof. Da trat eine Magd zu ihm und sagte: Auch du warst bei Jesus, dem Galiläer. Er aber leugnete vor allen und sprach: Ich weiß nicht, was du redest. Als er zu Vorhalle hinausging, sah ihn eine andere Magd und sagte zu denen, die dort waren: Dieser war bei Jesus, dem Nazoräer. Und er leugnete es abermals mit einem Schwur: Ich kenne den Menschen nicht. Kurz darauf traten die Umstehenden hinzu und sagten zu Petrus: Wirklich, auch du bist einer von ihnen; denn auch deine Sprache verrät dich. Da fing er an zu fluchen und zu schwören: Ich kenne diesen Mann nicht. Und sogleich krähte ein Hahn. Petrus aber erinnerte sich des Wortes Jesu, das er gesagt hatte: Ehe der Hahn kräht, wirst du mich dreimal verleugnen. Und er ging hinaus und weinte bitterlich.*“

Wieland schlug die Bibel wieder zu, während Sebastian erschüttert vor sich hinstarrte. Selbst Petrus hat es nicht geschafft, dachte der Junge, während tiefes Mitleid mit dem armen Apostel in seiner Seele brannte.

„Trotzdem werde ich es versuchen“, sagte er bekümmert. „So wie die Gralsritter es tun…“

„Willst du denn immer noch einer von ihnen werden?“ fragte Wieland.

„Warum fragst du das?“ rief Sebastian ihm gekränkt zu. „Habe ich je etwas anderes behauptet? Natürlich würde ich gern einer von ihnen werden, wenn ich könnte!“

„Das ist auch richtig so!“ sagte Wieland, erfreut über eine so klare Antwort. „Viele haben es geschafft, und du wirst es bestimmt auch schaffen!“

Eine Weile saßen sie stumm nebeneinander und starrten durch die Schaufenster der Buchhandlung nach draußen. Der Sturm beruhigte sich. Die vor ihnen liegende Hauptallee sah im fahlen Licht der Straßenlaternen gespenstisch leer aus. Offensichtlich war es der Polizei gelungen, die Stadtmitte zu räumen, doch die durchdringenden Sirenen der Feuerwehr und der Rettungswagen zeugten davon, daß der Kampf mit den Antifa-Horden in den anliegenden Stadtteilen mit unverminderter Härte weiterging.

Während Sebastian noch darüber nachdachte, wie er heute nacht am besten nach Hause gelangen sollte, ohne unverhofft zwischen die Fronten zu geraten, tippte Wieland sich mit den Fingerspitzen an die Stirn.

„Fast habe ich es vergessen!“ rief er erschrocken aus und erhob sich schnell.

Sebastian sprang ebenfalls auf die Beine.

„Was hast du vergessen?“ fragte er besorgt.

„Ich muß dich abmessen!“

„Mich?“ stieß Sebastian erstaunt hervor und blickte ins Gesicht seines Freundes, als wollte er sich vergewissern, ob er das richtig verstanden habe.

Vergeblich wartete er auf eine Erklärung. Wieland packte ihn am Arm und zog ihn beharrlich hinter sich her.

„Komm jetzt!“ sagte er ungeduldig und stellte den Jungen an die Stirnseite eines Bücherregals hin, wo es am hellsten war. „Wie groß bist du?“

Sebastian konnte nach wie vor nicht begreifen, was das Ganze zu bedeuten hatte.

„Wozu brauchst du das?“ wollte er wissen.

Wieland zog die Augenbrauen ärgerlich zusammen.

„Kannst du vielleicht einfach so still stehen, ohne Fragen zu stellen?“ sagte er mit einer Stimme, als wäre Sebastian ein verzogenes Kind, das seinen Eltern nicht folgen wollte. „Sag mir lieber, wie groß du bist.“

„Ein Meter siebzig", sagte Sebastian irritiert.

Wieland machte am Bücherregal eine Marke, dann legte er ein Bandmaß an.

„Nicht einmal deine eigene Körpergröße kennst du!" lachte er auf. „Du bist schon eins dreiundsiebzig!"

„Dreiundsiebzig!" wiederholte Sebastian erfreut.

Während Wieland ihm die Oberweite maß, träumte er davon, daß er vielleicht in der Tat noch ordentlich wachsen würde. Immerhin war er in einem halben Jahr um drei Zentimeter größer geworden!

„Ärmellänge", brummte Wieland vor sich hin, indem er von einem Blatt eine Art Anweisung ablas: „Am gestreckten Arm von der Kugel bis zur Mitte Handrücken oder bis zum Daumenansatz messen..."

Er schrieb alle Maße akkurat auf seinen Zettel, während Sebastian vor Neugier brannte.

„Wieland, du bist gemein!" rief er ihm zu. „Ich bin doch keine Sache! Ich bin ein Mensch!"

„Was du nicht sagst!" lachte Wieland, und als er sah, daß Sebastian kurz davor war, sich zu beleidigen, erklärte er nachsichtig: „Wir haben in unserem Theater noch eine Statistenrolle zu vergeben."

„Ich bin aber kein Schauspieler!" erwiderte der Junge erschrocken. „Das kann ich ja gar nicht!"

Die schauderhafte Vorstellung, auf einer Bühne vor dem Publikum zu stehen, erinnerte ihn an eine höchst unerfreuliche Erfahrung mit ihrem Schultheater, als er während einer Vorstellung vor Aufregung fast den Text vergessen hatte.

„Das mußt du gar nicht können", beruhigte Wieland. „Du mußt nur einen widerlichen Piraten darstellen. Du wirst zum Richtplatz geführt, gleich danach wirst du gehenkt!"

„Wie gehenkt?" fragte Sebastian beunruhigt.

„Wie, wie!" machte Wieland seine besorgte Art zu sprechen nach, während er ihm das Bandmaß an den Gürtel anlegte. „Mit einem Strick! Wir haben nur einen einzigen Piratenanzug! Wenn dir diese Lumpen passen würden, dann wirst du es eben sein, der an dem Galgen baumelt."

Der Ausdruck im Sebastians Gesicht zeugte davon, daß er für seine zukünftige Rolle keine echte Begeisterung verspürte.

„Und für diese Piraten-Lumpen brauchst du solche Maße?" fragte er mißtrauisch.

Er überlegte gerade, ob er nicht lieber gleich absagen sollte, bevor es zu spät war, doch in diesem Augenblick tauchte neben ihnen Julia auf.

„Was machst du mit ihm?“ fragte sie neugierig. „Willst du einen Sarg für ihn bestellen?“

„Du sagst es!“ erwiderte Wieland, blickte auf seinen Zettel und brach in schallendes Lachen aus.

„Wieland!“ rief Sebastian ihm zu. „Ich bringe dich um! Warum lachst du?“

„Ich muß deine Gesäßweite messen“, preßte dieser mühevoll aus sich heraus, „...und zwar an der stärksten Stelle...“

Während sie noch über die Begrifflichkeiten der Schneidermeister lachten, stieg Julia die Treppe wieder hoch.

„Jetzt haben wir das“, sagte Wieland zufrieden, als er auch dieses Maß aufschrieb.

Kaum hatte er seinen Zettel in eine Hosentasche gesteckt, klingelte es an der Tür der Buchhandlung. Sebastian schreckte ängstlich zusammen, so angespannt und gereizt waren seine Nerven an diesem Abend. Sie gingen zum Eingang.

„Wer ist da?“ fragte Wieland, ohne die Tür zu öffnen.

„Macht auf!“ hörten sie Walters Stimme.

Die Überraschung konnte nicht größer werden.

„Bist du einfach so da draußen herumgelaufen?“ rief Sebastian ihm vorwurfsvoll zu, nachdem Walter die Tür hinter sich zugezogen hatte. „Bist du verrückt?“

„Reg dich ab, Kleiner!“ erwiderte Walter und verstrubbelte ihm die Stirnlocke.

„Wer war das?“ hallte von oben die Stimme des alten Buchhändlers.

Sebastian lief sofort zur Treppe.

„Keine Sorge! Walter ist gekommen!“ rief er ihm hoch und kehrte sofort zurück.

Walter erzählte gerade, was er soeben in der Stadt erlebt hatte.

„So etwas gab es noch nie bei uns! Ich habe mindestens zehn brennende Wagen gesehen! Die Feuerwehr kann sie alle gar nicht mehr löschen!“

Während er noch sprach, erschallte ein glockenähnliches Klingelton. Wieland holte sein Handy hervor und öffnete die eingegangene Nachricht.

„Oh! Ich hab das ganz vergessen!“ rief er laut aus.

„Schon wieder?!“ fragte Sebastian, erstaunt über die merkwürdige Vergeßlichkeit seines Freundes.

„Ja!“ gab Wieland gern zu. „Freya wollte auch kommen!“

Sebastian ging langsam der Mund auf.

„Wie…“, stotterte er entsetzt, „wie konntest du das vergessen?“

Vergeblich mühte er sich zu begreifen, wie einem Mensch so etwas überhaupt entfallen könnte.

„Ja, sie wollte auch kommen!“ bestätigte Wieland, als ginge es um Kleinigkeiten. „Ich rufe sie an und frage, wo sie gerade steckt.“

Er legte das Handy ans Ohr und nach wenigen Sekunden begrüßte er seine junge Schwester. Sebastian hielt den Atem an. Obwohl er sein Gehör aufs äußerste anstrengte, um etwas von dem aufzufangen, was Freya ihrem Bruder gerade sagte, konnte er nur einzelne Wörter verstehen.

Plötzlich wandte sich Wieland an ihn mit einer Frage:

„Sie wollte wissen, ob sie kommen darf! Was soll ich ihr sagen? Darf sie?“

„Natürlich!“ rief Sebastian ihm vorwurfsvoll zu. „Wieso fragst du denn?!“

Das Verhalten seines großen Freundes erschütterte ihn. Es war eine Qual zuzusehen, was er da machte!

„Es war jetzt so laut, daß du es bestimmt gehört hast“, sagte Wieland seiner Schwester mit breitem Lächeln im Gesicht und wandte sich wieder an Sebastian: „Sie kommt mit dem Zug. In einer halben Stunde ist sie da. Kannst du sie vom Bahnhof abholen, sonst wird sie uns vielleicht gar nicht finden?“

„Klar!“ stieß Sebastian hervor und wußte gar nicht, wie er das noch deutlicher zeigen sollte, damit Wieland keine weitere Dummheiten sagte. „Ich hole sie sofort ab!“

Walter, der die ganze Unterhaltung mit angehört hatte, nahm seine Jacke, die er zuvor ausgezogen hatte, wieder in die Hand.

„Ich gehe mit“, sagte er, als Wieland sein Handy in die Hosentasche steckte.

„Ich gehe allein!“ warf Sebastian ihm entschlossen zu.

„Du weißt ja gar nicht, was auf den Straßen los ist!“ entgegnete Walter. „Wenn sie dich erkennen, schlagen sie dich tot!“

„Gar nicht!“ rief der Junge ihm zu, vor Aufregung zitternd.

„Nicht so laut, Kleiner!“ sagte Walter überrascht. „Was ist mit dir?“

Doch Sebastian stürzte bereits die Treppe hinauf.

„Ich glaube, er hat einen wichtigen Grund dafür“, bemerkte Wieland lächelnd. „Laß ihn gehen!“

Einige Sekunden später sprang Sebastian mit Schuhen in der Hand die

Treppe wieder hinunter. Er bremste ab, war aber zu schnell und glitt aus diesem Grunde auf dem glatten Fliesenboden noch einige Meter weiter, bis er knapp vor der Tür endlich stehenblieb. Als Walter sein Gesicht sah, stieg seine Überraschung noch weiter an. Betroffen schaute er zu, wie Sebastian versuchte, ohne Schnürsenkel aufzubinden, seine Sportschuhe anzuziehen. Er wollte etwas sagen, doch Wieland bat ihn mit einer stummen Geste zu schweigen. Als Sebastian aber die Türklinke ergriff, hielt Wieland ihn zurück.

„Kannst du vielleicht für mich was tun?“ fragte er, und holte aus der Innentasche seiner Jacke eine CD. „Am Bahnhof werden noch zwei Jungen auf dich warten, die dann weiterfahren. Kannst du ihnen diese CD überreichen?“

„Klar!“ warf Sebastian ihm zurück, nahm seinen kleinen Rucksack vom Boden und steckte die CD schnell hinein.

„Das sind aber sehr wichtige Daten!“ sagte Wieland mit warnender Stimme. „Die CD darf nicht in falsche Hände geraten! Verstehst du?“

„Schon längst verstanden!“ erwiderte Sebastian, machte die Tür einen Spaltbreit auf und blickte hinaus.

Im nächsten Augenblick schlüpfte er durch die Tür nach draußen und verschwand in der stürmischen Nacht.

„Wann hat er es geschafft, sich so hoffnungslos in deine Schwester zu verknallen?“ fragte Walter irritiert.

„Na ja!“ erwiderte Wieland mit dem Anflug eines rätselhaften Lächelns. „Manchmal geht es halt etwas schneller…“

Seltsamer Überfall

Sebastian schlüpfte durch die Tür nach draußen, schlich sich schnell um die Hausecke auf die menschenleere Turmstraße und ging, als hätte er mit dem ganzen Tumult auf dem Brunnenplatz nichts zu tun, in Richtung des Bahnhofs.

Wie ein schwarzes Tuch lag die mondlose Nacht über der kleinen Kurstadt. Der Regen hatte längst aufgehört, auch der böige Wind schwächte sich ab, doch heruntergerissene Äste, die überall herumlagen, zeugten davon, welcher Sturm noch vor wenigen Stunden hier getobt hatte. Irgendwo am westlichen Stadtrand heulten wieder Sirenen der Rettungswagen auf, dann huschten plötzlich blaue Blitzlichter über die Fassaden der umliegenden Häuser, doch davor hatte Sebastian keine Angst. Vielmehr achtete er darauf, daß er nicht unverhofft auf jene vermummten Antifaschisten stieß, die nach wie vor randalierend durch die verwaisten Straßen zogen.

Als er an der nächsten Kreuzung auftauchte, erkannten seine scharfen Augen in der Tiefe der Herderstraße eine Gruppe schwarzgekleideter Jugendlicher. Sie standen vor einem brennenden Wagen und johlten vor Freude, während Dutzende Polizisten versuchten, die anliegenden Straßen zu sperren. Ohne anzuhalten bog Sebastian in die Humboldtstraße ein, um einer möglichen Begegnung mit den Randalierern auszuweichen.

Es war gefährlich, zugleich aber schrecklich faszinierend, in einem wichtigen Auftrag unterwegs zu sein. Und die regenfeuchte Luft, getränkt mit dem beißenden Rauch brennender Fahrzeuge verstärkte dieses atemberaubende Gefühl noch mehr. Doch das allein war sicher nicht der Grund, weshalb sein Herz so heftig schlug. Der Gedanke an Freya war noch tausendmal aufregender als alle Abenteuer dieser Welt! Er erinnerte sich an ihren Abschied und daran, wie zärtlich sich ihre Hand anfühlte und wie wundervoll ihre Augen zu ihm aufblickten... Die Vorstellung, daß das anmutige Mädchen in diesem Augenblick auf ihn wartete, jagte heiße Wellen über ihn und trieb ihn mächtig an.

Der Bahnhof lag am östlichen Rand der Stadt, hinter weitläufigen Wiesen, die einen verschlungenen Fluß säumten. Doch Sebastian ging schnell und konnte bereits nach einer Viertelstunde die gut beleuchtete Brücke sehen, die hundert Meter vor dem Bahnhofsgebäude lag.

Während er noch von der bevorstehenden Begegnung mit Freya träumte, tauchten auf dem menschenleeren Gehweg vor der Brücke drei

Jungen auf. Anscheinend traten sie aus dem dichten Gebüsch hervor, das die Straße von den weitläufigen Wiesen trennte. Sebastian schaute genauer hin. Die Jungen waren groß und älter als er, sahen aber nicht wie Straßenschläger aus, die ihm gefährlich sein könnten. Erst als Sebastian näher kam, erkannte er, wie falsch er damit gelegen hatte. Denn die Jungen sahen ihn an, als ob sie ausgerechnet auf ihn gewartet hätten.

Für einen Augenblick wußte Sebastian nicht, was er tun sollte. Er hätte sicher noch weglaufen können, doch dann hätte er über die zweite Brücke laufen müssen, um den Bahnhof von einer anderen Seite her zu erreichen: ein Zeitverlust von mindestens einer Viertelstunde! Als er an Freya dachte, gab er diesen Gedanken sofort auf.

Sebastian ging weiter. Jetzt konnte er die drei Jugendlichen noch besser sehen. Es waren ohne jeden Zweifel deutsche Jungen. Sowohl ihre Kleidung als auch die Frisuren waren ausgesprochen ordentlich, doch ihr merkwürdiges Benehmen beunruhigte ihn immer mehr. Was machen sie hier vor der Brücke, dazu noch zu dieser späten Stunde? Ob sie auch zur Antifa gehören? dachte Sebastian aufgeregt. Wenn sie erfahren, wer ich bin, schlagen sie mich tot!

Er kam näher, wollte an ihnen vorbeigehen, doch sie versperrten bereits den ganzen Gehweg. Sebastian wich auf die Fahrbahn aus, doch einer der Jungen packte ihn am Oberarm und zog ihn unsanft zurück auf den Gehweg.

„Was wollt ihr?“ fragte Sebastian irritiert.

Einer der Jungen, viel größer und älter als die anderen, trat dicht an ihn heran.

„Wie ist dein Name?“ fragte er mit einer Stimme, die nichts Gutes versprach.

„René“, erwiderte Sebastian nach kurzem Zögern, und noch bevor er flüchten konnte, packte ein anderer Junge ihn am zweiten Arm.

Sebastian schaute hilfesuchend um sich, konnte aber keinen einzigen Menschen sehen.

„Ich habe dich gefragt, wie du heißt“, sagte der gleiche Junge feindselig.

Sein messerscharfer Blick war schwer zu ertragen. Sebastian begann vor Aufregung zu schwitzen, wollte aber auf keinen Fall seinen Namen preisgeben.

„Was wollt ihr von mir?“ rief er ihm verzweifelt zu, doch der Unbekannte schlug ihm mit dem Handrücken auf den Mund.

„Halt's Maul!“ sagte er drohend.

Der Schlag ließ die Welt vor Sebastian explodieren. Er schüttelte den Kopf. Alles drehte sich vor seinen Augen. Die Lippen fühlten sich taub an. Warmes Blut lief ihm das Kinn herunter.

Während er noch fieberhaft überlegte, was er jetzt tun sollte, griff der Junge in die Innentasche seiner Regenjacke und holte daraus einen kleinen Geldbeutel hervor. Bald fand er darin seinen Schülerausweis.

„Sebastian Rohde“, las er genüßlich den Namen ab, verglich das Gesicht des verängstigten Jungen mit dem Lichtbild auf der Plastikkarte, dann grinste er heimtückisch. „Das ist er!“

„Laßt mich los! Hilfe!“ schrie Sebastian so laut er konnte und versuchte, sich dabei loszureißen, doch der gleiche Junge schlug ihm in die Magengrube.

Sebastian brach sofort zusammen, doch die Jungen hielten ihn fest. Sie schleppten ihn von der Straße auf eine frisch gemähte Wiese, die hinter dichtem Gebüsch lag. Erst als sie weit genug waren, ließen sie ihn auf den regennassen Boden fallen.

Sebastian krümmte sich vor Schmerz und schnappte qualvoll nach Luft, während die Jungen ihm den Rucksack von den Schultern rißen. Erst als er wieder halbwegs atmen konnte, packten sie ihn an den Armen und zogen ihn auf die Beine. Einer der Jungen legte ihm von hinten den Arm um den Hals und hielt ihn so in seiner Gewalt.

„Was wollt ihr?“ röchelte Sebastian, versuchte den Würgegriff ein wenig zu lösen, doch sein Peiniger war wesentlich stärker und drückte noch fester zu.

Der ältere Junge, der ihn zuvor geschlagen hatten, kam wieder an ihn heran.

„Du sagst mir jetzt, wo dein Nazi-Freund Frank gerade steckt!“ forderte er mit drohender Stimme. „Falls du die Wahrheit sagst, verschonen wir dich. Wenn wir ihn finden, bist du frei. Wenn du aber lügst, dann wirst du es bereuen.“ Er machte eine kurze Pause, dann fragte er: „Wo ist er?“

„Ich weiß es nicht“, beteuerte Sebastian, nach Luft ringend.

Der Junge packte ihn hart an der Stirnlocke und blickte ihm aus nächster Nähe in die Augen.

„Ich hab dich was gefragt!“ zischte er haßerfüllt. „Wo versteckt sich dieser Uffelmann?!“

Nachdem er abermals keine Antwort bekommen hatte, gab er seinen Freunden ein stummes Zeichen.

Die Jungen zwangen Sebastian auf den Boden. Nun lag er auf dem

Bauch. Einer seiner Peiniger setzte sich rittlings auf ihn und verdrehte ihm den linken Arm hinter dem Rücken.

„Sagst du es jetzt?“ fragte er drohend.

Sebastian schwieg.

„Wie du willst!“ sagte sein Peiniger und zog dessen verdrehten Arm hoch.

Ein schrecklicher Schmerz durchbohrte Sebastians Schulter. Er stöhnte auf, sagte aber nichts.

Der Junge wurde rasend.

„Ich breche dir jetzt den Arm, wenn du schweigst!“

Als er seinen Arm tatsächlich noch weiter nach oben zog, wurde Sebastian dunkel vor Augen. Er biß die Zähne zusammen und drückte sein Gesicht ins nasse Gras. Tränen liefen aus seinen Augen. Der zweite Junge sprang sofort zu ihm, packte ihn an den Haaren und riß seinen Kopf wieder hoch.

Schweißgebadet öffnete Sebastian die Augen und sah, daß der ältere Junge ein Messer zückte.

„Sagst du jetzt, wo er sich versteckt?“

Sebastian blieb der Atem weg. Bald zitterte er am ganzen Körper. Als der Junge die Frage wiederholte und noch näher kam, kniff er die Augen zu und preßte die Zähne fest zusammen, so unerträglich war die panische Angst, die ihn beinahe in den Wahnsinn trieb.

„Hilfe!“ schrie Sebastian so laut er konnte, doch der Junge, der seinen Kopf hochhielt, drückte ihm die Hand auf den Mund.

„Paß auf, da war jemand!“ sagte er, während er in Richtung der beleuchteten Brücke schaute.

„Wenn er uns gesehen hat, dann kommen bald die Bullen her!“ sagte ein anderer besorgt. „Wir müssen abhauen!“

Sie ließen Sebastian los und gingen schnell weg.

Ein betörendes Gefühl überlief den Jungen, als sein schmerzender Arm wieder frei war. Einige Sekunden lang lag er keuchend auf dem nassen Boden, dann berappelte er sich und blickte seinen Peinigern hinterher.

Plötzlich fiel sein Blick auf den Rucksack, der nur einige Meter entfernt von ihm auf dem Boden lag. Sein Reißverschluß war geöffnet. Wie ein Stromschlag durchzuckte ihn ein schrecklicher Verdacht: die CD! Sebastian stürzte zum Rucksack und befühlte dessen Inneres. Er war leer!

Der Schreck, der ihn dabei erfaßte, wuchs schnell zu rasender Wut, die er früher nur selten erlebt hatte. Er holte aus dem Rucksack einen schweren Bolzen hervor, den er gerade für solche Fälle immer mit sich trug, und stürmte ihnen hinterher. An der Böschung holte er sie ein.

„Wo ist meine CD?!“ schrie er noch im Laufen ihnen zu.

Die Jungen blieben stehen und drehten sich um.

„Gebt mir meine CD wieder!“ forderte Sebastian mit erstickter Stimme und starrte feindselig den größeren Jungen an.

Dabei hatte er übersehen, daß ein anderer Junge zur Seite ging. Als Sebastian seine Forderung wiederholte, packte dieser ihn von hinten an den Schultern und schleuderte ihn mühelos auf den Boden.

Wie eine wilde Katze sprang Sebastian wieder auf die Beine, während seine Peiniger sich über ihn lustig machten und grinsten.

„Du meinst die da?“ fragte der ältere Junge höhnisch.

In seinen Händen hielt er die gestohlene CD. Als Sebastian sie sah, warf er sich augenblicklich auf ihn, und noch bevor dieser seinem überraschenden Angriff ausweichen konnte, schlug er ihm mit ganzer Kraft direkt ins Gesicht.

Der Schlag seiner Rechten, die nach wie vor den schweren Bolzen umklammerte, war so stark, daß der Junge sofort auf den Boden stürzte. Sebastian sprang auf ihn, riß ihm die CD aus der Hand, wurde aber gleich darauf von schweren Schlägen auf den Kopf getroffen, und sank betäubt auf den Boden…

Als Sebastian wieder zu sich kam, spürte er keinen Schmerz. Er lag auf dem Rücken im nassen Gras und hatte nicht das geringste Bedürfnis oder gar Verlangen, sich zu bewegen. Ihm war, als flöge er wie eine leichte Feder, getrieben von verspieltem Sommerwind, ziellos umher…

Bald hörte er dumpf hallende Stimmen, die aus einer anderen Welt zu kommen schienen. Es waren Fetzen eines merkwürdigen Gesprächs, dessen Sinn sein benebeltes Bewußtsein nur mit großer Verzögerung erreichte.

„Was habt ihr getan?“ rief jemand vorwurfsvoll aus.

„Was hätten wir denn machen sollen? Du hast doch gesehen, wie wild er plötzlich geworden ist.“

„Was sollen wir mit ihm tun?“

„…den Notdienst verständigen… Vielleicht hat er was Ernstes?“

Jemand rüttelte an seinem Arm, dann spürte Sebastian, wie man ihn auf die Wangen schlug. Als er endlich die Augen öffnete, sah er verwundert seine Angreifer, die mit besorgten Gesichtern vor ihm knieten.

„Er ist wieder da!“ sagte der ältere Junge, während er sich auf die Nase ein blutgetränktes Tuch drückte.

Auch seine Sommerjacke war mit Blutflecken übersät.

Sebastian setzte sich mühevoll auf und schüttelte den Kopf. Ein lästiges Schwindelgefühl ließ den Boden unter ihm so stark schwanken, daß er sich mit den Händen abstützen mußte. Erst als sich die nächtliche Gegend um ihn herum wieder beruhigt hatte, versuchte er aufzustehen. Nun konnte er seinen Körper fühlen. Sein linker Arm und die Schulter schmerzten. Als eine kräftige Windböe über die Wiesen fegte und seine pitschnassen Kleider streifte, begann er vor Kälte am ganzen Körper zu zittern. Sebastian schaute sich um. Seine Peiniger waren wie vom Erdboden verschluckt…

Bald konnte er sich daran erinnern, was soeben geschehen war. Er atmete erleichtert auf, doch dann hatten das Elend und die Verzweiflung ihn wieder.

„Die CD“, flüsterte Sebastian kummervoll, während ihm die Tränen in die Augen stiegen. „Warum habe ich nur so viel Pech im Leben…“

Wankend ging Sebastian über die Brücke und konnte nun den hell erleuchteten Parkplatz vor dem Bahnhof sehen. Freya stand ganz allein an der Bushaltestelle und schaute unentwegt in seine Richtung. Als sie ihn erkannte, ging sie ihm sofort entgegen. Als ob sie etwas Schlimmes geahnt hätte, wurde sie immer schneller.

„Was ist mit dir?“ rief sie ihm noch im Gehen besorgt zu, als sie sein blutverschmiertes Gesicht sah.

Sebastian atmete schwer und hatte große Mühe zu antworten.

„Man hat mir die CD gestohlen…“, sagte er verzweifelt. „Sie waren zu dritt…“

Brennendes Schuldgefühl erfaßte ihn beim Anblick des Mädchens.

„Tut mir leid“, sagte er schnell und drehte sein Gesicht zur Seite.

Als er wieder aufblickte, sah er, mit welcher Zärtlichkeit Freya zu ihm schaute.

„Sie haben die CD…“, stammelte der Junge verwirrt und verstummte, denn das Mädchen hob ihre Hand hoch und strich ihm langsam über die Wange.

„Mach dir keine Sorgen“, sagte sie bewegt. „Die Daten waren verschlüsselt.“

Ihre sanfte Stimme bewirkte, daß er ganz durcheinanderkam. Er wollte ihr etwas sagen, brachte es aber nicht über die Lippen. Freya sah ihn so wundervoll an, und was er in ihren weich blickenden, mit Tränen überzogenen Augen zu sehen glaubte, machte ihn sprachlos. Nicht einmal in Gedanken war es möglich, das heilige Wort auszusprechen…

„Ich bin stolz auf dich“, sagte sie leise.

Sebastian wurde rot und senkte den Blick verlegen zu Boden. Die Worte trafen ihn wie ein Blitz aus heiterem Himmel und drangen immer tiefer in sein pochendes Herz! Zwar stand er wie versteinert da und wagte nicht aufzublicken, doch innerlich erzitterte er vor Glück.

Betäubt von der zärtlichen Berührung, versuchte er das atemberaubende Erlebnis irgendwie zu verkraften. Während das Mädchen sich mit der Taxizentrale verbinden ließ, um einen Wagen zu bestellen, kam er langsam wieder zu sich.

Auf einmal schien Sebastian der ganze Vorfall vor der Brücke gar nicht mehr so schlimm gewesen zu sein. Ganz im Gegenteil!

„Ein kleiner Preis“, dachte er übermütig.

Nach der Schlacht

Am frühen Morgen des nächsten Tages sah die Innenstadt wie ein Schlachtfeld aus, auf dem noch gestern ein erbitterter Häuserkampf getobt hatte. Die fleißigen Stadtbediensteten in orangefarbenen Arbeitsanzügen versuchten, die Straßen freizuräumen, kamen aber damit nur mühsam voran. Da und dort standen ausgebrannte Fahrzeuge: eingeschlagene Seitenfenster, zersprungene Windschutzscheiben, verkohlte Reifen… Wie kettenlose Panzer, die vom gnadenlosen Feind zu Schrotthaufen zerschossen worden waren, vermittelten sie einen äußerst deprimierenden Eindruck.

Der schöne Brunnenplatz, auf dem die Anständigen von ihren eigenen Verbündeten angegriffen worden waren, lag weitgehend verwüstet da. Wie frisches Blut leuchteten die roten Flecken an den Fassaden umliegender Häuser. Sprachlos irrten die verängstigten Kurgäste zwischen heruntergerissenen Ästen, Pflastersteinen und Überresten von Barrikaden umher, die nach wie vor auf dem vermüllten Boden herumlagen. Mitleidvoll schauten sie die niedergeschlagenen Ladenbesitzer an, die mühsam die wertlosen Splitter ihrer einst so prachtvollen Schaufenster zusammenkehrten.

„Was soll ich jetzt tun?“ fragte eine Café-Besitzerin und warf ihre Hände verzweifelt hoch.

Mit verweinten Augen schaute sie den Bürgermeister an, der wie ein Feldherr nach einer verlorenen Schlacht die Trümmer seiner stolzen Residenz inspizierte. Sein stummes Gefolge begleitete ihn auf Schritt und Tritt und wartete, düster auf den Boden starrend, auf neue Anweisungen.

Das schöne Café, auf das sie alle so stolz waren und das vor einem Jahr mit großem Aufwand renoviert worden war, war nur noch ein Trümmerhaufen. Nicht nur die wandgroßen Schaufenster waren zertrümmert, sondern auch die exklusive Inneneinrichtung war auf das Schlimmste in Mitleidenschaft gezogen worden.

„Wir werden eine Lösung finden“, tröstete der Bürgermeister die verzweifelte Frau und legte ihr mitfühlend die Hand auf die Schulter. „Ich bin genauso entsetzt…“

Er drehte sich weg und starrte einige Sekunden zur Seite, dann blickte er zu seinem Stellvertreter.

„Wir müssen eine Möglichkeit finden, den Geschädigten zumindest zinslose Darlehen zur Verfügung zu stellen“, sagte er so laut und deutlich, daß die arme Frau Bruns es auch hören konnte.

„Die Banken werden uns keine Kredite mehr geben“, rief diese kummervoll aus. „Das Grundbuch ist durch die letzte Sanierung schon bis zum Rand mit Hypotheken belastet…“

Sie fing wieder an lautlos zu weinen, während sich um den bedrängten Bürgermeister herum bereits ein ganzer Haufen aufgeregter Ladenbesitzer versammelt hatte. Sie überhäuften ihn mit Fragen, die er beim besten Willen nicht beantworten konnte. Er redete beruhigend auf sie ein, bat sie eindringlich, ausführliche Schadensmeldungen zu erstellen, und versprach, ihre schwere Lage bereits in den nächsten Tagen auf einer Krisensitzung des Stadtrates eingehend zu besprechen. Man erwarte Vertreter der Landesregierung, die bestimmt mit Hilfsprogrammen und Zuschüssen helfen würden…

Als er sich endlich aus ihrer Belagerung befreien konnte und sich in der Kurhalle versteckte, lehnte er sich erschöpft an die Wand und faßte sich an den schmerzenden Kopf, der mit einem dicken Verband umwickelt war. Ein unterdrücktes Stöhnen entwich seinem Mund. Der schwere Pflasterstein, der während der gestrigen Kundgebung seinen Kopf gestreift hatte, hatte eine ernstzunehmende Verletzung verursacht, doch der Bürgermeister hielt es für unangemessen, sich angesichts einer solch dramatischen Lage in ein Krankenzimmer zu verkriechen.

Er war ein leicht untersetzter, übergewichtiger Mann von sechzig Jahren, dessen gütiges Gesicht ein natürliches Vertrauen erweckte. Zwar gehörte er seit dreißig Jahren der CDU an, doch insgeheim haßte er parteipolitische Auseinandersetzungen. Allein das Wohl seiner Heimatstadt lag ihm am Herzen, das beim Anblick der schrecklichen Verwüstungen stark schmerzte.

Als er sich nach einer kurzen Ruhepause wieder auf die offene Straße traute, hörte er hinter sich eine tiefe Männerstimme:

„Guten Morgen, Herr Bürgermeister!“

Er drehte sich um und sah Herrn Weigand, der direkt vor ihm stand und ihm die Hand hinstreckte. Sein Aussehen hinterließ wie immer einen tiefen Eindruck: ein einwandfrei gebügelter, dunkler Anzug, schneeweißes Hemd, dezente Krawatte, selbst die Schuhe glänzten, als hätte er sie zum ersten Mal angezogen. Vor allem aber waren es die majestätische Körperhaltung und der willensstarke Ausdruck seines regelmäßigen Gesichts. Es gab nur wenige Menschen, die den Blick seiner tiefblauen Augen ertragen konnten, wenn er ihnen nicht besonders wohlgesonnen war.

„Herr Weigand!“ rief der Bürgermeister erfreut aus.

Er ergriff seine Hand und schüttelte sie lange und gefühlvoll, wobei er sich eines besonderen Handgriffs bediente, den nur Logenbrüder kannten.

„Haben Sie es gesehen! Alles verwüstet!“ rief er verzweifelt aus. „Wenn kein Wunder geschieht, wird es eine Pleitewelle geben! Wir sind verloren!“

Er lud Herrn Weigand mit einer höflichen Geste ein, mit ihm zu gehen, und als sie vor dem zerstörten Café von Frau Bruns stehenblieben, bat er seinen Begleiter einen Augenblick zu warten und ging zum Eingang.

„Frau Bruns!“ rief er laut in den Raum. „Frau Bruns! Wo sind Sie?“

Nachdem er keine Antwort bekommen hatte, ging er schnell hinein und verschwand in einem der Nebenräume. Als er Frau Bruns in ihrem kleinen Büro entdeckte, saß sie auf einem Drehstuhl und starrte mutlos vor sich hin. Ihre abgearbeiteten Hände lagen kraftlos im Schoß.

„Kommen Sie, kommen Sie!“ rief der Bürgermeister ihr hektisch zu, während er sie beharrlich hinter sich herzog. „Herr Weigand ist da!“

Als die arme Frau vor dem stattlichen Herrn stand, konnte sie kein Wort sprechen. Der Anblick der verunstalteten Fassade erschütterte sie mit neuer Kraft. Hilflos hob sie die Hände vors Gesicht und brach wieder in Tränen aus.

„Frau Bruns!“ sagte Herr Weigand mit warmer Stimme. „Es tut mir leid, daß es ausgerechnet Sie so hart getroffen hat. Ihr schönes Café ist ein Wahrzeichen unserer Stadt! Ich bin in der Welt weit herumgekommen und ich kann Ihnen versichern, nirgends habe ich einen besseren Kaffee getrunken und nirgends war es so gemütlich wie bei Ihnen!“

„Wie wahr!“ pflichtete der Bürgermeister ihm fleißig zu. „Wir wollten Frau Bruns in diesem Jahr auszeichnen! Sie haben Recht, Herr Weigand: das beste Café in der ganzen Umgebung!“

Frau Bruns nickte zwar dankbar mit dem Kopf, konnte sich aber nicht beruhigen. Im Gegenteil! Die schönen Worte machten den Verlust ihrer mühevoll aufgebauten Existenz noch unerträglicher.

„Wir werden eine Lösung finden“, fuhr Herr Weigand fort, „damit wir noch in diesem Monat gemeinsam mit Ihnen eine Neueröffnung feiern können!“

Frau Bruns blickte ihn verstört an.

„Aber wie soll das gehen?“ fragte sie mit brüchiger Stimme, während der Bürgermeister sie mit heimlichen Zeichen zum Schweigen aufforderte.

Sie verstand es und verstummte.

„Wo ein Wille ist, wird man auch einen Weg finden“, erwiderte Herr

Weigand zuversichtlich. „Wurden auch Schäden durch Fremdeinwirkung mitversichert?“

„Nein“, sagte die Frau und schüttelte bedrückt den Kopf.

„Nicht schlimm!“ sagte Herr Weigand tröstend. „Verlieren Sie keine Zeit und packen Sie wieder an! Sie sind eine tüchtige Frau. Holen Sie so schnell wie möglich geeignete Handwerker! Alles andere klärt der Bürgermeister. Nicht wahr?“

„Jawohl!“ erwiderte dieser sichtlich erfreut.

Die Frau stand wie versteinert vor ihrem Café, ohne ihr Glück begreifen zu können. Bald erwachte sie aus ihrer Erstarrung und begann, sich überschwänglich zu bedanken, doch Herr Weigand entschuldigte sich bei ihr und trat mit dem Bürgermeister zur Seite.

„Welchen Gesamtschaden erwarten Sie für die Innenstadt?“ fragte er, während er nachdenklich entlang der Hauptallee schaute.

„Der Schaden ist sehr groß!“ erwiderte der Bürgermeister seufzend.

„Das ist keine Zahl, mit der ich etwas anfangen könnte.“

Der Bürgermeister faßte sich an die Stirn, überlegte einige Sekunden lang, dann blickte er wieder zu seinem Gesprächspartner auf.

„Mindestens zwanzig Millionen“, sagte er mit dramatischem Ernst.

„Heute nachmittag werden Sie einen Anruf von einer Schweizer Bank bekommen“, sagte Herr Weigand. „Sie wird ausführliche Informationen und Gutachten zu jedem einzelnen Schadensfall haben wollen.“

Der Bürgermeister erstarrte für einen Augenblick.

„Aber die Ladenbesitzer haben keine Sicherheiten zu bieten“, sagte er ängstlich und mit schmerzerfüllter Stimme. „Sie sind überschuldet…“

„Die Lage der Gewerbetreibenden in unserer Stadt ist mir bestens bekannt“, entgegnete Herr Weigand unbeeindruckt.

„Aber wie wollen Sie dann dieses Problem lösen?“ fragte der Bürgermeister verblüfft, doch als er auf den stummen Blick seines Gesprächspartners stieß, verzichtete er auf weitere Fragen. „Entschuldigung…“, sagte er verlegen.

„Vergeuden Sie keine Zeit mit unnötigen Fragen und bereiten Sie lieber aussagekräftige Unterlagen für die Bank vor!“ sagte Herr Weigand.

„Jawohl!“ erwiderte der Bürgermeister.

Über alle Maße erfreut, begann er sich zu bedanken und davon zu sprechen, daß die Stadt es niemals vergessen werde, wer ihr in dieser schweren Stunde die rettende Hand gereicht habe.

„Das möchte ich auf keinen Fall!“ erwiderte Herr Weigand mit eisiger

Stimme. „Dieses Gespräch sollte unter uns bleiben!“

„Wie Sie wünschen!“ sagte der Bürgermeister und zeigte mit seinem ganzen Benehmen, daß er seinen Wunsch haargenau erfüllen würde. „Ich hoffe nur, daß die Nazis uns nicht gänzlich in den Ruin treiben werden! Die neue Schulleiterin, Frau Bammert, hat mir berichtet, wie die ganze Geschichte ihren Anfang genommen hat. Vor etwa zwei Monaten ist ein rechtsradikaler Junge aus Sibirien gekommen und hat auf dem Gymnasium eine echte Nazi-Gruppe organisiert, die ständig wächst. Und jetzt sehen Sie bitte, was daraus geworden ist! Daß ein einziger Mensch einen solchen Schaden verursachen kann!“

Er seufzte schwer und schüttelte enttäuscht den Kopf.

„Ich nehme an, daß es nicht gerade die Nazis waren, die das alles angerichtet haben“, bemerkte Herr Weigand mit einer Stimme, die den Bürgermeister aufhorchen ließ.

Er zog die Augenbrauen unwillkürlich hoch. Verwundert blickt er seinen mächtigen Gesprächspartner an.

„Oder hat dieser Junge aus Sibirien Sie mit Pflastersteinen beworfen?“ fügte dieser leicht ironisch hinzu.

Der eiserne Blick des Großmeisters ruhte schwer auf dem Gesicht des Bürgermeisters.

„Nein, das nicht“, erwiderte dieser sichtlich verwirrt. „Aber…“

Er konnte den durchdringenden Blick seiner tiefblauen Augen nicht mehr aushalten und wandte das Gesicht zur Seite.

„Sie brauchen Bettruhe“, sagte Herr Weigand mit einer Stimme, die seinem Gesprächspartner einen frostigen Schauder über den Rücken jagte. „Sie dürfen in diesem Zustand Ihren Kopf nicht überanstrengen.“

Der Bürgermeister lächelte gekünstelt, doch als er seine Augen wieder zu ihm hob, verblaßte sein Lächeln.

„Mir scheint, daß Sie sich in dieser Angelegenheit auf die falsche Seite gestellt haben“, setzte Herr Weigand fort. „Nach der nächsten Logensitzung möchte ich mit Ihnen etwas ausführlicher darüber reden.“

„Ich verstehe…“, sagte der Bürgermeister etwas verlegen und faßte sich wieder an die Stirn.

„Ich wünsche Ihnen gute Besserung“, sagte Herr Weigand. „Und vergessen Sie nicht, die Unterlagen für die Bank vorzubereiten. In vier Wochen möchte ich mit Ihnen bei Frau Bruns wieder Kaffee trinken.“

Nachdem er sich von dem Bürgermeister verabschiedet hatte, blickte er auf die Uhr und ging weiter.

Der Bürgermeister schlug die Augen für einige Sekunden nieder und atmete erleichtert durch. Bald tauchte neben ihm sein Stellvertreter auf.

„Und?“ fragte er besorgt.

„Wir haben das Geld!“ rief der Bürgermeister ihm erregt zu. „Ruf sofort den Redakteur der Kreiszeitung an! Wir müssen um jeden Preis die Veröffentlichung meines Interviews stoppen! Ich habe dort übermäßig emotional und voreilig einige Aussagen getätigt, die von den aktuellen Ereignissen längst überholt wurden.“

„Meinst du, er wird es tun?“ fragte der Mann zweifelnd. „Wenn er ‚nein‘ sagt?“

„Dann sagst du ihm, daß es von ganz oben kommt!“ erwiderte der Bürgermeister bedeutungsvoll.

„Von wem?“ fragte sein Stellvertreter irritiert.

Der Bürgermeister zuckte mit seinem verletzten Kopf in Richtung der Brunnenstraße. Der Mann folgte der Blickrichtung und sah Herrn Weigand, der gemächlich die Straße entlang ging. Er schaute sich die verwüsteten Läden an, sprach mit besorgten Ladenbesitzern und bog schließlich in die Rathausstraße ab.

* * *

In einer Stunde versammelten sich auf dem Brunnenplatz die geschädigten Ladenbesitzer. Sie sprachen aufgeregt miteinander, beklagten den Schaden und blickten hoffnungsvoll auf ihren Bürgermeister, der unter der Kuppel des Eingangsportals der Kurhalle mit seinen engsten Mitarbeitern das weitere Vorgehen besprach. Als er damit fertig war, ging er entschlossen nach vorne.

„Meine lieben Mitbürger! Ich habe mir die Ereignisse der letzten Tage noch einmal vergegenwärtigt und bin zum Schluß gekommen, daß wir die Schuldigen an diesem Desaster endlich beim Namen nennen sollten!“ sagte er mit hinreißendem Schwung. „Daß bei uns einige Übergriffe der Rechtsradikalen stattgefunden haben, ist äußerst bedauerlich, und wir werden alles Erdenkliche unternehmen, um diesem Unfug ein Ende zu bereiten.“ Er überblickte die Menge mit einem souveränen Blick und setzte seine Ausführungen fort: „Nichtsdestotrotz geben solche Einzelfälle den linksradikalen Gruppen keineswegs das Recht, unsere freiheitlich-demokratische Grundordnung in Frage zu stellen und unsere unbescholtenen Bürger mit solch brutaler Gewalt anzugreifen…“

Bald redete sich der Bürgermeister in einen solchen Eifer hinein, daß er sich bei der Wortwahl seiner Rede bis an die äußerste Grenze des politisch Korrekten heranwagte.

„Ich bin von den Einwohnern unserer Stadt zum Bürgermeister gewählt worden und werde kraft meines Amtes nicht mehr zulassen, daß der linksradikale Abschaum die Stadtbewohner und unsere lieben Kurgäste bedroht!“ rief er in die Menge, während sein Gesicht vor Zorn dunkel anlief. „Angesichts der brutalen Gewalt, die unsere gastfreundliche Kurstadt gestern abend erleiden mußte, verbiete ich ab sofort und bis auf weiteres alle Kundgebungen und Protestveranstaltungen in unserer Stadt!“

Ein lebhafter Applaus begleitete seine Worte.

„Meine lieben Mitbürger. Die Stadtverwaltung und ich persönlich werden alles in unseren Kräften Stehende unternehmen, um unsere stark geschädigten Gewerbetreibenden zu unterstützen. Ich versichere Ihnen, daß in einem Monat die meisten Geschäfte wieder ihren Betrieb aufnehmen werden. Und unsere schöne Stadt, die sich dank Ihrer fleißigen Hände bundesweiter Bakanntschaft erfreut, wird noch schöner aussehen als je zuvor! Dafür stehen ich und meine Kollegen ein!“

Ein nie enden wollender, dankbarer Applaus krönte seine Rede. Der Bürgermeister bahnte sich den Weg durch die begeisterte Menge, drückte unzählige Hände und verbreitete durch sein zuversichtliches Auftreten die so dringend nötige Hoffnung…

Endgültiger Bruch

Als Herr Weigand in die Schillerstraße einbog, war ein Teil seiner Leibwache bereits dort. Eine ganze Gruppe bewaffneter Männer begleitete ihn, unauffällig und jederzeit bereit, sofort das Feuer zu eröffnen, sollte das Leben ihres mächtigen Dienstherrn von dessen hinterhältigen Feinden bedroht werden. Eine gepanzerte Mercedes-Limousine und mehrere Hilfsfahrzeuge blieben stets in unmittelbarer Nähe, um ihn im Falle eines Angriffs aus der Gefahrenzone in Sicherheit zu bringen. Und trotzdem waren diese aufwendigen Maßnahmen von den ahnungslosen Stadtbewohnern und Kurgästen als solche nicht erkannt…

Herr Weigand ging weiter und erreichte nach einer Viertelstunde den westlichen Stadtrand. Hier auf einer sanften Anhöhe lag eine ruhige Wohngegend, wo das wohlhabende Bürgertum ihr schönes Zuhause hatte. Nur selten verirrten sich die Fremden in diese gepflegten Straßen. Die Immobilienpreise in diesem grünen Stadtteil stellten für Ausländer und Flüchtlinge vorerst ein unüberwindliches Hindernis dar, um auch hier dauerhaft Fuß zu fassen. Alles in allem eine bürgerliche Idylle, die den trügerischen Anschein weckte, die Welt wäre immer noch heile und die Sorge um die Zukunft des Landes maßlos übertrieben.

„Guten Tag, Frau Koch“, sagte Herr Weigand freundlich, als er näher kam. „Wissen Sie noch, wer ich bin?“

Die alte Dame strengte ihre Augen an.

„Ach, Sie sind es, Herr Weigand!“ rief sie erfreut aus und lehnte den Besen an den Zaun.

„Wie geht es Ihnen? Ich habe gehört, daß Sie in Amerika arbeiten müssen.“

„In der Tat“, bestätigte er und nahm behutsam ihre knorrige Hand entgegen. „Ich arbeite in New York.“

„Oh, das ist bestimmt nicht billig, dort eine Wohnung zu haben!“ sagte sie mitfühlend. „Meine Kusine wohnte eine Zeit lang in New York. Sie hat mir erzählt, wie es dort mit den Preisen aussieht.“

„Sie sagen es“, bestätigte Herr Weigand.

„Sie sind aber ganz grau geworden“, sagte die Alte unvermittelt. „Ich kann mich noch erinnern, als Sie viel jünger waren. Wie die Zeit vergeht… Ach, ja!“

Herr Weigand lächelte sie an und nickte zustimmend.

„Wie geht es Ihnen, Frau Koch?“ fragte er höflich.

„Wie soll es einem gehen, wenn man so alt ist wie ich?“ lachte sie nachsichtig und winkte mit der Hand ab. „Wenn ich mir so das heutige Leben anschaue, dann kann ich meinen seligen Mann nur noch beneiden. Ich kenne auch andere Zeiten, wo Sie noch gar nicht auf der Welt waren. Wir hatten fast gar nichts und mußten hart arbeiten, um unsere Kinder satt zu kriegen, aber wir waren bestimmt viel glücklicher, als die Menschen es heute sind. Es ist doch bloß ein sinnloses Dahinvegetieren! Daß ich das noch erleben muß…“

Sie schüttelte den Kopf und sah in diesem Augenblick noch älter und gebrechlicher aus. Dann erwachte sie aus ihren trübseligen Gedanken und blickte zu ihm auf.

„Sie wollten bestimmt zu Oldenburgs?“ fragte sie mit gesenkter Stimme. „Es geht dort gar nicht gut zu! Seine Frau ist eben ausgezogen… Erst gestern habe ich den armen Hermann gesprochen. Er ist richtig getroffen!“

Herr Weigand sah, wie schwer die alte Frau darunter litt. Sie wollte sich ablenken, nahm den Besen, begann zu kehren, dann hörte sie damit wieder auf.

„Gibt es überhaupt noch Gerechtigkeit auf dieser Welt?“ fragte sie mit kummervoller Stimme. „Jeder weiß doch, wie die Kinder ihn lieben! Einen solchen Schulleiter haben sie gefeuert! Jetzt sitzt eine widerliche Hexe auf seinem Sessel. Die ganze Stadt ist entsetzt…“

„Ich weiß“, erwiderte Herr Weigand verständnisvoll.

„Ach, ich halte Sie mit meinem Geschwätz bestimmt auf“, sagte sie etwas ruhiger. „Gehen Sie nur, er ist gerade zu Hause…“

Das Gespräch mit der alten Frau verstärkte nur das unangenehmen Gefühl, das den Großmeister ohnehin die beiden letzten Tage verfolgt hatte. Nachdenklich ging er weiter.

Die Familie Oldenburg bewohnte ein hübsches Haus mit gepflegtem Garten und schönen Laubhecken. Die Haustür stand offen. Herr Weigand klopfte mit abgeknicktem Zeigefinger an dem Türrahmen und ging, ohne eine Antwort abzuwarten, hinein.

Dr. Oldenburg saß in sich versunken auf einem Sofa. Das halbleere Wohnzimmer bot einen traurigen Anblick. Es waren nur wenige Möbelstücke darin verblieben. Wie nach einer eben stattgefunden Durchsuchung lagen überall auf dem Boden Sachen und lose Blätter herum, während die hellen Stellen an den Wänden verrieten, wo die abgehängten Bilder früher gehangen hatten. Als Dr. Oldenburg den Großmeister sah, erhob er sich und war von dem unerwarteten Besuch sichtlich überrascht.

„Meine Frau ist gerade ausgezogen“, erklärte er etwas verlegen. „Sie will sich von mir scheiden lassen.“

„Ich weiß“, erwiderte Herr Weigand mitfühlend. „Es tut mir leid.“

Dr. Oldenburg räumte einen Sessel von Kleidern und Büchern frei und bat seinen Gast darauf Platz zu nehmen.

„Ich wollte dir mitteilen, daß die Bruderschaft trotz allem, was geschehen ist, hinter dir steht“, sagte Herr Weigand.

Dr. Oldenburg schaute einige Sekunden lang in die Augen des Großmeisters, dann wandte er sich wieder weg. Er sagte nichts, doch der Ausdruck in seinem blassen Gesicht offenbarte, wie tief die Kränkung in seinem Herzen saß.

„Hör auf, Hermann!“ sagte Herr Weigand freundschaftlich. „Wenn sich die Sache beruhigt hat, werden wir eine Lösung finden. Ich persönlich werde dafür sorgen, daß du eine Stelle bekommst, die deiner früheren in keiner Weise nachsteht.“

Dr. Oldenburg starrte vor sich hin und schwieg.

„Wie ist es zu erklären, daß ausgerechnet jene sich gegen mich gewandt haben, die ich so lange für meine Brüder gehalten habe?“ fragte er nach einer längeren Pause, ohne seinen Gast anzusehen.

Der Vorwurf traf den Großmeister auch persönlich.

„Du weißt doch selbst, daß er dich opfern mußte. Du hast dich nicht mehr an die Spielregeln gehalten.“

Dr. Oldenburg drehte sich zu ihm um.

„Ich will nicht mehr spielen“, sagte er entschlossen. „Ich will leben! Sagen, was ich denke, und tun, was ich für richtig halte.“

„Selbst die Götter können das nicht!“ erwiderte Herr Weigand mit fester Stimme. „Wir alle haben Pflichten, von denen uns niemand entbinden kann.“

„Welche Pflicht habe ich deiner Meinung nach verletzt?“ fragte Dr. Oldenburg aufgeregt, während in sein blasses Gesicht wieder leben kam.

„Du hättest diesen Jungen schon lange von der Schule verweisen sollen“, erklärte Herr Weigand.

„Warum?“ fragte Dr. Oldenburg zornig. „Weil er sich die Freiheit genommen hat, dem Ideal der Wahrheit zu folgen?“

„Niemand kennt die Wahrheit“, entgegnete Herr Weigand. „Auch er nicht.“

„Das hat er auch nicht behauptet“, fuhr Dr. Oldenburg fort. „Er sucht nach ihr, während wir immer tiefer in einem stinkenden Sumpf versinken!

Jedem Scheusal, das uns ins Gesicht spuckt und dabei noch hämisch grinst, sind wir bereit, größtmögliche Toleranz entgegenzubringen. Es gab keine einzige Logensitzung, in der wir einander nicht diese Toleranz gepredigt haben! Ist sie nur dafür da, um dem Bösen und diesem ganzen Dreck Tür und Tor zu öffnen? Was ist das für eine schöne neue Welt, in der solche Menschen wie dieser Junge wie Schwerstverbrecher gejagt werden? Jetzt haben sie ihn in eine Falle gelockt, um ihn wegen angeblicher Holocaustleugnung vors Gericht zu bringen!"

Dabei nahm Dr. Oldenburg eine Zeitung, die neben ihm auf dem Boden lag, in die Hand, blickte auf den verleumderischen Artikel und warf sie angewidert auf den Couchtisch direkt vor seinen Gast hin. Herr Weigand schaute flüchtig auf das Titelblatt und rührte sich nicht. Er wußte, was in diesem Artikel stand, und schwieg, während Dr. Oldenburg weiter sprach:

„Ich bin der Bruderschaft beigetreten, weil ich der Meinung war, daß es mir auf diesem Wege gelingen würde, alles Unwürdige aus meinem Charakter zu verdrängen. Ich suchte nach einer verläßlichen Stütze im Leben, nach einem engeren Kreis, den man als echte Freunde bezeichnen könnte. Zusammen mit ihnen wollte ich einen Beitrag für die Schaffung einer besseren Welt leisten. Statt dessen mußte ich mich an Verhaltensweisen anpassen, die wie Ketten auf meiner Seele lagen. Nun wollte man mich noch dazu zwingen, gerade den Jungen aus der Schule zu werfen, der es gewagt hat, so zu leben, wie ich es mir in meiner Jugend so sehr gewünscht hatte!"

Die Erinnerung an die weit zurückliegenden Jahre linderte seine Kränkung. Etwas Warmes spiegelte sich in seinem müden Gesicht. Bald beruhigte er sich wieder.

„Ich kann mich noch ganz gut daran erinnern, was man uns damals in der Loge erzählte. Man sagte uns, wir wären trotz unserer angeborenen Fähigkeiten und liebenswürdigen Neigungen nichts anderes als rohe Steine, die wir behauen sollten, um beim Bau des Tempels der Humanität nützlich zu sein…"

Der Großmeister unterbrach ihn.

„Warum erzählst du mir das?" fragte er leicht verärgert.

Dr. Oldenburg seufzte schwer und starrte unentschlossen vor sich hin, als wüßte er nicht, ob es überhaupt Sinn hatte, sich auf dieses Thema einzulassen.

„Was meinst du, Reiner, haben wir unsere rohen Steine nicht zu fleißig behauen?" fragte er nach kurzem Zögern.

„Was willst du damit sagen?“

Dr. Oldenburg hob seine müden Augen zu ihm.

„Haben wir dabei nicht die besten Stücke abgehauen? Vielleicht haben wir etwas Wichtiges weggeschliffen? Etwas, was uns geholfen hätte, unsere eigenen Kinder besser zu verstehen? Wo sind diese wertvollen Splitter? Ich kann sie nicht mehr finden! In den letzten Wochen habe ich oft an meine Jugend gedacht. Wo ist dieses Glück, Reiner? Hast du es bewahren können?“

„Beruhige dich!“ erwiderte Herr Weigand. „Es wird schon alles gut werden!“

„Gut?“ fragte Dr. Oldenburg mit herbem Lächeln. „Ich habe fast meinen Sohn verloren, verstehst du das, meinen Sohn! Kannst du mir sagen, warum? Warum wir uns früher nicht verstanden haben?“ fragte er eindringlich. „Ich habe lange darüber nachgedacht, und ich konnte nichts finden, was mein Sohn in diesen Jahren falsch gemacht hätte.“

Im Gesicht von Dr. Oldenburg zeigte sich quälender Schmerz.

„Es hat wohl an mir gelegen!“ sagte er wehmütig. „Die ganzen Jahre schon hatte ich das Gefühl, daß mir etwas Wichtiges fehlt. Ich fühlte es, konnte es aber nicht begreifen, wonach wir uns alle im tiefsten Grunde unserer Herzen sehnen.“

„Deine Worte deuten darauf hin, daß du es endlich begriffen hast“, bemerkte Herr Weigand leicht spöttisch.

„Ja“, bestätigte Dr. Oldenburg unbeeindruckt. „Erst als ich diesen Jungen vor Augen hatte, konnte ich endlich verstehen, was wir verloren haben.“

„Würdest du es mir auch verraten?“ fragte Herr Weigand, obwohl er über das Thema ihrer Unterhaltung nicht gerade erfreut war.

„Die Reinheit!“ sagte Dr. Oldenburg eindringlich. „Der einzige Boden, auf dem die Tugend gedeihen kann. Es ist nicht ausreichend zu wissen, was das Gute ist und wie dies oder jenes sein sollte. Man muß es auch noch fühlen können! So wie ein jedes Kind menschliche Wärme fühlen kann. Das ist eine Gabe, Reiner, ein Geschenk, das Gott uns allen mit auf den Weg gegeben hat und das wir so bedenkenlos verlacht und mit Füßen getreten haben...“

„Jetzt gehst du aber zu weit, Hermann!“ mischte sich Herr Weigand ein. „Auch die Bruderschaft kämpft um die Mehrung der Tugend.“

„Welche Tugend meinst du jetzt ganz genau?“ sagte Dr. Oldenburg und lachte bitterlich auf. „Weisheit, Gerechtigkeit, Tapferkeit oder vielleicht die Mäßigung? Tu nicht so, als ob du nicht wüßtest, daß dieser Junge in jeder Hinsicht viel tugendhafter und ehrlicher ist, als du und ich es sind! Unsere Weisheit ist zu Spitzfindigkeit verkommen, mit der wir tagtäglich versuchen, unsere Feigheit zu erklären und diese einander noch als Tugend zu verkaufen! Oder haben wir Mäßigung im Umgang mit diesem Jungen gezeigt? Nicht dieser Frank ist unser Problem, wir sind es, Reiner, wir selbst! Unsere Kinder haben es gleich gespürt! Mein Max! Deine Anna! Und all die Jungen und Mädchen, die wir zu Recht zu den besten zählen. Nicht sein vorteilhaftes Aussehen hat sie so mächtig angezogen, sondern etwas, was viel größer ist und schöner!“

Dr. Oldenburg verstummte und schaute enttäuscht zur Seite.

„Was ist aus uns geworden?“ fragte er nach einer kurzen Pause und blickte hart ins Gesicht seines Gesprächspartners. „Inzwischen sind wir mitten in einer geistigen Diktatur angelangt. Wir sind versessen, Reiner, wir können nichts und niemanden mehr neben uns dulden! Wir reden von Toleranz und schäumen innerlich vor Wut, wenn jemand es wagt, die von uns gepriesene Freiheit in Anspruch zu nehmen. Und dann freuen wir uns noch klammheimlich, wenn der Frevler stürzt und vom Pöbel niedergetrampelt wird!“

Der Großmeister wollte widersprechen, doch Dr. Oldenburg hob schnell seine Hand: „Ja, ja, Reiner! Wir müssen mal endlich zu uns selbst ehrlich sein! Wir freuen uns! Wir vernichten jeden, der sich an die Grenzen heranwagt, die wir selbstherrlich für die anderen gezogen haben!“ Dr. Oldenburg nahm wieder die örtliche Zeitung in die Hand und begann zu lesen: *„Jetzt, nachdem ihr Gönner endlich suspendiert wurde, wird es für die rechtsradikalen Schüler auf dem Kant-Gymnasium ungemütlich sein. Nun kündigte auch die städtische Realschule ihren Widerstand an, falls die rechten Schüler auf den Gedanken kommen sollten, nach dem Rausschmiß aus dem Gymnasium zu ihnen zu wechseln. Es wurde eine Initiative gegründet, die damit begann, unter einer entsprechenden Protest-Erklärung Unterschriften zu sammeln...“* Dr. Oldenburg hob seine zornigen Augen hoch. „Das ist doch schlimmer als in den dunkelsten Jahren unserer Geschichte! Es geht hier um Kinder, Reiner, um unsere Kinder!“

„Das hat damit nichts zu tun“, setzte Herr Weigand sich verstimmt zur Wehr. „Der Orden mischt sich nicht in die Politik ein.“

„Der Orden schon, doch seine Mitglieder stecken bis zu den Ohren drin“, sagte Dr. Oldenburg anklagend. „Die Loge ist kein Tanzverein, der keine Auswirkungen auf seine Mitglieder hat! Die Freimaurerei greift viel tiefer ein! Auf unseren Logensitzungen werden weltanschauliche Dinge besprochen, die wichtiger sind als jede Ideologie! Sie formen unser Weltbild und sogar unser Weltempfinden! Um den Orden zu beurteilen, muß man den biblischen Spruch anwenden: Es gibt keinen guten Baum, der schlechte Früchte trägt!"

Er nahm die Zeitung wieder in die Hand.

„Weißt du, wer diesen Dreck geschrieben hat?" fragte er und zeigte auf den verleumderischen Artikel. „Unser Bruder hat es geschrieben! Und wer ist der Chefredakteur, der eigentliche Verantwortliche dieser Postille? Das ist der Meister vom Stuhl einer Loge, mit der wir zu jedem erdenklichen Anlaß unsere brüderlichen Glückwünsche austauschen!" Er warf die Zeitung weg, als hätte er Angst, sich die Finger schmutzig zu machen. „Es geht mir nicht nur um diesen Vorfall und meine Suspendierung. Es geht um die tagtägliche Anmaßung, etwas Besseres zu sein als die übrigen Menschen. Wer hat uns das Recht gegeben, den anderen ins Gewissen zu reden, all die ahnungslosen Menschen mit dieser dreimal verfluchten sanften Gewalt auf ein ihnen völlig unbekanntes Ziel zu drängen und uns dabei noch in Verschwiegenheit zu hüllen, auf daß die Ahnungslosen nicht erfahren, welche Vorstellungen wir vom Leben haben und welche Zukunft wir ihnen bereiten?

Merkst du denn nicht, daß wir die Grenzen der Freiheit inzwischen so eng gezogen haben, daß wir selbst bereits wie Akrobaten auf der Messerklinge tanzen? Was uns übrigblieb, sind halblaute Küchengespräche und eine Sprache, die nur aus nebulösen Anspielungen und ausweichenden Äußerungen besteht. Angst steht jedem ehrlichen Menschen, der bei uns Verantwortung trägt, ins Gesicht geschrieben. Die Angst davor, daß man ihn bald dazu zwingen könnte, sein lukratives Amt mit dem Rest seines Gewissens zu bezahlen! Ist das unser hochgepriesener Tempel der Humanität, an dem wir unermüdlich arbeiten? Oder haben wir einen Kerker errichtet, in dem wir uns selbst eingemauert haben?"

Dr. Oldenburg schaute erwartungsvoll ins Gesicht seines Gesprächspartners, doch der Großmeister des Freimaurerordens gab keine Antwort auf seine vernichtenden Fragen.

„Ich werde meine Mitgliedschaft in der Loge kündigen", sagte Dr. Oldenburg viel ruhiger.

„Darf ich erfahren, ob deine Suspendierung der einzige wahre Grund für diese Entscheidung gewesen ist?"

„Nein“, gab Dr. Oldenburg nach kurzem Zögern zu. „Ich habe einige Dinge erfahren, die mich zu der Annahme zwingen, daß die Oberen unserer Bruderschaft ganz andere Ziele verfolgen, als es die meisten von uns beim Eintritt in den Orden angenommen haben.“

„Das kannst du nicht wissen“, sagte Herr Weigand mit fester Stimme.

„Und gerade deswegen will ich die Bruderschaft verlassen“, erwiderte Dr. Oldenburg. „Ich will wissen, vor welchem Altar ich niederknie!“

Sie saßen noch einige Minuten im halbleeren Wohnzimmer, wußten aber nicht, was sie einander sonst noch zu sagen hätten. Doch als Herr Weigand sich aus dem Sessel erhob und gehen wollte, erwachte Dr. Oldenburg aus seiner Nachdenklichkeit.

„Ich wollte dir noch etwas sagen“, begann er etwas unsicher zu sprechen. „Deine Anna liebt den Jungen. Sie liebt ihn so, wie wir in unserem Leben vielleicht noch niemanden geliebt haben. Ich habe mein ganzes Leben lang mit Kindern gearbeitet und weiß, wovon ich rede. Tu ihm kein Unrecht an, sonst verlierst du deine Tochter!“

Herr Weigand konnte nicht verbergen, daß diese Worte ihn tief getroffen hatten.

„Bin ich wirklich so schlimm?“ fragte er leise.

„Nein, Reiner!“ erwiderte Dr. Oldenburg mit warmer Stimme. „Verzeih mir, bitte! Ich wollte dir nur einen freundschaftlichen Rat geben, damit du nicht unbedacht etwas tust oder sagst, was du dann dein Leben lang bereuen wirst.“

Herr Weigand nickte und ging zum Ausgang. Vor der Tür blieb er stehen und drehte sich um: „Wann auch immer du Hilfe brauchst, kannst du auf mich zählen.“

Ein Ultimatum

Frau Bammert war schon immer eine sehr aktive, fortschrittliche Frau gewesen, doch nach ihrer Ernennung zur Schulleiterin verfiel sie buchstäblich in rasende Arbeitswut. Kaum betrat die Sekretärin das Vorzimmer – und es war eine ganze Viertelstunde vor dem vorschriftsmäßigen Beginn ihres Arbeitstages – hörte sie die willensstarke Stimme ihrer neuen Vorgesetzten.

„Schauen Sie bitte nach, wann Herr Braun eine Lücke hat!" rief Frau Bammert ihr durch die geöffnete Tür zu, ohne sie zu begrüßen. „Außerdem will ich mit Sebastian Rohde sprechen! Und zwar so schnell wie möglich!"

Kaum hatte die Sekretärin ihre Handtasche abgelegt und die Jacke über den Kleiderbügel geworfen, tauchte Frau Bammert in der Türöffnung auf.

„Wenn der Pfarrer Schmid erreichbar ist, dann richten Sie ihm bitte aus, daß ich mit ihm die Einzelheiten der geplanten Initiative ‚Entschieden gegen Rechts!' besprechen möchte", sagte sie eindringlich, während das Gefuchtel ihres gestreckten Zeigefingers die Wichtigkeit der Sache zusätzlich betonte. „Und noch etwas…"

Die fleißige Sekretärin, die bei Dr. Oldenburg gewöhnlich ohne Terminkalender ausgekommen war, legte sich am ersten Tag nach der Machtergreifung durch Frau Bammert einen kleinen Notizblock zu. Allerdings mußte sie ihn bereits am Nachmittag des gleichen Tages gegen einen großen DIN A4-Block austauschen. Die Flut der neuen Aufgaben schwoll immer weiter an: Mal suchte sie nach einer türkischen Tanzgruppe, die bereit wäre, den Gymnasiasten ihre Kunst zu präsentieren, mal erhielt sie den Auftrag, unverzüglich einen geeigneten Historiker ausfindig zu machen, der eine Vortragsreihe über die Gewaltherrschaft des Nationalsozialismus halten könnte. Auch das Ministerium mußte mehrmals angerufen werden, um die Finanzierung der von Frau Bammert vorgeschlagenen zusätzlichen Schulreisen zu den Orten des Grauens zu klären… Manchmal beschlich die fleißige Frau der unangenehme Eindruck, sie wäre nicht mehr in der Schule, sondern im Sekretariat des Komitees gegen rechte Gewalt tätig.

Als die große Uhr über dem Arbeitstisch der Sekretärin fünf vor acht zeigte, begann sich das Vorzimmer der Schulleiterin mit Menschen zu füllen. Sie erkundigten sich nach dem Grund ihrer Vorladung, bekamen aber keine klare Antwort und mußten geduldig auf den dünn gepolsterten

Stühlen ausharren, bis ihr Name aufgerufen wurde.

Als Sebastian ebenfalls im Sekretariat erschien, war der Raum bereits zum Bersten voll. Lehrer und Schüler drängten sich vor dem Arbeitstisch der sichtlich überforderten Sekretärin, die im gereizten Tonfall einem uneinsichtigen Lehrer zum wiederholten Male erklärte, daß sie keine Ahnung habe, weshalb er zur Schulleiterin bestellt worden war.

Sebastian schaute sich um. In den besorgten Gesichtern der Wartenden lag die gleiche Unruhe, die auch ihn quälte. Ist das mein letzter Schultag auf dem Kant-Gymnasium? dachte er aufgeregt. Die Antwort auf diese schreckliche Frage rückte offenbar in greifbare Nähe, und es war töricht, unter diesen Umständen auf ein Wunder zu hoffen.

Sebastian wartete geduldig auf eine passende Gelegenheit, um sein Kommen zu melden, doch genau in diesem Augenblick ging die Tür ruckartig auf, und aus dem Zimmer der Schulleiterin stürmte seine Sportlehrerin. Ohne auf ihre Kollegen und herumstehende Schüler zu achten, ging sie direkt zur Ausgangstür und verschwand im langen Flur. Ihr aufgewühlter Zustand jagte Sebastian eine schaurige Welle über den Rücken. Man konnte ahnen, was im Arbeitszimmer der neuen Schulleiterin geschehen war. Angst erfaßte den Jungen. Er trat einige Schritte zurück, um ebenfalls im Flur zu verschwinden, doch die Sekretärin hatte ihn bereits bemerkt und winkte ihn mit der Hand herbei.

„Du bist der Nächste", sagte sie ernst und wies ihm mit einem Zeigefinger auf die dunkle Flügeltür.

Die Nachricht überraschte Sebastian. Verstört blickte er um sich, als hätte er in den stummen Gesichtern der Wartenden nach Unterstützung gesucht, erkannte aber dort nur Mitleid mit seinem Mißgeschick.

„Wie lange willst du hier noch herumstehen?" warf die Sekretärin ihm genervt zu, wurde aber viel nachsichtiger, als sie sein blutleeres Gesicht sah.

„Hab keine Angst!" sagte sie mit warmer Stimme, worauf Sebastian die kühle Türklinke ergriff.

Frau Bammert saß an ihrem Schreibtisch und las in einem Dokument, das sie in ihren Händen hielt. Obwohl sie ohne Zweifel gehört hatte, daß jemand den Raum betrat, unterbrach sie ihre Beschäftigung nicht. Mit sicherer Hand kritzelte sie auf das Papier ihre Entscheidung, dann nahm sie das nächste Dokument vom Stapel.

„Wie geht es dir Sebastian?" fragte sie, ohne ihren Blick vom Text zu lösen.

Der Junge wollte antworten, konnte aber nicht. Seine Kehle fühlte sich so taub und trocken, daß ihm nur ein verlegenes Räuspern entwich. Frau Bammert legte das Papier aus der Hand und blickte zu ihm auf.

Sebastian sah elend aus. Der unruhige Atem verriet seinen Zustand. Während seine linke Hand sich andauernd zu einer Faust verkrampfte, zupfte die Rechte hilflos am Hosenbein seiner Jeanshose.

„Prügelst du dich immer noch mit Migranten?" fragte Frau Bammert mit leichtem Spott.

Sebastian versuchte, seine zerschlagene Unterlippe einzuziehen, konnte aber dadurch den Gesamteindruck kaum verbessern. Zahlreiche Blessuren auf seinem Gesicht waren noch frisch, und der blaue Fleck unter dem rechten Auge verriet, daß er noch vor wenigen Tagen an einer heftigen Prügelei beteiligt war.

Obwohl Frau Bammert abermals keine Antwort bekommen hatte, sah sie keineswegs erbost aus. Nicht das geringste Anzeichen für einen bevorstehenden Zornausbruch, den man von ihr in einer solchen Lage hätte durchaus erwarten können. Frau Bammert wirkte gefaßt und sogar gut gelaunt, was Sebastian noch mehr verunsicherte.

„Sag mir doch bitte, was dir die Freundschaft mit diesem Frank gebracht hat?" fragte die neue Schulleiterin. „Hättest du damals auf mich gehört, würdest du jetzt bestimmt nicht in solchen Schwierigkeiten stecken."

Die Erinnerung an seine mißliche Lage raubte Sebastian die letzte Kraft. Fast stiegen ihm die Tränen in die Augen, als er plötzlich an seine Klassenkameraden dachte, die unbeschwert ihren Tag genießen konnten. Zwar gab ihm das letzte Gespräch mit Wieland wieder Kraft und Zuversicht, doch der Sprung in eine ungewisse Zukunft war gar nicht so einfach.

„Willst du weiter so unvernünftig bleiben?" fragte Frau Bammert, als wäre sie tatsächlich an seinem Schicksal interessiert gewesen.

„Was soll ich denn tun?" fragte Sebastian ratlos.

„Mein Angebot gilt immer noch", sagte Frau Bammert mit vertrauensvoller Stimme „Möchtest du mir alles ehrlich erzählen?"

„Aber ich hab doch nichts getan!" erwiderte Sebastian mit verzweifelter Stimme.

Frau Bammert atmete durch und schaute aus dem Fenster hinaus in den wolkenlosen Himmel.

„Auch wenn du es wirklich nicht getan hast", sagte sie nach kurzem Schweigen. „Nehmen wir das mal als gegeben an! Vielleicht hast du wirklich bloß Pech gehabt. Wer weiß! Was ändert es aber an der Tatsache, daß alles gegen dich spricht? Auch wenn ich's persönlich wollte, könnte ich dir unter diesen Umständen kaum helfen."

Sebastian verzagte gänzlich und starrte apathisch vor sich hin.

„Es sei denn, du bist kooperativ", fügte Frau Bammert vieldeutig hinzu.

Der Junge blickte wieder zu ihr auf. Ein Funke Hoffnung zeigte sich auf seinem blassen Gesicht.

„Was soll ich tun?" fragte er eiligst.

„Wir müssen schauen, daß wir dich aus diesem rechtsradikalen Sumpf herausholen", sagte Frau Bammert durchaus freundlich. „Es wird natürlich außerordentlich schwierig sein, den Minister umzustimmen, doch ich habe den Glauben an dich nie wirklich aufgegeben. So ein Junge, dachte ich mir, kann doch nicht wirklich ein Nazi sein! Ich habe mir deine persönliche Akte angesehen…"

Frau Bammert machte wieder eine vieldeutige Pause.

Eine Akte! dachte Sebastian besorgt. Er hatte keine Ahnung, welche Bedeutung diese mysteriöse Akte für ihn haben könnte, doch der rätselhafte Tonfall der neuen Schulleiterin erfüllte ihn mit quälender Unruhe.

„Bevor dieser Frank Uffelmann in unserem Gymnasium auftauchte, warst du ein ganz braver Junge. Auch die Noten sprechen für dich."

„Frank hat damit nichts zu tun!" warf der Junge sofort ein. „Wirklich!"

Das Gesicht der Schulleiterin durchzuckte ein starkes Unbehagen.

„Du kannst doch nicht bestreiten, daß du noch vor wenigen Monaten niemals von selbst auf den Gedanken gekommen wärest, dich so intensiv mit dem Zweiten Weltkrieg zu beschäftigen! Dazu noch anhand zweifelhafter Bücher von rechtsradikalen Autoren! Was weißt du schon vom Krieg und von der Nazidiktatur? Gar nichts! Meinst du wirklich, deine Kenntnisse sind ausreichend, um sich eine wie auch immer geartete eigene Meinung zu bilden?"

Sebastian wagte nicht zu widersprechen. Auch wenn es ihm unangenehm war, mußte er vor seinem eigenen Gewissen zugeben, daß die Schulleiterin zumindest teilweise Recht hatte. Sein Kenntnisstand war erbärmlich und reichte bei weiten nicht aus, um daraus eigene Schlüsse über die Ursachen dieses schrecklichen Krieges zu ziehen.

Frau Bammert erkannte seine Verunsicherung.

„Er hat dich dahin gebracht, wo du bist!" setzte sie nach. „Oder willst du auch das bestreiten?"

„Ich habe nichts Schlimmes getan!" warf Sebastian ihr zu und verstummte wieder.

Frau Bammert atmete enttäuscht durch.

„Das Einzige, was dich wirklich retten kann, ist die aufrichtige Reue. Du mußt alles ehrlich erzählen. Alles!"

„Aber ich weiß nicht, was!" stieß er verzweifelt aus und schaute flehend die Schulleiterin an.

„Ich hätte die Entscheidung über deinen Verbleib auf dem Gymnasium schon längst treffen können. Nach den Ereignissen der letzten Wochen wird von mir allseits erwartet, daß ich endlich angemessen reagiere. Einer von euch wird gehen müssen: Frank Uffelmann oder du! Somit liegt dein Schicksal in deiner eigenen Hand."

Sebastian war entsetzt. Mit großen Augen starrte er die Schulleiterin an, die unbeeindruckt von seinem aufgewühlten Zustand auf eine Antwort wartete. Er wollte ihr laut und deutlich ein klares „Nein!" ins Gesicht werfen, konnte es aber nicht über die Lippen bringen. Wie oft hatte er sich vorgestellt, wie man ihn aus dem Gymnasium warf, doch ein solches Urteil über sich selbst zu sprechen, war noch tausendmal schlimmer.

„Wenn du kooperativ bist und mir hilfst, die wahren Täter zu überführen, ich meine jetzt jene, die dich verhetzt haben und vielleicht sogar jene, die Lisa mißhandelten, dann kann ich dir versichern, daß du auf dem Gymnasium bleibst, ganz egal, wie das Strafverfahren wegen der Hakenkreuzschmierereien enden würde."

Mit verbissenem Gesichtsausdruck starrte Sebastian die Schulleiterin an und war wild entschlossen, ihr Angebot sofort abzulehnen, doch bevor er das schicksalhafte Wort ausgesprochen hatte, setzte Frau Bammert ihre Ausführungen fort:

„Ich möchte dich nicht unter Druck setzten. Du sollst dir noch einmal in Ruhe überlegen, was du in deinem Leben erreichen willst und ob es sich lohnt, so unbesonnen mit deiner eigenen Zukunft umzugehen. Allerdings muß ich meine Entscheidung bereits in den nächsten Tagen treffen. Mit oder auch ohne deine Antwort."

Sebastian hatte nur noch einen einzigen Wunsch, so schnell wie möglich das Zimmer zu verlassen. Als die Pause länger wurde, wollte er gehen, doch die Stimme der Schulleiterin hielt ihn zurück.

„Und noch etwas", sagte sie wie nebenbei. „Wenn du meine Hilfe ablehnst, wirst du in ganz Deutschland kein Gymnasium finden, das bereit wäre, dich aufzunehmen, und schon gar nicht in unserem Bundesland. Denk darüber nach!"

Sebastian wurde übel. Bald spürte er, daß ihm die Knie nur noch eingeschränkt gehorchten. Schweißgebadet ging er zur Tür.

„Vergiß nicht“, warf Frau Bammert ihm hinterher, „du oder er!“

Sie begleitete den Jungen mit ihrem Blick bis zum Ausgang, und als er die Tür hinter sich zugezogen hatte, faltete sie die Hände hinter dem Kopf und blickte zum Fenster hinaus. Frau Bammert war mit sich selbst mehr als zufrieden. Ein angenehmes Gefühl strömte durch ihre Adern.

Ein schweres Rätsel

Als der Unterricht zu Ende war, wurde der Schulhof wie gewohnt von der schnatternden Schülerschar überflutet. Doch an diesem Tag gab es einige Dinge, an die sich die Schüler erst gewöhnen mußten. Überall, wo sie auch hinschauten, standen Zwölftkläßler mit roten Armbinden: am Eingang neben dem Kant-Relief, am Fahrradplatz, an den beiden Bushaltestellen… Ihre ernsten Gesichter machten deutlich, wie wichtig sie ihre Aufgabe wahrnahmen. Es waren Mitglieder des Komitees gegen rechte Gewalt, die ihre Mitschüler gegen heimtückische Angriffe der allgegenwärtigen Nazis schützen wollten, und als ob das noch nicht genug wäre, standen in der unmittelbaren Nähe der beiden Haltestellen Fahrzeuge der Polizei. Mehrere Beamte überwachten die Abfahrt der Linienbusse und waren jederzeit bereit einzugreifen, falls die besagten Nazis die Kinder bedrohen sollten.

Anna und Julia standen am Fahrradplatz und betrachteten beeindruckt die schwere Pistole am Gürtel eines schweigsamen Polizisten, der in der Nähe patrouillierte und gelangweilt den wegfahrenden Schülern zuschaute. Aus seinem Funkgerät drangen Wortfetzen eines emotionalen, durch rauschende Störgeräusche unterlegten Gesprächs. Es erinnerte sie an eine Verfolgungsjagd, die sie nur in spannenden Krimis gesehen hatten.

„Man muß höllisch aufpassen, sonst knallen sie uns ab, noch bevor wir die Hände hochheben können“, sagte Julia mit beißender Ironie und verstummte wieder, denn in Wirklichkeit waren ihre Gedanken ganz woanders.

„Was ist mit Georg?“ fragte Anna, als wüßte sie, was ihre Freundin gerade beschäftigte.

„Das habe ich mir auch schon mal gedacht“, erwiderte Julia zweifelnd.

Seit Tagen grübelten sie über ein folgenschweres Rätsel, das Frank ihnen aufgegeben hatte. Nachdem er endlich offenbart hatte, daß auch Julia ihren geheimnisvollen Verehrer persönlich kannte, schien die Lösung in greifbare Nähe gerückt zu sein. Und doch zerstreuten sich ihre Vermutungen in alle Richtungen, ohne daß sie dabei nur einen einzigen Schritt weitergekommen wären.

„Luka vielleicht?“ fragte Anna ratlos.

Julia blickte ihre Freundin mit nachsichtigem Lächeln an.

„Luka hätte sich bereits am ersten Tag verraten! Ich glaube nicht, daß mein Romeo mit uns wirklich befreundet ist. Wie stellst du dir das vor?

Wie kann ein Mensch mit einer solchen Leidenschaft für mich brennen und dabei einen Coolen spielen, als wäre nichts gewesen? Dazu ist er noch ein Schriftsteller, der solche Romane schreiben kann!“

Die eigenen Argumente trieben sie wieder in pure Verzweiflung. Kummervoll schaute sie zur Seite.

„Und was ist mit Max?“ fragte Anna. „Er ist so verschlossen, daß man nie sagen kann, was er wirklich denkt und fühlt. Außerdem hat er in Deutsch eine glatte Eins! Vielleicht ist gerade er dein Romeo?“

„So kann man jahrelang raten!“ erwiderte Julia. „Einer hat das, der andere was anderes!“

Sie verstummte, doch der Gedanke an ihren scheuen Klassenkameraden ließ Anna nicht mehr los. Je länger sie an Max dachte, umso mehr war sie sich sicher, daß da was dran sein könnte.

„Er ist ein hübscher Junge“, sagte sie mit gewichtiger Stimme. „Wenn du ihn näher anschaust, dann könnte er durchaus in einem Märchenfilm einen Prinzen spielen! Nicht umsonst hat Frank von einem Märchenprinzen gesprochen.“

„Ich weiß“, sagte Julia seufzend. „Vor zwei Jahren habe ich auch gedacht, er wäre das. Als ich aber mit ihm sprechen wollte, ist er geflüchtet. Danach war er zwei Tage krank.“

„Na siehst du!“ rief Anna erfreut aus. „Frank sagte mir, daß Max sein bester Freund sei! Wer würde schon seinen Roman einem Menschen anvertrauen, der mit ihm gar nicht befreundet ist?“

Julia schwieg. Jetzt schien ihr das ebenfalls nicht mehr ganz ausgeschlossen.

„Meinst du?“ sagte sie etwas lebhafter, während die neue Vermutung immer mehr an Boden gewann. „Ich erinnere mich noch ganz gut daran…“

Sie wollte gerade von einer merkwürdigen Begebenheit erzählen, die sich während der letzten Klassenfahrt zugetragen hatte, doch Anna gab ihr ein schnelles Zeichen zum Schweigen.

„Da seid ihr!“ rief Luka ihnen atemlos zu.

„Was ist mir dir los?“ fragte Julia verwundert. „Brennt’s irgendwo?“

„Wir müssen weg!“ erwiderte Luka, wollte weiter sprechen, doch Julia unterbrach ihn.

„Wer wir?“

„Ich und Walter! Ich habe eben mit dem Bürgermeister telefoniert!“ erklärte der Junge und fuchtelte dabei bedeutungsvoll mit seinem Handy. „Wir wollen ein Interview mit ihm machen!“

„Ist er noch am Leben? Er wurde doch gestern von einem Stein getroffen?“

„Anscheinend hat der Stein eine wohltuende Wirkung auf seine politische Einstellung gehabt!“ erwiderte Luka sarkastisch. „Er hat heute morgen auf dem Brunnenplatz eine Rede geschwungen, daß den Leuten die Kinnlade bis zum Boden runterfiel! Er hat alle Kundgebungen und Protestmärsche verboten und gegen die Linken gewettert, als ob ihn etwas Giftiges gebissen hätte.“

„Und wo willst du dieses Interview veröffentlichen?“ fragte Anna.

„Wir machen eine Sonderausgabe unserer Schülerzeitung!“ sagte Luka begeistert. Er ballte seine Hand zu einer Faust und machte eine schwungvolle Geste, die seine Entschlossenheit zusätzlich betonen sollte. „Ich habe vor dem Unterricht in der Innenstadt Bilder gemacht! Um sieben Uhr sah es dort immer noch wie nach einem Bombenangriff aus! Georg wird dazu einen Artikel schreiben! Dann werden wir noch einen Aufruf zur Unterstützung von Dr. Oldenburg veröffentlichen. Die ganze Stadt ist wegen seiner Suspendierung in Aufruhr! Wir müssen Öl ins Feuer gießen, solange die Menschen noch vor Zorn kochen!“

Die Pläne ihres Klassenkameraden rißen Julia sofort mit.

„Luka! Du bist ein echter Aufrührer!“ rief sie ihm begeistert zu und schlug dem Jungen kumpelhaft auf die Schulter.

„Und was ist mit dem Redeverbot?“ fragte Anna besorgt. „Die Schülerzeitung ist doch auch verboten!“

„Das ist mir völlig schnuppe!“ erwiderte Luka übermütig. „Dr. Oldenburg ist nicht mehr der Schulleiter! Außerdem werden wir unsere Zeitung nicht auf dem Schulhof verteilen. Wir stellen uns zwei Meter weiter weg, dann kann Bammert uns gar nichts machen! Außerdem wollen wir die Zeitung ins Internet stellen!“

„Bammert schmeißt uns alle raus“, stellte Anna nüchtern fest, doch Luka machte ein Gesicht, als hätte es überhaupt keine Angst davor.

„Ich glaube nicht, daß wir hier bis zum Abi durchhalten“, erwiderte er mit der gleichen Sachlichkeit. „Wollen wir etwa tatenlos herumsitzen, nur weil diese Emanze die Schulleiterin geworden ist? Früher oder später schmeißt sie uns sowieso von der Schule!“

Während sie noch darüber diskutierten, kamen Walter und René hinzu.

„Na endlich! Wir müssen abhauen!“ sagte Luka zu Walter. „Ich muß noch meinen Anzug holen und die Kamera! Wir machen ein Video!“

„Meinst du, der Bürgermeister wird mit uns sprechen?“ fragte sein

Klassenkamerad in einem Ton, als ob er an einen Erfolg ihres Vorhabens nicht so richtig glauben wollte.

„Er ist klasse!“ mischte sich René ein. „Er war einige Male bei uns zu Hause. Mein Vater kennt ihn sehr gut.“

„Was?“ stieß Luka überrascht hervor, worauf ihm bereits im nächsten Augenblick eine weitere Idee einfiel. „Du kommst mit!“ sagte er zu René. „Wenn er dich sieht, dann wird er bestimmt nicht absagen.“

„Wieso?“ fragte dieser überrascht, und während er noch dabei war zu begreifen, warum seine Anwesenheit von Bedeutung sein sollte, begann Julia zu lachen.

„Du siehst niedlich aus!“ rief sie ihm zu und vergrub ihre Finger in seinen goldblonden Haaren.

„Was redest du da!“ protestierte René. „Ich bin gar nicht niedlich!“

Er versuchte ernst zu wirken und zog seine hellen Augenbrauen verstimmt zusammen, doch Julia nahm sein Gesicht zwischen ihre Hände und schaute ihm aus nächster Nähe in die Augen.

„Du bist niedlich!“ sagte sie mit einer Stimme, die keinen Widerspruch duldete.

Noch bevor René sich darüber entrüsten konnte, zog Luka ihn weg.

„Wir haben keine Zeit mehr!“ rief er ihm ungeduldig zu. „Kommt jetzt!“

„Und wir?“ rief Julia ihnen hinterher.

Luka kehrte sofort zurück.

„Ihr könnt was anderes tun“, sagte er schnell. „Frank und Sebastian dürfen nicht mit! Wenn der Bürgermeister davon Wind bekommt, wer die beiden sind, dann geht die Sache garantiert schief! Versucht die beiden bei Laune zu halten. Bald wird man sie bestimmt aus der Schule werfen!“

„Sollen wir nicht lieber zu Dr. Oldenburg fahren?“ fragte Anna.

„Gute Idee!“ rief Luka erfreut aus. „Sprecht mit ihm und sagt, daß wir hinter ihm stehen! Fragt ihn, ob er uns auch ein Interview geben möchte! Danach könnt ihr vielleicht noch etwas anderes unternehmen! Macht einen Ausflug! Abends können wir uns vielleicht bei Anna treffen. Dann besprechen wir das Ganze noch einmal in Ruhe. Ich rufe euch an, wenn wir fertig sind.“

Nachdem Luka weggegangen war, wurden die Mädchen wieder nachdenklich. Der Schulhof leerte sich nach und nach, während das gleiche Rätsel restlos ihre Gedanken beherrschte.

„Hast du schon mal an Roberto gedacht?“ fragte Anna. „Er ist seit mindestens einem Jahr in dich verknallt!“

„Anna!“ erwiderte Julia seufzend. „Meist du wirklich, daß er einen Roman über die Vertreibung der Deutschen aus Ostpreußen schreiben würde? Er ist doch ein Italiener!“

Ihre Worte hatten eine unerwartete Wirkung auf ihre Freundin. Anna warf die Hand vor den Mund und starrte sie mit großen Augen an.

„Was ist?“ fragte Julia verstört, während der Anblick ihrer Freundin ihr sogar einen leichten Schauer über den Rücken jagte.

„Ostpreußen!“ flüsterte Anna, als ginge es um ein streng gehütetes Geheimnis. „Das ist der Schlüssel!“

Julia schlug die Augen nieder und faßte sich an die Stirn. Die Wucht, mit der Annas Vermutung in ihr Bewußtsein eingebrochen war, machte sie sprachlos. Ostpreußen! dachte sie überwältigt. Der Autor des Romans, genauer gesagt seine Gorßeltern stammten mit Sicherheit aus Ostpreußen!

„Luka oder Max“, rief Anna zufrieden aus, wurde aber wenige Sekunden später wieder unentschlossen. „Oder kennst du noch jemanden?“

Während die Mädchen aber miteinander sprachen, hatten sie beinahe Sebastian übersehen, der über den Schulhof zu ihnen ging.

„Reden wir darüber später“, warf Anna ihrer Freundin schnell zu, die nach wie vor unter dem Eindruck der folgenschweren Mutmaßung stand.

Als der Junge näher kam, lächelte Anna ihm fröhlich entgegen.

„Freue dich doch! Du bist ja immer noch auf dem Gymnasium!“ sagte sie aufmunternd, als sie sah, daß der Junge niedergeschlagen vor sich hinstarrte.

Sebastian lächelte zurück, doch sein Lächeln war dermaßen gezwungen und gekünstelt, daß es genau das Gegenteil von dem bewirkte, was er damit erreichen wollte. Annas Lächeln verblaßte. Mitleidvoll betrachtete sie das von schweren Schlägen gezeichnete Gesicht des Jungen.

Gleich darauf tauchte Frank neben ihnen auf.

„Was ist mir dir?“ fragte er besorgt, als er Sebastians blutleeres Gesicht sah. „Ist alles in Ordnung?“

Der Junge wollte seinen Freunden von dem Gespräch mit Frau Bammert erzählen, holte Luft, um es endlich loszuwerden, traute sich aber doch nicht, ihnen damit die Laune zu verderben. Denn sein Schicksal war bereits besiegelt, ob sie jetzt davon etwas wußten oder nicht. Nach dem Gespräch mit der neuen Schulleiterin hatte er sich im Geiste von dem schönen Gymnasium, das er im Gegensatz zu den meisten Mitschülern liebte, schon längst verabschiedet und klammerte sich nur noch an die vage Hoffnung fest, Wieland und seine Eltern würden eine wie auch immer aussehende

Lösung für ihn finden. Es war ein tröstender Gedanke, solche Freunde zu haben, trotzdem konnte er nicht verhindern, daß der giftige Stachel, den er noch vor drei Tagen für immer losgeworden zu haben glaubte, sich wieder tief in seine Seele hineinbohrte.

„Mir geht's gut", beteuerte Sebastian mit letzter Kraft. „Ich bin bloß ein wenig müde."

Er lächelte wieder, doch Frank blieb mißtrauisch. Während Julia ihnen von Lukas Plänen berichtete, versuchte er den seelischen Zustand seines jungen Freundes einzuschätzen. Auch Anna bemühten sich, Sebastian wieder Mut zu machen.

„Luka hat uns aufgetragen, für eure Stimmung zu sorgen!" sagte sie und legte dem Jungen freudestrahlend die Hände auf die Schulter. „Und das wollen wir auch tun! Mein Vater hat mir gesagt, daß ich seinen zweiten Wagen heute den ganzen Tag allein für mich haben kann. Wir machen einen Ausflug!"

„Wohin?" fragte Sebastian und täuschte ein gewisses Interesse vor.

„Laß dich überraschen!"

Als die Mädchen noch von dem bevorstehenden Ausflug schwärmten, tauchte auf der Eingangstreppe Max auf. Er grüßte sie mit einem Kopfnicken und wollte wie gewohnt sofort verschwinden, doch Frank war schneller. Er trat ihm in den Weg und hielt ihn zurück.

„Willst du die Zeit heute nicht lieber mit uns verbringen?" fragte er seinen stillen Freund. „Wir wollen einen Ausflug machen."

Max schüttelte den Kopf.

„Lieber ein andermal…", erwiderte er verunsichert und verstummte mit einem Ausdruck im Gesicht, als tauchte hinter Franks Rücken ein gefährliches Raubtier auf.

Einen Augenblick später ließ Max den Blick wieder zu Boden sinken. Frank drehte sich um und sah den Grund für dieses merkwürdige Verhalten. Julia ging direkt auf sie zu.

„Hallo, Max!" sagte sie freundlich. „Wie geht's deinem Vater?"

Der Junge zögerte einige Sekunden lang, dann blickte er das Mädchen schüchtern an.

„Nicht so gut", gab er ehrlich zu.

„Tut mir leid", sagte Julia mitfühlend. „Wir wollten ihn heute besuchen."

„Leider ist er heute weggefahren", erwiderte Max in einem Ton, als wollte er sich dafür entschuldigen. „Er kommt erst morgen wieder zurück."

„Schade!" sagte Julia. „Sag ihm bitte, daß wir ihn morgen gern besuchen würden. Ich hoffe, er wird nichts dagegen haben?"

„Natürlich!" antwortete Max erfreut, während das Mädchen sein Gesicht so aufmerksam betrachtete, als hätte sie ihren Klassenkameraden zuvor noch nie gesehen.

„Und wie geht es dir?" fragte sie mit der gleichen weichen Stimme.

Max kam ganz durcheinander. Mit einer solchen Frage hatte er nicht gerechnet.

„Es geht mir gut", erwiderte Max und wandte sein Gesicht ab, um das beginnende Gespräch möglichst schnell zu beenden, doch an dieser Stelle mischte sich Frank ein.

„Also, fährst du mit uns?" fragte er wieder.

„Vielleicht ein andermal", entgegnete Max bedrängt, doch da geschah etwas Außerordentliches.

Julia trat ganz nah an ihn heran.

„Willst du nicht mit mir einen Ausflug machen?" fragte sie mit einer Stimme, die es deutlich machte, wie sehr es Julia enttäuschen würde, wenn er jetzt „nein" sagte.

Max schaute zu ihr auf, und als er dem ungewöhnlich sanften Blick ihrer hellbraunen Augen begegnete, hielt er den Atem an.

„Natürlich fährt er mit!" rief Frank erfreut aus, schlug ihm ermutigend auf die Schulter und wandte sich mit geheiminsvollem Lächeln an Julia: „Du glaubst doch nicht im Ernst, er wäre so unhöflich, dir einen solchen Wunsch abzuschlagen?"

Während Max noch entsetzt seinen Freund anstarrte, kamen Anna und Sebastian hinzu.

„Aber wir haben nur vier Plätze im Wagen", sagte Anna besorgt. „Und wir sind jetzt zu fünft."

Max erkannte darin eine günstige Gelegenheit, sich dem bevorstehenden Ausflug zu entziehen, und meldete sich sofort zu Wort.

„Kein Problem!" sagte er schnell. „Ein andermal."

Während Anna und Julia noch ratlose Blicke wechselten, meldete sich Sebastian zu Wort.

„Ihr könnt fahren!" sagte der Junge. „Ich wollte sowieso nach Hause gehen. Ich muß mich endlich ausschlafen."

Frank blickte ihn mißtrauisch an.

„Bist du jetzt ehrlich?" fragte er eindringlich.

„Wieland hat mir ein Buch geschenkt", beteuerte der Junge. „Ein Kampf um Rom! Darin will ich heute ein wenig weiterlesen…"

Hathumod

Die alte Ritterburg, die Frank mit seinen Freunden gerade bestaunte, lag auf einem bewaldeten Hügel. Ihre imposante, mit Schwalbenschwanzzinnen gekrönte Mauer erinnerte jeden Europäer an die längst verflossenen Zeiten und zog jeden Tag viele Touristen an. Eine schmale, nachträglich gebaute Steintreppe führte hinauf zu einem Aussichtsplatz, der seinen Besuchern einen weitläufigen Ausblick über ein liebliches Tal bot.

Während Frank und Anna die Infotafel studierten, verwickelte Julia ihren stillen Klassenkameraden Max wieder in ein Gespräch. Der Junge gewöhnte sich bereits an ihre Anwesenheit und war gerade dabei, seine Zurückhaltung nach und nach aufzugeben. Als Frank und Anna wieder zu ihnen kamen, war deren Unterhaltung gerade in vollem Gange.

„Hathumod?" lachte Julia auf und blinzelte ungläubig mit ihren ausdrucksvollen hellbraunen Augen. „Hast du jetzt eben Hathumod gesagt?"

„Ja, Hathumod!" erwiderte Max und zog seine Augenbrauen verstimmt zusammen.

„Sei mir nicht böse, aber so einen Namen hätte ich mir nicht gewünscht!" sagte das Mädchen lachend. „Ich kann mir vorstellen, was ich alles in der Schule über mich ergehen lassen müßte, wenn ich Hathumod heißen würde!"

Max hatte kaum damit gerechnet, daß ausgerechnet Julia an diesem mittelalterlichen Namen Anstoß nehmen würde, und wirkte verstört. Er versuchte, das uneinsichtige Mädchen vom Gegenteil zu überzeugen, doch sein ehrliches Bemühen spornte Julia nur noch mehr an, ihn zu ärgern. Bald wußte der Junge nicht mehr, was er noch sagen sollte.

„Warum lachst du darüber?" warf er ihr gekränkt zu und drehte sich weg.

Frank, der ihre Unterhaltung aufmerksam beobachtete, stellte erstaunt fest, daß Max an diesem Nachmittag buchstäblich aufgeblüht war und gar nicht so schüchtern wirkte, wir er befürchtet hatte. Doch jetzt sah er sich gezwungen, ihm sofort zu Hilfe zu eilen.

„Erzähl uns etwas ausführlicher über diese Hathumod!" bat er seinen Freund, um ihn wieder ein wenig aufzumuntern. „Was hat sie getan, daß man sie bis heute nicht vergessen hat?"

Max warf ihm einen dankbaren Blick zu und begann sofort zu erzählen:

„Sie wurde im Jahre achthundert vierzig geboren. Ihr Vater war Graf Luidolf. Einige Jahre danach gründete er mit seiner Frau Oda das

Kanonissenstift Gandersheim! Die erste Äbtissin wurde nach der Sitte der Zeit ihre zwölfjährige Tochter. Und das war eben Hathumod!“

„Mit zwölf Jahren?!“ rief Julia verblüfft aus.

Max, der beim Sprechen peinlichst vermieden hatte, das schöne Mädchen anzusehen, blickte zu ihr auf und war sichtlich erfreut darüber, daß seine kurze Erzählung auf großes Interesse bei ihr stieß. Er bestätigte noch einmal, daß Hathumod ihr Amt mit zwölf Jahren angetreten hatte.

„Ihr Bruder Agius war ein Mönch von Corvey“, fuhr er begeistert fort. „Er hat sie in einer Vita verewigt. Ich kann euch vorlesen, was er über sie geschrieben hat.“ Er holte aus der Hosentasche ein Handy hervor, tippte schnell etwas ein und begann nach wenigen Sekunden zu lesen: „Niemand hat die edle Jungfrau je zornig, in stürmischer oder Unruhe erregender Stimmung gesehen. Sie strahlte eine unglaubliche Güte aus. Nie kam ein unreines Wort über ihre Lippen. Später brach dort eine Seuche aus und viele Kanonissen erkrankten schwer. Man kann es nicht aussagen, mit welcher bekümmerten Teilnahme sie von einem Bett zum anderen eilte, mit welcher Fürsorge sie allen zur Seite stand, wie lieblich ihre Stimme klang, wenn sie jeder Einzelnen tröstlich zusprach, wie sie darauf sann, ihre Beschwerden durch alle nur denkbaren Dienste zu lindern. Dabei hat sie sich selbst angesteckt und starb im gleichen Jahr im Alter von vierunddreißig Jahren.“

Er blickte wieder auf.

„Ich war einmal in Gandersheim“, sagte er leise. „Dort bin ich einen Weg gegangen, der noch aus jener Zeit stammen soll: große, rundliche Steine, die zu einem schmalen Pfad ausgelegt wurden. Sie muß vor mehr als tausend Jahren auf diesem Weg gegangen sein… Als ich die Wand der Stiftskirche berührte, schien mir, daß ich sie fühlen konnte… als wäre ihr Geist immer noch dort…“

Max schlug die Augen nieder und wirkte einige Sekunden lang ganz abwesend, als verweilte er in diesem Augenblick tatsächlich irgendwo weit weg in einem anderen Jahrtausend.

„Was hast du dabei gefühlt, als du diese Wand berührt hast?“ fragte Julia, beeindruckt von seinem ungewöhnlichen Zustand. „Kannst du das irgendwie beschreiben?“

„Ich… ich war dort, in jener Zeit. Ich sah undurchdringliche Wälder, die dieses Stift vor zwölfhundert Jahren umgaben. Ich sah Hathumod, wie sie von ihrem Vater dorthin gebracht wurde… ihren letzten schmerzerfüllten Blick… Ich konnte sehen, wie sie in stiller Würde ihre große

Aufgabe übernahm. Manchmal scheint mir, daß ich ihre Gedanken lesen kann… Das sind unsere Ahnen! Das ist ein großes Mysterium…"

Max verstummte und wurde beim Anblick seiner Freunde verlegen. Die Mädchen waren von einer solchen Erklärung überrascht und zugleich fasziniert. Noch nie hatten sie Max so frei sprechen hören, dazu noch zu solch ungewöhnlichen Themen. Besonders Julia schien von seinen Worten zutiefst beeindruckt. Sie betrachtete sein fein geschnittenes Gesicht so seltsam, daß Max bereits nach wenigen Sekunden heiß wurde.

„Schreibst du auch Gedichte?" fragte sie vorsichtig.

Ihre einfache Frage schreckte den Jungen auf. Mit großen Augen blickte er Julia an und wich vor dem schönen Mädchen sogar einen halben Schritt zurück, doch Frank legte ihm beruhigend die Hand auf die Schulter.

„Natürlich schreibt er Gedichte!" rief er Julia zu, als wäre es die allernatürlichste Sache der Welt. „Wenn du wüßtest, was er schon alles geschrieben hat! Er kann dir gleich jetzt ohne Vorbereitung ein schönes Gedicht aufsagen! Wenn du ihn darum bittest, wird er dir bestimmt nicht ‚Nein' sagen."

Max starrte seinen Freund entsetzt an und verzweifelte darüber, wie leichtfertig er sein streng gehütetes Geheimnis preisgegeben hatte. Noch bevor er ihm widersprechen konnte, trat Julia etwas näher an ihn heran.

„Maxilein! Das machst du doch für mich, nicht wahr?" bat sie ihn mit einer Stimme, die so lieblich klang, daß keine Rede davon sein konnte, daß der Junge ihr diesen Wunsch abschlagen würde.

„Was willst du hören?" fragte er nach kurzem Zögern.

„Das, was du uns eben erzählt hast", sagte das Mädchen mit der gleichen liebreizenden Stimme. „Kannst du das auch in einem Gedicht sagen?"

Max atmete nervös auf und faßte sich an die Stirn.

„Ich versuche es", sagte er sichtlich bedrängt und schlug die Augen nieder.

Frank konnte sehen, daß Max vor Aufregung ganz blaß wurde, und fragte sich besorgt, ob er unter einem solchen Druck überhaupt etwas zustande bringen konnte. Doch bereits nach wenigen Sekunden begann sein Freund ein neues Gedicht vorzutragen.

Eine solche gefühlvolle Stimme hatte Julia von ihrem Klassenkameraden niemals erwartet, obwohl sie ihn so lange gekannt hatte. Sie lauschte dem seltsamen Jungen, als wollte sie jedes einzelne Wort in Erinnerung behalten.

Wenn meine Hand die raue Wand berührt,
Wenn ich betrete diese alten Steine,
Entflieht mein Geist in jene graue Zeit,
Und meine Hand berührt die deine.

Und ihre Wärme fließt in meine Hand,
Erreicht mein Herz und läßt es höher schlagen,
Und deines Lebens Freud und Leid
Strömt nun so heiß durch meine Adern!

Schon bin ich dort, in jener dunklen Nacht,
wo Donnerschläge deinen Mut erweichten,
Ich sehe dich verängstigt zum Altar
Auf diesen grauen Steinen barfuß schleichen.

Ich folge dir, ich fühle deine Angst!
Ich lebe deinen Schmerz und deine Tränen!
Und niemand weiß, daß wir seit ewig eins…
Dein edles Blut fließt auch in meinen Venen.

Max verstummte. Während er noch aus seinem Zustand erwachte, begannen seine Wangen vor Verlegenheit zu glühen. Er wollte sich gerade entschuldigen, da nicht alles so gelungen war, wie er das gern hätte, hörte aber plötzlich Julias Stimme und riß die Augen auf.

„Maxilein!" sagte das Mädchen zu Tränen gerührt. „Du bist ein Dichter!"

Nicht nur Julia war überwältigt. Auch Anna starrte den Jungen ungläubig an. Alles sprach dafür, daß sie mit ihrer Vermutung Recht hatte! Nachdem sie das schöne Gedicht gehört hatte, war es durchaus möglich, daß Max auch den ergreifenden Roman geschrieben hatte, obwohl es nach wie vor schwer zu glauben war, daß ein kaum siebzehnjähriger Junge, der von Kindesbeinen an mit ihnen die Schulbank drückte, so etwas Schönes hervorgebracht haben sollte.

„Und?" fragte Frank zufrieden. „Habe ich dir zu viel versprochen?"

Statt einer Antwort, legte Julia dem Dichter die Hand auf die Brust und lehnte sich ein wenig zu ihm, um ihn, wie von ihr durchaus zu erwarten war, mit einem Kuß zu belohnen, brachte es aber nicht zustande. Sie nahm die Hand wieder weg und senkte den Blick ebenfalls zu Boden. So verlegen stand sie einige Sekunden lang und schwieg, was Anna von ihrer Freundin niemals erwartet hätte.

Während sie noch über Julias Verlegenheit staunte, war Frank anscheinend nur noch darum bemüht, Öl ins Feuer zu gießen.

„Schade, daß er bis heute unbekannt ist", sagte Frank wie nebenbei.

Julia schaute zu ihm auf und schien ihre augenblickliche Verwirrung weitgehend überwunden oder zumindest gut getarnt zu haben.

„Eigentlich sollten die Menschen es wissen…", legte Frank mit einem schalkhaften Lächeln im Gesicht nach.

„Ja!" stimmte Julia ihm in einem Ton zu, als hätte sie seinen Wink verstanden.

Die Freunde begannen wieder damit, Max zu loben, während dem Jungen eine dermaßen offensichtliche Überschätzung seiner Fähigkeiten echte Qual bereitete. Er wollte widersprechen, schüttelte entschieden den Kopf, bewirkte aber dadurch nur das Gegenteil. Denn Julia sprang auf einen Mauervorsprung und wollte mit ihrem überschwänglichen Lob einfach nicht aufhören.

„Alle! Alle müssen es wissen!" rief sie laut aus.

„Was?" fragte Max unruhig.

„Daß du ein großer Dichter bist!" rief sie in die Gegend hinaus mit einer Lautstärke, die Max erschaudern ließ.

„Julia!" redete er beruhigend auf sie ein. „Nicht so laut! Es ist wirklich peinlich! Hier sind so viele Menschen!"

„Klar!" stimmte Julia ihm bereitwillig zu. „Und diese Menschen müssen wissen, mit wem sie in diesem Augenblick die gleiche Luft atmen!"

„Leute!" schrie sie mit voller Kraft und lief lachend die steinerne Treppe hinauf. „Ihr sollt es unbedingt wissen!"

Max blieb das Herz stehen. Einen Augenblick lang zögerte er, dann stürzte er Julia hinterher, doch das Mädchen hatte einen großen Vorsprung gewonnen und war bereits aus seiner Sichtweite verschwunden.

„Wie ein Kind!" stöhnte Max, stieg die Stufen wieder herunter und wandte sich hilflos an Frank und Anna, die sich vor Lachen krümmten: „Was kann ich tun?"

„Entspann dich!" riet Anna und wischte sich mit dem Ärmel die Tränen aus den Augen. „Du kennst doch Julia! Sie wird es trotzdem tun. Erst jetzt beginnt die Vorstellung!"

Sie zeigte mit der Hand hoch in Richtung der mächtigen Burgmauer, und Max, von düsterer Vorahnung übermannt, drehte sich langsam um.

Julia stand am äußersten Rand der Mauer zwischen den Zinnen und schaute furchtlos in die Tiefe hinunter.

„Leute! Wißt ihr zufällig, daß gerade jetzt ein echter Dichter neben euch steht?“

Die unten stehenden Menschen warfen ihre Köpfe hoch und schauten neugierig auf das wagemutige Mädchen, das aus fünfzehn Metern Höhe zu ihnen herunterblickte.

„Ich kann euch seinen Namen verraten!“ sagte Julia bedeutungsvoll und beugte sich noch mehr nach vorne.

Max wurde bei dieser akrobatischen Bewegung schwindlig.

„Julia!“ stöhnte er mit schmerzerfüllter Stimme. „Paß auf!“

„Maximilian Oldenburg!“ stieß das Mädchen beherzt und langatmig hervor, während sie sich aufrichtete und ihre Hände fröhlich gen Himmel warf.

Max sprang einige Stufen hoch und flehte sie an:

„Julia, paß bitte auf, du kannst stürzen!“

Doch das Mädchen lachte nur über ihren Klassenkameraden.

„Komm zu mir und zeig dich der wartenden Menge! Sonst springe ich!“

„Bleib bloß, wo du bist!“ flehte Max sie an.

„Kommst du?“ fragte sie warnend und knickte plötzlich ihre Knie, als wollte sie tatsächlich herunterspringen.

Max hielt den Atem an und erbleichte noch mehr.

„Ich komme“, rief er Julia zu und stürmte die Treppe hoch.

Das Mädchen lachte aus vollem Herzen.

„Das ist er!“ sagte sie stolz und zeigte auf ihn mit einem Zeigefinger.

Die Menschen unten schauten dem merkwürdigen Schauspiel geduldig zu, ohne Julias Begeisterung zu teilen. Max nahm sie vorsichtig von der Mauer auf den Arm, während Julia seinen Hals mit beiden Armen umschlang und ihm tief in die Augen schaute.

„Hast du wirklich Angst gehabt, daß ich springen würde?“

„Nein“, erwiderte er schwer atmend.

„Dann laß mich los, ich tu es jetzt!“

„Nein, nein, nein!“ erschrak Max und drückte das Mädchen noch fester an sich. „Ich hab gelogen! Ich hatte Angst, daß du stürzen kannst!“

„Dann ist mein Leben für dich doch nicht so unbedeutend“, sagte Julia leise und mit einer Stimme, die plötzlich so anders klang.

Max stockte der Atem. Die letzten Worte setzten seine Seele in Brand!

Ihr lieblicher Klang ließ die vage Vermutung zu, daß sein Gefühl für Julia tatsächlich von Bedeutung sein könnte! Er suchte nach geeigneten Worten, um möglichst viel von seinem streng gehüteten Geheimnis zu verraten, doch ihre bezaubernde Nähe benebelte ihn und machte ihn trunken. Am liebsten hätte er jetzt geantwortet, daß sie nicht die geringste Ahnung habe, was ihr kostbares Leben für ihn in Wirklichkeit bedeute…

Nun tauchten neben ihnen Frank und Anna auf. Als sie Julia auf dem Arm des verstörten Jungen sahen, brachen sie erneut in heftiges Lachen aus.

„Das!“ sagte Anna und zeigte mit einem zitternden Zeigefinger auf ihre Freundin. „Das, Maxilein, ist das Gegenteil von Hathumod!“

Während sie noch lachten, stellte Max das Mädchen auf den Boden hin. Er wollte etwas sagen, doch als er Julias Gesicht sah, erstarrte er vor Schreck.

„Warum lachst du?“ fragte Julia ihre Freundin und blickte sie verärgert an.

Anna hörte auf zu lachen. Erstaunt über Julias plötzlichen Stimmungswechsel blinzelte sie mit ihren schuldlosen Augen und versuchte zu begreifen, was mit ihrer Freundin los war und was sie um alles in der Welt damit gemeint hatte!

„Ist etwas passiert?“ fragte Anna besorgt und versöhnlich, doch Julias Blick zeugte davon, wie tief ihre unvorsichtigen Worte sie verletzt hatten.

„Niemand hat mich jemals angerührt!“ warf Julia ihr mit königlichem Stolz entgegen. „Ich bin auch eine Jungfrau! Genau wie Hathumod…“

* * *

Am frühen Abend, als die untergehende Sonne die Zinnen der Burgmauer berührte, spazierten Max und Julia auf einem Waldweg unterhalb der romantischen Ritterburg. Als sie einen schattigen Ruheplatz erreichten, setzten sie sich auf eine Bank. Julia erzählte dem Jungen ihre Familiengeschichte und betrachtete unentwegt sein Gesicht.

Warum habe ich diese smaragdgrünen Augen noch nie gesehen? wunderte sich das Mädchen. Wie er sich in diesen Jahren verändert hatte! Oder habe ich ihn gar nicht gekannt? Als Max bemerkte, daß sie wieder so lange und seltsam zu ihm schaute, flüchtete sein scheuer Blick zur Seite. Nein, das ist nicht nur Schüchternheit, dachte Julia bei sich. Es muß etwas Anderes sein, was er da vor mir verbergen will.

„Meine Großeltern mütterlicherseits kommen aus Schlesien“, sagte das Mädchen. „Und deine? Sind sie auch aus ihrer Heimat vertrieben worden?“

„Ja“, erwiderte Max.

„Aus Ostpreußen?“ setzte Julia sofort nach.

Erst als der Junge ihre letzte Frage hörte, wurde ihm klar, daß er sich verraten hatte. Panische Angst ergriff ihn. Er schwieg, während seine Wangen vor Peinlichkeit glühten. Doch Julia tat, als hätte sie ihre eigene Frage schon längst vergessen, und sprach einfach weiter.

„Ich kann auch mit der linken Hand schreiben“, sagte sie unvermittelt.

Sie nahm einen trockenen Ast und schrieb auf den feuchten sandigen Boden:

Ich liebe Geheimnisse

Max entspannte sich ein wenig und lächelte sie an.

„Kannst du das auch?“ fragte das Mädchen.

„Nein“, erwiderte Max, doch Julia drückte ihm bereits den Ast in die Hand.

„Probier’s doch!“

Max sah unsicher aus, als ob er mit sich ringen würde, dann faßte er sich ein Herz und versuchte es.

Ich liebe - kritzelte er recht unbeholfen auf den sandbestreuten Boden. Einige Sekunden lang zögerte er.

„Was liebst du?“ flüsterte Julia, ohne ihren Blick von seinem Gesicht zu lösen, „oder wen?“

Max erhob sich und machte einen schnellen Schritt zur Seite. Er wollte sich wegdrehen, doch Julia stellte sich direkt vor ihn hin.

„Ich habe vor kurzem ein sehr schönes Buch gelesen“, sagte das Mädchen aufgeregt. „Eine Stelle gefällt mir besonders gut. Willst du es hören?“

Ohne seine Antwort abzuwarten, sprach sie weiter:

„Ich weiß nicht, warum ich das tue, doch eine unüberwindliche Sehnsucht treibt mich zu dieser sinnlosen Tat. Schon oft habe ich angefangen, dir ähnliche Briefe zu schreiben, fand aber keine passenden Worte, um mein großes Gefühl zu beschreiben. Ich weiß nicht, wie mir geschah! Ich kannte dich schon früher, doch an jenem

schicksalhaften Tag, als ich dir wieder auf der Straße begegnete und in deine Augen sah, traf es mich mitten ins Herz wie ein scharfer Pfeil. Ja, ich war getroffen, tödlich verwundet... Du bist weitergegangen, während ich mit einer blutenden Wunde zurückblieb, ohne zu wissen, wie ich jetzt weiterleben sollte... Als wollte Gott mir sagen, daß du die einzige auf der ganzen Welt bist, die für mich allein bestimmt war: Gewinne das Mädchen oder stirb!"

Erst als sie verstummte, ließ sie ihren Blick ebenfalls zu Boden sinken. So standen sie nun nebeneinander und schauten verlegen in entgegengesetzte Richtungen…

Gleich darauf tauchte auf dem verschlungenen Waldweg Frank auf.

„Da seid ihr!" rief er erfreut aus, als er die beiden vor der Bank stehen sah. „Ich hab' schon gedacht, wir haben euch verloren! Wir hätten schon längst zurückfahren müssen!"

Auf der Brücke

Als Sebastian vor der Haustür stehenblieb, war seine Stimmung noch weiter gesunken. Frank ist mit seinen Freunden zu einem Ausflug gefahren, während er mit seinem Kummer ganz allein geblieben war. Zwar hatte er selbst seinen Platz ihrem stillen Klassenkameraden Max angeboten, doch irgendwo im tiefsten Grunde seines Herzens hatte er gehofft, daß man seinen höflichen Vorschlag nicht so schnell und widerspruchslos aufgreifen würde. Er wußte, daß diese Gedanken nicht schön waren, doch sie ließen sich nicht verdrängen und machten ihn noch trauriger. Seine schlimmsten Befürchtungen, daß seine großen Freunde ihn nur aus Mitleid bei sich duldeten, bekamen neue Nahrung und gewannen immer mehr an Boden…

Er leerte wie gewohnt den Briefkasten und ging mit einem ganzen Stapel Werbung hinein. Während er noch die Treppen hinaufstieg, fiel ihm auf, daß zwischen bunten Prospekten ein schwarz-weiß bedrucktes Blatt Papier steckte, das überhaupt nicht nach Werbung aussah. Er zog es aus dem Stapel heraus und las die Überschrift:

Unsere Schule bleibt nazifrei!

Sebastian blieb auf der Treppe stehen. Eine Angstwelle durchströmte ihn. Er las weiter, es gebe Gerüchte, daß man den rechtsradikalen Gymnasiasten, der den niederträchtigen Anschlag auf das türkische Teppichgeschäft verübt habe, in die Realschule abschieben möchte. Eine entsprechende Anfrage solle bereits vor zwei Tagen bei der Schulleitung eingegangen sein. Die Realschüler wehren sich entschieden gegen eine solche Zumutung. *Wir sind kein Asylheim für gestrandete Nazis! Sollte er tatsächlich zu uns kommen, würde die antifaschistische Aktion nicht nur die betreffende Klasse, sonder die gesamte Schülerschaft auffordern, den Unterricht zu verweigern…*

Während Sebastian noch diese Zeilen las, hörte er, wie jemand die Haustür aufmachte. Er schaute hinunter und erschrak: die Mutter! Er steckte das Flugblatt unter sein Hemd und lief schnell weiter. Doch als er die Wohnungstür aufmachte, hörte er ihre Stimme.

„Gut, daß du da bist!“ sagte sie in einem Ton, der überhaupt nichts Gutes versprach.

Sie streifte ihre leichten Sommerschuhe ab und ging mit hastigen Schritten an ihm vorbei ins Wohnzimmer.

„Komm her!“ warf sie ihm mit gereizter Stimme zu.

Während Sebastian langsam die Schuhe auszog, versuchte er zu begreifen, was sie so mächtig verärgern könnte: Die Wohnung war in den letzten Tagen stets aufgeräumt, das Geschirr sauber… Als er ins Wohnzimmer trat, stand die Mutter mitten im Raum und stemmte ihre Fäuste in die Hüfte.

„Rauchst du?“ fragte sie streng, und bevor Sebastian noch eine Antwort geben konnte, begann sie an seinen Kleidern zu schnuppern. „Zeig mir deine Arme!“

Sebastian starrte sie verwirrt an, ohne zu wissen, was sie von ihm wollte.

„Was meinst du, Mama?“ fragte er, zutiefst beunruhigt durch ihr merkwürdiges Verhalten, doch die Mutter hatte keine Geduld mit ihm.

Als sie sah, daß ihr Sohn keine Anstalten machte, ihrer Forderung nachzukommen, faßte sie seine linke Hand, knöpfte den Ärmel auf und schob ihn ungeduldig den Arm hoch. Mit seltener Aufmerksamkeit betrachtete sie die Haut in der Armbeuge, strich langsam seine leicht gewölbten Venen entlang, konnte aber anscheinend nichts Verdächtiges finden. Das gleiche vollzog sie mit dem anderen Arm. Noch bevor Sebastian sie nach dem Grund ihrer Aufregung fragen konnte, begann sie wieder zu schimpfen.

„Wo treibst du dich rum mit diesen Jungs? Reicht es nicht aus, daß du ein Verfahren am Hals hast? Sie sind doch alle viel älter als du? Was machen sie mit dir nachts?“ fragte die Mutter mit vielsagender Stimme und starrte ihren Sohn dabei mißtrauisch an.

„Was sagst du da!“ empörte sich Sebastian, als er endlich begriff, was sie gemeint hatte. „Das sind doch meine Freunde!“

Er wurde rot und stierte sie beleidigt an.

„Lüg mich nicht an!“ schrie die Mutter. „Meinst du, ich weiß nicht, wo du dich nächtelang herumtreibst?! Deine Schulleiterin hat mich angerufen!“

Sebastian gab keine Antwort und schnaubte zornig.

„Guck mich nicht so blöd an!“ rief die Mutter mit drohender Stimme. „Wo warst du in der Nacht, als sie dich geschnappt haben?“

Sebastian starrte sie trotzig aus den Augenwinkeln an und schwieg.

„Du bist genauso einer wie dein Vater!“ warf die Mutter ihm ins Gesicht. „Stur und widerspenstig!“

Die Worte trafen Sebastian tief ins Herz.

„Schimpf nicht über meinen Vater!“ sagte er atemlos, doch die Mutter wurde durch diese Ermahnung nur noch heftiger.

„Wenn ich über ihn schimpfe, dann habe ich einen Grund dafür! Dieses Schwein ist einfach abgehauen und hat sich seit fünfzehn Jahren kein einziges Mal gemeldet!“

Sebastian hatte sich noch vor einem Monat vorgenommen, nicht mehr zu weinen, doch die ungerechten Worten zerstörten ihn gänzlich.

„Mein Vater ist kein Schwein!“ warf er ihr verzweifelt zurück.

„Du kennst ihn doch nicht!“ rief die Mutter wütend aus. „Meinst du, ich weiß nicht, was du von ihm denkst? Ich habe gelesen, was du in dein Tagebuch geschrieben hast!“

Sebastian stürzte in sein Zimmer und griff unter die Matratze. Das Tagebuch war noch da. Er drückte es fest an die Brust und lief an ihr vorbei in den Flur.

„Komm sofort zurück!“ forderte die Mutter drohend, doch Sebastian packte seine Schuhe und stürmte aus der Wohnung.

Sie lief in den Flur und riß die Tür wieder auf, doch Sebastian sprang bereits die Stufen hinunter.

„Er wollte dich gar nicht haben!“ schrie sie ihm hysterisch hinterher und begann zu schluchzen. „Er wollte dich abtreiben lassen!“

Wie ein scharfer Pfeil trafen die letzten Worte den flüchtenden Jungen. Er lief noch einige Schritte weiter, wurde aber langsamer, wankte, als wäre er tatsächlich getroffen worden, dann klammerte er sich an dem Treppengeländer fest…

* * *

Die weitläufigen Wiesen, die den verschlungenen Fluß von beiden Seiten säumten, vermittelten den Eindruck einer ländlichen Idylle. Da und dort ragten Eichen und Kopfweiden, Pferde weideten auf den Koppeln. Am tiefblauen Himmel zogen langsam weiße Wolken hin…

Sebastian stand auf der Holzbrücke und schaute hinunter in den Fluß, der seit Ewigkeit sein kühles Wasser gen Norden trug. In den Händen hielt er sein dünnes Tagebuch. Er schlug es auf und las die letzte Eintragung:

„Ach, Papa! Wenn ich sterbe, dann wirst du mich niemals gesehen haben. Und ich dich auch nicht. Ist das nicht traurig? Ich will aber, daß du es weißt: solange ich noch auf dieser Welt bin, lebst du tief in meinem Herzen. Mein neuer Freund Frank hat mir versichert, daß es

Tausend gute Gründe geben könnte, warum du dich bei mir noch nicht gemeldet hast. Dann aber fragte er mich, warum ich mich bei dir bis heute noch nicht gemeldet habe. Ich wußte gar nicht, was ich ihm sagen sollte. Ich habe schon immer davon geträumt, mich eines Tages auf die Suche nach dir zu machen. Tausendmal habe ich mir vorgestellt, wie der erste Augenblick unserer Begegnung aussehen könnte. Wenn ich dann aber aus meinen Träumen erwachte, dachte ich daran, was geschehen würde, wenn es sich dabei herausstellen sollte, daß du mich gar nicht sehen willst. Davor habe ich noch mehr Angst. Dann habe ich dich verloren, auf immer verloren! Wie soll ich dann noch weiter leben? Ich weiß nicht, was ich tun sollte. Ich hoffe nur, du wirst niemals sterben. Zumindest nicht früher, als ich schon längst gestorben bin…"

Sebastian konnte nicht mehr weiterlesen. Tränen liefen aus seinen Augen. Er ließ sein Tagebuch hinunterfallen. Die Strömung trug es weg und bald verschlang der Fluß seine Beute. Der Junge lehnte sich noch tiefer über die Brüstung und starrte in das dunkle Wasser hinunter. Er versuchte zu beten, erinnerte sich an die edlen Ritter, fühlte sich aber seltsam leer und kraftlos. Der Stein in der Brust wurde immer schwerer. Er wollte leben, und er wollte es doch nicht…

Die Vorladung

Um die Mittagszeit des gleichen Tages schlenderte Chrissi durch die Fußgängerzone, schleckte an einem leckeren Eis und schaute sich die teuersten Kleidungsstücke an, die hinter dickem Schaufensterglas ausgelegt waren. Mit Genugtuung stellte er fest, daß die dunkelblaue Markenjeans, die er gerade trug, unter einhundertzwanzig Euro nicht zu haben war, geschweige denn sein schönes kurzärmeliges Kragenhemd, das er in den Läden seiner Heimatstadt noch gar nicht gesehen hatte. „Eine äußerst exklusive Designermarke, wirklich vom Feinsten!“ hatte Joe behauptet, der ihm dieses Hemd geschenkt hatte…

Heute hatte Chrissi wieder die letzten Unterrichtsstunden geschwänzt. Als er in der großen Pause in den Schulhof gegangen war, hatte er aus den Augenwinkeln Tolik gesehen, der in einer Parallelklasse war. Um einer peinlichen Begegnung mit seinem einstigen Freund auszuweichen, war er einfach weitergegangen und verschwand wenige Minuten später in einer angrenzenden Straße.

Obwohl Chrissi schon so oft wegen wiederholter Fehlstunden gemahnt worden war, kümmerte ihn dieser Umstand nicht wirklich. Solange die Versetzung in die nächste Klasse nicht gefährdet war, sah er keinen dringenden Grund vorliegen, sein fragwürdiges Verhalten zu ändern.

Wirklich Angst hatte Chrissi nur vor der Hauptschule. Dort saßen die härtesten Schlägertypen: Türken, Kurden und sonstige Migranten und Flüchtlinge, die den Schulhof fest in ihrem Griff hielten. Ein frostiger Schauer überlief ihn bei dem Gedanken, jeden Tag neben diesen Jungs die Schulbank drücken zu müssen. Selbst in der Realschule hatte er Schwierigkeiten sich durchzusetzen. Wenn es wirklich hart auf hart kam, war Chrissi mit seinem beeindruckenden Schauspiel ziemlich schnell am Ende. Allein der Gedanke an eine echte Schlägerei, die von vielen anderen Jungs als Kräftemessen verstanden wurde, tat ihm weh. Seine Mitschüler hatten ihn längst durchschaut und ließen sich von ihm nicht mehr so einfach täuschen. Nur die Freundschaft mit Tolik gab ihm das sichere Gefühl, daß sie es nicht wagen würden, ihn richtig zu mobben.

Am besten würde Chrissi auf einem Gymnasium die Zeit verbringen. Und das hätte er sicher schon lange tun können, wenn er nicht zu faul gewesen wäre. Statt seine Noten zu verbessern, vertröstete er sich von Tag zu Tag mit dem angenehmen Gedanken, er würde es in der nächsten Zeit in Angriff nehmen. Erst jetzt, als seine Freunde ihn auf diese Weise verstoßen hatten und es keine Hoffnung mehr gab, die kaputte Freundschaft zu retten, erinnerte er sich wieder an seine früheren Pläne, möglichst bald die Schule zu wechseln.

Denn es war gar nicht so leicht, seinen einstigen Freunden aus dem Weg zu gehen. Die Vorstellung, zufällig in der Pause auf Tolik oder Thomi zu stoßen, ließ ihn vor Scham erbleichen. Noch mehr beunruhigte ihn der Gedanke, daß die beiden es den anderen Schülern erzählen würden. Dann bin ich verloren, dachte Chrissi ängstlich. Wie ein Lauffeuer würden sich die Gerüchte verbreiten, bis jeder wissen würde, was er nachts mit erwachsenen Männern treibe. Nie wieder, dachte Chrissi reuevoll, während ihm vor Verzweiflung fast die Tränen in die Augen stiegen...

Als sich die heftige Gefühlsaufwallung aber wieder gelegt hatte, wurde Chrissi klar, daß es zu voreilig war, so kategorisch „Nie wieder!“ zu sagen. Zwar hatte er sich seitdem bei Joe noch nicht gemeldet und redete sich gebetsmühlenartig ein, daß er es auch nicht vorhabe, doch mit dem endgültigen Bruch mit dem bärtigen Journalisten wäre auch seine Zukunft als Schauspieler endgültig vertan...

Chrissi blieb stehen. Mit leeren Augen starrte er vor sich hin, während das quälende Gefühl, von der ganzen Welt verlassen zu sein, immer heftiger wurde. Vor allem fehlte ihm sein Freund Tolik. Wehmütig dachte er an die Zeit, in der sie fast täglich zusammen gewesen waren und tausend große und kleine Abenteuer erlebt hatten. Das, was Chrissi früher als selbstverständlich empfunden hatte, erstand vor seinen Augen als greifbarer Ausdruck eines irdischen Paradieses. Er stellte sich vor, wie schön es wäre, wenn Tolik jetzt um die Ecke käme. Die bildhafte Vorstellung flammte in ihm auf und erlosch im nächsten Augenblick wieder. Wie soll ich ihm in die Augen sehen, nachdem er aus meinem eigenen Mund gehört hat, was Joe mit mir gemacht hatte, dachte Chrissi. Bestimmt glaubt er, daß der Bärtige mir noch mehr angetan habe... Drei ganze Nächte konnte Chrissi nicht richtig schlafen. Wie von einem gräßlichen Fieber erfaßt, quälte er sich von einer Stunde zur anderen, während die Erlebnisse jener Nacht ihn unablässig verfolgten und ihn fast in den Wahnsinn trieben. Erst in den frühen Morgenstunden war er einigermaßen zur Ruhe gekommen...

Chrissi hatte keine Lust mehr, in den Einkaufsstraßen zu bummeln, und machte sich auf den Heimweg. Eine Viertelstunde später erreichte er die Eingangstür eines Wohnblocks, in dem die Wohnung seiner Familie lag. Der Briefkasten mit dem ausgeblichenen Namensschild „Olsen“ war seit Tagen verstopft. Kostenlose Werbezeitungen und Prospekte steckten wie ein bunter Fächer im Schlitz.

Chrissi wäre wie gewohnt weitergegangen, doch diesmal ragte aus dem Briefkasten auch ein länglicher, aus Recyclingpapier gefertigter Umschlag heraus, dessen eine Ecke der Briefträger irgendwie dazwischen eingeklemmt hatte. Chrissi kannte solche Behördenbriefe, denn seine Eltern bekamen eine ganze Menge davon. Allein das Jobcenter schrieb sie fast jede Woche an.

Er nahm den Brief mit, und als er zufällig darauf blickte, blieb er auf der Treppe stehen. Der Brief war an ihn adressiert! „Christian Olsen" stand darauf. Er schaute auf die Absenderzeile und erstarrte: Polizeipräsidium… Panische Angst erfaßte den Jungen. Ungeduldig riß er den Umschlag auf und überflog die ersten Zeilen:

Vorladung
Sehr geehrter Herr Christian Olsen,
in der Ermittlungssache: Zeigen verfassungsfeindlicher Symbole…

Chrissi schien, daß ihm nicht nur der Atem, sondern auch noch das Herz stehenblieb. Er legte den Brief zusammen und steckte ihn schnell in die Hosentasche. Als er endlich die Wohnung erreichte, warf er die Schultasche in eine Ecke seines Zimmers und stürmte sofort wieder hinaus. Erst als er draußen war, holte er den Brief wieder hervor und las weiter:

…ist ihre Vernehmung/Anhörung erforderlich. Sie werden daher gebeten, am Mittwoch… bei der oben rechts angeführten Dienststelle vorzusprechen.

Chrissis Blick huschte sofort nach oben, um die zuständige Dienststelle zu erfahren. Bald fand er dort ein schreckliches Wort: Staatsschutz!

Eine heiße Welle überlief den Jungen. Schlimme Gedanken beherrschten ihn: Mal sah er sich auf einer Anklagebank im Gerichtssaal sitzen, mal im überfüllten Gefängnis, in dem solche Typen lungerten, die noch tausendmal schlimmer waren als alle Hauptschüler zusammen…

Ihnen wird vorgeworfen, während einer Protestkundgebung vor dem Eingang der Stadthalle gegen 19:46 Uhr ein verfassungsfeindliches Symbol /einen Hitlergruß/ gezeigt zu haben.

Chrissis Herz schlug wie ein Hammer. Nachdem Joe ihm damals versichert hatte, er würde die Sache mit dem Hitlergruß aus der Welt schaffen, hatte Chrissi den Vorfall mit der Polizei mühelos verdrängt und fast vergessen. Umso schlimmer erschien die Sache ihm jetzt, nachdem sie so plötzlich wieder aufgetaucht war.

Er holte aus der Hosentasche sein Handy hervor und wählte in den gespeicherten Kontakten den Eintrag mit dem Namen Joe aus. Vor Ungeduld auf den Lippen kauend, wartete er auf die Verbindung.

„Joe!“ stieß Chrissi laut hervor, als er die raue Stimme des Journalisten hörte. „Ich habe eine Vorladung bekommen! Sie wollen mich vernehmen!“

Vor Aufregung begann er zu stottern.

„Jetzt bleib mal bitte schön ruhig!“ erwiderte Joe. „Kannst mir sagen, wer dich vernehmen will?“

„Der Staatsschutz!“ schrie Chrissi mit einer Stimme, als wäre er bereits zu einer langjährigen Haftstrafe verurteilt worden.

Denn allein schon das Wort *Staatsschutz*, dessen wahre Bedeutung er nur intuitiv verstehen konnte, klang viel bedrohlicher als Kriminalpolizei.

„Und?“ fragte Joe unbeeindruckt.

Als Chrissi hörte, mit welcher Gemütsruhe Joe auf seine Mitteilung reagierte, begann ihm vor Verzweiflung die Stimme zu zittern.

„Ich sitze wegen dir voll in der Scheiße drin und du sagst einfach so: Und?“

Chrissi kniff die Augen zu, so schrecklich erschien ihm auf einmal seine Lage, die anscheinend niemanden interessierte außer ihn selbst.

„Kannst du mir bitte vorlesen, was da drin steht?“ fragte Joe den aufgebrachten Jungen mit der gleichen unerschütterlichen Ruhe in der Stimme.

Chrissi strich das zerknitterte Schreiben glatt und las ihm in fliegender Hast den ganzen Text vor.

„Und?“ fragte der Junge ungeduldig.

„Das werden wir schon irgendwie hinkriegen“, erwiderte Joe.

„Irgendwie?“ rief Chrissi ihm empört zu.

Er wollte seinem Unmut wieder freie Bahn geben, doch Joe unterbrach ihn.

„Beruhige dich und laß das meine Sache sein! Sag mir lieber, warum du dich bei mir bis heute nicht gemeldet hast? Hat es dir bei mir nicht gefallen?“

Chrissi schwieg. Er hätte ihm schon gern gesagt, warum er mit ihm nichts mehr zu tun haben wollte, doch jetzt, nachdem er die Vorladung erhalten hatte, bekam er es mit der Angst zu tun. Chrissi hatte das sichere Gefühl, daß Joe ihn im Stich lassen würde, wenn er ihm deswegen Vorwürfe machte.

„Hör zu, Kleiner!“ sagte Joe mit vertraulicher Stimme. „Ich kann dich jetzt leider nicht abholen, aber du kannst für dich ein Taxi bestellen und zu mir kommen! Die Kosten übernehme ich.“

Chrissi war unschlüssig. Nach dem, was er im Haus des Bärtigen erlebt hatte, war der innere Widerstand in seiner Seele noch viel zu groß.

„Wieso sollte ich jetzt unbedingt zu dir kommen?“ fragte er ausweichend.

„Ich wollte mit dir besprechen, was du bei der Polizei sagen sollst“, erklärte Joe sachlich. „Am Telefon redet man über solche Dinge nicht! Wir wissen nicht einmal, wer in diesem Augenblick alles mithört.“

Das Argument erschien Chrissi durchaus plausibel, auch wenn er nicht die geringste Ahnung hatte, wie Joe auf den Staatsschutz einwirken wollte, damit dieser das Verfahren gegen ihn einstelle.

Der Junge zögerte einige Augenblicke, dann brach sein Widerstand zusammen.

„Gut“, sagte er bedrängt. „Aber nur, wenn du die Sache wirklich aus der Welt schaffst!“

„Versprochen“, erwiderte Joe.

* * *

Eine Stunde später saß Joe in einem bequemen Liegestuhl auf der Terrasse seiner Villa und las die letzte Ausgabe der FAZ. In einem Leitartikel wurde ausführlich darüber berichtet, wie der bayerische Innenminister sich für eine bedingungslose Aufnahme der unmittelbar vor der libyschen Küste geretteten Flüchtlinge einsetzte, obwohl er vor der bayerischen Landtagswahl vor einem Jahr mit der gleichen Vehemenz genau das Gegenteil erreichen wollte.

Joe legte die Zeitung beiseite, doch der Inhalt des Artikels ging ihm nicht aus dem Sinn. Auch wenn seine politischen Ansichten weiter links angesiedelt waren, bewunderte er den erfahrenen Politiker. Einen solchen Spagat in aller Öffentlichkeit vorzuführen, war ein Kunststück, das selbst dessen erbittertsten Gegnern gebührenden Respekt abverlangen sollte. Denn auf der linken Seite war die Lage überschaubar. „Links und immer linker!“ war der simple Leitspruch, mit dem man nur wenig falsch machen könnte.

An der sogenannten konservativen Front waren die Verhältnisse wesentlich komplizierter. Mit einem wie auch immer gearteten Schielen nach rechts war kein Blumentopf zu gewinnen, denn die Medien überwachten jede kleinste Bewegung in diese Richtung und waren stets bereit, jeden Abweichler sofort zurückzuprügeln. Daher war es gar nicht so einfach, eine grüne Regierungspolitik zu machen und gleichzeitig seine Vorgehensweise den eigenen Wählern als erfolgreiche Schlacht um die Wahrung christlicher Werte zu verkaufen. Dafür braucht man nicht nur langjährige Erfahrung auf der politischen Bühne, sondern auch eine außerordentliche Begabung, dachte Joe anerkennend.

Auch die Kanzlerin glänzte mit den gleichen Fähigkeiten. In ihrer langjährigen Regierungszeit hatte sie es so weit gebracht, daß ihre grünen Herausforderer öffentlich erklärten, sie beteten für die Bundeskanzlerin, auf daß sie uns allen noch lange erhalten bleibe. Das muß ihr einer erst einmal nachmachen…

Während Joe noch über die Unwegsamkeiten der Politik nachdachte, klingelte sein Smartphone. Joe blickt auf dessen Display und stellte es auf laut. Gleich darauf meldete sich am anderen Ende der Leitung eine angenehme, leicht gereizte Männerstimme. Es war Willi Lech.

„Ich hoffe, du hast nicht vergessen, was du mir versprochen hast?“ fragte der junge Mann nach einer knappen Begrüßung.

Seine ärgerliche Stimme überraschte den erfahrenen Journalisten nicht.

„Wie kann ich das vergessen, Willi?“ erwiderte er seelenruhig.

„Wir haben aber abgesprochen, daß die Sendung noch in dieser Woche im Fernsehen kommt!“

In der Tat hatte Joe mit Willi vereinbart, daß der vernichtende Beitrag über Frank Uffelmann, in dem der Vorwurf der Holocaustleugnung den Höhepunkt bildete, bis Ende der Woche ausgestrahlt werden sollte. Allerdings hatte sich die Lage in den letzten Tagen wesentlich geändert.

„Ich hoffe, du hast gehört, was in der Kurstadt zwischenzeitlich geschehen ist“, erwiderte Joe. „Die Nazis haben einem Mädchen, das ebenfalls das Kant-Gymnasium besucht, ein Hakenkreuz ins Bein geschnitten. Auf eine solche Geschichte können wir nicht verzichten. Wir müssen sie unbedingt in unseren Beitrag einbauen!“

Seine Erklärung konnte Willi nicht überzeugen. Zwar hatte er von dem Vorfall mit Lisa aus den Fernsehberichten erfahren. Allerdings nützte ihm diese medienwirksame Geschichte herzlich wenig, denn Annas Verhältnis zu Frank wurde nach seinen Erkenntnissen immer inniger und fester.

„Ich möchte, daß die Sendung so schnell wie möglich ausgestrahlt wird?“ forderte Willi mit Nachdruck.

„Wir werden den Beitrag gründlich überarbeiten“, sagte Joe beruhigend. „Es wird zwar noch ein paar Tage dauern, aber ich bin daran! Du kannst sicher sein, bald werden wir deinen Frank fest an die Eier packen!“

„Er ist nicht mein Frank!“ entgegnete Willi langsam und mit glühendem Haß in der Stimme.

„Er ist aber hübsch“, bemerkte Joe, erheitert über die Reizbarkeit seines Gesprächspartners. „Das kannst du doch nicht leugnen!“

„Du kannst ihn gern haben“, warf Willi ihm zurück, „am besten aber im Knast!“

„Ich weiß deine Großzügigkeit zu schätzen“, erwiderte Joe lachend und beendete das Gespräch, denn aus den unsichtbaren Lautsprechern erklang eine angenehme Melodie, die dem Hausherrn signalisierte, daß jemand vor dem Tor stand und Einlaß verlangte.

Joe blickte auf das Display seines Handys. Die Außenkamera vor der Einfahrt zeigte einen wegfahrenden Taxiwagen. Vor der Pforte stand Chrissi. Joe berührte mit einem Zeigefinger die entsprechende Schaltfläche auf dem Display, um das Schloß zu entriegeln, und ging zur Eingangtür.

Als er sie öffnete, stand der Junge bereits direkt vor ihm. Niedergeschlagen starrte er auf den Boden.

„Schön, daß du wieder da bist“, sagte Joe erfreut, als wäre nichts geschehen.

Statt einer Antwort blickte Chrissi ihn aus den Ecken seiner hellblauen Augen an, und in seinem stummen Blick lag nicht nur Mißtrauen, sondern auch eine tiefe Kränkung. Es war nicht schwer zu erkennen, wie stark die Ereignisse jener Nacht ihn belasteten.

„Komm rein!“ sagte Joe, der den unausgesprochenen Vorwurf des Jungen einfach ignorierte.

Chrissi trat ein, ging mit ihm in den Kaminbereich und setzte sich in den gleichen Sessel, auf dem er schon mal gesessen hatte.

„Wie geht’s dir, Kleiner?“ fragte Joe und betrachtete den Jungen.

Chrissi schwieg und sah angeschlagen aus. Seine Lebenslust und die übliche Energie, die er früher allein durch seine Anwesenheit ausgestrahlt hatte, schienen versiegt zu sein. Ungesunde Blässe lag in seinem Gesicht.

„Jetzt zeig mir doch, was du bekommen hast“, sagte der Bärtige in wohlwollendem Ton.

Chrissi griff in eine Tasche seiner Jeanshose und holte daraus einen aufgerissenen Umschlag. Ohne ein einziges Wort zu sagen, reichte er ihm die polizeiliche Vorladung hin.

Joe überflog das Schreiben und warf es unbeeindruckt auf den Couch-Tisch.

„Du hast mir versprochen, daß du die Sache aus der Welt schaffst", sagte Chrissi und warf ihm erneut einen finsteren Blick zu.

„Was ich versprochen habe, werde ich auch halten", erwiderte der Bärtige. „Aber nur unter einer Bedingung, daß auch du dein Wort hältst. Wir haben davon gesprochen, daß wir aufeinander angewiesen sind und künftig wie Partner miteinander umgehen werden. Stattdessen bist du einfach so verschwunden, obwohl wir uns am Sonntagabend als gute Freunde verabschiedet hatten."

„Du hast mir was angetan", sagte Chrissi vorwurfsvoll, ohne ihn anzusehen.

„Ich habe es nicht ohne deine Zustimmung getan und vor allem nur deswegen, weil ich dich mag", erwiderte Joe. „Wenn ich von dir nur das wollte, was du meinst, hätte ich mir einen Strichjungen geholt."

Chrissi konnte es nicht verhindern, daß er bei diesen Worten rot wurde. Die Erklärung des Bärtigen hatte ihn verunsichert. Zwar wollte er Joe daran erinnern, daß dieser ihm zuvor etwas zu trinken gegeben hatte, was ihn buchstäblich KO geschlagen habe, verzichtete aber darauf, denn am nächsten Tag war er tatsächlich glücklich gewesen. Er hatte die Zeit mit Joe genossen und sich mit keinem Wort darüber beschwert, daß er ihn zuvor mißbraucht hatte.

„Ich hatte wirklich eine ganze Menge vor mit dir!" sagte Joe mit leichtem Bedauern in der Stimme, dann fügte er eindringlich hinzu: „Du hast Talent!"

Die Erinnerung an die Dreharbeiten, an das Schönste, was Chrissi bis dahin in seinem Leben gehabt hatte, erschütterte den Jungen mit einer Wucht, daß ihm die Augen feucht wurden. Wie ein Süchtiger, dem beim Anblick der Drogen die Seele zu zittern beginnt, starrte er vor sich hin, während das Verlangen nach der Schauspielerei ihn fast vollständig verzehrte. Er sprang auf die Beine und ging zur Fensterfront, damit der Bärtige nicht sehen konnte, wie stark er darunter litt.

Bald bemerkte Chrissi, daß Joe hinter ihm stand. Er drehte sich um.

„Magst du mich wirklich?" fragte er schutzlos und versuchte, am Ausdruck im Gesicht des Journalisten dessen wahre Absicht zu erkennen.

„Und wie!" erwiderte dieser.

Chrissi ließ den Blick wieder sinken, doch Joe griff ihm mit der Hand unter das Kinn, hob den Kopf des Jungen an und blickte ihm tief in die Augen.

„Meinst du wirklich, daß ich von dir nur das brauche, woran du gerade denkst?“ fragte Joe wieder, und noch bevor Chrissi ihm antworten konnte, sagte er ihm: „Ich will aus dir einen großen Künstler machen!“

Chrissi schwieg, doch die Worte des Bärtigen wirkten auf ihn betörend. Obwohl es ihm nach wie vor unangenehm war, daran zu denken, was Joe mit ihm gemacht hatte, schien ihm das Ganze angesichts seiner schwierigen Lage nicht mehr so schlimm zu sein.

„Sind wir wieder Freunde?“ fragte Joe und streckte ihm seine riesige Hand hin.

Chrissi nickte, und als er ihm seine Rechte gab, versöhnte er sich wieder mit dem Gedanken, daß sein Schicksal fest an diesen Mann gebunden war.

Hoffentlich wird er mich nicht verraten, dachte Chrissi…

Ein schrecklicher Verdacht

Das Haus, in dem die Familie Kiene ihre Wohnung hatte, lag in der Turmstraße, doch einige ihrer Fenster blickten direkt auf die grüne Hauptallee. Auch Julias Zimmer lag auf dieser Seite. Wenn sie im Sommer ihr großes Fenster offen ließ, fühlte sie sich, ohne nach draußen zu gehen, mittendrin im lebhaftem Treiben der Kursaison. Das unbekümmerte Lachen spielender Kinder, gemütlicher Kaffeeklatsch der Kurgäste und pompöse Orchestermusik, die von Zeit zu Zeit aus dem Kurpark herüberschallte, das alles störte das Mädchen nicht im Geringsten, sondern verschmolz zu einer angenehmen Geräuschkulisse, die sie unbedingt brauchte, um nicht von traurigen Gedanken überwältigt zu werden.

Doch an diesem Morgen war alles anders. Von der Einsamkeit, die sie trotz ihrer lebensfreudigen Natur stets vor sich hertrieb, sobald sie allein war, konnte überhaupt keine Rede sein. Um viertel nach sieben blickte sie heimlich aus dem Fenster hinunter. Im Schatten der Kaiserlinden, direkt unter ihrem Fenster, stand ein Junge. Er trug eine schwarze Hose und ein schönes hellblaues Hemd. Als sie in seinen Händen Blumen sah, lächelte sie beglückt in sich hinein, nahm ihre Schultasche und verließ nach wenigen Minuten die Wohnung.

Max stand neben einer alten Linde und sah mit hochschlagendem Herzen dem Augenblick entgegen, in dem seine kühnsten Träume in Erfüllung gehen sollten. Das allerschönste, seit mehr als zwei Jahren heiß geliebte und noch vor wenigen Tagen völlig unerreichbare Mädchen hatte seinen sehnlichsten Wunsch, sie zur Schule begleiten zu dürfen, nicht abgeschlagen, sondern war diesem wagemutigen Ansinnen mit Wohlwollen begegnet.

Als er Julia auf sich kommen sah, ging er dem Mädchen einige schnelle Schritte entgegen. Schüchtern reichte er ihr drei blutrote Rosen. Sekunden später wurde er selbst rot, wandte aber seinen Blick nicht ab.

„Danke, Romeo“, sagte Julia mit einer Stimme, die so sanft und zärtlich klang, daß Max trotz aller Aufregung für einen kurzen Augenblick von einem rauschähnlichen Gefühl betäubt wurde.

Julia betrachtete die schönen Blumen, dann blickte sie wieder auf.

„Darf ich dich so nennen?“ fragte das Mädchen und beschenkte den Jungen mit einem Lächeln, das alles, was er zuvor so leidenschaftlich in seinen Gedichten besungen hatte, bei weitem übertraf.

Es war für ihn die schönste Lippenbewegung seit Erschaffung der

Welt! Max konnte es fühlen: Es war ehrlich, wie alles, was dem Edelmut entsprungen war. Bezaubert von dem wundervollen Lächeln, vergaß er, ihre Frage zu beantworten.

„Du bist doch mein Romeo?“ fragte das Mädchen. „Nicht wahr?“

Max nickte ihr stumm zu, doch die liebestrunkenen Augen des Jungen leuchteten dabei so stark, daß selbst ein Blinder hätte sehen können, wie glücklich er war, eine solche Frage von ihr zu hören.

Max schwang seinen Rucksack auf die Schultern, nahm ihr die Schultasche ab, und die beiden gingen nebeneinander die grüne Bahnhofsstraße entlang.

„Hast du heute auch ein Gedicht geschrieben?“ fragte Julia mit der gleichen liebreizenden Stimme.

„Einige“, gab Max verlegen zu.

„Für mich?“

Der Junge nickte, während ihm das Herz zu rasen begann.

„Ich mag deine Gedichte“, sagte Julia leise und fügte nach kurzem Zögern hinzu: „Wenn sie natürlich ehrlich sind…“

„Sie sind ehrlich!“ beteuerte Max aufgeregt und ließ den Blick schon wieder sinken.

Wie gern hätte er dem Mädchen jetzt gleich gestanden, daß er seit ihrer gestrigen Begegnung keinen einzigen Augenblick geschlafen habe und nur noch geschrieben und geschrieben, ein Gedicht nach dem anderen, bis die Sonne aufgegangen sei und der Wecker geklingelt habe… Das alles und noch viel, viel mehr wollte er Julia erzählen, doch es geschah etwas noch Wichtigeres, etwas, was seine ganze Gefühlswelt beanspruchte.

Julia berührte seinen Arm. Max winkelte ihn unwillkürlich an, worauf das Mädchen ihre leichte Hand auf seinen Unterarm legte. Ein Schauer überlief den Jungen bei dieser zärtlichen Berührung. Er fühlte ihre bezaubernde Nähe, wie sie nur ein junger Dichter namens Romeo fühlen konnte…

Als Frank und Anna an einer Ampel über die Straße gingen, blieben sie vor dem Schulhof wie angewurzelt stehen. Dreißig Meter weiter, in der Einmündung der Bahnhofstraße sahen sie Max und Julia. Der Junge trug ihre Schultasche, während Julias Hand mit fürstlicher Eleganz auf dem angewinkelten Arm des Jungen lag. In der anderen Hand hielt das Mädchen die blutroten Rosen.

„Er ist ein echter Prinz“, sagte Frank beeindruckt von dem anmutigen Anblick. „Sollten wir wieder eine Monarchie einführen, so wären sie ernstzunehmende Anwärter auf den deutschen Kaiserstuhl.“

Als die beiden näher kamen, begrüßten die Jugendlichen einander. Auch wenn es Anna äußerst schwer fiel, tat sie, als gehöre das, was sie gerade sah, in den Bereich des Alltäglichen. Noch immer hatte sie frisch in Erinnerung, wie zornig Julia sie gestern angeblickt hatte, als Anna sich einen harmlosen Scherz über sie erlaubt hatte. Um die Freundin nicht mit ihrem glückseligen Lächeln zu ärgern, vermied Anna den Blick auf die Rosen, die das Mädchen stolz in ihrer Hand trug. Frank aber konnte seine Freude nicht verbergen.

„Eben habe ich Anna gesagt, daß man euch auf den deutschen Thron erheben könnte, so vornehm seht ihr beide aus“, sagte er mit gewohnter Offenheit.

Er wollte ihnen noch etwas Schönes sagen, erkannte aber im lärmenden Schülerstrom Walter. Der Junge ging schnell auf sie zu und sein besorgtes Gesicht verriet, daß etwas durchaus Unerfreuliches geschehen war.

„Sebastian ist verschwunden“, rief Walter ihnen noch im Gehen zu.

„Wie verschwunden?“ fragte Frank verstört.

„Niemand weiß, wo er ist! Ich war wie immer um halb acht an der Hausecke und habe auf ihn gewartet. Er war aber nicht da!“

„Vielleicht schläft er noch?“ warf Julia ein.

„Unmöglich!“ erwiderte Walter. „Ich habe bei ihm zu Hause angerufen und an der Tür geklingelt. Dort meldet sich aber niemand! Die Handynummer seiner Mutter kenne ich nicht. Sie weiß aber bestimmt auch nicht viel mehr. Manchmal ist sie tagelang weg!“

Inzwischen tauchten René und Luka neben ihnen auf. Auch in ihren Gesichtern lang der gleiche Ernst. Frank schaute fragend René an, doch der Junge schüttelte sofort den Kopf.

„Kein Ahnung“, sagte er schnell. „Er hat mich gestern nicht angerufen.“

Während Frank noch angestrengt vor sich hinstarrte, meldete sich Walter wieder zu Wort.

„Da stimmt etwas nicht!“ sagte er eindringlich. „Ich kenne ihn seit vielen Jahren! Er hätte mich sofort angerufen, wenn er sich nur um ein paar Minuten verspätet hätte! Unmöglich, daß er meine Nummer vergessen hat. Er kennt sie auswendig!“

„Vielleicht ist er bei Wieland?“ fragte René. „Er war in der letzten Zeit sehr oft mit ihm zusammen…“

„Bei Wieland habe ich schon angerufen!“ entgegnete Walter. „Er hat auch keine Ahnung, wo er ist!“

„Aber was könnte mit ihm geschehen sein?“ fragte Anna ängstlich.

„Alles Mögliche“, erwiderte Luka düster. „Wir müssen ihn finden!“

„Wollen wir nicht bis zur Mittagspause abwarten?“ fragte Julia. „Vielleicht ist bei ihm bloß etwas dazwischen gekommen!“

Während sie noch sprach, schüttelte Luka den Kopf.

„Wir müssen handeln“, sagte er entschieden. „Hast du nicht gesehen, wie depressiv er in den letzten Tagen war?“

„Besonders gestern!“ pflichtete René ihm bei. „Nachdem er bei Bammert war, hat er die ganze Zeit nur geschwiegen...“

„Sebastian war gestern bei Bammert?“ fragte Frank verblüfft. „Warum hast du uns das früher nicht gesagt?“

„Ich habe gedacht, ihr wißt das“, erwiderte der Junge erschrocken.

„Diese Schlange hat ihn bestimmt rausgeschmissen!“ rief Julia zornig aus.

Nachdem René seinen Freunden berichtet hatte, was er darüber wußte, sah die Lage ganz anders aus.

„Wir müssen sofort etwas unternehmen!“ sagte Luka. „Vielleicht liegt er jetzt bewußtlos in der Wohnung... du weiß schon, was ich meine...“

Seine Worte verursachten eine bedrückende Ratlosigkeit.

„Kann sein, daß er wirklich aufgehalten wurde oder so... durchaus möglich!“ setzte Luka seine hektischen Ausführungen fort. „Es geht aber nicht darum! Sollte es nur ein falscher Alarm sein, dann haben wir höchstens einen Schultag geschwänzt. Wenn mit ihm aber etwas Schlimmes geschehen ist, dann zählt jetzt jede Minute... sonst werden wir das später bitter bereuen!“

Auch Frank hatte das sichere Gefühl, daß ihrem jungen Freund etwas Schlimmes zugestoßen sei. Nachdem auch er ein Telefon zu Hause hatte, war das in höchstem Maße unwahrscheinlich, daß Sebastian ihn nicht angerufen hätte, wenn er unerwartet hätte wegfahren müssen.

„Wie können wir in seine Wohnung gelangen?“ fragte er entschlossen.

„Wir müssen zur Polizei!“ schlug Anna vor, doch Walter unterbrach sie.

„Die Polizei wird erst dann eingreifen, wenn er bereits seit Tagen weg ist! Ich habe vor kurzem gelesen, wie sie in Berlin vorgegangen sind. Als diese Rebecca verschwunden war, haben sie erst nach drei Tagen die Suchaktion gestartet.“

„Luka hat Recht! Wir können nicht warten!“ sagte Frank, während er nach wie vor angestrengt nach einer Lösung suchte.

„Sollten wir vielleicht einen Schlüsseldienst bestellten?“ schlug Julia vor.

„Ohne Nachweis, daß es deine Wohnung ist, werden sie das nicht tun“, erwiderte René. „Sie wollen den Paß sehen oder zumindest den Schülerausweis!“

„Dann machen wir es halt anders“, sagte Luka wild entschlossen. „Ich hab das schon mal gemacht… mit einer Plastikkarte.“

„Meinst du, in die Wohnung einbrechen?“ fragte Anna überrascht.

„Wir müssen rein!“ erwiderte Luka aufgeregt. „Egal wie!“

Frank überlegte einige Sekunden lang, dann wandte er sich an Walter:

„Kannst du zur Polizei gehen? Du siehst seriös aus und kannst unter Umständen ihre Fragen beantworten. Versuche, ihnen klar zu machen, wie dringend das ist! Vielleicht können sie die Tür aufschließen. Wenn sie aber „nein“ sagen, rufst du uns sofort an! Dann werden wir selbst handeln. Ich gehe mit Luka schon mal zur Wohnung.“ Er blickte René an: „Machst du mit?“

„Natürlich!“ erwiderte der Junge ohne Zögern.

„Dann gehst du mit uns!“ sagte Frank.

„Und wir?“ fragte Julia überrascht.

„Ihr drei sollt in der Schule bleiben. Wenn die halbe Klasse fehlt, werden die Lehrer das sofort bei Bammert melden!“ sagte Frank. „Schaut in den Pausen in Sebastians Klasse vorbei! Wenn er auftaucht, dann gebt ihr uns sofort Bescheid, damit wir nicht umsonst Panik machen!“

Auch wenn es den Mädchen schwer fiel, mußte sie zugeben, daß sein Vorschlag vernünftig war. Auch Max widersprach nicht.

„Wenn wir in der Wohnung sind, wissen wir mehr. Wir rufen euch an, dann schauen wir, was wir weiter tun“, sagte Luka aufmunternd. „Kommt jetzt! Wenn wir Glück haben, werden wir die Tür selber aufmachen können.“

Das schrille Klingeln der Pausenglocke rief die Schülerschar zur ersten Unterrichtsstunde, doch nur Anna, Max und Julia gingen in das Schulgebäude hinein. Während Walter zur Polizei ging, verließen die übrigen Jungen den Schulhof in Richtung Stadtmitte…

Gefährlicher Einbruch

Eine Stunde später saß René auf einer Bank vor dem Eingang eines Mehrfamilienhauses und tat, als wartete er auf seinen Schulfreund. Eine sanfte Brise umschmeichelte ihn und spielte mit seinen langen Haaren. Gewöhnlich streckte er dem warmen Sommerwind sein helles Gesicht entgegen, schlug die Augen nieder und ließ ihn seinen Scherz mit ihm treiben, doch heute ging der Junge auf sein freundschaftliches Spielangebot nicht ein. Als der böige Wind schon wieder seine Haare verstrubbelte und ihm neckisch mehrere Haarsträhnen vor die Augen warf, strich er sie mit einer ärgerlichen Handbewegung aus der Stirn und zog die Augenbrauen verstimmt zusammen. René war nervös und dafür gab es einen wichtigen Grund.

Seit zwanzig Minuten saß er schon auf dieser Bank und blickte sich verstohlen nach allen Seiten um. Nachdem sich die Eingangstür als unüberwindliches Hindernis auf dem Weg zu Sebastians Wohnung erwiesen hatte, entwarf Luka einen neuen Plan, in dem René mit seiner einnehmenden Art wieder die Schlüsselrolle zugefallen war.

Nun tauchte endlich an der Ecke des langen Wohnblocks eine ältere Frau auf. In den Händen trug sie eine Stofftasche. René spannte sich an. Er wollte ruhig bleiben, doch sein Herz begann so heftig zu schlagen, daß er das Blutrauschen in den Ohren hörte. Der Wohnblock hatte vier Hauseingänge, und ganze drei davon lagen noch auf dem Weg zwischen der Frau und ihm. Aus den Augenwinkeln sah er, wie sie zielstrebig an ihnen vorbeiging, und je näher sie kam, um so größer war die Wahrscheinlichkeit, daß er ausgerechnet mit dieser Frau Glück haben würde. So geschah es auch!

René atmete nervös durch und räusperte sich. Die Frau ging direkt zur Eingangstür, während der Junge sich von der Bank erhob.

„Guten Morgen!“ rief er ihr fröhlich zu.

Die Frau blieb stehen, blickte in sein strahlendes Gesicht und mußte ebenfalls lächeln.

„Guten Morgen, junger Mann!“ sagte sie überaus zufrieden über die höfliche Begrüßung.

Sie wollte weiter gehen, doch René trat an sie heran.

„Darf ich Ihnen helfen?“ sagte er mit der gleichen Engelsstimme und schaute dabei auf ihre magere Stofftaschc.

„Sie ist nicht so schwer“, antwortete die Frau.

„Trotzdem!“ sagte René unbekümmert, und noch bevor die Frau darauf etwas erwidern konnte, nahm er ihr die Tasche aus der Hand, schwang seinen Rucksack auf die Schulter und war nun sichtlich bereit, ihr zu folgen.

„Du bist aber ein höflicher Junge!“ rief die Frau verwundert aus, während sie in seine arglosen hellblauen Augen blickte.

Sie unterdrückte ein Schmunzeln, holte einen Schlüssel hervor und öffnete die Tür.

„Wartest du auf jemanden?“ fragte sie neugierig, während sie die Treppe hochstiegen.

„Ich hab' mich mit Sebastian Rohde verabredet“, erklärte René bereitwillig. „Wir sind in der gleichen Klasse.“

„Ach so! Mit Sebastian!“ rief sie erfreut aus. „Auch ein netter Junge.“

René nickte fleißig, und als die Frau ihre Wohnungstür im dritten Obergeschoß öffnete, stellte er die Stofftasche vorsichtig vor der Tür ab und täuschte sehr geschickt ein Telefonat vor.

„Entschuldigung! Da ruft jemand an!“ sagte er schnell und drückte sein Handy ans Ohr. „Ja, ja... Ich warte gerade auf Sebastian... Ach so... Ich komme gleich...“

Er steckte das Handy wieder in die Hosentasche.

„Ich hab' was vergessen, ich muß noch einmal zurück!“ sagte er zum Abschied. „Schönen Tag noch!“

Er wollte die Treppe herunterlaufen, doch die Frau hielt ihn zurück.

„Warte doch!“ sagte sie dem Jungen und drückte ihm einen Fünf-Euro-Schein in die Hand.

„Ich wollte nur helfen...“, sagte René verlegen, doch die Frau unterbrach ihn.

„Ich weiß“, sagte sie mütterlich mild, worauf sich der Junge mit einem dankbaren Lächeln von ihr verabschiedete.

Erst nachdem sie die Wohnungstür geschlossen hatte, verschwand das einnehmende Lächeln aus dem Gesicht des Jungen. Während er noch nach unten ging, holte er sein Handy wieder hervor.

„Ich bin drin!“ flüsterte er aufgeregt. „Kommt jetzt!“

Eine halbe Minute später meldete sich sein Handy wieder. René machte die Haustür auf. Frank und Luka schlüpften hinein.

„Gut gemacht!“ flüsterte Frank ihm leise zu.

Auf Zehenspitzen stiegen sie in das zweite Obergeschoß hinauf.

Die weiße Wohnungstür, auf die René mit einem Zeigefinger gewiesen hatte, sah wie eine leichte Zimmertür aus. Die vergilbte Farbe war an mehreren Stellen abgeplatzt. Der ausgeleierte Schloßzylinder saß locker im Holz und vermittelte einen recht schäbigen Eindruck. Doch die Aufmerksamkeit der Freunde galt in diesem Augenblick einem anderen Detail: Zwischen dem Türblatt und dem eisernen Rahmen klaffte ein breiter Spalt.

„Bist du dir sicher, daß das seine Wohnung ist?“ flüsterte Luka vorsichtshalber, als er vergeblich nach einem Namensschild suchte. „Sonst sitzen wir alle im Knast…“

René nickte ihm stumm zu.

„Wenn er die Tür einfach so zugeschlagen hat, sollte es kein Problem sein“, flüsterte Luka verschwörerisch leise und steckte seinen Schülerausweis in den Spalt.

René wurde heiß. Die Vorstellung, daß die Nachbartür plötzlich aufgehe und sie bei einem Wohnungseinbruch erwischt würden, rief bei ihm panikartigen Schrecken hervor. Sein Magen verkrampfte sich. Er kniff die Augen zu und begann Sekunden zu zählen, um sich irgendwie abzulenken.

Bald hörte er ein lautes Knackgeräusch und riß die Augen auf.

„Schnell rein!“ warf Luka ihm ungeduldig zu.

Als die Tür wieder verschlossen war, atmeten die Jungen erleichtert auf. René wischte sich den Schweiß von der Stirn und warf seine langen Haare aus den Augen.

„Wo ist sein Zimmer?“ fragte Frank flüsternd, als sie ins Wohnzimmer traten.

René wies auf eine offene Tür hin, worauf die Jungen sofort dahingingen. Der winzige Raum hatte nur ein schmales Bett, einen Schreibtisch und einen kleinen Kleiderschrank, an dessen Seite mehrere Haken angebracht waren. Seine Schultasche stand offen, die Schulbücher und Hefte lagen auf dem Tisch.

„Das heißt, er wollte heute gar nicht in die Schule gehen!“ rief Luka aufgeregt aus. „Oder er war heute morgen gar nicht da…“

Er rieb nervös an seinem Kinn und dachte angestrengt darüber nach, wie man die festgestellten Tatsachen und Indizien noch interpretieren könnte, fand aber keine andere Erklärung.

„Du hast Recht! Es könnte bereits gestern etwas geschehen sein“, sagte Frank, während Lukas Vermutung ihm immer mehr zur Gewißheit wurde.

Während René und Luka besorgte Blicke tauschten, wurde Frank kreidebleich. Er sank auf den Stuhl, stützte den Kopf in die Hände und schloß die Augen.

„Das ist meine Schuld“, sagte er leise. „Ich hätte ihn gestern nicht allein lassen sollen…“

* * *

„Er ist jetzt bestimmt bei diesem Kevin!“ beteuerte René mit Nachdruck. „Sonst kennt er doch niemanden!“

Der Junge schaute mal Frank, mal Walter an, und der flehende Blick seiner hellen Augen machte deutlich, wie es ihm wehtat, daß sie seine Vermutung nicht ernst nahmen.

„Woher willst du das wissen?“ fragte Walter zweifelnd. „Vielleicht hat er noch irgendwelche Freunde oder sogar Verwandte…“

Als René das hörte, wurde er unruhig und konnte nicht warten, bis Walter zu Ende gesprochen hatte.

„Das hätte er mir gesagt!“ rief er ihm aufgeregt zu. „Er erzählt mir alles! Sogar über seine Mutter…“

Der Junge verstummte. Die Erinnerung an all die traurigen Geschichten, die sein Freund ihm anvertraut hatte, rief in seinem Herzen ein unbestimmtes Schuldgefühl hervor, das ihm sichtbar zu schaffen machte.

Die Jungen saßen auf einer Bank neben dem Kinderspielplatz und überlegten, wie sie bei der Suche nach ihrem vermißten Freund am besten vorgehen sollten. Nachdem es sich herausgestellt hatte, daß Sebastian aller Wahrscheinlichkeit nach bereits gestern abend aus der Wohnung verschwunden war, einigten sie sich vorläufig darauf, daß er nach dem Gespräch mit der neuen Schulleiterin offensichtlich die Nerven verlor. Was danach geschah, lag im Dunkel, und gerade an dieser Stelle suchten sie nach einem brauchbaren Hinweis, wohin Sebastian verschwunden sein könnte.

„Wie hat er überhaupt diesen Kevin kennengelernt?“ fragte Frank.

Als René an der Stimme seines Freundes erkannte, daß die von ihm geäußerte Vermutung endlich bei ihnen Gehör gefunden hatte, leuchteten seine Augen wieder auf.

„Als Achmeds Clique Janni im Frühling wieder verdroschen hat, schickte unsere Klassenlehrerin ihn in diesen blöden Kurs: Gewalt ist keine Lösung oder so… Er sollte dort lernen, wie man Konflikten ausweicht. Als er aber gesehen hat, was die Deppen in diesem Kurs machen, ist er abgehauen und wollte wieder nach Hause fahren. Dann kam eben dieser Kevin zu ihm und hat ihn einfach so angesprochen. Ein kantiger Typ, hat er mir gesagt, mutig und stark wie ein Bär! Von ihm hat Sebastian auch seinen Spitznamen ‚Janni' bekommen! Gleich danach hat Kevin ihm seine Höhle gezeigt. Sie sollte angeblich im Keller eines abgerissenen Hauses liegen. Dort haben sie die ganze Nacht gefeiert! Es waren noch zwei Typen dabei. Ich kann mich noch gut erinnern, was er mir damals erzählt hat: Sie hießen Tolik und Chrissi. Sie haben Janni mit Wein vollgepumpt! Er hat mir erzählt, daß er sturzbesoffen war und nicht mehr gehen konnte. In dieser Höhle hat er auch übernachtet und ist erst am nächsten Tag nach Hause gefahren. Auch später war er einige Male in dieser Höhle." René machte eine kurze Pause, dann fügte er entschieden hinzu: „Wenn Janni bloß von zu Hause ausgerissen ist, dann kann er nur bei diesem Kevin sein!"

„Warum bist du dir dessen so sicher?" fragte Frank.

René zögerte, doch die fragenden Blicke seiner Freunde hatten ihn schließlich gezwungen, eine ehrliche Antwort zu geben.

„Er hat mir gesagt, daß Kevin ihn mag", sagte er verlegen. „Er sei ein echter Freund, der ihn niemals im Stich lassen würde..."

Als Frank diese Worte vernahm, ließ er den Kopf in die Hände sinken.

Nah am Ziel

Am späten Nachmittag des gleichen Tages saß René im Ritterkeller der Weigandschen Villa am langen Eichentisch und starrte auf den Bildschirm eines Notebooks. Um ihn herum wurde heftig diskutiert, doch er achtete nicht auf die Gespräche seiner Freunde. Er hatte eine wichtige Aufgabe bekommen, die er so schnell wie möglich erledigen mußte. Allein die Vorstellung, daß ein einziger Fehler das Leben seines Freundes kosten könnte, war unerträglich. Jedes Mal, wenn er daran dachte, hielt er ängstlich den Atem an.

Die Satellitenbilder von Google-Maps lieferten gute Qualität: Nicht nur Straßen und Häuser waren darauf zu sehen, sondern auch parkende Wagen. Sogar Menschen konnte René erkennen, denn sie warfen lange Schatten auf den hellen Asphaltboden. Sein konzentrierter Blick tastete jede Ecke ab, jedes kleinste Detail und glitt immer weiter und weiter, auf der Suche nach einem abgerissenen Haus, dessen Schutt immer noch irgendwo zwischen den Nachbarhäusern liegen sollte.

Als René erneut am Ende einer langen Straße angelangt war, löste er sich für wenige Augenblicke von dem Bildschirm.

„Hermannstraße“, sagte er zu Anna, die ihm gegenüber saß und erwartungsvoll zu ihm schaute.

René atmete nervös durch, strich seine langen Haare aus den Augen und nahm sich die nächste Straße vor, während das Mädchen sich über das ausgedruckte Straßenverzeichnis der Kreisstadt beugte. Als sie in der langen Liste die Hermannstraße fand, setzte sie daneben ein kleines Häkchen.

„Warum hat er uns nicht erzählt, daß er gestern bei Bammert war?“ fragte Luka. „Weder uns noch Frank! Da muß etwas dran sein!“

„Was sollte er denn uns erzählen?“ erwiderte Julia. „Wie diese Schlange ihn wieder gequält hat?“

Allein die Vorstellung, was der Jungen im Arbeitszimmer der neuen Schulleiterin erlebt haben müßte, rief bei ihr einen heftigen Wutausbruch hervor. Während sie noch über Sebastian und die Gründe seines Verschwindens grübelten, klingelte ein Handy, das auf dem langen Eichentisch lag.

Luka stürzte sofort zu ihm und blickte auf das Display. Es war Walters Nummer, die darauf stand! Der Junge drückte auf den grünen Knopf und stelle es auf laut.

„Prüft die Laubstraße!“ hörten sie Franks Stimme. „Wir haben mit einem Taxifahrer gesprochen! Er meinte, es könnte nur dort sein.“

Während er noch sprach, tippte René den genannten Straßennamen in die Suchleiste. Bald tauchte auf dem Bildschirm ein Gebiet in der Nähe der Stadtmitte auf. Wenige Sekunden später sprang der Junge von seinem Stuhl auf.

„Ich hab's!“ rief er aufgeregt aus. „Ich sehe den Schutthaufen!“

Luka und Julia liefen zu ihm und richteten ihre gierigen Blicke auf das farbige Satellitenbild. In einer dichtbebauten engen Straße klaffte eine Lücke. In der Mitte schimmerte etwas Großes, das in der Tat wie ein Schutthaufen aussah.

„Es liegt auf der rechten Seite, ungefähr dort, wo die Straße einen Bogen macht!“ erklärte René, der vor Aufregung zu blinzeln begann.

„Danke! Wir fahren sofort hin!“ sagte Frank und gab Walter das Handy wieder zurück.

„Seht ihr! Ich hab doch gesagt!“ rief der alte Taxifahrer zufrieden aus. „Ich kenne die Stadt wie meine fünf Finger!“

Frank und Walter setzten sich in dessen Wagen und in fünf Minuten waren sie in der Laubstraße.

„Da ist es! Seht ihr den Haufen!“ sagte der Taxifahren und hielt den Wagen am Straßenrand an.

Die Jungen bezahlten die Fahrt und stiegen aus. Direkt vor ihnen stand ein hoher Bauzaun, dahinter lag ein riesiger Haufen Bauschutt. Allein der Gedanke, daß ihr junger Freund jetzt in der Nähe sein könnte, brachte die Jungen in große Aufregung. Sie blickten den Zaun entlang, fanden darin eine Lücke und schlüpften zwischen zwei Zaunelementen hindurch.

Es war nicht schwer, den Eingang in den Keller zu finden. In der Geschoßdecke klaffte ein großer Durchbruch. Die Jungen sprangen hinunter, gingen durch mehrere blinde Türöffnungen und blieben bald vor einer eisernen Tür stehen.

„Das muß hier sein“, sagte Walter halblaut.

Frank schlug die Augen für einige Sekunden nieder. Dann klopfte er an der Tür. Mehrere Sekunden waren verstrichen, doch niemand meldete sich.

„Sebastian! Mach auf!“ sagte Frank. „Ich bin's!“

Sie horchten in die Stille hinein, doch nichts deutete darauf hin, daß es in diesem düsteren Keller Menschen gab. Noch einmal rief Frank nach ihrem jungen Freund und noch einmal…

Als sie wieder aus dem Keller nach draußen kletterten, blieben sie ratlos neben dem Schutthafen stehen. Niedergeschlagen ließ sich Frank auf den zerbröselten Betonblock nieder und wandte sich in Gedanken an den himmlischen Vater:

„Herr! Vergib mir meine Schuld! Laß den Jungen leben…“

Der Retter

Anna, Julia, René und Luka standen um den langen Eichentisch und starrten wie gebannt auf Annas schickes Smartphone, das neben dem Notebook lag. Endlich begann es zu klingeln. Julia packte das Handy und stellte es auf laut.

„Und?“ rief sie ungeduldig aus.

„Wir haben die Höhle gefunden“, sagte Frank mit einer Stimme, die jede Hoffnung zunichte machte. „Niemand ist drin…“

Erdrückende Stille beherrschte den Ritterkeller. René stand verstört vor dem Notebook, als könnte er nach wie vor nicht glauben, daß Sebastian nicht in der Höhle sei. Wenn er aber nicht dort ist, wo ist er dann? Die schreckliche Frage stand jedem ins Gesicht geschrieben.

Anna begann zu schluchzen.

„Weinen hilft uns jetzt am wenigsten“, sagte Luka und faßte sich mit beiden Händen an den Kopf. „Wir müssen uns etwas einfallen lassen…“

„Vielleicht sind sie nur kurz rausgegangen!“ sagte Julia, nachdem sie den ersten Schock halbwegs überwunden hatte. „Wir müssen unbedingt diesen Kevin finden…“

„Wir bleiben da und warten“, sagte Frank mit einer Stimme, die es ihnen sofort verriet, wie schwer es ihm fiel, seine seelischen Schmerz zu verbergen. „Wieland hat uns gesagt, daß gestern abend jemand zweimal versucht habe, ihn zu erreichen. Die Nummer war unterdrückt. Es könnte Sebastian gewesen sein. Ich nehme an, daß er irgendwo hier bei Kevin ist. Bald kommt Wieland. Er hat einen Wagen…“

„Wartet!“ rief René aus. „Er hat doch Kevin in diesem Kurs getroffen. Dort müssen sie seine Handy-Nummer haben…“

„Vielleicht ist das die Lösung“, sagte Frank hoffnungsvoll. „Versucht herauszufinden, was für ein Kurs das gewesen sein könnte! Vielleicht gelingt es uns, diesen Kevin zu finden…“

Frank legte auf, während Luka erschöpft auf einen Stuhl sank. Er stützte die Ellenbogen auf den Tisch, vergrub die Finger in die Haare und verharrte so einige Sekunden lang.

„Und wenn er nicht bei Kevin ist?“ frage er, als ob er mit sich selbst gesprochen hätte.

Während er noch darüber nachdachte, standen die Mädchen hinter René und verfolgten gespannt und ungeduldig seine Suche nach dem Kurs, den Sebastian besucht haben sollte.

„Da ist er!“ rief Julia aus und tippte mit einem Zeigefinger auf einen Google-Eintrag.

Als René gleich darauf die Internetseite geöffnet hatte, atmeten sie erleichtert auf. Die Überschrift machte es deutlich, daß sie an der richtigen Stelle angelangt waren: *Gewalt ist keine Lösung!* Auf der Kontakt-Seite war auch die Telefonnummer angegeben.

Julia griff zum Handy und wählte die angegeben Nummer. Am anderen Ende der Leitung startete eine automatische Ansage, wonach der Kurs an diesem Tag erst um sechs Uhr abends beginnen würde.

„Ich weiß nicht, ob sie uns am Telefon seine Handy-Nummer verraten würden“, sagte Julia zweifelnd. „Wir müssen hinfahren! Wenn ich mit ihnen persönlich spreche, werde ich seine Nummer aus ihnen herauslocken!“

Luka, der sich bis dahin zurückgehalten hatte, wachte aus seinen Gedanken wieder auf.

„Das ist ein schlechter Plan“, sagte er entschieden.

„Was sagst du da?“ rief Julia ihm empört zu. „Wir müssen nach diesem Kevin suchen! Wenn Janni noch am Leben ist, so ist er mit Sicherheit bei ihm!“

Unheimliche Grabesstille trat nach diesen Worten ein. So offen auszusprechen, was jeder im tiefsten Grunde seines Herzens zu verdrängen suchte, wagte bis dahin noch keiner von ihnen. Währen René betroffen auf Julia starrte, konnte Anna die schreckliche Vorstellung nicht verkraften und begann wieder zu schluchzen.

„Ich wollte doch nur die Wahrheit sagen“, rechtfertigte sich Julia und fügte verlegen hinzu: „Kevin ist sein Freund! Wenn wir ihn finden, wissen wir mehr!“

„Und wenn er nicht in der Kreisstadt ist?“ entgegnete Luka mit Nachdruck. „Dann haben wir zwar diesen Kevin gefunden, aber nicht Janni! Dann haben wir damit nur die kostbare Zeit verloren! Mehr nicht! Das ist ein schlechter Plan!“

„Hast du einen besseren?“ fragte Julia.

„Noch nicht!“ gab Luka widerwillig zu, wollte noch etwas sagen, doch Julia erhob sich von ihrem Stuhl und schlug eine Abstimmung vor.

„Wer ist dafür, in die Kreisstadt zu fahren, um Kevin zu suchen?“

Anna hob ihre Hand sofort hoch, während René unschlüssig mal zu Julia, mal zu Luka schaute. Ein Zünglein auf der Wage bei dieser wichtigen Entscheidung zu sein, gefiel ihm überhaupt nicht und jagte ihm noch mehr

Angst ein. Nach kurzem Zögern hob auch er seine Hand hoch.

„Ihr macht einen Fehler!“ rief Luka ihnen verzweifelt zu. „Wenn er bei Kevin ist, dann ist er am Leben. Dann droht ihm auch keine Gefahr! Dann wird er sich irgendwann melden und die ganze Sache ist dann gegessen! Viel schlimmer ist, wenn er nicht dort ist, dann kann er auf dumme Gedanken kommen! In diese Richtung müssen wir jetzt denken! Versteht ihr?“

Während Luka noch seine Argumente vorbrachte, rief Julia bei Frank an und erzählte ihm von ihrem Plan. Nachdem auch er ihrem Vorhaben zugestimmt hatte, war die Sache trotz Lukas heftiger Einwände endgültig beschlossen.

„Wartet auf mich!“ sagte Anna. „Ich frage meinen Vater, ob wir den Wagen haben könnten.“

Kaum hatte sie den Ritterkeller verlassen, stürmte auch Luka zum Ausgang.

„Wo willst du denn hin?“ rief Julia ihm hinterher.

„Auf die Toilette“, warf der Junge ihr hastig zu und verschwand ebenfalls hinter der schweren Eichentür.

Währenddessen erreichte Anna die breite Haupttreppe, die in die oberen Stockwerke führte.

„Du mußt mit deinem Vater reden!“ hörte sie Lukas Stimme, als ihre Hand das kunstvoll verzierte Geländer berührte. „Nur er kann uns noch helfen!“

Anna drehte sich um.

„Was kann er denn ausrichten?“ fragte sie verwundert.

Luka kam näher, und als er dicht vor ihr stehen blieb, schaute er sich mißtrauisch um.

„Er kann mehr ausrichten, als du dir es je erträumen kannst!“ flüsterte Luka mit todernster Stimme.

Anna blickte in die blauen Augen ihres Klassenkameraden und konnte an ihnen sofort erkennen, daß er etwas Wichtiges wußte.

„Wie meinst du das?“ fragte sie beunruhigt.

Luka schien mit sich zu kämpfen, während Anna sich an den furchtbaren Eid erinnerte, den er ihr am Schloßgraben abverlangt hatte.

„Ich werde nie wieder schwören“, sagte sie warnend. „Wenn du mir etwas sagen willst, dann sage es, aber schwören werde ich nicht mehr.“

Sie wartete, doch der Junge schwieg, ohne sie anzusehen.

„Meinst du wirklich, daß er so mächtig ist, nur weil er Großmeister bei diesen Leuten ist?“ fragte sie verärgert, wohl wissend, was Luka mit seinen Anspielungen sagen wollte.

Als sie abermals keine Antwort bekommen hatte, drehte sie sich weg. Erst als sie einige Stufen hinaufstieg, hörte sie seine Stimme wieder.

„Warte!“ rief er ihr hinterher. „Ich habe dir damals nicht alles erzählt…“

Anna drehte sich wieder um. Ein eiskalter Schauer überlief sie, als sie ihren Klassenkameraden sah. Mit verbissenem Gesichtsausdruck starrte er sie an und atmete schwer.

Stufe um Stufe stieg Anna wieder hinunter.

„Dein Vater ist nicht nur der Großmeister!“ sagte Luka bedeutungsvoll.

Anna trat dicht an ihn heran und blickte direkt in seine Augen.

„Na los!“ forderte sie entschlossen. „Sag’s jetzt!“

Luka schaute sich um, und als er sich sicher war, daß niemand sie belauschen konnte, lehnte er sich nach vorne, um möglichst nah an Annas Ohr zu kommen.

„Ritter und Prinz des Königlichen Geheimnisses“, flüsterte er ganz leise. „Wenn er will, kann er alles!“

„Prinz des Königlichen Geheimnisses…“, wiederholte Anna und runzelte verstört die Stirn.

Obwohl sie den märchenhaften Titel kaum richtig einzuordnen vermochte, verspürte sie eine Mischung aus Angst und Sorge. Sie trat wieder zurück und lehnte sich erschöpft an das Treppengeländer.

„Du darfst aber mit niemandem darüber sprechen!“ flüsterte Luka mit warnender Stimme. „Sonst bringst du mich und meinen Vater in große Gefahr!“

Diese unmißverständliche Ermahnung jagte Anna eine noch größere Angst ein und rief die verblasste Erinnerung an den geheimnisvollen Orden der Illuminaten hervor. Schreckliche Bilder erstanden vor ihrem geistigen Augen: ein Totenkopf und eine Eule, die nachts um die Erde flog…

„Du mußt ihn bitten, uns zu helfen!“ forderte Luka.

Er redete auf sie unablässig ein, doch Annas sorgenvolle Gedanken kreisten nach wie vor um ihren Vater und seine geheimnisvollen Titel.

„Wenn Janni sich umbringt, dann ist es zu spät!“ rief Luka ihr verzweifelt zu, als er bemerkte, daß sie an etwas anderes dachte. „Während wir hier herumreden, steht er jetzt vielleicht irgendwo auf einer Brücke und ist kurz davor, sich das Leben zu nehmen!“

„Was soll ich tun!“ warf Anna ihm genauso verzweifelt zurück. „Ich kann doch nicht zu meinem Vater gehen und einfach so sagen: Hallo Herr

Großmeister, kannst du vielleicht deine Ordensbrüder anrufen, damit sie uns helfen, einen Schüler zu finden!“

Luka unterbrach sie nicht, doch seine Meinung dazu stand ihm ins Gesicht geschrieben. Verbittert starrte er sie aus den Ecken seiner blauen Augen an.

„Wenn es nicht Sebastian, sondern Frank wäre, hättest du das schon längst getan“, sagte er vorwurfsvoll.

Anna erstarrte. Glühender Zorn bäumte sich in ihrer Seele auf, als sie diese ungerechten Worte hörte. Ohne zu wissen, wie ihr geschah, gab sie Luka eine schallende Ohrfeige.

Für einige Sekunden hielten die beiden inne. Dann faßte sich der Junge an die brennende Wange. Teils benommen, teils verwundert schaute er in Annas Gesicht, während in seiner linken Mundecke Blut hervortrat.

„Luka…“, flüsterte Anna entsetzt über ihr eigenes Verhalten. „Verzeih mir…“

Der Junge schluckte verkrampft und ließ den Blick zu Boden sinken. Er schwieg, während Anna zu schluchzen begann.

Noch nie hatte sie einen Menschen geschlagen, und daß es jetzt ausgerechnet cinen erwischt hatte, der das mit Sicherheit am wenigsten verdiente, macht es noch tausendmal schlimmer.

„Verzeih mir bitte…“, stammelte Anna unter Tränen.

„Schon gut“, sagte der Junge leise, doch Anna konnte sich nicht mehr beruhigen.

„Wirst du es mir irgendwann verzeihen können?“ flehte sie ihn an, wodurch sie den Jungen nur in Verlegenheit brachte.

„Ich hab es dir schon längst verziehen“, erwiderte Luka. „Wir verlieren kostbare Zeit!“

Anna wischte sich die Tränen weg.

„Ich gehe schon“, sagte sie kummervoll und drehte sich zur Treppe um.

„Wenn du mit ihm sprichst, versuche ihm klar zu machen, wie dringend es ist!“ warf der Junge ihr hinterher.

Während Anna die Treppe hinaufstieg, atmete Luka erleichtert auf, setzte sich auf die Stufen und befühlte seine angeschwollene Lippe…

Als Anna an der Tür zum Arbeitszimmer ihres Vaters stand, hatte sie noch keine Ahnung, wie sie dieses Gespräch anfangen sollte. Die unruhigen Gedanken zerstreuten sich in alle möglichen Richtungen, doch die Vorstellung, daß Sebastian sich tatsächlich das Leben nehmen könnte, trieb sie mächtig an. Sie klopfte vorsichtig an und trat leise ein.

Der Vater saß an seinem Arbeitstisch und las in einer dicken Wirtschaftszeitung. Wie gewohnt in einen dunklen Anzug gekleidet, sah er wie ein wichtiges Regierungsmitglied aus. Anna kannte ihn nicht anders, und doch erschien er ihr an diesem Tag besonders ernst und nachdenklich.

Als er Anna sah, legte er die Zeitung zur Seite und begrüßte sie. Noch bevor seine Tochter zu sprechen begann, erkannte er ihren Zustand.

„Ist etwas passiert?“ fragte er besorgt, worauf das Mädchen von einem trostlosen Gefühl überwältigt wurde.

Zwar schaffte sie es gerade noch, die Tränen zu unterdrücken, damit sie nicht über die Lider traten, doch sprechen konnte sie erst nach einigen Sekunden.

„Kannst du mir für heute einen Wagen geben?“ frage sie mit brüchiger Stimme. „Wenn es geht…“

Herr Weigand erhob sich von seinem Sessel und ging sofort zu ihr.

„Wozu brauchst du den Wagen?“ fragte er beunruhigt.

„Es ist etwas Schreckliches passiert…“, brachte Anna es gerade noch über die Lippen, bevor sie zu schluchzen begann.

Herr Weigand umarmte die Tochter und drückte sie an seine Brust.

„Erzähl mir alles?“ bat er mit tröstender Stimme, die so warm und gütig klang, daß Annas Angst vor seinen bedrohlich anmutenden Titeln fast restlos von ihr gewichen war.

Sie erzählte ihm von dem plötzlichen Verschwinden ihres jungen Freundes und davon, daß ihre Suche bis dahin erfolglos geblieben sei.

„Wir sind schuld“, sagte sie zum Schluß mit kummervoller Stimme. „Wir hätten ihn gestern mitnehmen sollen, und das Ganze wäre bestimmt nicht passiert… Er hatte so viel Pech in letzter Zeit und trotzdem war er immer so tapfer und hat versucht, nicht zu verzagen…“

Herr Weigand unterbrach sie nicht. Erst als seine Tochter verstummte, begann er zu sprechen.

„Warum hast du es mir früher nicht erzählt?“ fragte er. „Hast du kein Vertrauen mehr zu mir?“

Anna hatte eine solche Frage nicht erwartet und blickte verstört zu ihm auf.

„Du hast mir am Freitag vor zwei Wochen gesagt, daß du nach Hannover fahren wolltest“, kam es aus ihr wie von selbst heraus. „Wo warst du an diesem Tag?“

Herr Weigand blickte verwundert in die verweinten Augen der Tochter, die mit seltenem Ernst auf eine Antwort wartete.

„Ich war in Hannover“, sagte er mit ruhiger Stimme. „Ich bin aber viel früher zurückgekommen, da ich am späten Nachmittag noch ein Treffen hatte.“

Anna wußte selbst nicht, woher sie die Kraft hatte, dieses Gespräch zu führen. Sie blickte direkt in sein Gesicht und fragte ihn:

„Was war das für ein Treffen?“

„Es war eine Logensitzung“, erklärte der Vater mit bemerkenswerter Ruhe, während Anna schien, daß sich um seine Augen leichte Lachfalten bildeten.

Sie atmete erleichtert auf und drückte ihren Kopf zutraulich auf seine Schulter.

„Ich weiß, daß du ein Freimaurer bist“, sagte sie, erfreut über das Vertrauen, das sie so sehnsüchtig von ihm erwartet hatte.

„Ich hätte es dir jederzeit sagen können“, erwiderte Herr Weigand. „Ich wußte nicht, daß es für dich so wichtig ist.“

Anna sagte nichts mehr. Eine Freude erfaßte sie, ein Glück, das sie selten in ihrem Leben so tief empfunden hatte.

„Wenn du willst, werde ich dir später darüber etwas ausführlicher erzählen“, sagte der Vater. „Jetzt aber wollen wir schauen, daß wir euren Freund finden.“

„Kannst du uns helfen?“ fragte Anna hoffnungsvoll.

„Ich werde versuchen, das Mögliche zu tun“, sagte Herr Weigand. „Geh jetzt zu deinen Freunden! Sie sollen hier bleiben. Unser Sicherheitsdienst wird euch gleich befragen.“

Annas Glück konnte nicht größer sein. Sie küßte den Vater auf die Wange und stürmte aus dem Zimmer.

Als Luka hastige Schritte hörte, die von oben zu ihm drangen, wußte er noch nicht, wie er diese deuten sollte. Erst als er Annas strahlendes Gesicht sah, entspannte er sich wieder.

„Und?“ fragte er ungeduldig, als er in ihre geröteten Augen blickte.

Statt einer Antwort umarmte sie den Jungen und küßte ihn im Überschwang des freudigen Gefühls auf die Wange.

„Danke!“ sagte sie dem verstörten Jungen.

Sie lief weiter, während Luka vor Neugier brannte.

„Warte doch!“ rief er ihr hinterher. „Was hat er dir gesagt?“

Erst vor dem Eingang zum Ritterkeller konnte er das Mädchen wieder einholen. Noch bevor sie die schwere Eichentür geöffnet hatte, stellte er sich entschlossen davor.

„Kannst du mir endlich sagen, was er vorhat!"

„Er wird ihn retten!" rief Anna ihm atemlos zu und schubste ihn zur Seite.

* * *

Eine halbe Stunde später stand der Chef des persönlichen Sicherheitsdienstes der Familie Weigand im Arbeitszimmer seines Dienstherrn und berichtete über die gewonnenen Erkenntnisse.

„Um die lückenlose Überwachung aller Objekte und des näheren Umfeldes der Zielperson zu gewährleisten, werden wir mehrere Detekteien einschalten", teilte er Herrn Weigand mit einer Stimme mit, die sofort erkennen ließ, daß der ernst dreinblickende Mann sein Handwerk seit vielen Jahren beherrschte. „Parallel werden wir weitere Dienste einschalten. Das wird aber nicht ausreichen. Wir müssen an die Verbindungsdaten aller Beteiligten herankommen, um aus deren Auswertung ein verläßliches Gesamtbild der letzten Wochen zu gewinnen. Außerdem werden wir laufend GPS-Ortungen brauchen. Wenn wir diese Daten bei unseren deutschen Partnern anfragen, wird es bestimmt einige Tage dauern…"

„Das habe ich befürchtet", warf Herr Weigand ein, ohne seine unvorteilhafte Meinung über dessen deutsche Kollegen zu verbergen. „Wir sollten lieber unsere amerikanischen Freunde einschalten."

„Es wird sicher nicht billig sein", erwiderte der Sicherheitschef sachlich kühl. „Wenn wir die Daten sofort haben wollen und diese noch auswerten lassen…"

Weigand unterbrach seine Ausführungen.

„Egal, was das kostet", sagte er entschieden. „Besorgen sie die nötigen Daten! Der Junge befindet sich in einem labilen seelischen Zustand und kann auf dumme Gedanken kommen. Es ist eine gute Gelegenheit, den Wirkungsgrad unseres Sicherheitsdienstes zu testen. Ich will meine Tochter wieder glücklich sehen. Also, es ist achtzehn Uhr und drei Minuten. Bringen Sie mir den Jungen her!"

„Jawohl!" erwiderte der Sicherheitschef und entfernte sich.

Die Fahndung

Frank saß nach wie vor auf dem gleichen Betonblock neben dem Schutthaufen und starrte gedankenverloren auf die zerbröselten Backsteine unter seinen Füßen. Während Walter mit Wieland telefonierte und ihm erklärte, wie er fahren solle, um sie zu finden, waren seine Gedanken bei Sebastian. Es war die gleiche Frage, die sie alle den ganzen Tag beschäftigte: Was ist passiert? Was könnte geschehen sein, daß ihr junger Freund so unerwartet verschwunden war, ohne ihnen eine Nachricht zu hinterlassen? Das Gespräch mit Bammert, das Sebastian vor ihnen verheimlicht hatte, könnte zwar die Ursache für sein Verschwinden gewesen sein, doch es war nur eine Möglichkeit von vielen anderen. Schlimme Gedanken liefen in einem sinnlosen Kreis herum und brachten Frank in seiner Ohnmacht zu den allerschlimmsten Befürchtungen…

Bald stellte Frank sich vor, welche Freude es für sie alle wäre, wenn der Junge jetzt ganz plötzlich vor ihm auftauchen würde. Sehnsüchtig blickte er auf die davor liegende Straße, doch sie war menschenleer. Nur ein alter Handwerker-Transporter blieb am Straßenrand stehen. Zwei Männer in blauen Arbeitsanzügen stiegen aus dem Wagen und holten vom Dach ihres Fahrzeugs eine lange Bockleiter. Sie stellten sie an der Fassade des gegenüberliegenden Hauses auf, dann stieg einer von ihnen bis auf die Höhe des ersten Obergeschosses hinauf.

„Wieland braucht noch zehn Minuten“, sagte Walter und steckte sein Handy in die Tasche. „Wenn er kommt, fahre ich mit ihm zur Polizei. Vielleicht können sie uns sagen, wo dieser Kevin wohnt.“

Sie besprachen noch einmal ihr weiteres Vorgehen, während der Handwerker nach wie vor auf der Leiter stand und an einem Fallrohr arbeitete. Was die Jungen aber nicht sehen konnten, waren drei winzige Geräte, die der fleißige Mann an diesem dicken Rohr befestigt hatte.

„Kamera neun, Kanal zweiundzwanzig“, sagte er leise.

Wenige Sekunden später kam die Antwort.

„Kamera neun, fünfzehn Grad im Uhrzeigesinn.“

Der Mann, der diese Anweisungen gab, befand sich in unmittelbarer Nähe. Er saß im Innenraum des alten Transporters vor mehreren Monitoren, auf denen nicht nur der Schutthaufen, sondern alle Zufahrten und Zugänge zu der Laubstraße zu sehen waren. Der Handwerker drehte die hochauflösende Kamera hin und her, bis sie ein optimales Bild lieferte. Nachdem alle drei Geräte ausgerichtet waren, fuhr das Fahrzeug weg und blieb fünfzig Meter weiter in einer Parklücke stehen.

Das Team meldete die Aufstellung der Überwachungskameras und stellte via Internet eine Verbindung zu einem unbekannten Empfänger her, der diese Daten anscheinend sehr dringend benötigte.

„Es muß wohl was Wichtiges am Laufen sein“, sagte einer der Mitarbeiter dem Teamleiter, der die Bildqualität der Kameras höchstpersönlich überwachte.

„Das ist nicht unsere Sache“, erwiderte dieser streng. „Wir haben einen wichtigen Auftrag bekommen, und den werden wir haargenau ausführen, auch wenn wir in diesem Kasten drei Tage ohne Schlaf ausharren sollten!“

„Ich wollte nur sagen…“, begann sich sein Mitarbeiter zu rechtfertigen, doch der Chef strafte ihn mit einem vorwurfsvollen Blick ab.

„Ich erwarte keine Fragen und keine Äußerungen! Halte den Mund!“ warf er ihm verärgert zu. „Klar?“

Der Mann nickte stumm. Währenddessen liefen in einem der untergeordneten Krisenstäbe die Leitungen heiß.

„In unmittelbarer Nähe zum Kellereingang halten sich zwei männliche Personen auf. Geschätztes Alter achtzehn bis zwanzig Jahre. Offensichtlich warten sie dort auf die Zielperson.“

„Verstanden: zwei Personen…“, antwortete der Leiter einer der vielen Einsatzgruppen, die sich von allen Richtungen auf die Kreisstadt bewegten.

„Nehmen Sie nach dem Eintreffen am Zielobjekt sofort die verdeckte Überwachung aller Personen auf, die einen Bezug zum Zielobjekt aufweisen könnten!“ lautete die strickte Anweisung des Krisenstabs.

Zu gleichen Zeit lief eine weitere Meldung ein.

„Achtung! Ein dunkelblauer Audi!“ berichtete eine männliche Stimme wie aus einem Kampfgebiet. „Eine männliche Person stieg aus dem Wagen und schaut in Richtung des Zielobjekts! Geschätztes Alter: zwanzig Jahre…“

Eine schwer durchschaubare Maschinerie setzte sich in Gang. Geleitet von einer unsichtbaren Hand, die unter mehrfach gefälschter IP-Adresse irgendwo auf dieser weiten Welt im Verborgenen die Strippen zog und immer weitere Ressourcen einsetzte: Verbindungsdaten mehrerer Telefonanschlüsse wurden ausgewertet, GPS-Ortungen geprüft, Verhaltensmuster erstellt… Nur ein enger Kreis der Beteiligten wußte, welches Ziel dabei verfolgt wurde. Allerdings blieb der tatsächliche Auftraggeber auch für diese Personen völlig unbekannt.

Die Zeit tickte aber weiter. Die Uhr zeigte Viertel vor neun…

Der Zugriff

Der Aldi-Markt lag am westlichen Rand der Kreisstadt und war zu dieser späten Abendstunde gut besucht. Die umliegenden Wohnblöcke beherbergten genügend Kunden, deren Einkommen ihnen keine andere Wahl übrig ließ, als ihre Einkäufe hier zu tätigen.

Auch Kevin Brahms gehörte dazu. Sobald er ein wenig Geld in der Tasche hatte, dauerte es gewöhnlich nicht lange, bis er wieder hier auftauchte und alles bis zum letzten Euro zurückließ.

„Willst du ein Eis?“ fragte Kevin, als er vor einer Kühltruhe stehenblieb. „Schau her, was es hier alles gibt! Snickers, Mars… Du kannst auch ein Magnum haben! Ich mag die da, mit Nüssen!“

Er blickte fragend zu seinem Freund hinüber, doch Janni schüttelte stumm den Kopf.

„Vielleicht magst du Pralinen?“ wollte Kevin wissen. „Wenn du willst, kauf ich dir eine Schachtel?“

Janni bedankte sich mit einem müden Lächeln, worauf die beiden in die Getränkeabteilung gingen.

Kevin gab sich große Mühe, Sebastian aufzumuntern, doch alle seine Versuche schlugen fehl. Bereits am frühen Morgen, als er den Jungen vor der Höhle entdeckt hatte, hatte dieser so elend ausgesehen. Frierend den Leib mit den Armen umschlugen, hatte er bleichgesichtig und mit dunklen Schatten unter den Augen neben dem Schutthaufen gestanden. Auch jetzt ging er niedergeschlagen neben ihm her und seine herunterhängenden Schulter zeugten davon, wie wenig Lebenskraft er in sich hatte.

Nachdem Kevin gezahlt hatte, gingen sie nach draußen. Er erzählte Janni, wie viel Pech er einst in der Schule gehabt habe, und zwang ihm sogar ein schwaches Lächeln ab, doch als er wenige Minuten später feststellen mußte, daß der Junge schon wieder so unendlich traurig vor sich hinstarrte, konnte er den Anblick seines Freundes nicht mehr aushalten.

„Kannst du mir endlich sagen, was geschehen ist?“ fragte er eindringlich. „Ist das wirklich so schlimm, daß du es mir nicht verraten kannst?“

Sebastian blieb stehen, atmete nervös auf und hob langsam den Blick zu ihm.

„Schon gut“, sagte Kevin beruhigend, als er sah, daß ihm wieder die Tränen in die Augen stiegen.

Schweigend gingen sie weiter, und als sie in die menschenleere Hermannstraße traten, fuhr ein schwarzer Mercedes an ihnen vorbei.

Fünfzig Meter weiter bremste er ab und fuhr in eine Parklücke ein. Zwei schwarzgekleidete Männer stiegen aus dem Wagen.

„Schau dir die Typen da an!“ sagte Kevin besorgt. „Da ist was faul dran.“

Sebastian blickte lustlos die Straße entlang. Die Männer standen ohne erkennbaren Grund auf dem Gehweg und schauten stumm in ihre Richtung.

Kevin packte seinen Freund am Ärmel und zog ihn in eine enge Querstraße. Überrascht mußte er aber feststellen, daß auch dort drei ähnlich gekleidete Männer den Gehweg versperrten.

Die Jungen blieben stehen. Kevin wollte wieder zurück in die breite Hermannstraße, doch die beiden Männer, die mit dem schwarzen Wagen gekommen waren, standen bereits hinter ihnen.

„Was wollt ihr?“ fragte Kevin forsch, als er sah, daß sie in einer Falle saßen.

Ohne eine Antwort zu geben, kamen die geheimnisvollen Männer von beiden Seiten näher.

„Sebastian Rohde?“ fragte einer von ihnen, nachdem sie die Jungen umzingelt hatten.

Janni schaute ihn mit großen Augen an.

„Woher kennen Sie meinen Namen?“ fragte er besorgt.

Der unbekannte Mann ließ seine Frage unbeantwortet.

„Du mußt jetzt mit uns fahren“, sagte er mit einer durchaus respektvollen Stimme, während direkt neben ihnen ein großer Geländewagen zum Stehen kam.

„Was wollt ihr von ihm?“ fragte Kevin widerspenstig und stellte sich schützend vor seinen Freund hin.

„Deine Freunde warten auf dich“, sagte der Unbekannte, ohne auf Kevin zu achten.

„Meine Freunde?“ stammelte Sebastian überrascht, während der Blick des schwarzgekleideten Mannes über seine Schulter hinweg in die Tiefe der engen Gasse gerichtet war.

Janni drehte sich um. Als er Frank und Wieland schnell auf ihn zugehen sah, standen ihm bereits die Tränen in den Augen.

„Gott sei Dank!“ sagte Frank erleichtert und schloß ihn in seine Arme.

„Was ist denn passiert?“ fragte er gerührt, und als Sebastian keine Antwort gab, fragte er behutsam: „Willst du mir das nicht sagen?“

Sebastian holte einige Male nervös Luft, als wollte er ihm tatsächlich von seinem Leid erzählen, schaffte es aber nicht. Stattdessen drückte er sein Gesicht auf die Schulter seines Freundes und schüttelte den Kopf.

„Nicht schlimm", sagte Frank beruhigend, während Wieland, zutiefst besorgt über den Zustand des Jungen, die Wagentür aufmachte.

Der unbekannte Mann, der zuvor mit Sebastian gesprochen hatte, drehte sich weg und hob sein Funkgerät dicht an den Mund.

„Einundzwanzig Uhr drei", sagte er leise. „Zielperson in Gewahrsam genommen…"

In einer halben Stunde fuhren die Fahrzeuge des persönlichen Sicherheitsdienstes der Familie Weigand in die Parkstraße ein und verschwanden in der Tiefgarage unter deren imposanter Villa.

„Da bist du endlich!" rief Julia Sebastian noch im Gehen zu, umarmte den Jungen und begann zu weinen. „Was hast du dir dabei gedacht?"

„Entschuldigung", sagte Sebastian reuevoll, während seine Augen ebenfalls feucht wurden.

Bald gab es ein Gedränge, weil alle ihn in ihre Arme schließen wollten. Endlich kam auch René an die Reihe. Er umarmte seinen Klassenkameraden, hob ihn an und drückte ihn so fest, daß ihm der Atem wegblieb. Kaum hatte René ihn wieder auf den Boden gestellt, hörten sie eine laute Frauenstimme. Sebastian drehte sich um und erstarrte vor Überraschung. Wielands Eltern gingen schnell auf ihn zu.

„Na endlich!" rief Frau von Maysenberg gerührt aus, als sie den Jungen an ihre Brust drückte.

„Entschuldigung… Entschuldigung…", wiederholte Sebastian mehrmals nacheinander, von brennendem Schuldgefühl geplagt.

Es war peinlich, solche Umstände und Sorgen verursacht zu haben. Doch die Freude darüber, das es so viele Menschen gab, die eine ehrliche Anteilnahme an seinem Schicksal zeigten, verdrängte allen Kummer der Welt.

„Hast du vergessen, daß du Freunde hast?" fragte Herr von Maysenberg und fuhr ihm liebevoll mit der Hand über die Haare. „Echten Freunden vertraut man alles: nicht nur Freude, sondern vor allem Leid und Sorgen! Hat die neue Schulleiterin dich von der Schule verwiesen? Das ist doch kein Grund, dermaßen zu verzagen! Wir finden für dich ein anderes Gymnasium! Ein Zimmer für dich werden wir in unserem Haus auch finden! Dann haben wir halt noch einen Sohn!"

Er legte Sebastian die Hand auf die Schulter und blickte lächelnd zu seiner Ehefrau.

„Versprich uns, daß du nie wieder so etwas tun wirst!“ sagte diese aufmunternd. „Du sollst dich verhalten, wie es die Ritter tun! Egal, was passiert!“

Während Wielands Eltern noch sprachen, nickte Sebastian ihnen dankbar zu und versuchte, wie er nur konnte, ihnen klar zu machen, daß er mit jedem Wort einverstanden war und daß er seine unüberlegte Tat zutiefst bereute. Als er aber von den edlen Rittern hörte und davon, daß sein Verhalten gegen ihren Kodex verstoßen hatte, wurde er unruhig.

„Würden die Ritter es mir verzeihen, wenn es sie gäbe?“ fragte er besorgt.

„Nur ein einziges Mal!“ erwiderte Herr von Maysenberg ernst.

Sebastian schlug die Augen nieder und atmete erleichtert auf…

* * *

Während Sebastian noch im großen Flur vor dem Ritterkeller von seinen Freunden umarmt wurde, stand Herr Weigand unbemerkt an der Haupttreppe im Erdgeschoß. Einige Zeit schaute er ihnen nachdenklich zu, dann ging er wieder in sein Arbeitszimmer.

Bald trat vor seinen Schreibtisch der Chef seines Sicherheitsdienstes. Mit dem üblichen Ernst begrüßte er seinen Dienstherrn und wartete geduldig auf weitere Anweisungen.

„Gute Arbeit“, sagte Herr Weigand kühl und bat ihn, Platz zu nehmen. „Haben Sie in unserem Sicherheitskonzept Schwachstellen entdeckt?“

„Leider ja!“ erwiderte dieser finster. „Die Zusammenarbeit mit unseren amerikanischen Freunden erwies sich als unzuverlässig. Die GPS-Ortungen der angefragten Handynummer konnten nicht immer zeitgleich zur Verfügung gestellt werden. Dadurch entstand eine vermeidbare Verzögerung um eine ganze Stunde. Das ist zu viel! Im Ernstfall kann diese Zeit entscheidend sein!“

Während er noch seinen detaillierten Bericht vortrug, verfinsterte sich das Gesicht seines Chefs.

„Wie können wir diese Schwachstellen beseitigen?“ fragte er nachdenklich.

„Die Angelegenheit übersteigt meine Kompetenzen. Sie erfordert Ihren persönlichen Einsatz“, sagte der Sicherheitschef.

„Wer könnte, Ihrer Meinung nach, uns dabei nützlich sein?“

Es folgte eine ganze Reihe von Vorschlägen: Politiker und hochrangige

Beamte, deren Namen in betreffenden Kreisen allgemein bekannt waren, doch der Ausdruck im Gesicht von Herrn Weigand verriet, daß er gewisse Vorbehalte bezüglich der Zuverlässigkeit dieser Personen hatte.

„Könnten Sie mir vielleicht eine Person nennen, die etwas höher angesiedelt wäre, deren finanzielle Situation uns in die Lage versetzen würde, diese so fest an uns zu binden, daß wir keine Probleme auf lange Sicht bekommen?"

„Senator Weith hat exzellente Beziehungen bis in die höchsten Ebenen der Sicherheitsbehörden. Er hat seinen Schwiegersohn protegiert, der seit einem Jahr eine wichtige Abteilung bei der NSA leitet. Er könnte uns problemlos die nötigen Informationen liefern, ohne Spuren zu hinterlassen."

„Das ist ein erfreulicher Zufall. Ich wollte schon lange mit Senator Weith sprechen", sagte Weigand abschließend. „Bereiten Sie Ihre Vorschläge vor! Wenn ich nächste Woche in New York bin, werde ich mich darum kümmern!"

Er wollte aufstehen, doch sein Sicherheitschef war noch nicht fertig.

„Bei der Suche nach relevanten Kontaktaufnahmen im vergangenen Monat haben wir die Verbindungsdaten des Haustelefons von Sebastian Rohde ausgewertet. Dabei sind wir auf eine Reihe von eingehenden Anrufen gestoßen, die für die Ermittlungen im laufenden Verfahren gegen Sebastian Rohde von entscheidender Bedeutung sein könnten."

Weigand schaute fragend in sein Gesicht.

„Der Junge wurde beschuldigt, vor einigen Wochen Hakenkreuze auf ein türkisches Teppichladen gesprüht zu haben. Allerdings beteuerte er seine Unschuld. In dieser Zeit wurde er in regelmäßigen Abständen von einem anonymen Anrufer belästigt, dessen Verbindungen von einer außergewöhnlich kurzen Dauer waren. Wir haben diese Person lokalisiert und festgestellt, daß es sich dabei um eine Schülerin des gleichen Gymnasiums handelt, die dem Komitee gegen rechte Gewalt angehört. Offensichtlich war diese Person indirekt oder sogar unmittelbar in diese Straftat verwickelt worden. Wenn Sie es genehmigen, werden wir unsere Erkenntnisse den zuständigen Ermittlungsbehörden zuspielen."

„Tun Sie das!" sagte Weigand entschlossen. „Sorgen Sie aber dafür, daß unsere Beteiligung und besonders unsere amerikanischen Freunde nicht in Erscheinung treten. Auch der Junge selbst darf nichts davon wissen."

„Selbstverständlich, Herr Weigand", erwiderte der Sicherheitschef und verließ das Zimmer.

Das schönste Geschenk

Sebastian konnte sich nicht mehr genau erinnern, wann er zum letzten Mal seinen Geburtstag gefeiert hatte. Als er noch die Grundschule besucht hatte, hatte die Mutter jedes Jahr für ihn eine richtige Feier gemacht, mit bunten Luftballons und einer leckeren Torte. Seitdem er aber auf das städtische Kant-Gymnasium gegangen war, hatte sich das Ganze schlagartig geändert. Die Gründe dafür waren vielfältig: Zum einen hatte er bis vor kurzem keine echten Freunde gehabt, zum anderen sah ihre Wohnung so bescheiden aus, daß er es gar nicht gewagt hätte, seine Mitschüler zu sich nach Hause einzuladen. Denn sie kamen mehrheitlich aus wohlhabenden Familien, die nicht nur große Wagen und eigene Häuser besaßen, sondern mehrmals im Jahr ihren Urlaub in exotischen Ländern verbrachten.

Daher hatte Sebastian niemals von seinem Geburtstag gesprochen, sondern getan, als wäre es ein ganz normaler Tag gewesen. Aber auch seine Umgebung schien kein großes Interesse daran zu haben. Weder Schüler noch Lehrer hatten ihn je danach gefragt.

Gewöhnlich hatte die Mutter am Tag seiner Geburt ein schönes Frühstück gemacht und ihm irgendein Kleidungsstück geschenkt, was sowieso schon längst überfällig gewesen war. Danach hatte Sebastian einfach vergessen, daß er wieder um ein ganzes Jahr älter geworden war.

Auch an diesem Morgen, an dem er endlich das fünfzehnte Lebensjahr erreicht hatte, war nichts anderes zu erwarten. Als er schlaftrunken die Augen aufschlug, sah er die Mutter neben ihm am Bettrand sitzen. Mit bekümmertem Gesicht hielt sie seine Hand in ihrer und streichelte sie. Sebastian wußte nicht, wie er sich verhalten sollte, denn seit ihrem heftigen Streit hatten sie einander noch nicht gesehen und die Kränkung, die er dabei erlitten hatte, war noch frisch und tat ihm richtig weh.

Während Sebastian noch stumm zu ihr schaute, strich sie ihm liebevoll die Haare aus der Stirn. Bald wurden ihre Augen feucht.

„Verzeih mir“, sagte sie schuldbewußt.

Als Sebastian sie so unglücklich neben sich sitzen sah, verzichtete er auf alle Worte, die er ihr sagen wollte. Tiefes Mitleid erfaßte ihn.

„Dein Vater war nicht so schlimm, wie ich dir damals erzählt habe“, sagte die Mutter mit brüchiger Stimme. „Als er mich verlassen hat, wußte er noch nicht, daß du kommst…“

Als Sebastian das hörte, brach in seiner Seele ein heftiger Sturm aus.

Er drehte sich schnell weg, während die Mutter ihn an der Schulter streichelte.

„Ich habe ihn geliebt…“, gestand sie mit qualvoller Stimme, zog ihren Sohn zu sich und umarmte ihn.

Sebastian widersetzte sich nicht. Erst nach und nach konnte er begreifen, was die Mutter ihm soeben gesagt hatte, so unerwartet kam dieses Geständnis. Auch wenn seine Augen nach wie vor feucht waren, bäumte sich ein berauschendes Glücksgefühl in seiner Seele auf.

Als die Mutter wieder aus dem Zimmer ging, um ein Geschenk für ihn zu holen, konnte er an nichts anderes mehr denken. Denn das größte Geburtstagsgeschenk hatte sie ihm bereits gemacht: Sie hatte ihm wieder den Vater zurückgegeben!

Mit strahlendem Gesicht saß er am Frühstückstisch und konnte sein Glück nicht fassen. Die Mutter ging für einige Minuten aus der Küche, und als sie wieder zurückkam, sah er, daß der Streit ihr immer noch keine Ruhe gab.

„Bist du mir sehr böse?“ fragte sie bekümmert.

Sebastian hatte noch den Mund voll, doch er erhob sich von seinem Stuhl, ging schnell zu ihr und umarmte sie. So standen sie einige Zeit, denn die Mutter wollte ihn nicht mehr loslassen.

„Du bist groß geworden“, sagte sie bewegt, indem sie in seinen Haaren kraulte.

Nach dem Frühstück hatte Sebastian noch ganze zwanzig Minuten frei. Er machte eine Schublade seines Kleiderschranks auf, in dem seine Schulsachen lagen, und holte daraus einen leeren Schreibblock. *Tagebuch von Sebastian Rohde*, schrieb er akkurat auf das Titelblatt und schlug es ehrfürchtig auf. Sofort begann er zu schreiben:

„Entschuldigung, Papa! Ich habe in den letzten Tagen sehr schlecht von dir gedacht, und ich habe meinen Freunden nicht vertraut. Ich hoffe, Christus wird mir das vergeben, denn ab heute wird alles nur noch besser werden! Ich habe mir vorgenommen, standhaft zu sein. Man wird mich bald von der Schule verweisen, vielleicht sogar ins Gefängnis werfen. Aber ich habe Christus und meine Freunde. Und ich habe dich! Darin suche ich jetzt die nötige Kraft. Auch wenn ich noch so viel Pech habe, fühle ich mich stark genug, um diese Prüfungen zu bestehen. Vor zehn Minuten dachte ich sogar, ich sollte deine Anschrift herausfinden und dir einen Brief schreiben. Vielleicht

schämst du dich einfach, dich nach so vielen Jahren bei mir zu melden? Ich weiß jetzt, was zwischen dir und Mama vor fünfzehn Jahren passierte. Egal aus welchem Grund ihr damals auseinander gegangen seid, du mußt es wissen: Ich habe dir schon längst verziehen. Ehrlich gesagt, ich war dir gar nicht böse, ich wollte nur, daß du mich endlich findest. Tausendmal habe ich mir vorgestellt: Plötzlich klingelt es an der Tür! Ich mache sie auf…"

Sebastian schlug die Augen nieder und stellte sich wieder vor, wie dieser schöne Augenblick aussehen würde. Er konnte sehen und fühlen, wie der Vater ihn in seinen Armen hielt. Danach versagte ihm die Vorstellungskraft…

Er war so tief in seinen Gedanken versunken, daß er kaum wahrgenommen hatte, daß es an der Tür geklingelt hatte. Erst als die Mutter aus der Küche in den Flur ging, wachte er aus seinen Tagträumen auf. Er steckte sein neues Tagebuch unter die Matratze und eilte ins Wohnzimmer.

Die Mutter stand bereits an der halbgeöffneten Wohnungstür. Sebastian hörte, wie jemand die Treppe hochstieg. Es waren schwere Schritte eines Erwachsenen…

„Polizei", flüsterte die Mutter ihm zu.

Als Sebastian dieses Wort hörte, erlitt er einen Schock. Während seine hektischen Gedanken noch um die Frage kreisten, aus welchem Grund die Polizisten so früh zu ihm kommen könnten, sah er, wie Herr Bölle die letzten Stufen hochstieg. Er begrüßte Frau Rohde, dann wandte er sich an ihren Sohn.

„Guten Morgen, Geburtstagskind!" sagte der Polizeidirektor fröhlich.

„Guten Morgen", erwiderte Sebastian, nach wie vor ängstlich und ratlos darüber, welche Angelegenheiten den freundlichen Mann zu ihnen führten.

Die Mutter lud Herrn Bölle ins Wohnzimmer, worauf dieser sich wieder an Sebastian wandte.

„Ich habe dir ein Geburtstagsgeschenk gebracht", sagte er dem Jungen, während in seinem Gesicht ein rätselhaftes Lächeln lag.

Allerdings stand der Polizeidirektor mit lehren Händen da, womit er Sebastian in gewisse Verlegenheit brachte. Der Junge räusperte sich und nickte stumm.

„Die Straftat wurde aufgeklärt", sagte Herr Bölle.

Sebastian erstarrte. Während die Mutter vor Glück zu weinen begann und sich bei dem Polizeidirektor bedankte, stand Sebastian regungslos mitten im Zimmer und schwieg. Zwar hatte er die Worte mit eigenen Ohren gehört, doch es war für ihn noch viel zu schwer, so etwas zu glauben, so sehr hatte er sich bereits mit seinem Schicksal abgefunden.

Herr Bölle erzählte ihnen, daß Lisa gestanden habe, die Hakenkreuze in jener Nacht auf die Schaufenster des türkischen Teppichladens gesprüht zu haben. Außerdem sei sie gar nicht überfallen worden, sondern schnitt sich das Hakenkreuz selbst auf den Oberschenkel…

„Wenn du nichts dagegen hast, werde ich dich in die Schule bringen", sagte der Polizeidirektor. „Ich möchte das vor deiner Klasse erklären."

Er ging wieder hinunter, während Sebastian in sein Zimmer lief, um die Schultasche zu holen. Einige Sekunden lang blieb er vor dem Schreibtisch verstört stehen, dann setzte er sich aufs Bett und klemmte die Hände zwischen die Knie.

Er wollte sich entspannen, doch die Ereignisse der letzten Wochen zogen wie Schatten vor seinem geistigen Augen vorüber. Sein Leben, das noch vor einem halben Jahr so eintönig dahingeplätschert war, glich einer Achterbahn, die immer schneller wurde. So schnell, daß man kaum noch Zeit hatte, Atem zu holen und das Erlebte irgendwie zu verkraften oder zumindest einzuordnen. Noch vor einigen Tagen war er in die Tiefe gestürzt, und heute raste er mit der gleichen Geschwindigkeit nach oben und sah nur noch den blauen Himmel, dem er mit angehaltenem Atem entgegen flog.

Der Albtraum war scheinbar endgültig vorbei, doch die Seele wehrte sich gegen dieses Glück. Sebastian mußte wieder lernen, sich frei und unbeschwert zu fühlen…

Bald kam die nächste Überraschung. Es stellte sich heraus, daß seine Freunde gewußt hatten, daß er an diesem Tag fünfzehn geworden war. Nach der Schule begleiteten sie ihn nach Hause und rangen ihm das Versprechen ab, daß er keinen Schritt aus der Wohnung machen werde, bis sie sich bei ihm gemeldet haben würden.

Am späten Nachmittag war es soweit. Ein schwarzer Mercedes fuhr vor dem Hauseingang vor. Kein gewöhnlicher Wagen, die man täglich auf den Straßen sehen konnte, sondern ein riesengroßer Maybach, dessen luxuriöses Innere von steriler Sauberkeit war und so angenehm nach feinstem Leder roch! Der freundliche Chauffeur, der am Steuer saß, trug einen schwarzen Anzug und sah ausgesprochen festlich aus.

Genau so festlich sahen Frank und Anna aus, die neben dem Wagen auf ihn warteten. Frank trug eine schwarze Anzughose und ein schneeweißes kurzärmeliges Hemd. Seine schöne Krawatte hatte ein schwarz-rot-goldenes Muster. Doch wie vornehm sein Freund auch aussah, machte seine Garderobe auf ihn nicht den Eindruck, den das Aussehen seiner Begleiterin bei ihm hinterließ. Anna sah zauberhaft aus! Ihr schönes hellblaues Kleid reichte fast bis zum Boden. Der geschmeidige Stoff umschmeichelte ihren schlanken Körper und ließ sie wie eine märchenhafte Prinzessin aussehen. An ihrem rechten Arm trug sie einen goldenen Armreif, der mit funkelnden Edelsteinen besetzt war. Ihr feines Parfüm tat ein Übriges…

„Wollt ihr zu einem Konzert oder so?“ fragte Sebastian unsicher.

„Du mußt jetzt mit uns fahren“, sagte Anna und begann zu lachen, als sie sah, welche Wirkung ihre Worte auf den Jungen hatten.

Sebastian schaute stumm mal Frank, mal Anna an, dann blickte er betroffen auf seine armseligen Kleider hinab. Zwar trug er eine nagelneue Jeans, die die Mutter ihm heute zum Geburtstag geschenkt hatte, doch sie sah im Vergleich zu der vornehmen Kleidung seiner Freunde wie eine billige Arbeitshose aus. Die Turnschuhe waren zwar sauber, dafür aber alt und gelbstichig…

„Wie lange sollen wir hier noch warten?“ fragte Frank den verstörten Jungen. „Steig ein!“

Dabei öffnete er die Beifahrertür und machte eine einladende Geste.

„Ich gehe lieber nach hinten“, erwiderte Sebastian, doch Frank und Anna bestanden darauf, daß er sich auf den Beifahrersitz setze.

„Bitte keine Fragen stellen!“ war die Antwort, als er wissen wollte, was sie mit ihm vorhatten.

Sebastian versuchte, seine Neugier zu zügeln, doch als der schicke Maybach auf den Parkplatz eines großen Einkaufszentrums einbog, konnte er nicht mehr schweigen.

„Was wollt ihr hier?“ fragte er eindringlich, als sie aus dem Wagen stiegen.

„Wir haben einen Auftrag von Wieland bekommen“, erklärte Frank. „Du mußt zum Friseur.“

Sebastian starrte ihn mit großen Augen an, doch Frank tat, als gäbe es keinen Grund, um sich zu wundern.

„Wir müssen uns beeilen!“ sagte er ernst und schubste ihn leicht in den Rücken. „Sonst verpassen wir unseren Termin!“

Alles Nachfragen und Drängen erwies sich als zwecklos, denn die beiden wollten es einfach nicht verraten.

„Ich habe aber kein Geld!“ rief Sebastian ihnen verlegen zu, doch auch dieses Argument ließen sie nicht gelten.

„Meinst du, wir würden dich herbringen, ohne daran gedacht zu haben, wie wir den Friseur bezahlen werden?“ fragte Anna, während ihr Handy zu klingeln begann. Sie blickte auf das Display, und als sie die Nummer sah, sagte sie zu Sebastian: „Das ist übrigens Wieland! Wenn du willst, kannst du ihn selbst fragen!“

Sie drückte ihm das Telefon in die Hand, worauf der Junge sofort zu sprechen begann:

„Wieland!“ rief er seinem adeligen Freund zu. „Was soll das? Sie haben mich zu einem Friseur gebracht!“

„Ganz richtig!“ erwiderte dieser unbeeindruckt. „Ich habe sie darum gebeten. Zumindest einmal im Jahr sollst du wie ein Mensch aussehen.“

Als Sebastian das hörte, ging ihm der Mund auf.

„Ich bin ein Mensch!“ erwiderte er gekränkt, worauf Wieland zu lachen begann.

„Entspann dich!“ sagte er ihm beruhigend. „Wenn du mir etwas Gutes tun willst, dann stell bitte kein Fragen mehr! Laß dich einfach überraschen! Ist das so schwer?“

Sebastian sah sich gezwungen, seinen Widerstand aufzugeben. Als sie wenige Minuten später in den duftenden Friseursalon traten, setzte er sich schweigend auf einen ledernen Sessel und betrachtete im großen Spiegel sein Gesicht. Mehrere Blessuren schmückten es.

„Und?“ fragte die junge Friseurin schmunzelnd, während Sebastian den bläulichen Fleck unter seinem rechten Auge mit den Fingerspitzen befühlte. „Wie willst du es haben?“

Sebastian seufzte schwer.

„Ich soll wie ein Mensch aussehen“, antwortete er mit schiefem Lächeln und blickte auf Frank und Anna. „Am besten fragen Sie die beiden da!“

Die Feier

Als Sebastian den Friseursalon verließ, strahlte er vor Freude. Die junge Friseurin verwandelte sein Aussehen in einem Maße, das er selbst nicht für möglich gehalten hatte. Während sie die Haare an den Seiten wie üblich kürzte, kämmte sie die Oberhaare aus der Stirn nach hinten und fixierte sie mit ein wenig Gel. Sebastian konnte sich nicht satt sehen, so sehr gefiel ihm seine neue Frisur. Überall, wo er sein Spiegelbild sehen konnte, warf er einen verstohlenen Blick darauf.

„Es steht dir wirklich gut", meinte Frank, während Anna ihn mit Komplimenten überschüttete.

„Toll siehst du aus!" sagte sie begeistert. „So mußt du es immer haben. Die Stirn muß frei sein!"

Sebastian wußte gar nicht, was er darauf sagen sollte. Ohne sie anzusehen, nickte er einige Male und wurde rot...

Eine Viertelstunde später fuhr der schicke Wagen vor Annas Haus und blieb vor der schmiedeeisernen Pforte stehen.

„Wir gehen kurz rein!" sagte Anna wie nebenbei. „Ich muß noch was holen."

„Soll ich im Wagen warten?" fragte Sebastian.

„Komm mit!" erwiderte Anna. „Du wirst heute den ganzen Abend mit uns zusammen sein."

„Mit euch?" fragte Sebastian besorgt, bekam aber keine Antwort.

Alle drei stiegen aus dem Wagen. Sie passierten die Eingangshalle und als sie die schöne Haupttreppe erreicht hatten, blieb Sebastian ehrfürchtig davor stehen. So etwas prächtiges hatte er in seinem Leben noch nie gesehen. Aufwändige Schnitzereien zierten die breite Treppe, die sich verjüngend in einem weiten Bogen nach oben schwang.

„Na los!" sagte Anna lächelnd. „Wir gehen jetzt nach oben!"

„Ich auch?" fragte Sebastian vorsichtshalber.

Statt einer Antwort stupste das Mädchen ihn leicht in den Rücken.

Sebastian hatte den Eindruck, er befände sich in einem Schloß! Bis jetzt war der Ritterkeller die Höhe des märchenhaften Luxus gewesen, den er mit eigenen Augen gesehen hatte. Doch das, was er jetzt vor Augen hatte, übertraf auch das um einiges! Stufe um Stufe stieg er hinauf, blieb einige Male stehen und blickte fasziniert nach allen Seiten. Wie kommen die Menschen bloß zu einem solchen Reichtum? fragte er sich.

Bald erreichten sie Annas Zimmer. Sebastian schaute sich neugierig um und mußte schon wieder staunen. Es war ja gar kein Zimmer, wie es gewöhnlich seine Klassenkameraden hatten, sondern eine ganze Wohnung! Denn es gab hier noch ein großes Schlafzimmer und ein eigenes Bad.

Als Anna für einige Augenblicke im Schlafzimmer verschwand, wandte sich Sebastian sofort an Frank mit einer Frage.

„Wo wollt ihr hin?“ flüsterte er ihm besorgt ins Ohr.

„Das darf ich dir nicht sagen“, erwiderte Frank. „Du mußt aber auch mit!“

Sebastian schüttelte entschieden den Kopf.

„Tut mir leid!“ sagte er und schaute mit einem um Verständnis bittenden Blick an seiner bescheidenen Kleidung hinab. „Das kann ich nicht...“

Noch bevor Frank ihm eine Antwort geben konnte, kam Anna wieder herein.

„Mach die Augen fest zu!“ sagte sie zu Sebastian, während dieser noch betroffen zu seinem Freund schaute.

„Schon wieder eine Überraschung?“ fragte der Junge irritiert.

„Kannst du nicht einfach die Augen schließen?“ entgegnete Frank mit einem geheimnisvollen Lächeln.

„Ich wußte nicht, daß du so schwierig bist!“ pflichtete Anna ihm bei. „Neugier ist keine Tugend!“

„Ich bin gar nicht neugierig!“ erwiderte Sebastian. „Ich wollte nur wissen...“

Nicht nur Frank und Anna, sondern auch Sebastian selbst mußte über seine eigenen Worte lachen.

„Alles klar“, sagte Anna anschließend und wiederholte noch einmal ihre Bitte.

Sebastian hatte keine Wahl. Er drehte sich zur Wand um und kniff die Augen zu. Es dauerte nicht lange, dann wurde er an der Schulter berührt.

„Jetzt kannst du sie wieder aufmachen“, sagte Frank.

Sebastian ließ sich nicht zweimal bitten und drehte sich sofort um.

Anna stand einige Schritte vor ihm und hielt in ihren Händen einen dunkelblauen Anzug, der auf einem Bügel hing. Auch ein schneeweißes Hemd und eine schöne Krawatte waren dabei. Daneben stand Frank. In seinen Händen hielt er schwarze Halbschuhe.

„Du mußt dich umziehen!“ sagte Frank, nachdem Sebastian einige Sekunden lang kein Lebenszeichen von sich gab.

„Ich?“ stammelte der Junge.

Der Ausdruck in seinem Gesicht brachte Anna wieder zum Lachen.

„Wer sonst?“ rief Frank ihm zu. „Meinst du, diese Größe würde mir passen?“

Doch auch diese Worte überzeugten Sebastian nicht, denn er traute sich nicht, das teure Kleidungsstück auch nur anzurühren.

„Ein Geschenk der Familie von Maysenberg!“ erklärte Anna.

„Wieland!“ rief Sebastian überwältigt aus.

Die Erinnerung an die Familie seines Freundes brachte ihn in große Gefühlsaufwallung. Eine Sehnsucht erfaßte ihn, die er nur mit Mühe aushalten konnte.

„Deswegen hat er mich damals abgemessen!“

Ehrfürchtig und mit glänzenden Augen strich er über den edlen Stoff.

„Das ist kein einfacher Anzug!“ sagte Frank bedeutungsvoll. „Der ist von einem der besten Markenhersteller!“

Es war in der Tat ein schmal geschnittener Armani-Anzug, der kaum unter tausend Euro zu haben war. Während sie noch den Anzug bestaunten, blickte Anna auf die Uhr.

„Du mußt dich schnell umziehen!“ sagte sie besorgt. „Wir haben keine Zeit mehr! Wir müssen gleich los!“

Sebastian blickte sie verlegen an.

„Wohin?“

„Schon wieder fragst du?!“ sagte das Mädchen vorwurfsvoll und drückte ihm den Anzug in die Hände, worauf er mit Frank in ihr Schlafzimmer ging.

Sebastian konnte es nicht fassen, so aufregend war das alles. Mit strahlendem Gesicht nahm er die Hose in die Hände. Noch nie im Leben hatte er einen Anzug getragen, nicht einmal anprobiert!

Er zog die Hose an. Sie paßte einwandfrei! Auch das Hemd saß perfekt. Während er noch fasziniert in den Spiegel schaute, war Frank mit seiner Krawatte beschäftigt. Sebastian legte sie an und schaute noch einmal in den Spiegel. Ein ganz anderer Junge schaute ihm entgegen: elegant und vornehm… Selbst der bläuliche Fleck unter seinem Augen konnte das Gesamtbild nicht beeinträchtigen.

Ohne etwas Bestimmtes zu suchen, griff Sebastian in die linke Innentasche des Sakkos und entdeckte dort eine Geburtsgaskarte. Er zog sie heraus und begann zu lesen:

Lieber Sebastian,
daß du unserem Sohn das Leben gerettet hast, werden wir dir niemals

vergelten können. Mit diesem Geschenk wollten wir nur unserer Freude Ausdruck verleihen, daß du wohlbehalten dein fünfzehntes Lebensjahr erreicht hast.
In deiner Seele liegt ein Schatz, den Gott dir mit auf den Weg gegeben hat. Auf wundersame Weise hast du ihn bis zum heutigen Tag bewahrt! Es sind Bescheidenheit und Ehrlichkeit, Tapferkeit und Treue, und vor allem dein Edelmut. Mögen diese kostbaren Edelsteine ihre ursprüngliche Reinheit niemals verlieren und dein Wesen bis ins hohe Alter erhellen.
Wir hoffen, dich recht bald in unserem Hause wieder sehen zu dürfen.
Familie von Maysenberg

Als Sebastian zu Ende gelesen hatte, überfiel ihn ein warmes Gefühl, eine starke Sehnsucht nach Wielands Eltern. Er schlug die Augen nieder und drückte die Karte auf die Brust.

„Was ist das?“ fragte Frank neugierig.

„Eine Geburtstagskarte“, erwiderte Sebastian verlegen, wollte sie wieder in die Tasche stecken, doch Frank war schneller.

„Darf ich?“

Sebastian zögerte einen Augenblick, wußte aber nicht, wie er diese Bitte abschlagen sollte. Frank nahm die Karte und überflog den Text.

„Wie schön!“ rief er beeindruckt aus, während Sebastian rot wurde.

Als Frank sah, daß sein junger Freund auf den Boden starrte, faßte er ihn am Oberarm.

„Hier ist jedes Wort wahr!“ sagte er mit Nachdruck.

„Was sagst du da…“, stammelte Sebastian verlegen und blickte ihn mißtrauisch an, doch Frank unterbrach ihn.

„Schau mich nicht so an! Ich habe die Wahrheit gesagt“, bestätigte er noch einmal und schlug ihm freundschaftlich auf die Schulter. „Komm, wir haben überhaupt keine Zeit mehr!“

Betäubt von den überwältigenden Eindrücken wurde Sebastian aus dem Zimmer geführt.

„Und jetzt?“ fragte er, als sie wieder im Erdgeschoß waren.

„Jetzt bleibst du schön artig!“ sagte Anna, während sie ein Seidentuch zu einem Streifen zusammenlegte.

Ohne ein weiteres Wort zu sagen, legten sie ihm das Tuch um die Augen und banden es hinten mit einem Knoten zusammen.

„Was macht ihr mit mir?“ lachte Sebastian amüsiert auf, doch seine

Freunde achteten nicht auf seine Fragen.

„Einfach weitergehen!“ sagte Frank, nachdem sie ihn vorsichtig auf der Treppe ein Stockwerk tiefer geführt hatten.

Während Sebastian noch darüber rätselte, was im nächsten Augenblick mit ihm geschehen würde, blieben sie stehen. Anna begann rückwärts zu zählen. „Drei, zwei, eins!“ sagte sie mit feierlicher Stimme, danach wurde die Augenbinde ruckartig abgenommen.

Sebastian blinzelte gegen das helle Licht, erkannte aber sofort die geschnitzte Bogentür des Ritterkellers. Direkt davor standen seine Freunde: Max und Julia, Walter und Luka, auch René war dabei! Sie sahen genauso festlich aus wie Frank und Anna. Selbst sein Klassenkamerad René trug einen Anzug…

Noch bevor Sebastian den Mund aufmachen konnte, begannen sie zu singen: „Zum Geburtstag viel Glück…“

Wie aus dem Nichts tauchte neben ihnen ein Mann mit einem silbernen Tablett in der Hand und bot ihnen Sekt an. Jemand drückte Sebastian ein schlankes Glas in die Hand. Ungläubig nach allen Seiten blickend stieß er mit ihnen an, worauf er sein Glas in einem Zug austrinken mußte.

Das Glück wollte an diesem wunderschönen Tag einfach keine Pausen machen. Sie führten ihn in den Ritterkeller. Während er von seinen Freunden mit Geschenken überhäuft wurde, bewunderte Julia sein Aussehen.

„Du bist aber ein Hübscher!“ rief sie erstaunt aus, während Luka mit seiner großen Canon-Kamera ununterbrochen Aufnahmen machte.

Plötzlich faßte ihn jemand an den Schultern und drehte ihn um. Sebastian blickte auf die große Bogentür und erstarrte. Freya stand ganz still in der Türöffnung und schaute mit leichtem Lächeln zu ihm.

Sebastian hielt den Atem an. Während er noch mit großen Augen das Mädchen anstarrte, wurde es still. Nun ging Freya auf ihn zu. Auch Sebastian machte ihr einige Schritte entgegen.

„Danke für das schöne Geschenk“, sagte der Junge, als er vor dem Mädchen stehenblieb.

Er wurde rot, wandte aber den Blick nicht ab.

„Herzlichen Glückwunsch“, erwiderte Freya und reichte ihm mit einer anmutigen Bewegung die Hand.

Sebastian nahm sie entgegen, erinnerte sich daran, daß er es mit einem adeligen Mädchen zu tun hatte, hob ihre Hand an und berührte sie etwas umständlich mit den Lippen. Das Mädchen entgegnete seine Geste mit einem warmen Lächeln.

Einen solchen Augenblick konnte Luka sich nicht entgehen lassen. Er machte mehrere Aufnahmen und war mit den erbeuteten Bildern sichtlich zufrieden.

„Der Anzug hat auf deine Manieren eine wohltuende Wirkung“, bemerkte er, wodurch er die Freunde wieder zum Lachen brachte.

Nun tauchte an der Schwelle des Ritterkellers Wieland auf. Sebastian lief sofort zum ihm und umarmte ihn.

„Danke, Wieland!“ sagte er seinem großen Freund, der ihm im Namen der ganzen Familie von Maysenberg gratulierte.

Was aber Sebastian trotz aller Aufregung des Tages nicht entgehen konnte, war der traurige Ausdruck Wielands Gesicht. Sonst immer fröhlich und ausgelassen, blickte er ihm mit seltsamem Ernst entgegen.

Irgendetwas muß geschehen sein, dachte Sebastian beunruhigt. Er wollte ihn nach dem Grund seiner Stimmung fragen, doch Anna packte ihn an der Hand und zog ihn zu der festlich gedeckten Tafel, die Sebastian im lärmenden Chaos noch gar nicht beachtet hatte.

Als er aber vor dem langen Tisch stand, erstarrte er wieder: edles Geschirr, prächtige Gläser, reich verziertes Besteck, Kristallschalen mit Vorspeisen und schöne Vasen mit Blumen schmückten die Tafel…

„Mach den Mund zu!“ rief Luka ihm zu. „Ich will ein paar Bilder für unsere neue Schülerzeitung machen!“

Die Freunde lachten über Lukas Bemerkung, doch Sebastian achtete nicht darauf. Die wahrhaft fürstliche Pracht machte einen überwältigenden Eindruck auf ihn.

„Danke!“ flüsterte er mehrmals nacheinander und nickte dabei mit dem Kopf, ohne zu wissen, wie er seine Dankbarkeit sonst zum Ausdruck bringen sollte.

Anna umarmte den verwirrten Jungen und küßte ihn auf die Wange.

„Das ist ein Geschenk von meinem Vater“, flüsterte sie ihm ins Ohr und zog ihn zu einem thronähnlichen Stuhl, der am Kopf der festlichen Tafel stand.

Als Sebastian sich schüchtern darauf setzte, erklang feierliche Musik. Mehrere Bedienstete in schneeweißen Hemden und mit schwarzen Fliegen trugen die Speisen auf…

Eine schwere Offenbarung

Die Geburtstagsfeier war im vollen Gange. Fröhliche Stimmung herrschte im rustikalen Ritterkeller. Neue Pläne wurden geschmiedet.

„Wenn wir noch die Sache mit Frank und seinem Interview aus der Welt schaffen könnten, dann wären wir endlich aus dem Schneider! Aber auch jetzt können wir mit unserer Schülerzeitung so richtig loslegen!“ rief Luka übermütig aus und fügte kämpferisch hinzu: „Jetzt wird nur noch zurückgeschossen!“

„Sag noch: ab fünf Uhr fünfundvierzig! Dann haben wir gleich ein neues Problem“, bemerkte Walter.

Während die Freunde zu lachen begannen, schaute Luka ratlos nach allen Seiten.

„Hat das jemand schon vor mir gesagt?“ fragte er beunruhigt.

„Ein gewisser Adolf Hitler hat diesen Satz geprägt“, erklärte Walter.

„O Mann!“ stöhnte Luka enttäuscht auf. „Man kann kein Wort mehr sagen…“

Bald kam er wieder auf sein Lieblingsthema zu sprechen.

„Die neue Ausgabe unserer Zeitung wird ein durchschlagender Erfolg sein!“ rief er euphorisch aus. „Frank und Anna schreiben einen Bericht über Sebastians Leidensweg und über die heutige Feier, Max und Julia übernehmen Literatur und Dichtung und Walter macht eine Internetseite mit gleichen Inhalten! Wir müssen mindestens fünfhundert Exemplare drucken lassen!“

„Hast du vergessen, daß Frau Bammert immer noch unsere Schulleiterin ist?“ fragte Walter, erheitert über die hochfliegenden Pläne seines Klassenkameraden.

„Habe ich nicht!“ rief Luka zurück, während Frank sich von seinem Stuhl erhob.

„Und gerade darüber wollte ich mit euch sprechen!“ sagte er seinen Freunden. „Es ist so schön, daß alles so geendet hat und daß wir heute so ausgelassen Sebastians Geburtstag feiern können. Aber einer unserer besten Freunde fehlt noch. Und gerade diesen Freund trafen die letzten Ereignisse besonders hart. Wenn dieser Mensch nicht so tapfer zu uns gestanden hätte, wäre es uns vielleicht ganz anders ergangen.“

Zwar hatte Frank keinen Namen genannt, doch jeder wußte, wen er damit gemeint hatte. Die Erinnerung an ihren Schulleiter wühlte sie auf, was an ihren erregten Gesichtern leicht zu sehen war.

„Wir müssen die Wiedereinsetzung von Dr. Oldenburg fordern!“ sagte Luka wie immer kampfbereit. „Wenn das Ministerium sich widersetzt, werden wir einen großen Aufstand organisieren!“

Er wandte sich an Max, der ihm gegenüber saß.

„Wir machen Flugblätter und werden die gesamte Schule auffordern, solange zu Hause zu bleiben, bis dein Vater wieder unser Schulleiter ist! Der Aufstand muß aber heimlich vorbereitet werden! Er muß sie wie ein Blitz aus heiterem Himmel treffen, damit sie keine Gegenmaßnahmen ergreifen können! Die meisten Eltern mögen Dr. Oldenburg und werden diesen Aufstand bestimmt unterstützen oder zumindest dulden, daß ihre Kinder den Unterricht verweigern!“

Die anerkennenden Worte über seinen Vater erfreuten Max. Während er sich noch bei Luka bedankte, erhob sich dieser und nahm sein leeres Sektglas in die Hand.

„Ich schlage vor, auf unseren wahren Schulleiter, Dr. Oldenburg, zu trinken!“ sagte er mit hinreißendem Schwung.

Sofort kamen die Bediensteten, öffneten gekühlte Sektflaschen und füllten die Gläser.

Danach entbrannte eine heftige Diskussion darüber, wie man diesen Aufstand am besten vorbereiten sollte. Auch Sebastian beteiligte sich an diesem Gespräch, doch sein sorgenvoller Blick wanderte immer öfter zu seinem adeligen Freund, der am anderen Ende der festlichen Tafel saß.

Sebastian wünschte, Wieland würde zu ihm aufblicken, doch dieser starrte nachdenklich vor sich hin und war auffallend schweigsam. Nun war es für Sebastian eine ausgemachte Sache, daß etwas Unerfreuliches geschehen war. Er wollte sich mit einer vorsichtigen Frage an Freya wenden, doch gerade in diesem Augenblick erhob sich Wieland und ging aus dem Ritterkeller. Als er durch eine Nebentür verschwand, sprang auch Sebastian von seinem Stuhl auf und lief ihm hinterher.

Erst im parkähnlichen Garten der Weigandschen Villa holte er seinen großen Freund ein.

„Wolltest du ein wenig frische Luft schnappen?“ fragte er neugierig.

Wieland nickte stumm, ohne ihn anzusehen. Sebastian blieb stehen, faßte ihn am Ärmel und hielt ihn zurück.

„Warum bist du so traurig?“ fragte er eindringlich.

„Nur so“, erwiderte Wieland ausweichend. „Heute ist dein Geburtstag. Genieße es!“

Dabei lächelte er ihn wieder so seltsam an, daß Sebastian bange wurde.

„Nein, Wieland!“ entgegnete der Junge beunruhigt. „Sag’s ehrlich!“

Er wartete auf eine Antwort, doch Wieland schwieg.

„Bist du mein Freund?“ fragte Sebastian, ohne zu wissen, wie er ihn sonst zur Offenheit bewegen sollte.

„Und du?“ fragte dieser und blickte ihm direkt in die Augen.

„Wieland!“ rief der Junge überrascht aus.

Die Frage und der Ernst im Gesicht seines Freundes versetzten Sebastian mit einem Schlag in einen schockähnlichen Zustand. Er versuchte zu begreifen, was das alles zu bedeuten habe, konnte es aber nicht verstehen. Betroffen starrte er in dessen ernst dreinblickende Augen.

„Ich habe gedacht, du bist mein Freund…“, stotterte Sebastian verlegen.

„Das habe ich auch gedacht“, erwiderte Wieland bedrückt.

„Was redest du da?“ fragte Sebastian entsetzt.

Niemals hätte er sich vorstellen können, solche Worte von ihm zu hören. Gekränkt wartete er auf eine Erklärung.

„Noch vor einigen Tagen hätte ich meine Hand für dich ins Feuer legen können“, sagte Wieland und drehte sogar sein Gesicht weg, so groß war die Enttäuschung, die ihn dabei erfaßte.

„Und jetzt?“ flüsterte Sebastian erschüttert.

Wieland schwieg, wodurch der quälende Schmerz in Sebastians Brust immer heftiger wurde.

„Wieland…“, stammelte er, während ihm die Tränen in die Augen stiegen.

„Warum bist du verschwunden, ohne mir oder deinen Freunden Bescheid zu geben?“ fragte sein adeliger Freund.

Sebastian ließ den Blick zu Boden sinken.

„Ich habe versucht, dich zu erreichen“, sagte er schuldbewußt. „Ich habe zwei Mal bei dir angerufen…“

„Dann hättest du es solange versuchen sollen, bis du mich erreicht hast. Du hättest auch bei Freya anrufen können oder gleich zu uns fahren! Und Frank!? Warum hast du ihm nichts erzählt?! Verhält sich so ein Freund?!“ erwiderte Wieland aufgeregt. „Du hast mir dein Vertrauen entzogen…“

Sebastian fühlte sich elend und schwieg.

„Du hast mir im Kaminzimmer gesagt, ich sollte den Orden gründen!“ setzte Wieland etwas ruhiger fort. „Wir haben von einem Bund fürs Leben gesprochen, der zu einer echten Familie verschmelzen sollte. War das alles mit dem Gral und mit den ritterlichen Tugenden nur ein leeres

Geschwätz, das man sofort vergißt, sobald das Leben einen an die Wand drückt? Was hast du dir dabei gedacht? Sollten die Gralsritter so miteinander umgehen? So, wie du es getan hast?" Wieland atmete tief durch, dann sage er: „Tut mir leid... Ich kenne keinen einzigen Grund, weshalb ein Freund sich so verhalten könnte."

Sebastian wußte nicht, was er darauf sagen sollte, so tief war das Schuldgefühl und die Scham, die in seiner Brust brannten. Er starrte auf den Boden und wagte nicht aufzublicken. Sie schwiegen.

„Komm, gehen wir", sagte Wieland, als die Pause länger wurde.

Sebastian erschrak. Als Wieland an ihm vorbeigehen wollte, versperrte er ihm den Weg.

„Warte!" sagte er schnell und breitete sogar die Arme aus, ohne zu wissen, wie er seinen Freund sonst noch aufhalten sollte. „Ich erzähle dir alles!"

Er schlug die Augen nieder und versuchte, seinen unruhigen Atem in den Griff zu bekommen.

„Ich hatte einen Streit mit meiner Mutter...", sagte er schnell. „Die neue Schulleiterin hat bei ihr angerufen und ihr alles Mögliche über mich erzählt! Meine Mutter war sehr aufgeregt und sagte dann, daß ich genauso einer bin wie mein Vater... Sie hat ihn beleidigt... Dann hat sie gesagt, daß sie weiß, was ich über ihn denke. Sie hat mein Tagebuch gelesen... Dann hat sie noch gesagt, daß er..." Sebastian konnte kaum noch sprechen. Er versuchte, den Kloß in seinem Hals wieder hinunterzuschlucken, doch es wollte ihm nicht gelingen. „Sie hat gesagt, daß mein Vater mich gar nicht wollte..." Er preßte die Hände auf sein Gesicht. „...Er wollte mich abtreiben lassen..."

Sebastian drehte sich weg. Als er wieder sprechen konnte, sagte er mit brüchiger Stimme: „Ich bin dann weggelaufen... Als ich auf der Brücke stand... wollte ich nicht mehr leben..."

Wieland war von dem Geständnis seines jungen Freundes zutiefst erschüttert, hatte aber keine Ahnung, wie er ihn trösten sollte.

„Erzähl es bitte niemandem...", bat Sebastian, ohne sich umzudrehen, „heute morgen hat sie mir gesagt, daß angeblich alles anders war..."

Seine unglückliche Stimme zitterte.

„Tut mir leid", sagte Wieland leise, worauf sie noch eine Weile stumm neben der Bank standen.

„Würdest du jetzt deine Hand wieder für mich ins Feuer legen?" fragte Sebastian niedergeschlagen.

Wieland faßte ihn an den Schultern und drehte ihn zu sich um.

„Beide Hände“, sagte er mit Nachdruck, „und meinen Kopf noch dazu…“

Eine Vierteistunde später saßen sie wieder am Tisch. Wieland war wie ausgewchselt und befand sich in bester Stimmung. Während Sebastian seine ganze Aufmerksamkeit Freya schenkte, erzählte er Witze und stand im Mittelpunkt des allgemeinen Interesses. Es dauerte nicht lange, dann erhob sich Wieland, nahm sein Sektglas und bat um Ruhe.

„Ich will mich kurz fassen“, sagte er, nachdem es wesentlich ruhiger geworden war. „Wenn mir jemand noch vor einem Monat gesagt hätte, daß mein bester Freund vier Jahre jünger sein würde als ich, hätte ich so etwas mit Sicherheit nicht geglaubt. Und doch ist es ausgerechnet so geschehen! Man hat heute viele lobende Worte über unseren jungen Freund gesagt und ich hätte noch ein paar weitere sagen können, doch jetzt möchte ich das Versprechen einlösen, das ich Professor Wassiljew hoch und heilig gegeben habe. Er hat mich beauftragt, ein kleines Geschenk zu überreichen.“

Sebastian war über diese Mitteilung sichtlich überrascht. Daß der russische Professor an ihn gedacht hatte, erfüllte ihn mit aufrichtiger Freude. Wieland holte aus der Innentasche seines Sakkos einen kleinen Umschlag und reichte ihn weiter. Bald hielt Sebastian ihn in seinen Händen und betrachtete ihn von allen Seite.

„Mach ihn auf!“ sagte Wieland, worauf Sebastian aus dem Umschlag eine schöne Geburtstagskarte zog, in deren Mitte ein durchsichtiges Täschchen angeheftet war.

Ein goldenes Kreuzchen und eine feine Kette lagen darin. Mit leuchtenden Augen schlug Sebastian die Karte auf; doch bevor er zu lesen begann, forderte Wieland ihn auf, die Worte des Professors laut vorzulesen.

Sebastian erhob sich. Freudestrahlend begann er zu lesen:

„Lieber Sebastian! Als ich dich kennengelernt habe, hast du mich gefragt, was es heißen sollte… deutsch zu sein…“

Das Lächeln verflüchtigte sich vom Gesicht des Jungen. Er begann zu stottern, dann verstummte er ganz. Betroffen starrte er die Karte an und wurde schnell rot. Als es schließlich jedem klar wurde, daß Sebastian es nicht schaffen würde, einen solchen Text vor seinen Freunden vorzulesen, blickte Wieland seine Schwester an, die neben Sebastian saß.

Freya erhob sich, zog die Karte vorsichtig aus den Händen des vor Scham betäubten Jungen und begann zu lesen:

Lieber Sebastian,
als ich dich kennengelernt habe, hast du mich gefragt, was es heißen sollte, deutsch zu sein. Die Antwort auf diese Frage bin ich dir bis auf den heutigen Tag schuldig geblieben. Nun beschloß ich aber, an deinem fünfzehnten Geburtstag zumindest einen Teil dieses Geheimnisses preiszugeben. Es wird dich sicher überraschen, doch es klingt denkbar einfach: Wenn irgend jemand auf dieser sündigen Welt es wirklich noch wert sein sollte, mit vollem Recht ein Deutscher genannt zu werden, so gehörst auch du zu diesen Menschen.
Außerdem wollte ich dir sagen, daß ich nur wenige Jungen in deinem Alter kannte, bei denen die Glut der Tugend so schön zum Vorschein kam.
Mein Freund! Hüte diese heilige Flamme in deinem Herzen, und möge Gott dir ein langes Leben schenken, damit du es deinem Volk und deiner Heimat widmen kannst.
In der Hoffnung auf ein baldiges Wiedersehen
Dein A. Wassiljew

Die Worte des russischen Professors berührten Sebastian auf eine Weise, die er noch nie erlebt hatte. Ein Glücksgefühl überflutete ihn. Während seine Freunde noch schweigend zu ihm schauten, hatte er trotz aller Freude das dringende Gefühl, daß er jetzt unbedingt etwas sagen sollte, damit sie nicht den falschen Eindruck gewinnen, er sei von sich selbst der gleichen Meinung.

„Es sind sehr schöne Worte…“, stotterte Sebastian verlegen, ohne seinen Blick zu heben. „Aber sie sind zu schön, als daß ich…“

Er rang nach passenden Worten, die das unverdiente Lob abschwächen sollten, doch Wieland unterbrach ihn.

„Der Professor hat Recht“, sagte er mit Nachdruck. „Ich kann jedes Wort mit unterschreiben!“

Sebastian blickte ihn betroffen an und wollte ihm sofort widersprechen, doch Freya war schneller.

„Ich auch“, sagte das Mädchen mit warmer Stimme.

Nun standen seine Freunde einer nach dem anderen auf und wiederholten die gleichen Worte. Selbst René, der Sebastian nun wirklich mit all seinen Seiten am besten kannte, versuchte ihm zu verstehen geben, daß er es ehrlich meine. Sie stießen mit ihm an, worauf Sebastian sein Glas bis zur Neige leerte.

„Du sollst erwidern!“ flüsterte Frank ihm ins Ohr, als dieser glücklich erschüttert auf seinen Stuhl sank.

Sebastian faßte sich ein Herz, erhob sich wieder und blickte etwas verloren entlang der festlichen Tafel.

„Warte!“ rief Luka ihm zu. „Erst müssen wir die Gläser füllen!“

Anna warf einen flüchtigen Blick zu einem Bediensteten, der mit dem Aufstellen einer prächtigen Etagentorte beschäftigt war, worauf dieser sofort zu ihnen eilte und eine neue Flasche Sekt öffnete.

„Es ist so viel, was ich euch sagen möchte…“, begann Sebastian zu sprechen, während seine Wangen wieder erröteten. „Es ist wie in einem Märchen… Ich habe heute so viele Geschenke bekommen. Ich bedanke mich dafür… Aber das größte Geschenk, das ich bekommen habe, seid ihr… Ich kann immer noch nicht verstehen, wie wir so lange nebeneinander leben konnten, ohne einander erkannt zu haben… Vor drei Monaten war ich noch ganz allein… und jetzt habe ich euch…“

Sebastian blickte auf. Seine Freunde waren von der Ehrlichkeit seiner einfachen Worte sichtlich gerührt und schwiegen.

„Ich danke Gott, daß ihr da seid“, sagte Sebastian leise und senkte wieder die Augen.

Die Freunde erhoben sich.

„Und wir danken Gott, daß wir dich haben“, sagte Frank, legte ihm den Arm um die Schulter und drückte ihn an seine Seite.

Luka, der dem Wein bereits ausgiebig zugesprochen hatte, schwang sein Sektglas hoch in die Luft.

„Auf die Freundschaft!“ rief er aus, überwältigt von der Höhe des Augenblicks.

Roberto

Die Nachricht über Lisas Untaten hatte in der Kurstadt wie eine Bombe eingeschlagen und war seitdem in aller Munde. Besonders die Tatsache, daß sie einen unbescholtenen Jungen so schrecklich leiden ließ, erhitzte die Gemüter. Auch die Suspendierung von Dr. Oldenburg wurde ausgiebig erörtert, denn der allseits geachtete Schulleiter war nicht zuletzt wegen dieser Vorfälle entlassen worden.

Allerdings schienen die Journalisten, die den kleinen Kurort bis dahin buchstäblich belagert hatten, den Wert dieser Nachricht nicht erkannt zu haben. Denn sie packten ihre Ausrüstungen und zogen am gleichen Tag wieder ab.

Aus naheliegenden Gründen war aber die Aufregung auf dem Kant-Gymnasium am größten. Die neue Schulleiterin Frau Bammert und das Komitee gegen rechte Gewalt gaben sofort eine gemeinsame Erklärung ab, deren Unverschämtheit die Schüler noch mehr erregte.

Ja, es war unsere Schülerin, die diese Tat begangen hat. Das ist eine Tatsache. Doch bei aller berechtigter Empörung müssen wir versuchen zu verstehen, warum sie es tat! Sicher hatte sie nicht im Sinn, Hitler oder den Nationalsozialismus zu verherrlichen. Noch weniger wollte sie unsere Mitbürger mit Migrationshintergrund beleidigen. Das ist auch eine Tatsache, die wir nicht aus den Augen verlieren dürfen. Jeder, der Lisa persönlich kennt, kann es tausendmal vor dem strengen Gericht seines eigenen Gewissens bestätigen: Es war etwas ganz Anderes, was unsere Lisa zu dieser bedauerlichen Tat bewog! Es war ein Hilferuf einer verzweifelten Seele, die uns alle aufrütteln wollte! Selbst Außenstehende stellen sich inzwischen die Frage: Wie unerträglich müssen die Zustände auf unserem Gymnasium gewesen sein, um ein anständiges Mädchen wie Lisa zu einer solchen Verzweiflungstat zu treiben! Und genau diese Frage sollte uns in den nächsten Tagen am meisten beschäftigen…

Einige Tage waren seitdem verstrichen, doch die Aufregung wollte sich nicht legen, und die gereizte Stimmung beherrschte nach wie vor die meisten Diskussionen.

Als der Unterricht zu Ende war, blieb Roberto im Klassenzimmer sitzen. Während seine Mitschüler nach und nach den Raum verließen, wühlte er in seiner Schultasche, als hätte er etwas Wichtiges verloren. Erst nachdem er allein geblieben war, ließ er seinen Rucksack wieder auf den Boden fallen und atmete erleichtert auf.

Es entsprach nicht seinem Charakter, sich einer unangenehmen Auseinandersetzung mit seinen politischen Feinden auf diese Weise zu entziehen. Gewöhnlich verteidigte er seine Überzeugungen mit aller Kraft und gab selten nach. Doch diesmal war es anders. Er saß an seinem Tisch und wollte nicht eher nach Hause gehen, bis die letzten Schüler den Schulhof verlassen hätten.

Es war einfach peinlich! Noch vor wenigen Tagen hatte er felsenfest daran geglaubt, es wären tatsächlich Nazis gewesen, die Lisa so brutal und niederträchtig mißhandelt hatten. Zusammen mit der ruppigen Leiterin der antifaschistischen Gruppe „Nord“, die er sonst nicht leiden konnte, hatte er Protestkundgebungen angemeldet, Plakate entworfen und Flugblätter verteilt… und dann so was!

Die Nachricht, daß Lisa nicht nur das Hakenkreuz sich selbst ins Bein geschnitten, sondern auch noch die Hakenkreuze an den Teppichladen gesprüht hatte, erschütterte Roberto bis auf den Grund seiner Seele.

Es hatte in Deutschland auch früher einige Mädchen gegeben, die das Gleiche getan hatten, um die Nazis zu belasten. Nachdem sie in den Medien wie Heldinnen gefeiert worden waren, brachen ihre Lügengeschichten in der Regel zusammen und verschwanden schließlich aus den Medien, die sich bereits auf eine andere Story stürzten.

Roberto war stets der Meinung gewesen, diese Mädchen wären einfach psychisch krank. Es gab schließlich eine ganze Menge Menschen, die mit vollem Ernst behaupteten, sie wären von Aliens entführt worden! Während die einen meinten, die Erde wäre flach, beteuerten die anderen, sie wäre zwar eine Kugel, dafür aber ganz hohl, und in ihrem Innern würden Menschen wohnen! Das alles hatte Roberto früher mit einem schiefen Lächeln zur Kenntnis genommen… Es ist nicht schön, sich über kranke Menschen lustig zu machen, dachte Roberto nachsichtig. Doch bei Lisa war es ganz anders! Lisa kannte er persönlich und zwar seit Jahren! Wenn man ihn vor einer Woche gefragt hätte, ob sie zu einer solchen schmutzigen Tat fähig wäre, hätte er das vehement bestritten.

Roberto kniff die Augen fest zu, so peinlich war die ganze Geschichte. Warum hat sie das getan? fragte er sich immer und immer wieder. Ist sie wirklich bescheuert? Daß man gegen die Nazis kämpft, ist für einen Linken eine Selbstverständlichkeit, aber daß man mit solchen Mitteln für Aufsehen sorgt, ist einfach ekelerregend, dachte Roberto enttäuscht. Solche wie Lisa machen alles kaputt! Nach solchen Rückschlägen hat man keine Kraft mehr zu kämpfen. Man will einfach alles hinschmeißen und sich geräuschlos aus allem zurückziehen.

Als die schreckliche Nachricht auf dem Gymnasium bekannt geworden war, hatte er Mandy angerufen und ihr vorgeschlagen, auch die heutige Diskussion in der Aula des Kant-Gymnasiums abzublasen. Über das Erstarken der rechtsradikalen Gesinnung wollten sie mit den Schülern diskutieren, über die drohende Gefahr, die von der rechten Ideologie ausgehe. Nachdem aber Lisas Schwindel aufgeflogen sei, habe sich die Lage grundlegend geändert! Es werden wohl nicht so viele Schüler kommen, meinte Roberto. Doch die Leiterin der Gruppe „Nord“ bestand darauf, daß man gerade jetzt für Klarheit sorgen müsse. Die Busse seien bereits bestellt worden und einige Kämpfer seien schon längst angereist und befänden sich in der näheren Umgebung der Kurstadt. Man wolle nach der Diskussion noch ein wenig Dampf ablassen, damit die Spießbürger nicht den Respekt verlieren…

Wie schlimm das alles auch gewesen sein mochte, gab es noch einen weiteren Grund, weshalb Roberto so schrecklich litt. Es waren Sticheleien seiner Mitschüler, die nach wie vor die Sache mit Lisa leidenschaftlich und ausgiebig diskutierten. Dabei galten ihre mißbilligenden Äußerungen nicht nur Lisa, sondern auch noch dem Komitee gegen rechte Gewalt und sogar der gesamten antifaschistischen Bewegung.

Nicht nur in den Pausen, sondern auch noch im Unterricht mußte er die spöttischen Bemerkungen seiner Klassenkameraden über sich ergehen lassen. Besonders Georg hatte sich dabei hervorgetan. Ein Geschäft werde er bald eröffnen, hatte er seinen Mitschülern mitgeteilt. Er wolle den Menschen anbieten, Hakenkreuze in ihre Hintern zu schneiden.

„Für Mitglieder des Komitees gegen rechte Gewalt mit einem saftigen Rabatt, versteht sich!“ hatte Georg gesagt auf Roberto schauend. „Ganz diskret! Danach kann man behaupten, es wäre Frank Uffelmann gewesen, nicht wahr?“

Das Lachen hatte gar nicht enden wollen und war mit höhnischen Kommentaren begleitet worden. Die Erinnerung an diese schrecklichen Szenen quälte Roberto.

Er ging zum Fenster, um zu sehen, ob sich der Schulhof bereits geleert habe, doch als er gerade die Klassentafel erreichte, ging plötzlich die Tür auf. Roberto drehte sich um und erstarrte. Direkt vor ihm stand Frank.

Auch er war sichtlich überrascht, weshalb die Jungen einige Sekunden schwiegen.

Roberto war kein Feigling und hätte sicher niemals als erster den Blick abgewandt, doch heute fühlte er sich kraftlos. Frank schaute ihm durchaus freundlich entgegen, was Roberto ganz durcheinander brachte. Er hatte etwas ganz Anderes erwartet! Besonders jetzt, nachdem Frank und seine Freunde auf der Siegerseite standen. Doch der neue Schüler blickte zu ihm mit einem Lächeln, das man unmöglich als überheblich oder gar verletzend interpretieren könnte.

Roberto wandte sich weg, holte seine Schultasche und ging zum Ausgang. Doch Frank stand immer noch vor der Tür und versperrte den Weg. Roberto hätte seitlich an ihm vorbeigehen können, doch dann hätte er wirklich aufpassen müssen, daß er ihn nicht mit der Schulter berührte. Roberto blieb einige Meter vor ihm stehen und blickte fragend und etwas düster den neuen Schüler an.

„Roberto“, sagte Frank betont freundlich, „ich wollte mit dir schon lange sprechen.“

„Wir haben nichts zu besprechen“, erwiderte der Junge kategorisch.

„Das ist nicht wahr…“, sagte Frank und machte einen kleinen Schritt in dessen Richtung.

Roberto hatte das nicht erwartet und wich unwillkürlich einen Schritt vor ihm zurück.

„Ich glaube dir nicht“, sagte er, während sich in seinen Augen Schatten aufkommender Panik zeigten.

„Wie kann ich dir das beweisen?“ fragte Frank und machte noch einen Schritt auf ihn zu.

Auf einmal wußte Roberto nicht mehr, was er tun sollte. Er wich noch einige Meter zurück und stieß mit dem Rücken gegen einen aufgeklappten Seitenflügel der Klassentafel.

„Bleib dort, wo du bist!“ warnte er eindringlich.

„Ich bin nicht dein Feind“, sagte Frank friedfertig und streckte ihm seine Hand entgegen.

Roberto schien von dieser Geste völlig überrascht und ließ seinen verunsicherten Blick erneut zur Seite gleiten, doch als Frank noch näher kam, flammte in seinen weit aufgerissenen Augen wilde Entschlossenheit auf.

„Bleib wo du bist!“ rief er ihm drohend zu und ballte verkrampft die Fäuste.

Frank rührte sich nicht.

„Ich wollte nur mit dir sprechen…", wiederholte er möglichst ruhig, doch Roberto unterbrach ihn.

„Worüber?"

„Ich habe dich beobachtet", sagte Frank. „Mir scheint, daß du rein zufällig zu den Linken gestoßen bist. Die linke Ideologie ist ein Irrtum…"

„Was du nicht sagst!" entgegnete Roberto gereizt. „Wenn du über Marxismus sprechen willst, dann kannst du es auch öffentlich tun… vor allen anderen."

„Ich kann mit jedem darüber sprechen", bestätigte Frank.

„Auch mit den Linken?" fragte Roberto und lachte dabei sogar auf, so sicher war er sich dessen, daß Frank es ablehnen würde. „Bei uns gibt es auch Menschen, die sich seit Jahren mit theoretischen Fragen beschäftigen", sagte er mit warnender Stimme, doch seine Warnung machte keinen sichtbaren Eindruck auf seinen Gesprächspartner.

„Ich bin bereit", bestätigte Frank noch einmal, doch Roberto schien ihm nicht zu glauben.

„Dann komm doch heute abend um neunzehn Uhr in die Aula!" schlug er ihm vor und fügte mit leichtem Spott hinzu: „Wenn du natürlich keine Angst hast!"

„Ich komme", erwiderte Frank mit Nachdruck. „Ich komme unbedingt!" Dabei machte er noch einen Schritt auf ihn zu und hielt ihm wieder seine Hand entgegen.

Roberto spannte sich augenblicklich an. Er hatte nicht die geringste Ahnung, wie er auf diese draufgängerische Freundlichkeit reagieren sollte. Abermals überfiel ihn ein Gefühl von Unsicherheit und Panik.

„Ich mache keinen Spaß!" rief er bedrängt aus, zwängte sich an ihm vorbei und ging mit hastigen Schritten zum Ausgang.

Vor der Tür blieb er aber stehen und drehte sich um.

„Du bist… du bist…", stieß er aufgeregt aus, doch als er in die hellen Augen seines Klassenkameraden blickte, brach sein Unmut abermals zusammen.

Ohne den Satz zu Ende zu sprechen, verschwand er im leeren Flur.

Als Roberto gleich darauf über den Schulhof ging, hatte er Angst sich umzudrehen. Aus unerfindlichen Gründen hatte er das Gefühl, daß Frank ihm folgte oder ihn in diesem Augenblick aus dem Fenster beobachtete. Innerlich aufgewühlt bog er in die Bahnhofstraße ab.

Zwei Mädchen aus einer Parallelklasse standen auf der anderen Straßenseite und blickten lächelnd in seine Richtung, doch der Junge achtete nicht auf ihre Blicke und ging zielstrebig weiter.

Das Interesse der Mädchen war leicht zu erklären. Roberto war ein hübscher Junge. Er war von durchschnittlicher Größe, wohlgeformt und schlank. Wenn die meisten seiner Mitschüler keinen großen Wert auf ihre Kleidung legten, so war Roberto ausgesprochen modebewußt und achtete auf sein Äußeres mit beneidenswerter Sorgfalt. Auch jetzt war seine enganliegende Markenjeans neuwertig und sauber. Das gleiche galt für sein schickes Hemd, dessen flotter Schnitt und leuchtendes Rot zwangsläufig neugierige Blicke auf sich zogen. Außerdem fiel er seit Jahren dadurch auf, daß er nur selten Turnschuhe trug, sondern stets elegante Lederschuhe bevorzugte, von denen er zu Hause nicht weniger als ein ganzes Dutzend hatte.

Genauso gepflegt waren seine dunkelbraunen Haare. Seine Stirnlocke flatterte nicht bei jedem Windstoß hin und her, wie es nicht selten bei seinen Klassenkameraden der Fall war, sondern seine Oberhaare waren ordentlich nach hinten gestrichen und mit Gel fixiert. Ein beeindruckendes Selbstwertgefühl und unbeugsamer Trotz lagen in seinen hellbraunen Augen und verliehen seinem jungen Gesicht einen vorteilhaften, edlen Ausdruck. Im Eifer des Gefechts leuchteten sie und blitzten vor Leidenschaft, doch wenn er manchmal im Unterricht nachdenklich vor sich hin starrte, blickten sie seltsam traurig und schutzlos. Für die meisten Mitschüler war der junge Italiener ein aufregendes Geheimnis, das nicht so einfach zu lüften war…

Die Mädchen schauten ihm enttäuscht hinterher, doch Roberto hatte sie schon längst vergessen. Peinliche Fragen bestürmten ihn. „Warum habe ich mich so komisch benommen?“ fragte er sich selbst und fügte verzweifelt hinzu: „Wie ein Kind! Was wird er jetzt über mich denken?“

Er wollte sich einreden, daß es für ihn keine Bedeutung habe, was dieser Frank von ihm denke, doch der Selbstbetrug wollte nicht gelingen. Die Gedanken kreisten um den neuen Schüler und ließen ihn einfach nicht los. Was wollte er von mir? Er kann doch nicht im Ernst glauben, daß ich so naiv bin, sein Freundschaftsangebot erst zu nehmen! Kaum gedacht, erinnerte er sich an den arglosen Blick und die ausgestreckte Hand des neuen Schülers und fühlte sich wieder unsicher, als wäre er unverhofft auf Glatteis geraten. Es dauerte einige Minuten, bis er dieses Gefühl überwinden konnte.

Bald schob er seine Bedenken beiseite. Er ist doch ein Rechtsradikaler! stellte Roberto fest und lachte sogar über die eigene Leichtgläubigkeit auf. Solche wie ich interessieren ihn überhaupt nicht! Bestimmt hat er sich etwas ausgedacht, um mich für seine undurchsichtigen Zwecke auszunutzen! Je länger er darüber dachte, umso schneller wurde ihm seine Vermutung zu Gewißheit…

Zehn Minuten später trat er durch die geöffnete Tür in das Restaurant seiner Eltern ein. Der Speiseraum war noch leer, doch in der Küche wurde bereits gearbeitet. Roberto wollte unbemerkt zu einer schmalen Treppe gelangen, die ins Obergeschoß führte, doch der Vater hatte ihn schon längst bemerkt und wartete auf ihn neben der Theke.

Antonio Grimaldi war nicht so groß wie sein Sohn, dafür aber viel kräftiger gebaut. Der selbstbewußte Blick seiner braunen Augen verriet, daß Roberto seinen starken Charakter von ihm geerbt haben könnte.

„Warst du auch dabei, als diese Banditen die Stadtmitte verwüstet haben?" fragte Herr Grimaldi, ohne seinen Sohn zu begrüßen.

Noch vor einigen Tagen hatte er das nicht glauben wollen, doch seine Bekannten hatten ihm versichert, daß sein Sohn während der Kundgebung auf der anderen Seite der Polizeikette gewesen sei. Zwar hatten sie nicht mit Sicherheit sagen können, ob er persönlich Schaufenster zertrümmert oder gar Autos angezündet habe, doch man hatte ihn mehrmals neben denen gesehen, die schwarze Masken getragen und nach Ausbruch der Gewalttätigkeiten die schöne Hauptallee in Schutt und Asche gelegt hatten.

Herr Grimaldi wartete auf eine Antwort, doch Roberto schwieg.

„Nun bist du noch ein Feigling", sagte der Vater, worauf der Junge sofort zu ihm aufblicke.

„Ich bin kein Feigling!" rief Roberto ihm empört zu. „Ich war dabei!"

Blaß vor innerer Erregung, wartete er auf einen heftigen Streit, doch der Vater blieb ruhig.

„Dann ist es also wahr", sagte Herr Grimaldi und ließ sich erschöpft auf einen Stuhl sinken. „Warum hast du mir eine solche Schande gemacht?"

„Das ist keine Schande!" erwiderte Roberto. „Zwar habe ich selbst an diesen Aktionen nicht aktiv teilgenommen, doch sie waren gerechtfertigt! Alle haben damals geglaubt, die Nazis hätten Lisa mißhandelt! Außerdem hat diese Racheaktion nur die besitzende Klasse hart getroffen. Die normalen Menschen wurden geschont."

Gewöhnlich wäre sein Vater bei einer solchen Antwort sofort explodiert, doch heute war die Enttäuschung so groß, daß er nur noch stumm und mit düsterem Ausdruck im Gesicht seinen Sohn betrachtete.

„Wie soll das zum Wohle der Menschen beitragen, wenn deine Kumpels die Innenstadt verwüstet haben?“ fragte er kurze Zeit später. „Das schöne Café von Frau Bruns hat man vollständig zerstört. Oder gehört sie auch zu dieser besitzenden Klasse?“

Roberto starrte auf den Boden. Die Erinnerung an Frau Bruns verunsicherte ihn, doch dem Vater Recht geben, wollte er auf keinen Fall! Ein heftiger Trotz bäumte sich in seiner Seele auf, den er nicht bezwingen konnte.

„Theoretisch ja“, sagte er widerspenstig.

„Schämst du dich nicht?“ fragte Herr Grimaldi. „Frau Bruns hat in ihrem Leben außer Schulden und schwerer Arbeit nichts gehabt! Und wenn sie keine private Rentenversicherung hat, wird sie im Alter von Sozialamt leben müssen.“

Die Ruhe in der Stimme seines Vaters erschreckte Roberto. Ihm wäre es tausendmal lieber, wenn dieser wie gewohnt zu schreien begonnen hätte, doch der Vater saß am Tisch, als hätten sie einen Trauerfall in der Familie. Roberto schien, daß ein unsichtbarer Faden zwischen ihm und seinem Vater, der in den letzten Jahren oft bis zum Äußersten gespannt gewesen war, plötzlich gerissen sei und diese fremdartige Ruhe nichts anderes bedeute, als daß sein Vater ihn endgültig aufgegeben habe. Der Gedanke daran tat Roberto weh…

„Nach deiner Theorie gehöre auch ich zu dieser besitzenden Klasse“, sagte Herr Grimaldi und lachte bitterlich auf. „Nicht wahr?“

Roberto gab keine Antwort. Seinen eigenen Vater zum Klassenfeind zu erklären, was das Letzte, was er jetzt brauchen könnte, um ihr Verhältnis zu verbessern.

„Investmentfonds und Banken sind die wahren Besitzer fast aller Reichtümer dieser Welt“, setzte Herr Grimaldi düster fort, „und ihr seid nichts anderes als nützliche Idioten, die für sie die Drecksarbeit erledigen.“

Als Roberto diese Worte hörte, regte er sich wieder auf.

„Welche Drecksarbeit?“ fragte er kampfbereit.

„Anständige Leute einzuschüchtern, die ihr Land vor diesen heimatlosen Blutsaugern retten wollen“, erklärte Herr Grimaldi vorwurfsvoll, während ihn die ursprüngliche Ruhe zu verlassen schien.

„Das sind keine anständigen Leute! Das sind Nazis!“ rief Roberto ihm verzweifelt zu. „Gegen die Unterdrücker zu kämpfen, das nenne ich Anstand!“

„Was verstehst du schon davon, was Anstand ist?“ erwiderte der Vater wesentlich heftiger als zuvor. „Dieser Junge aus deiner Klasse, dieser Frank, der damals bei uns war, das ist ein anständiger Kerl. Dem kannst du ruhig dein eigenes Leben anvertrauen, aber doch nicht diesem niederträchtigen Gesindel, mit dem du dich tagtäglich abgibst! Ihr seid nichts anderes als Schlägertrupps der Hochfinanz und deren Helfershelfer, von denen ihr eure Almosen bekommt!“

Die harten Worte des Vaters trafen Roberto wie scharfe Pfeile. Besonders die Erwähnung von Frank verletzte ihn dermaßen, daß ihm die Augen feucht wurden.

„Wir bekommen kein Geld von unseren Feinden!“ rief er dem Vater zu. „Das sind alles Lügen!“

„Armer Junge! Woher habt ihr überhaupt das Geld für die Busse und Verpflegung? Wer bezahlt eure Rechtsanwälte? Frag doch deine Kumpels! Das alles habt ihr von der Regierung bekommen, die ihr zu bekämpfen vorgibt, oder von solchen milliardenschweren Börsenspekulanten wie George Soros. Oder meinst du, deine Kampfgenossen haben das alles von ihrem Hartz-Vier-Satz bezahlt?“

„Ich weiß es nicht“, gab Roberto gezwungenermaßen zu, „aber eins weiß ich ganz genau: Während die anderen nur um ihr eigenes Wohl bemüht sind und keinen Bock auf politischen Kampf haben, verteidigen wir die Interessen der Arbeiterklasse!“

„Verteidiger der Arbeiterklasse!“ rief Herr Grimaldi ihm spöttisch zu. „Daß ich nicht lache! Weder du noch diese Schmarotzer haben je in ihrem Leben richtig gearbeitet! Geh zuerst ans Fließband und schiebe dort zehn Jahre lang eine Schicht nach der anderen, oder steh wie deine Vorfahren in Kalabrien mit der ersten Morgenröte auf und ackere dich am Weinberg unter sengender Sonne bis in die Nacht hinein ab, und zwar jeden Tag, monate- und jahrelang. Frau Bruns, ich und unsere Vorfahren sind in Wirklichkeit jene, die mit Recht behaupten können, Arbeiter zu sein! Und wir brauchen solche selbsternannten Verteidiger wie diese Schmarotzer nicht! Wir verachten sie!“ Herr Grimaldi schaute Roberto zornig an, dann sagte er: „Ich schäme mich, daß mein eigener Sohn zu diesen Banditen gehört. Schande hast du über mich und unsere Familie gebracht!“

Roberto erstarrte. Noch nie hatte er solche Worte von seinem Vater gehört. Wie glühendes Eisen brannten sie ihm auf der Seele.

„Dann sollst du dir einen anderen Sohn aussuchen!“ warf er dem Vater gekränkt zurück und stürmte die Treppe hinauf.

Wenige Sekunden später war er in seinem Zimmer. Er schloß die Tür ab, setzte sich auf sein Bett und faßte sich mit beiden Händen an den Kopf. Verzweiflung erfaßte ihn. Daß es so weit kommen könnte, hätte er früher niemals geglaubt.

Das, was mit Frau Bruns geschehen war, war natürlich eine Schweinerei, und es tat ihm schrecklich leid, daß es sie so hart getroffen hatte. Warum habe ich das nicht zugeben wollen? Als Roberto daran dachte, wie gehässig er wieder gewesen war, übermannte ihn ein quälendes Gefühl der Reue. Wie schön es wäre, wenn dieses schreckliche Gespräch nicht stattgefunden hätte...

Bald wurde er von starken Zweifeln beherrscht. Ob das, was er und seine Mitkämpfer machten, tatsächlich richtig war? In der Theorie stimmte alles und war so edel. Man wollte Freiheit und Gerechtigkeit für alle. Was ist aber mit Frau Bruns? Gehört sie etwa nicht zu jenen, die man glücklich machen wollte? Was hat es überhaupt für eine Bedeutung, daß sie ein Café hat und die Ladenräume besitzt, wenn nach dem Abzug der Schulden unter dem Strich nichts mehr übrig bleibt? Ist sie dann überhaupt noch eine Besitzerin oder sind die wahren Besitzer, wie der Vater sagt, die Banken, denen alle Menschen Geld schulden und dafür Zinsen zahlen? Warum richtet sich aber der Haß seiner linken Freunde ausgerechnet gegen Frau Bruns und nicht gegen jene, die alle in ihrem Würgegriff halten? Ehrlich gesagt, wußte er gar nicht, wann sie zuletzt eine große Bank angegriffen und deren Einrichtung zerstört hatten? War das nicht merkwürdig? Darauf hatte Roberto keine Antwort und wollte im Augenblick auch gar nicht darüber nachdenken.

Viel schlimmer als diese theoretischen Fragen war die Vorstellung, daß er Frau Bruns zufällig auf der Straße treffen würde. Bestimmt wußte sie bereits, daß auch er dabei war. Wie sollte er ihr in die Augen schauen? Denn Frau Bruns war nicht irgend jemand, sondern jene gütige Frau, die ihn schon immer mochte und die Roberto von Kindesbeinen an kannte. Als er noch in der Grundschule war und um die Mittagszeit kindlich unbekümmert nach Hause lief, war es ausgerechnet Frau Bruns gewesen, die ihn mit Eis und sonstigen Leckereien verköstigt hatte.

Als Roberto sich an das gütige Gesicht der Frau erinnerte, wurde ihm ganz schwer ums Herz. Er zog sich die Decke über den Kopf und versuchte, alle Gedanken zu verdrängen. Bald fielen ihm die Augen zu. Roberto glitt in einen tiefen Schlaf...

Belauschtes Gespräch

Als Roberto die Augen öffnete, konnte er nicht verstehen, warum er angezogen auf seinem Bett lag. Erst einige Sekunden später erinnerte er sich an den Streit mit dem Vater und die Absprache mit Frank, um neuzehn Uhr in die Aula des Kant-Gymnasiums zu einem Streitgespräch zu kommen.

Er sprang aus dem Bett, blickte schnell auf die Uhr und erschrak. Sie zeigte halb acht! In Windeseile zog er die Schuhe an und stürmte die Treppe hinunter. Als er neben der Theke auftauchte, schaffte er gerade noch rechtzeitig abzubremsen, um nicht seine Mutter umzurennen, die mit einem Tablett voller Getränke zu den Kunden eilte.

„Roberto!“ rief Frau Grimaldi ihm verärgert zu. „Was ist mit dir los?!“

Sie beschwerte sich über das ungestüme Verhalten ihres Sohnes, doch er lief bereits zur Ausgangstür, ohne ihr eine Antwort zu geben. Die Vorstellung, daß Frank in diesem Augenblick ohne ihn in der Aula mit den wütenden Antifaschisten über die Grundlagen des Marxismus stritt, rief in ihm grausige Bilder hervor. Düstere Ahnungen trieben ihn mächtig an, immer schneller zu laufen. Als er das Gymnasium erreichte, sah er bereits von weitem eine Gruppe Jugendlicher, die auf der Eingangtreppe rauchten.

„Wo bleibst du denn?“ rief Benjamin ihm erheitert zu. „Ich habe versucht, dich auf deinem Handy zu erreichen!“

„Ich hab verschlafen“, erwiderte Roberto atemlos.

„Schade!“ sagte Benjamin gut gelaunt. „Das hättest du dir ansehen sollen!“

Roberto warf seinen ungeduldigen Blick zu ihm hoch, doch Benjamin zog an seiner Zigarette und pustete genüßlich den Rauch vor sich aus.

„Dein Freund war da“, sagte er mit vielsagender Stimme.

„Und?“

„Der ist wirklich bekloppt!“ sagte Benjamin kopfschüttelnd. „Er wollte hier seine rechte Propaganda betreiben. Ich hab gedacht, ich höre nicht richtig! Da steht er mitten unter uns und redet, als ob er bei seinen Nazi-Kumpels wäre. Es hat aber nicht lange gedauert. Die Jungs haben ihn dann rausgeschmissen…“

Roberto erschrak, obwohl er gerade auf diesen Satz gewartet hatte.

„Wie rausgeschmissen?“ fragte er hastig.

„Keine Sorge!“ erwiderte Benjamin. „Man hat ihn schonend behandelt. Am Gesicht nur die Lippen und die Nase zerschlagen.“

Roberto erbleichte.

„Man hat ihn geschlagen?“ stotterte er entsetzt.

„Beruhige dich!“ sagte Benjamin grinsend. „Siggi hat sich rechtzeitig eingemischt und die Leute zur Ruhe gebracht. Er ist doch selbst schuld! Er hat die Leute mit seinem Gerede sofort auf die Palme gebracht. Er kann froh sein, daß er noch am Leben ist. Aber mach dir keine Sorgen! Egal wie! Er findet keine Zeugen! Ich hab mich da extra nicht eingemischt.“

Roberto kochte vor Wut. Mit stillem Haß starrte er seinen Klassenkameraden an und schien kurz davor zu sein, ihn zu überfallen.

„Was ist mit dir?“ rief Benjamin ihm verstört zu.

Ohne seine Frage zu beantworten, stürmte Roberto die Treppe hinauf und verschwand hinter der schweren Eingangstür.

Als er in der Aula auftauchte, blieb er kurz stehen und schaute sich ungeduldig um. An die Hundert bunt zusammengewürfelter Antifaschisten, die in kleinen Gruppen herumstanden oder einfach auf dem Boden saßen, füllten den Raum vor der Bühne. Gleich neben ihm saßen einige angeheiterte Jungen in verwahrloster Kleidung und zeigten einander stolz ihre zahlreichen Tattoos.

„Hi, Kumpel!“ rief einer von ihnen Roberto betont lässig zu. „Hast du eine Zigarette für mich?“

Seine lallende Stimme verriet, daß er bereits etwas ganz Anderes geraucht hatte. Auf seinem Kopf prangte ein rot gefärbter Hahnenkamm, während an seinen Lippen mehrere Ringe hingen.

Roberto achtete nicht auf ihn. Im nächsten Augenblick erkannte er in einer Gruppe schwarzgekleideter Aktivisten Siggi und stürmte sofort weiter.

„Wer hat ihn geschlagen?!“ rief er ihm noch im Laufen zornig zu.

„Noch ein Christ“, rief aus der Menge der Aktivisten eine höhnische Stimme.

Eine Lachsalve ging durch den Saal. Roberto schaute nach allen Seiten, als wüste er nicht, wen er zunächst verprügeln sollte.

„Wer hat ihn geschlagen?!“ schrie er wieder in die Menge.

Siggi trat ihm entgegen und wollte ihn beruhigen, doch in diesem Augenblick meldete sich ein kräftiger junger Mann, der mit einem verächtlichen Lächeln im Gesicht dicht vor ihn hintrat.

„Und?“ sagte er provozierend.

Siggi wollte ihn zurückdrängen, doch Roberto stürzte sich auf den Mann und schlug ihm ins Gesicht. Nach kurzem Gerangel wurde er von den Anwesenden überwältigt. Mehrere Aktivisten zogen sie auseinander.

Auch Roberto war mehrmals getroffen worden. Seine Lippe blutete. Unversöhnlich starrte er den kräftigen Mann an, der mit stillem Haß zu ihm blickte.

„Wenn ich dich da draußen treffe, dann wirst du was erleben!“ warf er Roberto drohend zu.

„Arschloch!“ gab dieser sofort zurück und versuchte, sich loszureißen.

„Hast du was geraucht?“ rief Siggi ihm besorgt zu. „Was bist du so wild geworden?“

Er wollte ihn beruhigen, doch Roberto wurde nur noch wütender.

„Habt ihr kein bißchen Ehre?! Er ist gekommen, weil ich ihn eingeladen habe! Und ihr habt ihn verprügelt!“ rief er Siggi verzweifelt zu, riß sich los und stürmte aus der Versammlungshalle nach draußen.

Ohne auf die verstörten Zurufe von Benjamin zu achten, sprang er die Treppe hinunter und lief schnell davon.

An der großen Kreuzung vor dem Marktplatz blieb er keuchend stehen. Er hatte nicht die geringste Ahnung, was er jetzt tun sollte. Verzweiflung überwältigte ihn. Es war zum Heulen! Wie soll ich Frank jetzt in die Augen schauen?! Wie kann ich jetzt überhaupt noch jemandem in die Augen schauen?! Sie werden denken, ich, Roberto Grimaldi, habe Frank in die Falle gelockt und mich selbst in meiner Wohnung verkrochen, um nichts mit der Sache zu tun zu haben!

Roberto faßte sich an die Stirn und kniff die Augen zu, um die Tränen aufzuhalten. Blinde Wut packte ihn beim Gedanken an die angereisten Antifaschisten. Er erinnerte sich an ihre grinsenden Visagen und empfand eine abgrundtiefe Abscheu gegen seine linken Kampfgenossen. Ihm war, als ob ihm plötzlich die Schuppen von den Augen fielen.

„Dreckiger Abschaum, der sich hinter einer Ideologie versteckt!“ flüsterte Roberto wie benommen. „Warum habe ich bloß solange bei ihnen mitgemacht? Soll etwa dieses Pack die Zukunft gestalten?“

Wieder mußte er an Frank denken. Er stellte sich vor, wie er allein in die Aula kam, im Vertrauen darauf, daß er, Roberto, dafür sorgen würde, daß ihm nichts geschähe, und das unerträgliche Schuldgefühl bohrte sich noch tiefer in seine Seele hinein. Ich muß mit Julia sprechen und ihr erzählen, was geschehen ist! Alles! Wie Frank mich im Klassenraum angesprochen hat, wie ich verschlafen habe und wie ich dann in die Aula gelaufen bin und vor allem, wie schrecklich es mir leid tut, daß es so furchtbar schief gelaufen ist!

Der erlösende Gedanke gab ihm wieder Kraft. Roberto wollte sofort bei Julia anrufen, mußte aber feststellen, daß er sein Handy zu Hause vergessen hatte. Er lief in die nahegelegene Bahnhofstraße, um auf dem schnellsten Wege die Turmstraße zu erreichen. Ich darf nicht zu spät kommen, dachte Roberto. Ich selbst werde ihr von dem Vorfall berichten, damit sie es aus meinem eigenen Mund hört und nichts Schlimmes von mir denkt.

Als er in der Hauptallee unter den Kaiserlinden auftauchte, sah er bereits von weitem Julias Fenster im zweiten Obergeschoß. Wenige Sekunden später blieb er an ihrem Haus stehen und blickte hoch. Das Fenster war geöffnet.

Roberto versuchte, seinen Zustand einzuschätzen. Er befühlte seine zerschlagene Lippe, strich die zerzausten Haare wieder nach hinten und beschloß, sich zumindest ein wenig zu beruhigen, bevor er zur Haustür gehen und auf den Klingelknopf drücken würde.

Plötzlich hörte er Julias Stimme.

„Tut es weh?" fragte sie mitfühlend.

„Nicht schlimm", antwortete gleich darauf eine andere Stimme, die Roberto erstarren ließ.

Es war Frank. Roberto versagte die letzte Kraft. Er lehnte sich an die Hauswand und schloß für einige Sekunden die Augen. Mit einer solchen Begegnung hatte er auf keinen Fall gerechnet. Während er noch mit seiner Unentschlossenheit kämpfte, drang aus dem geöffneten Fenster eine weitere Stimme.

„Das habe ich von Roberto nicht erwartet", sagte Anna kummervoll.

Roberto konnte hören, wie sie weinte.

„Da geht man mit einem jahrelang in die Schule, und dann erfährt man plötzlich, mit wem man es die ganze Zeit zu tun hatte", pflichtete Julia ihrer Freundin bei.

„Er hat damit bestimmt gar nichts zu tun", erwiderte Frank.

„Was du nicht sagst!" rief Julia zornig aus. „Natürlich wußte er alles!"

„Das glaube ich nicht", entgegnete Frank mit Nachdruck. „Wenn er da gewesen wäre, hätte er mir bestimmt geholfen."

Roberto kniff die Augen schmerzlich zu. Verzweifelt rang er um Fassung.

„Frank!" hörte er wieder Julias Stimme. „Wenn alle Menschen wie du wären! Aber sie sind halt nicht so. Sag noch, er wäre dein Freund!"

„Ich wäre froh, wenn ich ihn als Freund gewinnen könnte", entgegnete Frank. „Roberto ist ein edler Mensch."

Der letzte Satz traf Roberto mitten ins Herz. Er konnte es nicht mehr hören. Wie betäubt preßte er die Hände vor sein Gesicht und wußte nicht, wo er sich verkriechen sollte. Brennendes Schamgefühl trieb ihn davon. Mit hastigen Schritten ging er zur Kurhalle, erreichte die menschenleere Bombergallee und verschwand einige Minuten später in einem dunklen Wald, der den westlichen Rand der Kurstadt säumte…

Es war ein Mensch

Als Roberto nach Einbruch der Dunkelheit wieder in der Bombergallee auftauchte, fühlte er sich wesentlich besser. Ihm schien, daß er endlich mit sich selbst ins Reine gekommen war. Die Welt, die noch vor wenigen Stunden voller Feinde und Widersprüche um ihn herum gestürmt hatte, verwandelte sich und lag nun wie ein ruhiges Meer in den warmen Strahlen der aufgehenden Sonne. Eine neue Hoffnung durchflutete den Jungen und weckte in ihm wieder Lebenslust.

Seine Gedanken zerstreuten sich in alle Richtungen, so vieles wollte er jetzt anpacken und wieder gutmachen. Doch wie weit sie ihn auch getragen hatten, brachten sie ihn immer wieder zu seinem neuen Klassenkameraden, bei dem er sich für das heutige Mißverständnis unbedingt entschuldigen wollte. Roberto vertiefte sich in seine Empfindungen und stellte verwundert fest, daß er kein peinliches Gefühl verspürte, nachdem er sich eine solche öffentliche Entschuldigung bildlich vorgestellt hatte. Im Gegenteil! Es war ihm ein Bedürfnis, dies vor der ganzen Klasse zu tun, so wie er ihn einst vor der ganzen Klasse gedemütigt hatte.

Er ist ehrlich und er ist viel besser, als ich es bin, dachte Roberto, und als er sich daran erinnerte, wie er Frank vor zwei Monaten aus ihrem Restaurant verjagt hatte, blieb er sogar stehen. Die Worte, die er ihm damals gesagt hatte, waren so schlimm, daß er vor Scham die Hände auf sein Gesicht drückte.

Roberto ist ein edler Mensch, hat er gesagt! Und was wäre geschehen, wenn er mich so beschimpft hätte, wie ich es damals getan habe? Hätte ich jemals diese schönen Worte über ihn gesagt, wenn seine Freunde mich verprügelt hätten? Die Antwort war so klar und gleichzeitig so schrecklich, daß Roberto die Augen vor Verzweiflung feucht wurden.

Warum bin ich aber so geworden? War ich schon immer so? Nein, dachte Roberto, nachdem er sich an die wichtigsten Ereignisse seines Lebens erinnert hatte. So schlimm war ich doch nicht! Noch vor drei Jahren war ich ganz anders. Auch wenn es ihm unangenehm war, so gut von sich selbst zu denken, mußte Roberto feststellen, daß er fast immer freundlich und aufgeschlossen gewesen war. Mehr noch: Ihm schien, daß tief in seiner Seele ein schönes Glücksgefühl geschlummert hatte, das in den schönsten Augenblicken seines Lebens hervorbrach und sein fröhliches Wesen erhellte. Was ist mit mir passiert? fragte Roberto verwundert. Seit langem schon vermißte er diese unbekümmerte Fröhlichkeit…

Ich war ihm gar nicht so unähnlich, dachte er überrascht und empfand dabei ein freudiges Gefühl. Roberto ist ein edler Mensch, hat er gesagt! Dann hat er bestimmt etwas Gutes an mir gesehen, was noch nicht erloschen ist.

Was unterscheidet uns aber? fragte Roberto und mußte dabei an den ergreifenden Aufsatz denken, den Frank vor zwei Monaten geschrieben hatte. Mit gemischten Gefühlen hatte er damals seinen Traum gelesen. Tiefes Mißtrauen hatte ihn beherrscht, obwohl der Aufsatz selbst ihn tief beeindruckt hatte. Selbst Karim hat begriffen, was der neue Schüler damit sagen wollte, dachte Roberto.

Er erinnerte sich an die wichtigsten Stellen des Aufsatzes und wurde von einer neuen Erkenntnis überrascht, obwohl sie tief in seinem Innern schon lange schlummerte: Wir brauche keinen Klassenkampf und keine Zerstörung des Bestehenden! Alles was wir brauchen, ist Liebe und Versöhnung! Menschen, die freiwillig bereit sind, ihren Mitmenschen mehr zu geben, als sie von ihnen bekommen. Und zwar aus Liebe und Mitleid, und nicht nach einem leblosen Regelwerk der Gutmenschen, die uns ihre verlogenen Verhaltensmuster anerziehen wollen!

Nein, dachte Roberto. Es gibt etwas Besseres: Erst die Familie, dann die Volksgemeinschaft, danach aber auch die anderen Menschen! Das wollte doch Frank mit seinem schönen Traum sagen! Jedes Kind in Kalabrien weiß das! Warum habe ich das vergessen?

Die Antwort lag auf der Hand: Es war eine Ideologie, die ihn sich selbst entfremdet hatte, die ihn tagtäglich zwang, die allernatürlichsten Sachen der Welt zu ignorieren und die Augen vor der Wirklichkeit des Lebens zu verschließen…

Roberto schritt immer weiter, während die aufregenden Gedanken ihn zielsicher zu immer neuen Erkenntnissen trugen.

Verfluchte Ideologie! dachte Roberto innerlich aufgewühlt. Sie hat uns alles geraubt, alles, was uns als Menschen ausmacht! Sie will uns einreden, daß wir außer zwei Beinen und zwei Armen keine Gemeinsamkeiten mehr haben. Sie wollen uns jede Identität rauben! Selbst unser Geschlecht! Vergessen sollen wir, wer wir sind, damit sie uns leichter beherrschen können! Das ist ihr wahres Ziel!

Freundschaften sollten zu sozialen Beziehungen verkommen, und das freudige Wesen eines geselligen Menschen zu einer wie auch immer gearteten sozialen Kompetenz. Die Menschen brauchen aber keine soziale Kompetenz, stellte Roberto fest, sie wollen echte Freunde haben, mit denen sie alles teilen können und für die sie bereit wären, wenn Gott so will, auch ihr Leben einzusetzen!

Eine tief empfundene Abscheu gegen alles Linke und deren seelenlose Sprache überkam Roberto, doch gleichzeitig wuchs in seiner Brust ein berauschendes Gefühl, als käme er endlich aus einem stickigen Keller in die frische Luft, als hätten sich die Fesseln von seiner Seele gelöst.

Frank hat Recht, dachte Roberto beglückt. Ich bin ein Mann und kein geschlechtsloser Zweibeiner! Und ich bin ein Italiener! Ein erhebendes Gefühl verspürte er in seiner Brust: eine Freude, zu einer großen Familie gehören zu dürfen, die seine Muttersprache sprechen und ihn ohne jede Vorleistung als ihren eigenen Sohn anerkennt. Plötzlich wurde Roberto klar, wie viel Unrecht er seinem Vater angetan hatte, nur weil dieser sein Volk von Herzen liebte. Roberto blieb wieder stehen. So weit haben die Linken mich gebracht, daß ich mich gegen meine eigene Familie gestellt habe…

Mit aufschäumender Wut dachte Roberto an all die Bücher, die sein Zimmer überfüllten. In die Papiertonne mit dem giftigen Zeug! Bald kam ihm ein besserer Gedanke: nicht in die Papiertonne, nein! In den Restmüll, Dreck zu Dreck! Und zwar so, daß mein Vater es mit eigenen Augen sieht…

Als Roberto an seine Eltern dachte, verspürte er in seinem Herzen einen süßlichen Schmerz: eine Mischung aus Zärtlichkeit und tiefem Schuldgefühl. Eigentlich wollte er sofort zu Frank fahren, doch jetzt beschloß er, zuerst nach Hause zu gehen. Es wird wohl nicht lagen dauern, dachte er zuversichtlich und bog in die breite Schloßstraße ab. Bald sah er die hell erleuchteten Schaufenster ihres Restaurants und wurde immer schneller.

Als Roberto in den Speisesaal stürmte, saßen dort trotz später Stunde immer noch einige Gäste. Die Mutter stand gerade an einem Tisch und bereitete eine Rechnung vor.

„Roberto!“ rief sie ihm tadelnd zu, als sie sah, wie ungestüm ihr Sohn durch den Speisesaal rannte.

Der Junge bremste vor der Theke ab, dann lief er zu ihr und umarmte sie. Ohne nur ein einziges Wort zu sagen, küßte er die Mutter auf die Wange.

„Was ist mit dir?“ fragte Frau Grimaldi überrascht, doch Roberto lief bereits zur Theke und verschwand im nächsten Augenblick hinter einer Tür.

„Ist das aber schön!“ sagte eine ältere Dame, die mit einem Geldbeutel in der Hand auf eine Rechnung wartete. „Nicht von jedem Sohn kriegt man einen solchen Kuß!“ meinte sie beeindruckt und nickte dabei mit dem Kopf, „besonders dann nicht, wenn die Jungs in diesem Alter sind.“

Frau Grimaldi erwiderte ihre freundlichen Worte mit einem warmen Lächeln.

„Er ist ein guter Junge“, sagte sie, gerührt von der ungewöhnlichen Szene.

Roberto aber blieb vor der Küche stehen und versuchte, sich zu sammeln. Mit dem Vater offen zu sprechen, schien ihm plötzlich gar nicht so leicht, wie er sich das noch vor einer Viertelstunde im Überschwang des freudigen Gefühls vorgestellt hatte. Nach kurzer Unentschlossenheit ging er hinein.

Der Vater stand mit einem Putzlappen in der Hand am großen Gasherd. Sichtlich verstimmt, warf er seinem Sohn einen fragenden Blick zu. Roberto konnte sehen, wie stark das heutige Gespräch ihn belastete.

„Avevi ragione“, sagte Roberto verlegen, während sein Gesicht in Sekundenschnelle blaß wurde.

Der Vater legte den Lappen aus der Hand und betrachtete seinen Sohn, als habe er ihn zum ersten Mal gesehen. Seit Jahren hatte Roberto sich geweigert, Italienisch zu sprechen, obwohl er seine Muttersprache mühelos beherrschte. Noch mehr verblüffte ihn das, was sein Sohn soeben zu ihm gesagt hatte. Du hattest recht, hieß es auf Deutsch! Herr Grimaldi konnte sich nicht erinnern, wann er zum letzten Mal etwas Ähnliches von ihm gehört hatte. Jede Aussage, jede Bemerkung, auch wenn sie noch so unbedeutend gewesen war, war bei Roberto stets auf Widerstand gestoßen, was leider viel zu oft zu einem echten Streit geführt hatte.

„Es tut mir leid“, sagte Roberto auf Italienisch, und als er sah, welche Verwirrung im Gesicht des Vaters lag, versuchte er seine Worte zu erklären: „Ich meine das, mit Frau Bruns. Ich hatte Unrecht… auch mit dieser ganzen linken Ideologie…“

Obwohl Herr Grimaldi längst verstanden hatte, was Roberto ihm sagen wollte, konnte er nach wie vor nicht glauben, daß sein Sohn es ernst gemeint haben könnte.

„Bist du kein Marxist mehr?“ fragte er vorsichtshalber.

Roberto schüttelte stumm den Kopf, worauf der Vater sofort zu ihm ging. Roberto kämpfte mit sich, als wollte er noch etwas Wichtiges sagen, und es dauerte noch einige qualvolle Sekunden, bis er den inneren

Widerstand überwinden konnte.

„Entschuldigung“, preßte Roberto gewaltsam aus sich heraus und wandte seine Augen weg.

Herr Grimaldi sagte nichts darauf und konnte auch nichts sagen, so stark war das Gefühl, das ihn in diesem Augenblick überwältigte. Er umarmte den Sohn und drückte ihn fest an seine Brust. Ein Geschenk des Himmels war das, eine göttliche Gnade, die einem unverdient in den Schoß fiel und von der er noch vor einigen Minuten wohl kaum zu träumen gewagt hätte. Auch Robertos Herz zog sich schmerzlich zusammen, als ihm plötzlich klar wurde, welchen Kummer er seinem Vater all die Jahre bereitet hatte.

„Antonio!“ hörte Herr Grimaldi plötzlich die Stimme seiner Frau. „Was ist passiert?“

Besorgt schaute sie, wie ihr Mann mit feuchten Augen ihren Sohn in seinen starken Armen hielt.

„Alles in Ordnung, Mama!“ sagte Roberto, während der Vater ihn wieder losließ und sich stumm zur Seite wegdrehte.

Erleichtert darüber, daß er es doch geschafft hatte und daß seine Worte genau die Wirkung hinterließen, die er sich erhofft hatte, umarmte Roberto die Mutter und lief zur Tür hinaus.

„Wo willst du denn wieder hin!“ rief Frau Grimaldi ihm hinterher.

„Ich komme heute etwas später nach Hause“, rief er ihr fröhlich zurück. „Ich muß noch etwas Wichtiges erledigen.“

Roberto lief wieder hinaus. Eine warme Sommernacht begrüßte ihn. Er blickte in den sternenreichen Himmel und atmete einige Male tief durch. Ein freudiges Gefühl überlief ihn beim Gedanken an die bevorstehende Versöhnung.

Er wußte, daß Frank auf dem Berg beim Bauern Lenz wohnte, und beeilte sich zum Marktplatz, um mit dem letzten Bus zu ihm zu fahren. Er hätte ihn anrufen und alles am Telefon erklären können, doch Roberto wollte ihm dabei unbedingt in die Augen sehen, und er wollte ihm die Hand drücken, die er heute so widerspenstig abgelehnt hatte.

Roberto erinnerte sich an das schöne Erlebnis mit seinen Eltern. Wie einfach war das, sie glücklich zu machen, dachte er gerührt. Wenn das auch mit Frank so leicht gelingen würde, dann habe ich die ganze Welt für mich gewonnen. Dann werden auch dessen Freunde es verstehen, und es wird bestimmt nicht die geringste Spur von dem heutigen Mißverständnis übrig bleiben…

Roberto erreichte die Hauptallee. Die Straße sah zu dieser späten Stunde wie ausgestorben aus. Er ging mit zügigen Schritten zur Kurhalle, doch als er das Café von Frau Bruns sah, blieb er stehen. Die zertrümmerten Schaufenster waren vorläufig durch große Sperrholzplatten ersetzt worden. Eine weiße Tafel hing darüber:

Liebe Gäste und Einwohner der Kurstadt,
leider wurde unser Café von wütenden Demonstranten völlig zerstört. Wir bemühen uns, den Schaden so schnell es geht zu beseitigen, werden es aber bis Monatsende nicht schaffen, den gewohnten Betrieb wieder aufzunehmen. Wir bitten Sie um Verständnis und würden uns sehr freuen, Sie recht bald wieder bei uns begrüßen zu dürfen…

Als Roberto zu Ende las, empfand er ein dringendes Bedürfnis, auch mit Frau Bruns so schnell wie möglich ins Reine zu kommen, ihr sein tiefes Mitleid auszusprechen und alles Erdenkliche zu tun, damit sie ihn wieder so herzlich begrüße, wie sie es schon immer getan hatte. Morgen, dachte Roberto hoffnungsvoll und sehnsüchtig, morgen beginnt das neue Leben ohne Ideologie und ohne jedes Vorurteil!

Während Roberto noch vor dem zerstörten Café stand, traten aus einem engen Durchgang zwischen den anliegenden Häusern zwei junge Männer auf die Hauptallee. Als sie Roberto erkannten, gingen sie sofort auf ihn zu.

„Nun sehen wir uns wieder!“ sagte einer von ihnen, den Roberto sofort erkannte.

Es war gerade jener Mann, der in der Aula erklärt hatte, er habe Frank geschlagen, und mit dem Roberto sich geprügelt hatte. Nun stand der Mann direkt vor ihm und der gemeine Ausdruck in seinem Gesicht zeigte, daß die Sache unmöglich friedlich ausgehen würde.

„Und?“ fragte Roberto, unbeeindruckt von der Körpergröße seines Gegners, und trat einen Schritt zurück, damit er die beiden im Auge behalten konnte.

Roberto hätte weglaufen können, doch sein Ehrgefühl ließ einen solchen Gedanken erst gar nicht aufkommen. Besonders in diesem Fall, als er einem Mann gegenüber stand, der Frank geschlagen hatte.

„Mieser Verräter!“ warf der Mann ihm haßerfüllt zu und holte sofort zum Schlag aus.

Roberto erwartete den Angriff und sprang leichtfüßig zur Seite.

„Kanalratte!“ rief er mit der gleichen Heftigkeit zurück.

Der zweite Mann war sichtlich betrunken oder stand unter Drogeneinfluß, weswegen er sich nicht von der Stelle rührte und mit gleichgültigem Ausdruck im Gesicht vor sich hinstarrte.

Es entwickelte sich ein kurzer Schlagabtausch, an dem der zweite Mann wiederum nicht beteiligt war. Erst als Robertos Gegner über eine Wurzel stolperte und auf den Boden fiel, sah der Junge aus den Augenwinkeln, daß dessen Kumpel sich seitlich an ihn heranschlich.

Roberto drehte sich ruckartig um, und noch bevor er verstehen konnte, was der betrunkene Mann vorhatte, stach dieser ihm mit einem Messer in den Bauch.

Roberto erstarrte. Der Mann zog das Messer wieder zurück und blickte feindselig in dessen weit aufgerissene Augen.

„Jetzt hast du es!“ sagte er schadenfroh, während sein Freund sich bereits vom Boden erhoben hatte und sofort zu ihm sprang.

„Bist du verrückt!“ rief er ihm erschrocken zu, während Roberto das Gleichgewicht verlor und auf die Knie sank.

Der Mann schaute sich schnell um, und als er sah, daß die Hauptallee nach wie vor menschenleer war, packte er seinen wankenden Kumpel am Arm und zog ihn schnell hinter sich her. Wenige Sekunden später verschwanden sie in einem schmalen Durchgang zwischen den Häusern.

Roberto preßte die Hand auf den Bauch und konnte fühlen, wie das warme Blut zwischen seinen Fingern floß. Er wollte um Hilfe rufen, machte einige Male den Mund auf, doch die Kraft verließ ihn immer schneller…

* * *

Eine Viertelstunde später durchzuckten die Gegend Blitzlichter, gellende Hornsignale der Rettungswagen zerrissen die nächtliche Stille. Als der erste Wagen in der breiten Hauptallee auftauchte, sahen die Sanitäter einen Mann, der ihnen mit hoch erhobenen Händen Zeichen gab.

„Er atmet noch!“ schrie er dem herbeieilenden Notarzt zu und beugte sich wieder über den Jungen, der regungslos auf dem Boden lag.

Roberto wurde auf die Tragbahre gelegt und schnell in den Wagen geschoben. Blasse Gesichter und hektische Bewegungen der Sanitäter verrieten den Ernst der Lage. Blutkonserven wurden ausgepackt, dünne Schläuche angeschlossen. Während draußen die Polizei weiträumig den Tatort absperrte, traf ein weiterer Polizeiwagen ein. Mehrere Beamte stiegen aus. Nach einem kurzen Gespräch mit dem Polizeidirektor begannen sie mit der Spurensicherung.

Der alte Mann, sichtlich erschüttert von dem schrecklichen Verbrechen, schüttelte bekümmert den Kopf und murmelte etwas Undeutliches vor sich hin. Erst die raue Stimme eines herbeieilenden Kriminalbeamten riß ihn aus seinem Zustand heraus.

„Haben Sie die Polizei verständigt?“

Der Mann nickte mit dem Kopf.

„Ein Mädchen hat mich herbeigerufen“, erklärte er.

„Wo ist es?“

Der Mann schaute sich um und stellte überrascht fest, daß das Mädchen nicht mehr da war.

„Keine Ahnung“, sagte er verstört. „Sie ist mir entgegengelaufen. Hier, vor der Buchhandlung!“ Er wies mit einer Hand auf die Schaufenster eines mehrstöckigen Hauses. „Dort liegt ein verletzter Mensch, hat sie geschrien. Rufen Sie sofort die Polizei an! Mein Akku ist leer! Während ich mit der Zentrale gesprochen habe, ist sie verschwunden. Ich habe gedacht, sie ist zurückgelaufen.“

„Können Sie das Mädchen beschreiben?“ fragte der Kriminalbeamte.

„Ich weiß es nicht“, erwiderte der Mann unsicher. „Ich habe schlechte Augen und es war dort sehr dunkel… Sie muß wohl sechzehn sein… Sie hat ein rundes Gesicht…“

Er strengte sein Gedächtnis an, konnte sich aber an weitere Details nicht mehr erinnern. Während die Polizeibeamten noch seine Personalien prüften, hörte er das pfeifende Geräusch eines herannahenden Hubschraubers. Er warf den Kopf hoch und sah ihn von Norden her kommen. Wenige Minuten später blieb die schwerfällige Maschine über dem nahegelegenen Fußballfeld schweben und begann zu sinken.

Der Rettungswagen fuhr langsam los und nahm die gleiche Richtung.

„Es war ein Mensch“, sagte der alte Mann ahnungsvoll.

Mit Tränen in den Augen schaute er dem wegfahrenden Wagen hinterher…

Eine schreckliche Nachricht

Bereits am frühen Morgen hatte die ganze Stadt vom schrecklichen Verbrechen gewußt. Innerlich aufgewühlt teilten die Menschen einander Einzelheiten mit, die sie aus der näheren Umgebung des Opfers erfahren hatten.

„Roberto hieß der Junge, der Sohn von Antonio Grimaldi!" erklärte die Bäckereiverkäuferin den besorgten Kurgästen. „Sie haben ein Restaurant dort an der Ecke..."

Die Menschen blickten in die gewiesene Richtung, seufzten schwer und gingen kopfschüttelnd weiter. Auch Anna hatte es noch vor der Schule erfahren. Kaum war sie aus dem Bett gestiegen, klingelte ihr Handy.

„Roberto ist tot...", hörte sie Julias brüchige Stimme, danach erstickten ihre Worte im trostlosen Schluchzen.

„Wie tot?" fragte Anna irritiert. „Wieso..."

Sie versuchte, Ruhe zu bewahren, konnte aber nicht verhindern, daß die lähmende Furcht immer mehr Besitz von ihr ergriff. Sie verlangte nach einer Erklärung, doch Julia war dazu nicht in der Lage. Erst nach einigen qualvollen Sekunden kam das schreckliche Wort aus ihr heraus.

„Ermordet...", schallte es aus dem Innern des Smartphones.

Wie Grabeskälte wehte es in Annas Seele.

„Wie... ermordet...", stotterte sie entsetzt. „Wer?"

Mehr konnte sie aber von ihrer Freundin nicht erfahren. Sie zog sich schnell an und lief nach draußen. Wie ein dunkler Schatten kreiste die schreckliche Nachricht um sie herum, konnte aber nicht in die Tiefe ihres Bewußtseins durchdringen. Sie hatte es gehört, und es bestand kein Zweifel, daß ihre Freundin die Wahrheit gesagt hatte, und doch hatte Anna das Gefühl, es wäre nur ein Mißverständnis und Roberto würde heute noch wie gewohnt in die Klasse kommen...

Als Anna aber den Schulhof erreichte, fand sie dort eine weitere Bestätigung dessen, daß es tatsächlich geschehen war. Es gab dort nicht die geringste Spur jener ausgelassenen Stimmung, die ihn sonst vor dem Unterrichtsbeginn beherrscht hatte. Keine spielenden Fünftkläßler, kein fröhliches Stimmengewirr... Die Schüler standen in Gruppen und unterhielten sich mit gesenkter Stimme und in ihren ernsten Gesichtern lag die gleiche niederdrückende Ratlosigkeit.

Anna stieg die Eingangstreppe hinauf und sah an der Tür einen Aushang, wonach der Unterricht an diesem Tag nicht stattfinden würde. Sie riß die

Tür auf und trat in die Eingangshalle. Der Raum war voll mit Schülern. An einer Wand hing ein großes Bild von Roberto. Mit leichtem Lächeln schaute der Junge in die Menge seiner fassungslosen Mitschüler. Brennende Kerzen und Blumensträuße lagen auf dem Boden darunter.

Erst als Anna das schwarz umrahmte Porträt ihres Klassenkameraden sah, wurde sie von der endgültigen Gewißheit überwältigt, daß sie Roberto nie wieder sehen würde. Tränen liefen über ihre Wangen.

Während sie noch vor dem Bild stand, kamen ihre Freunde zu ihr.

„Wie ist es passiert?“ fragte Anna, als sie Julia neben sich sah.

Das Mädchen blickte sie mit verweinten Augen an, wollte ihr etwas sagen, brachte es aber nicht zustande. Julia begann zu schluchzen und umarmte ihre Freundin. Anna strich ihr tröstend über den Rücken und schaute sich im überfüllten Raum besorgt um.

„Wo ist Frank?“ fragte sie Luka, während sie über die Schulter ihrer Freundin erwartungsvoll zu ihm schaute.

Der Junge ließ den Blick zu Boden sinken und schwieg. Als sie sein blasses Gesicht sah, ahnte sie etwas Schlimmes.

„Luka“, flüsterte sie ängstlich. „Wo ist Frank?“

„Er kommt nicht“, preßte der Junge gewaltsam aus sich heraus.

„Wieso“, stieß Anna entsetzt hervor.

„Frank wurde festgenommen“, sagte Luka mit qualvoller Stimme, „als Tatverdächtiger.“

Anna erstarrte. Hilflos blickte sie nach allen Seiten, doch ihre Freunde schwiegen. Bald spürte sie einen wachsenden Druck in ihrem Kopf. Ein seltsames Sausen überdeckte die übrigen Geräusche.

„Das ist nicht wahr…“, flüsterte Anna mit letzter Kraft und sank ohnmächtig auf den Boden.

Das Verhör

„Es hat doch keinen Sinn!“ sagte der Kriminalbeamte und ließ seinen Kugelschreiber auf den Tisch fallen. „Man hat Sie genau um die Uhrzeit in der unmittelbaren Nähe des Tatorts gesehen, und Sie behaupten, gar nichts davon mitbekommen zu haben! Wie geht das?“

Frank wußte nicht, was er noch dazu sagen könnte, und zuckte ratlos mit den Schultern. Zum dritten Mal mußte er erklären, daß er kurz nach elf Uhr Sebastian nach Hause begleitet habe und danach zum Marktplatz gegangen sei, um mit dem letzten Bus nach Hause zu fahren.

„Warum habe Sie aber nicht den kürzesten Weg genommen?“ fragte der zweite Beamte in einem Ton, als hätte er Frank damit in die Enge getrieben. „Wenn Sie zum Marktplatz gehen wollten, dann hätten sie doch die Humboldtstraße nehmen sollen! Man hat Sie aber in der Turmstraße gesehen?“

„Das ist richtig! Ich hatte noch zwanzig Minuten Zeit“, erklärte der Junge, „deswegen bin in zunächst in die Brunnenstraße gegangen…“

Noch bevor er den Satz zu Ende gesprochen hatte, wurde er erneut unterbrochen.

„Warum?“ fragte der Ermittlungsbeamte mit Nachdruck.

„Die Straße ist sehr schön. Wenn ich Zeit habe, gehe ich immer durch die Brunnenstraße…“

Frank verstummte, denn das Lächeln im Gesicht der Beamten zeugte davon, daß sie ihm kein Wort glaubten.

„Die Straße ist sehr schön“, wiederholte einer der Männer und blickte kopfschüttelnd seinen Kollegen an.

„Hören Sie zu“, sagte dieser durchaus freundlich. „Es hat doch wirklich keinen Zweck! Wenn diese Ungereimtheiten die einzigen wären, könnte ich das noch irgendwie verstehen. Dann würde es für Sie tatsächlich einen Sinn ergeben, mit uns Katz und Maus zu spielen. Aber es gibt eine Menge belastender Umstände, die Sie nicht so einfach entkräften können.“

Frank hörte ihm aufmerksam zu, konnte aber nicht verstehen, was er damit meinte. Als er am frühen Morgen in seiner Wohnung festgenommen worden war, hatten sie ihm erklärt, daß er des Mordes an Roberto Grimaldi verdächtig sei. Gleichzeitig hatten die Kriminalbeamten mit einer Hausdurchsuchung begonnen, danach hatten sie ihn in eine norddeutsche Justizvollzugsanstalt gebracht, wo er seit mehreren Stunden vernommen wurde. Aus unzähligen Fragen, die sie ihm stellten, ging hervor, daß man ihn in der vergangenen Nacht in der Turmstraße gesehen habe und daß Roberto zur gleichen Zeit in der parallel verlaufenden Hauptallee ermorden worden sei. Mehr wußte er nicht.

Sichtlich gezeichnet von der schrecklichen Nachricht saß er nun in einem leeren Raum auf einem dünn gepolsterten Stuhl und blickte mit müden Augen zwei unbarmherzigen Kriminalbeamten entgegen.

„Wann haben Sie Roberto Grimaldi zum letzten Mal gesehen?“

„Gleich nach dem Unterricht in der Klasse“, sagte Frank. „Ich habe meinen Kugelschreiber vergessen und bin noch einmal nach oben gegangen. Er war allein im Klassenzimmer.“

„Als Sie in den Raum traten, wie hat er darauf reagiert?“

„Er war überrascht. Auch ich habe nicht erwartet, ihn dort anzutreffen.“

Frank erzählte von dem kurzen Gespräch mit Roberto, von seinem Freundschaftsangebot und davon, daß Roberto ihn anschließend zu einem Streitgespräch in die Aula eingeladen habe.

„Warum hat er so feindlich auf ihr Freundschaftsangebot reagiert?“

„Offensichtlich hat er mir mißtraut“, erwiderte Frank. „Ich glaube dir nicht, hat er mir gesagt.“

Es kamen viele Fragen, die unentwegt um sein Verhältnis zu Roberto kreisten. Dann mußte Frank ihnen erzählen, wie er in die Aula des Kant-Gymnasiums gekommen war, wo an diesem Abend eine Versammlung verschiedener antifaschistischer Gruppen stattfinden sollte.

„Warum kam Roberto nicht zu dieser Versammlung?“

„Das weiß ich nicht“, erwiderte Frank. „Es muß etwas Wichtiges geschehen sein, was ihn aufgehalten hat.“

„Und was passierte, als die Anwesenden erfahren haben, wer Sie sind?“

„Sie waren überrascht. Zunächst wollten sie nicht glauben, daß ich es bin. Ich erklärte ihnen, daß Roberto mich eingeladen hat und daß er mit mir über den Marxismus diskutieren wollte. Daraufhin haben sie angefangen zu lachen. Bald traten aus der Menge einige junge Männer. Sie haben mich provoziert und beschimpft, dann haben sie mich geschlagen.“

„Was haben sie Ihnen ganz genau gesagt?“

„Einer von ihnen sagte, daß man mit den Nazis nur auf eine Art und Weise diskutieren sollte. Gleich danach schlug er mir ins Gesicht. Ich stürzte auf den Boden. Danach hat man mich mit Füßen getreten, bis ein junger Mann zu ihnen kam, den sie Siggi nannten. Er hat sie zur Seite gezogen. Danach durfte ich gehen.“

„Haben die Anwesenden Sie dann nicht mehr geschlagen?“

„Nicht wirklich“, sagte Frank. „Als ich zum Ausgang ging, haben sie mich bespuckt und ab und zu noch getroffen, aber nicht stark.“

Die Erinnerung an diese Ereignisse tat Frank nach wie vor weh, was am Ausdruck seines blassen Gesichtes erkennbar wurde.

„Was haben Sie dabei empfunden?“ fragte einer der Vernehmungsbeamten. „Immerhin war es Roberto, der dafür verantwortlich war.“

„Ich habe bis zuletzt gehofft, daß er kommen würde. Dann habe ich gedacht, daß ihm etwas zugestoßen sei“, erwiderte Frank. „Sonst wäre er gekommen.“

„Haben Sie also zu keinem Zeitpunkt Verdacht geschöpft, daß Roberto Sie absichtlich in die Falle gelockt habe?“

„Unmöglich!“ rief Frank ihm entschieden zu. „Roberto würde so etwas niemals tun. Er ist ein anständiger Mensch.“

„Ein anständiger Mensch“, wiederholte der zweite Beamte nachdenklich. „Wenn man noch wüßte, was man darunter verstehen soll.“

Frank überlegte einige Sekunden lang, dann sagte er:

„Roberto hatte ein tiefes Gefühl für Ehre, so wie es heute nur wenige haben. Er würde niemals die hilflose Lage eines Menschen ausnutzen! Wenn Roberto da gewesen wäre, hätte er mich wie seinen eigenen Bruder verteidigt.“

„Es ist alles sehr schön, was Sie uns erzählen“, erwiderte der Kriminalbeamte seufzend. „Uns sind aber auch andere Vorfälle bekannt, die mit Ihrer Darstellung nicht immer übereinstimmen.“

„Was meinen Sie?“ fragte Frank besorgt.

„Ist es wahr, daß Sie und Roberto bereits an Ihrem ersten Schultag aneinander geraten sind?“

Frank mußte überlegen, was der Mann damit gemeint haben könnte, doch dieser half ihm dabei bereitwillig nach.

„Hat er Sie nicht aufgefordert, vor der ganzen Klasse zu sagen, ob Sie bereits mit einem Mädchen geschlafen haben?“ fragte er mit rätselhafter Stimme. „War das etwa der Ausdruck einer edlen Gesinnung, von der Sie soeben gesprochen haben?“

Frank schlug die Augen für einige Sekunden nieder und atmete erschöpft auf.

„Er wollte nur prüfen, ob ich es mit der Wahrheit tatsächlich ernst gemeint habe“, erwiderte er. „Ich bin mir sicher, daß er diese Frage später bereute.“

„Das wissen wir leider nicht“, sagte der zweite Beamte. „Sagen Sie uns doch ehrlich, warum Sie mit solcher Vehemenz versuchen, Ihr angespanntes Verhältnis zu Roberto zu beschönigen, obwohl uns gesicherte Erkenntnisse vorliegen, die vom krassen Gegenteil zeugen?“

Frank fühlte sich ausgelaugt und unglücklich. Mit trüben Augen blickte er zum Fragenden auf.

„Ich kann nur für mich sprechen“, sagte er leise. „Ich wollte ihn schon immer als Freund gewinnen. Es ging aber leider nicht.“

„Wollen Sie uns etwa sagen, daß Sie ihm alles verziehen haben, obwohl er sich bei Ihnen nicht einmal entschuldigt hat?“ fragte der Kriminalbeamte mit todernster Stimme, während er sich leicht zu ihm über den Tisch beugte und mißtrauisch in seine hellgrauen Augen blickte.

„Ich war ihm nicht böse“, erwiderte Frank traurig. „Ich hatte das Gefühl, daß er mich auch mochte, nur hat er mir nicht vertraut…“

„Jetzt sind Sie aber unglaubwürdig!“ rief der zweite Kriminalbeamte ihm zu. „Sie sind zwar ein guter Schauspieler, aber so etwas wird Ihnen mit Sicherheit niemand abnehmen! Sie verstricken sich immer mehr in Widersprüche!“

Frank schlug die Augen nieder und schwieg, worauf die beiden Beamten wieder zu den ursprünglichen Fragen zurückkehrten.

„Also, sagen Sie uns doch mal ehrlich: Warum sind Sie nicht auf dem kürzesten Weg zum Marktplatz gegangen? Hat Roberto in der Hauptallee auf Sie gewartet oder trafen Sie ihn dort zufällig? Wo haben Sie die Tatwaffe versteckt?“

Die Vernehmung ging weiter. Die heimtückischen Fragen wollten nicht enden, sondern tauchten in regelmäßigen Abständen und in abgewandelter Form wieder und immer wieder auf. Erst am Abend brachten die Wachen ihn in seine Zelle.

Als die eiserne Tür verschlossen wurde, ließ er sich erschöpft auf einen Stuhl nieder. Sein erster Tag in Unfreiheit neigte sich seinem Ende zu. Wie viele solche Tage wird es noch geben? dachte Frank, konnte aber die Frage nicht beantworten.

Er legte sich aufs Bett und die Erinnerung an die frühen Morgenstunden stürzte sich auf ihn mit einer Heftigkeit, die ihm die restliche Lebenslust raubte. Er konnte wieder die Mutter sehen und Friedrich… wie sie in der Küche gestanden und geweint hatten, während die Beamten ihre kleine Wohnung durchsucht hatten…

Lieber Christus, flüsterte er mit der letzten Kraft seiner ermatteten Seele, gib ihnen Kraft, das alles durchzustehen…

Der Abschied

Den zweiten Tag schon trauerte die kleine Kurstadt um Roberto. Die Fahnen wurden auf Halbmast gesetzt, alle Veranstaltungen abgesagt. Im Schatten einer alten Linde in der Hauptallee wogte ein Meer von Teelichtern. Frische Blumen erinnerten an einen jungen Menschen, der an dieser Stelle so plötzlich aus ihrer Mitte gerissen worden war. Auf den Gesichtern vorübergehender Menschen lag eine stumme Frage, die sie nicht zu lösen vermochten: Warum?

Noch viel schwerer war es aber für jene jungen Menschen, die schweigend davor standen. Niedergeschlagen starrten sie auf die flackernden Flammen. Den zweiten Tag versuchten sie, jeder auf seine Weise, mit der schrecklichen Gewißheit fertig zu werden, daß sie Roberto nie wieder sehen werden. Sein Sarg war in der katholischen Kirche aufgebahrt worden, wo in einer Stunde ein Trauergottesdienst beginnen sollte. Danach werde der Junge in seine Heimat überführt und in einem kleinen Dorf in Kalabrien beigesetzt, dort, wo auch seine Ahnen ruhen, hatte es geheißen.

Eine Gruppe von Jugendlichen ging zur Seite und bildete einen engen Kreis. Die Jungen trugen zum Zeichen der Trauer dunkle Anzüge, Julia, das einzige Mädchen unter ihnen, ein schwarzes Kleid, das ihr weit unter die Knie reichte.

Luka schlug für einige Sekunden die Augen nieder. Sein blasses Gesicht verriet, wie stark das tragische Ereignis an seinem Herzen nagte.

„Ich weiß, was ihr jetzt denkt“, sagte er, als er die Augen wieder öffnete. „Manchmal scheint mir auch, daß der Himmel sich gegen uns verschworen hat. Noch nie hat es einen von uns so stark und ungerecht getroffen. Jeder, der Frank nur wenige Tage kennt, weiß, daß er unschuldig ist, und trotzdem sitzt er jetzt in einem Gefängnis…“

Als Sebastian diese Worte hörte, konnte er nicht verhindern, daß ihm die Tränen hochstiegen. So bildlich konnte er sich vorstellen, wie sein bester Freund jetzt in einer Zelle unruhig hin- und herging, abgeschnitten von der ganzen Welt, beschuldigt eines schrecklichen Verbrechens… Sebastian schaffte es zwar, den Kloß in seinem Hals gewaltsam hinunterzuschlucken, doch seine Mundwinkel zuckten.

„Wir dürfen aber nicht die Hoffnung verlieren“, fuhr Luka fort. „Was würde denn Frank sagen, wenn er die Möglichkeit dazu hätte? Er würde sagen, daß wir jetzt zusammenhalten müssen! Einer für alle und alle für einen!“

Er streckt die rechte Hand in die Mitte des Kreises. Die Freunde legten einer nach dem anderen ihre Hände darüber, so wie Frank es bei ihnen eingeführt hatte, und wiederholten den schönen Spruch.

„Wir müssen alles versuchen, um Frank aus dem Gefängnis herauszuhauen“, sagte Luka, nachdem das Ritual vollzogen worden war.

„Aber was können wir tun?“ rief Julia verzweifelt aus.

Sie begann zu weinen und drehte sich weg.

„Das weiß ich noch nicht“, gab Luka ehrlich zu, während er betroffen auf ihre zuckenden Schultern schaute. „Aber du hast jetzt eine wichtige Aufgabe. Du und Max, ihr beide solltet jetzt lieber zu Anna gehen. Wenn es euch gelingt, sie ein wenig aufzumuntern, dann habt ihr was Wichtiges getan!“

Julia nickte stumm und wischte sich die Tränen weg. Gleich danach verabschiedeten sich Max und Julia und gingen in Richtung der Parkstraße, wo das Weigandsche Anwesen lag. Erst nachdem sie hinter den Kaiserlinden verschwunden waren, wandte sich Luka an Sebastian und René.

„Ich habe mit Frau Uffelmann gesprochen“, sagte er ihnen. „Friedrich geht es sehr schlecht. Könnt ihr euch um ihn kümmern? Vielleicht braucht Frau Uffelmann sonst noch irgendwelche Hilfe?“

Noch bevor er zu Ende gesprochen hatte, nickten die Jungen und zeigten mit ihrem ganzen Aussehen, daß sie alles tun würden, was in ihren Kräften stünde.

„Ich begleite euch zur Bushaltestelle, dann muß ich zur Polizei“, sagte Walter, worauf alle drei zum Marktplatz gingen.

Luka blieb noch einige Minuten vor den flackernden Kerzen stehen, dann ging auch er weg. Bald erreichte er die katholische Kirche. Viele Menschen in schwarzer Kleidung standen davor und warteten auf den Beginn des Trauergottesdienstes. Mit leichtem Kopfnicken begrüßte er einige Bekannte und Mitschüler, dann blieb er vor der geöffneten Eingangstür unentschlossen stehen.

Angst loderte in seinen Augen. Schon immer hatte er sich vor den Toten gefürchtet, auch wenn er mit ihnen verwandt gewesen war. Die Blässe ihrer sterblichen Hüllen und der Ausdruck in ihren starren Gesichtern weckten in seiner Vorstellung stets einen schrecklichen Verdacht, daß sie nicht wirklich tot waren und daß sie am Tage nur schliefen, um nachts ihre Augen wieder zu öffnen…

Doch heute war es anders. Als Luka über die Schwelle trat und an Roberto dachte, verflüchtigte sich die Angst. Er benetzte seine Finger mit

Weihwasser und schlug bedächtig ein Kreuz. Der süßliche Duft von Weihrauch füllte das von Kerzen erleuchtete Gotteshaus.

Mit einem Blumenstrauß in der Hand ging Luka durch den Mittelgang zu dem schwarzen Sarg, der direkt vor dem Altar aufgebahrt worden war. Bald sah er Robertos Eltern. Gezeichnet vom schrecklichen Verlust saßen sie in der ersten Reihe und starrten mit abwesenden Augen vor sich hin. Gleich dahinter saßen mehrere Schüler aus seiner Klasse.

Als Luka vor dem Altar stehenblieb und die Blumen niederlegte, zog sich sein warmes Herz wieder zusammen. Die Vorstellung, daß Roberto jetzt tatsächlich in diesem schwarzen Sarg lag und bald in der Erde begraben würde, konnte er nach wie vor nicht verkraften, so schrecklich war die Gewißheit, daß er morgen in die Schule kommt und Robertos Platz in der zweiten Reihe leer bleiben wird. Und er wird auch morgen und übermorgen leer bleiben, und so in aller Ewigkeit…

Die Rückkehr

Als der gepanzerte Mercedes in der Tiefgarage stehenblieb, stieg Herr Weigand aus dem Wagen und ging, begleitet vom Chef seines Sicherheitsdienstes, sofort in das Zimmer seiner Tochter. Das, was er dort sah, übertraf seine schlimmsten Befürchtungen. Anna lag im Bett, als ob sie von schwerster Krankheit geschlagen wäre und nur noch wenige Tage sie vom sicheren Tod trennen würden.

Julia saß am Bett und, als sie Annas Vater eintreten sah, begrüßte sie ihn mit einem stummen Nicken und ging, die Hand auf den Mund gepreßt, sofort aus dem Zimmer.

Herr Weigand setzte sich an den Bettrand und nahm behutsam Annas kraftlose Hand in seine.

„Danke, Papa…“, sagte sie mit schwacher Stimme und versuchte zu lächeln. „Danke, daß du gekommen bist.“

„Wie geht's dir, mein Täubchen?“ fragte Herr Weigand zärtlich.

Anna schlug die Augen nieder. Bald liefen über ihr blasses, von Unglück gezeichnetes Gesicht wieder Tränen.

„Er hat es nicht getan“, sagte Anna kummervoll und blickte ihren Vater an, als wollte sie an seinem Gesicht erkennen, ob er von der Unschuld des Jungen genauso fest überzeugt war wie sie.

„Ich weiß“, bestätigte Herr Weigand. „Ich weiß das…“

Obwohl Anna kaum noch Kraft hatte, drückte sie dankbar seine Hand zusammen, so wichtig war es ihr, dieses klare Wort zu hören…

Zwei Stunden später saß Herr Weigand im prächtigen Musiksalon seiner Villa und starrte nachdenklich vor sich hin. Eigentlich sollte er jetzt in New York sein, wo in diesen Stunden eine wichtige Vorstandssitzung stattfand. Doch alle Termine wurden abgesagt und nur wenige Menschen hatten in dieser Zeit das Glück, mit ihm verbunden zu werden.

In den Händen hielt er ein Bild. Zwei junge Menschen blickten einander in die Augen und in ihren verliebten Blicken spiegelte sich ein stilles Glück, das nur wenige auf dieser Erde erleben durften. Es war seine Tochter und jener Junge, der ihr so plötzlich entrissen wurde…

Die Tür ging auf. Herr Weigand steckte das schöne Bild wieder in die Innentasche seines Sakkos. Frau Weigand sank erschöpft in den Sessel und schlug die Augen nieder.

„Es geht ihr kein bißchen besser“, sagte sie nach einer langen Pause.

„Professor Merz hat wieder versucht, an sie heranzugehen, doch sie verschließt sich. Sie weigert sich, Medikamente zu nehmen!“ Sie seufzte schwer und fügte verzweifelt hinzu: „Die Ärzte setzen auf Zeit! Es kann aber bis zu vier Wochen dauern, bis es ihr wieder etwas besser geht.“

Herr Weigand schwieg.

„Ich habe schon bei der Geburtstagsfeier gemerkt, daß sie sich bis zu den Ohren in diesen Jungen verliebt hat“, sagte Frau Weigand bekümmert. „Aber daß es so schlimm ist, konnte ich mir damals nicht einmal vorstellen!“

„Wie kann es ihr besser gehen, wenn der Junge nach wie vor als Hauptverdächtiger im Gefängnis steckt?“ fragte Herr Weigand düster.

„Meinst du, daß er das war?“ fragte sie besorgt.

„Nein!“

„Wieso bist du dir dessen so sicher?“

„Vor einigen Wochen habe ich mit ihm persönlich gesprochen“, erklärte Herr Weigand. „Er ist ein gläubiger Christ.“

„Die Medien behaupten aber, daß alles gegen ihn spricht.“

„Seit wann glaubst du den Medien?“ fragte er verärgert.

Frau Weigand wurde hellhörig.

„Reiner! Ich weiß, was du jetzt gerade denkst“, sagte sie eindringlich. „Aber glaub mir: Sie wird ihn irgendwann vergessen, wie wir alle unsere erste Liebe vergessen haben.“

„Ich kenne auch andere Fälle“, erwiderte Herr Weigand mit vielsagender Stimme.

„Dein Bruder ist, Gott sei Dank, nicht die Regel. Außerdem weiß man nicht, wie die Sache ausgegangen wäre, wenn sich meine Cousine für ihn entschieden hätte. Vielleicht wäre sie für ihn eine große Enttäuschung gewesen!“

„Vielleicht!“ erwiderte Herr Weigand. „Ich bilde mir aber ein, ein wenig mehr zu wissen, was mit meinem Bruder damals geschehen war. Als deine Cousine im Hochzeitskleid vor dem Altar stand, wollte er sich das Leben nehmen! Wenn man ihn daran nicht gehindert hätte, wäre er schon lange tot gewesen. Das ist ein Schmerz, den nicht jeder aushalten kann. Noch weniger können es jene nachvollziehen, die selbst zu einer solchen Liebe nicht fähig sind. Wenn der Junge tatsächlich unschuldig ist…“

Frau Weigand unterbrach ihn.

„Reiner!“ sagte sie besorgt. „Misch dich bitte nicht ein! Wenn er unschuldig ist, dann wird er früher oder später freigesprochen.“

„Früher oder später?“ wiederholte Herr Weigand und warf ihr einen finsteren Blick zu. „Soll ich deiner Meinung nach tatenlos zusehen, wie meine Tochter zugrunde geht?“

„Sie wird es mit Sicherheit überleben“, entgegnete sie bedrängt. „Überlasse es dem Schicksal.“

„Es ist nicht meine Natur, irgend etwas in meinem Leben einem wie auch immer gearteten Schicksal zu überlassen.“

„Ich weiß“, sagte sie friedfertig. „Wie schmerzhaft das auch ist, vielleicht ist es doch der richtige Zeitpunkt, daß sie sich von ihm lösen kann. Du warst doch selbst gegen diese Beziehung! Ist es nicht eine günstige Gelegenheit, ihr Gefühl zu prüfen? Wenn ihre Liebe wirklich so stark und beständig ist, so werden die beiden diese Trennung überstehen und noch stärker aus dieser Prüfung hervorgehen. Dann kannst du deine schützende Hand über den Jungen ausstrecken. Aber nicht jetzt!“

Die Worte seiner Frau zeigten Wirkung. Er schwieg, doch an seinem willensstarker Gesicht konnte sie sehen, daß er ihre Bedenken ernst nahm.

„Glaubst du wirklich, unsere Tochter könnte mit ihm glücklich sein?“ fragte Frau Weigand und ihre flehende Stimme verriet, wie stark sie selbst von den gleichen Zweifeln geplagt wurde.

„Es gibt noch eine andere Frage, die wir beantworten müssen“, erwiderte er nachdenklich. „Und sie ist genau so wichtig.“

„Was meinst du, Reiner?“

„Wird unsere Tochter ohne ihn glücklich sein? Werden wir es nicht bereuen, daß wir in einem Augenblick, wo wir das Schlimmste hätten verhindern können, nur über das Schicksal philosophiert haben?“ Er machte eine Pause, dann sagte er mit todernster Stimme: „Schicksal ist nur das, was ich nicht ändern kann, für alles andere werde ich mein Leben lang Verantwortung tragen müssen. Nicht du, sondern ich allein!“

Frau Weigand kamen wieder Tränen in die Augen. So hatte sie ihren Ehemann schon immer gekannt, als einen starken Mann, der sich stets für alles persönlich verantwortlich fühlte.

„Was willst du tun?“ fragte sie gerührt.

„Ich weiß es nicht“, sagte Herr Weigand nach kurzem Zögern.

Der Brief

Mit schwerem Gefühl trat Herr Weigand aus dem Musiksalon in die Eingangshalle. Er wollte in sein Arbeitszimmer gehen, vernahm aber leichte Schritte seiner Tochter, die von oben her zu ihm schallten. Er blieb stehen und einige Sekunden später sah er Anna auf der Haupttreppe. In ihrem weißen Morgenmantel gehüllt, stieg sie herunter und ging sichtlich erschöpft direkt auf ihn zu.

Herr Weigand machte ihr einige Schritte entgegen und blickte besorgt in ihr blasses Gesicht. Sie schien aufgewühlt zu sein, doch ihre geröteten Augen waren trocken. In den Händen hielt sie einen Briefumschlag, den sie wie einen kostbaren Schatz an ihre Brust drückte.

„Papa“, sagte sie, um Atem ringend. „Kannst du für mich etwas tun?“

„Natürlich, mein Kind“, erwiderte Herr Weigand.

„Ich habe einen Brief geschrieben… für ihn!“ sagte sie schnell. „Kannst du diesen Brief bitte…“

Als Herr Weigand sah, in welchen gefährlichen Zustand seine Tochter inzwischen geraten war, wollte er sie beruhigen, doch sie ließ ihn nicht sprechen.

„Papa! Ich habe niemanden außer dir, der mir helfen könnte“, rief sie ihm verzweifelt zu. „Ich kann mir vorstellen, daß so etwas schwer ist… aber ich weiß, daß du das kannst!“

Sie schaute erwartungsvoll in sein Gesicht, während ihre Augen sich schnell mit Tränen füllten.

„Bitte!“ flehte sie ihn an, begann zu schluchzen und sank plötzlich vor ihm auf die Knie. „Sag bitte nicht Nein!“

Herr Weigand war zutiefst erschüttert. Er zog die Tochter wieder auf die Beine und drückte sie fest an seine Brust. Er strich ihr sanft über die Haare, küßte sie auf den Kopf, doch Anna konnte sich nicht beruhigen.

„Kannst du es für mich tun?“ fragte sie mit zitternder Stimme.

„Gib mir deinen Brief“, sagte der Vater mit einer berauschend zärtlichen Stimme, so wie er es schon immer getan hatte, wenn er sie trösten wollte.

Sie wollte sich bei ihm bedanken, brach aber bereits beim ersten Wort vor Schmerz und Freude wieder in trostloses Schluchzen aus.

„Wann wird er ihn lesen dürfen?“ fragte Anna, nachdem sie sich ein wenig beruhigt hatte.

„Vermutlich morgen“, erwiderte Herr Weigand, während er nach wie vor sanft über ihre dunkelblonden Haare strich.

„Danke, Papa!“ flüsterte Anna erleichtert und küßte ihn auf die Wange.

Herr Weigand begleitete sie auf ihr Zimmer und, als sie sich wieder ins Bett legte, deckte er sie zu und setzte sich an den Bettrand.

„Darf er mir vielleicht eine Antwort schreiben?“ fragte Anna hoffnungsvoll.

„Das wird er sicher tun“, bestätigte der Vater, worauf sich auf ihrem Gesicht wieder eine stille Freude zeigte.

Sie schwiegen und schauten einander in die Augen, wie sie es früher oft getan hatten.

„Ich habe von Oma gehört, daß du auch einmal so stark ein Mädchen geliebt hast“, sagte sie ganz leise. „Wie alt warst du damals?“

„So jung wie du“, erwiderte Herr Weigand lächelnd.

„Liebst du dieses Mädchen immer noch?“ flüsterte Anna ihm vertraulich zu, während sie ihm nach wie vor tief in die Augen blickte.

Herr Weigand nahm ihre kraftlose Hand und streichelte sie liebevoll.

„Es wäre gut, wenn du jetzt diese Arznei einnimmst“, sagte er nach einer längeren Pause. „Das ist nur ein Schlafmittel. Du mußt dich jetzt unbedingt ausruhen.“

Er löste eine Tablette aus dem Streifen, doch Anna, die immer noch auf eine Antwort wartete, griff nach seiner Hand und drückte sie fest zusammen. Herr Weigand blickte zu ihr auf.

„Danke, Papa“, sagte sie mit schwachem Lächeln im Gesicht. „Du hast mich noch nie belogen.“

Sie nahm die Tablette ein und zog die Decke bis zum Kinn hoch.

„Bleibst du, bis ich einschlafe?“ fragte sie mit kummervoller Stimme.

„Natürlich“, erwiderte der Vater.

Eine Viertelstunde später schlief sie ein, doch Herr Weigand saß noch lange neben seiner Tochter. Selbst im Schlaf war ihr schönes Gesicht von tiefster Trauer gezeichnet…

* * *

Als Herr Weigand sein Arbeitszimmer betrat, bestellte er sofort den Chef seines Sicherheitsdienstes zu sich.

„Übergeben Sie bitte diesen Brief ungeöffnet an Frank Uffelmann“, sagte Herr Weigand schwermütig, als dieser vor ihm stand. „Morgen muß er ihn gelesen haben.“

Als er keine sofortige Bestätigung seiner Anweisung bekam, richtete er seinen prüfenden Blick auf den Mann. Es war für ihn nicht schwer, am willensstarken Gesicht seines langjährigen Mitarbeiters abzulesen, daß dieser nach einer brauchbaren Lösung suchte.

„Unsere Partner, die dafür in Frage kämen, sind aber noch in Brüssel", entgegnete dieser etwas später. „Soviel ich weiß, haben sie dort eine wichtige Plenarsitzung, zumindest Dr. Schmidt."

„Dann sollen sie ihre Sitzungen verschieben!" sagte Herr Weigand. „Holen Sie die beiden sofort zurück. Bestellen Sie einen Hubschrauber für sie, wenn es nötig sein sollte! Der Brief muß auf dem schnellsten Weg dem Jungen übergeben werden. Außerdem sollte er den Brief in deren Beisein lesen und unbedingt eine Antwort schreiben!"

„Jawohl!" erwiderte der Sicherheitschef und nahm den Brief entgegen.

Er wollte gehen, doch Herr Weigand hielt ihn zurück.

„Ich will mir die Sache mit diesem Mordfall genauer ansehen", sagte er nachdenklich. „Besorgen Sie mir bitte eine vollständige Kopie der Ermittlungsakte."

„Wann wollen Sie diese haben?" fragte sein Sicherheitschef.

„So schnell wie möglich", erwiderte Herr Weigand. „Und noch etwas: Niemand darf von meinem Interesse an diesem Fall Wind bekommen." Er machte eine kurze Pause, dann fügte er hinzu: „Nicht einmal meine Frau."

Der Mann nickte ihm verständnisvoll zu und entfernte sich.

Unerwarteter Besuch

Die Justizvollzugsanstalt lag, eingebettet in eine ländliche Idylle, im Einzugsbereich einer größeren Stadt. Es war bereits acht Uhr abends, als zwei schwarze Mercedes-Limousinen auf dem leeren Besucherparkplatz zum Stehen kamen.

Drei stattliche Männer stiegen heraus. Ihre würdevolle Haltung, dunkle Anzüge und Krawatten verrieten ihre nicht unbedeutende gesellschaftliche Stellung. Alle drei schienen ihr fünfzigstes Lebensjahr bereits überschritten zu haben, machten aber einen ausgesprochen vitalen Eindruck. Einer von ihnen, übergewichtig und wesentlich kleiner als seine Begleiter, holte einen dicken Ordner aus dem Wagen, worauf sie zielstrebig zum Haupteingang der Haftanstalt gingen.

„Wir sind Abgeordnete des Europäischen Parlaments“, sagte der korpulente Mann in die Sprechanlage, worauf aus dem Schloß der schweren Eingangstür ein leises Summen erschallte.

Sie traten in einen gesicherten Vorraum.

„Wir möchten gern die Haftbedingungen in Ihrer Anstalt prüfen“, sagte der gleiche Mann ohne lange Vorrede. „Wo ist der diensthabende Leiter?“

„Einen Moment bitte“, erwiderte der Wachtmeister hinter dem dicken Panzerglas und rief, sichtlich beeindruckt von dem Auftreten der Abgeordneten, sofort seinen Vorgesetzten an.

„Hier stehen drei Männer und möchten Sie sprechen. Sie sagen, sie seien EU-Abgeordnete.“

„Ich komme sofort runter“, erwiderte dieser.

Als er den Haupteingang erreichte, sah er im Vorraum die unerwarteten Gäste stehen, deren repräsentatives Aussehen ihn ebenfalls beeindrucke.

„Sie lassen uns warten?“ sagte der Übergewichtige mit überlegener Ruhe und betrachtete ihn neugierig.

„Darf ich Sie fragen, wer Sie sind?“

„Wir sind Abgeordnete des Europäischen Parlaments“, erwiderte der Mann und reichte ihm seinen Ausweis und die Karte des Abgeordneten. „Ich bin Dr. Schmidt.“

Das gleichen taten auch seine Kollegen.

„Wir werden jetzt die Haftbedingungen in Ihrer Anstalt prüfen“, erklärte Dr. Schmidt, noch bevor der diensthabende Leiter ihnen ihre Ausweise zurückgegeben hatte. „Außerdem erreichten uns einige Beschwerden, denen wir unverzüglich nachgehen wollen.“

„Zu dieser Stunde?“

„Die EU-Abgeordneten haben das Recht, unangemeldet und zu jeder Stunde alle Justizvollzugsanstalten zu inspizieren, wenn ich Sie daran erinnern darf“, erwiderte einer der Männer mit kühler Höflichkeit.

„Wollten Sie es nicht lieber in Anwesenheit des Leiters tun?“

„Gerade das wollen wir nicht“, sagte Dr. Schmidt, während sich sein Mund zu einem nachsichtigen Lächeln verzog, so unangebracht fand er den Vorschlag seines Gesprächspartners. „Ihr Widerstand gibt uns Anlaß zu vermuten, daß an den eingereichten Beschwerden etwas dran sein könnte.“

Er schaute den Beamten über den Rand seiner vergoldeten Brille so aufmerksam und merkwürdig an, daß dieser in Verlegenheit geriet.

„Wie lange wollen Sie uns noch hier warten lassen?“ fragte ein anderer Abgeordneter mit ärgerlicher Stimme.

„Bitte kommen Sie rein“, sagte der Beamte. „Ich muß nur kurz den Leiter in Kenntnis setzen.“

„Das müssen Sie nicht!“ erwiderte der dritte Mann mit strenger Stimme. „Wir haben keine Zeit. Falls Sie uns den Zutritt verweigern, rufen wir lieber gleich den Justizminister an! Ich werde ihm wohl einiges zu sagen haben!“

„Merkwürdig, daß das Personal seiner Vollzugsanstalten über die Rechte der EU-Abgeordneten nicht aufgeklärt wurden!“ pflichtete ihm Dr. Schmidt bei. „Wir müssen ihn zur Anhörung bestellen, daß er endlich Ordnung in seinen Laden kriegt!“

Der eingeschüchterte Beamte versuchte, sich zu rechtfertigen. Er habe ihnen auf keinen Fall den Zutritt verweigern wollen. Allerdings müßten sie prüfen, daß sie keine unerlaubten Gegenstände bei sich haben. So sei leider die Vorschrift.

„Meinen Sie wirklich, daß wir Waffen oder Drogen bei uns haben?“ fragte einer der Abgeordneten.

„Natürlich nicht“, erwiderte der Beamte, ohne zu wissen, wie er sich in einer solchen Situation verhalten sollte.

„Prüfen Sie nur!“ sagte Dr. Schmidt gelassen. „Wo sollen wir hingehen?“

„Hier bitte“, sagte der Beamte und wies ihm auf eine andere Eisentür.

Nachdem die Abgeordneten durch einen Metalldetektor gegangen waren, traten sie in den Innenhof des Gefängnisses.

„Was möchten Sie sehen?“ fragte der diensthabende Leiter.

„Zunächst einmal zeigen Sie uns bitte die Aufenthaltsräume“, sagte Dr. Schmidt im Ton eines Vorgesetzten. „Dann wollen wir uns den Teil ansehen, in dem die Untersuchungshäftlinge untergebracht sind.“

Als die Abgeordneten die Aufenthaltsräume in Augenschein nahmen, machten sie einige Notizen und waren mit dem Gesehenen sichtlich zufrieden. Bald traten sie in den nördlichen Flügel des Gefängnisses ein, in dem die Untersuchungshäftlinge saßen.

„In welcher Zelle befindet sich der Untersuchungshäftling Frank Uffelmann?“ fragte Dr. Schmidt, während er in seinem dicken Ordner blätterte.

„Nummer neun“, sagte ein Beamter, der für diese Abteilung zuständig war.

„Führen Sie uns bitte zu ihm! Wir wollen seine Haftbedingungen überprüfen.“

In Begleitung der Vollzugsbeamten gingen die prominenten Gäste durch den langen Flur und blieben an dessen Ende vor einer eisernen Zellentür stehen. Bald gingen sie hinein.

„Guten Abend, Herr Uffelmann!“ sagte Dr. Schmidt und musterte den Jungen mit einem neugierigen Blick.

Frank stand mitten im Raum und schien von dem unerwarteten Besuch überrascht.

„Wir sind Abgeordnete des Europäischen Parlaments. Mein Name ist Schmidt, das ist Dr. Brunswick, und das ist unser werter Kollege aus Belgien Dr. De Noure! Er ist Mitglied des Rechtsausschusses der Europäischen Kommission.“

Der Junge begrüßte sie mit einem Handschlag, stellte sich vor und blickte ratlos seine Gäste an.

„Wir würden gern wissen, ob Sie mit den hiesigen Haftbedingungen wirklich zufrieden sind“, sagte Dr. Schmidt in einem ausgesprochen offiziellen Ton und schlug seinen dicken Ordner wieder auf.

Frank wollte sofort erklären, daß bei ihm alles in Ordnung sei, doch der Abgeordnete war schneller.

„Wir möchten das gründlich und in Ruhe machen! Außerdem hat es keinen Sinn in Anwesenheit von Personal darüber zu sprechen“, sagte er mit Nachdruck und wandte sich an die Beamten, die gleich hinter seinen Kollegen standen. „Könnten Sie uns bitte allein lassen!“

Diese wagten nicht zu widersprechen und gingen zur Tür.

„Sie können uns für die Dauer unserer Besprechung gern einsperren“, warf er ihnen hinterher. „Dann kann ich meinen Kollegen berichten, daß ich den heutigen Abend im Knast verbracht habe."

Die Beamten gingen lachend hinaus und zogen die Tür hinter sich zu. Kaum waren sie weg, veränderte sich der Ausdruck im runden Gesicht von Dr. Schmidt. Er kam etwas näher und betrachtete aufmerksam den Jungen.

Frank war von den unerfreulichen Ereignissen der letzten Tage sichtlich gezeichnet. Eine ungesunde Blässe lag auf seinem Gesicht und unter seinen müden Augen lagen dunkle Schatten.

„Darf ich mich hinsetzen?" fragte Dr. Schmidt.

„Entschuldigung!" erwiderte Frank, peinlich berührt von der eigenen Unachtsamkeit. „Leider habe ich nur einen Stuhl, aber Sie können sich gern auch aufs Bett setzten."

Er zog den Stuhl nach vorne, doch Dr. Schmidt lehnte ihn höflich ab und setzte sich aufs Bett, während seine Kollegen dicht vor der Tür stehen blieben.

„Sie sind sicher überrascht?" fragte Dr. Schmidt mit einem geheimnisvollen Lächeln.

Frank nickte ihm zu, denn er hatte in der Tat nicht die geringste Ahnung, aus welchem Grund drei EU-Abgeordnete um diese Uhrzeit ausgerechnet zu ihm in die Zelle gekommen waren.

„Wer sind Sie?" fragte er beunruhigt.

„Heute bin ich nur ein Briefträger", erklärte Dr. Schmidt erheitert. Er lehnte sich vertraulich zu ihm, dann sagte er viel leiser: „Wir haben Post für Sie."

Er griff nach seinem Ordner, nahm aus einer Klarsichthülle einen dünnen Umschlag heraus und reichte ihn dem überraschten Jungen.

„Sie sollten ihn aufmachen und lesen", sagte der Abgeordnete. „Sie haben nicht so viel Zeit."

Als Frank den Umschlag entgegennahm, schlug sein Herz bereits so heftig, daß er das pulsierende Rauschen des Blutes in seinen Ohren hören konnte. Mit hastigem Handgriff riß er den Umschlag auf und erkannte sofort Annas schöne Handschrift.

„*Mein Liebster, mein Allerliebster…*", stand ganz am Anfang.

Bereits diese Anrede brachte den Jungen in große Gefühlsaufwallung. Er drehte sich schnell zum Fenster um und versuchte sich zu fassen. Als er die erste Seite überflog, schlug er die Augen nieder und drückte das Blatt zärtlich auf seine Brust.

Erst nachdem er sich wieder ein wenig beruhigt hatte, drehte er das Blatt um:

„…auf einmal wußte ich nicht mehr, woher ich die Worte nehmen sollte, um meinen Schmerz zu beschreiben, damit du weiß, wie es mir ohne dich geht. Heute Nacht habe ich dann ein Gedicht für dich geschrieben:

Wo bist du mein Liebling, wo schmachtet die Seele zur Stund'?
Ich fühle dein Herz, deinen Blick und den lieblichen Mund.
Du bist bloß auf Reisen, stehst nicht mit dem Rücken zur Wand,
Du kommst wie die Sonne, die heute im Dunkeln verschwand.

Die Tage vergehen so schmerzlich und leer ohne dich,
Nachts brennt eine Kerze, ich wache und bete für dich!
Ich glaube, ich hoffe: Du kommst bald nach Hause zurück,
Und mögen die anderen denken, ich wäre verrückt.

Auch wenn unser Glück durch die höheren Mächte bedroht,
Nur dein will ich sein auch in schlimmster, in bitterster Not.
Mein Liebling! Ich schwör' es zum tausendsten Male vor Gott,
Ich hab' keine Angst, selbst vor schrecklichem, qualvollem Tod…

Nun graut schon der Morgen, die Kerze zu Ende geweint,
Oh, Liebling! Mit dir bin ich gänzlich auf ewig vereint!
Du bist bloß auf Reisen, stehst nicht mit dem Rücken zur Wand,
Du kommst wie die Sonne, die gestern im Dunkeln verschwand.

Als Frank das Gedicht zu Ende las, sank er erschöpft auf den Stuhl.

„Ich danke Ihnen", sagte er bewegt.

Dr. Schmidt empfand aufrichtiges Mitleid mit dem Jungen, mußte ihn aber noch einmal daran erinnern, daß die Beamten jederzeit ihre Unterredung beenden könnten. Er legte vor ihn ein leeres Blatt Papier und einen Kugelschreiber.

„Und nun haben Sie bitte die Güte, eine Antwort darauf zu schreiben."

Frank nickte ihm dankbar zu und nahm den Kugelschreiber in die Hand. Unter dem Eindruck des ergreifenden Briefes begann er in fliegender Hast zu schreiben, während sich Dr. Schmidt erhob und neugierig die

Einrichtungsgegenstände der Zelle betrachtete. Um ihrem Besuch den Anschein einer Unterredung zu geben, begann er mit seinen Kollegen über die Haftbedingungen zu sprechen.

Als Frank die beiden Seiten beschrieben hatte, faltete Dr. Schmidt das Blatt vorsichtig zusammen, dann wollte er auch Annas Brief zurück haben.

„Leider dürfen wir Ihnen dieses Schreiben nicht überlassen", sagte er leise. „Wenn das Personal es bei Ihnen findet, wird es Ärger geben."

Diese Mitteilung überraschte den Jungen.

„Darf ich ihn noch einmal lesen?" fragte er beunruhigt. „Dort ist ein Gedicht. Vielleicht darf ich es abschreiben?"

„Natürlich!" erwiderte Dr. Schmidt nachgiebig. „Solange sie uns noch nicht vertrieben haben, können Sie es tun."

Frank nahm ein leeres Blatt Papier und schrieb Annas Gedicht schnell ab. Danach steckte Dr. Schmidt die beiden Briefe in den Umschlag und atmete erleichtert auf.

„Ich hoffe, Sie waren mit uns zufrieden?" fragte er gut gelaunt und blickte erheitert seine schweigsamen Kollegen an. „Sonst würde ich vorziehen, den Rest meines Lebens in dieser Anstalt zu verbringen."

Alle drei Abgeordnete begannen zu lachen, nur Frank konnte nicht verstehen, worauf seine Anspielung zielte. Sie verabschiedeten sich von dem Jungen, dann schlug Dr. Schmidt einige Male mit der Faust gegen die Zellentür.

Wenige Sekunden später wurde sie geöffnet.

„Wir sind mit den Haftbedingungen sehr zufrieden", sagte Dr. Schmidt dem diensthabenden Leiter. „Der Junge hat Ihnen die beste Note gegeben. Wir werden es in unserem Bericht besonders vermerken."

Erleichterung zeigte sich im Gesicht des Beamten.

Die eiserne Tür wurde wieder verschlossen. Bald verhallten die Stimmen und eine tiefe Stille beherrschte die Zelle. Frank nahm das Blatt in die Hand und las das ergreifende Gedicht noch einmal und noch einmal…

Verfrühte Freude

Chrissi kannte das schöne Haus von Joe bereits in- und auswendig und fühlte sich in dessen prächtigen Räumen wie zu Hause. Sogar ein eigenes Zimmer hatte er bekommen, wo er sich jederzeit zurückziehen konnte. Obwohl es dort ebenfalls einen Fernseher gab, bevorzugte Chrissi stets die weitläufige Wohnlandschaft im Erdgeschoß. Auch heute war es nicht anders. Nachdem Joe ihn gleich nach der Schule abgeholt und zu sich nach Hause gebracht hatte, ging er unter die Dusche, zog einen weichen Bademantel an und stieg ins Erdgeschoß hinunter.

Joe war gerade nicht da, doch Chrissi konnte durch die geöffnete Glastür hören, daß er draußen auf der Terrasse telefonierte. Der Junge ließ sich auf das weiche Sofa fallen und blickte auf den gebogenen Fernsehbildschirm, dessen Größe ihn stets mit stiller Begeisterung erfüllte. Eine vierköpfige Band gab einen wilden Song zum Besten. Der Ton war abgestellt, doch auf dem Couch-Tisch lagen schnurlose Kopfhörer.

Chrissi setzte sie auf und sogleich schlug ihm eine lärmende Metal-Musik in die Ohren. Er reduzierte die Lautstärke und versuchte zu verstehen, was sie gerade sangen. Englisch war das einzige Fach in der Schule, in dem er gute Noten hatte. Nicht, daß er im Unterricht besonders fleißig war, sondern nur, weil es ihm wirklich leicht fiel. Chrissi war in der Lage, sich nicht nur Wörter, sondern auch komplizierte Sätze sofort einzuprägen, selbst die Aussprache bereitete ihm keine Schwierigkeiten. Auch jetzt konnte er den Text mühelos verstehen, obwohl die furchtbare Musik das Gekreische der Sänger weitgehend übertönte.

„*Ich möchte meine Seele verkaufen, um wiedergeboren zu werden*", schrie einer der Sänger mit einer Stimme, als wäre er von bösen Geistern besessen. „*Ich wünsche irdischen Reichtum, will keine Dornenkrone…*"

Chrissi lachte kalt auf, obwohl er das gar nicht so lustig fand. Er erinnerte sich an das Pentagramm, das Joe zu Hause um den Hals trug, und wurde unruhig.

„*Teufel nimm meine Seele, mit Diamanten zahlst du zurück*", kreischte die gleiche wilde Stimme. „*Ich mag den Himmel nicht… ich werde in der Hölle brennen, ab dem Tag, an dem ich sterbe…*"

Unter anderen Umständen würde Chrissi bestimmt den Unsinn sofort vergessen, doch in dieser Villa bekam er ein mulmiges Gefühl. Die Angst kroch ihm wie eine kalte Schlange aus dem Magen herauf.

Als Joe sich neben ihm auf das Sofa setzte, schreckte Chrissi vor Überraschung zusammen, so sehr war er mit seinen Empfindungen beschäftigt.

„Was ist das für ein Schwachsinn?“ fragte er irritiert und legte die Kopfhörer wieder auf den Couch-Tisch. „Es klingt gruselig! Teufel nimm meine Seele, singt dieser Depp!“

„Die Band heißt Metallica. Sie haben über einhundertzehn Millionen Alben verkauft!“ erwiderte Joe ausweichend. „Willst du was anderes hören?“

Der Junge stand aber nach wie vor unter dem Eindruck des unheimlichen Textes und ließ sich nicht so leicht ablenken.

„Von mir aus kann diese Scheißband auch Kloschüssel heißen“, erwiderte er aufgeregt. „Aber meine Seele werde ich dem Teufel niemals verkaufen!“

Joe begann zu lachen, legte ihm den Arm um die Schulter und zog ihn zu sich.

„Wieso?“ fragte er den Jungen und runzelte verwundert seine Stirn.

Chrissi konnte es noch nie leiden, wenn man ihn nicht ernst nahm. Er befreite sich aus seiner Umarmung und blickte Joe vorwurfsvoll an.

„Weil der Teufel eben böse ist!“ erwiderte er so energisch, als wollte er ein aufdringliches Kind abweisen, das ihm seit Stunden mit seinen lästigen Fragen auf die Nerven ging.

Joe hörte zwar auf zu lachen, betrachtete ihn aber weiterhin mit einem wohlwollenden Lächeln im Gesicht.

„Es gibt kein Gut und Böse auf dieser Welt“, sagte der Bärtige friedfertig, als ginge es um Kleinigkeiten. „Alles ist relativ!“

„Das hast du mir schon mal gesagt!“ entgegnete Chrissi gereizt. „Das mußt du mir aber erst beweisen.“

„Gut! Ich werde es dir beweisen“, sagte Joe und blickte nachdenklich vor sich hin, als hätte er nach einem geeigneten Beispiel gesucht. „Was meinst du: Wenn man einen Menschen tötet, ist das gut oder böse?“ fragte er einige Sekunden später.

„Natürlich ist das böse!“ sagte Chrissi ohne Zögern und lachte dabei auf, so selbstverständlich erschien ihm die Antwort. „Du willst mir doch nicht im Erst beweisen wollen, daß es gut wäre, Menschen umzubringen?“

Joe wartete ab, bis der Junge sich wieder beruhigt hatte, dann fragte er ihn: „Und wenn dieser Mensch gerade dabei war, zwei andere Menschen zu töten?“

Chrissi hatte eine solche Wendung nicht erwartet und war sichtlich überrascht über den geschickten Schachzug. Obwohl er die darin enthaltene List sofort erkannte, mußte Chrissi zugeben, daß er von selbst auf einen solchen Trick nicht so schnell gekommen wäre, wenn er in einem ähnlichen Gespräch seine Freunde an die Wand hätte drücken wollen.

„Dann wäre es natürlich gut, wenn man diesen Menschen töten würde", meinte Chrissi, während Joe vergnügt sein gerötetes Gesicht betrachtete.

Der Bärtige wollte allem Anschein nach noch eins draufsetzen, doch Chrissi war schneller.

„Und wenn diese beiden Menschen, die er töten wollte, gerade dabei waren, eine Schule in die Luft zu sprengen, dann wäre es wiederum sehr böse, diesen Menschen zu töten, nicht wahr?" fragte Chrissi mit schalkhaftem Glanz in seinen hellen Augen. „Glaubst du wirklich, daß ich so blöd bin?"

Joe lachte aus vollem Herzen und verstrubbelte dessen blonde Haare.

„Ich habe schon immer gesagt, daß du ein helles Köpfchen hast!" sagte er anerkennend. „Wie dem auch sei, ich kann dir aus meiner eigenen Erfahrung berichten, daß es im Leben da draußen noch viel komplizierter aussieht als in unserem Beispiel! Jene, die schlau genug sind, haben es schon längst aufgegeben, darüber zu rätseln, ob das, was sie gerade tun, gut oder böse sei!"

Er schwieg einige Zeit, dann fragte er:

„Warum bist so traurig?"

„Nur so", gab Chrissi lustlos zur Antwort, ohne ihn anzusehen.

„Dir fehlt dein eifersüchtiger Freund, nicht wahr?" fragte Joe, worauf Chrissi stumm zu ihm aufblickte.

Er mußte es nicht aussprechen. Die Antwort lag in seinen ernst dreinblickenden Augen. Die Erinnerung daran, wie er von seinen Freunden verstoßen worden war, lag ihm wie ein schwerer Stein auf der Seele. Besonders die Verachtung, die Chrissi in ihren Gesichtern zu sehen glaubte, tat ihm weh. Hätte er die Zeit zurückdrehen können, wäre er damals unter keinen Umständen zu Joe nach Hause gefahren. Doch es war geschehen…

„Wenn du wirklich etwas erreichen willst, wirst du deine alten Beziehungen früher oder später sowieso aufgeben müssen", sagte Joe seufzend. „Diesen Preis haben wir alle bezahlt."

„Wie kann man ohne Freunde leben?" fragte Chrissi bedrückt.

„Schon bald wirst du eine ganze Menge anderer Menschen kennenlernen, die viel aufregender sind als dieser Tolik“, erwiderte Joe zuversichtlich.

Chrissi blickte mißtrauisch zu ihm auf und erkannte plötzlich an den lachenden Augen des Bärtigen, daß dieser etwas überaus Wichtiges vor ihm verheimlichte.

„Na, komm schon! Sag's mir!“ forderte er eindringlich und wurde immer ungeduldiger.

Joe wollte ihn nicht länger quälen und verriet ihm sein Geheimnis:

„Ich stehe gerade in Verhandlung mit einem Filmstudio. Wenn alles gut läuft, wirst du bald deine erste Rolle bekommen.“

Kaum hatte Joe den letzten Satz zu Ende gesprochen, sprang Chrissi auf die Beine.

„In einem Spielfilm?!“ rief er erregt aus.

Mit glänzenden Augen starrte er ins Gesicht des Bärtigen.

„Nächste Woche fahren wir zu einer Probe“, bestätigte Joe, womit er den Jungen in helle Begeisterung versetzte.

Chrissi wollte unbedingt die Einzelheiten erfahren und hatte schon tausend Fragen parat, doch in diesem Augenblick ertönte ein angenehmer Klingelton. Gleichzeitig leuchtete der riesige Fernseher auf. Vier hochauflösende Kameras lieferten Bilder, die die Einfahrt zur prächtigen Villa von allen Seiten zeigten. Vor dem Tor stand ein dunkelblauer Porsche.

Joe nahm sein Handy, tippte auf eine rote Schaltfläche und das schwere Tor kam in Bewegung.

„Voll krass!“ stieß Chrissi hervor, beeindruckt von dem Luxus und der Technik, die dabei zum Einsatz kam.

Doch wie aufregend das alles auch sein mochte, konnte es den Jungen nicht wirklich ablenken von dem, was Joe ihm vor wenigen Sekunden angekündigt hatte.

„Weißt du schon, welche Rolle ich spielen soll?“ fragte Chrissi und begann vor Ungeduld an der Unterlippe zu kauen.

„Eine der Hauptrollen“, sagte Joe ernst und legte ihm den Arm auf die Schulter. „Ich werde jetzt ein wichtiges Gespräch führen müssen. Es wird aber nicht lange dauern, vielleicht eine halbe Stunde. Kannst du solange auf deinem Zimmer warten? Oder geh lieber schwimmen! Wenn ich fertig bin, komme ich zu dir.“

Chrissi widersprach nicht. Überglücklich lief er in den Wirtschaftsraum, holte aus dem Wäscheschrank ein frisches Badetuch und ging auf die sonnenüberflutete Terrasse.

Eine große Rolle… in einem Spielfilm! Chrissi kniff die Augen zu und begann vor Glück zu schluchzen. Im nächsten Augenblick ließ er den Bademantel auf den Boden fallen und sprang in das Schwimmbecken. Das Wasser kühlte zwar seinen Körper ab, doch die Gedanken in seinem Kopf rasten nach wie vor mit der gleichen Geschwindigkeit. Chrissi sah sich auf der Leinwand: mal in einer Ritterrüstung, mal in ein schlichtes Leinenhemd gekleidet… Bald trug ihn sein Glück in schwindelerregende Höhen: die gleichen Bilder schmückten Litfaßsäulen und Titelseiten bunter Zeitschriften… Noch mehr berauschte ihn aber die Vorstellung, wieder an einem echten Drehort zu sein, von jungen Frauen geschminkt und gekleidet zu werden und endlich vor die Kamera zu treten! Nicht als Christian Olsen, sondern als ein ganz anderer Junge, aus einer ganz anderen Zeit…

„Ich kann das! Und ich werde das schaffen!“ flüsterte Chrissi, überwältigt von glühendem Ehrgeiz, „auch wenn ich dabei meine Seele verkaufen muß…“

* * *

Als Willi das Erdgeschoß betrat, wußte er bereits, wohin er gehen sollte. Denn auch er kannte inzwischen die Räumlichkeiten der Villa. Er schritt munter voraus, ließ sich in einem Sessel vor dem Kamin nieder und sah ausgesprochen gut gelaunt aus.

Willi war wie immer elegant gekleidet und trug eine leicht getönte Brille. Er schlug die Beine übereinander, lehnte sich im Sessel zurück und verschränkte die Hände vor der Brust. Sein glatt rasiertes Gesicht verstrahlte ein Glücksgefühl, das man sonst nur in den Werbespots sah.

„Etwas zu trinken?“ fragte Joe.

„Heute trinke ich einen!“ erwiderte Willi und schnippte sogar mit den Fingern. „Wie du weißt, es gibt einen wichtigen Anlaß dafür!“

Joe gab keine Antwort. Er ging zu einer Wandbar und kehrte bald mit einer Flasche Whisky und zwei Schwenkern zurück. Erst als er sich hinsetzte, begann Willi wieder zu sprechen.

„Ich weiß nicht, ob es für dich persönlich gut ist, für mich aber sieht die Sache prächtig aus!“ sagte Willi und trank einen kräftigen Schluck Whisky aus seinem Glas. „Anscheinend hat der Himmel meine Gebete erhört!“

Joe hatte schon längst bemerkt, daß Willi mit leeren Händen gekommen war, obwohl sie vor einigen Tagen vereinbart hatten, daß er für die heikle Angelegenheit mit Frank weitere fünfzig Tausend Euro beisteuern sollte.

„Daß dein Frank wegen des Tötungsdelikts festgenommen wurde, heißt noch lange nicht, daß er hinter Gittern landet", sagte Joe sachlich kühl. „Er ist nur ein Tatverdächtiger…"

„Er ist dringend tatverdächtig!" bemerkte Willi mit vielsagender Stimme, wobei er das Wort „dringend" besonders stark betonte. „Ich habe alle Berichte zu diesem Fall gelesen. Die Medien sind sich einig, daß sie ihn bald einbuchten. Man geht davon aus, das Gericht würde ihn zu fünf Jahren Haft verknacken! Mindestens! Oder meinst du, die Presse lügt?"

Ein nachsichtiges Lächeln zeigte sich auf dem Gesicht des Bärtigen.

„Wenn ich dich daran erinnern darf, gehöre ich selbst dazu", sagte er amüsiert. „Immerhin habe ich mehrere Berichte zu diesem Fall erstellt, die einige wichtige Sender ausgestrahlt haben. Zwar wurde mein Name nicht explizit erwähnt, aber das hat doch für uns keine große Bedeutung, nicht wahr?"

Der freundliche Hinweis des Journalisten darauf, daß er über die Sache bestens Bescheid wußte, verunsicherte den jungen Mann. Erwartungsvoll blickte Willi zu ihm hinüber und je länger er in die lachenden Augen des Bärtigen schaute, umso mehr verlor er die ursprüngliche Gewißheit, daß die Sache in seinem Sinne enden würde.

„Es ist höchst unwahrscheinlich, daß Frank diesen Roberto abgestochen hat", sagte Joe mit gleichgültiger Stimme. „Meine Kollegen haben die Ermittlungsakte eingesehen. Es gibt dort nur ein Bündel schwacher Indizien. Sollten die Ermittlungen in den nächsten Wochen nichts Neues ans Licht bringen, wird die Staatsanwaltschaft nicht einmal die Haftbeschwerde abwehren können."

Willi wurde blaß. Seine Finger trommelten auf sein Knie und zeigten, wie stark der erfahrene Journalist seine Hoffnung erschüttert hatte.

„Was heißt das ganz genau?" fragte er mit tonloser Stimme.

„Ich gehe davon aus, daß er bald wieder freikommt. Dann stehst du vor dem gleichen Problem", sagte Joe in einem Ton, als ginge die Sache ihn selbst überhaupt nichts an. „Soll ich meine Recherchen abbrechen?"

Willi zögerte einige Sekunden mit der Antwort, dann sagte er:

„Nein, nein! So war das nicht gemeint…" Er überlegte noch einige Augenblicke. „Das Geld… das habe ich bloß im Wagen vergessen… Ich hol es gleich. Wenn er wieder auf freiem Fuß ist, müssen wir bereit sein!"

Wenige Minuten später brachte er einen dicken Umschlag und legte ihn auf den Couch-Tisch. Joe schenkte ihm noch einmal Whisky ein und erklärte ihm die angedachte Vorgehensweise.

„Ich habe mit meinen russischen Kollegen gesprochen, die bereit wären, nach Sibirien zu fahren, um sich am früheren Wohnort des Jungen umzuschauen."

„Wie kann das nützlich sein?" fragte Willi sichtlich zerstreut.

„Sie werden bestimmt seine ehemaligen Klassenkameraden ausfindig machen, auch jene, die ihm vielleicht nicht so freundlich gesinnt waren", erklärte Joe. „Im voraus ist es nicht so leicht zu sagen, was ihre Recherchen bringen würden. Vielleicht finden sie sogar seine frühere Freundin, die er womöglich betrogen hatte. Das könnte auch für deine Anna von großem Interessen sein, nicht wahr?"

Willi richtete sich in seinem Sessel auf, während sein Gesicht wieder von einer neuen Hoffnung erhellt wurde.

„Das wird sie bestimmt interessieren", rief er aufgeregt aus, „sogar sehr, nehme ich an!"

„Na siehst du!" sagte Joe zufrieden. „Wenn man dabei klug vorgeht und sich besonders spendabel erweist, wird man bestimmt eine aufregende Story erbeuten können, die den Jungen in einem ganz anderen Licht erscheinen läßt."

„Aber er hat doch behauptet, daß er noch nie mit einem Mädchen geschlafen hat", sagte Willi irritiert. „Das hat er vor der ganzen Klassen gesagt."

„Du scheinst, von deinem Erzfeind eine ganze Menge übernommen zu haben", erwiderte Joe. „Warum sollte es uns interessieren, was er behauptet hat und ob es der Wahrheit entspricht? Unsere Kollegen werden in seiner damaligen Umgebung bestimmt ein Mädchen finden, das uns eine aufregende Bettgeschichte erzählt. Gegen einen kleinen Aufpreis wird es sogar intimste Details vor der Kamera preisgeben. Lassen wir sie doch ein bißchen träumen! Dann soll der hübsche Junge erst mal beweisen, daß diese Geschichte nicht wahr ist. Aussage gegen Aussage! Das wird er niemals ausräumen können. Wenn nötig, werden wir noch ein weiteres Mädel einschalten! Dann wird es für ihn ganz eng werden…"

Willi war einfach begeistert, daß er es mit einem echten Profi zu tun hatte! Der Plan schien vielversprechend zu sein. Schon einmal war Frank in eine Schlinge getappt, die Willi ihm in den Weg gelegt hatte. Kaum war der Junge mit Nadine allein im Wagen gewesen, hatte das reizende Mädchen ihn mühelos verführen können. Erst im letzten Augenblick war er aus ihrem Netz entkommen. Trotzdem hatte diese Affäre auf Anna eine verheerende Wirkung gehabt...

„Die Mädels müssen aber wirklich schön sein!“ rief er dem Bärtigen aufgeregt zu. „Dann wird es wirklich überzeugend sein!“

„Du kannst davon ausgehen, daß es überzeugend genug sein wird“, bestätigte Joe und kam auf ein anderes Thema zu sprechen, was ihm viel wichtiger erschien.

„Vor allem aber müssen wir ihn immer tiefer in die Holocaustleugnung verstricken. Dafür habe ich einen neuen Plan entwickelt. Am Ende wird er entweder Christus verleugnen müssen oder in den Knast gehen“, sagte Joe zum Schluß. „Du hast doch diesen Frank mehrmals persönlich erlebt. Was meinst du: Würde er als gläubiger Mensch seinen Gott vor aller Welt verleugnen?“

„Niemals“, sagte Willi entschieden und schüttelte sogar den Kopf, so sicher war er sich dessen, daß sein Nebenbuhler direkt in die Falle laufen würde.

Als Willi daran dachte, erreichte seine Stimmung wieder den Höhepunkt. Mit einem Whisky-Glas in der Hand, ging er zur gläsernen Wand und blickte nach draußen.

Chrissi stand nackt vor dem Schwimmbecken und trocknete sich die Haare mit einem Badetuch.

„Ein hübsches Kerlchen“, bemerkte Willi, ohne seinen Blick von dem Jungen zu lösen.

„In der Tat“, erwiderte Joe zufrieden.

„Willst du ihn nur für dich allein haben?“ fragte Willi mit vielsagender Stimme. „Wir können ab und zu mal tauschen. Ich habe zwei neue, die noch viel jünger sind!“

„Der Junge ist noch nicht reif für den allgemeinen Gebrauch“, erwiderte Joe mit nachsichtigem Lächeln im Gesicht. „Er ist noch zu sehr an mich gebunden.“

Geheimer Rettungsplan

Die Ahnengalerie der Familie Weigand lag im zweiten Obergeschoß. Im großen Flur, wo die fürstlich verzierte Haupttreppe ihren Abschluß fand, herrschte eine weihevolle Stille. Zwar lagen hier neben der Familienbibliothek auch Gästezimmer, doch in Wirklichkeit wurden sie äußerst selten benutzt. Nur einige Verwandte und besonders nahe stehende Freunde hatten die Ehre, in diesen Räumen übernachten zu dürfen.

Anna mochte diese Stille. Nachdem die Schlaftabletten ihr einige Stunden Schlaf geschenkt hatten, fühlte sie sich viel besser. Wie in einem Museum, das am späten Abend seine Türen geschlossen hatte, ging sie geräuschlos von einem Gemälde zum anderen. Ehrfurcht erfaßte sie. Es waren keine fremden Menschen, die aus der Tiefe längst verflossener Jahrhunderte zu ihr schauten. Es waren ihre eigenen Vorfahren!

Bald blieb sie vor einem alten Ölgemälde stehen und betrachtete es aufmerksam. In einen schweren Prunkrahmen gefaßt, wirkte es auf sie geheimnisvoll. Ein junger Mann von zwanzig Jahren blickte ihr entgegen. Seine prächtige Paradeuniform verlieh seinem Bildnis eine besonders festliche Stimmung. In der rechten Hand hielt er seinen Tschako, während die Linke stolz auf dem Knauf eines langen Säbels ruhte.

Wenig später war er gefallen. Anna wußte, wann und wo es geschehen war, und sie wußte auch, wofür er damals in die blutige Schlacht gezogen war. Denn am Vorabend der Völkerschlacht hatte er seiner jungen Frau einen langen Brief geschrieben, der sich als sein letzter erweisen sollte und seit zweihundert Jahren in ihrem Hausarchiv wie eine kostbare Reliquie aufbewahrt wurde.

Es war eine lange Liebeserklärung an seine junge Frau und an Deutschland, für dessen Zukunft er kämpfen und, wenn Gott so will, auch sein junges Leben opfern wollte. Sein Sohn, der gleich darauf zur Welt gekommen war und ebenfalls Friedrich hieß, hatte seinen Vater nie gesehen. Nur dieses schöne Gemälde erinnerte noch an dessen kurzes Leben.

Je länger Anna vor dem Bildnis ihres Urahns stand, umso stärker verspürte sie in ihrem Herzen das erhebende Gefühl einer tiefen Verbundenheit mit ihm. Sein Blut floß in ihren Adern! Ob es etwas Größeres gab, als wenn ein Mensch in voller Blühte der Jugend eine solche Bereitschaft zeigt, für die Zukunft der Liebsten und seines Volkes diesen Preis zu zahlen? Wie viele seiner Nachkommen hatten bereits vor diesem Bild gestanden und ihn bewundert. Wie haben sie aber ihr eigenes Leben gelebt? dachte Anna. Hatten sie auch etwas Großes gehabt, wofür sie bereit waren, alles zu opfern, oder erstickte ihr Geist im Sumpf des Alltags? Ein starkes Verlangen regte sich in ihrem Herzen: Sie wollte ihm ebenbürtig sein, damit er auf sie genauso stolz sein könnte!

Bald wanderte ihr Blick zu einem anderen Gemälde, das gleich daneben hing. Es zeigte die junge Frau des Helden. Amalia Friederike Auguste saß auf einem Stuhl, während ihre Hände im Schoß ruhten. Neben ihr stand ihr sechsjähriger Sohn Friedrich. Anna betrachtete ihr edles Gesicht und glaubte, in ihren weich blickenden Augen den gleichen Schmerz zu sehen, der auch an ihrem Herzen nagte. Wie unvergleichbar schwerer war das Schicksal dieser Frau! Auch ihr Blut strömte in Annas Andern! Sie versuchte sich vorzustellen, wie Amalia die Nachricht über den Tod ihres geliebten Mannes empfangen hatte. Bald stiegen ihr die Tränen hoch, so schrecklich war die eiskalte Endgültigkeit des Todes. Alles, was von ihrer Liebe übrig blieb, war ihr kleiner Sohn…

Sie betrachtete den Jungen und erkannte in seinen feinen Gesichtszügen eine gewisse Ähnlichkeit mit seinem Vater. Die gleichen strahlend blauen Augen, die gleiche hohe Stirn… Ein warmes Gefühl regte sich in Annas Herzen bei dem Gedanken, daß in diesem Jungen auch dessen Vater weiterlebte. Die Vorstellung davon trug Anna immer weiter. Sie dachte an Frank und daran, wie schön es wäre, ein solches Kind zu haben, ein Kind, das ihre Liebe hervorbringen würde! Sie schloß die Augen und glaubte es zu sehen! Eine Sehnsucht erfaßte Anna, eine unüberwindliche Sehnsucht nach einem solchen Wunder! Sie wollte es in ihren Armen halten, ihm ihre Liebe schenken… Die süße Zärtlichkeit, die sie dabei empfand, machte sie trunken. Sie lehnte sich an die Wand und konnte sich nicht mehr beruhigen, so schön war diese Vorstellung…

Bald lief sie in ihr Zimmer, holte ein Blatt Papier und begann sofort zu schreiben. Die Seele verlangte danach, all die Gedanken und vor allem dieses neue Gefühl in aller Schönheit und Tiefe mit Frank zu teilen. Als sie die letzten Zeilen geschrieben hatte, las sie ihren Brief noch einmal durch und war damit sehr zufrieden. Sie glaubte zu wissen, daß im Herzen ihres Geliebten das gleiche Feuer loderte. Gerührt erinnerte sie sich daran, was Frank seinen Freunden einst gesagt hatte: So viele Kinder wollte er haben, wie ihm Gott und seine Frau schenken würden… Bevor sie ihren Brief in einen Umschlag versenkte, küßte sie jedes einzelne Blatt und fühlte in ihrer ermatteten Seele wieder ein wenig Kraft.

Anna steckte die Füße in weiche Puschen und lief ins Erdgeschoß, um den Vater zu fragen, wie sie den Brief so schnell wie möglich an Frank versenden könnte. Als sie die Treppe hinunterstieg, hörte sie bereits seine tiefe Stimme, die aus dem Musiksalon herüberschallte. Sie ging zur halboffenen Tür, blieb aber auf dem halben Weg wie angewurzelt stehen.

„Ich bin mir sicher, daß der Junge unschuldig ist", sagte der Vater. „Sie haben keine Beweise, nur Indizien. Sie fanden heraus, daß er sich zur Tatzeit in der Nähe der Hauptallee befand und daß es am gleichen Tag zwischen den beiden einige Streitigkeiten gab, die eine solche Tat als wahrscheinlich erscheinen lassen. Das ist alles!"

Annas Herz begann zu schlagen. Doch bevor die Freude von ihr Besitz ergreifen konnte, hörte sie eine weitere Stimme.

„Nein, das ist nicht alles!" widersprach ihre Mutter. „Sei doch ehrlich, Reiner! Es hat doch keinen Sinn, die Lage zu beschönigen. Die Zeitungen schreiben, daß der Junge öffentlich den Holocaust geleugnet haben soll! Und so wie ich ihn an meinem Geburtstag erlebt habe, wird er seine Meinung dazu nicht so leicht ändern, und schweigen wird er darüber auch nicht!"

Anna bekam einen Schock. Sie wußte nicht, daß die Sache mit dem Holocaust bereits in den Zeitungen stand. Kaum hatte sie diese Nachricht verinnerlicht, begann die Mutter wieder zu sprechen:

„Gestern habe ich mit Dr. Dornfelder gesprochen und er hat mir abermals versichert, daß unter solchen Umständen der Junge kaum noch aus dem Gefängnis kommen wird, da ein Verfahren bereits von dem nächsten gejagt werden würde. Jede einzelne Meinungsäußerung wird als eine selbständige Straftat behandelt! Das Gleiche hast du mir übrigens selbst erzählt! Nicht nur der Junge wird leiden müssen, früher oder später wird diese Geschichte auch uns in den Abgrund reißen! Schon jetzt tuscheln sie an jeder Ecke, daß Anna mit ihm befreundet ist. Wenn sie keine Angst vor dir hätten, stünde die Geschichte schon längst auf den Titelseiten aller Zeitungen! Auch wenn der Junge in diesem Verfahren freigesprochen wird, wird die Presse ihn wie Freiwild jagen, bis irgendein wahnsinniger Antifaschist ihm etwas Schlimmes antut. Das weißt du doch!"

Frau Weigand schwieg einige Sekunden, dann sagte sie entschlossen: „Als Eltern tragen wir die volle Verantwortung für das Schicksal unserer Tochter! Tut mir leid, aber wir müssen Anna von hier wegbringen, auch wenn es für sie äußerst schmerzhaft sein wird. Das Schuljahr ist zu Ende und jetzt ist die beste Zeit dafür."

Anna wollte weglaufen, war aber nicht in der Lage, nur einen einzigen Schritt zu machen. Wie gebahnt lauschte sie der Unterhaltung der Eltern.

„Sei nicht zu voreilig!“ warnte der Vater. „Wie willst du das deiner Tochter erklären?“

„Ganz einfach!“ meinte die Mutter. „Wenn alles bereit ist, werden wir mit ihr in aller Ruhe darüber sprechen. Du bist in New York tätig und kannst nicht länger hin und her pendeln. Außerdem wollten wir von Anfang an nach Amerika ziehen. Nur deinetwegen sind wir in diesem Bauernnest gelandet…“

„Ich wollte nicht, daß meine Tochter eine Amerikanerin wird“, erwiderte der Vater. „Und das will ich auch heute nicht.“

„Wichtig ist, daß sie ein Mensch bleibt und glücklich ist!“ entgegnete die Mutter mit Nachdruck.

„Zum Menschsein gehört sicher etwas mehr dazu, als nur zwei Beine und zwei Arme zu haben“, sagte Herr Weigand gereizt.

„Wie dem auch sei!“ erwiderte die Mutter entschlossen. „Noch vor wenigen Wochen warst du strickt dagegen, daß unsere Tochter mit diesem Jungen befreundest ist. Und jetzt, nachdem so vieles geschehen ist, muß ich gestehen, daß du Recht hattest!“

Anna wurde übel. Sehnsüchtig wartete sie darauf, daß ihr Vater diesen harten Worten widersprechen würde, doch er schwieg.

Plötzlich hörte sie, daß ein Stuhl zurückgeschoben wurde. Sie lief sofort zur Haupttreppe. Als sie aber die ersten Stufen überwunden hatte, klammerte sie sich an das Geländer, um das Gleichgewicht zu halten. Ihre Beine wollten sie nicht mehr tragen. Mühevoll erklomm sie die letzten Stufen, wankte zu ihrem Zimmer und, als sie die Tür hinter sich zugezogen hatte, sank sie erschöpft auf den Boden…

Eine stürmische Liebeserklärung

Seit einigen Tagen versuchte das Kant-Gymnasium den gewohnten Schulbetrieb wieder aufzunehmen, doch die Trauer lag noch schwer in der Luft und beherrschte nach wie vor die meisten Schüler. Nur die jüngsten von ihnen spielten bereits auf dem Schulhof, obwohl auch sie sich der allgemeinen Stimmung nicht ganz entziehen konnten.

Besonders betroffen aber war die Klasse, die Roberto besucht hatte. Einige Schüler fehlten. Auch Annas Stuhl war leer. Bis zum Ende des Schuljahres blieben nur wenige Tage übrig und niemand rechnete mehr damit, daß das Mädchen vor den Sommerferien noch einmal kommen würde.

Und in der Tat war Annas Gesundheitszustand mehr als besorgniserregend. Wenn die Ärzte am Anfang nur auf Zeit gesetzt hatten, so äußerten sie in den letzten Tagen immer häufiger die Ansicht, daß sie gerade dabei sei, die letzten Lebenskräfte zu verlieren, und daß die Heilung nach einem solchen Zusammenbruch eine lange Zeit in Anspruch nehmen würde.

Besonders Annas Freunde machten sich große Sorgen um ihre angeschlagene Gesundheit. Jeden Tag besuchten sie das Mädchen, wobei Julia die meiste Zeit nach der Schule bei ihrer besten Freundin verbrachte. Auch heute hatten sich drei von ihnen verabredet, am späten Nachmittag zu Anna zu gehen, um sie ein wenig aufzumuntern. Max und Julia standen bereits vor der Weigandschen Villa und warteten auf Luka, der jeden Augenblick in der Straßenmündung auftauchen sollte.

„Gibt's was Neues?" fragte Julia, als der Junge endlich zu ihnen stieß.

„Mein Vater meint, daß die Polizei immer noch keine neuen Erkenntnisse gewonnen hat", sagte Luka ernst. „Trotzdem gilt er als Hauptverdächtiger! Der gleiche Mist steht in den Zeitungen."

„Haben sie sich immer noch nicht beruhigt?"

„Beruhigt?!" lachte Luka bitterlich auf. „Es will einfach kein Ende nehmen! Sie hetzen gegen Frank, als hätten sie mit ihren eigenen Augen gesehen, wie er Roberto abgestochen hat. Sie wollen unbedingt ein fremdenfeindliches Motiv konstruieren. Gestern haben die Journalisten sogar Nadine abgefangen und ausgefragt. Ich kann mir vorstellen, was sie ihnen erzählt hat…"

„War das wieder dieser bärtige Glatzkopf?" fragte Julia, während ihre schönen Augen vor Zorn glühten.

„Sie nennen ihn Joe! Er hat auch Karim und Benjamin befragt“, bestätigte Luka. „Heute wollte er sogar mit mir reden! In der Bahnhofstraße hat mich ein widerlicher Schleimer angesprochen. Ich mußte ihm mit Polizei drohen, wenn er mich nicht in Ruhe lassen würde. Erst in der Hauptallee habe ich ihn abgehängt.“ Luka legte eine kurze Pause ein, dann fügte er resigniert hinzu: „Ehrlich gesagt, glaube ich nicht, daß Frank so schnell aus dem Knast kommt.“

„Und was ist mit seinem Rechtsanwalt?“ fragte das Mädchen besorgt. „Kann er etwa nicht dagegen klagen? Wenn sie keine Beweise haben, können sie ihn doch nicht einfach so in einer Zelle einsperren, bis sie irgendwann den Mörder gefunden haben!“

Luka zögerte mit der Antwort und schaute mit müden Augen zu seinen Freunden, als trüge auch er eine Mitschuld daran.

„Sie haben einen Haftbefehl“, sagte er traurig. „Grundsätzlich können sie ihn bis zu sechs Monaten in U-Haft behalten…“

„Ein halbes Jahr!“ rief das Mädchen überrascht aus. „Wie soll das mit Anna weitergehen, wenn sie ihn so lange dort behalten würden? Gestern ist ihr schon wieder so schlecht geworden!“

Luka atmete schwer auf. Er hatte sich längst damit abgefunden, daß seine Freunde ihren Frust bei ihm abluden, wenn die Antworten auf ihre Fragen ungünstig ausfielen. Gewöhnlich ertrug er ihre Heftigkeit mit gewisser Gelassenheit, doch heute tat es ihm wirklich weh.

„Kannst du uns sagen, was wir tun sollen?“ fragte das Mädchen gereizt, worauf Luka nur ratlos mit den Schultern zuckte.

Als Julia aber bemerkte, wie hart ihre ungerechten Vorwürfe den Jungen trafen, kühlte sich ihr Unmut schnell ab.

„Entschuldigung“, sagte sie friedfertig. „Sei mir nicht böse.“

Luka schwieg und starrte vor sich hin, als hätte er keine Kraft, beleidigt oder gar böse zu sein. Erst einige Sekunden später blickte er zu ihr auf.

„Könnt ihr heute vielleicht allein zu ihr gehen?“ fragte er niedergeschlagen, während er mit flehenden Augen mal zu Max, mal zu Julia schaute. „Ich bin depressiv. Ich kann mir das heute gar nicht mehr ansehen, sonst drehe ich einfach durch.“

Das Mädchen betrachtete sein blasses Gesicht. Der Junge sah tatsächlich angeschlagen aus.

„Keine Frage!“sagte sie mitfühlend, während auch Max seine Zustimmung zeigte.

„Wir werde es heute allein schaffen“, bestätigte der Junge.

Luka verabschiedete sich von ihnen und ging in Richtung der Schloßstraße. Erst als er um die Ecke verschwand, klingelte Julia an der schmiedeeisernen Pforte und ging mit Max hinein. Wenige Minuten später standen sie vor Annas Zimmer.

„Erzähl ihr bitte nichts davon, was Luka uns gesagt hat", flüsterte Julia ihm leise zu. „Wenn sie erfährt, daß es noch so lange dauern kann, dann weiß ich nicht, wie sie das verkraften sollte."

Max nickte ihr verständnisvoll zu und wollte bereits an der Tür klopfen, doch Julia faßte seine Hand und drückte sie leicht zusammen. Obwohl der Junge gerade darauf so sehnsüchtig gewartet hatte, erstarrte er nach dieser gefühlvollen Berührung. Fragend und zugleich etwas ängstlich blickte er in ihre glänzenden Augen.

„Romeo", flüsterte das Mädchen, während ihre zarten Wangen leicht erröteten. „Ich habe das Gefühl, daß du mir gestern etwas Wichtiges sagen wolltest... Habe ich Recht?"

Der Junge wurde blaß vor Aufregung. Er nickte leicht und drückte ihre Hand wie einen kostbaren Schatz an seine Brust. Julia fühlte, wie stark es ihn drängte, ihr seine Liebe zu gestehen, und daß er sich dazu doch nicht entschließen konnte.

„Was wolltest du mir sagen?" fragte sie leise, während sie zärtlich in seine smaragdgrünen Augen blickte.

„Etwas sehr Wichtiges...", stotterte der Junge atemlos, ließ aber im nächsten Augenblick ihre Hand wieder los, als hätte er sich daran verbrannt, denn ganz in der Nähe erklang die Stimme von Frau Weigand.

„Wollt ihr zu Anna?" fragte sie in einem Ton, als wollte sie den beiden zu verstehen geben, daß ihr Haus kein geeigneter Ort für solche gefühlvolle Aussprachen war.

Während Max nach wie vor verlegen auf den Boden starrte, kam Julia wesentlich schneller zu sich.

„Ja", erwiderte sie mit schiefem Lächeln, ohne Frau Weigand auch nur anzusehen.

Als Max die Tür hinter sich zugezogen hatte, atmeten die beiden erleichtert auf und blickten einander lächelnd in die Augen.

In diesem Augenblick ging die Schlafzimmertür auf.

„Du bist schon aus dem Bett!" rief Julia erfreut aus, als sie Anna auf sich kommen sah.

Sie umarmte ihre Freundin und konnte dabei spüren, wie schwach Anna in Wirklichkeit auf den Beinen war. Während die Mädchen sich auf das Sofa setzten, ließ sich Max in einem Sessel nieder. Sorgenvoll betrachtete er Annas blutleeres Gesicht. Ihre müden Augen waren gerötet und deuteten darauf hin, daß sie auch diese Nacht kaum geschlafen hatte.

Julia versuchte ihr Gespräch von Frank abzulenken, doch Anna kam immer wieder auf ihn zu sprechen.

„Er ist unschuldig", sagte Julia mit Nachdruck, als sie mit ihrer Kunst am Ende war und nicht mehr wußte, was sie sonst noch sagen sollte. „Es wird schon alles wieder in Ordnung kommen!"

„Ich weiß, daß er unschuldig ist", erwiderte Anna ernst. „Viele unschuldige Menschen sitzen jahrelang im Gefängnis. Ich habe heute eine Menge zu diesem Thema im Internet gefunden…"

Als sie das sagte, nahm ihr Gesicht einen traurigen Ausdruck an. Sie starrte vor sich hin und schwieg. Erst einige Sekunden später begann sie wieder zu sprechen: „Wenn sie ihn verurteilen, dann sitzt er womöglich ganze fünf Jahre im Gefängnis." Der Gedanke daran wühlte sie wieder auf. „Ich sterbe ohne ihn!" sagte sie mit qualvoller Stimme und ließ den Kopf mutlos sinken.

Julias Herz lief vor Mitleid über.

„Wenn ich euch nur helfen könnte, würde ich sofort tun…", stieß sie verzweifelt aus und wischte sich eine Träne von der Wange.

„Ich weiß", erwiderte Anna mit warmer Stimme und legte ihr die Hand beruhigend auf den Unterarm.

Julia konnte fühlen, wie die Hand ihrer Freundin zitterte.

„Du mußt wieder ins Bett", sagte sie besorgt, half Anna aufzustehen und begleitete sie ins Schlafzimmer.

Auch Max folgte ihnen. Er wollte sich auf einen Stuhl neben dem Fenster setzen, doch Anna wandte sich an ihn mit einer Bitte.

„Maxilein, komm bitte näher", sagte sie mit kraftloser Stimme.

Der Junge ging zu ihr und setzte sich auf einen anderen Stuhl, der direkt vor dem Bett stand.

„Frank hat mir immer erzählt, daß du sein bester Freund bist", sagte Anna und betrachtete eine Weile sein Gesicht. „In der Grundschule habe ich dich einige Male beleidigt… das war nicht schön, Maxilein… Es tut mir wirklich leid…"

„Anna!" rief Max ihr betroffen zu. „Was redest du da!"

Er wollte ihr sagen, daß er das längst vergessen habe und daß sie sich bei ihm wegen solchen Kleinigkeiten nicht entschuldigen müsse, doch Anna legte ihre Hand auf seine, worauf der Junge sofort verstummte.

„Diese Welt ist ungerecht, Maxilein!“ sagte sie mit schmerzerfüllter Stimme. „Sie kann nicht einen einzigen guten Menschen ertragen. Sie werden ihn jagen und erniedrigen, bis er irgendwann verzweifelt und zusammenbricht… Die Menschen, Maxilein… die Menschen sind böse! Selbst wenn sie einen lieben, tun sie ihm ständig weh…“

Als ihre Aufregung sich wieder legte, strich sie zärtlich über seine Hand.

„Ich wollte dich etwas fragen“, sagte Anna. „Du glaubst schon sehr lange an Gott, Maxilein, du mußt wissen, was in der Bibel steht?“

„Was willst du wissen?“ fragte der Junge besorgt.

„Ist es wahr, daß wir uns alle im Jenseits wiedersehen werden?“

„Bestimmt“, erwiderte Max, worauf Anna unsicher zu ihm aufblickte, als wollte sie ihn noch etwas fragen, was sehr persönlich war.

Sie zögerte einige Sekunden, dann tat sie es doch:

„Ich habe gehört, daß es im Paradies keine Liebe zwischen Mann und Frau mehr geben würde…“

Max nickte, ohne sie anzusehen.

„Wie traurig“, seufzte Anna kummervoll. „Ich kann mir das gar nicht vorstellen. Wenn ich ihn im Jenseits treffe und wir einander wieder in die Augen schauen… glaubst du wirklich, er wird mich nicht mehr lieben?“

Max konnte es kaum noch aushalten. Er versuchte, Ruhe zu bewahren, spürte aber, wie seine Augen verräterisch feucht wurden.

„Maxilein“, sagte Anna, während sie erneut von starkem Schmerz erfaßt wurde. „Ich habe Angst, daß ich ihn niemals wieder sehen werde!“

„Du mußt glauben und hoffen!“ erwiderte Max eindringlich, als er in ihren unglücklichen Augen wieder Tränen sah.

„Ich weiß, Maxilein!“ rief sie verzweifelt aus und drückte seine Hand fest zusammen. „Aber ich kann nichts dagegen tun! Ich fühle mich, als ob mir jemand einen Dolch ins Herz gestoßen hat… Du weißt das, Maxilein! Du hast es in deinem Buch so schön beschrieben. Heute nacht habe ich es noch einmal gelesen! Jetzt weiß ich, warum du sein bester Freund bist! Frank hat Recht: Du bist ein Genie! Wir alle waren noch vor wenigen Monaten ahnungslose Kinder, während du schon so viel gelitten hast… Wie hast du es bloß mit uns ausgehalten?“

Julia begann zu schluchzen, erhob sich von ihrem Stuhl und ging schnell aus dem Schlafzimmer. Als Anna hörte, daß ihre Freundin im großen Flur verschwunden war, wandte sie sich wieder an den Jungen.

„Maxilein, glaubst du, ich werde so lange durchhalten können?“

„Du darfst so nicht denken“, sagte Max mit letzter Kraft. „Du mußt beten!“

„Ich bete Maxilein, ich bete jede freie Minute!“ beteuerte Anna. „Ich weiß nicht, was ich Gott noch versprechen soll, damit er mir meinen Frank wieder zurückgibt... Wenn wir nur einige Monate Zeit hätten, dann könnten wir heiraten und vielleicht sogar ein Kind haben...“ Sie lächelte bei diesen Worten, doch das Glück, das ihr Gesicht so plötzlich erhellte, verblaßte schnell. „Meinst du, unser himmlischer Vater wird uns diese Zeit schenken?“

Sie wartete auf eine Antwort, doch Max wußte nicht, wie er die Wahrheit aussprechen sollte. Er suchte nach Worten, um ihr so behutsam wie möglich nahezulegen, daß Gott nach seinem eigenen Plan walte, der nicht immer mit unseren Wünschen übereinstimme, hatte aber Angst davor.

„Er wird es tun“, sagte er zögerlich, ohne sie anzuschauen.

„Maxilein“, flehte Anna ihn an, „sag mir bitte die Wahrheit!“

Nachdem sie keine Antwort von ihm bekommen hatte, zog sie ihn am Arm zu sich. Max erschrak, widersetzte sich aber nicht und beugte sich über das Mädchen, bis sein Gesicht ganz nah an ihrem war.

„Meine Eltern wollen uns trennen... Sie wollen mich nach Amerika bringen“, flüsterte sie mit brüchiger Stimme in sein Ohr und begann lautlos und bitterlich zu weinen. „Maxilein! Was soll ich tun...“

Die Nachricht erschütterte den Jungen. Sein Gesicht verlor jeden Ausdruck und wurde nach wenigen Sekunden kreidebleich. Er sprang auf die Beine, ging schnell zum Fenster, blieb aber auf dem halben Weg stehen und faßte sich an die Stirn, als müßte er dringend eine schwere Aufgabe lösen. Kurze Zeit später kehrte er wieder zurück und blickte entschlossen in ihre flehenden Augen.

„Ich weiß nicht, ob Gott uns aus den irdischen Prüfungen erlösen würde“, sagte er mit unruhigem Atem kämpfend, „doch er bewegt die Herzen der Menschen, die uns zur Hilfe eilen und Wunder bewirken, auch dann, wenn nur wenig Hoffnung besteht. Man muß nur glauben und beten!“ Einige Sekunden lang kämpfte er mit sich, als wüßte er nicht, ob er noch mehr sagen sollte, dann beugte er sich über das Mädchen und flüsterte ganz leise: „Ich werde versuchen, euch diese Zeit zu besorgen!“

„Aber wie, Maxilein, wie?“ rief Anna verzweifelt aus.

„Du wirst es bald erfahren“, erwiderte der Junge mit fieberhafter Stimme, als wäre er in großer Eile. „Ich weiß nicht, ob es mir gelingen wird, doch wenn ich es schaffe, sollt ihr die Zeit nutzen!“

„Wie viel Zeit werden wir haben, Maxilein?“ fragte sie hoffnungsvoll, angesteckt von der wilden Entschlossenheit, die in seinen Augen glühte.

„Soviel ich für euch gewinnen kann!“ sagte der Junge. „Vielleicht werden es nur wenige Monate sein, vielleicht auch Jahre! Versprich mir nur, daß du niemandem von diesem Gespräch erzählen wirst! Egal, was geschieht, mußt du schweigen! Nur Julia darf es wissen!“

„Ich schwöre es!“ beteuerte das Mädchen und drückte die Hand an ihre Brust. „Ich schwöre es dir vor dem Angesicht des allmächtigen Gottes!“

Gleich danach erhob sich der Junge von seinem Stuhl.

„Jetzt muß ich gehen!“ sagte er schnell. „Gott schütze euch beide!“

Anna lächelte ihn durch die Tränen dankbar an, während Max gefühlvoll ihre Hand zum Abschied drückte. Innerlich aufgewühlt ging er aus dem Zimmer.

Als er in den großen Flur trat, sah er Julia am Fenster stehen. Kaum hatte er die Tür zugezogen, stürzte er zu ihr. Ohne ein einziges Wort zu sagen, schloß er sie in seine Arme, drückte sie fest an die Brust und küßt das Mädchen zum ersten Mal auf den Mund.

„Was ist mit dir?“ fragte Julia überrascht, als er ihre Lippen wieder freigab.

Glücklich erschüttert blickte sie in seine smaragdgrünen Augen, doch der Junge gab keine Antwort und bedeckte ihr Gesicht mit heißesten Küssen.

„Was ist, mein Romeo…“, fragte das Mädchen, berauscht von der stürmischen Zärtlichkeit des Jungen, konnte aber den Satz nicht zu Ende sprechen, denn seine warmen Lippen nahmen ihren Mund schon wieder gefangen. Erst nachdem er ferne Schritte vernommen hatte, hörte er auf, sie zu küssen.

„Ich liebe dich“, flüsterte er atemlos in Julias Ohr. „Ich liebe dich seit jenem Tag, als ich dich damals auf der Straße getroffen habe. Das, was in meinen Briefen steht, ist die reinste Wahrheit…“

Er ließ sie los und trat, ohne seinen Blick von ihrem Gesicht zu lösen, einige Schritte zurück.

„Romeo!“ rief Julia ihm gerührt zu. „Wo willst du hin?“

Die Schritte wurden lauter. Der Junge trat noch weiter zurück. Dabei starrte er das Mädchen an, als hätte er Angst, sie für immer zu verlieren.

Julia konnte nicht verstehen, was mit ihm los war. Sie wollte sofort zu ihm laufen, doch Max drehte sich plötzlich um, ging schnell zur Haupttreppe und verschwand im nächsten Augenblick…

Als Max sein Haus erreichte, war er vom schnellen Gehen außer Atem geraten. Er lief ins Wohnzimmer und stürzte sich auf Zeitungen, die in heillosem Durcheinander auf dem Couch-Tisch lagen. Bald fand er die vorletzte Ausgabe der örtlichen Zeitung, schlug sie auf und überflog mit gierigem Blick einen Artikel, in dem über den schrecklichen Mord berichtet wurde. Die Polizei bat die Menschen um Hilfe und wollte wissen, wo Roberto die letzten vier Stunden vor der Tat verbracht hatte. Alle, die den Jungen in dieser Zeit gesehen hatten, sollten sich unverzüglich bei der Polizei melden. Es folgte eine ausführliche Beschreibung seiner Kleidung: eine dunkle Jeanshose und ein weinrotes kurzärmeliges Hemd…

Dann hat er sich gar nicht umgezogen! dachte Max aufgeregt. Ausgerechnet in diesem roten Hemd hatte er Roberto an seinem letzten Tag in der Schule gesehen.

Max griff nach einer anderen Zeitung, in der sich die Polizei mit einem weiteren Aufruf an die Bevölkerung gewandt hatte:

„Die Polizei sucht nach der Tatwaffe und bittet um entsprechende Hinweise. Es handelt sich um ein Messer mit einer circa dreizehn Zentimeter langen Klinge, das voraussichtlich in unmittelbarer Nähe der Hauptallee versteckt wurde…“

Max stürmte die Treppe hinauf. Als er in seinem Zimmer war, machte er den Kleiderschrank auf, griff unter einen Stapel zusammengelegter Hemden und holte daraus ein Messer hervor. Er zog es aus der ledernen Scheide heraus, nahm von seinem Schreibtisch ein Lineal und maß die Klinge ab: vierzehn Zentimeter!

Max sank auf einen Stuhl, schlug die Augen nieder und faßte sich an die Stirn, als wäre er gerade dabei, eine schwere Aufgabe zu lösen. Einige Minuten später schlug er sie auf und stürzte wieder zum Schrank.

Bald holte er daraus eine dunkelblaue Jeanshose und ein Hemd, das er an jenem schrecklichen Abend getragen hatte. Dann nahm er das Messer und lief mit diesen Sachen wieder ins Wohnzimmer.

Nach dem Auszug der Mutter sah das Haus verwahrlost aus. Mehrere Möbelstücke fehlten, darunter auch einige Schränke, weswegen die Sachen, die darin aufbewahrt waren, einfach auf dem Boden herumlagen. Auch auf der breiten Marmorplatte vor der Kaminöffnung türmten sich ganze Berge von Büchern. Als Max sie zur Seite schob, fielen sie auf den Boden. Doch der Junge achtete nicht darauf, sondern legte in das verrußte Innere des Kamins Holz und zündete es an mehreren Stellen an.

Es dauerte einige Minuten, bis das Buchenholz in Flammen aufging.

Als es aber soweit war, legte Max die von oben gebrachten Kleidungsstücke ins Feuer. Danach warf er auch die lederne Messerscheide hinein. Erst dann stieg er wieder ins Obergeschoß und ging in sein Zimmer.

Mit gefalteten Händen stand er vor dem Bildnis der Muttergottes und betete um Vergebung der Sünden, die er bereits begangen hatte, und besonders für jene, die er nun zu begehen vorhatte. Als er auch damit fertig war und bedächtig ein Kreuz geschlagen hatte, steckte er das blanke Messer in eine Plastiktüte und ging aus dem Haus.

Es dauerte nicht lange, bis der Junge den angrenzenden Laubwald erreichte, der einen sanften Hügel bedeckte. Er ging immer tiefer in den Wald hinein, und als er weit genug war, blickte er verstohlen nach allen Seiten und verließ den schmalen Pfad.

Ausgewachsene Buchen ragten in den wolkenlosen Himmel. Ein sanfter Höhenwind streifte ihre lichten Kronen und brachte sie zum Flüstern. Für einen Augenblick erfaßte den Jungen ein wehmütiges Gefühl, eine ferne Erinnerung an die langen Spaziergänge mit seinem Vater, die in einer Zeit lagen, in der seine Welt noch von guten Feen, edlen Rittern und jungen Prinzessinnen bewohnt war. Das alles lag jetzt weit zurück…

An einer Stelle, wo der Boden mit trockenen Ästen übersät war, sank er auf die Knie, holte aus der Tüte das lange Messer hervor und grub damit in feuchter Humuserde ein Loch. Als es tief genug war, versenkte er darin sein Messer, schüttete das Loch wieder zu, drückte die Erde fest und deckte die Stelle wieder mit trockenem Laub und Ästen ab.

Es war vollbracht! Max schaute noch einmal um sich herum und atmete erleichtert auf. Niemand war zu sehen. Nur der Wald konnte ihn verraten. Doch sein geheimnisvolles Flüstern konnten die Menschen nicht verstehen…

Bald ging der Junge auf dem kiesbestreuten Weg wieder zurück und je weiter er sich von seinem Versteck entfernte, desto zuversichtlicher war er, daß sein Plan tatsächlich aufgehen würde…

Ein neuer Verdächtiger

Das vergitterte Fenster war groß und blickte in den Innenhof des Gefängnisses. Die Justizvollzugsanstalt beherbergte Hunderte von Häftlingen. Hier saßen nicht nur Diebe, Räuber und Mörder ihre Zeit ab, sondern auch jene Menschen, die noch als dringend tatverdächtig galten und auf den Abschluß ihrer Strafverfahren warteten.

Nachts, wenn der Himmel frei war, konnte Frank aus seiner Zelle sogar den Mond bewundern. Jedes Mal, wenn er ihn sah, flatterten seine Gedanken ungehindert aus diesem Fenster hinaus in die sternenklare Nacht und brachten ihn in eine gar nicht so weit zurückliegende Zeit, als er noch in einer sibirischen Großstadt gelebt und sehnsüchtig von dem Augenblick geträumt hatte, in dem er endlich seine deutsche Heimat sehen würde. Daß es jetzt ausgerechnet so gekommen war, daß er seiner Freiheit beraubt wurde, trübte diese schöne Erinnerung nicht im Geringsten. Im Land seiner Vorfahren wollte er leben, auch wenn er dafür einen solchen Preis zahlen sollte.

Besonders schwer fiel ihm die erste Woche, die er in Unfreiheit verbringen mußte. Die Erinnerung an Roberto und dessen tragischen Tod bereiteten ihm viele schlaflose Nächte und überfluteten ihn mit traurigen Gedanken. Vielleicht ist es gut so, daß ich hier bin, dachte er trübselig. Auch wenn ich es mit meinen Nächsten gut meine, bringe ich ihnen offensichtlich doch nur Unglück…

Erst die zweite Woche brachte eine gewisse Erleichterung. Nach und nach versöhnte er sich mit seinem Schicksal und wunderte sich, wie schnell er sich an den streng geregelten Alltag der Häftlinge gewöhnt hatte. Nur die Gedanken an seine Allernächsten bereiteten ihm nach wie vor seelische Schmerzen. Seine liebe Mutter, der kleine Friedrich, Anna und all seine treuen Freunde hatten es gewiß nicht leicht, ohnmächtig dem Lauf der unerfreulichen Ereignisse zuzusehen.

Während er noch nachdenklich in den Innenhof des Gefängnisses schaute, hörte er im langen Gang dumpf hallende Schritte der Wächter. Bald wurde die eiserne Tür seiner Zelle aufgeschlossen.

„Herr Uffelmann“, rief ihm ein freundlicher Beamter zu. „Bitte zum Verhör!“

Bald stand er vor der Tür eines schlicht eingerichteten Raumes, in dem er schon oft gewesen war. Gewöhnlich hatten ihn zwei Kriminalbeamte verhört, doch heute waren es ganze fünf, die um den Tisch herum standen. Ihre ernsten Gesichter deuteten darauf hin, daß etwas Wichtiges geschehen war.

„Ich bin der neue Leiter der Mordkommission“, stellte sich ein älterer Mann vor und streckte ihm seine Hand entgegen. „Mein Name ist Kroll.“

Frank nickte ihm respektvoll zu, begrüßte dessen Kollegen und setzte sich auf einen dünn gepolsterten Stuhl. Während die Scheinwerfer und die beiden Kameras ausgerichtet wurden, betrachtete Herr Kroll den Jungen mit einem neugierigen Blick. Erst nachdem die üblichen Vorbereitungen abgeschlossen waren, begann er zu sprechen.

„Herr Uffelmann, heute wollen wir Sie zu einem ganz anderem Thema befragen“, sagte er bedeutungsvoll, und als er am Gesicht des Jungen dessen Bereitschaft erkannte, fuhr er fort: „Wie ist Ihr Verhältnis zu Maximilian Oldenburg?“

Frank hatte mit allen möglichen Fragen gerechnet, doch diese überraschte ihn wirklich.

„Warum fragen Sie das?“

„Wir müssen die Ereignisse jener tragischen Nacht lückenlos rekonstruieren. Das ist unsere Pflicht!“ erwiderte Herr Kroll nachdrücklich. „Und das ist auch in Ihrem eigenen Interesse! Daher versuchen Sie bitte, unsere Fragen möglichst genau zu beantworten. Jedes kleinste Detail ist dabei wichtig! Sind Sie bereit?“

Frank sammelte sich wie vor einer wichtigen Prüfung, dann blickte er zu ihm wieder auf.

„Also, wie würden Sie selbst Ihr Verhältnis zu diesem Jungen beschreiben?“

„Er ist mein bester Freund“, gab Frank ohne Zögern zur Antwort. „Ich mag ihn sehr!“

Als er das sagte, stand ihm sein stiller Freund wieder vor Augen. Ein warmes Gefühl regte sich in seinem Herzen.

„Das bezweifle ich nicht“, sagte der Leiter der Mordkommission. „Mich interessiert, was Sie darunter verstehen.“

„Das, was ein jeder Mensch darunter versteht!“ erwiderte Frank.

Herr Kroll wiegte den Kopf zweifelnd hin und her und dachte einige Zeit nach, bevor er wieder zu sprechen begann.

„Ich möchte Ihnen nicht zu nahe treten, aber es gibt gewichtige Gründe, ihr Verhältnis anders zu bewerten… Zumindest, was Ihren Freund betrifft.“

Frank hatte schon lange verstanden, was er damit meinte und wurde rot vor Scham, als er so etwas hören mußte.

„Das ist nicht wahr!“ rief er ihm entschieden zu, ohne ihn anzusehen. „Seit mehr als zwei Jahren ist er unsterblich in ein Mädchen verliebt…“

„Ist das wirklich Ihre ehrliche Meinung oder verdrängen Sie nur das, was Sie sich selbst nicht gestehen möchten“, fragte ein anderer Beamter, den Frank zuvor noch nie gesehen hatte. „Das eine schließt das andere überhaupt nicht aus. Das wissen Sie doch!“

Der unbekannte Mann wartete auf eine Antwort, während seine Kollegen ebenfalls schwiegen. Einige Sekunden später blickte Frank zu ihm auf und stieß auf einen konzentrierten Blick, der ihm tief in die Seele zu dringen schien.

„Max hat sich mir gegenüber stets als echter Freund benommen“, erwiderte Frank, wurde aber sofort unterbrochen.

„Vielleicht hatte er nur Angst, daß Sie ihn deswegen verachten würden?“

Frank betrachtete den unbekannten Mann und stellte fest, daß er ganz anders aussah als seine Kollegen. In einen dunkeln Anzug gekleidet, hielt er sich betont vornehm, und seine Ausdrucksweise ließ vermuten, daß er sich mehr mit wissenschaftlichen Fragen beschäftigte.

„Sind Sie ein Psychologe?“ fragte Frank ahnungsvoll.

„Ein Kriminalpsychologe“, berichtigte der Mann und setzte seine Ausführungen fort: „Auch wenn es heute keine Schande mehr ist, ein gleichgeschlechtliches Verhältnis zu haben, verdrängen viele Jungen ihre sexuellen Neigungen, bis diese dann irgendwann mit voller Kraft ausbrechen. Max hatte zuvor noch nie einen echten Freund gehabt und die Bekanntschaft mit einem dermaßen charismatischen Menschen, wie Sie es sind, könnte doch bei ihm auch andere Gefühle geweckt haben?“

„Auch wenn es so wäre, hätte ich sein Gefühl niemals verletzt“, erwiderte Frank innerlich aufgewühlt. „Nicht unsere Empfindungen machen uns zu Sündern, sondern unsere Schwächen… wenn unsere dunklen Triebe die Herrschaft über uns erlangen! Er ist ein Dichter! Es steht uns nicht zu, darüber zu diskutieren, was ein solcher Mensch empfinden könnte, wenn er ein neues Kunstwerk schafft.“

„Und doch haben Sie es damit selbst bestätigt, worauf ich Sie aufmerksam machen wollte“, sagte der Mann im gleichen ruhigen Ton. „Ein großer Dichter zeichnet sich vor allem dadurch aus, daß seine Vorstellungskraft keine Grenzen kennt und alle Schranken überwindet. Für Max wäre es gar nicht so schwer, in allen Einzelheiten nachzuvollziehen, was eine Frau fühlen könnte, wenn sie einem solchen jungen Mann begegnen würde.

Haben Sie seine Gedichte gelesen, die er im Alter von zehn Jahren geschrieben hat?“

„Nein“, erwiderte Frank irritiert, denn davon wußte er nichts.

Max hatte ihm gesagt, er schreibe seine Gedichte selten auf.

„Ich habe sie aber gelesen“, sagte der Psychologe anerkennend, während in seiner Stimme ein geheimnisvoller Unterton mitschwang. „Ihr Freund ist in der Tat ein Genie. Solche wie er hat die Welt nur selten gesehen. In einigen Gedichten beschrieb er die Gefühlswelt einer Frau bis in die feinsten Nuancen! Ich persönlich würde seine erotischen Werke, die er bereits in diesem Alter geschrieben hat, bedenkenlos an die Spitze der Weltliteratur setzen. In einem seiner Gedichte offenbart er übrigens, welche schreckliche Strafe einen Menschen treffen würde, falls dieser sich erdreisten sollte, seiner Geliebten ein Leid anzutun. Der unstillbare Rachedurst, der seine grausamen Mordfantasien dabei antreibt, übertrifft alles, was ich zuvor gelesen habe. Selbst Shakespeare sieht neben Ihrem besten Freund ziemlich blaß aus. Soll ich Ihnen eine Kostprobe davon vortragen?“

„Nein“, erwiderte Frank und schüttelte dabei entschieden den Kopf. „Wenn er selbst mir diese Gedichte nicht geben wollte, dann will ich sie auch nicht hören!“ Einige Sekunden zögerte er, dann sagte er: „Egal, was Sie mir von Max erzählen, selbst wenn Sie mir jetzt sagen würden, er habe mich in irgendeiner Weise verraten oder schlecht von mir gesprochen, wird er für immer mein Freund bleiben… mein bester Freund!“

Frank ließ den Kopf sinken und verstummte. Auch die Kriminalbeamten sagten nichts. Erst nach einigen qualvollen Sekunden begann der Junge wieder zu sprechen.

„Was wollten Sie noch wissen?“ fragte er niedergeschlagen.

„Sie haben unsere Frage immer noch nicht beantwortet“, bemerkte der Kriminalpsychologe wie nebenbei. „Haben Sie also noch nie Verdacht geschöpft, daß Maximilian sich von Ihnen auch auf eine andere Weise angezogen fühlte?“

„Ich weiß es nicht“, sagte Frank.

„Ich habe nicht gefragt, ob Sie das wissen. Wir wollten nur hören, ob Sie selbst schon mal einen solchen Verdacht hatten?“

„Am Anfang habe ich das vielleicht vermutet“, gab Frank bedrängt zu, „später aber habe ich im Unterricht beobachtet, wie er heimlich Julia ansah. Danach war es für mich kein Thema mehr.“

Frank blickte zum Leiter der Mordkommission hinüber, und als dieser in dessen flehende Augen sah, ging er zu der nächsten Frage über.

„Sagen Sie uns bitte noch einmal, wann Sie Maximilian Oldenburg zum letzten Mal gesehen haben?“

Frank atmete erleichtert auf und erzählte ihm, daß er Max einige Stunden vor der Tat gesehen habe und daß dieser gleich darauf nach Hause gegangen sei.

„Haben Sie ihm erzählt, daß Sie in der Aula mißhandelt wurden?“ fragte Herr Kroll.

Frank bejahte die Frage.

„Wie hat er diese Nachricht aufgenommen?“ fragte der Kriminalpsychologe. „War er sehr aufgeregt?“

„Er ist ein sehr sensibler Mensch“, erklärte Frank. „Danach hat er sich sehr schnell beruhigt…“

„Ich habe Sie nicht gefragt, was danach geschah, sondern wie er die Nachricht über Ihre Mißhandlung aufgenommen hat.“

Frank konnte nicht lügen.

„Er war sehr aufgeregt“, gab er widerwillig zu.

„Wie hat er sich über die Menschen geäußert, die Sie verprügelt haben? Wie hat er sie genannt?“

Frank schwieg.

„Wollen Sie uns nicht die Wahrheit sagen?“

Der vorwurfsvolle Hinweis darauf, daß er die Wahrheit verschweigen wolle, traf Frank sehr schmerzhaft.

„Er hat ein Wort benutzt, das ich nicht wiederholen möchte“ sagte er, um Verständnis bittend, konnte aber sehen, daß seine Antwort die Beamten keineswegs befriedigt hatte.

„Was hat er ganz genau gesagt?“ wiederholte Herr Kroll mit Nachdruck.

„Niederträchtiges Gesindel“, erwiderte Frank enttäuscht darüber, daß er Einzelheiten preisgeben mußte, die nur für seine Ohren bestimmt waren.

Gleich danach wechselten die Beamten stumme Blicke, die Frank zutiefst beunruhigten. Ihm schien, daß sie vor ihm etwas Wichtiges verheimlichten und daß seine Worte seinem Freund Unannehmlichkeiten bereiten könnten.

„Wem gab Maximilian Oldenburg die Schuld dafür, daß Sie in diese mißliche Lage geraten waren?“ fragte der Leiter der Mordkommission.

„Wieso fragen Sie das?“ rief Frank Herrn Kroll besorgt zu, bekam aber von ihm keine Antwort.

Stattdessen mischte sich wieder der Psychologe ins Gespräch.

„Sagen Sie uns lieber, warum Sie ständig versuchen, unseren Fragen auszuweichen? Haben Sie bereits vergessen, was Sie uns versprochen haben? Wir wollen doch nichts anderes, als aus Ihrem Munde die Wahrheit zu hören! Nur die Wahrheit! Und zwar ungeschönt und in allen Einzelheiten!“

„Entschuldigung“, sagte Frank, beschämt über die erneute Ermahnung.

„Also!“ sagte der Kriminalpsychologe eindringlich. „Wem hat Maximilian Oldenburg die Schuld dafür gegeben, daß Sie in die Aula gegangen sind und dort von den radikalen Antifaschisten geschlagen wurden? Sagen Sie uns bitte jetzt einfach den Namen!“

„Roberto Grimaldi“, erwiderte Frank niedergeschlagen, ohne ihn anzusehen.

„Maximilian Oldenburg war der Meinung, daß Roberto Grimaldi Sie heimtückisch in eine Falle gelockt hat. Habe ich das richtig verstanden?“

Frank bestätigte erneut seine Aussage, worauf Herr Kroll gleich die nächste Frage stellte:

„Und Sie? Haben Sie dieser Einschätzung zugestimmt?“

„Nein! Ich habe ihm widersprochen und gesagt, daß Roberto in Wirklichkeit ein guter Mensch ist. Er hat sich bloß in eine falsche Lehre verstrickt und vertraut aus diesem Grunde nicht mehr seinem Gefühl. Im Unterricht habe ich Roberto mehrmals beobachtet und konnte sehen, wie er gegen sein eigenes Wesen kämpfte. Mir schien, daß er von großen Zweifeln geplagt wurde… als wollte er sich selbst überzeugen, daß die marxistische Ideologie richtig sei. Daher hat er manchmal zu heftig reagiert.“

„Was hat Maximilian dazu gesagt? Konnte er Ihren Argumenten folgen?“

„Er meinte, ich wäre zu gut und lasse mich von jedem dahergelaufenen Schwindler um den Finger wickeln“, erwiderte Frank, sichtlich beschämt, solche Worte über sich selbst wiederzugeben.

„Was hat er Ihnen noch gesagt?“ rief ein anderer Beamter ihm nachdrücklich zu und, noch bevor Frank zu sprechen begann, warnte er ihn: „Sagen Sie uns bitte die Wahrheit! Versuchen Sie sich daran zu erinnern, was er über Roberto und seine linken Kampfgenossen wörtlich sagte! Hat er sich dazu geäußert, was er mit solchen Menschen gern machen würde, wenn er die Macht dazu hätte?“

Frank atmete tief durch.

„Er meinte, man sollte sie auf dem Marktplatz aufhängen, damit man diesen Abschaum wieder in ihre stinkigen Löcher zwingt“, sagte Frank und versuchte gleich danach zu erklären, daß diese Worte im Affekt gesagt worden seien und daß Max selbst ein liebenswürdiger Mensch sei, der niemandem etwas Böses zufügen würde, doch Herr Kroll unterbrach ihn.

„Was haben Sie ihm darauf geantwortet?“

„Ich habe gesagt, daß er als Christ so nicht denken darf und daß jeder Mensch, wie groß seine Sünden auch sein mögen, sich bessern kann. Wenn man sie aber tötet, nimmt man ihnen diese Chance für immer.“

„Und was hat Maximilian darauf geantwortet?“

Frank seufzte und schlug sogar die Augen nieder, so schwer und peinlich war es, darüber zu sprechen.

„Max sagte, daß unsere christlichen Vorfahren eine andere Meinung darüber vertraten.“

„Konnten Sie ihn anschließend vom Gegenteil überzeugen oder blieb er bei seiner Meinung?“

„Es kam nicht mehr dazu, weil er nach Hause gehen wollte.“

„Hat er auch gesagt, warum er nach Hause gehen wollte?“

„Nein“, erwiderte Frank. „Er hat nur gesagt, er müsse noch etwas Dringendes erledigen.“

Plötzlich beschlich ihn ein ungutes Gefühl. Die Richtung ihrer Fragen deutete darauf hin, daß in dieser Nacht noch etwas Unerfreuliches geschehen war.

„Könnten Sie mir endlich sagen, warum Sie das alles wissen wollen?“ fragte er besorgt. „Ist mit Max etwas Schlimmes passiert?“

„Wenn es für unsere Ermittlungen nicht wichtig wäre, würden wir jetzt hier nicht unsere kostbare Zeit verlieren“, entgegnete der Leiter der Mordkommission leicht verärgert. „Sagen Sie uns doch bitte: Hat Maximilian von Anfang an die Absicht gehabt, um diese Uhrzeit nach Hause zu gehen?“

„Nicht daß ich wüßte“, erwiderte Frank ratlos. „Mitten im Gespräch schaute er plötzlich auf sein Handy und sagte, daß er gehen muß.“

„Also kam Ihnen damals seine Mitteilung, nach Hause gehen zu wollen, überraschend vor.“

„Das kann man vielleicht so sagen. Ich habe damit gerechnet, daß er etwas länger bleibt.“

„Wollten Sie ihn aufhalten?“

„Nicht wirklich. Ich habe nur „schade“ gesagt. Danach verabschiedete er sich und ging nach Hause.“

Die Fragen wollten nicht enden und drehten sich um den Inhalt des letzten Gesprächs mit Max. Es beunruhigte Frank in zunehmendem Maße, daß die Kripo-Beamten so ausführlich auf dieses Thema eingegangen waren, doch die nächsten Fragen überraschten ihn noch mehr.

„Haben Sie Max jemals mit einer Waffe gesehen?“ fragte Herr Kroll, während er Frank unentwegt in die Augen schaute. „Zum Beispiel mit einem Messer?“

„Wie meinen Sie das?“ fragte der Junge erschrocken.

„Wir wollten wissen, ob Max ein Messer mit sich trug, wenn er aus dem Haus ging“, erklärte der Kriminalpsychologe, der mit gleichem unheimlichen Ernst in sein Gesicht starrte.

Frank konnte die Aufregung nicht mehr bezwingen. Alles deutete darauf hin, daß sein Freund aus unerklärlichen Gründen ins Blickfeld der Ermittler geraten war. Vielleicht war Roberto mit seinem Messer erstochen worden? dachte er zutiefst besorgt. Wie konnte aber sein Messer in die Hände fremder Menschen gelangen? Die Fragen drehten sich in einem Kreis, ohne einen nachvollziehbaren Zusammenhang zu ergeben.

„Wollen Sie meine Frage nicht beantworten?“ setzte der Psychologe nach.

„Doch“, erwiderte Frank bedrängt. „Manchmal trug er ein Messer mit sich, aber nur zu Verteidigungszwecken…“

Er wollte erklären, was genau Max bewogen hatte, so etwas zu tun, doch Herr Kroll unterbrach ihn.

„Haben Sie es selbst gesehen?“

„Nur einmal!“ sagte Frank. „Es war vor einigen Wochen, nach dem Geburtstag von Sebastian Rohde.“

„Können Sie sich noch an das Messer erinnern?“

„Nein“, sagte Frank. „Er trug es unter seinem Hemd.“

„Wie haben Sie dann davon erfahren, daß er ein Messer bei sich trug?“

„Als wir uns nach der Geburtstagsfeier kurz vor Mitternacht verabschiedeten, habe ich Max umarmt und konnte spüren, daß er unter seinem Hemd etwas Hartes trug. Ich habe ihn gefragt, was das sei, doch er wollte es vor anderen Menschen nicht sagen. Dann habe ich ihn zur Seite gezogen und noch einmal gefragt, was er unter seinem Hemd trug. Er hat mir gesagt, es sei ein Messer.“

„Wie groß war es Ihrer Einschätzung nach?“

„Es fühlte sich wie ein Dolch an“, sagte Frank.

„Hat er Ihnen erklärt, warum er ein Messer bei sich trug?“

„Ich habe ihn danach gefragt. Er meinte, er hat sich noch nie geprügelt und hatte überhaupt keine Erfahrung damit. Wenn er aber Julia nachts nach Hause begleiten sollte, muß er sie irgendwie verteidigen können, wenn es dazu kommen würde. Die Stadt ist voll von Fremden, die aus allen Herren Ländern hergekommen sind. Und Julia ist ein sehr schönes Mädchen. Unter solchen Umständen kann alles Mögliche passieren."

„Was haben Sie ihm darauf gesagt?"

„Nichts", erwiderte Frank.

„Sie haben ihm gar nichts gesagt?" wunderte sich Herr Kroll.

„Was sollte ich ihm dazu sagen?" fragte Frank. „Er hatte Recht."

„Sie meinen, das Mitführen einer verbotenen Waffe in der Öffentlichkeit wäre rechtens?" fragte ein anderer Beamter, der bis dahin geschwiegen hatte.

„Ich wollte nur sagen, daß ich ihm das nicht verübeln konnte", erklärte Frank. „Die Polizei kann unsere Menschen nicht mehr schützen. Was in unserem Land nach der Öffnung der Grenzen geschieht, kann das Tragen einer Waffe durchaus rechtfertigen. Wenn das Mädchen angegriffen worden wäre, hätte Max sie nicht verteidigen können. Was nützt uns das Recht, wenn es nicht durchgesetzt wird und die Fremden keine Achtung vor unseren Gesetzen haben…"

Die steifen Gesichter der Kriminalbeamten konnten Frank darüber nicht täuschen, daß sie mit ihm in seiner Einschätzung durchaus übereinstimmten. Allerdings traute sich keiner, seine Aussagen zu kommentieren.

„Das ist aber eine ganz andere Frage, die wir hier nicht diskutieren wollen", sagte der Leiter der Mordkommission mit tonloser Stimme. „Vielmehr interessiert uns die Frage, was danach geschah."

„Danach kam Julia zu uns und sagte, daß sie fahren müßten. Der Wagen warte auf die beiden."

„Welchen Wagen hat sie gemeint?" fragte Herr Kroll.

„Der Sicherheitsdienst der Familie Weigand bestand darauf, daß sie uns alle mit ihren Autos nach Hause bringen."

„Warum?"

„Es war schon spät und wir haben Sekt und Wein getrunken. Wie ich aus den Worten des Sicherheitspersonals vernommen habe, war das die Anweisung von Herrn Weigand. Luka Lemke hat mir am nächsten Tag erzählt, daß die Sicherheitskräfte so lange vor seinem Haus gestanden haben, bis er tatsächlich hineingegangen war."

„Hatte auch Julia davon Kenntnis, daß Max ein Messer mit sich trug?"

„Ich glaube nicht", sagte Frank zögernd. „Als sie zu uns kam, hatte er mir heimlich ein Zeichen zum Schweigen gegeben. Ob sie es danach erfahren hat, weiß ich nicht."

Das Verhört dauerte noch eine halbe Stunde. Danach blickte Herr Knoll seine Kollegen an, und als er sah, daß sie ebenfalls keine Fragen mehr hatten, wandte er sich wieder an Frank.

„Übrigens wollte ich Ihnen mitteilen, daß Sie heute aus der Untersuchungshaft entlassen werden."

„Sind Sie mit Ihren Ermittlungen fertig?" fragte der Junge überrascht.

„Ihre Rechtsanwälte haben mit ihrer Haftbeschwerde Erfolg gehabt", erklärte Herr Kroll.

„Meine Rechtsanwälte?" wiederholte Frank irritiert. „Ich kenne nur einen, der mich hier besucht hat. Ein Pflichtverteidiger, wie er selbst sagte..."

„Hinter seinem Rücken standen noch welche. Es waren ganze vier!" sagte Herr Kroll, sichtlich erheitert über die Verwirrung des Jungen. „Soviel ich weiß, sind es die besten Verteidiger, die man hierzulande für ein solches Strafverfahren auftreiben kann. Ich frage mich nur, wer sie bezahlt hat."

„Keine Ahnung", erwiderte Frank und zuckte ratlos mit den Schultern.

„Zwar geht mich das nichts an, aber es ist doch ziemlich merkwürdig, daß Sie nicht wissen, wer sich so rührend um Sie kümmert", sagte Herr Kroll mit rätselhafter Stimme, „besonders unter der Berücksichtigung der Tatsache, daß eine Schweizer Stiftung sich bereit erklärte, für Ihre Entlassung aus der Untersuchungshaft eine Kaution in Höhe von einer Million Euro zu zahlen."

„Eine Million Euro?!" stieß Frank verblüfft hervor.

„Ja, Herr Uffelmann", bestätigte der Leiter der Mordkommission bedeutungsvoll, „eine Million Euro!"

Einige Sekunden lang betrachtete er das Gesicht des Jungen, doch in dessen Ausdruck lag ein deutlicher Beweis dafür, daß dieser tatsächlich nicht die geringste Ahnung hatte, wer ihm eine solche Wohltat erweisen wollte.

„Seltsam", sagte Herr Kroll nachdenklich.

Dann atmete er erleichtert auf und schlug seine Mappe zu.

„Aber das hat für uns sowieso keine Bedeutung mehr", setzte er in gleichgültigem Ton fort. „Wir hätte Sie ohnehin in den nächsten Tagen entlassen."

„Sind Sie mit Ihren Ermittlungen fertig?“ wiederholte Frank seine Frage.

„Ja, das sind wir“, erwiderte Herr Kroll. „Ab heute gelten Sie in diesem Strafverfahren nicht als Tatverdächtiger, sondern nur als Zeuge. Ich möchte Sie daran erinnern, daß Sie in dieser Eigenschaft nur die Wahrheit sagen dürfen.“

„Ich habe Ihnen die Wahrheit gesagt!“ beteuerte Frank und fügte irritiert hinzu: „Aber wieso?“

„Wir haben den Täter“, sagte Herr Kroll zufrieden.

„Und wer ist das?“

„Maximilian Oldenburg“, sagte der Leiter der Mordkommission und lehnte sich auf die Rückenlehne seines Stuhls. „Ihr bester Freund.“

Bereits nach wenigen Sekunden wurde Frank kreidebleich. Mit großen Augen starrte er Herrn Kroll an, doch dieser sagte kein Wort mehr.

„Das ist nicht wahr“, sagte Frank erschüttert.

„Er hat ein umfassendes Geständnis abgelegt, das haargenau mit Ihren Angaben übereinstimmt“, erwiderte Herr Kroll und erhob sich von seinem Stuhl. „Wir haben den Tathergang lückenlos rekonstruiert. Er hat uns auch sein Versteck gezeigt, wo er die Tatwaffe vergraben hatte…“

„Nein!“ rief Frank verzweifelt aus und faßte sich mit beiden Händen an den Kopf. „Nein…“

Versuchung

Weigand stand an der kugelsicheren Glaswand seines New Yorker Arbeitszimmers und schaute in sich versunken auf die glänzenden Türme der Wolkenkratzer. Seine lange Abwesenheit hatte zur Folge, daß sein Arbeitstag bereits um sechs Uhr morgens begonnen hatte und bis zum Abend mit unaufschiebbaren Terminen gefüllt war. Doch wie wichtig diese auch waren, verweilten seine Gedanken bei Anna. Die Erinnerung daran, wie sein Kind gelitten hatte, ließ ihn nicht mehr los und erfüllte ihn mit nicht nachlassender Sorge. Seit Stunden wartete er auf Neuigkeiten aus Deutschland.

Endlich klingelte das Telefon. Kaum hatte Weigand es ans Ohr gedrückt, hörte er die euphorische Stimme seiner Frau.

„Sie ist wieder aufgeblüht!" rief sie ihm freudig zu, ohne ihn zu begrüßen. „Wenn du deine Tochter vor einer Stunde gesehen hättest, würdest du deinen eigenen Augen nicht mehr trauen! Als sie erfahren hat, daß er schon heute freigelassen wird, hat sie vor Freude geweint, und zwar so lange und heftig, daß ich vorsorglich einen Arzt bestellt habe. Doch dann hat sie sich wieder beruhigt und war wie ausgewechselt! Ich habe gesehen, wie sie heimlich gebetet hat..."

Weigand atmete erleichtert auf. Seine Frau berichtete ihm in allen Einzelheiten über den Gesundheitszustand ihrer Tochter und darüber, was an diesem Vormittag noch alles geschehen war, und konnte damit nicht mehr aufhören. Doch Weigand unterbrach sie nicht und hörte ihr aufmerksam zu.

„Ich habe ihr heute die beiden Wagen gegeben und unser Personal mitgeschickt, damit man ihn sicher aus dem Gefängnis nach Hause bringt. Jetzt ist sie mit ihren Freunden gerade dort."

Als seine Frau eine kleine Pause machte, fragte er:

„Bist du immer noch der Meinung, daß wir nach New York umziehen sollten?"

„Reiner!" rief sie ihm vorwurfsvoll zu. „Was sagst du da? Wir haben doch alles besprochen! Oder hast du deine Meinung schon wieder geändert?"

„Ich wollte nur wissen, ob du heute besser gelaunt bist."

„Du bist ungerecht!" erwiderte sie gekränkt. „Das hat mich schon immer gewundert, daß du zwei Gesichter hast, die kaum unterschiedlicher sein können! Mit anderen Menschen kannst du so hart sein, daß sie von dir Angst bekommen, sobald es aber um Anna geht, bist du kuschelweich und gibst ständig nach!“

„Woran könnte das wohl liegen?“ fragte Weigand leicht ironisch.

„Ich weiß, daß du sie liebst“, sagte sie nachsichtig. „Aber gerade deswegen mußt du an ihre Zukunft denken! Du weißt, daß ich dem Jungen nicht abgeneigt war. Er ist charmant und klug. Er hat aber auch andere Seiten, die wir nicht aus den Augen verlieren dürfen. Wie glücklich sie zur Zeit auch sein mag, kann es auf lange Sicht unmöglich gut gehen…“

„Du wiederholst dich! Ich habe schon längst verstanden, was du mir sagen willst“, erwiderte Weigand kühl. „Reden wir darüber später. Ich hatte heute einen anstrengenden Tag und habe noch ein wichtiges Treffen vor mir.“

Kaum legte er auf, meldete seine Sekretärin die Ankunft von Senator Weith.

„Begleiten Sie ihn bitte zu mir“, sagte er gut gelaunt, legte das Telefon zur Seite und erhob sich von seinem Sessel, um den hohen Gast zu begrüßen.

Bald ging die Tür auf und an der Schwelle erschien die übergewichtige Gestalt eines Mannes, der sein sechzigstes Lebensjahr bereits überschritten zu haben schien. Selbst sein großzügig geschnittener Anzug konnte nicht verbergen, daß er mindestens zwanzig Kilo zu viel auf den Rippen hatte. Sein Gesicht war rund und von ungesunder Farbe. Unter den wässrigen Augen hingen stark ausgeprägte Tränensäcke, zwischen denen eine etwas zu groß geratene Adlernase hervorsprang. Ein paar spärliche Haarsträhnen, die seine fleckige Glatze bedeckten, vervollständigten das ungünstige Aussehen des einflußreichen Politikers. Nichtsdestotrotz zeigte er ein lebhaftes Interesse an der bezaubernden Sekretärin des Gastgebers, was an seinen lüsternen Blicken leicht erkennbar war.

Weigand kam ihm einige Schritte entgegen und begrüßte ihn. Noch bevor die junge Frau das Arbeitszimmer ihres Chefs verließ, begann Senator Weith zu sprechen.

„Sie haben hier paradiesische Zustände!“ rief er beeindruckt aus, während sein Blick schon wieder am schlanken Körper der Sekretärin verweilte. „Solche liebreizenden Schönheiten habe ich selten gesehen!“

Ellen lächelte ihm zwar zu, war aber von dem anzüglichen Benehmen des Senators unangenehm berührt. Sie versuchte es zu tarnen, um ihrem Chef keine Unannehmlichkeiten zu bereiten, fühlte sich aber den Angriffen seines prominenten Gastes schutzlos ausgeliefert, denn sein unverschämter Blick leckte nach wie vor ihre langen Beine ab.

„Sie machen mir Angst, Senator!“ erwiderte Weigand in leicht ironischem Tonfall und schaute mit warmem Lächeln seine bedrängte Sekretärin an. „Wenn im Paradies nur solche junge Schönheiten aufgenommen werden, so landen wir, mein lieber Freund, gewiß in der untersten Hölle.“

Während Senator Weith dröhnend zu lachen begann, mußte auch Ellen lächeln, so passend war die unmißverständliche Anspielung ihres Vorgesetzten. Vergeblich versuchte sie, ihre zu offensichtliche Heiterkeit darüber zu unterdrücken, und wurde rot vor Peinlichkeit. Doch während ihre lachenden Augen den Vorgesetzten um Vergebung für ihr ungebührliches Verhalten flehten, schien diesem ihre Verlegenheit ein großes Vergnügen zu bereiten. Kaum hatte der übergewichtige Senator aufgehört zu lachen, setzte Weigand noch eins drauf.

„Ich glaube, wir müssen uns damit abfinden, daß wir die Zuneigung meiner anmutigen Sekretärin niemals gewinnen würden“, fügte er im gleichen ironischen Ton hinzu. „Die Engel bewohnen bekanntlich den Himmel, während wir unser langes Leben mit schweren Sünden überfrachtet haben. Ich bezweifle, Senator, daß es uns gelingen würde, mit einem solchen Gewicht jemals von der Erde abzuheben.“

Ellen warf die Hand vor den Mund, um das plötzliche Auflachen zu unterdrücken, war aber zugleich erschrocken, daß ihr Chef einen bekannten Politiker so direkt angegriffen hatte. Doch dieser brach erneut in Lachen aus, obwohl er ohne jeden Zweifel die Anspielung seines Gastgebers richtig verstanden hatte.

Weigand aber ging einige Schritte auf die junge Frau zu und blickte wie schon so oft wohlwollend und direkt in ihre himmelblauen Augen.

„Sie sind eine Zierde für unser Unternehmen“, sagte er mit einer Stimme, die Ellen trunken machte.

„Danke“, erwiderte sie leise und schlug die Augen nieder.

Beglückt darüber, daß ihr vornehmer Chef es für nötig hielt, so ritterlich schön seine schützende Macht über sie auszubreiten, warf sie dem lachenden Lüstling einen stolzen Blick zu und verließ das Zimmer.

Als der Senator sich wieder beruhigt hatte, holte er aus der Tasche seines Sakkos ein Seidentuch hervor und tupfte die Schweißperlen von seiner breiten Stirn.

„Nicht nur die Frauen, sondern auch die Jungs von ihrer Leibwache, die mich heute fast eine Viertelstunde lang betastet haben, sehen verdächtig hübsch aus“, bemerkte er wie nebenbei. „Am Ende wollte ich sogar wieder hinausgehen, damit sie es noch einmal tun!“

„Deswegen haben Sie so lange gebraucht, um zu mir hochzukommen?“ erwiderte Weigand mit einer Stimme, als habe er endlich die lang gesuchte Erklärung für dessen Verspätung gefunden.

Senator Weith geriet erneut ins Lachen.

„Wissen Sie! Ich nehme regelmäßig an wichtigen Sitzungen im Weißen Haus teil, kann mich aber an solche strengen Sicherheitskontrollen nicht erinnern“, sagte er etwas angeberisch, während in seiner schmeichelnden Stimme ein unterschwelliger Vorwurf lag. „Selbst wenn der Präsident höchstpersönlich unter uns weilte, hat man mir meinen Kugelschreiber nicht abgenommen.“

Weigand nahm seine Beschwerde sichtlich ungerührt zur Kenntnis.

„Es betrübt mich sehr, über eine solche Nachlässigkeit im Weißen Haus zu hören. Ich hoffe, Sie werden es mir nicht verübeln, daß mein Sicherheitspersonal so gründlich war. Schließlich wollen wir offen miteinander reden dürfen, ohne daß Unbefugte von dem Inhalt unserer Unterredung Kenntnis erlangen können.“

„Sie sagen es!“ bestätigte der Senator mit gleicher Gelassenheit, obwohl die Worte seines Gesprächspartners ihn beunruhigt hatten. „Unter vier Augen fällt es einem viel leichter, auf die Umständlichkeiten des gewohnten Umgangs zu verzichten.“

Weigand geleitete den Gast zu einer Polstergruppe am anderen Ende seines riesigen Arbeitszimmers und, als dieser in einem weichen Sessel versank, setzte er sich ebenfalls hin.

„Ich freue mich, daß Sie Zeit für mich gefunden haben“, sagte Weigand. „Es ist nicht selbstverständlich, daß ein Politiker wie Sie über seinen Terminkalender frei verfügen kann.“

„Wie wahr!“ erwiderte der Senator geschmeichelt. „Oft hat man den Eindruck, man gehöre nicht mehr sich selbst, sondern seinem übermächtigen Sekretariat, das seinen Chef wie eine Strohpuppe hin und her schiebt!“

Er lachte über den eigenen Vergleich und schien mit sich selbst sehr zufrieden.

„Die Politik ist eine zeitraubende und äußerst ermüdende Angelegenheit“, setzte er seine schulmeisterhaften Ausführungen fort. „Man hat es tagtäglich mit Menschen zu tun, die ständig etwas von einem wollen, was man ihnen nur selten geben kann! Daraus ergibt sich ein trauriges Bild unserer heutigen Welt, in der Unzufriedenheit, üble Nachrede und Neid immer mehr die Oberhand gewinnen. Ohne mächtige Freunde, die einem

Schützenhilfe gewähren, hat man heute in der Politik gar nichts zu suchen."

Seine Überlegungen zum schweren Los eines Politikers brachten ihn beinahe zum Selbstmitleid. Er seufzte schwer und wurde nachdenklich.

„Wissen Sie, ich beneide Sie!" sagte er.

„Wodurch habe ich eine solche Ehre verdient, von Ihnen beneidet zu werden?" fragte Weigand leicht verwundert.

„Wissen Sie, in der Weltwirtschaft sind die Verhältnisse bedeutend einfacher, obwohl auch dort gewissen Ähnlichkeiten mit der Politik bestehen. Ich habe mich oft gefragt, ob ich nicht einen Fehler beging, als ich beschlossen habe, Politiker zu werden. Ursprünglich wollte ich mich genau wie Sie den wirtschaftlichen Fragen widmen. Ich vergleiche die Weltwirtschaft gern mit einem Fußballspiel."

„Wieso denn das?" fragte Weigand neugierig.

„Ich habe in meinem Leben viele Unternehmer gesehen, die herausragende Fähigkeiten besaßen", erklärte der Senator und blickte lange und bedeutungsvoll seinen Gesprächspartner an. „Aber eins scheint mir klar zu sein: Wie stark ein Spieler auch sein mag, wird es ihm unter heutigen Bedingungen kaum gelingen, das Spiel alleine zu gewinnen. Es gehört viel mehr dazu."

„Ihre Worte deuten darauf hin, daß Sie den Weg zum Sieg bereits gefunden haben", sagte Weigand, während sich um seine tiefblauen Augen leichte Lachfalten legten. „Würden Sie die Quintessenz Ihrer langjährigen Erfahrung auch mir verraten wollen?"

„Gern", erwiderte der Senator selbstgefällig. „Ohne eine gut eingespielte Mannschaft von fähigen Spielern, die einander vertrauen, ist der Sieg ausgeschlossen."

„In der Tat!" bestätigte Weigand anerkennend. „Ich sehe aber in diesem Vergleich einige nicht ganz unbedeutende Schwachstellen."

Senator Weith zog die Augenbrauen verwundert hoch und blickte fragend zu seinem Gesprächspartner.

„Meiner unmaßgeblicher Meinung nach sehen die Verhältnisse in der von Ihnen erwähnten Weltwirtschaft etwas komplizierter aus", erklärte Weigand. „Ich versuche, es Ihnen anhand Ihres eigenen Beispiels zu verdeutlichen. Stellen Sie sich vor, das Spielfeld wäre viel größer und rund wie eine Scheibe. Dabei würden nicht zwei, sondern dreihundert Mannschaften gleichzeitig um den Sieg ringen. Dem entsprechend stünden auch dreihundert Tore zur Verfügung, die man erstürmen könnte. Tausende siegeshungrige Spieler stehen ungeduldig in den Startlöchern bereit und schielen in Richtung Ihres eigenen Tores. Was meinen Sie, wie das Spiel in diesem Fall aussehen würde?“

„Eine merkwürdige Beschreibung!“ stieß Senator Weith aus und lachte sogar auf, als er tatsächlich versuchte, sich ein solches Szenario vorzustellen. „Ich nehme an, daß auf einem solchen Spielfeld unvorstellbares Chaos ausbrechen würde. Man wird wohl kaum noch Übersicht behalten können! Es wäre grauenhaft! Unter solchen Umständen würde die Weltwirtschaft gar nicht gedeihen können!“

„Leider ist es aber oft so, daß man sich die Umstände und besonders die Spielregeln nicht nach Belieben aussuchen kann. Wenn man spielen möchte, nimmt man sie als gegeben an und beginnt zu spielen. Wenn Sie wollen, kann ich Ihnen gern beschreiben, was auf einem solchen Spielfeld geschehen würde, sobald der Schiedsrichter das Spiel anpfeift.“

„Ich bin gespannt“, erwiderte Senator Weith.

„Es wird nicht lange dauern, bis es in dem ausgebrochenen Chaos zu unerlaubten Handlungen kommt. Es wird Absprachen geben. Einige Mannschaften werden sich gegen die anderen verschwören. Es wird auch solche geben, die noch vor dem Erreichen ihres gemeinsamen Ziels das Vertrauen ihrer Verbündeten schamlos ausnutzen und diese am Ende ihrem traurigen Schicksal überlassen. Bald werden Rachegefühle wach, die grausame Vernichtungspläne hervorbringen, die an weitere Generationen wie ein Vermächtnis vererbt werden!“ Weigands Stimme wurde hart und klang immer unheimlicher. „Während die Kapitäne noch einander lächelnd die Hände schütteln und die heilsamen Kräfte eines fairen Wettbewerbs beschwören, wird im Hintergrund ein vernichtender Krieg vorbereitet, dessen Mittel und Grausamkeit die Grenzen jedweder moralischen Vorstellung sprengen würde. Am Ende wird man den Feinden mehr vertrauen als seinen Freunden! Selbst die Schiedsrichter werden nicht mehr ihres Lebens sicher sein und nur noch darum bemüht, ihre Haut zu retten! Und doch wird es in diesem erbarmungslosen Gemetzel nicht nur Verlierer, sondern auch Sieger geben, auch wenn der Sieg ein launiges Wesen hat und nicht lange in einer Hand verweilen möchte!“

Weigand legte eine Pause ein, während der starre Blick seiner glühenden Augen seinen Gast wie eine Lanze in den Sessel drückte. Der Senator konnte es nicht mehr aushalten, wandte das Gesicht ab und lächelte schief.

„Wissen Sie immer noch nicht, wer unter solchen Bedingungen gewinnen würde?“ fragte Weigand mit gefährlich ruhiger Stimme.

„Ein düsteres Bild, was Sie soeben gezeichnet haben“, sagte Senator

Weith verunsichert, behielt aber die Fassung und fügte zweifelnd hinzu: „Von einem solchen Gemetzel habe ich äußerst selten gehört, obwohl ich vielfältige Beziehungen nicht nur in die politischen Kreise pflege, sondern auch zu bedeutenden Unternehmern!"

„Davon habe ich gehört", sagte Weigand, während das unheimliche Feuer in seinen Augen wieder erlosch.

Der ruhige Ton, in dem diese Worte gesagt wurden, ließ den Senator aufatmen. Ihm schien sogar, daß der Gastgeber ihm zu verstehen gab, daß er ein gewisses Interesse an seinen Kontakten habe.

„Ohne Beziehungen kommt man in dieser Welt keinen Schritt voran", sagte Senator Weith und lehnte sich selbstgefällig im Sessel zurück. „Wenn Sie wünschen, kann ich Ihnen sogar ein Treffen mit einem ehemaligen Präsidenten organisieren. Für dreißigtausend Dollar würde er bei Ihnen einen Vortrag über die globalen Verflechtungen in der heutigen Welt halten. Ich nehme an, daß es nicht nur für Ihre leitenden Mitarbeiter, sondern auch für Sie höchst interessant sein könnte, aus erster Hand zu erfahren, wie die wichtigen politischen Entscheidungen getroffen werden. Übrigens, wenn man noch etwas obendrauf legt, wird er mit seiner Frau zu Ihnen kommen. Wie Sie wissen, hat sie ebenfalls einen großen Einfluß in der Politik."

„Beeindruckend!" sagte Weigand und nickte dabei einige Male mit dem Kopf. „Was meinen Sie, wie viel muß man obendrauf legen, um auch noch seine Frau zu bekommen?"

„Zwanzigtausend, würde ich sagen", erwiderte der Senator stirnrunzelnd, als rechnete er gerade die zu erwartenden Reisekosten zusammen.

„Das ist ein Angebot!" rief Weigand anerkennend aus.

„Und?" fragte Senator Weith rot vor Stolz.

„Richten Sie bitte dem ehemaligen Präsidenten aus, daß ich sein Angebot zu schätzen wisse", erwiderte Weigand mit furchteinflößendem Ernst. „Er soll sich in meinem Sekretariat anmelden. Die Entscheidung darüber, in welchem Raum und mit welchem Programm er auftreten sollte, überlasse ich meiner charmanten Sekretärin. Allerdings werde ich ihm raten, seine lüsternen Blicke nicht so lange auf ihren schönen Beinen weiden zu lassen. Sonst bekommt er Probleme nicht nur mit seiner Frau, sondern wird es auch mit mir zu tun bekommen!"

Während Weigand noch sprach, erbleichte das Gesicht seines hohen Gastes. Entsetzt starrte er den machtbesessenen Gastgeber an, und es vergingen mehrere qualvolle Sekunden, bis er wieder sprechen konnte.

„Sie unterschätzen ihn", sagte er schließlich mit tonloser Stimme.

„Möglich", erwiderte Weigand, während in seinen Augen das gleiche unheimliche Feuer aufloderte. „Da Sie so freundlich waren, Ihre Erfahrungen mit mir zu teilen, möchte ich Ihnen die gleiche Ehre zukommen lassen: Nicht Mannschaften entscheiden das Spiel, sondern jene, die das scheinbare Chaos überblicken und darin eherne Gesetze erkennen, deren kluge Anwendung ihren Fußtruppen den Sieg ermöglicht! Die Mannschaften, wie stark sie auch sein mögen, sind nur blinde Schachfiguren in den Händen weniger Meister, die das Spiel beherrschen!"

Mit einem solchen Gesprächsverlauf hatte Senator Weith zuvor nicht gerechnet. Er fühlte sich unwohl und bereute bereits, daß er diese Einladung angenommen hatte. Ihm schien, daß der unergründliche Mann diese Worte nicht aus bloßer Leidenschaft heraus, sondern mit kaltem Kalkül sagte. Allerdings konnte er noch nicht erahnen, welche dunkle Absicht er dabei verfolgte.

„Mir scheint, daß Sie die Umstände übermäßig dramatisieren", erwiderte Senator Weith, um die Pause zu füllen. „Im Leben sieht es gewöhnlich viel einfacher aus."

Ein gefährliches Lächeln zeigte sich auf dem Gesicht seines Gesprächspartners.

„Ist unser Treffen nicht der passende Augenblick, um endlich festzustellen, wer von uns beiden Recht hat?" fragte Weigand herausfordernd.

„Ich wüßte gern, wie Sie das bewerkstelligen wollen", erwiderte der Senator. „Seit dreitausend Jahren streiten die Philosophen über die Fragen des Seins und es sieht danach aus, daß sie es bis zum Jüngsten Gericht tun werden, ohne einig zu werden. Könnten Sie mir vielleicht ein konkretes Beispiel nennen?"

„Gern", sagte Weigand, während sich sein Gesicht wieder entspannte und ganz gelassen wirkte. „Damit Sie es besser nachvollziehen können, werde ich es anhand Ihrer eigenen Verhältnisse zeigen. Sie arbeiten doch für Marc Waldert und sind der Meinung, bei ihm gut aufgehoben zu sein. Nicht wahr?"

Die brachiale Direktheit der Frage jagte dem Senator eine heiße Welle über den Körper. Sprachlos blickte er zu seinem Gastgeber, ohne zu wissen, wie weit er bei der Beantwortung solcher Fragen gehen sollte.

„Sie müssen es mir nicht sagen. Das weiß ich auch ohne Ihre Bestätigung", setzte Weigand seine Ausführungen fort, ohne auf dessen Verwirrung zu achten. „Ich habe Ihr harmonisches Verhältnis zu Waldert unter die Lupe genommen. Seit fünfzehn Jahren haben Sie Ihr Schicksal an diesen erfolgreichen Geschäftsmann gebunden. Obwohl Sie ein erfahrener Politiker sind, schenken Sie ihm bedenkenlos Ihr Vertrauen."

Der Senator hatte kaum noch Zeit, dem rasanten Tempo des Gesprächs zu folgen und die bedeutungsschweren Aussagen seines Kontrahenten richtig einzuordnen. Daß diesen Worten noch weitere Offenbarungen folgen würden, war für ihn bereits eine ausgemachte Sache.

„Wenn man so eng und vielfältig miteinander verbunden ist, kommt man ohne Vertrauen nicht aus", gab er gezwungenermaßen zu.

„Vertrauen ist aber eine gefährliche Sache! Nicht alle Menschen können damit umgehen. Es bringt sie sehr schnell in Versuchung, dieses Vertrauen zu mißbrauchen. Wenn wir bei unserem Fußballspiel bleiben, so glauben Sie bestimmt, nur ein Zuschauer dieses blutigen Gemetzels zu sein. In Wirklichkeit stehen Sie gerade mitten drin. Waldert hat Sie seit langem in sein riskantes Spiel eingebunden, ohne daß Sie eine Ahnung haben, welches Ziel er damit verfolgt."

Die Unterhaltung nahm langsam Formen an, die Senator Weith nicht mehr ertragen konnte. Unbestimmte Angst beherrschte ihn und ein starkes Verlangen, so schnell wie möglich aus diesem Zimmer zu flüchten.

„Ich nehme an, daß Sie mich nicht umsonst eingeladen haben?" fragte er düster.

„In der Tat, Senator!" bestätigte Weigand.

„Ich kann Ihren nebulösen Anspielungen nicht mehr folgen", gab Senator Weith offen zu, um die Zeit seiner Gefangenschaft zu verkürzen. „Sie wollten mit mir offen reden. Daher würde ich Ihnen vorschlagen, auf das Wesentliche zu kommen."

„Wie Sie wünschen", erwiderte Weigand, während sein Blick wieder hart wie Eisen wurde. „Sie haben aufs falsche Pferd gesetzt, Senator! In Ihrer Lage ist das gefährlich."

Senator Weith blickte mißtrauisch auf. Gerade so etwas Gräßliches hatte er schon seit geraumer Zeit erwartet: Ein plumper Versuch, ihn im Kampf gegen Waldert auszunutzen! Nachdem die Katze endlich aus dem Sack war, fühlte er sich wesentlich besser.

„Was meinen Sie damit?" fragte er mit vorgetäuschter Ruhe.

„Waldert hat sie schändlichst verraten", erklärte Weigand.

„Das glaube ich nicht!" erwiderte der Senator mit ungewohnter Heftigkeit.

„Und das ist lobenswert! Auch ich bin kein gläubiger Mensch!" rief

Weigand ihm zu, als wollte er ihn in seinem Widerspruch nur noch bestärken. „Ich sehe mich aber gezwungen, zumindest einigen Zahlen und Fakten zu vertrauen, die einwandfrei belegt sind."

Der Senator starrte ihn unbeeindruckt an, ohne seine Worte zu kommentieren.

„Waldert hat Sie hintergangen", erklärte Weigand. „Er hat sich verspielt und dabei die Bank-Gruppe ruiniert. Danach wollte er seinen Anteil retten, bevor der Kurs einbricht. Er hat ihn in aller Stille an die Konkurrenz verkauft, und zwar außerbörslich."

„Das ist nicht wahr!" rief Senator Weith erregt aus und blickte forschend in die Augen seines Gesprächspartners.

Die Ruhe in Weigands durchdringendem Blick flößte ihm Furcht ein. Seine Mundwinkeln begannen nervös zu zucken, was seinem Gesicht einen unangenehmen Ausdruck verlieh.

Weigand erhob sich, ging zu seinem Schreibtisch und holte aus dessen Schublade einige lose Blätter hervor. Als er wieder zurückkam, legte er sie kommentarlos auf den Couch-Tisch direkt vor den Senator hin.

Als dieser die ersten Zeilen überflog, wurde ihm wieder heiß. Es war eine verbindliche Absichtserklärung über den außerbörslichen Verkauf eines beherrschenden Anteils an der Bank-Gruppe. Als Verkäufer fungierte Waldert. Doch nicht sein Name jagte dem erfahrenen Senator den nächsten Schock ein. Als Käufer zeichnete nicht irgend jemand, sondern ausgerechnet jener Mann, in dessen Arbeitszimmer er gerade saß.

„Sie sind ein gefährlicher Mensch", flüsterte Senator Weith erschüttert.

„Nicht für jene, die treu auf meiner Seite stehen", erwiderte Weigand gelassen. „An Ihrer Stelle würde ich mir lieber erneut die Frage stellen, warum ich Sie heute eingeladen habe."

Senator Weith hob seinen Blick langsam zu ihm und fühlte, wie die Angst ihm die Kehle zuschnürte.

„Warum?" fragte er mit röchelnder Stimme.

„Waldert hat sich verzockt", erklärte Weigand. „Während ich mit ihm eine anspruchsvolle Schachpartie spielte, wollte er am Ende mit einem riskanten Glücksspiel versuchen, den Kopf aus der Schlinge zu ziehen. Dabei ist ihm aber der Hocker unter den Füßen weggerutscht. Was Sie persönlich betrifft, so ist es nicht mein Wille, daß Sie unter die Räder eines Machtkampfes geraten, von dem Sie nicht die geringste Ahnung haben. Zwar haben Sie unvorsichtig gehandelt und alles auf eine Karte gesetzt, dazu noch hohe Kredite aufgenommen, um die zukünftigen Gewinne zu maximieren, aber einen solchen Menschen wie Sie in einen Schuldenturm zu stecken, wäre eine unverhältnismäßig harte Strafe für Ihren kindischen Leichtsinn. Allein schon deswegen, weil auch Ihren lieben Schwiegersohn, den sie zum gleichen abenteuerlichen Verhalten verleitet haben, das gleiche Schicksal ereilen würde. Oder haben Sie einen Wohltäter, der Ihnen ohne Gegenleistung Ihre Schulden begleichen würde? Fragen Sie doch Ihren ehemaligen Präsidenten, der für fünfzigtausend Dollar bereits ist, zusammen mit seiner Frau mein Personal zu unterhalten! Vielleicht wird er Ihnen helfen?"

Er wartete auf eine Antwort, doch Senator Weith konnte nicht mehr sprechen. Um seinen Zustand zu tarnen, holte er wieder sein seidenes Taschentuch hervor und wischte sich langsam den Schweiß von der Stirn.

„Wie sind Sie darauf gekommen, daß Waldert die Bank-Gruppe ruiniert hat?" fragte er nach langem Schweigen. „Er hat mir noch vor kurzem versichert, daß die Geschäfte nach wie vor gut laufen."

„Sie sind unaufmerksam, Senator", erwiderte Weigand tadelnd. „Waldert selbst hat den gegenwärtigen Zustand der Bank-Gruppe bewertet. Wer sollte es denn besser wissen?"

Der Senator blickte noch einmal in den Vertrag, und als er den Preis sah, zu dem Waldert seinen Anteil verkauft hatte, ging ihm vor Schreck der Mund auf. Er rechnete grob den Aktienkurs aus und sein Kinn begann zu zittern. Die bloße Erinnerung an die horrenden Hypotheken, mit denen er seine Immobilien belastet hatte, und die kurzfristigen Darlehen, die er in Aktien der Bank-Gruppe investiert hatte, brachte ihn an den Rand des nervlichen Zusammenbruchs. Besonders grauenhaft war dabei der Gedanke an die wagemutige Wette auf steigende Kurse der Bank-Gruppe. Die dabei vereinbarte Hebelwirkung würde bei diesem Kurs nicht nur sein ganzes Vermögen vernichten, sondern auch noch einen Schuldenberg hinterlassen, den er zeit seines Lebens nicht mehr abtragen könnte.

Weigand ging zu seinem Arbeitstisch, füllte ein Glas mit kühlem Wasser und kam wieder zurück.

„Trinken Sie etwas", sagte er nachsichtig.

Der Senator nahm das Glas, doch das schreckliche Szenario mit den fallenden Kursen jagte ihn gnadenlos vor sich her. Bald glaubte er aber im dichten Dschungel unerklärlicher Ereignisse einen rettenden Strohhalm erblickt zu haben.

„Könnten Sie mir verraten, warum Sie diesen Anteil gekauft haben?" fragte er mit fieberhafter Stimme. „Wenn die Nachricht über diesen Deal die Öffentlichkeit erreicht, wird Panik ausbrechen! Der Kurs stürzt auf ein Niveau ab, das weit unter Ihrem Kaufpreis liegen würde. Das ist doch ein Wahnsinn! Das wird doch für Sie ein glattes Verlustgeschäft sein…"

„Machen Sie sich deswegen keine Sorgen", erwiderte Weigand gelassen. „Mancher Verlust ist viel interessanter als ein glänzender Sieg! Ich versichere Ihnen, daß unser Spiel viel anspruchsvoller und dramatischer ist als in dem Beispiel, das ich Ihnen heute angeführt habe. Es gibt nur wenige Menschen, die es begreifen und beherrschen können. Sie persönlich gehören mit Sicherheit nicht zu diesem erlesenen Kreis."

Das harte Urteil, das Weigand über ihn gesprochen hatte, nahm Senator Weith sichtlich ungerührt zur Kenntnis. Vielmehr beschäftigte ihn die Frage, wie er seine Haut retten könnte.

„Aber Sie!" rief er ihm unterwürfig zu. „Sie sind doch ein exzellenter Spieler! Haben Sie kein Interesse an meinem Anteil? Es sind zwar nur elf Prozent, aber wenn man zweidrittel Mehrheit erreichen möchte, kommt man ohne meinen Anteil nicht so leicht aus. Ich würde Ihnen mein Aktienpaket auch unter dem Börsenkurs verkaufen! Ist für Sie ein Abschlag von zwanzig Prozent interessant?"

Er wartete auf eine Antwort, doch auf dem ruhigen Gesicht des Gastgebers zeigte sich keine Begeisterung für sein großzügiges Angebot. Im Gegenteil. Ein kaltes Lächeln legte sich darauf.

„Ich muß nur zwei Wochen abwarten", erwiderte Weigand mit gnadenloser Stimme. „Dann werden Sie in diesem Zimmer darum betteln, daß ich ihr Anteil für ein Zehntel dessen erwerbe, was Sie jetzt von mir verlangen."

Senator Weith erschrak noch mehr. Ihm schien, daß er keine Luft mehr zum Atmen habe. Er machte einige gierige Schlucke aus seinem Glas und das klappernde Geräusch, das seine Zähne dabei verursachten, ließ Weigand befürchten, daß er bald zusammenbrechen würde.

„Verschonen Sie zumindest meinen Schwiegersohn…", sagte der Senator mit zitternder Stimme.

„Ich biete Ihnen mehr als die Rettung Ihres ahnungslosen Schwiegersohns", sagte der Gastgeber mit überlegener Ruhe. „Ich biete Ihnen eine echte Partnerschaft an!"

Der Senator stellte das Glas auf dem Couch-Tisch ab, verzog schmerzhaft sein Gesicht und begann seine Brust zu massieren.

„Ihre Bedingungen?" fragte er und blickte ängstlich zu seinem Gesprächspartner hinüber.

„Die sind denkbar einfach“, sagte Weigand sachlich kühl. „Ich verlange von meinen Partnern nicht Vertrauen, sondern absolute Treue, wie altmodisch das auch klingen mag.“

„Wie kann es mir helfen, wenn ich mich auf Gedeih und Verderb unter Ihre Herrschaft begebe?“

„Zunächst einmal kommen Sie aus Ihren abenteuerlichen Geschäften unbeschadet heraus“, erklärte Weigand. „Ich garantiere Ihnen Erhalt Ihres Vermögens! Das Gleiche gilt für Ihren Schwiegersohn, auch wenn ich seine Immobilien zunächst einmal unter Quarantäne stellen werde! Außerdem werden Sie mit der Zeit einiges dazu verdienen können, ohne sich dabei auf spekulative Börsengeschäfte einzulassen, von denen Sie gar nichts verstehen.“

„Ich nehme an, daß ich dann nur für Sie arbeiten darf?“ fragte Senator Weith deprimiert.

„Nur für mich!“ bestätigte Weigand mit Nachdruck. „Und ich wiederhole es in aller Klarheit noch einmal: ausschließlich für mich! Ich bin eifersüchtig, nachtragend und habe es bis heute nicht gelernt, meinen Nächsten ihre Verfehlungen zu vergeben.“

„Davon habe ich schon oft gehört“, bestätigte der Senator.

„Ich hoffe, daß Sie auch davon gehört haben, daß kein einziger Mensch, der mit mir ehrlich war, zu Schaden gekommen ist. Sie persönlich werden nur selten aktiv eingesetzt. Von Ihnen verlange ich vor allem verläßliche Informationen aus den Kreisen, in denen Sie verkehren. Angefangen von der Regierung bis hin zu jenen Menschen, mit denen Sie sich in dunklen Wäldern treffen, um vor der Eule der Minerva Ihr Gewissen zu opfern!“

Er verstummte und sein durchdringender Blick ruhte so lange auf dem erschöpften Gesicht des Senators, bis dieser ihm seine unmißverständliche Zustimmung gab.

„Außerdem verlange ich absolutes Stillschweigen“, setzte Weigand seine Ausführungen fort. „Selbst in Ihrem engsten Familienkreis darf mein Name und unser Verhältnis niemals angesprochen werden! Keine mißverständlichen Äußerungen, keine Telefongespräche! Nur in diesem Zimmer dürfen Sie über unsere Angelegenheiten sprechen! Wenn Sie damit einverstanden sind und keine weiteren Dummheiten machen, werden Sie noch lange ein einflußreicher Politiker bleiben, der seinen Wahlkampf ohne Einsatz von verpflichtenden Fremdmitteln finanzieren kann. Dabei möchte ich eins klar stellen: Ich erpresse Sie nicht! Ich trage keine Schuld daran, daß Sie in eine solche Lage geraten sind. Ich gebe Ihnen mein

Wort: Sie können mein Angebot sofort zurückweisen, ohne meine Rache zu befürchten…“

Der Senator nickte verständnisvoll, und noch bevor Weigand zu Ende gesprochen hatte, streckte er ihm seine kraftlose Hand hin.

„Sie können über mich verfügen…“

Während Senator Weith im Arbeitszimmer ihres Vorgesetzten weilte, saß dessen junge Sekretärin an ihrem Tisch und durchsuchte im Internet den Veranstaltungskalender, um ihrem anspruchsvollen Chef geeignete Vorschläge für den heutigen Abend zusammenzustellen. Gewöhnlich erledigte sie solche Aufgaben mühelos und schnell, doch heute kam sie damit nur langsam voran. Die Erinnerung daran, wie entschieden ihr Chef den aufdringlichen Senator in die Schranken gewiesen hatte, ließ sie minutenlang glückselig auf den Bildschirm starren, ohne daß sie eine Ahnung davon hatte, was sie gerade las. Sie hätte weinen können, so tief war der Eindruck von der unverhofften Wertschätzung, die sie heute erleben durfte. Es war ein berauschendes Gefühl, unter dem Schutz dieses mächtigen Mannes zu stehen! Eine Zärtlichkeit regte sich in ihrem Herzen, ein starkes Verlangen, seine edle Tat ebenso großzügig zu vergelten…

Als Senator Weith endlich das Zimmer ihres Vorgesetzten verließ, erhob sie sich von ihrem Stuhl und verabschiedete ihn pflichtgemäß mit einem unverbindlichen Lächeln, doch dieser ging nicht zum Ausgang, sondern blieb vor ihrem Tisch stehen und drehte sich zu ihr um.

„Ich wollte mich bei Ihnen für mein unangemessenes Benehmen entschuldigen“, sagte er mit einer Stimme, die so anders klang als noch vor einer Stunde.

Ellen schaute ihn verwundert an und wollte ihm sofort versichern, daß seine Entschuldigung überflüssig sei, doch Senator Weith war schneller.

„Ihre bezaubernde Schönheit hat mich dermaßen beeindruckt, daß ich gerade dabei war, den Rest an Verstand zu verlieren“, sagte er mit einem gewinnenden Lächeln, ging um den Schreibtisch herum und stand nun direkt vor ihr. „Ich wollte Sie auf keinen Fall verletzen! Es tut mir wirklich leid, wenn Sie es anders verstanden haben.“

Er griff nach ihrer Hand, hob sie nur leicht an, verbeugte sich tief darüber und berührte sie mit den Lippen, womit er die junge Frau noch mehr überraschte.

„Keine Ursache, Senator!“ sagte sie erschrocken. „Ich bin Ihnen nicht böse.“

„Sehr großzügig von Ihnen!“ erwiderte dieser erfreut. „Ich verspreche Ihnen: Ich werde mich bessern!“

Sie erwiderte seine Worte mit einem warmen Lächeln und wunderte sich, wie umgänglich er doch sein konnte. Zwar ahnte sie, daß diese wundersame Verwandlung nicht zufällig sei, sondern ihrem Chef zu verdanken war, trotzdem bereute sie ihren verächtlichen Blick, mit dem sie ihn zuvor im Arbeitszimmer ihres Vorgesetzten gestraft hatte.

„Sie sind sehr nett“, sagte sie warmherzig, womit sie ihm eine große Freude bereitete.

„Wenn ich nächstes Mal komme“, beteuerte der Senator nachdrücklich, „versuche ich, meine Schuld zu begleichen. Darf ich fragen, welche Blumen Sie mögen?“

„Ich mag Rosen“, sagte sie leicht verlegen.

„Ausgezeichnet!“ rief er entzückt aus, lehnte sich ein wenig zu ihr hinüber und flüsterte ihr vertraulich zu, auf die Tür ihres Vorgesetzten blickend: „Ich hoffe nur, daß ihr Chef das richtig verstehen würde. Sonst wird er mich auf der Stelle erschlagen!“

Als die junge Frau über seinen Witz zu lachen begann, brach auch der übergewichtige Senator in dröhnendes Lachen aus.

„Meinen Sie wirklich, eine einfache Sekretärin wie ich wäre für ihn so wichtig, daß er wegen ein paar Blumen das Leben eines Senators in Gefahr bringen würde?“ erwiderte Ellen sichtlich geschmeichelt.

Der scherzhafte Ton, in dem diese Worte ausgesprochen wurden, konnte den erfahrenen Senator keinen Augenblick täuschen und ließ ihn sofort erkennen, was die junge Frau im tiefsten Grunde ihres Herzens von ihm hören wollte.

„Nicht nur das Leben eines Senators wäre in Gefahr“, flüsterte er mit rätselhaftem Lächeln auf seinem breiten Gesicht, „ich befürchte, daß er auch den amtierenden Präsidenten nicht verschonen würde, sollte dieser einen Anspruch auf Ihre Zuneigung erheben.“

Seine Worte hinterließen eine verheerende Wirkung. Das Lächeln auf ihrem hübschen Gesicht verblaßte. Betroffen schaute sie in seine wässrigen Augen, die so seltsam zu ihr blickten, als hätte er das ernst gemeint.

„Sie können mir vertrauen“, flüsterte Senator Weith noch leiser und in einem ganz anderen Tonfall. „Sie bedeuten ihm viel mehr, als Sie sich vorstellen können.“

Väterlich mild berührte er zum Abschied ihre schlanke Schulter, nickte ihr ermutigend zu und begab sich zum Ausgang.

Erst als er den Raum verlassen hatte, sank sie auf ihren Stuhl und schlug die Augen nieder. Sie versuchte, sich gegen die unmöglichen Worte des Senators zu wehren, doch sie glichen einer starken Droge, die immer heftiger ihre betörende Wirkung entfaltete. Bald schlug ihr Herz wie ein Hammer.

Was hat er an mir gefunden, was ihm andere Frauen nicht geben könnten? Ich bin zwar jung und hübsch, aber unerfahren und schwach. Es gibt so viele, die genauso schön sind, und sie würden ihm sofort und alles geben, was auch immer er von ihnen verlangen würde. „Und doch hat er bereits beim ersten Vorstellungsgespräch dich ausgewählt“, flüsterte eine honigsüße Stimme, die sich irgendwo in der unergründlichen Tiefe ihrer Seele eingenistet hatte. „Aber er hat es noch nie versucht!“ widersprach Ellen und verzweifelte im nächsten Augenblick darüber. „Noch nicht“, beruhigte die verführerische Stimme in einem Ton, als wüßte sie bereits, daß es nicht mehr lange dauern würde… O Gott! Wenn das nur wahr wäre! Ellen kniff die Augen fest zu und konnte es kaum noch aushalten, so stark war das unüberwindliche Verlangen nach diesem faszinierenden Mann…

Schon lange hatte sie befürchtet, daß es so weit kommen würde. Als sie gestern erfahren hatte, daß ihr Chef heute morgen nach New York kommen sollte, hatte sie sich den ganzen Abend auf seine Ankunft vorbereitet: ein neues Kleid gekauft und auch passende Schuhe dazu. Dabei hatte sie sich selbst eingeredet, daß sie es pflichtgemäß tue, um laut ihrer Vertragsverpflichtung immer ordentlich und entsprechend ihrer Stellung im Unternehmen auszusehen. Außerdem gehöre es zum Wesen einer unverheirateten Frau, den Männern gefallen zu wollen. Als sie aber am späten Abend wieder vor den Spiegel trat und sah, wie verführerisch das neue Kleid ihren schlanken Körper umschmeichelte, brach sie plötzlich in Tränen aus. Der Selbstbetrug wollte nicht mehr gelingen. Sie warb nicht um allgemeine Anerkennung, sie wollte nur ihm gefallen, ihm allein…

Sie kämpfte dagegen an, konnte aber diesen aussichtslosen Kampf nicht gewinnen. Ein mächtiges Verlangen trieb sie in eine Richtung, die ihr Verstand vehement ablehnte und verurteilte. In ihrer Not versuchte sie, ihr beunruhigtes Gewissen zu betäuben, schwor hoch und heilig, daß sie es niemals wagen würde, den ersten Schritt zu machen, fühlte aber gleichzeitig im tiefsten Grunde ihres pochenden Herzens, daß sie keinen Widerstand leisten würde, falls er selbst es von ihr verlangen würde…

Das Klingen des Telefons riß sie aus ihren Gedanken heraus. Die

Frau ihres mächtigen Chefs wollte mit ihm sprechen. Ellen teilte ihr mit, daß ihr Ehemann noch beschäftigt sei und daß sie ihn über ihren Anruf bei erstmöglichen Gelegenheit informieren würde. Sobald sie aber aufgelegt hatte, drückte sie sich vor Schreck die Hand auf den Mund. Die Stimme seiner Ehefrau riß sie mit einem Schlag aus ihren sehnsüchtigen Träumen heraus. Er ist verheiratet! dachte sie beschämt. Und er hat eine Tochter! Wie konnte ich nur daran denken, in den Frieden seiner Familie einzubrechen! O Gott! Ich bin eine Sünderin! Sie begann zu beten, doch das Summen der Telefonanlage unterbrach ihr Gebet. Ein rotes Lämpchen leuchtete auf. Sie warf einen letzten Blick in den Spiegel, atmete einige Male beruhigend durch und trat in sein Arbeitszimmer ein.

Der Chef stand an der kugelsicheren Glaswand und blickte wie ein großer Feldherr nachdenklich vor sich hin. Kaum hatte Ellen ihn gesehen, verspürte sie wieder diese unwiderstehliche Anziehungskraft, die von ihm ausging. Er begrüßte sie wie gewohnt mit einem leichten Kopfnicken und schaute sie einige Sekunden lang besorgt an. Unruhe lag in ihrem verunsicherten Blick, eine innere Spannung, die ihm nicht entgehen konnte.

„Der Senator ist zwar ein Tölpel, ansonsten ist er aber ein harmloser Mensch", sagte er ungewöhnlich warm. „Nehmen Sie es ihm bitte nicht übel."

„Er hat sich bei mir entschuldigt", erwiderte Ellen.

„Na, sehen Sie!" rief der Chef zufrieden aus. „Im Wesentlichen hatte er doch Recht: Sie sehen bezaubernd aus!"

Ihre schönen Augen leuchteten wieder auf.

„Gefällt Ihnen mein neues Kleid?" fragte sie erfreut und blickte dabei unwillkürlich ihren schlanken Körper hinab.

„Nicht nur das Kleid", sagte er in seiner charmanten Art.

Ellen ließ den Blick zu Boden sinken und konnte nicht verhindern, daß ihre zarten Wangen rot wurden.

„Danke", sagte sie mit letzter Kraft, denn an dem wundervollen Klang seiner tiefen Stimme glaubte sie erkannt zu haben, daß Senator Weith womöglich Recht haben könnte.

Einige Sekunden später fragte er:

„Haben Sie schon die Zeit gefunden nachzusehen, was New York heute abend zu bieten hat?"

„Natürlich", bestätigte Ellen und blickte auf das Display ihres Tablets.

Sie begann mit dem Vortrag, zählte die wichtigsten Veranstaltungen auf, erklärte, welche Orchester und Sänger dabei mitwirken würden, doch ihr Chef schien an etwas ganz Anderes zu denken. Während sie noch vortrug, wachte er aus seinen Gedanken wieder auf.

„Entschuldigung, ich war unaufmerksam", sagte er, um Verständnis bittend, und fragte ganz unerwartet: „Was würden Sie mir empfehlen?"

„Ich?" fragte Ellen überrascht und drückte ihre feine Hand an die Brust, denn solche Entscheidungen hatte er früher stets ohne ihren Rat getroffen.

Er lächelte über ihre spontane Gefühlsäußerung und bestätigte es noch einmal.

„In der Metropolitan wird es um zwanzig Uhr eine Wagner-Gala geben", sagte sie, wohl wissend, was ihrem Chef gefallen könnte. „Es werden Höhepunkte aus Lohengrin, Parsifal und Siegfried gespielt. Ich würde es Ihnen sehr empfehlen! Am Ende wird Isoldes Liebestod aufgeführt..."

Als Ellen flüchtig zu ihm aufblickte, um an dem Ausdruck in seinem Gesicht zu erkennen, ob er immer noch Interesse an der Gala habe, fragte er: „Haben Sie schon einmal diese Opern gesehen?"

„Nicht alle", gab sie offenherzig zu. „Erst vor zwei Monaten habe ich zum ersten Mal eine ganze Oper von Wagner gesehen. Ich habe mir einige DVDs gekauft..."

„Wie sind Sie darauf gekommen, Wagner-Opern zu hören?" fragte er neugierig und doch in einem Ton, der einen Menschen niemals verletzen könnte.

Die Frage hatte eine ungeahnte Wirkung auf seine Sekretärin. Sie blinzelte ihn hilflos an, ohne zu wissen, wie sie ihm die Wahrheit sagen sollte.

„Ist das ein großes Geheimnis?" fragte er lächelnd.

„Nein, nein! Das ist kein Geheimnis!" sagte Ellen schnell und fügte verlegen hinzu: „Ich habe gesehen, daß Sie sehr oft Karten für Wagner-Opern bestellt haben... Ich wollte nur wissen..."

Es war nicht leicht, so etwas zu gestehen, doch lügen konnte sie auch nicht.

„Wie finden sie diese Opern? Gefällt Ihnen Wagner?" fragte er, während Ellen an seinen Fragen ein wachsendes Interesse an ihrer Meinung erkannte.

„Er ist ein großer Künstler!" sagte sie begeistert. „Als ich Tristan und Isolde zu Ende gesehen habe, mußte ich weinen..."

„Darf ich fragen, was genau Sie so berührt hat?"

„Es ist unendlich traurig, daß die beiden sterben mußten. Es ist kein

Märchen, wo am Schluß alles schön und glatt zu Ende geht! Es erinnerte mich an Romeo und Julia. Wenn man sich unverhofft verliebt… unsterblich verliebt, das Schicksal aber diese Liebe unmöglich macht, dann wird das Schönste, von dem die meisten Menschen träumen, zu einer schrecklichen Qual, die dem Liebenden die letzte Kraft raubt und ihn sogar in den Tod treibt…"

Ellen erzählte ihm von ihren Eindrücken, beschrieb in allen Einzelheiten, was sie dabei gedacht und gefühlt hatte, während ihr Chef mit nicht nachlassender Aufmerksamkeit ihren Ausführungen folgte. Als sie aber wieder die Schlußszene erwähnte, hatte sie große Schwierigkeiten, weiter zu sprechen. Die schmerzhafte Erinnerung an das tragische Ende der Liebenden überwältigte sie plötzlich. Sie versuchte, den Schmerz zu unterdrücken und, nachdem ihr das einigermaßen gelungen war, blickte sie wieder zu ihm auf.

„Waren Sie schon einmal in der Oper?" fragte Weigand, beeindruckt von der Tiefe ihrer Gedanken.

„Noch nie", sagte Ellen leise, als wollte sie sich bei ihm für diesen Umstand entschuldigen.

„Würden Sie mich heute abend begleiten wollen?"

Der jungen Frau blieb der Atem weg, so unerwartet kam sein Angebot. Sprachlos stand sie mitten im Raum und konnte fühlen, wie ihre Wangen in Sekundenschnelle rot wurden.

„Wenn Sie natürlich keine Zeit haben oder aus einem anderen Grund nicht wollen…", sagte er respektvoll, doch bevor er noch den Satz zu Ende gesprochen hatte, beschenkten ihre großen, von langen Wimpern umrandeten Augen ihn mit einem Blick, an dem es nichts mehr zu deuten gab.

„Ich will", sagte Ellen und ließ die Augen wieder sinken.

„Ich fühle mich geehrt", erwiderte Weigand und fügte gleich danach hinzu: „Ich verspreche es Ihnen, ich werde Sie nicht bedrängen, ich…"

Als Ellen es hörte, zog sich ihr pochendes Herz schmerzlich zusammen. Gerade vor diesem unheimlichen Satz hatte sie sich am meisten gefürchtet, als könnte er ihr anbahnendes Glück auf der Stelle vernichten.

„Bitte, sagen Sie das nicht!" rief sie ihm spontan zu und schlug gleich danach die Augen vor brennender Scham nieder, denn ihre flehende Bitte verriet alles, was sie bis dahin vor ihm verborgen zu haben glaubte.

Während sie noch mit ihrem Gefühl kämpfte, kam er einige Schritte näher.

„Ich würde mich sehr freuen, Sie heute abend in diesem Kleid sehen zu dürfen", sagte er mit einer Stimme, in deren reinem Klang nicht die geringste Spur von Verachtung oder gar Zurückweisung lag.

Sie blickte ängstlich auf, doch als sie verzweifelt und schutzlos in seine tiefblauen Augen sah, blieb ihr der Atem wieder weg. So anders war sein willensstarker, ruhiger Blick…

Gleich darauf verließ sie sein Zimmer. Sie ging zu ihrem Arbeitsplatz, blieb aber auf dem halben Wege stehen und lehnte sich erschöpft an die Wand. Ein berauschendes Glücksgefühl überlief sie und fegte alle Bedenken und Gewissensbisse weg: Was auch immer er von mir verlangen sollte, ich werde es ihm willig geben… Es war ihr nicht mehr peinlich daran zu denken, daß sie so hoffnungslos in seine Gewalt geraten war und nur noch den Augenblick herbeisehnte, in dem er sich nehmen würde, was schon lange ihm allein gehörte…

Ich liebe ihn, gab sie es endlich zu. Und ich kann nichts dafür, daß ich ihn so unendlich stark liebe! Selbst die Tatsache, daß sie ihn mit einer anderen Frau teilen sollte, konnte ihr Glück nicht trüben. Ich bin viel jünger als sie, hieß die hoffnungsvolle Antwort auf die bevorstehende Herausforderung, und ich bin eine Jungfrau! Sie konnte fühlen, daß gerade dies für diesen charmanten, besitzergreifenden Alleinherrscher, der alles in seinem Leben haben könnte und hatte, gar nicht so unbedeutend war.

Ein zuvor unbekanntes Gefühl erwachte in ihrem Herzen, eine wachsende Bereitschaft, ihr Glück zu verteidigen. Er verdient eine Frau, die ihn liebt, wie ich ihn liebe! Ob er will oder nicht, dachte sie im Anflug süßer Zärtlichkeit, ich werde ihm Kinder schenken, und er wird sie genauso unsterblich lieben, wie er seine Tochter liebt. Er wird sich über einen Erben freuen dürfen, den seine Frau ihm nicht geben konnte, und unser Junge wird schön und stark sein wie sein Vater! Sie wandte sich an Gott und flehte ihn inbrünstig an, ihre sündhafte Absicht zu vergeben, die sie nicht mehr aufgeben konnte und wollte.

Danach träumte Ellen nur noch davon, wie sie in ihrem schönen Kleid an der Seite dieses mächtigen Mannes das Foyer der Metropolitan Opera betreten würde…

Ein gefährlicher Plan

Der Junge stand an die bröckelnde Wand der Scheune gelehnt und blickte unruhig entlang der Hauptstraße, dorthin, wo sie aus dem nahegelegenen Wald auftauchte, um nach einer sanften Biegung am anderen Ende des Dorfes zwischen grünen Maisfeldern wieder zu verschwinden. Jeder vorbeifahrende Wagen, der von dunkler Farbe war, rief in der Seele des Zehnjährigen eine bange Erwartung hervor. Doch die Fahrzeuge rasten an ihm vorbei und hinterließen nichts als tiefe Enttäuschung, die immer wieder von einer neuen Hoffnung verdrängt wurde.

„Friedrich!" rief die Mutter ihm zu. „Komm! Du mußt etwas essen!"

Der Junge schüttelte stumm den Kopf, ohne seinen Blick von der Straße abzuwenden. Frau Uffelmann schauten einige Zeit besorgt ihrem Sohn zu, dann ging sie wieder vom Fenster weg.

Ihre Sorge war nicht unbegründet. Seit der Festnahme seines großen Bruders verlor ihr ohnehin schlanker Sohn immer mehr an Gewicht und es gab keine Anzeichen dafür, daß es ihm nur ein wenig besser gehe. Selbst die Nachricht über Franks baldige Freilassung änderte nichts an diesem traurigen Umstand, sondern bewirkte den nächsten Zusammenbruch seiner schwachen Nerven. Mehrmals hatte er sich übergeben müssen und lag danach den ganzen Nachmittag erschöpft in seinem Bett…

Nun tauchte aber am Waldrand ein schwarzen Wagen auf. Friedrich strengte die Augen an und, als er diesen näher kommen sah, schlug sein Herz bereits bis zum Hals hoch. Zwar konnte er noch nicht erkennen, wer im Wagen saß, doch eine unbekannte Macht ließ ihn ahnen, daß es diesmal wirklich soweit war.

Als der schwarze Mercedes im Hof des Bauern Lenz zum Stehen kam, stand Friedrich bereits an der Hintertür und blickte sehnsüchtig durch das Seitenfenster zu seinem Bruder. Frank stieg aus dem Wagen und schloß ihn sofort in seine Arme. Der Junge drückte sein Gesicht auf dessen Brust und begann lautlos zu schluchzen.

Anna war von der stürmischen Begegnung der Brüder ebenfalls gerührt. Sie hatte Friedrich bereits mehrmals gesehen und konnte sofort feststellen, daß er sich sichtlich verändert hatte. Seine kurze Hose und das leichte Hemd, das schlapp von seinen spitzen Schultern herunterhing, offenbarten, wie stark der zierliche Junge in diesen Wochen abgenommen hatte.

Bald darauf lief aus dem Haus die Mutter und umarmte die beiden Söhne.

„Gott sei Dank“, flüsterte sie mit brüchiger Stimme und verwuschelte sehnsüchtig die dunkelblonden Haare ihres ältesten Sohnes.

Einige Minuten später ließ sie ihn los, doch Friedrich klammerte sich nach wie vor an seinem Bruder fest.

„Hast du etwas Neues komponiert?“ fragte Frank neugierig, während er ihm tröstend über den Rücken streichelte.

Friedrich nickte stumm.

„Was war das?“

„Ein Requiem…“, flüsterte der Junge mit zitternder Stimme.

„War das nicht ein wenig verfrüht?“ lachte Frank und versuchte, sich von ihm zu lösen. „Willst du nicht Anna begrüßen?“

Der Junge widersetzte sich, worauf Frank um Verständnis bittend zu Anna hinüberblickte. Doch das Mädchen ahnte, wie stark sein Bruder in diesen Wochen gelitten hatte, kam näher und legte ihre Hände auf seine spitzen Schultern…

Am späten Nachmittag überredete Anna den kleinen Friedrich, sie und Frank allein spazierengehen zu lassen, versprach ihm dabei alles, was der anspruchsvolle Junge sich wünschte, und schwor ihm hoch und heilig, daß sie ihn nächstes Mal unbedingt mitnehmen würden.

Es war gar nicht so leicht, Frank allein für sich zu haben. So viele Menschen erhoben Anspruch auf seine Nähe. Bereits vor dem Gefängnisgebäude, wo seine Freunde ihm einen unvergeßlichen Empfang bereitet hatten, war es äußerst schwierig gewesen, ihn aus ihren Umarmungen zu befreien und in den Wagen zu setzen. Über eine Stunde hatte es gedauert, obwohl sie sich zuvor verabredet hatten, sich am späten Abend im Ritterkeller der Weigandschen Villa zu treffen. Sie wollten eine echte Feier veranstalten, doch die traurigen Umstände um ihren Freund Max überschatteten ihre Freude und ließen eine solche allein schon aus Rücksicht auf Julia nicht zu.

Als Frank und Anna endlich draußen waren, gingen sie auf einem Feldweg zum nahegelegenen Wald. Es war ein warmer Sommertag. Auf dem gestochen blauen Himmel zogen langsam weiße Wölkchen hin.

Bald erreichten sie den Wald. Frank breitete die Arme aus und schaute hoch zu den rauschenden Wipfeln der Buchen. Das geheimnisvolle Flüstern der Bäume, duftender Waldboden, lautes Vogelgezwitscher… die Schönheit der göttlichen Schöpfung verdrängte plötzlich aus seiner Seele allen Kummer der Welt und erquickte ihn auf eine wundersame Weise.

„Es ist ein schönes Gefühl, wieder frei zu sein!“ rief er freudetrunken aus. „Erst wenn man allein in der Zelle sitzt, lernt man das alles richtig zu schätzen. Ich habe nicht gedacht, daß ich so schnell wieder rauskommen würde.“

Er atmete einige Male tief durch, genoß den Augenblick, und als er keine Antwort bekommen hatte, drehte er sich zu Anna um. Das Mädchen stand einige Schritte hinter ihm, und in ihren Augen glänzten Tränen.

„Habe ich etwas Falsches gesagt?“ fragte er besorgt und kam schnell zu ihr.

„Ich habe auch nicht gedacht, daß ich dich so schnell wieder sehen würde“, sagte sie mit brüchiger Stimme, während sich von ihren langen Wimpern eine Träne löste und über die Wage floß.

Frank umarmte sie und strich ihr tröstend über den Rücken.

„Ich habe Tag und Nacht gebetet…“, flüsterte sie, überwältigt von der Erinnerung an die qualvollen Tage der Trennung.

„Aber jetzt sind wir doch wieder zusammen“, sagte er aufmunternd. „Jetzt kann es nur noch besser werden!“

Das Mädchen erwiderte nichts darauf und schmiegte sich noch enger an ihren Geliebten. Bald gingen sie Hand in Hand weiter. Sie schwiegen, doch Frank schien, daß ihre pochenden Herzen weiter sprachen. Sie bedienten sich dabei einer Sprache, die nur die unverbrauchten Seelen ganz junger Menschen wirklich verstehen können, in der eine flüchtige Berührung oder ein einziger Blick mehr Aussagekraft besitzen als alle Worte dieser Welt…

Als sie aber noch tiefer in den Wald gingen, konnte Frank nicht entgehen, daß Anna immer unruhiger wurde und immer öfter um sich schaute, als hätte sie befürchtet, daß irgend jemand sie verfolgen würde.

„Was ist mit dir?“ fragte der Junge besorgt. „Hast du Angst?“
Anna gab keine Antwort. Stattdessen griff sie in ihre kleine Handtasche und holte daraus ihr Handy hervor. Sie machte es auf, nahm den Akku heraus und steckte die Teile wieder in die Tasche.

„Ich muß mit dir sprechen“, sagte sie aufgeregt und blickte schon wieder ängstlich um sich.

„Mein Liebster!“ sagte sie eindringlich, als sie glaubte, daß niemand sie hören konnte. „Als du im Gefängnis warst, ist etwas geschehen, worüber ich mit dir sprechen muß.“

„Was ist passiert?“ fragte der Junge, zutiefst beunruhigt über ihren Zustand.

„Meine Eltern wollen nach New York umziehen", stieß sie klagend hervor. „Sie wollen uns trennen!"

Frank wurde blaß. Sprachlos starrte er in Annas Gesicht.

„Hab keine Angst, mein Liebster! Ich bleibe hier, bei dir!" sagte sie schnell und kniff die Augen fest zu, als sammelte sie all ihre Kräfte, um ihm etwas sehr Wichtiges zu offenbaren.

„Wir müssen fliehen!" rief sie ihm zu, als sie wieder zu ihm aufblickte. „Alles ist bereit!"

Ein neuer Schock erfaßte den Jungen. Während er noch dabei war, ihre Worte in deren ganzer Tragweite zu begreifen, umarmte sie ihn und drückte ihr Gesicht an seine Schulter, wohl wissend, daß er jetzt Zeit brauchen würde, um eine Entscheidung zu treffen. Frank spürte, wie stark sie in banger Erwartung zu zittern begann. Von tiefstem Mitleid ergriffen, strich er sanft über ihre langen Haare.

„Wie können wir so etwas gegen den Willen deiner Eltern tun?" fragte er behutsam.

Anna hob ihren Kopf wieder hoch.

„Ich werde nicht nach New York umziehen", flüsterte sie mit brüchiger Stimme. „Niemals!"

Frank konnte ihren flehenden Blick nicht länger aushalten, und wandte sein Gesicht zur Seite.

„Das dürfen wir nicht!" stieß er verzweifelt aus. „Und was ist mit Max? Er ist unschuldig! Wir müssen unbedingt etwas tun, um ihn zu befreien!"

Anna gab keine Antwort und, als Frank in ihre feuchten Augen sah, beschlich ihn ein schrecklicher Verdacht.

„Hat er das alles ausgedacht?" fragte er entsetzt.

Anna wußte, daß es sinnlos war, die Wahrheit vor ihm zu verbergen.

„Er hat das für uns getan", sagte sie eindringlich, „für dich!"

Der Gedanke an seinen treuen Freund und dessen Opfer rief in Frank einen Schmerz hervor, den er kaum noch ertragen konnte. Er atmete schwer und sein unruhiger Blick glitt hilflos umher, als könnte er nirgends einen sicheren Halt finden.

„Er ist dein bester Freund! Er wollte uns helfen", sagte Anna mitleidvoll, doch Frank war nach wie vor nicht in der Lage, irgendeine Antwort zu geben.

Als sie seine Unentschlossenheit sah, nahm sie sein Gesicht zwischen die Hände und küßte es ab.

„Mein Liebster! Ich werde dich niemals verlassen. Das habe ich dir so oft gesagt! Was auch immer geschehen mag: Solange ich lebe, werde ich dir die Treue halten“, schwor sie ihrem Geliebten und fügte bekümmert hinzu: „Wenn du nicht mitgehst, dann muß ich allein flüchten…“

„Nein!“ rief Frank erschrocken aus. „Nein!“

Er umarmte sie und küßte sie mit glühender Leidenschaft auf den Mund.

„Wenn wir jetzt fliehen, werden sie uns sowieso irgendwann finden…“, sagte der Junge, als er ihren Mund wieder freigab, doch Anna drückte ihm ihre sanfte Hand auf die Lippen.

„Ich weiß“, flüsterte sie zärtlich und schaute flehend in seine hellgrauen Augen. „Schenk mir diese Zeit… auch wenn es nur wenige Monate sein sollten! Danach kannst du es so machen, wie du es für richtig hältst.“

Sie sah, daß seine Augen einen feuchten Glanz bekamen. Er schlug sie nieder und drückte das Mädchen noch fester an seine Brust.

„Laß mich einen Augenblick überlegen“, sagte er erschöpft, „nur einen Augenblick…“

Die Flucht

Als der dunkelblaue Audi am Rande eines holprigen Schotterweges zum Stehen kam, würgte Wieland den Motor ab und stieg aus dem Wagen. Der lichte Buchenwald um ihn herum war menschenleer. Er horchte einige Sekunden in die rauschende Stille des Waldes, konnte aber nichts wahrnehmen, was ihm verdächtig erscheinen könnte.

„Kannst du mal schauen, was da oben ist?“ fragte er Sebastian, als dieser ebenfalls aus dem Wagen stieg.

Der Junge nickte und lief mit der Leichtigkeit eines jungen Rehs auf dem weichen Waldboden den Hügel hinauf. Wenige Minuten später kehrte er zurück.

„Alles ruhig!“ flüsterte er Wieland atemlos zu und wischte sich den Schweiß aus der Stirn.

„Gut!“ erwiderte sein adeliger Freund und klopfte leicht an die Seitentür seines Audi.

Erst jetzt stiegen aus dem Wagen Frank und Anna. Sie sahen ungewöhnlich aus. Die beiden trugen helle Turnschuhe und leichte T-Shirts, die locker über ihre stark ausgewaschenen Jeanshosen hingen.

„Du darfst auf keinen Fall den Akku in dein Handy stecken!“ schärfte Wieland dem Mädchen ein. „Hier hast du eine andere SIM-Karte! Sie ist auf eine Person registriert, die keinen Bezug zu uns aufweist. Trotzdem darfst du sie nur in Notfall benutzen! Seid vorsichtig! Wenn du deine SIM-Karte einsteckst, wird dein Vater sofort wissen, wo ihr seid, und zwar bis auf einige Meter genau!“

Anna nickte ihm fleißig zu und schaute sich ängstlich um. Sie hatte ein quälendes Gefühl, daß jeden Augenblick zwischen den umstehenden Bäumen schwarzgekleidete Mitarbeiter des Sicherheitsdienstes ihres Vaters auftauchen würden. Als Frank ihre Sorge erkannte, umarmte er das Mädchen.

„Wir haben sie abgehängt“, sagte er beruhigend.

„Trotzdem müssen wir uns beeilen!“ erwiderte Anna und blickte flehend Wieland an. „Das sind Profis! Wenn mein Vater diese Leute beschäftigt, dann kann man davon ausgehen, daß sie die besten sind! Kannst du dich noch erinnern, wie schnell sie Janni gefunden haben?“

Nachdem sie das gesagt hatte, wurde ihre Furcht noch größer.

„Sie hat Recht“, sagte Wieland und machte den Kofferraum auf. „Sicher ist sicher!“

Er verabschiedete sich von Anna, dann reichte er seine Hand Frank.

„Ich danke dir!" sagte dieser und drückte sie fest zusammen.

„Gott schütze euch!" entgegnete Wieland und schlug ihm freundschaftlich auf die Schulter, während Anna vor Sebastian trat, der betroffen zu ihnen blickte.

Erst jetzt erkannte der Junge, daß dies der erste richtige Abschied in seinem bisherigen Leben war. Und nun war er sich nicht mehr sicher, ob er ihn mit gebotener Selbstbeherrschung bestehen würde. Denn es bedrückte ihn so stark, als blutete tief in seiner Seele eine schreckliche Wunde…

Anna umarmte Sebastian und küßte ihn auf die Wange.

„Sei nicht traurig", sagte sie bewegt und übergab den Jungen Frank, der ihn fest an seine Brust drückte.

„Du hast jetzt viele Freunde", sagte er aufmunternd, „echte Freunde!"

Der Junge nickte stumm, und da er die Aufwallung seines warmen Herzens nicht bezwingen konnte, drückte er das Gesicht an dessen Schulter. Als Frank seine Umarmung löste, klammerte sich Sebastian noch fester an ihn.

„Es ist noch lange nicht das Ende", versicherte Frank, während er ihm tröstend über den Rücken strich. „Vielleicht ist der heutige Tag nur der Anfang unserer Geschichte!"

Als Sebastian sich von ihm löste, blickte er kummervoll in die Augen seines Freundes. Zwar konnte er den Kloß in seinem Hals gewaltsam herunterschlucken, doch seine Augen waren voll mit Tränen.

„Wenn du Hilfe brauchst… egal, was das sein sollte… ich werde es tun…"

„Ich weiß", erwiderte Frank mitfühlend und verstrubbelte ihm die Stirnlocke.

Sebastian wollte ihm noch so viel sagen, konnte aber kein Wort mehr aussprechen, als ihm plötzlich bewußt wurde, wie stark sein Freund ihn in diesen Monaten geprägt hatte.

„Bis bald, Janni!" rief Frank ihm lächelnd zu, schwang seinen Rucksack auf die Schulter und ging mit Anna auf dem schmalen Waldweg den sanften Hügel hinunter.

Mehrmals drehten sie sich um und winkten ihren Freunden zum Abschied…

Als Frank und Anna den Waldrand erreichten, blieben sie stehen. Eine weitläufige Landschaft lag vor ihnen. Ein kleiner Fluß, gesäumt von Büschen und Korbweiden, schlängelte sich zwischen den goldenen Weizenfeldern. Noch nie sah Anna die Heimat so schön und traulich. Wie eine erstarrte Ozeanwelle ragte am Horizont im Osten die bewaldete Hügelkette des Süntels auf.

Die meisten Geschichten, die das greise Gebirge um sich herum gesehen hatte, endeten nicht gut. Selbst jene Menschenleben, die wie leuchtende Sterne aufgingen, hinterließen nur selten eine bleibende Spur am pechschwarzen Nachthimmel. Und trotzdem war es nicht sinnlos, denn ihre Taten beunruhigten die Nachkommen und die zarten Flammen des edlen Lebens glimmen bis heute an den Hängen der flachen Hügel…

Frank und Anna schauten in die Ferne und spürten den Atem dieses ewigen Geheimnisses. Sie standen am Scheideweg ihres jungen Lebens und sammelten die Kraft, um einen wichtigen Schritt zu machen, wohl ahnend, daß es kein Zurück mehr geben würde.

„Was wird aus uns?“ fragte Anna und blickte zärtlich in die hellen Augen des Jungen.

„Unser Schicksal liegt jetzt in Gottes Hand“, erwiderte Frank und strich ihr sanft über die Haare.

Anna lehnte ihren Kopf an seine Schulter.

„Trotz allem, was geschehen ist, bin ich jetzt glücklich“, sagte sie lächelnd, dann zog sie ihren Geliebten mit sich fort.

Hand in Hand gingen sie auf einem ausgefahrenen Feldweg gen Osten und drehten sich nicht mehr um…

* * *

Sebastian stand aber nach wie vor neben dem Wagen und schwieg. Doch als Wieland näher kam und fragend in sein bekümmertes Gesicht schaute, begann er zu sprechen.

„Das Schicksal ist so ungerecht!“ stieß er verzweifelt aus. „Auch wenn sie ihn freisprechen, werden sie ihn nicht in Ruhe lassen! Sie werden ihn jagen, nur weil er so ehrlich ist…“

Wieland ließ seine Worte unbeantwortet. Erst als der Junge sich wieder beruhigt hatte, gab er ihm eine Antwort: „Der Satan und dessen Knechte greifen jeden an, der sich ihm in den Weg stellt, besonders aber jene, die sich für die Wahrheit einsetzen und ihre Nächsten aus dessen Gefangenschaft befreien wollen. Hast du schon vergessen, wer er ist? Er ist zwar nicht der König, doch er ist der Fürst dieser Welt, der sich gegen Gott erhoben hatte. Und er ist der Vater der Lüge! Seine Waffen sind scharf und seine Dämonen so zahlreich wie Sand am Meer! Der Kampf um die Seelen der Menschen wird sicher auch morgen nicht aufhören… weder morgen noch übermorgen!“

Er blickte Sebastian prüfend an, doch seine Worte schienen keine sichtbare Wirkung hinterlassen zu haben. Der Junge stand gänzlich verzagt und starrte nach wie vor in die Tiefe des lichten Buchenwaldes, dorthin, wo vor wenigen Minuten sein bester Freund zwischen den Bäumen verschwunden war.

„Wenn du keine Kraft mehr hast und nach Ruhe suchst, dann bringe ich dich jetzt nach Hause“, sagte Wieland enttäuscht. „Du mußt nur den Stirnreif der Mankurten wieder aufsetzen, dann kannst du dein Leben wie die anderen in vollen Zügen genießen…“

Sebastian blickte ihn erschrocken an.

„Nein, Wieland!“ rief er ihm zu. „Niemals!“

Dabei schüttelte er energisch den Kopf, um jeden Zweifel an seiner Entschlossenheit sofort im Keime zu ersticken.

„Dann mußt du mir sagen, wonach du suchst“, erwiderte Wieland.

Mit einer solchen Frage hatte Sebastian nicht gerechnet. Hilflos schaute er ins Gesicht seines adeligen Freundes, konnte aber an dessen Ausdruck nicht erkennen, was er von ihm hören wollte. Er ließ den Blick sinken und starrte eine Zeit lang angestrengt vor sich hin. Viele Gedanken gingen ihm durch den Kopf. Es war in diesen letzten Monaten so viel geschehen, was tiefe Spuren in seinem Leben hinterlassen hatte!

Bald regte sich aber in seinem Herzen eine wachsende Ahnung. Schon wieder glaubte er zu wissen, daß eine unsichtbare Macht ihn an die Hand genommen habe und nun an einen wichtigen Ort geführt, wo er selbst entscheiden sollte, welche Richtung er seinem jungen Leben geben möchte…

Sebastian schlug die Augen nieder und schon breitete seine Fantasie ungehindert ihre leichten Flügel aus. Wie schon so oft, trug sie ihn zu jenen geheimnisvollen Rittern, dessen tugendreiches Leben er sich in schönsten, erhabensten Farben ausgemalt hatte. Wie schön wäre es, wenn es sie tatsächlich gebe! dachte er sehnsüchtig. Was würde ich tun und lassen, um die Ehre zu verdienen, eines Tages in ihrer Mitte zu sein! Nun konnte er wieder Reinhard sehen. Der junge Schustersohn hielt die flammende Schale empor und dessen edles Gesicht verriet, von welch einem himmlischen Glück er dabei ergriffen wurde…

Sebastian blickte wieder auf.

„Ich suche nach dem Gral“, flüsterte er seinem Freund vertraulich zu.

Wieland konnte nicht verbergen, daß die Antwort des Jungen ihm eine große Freude bereitet hatte.

„Dann gib mir jetzt deine Hand und klage nicht mehr über das ungerechte Schicksal! Wir können nicht wissen, was uns morgen erwartet, aber wir können jederzeit wählen, wie wir dem Schicksal entgegen treten. Der Weg zum Gral ist lang und mühsam. Schwere Prüfungen erwarten jeden Jungen, der ihn finden will. Er muß sie bestehen!“ sagte Wieland und fügte warnend hinzu: „Ich kann dir kein irdisches Glück versprechen. Wenn du jetzt mitfährst, wählst du einen harten, verlustreichen Kampf, den auch unsere Ahnen geschlagen haben…“

Sebastian ließ ihn nicht zu Ende sprechen, ergriff seine ausgestreckte Hand und drückte sie kräftig.

„Ich wähle den Kampf!“ rief er mit leuchtenden Augen aus. „Ich fahre mit!“

Der Abschiedsbrief

Am Abend des gleichen Tages herrschte im Festsaal der Weigandschen Villa gespenstische Stille. Herr Weigand stand regungslos am großen Fenster und schaute mit abwesendem Blick in den parkähnlichen Garten. Die Abenddämmerung kroch bereits aus allen Ecken hervor und beraubte den prächtigen Raum seiner fröhlichen Farben.

Er konnte hören, daß seine Ehefrau den Festsaal betrat, rührte sich aber nicht von der Stelle.

„Reiner!“ sagte sie kummervoll. „Mach dir keine Vorwürfe!“

Sie wartete auf eine Antwort, bekam aber keine. Sie sah, wie stark er litt, und sein Schweigen quälte sie unablässig. Am liebsten hätte sie ihren Ehemann umarmt, traute sich aber nicht, ihm in dieser schweren Stunde zu nahe zu treten.

„Woher hätte ich wissen sollen, daß sie unser Gespräch belauschen würde?“ stieß sie verzweifelt aus.

„Das spielt keine Rolle mehr“, sagte er kühl, ohne sich umzudrehen.

Sie seufzte, wollte ihm noch etwas Tröstendes sagen, doch die schnellen Schritte in der Eingangshalle vereitelten ihr Vorhaben. Bald erschien im düsteren Raum der Chef ihres Sicherheitsdienstes. Als er einige Schritte vor ihnen stehenblieb, begrüßte er Frau Weigand mit einem stummen Nicken und schaute besorgt seinen Chef an.

„Kannst du uns bitte allein lassen!“ sagte Herr Weigand seiner Frau mit dem gleichen kühlen Ernst in der Stimme, während sein düsterer Blick nach wie vor in den Garten gerichtet war.

Frau Weigand fühlte sich ungerecht behandelt, unterdrückte aber die Kränkung und verließ den Festsaal. Erst als ihre Schritte in der menschenleeren Tiefe der Villa endgültig verstummten, begann der Sicherheitschef zu sprechen.

„Die Flucht war seit mehreren Tagen vorbereitet. Noch bevor der Junge aus der Haft entlassen wurde, hob sie von ihrem Konto neuntausend Euro ab.

Heute nachmittag gegen fünfzehn Uhr war Anna zusammen mit Frank in die Wohnung der Familie Uffelmann hineingegangen. Danach sind sie unbemerkt durch die Hintertür entkommen und über die anliegenden Felder in den Wald gegangen. Um die gleiche Zeit brach die Verbindung zu ihrem Handy ab. Sie hat es ausgeschaltet. Seitdem war ihre SIM-Karte nirgends mehr angemeldet. Wir gehen davon aus, daß sie ihr Telefon nicht mehr benutzen würde, wodurch unsere Suche erheblich erschwert wird.

Außerdem liegt die Vermutung nahe, daß die Festnahme von Maximilian Oldenburg in direktem Zusammenhang mit ihrer Flucht steht. Offensichtlich bezichtigte sich der Junge des Mordes an Roberto Grimaldi, um seinen Freund auf diese Weise aus der Untersuchungshaft zu befreien."

Er verstummte und wartete auf weitere Anweisungen, doch Herr Weigand stand am Fenster und schwieg.

„Wir werden sie finden", beteuerte der Sicherheitschef schuldbewußt. „Das verspreche ich Ihnen!"

Herr Weigand besprach mit ihm das weitere Vorgehen, und als er wieder allein war, holte er aus der Innentasche seines Sakkos ein Bild hervor. Er schaltete das Licht ein und betrachtete es eine Zeit lang. Zwei junge Menschen beschenkten einander mit liebevollen Blicken und aus ihren edlen Gesichtern leuchtete ein Glück, das viele Menschen gar nicht kennen. Untröstliche Gedanken gingen ihm dabei durch den Kopf und erinnerten ihn an seine eigene Jugend…

Bald griff er noch einmal in die gleiche Tasche und zog daraus einen Brief. Er kannte ihn bereits auswendig und doch hatte er ein unüberwindliches Verlangen, die weiche Handschrift seiner Tochter zu sehen:

„Lieber Papa. Ich weiß, daß ihr mich in die USA bringen wollt, um mich von Frank zu trennen. Ihr habt es sicher gut gemeint, und ich bin euch deswegen nicht böse.
Ich liebe Mama und ich liebe dich. Vielleicht weiß ich über dich nicht alles, aber eins glaube ich ganz genau zu wissen: Du liebst mich, und du liebst mich so, wie nur wenige Menschen lieben können. Wenn ich in ein stürmisches Meer geraten wäre und keine Hoffnung auf Rettung bestünde, würdest du dich sofort ins Wasser stürzen und mit mir sterben.
Genauso stark aber liebe ich meinen Frank und werde ihn niemals verlassen, auch wenn ich zusammen mit ihm zugrunde gehen müßte. Es war ich, die ihn dazu verleitet hat, diesen Schritt zu wagen. Er ist viel zu gut, um so mit euch umzugehen. Daher trage ich auch die ganze Schuld für den Schmerz, den du jetzt erleiden mußt. Ich hoffe aber, daß du mich verstehst und daß du mir meine Tat vergeben kannst…"

(Fortsetzung folgt)

KAPITELÜBERSICHT

Viktor Streck, Vogelreichsweg 8, D-31812 Bad Pyrmont
E-Post: info@streck.info
info.streck.info